中国建设年鉴 2020

Yearbook of China Construction　《中国建设年鉴》编委会　编

中国建筑工业出版社

图书在版编目（CIP）数据

中国建设年鉴 = Yearbook of China Construction. 2020 /《中国建设年鉴》编委会编. — 北京：中国建筑工业出版社，2021.3

ISBN 978-7-112-25875-8

Ⅰ.①中… Ⅱ.①中… Ⅲ.①城乡建设—中国—2020—年鉴 Ⅳ.①F299.2-54

中国版本图书馆CIP数据核字(2021)第018074号

责任编辑：杜　洁　胡明安
责任校对：张惠雯

中国建设年鉴2020
Yearbook of China Construction
《中国建设年鉴》编委会　编

*

中国建筑工业出版社出版、发行(北京海淀三里河路9号)
各地新华书店、建筑书店经销
北京红光制版公司制版
北京圣夫亚美印刷有限公司印刷

*

开本：880毫米×1230毫米　1/16　印张：49¼　插页：8　字数：1587千字
2021年5月第一版　2021年5月第一次印刷
定价：380.00元
ISBN 978-7-112-25875-8
(37127)

版权所有　翻印必究
如有印装质量问题，可寄本社图书出版中心退换
（邮政编码100037）

编辑说明

一、《中国建设年鉴》是由住房和城乡建设部组织编纂的综合性大型资料工具书，中国建筑工业出版社具体负责编辑出版工作。每年一册，逐年编辑出版。

二、《中国建设年鉴》力求综合反映我国住房城乡建设事业发展与改革年度情况，内容丰富，资料来源准确可靠，具有很强的政策性、指导性、文献性。可为各级建设行政主管领导提供参考，为地区和行业建设发展规划和思路提供借鉴，为国内外各界人士了解中国建设情况提供信息。本书具有重要的史料价值、实用价值和收藏价值。

三、《中国建设年鉴》2020卷力求全面记述2019年我国房地产业、住房保障、城乡规划、城市建设、村镇建设、建筑业、建筑节能与科技和国家基础设施建设等方面的主要工作，突出新思路、新举措、新特点。

四、《中国建设年鉴》记述时限一般为上一年度1月1日至12月31日。为保证有些条目内容的完整性和时效性，个别记述在时限上有所上溯或下延。为方便读者阅读使用，选录的部分新闻媒体稿件，在时间的表述上，有所改动，如"今年"改为"2019年"。

五、《中国建设年鉴》采用分类编辑方法，按照篇目、栏目、分目、条目依次展开，条目为主要信息载体。全卷设8个篇目，篇目内包含文章、分目、条目和表格，标有【 】者为条目的题目。

六、《中国建设年鉴》文稿的内容、文字、数据、保密问题等均经撰稿人所在单位把关审定，由《中国建设年鉴》编辑部汇总编辑完成。

七、我国香港特别行政区、澳门特别行政区和台湾地区建设情况暂未列入本卷。

八、限于编辑水平和经验，本年鉴难免有错误和缺点，欢迎广大读者提出宝贵意见。

九、谨向关心支持《中国建设年鉴》的各级领导、撰稿人员和广大读者致以诚挚的感谢！

《中国建设年鉴2020》编辑委员会

主 任
　　姜万荣　住房和城乡建设部副部长

副主任
　　李晓龙　住房和城乡建设部办公厅主任
　　咸大庆　中国建筑出版传媒有限公司（中国城市出版社有限公司）总经理

编 委
　　段广平　住房和城乡建设部法规司司长
　　王胜军　住房和城乡建设部住房改革与发展司（研究室）司长
　　曹金彪　住房和城乡建设部住房保障司司长
　　田国民　住房和城乡建设部标准定额司司长
　　张其光　住房和城乡建设部房地产市场监管司司长
　　曾宪新　住房和城乡建设部建筑市场监管司司长
　　王志宏　住房和城乡建设部城市建设司司长
　　秦海翔　住房和城乡建设部村镇建设司司长
　　曲　琦　住房和城乡建设部工程质量安全监管司司长
　　苏蕴山　住房和城乡建设部建筑节能与科技司司长
　　杨佳燕　住房和城乡建设部住房公积金监管司司长
　　王瑞春　住房和城乡建设部城市管理监督局局长
　　胡子健　住房和城乡建设部计划财务与外事司司长
　　江小群　住房和城乡建设部人事司司长
　　张学勤　住房和城乡建设部机关党委常务副书记（正司长级）
　　李晓龙　住房和城乡建设部政策研究中心主任
　　杨瑾峰　住房和城乡建设部执业资格注册中心主任
　　杨彦奎　住房和城乡建设部人力资源开发中心主任
　　王　飞　北京市住房和城乡建设委员会委员
　　孙新军　北京市城市管理委员会主任
　　张　维　北京市规划和自然资源委员会党组书记、主任
　　潘安君　北京市水务局党组书记、局长
　　韩　利　北京市城市管理综合行政执法局党组书记、局长
　　邓乃平　北京市园林绿化局党组书记、局长
　　蔡云鹏　天津市住房和城乡建设委员会党委副书记、主任
　　陈　勇　天津市规划和自然资源局党委书记、局长
　　刘　峰　天津市城市管理委员会主任

张文波	天津市水务局副局长	鹿　山	湖南省住房和城乡建设厅党组书记、厅长
姚　凯	上海市住房和城乡建设管理委员会主任	张少康	广东省政协副主席、广东省住房和城乡建设厅厅长
邓建平	上海市绿化和市容管理局党组书记、局长	周家斌	广西壮族自治区住房和城乡建设厅党组书记、厅长
徐　建	上海市水务局（上海市海洋局）党组书记、局长	宋　祎	海南省住房和城乡建设厅二级巡视员
乔明佳	重庆市住房和城乡建设委员会党组书记、主任	丁式江	海南省自然资源和规划厅厅长
韩列松	重庆市规划和自然资源局党组成员、副局长	王　强	海南省水务厅厅长
谢礼国	重庆市城市管理局党组书记、局长	何树平	四川省住房和城乡建设厅党组书记、厅长
康彦民	河北省住房和城乡建设厅党组书记、厅长	周宏文	贵州省住房和城乡建设厅党组书记、厅长
王立业	山西省住房和城乡建设厅党组书记、厅长	马永福	云南省住房和城乡建设厅厅长
冯任飞	内蒙古自治区住房和城乡建设厅党组书记、厅长	余和平	西藏自治区住房和城乡建设厅党组书记、副厅长
杨春青	黑龙江省住房和城乡建设厅党组书记、厅长	韩一兵	陕西省住房和城乡建设厅党组书记、厅长
魏举峰	辽宁省住房和城乡建设厅党组书记、厅长	苏海明	甘肃省住房和城乡建设厅党组书记、厅长
邢文忠	吉林省住房和城乡建设厅副巡视员	王发昌	青海省住房城乡建设厅厅长
周　岚	江苏省住房和城乡建设厅厅长	马汉文	宁夏回族自治区住房城乡建设厅党组书记、厅长
项永丹	浙江省住房和城乡建设厅党组书记、厅长	李宏斌	新疆维吾尔自治区住房和城乡建设厅党组副书记、厅长
贺懋燮	安徽省住房和城乡建设厅党组书记、厅长	蔡启明	新疆生产建设兵团住房和城乡建设局党组书记、局长
林瑞良	福建省住房和城乡建设厅党组书记、厅长	楚天运	大连市住房和城乡建设局局长
卢天锡	江西省住房和城乡建设厅厅长	陈　勇	青岛市住房和城乡建设局党组书记、局长
周善东	山东省住房和城乡建设厅副厅长	张国平	宁波市住房和城乡建设局党组副书记、副局长
赵庚辰	河南省住房和城乡建设厅党组书记、厅长	陈锦良	厦门市建设局党组书记、局长
		朱文芳	深圳市住房和建设局副巡视员
李昌海	湖北省住房和城乡建设厅党组书记	王　太	交通运输部公路局副局长
		郑清秀	交通运输部水运局副局长
		张学植	工业和信息化部通信发展司副

	司长	杨丽坤	中国建设工程造价管理协会理事长
王明亮	文化和旅游部财务司副司长		
郭红宇	农业农村部计划财务司副司长	陈 重	中国风景园林学会理事长
王胜万	水利部水利工程建设司司长	宋友春	全国市长研修学院（住房和城乡建设部干部学院）党委书记兼副院长
齐贵新	国家卫生健康委员会规划发展与信息化司一级巡视员		
刘春晨	中国民用航空局机场司司长	李存东	中国建筑学会秘书长
吴明友	中国国家铁路集团有限公司建设管理部专员兼副主任	吴建平	中国城市规划协会副会长兼秘书长
王长远	中国市长协会秘书长	王学军	中国建设监理协会副会长兼秘书长
宋为民	中国建筑金属结构协会副会长兼秘书长		
		刘晓一	中国建筑装饰协会会长
王子牛	中国勘察设计协会副理事长兼秘书长	张志新	中国工程建设标准化协会副理事长兼秘书长
赵 峰	中国建筑业协会副秘书长	王要武	哈尔滨工业大学教授
杨存成	中国安装协会秘书长		

《中国建设年鉴 2020》工作执行委员会

陈　静　住房和城乡建设部办公厅档案处处长
丁博涵　住房和城乡建设部办公厅综合处处长
梁　爽　住房和城乡建设部办公厅秘书处处长
马骏驰　住房和城乡建设部办公厅督察处处长
张　开　住房和城乡建设部办公厅宣传信息处三级调研员
贾四海　住房和城乡建设部法规司综合处处长
徐明星　住房和城乡建设部住房改革与发展司（研究室）综合处处长
司　傲　住房和城乡建设部住房保障司综合处处长
袁　雷　住房和城乡建设部标准定额司综合处处长
朱文奇　住房和城乡建设部房地产市场监管司综合处处长
张　磊　住房和城乡建设部建筑市场监管司综合处处长
邱绪建　住房和城乡建设部城市建设司综合处处长
屈丹峰　住房和城乡建设部村镇建设司综合处处长
宋梅红　住房和城乡建设部工程质量安全监管司综合处处长
南　楠　住房和城乡建设部建筑节能与科技司综合处处长
刘晓庆　住房和城乡建设部住房公积金监管司综合处处长
戴玉珍　住房和城乡建设部城市管理监督局副局长
王彦芳　住房和城乡建设部计划财务与外事司二级巡视员
彭　赟　住房和城乡建设部人事司综合与机构编制处处长
吕　蕊　住房和城乡建设部机关党委办公室三级调研员
刘美芝　住房和城乡建设部政策研究中心处长
陈雪峤　住房和城乡建设部执业资格注册中心办公室主任
付春玲　住房和城乡建设部人力资源开发中心办公室主任
史现利　中国建筑出版传媒有限公司总经理办公室主任
刘忠昌　北京市住房和城乡建设发展研究中心主任
堵锡忠　北京市城市管理委员会研究室主任
马兴永　北京市规划和自然资源委员会研究室（宣传处）主任（处长）
吴富宁　北京市水务局研究室主任
霍保安　北京市城市管理综合行政执法局办公室主任、二级巡视员
王　军　北京市园林绿化局研究室主任
王祥雨　天津市住房和城乡建设委员会办公室主任
孙君普　天津市规划和自然资源局办公室主任
王庆贺　天津市城市管理委员会政策法规处处长
丛　英　天津市水务局办公室调研员

徐存福	上海市住房和城乡建设管理委员会政策研究室主任		（主持办公室工作）
王　辉	上海市绿化和市容管理局政策法规处（研究室）处长	杜华瑞	云南省住房和城乡建设厅办公室主任
		龚世军	西藏自治区住房和城乡建设厅办公室主任
魏梓兴	上海市水务局（上海市海洋局）办公室主任	杜晓东	陕西省住房和城乡建设厅政策法规处处长
吴　广	重庆市住房和城乡建设委员会办公室主任	梁小鹏	甘肃省住房和城乡建设厅办公室主任
熊仪俊	重庆市规划和自然资源局综合处处长	豆　拉	青海省住房城乡建设厅办公室主任
李昌良	重庆市城市管理局办公室主任	李有军	宁夏回族自治区住房城乡建设厅办公室主任
郭晓辉	河北省住房和城乡建设厅办公室主任		
毕晋锋	山西省住房和城乡建设厅办公室主任	朱　琪	新疆维吾尔自治区住房和城乡建设厅城建档案馆馆长
刘文宇	内蒙古自治区住房和城乡建设厅办公室主任	张静宇	新疆生产建设兵团住房和城乡建设局办公室主任
姜殿彬	黑龙江省住房和城乡建设厅办公室主任	何运荣	大连市住房和城乡建设局机关党委办公室主任
刘绍伟	辽宁省住房和城乡建设厅办公室主任		
刘　金	吉林省住房和城乡建设厅行业发展处处长	于　军	青岛市住房和城乡建设局办公室主任
		许志平	宁波市住房和城乡建设局办公室主任
金　文	江苏省住房和城乡建设厅办公室主任	李小平	厦门市建设局办公室主任
吴文勇	浙江省住房和城乡建设厅办公室二级调研员	吴长松	深圳市住房和建设局办公室主任
		王恒斌	交通运输部公路局工程管理处副处长
赵新泽	安徽省住房和城乡建设厅办公室主任	翁笑冰	交通运输部水运局建设市场监管处处长
张志红	福建省住房和城乡建设厅办公室主任	贺　丰	工业和信息化部通信发展司建设处处长
江新洪	江西省住房和城乡建设厅副厅长、办公室主任	亢　博	文化和旅游部财务司规划统计处副处长
		丁祥勇	农业农村部计划财务司建设项目处处长
潘岚君	山东省住房和城乡建设厅办公室主任	咸　波	水利部水利工程建设司重点建设处处长
董海立	河南省住房和城乡建设厅办公室主任	王　欢	国家卫生健康委员会规划发展与信息化司建设装备处处长
吴缅胜	湖北省住房和城乡建设厅办公室主任		
吴　勇	湖南省住房和城乡建设厅办公室主任	彭爱兰	中国民用航空局机场司建设处处长
曾　峥	广东省住房和城乡建设厅办公室主任	刘俊贤	中国国家铁路集团有限公司建设管理部综合处处长
刘　威	广西壮族自治区住房和城乡建设厅办公室主任		
		杨　捷	中国市长协会副秘书长
陈　武	海南省住房和城乡建设厅政策法规处处长	赵志兵	中国建筑金属结构协会副秘书长、办公室主任
吴　雄	海南省自然资源和规划厅办公室主任	汪祖进	中国勘察设计协会副秘书长
李冬剑	海南水务厅办公室主任	金　玲	中国建筑业协会建筑业高质量发展研究院（筹）编辑
刘　恒	四川省住房和城乡建设厅党组成员、副厅长		
蒋　拯	贵州省住房和城乡建设厅法规处处长	赵金山	中国安装协会副秘书长、办公室主任

李 萍	中国建设工程造价管理协会行业发展部副主任	张松峰	中国建筑学会综合部主任
		谢盈盈	中国城市规划协会副秘书长
贾建中	中国风景园林学会秘书长	宋雪文	中国建设监理协会行业发展部副主任
张海荣	全国市长研修学院（住房和城乡建设部干部学院）院务办公室主任	龚仰其	中国建筑装饰协会办公室主任
		李文娟	中国工程建设标准化协会办公室副主任

《中国建设年鉴》编辑部

编　辑：杜　洁　胡明安

电　话：010-58337201

地　址：北京市海淀区三里河路9号院中国建筑出版传媒有限公司

主要撰稿人名单

尹飞龙	王 伟	王 骁	朱海波	周 琦	王 玮	胡建坤	屈允永
朱 乐	杜凌波	田 歌	胡秀梅	叶 笛	亢 博	曲怡然	李芳馨
何声卫	杨铭洋	刘俊贤	李 童	宾 帆	闫 军	张俊勇	汪成钢
堵锡忠	赵 霆	孙桂珍	倪广丽	齐庆栓	王翔雨	邢 政	刘瑞清
丛 英	李志业	米玉婷	格根哈斯	屈超然	张勇智	许明磊	张利洁
胡 亮	田 军	张爱华	许想想	张 伟	施德善	夏 萍	高 健
王 放	李 琳	何丽雯	王佳佳	杨 帆	张艺扬	陈文芳	李根芽
岳 乐	向贵和	王相鹏	宋维修	陆怀安	吴汉卫	周静煊	顾永宁
金 鹏	关常来	张宏震	纪丰岩	刘静雯	陈 锋	张聪凌	刘 燊
许澜馨	刘 巍	季 帆	付彦荣	张海荣	冷 亮	朱智勇	侯丽娟
姜 洋	李雪菊	赵金山	林蓓蓓	宋雪文	高 俊	李 蕊	王玉珠
张亚衡	王 放	周志红	钱 璟	吕志翠			

目 录

特 载

习近平对垃圾分类工作作出重要指示强调
　培养垃圾分类的好习惯　为改善生活环境
　作努力　为绿色发展可持续发展作贡献 ……… 2
习近平：人民城市人民建，人民城市
　为人民 ……………………………………………… 2
李克强主持召开国务院常务会议部署推进
　城镇老旧小区改造等 …………………………… 3
李克强说，促进区域协调发展，提高新型
　城镇化质量 ……………………………………… 3
韩正在住房和城乡建设部调研并主持召开
　座谈会强调　落实城市主体责任　稳地价稳
　房价稳预期　促进房地产市场平稳健康发展 … 4
全力推进住房和城乡建设事业高质量发展
　为夺取全面建成小康社会伟大胜利实现
　第一个百年奋斗目标作出贡献　全国
　住房和城乡建设工作会议召开 ………………… 5

专题报道

王蒙徽：推动住房和城乡建设事业高
　质量发展 ………………………………………… 10
住房和城乡建设部举行宪法宣誓仪式
　王蒙徽部长监誓 ………………………………… 12

建设综述

法规建设 …………………………………………… 14
- 立法工作 ………………………………………… 14
- 执法监督与普法 ………………………………… 14
- 行政复议和行政诉讼 …………………………… 14
- "放管服"改革 …………………………………… 14
- 其他工作 ………………………………………… 14

住房保障建设 ……………………………………… 15
全年重点工作、新举措 …………………………… 15
- 住房保障体系工作取得重要阶段性进展 ……… 15
- 完成棚改年度目标任务 ………………………… 15
- 规范发展公租房 ………………………………… 15

住房保障政策拟定 ………………………………… 15
- 住房和城乡建设部　国家发展改革委　财政
　部　自然资源部关于进一步规范发展公租房
　的意见（建保〔2019〕55号）………………… 15

城镇保障性安居工程年度计划、资金安排
　及实施情况 ……………………………………… 16
- 明确年度计划 …………………………………… 16
- 年度资金安排情况 ……………………………… 16
- 城镇保障性安居工程建设进展顺利 …………… 16

标准定额、建筑节能与科技 ……………………… 17
概况 ………………………………………………… 17
住房和城乡建设标准规范管理 …………………… 17
- 深化标准化改革 ………………………………… 17
- 标准规范编制管理 ……………………………… 17

住房和城乡建设工程造价管理 …………………… 18
- 企业营商环境 …………………………………… 18
- 工程造价管理改革 ……………………………… 18
- "放管服"改革要求 ……………………………… 18
- 工程计价体系 …………………………………… 18
- 工程定额局部修订 ……………………………… 18
- 工程造价信息数据管理 ………………………… 18
- 与国际通行规则接轨工作准备 ………………… 18
- 工程造价行业概况 ……………………………… 18

实施指导监督工作 ·· 18
    • 工程建设标准实施指导监督 ······················· 18
    • 持续推进中国工程建设标准国际化 ··········· 18
  无障碍、养老设施建设工作 ································ 19
    • 无障碍环境市县村镇创建 ··························· 19
    • 相关课题 ·· 19
  住房和城乡建设领域科研和开发情况 ················ 19
    • 相关规划编制 ·· 19
    • 国家重大专项实施 ······································ 19
    • 部科学技术计划项目征集和智库建设 ······· 19
  国际科技交流与合作 ·· 19
    • 相关国际合作项目 ······································ 19
    • 国际交流活动 ·· 19
    • 组织推荐国家重点研发计划国际合作项目 ···· 19
  建筑节能和绿色建筑 ·· 19
    • 建筑节能 ·· 19
    • 绿色建筑 ·· 19
    • 可再生能源建筑应用 ·································· 20
  装配式建筑和绿色建材 ·· 20
    • 装配式建筑 ·· 20
    • 绿色建材 ·· 20

房地产市场监管 ·· 20
  概况 ·· 20
  房地产市场政策、协调与指导 ···························· 20
    • 房地产市场政策 ·· 20
    • 房地产市场调控 ·· 20
  房地产市场运行 ·· 20
  房地产交易租赁和产权管理 ································ 21
    • 培育和发展住房租赁市场 ·························· 21
    • 提升房屋交易管理服务效能 ······················ 21
  房地产开发与征收 ·· 21
    • 房屋开发征收管理 ······································ 21
  物业服务 ·· 21
    • 物业服务监管机制 ······································ 21
  房地产市场监管 ·· 21
    • 整治住房租赁中介机构乱象 ······················ 21
    • 房地产中介行业管理 ·································· 21
  定点扶贫 ·· 21

建筑市场监管 ·· 22
  概况 ·· 22
  建筑业重点领域改革 ·· 22
    • 钢结构装配式住宅建设试点 ······················ 22
    • 工程招投标制度改革 ·································· 22
    • 工程建设组织模式 ······································ 22
    • 培育建筑产业工人队伍 ······························ 22
  建筑业"放管服"改革 ·· 22
    • 企业营商环境 ·· 22
    • 企业资质审批制度改革 ······························ 23
    • 个人执业资格管理制度 ······························ 23
    • 建筑市场信用和担保体系 ·························· 23
    • 建筑市场监管 ·· 23

城市建设 ·· 23
  城镇老旧小区改造 ·· 23
    • 年度计划制定实施 ······································ 23
    • 全国调研 ·· 24
    • 城镇老旧小区改造试点 ······························ 24
  城市社区"美好环境与幸福生活共同
  缔造"活动 ·· 24
    • 结合城镇老旧小区改造和生活垃圾分类开展
      "美好环境与幸福生活共同缔造"活动 ······ 24
  推进海绵城市建设 ·· 24
    • 海绵城市建设 ·· 24
    • 城市黑臭水体治理 ······································ 24
    • 补齐排水防涝设施补短板 ·························· 24
  城镇供水与污水处理 ·· 24
    • 启动城市污水处理提质增效 ······················ 24
    • 城镇供水安全保障 ······································ 24
    • 城镇节水工作 ·· 24
  地下综合管廊建设 ·· 24
    • 配套政策 ·· 25
    • 综合管廊试点建设 ······································ 25
    • 标准规范制订 ·· 25
  市政交通建设 ·· 25
    • 城镇燃气 ·· 25
    • 城镇供热 ·· 25
    • 城市道路交通 ·· 25
  城市环境卫生工作 ·· 25
    • 生活垃圾分类 ·· 25
    • 生活垃圾处理设施建设 ······························ 25
    • 道路机械化清扫 ·· 25
    • 城市"厕所革命" ······································ 26
    • 建筑垃圾治理 ·· 26
  园林绿化建设 ·· 26
    • 标准制定 ·· 26
    • 国家园林城市系列创建 ······························ 26
    • 中国国际园林博览会建设 ·························· 26
    • 宣传展示 ·· 26

村镇建设 ... 26
保障贫困户基本住房安全 ... 26
- 安排危房改造任务 ... 26
- 各地加快工程进度 ... 27
- 对深度贫困地区的倾斜支持 ... 27

定点扶贫和大别山片区脱贫攻坚联系 ... 27
- 做好脱贫攻坚专项巡视整改工作 ... 27
- 推进定点扶贫工作 ... 27
- 大别山片区牵头联系工作 ... 27
- 开展漠视侵害群众利益问题专项整治 ... 28

美好环境与幸福生活共同缔造活动 ... 28
- 开展动员部署 ... 28
- 推进试点打造 ... 28
- 抓好培训宣传 ... 28

农房建设试点 ... 28
- 部署和推动试点工作 ... 28
- 开展典型地区和典型项目调研 ... 28
- 推动钢结构农房建设试点 ... 28

农村人居环境整治 ... 28
- 建立健全农村生活垃圾收运处置体系 ... 28
- 推进非正规垃圾堆放点排查整治 ... 28
- 加强农村生活污水治理技术指导 ... 28
- 引导和支持设计下乡 ... 29

传统村落保护发展 ... 29
- 中国传统村落名录 ... 29
- 中国传统村落保护发展 ... 29
- 开展宣传推广 ... 29

小城镇建设 ... 29
- 调研指导特色小城镇建设 ... 29
- 加强小城镇建设指导 ... 29

工程质量安全监管 ... 29
概况 ... 29
工程质量监管 ... 29
- 加强建筑品质 提升顶层设计 ... 29
- 开展工程质量安全提升行动 ... 29
- 推动落实工程质量安全手册制度 ... 29
- 开展违规海砂专项治理 ... 29
- 调查处理工程质量问题和质量投诉 ... 29
- 夯实工程质量工作基础 ... 30

建筑施工安全监管 ... 30
- 开展建筑施工安全专项治理行动 ... 30
- 组织开展住房和城乡建设领域安全生产隐患大排查 ... 30
- 事故查处问责 ... 30
- 建筑施工安全长效机制建设 ... 30

城市轨道交通工程质量安全监管 ... 30
- 制度技术 ... 30
- 隐患排查 ... 30
- 监督检查 ... 30
- 事故督办 ... 30
- 培训交流 ... 30

勘察设计质量监管 ... 31
- 勘察质量监管制度 ... 31
- 勘察质量监管方式创新 ... 31
- 施工图审查制度改革 ... 31

勘察设计行业技术进步 ... 31
- 推动行业技术进步 ... 31

城乡建设抗震防灾 ... 31
- 法规制度体系建设 ... 31
- 实施自然灾害防治重点工程 ... 31
- 建筑工程抗震设防监管 ... 31
- 地震应急响应能力 ... 31

协调做好部安全办工作 ... 31
- 部署安全生产工作 ... 31
- 开展安全生产预警提醒 ... 31

人居环境与设计 ... 32
概况 ... 32
历史名城保护 ... 32
- 构建城乡建设与历史文化保护传承体系 ... 32
- 历史文化名城名镇名村申报工作 ... 32
- 历史文化街区划定和历史建筑确定工作 ... 32
- 保护工作监督处罚力度 ... 32
- 成立部科技委历史文化保护与传承专业委员会 ... 32

城市设计管理 ... 32
- 开展城市设计试点阶段性总结评估 ... 32
- 成立部科学技术委员会城市设计专业委员会 ... 32
- 指导中新天津生态城建设 ... 32

城市更新管理 ... 32
- 开展生态修复城市修补试点总结评估 ... 32
- 开展城市社区足球场地设施建设试点 ... 33
- 开展老厂区老厂房更新改造利用试点 ... 33

城市信息模型（CIM）平台建设 ... 33
- 城市信息模型（CIM）平台建设 ... 33
- 成立部科学技术委员会智慧城市专业委员会 ... 33

建筑设计管理 ... 33

- 开展建筑设计改革创新试点工作 …… 33
- 推动建筑设计国际合作 …… 33
- 成立住房和城乡建设部科学技术委员会建筑设计专业委员会 …… 33

城市体检评估 …… 33
- 开展城市体检试点工作 …… 33
- 建立城市体检指标体系 …… 33
- 成立部城市体检专家指导委员会 …… 34
- 成立部科学技术委员会人居环境专业委员会 …… 34
- 初步建立城市建设管理与人居环境质量评价体系 …… 34
- 探索开展"美丽城市"建设试点 …… 34

建设工程消防设计审验 …… 34
- 完成职责承接 …… 34
- 跟踪指导各地做好建设工程消防设计审查验收 …… 34
- 组织开展培训 …… 34
- 召开工作推进会 …… 34
- 法律法规制（修）订 …… 34

住房公积金监管 …… 35
住房公积金业务发展情况 …… 35
- 缴存 …… 35
- 提取 …… 36
- 贷款 …… 37
- 国债 …… 38
- 业务收支 …… 38
- 资产风险 …… 39

住房公积金监督和管理机构情况 …… 39
住房公积金政策和监管制度情况 …… 39
- 修改《住房公积金管理条例》部分条款 …… 39
- 进一步完善军队文职人员住房公积金有关政策 …… 39
- 防控资金风险 …… 39
- 公布住房公积金年度报告 …… 40

住房公积金信息化建设和服务情况 …… 40
- 信息化建设成效显著 …… 40
- 持续提升服务效能 …… 40

经济社会效益 …… 40
- 缴存扩面持续推进 …… 40
- 多渠道保障住有所居 …… 40
- 减轻职工住房消费负担 …… 40

城市管理监督 …… 41
概况 …… 41

推进城市管理信息化建设 …… 41
- 推动城市综合管理服务平台建设 …… 41
- 研究建立城市综合管理服务评价指标体系 …… 41
- 推动地方加快城管平台建设 …… 41

提升市容市貌环境品质 …… 42
- 部署开展"市容环境大扫除，干干净净迎国庆"活动 …… 42
- 开展规范城市户外广告设施管理试点工作 …… 42

加强城市管理执法队伍建设 …… 42
- 开展全国城市管理执法队伍"强基础、转作风、树形象"三年行动 …… 42
- 严格规范公正文明执法 …… 43

人事教育 …… 43
高等教育 …… 43
- 2018—2019年度高等学校建筑学专业教育评估工作 …… 43
- 2019—2020年度高等学校城乡规划专业教育评估工作 …… 45
- 2018—2019年度高等学校土木工程专业教育评估工作 …… 47
- 2018—2019年度高等学校建筑环境与能源应用工程专业教育评估工作 …… 50
- 2018—2019年度高等学校给排水科学与工程专业教育评估工作 …… 51
- 2018—2019年度高等学校工程管理专业教育评估工作 …… 52

干部教育培训工作 …… 53
- 制定印发干部教育培训规划 …… 53
- 积极开展机关干部培训工作 …… 53
- 指导开展系统干部培训工作 …… 53
- 举办市长培训班 …… 53
- 组织开展处级以上干部集中轮训班 …… 53
- 印发培训计划并开展领导干部及专业技术人才培训 …… 54
- 2019年度领导干部调训工作 …… 54
- 组织学习第五批全国干部学习培训教材 …… 54
- 成立全国市长研修学院系列培训教材编委会并开发特色课程教材 …… 54
- 完成中组部案例编写工作 …… 54
- 全国市长研修学院（部干部学院）国家级专业技术人员继续教育基地积极开展专业技术人员培训工作 …… 54
- 举办全国专业技术人才知识更新工程高级研修班 …… 54

- 职业资格工作 ·········· 54
  - 住房和城乡建设领域职业资格考试情况 ·········· 54
  - 住房城乡建设领域职业资格及注册情况 ·········· 55
  - 完成全国注册建筑师管委会换届 ·········· 55
  - 职业资格专业设置 ·········· 55
  - 执业资格相关制度 ·········· 55
- 人才工作 ·········· 55
  - 开展行业从业人员职业技能鉴定工作试点 ·········· 55
  - 继续组织编修行业从业人员职业标准 ·········· 55
  - 行业职业技能竞赛组织管理 ·········· 55
  - 施工现场专业人员教育培训试点工作 ·········· 56
  - 职业教育指导 ·········· 56
  - 职称制度改革 ·········· 56
  - 专家管理服务 ·········· 56
- 城乡建设档案 ·········· 56
  - 城建档案法制建设 ·········· 56
  - 建设工程竣工档案归集管理 ·········· 57
  - 城建档案信息化建设 ·········· 58
  - 数字声像档案管理 ·········· 60
  - 城市地下管线工程档案管理 ·········· 61
  - 联合验收工作 ·········· 62
  - 城建档案馆舍、机构、人员培训情况 ·········· 63
- 2019年住房城乡建设大事记 ·········· 64
- 基础设施投资建设 ·········· 68
  - 全国文化和旅游设施建设 ·········· 68
    - 覆盖城乡的公共文化设施网络基本建立 ·········· 68
    - "文化旅游提升工程"进展顺利 ·········· 69
    - 国家重大文化设施建设稳步推进 ·········· 69
    - 加强文化设施建设标准编制工作 ·········· 69
  - 卫生基础设施建设 ·········· 69
    - 医疗卫生服务体系建设成效显著 ·········· 69
    - 委属（管）单位建设进展顺利 ·········· 69
  - 信息通信业建设 ·········· 70
    - 通信建设招投标服务和监管水平 ·········· 70
    - 通信基础设施规范化建设 ·········· 70
    - 推动固定宽带和移动宽带迈入千兆时代 ·········· 70
    - 电信普遍服务试点 ·········· 71
    - 质量安全形势保持平稳 ·········· 71
  - 农业农村建设 ·········· 71
    - 高标准农田建设 ·········· 71
    - 畜禽粪污资源化利用 ·········· 71
    - 农村人居环境整治 ·········· 71
    - 科技创新条件能力建设 ·········· 71
    - 数字农业建设试点 ·········· 71
    - 农垦社会公益性设施 ·········· 71
    - 农垦危房改造 ·········· 71
    - 部门自身建设 ·········· 72
  - 水利建设 ·········· 72
    - 水利设施投资、资金利用情况 ·········· 72
    - 重点水利工程建设 ·········· 72
    - 水利建设相关法规、政策 ·········· 73
    - 水利建设相关技术标准和规范 ·········· 73
  - 铁道建设 ·········· 74
    - 概况 ·········· 74
      - 党中央决策部署得到有效落实 ·········· 74
      - 铁路建设 ·········· 74
      - 质量安全 ·········· 75
      - 改革创新 ·········· 75
      - 精品智能创新 ·········· 75
      - 建设队伍素质能力 ·········· 76
    - 建设管理 ·········· 76
      - 重要管理办法 ·········· 76
      - 建设单位考核 ·········· 76
      - 信用评价 ·········· 77
      - 建管人员培训 ·········· 77
    - 建设标准 ·········· 77
      - 标准体系 ·········· 77
      - 标准设计体系 ·········· 77
      - 川藏铁路标准编制 ·········· 77
      - 造价标准 ·········· 77
      - 标准翻译 ·········· 78
      - 绿色铁路标准编制 ·········· 78
      - 货运专用线设计标准编制 ·········· 78
    - 招标投标 ·········· 78
    - 项目验收 ·········· 78
      - 验收组织 ·········· 78
      - 初步验收工作 ·········· 78
      - 国家验收 ·········· 79
    - 质量安全 ·········· 79
      - 坚持示范引领 ·········· 79
      - 质量专项整治 ·········· 79
      - 开展专项整治 ·········· 79
      - 抓好维稳工作 ·········· 79
      - 加大处罚力度 ·········· 79
  - 民航建设 ·········· 80
    - 北京大兴国际机场顺利投运 ·········· 80
    - 上海浦东机场卫星厅工程投入使用 ·········· 81
    - 西部地区机场建设有序推进 ·········· 82

公路建设 ········· 83
 公路建设基本情况 ········· 83
 公路重点工程建设总体情况 ········· 83
 推动公路建设转型升级 ········· 83
 典型重大工程项目 ········· 84
  • 虎门二桥 ········· 84
  • 池州长江公路大桥 ········· 84
  • 延庆至崇礼高速公路 ········· 84
  • 湖北石首长江公路大桥 ········· 84
  • 湖北嘉鱼长江公路大桥 ········· 84
水运工程建设 ········· 85
 概况 ········· 85

水运工程建设情况 ········· 85
 • 沿海港口基础设施建设 ········· 85
 • 长江干线航道建设 ········· 85
 • 西江黄金水道建设 ········· 85
 • 地区航道、通航设施建设 ········· 85
水运工程建设相关法规政策 ········· 86
 • 修订建设管理规定 ········· 86
 • 加强信用体系建设 ········· 86
 • 落实"放管服"改革要求 ········· 86
 • 开展职业资格专项治理 ········· 86
 • 推进内河航运高质量发展 ········· 86

各 地 建 设

北京市 ········· 88
 住房和城乡建设 ········· 88
  概况 ········· 88
  法规建设 ········· 88
  房地产业 ········· 89
  住房保障 ········· 90
  公积金管理 ········· 91
  城市建设 ········· 92
  标准定额 ········· 93
  工程质量安全监督 ········· 94
  建筑市场 ········· 95
  建筑节能与科技 ········· 96
  人事教育 ········· 97
  大事记 ········· 98
 城市规划 ········· 99
  城市规划建设 ········· 99
  村镇规划建设 ········· 101
 城市管理 ········· 102
  概况 ········· 102
  城市建设 ········· 102
  市政公用事业 ········· 104
  重点专项执法工作 ········· 105
 园林绿化 ········· 108
  概况 ········· 108
  园林绿化建设与管理 ········· 108
 水务建设与管理 ········· 109

  概况 ········· 109
  水务建设与管理 ········· 110
天津市 ········· 111
 国土空间总体规划 ········· 111
  概况 ········· 111
  规划编制 ········· 111
  规划建设 ········· 112
  规划管理 ········· 112
  大事记 ········· 113
 城乡建设 ········· 114
  建筑业 ········· 114
  勘察设计行业 ········· 117
  房地产业 ········· 117
  城市建设 ········· 120
  大事记 ········· 123
 城市管理 ········· 123
  概况 ········· 123
  环境秩序治理 ········· 124
  城市公园管理 ········· 124
  综合执法管理 ········· 124
  城市管理法制建设 ········· 125
  城市管理科技 ········· 125
 水利建设与管理 ········· 126
  概况 ········· 126
  水利建设与管理 ········· 126
河北省 ········· 127

概况 ……………………………… 127
　　法规建设 ………………………… 127
　　房地产业 ………………………… 127
　　住房保障 ………………………… 128
　　公积金管理 ……………………… 128
　　城市建设 ………………………… 129
　　村镇规划建设 …………………… 131
　　标准定额 ………………………… 131
　　工程质量安全监督 ……………… 132
　　建筑市场 ………………………… 133
　　建筑节能与科技 ………………… 134
　　人事教育 ………………………… 135
　　年度其他重要工作 ……………… 135
　　大事记 …………………………… 136
山西省 ……………………………… 137
　　概况 ……………………………… 137
　　法规建设 ………………………… 138
　　房地产业 ………………………… 138
　　住房保障 ………………………… 139
　　公积金管理 ……………………… 139
　　城市建设 ………………………… 140
　　村镇建设 ………………………… 140
　　标准定额 ………………………… 141
　　工程质量安全监督 ……………… 141
　　建筑市场 ………………………… 142
　　建筑节能与科技 ………………… 143
　　人事教育 ………………………… 143
　　大事记 …………………………… 143
内蒙古自治区 ……………………… 145
　　概况 ……………………………… 145
　　法规建设 ………………………… 145
　　房地产业 ………………………… 145
　　住房保障 ………………………… 146
　　公积金管理 ……………………… 146
　　城市建设 ………………………… 146
　　村镇建设 ………………………… 146
　　标准定额 ………………………… 146
　　工程质量安全监督 ……………… 147
　　建筑市场 ………………………… 147
　　建筑节能与科技 ………………… 147
　　人事教育 ………………………… 147

　　年度其他重要工作 ……………… 147
　　大事记 …………………………… 148
辽宁省 ……………………………… 150
　　建筑业 …………………………… 150
　　房地产业 ………………………… 152
　　城市建设 ………………………… 153
　　村镇建设 ………………………… 155
吉林省 ……………………………… 155
　　概况 ……………………………… 155
　　法规建设 ………………………… 156
　　房地产业 ………………………… 157
　　住房保障 ………………………… 158
　　住房公积金管理 ………………… 158
　　城镇老旧小区改造 ……………… 159
　　城市建设 ………………………… 159
　　城市管理监督 …………………… 162
　　村镇建设 ………………………… 162
　　美好环境与幸福生活共同缔造活动 … 163
　　建筑业 …………………………… 164
　　建设工程消防设计审查 ………… 167
黑龙江省 …………………………… 168
　　概况 ……………………………… 168
　　房地产市场 ……………………… 168
　　保障性安居工程建设 …………… 168
　　住房公积金管理 ………………… 168
　　城市基础设施建设 ……………… 168
　　农村危房改造 …………………… 169
　　城乡生活垃圾分类治理 ………… 169
　　建筑业 …………………………… 169
　　建筑节能和绿色建筑 …………… 169
　　消防设计审查验收 ……………… 170
上海市 ……………………………… 170
　城乡建设与管理 ……………… 170
　　概况 ……………………………… 170
　　城乡建设与管理 ………………… 170
　绿化市容 ……………………… 172
　　绿化林业 ………………………… 172
　　生活垃圾 ………………………… 173
　　市容景观 ………………………… 174
　　基础发展 ………………………… 175
　水务建设与管理 ……………… 175

概况	175
防汛防台	177
河长制湖长制	177
城市供水	178
城市排水	178
水利建设	179
水政管理	179

江苏省 181
 概况 181
 法规建设 181
 房地产业 182
 住房保障 183
 住房公积金 183
 城市规划设计 183
 城市建设 184
 村镇规划建设 186
 工程质量安全监管 187
 建筑市场 189
 市场监管 190
 建筑节能与科技 191
 人事教育 192
 城建档案 192

浙江省 193
 概况 193
 法规建设 193
 房地产业 193
 住房保障 195
 住房公积金管理 195
 城市建设 196
 村镇建设 197
 工程造价 198
 工程质量安全监督 199
 建筑市场 199
 建筑节能与科技 200
 城市管理 201
 人事教育 201
 大事记 202

安徽省 203
 概况 203
 法规建设 204
 房地产业 205
 住房保障 206
 住房公积金管理 206
 城市建设 207
 村镇建设 208
 标准定额 208
 工程质量安全监管 209
 建筑市场监管 210
 建筑节能与科技 211
 城市管理监督 211
 人事教育 212
 大事记 212

福建省 216
 概况 216
 法规建设 217
 房地产业 218
 住房保障 218
 住房公积金管理 219
 城乡规划建设 220
 城市建设 221
 村镇建设 221
 工程建设管理 222
 建筑业 224
 建筑科技与设计 225
 城市管理 226

江西省 227
 概况 227
 法规建设 228
 房地产业 229
 住房保障 229
 住房公积金管理 230
 城市建设与管理 231
 村镇规划管理 232
 标准定额 233
 工程质量安全监督 233
 建筑市场 234
 建筑节能与科技 235
 人事教育 236
 大事记 236

山东省 238
 概况 238
 法规建设 240

房地产业	240	村镇建设	292
住房保障	241	建筑节能与科技	293
住房公积金监管	241	城市管理和执法监督	294
城市建设	242	建设监督	295

河南省 … 249
- 概况 … 249
- 房地产业 … 252
- 住房保障 … 254
- 城市建设与管理 … 255
- 村镇规划与建设 … 257
- 工程建设与建筑业 … 258
- 建筑节能与科技 … 262
- 大事记 … 263

湖北省 … 267
- 概况 … 267
- 法规建设 … 268
- 房地产业 … 269
- 住房保障 … 271
- 住房公积金管理 … 271
- 城市建设 … 272
- 村镇建设 … 274
- 城市管理 … 274
- 标准定额 … 275
- 工程质量安全 … 276
- 建筑业 … 276
- 建筑节能与科技 … 277
- 人事教育 … 279
- 大事记 … 280

湖南省 … 283
- 概况 … 283
- 政策法规 … 283
- 住房公积金监管 … 284
- 房地产监管 … 285
- 住房保障 … 286
- 建筑业 … 287
- 城市建设 … 289

（续上表）
- 村镇建设 … 244
- 标准定额 … 245
- 工程质量与安全监督 … 246
- 建筑市场 … 247
- 建筑节能与科技 … 248

广东省 … 296
- 概况 … 296
- 法规建设 … 296
- 房地产业 … 297
- 住房保障 … 298
- 住房公积金管理 … 299
- 城市建设与管理 … 299
- 村镇建设与管理 … 303
- 建筑市场监管 … 304
- 工程质量安全监督 … 305
- 标准定额 … 306
- 建设科技与绿色建筑 … 307
- 建设事业信息化 … 308
- 建设行政审批 … 309
- 人事教育 … 309
- 大事记 … 309

广西壮族自治区 … 313
- 概况 … 313
- 法规建设 … 314
- 房地产业 … 314
- 住房保障 … 315
- 住房公积金管理 … 316
- 城市建设 … 317
- 村镇规划建设 … 318
- 标准定额 … 320
- 工程质量安全监督 … 320
- 建筑市场 … 320
- 建筑节能与科技 … 321
- 人事教育 … 322
- 大事记 … 323

海南省 … 326
- 概况 … 326
- 法规建设 … 326
- 房地产市场监管 … 326
- 住房保障 … 327
- 住房公积金监管 … 327
- 城市建设 … 327

村镇建设 …… 328
　　标准定额 …… 328
　　工程质量安全监督 …… 329
　　建筑市场监管 …… 330
　　建筑节能与科技 …… 330
　　人事教育 …… 331
　　大事记 …… 332
重庆市 …… 334
　城乡建设 …… 334
　　概况 …… 334
　　法规建设 …… 334
　　房地产业 …… 334
　　住房保障 …… 336
　　住房公积金管理 …… 337
　　城市设计 …… 337
　　城市建设 …… 338
　　村镇建设 …… 339
　　工程质量安全监督 …… 340
　　建筑市场 …… 340
　　建筑节能与科技 …… 342
　城乡规划 …… 344
　　城市规划设计 …… 344
　　村镇规划建设 …… 344
　　大事记 …… 345
四川省 …… 346
　　概况 …… 346
　　法规建设 …… 348
　　房地产业 …… 348
　　住房保障 …… 349
　　住房公积金管理 …… 349
　　城市规划设计 …… 349
　　城市建设 …… 350
　　村镇规划建设 …… 350
　　标准定额 …… 351
　　工程质量安全监督 …… 351
　　建筑市场 …… 352
　　建筑节能与科技 …… 354
　　人事教育 …… 354
　　大事记 …… 355
贵州省 …… 356
　　概况 …… 356

　　法规建设 …… 357
　　房地产业 …… 358
　　住房保障 …… 358
　　住房公积金管理 …… 358
　　城市规划设计 …… 359
　　城市建设管理 …… 359
　　村镇规划建设 …… 360
　　标准定额 …… 361
　　工程质量安全监管 …… 361
　　建筑市场 …… 361
　　建筑节能与科技 …… 362
　　人事教育 …… 362
　　大事记 …… 363
云南省 …… 365
　　概况 …… 365
　　法规建设 …… 365
　　房地产业 …… 366
　　住房保障 …… 366
　　住房公积金管理 …… 367
　　城市建设 …… 368
　　村镇规划建设 …… 370
　　标准定额 …… 371
　　工程质量安全监督 …… 371
　　建筑市场 …… 371
　　建筑节能与科技 …… 372
　　防震减灾与恢复重建 …… 373
　　人事教育 …… 373
　　大事记 …… 374
西藏自治区 …… 376
　　概况 …… 376
　　城乡建设与规划 …… 376
　　房地产开发经营 …… 377
　　保障性住房建设 …… 377
　　建筑市场管理、工程质量和安全生产监督 …… 377
　　抗震减灾工程 …… 377
　　维护稳定及化解风险 …… 378
　　乡村振兴与边境建设 …… 378
　　住房公积金管理 …… 378
陕西省 …… 379
　　概况 …… 379
　　法规建设 …… 379

房地产业	380	房地产业与市场	411
住房保障	381	住房保障	411
公积金管理	382	住房公积金管理	412
城市建设与管理	382	城镇化建设和城市管理	412
村镇规划建设	384	村镇建设	413
勘察设计和标准定额	385	标准定额	414
工程质量安全监督	386	建筑业与质量安全	414
建筑市场	387	建筑节能与科技	415
建筑节能与科技	388	人事教育	415
人事教育	389	**新疆维吾尔自治区**	416
大事记	389	概况	416
甘肃省	393	法规建设	417
概况	393	房地产业	417
法规建设	393	住房保障	418
房地产业	393	住房公积金监管	419
住房保障	394	城市建设	420
公积金管理	394	村镇建设	423
城市建设	395	标准定额	423
村镇建设	396	工程质量安全监管	424
标准定额	396	建筑市场监管	425
工程质量安全监管	397	建筑节能与科技	426
建筑市场	398	城市管理监督	427
建筑节能与科技	399	人事教育	428
勘察设计	399	大事记	429
城市管理执法监督	400	**新疆生产建设兵团**	432
人事教育	400	人防建设	432
大事记	401	城乡建设	432
青海省	401	建筑业	433
概况	401	安居工程与房地产	433
政策法规	402	工程质量与安全	433
城镇设计与建设	402	住房公积金管理	434
住房公积金管理	403	**大连市**	434
房地产市场管理	403	概况	434
村镇建设	404	法规建设	434
建筑科技	405	房地产业	435
行业标准	405	住房保障	435
人事教育	405	公积金管理	435
大事记	406	城市规划设计	437
宁夏回族自治区	409	城市建设	437
概况	409	村镇规划建设	437
法规建设	410	标准定额	438

工程质量安全监督 …… 438
　　建筑市场 …… 439
　　建筑节能与科技 …… 440
　　人事教育 …… 441
　　大事记 …… 441
青岛市 …… 442
　　概况 …… 442
　　房地产业与建筑业 …… 442
　　住房保障 …… 443
　　村镇建设 …… 444
　　新型城镇化建设 …… 445
　　城市基础设施建设 …… 445
　　重点项目 …… 446
　　勘察设计 …… 446
　　物业管理 …… 447
宁波市 …… 447
　　概况 …… 447
　　法规建设 …… 449
　　房地产业 …… 449
　　住房保障 …… 450
　　公积金管理 …… 450
　　城市建设 …… 451
　　村镇建设 …… 452
　　工程质量安全监督 …… 453
　　建筑市场 …… 453
　　建筑节能与科技 …… 454
　　人事教育 …… 455

　　大事记 …… 455
厦门市 …… 458
　　概况 …… 458
　　政策法规 …… 459
　　城市建设 …… 459
　　村镇建设 …… 460
　　保障性安居工程 …… 460
　　建筑业 …… 460
　　建设工程管理 …… 461
　　建筑节能与科技 …… 462
　　技术综合管理 …… 462
　　行政审批 …… 463
　　人事管理与教育 …… 463
　　大事记 …… 463
深圳市 …… 464
　　概况 …… 464
　　法规建设 …… 465
　　房地产业 …… 465
　　住房保障 …… 466
　　公积金管理 …… 466
　　城市建设 …… 466
　　标准定额 …… 467
　　工程质量安全监督 …… 467
　　建筑市场 …… 468
　　建筑节能与科技 …… 468
　　人事教育 …… 469
　　大事记 …… 469

政策法规文件

国务院办公厅印发《关于全面开展工程建设项目审批制度改革的实施意见》
　　国办发〔2019〕11号 …… 472
住房和城乡建设部关于修改部分部门规章的决定
　　中华人民共和国住房和城乡建设部令第47号 …… 475
住房和城乡建设部关于废止部分规章的决定
　　中华人民共和国住房和城乡建设部令〔第48号〕 …… 476
国家发展改革委联合住房城乡建设部印发

《关于推进全过程工程咨询服务发展的指导意见》
　　发改投资规〔2019〕515号 …… 476
国家发展改革委关于印发《2019年新型城镇化建设重点任务》的通知
　　发改规划〔2019〕617号 …… 477
住房和城乡建设部关于修改有关文件的通知
　　建法规〔2019〕3号 …… 482
住房和城乡建设部关于印发建筑工程施工发包与承包违法行为认定查处管理办法

的通知
  建市规〔2019〕1号 …………… 483
住房和城乡建设部关于做好住房和城乡
 建设行业职业技能鉴定工作的通知
  建人〔2019〕5号 ……………… 486
住房和城乡建设部关于改进住房和城乡
 建设领域施工现场专业人员职业培训
 工作的指导意见
  建人〔2019〕9号 ……………… 487
住房和城乡建设部关于落实《国务院关于
 支持自由贸易试验区深化改革创新若干
 措施的通知》有关事项的通知
  建外〔2019〕10号 ……………… 488
住房和城乡建设部办公厅关于开展住房
 和城乡建设行业职业技能鉴定试点工作
 的通知
  建办人函〔2019〕491号 ………… 489
住房和城乡建设部 国家发展改革委 公安部
 市场监管总局 银保监会国家网信办关于
 整顿 规范住房租赁市场秩序的意见
  建房规〔2019〕10号 …………… 491
住房和城乡建设部关于进一步加强房屋建筑和
 市政基础设施工程招标投标监管的指导
 意见
  建市规〔2019〕11号 …………… 493
住房和城乡建设部 国家发展改革委关于
 印发房屋建筑和市政基础设施项目工程
 总承包管理办法的通知
  建市规〔2019〕12号 …………… 495
住房和城乡建设部 财政部关于印发农村
 危房改造激励措施实施办法的通知
  建村〔2019〕15号 ……………… 498
住房和城乡建设部 人力资源社会保障部
 关于印发建筑工人实名制管理办法
 （试行）的通知
  建市〔2019〕18号 ……………… 499
住房和城乡建设部关于在城乡人居环境建设
 和整治中开展美好环境与幸福生活共同
 缔造活动的指导意见
  建村〔2019〕19号 ……………… 501
财政部 住房城乡建设部关于下达2019年
 中央财政农村危房改造补助资金预算
 的通知
  财社〔2019〕44号 ……………… 503
住房和城乡建设部 生态环境部发展改革
 委关于印发城镇污水处理提质增效三年
 行动方案（2019—2021年）的通知
  建城〔2019〕52号 ……………… 505
住房和城乡建设部 国家发展改革委财政部
 自然资源部关于进一步规范发展公租房
 的意见
  建保〔2019〕55号 ……………… 508
住房和城乡建设部等部门关于在全国地级
 及以上城市全面开展生活垃圾分类
 工作的通知
  建城〔2019〕56号 ……………… 510
住房和城乡建设部关于建立健全住房公积金
 综合服务平台的通知
  建金〔2019〕57号 ……………… 513
住房和城乡建设部关于废止部分文件的
 决定
  建法〔2019〕58号 ……………… 516
住房和城乡建设部等部门关于加快推进房屋
 建筑和市政基础设施工程实行工程担保
 制度的指导意见
  建市〔2019〕68号 ……………… 517
住房和城乡建设部关于印发中国国际园林
 博览会管理办法的通知
  建城〔2019〕79号 ……………… 519
住房和城乡建设部 财政部 国务院扶贫办
 关于决战决胜脱贫攻坚 进一步做好
 农村危房改造工作的通知
  建村〔2019〕83号 ……………… 523
住房和城乡建设部 国家发展改革委关于
 批准发布《高等职业学校建设标准》
 的通知
  建标〔2019〕86号 ……………… 525
住房和城乡建设部 工业和信息化部 国家
 广播电视总局 国家能源局关于进一步
 加强城市地下管线建设管理有关工作
 的通知
  建城〔2019〕100号 ……………… 526

住房和城乡建设部　财政部关于做好农房
　　抗震改造试点工作的补充通知
　　　　建村〔2019〕101号 …… 528
住房和城乡建设部　财政部关于印发《脱
　　贫攻坚农村危房改造绩效评价与激励
　　实施办法》的通知
　　　　建村〔2019〕103号 …… 529
财政部　民政部　住房城乡建设部　中国
　　残联关于修改中央财政困难群众救助等
　　补助资金管理办法的通知
　　　　财社〔2019〕114号 …… 530
住房和城乡建设部关于修改燃气经营许可
　　管理办法的通知
　　　　建城规〔2019〕2号 …… 532
住房和城乡建设部关于印发房屋交易合同
　　网签备案业务规范（试行）的通知
　　　　建房规〔2019〕5号 …… 536
住房和城乡建设部关于建立健全农村生活
　　垃圾收集、转运和处置体系的指导
　　意见
　　　　建村规〔2019〕8号 …… 539
住房和城乡建设部　应急管理部关于加强
　　建筑施工安全事故责任企业人员处罚
　　的意见
　　　　建质规〔2019〕9号 …… 541
住房和城乡建设部　国家发展改革委　公安
　　部市场监管总局　银保监会　国家网信
　　办关于整顿规范住房租赁市场秩序
　　的意见
　　　　建房规〔2019〕10号 …… 542
住房和城乡建设部　应急管理部关于做好
　　移交承接建设工程消防设计审查验收
　　职责的通知
　　　　建科函〔2019〕52号 …… 545
住房和城乡建设部关于印发全面推行行政执法
　　公示制度执法全过程记录制度重大执法
　　决定法制审核制度实施方案的通知
　　　　建法函〔2019〕53号 …… 545
住房和城乡建设部　国家文物局关于历史
　　文化名城名镇名村保护工作评估检查
　　情况的通报
　　　　建科函〔2019〕95号 …… 548
住房和城乡建设部关于开展规范城市户外
　　广告设施管理工作试点的函
　　　　建督函〔2019〕101号 …… 551
住房和城乡建设部关于印发《农村住房
　　安全性鉴定技术导则》的通知
　　　　建村函〔2019〕200号 …… 552
住房和城乡建设部办公厅关于开展农村
　　住房建设试点工作的通知
　　　　建办村〔2019〕11号 …… 556
住房和城乡建设部办公厅关于进一步推进
　　住房和城乡建设系统涉及危险化学品
　　安全综合治理工作的通知
　　　　建办质〔2019〕13号 …… 558
住房和城乡建设部办公厅关于深入开展
　　建筑施工安全专项治理行动的通知
　　　　建办质〔2019〕18号 …… 561
住房和城乡建设部办公厅关于进一步加强
　　施工工地和道路扬尘管控工作
　　的通知
　　　　建办质〔2019〕23号 …… 562
市场监管总局办公厅　住房和城乡建设部
　　办公厅应急管理部办公厅关于进一步
　　加强安全帽等特种劳动防护用品
　　监督管理工作的通知
　　　　市监质监〔2019〕35号 …… 564
住房和城乡建设部办公厅关于印发2019年
　　安全生产工作要点的通知
　　　　建办质函〔2019〕140号 …… 566
住房和城乡建设部办公厅关于取消一级
　　建造师临时执业证书的通知
　　　　建办市〔2019〕50号 …… 568
住房和城乡建设部办公厅关于加强贫困
　　地区传统村落保护工作的通知
　　　　建办村〔2019〕61号 …… 568
住房和城乡建设部办公厅关于印发保障性
　　住房等基层政务公开标准目录的通知
　　　　建办厅〔2019〕71号 …… 569
住房和城乡建设部办公厅关于推广使用
　　房屋市政工程安全生产标准化指导
　　图册的通知

建办质函〔2019〕90号 …………… 569
住房和城乡建设部办公厅关于重新调整
　　建设工程计价依据增值税税率的通知
　　建办标函〔2019〕193号 …………… 570
住房和城乡建设部办公厅关于印发2018年
　　住房和城乡建设部政务公开工作
　　报告的通知
　　建办厅函〔2019〕204号 …………… 570
住房和城乡建设部办公厅　国家发展改革
　　委办公厅财政部办公厅关于做好
　　2019年老旧小区改造工作的通知
　　建办城函〔2019〕243号 …………… 572
住房和城乡建设部办公厅关于印发城市
　　轨道交通工程创新技术指南的通知
　　建办质函〔2019〕274号 …………… 576
住房和城乡建设部办公厅等关于公布2019年列入
　　中央财政支持范围中国传统村落
　　名单的通知
　　建办村函〔2019〕360号 …………… 576
住房和城乡建设部办公厅关于推进住房和
　　城乡建设领域施工现场专业
　　人员职业培训工作的通知
　　建办人函〔2019〕384号 …………… 577
住房和城乡建设部办公厅关于印发2019年
　　政务公开工作要点的通知
　　建办厅函〔2019〕431号 …………… 578
住房和城乡建设部办公厅关于部分建设
　　工程企业资质延续审批实行告知
　　承诺制的通知
　　建办市函〔2019〕438号 …………… 580
住房和城乡建设部办公厅关于开展住房和城乡
　　建设行业职业技能鉴定试点工作的通知
　　建办人函〔2019〕491号 …………… 581

数据统计分析

2019年城乡建设统计分析 …………… 584
　　2019年城市（城区）建设 …………… 584
　　2019年县城建设 …………… 587
　　2019年村镇建设 …………… 589
2019年城乡建设统计分省数据 …………… 591
　　2019年城市（城区）建设分省数据 …………… 591
　　2019年县城建设分省数据 …………… 600
　　2019年村镇建设分省数据 …………… 608
2019年建筑业发展统计分析 …………… 630
　　2019年全国建筑业基本情况 …………… 630
　　2019年全国建筑业发展特点 …………… 635
2019年建设工程监理行业基本情况 …………… 637
　　2019年工程建设项目招标代理机构基本
　　　情况 …………… 638
2019年工程勘察设计企业基本情况 …………… 639
2019年房屋市政工程生产安全事故情况
　　通报 …………… 640
2019年我国对外承包工程业务完成额前
100家企业和新签合同额前100家企业 …………… 645
2019年全国房地产市场运行分析 …………… 648
　　2019年全国房地产开发情况 …………… 648
　　2019年商品房销售和待售情况 …………… 649
　　2019年全国房地产开发资金来源结构
　　　分析 …………… 651
　　2019年全国房地产开发景气指数 …………… 651
　　70个大中城市商品住宅销售价格变动
　　　情况 …………… 652

部属单位、社团

住房和城乡建设部人力资源开发中心 …………… 666
住房和城乡建设部执业资格注册中心 …………… 667
中国建筑出版传媒有限公司（中国城市出版社
　　有限公司） …………… 668
中国风景园林学会 …………… 670
全国市长研修学院（住房和城乡建设部
　　干部学院） …………… 672
中国建筑学会 …………… 675

中国城市规划协会 …………………… 678
中国勘察设计协会 …………………… 680
中国市长协会 ………………………… 683
中国建筑业协会 ……………………… 685
中国安装协会 ………………………… 688
中国建筑金属结构协会 ……………… 691
中国建设监理协会 …………………… 695
中国建筑装饰协会 …………………… 697
中国工程建设标准化协会 …………… 699
中国建设工程造价管理协会 ………… 701

附　录

第五批列入中国传统村落名录的村落
　名单 ………………………………… 706

2018—2019年度中国建设工程鲁班奖
　（国家优质工程）获奖名单 ………… 736

认真贯彻落实习近平总书记系列重要批示指示精神 全面深入推进生活垃圾分类工作

——全国城市生活垃圾分类工作现场会在上海召开

2月21日,住房和城乡建设部在上海召开全国城市生活垃圾分类工作现场会。住房和城乡建设部党组书记、部长王蒙徽出席会议并讲话。

会议认真学习贯彻习近平总书记关于垃圾分类工作的系列重要批示指示精神,要求各地深入领会习近平总书记重要批示指示的深刻内涵,充分认识垃圾分类工作的重要意义。做好垃圾分类工作,是落实以人民为中心的发展思想,增强人民获得感、幸福感的重要举措;是落实习近平生态文明思想,着力解决突出环境问题,推动形成绿色发展方式和生活方式的重要途径;是弘扬社会主义核心价值观,全面提升社会公众文明素质的重要抓手;是开展美好环境与幸福生活共同缔造活动,打造共建共治共享社会治理格局的重要载体。

会议指出,各地区、各有关部门认真学习贯彻习近平总书记关于垃圾分类工作系列重要批示指示精神,不断加大推进力度,由点到面、逐步推开,成效初显。46个重点城市生活垃圾分类工作体制机制不断健全,分类收运处理配套体系不断完善,宣传力度不断加大,垃圾分类进校园活动普遍展开。上海市委、市政府高度重视垃圾分类工作,加强地方性立法,注重发挥党建引领作用,坚持全面系统推进,创新工作机制和方法,市民对垃圾分类的知晓率达到99%,形成了一批可复制可推广的经验。

会议指出,在充分肯定生活垃圾分类工作取得积极成效的同时,也要清醒地认识到当前工作中还存在一些困难和挑战,思想认识仍需提高、推进力度还需加大、宣传教育需要继续深入、垃圾分类收运和处置设施短板依然存在,一些地方工作进展还不明显,群众在垃圾分类方面的获得感还不够强。

会议要求，各地要以习近平新时代中国特色社会主义思想为指导，深入学习习近平生态文明思想，坚决贯彻落实习近平总书记关于垃圾分类工作的系列重要批示指示精神，切实提高政治站位，以踏石留印、抓铁留痕的决心，以锲而不舍、持之以恒的毅力，共同把垃圾分类工作不断推向深入。2019年起，全国地级及以上城市要全面启动生活垃圾分类工作。到2020年底，46个重点城市要基本建成垃圾分类处理系统；2025年底前，全国地级及以上城市要基本建成垃圾分类处理系统。46个重点城市要发扬钉钉子精神，切实把垃圾分类工作抓紧抓实、抓出成效。一是地方党委政府要高度重视，主要领导亲自抓，以党建工作为引领，系统谋划、统筹推进垃圾分类工作；二是要切实从娃娃抓起，加强垃圾分类宣传教育，促进一代人养成良好文明习惯，增强公共意识、提升文明素质；三是要以社区为着力点推进，各地要学习借鉴上海、厦门等城市结合垃圾分类开展"美好环境与幸福生活共同缔造"活动的经验，聚焦城市社区，充分发挥居民主体作用，调动各方力量共建共治共享；四是要营造全社会参与的良好氛围，持续加大垃圾分类宣传力度，凝聚社会共识，动员全社会共同参与，使"垃圾分类、从我做起"成为居民的行动自觉；五是要加大督促指导力度，各省、自治区督促指导辖区内城市结合本地实际创新工作方法，完善体制机制，推动垃圾分类工作取得实实在在的成效。

与会代表实地考察了上海市生活垃圾分类工作开展情况。上海市有关方面负责人介绍了生活垃圾分类工作经验。

住房和城乡建设部党组成员、副部长倪虹主持会议。上海市委副书记、市长应勇，上海市委常委、副市长陈寅出席会议。各省、自治区、直辖市住房城乡建设（环境卫生）主管部门负责同志参加会议。国家发展改革委、生态环境部、教育部、中央文明办、共青团中央、全国妇联、国家机关事务管理局等有关部门负责同志和46个生活垃圾分类重点城市副市长应邀参加会议。

（住房和城乡建设部网站）

美丽乡村建设

福建省厦门市同安区莲花镇军营村乡村整治　　　　　　　　　　（厦门市住房和城乡建设局　提供）

云南省普尔市澜沧县糯福乡优美村庄　　　　　　　　　　　　　（云南省住房和城乡建设厅　提供）

山东省工程勘察设计成果竞赛和泰山奖·美丽村居建筑设计大赛一等奖，威海市图书馆

（山东省住房和城乡建设厅　提供）

美丽乡村建设

重庆垫江县美丽乡村建设 （重庆市城市管理局 提供）

重庆市石柱县美丽乡村建设 （重庆市城市管理局 提供）

中国传统村落—六盘水市妥乐村 （贵州省住房和城乡建设厅 提供）

人居环境改善

"百里黄河风情线"被誉为兰州"外滩",是充分利用黄河穿越而过的优势,大做水上文章的经典范例
(甘肃省住房和城乡建设厅 提供)

青海省建设工程"江河源"杯西宁北川河(核心段)综合治理项目 (青海省住房和城乡建设厅 提供)

位于兰州市安宁区的银滩湿地公园 (甘肃省住房和城乡建设厅 提供)

老旧小区改造

厦门市马銮湾保障房地铁社区一期工程 （厦门市住房和城乡建设局 提供）

浙江省宁波市老旧小区改造工作推进会 （宁波市住房和城乡建设局 提供）

山东省滕州市龙泉苑小区文化广场 （山东省住房和城乡建设厅 提供）

生态园林城市

云南省陆良县城 （云南省住房和城乡建设厅　提供）

云南省牟定县城 （云南省住房和城乡建设厅　提供）

海绵城市

专家对宁波海绵城市建设试点绩效评价　　　　　　　　　　　（宁波市住房和城乡建设局　提供）

甘肃省庆阳海绵城市—彩虹桥　　　　　　　　　　　　　　　（甘肃省住房和城乡建设厅　提供）

装配式建筑

浙江省装配式建筑职业技能竞赛　　　　　　　　　　　　　　　（浙江省住房和城乡建设厅　提供）

淄博市文昌嘉苑小区，山东省装配式建筑示范项目　　　　　　　（山东省住房和城乡建设厅　提供）

成都市天府新区新兴工业园天科广场（装配式建筑）　　　　　　（四川省住房和城乡建设厅　提供）

城市地下综合管廊

成都市地下综合管预拼装　　　　　　　　　　（成都市住房和城乡建设局　提供）

白银市地下综合管廊（一）　　　　　　　　　（甘肃省住房和城乡建设厅　提供）

白银市地下综合管廊（二）　　　　　　　　　（甘肃省住房和城乡建设厅　提供）

鲁班奖项目

青岛国际会议中心工程 （山东省住房和城乡建设厅 提供）

青岛市崂山区麦岛居住区改造C1区项目工程 （山东省住房和城乡建设厅 提供）

淄博市张店区润德大厦 （山东省住房和城乡建设厅 提供）

鲁班奖项目

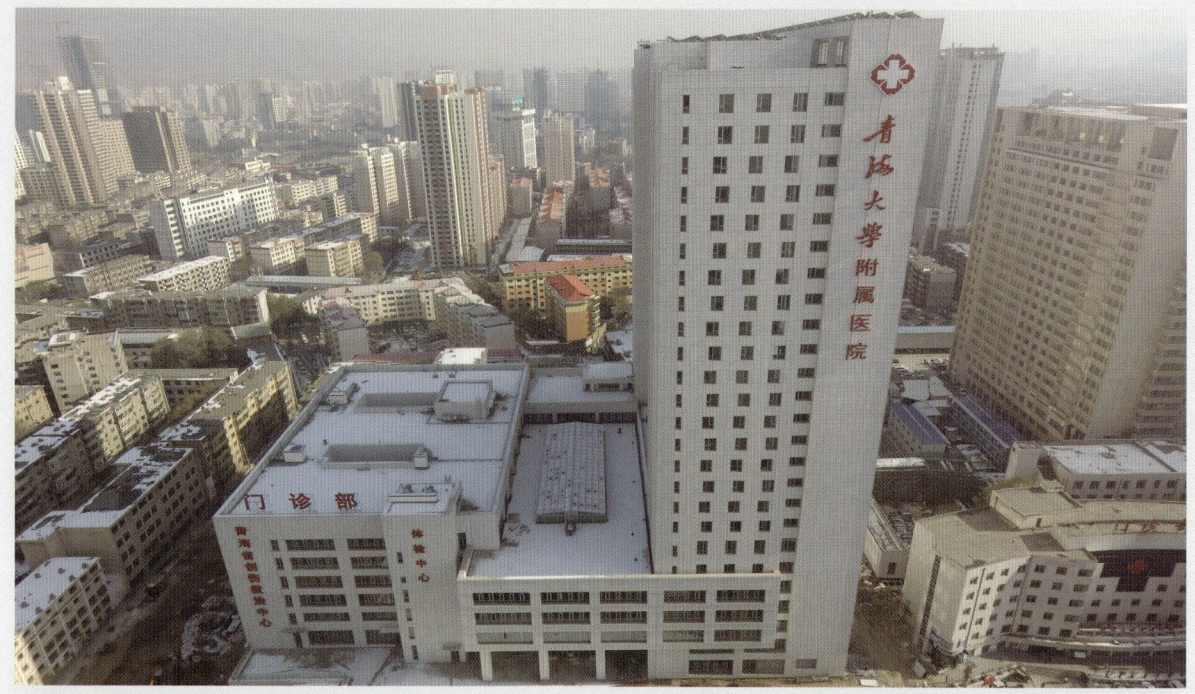

青海大学附属医院门急诊综合楼工程 （青海省住房和城乡建设厅 提供）

杭州九峰垃圾焚烧发电项目 （浙江省住房和城乡建设厅 提供）

浙江省杭州市富阳市博物馆、美术馆、档案馆"三合一"项目 （浙江省住房和城乡建设厅 提供）

新建筑风采

北京城市副中心A2项目　　　　　　　　　　　（北京市住房和城乡建设委员会　提供）

首都地区环线高速（通州—大兴段）　　　　　（北京市住房和城乡建设委员会　提供）

新建筑风采

北京五中通州校区　　　　　　　　　　　　　　　　　（北京市住房和城乡建设委员会　提供）

密云区垃圾综合处理中心竣工　　　　　　　　　　　　（北京市住房和城乡建设委员会　提供）

北京市昌平区兴寿镇肖村公租房　　　　　　　　　　　（北京市住房和城乡建设委员会　提供）

新建筑风采

厦门市翔安新店洋唐居住区　　　　　　　　　　　　（厦门市住房和城乡建设局　提供）

济南市中建·锦绣广场　　　　　　　　　　　　　　（山东省住房和城乡建设厅　提供）

青岛中建·锦绣华府　　　　　　　　　　　　　　　（山东省住房和城乡建设厅　提供）

中国建设年鉴 2020
Yearbook of China Construction

新建筑风采

山东省临沂市高新区盛世沂城　　　　　　　　　　（山东省住房和城乡建设厅　提供）

山东省安丘市大华中央城和园一期　　　　　　　　（山东省住房和城乡建设厅　提供）

特　　载

习近平对垃圾分类工作作出重要指示强调
培养垃圾分类的好习惯　为改善生活环境作努力
为绿色发展可持续发展作贡献

新华社北京6月3日电 中共中央总书记、国家主席、中央军委主席习近平近日对垃圾分类工作作出重要指示。习近平强调，实行垃圾分类，关系广大人民群众生活环境，关系节约使用资源，也是社会文明水平的一个重要体现。

习近平指出，推行垃圾分类，关键是要加强科学管理、形成长效机制、推动习惯养成。要加强引导、因地制宜、持续推进，把工作做细做实，持之以恒抓下去。要开展广泛的教育引导工作，让广大人民群众认识到实行垃圾分类的重要性和必要性，通过有效的督促引导，让更多人行动起来，培养垃圾分类的好习惯，全社会人人动手，一起来为改善生活环境作努力，一起来为绿色发展、可持续发展作贡献。

习近平十分关心垃圾分类工作。2016年12月，他主持召开中央财经领导小组会议研究普遍推行垃圾分类制度，强调要加快建立分类投放、分类收集、分类运输、分类处理的垃圾处理系统，形成以法治为基础、政府推动、全民参与、城乡统筹、因地制宜的垃圾分类制度，努力提高垃圾分类制度覆盖范围。习近平还多次实地了解基层开展垃圾分类工作情况，并对这项工作提出明确要求。

近年来，我国加速推行垃圾分类制度，全国垃圾分类工作由点到面、逐步启动、成效初显，46个重点城市先行先试，推进垃圾分类取得积极进展。2019年起，全国地级及以上城市全面启动生活垃圾分类工作，到2020年底46个重点城市将基本建成垃圾分类处理系统，2025年底前全国地级及以上城市将基本建成垃圾分类处理系统。

（2019-06-03　来源：新华网）

习近平：人民城市人民建，人民城市为人民

2日下午，正在上海考察的习近平总书记来到杨浦滨江公共空间杨树浦水厂滨江段，沿滨江栈桥察看黄浦江两岸风貌。看到总书记来了，正在这里休闲健身的群众纷纷围拢过来，高兴地向总书记问好。习近平指出，这里原来是老工业区，见证了上海百年工业的发展历程。如今，"工业锈带"变成了"生活秀带"，人民群众有了更多幸福感和获得感。人民城市人民建，人民城市为人民。在城市建设中，一定要贯彻以人民为中心的发展思想，合理安排生产、生活、生态空间，努力扩大公共空间，让老百姓有休闲、健身、娱乐的地方，让城市成为老百姓宜业宜居的乐园。（文字记者：张晓松　摄影记者：鞠鹏、谢环驰）

（2019-11-03　来源：新华社）

李克强主持召开国务院常务会议部署推进城镇老旧小区改造等

国务院总理李克强6月19日主持召开国务院常务会议，部署推进城镇老旧小区改造，顺应群众期盼改善居住条件；确定提前完成农村电网改造升级任务的措施，助力乡村振兴；要求巩固提高农村饮水安全水平，支持脱贫攻坚、保障基本民生。

会议指出，按照中央经济工作会议和《政府工作报告》部署，积极做好"六稳"工作，稳投资是重要方面。要找准切入点，抓住既能满足群众期盼、有利于拓展内需促消费、又不会导致重复建设的重大项目，扩大有效投资，努力实现稳增长、调结构、惠民生的一举多得之效。

会议认为，加快改造城镇老旧小区，群众愿望强烈，是重大民生工程和发展工程。据各地初步摸查，目前全国需改造的城镇老旧小区涉及居民上亿人，量大面广，情况各异，任务繁重。会议确定，一要抓紧明确改造标准和对象范围，今年开展试点探索，为进一步全面推进积累经验。二要加强政府引导，压实地方责任，加强统筹协调，发挥社区主体作用，尊重居民意愿，动员群众参与。重点改造建设小区水电气路及光纤等配套设施，有条件的可加装电梯，配建停车设施。促进住户户内改造并带动消费。三要创新投融资机制。今年将对城镇老旧小区改造安排中央补助资金。鼓励金融机构和地方积极探索，以可持续方式加大金融对老旧小区改造的支持。运用市场化方式吸引社会力量参与。四要在小区改造基础上，引导发展社区养老、托幼、医疗、助餐、保洁等服务。推动建立小区后续长效管理机制。

会议指出，新一轮农村电网改造升级工程自2016年实施以来，完成了农村机井通电、贫困村通动力电等任务，改善了农村生产生活条件，带动了农村消费。下一步，一是各地和电网企业要加大工作力度，确保今年以省为单位，提前一年完成"十三五"规划明确的全部改造升级任务。进一步缩短企业获得电力时间，优化营商环境。二是今年相关中央预算内投资全部用于贫困地区电网改造升级，并提高中央资本金比例。重点推进"三区三州"、抵边村寨等农网改造建设攻坚，确保明年上半年完成。三是建立农网供电监测评价体系，将机井通电纳入电网企业日常服务范围，提高农村电力服务水平。

会议指出，通过实施农村供水工程，农村居民饮水已提前实现联合国千年发展目标，农村集中供水率、自来水普及率均达到80%以上。会议要求，一要加大工程建设力度，到明年全面解决6000万农村人口饮水存在的供水水量不达标、氟超标等问题。二要建立合理的水价形成和水费收缴机制，以政府与社会资本合作等方式吸引社会力量参与供水设施建设运营。中央和地方财政对中西部贫困地区饮水安全工程维修养护给予补助。三要加强集中式饮用水水源地保护，研究提升农村饮水安全水平的新标准，启动编制下一步农村供水规划。

会议还研究了其他事项。

(2019-06-19　来源：中国政府网)

李克强说，促进区域协调发展，提高新型城镇化质量

新华社北京3月5日电　国务院总理李克强5日在作政府工作报告时说，促进区域协调发展，提高新型城镇化质量。围绕解决发展不平衡不充分问题，改革完善相关机制和政策，推动区域优势互补、城乡融合发展。

优化区域发展格局。制定西部开发开放新的政

策措施，西部地区企业所得税优惠等政策到期后继续执行。落实和完善促进东北全面振兴、中部地区崛起、东部率先发展的改革创新举措。京津冀协同发展重在疏解北京非首都功能，高标准建设雄安新区。落实粤港澳大湾区建设规划，促进规则衔接，推动生产要素流动和人员往来便利化。将长三角区域一体化发展上升为国家战略，编制实施发展规划纲要。长江经济带发展要坚持上中下游协同，加强生态保护修复和综合交通运输体系建设，打造高质量发展经济带。支持资源型地区经济转型。加快补齐革命老区、民族地区、边疆地区、贫困地区发展短板。大力发展蓝色经济，保护海洋环境，建设海洋强国。

深入推进新型城镇化。坚持以中心城市引领城市群发展。抓好农业转移人口落户，推动城镇基本公共服务覆盖常住人口。更好解决群众住房问题，落实城市主体责任，改革完善住房市场体系和保障体系，促进房地产市场平稳健康发展。继续推进保障性住房建设和城镇棚户区改造，保障困难群体基本居住需求。城镇老旧小区量大面广，要大力进行改造提升，更新水电路气等配套设施，支持加装电梯，健全便民市场、便利店、步行街、停车场、无障碍通道等生活服务设施。新型城镇化要处处体现以人为核心，提高柔性化治理、精细化服务水平，让城市更加宜居，更具包容和人文关怀。

(2019-03-05　来源：新华社)

韩正在住房和城乡建设部调研并主持召开座谈会强调 落实城市主体责任　稳地价稳房价稳预期 促进房地产市场平稳健康发展

新华社北京3月18日电　中共中央政治局常委、国务院副总理韩正18日到住房和城乡建设部调研。韩正查看了全国房地产市场监测系统和国家工程建设项目审批管理系统建设运行情况，随后主持召开座谈会，听取房地产市场平稳健康发展长效机制工作开展情况汇报并讲话。

韩正强调，要始终坚持习近平总书记关于"房子是用来住的、不是用来炒的"定位要求，将其作为根本指导思想，贯穿于促进房地产市场平稳健康发展全过程。构建房地产市场平稳健康发展长效机制是党中央、国务院作出的重大决策，事关广大人民群众的切身利益，既是重大经济问题，也是重大民生问题。

韩正指出，当前，房地产市场总体保持平稳运行，市场预期趋于理性。要坚持一城一策、因城施策，从各地实际情况出发，有什么问题，就解决什么问题，稳妥实施房地产市场平稳健康发展长效机制方案试点，做好实施过程中的评估和跟踪。要紧紧围绕稳地价、稳房价、稳预期的调控目标，夯实城市主体责任，落实好省级政府监控和指导责任，坚决防范化解房地产市场风险。要建立科学的监控体系，确保数据及时、准确、全覆盖，加快建设以大数据为基础的全国房地产市场监测系统，为分析研判房地产市场形势和开展有效调控提供技术支撑。

韩正表示，要加强调查研究，进一步采取有针对性的政策举措，完善房地产市场平稳健康发展长效机制。要完善住房租赁市场体系，建立健全住房租赁相关法律法规，完善金融财税政策，实现住房租赁市场健康稳定发展。要完善住房保障体系，在各地因地制宜推进保障的基础上，健全住房保障体系基本制度。要着重解决城镇中低收入居民、新市民和青年就业群体的住房困难问题，通过完善土地和税费政策等，盘活空置闲置住房，实现更多住房困难群众住有所居。

(2019-03-18　来源：新华社)

全力推进住房和城乡建设事业高质量发展为夺取全面建成小康社会伟大胜利实现第一个百年奋斗目标作出贡献　全国住房和城乡建设工作会议召开

12月23日,全国住房和城乡建设工作会议在京召开。住房和城乡建设部党组书记、部长王蒙徽全面总结2019年住房和城乡建设工作,分析面临的形势和问题,提出2020年工作总体要求,对重点工作任务作出部署。

会议指出,2019年,在以习近平同志为核心的党中央坚强领导下,全国住房和城乡建设系统牢固树立"四个意识",坚定"四个自信",坚决做到"两个维护",坚持以人民为中心,稳中求进、改革创新、担当作为,推动住房和城乡建设各项工作取得了新的进展和成效。一是坚决贯彻落实习近平总书记对住房和城乡建设工作的重要批示精神,扎实做好防范化解房地产市场风险、完善住房保障体系、加强城乡建设管理等工作,以实际行动践行"两个维护"。二是稳妥实施房地产市场平稳健康发展长效机制方案,落实城市主体责任制,稳步推进"一城一策"试点,房地产总体保持平稳运行,实现了稳地价、稳房价、稳预期的目标。三是扎实推进住房保障工作,城镇中低收入居民住房条件不断改善。加快研究完善住房保障体系。规范发展公租房。继续推进棚户区改造,截至11月底,已开工315万套,超额完成289万套的目标任务。将城镇老旧小区改造纳入保障性安居工程,试点探索融资方式、群众共建等9方面体制机制。四是加快转变城市建设方式,城市高质量发展迈出新步伐。开展城市体检试点工作。加快城市信息模型(CIM)平台建设。继续推进海绵城市建设,基本完成城市排水防涝补短板阶段性目标任务,地级及以上城市建成区黑臭水体消除比例达84.9%。全面开展城市生活垃圾分类工作,颁布实施国家标准《生活垃圾分类标志》,46个重点城市居民小区垃圾分类平均覆盖率达到53.9%。加强城市管理服务,开展"市容环境大扫除、干干净净迎国庆"专项行动,以整洁、优美的环境庆祝新中国成立70周年。五是大力加强村镇建设工作,农村人居环境持续改善。全力推进农村危房改造,截至11月底,脱贫攻坚需改造的135.2万户危房已开工97.9%。开展钢结构装配式农房建设试点。推进农村人居环境整治,农村生活垃圾收运和处置体系已覆盖84%以上的行政村,非正规垃圾堆放点整治已完成86%的任务。六是持续深化建筑业供给侧结构性改革,建筑业发展质量和效益不断提高。开展钢结构装配式住宅建设试点,推广新型建造方式。推进工程建设标准、工程造价改革,完善建筑市场管理制度,深化建筑业"放管服"改革,落实工程质量安全手册制度,加强建筑施工质量安全监管。七是全面推进工程建设项目审批制度改革,优化营商环境成效显著。我国办理建筑许可指标世界排名从121位大幅跃升至33位。八是在城乡人居环境建设和整治中践行党的群众路线,美好环境与幸福生活共同缔造活动深入推进。结合农房建设和人居环境整治、城镇老旧小区改造、生活垃圾分类等工作,发挥基层党建引领作用,发动群众共建共治共享美好家园。九是深入开展"不忘初心、牢记使命"主题教育,全面从严治党向纵深发展。持续深入学习贯彻习近平新时代中国特色社会主义思想,坚持不懈加强党的政治建设,认真抓好漠视侵害群众利益问题专项整治,持之以恒正风肃纪,加强干部队伍建设。

会议指出,新中国成立70年来,特别是党的十八大以来,住房和城乡建设事业取得了举世瞩目的成就。人民群众住房条件显著改善,城镇人均住房建筑面积提高到39平方米,建成了世界上最大的住房保障体系。城市建设日新月异,城镇化进程波澜壮阔,创造了世界城市发展史上的奇迹,城市承载力不断增强,人居环境更加生态宜居。农村面貌焕然一新,党的十八大以来支持1794万农户改造了危房,农村垃圾、污水治理持续推进,农村人居环境不断改善。建筑业发展水平不断提高,在国民经济中的支柱产业地位显著增强,一批重大工程建设达到国际领先水平。深化改革成效显著,住房和城乡建设行业在改革开放的大潮中蓬勃发展,市场活力不断增强,企业竞争力显著提高,行业队伍不断发展壮大，为我国社会主义现代化建设作出重要贡献。住房和城乡建设系统广大干部职工倍感骄傲和自豪，更加坚定了中国特色社会主义道路自信、理论自信、制度自信、文化自信。

会议围绕深入学习贯彻习近平总书记对住房和城乡建设工作的重要指示批示精神，贯彻落实中央经济工作会议决策部署，对做好明年住房和城乡建设各项工作提出了5方面要求：一是坚定不移贯彻新发展理念。切实转变思想观念，走内涵集约式的城乡建设高质量发展新路，把新发展理念落实到住房和城乡建设工作的各方面、各环节。二是坚决打好三大攻坚战。全力推进农村危房改造工作，确保脱贫攻坚需改造的135.2万户危房2020年全部竣工。加大城市黑臭水体治理力度，确保2020年底前地级及以上城市建成区黑臭水体消除90%以上。坚持"稳"字当头，全面落实因城施策、稳地价稳房价稳预期的长效管理调控机制，保持房地产市场平稳运行，坚决防范化解房地产市场风险。三是做好民生保障工作。坚持以人民为中心的发展思想，聚焦民生问题找准切入点，集中力量解决好人民群众的操心事、烦心事、揪心事。践行党的群众路线，充分发挥群众的主体作用，共同建设美好家园。四是着力推动高质量发展。坚持问题导向、目标导向、结果导向，推动城市开发建设由增量建设为主转向存量提质改造和增量结构调整并重，不断满足人民群众对美好生活的需求。以供给侧结构性改革为主线，推动住房和城乡建设政策创新、管理创新、技术创新，推进住房和城乡建设领域治理体系和治理能力现代化。五是切实改进工作作风。坚持实事求是的思想路线，树立正确的政绩观，力戒形形色色的形式主义、官僚主义。持续加强学习，大兴调查研究之风，掌握科学的工作方法，不断增强工作本领。坚持试点先行，在探索积累经验基础上推动工作全面开展。

会议强调，2020年，要重点抓好以下9个方面工作：一是着力稳地价稳房价稳预期，保持房地产市场平稳健康发展。长期坚持房子是用来住的、不是用来炒的定位，不把房地产作为短期刺激经济的手段，继续稳妥实施房地产市场平稳健康发展长效机制方案，着力建立和完善房地产调控的体制机制。二是着力完善城镇住房保障体系，加大城市困难群众住房保障工作力度。抓好完善住房保障体系试点工作，争取形成可复制、可推广经验。进一步规范发展公租房，强化对环卫、公交等行业困难群体的精准保障。严格把握棚改范围和标准，稳步推进棚户区改造。总结推广试点经验，进一步完善支持政策，做好城镇老旧小区改造工作。改革完善住房公积金制度。三是着力培育和发展租赁住房，促进解决新市民等群体的住房问题。进一步培育机构化、规模化租赁企业，加快建立和完善政府主导的住房租赁管理服务平台。重点发展政策性租赁住房，探索政策性租赁住房的规范标准和运行机制。四是着力提升城市品质和人居环境质量，建设"美丽城市"。深入贯彻落实新发展理念，把城市作为"有机生命体"，从解决"城市病"突出问题入手，统筹城市规划建设管理，推动城市高质量发展。建立和完善城市建设管理和人居环境质量评价体系，开展"美丽城市"建设试点。加快构建部、省、市三级CIM平台建设框架体系。系统化全域推进海绵城市建设，推进基础设施补短板和更新改造专项行动。全面推进城市生活垃圾分类工作，46个重点城市要实现2020年基本建成生活垃圾分类处理系统的目标。加强历史文化保护，构建全国城乡建设与历史文化保护传承体系。继续深化城管执法体制改革，加快建设城市综合管理服务平台。五是着力改善农村住房条件和居住环境，建设"美丽乡村"。总结推广钢结构装配式等新型农房建设试点经验，提升农房品质和农村生活条件。加快推动农村生活垃圾治理，改善农村人居环境，推动建立县域美丽乡村评估体系。六是着力推进建筑业供给侧结构性改革，促进建筑产业转型升级。认真贯彻落实关于完善质量保障体系提升建筑工程品质的指导意见。改革完善工程标准体系，深化工程造价市场化改革。大力推进钢结构装配式住宅建设试点。继续完善工程担保制度，改革建筑劳务用工制度。强化建设单位工程质量责任，加强施工现场重大风险安全管控，确保建筑施工安全。七是着力深化工程建设项目审批制度改革，持续优化营商环境。推广各地改革经验和创新做法，进一步推进全流程、全覆盖改革，完善评估评价机制，加强社会监督，确保明年基本建成全国统一的工程建设项目审批和管理体系。八是着力开展美好环境与幸福生活共同缔造活动，推进"完整社区"建设。围绕改善城乡人居环境，继续深入开展"共同缔造"活动，使"共同缔造"活动与美丽城市、美丽乡村建设有机融合、统筹推进。试点打造一批"完整社区"，完善社区基础设施和公共服务，创造宜居的社区空间环境，营造体现地方特色的社区文化，推动建立共建共治共享的社区治理体系。九是着力加强党的建设，为住房和城乡建设事业高质量发展提供坚强政治保障。巩固和拓展

"不忘初心、牢记使命"主题教育成果，持续整治群众身边的腐败行为和作风问题。大力加强干部队伍建设，用好"致力于绿色发展的城乡建设"系列培训教材，持续加大对城市党政领导干部和全系统干部的培训力度。

会议号召，全国住房和城乡建设系统要更加紧密地团结在以习近平同志为核心的党中央周围，不忘初心、牢记使命，以更加坚定的信心、更加饱满的干劲、更加扎实的行动，坚决完成党中央、国务院部署的各项任务，推动住房和城乡建设事业高质量发展不断迈上新台阶，为夺取全面建成小康社会伟大胜利、实现"两个一百年"奋斗目标、实现中华民族伟大复兴的中国梦作出新的更大贡献！

住房和城乡建设部副部长易军、倪虹、黄艳、姜万荣，中央纪委国家监委驻部纪检监察组组长宋寒松出席会议，易军作会议总结讲话。各省、自治区住房和城乡建设厅、直辖市建委及有关部门、计划单列市建委及有关部门主要负责人，新疆生产建设兵团建设局主要负责人，党中央、国务院有关部门司（局）负责人，后勤保障部军事设施建设局负责人，中国海员建设工会有关负责人，驻部纪检监察组负责同志，部机关各司局、部属单位主要负责人以及部分地级及以上城市人民政府分管住房和城乡建设工作的副市长出席了会议。

（2019-12-26　来源：住房和城乡建设部网站）

专题报道

王蒙徽：推动住房和城乡建设事业高质量发展

2019年底召开的中央经济工作会议，深刻分析当前国际国内经济形势，提出了2020年经济工作的总体要求和重点任务，为做好新一年经济工作指明了方向、提供了遵循。我们要深入学习贯彻中央经济工作会议精神，认真落实会议作出的各项决策部署，推动住房和城乡建设事业高质量发展。当前，要在全力做好疫情防控工作的同时，统筹抓好住房和城乡建设领域改革发展稳定各项工作，为实现今年经济社会发展目标任务作出应有贡献。

住房和城乡建设事业高质量发展迈出新步伐

2019年，在以习近平同志为核心的党中央坚强领导下，全国住房和城乡建设系统不断增强"四个意识"、坚定"四个自信"、做到"两个维护"，坚持以人民为中心，稳中求进、改革创新、担当作为，推动住房和城乡建设各项工作取得新进展。

房地产市场总体运行平稳。按照党中央、国务院决策部署，建立房地产市场平稳健康发展城市主体责任制，稳步推进"一城一策"试点，建立全国房地产市场监测系统，321个城市网签备案数据实现全国联网。加快培育发展住房租赁市场，增加租赁住房有效供应。集中力量开展住房租赁中介乱象专项整治，净化市场环境，维护群众合法权益。2019年，房地产市场总体保持平稳运行。

住房保障工作扎实推进。提出以公租房、政策性租赁住房和共有产权住房为主体，并结合推进城镇棚户区改造和老旧小区改造的住房保障体系基本框架。继续推进棚户区改造，2019年开工316万套，超额完成目标任务。在2个省和8个城市开展城镇老旧小区改造试点，探索融资方式、群众共建等体制机制。持续提升住房公积金管理服务效能，全面建成住房公积金数据平台。

城市建设方式加快转变。在11个城市开展城市体检试点工作，推动解决存在的"城市病"等突出问题。推进海绵城市建设，全国94%的地级及以上城市编制实施专项规划，地级及以上城市建成区黑臭水体消除比例达86.7%。全面开展城市生活垃圾分类，颁布实施《生活垃圾分类标志》国家标准，46个重点城市居民小区垃圾分类平均覆盖率达到67.8%。加快城市管理信息化建设，90%的地级及以上城市建立了城市管理信息化平台。

农村人居环境持续改善。全力推进农村危房改造，截至2019年底，脱贫攻坚需改造的135.2万户（其中建档立卡贫困户64.2万户）农村危房已开工99.3%。积极开展钢结构装配式农房建设试点和设计下乡活动，提高农房设计和建造质量。农村生活垃圾收运和处置体系覆盖84%以上的行政村，非正规垃圾堆放点整治任务完成90%以上。加强传统村落保护，公布第五批2666个中国传统村落。

建筑业供给侧结构性改革不断深化。国务院办公厅转发关于完善质量保障体系提升建筑工程品质的指导意见，从强化各方责任、完善管理体制、健全支撑体系、加强监督管理等方面明确了主要举措。开展钢结构装配式住宅建设试点，构建钢结构房屋建设产业链。加快推行工程总承包，大力培育建筑产业工人队伍，完善工程建设标准体系，加强建筑工程质量和施工安全管理，深化建筑业"放管服"改革。

工程建设项目审批制度改革取得明显成效。指导各地出台改革实施方案及配套制度，将工程建设项目全流程全覆盖审批时间压缩至120个工作日以内，持续优化营商环境。我国办理建筑许可指标世界排名从第一百二十一位大幅跃升至第三十三位。

美好环境与幸福生活共同缔造活动深入推进。在城乡社区人居环境建设和整治中践行党的群众路线，精选42个村、15个县和166个城市社区开展试点，将共建共治共享的理念和方法融入城乡社区治理，发动群众共同建设美好环境与幸福生活。

认真贯彻落实中央经济工作会议决策部署

2020年是全面建成小康社会和"十三五"规划收官之年，做好住房和城乡建设工作意义重大。我们要认真贯彻落实中央经济工作会议决策部署，重点把握好以下几方面要求。

坚定不移贯彻新发展理念。切实转变思想观念，自觉把新发展理念作为指挥棒，着力解决住房和城乡建设领域发展不平衡不充分问题，走内涵集约式的城乡建设高质量发展新路，全面推动致力于绿色发展的城乡建设，切实把新发展理念落实到住房和城乡建设工作各方面、各环节。

坚决打好三大攻坚战。全力推进农村危房改造工作，确保脱贫攻坚需改造的农村危房2020年全部竣工。加大城市黑臭水体治理力度，确保2020年底前地级及以上城市建成区黑臭水体消除90%以上。坚持"稳"字当头，全面落实因城施策、稳地价稳房价稳预期的长效管理调控机制，坚决防范化解房地产市场风险。

做好民生保障工作。住房和城乡建设是重要民生领域。要坚持以人民为中心的发展思想，集中力量解决好住房、城乡人居环境等人民群众的操心事、烦心事、揪心事，充分发挥群众主体作用，发动群众共建共治共享美好家园。

着力推动高质量发展。住房和城乡建设领域是推动高质量发展的重要载体和重要战场。我国城镇化已从高速发展阶段进入高质量发展阶段，住房发展已从总量短缺转变为结构性供给不足。要坚持问题导向、目标导向、结果导向，推动城市开发建设方式向内涵提质转型，坚持以供给侧结构性改革为主线，坚定不移全面深化改革，推动住房和城乡建设发展质量变革、效率变革、动力变革。

切实改进工作作风。面对当今世界百年未有之大变局和国内艰巨繁重的改革发展稳定任务，要切实提高政治站位，发扬担当精神，敢于攻坚克难。坚持实事求是思想路线，树立正确政绩观，力戒形形色色的形式主义、官僚主义，大兴调查研究之风。掌握科学工作方法，坚持试点先行，在探索积累经验基础上推动工作全面开展。

全力以赴抓好2020年重点工作

围绕贯彻落实中央经济工作会议精神，紧扣全面建成小康社会目标任务，2020年着力抓好以下十项工作。

认真落实党中央、国务院决策部署，统筹做好住房和城乡建设领域新冠肺炎疫情防控和经济社会发展工作。按照党中央要求毫不放松抓紧抓实抓细各项防控工作，坚决打赢疫情防控的人民战争、总体战、阻击战。指导各地住房和城乡建设部门积极做好房地产、物业服务、城镇供水、污水处理、市容环境卫生、公园管理、建筑施工等行业疫情防控工作，协调专业技术力量全力支持疫情防控重点地区应急医院建设。深入分析研判疫情对经济运行的影响，分区分级推动企业和项目有序复工复产。做好住房和城乡建设领域"六稳"工作，促进经济社会平稳健康发展。

着力稳地价稳房价稳预期，保持房地产市场平稳健康发展。长期坚持房子是用来住的、不是用来炒的定位，继续稳妥实施房地产市场平稳健康发展长效机制方案，建立和完善政策协同、调控联动、监测预警、舆情引导、市场监管等房地产调控体制机制，落实城市主体责任，因城施策、分类指导，保持房地产市场平稳运行。

着力完善城镇住房保障体系，加大城市困难群众住房保障工作力度。抓好完善住房保障体系试点，进一步规范发展公租房，加大对环卫、公交等基本公共服务行业困难职工的精准保障力度。稳步推进棚户区改造，做好城镇老旧小区改造，完善基础设施和公共服务配套，引导发展社区养老、托幼、医疗、助餐、保洁等服务。修订《住房公积金管理条例》，改革完善住房公积金制度。

着力培育和发展租赁住房，促进解决新市民等群体的住房问题。加快推动住房保障体系与住房市场体系相衔接，大力发展政策性租赁住房。进一步培育机构化、规模化租赁企业，加快建立和完善政府主导的住房租赁管理服务平台。会同有关部门落实和完善发展租赁住房的规划、土地、税收、金融等支持政策，鼓励发展长期租赁住房。

着力提升城市品质和人居环境质量，建设"美丽城市"。深入推进城市体检工作，建立完善城市建设和人居环境质量评价体系，开展"美丽城市"建设试点。系统化全域推进海绵城市建设，推进基础设施补短板和更新改造专项行动。全面推进城市生活垃圾分类工作，46个重点城市要实现2020年基本建成生活垃圾分类处理系统的目标。加强城乡建设与历史文化保护工作，构建全国历史文化名城保护传承体系。深化城管执法体制改革，加快建设城市综合管理服务平台，大力整治提升城市环境。

着力改善农村住房条件和居住环境，建设"美丽乡村"。总结推广钢结构装配式等新型农房建设试点经验，完善水、电、气、厕配套，提升农房品质和农村生活条件。研究建立县域美丽乡村评估体系，提升乡村建设水平和人居环境质量。加快推进农村生活垃圾治理，健全垃圾收集、运输和处置体系。

着力推进建筑业供给侧结构性改革，促进建筑产业转型升级。大力发展建筑节能和绿色建筑，推进钢结构装配式住宅建设试点，推动建造方式转型。改革完善工程标准体系，加快构建新型标准体系，推动中国标准国际化。强化建设单位工程质量责任，加强施工现场重大风险安全管控，确保建筑施工安全。继续推进建筑业"放管服"改革。

着力深化工程建设项目审批制度改革，持续优化营商环境。进一步推进全流程、全覆盖改革，基本建成全国统一的工程建设项目审批和管理体系。在小型仓储工业类项目、改造项目等工程建设项目中开展"清单制＋告知承诺制"试点。完善评估评价机制，对各地改革情况和成效开展第三方评估。

着力开展美好环境与幸福生活共同缔造活动，推进"完整社区"建设。围绕改善城乡人居环境，以城镇老旧小区改造、生活垃圾分类、农村危房改造等工作为载体，继续深入开展"共同缔造"活动。试点打造一批"完整社区"，完善社区基础设施和公共服务，创造宜居社区空间环境，营造体现地方特色的社区文化，推动构建共建共治共享的社区治理体系。

着力加强党的建设，为住房和城乡建设事业高质量发展提供坚强政治保障。坚持把党的政治建设摆在首位，全面提高党的建设质量，做好"三个表率"，创建模范机关。持续深化党风廉政建设，巩固和拓展"不忘初心、牢记使命"主题教育成果。大力加强干部队伍建设，加大对城市党政领导干部和全系统干部的培训力度，着力打造一支忠诚干净担当的高素质干部队伍。

(2020-03-06　来源：《人民日报》)

住房和城乡建设部举行宪法宣誓仪式王蒙徽部长监誓

12月4日是国家宪法日，住房和城乡建设部举行宪法宣誓仪式。部党组书记、部长王蒙徽监誓。

住房和城乡建设部直属机关各单位新任职班子成员和机关处长依法进行宪法宣誓。

14时许，部党组成员、副部长易军宣布宪法宣誓仪式开始。全体起立，奏唱中华人民共和国国歌。随后，领誓人手抚宪法，领诵誓词，其他宣誓人在后方列队站立，跟诵誓词。

宣誓后，王蒙徽说，党的十九届四中全会要求，坚持和完善中国特色社会主义法治体系，提高党依法治国、依法执政能力。大家要认真落实四中全会决定要求，以习近平新时代中国特色社会主义思想为指导，深入贯彻落实习近平总书记关于住房和城乡建设工作重要指示批示精神，加快完善住房和城乡建设法律制度，不断提高法制化、制度化水平。

王蒙徽要求，大家要带头学习宪法，弘扬宪法精神，推进国家治理体系和治理能力现代化。要依法履职，为民履职，改革创新，勇于担当，严格秉公用权，严守纪律规矩，齐心协力推动住房和城乡建设事业高质量发展。

副部长黄艳，部党组成员、中央纪委国家监委驻住房和城乡建设部纪检监察组组长宋寒松，部党组成员、副部长姜万荣，以及有关司局主要负责同志参加仪式。

建 设 综 述

法 规 建 设

【立法工作】2019年，住房和城乡建设部法规司配合司法部，推动列入国务院立法工作计划、由住房和城乡建设部起草的3部行政法规的立法进程。其中，《建设工程抗震管理条例》已经司法部部务会审议通过。

配合立法机关，完成《建筑法》《消防法》《建设工程质量管理条例》等法律法规的修订；积极参与《固体废物污染环境防治法（修订）》《优化营商环境条例》等法律法规的立法。

组织落实部年度规章立法计划，共修订5部规章，废止2部规章。

加强司局协调，开展行政规范性文件合法性审核，组织制定印发《住房和城乡建设部办公厅关于进一步加强部机关行政规范性文件合法性审核工作的通知》（建办法〔2019〕15号），办理50余件（次）文件的合法性审核。

会同部有关司局，组织开展住房和城乡建设法规体系研究。

【执法监督与普法】全面推行行政执法"三项制度"。组织制定印发《住房和城乡建设部关于印发全国推行行政执法公示制度执法全过程记录制度重大执法决定法制审核制度实施方案的通知》（建法函〔2019〕53号），举办专题培训班。开展部机关重大执法决定法制审核近200件（次），组织召开听证会13次。

着力规范工程建设行政处罚。进一步完善行政处罚裁量权基准制度，修订出台《规范住房和城乡建设部工程建设行政处罚裁量权实施办法》和《住房和城乡建设部工程建设行政处罚裁量基准》。

加强法治宣传教育。组织部机关各单位深入学习宣传贯彻习近平总书记全面依法治国新理念新思想新战略。组织开展4期法治讲座、3次旁听庭审。定期刊发典型案例以案释法。组织开展国家宪法日系列宣传活动。

【行政复议和行政诉讼】行政复议方面，全年共办理复议案件477件，其中撤销、确认违法、责令履行45件，纠错率为9.43%。行政诉讼方面，共收到582件诉讼案件。

逐步完善工作机制。畅通与司局、地方、法院、人大、司法部等方面的沟通渠道，加强疑难案件会商研讨。强化层级监督，共发出10份复议意见书。

【"放管服"改革】加强统筹协调，组织制定印发全国"放管服"改革优化营商环境电视电话会议重点任务分工方案；督促地方核查群众反映的营商环境诉求，提出改进措施。

配合部工程建设项目审批制度改革领导小组办公室，在全国推开工程建设项目审批制度改革；建立协调机制，指导京沪参加世行营商环境评价。

协调有关司局，推动资质制度改革，进一步简化资质条件、优化服务方式、提高审批效率；组织制定印发住房城乡建设领域自贸区"证照分离"改革全覆盖试点实施方案。

会同有关司局，开展证明事项清理，向社会公布取消一批规章和规范性文件设定的证明事项。

【其他工作】办理十三届全国人大代表议案36件、建议16件，全国政协委员提案10件。组织开展市场准入负面清单、外资准入负面清单、公平竞争审查等工作。

（住房和城乡建设部法规司）

住房保障建设

全年重点工作、新举措

【住房保障体系工作取得重要阶段性进展】2019年，住房和城乡建设部住房保障司对全国71个大中城市，重点对9个城市开展深入调研。在调研基础上，研究提出以公租房、政策性租赁住房和共有产权住房为主体，并结合推进城镇棚户区改造和老旧小区改造的住房保障体系基本框架，部署在部分城市开展完善住房保障体系试点工作。

【完成棚改年度目标任务】2019年，全国各类棚户区改造开工316万套，顺利完成年度目标任务，完成投资1.2万亿元。主要采取了以下措施：一是工作部署安排早。会同发展改革委、财政部等部门，在一季度代表保障性安居工程协调小组，与各省（区、市）人民政府签订目标责任书，将289万套棚改任务分解到地方、落实到项目，配合相关部门及时下达中央补助资金，明确棚改专项贷款规模。二是配合财政部指导地方做好棚改专项债券发行工作，全国发行7172亿元。三是加强督促检查。从3月份开始，对各地棚改开工情况进行通报，对进度偏慢的省份进行督促。四是科学安排2020年棚户区改造计划。指导各地坚持既尽力而为、又量力而行，严格把握棚改范围和标准，重点攻坚改造老城区内脏乱差的棚户区和国有工矿区、林区、垦区棚户区，对老城区内脏乱差的棚户区，要重点安排改造现有50户以上集中成片棚户区。要严格评估财政承受能力，不搞一刀切、不层层下指标、不盲目举债铺摊子，项目可行性研究阶段应充分论证资金筹措方案，确保列入年度棚改计划的项目具备还款能力，能够及时还款。要采取拆除新建、改建（扩建、翻建）等多种方式实施棚户区改造，改建（扩建、翻建）工程按规定纳入棚改计划。

【规范发展公租房】一是会同发展改革委、财政部、自然资源部印发《关于进一步规范发展公租房的意见》，召开全国公租房工作座谈会，对进一步规范发展公租房作出部署。二是会同发展改革委、财政部印发《对部分城市新筹集公租房给予中央补助的通知》，支持71个大中城市中人口流入多、公租房需求大的城市及党中央、国务院要求发展公租房的其他地区增加公租房实物供给。进一步推进公租房租赁补贴，对各地公租房租赁补贴继续给予中央补助支持。三是继续开展政府购买公租房运营管理服务试点，在浙江、安徽、广西、陕西等8省（区）开展政府购买公租房运营管理服务的试点，吸引企业和其他机构参与公租房运营管理，及时总结试点经验，提升公租房管理专业化、规范化水平。四是加快推进公租房信息系统建设。印发了《公租房基础信息数据标准》《公租房信息系统建设技术指南》，部署各地加快公租房信息数据联网。

住房保障政策拟定

【住房和城乡建设部 国家发展改革委 财政部 自然资源部关于进一步规范发展公租房的意见（建保〔2019〕55号）】

继续做好城镇中等偏下及以下收入住房困难家庭的保障工作。梳理低收入特别是低保家庭、分散供养特困人员的住房状况，凡申请并符合条件的要实现应保尽保。持续做好城镇中等偏下收入住房困难家庭的保障工作，要明确合理的轮候期，在轮候期内给予保障。对低保、低收入住房困难家庭和分散供养特困人员，可以实物配租为主、租赁补贴为辅；对中等偏下收入住房困难家庭，可以租赁补贴为主、实物配租为辅。实物配租公租房单套建筑面积原则上控制在60平方米以内。租赁补贴标准要建立动态调整机制，并根据保障对象的收入水平实行分档补贴。可立足当地实际，制定在商品住房项目中配建公租房的政策，明确配建比例。利用集体建设用地建设租赁住房的试点城市，可将集体建设用地建设的租赁住房长期租赁作为公租房，租赁期限一般不低于5年。鼓励政府将持有的存量住房用作公租房。新筹集的公租房要做到布局合理、设计科学、质量可靠、配套完善。要建立常态化申请受理机制，强化部门协同和信息共享。要完善公租房配租方式。要定期检查公租房使用情况，确保公租房房源依法合规使用。要定期复核，及时调整保障方式、保障标准等。要健全公租房退出管理机制。

加大对新就业无房职工、城镇稳定就业外来务工人员的保障力度。要坚持既尽力而为又量力而行，重点保障环卫、公交等公共服务行业以及重点发展产业符合条件的青年职工和外来务工人员。可设立最长保障期限，重在解决阶段性住房困难。实物保障以配租集体宿舍为主，以小户型住宅为辅。新就业无房职工和外来务工人员较为集中的开发区和产业园区，根据用工数量，在产业园区配套建设行政办公及生活服务设施的用地中，可通过集中建设或长期租赁、配建等方式，增加集体宿舍形式的公租房供应，面向用工单位或园区就业人员出租。按照国务院规定开展试点的城市，企业（单位）依法取得使用权的土地，在符合规划、权属不变的前提下，可建设公租房，面向本单位职工出租，促进职住平衡。租赁补贴发放范围、补贴标准等由各地因地制宜确定。对新就业无房职工和城镇稳定就业外来务工人员，政府筹集的公租房主要面向其用人单位定向供应。职工向用人单位提交申请。用人单位依照当地有关规定，协助住房保障等部门对职工保障资格进行审核，对定向供应的公租房进行分配，切实履行对入住职工的管理责任，并督促不再符合条件的人员退出保障，确保公租房合规使用。要研究制定面向用人单位定向供应公租房的管理办法，并指导用人单位制定本单位的实施细则，加强对用人单位的监督管理。

加强公租房建设运营管理。一是加强公租房建设管理。要强化政府对招投标、设计、施工、竣工验收等建设全过程的监督管理，严格落实各参建主体质量安全责任，强化建设单位首要责任，全面落实质量终身责任制。二是积极实施政府购买公租房运营管理服务。要逐步推广政府购买公租房运营管理服务，吸引企业和其他机构参与公租房运营管理。要明确购买主体、购买内容，将适合通过政府购买服务提供的公租房运营管理服务事项纳入政府购买服务的指导性目录。要公开择优确定承接主体，规范服务标准，全面实施绩效管理。三是加快推进住房保障领域信用体系建设。各地要结合实际制定住房保障领域信用体系建设实施方案，建立健全信用信息归集和应用制度，建立完善守信联合激励和失信联合惩戒机制。四是完善公租房配套基础设施和公共服务。各地要充分考虑保障对象日常生活、出行等需要，加快完善公租房小区的基础设施及公共服务设施，使群众享有更好的居住环境。要将公租房小区及时纳入街道和社区管理，积极发展各项便民利民服务和社区志愿服务，推进信息化、智能化技术成果的应用，切实提升公租房社区居住品质。

落实各项支持政策。一是确保用地供应。新建公租房的地方，要依据公租房发展规划和年度建设计划，科学编制土地供应计划，公租房用地应保尽保。储备土地和收回使用权的国有土地，优先安排保障性住房建设。二是加强资金保障。要根据财政承受能力，合理制定公租房建设规划，统筹各项资金用于公租房房源筹集、租赁补贴发放。政府投资公租房租金收入专项用于偿还公租房贷款本息及维修养护、管理等，维修养护费用主要通过公租房租金收入及配套商业服务设施租金收入解决，不足部分由财政预算安排解决。三是落实税费减免政策。对公租房建设筹集、经营管理所涉及的土地使用税、印花税、契税、土地增值税、房产税、增值税、个人所得税等，以及城市基础设施配套费等政府性基金、行政事业性收费，继续按规定落实优惠政策。

城镇保障性安居工程年度计划、资金安排及实施情况

【明确年度计划】 2019年全国棚改计划289万套。住房和城乡建设部代表保障性安居工程协调小组与各省、自治区、直辖市及新疆生产建设兵团签订目标责任书。各地及时将任务分解到市县，落实到具体项目。

【年度资金安排情况】 中央安排下达补助资金共1612亿元。

【城镇保障性安居工程建设进展顺利】 全年棚户区改造开工316万套，基本建成254万套，超额完成了289万套年度目标任务。

（住房和城乡建设部住房保障司）

标准定额、建筑节能与科技

概况

2019年，住房和城乡建设部标准定额司深入学习贯彻习近平新时代中国特色社会主义思想、党的十九届四中全会和2019年中央经济工作会议精神，树牢"四个意识"，坚定"四个自信"，做到"两个维护"，围绕部中心工作，扎实推进标准定额、科技创新、国际科技合作、建筑节能和装配式建筑等工作，较好地完成了全年各项目标任务。

住房和城乡建设标准规范管理

【**深化标准化改革**】制定《改革和完善工程建设标准体系工作方案》，确定标准化改革顶层设计。《工作方案》充分吸纳了多年来工程建设标准化工作的经验，针对工程建设标准化工作的突出问题，按照使市场在标准化资源配置中起决定性作用和更好发挥政府作用的思路，从构建国际化工程建设标准体系、制定体系和实施体系三方面，明确了改革目标和基本原则，提出了改革标准体系、完善制度机制、强化实施监督、推进标准国际化、加强规划统筹等主要措施，并对重点工作及任务分工做出了安排。

完善《住房和城乡建设部标准制定工作规则》，保障标准化管理有序开展。《工作规则》明确标准定额司、对口业务司局、部标准化技术委员会、标准定额研究所等工作职责及相互配合关系，完善了标准立项、编制、审议、发布工作程序和要求，建立了标准化工作"统筹协调、分工负责"协同机制。

加快工程规范编制和研编工作，逐步构建我国"技术法规"项目库。在住房和城乡建设领域，落实《住房和城乡建设领域改革和完善工程建设标准体系工作方案》《住房和城乡建设领域标准制定工作规则》要求，组织开展住房和城乡建设领域全文强制性工程建设规范验收准备工作。研究制定工程规范验收方案，明确工程规范验收总体原则、进度安排和具体程序等，突出各业务主管司局的主导作用和部标准化工作领导小组的把关作用。逐项开展38本工程规范工作讨论，了解规范间协调情况，提出下一步工作要求和修改建议。加强同各业务主管司局的沟通联系，确定38本工程规范联络员，推动建立司局协同工作机制。在工业建设领域，会同国务院有关部门、行业管理机构开展工程规范研编工作，完成电子、煤炭、石化等行业的工程规范研编成果验收。

研究建立"条块结合"标准体系，有力支撑部重点工作。按照"条块并重"原则，围绕住房与房地产、城市市政基础设施建设、城市更新与社区治理、历史文化保护与传承等需要，会同房地产市场监管司、城市建设司、建筑节能与科技司等业务司局下达20余项急需标准编制任务，配合业务司局做好重点工作。

【**标准规范编制管理**】组织编制及批准发布工程建设标准247项。不断加强标准编制管理，组织相关领域工程建设标准化管理机构、部标准化技术支持机构、各标准编制单位，积极开展标准编制工作，共完成247项标准，其中工程建设国家标准和行业标准188项，产品国家标准和行业标准59项，有效支撑了绿色发展、高质量发展。

开展年度工程建设标准复审工作。组织标准化技术委员会，以及国务院有关部门有关司、各行业标准化主管机构，开展年度工程建设标准复审工作。对现行2000余项工程建设标准的复审意见进行研究，对标准提出了"合并、转移、废止、修订、继续有效"等意见，不断提升标准的时效性。

开展部分标准中译英工作。以满足我国参与国际市场的重点领域和重大项目需求为目标，按照成体系、成规模、系列配套的工作原则，重点开展中低速磁浮交通、石油化工、煤炭矿井等方面的工程建设标准英文版整体翻译，为我国企业参与国际市场竞争提供技术支撑。

完善安全生产相关标准。根据2019年安全生产工作要点，不断完善安全生产建设领域相关工程建设标准，并对消防、化工、民用爆破、石油和石化等领域涉及危险化学品的工程建设国家标准，以及油气输送管道相关的工程建设标准进行梳理和完善，开展了相关重要指标和关键性指标研究，批准发布了《石油化工建设工程施工安全技术标准》等标准。

住房和城乡建设工程造价管理

【企业营商环境】 12月，国务院印发《关于在自由贸易实验区开展"证照分离"改革全覆盖试点的通知》（国发〔2019〕25号），明确"在自贸区试点取消工程造价咨询企业资质"。为贯彻落实国务院要求，加强"双随机、一公开"事中事后监管，推进工程造价咨询行业信用体系建设，推广应用工程造价职业保险。

【工程造价管理改革】 坚持市场在资源配置中起决定性作用，深化工程造价管理市场化改革。在多次调研论证基础上，分析存在的主要问题，考察对比发达国家工程造价形成机制，研究提出工程造价改革思路和措施。按照"以终为始、试点先行、先立后破"原则，指导北京、湖北、广东、广西开展工程造价管理市场化改革试点，研究制定工程造价改革工作方案。

【"放管服"改革要求】 启动《工程造价咨询企业管理办法》《注册造价工程师管理办法》修订工作，精简申请证明事项，明确一级和二级注册造价工程师注册、执业和监管的相关要求，开展工程造价咨询企业资质实行告知承诺制审批研究，优化审批服务，提高审批效率。

【工程计价体系】 按照市场决定工程造价要求，完善工程量清单计价体系，推进《建设工程工程量清单计价规范》和9本计量规范修订工作；适应工程总承包工作需要，组织开展《房屋建筑与市政基础设施工程总承包计价计量规范》编制工作。按照工程建设项目审批制度改革提出的统一建筑面积计算标准的要求，对《建筑工程建筑面积计算规范》和《房产测量规范》技术内容开展协调。

【工程定额局部修订】 重点针对部分定额准确性不够的问题，组织开展《房屋建筑与装饰工程消耗量定额》《市政工程消耗量定额》《通用安装工程消耗量定额》等修订工作，调整各定额子目消耗量落后的内容。同时，配合推进装配式建筑，组织开展《装配式建筑工程投资估算指标》编制工作。

【工程造价信息数据管理】 统一工程造价数据收集、分析和测算规则。组织开展《城市轨道交通工程分类与特征描述标准》《通用安装工程分类与特征描述标准》编制，完成"互联网＋BIM全过程工程造价计量计价标准""工程造价信息化中的大数据应用"课题研究。继续推动造价信息监测，收集综合性信息数据资源，运用大数据和人工智能技术，挖掘数据规律，分析并定期发布监测指标指数信息。

【与国际通行规则接轨工作准备】 为促进我国工程造价咨询走出去，实现与国际计价规则接轨，完成"工程造价标准体系及与国外标准体系对比研究""国际化工程造价专业人才培养"课题研究工作。

【工程造价行业概况】 截至年末，全国共有甲级工程造价咨询企业4557家，比上年增长7.6%，占比55.6%；乙级工程造价咨询企业3637家，比上年减少6.8%，占比44.4%。工程造价咨询企业从业人员586617人，比上年增长9.2%。工程造价咨询企业共有注册造价工程师94417人，比上年增长3.6%，占全部工程造价咨询企业从业人员的16.1%。工程造价咨询企业的营业收入1836.66亿元，比上年增长6.7%。工程造价咨询企业实现利润总额210.81亿元，比上年增长2.9%。

实施指导监督工作

【工程建设标准实施指导监督】 做好工程建设地方标准备案工作，进一步规范备案要求，加强对备案标准的内容监管，提高备案效率。2019年共备案工程建设地方标准546项。坚持以人民为中心，做好有关标准咨询的群众来信等答复工作。累计办结各类来信来函60件，电话接访35人次以上，解答了人民群众和相关单位对《住宅设计规范》《建筑设计防火规范》《城市居住区规划设计标准》等重要标准的有关疑问。

【持续推进中国工程建设标准国际化】 进一步深化住房城乡建设部民用建筑工程、市政基础设施工程、城乡规划、城市轨道交通4个领域标准国际化调研。组织开展中国工程建设标准"一带一路"国际化政策研究，着重加强对工程建设标准国际化试点、工程建设标准国际交流合作等方面的研究。该项目列入财政部"中国经济改革促进与能力加强"支持。组织我部及直属事业单位、相关地方住房和城乡建设主管部门、相关企业等有关从事工程建设标准化管理工作的人员赴英国培训，学习了解英国技术法规及标准体系相关情况。指导上海、深圳、海南、福建等先行地区发挥各自优势，率先探索推进工程建设标准国际化的路径和措施。组织召开工程建设标准国际化试点工作座谈会，交流标准国际化研究和相关工作的成果。组织制作工程建设标准在"一带一路"建设中应用宣传片、宣传图册。为进一步加强对我国工程建设标准的国际宣传推广奠定基础。

无障碍、养老设施建设工作

【无障碍环境市县村镇创建】 会同工信部、民政部、卫健委和中国残联，按照《住房城乡建设部等部门关于开展无障碍环境市县村镇创建工作的通知》要求组织申报，全国共211个市县村镇申报参加"十三五"无障碍环境市县村镇创建工作。

【相关课题】 开展无障碍环境建设中长期发展目标编制、新时代无障碍环境建设体制机制研编、我国地方无障碍设施建设管理规定梳理分析等课题研究。

住房和城乡建设领域科研和开发情况

【相关规划编制】 开展《国家中长期科学和技术发展规划纲要（2006—2020年）》实施情况总结评估，形成评估报告，为制定未来15年中长期规划提供依据，打下基础。开展住房和城乡建设领域中长期科学和技术发展战略研究，制定"十四五"科技发展规划编制工作方案。积极参与第六次国家技术预测，以及2021—2035年国家中长期科学和技术发展规划研究编制工作。

【国家重大专项实施】 推动"水专项"成果在长江经济带、粤港澳大湾区、一带一路等重点领域的应用，组织"从源头到龙头"成套技术成果在全国科技活动周中展出。完成"高分辨率对地观测系统"重大专项"高分城市精细化管理遥感应用示范系统"（一期）项目预验收，组织出版了《城市规划建设管理高分辨率遥感应用技术》和《城市规划建设管理高分辨率遥感应用》。梳理CIM平台建设、城市体检工作对遥感技术的新需求，组织编写"高分专项"二期项目建议书。

【部科学技术计划项目征集和智库建设】 组织申报和编制2019年住房和城乡建设部科学技术计划，优化申报评审程序和要求，改进部科技计划项目管理系统功能。开展部科技委换届和各专业委员会调整组建工作，协调相关司局调整组建23个专业委员会，印发《住房和城乡建设部科学技术委员会章程》。

国际科技交流与合作

【相关国际合作项目】 有序推进全球环境基金（GEF）赠款项目，组织实施五期项目"中国城市建筑节能和可再生能源应用"和六期项目"可持续城市综合方式试点"中国子项目，启动并实施联合国开发署项目"中国公共建筑能效提升"。支持"中欧低碳生态城市合作项目""中国城市生活垃圾处理领域国家适当减缓行动项目"在试点城市开展工作。

【国际交流活动】 参加联合国气候行动峰会阿联酋筹备会议及德国海德堡气候行动国际会议，在世界城市日中国主场举办"2019城市适应气候变化国际会议"。组织召开中德"超低能耗/产能建筑政策和技术"技术讨论会，中加现代木结构技术研讨会和联合工作组会议。

【组织推荐国家重点研发计划国际合作项目】 向科技部推荐"城市能源系统热电协同关键技术研究"等3个项目纳入"政府间国际科技创新合作/港澳台科技创新合作"和"战略性国际科技创新合作"国家重点研发计划。

建筑节能和绿色建筑

【建筑节能】 新建建筑执行节能强制性标准执行率保持较高水平。2019年，全国城镇新建建筑执行节能强制性标准的比例基本达到100%，总体情况良好。新版《严寒和寒冷地区居住建筑节能标准》颁布执行，将严寒和寒冷地区居住建筑节能率由65%提升至75%，能效水平提升30%。发布实施《近零能耗建筑技术标准》，引导超低能耗建筑发展。

持续推进既有建筑节能改造。2019年，严寒及寒冷地区各省（区、市和新疆生产建设兵团）完成既有居住建筑节能改造6378万平方米，天津、吉林已全部完成城镇既有居住建筑节能改造。夏热冬冷地区各省（市、区）完成既有居住建筑节能改造面积2979万平方米，上海市2019年度完成既有居住建筑节能改造面积1141万平方米。

推动开展公共建筑节能改造。2019年全国各省（区、市）完成公共建筑能耗统计59978栋，能源审计1444栋，能耗公示9015栋，能耗监测4050栋。山东、江苏、广东、北京、上海等地公共建筑节能改造规模较大。

【绿色建筑】 绿色建筑实现跨越式发展。全国省会以上城市保障性住房、政府投资公益性建筑、大型公共建筑开始全面执行绿色建筑标准。北京、天津、上海、重庆、江苏、浙江、山东、广东、河北、福建、广西、宁夏、青海等地在城镇新建建筑中全面执行绿色建筑标准。江苏、浙江、宁夏、河北、辽宁和内蒙古颁布《绿色建筑发展条例》等法规文件。截至年底，全国累计已竣工强制执行绿色建筑标准项目超过6.6万个，建筑面积超过19亿平方米。

绿色建筑评价标识制度稳步推进。截至年底，全国累计19941个建筑项目获得绿色建筑设计评价标识，建筑面积21.27亿平方米，获得绿色建筑设计评价标识的建筑项目5439个，建筑面积5.94亿平方米；

累计885个建筑项目获得绿色建筑运行评价标识，建筑面积1.28亿平方米，获得绿色建筑运行评价标识的建筑项目195个，建筑面积2322万平方米。

【可再生能源建筑应用】 可再生能源在建筑领域的应用规模不断扩大。2019年，全国新增太阳能光热应用面积3.2亿平方米，浅层地热能建筑应用面积3080万平方米，太阳能光电建筑应用装机容量1194兆瓦。

装配式建筑和绿色建材

【装配式建筑】 推动完善适合中国国情的装配式建筑技术体系。发布《装配式混凝土建筑技术体系发展指南（居住建筑）》《装配式钢结构住宅建筑技术标准》等。

【绿色建材】 联合市场监管总局、工信部印发《绿色建材产品认证实施方案》，进一步理顺绿色建材的工作机制。研究搭建绿色建材采信应用数据库。截至年底，1100余个建材产品已获得绿色建材评价标识。

（住房和城乡建设部标准定额司）

房地产市场监管

概况

2019年，住房和城乡建设部房地产市场监管司在部党组的坚强领导下，房地产市场监管司深入学习习近平新时代中国特色社会主义思想，认真贯彻落实习近平总书记对住房和房地产工作的重要指示批示，强化"四个意识"，坚决做到"两个维护"，切实加强房地产市场宏观调控和监管，稳妥实施房地产长效机制，促进房地产市场平稳健康发展。

房地产市场政策、协调与指导

【房地产市场政策】 党中央、国务院高度重视住房和房地产工作。习近平总书记1月21日在省部级主要领导干部专题研讨班开班式上强调，稳妥实施房地产市场平稳健康发展长效机制方案，坚决防止大起大落；4月19日在中央政治局会议上指出，坚持房子是用来住的、不是用来炒的定位，落实好一城一策、因城施策、城市政府主体责任的长效调控机制；7月30日在中央政治局会议中再次强调，坚持房子是用来住的、不是用来炒的定位，落实房地产长效管理机制，不将房地产作为短期刺激经济的手段。李克强总理在2019年《政府工作报告》中提出，落实城市主体责任，改革完善住房市场体系和保障体系，促进房地产市场平稳健康发展。

【房地产市场调控】 住房和城乡建设部会同有关部门认真贯彻落实党中央、国务院决策部署，稳妥实施房地产长效机制，落实城市主体责任，切实做好稳地价、稳房价、稳预期工作，促进房地产市场平稳健康发展。加强房地产市场形势调研，会同有关部门分析研判房地产市场走势，加大对重点城市、重点企业的指导，对房价、地价波动较大的城市作出预警提示，并通过新华社等媒体主动发布消息，引导市场预期。

房地产市场运行

在各地区各部门的共同努力下，2019年房地产市场运行总体平稳，主要指标运行在合理区间，符合调控预期，基本实现了稳地价、稳房价、稳预期的目标。

一是商品房销售量保持高位。2019年全国商品房销售面积17.16亿平方米，同比下降0.1%，其中商品住宅15.01亿平方米，同比增长1.5%，绝对量仍处于历史高位，销售额创新高。

二是住宅销售价格涨幅回落。12月份，70个大中城市新建商品住宅销售价格同比平均涨幅6.8%，涨幅比2018年同期回落3.8个百分点；二手住宅销售价格同比平均涨幅3.6%，涨幅比2018年同期回落4个百分点。

三是房地产开发投资较快增长。2019年全国房地产开发投资13.22万亿元，同比增长9.9%，增幅比2018年扩大0.4个百分点。其中住宅投资同比增长13.9%。房屋新开工面积、施工面积同比分别增长8.5%和8.7%。房屋竣工面积同比增长2.6%，由负转正。

房地产交易租赁和产权管理

【培育和发展住房租赁市场】 我国人口规模大,不同群体对租赁住房的需求不同,而市场供应的租赁住房总体上户型偏大,小户型尤其是一居室供应不足。为了更好解决新市民等群体的住房问题,房地产市场监管司通过推动相关立法、开展租赁试点、加大财政支持等方式,积极培育和发展住房租赁市场。

一是推进住房租赁立法工作。按照国务院2019年立法计划关于《住房租赁条例》的安排部署,联合相关部门开展住房租赁市场系列调研,借鉴国外租赁住房经验,结合房地产长效机制政策措施修改完善《住房租赁条例(草案)》。

二是推进培育住房租赁试点。12个试点城市已培育国有住房租赁企业146家,通过"竞自持"、配建的方式累计出让租赁住房用地334宗,通过"商改租"或城中村改造等形式盘活存量房源20.47万套,住房租赁管理服务平台累计录入房源177万套。

三是推进集体建设用地建设租赁住房试点。配合自然资源部,扩大集体建设用地建设租赁租房试点范围,组织开展中期评估。18个试点城市共启动租赁住房项目161个。

四是启动中央财政支持住房租赁市场发展试点。会同财政部,分批支持部分人口净流入、租赁需求缺口大的大中城市发展住房租赁市场。2019年,共下达专项资金134亿元,计划新改建租赁住房54万套,盘活存量房源38万套,培育专业化规模化住房租赁企业178家。

【提升房屋交易管理服务效能】 一是全面推行房屋网签备案制度。印发《关于印发房屋交易合同网签备案业务规范(试行)的通知》,指导各地落实《关于进一步规范和加强房屋网签备案工作的指导意见》(建房〔2018〕128号)。推进房屋交易网签备案系统联网,完成全国321个地级以上城市联网,实现房屋交易网签备案数据联网采集。在武汉、西安、长春、南京组织开展四期房屋网签备案和城市联网培训,指导各地规范网签备案业务。

二是推进解决"办证难"历史遗留问题。出台《关于妥善处理国有建设用地上房屋登记办证历史遗留问题的指导意见》,指导地方认真落实,切实保障群众切身利益。

三是结合"不忘初心,牢记使命"主题教育,对存量房转让合同网签备案、房屋交易资金监管、房地产中介机构备案等情况进行摸底调研,向重庆、辽宁等26个省份下发《关于进一步加强房地产交易管理的行政监督建议函》,督促指导各地房地产主管部门加强交易管理。

房地产开发与征收

【房屋开发征收管理】 对房地产领域信访、开发企业违规售房、科技企业"变身"地产商等问题进行专题研究。在自贸试验区开展房地产开发企业资质"证照分离"改革试点。根据"互联网+政务服务"要求,研究完善房地产开发企业一级资质核定工作。印发《关于国有土地上房屋征收领域基层政务公开标准指引的通知》。

物业服务

【物业服务监管机制】 会同中央组织部、民政部赴上海、浙江、福建等9个省市,联合开展社区物业党建调研,深入研究物业服务费价格机制。推进物业维修资金管理工作,会同财政部先后赴辽宁、广东等6省市开展专题调研;部署开展全国住宅专项维修资金检查,对4个省、4个直辖市进行抽查,对存在问题进行跟踪督办。

房地产市场监管

【整治住房租赁中介机构乱象】 结合"不忘初心 牢记使命"主题教育,开展住房租赁中介机构乱象专项整治,针对群众反映多的"黑中介"、乱收费和虚假广告等住房租赁市场乱象,严肃查处违法违规行为。会同有关部门联合印发《关于整顿规范住房租赁市场秩序的意见》,巩固专项整治成果,将整治经验制度化、常态化。6部门联合在中央主要新闻媒体通报曝光了两批整治住房租赁中介机构乱象违法违规典型案例。

【房地产中介行业管理】 印发《关于开展房地产估价师注册下放试点工作的通知》,在北京、天津、重庆、上海4个直辖市和江苏、广东两省开展房地产估价师注册下放试点工作。成立"房地产市场服务专业委员会",由估价、经纪、租赁、物业、咨询、信息化、房地产金融等房地产市场服务行业具有影响力的31名专家委员组成。

定点扶贫

作为青海省大通县定点扶贫牵头单位,房地产市场监管司认真学习贯彻习近平总书记关于扶贫工作的重要论述,积极落实定点帮扶责任,扎实推进大通县脱贫攻坚工作,认真开展美好环境与幸福生活共同缔造活动。切实加强组织领导，建立组团帮扶工作机制。深入总结试点村经验，实地调研督导。充分发挥行业优势，组织中国房地产估价师与房地产经纪人学会、中国房地产业协会、中国物业管理协会、北京建筑大学和万科、恒大、碧桂园等房地产企业帮扶对接。通过扶智扶志、产业扶贫、行业扶贫等方式开展帮扶工作，大通县已实现脱贫摘帽，"共同缔造"活动不断推进。

(住房和城乡建设部房地产市场监管司)

建筑市场监管

概况

2019年，住房和城乡建设部建筑市场监管司深入学习贯彻习近平新时代中国特色社会主义思想，特别是习近平总书记关于住房和城乡建设工作的重要指示批示精神，全面贯彻党的十九大和十九届二中、三中、四中全会精神，坚决落实党中央决策部署，以发展新型建造方式为重点，加快完善建筑市场体制机制，着力推进建筑业"放管服"改革，促进建筑产业转型升级，全面完成各项任务。

建筑业重点领域改革

【**钢结构装配式住宅建设试点**】落实全国住房和城乡建设工作会议部署，确定浙江、江西、山东、河南、湖南、四川、青海等7省作为钢结构装配式住宅建设试点地区。指导试点地区制定工作方案，明确工作目标和任务，试点工作取得积极成效。例如，山东、四川省成立了钢结构产业联盟，促进建筑钢材、设计、施工、部品部件、装备等全产业链协同发展，集中开展技术攻关和标准体系研究；浙江省杭州市临安区在钢结构装配式农房建设方面，创新"三带图四到场"农房建设管理模式，为农民提供多种设计方案，满足个性化需求，同时提供建房贷款以及售后保险等，解决农民后顾之忧，初步探索出一条群众愿意接受的钢结构装配式农房推进路径，截至12月，临安区已建成钢结构装配式农房380多套，面积10万余平方米。

【**工程招投标制度改革**】制定印发《住房和城乡建设部关于进一步加强房屋建筑和市政基础设施工程招标投标监管的指导意见》，规范招标投标行为。持续推进电子招标投标试点，跟踪试点地区工作进展情况，及时帮助试点地区解决试点过程中遇到的问题，通过实行电子招标投标，优化招投标服务，强化"互联网+监管"，切实减轻企业负担，获得了较好的社会反响。

【**工程建设组织模式**】推行工程总承包，继续在浙江等10个省（区、市）开展工程总承包试点，截至12月，试点地区共有3700多个项目采用工程总承包模式；会同国家发展改革委印发《房屋建筑和市政基础设施项目工程总承包管理办法》，修订工程总承包合同示范文本，完善工程总承包管理制度。发展全过程工程咨询，会同国家发展改革委印发《关于推进全过程工程咨询服务发展的指导意见》，在房屋建筑和市政基础设施领域推进全过程工程咨询服务，截至12月，共有19个省（区、市）出台全过程工程咨询指导意见或配套政策。推进建筑师负责制，在广西壮族自治区、上海浦东新区、福建自贸区厦门片区、深圳市、雄安新区5个地区深化建筑师负责制试点，在民用建筑工程中发挥建筑师的主导作用，探索与国际接轨的建筑师服务模式。

【**培育建筑产业工人队伍**】持续推进建筑产业工人培育示范基地建设，扩大试点范围，批准江苏、浙江、广西作为新增试点地区，指导上述地区制定试点工作方案。印发《建筑工人实名制管理办法（试行）》，推进建筑工人实名制管理，实现建筑工人管理服务信息平台全国联网，截至12月，平台在册人员已近900万人。

建筑业"放管服"改革

【**企业营商环境**】贯彻落实党中央国务院支持民营企业改革发展决策部署，印发《住房和城乡建设部办公厅关于支持民营建筑企业发展的通知》，指导各地进一步完善工作机制，落实政策措施，促进民营建筑企业持续健康发展。落实国务院有关世行营商环境评价工作部署，修订注册建筑师条例，调整考试报名条件，在北京、上海试点提高注册监理工程师职业资格考试报名条件。简化施工许可管理，修订建筑法中有关申领施工许可条件，进一步压缩施工许可证审批时限，研究制定施工许可证电子证照数据标准，报国办电子政务办印发实施。进一步扩大对外开放，取消对外商投资企业从事工程勘察业务的限制，实施准入前国民待遇加负面清单管理制度。

【企业资质审批制度改革】 组织起草《压减建设工程企业资质工作方案》，大幅合并、精简企业资质类别，力争到2020年底前将企业资质类别、等级压减1/3以上。推行企业资质告知承诺制审批，我部负责审批的建筑工程、市政公用工程施工总承包一级资质，以及工程勘察设计、建筑业企业、工程监理企业资质延续均已实行告知承诺制审批，选择北京、浙江等10个省（市）开展房屋建筑工程、市政公用工程监理甲级资质告知承诺制审批试点。

【个人执业资格管理制度】 完善注册建筑师管理体制机制，会同人力资源社会保障部调整组建新一届全国注册建筑师管理委员会，指导委员会建立新的工作机制，起草《建筑师考试制度改革报告》报部领导。推动改革勘察设计注册工程师制度，提出工程师专业框架调整建议报人力资源社会保障部，启动全国勘察设计注册工程师管理委员会换届工作。完善监理工程师、建造师职业资格管理制度，会同有关部门起草《监理工程师职业资格制度规定》《监理工程师职业资格考试实施办法》，制定一、二级建造师注册证书电子证照标准，报国办电子政务办印发实施。

【建筑市场信用和担保体系】 会同国家发展改革委等部门印发《住房和城乡建设部等部门关于加快推进房屋建筑和市政基础设施工程实行工程担保制度的指导意见》，推动完善工程担保制度，防范工程建设领域风险。完善全国建筑市场监管公共服务平台，优化信息发布功能，截至2019年12月底，平台共收录建设行业企业信息39.50万条，注册执业人员信息277.20万条，建设工程项目信息168.57万条，企业和人员诚信信息6010条，平台访问量达到5.51亿次。

【建筑市场监管】 严厉查处建筑市场违法违规行为，修订出台《建筑工程施工发包与承包违法行为认定查处管理办法》，2019年前三季度，各地共查处存在建筑市场违法违规行为项目7896个，对2872家建设单位、5923家施工企业、4422名个人作出处罚或处理。深入开展工程建设领域专业技术人员职业资格"挂证"等违法违规行为专项整治，会同工信部、中央网信办等部门查封发布违规挂证信息的网站95家、微信公众号122个、个人QQ账号594个。加大对发生质量安全责任事故和存在资质申报弄虚作假行为的企业、人员的处罚力度，2019年共对负有事故责任的29家建筑业企业、21名一级建造师、25家监理企业和42名注册监理工程师提出行政处罚意见送城管监督局；对资质申报中存在弄虚作假行为的411家企业进行通报批评，对通过弄虚作假取得资质的30家企业撤销其资质，并通过住房城乡建设部门户网站、全国建筑市场监管公共服务平台向社会公布。会同有关司局组织开展全国建筑市场和工程质量安全监督执法检查，共检查30个省（区、市）的134个在建工程项目，对建筑市场违法违规问题较为突出的23个项目下发了执法建议书，并作为典型案例通报。

城 市 建 设

2019年，住房和城乡建设部城市建设司坚决贯彻落实习近平新时代中国特色社会主义思想和党的十九大精神，按照中央经济工作会议、全国生态环境保护大会、政府工作报告及全国住房城乡建设工作会议部署，坚持以人民为中心的发展思想，落实新发展理念，围绕提升城市建设的整体性、系统性、协同性，推动城市高质量发展，进一步提升城市承载力、包容度和宜居性，增强百姓获得感、幸福感、安全感。

城镇老旧小区改造

【年度计划制定实施】 4月15日，住房和城乡建设部会同发展改革委、财政部印发《关于做好2019年老旧小区改造工作的通知》（建办城函〔2019〕243号），明确自2019年起将城镇老旧小区改造纳入保障性安居工程，给予中央补助资金支持。

通知要求各地认真做好老旧小区调查摸底，准确把握老旧小区改造内容和标准，科学制定老旧小区改造计划，抓好老旧小区改造计划的实施。2019年，中央补助支持各地改造城镇老旧小区1.9万个，涉及居民352万户。住房和城乡建设部配合发展改革委安排保障性安居工程中央预算内投资250亿元（含2020年提前批）、配合财政部安排中央财政城镇保障性安居工程专项资金300亿元，用于支持各地开展城镇老旧小区改造工作。

【全国调研】7月至8月，住房和城乡建设部会同20个部门和单位，深入调研30个省、区、市（西藏除外）及新疆生产建设兵团93个市县的213个城镇老旧小区，梳理分析城镇老旧小区改造现状、改造需求、经验做法、主要问题，形成推进城镇老旧小区改造工作的政策建议。

【城镇老旧小区改造试点】10月，住房和城乡建设部会同发展改革委、财政部、人民银行、银保监会等部门研究制定深化试点方案，组织山东、浙江2省及上海、青岛、宁波、合肥、福州、长沙、苏州、宜昌8个城市开展深化试点，重点探索推进城镇老旧小区改造工作统筹协调、改造项目生成、改造资金政府与居民合理共担、社会力量以市场化方式参与、金融机构以可持续方式支持、动员群众共建、改造项目推进、存量资源整合利用、小区长效管理9方面体制机制。指导试点省市编制印发试点实施方案，开展全覆盖实地调研，加强工作调度，及时了解试点进展，深化业务指导，帮助解决试点中遇到的困难和问题，组织开展试点工作中期进展评估，总结取得的阶段性成果。

城市社区"美好环境与幸福生活共同缔造"活动

【结合城镇老旧小区改造和生活垃圾分类开展"美好环境与幸福生活共同缔造"活动】在各地自愿的基础上，住房和城乡建设部在27个省、57个城市确定了166个美好环境与幸福生活共同缔造活动试点社区。9月21—23日，在浙江省宁波市举办"推动打造共建共治共享的社会治理格局 有序推进城镇老旧小区改造和生活垃圾分类工作"培训，各省级住房和城乡建设部门分管负责同志，以及166个共同缔造试点社区书记及其所在街道书记、区（县）组织部分管部长共计478人参加培训，为发挥基层党建引领作用，发动居民参与城镇老旧小区改造和生活垃圾分类工作提供有力保障。

推进海绵城市建设

【海绵城市建设】总结30个国家海绵城市建设试点城市的技术标准、政策制度，推广海绵城市建设试点经验。组织实施《海绵城市建设评价标准》，开展海绵城市建设成效评估，以评促建，推进海绵城市建设。截至年底，全国共有538个城市编制实施了海绵城市建设专项规划。

【城市黑臭水体治理】督导各地落实《城市黑臭水体治理攻坚战实施方案》，开展2019年城市黑臭水体整治环境保护专项行动。与财政部、生态环境部遴选40个城市开展城市黑臭水体治理示范，探索建设长效机制。截至年底，地级及以上城市建成区黑臭水体消除比例达86.7%。

【补齐排水防涝设施补短板】印发《关于公布2019年全国城市排水防涝安全及重要易涝点整治责任人名单的通告》（建城函〔2019〕37号），印发《关于做好2019年城市排水防涝工作的通知》（建办城函〔2019〕176号），部署2019年城市排水防涝工作，并指导各地做好"利奇马"等超强台风防御工作。截至年底，国务院确定的60个城市的易涝区段基本消除。

城镇供水与污水处理

【启动城市污水处理提质增效】经国务院同意，住房和城乡建设部会同生态环境部、发展改革委印发《城镇污水处理提质增效三年行动方案（2019—2021年）》（建城〔2019〕52号），召开电视电话会议专题部署。全年全国城市排查污水管网6.9万公里，消除污水管网空白区1000多平方公里。

【城镇供水安全保障】印发《住房和城乡建设部办公厅关于2018年度城镇供水规范化管理及城市居民二次供水管理专家评估情况的通报》（建办城函〔2019〕262号），对各地城市和县城供水规范化管理实施情况、城市居民二次供水管理情况进行通报。组织专家对10省份城市供水规范化管理情况进行现场检查，印发《关于做好城市建设管理督查检查考核问题整改工作的函》（建城市函〔2019〕113号）。

【城镇节水工作】印发《住房和城乡建设部 国家发展改革委关于命名第九批（2018年度）国家节水型城市的公告》（公告〔2019〕139号），石家庄等18个城市获得第九批国家节水型城市称号。开展以"建设节水城市，推进绿色发展"为主题的2019年度城市节水宣传周活动。

地下综合管廊建设

2019年住房和城乡建设部通过完善配套政策标准、试点示范带动等措施，指导各地继续推进地下综合管廊建设。截至年底，全国260个城市90个县累计开工建设管廊5100多公里，形成廊体3400多公里。其中全国新开工管廊321公里。

【配套政策】会同工业和信息化部、国家广播电视总局、国家能源局印发《关于进一步加强城市地下管线建设管理有关工作的通知》（建城〔2019〕100号），明确提出各地要因地制宜推进干、支、缆线综合管廊系统建设，创新地下管线建设管理方式，推动地下管线高质量发展等要求。

【综合管廊试点建设】会同财政部完成合肥、四平、石家庄、杭州、景德镇、威海等15个中央财政支持地下综合管廊试点绩效评价，总结了管廊规划建设和运营管理等方面形成的可复制、推广经验。各试点城市在补齐地下基础设施短板、提高城市安全保障能力和综合承载力等方面取得了明显成效。

【标准规范制订】印发《城市地下综合管廊建设规划技术导则》和《城市地下综合管廊运行维护及安全技术标准》（GB 51354—2019），指导各地进一步提高城市地下综合管廊规划编制水平，规范城市地下综合管廊运行维护，提升综合管廊安全运行水平。

市政交通建设

【城镇燃气】一是修订印发行政规范性文件《燃气经营许可管理办法》（建城规〔2019〕2号），细化加强安全监管、压缩审批时间、优化审批流程、推进信息共享等要求。二是联合发展改革委和市场监管总局印发了《关于规范城镇燃气工程安装收费的指导意见》（发改价格〔2019〕1131号），提出燃气表后至燃具前设施维修费用由燃气企业承担并纳入气价等政策措施，明确燃气企业保障户内相关燃气设施安全的责任。三是会同发展改革委和商务部在2019年外商投资目录负面清单中取消城镇燃气行业外资股比限制政策，进一步扩大城镇燃气对外开放力度。

【城镇供热】一是召开北方采暖地区今冬明春城镇供热采暖工作电视电话会议，全面部署采暖期城镇供热采暖各项工作，完善信息报告机制，及时调度指导地方供热运行和应急处置等工作。二是开展工作督查，实地督导地方加强供暖保障，开展"访民问暖"，深入社区、用户家庭，解决群众具体问题。三是联合国家能源局等3部门组织开展北方地区清洁取暖中期评估工作。

【城市道路交通】一是修订《城市道路交通设施规范》《城市桥梁设计规范》等相关标准规范，完善了城市桥梁护栏等安全防护技术要求，支撑城市桥梁护栏升级改造工作。二是起草形成《住房和城乡建设部关于开展人行道净化和自行车专用道建设工作的意见》，研究部署开展人行道净化专项行动和自行车专用道建设工作。三是联合交通运输部等部委共同起草的《交通强国建设纲要》呈报中央后，2019年9月由中共中央、国务院印发实施。四是完成郑州、西安、成都、北京市城市轨道交通新一轮建设规划审核会签工作，新增城市轨道交通建设规划批复里程约510公里。五是联合公安部印发《关于加强和改进城市停车管理工作的指导意见》（公交管〔2019〕345号），按照共建共治共享理念，对推进社区深度参与、综合治理老旧小区停车难、推动充电设施建设、规范路内停车泊位管理、引导绿色出行等进一步提出了要求。

城市环境卫生工作

【生活垃圾分类】5月，会同8部门印发《关于在全国地级及以上城市全面开展生活垃圾分类工作的通知》（建城〔2019〕56号），部署地级及以上城市开展生活垃圾分类工作。及时回应社会关切，修订《生活垃圾分类标志》国家标准，于12月1日正式实施，将生活垃圾分类明确为四个类别，即可回收物、有害垃圾、厨余垃圾和其他垃圾。在各地方、各部门的共同努力下，生活垃圾分类工作正在向纵深推进、发展势头较好。截至年底，46个重点城市已在10.4万个小区开展了生活垃圾分类工作，覆盖居民5700万户，居民小区生活垃圾分类平均覆盖率达到67.8%；237个地级及以上城市生活垃圾分类工作已启动。

【生活垃圾处理设施建设】指导地方环卫行业主管部门加快生活垃圾处理设施建设，提高生活垃圾无害化处理率，优化生活垃圾处理结构。截至年底，全国城市生活垃圾无害化处理能力为87.08万吨/日，无害化处理率达到99.17%。城市生活垃圾焚烧比例逐渐提高，已占总处理能力的52.5%。8月，印发《关于印发渤海海洋垃圾污染防治实施计划的通知》（建城〔2019〕84号），指导渤海沿海省市加快处理设施建设，加强海洋垃圾处置工作。

【道路机械化清扫】各地加大环卫保洁工作力度，不断提高机械化清扫比例，公共区域清扫保洁已从人工清扫、简易保洁，发展到以机械化作业为主，清扫保洁装备水平不断提升，清扫保洁作业程序更加规范。截至年底，全国城市道路清扫面积92.21亿平方米，机械化清扫率72.4%。

【城市"厕所革命"】1月,与教育部联合印发《中小学校"厕所革命"行动计划》,进一步推进中小学校、幼儿园卫生厕所建设,补齐"厕所革命"短板。各地按照《关于做好推进"厕所革命"提升城镇公共厕所服务水平有关工作的通知》(建城〔2018〕11号)和《城市公共厕所设计标准》(CJJ 14—2016)要求,全面提升公厕数量和质量,提高女性厕位比例,提高智能化管理水平,并鼓励商场、餐厅、加油站等场所厕所向社会公众开放。截至2019年年底,全国城市公厕数量达到15.3万座,县城公厕数量达到5.2万座。

【建筑垃圾治理】在固体废物污染环境防治法修订中,增加建筑垃圾管理专门规定,明确源头减量、运输、处理、回收利用各环节管理要求。指导北京等35个建筑垃圾治理试点城市,治理好存量、控制好增量,加快建设建筑垃圾全过程监管体系,及时做好总结验收工作,取得积极成效。截至年底,35个城市建筑垃圾综合利用率超过65%,资源化利用率约16%,比试点前分别提高15个和10个百分点。

园林绿化建设

以习近平新时代中国特色社会主义思想为指导,坚持生态优先,着力增强城市园林绿化的系统性、协调性,积极拓展城市绿色空间,均衡绿地系统布局,城市绿地规模和绿地品质进一步提升,城市生态和人居环境质量得到改善。

【标准制定】4月,印发《居住绿地设计标准》(CJJ/T 294—2019),指导各地提升居住区绿地设计质量,为广大群众提供舒适、健康的居住环境。11月,印发《城市园林绿化监督管理信息系统工程技术标准》(CJJ/T 302—2019),为城市园林绿化行业信息化建设提供技术支撑。

【国家园林城市系列创建】推进国家园林城市系列建设,积极拓展城市绿色空间,完善公园绿地服务功能,9月至11月,对黑龙江省大庆市等14个国家园林城市开展实地抽查。1月,印发《住房和城乡建设部关于命名2019年国家生态园林城市、园林城市(县城、城镇)的通知》(建城〔2020〕17号),命名江苏省南京市等8个城市为国家生态园林城市、河北省晋州市等39个城市为国家园林城市、河北省正定县等72个县为国家园林县城、浙江省百丈镇等13个镇为国家园林城镇。截至年底,全国已有19个国家生态园林城市,384个国家园林城市,363个国家园林县城和79个国家园林城镇。

【中国国际园林博览会建设】5月,第十二届中国(南宁)国际园林博览会顺利闭幕。7月,印发《中国国际园林博览会管理办法》(建城〔2019〕79号)。

【宣传展示】参与伟大历程辉煌成就——庆祝中华人民共和国成立70周年大型成就展,完成"园林城市创建""推进新型城市建设""龙须沟治理""节水型城市建设"4个专题策展,获得成就展筹办先进集体称号。3—6月,配合中央宣传部开展城市绿道宣传,召开专题新闻发布会,指导杭州、福州等城市总结绿道建设先进经验,在央视新闻联播专题播放,引导各地有序开展城市绿道建设,推动形成绿色发展方式和生活方式。

截至年底,全国城市建成区绿地面积228.4万公顷,公园绿地面积75.8万公顷,人均公园绿地面积14.36平方米,全国城市建成区绿地率37.63%,全国城市建成区绿化覆盖率41.51%。

(住房和城乡建设部城市建设司)

村 镇 建 设

2019年,住房和城乡建设部村镇建设司深入贯彻落实习近平总书记重要讲话和重要指示批示精神,特别是1月23日关于住房和城乡建设工作的重要批示,在部党组的坚强领导下,落实全国住房和城乡建设工作会议部署,全力做好脱贫攻坚、农房建设、农村居住环境改善、共同缔造等重点任务,扎实开展"不忘初心,牢记使命"主题教育活动,各项工作取得了良好成效。

保障贫困户基本住房安全

【安排危房改造任务】会同国务院扶贫办等相关部门核实确认,截至4月,全国建档立卡贫困户、低保户、农村分散供养特困人员和贫困残疾人家庭等4类重点对象需进行危房改造的共135.2万户,其中建档立卡贫困户64.2万户。4月下达当年的中央补助资金,较往年提前了2个月。预拨2020年中央补助资金180亿元,支持各地解决"回头看"发现的住房安全问题。

【各地加快工程进度】 印发《农村住房安全性鉴定技术导则》,要求各地细化鉴定标准,优化鉴定程序和方法,组织人员培训,提高农村危房鉴定工作水平。会同国务院扶贫办先后召开电视电话会、工作推进会,压实地方政府责任。每个月调度一次工程进度,截至12月底,建档立卡贫困户危房改造任务开工率100%,竣工率99.5%。

【对深度贫困地区的倾斜支持】 提高对深度贫困地区4类重点对象危房改造补助标准,中央财政户均补助增加2000元,达到1.6万元。支持深度贫困地区4类重点对象以外的其他农户实施危房改造,按照户均1万元的补助标准,下达补助资金65.3亿元。针对四川省凉山州改造任务重、资金压力大、工程进度慢等问题,和财政部协商提前下达四川省2020年农村危房改造补助资金21亿元,协调四川省追加2.8亿元补助资金。召开"三区三州"深度贫困地区农村危房改造工作调度会,重点督促推进凉山州农村危房改造工作。

定点扶贫和大别山片区脱贫攻坚联系

【做好脱贫攻坚专项巡视整改工作】 部党组根据中央巡视组反馈的脱贫攻坚专项巡视意见,成立部党组书记、部长王蒙徽担任组长的部脱贫攻坚专项巡视整改工作领导小组,深入学习习近平总书记关于脱贫攻坚专项巡视工作的重要讲话精神和扶贫工作的重要论述,认真研究制定整改工作方案和整改措施计划,将中央巡视组反馈的3方面8个问题细化成32项整改工作,明确分管部领导、责任单位和责任人。王蒙徽同志带头研究解决难题,持续推进整改工作。部领导班子成员分别赴贫困地区调研,督导推进工作。部专项巡视整改工作领导小组集中整改阶段"一周一调度、两周一推进"。把脱贫攻坚作为"不忘初心、牢记使命"主题教育的重要实践载体,一起部署,一起落实。截至12月5日,32项整改工作按计划全部整改到位。2019年12月24日—2020年1月15日,住房和城乡建设部党组配合中央巡视组完成脱贫攻坚专项巡视"回头看"。

【推进定点扶贫工作】 住房和城乡建设部定点帮扶湖北省麻城市、红安县和青海省大通县、湟中县(以下简称4县)。认真落实"四个不摘"工作要求,研究制定年度定点扶贫工作计划,与国务院扶贫开发领导小组签订定点扶贫责任书,部党组书记、部长王蒙徽多次对做好定点扶贫工作提出要求,专程到湖北麻城市调研督导。创新建立定点扶贫组团帮扶机制,分别成立由住房保障司、标准定额司、房地产市场监管司、工程质量安全监管司牵头的4个帮扶工作组,每个组另有1个事业单位、1个行业协会参与,充分调动行业、系统力量形成帮扶工作合力。建立部县联席会议制度,部分管负责同志带领4个帮扶组在4县分别召开部县联席会议,与4县主要负责同志深入研究精准扶贫、巩固脱贫成果的具体思路和举措,围绕4县脱贫攻坚具体需求逐项研究解决思路和办法。从离退休干部局选派1名正处级干部到湖北省麻城市的贫困村阎家河镇古城村担任驻村第一书记。部扶贫攻坚领导小组各成员单位充分发挥行业优势,积极向定点扶贫县捐赠资金和物资,深入开展行业扶贫和党建扶贫、产业扶贫、就业扶贫、消费扶贫、教育资助、送医上门、人才培训等帮扶举措,扩大"美好环境与幸福生活共同缔造"试点范围,推动建立稳定脱贫的"造血"机制。积极协调中国建筑业协会、中国房地产业协会、中国勘察设计协会、中国物业管理协会、中国风景园林学会等行业协会,北京建筑大学和万科、恒大、碧桂园等行业企业帮扶定点扶贫县脱贫攻坚,协调国家发展改革委、国家能源局、国家民航局、红十字会总会、农工党中央社会服务部等给予支持。截至年底,住房和城乡建设部2019年定点扶贫责任书确定的量化任务全部超额完成,红安县、大通县和湟中县实现脱贫摘帽,麻城市通过贫困县退出核查。住房和城乡建设部定点扶贫工作在国务院扶贫开发领导小组2019年脱贫攻坚成效评价中被评价为"好",并被青海省委省政府授予"中央定点扶贫先进单位"。

【大别山片区牵头联系工作】 认真履行大别山片区牵头联系责任,部党组书记、部长王蒙徽和部分管负责同志多次深入片区县(市)考察调研。主动与安徽、河南、湖北3省政府、住房和城乡建设部门和扶贫部门、22个片区部际联系会议成员单位和在片区开展定点帮扶的22家中央部门沟通,针对片区县(市)提出的具体请求事项研提支持意见和具体举措。10月23日,在安徽省金寨县召开大别山片区区域发展与脱贫攻坚推进会议,围绕解决"两不愁三保障"突出问题和坚决落实"四个不摘"工作要求,总结分析工作,交流典型经验,凝聚攻坚合力。研究制定建筑业产业扶贫政策,在建筑业产业培育、就业扶贫等方面给予指导支持,协调大型建筑业和房地产企业与有关片区县(市)对接帮扶,有效带动贫困户就业增收。在脱贫攻坚农村危房改造、传统村落保护、历史文化保护传承、棚户区改造、老旧小区改造、城乡美好环境与幸福生活共同缔造等方面对片区县（市）给予大力指导和支持，助力大别山片区打赢脱贫攻坚战。截至2019年年底，大别山片区36个县（市）中有25个已脱贫摘帽。

【开展漠视侵害群众利益问题专项整治】在部"漠视侵害群众利益问题专项整治工作领导小组"领导下，会同财政部等部门制定实施方案，召开省、市、县有关部门代表座谈会，部署各地把专项整治作为第二批主题教育的重点内容并对地方督促指导。赴"三区三州"等深度贫困地区、集中连片特困地区开展专项调研，委托第三方机构开展专项调查。公布各级举报电话，对接到的群众投诉举报分类建立台账并及时调查处理。

美好环境与幸福生活共同缔造活动

【开展动员部署】制定出台《关于在城乡人居环境建设和整治中开展美好环境与幸福生活共同缔造活动的指导意见》，通过全国村镇建设工作会、培训会、调度会等多层次开展动员部署，要求各地以群众身边、房前屋后的人居环境建设和整治为切入点，扎实抓好"共同缔造"活动。

【推进试点打造】研究提出"共同缔造"试点精选和打造标准，精选42个村、4个连片推进点、15个试点县作为试点进行打造。结合试点工作探索创新涉农项目招投标、财政资金统筹使用、项目资金以奖代补等机制。

【抓好培训宣传】加强培训支撑体系建设，建立涵盖多部门的"共同缔造"专家队伍近400人，全国重点打造了10余个现场观摩点，各地累计培训相关县、乡镇、试点村和基层干部等4万余人次。联合中央电视台农业频道开设"印象农村"栏目，组织拍摄播放20集宣传片，累计3.6亿人次观看。组织《中国建设报》等媒体宣传典型案例。

农房建设试点

【部署和推动试点工作】2月2日印发《住房和城乡建设部办公厅关于开展农村住房建设试点工作的通知》，启动试点工作。在全国村镇建设工作会议上，副部长倪虹对农村住房建设试点工作进行动员部署。按照《通知》要求，指导和督促各地推荐试点，共有27个省上报了154个试点县（市、区）。组织专家团队开展调研，从有工作基础、工作思路清晰、积极性高等方面，从各地推荐上报的名单中初步遴选出62个基础条件较好的县市。

【开展典型地区和典型项目调研】司领导和有关处室同志先后赴江苏溧阳、浙江衢州柯城区、四川凉山等地开展专题调研，召开座谈会，听取地方同志和专家意见。组织农房建设领域18位专家对60多个典型县市实地调研，累计调研了131个宜居型农房建设项目点，总结梳理江苏睢宁县高党社区等12个典型案例。协调河北、江苏、浙江、四川、青海省厅负责同志，落实重点推动的试点县市，赴试点县市现场调研有关情况，指导完善试点工作方案。

【推动钢结构农房建设试点】赴浙江临安、河北邯郸等地调研，总结钢结构农房建设经验，总结杭州市临安区轻钢结构农房建设经验，提出推动轻钢结构应用的措施。会同青海、四川省厅，总结玉树、凉山轻钢结构农房建设经验，提出下一步推动轻钢结构应用的措施，已纳入杂多县、喜德县的试点方案推进实施。协调河北省厅主要负责同志，结合河北省钢结构产业化基地建设，选择迁安市、内丘县、威县、安平县、涉县作为轻钢结构农房建设试点县，并研究提出试点方案。在8度抗震地区开展农房抗震改造试点。

农村人居环境整治

【建立健全农村生活垃圾收运处置体系】印发《关于建立健全农村生活垃圾收集、转运和处置体系的指导意见》，明确了地方政府的主体责任，提出到2022年农村生活垃圾收运和处置体系建设的重点任务。组织编制《农村生活垃圾治理技术标准》。联合农业农村部10月在河南兰考召开全国农村生活垃圾治理工作现场推进会。截至年底，农村生活垃圾收运处置体系已覆盖全国88%的行政村。

【推进非正规垃圾堆放点排查整治】建立每周汇总工作进展、每季度通报进展情况的机制，将该项工作纳入中央环保督查内容。组织第三方机构对所有省（区、市）整治工作成效开展现场核实。截至2019年年底，排查出的2.4万个堆放点82%已完成整治并销号。

【加强农村生活污水治理技术指导】配合中央农办等部门印发《关于推进农村生活污水治理的指导意见》。总结全国100个县（市、区）开展农村生活污水治理示范工作经验，印发《县域统筹推进农村生活污水治理案例》。发布国家标准《农村生活污水处理工程技术标准》。研究制定《农村公共厕所建设与管护导则》（征求意见稿）。汇编整理《农村公共厕所建设案例和图集》（征求意见稿）。

【引导和支持设计下乡】 印发设计下乡和村庄建设规划工作经验与试点示范案例。完成设计下乡网上服务平台开发及测试,发布各地政策措施、典型案例和适宜技术。举办村庄设计培训班,各地主管部门及有关技术单位120余人参加培训。

传统村落保护发展

【中国传统村落名录】 公布第5批中国传统村落名录,共2666个,中国传统村落名录总数达到6819个,传统村落保护范围进一步扩大。

【中国传统村落保护发展】 确定600个中央财政支持中国传统村落名单,其中贫困地区316个。印发《关于加强贫困地区传统村落保护的通知》,指导贫困地区加大传统村落保护利用、改善人居环境。组织专家研究确定传统村落测绘要点,制作测绘图范例。

【开展宣传推广】 继续建设中国传统村落数字博物馆,组织拍摄中国传统建筑智慧纪录片。在福建举办中国传统村落培训班,总结推广传统村落利用与传承经验。开展中国传统村落挂牌保护工作,完成挂牌标识样式设计方案。

小城镇建设

【调研指导特色小城镇建设】 上半年,采取省际交叉形式开展403个特色小城镇全覆盖调研评估,摸清特色小城镇建设情况及存在问题,指导各地规范推进特色小城镇建设。

【加强小城镇建设指导】 组织召开小城镇建设工作会议,总结推广浙江小城镇环境综合整治经验。

(住房和城乡建设部村镇建设司)

工程质量安全监管

概况

2019年,住房和城乡建设部工程质量安全监管司坚持以习近平新时代中国特色社会主义思想为指导,全面贯彻党的十九大和十九届二中、三中、四中全会精神,深入贯彻落实习近平总书记对住房和城乡建设工作的重要指示批示精神,坚决贯彻落实党中央、国务院重大决策部署,按照全国住房和城乡建设工作会议部署,以建筑工程品质提升为主线,以建筑施工安全为底线,以技术进步为支撑,持续完善工程质量安全保障体系,推进工程质量安全治理体系和治理能力现代化。

工程质量监管

【加强建筑品质 提升顶层设计】 报请国务院办公厅转发住房和城乡建设部《关于完善质量保障体系 提升建筑工程品质的指导意见》,进一步明确完善质量保障体系的总体要求和重点任务。组织召开全国建筑工程品质提升推进会,制定部内任务分工方案,会同有关部门细化工作措施,督促指导地方制定落实方案。在《中国建设报》开设专栏,解读指导意见,梳理我国工程质量发展脉络,宣传地方好的做法和经验,持续营造全社会共同关心工程质量的良好氛围。

【开展工程质量安全提升行动】 推动工程质量管理创新,研究制定关于落实建设单位首要质量责任的措施。推进建筑工程质量评价工作。积极开展住宅工程质量信息公示试点和监理报告、工程质量保险等质量提升行动试点。统筹开展全国建筑市场和工程质量安全监督执法检查,对28个项目下发执法建议书。部署开展全国在建安置住房和保障性住房质量专项排查,督促地方整改落实。

【推动落实工程质量安全手册制度】 举办全国工程质量安全手册培训班和观摩会。选取部分地方和企业开展手册试点,督促指导地方和企业编制手册配套文件和操作细则,推动形成国家、省级和企业三级手册体系。在《中国建设报》开设专栏,加大手册宣传力度。

【开展违规海砂专项治理】 遵照国务院办公厅领导同志指示批示精神,会同自然资源部等7部门,开展海砂管理工作调研,研究提出进一步完善海砂管理的政策建议。开展预拌混凝土质量调研,研究加强预拌混凝土生产、运输、使用环节质量管理的措施。

【调查处理工程质量问题和质量投诉】 全年共调查处理工程质量问题群众来信53件。遵照国务院领导同志指示批示精神,对9项安置房和保障性住房质量问题进行督办,责令地方限期查处。配合保障司赴陕西西安开展安置房质量问题调研督导。

【夯实工程质量工作基础】组织成立住房和城乡建设部科学技术委员会工程质量安全专业委员会。配合市场监管总局参加全国"质量月"活动。配合北京冬奥组委做好北京2022年冬奥会和冬残奥会筹办工作。组织开展工程质量评价指标体系等多个课题研究。

建筑施工安全监管

2019年,全国建筑施工安全生产形势保持稳定,全国共发生房屋市政工程生产安全事故773起、死亡904人。其中,较大及以上事故23起,死亡107人。

【开展建筑施工安全专项治理行动】印发《住房和城乡建设部办公厅关于深入开展建筑施工安全专项治理行动的通知》(建办质〔2019〕18号),要求各地再部署再动员,深入开展建筑施工安全专项治理行动,重点抓好着力防范重大安全风险、加大事故查处问责力度、改革完善安全监管制度、提升安全综合治理能力等工作,进一步降低事故总量,坚决遏制重特大事故发生,促进全国建筑施工安全形势持续稳定好转。

【组织开展住房和城乡建设领域安全生产隐患大排查】印发《住房和城乡建设部办公厅关于组织开展住房和城乡建设领域安全生产隐患大排查的紧急通知》(建办质函〔2019〕325号),要求各地组织开展住房和城乡建设领域安全生产隐患大排查。大排查期间,会同应急管理部对重庆、安徽、四川等开展安全督查,全国各地住房和城乡建设主管部门共抽查项目163446个,排查安全隐患351677条,下达限期整改通知书58888份、执法建议书304份、停工或停业整顿通知书6437份。

【事故查处问责】联合应急管理部印发《住房和城乡建设部 应急管理部关于加强建筑施工安全事故责任企业人员处罚的意见》(建质规〔2019〕9号),严格落实建筑施工企业主要负责人、项目负责人和专职安全生产管理人员等责任,强化人员资格、社会信用等方面惩处措施。对每起较大及以上事故进行督办。对浙江、四川、安徽、江苏、辽宁、甘肃、山东、河北、广东等地区住房城乡建设部门实施约谈,并会同应急管理部以国务院安委会办公室名义,对发生重大事故或社会影响较大事故的河北省衡水市、上海市长宁区、广西壮族自治区百色市人民政府进行约谈。

【建筑施工安全长效机制建设】积极推进全国建筑施工安全监管信息系统建设,在实现数据共享基础上,加强各个地区各项业务协同,提升建筑施工安全监管效能。组织编写《房屋市政工程安全生产标准化指导图册》《建筑施工安全事故案例分析》《房屋市政工程施工安全较大及以上事故分析(2018年)》等,提高建筑施工人员安全素质,提升本质安全水平。印发《住房和城乡建设部办公厅关于进一步加强施工工地和道路扬尘管控工作的通知》(建办质〔2019〕23号),要求各地切实做好建筑施工扬尘污染治理工作。组织开展2019年住房和城乡建设系统"安全生产月"活动,举办安全生产宣传咨询日,宣传普及建筑施工安全知识。

城市轨道交通工程质量安全监管

【制度技术】组织征集近10年来城市轨道交通行业近百项新技术,印发《城市轨道交通工程创新技术指南》,指导各地结合实际推广应用。起草城市轨道交通工程建设安全生产标准化管理技术指南和城市轨道交通地质风险控制技术指南的征求意见稿。

【隐患排查】会同国家发展改革委部署开展全国城市轨道交通工程安全隐患大排查,要求各地全面彻底排查所有在建城市轨道交通项目安全隐患,加强源头把关、过程管控,强化责任追究、应急管理。召开城市轨道交通工程安全生产电视电话会议,通报2019年全国城市轨道交通工程质量安全监督执法检查情况及事故情况,要求各地加强城市轨道交通工程风险分级管控和隐患排查治理,坚决遏制生产安全事故发生。

【监督检查】在全国建筑市场和工程质量安全监督执法检查中,对27个省会城市的轨道交通工程开展质量安全监督检查,抽检项目111个,涉及区间长度约227公里,车站面积约287万平方米。组织对15个城市的轨道交通工程质量安全开展调研和技术指导。通过2018、2019两年检查调研,实现对全国42个城市轨道交通工程质量安全监督检查和调研全覆盖。

【事故督办】组织现场调查,了解青岛地铁"5·27"较大事故及系列问题、杭州地铁"8·28"联络通道施工涌水事故、深圳地铁"8·27"轨行区交叉作业车辆伤害事故情况,及时了解广州"12·1"地铁涌水塌方和厦门"12·12"路面塌陷事故情况,督促地方住房和城乡建设主管部门和有关部门查明事故原因,依法依规对负有责任的企业和人员严肃处理。

【培训交流】组织对有关省(区、市)170余名城市轨道交通工程质量安全监管人员开展培训,解读质量安全政策和技术,分析近十年来较大及以上事故案例，观摩地铁深基坑坍塌事故应急救援演练，促进各地提升监管水平。调整组建住房和城乡建设部科技委城市轨道交通建设专业委员会，召开专业委员会、轨道交通质量安全联络员会议，总结2019年工作，部署2020年重点工作。

勘察设计质量监管

【勘察质量监管制度】 开展《建设工程勘察质量管理办法》（建设部令第115号）修订工作，形成征求意见稿并征求意见。

【勘察质量监管方式创新】 在部分地区积极推进勘察质量管理信息化试点工作。组织勘察质量管理信息化、标准化工作调研。委托开展"勘察质量信息化监管数据共享机制研究"课题研究，形成《勘查质量监管信息系统数据标准》征求意见稿。

【施工图审查制度改革】 根据国务院工作部署，配合工程建设审批制度改革小组，指导试点地区开展施工图审查改革试点工作。组织编制施工图联合审查技术要点，将消防审查、人防审查的有关技术内容纳入要点。

勘察设计行业技术进步

【推动行业技术进步】 牵头组织编制"致力于绿色发展的城乡建设"系列教材中的《绿色建造与转型发展》教材，明确绿色建造的内涵、目标和实施路径。组织成立部科技委绿色建造专业委员会并召开成立会议，研究部署绿色建造试点工作。开展绿色建造与建筑业转型发展课题研究，形成绿色建造技术导则、技术推广目录和有关政策建议。开展推进BIM应用政策措施课题研究，逐步完善我国工程BIM应用政策措施。组织开展第九批全国工程勘察设计大师评选工作，发挥示范引领作用，共评选出60名全国工程勘察设计大师。

城乡建设抗震防灾

【法规制度体系建设】 积极推进《建设工程抗震管理条例》（以下简称《条例》）立法进程，建立健全建设工程抗震管理机制，提升建设工程抗震管理法制化水平。开展《条例》相关配套规章制度制修订研究，完善抗震管理制度体系，不断提升抗震管理规范化水平。

【实施自然灾害防治重点工程】 认真落实中央财经委员会第三次会议自然灾害防治重点工程部署，积极配合牵头部门制定《全国自然灾害综合风险普查总体方案》和《地震易发区房屋设施加固工程总体工作方案》。紧密结合农村危房改造、8度以上高烈度区农房抗震改造试点、城市棚户区改造，推动实施地震易发区城镇住宅和农村民居抗震加固工程。组织编制房屋建筑和市政设施调查工作指南、城镇住宅抗震鉴定加固技术导则及房屋建筑抗震加固工程案例集，为地方提供技术指导。

【建筑工程抗震设防监管】 在全国建筑市场和工程质量安全监督执法检查中督促落实工程建设抗震设防强制性标准，城镇新建房屋建筑工程抗震设防全部纳入工程质量监管体系，确保新建建筑普遍实现"小震不坏、中震可修、大震不倒"设防目标。加强超限高层建筑工程抗震设防审批制度实施监管，2019年，全国通过超限高层建筑工程抗震设防审批项目727项。积极推广隔震减震技术应用，2019年，新竣工的隔震减震工程约677项。加强抗震防灾专家队伍建设，成立部科技委建筑工程抗震设防专业委员会和超限高层建筑工程技术专业委员会，充分发挥专家智库作用。

【地震应急响应能力】 跟踪历次地震，适时指导或协助地方开展抢险救灾、应急评估等工作。2019年，对102次4级以上地震进行跟踪。四川省宜宾市长宁县6.0级地震发生后，启动Ⅲ级应急响应，及时指导帮助四川省开展抢险救援工作。开展震后应急抢险机制与能力建设研究，组织震后建筑安全评估培训和城镇住宅抗震性能检测检查培训。

协调做好部安全办工作

【部署安全生产工作】 按照国务院安委会2019年安全生产工作要点的有关部署，制定住房和城乡建设部2019年安全生产工作要点。落实国务院办公厅《危险化学品安全综合治理方案》，印发《住房和城乡建设部办公厅关于进一步推进住房和城乡建设系统涉及危险化学品安全综合治理工作的通知》。落实全国安全生产电视电话会议和《全国安全生产集中整治工作方案》要求，参加国务院督导江苏省安全生产专项整治相关工作，制定《住房和城乡建设领域安全生产集中整治工作实施方案》。

【开展安全生产预警提醒】 加强重点时期、敏感时段和极端天气的安全生产管理和突发事件应对的预警提醒，及时下发关于做好建设工程节后复工、汛期、国庆期间、岁末年初等关键节点安全防范工作的通知，督促各级住房和城乡建设主管部门、有关部门和单位，做好市政公用设施运行、建筑施工、房屋使用安全和城市管理监督等相关工作。

（住房和城乡建设部工程质量安全监管司）

人居环境与设计

概况

2019年,住房和城乡建设部建筑节能与科技司以人居环境高质量发展为工作主线,以城市体检为抓手,以完善历史文化名城保护与传承体系、推动建设CIM平台、加强城市设计和建筑设计管理、推进建设工程消防设计审查验收工作为着力点,建设人文城市、智慧城市和美丽城市。

历史名城保护

【构建城乡建设与历史文化保护传承体系】2月,住房和城乡建设部组织研究构建历史文化名城保护与传承体系,并在陕西省、云南省和西安市、延安市开展了省级、市级试点工作,梳理试点省市在中华文明演进脉络中的历史地位,提炼承载中华文明价值、反映地域文化特色的价值特征和价值主题,确定代表性历史文化遗存,推动在城乡建设中系统完整地做好历史文化保护传承工作。

【历史文化名城名镇名村申报工作】住房和城乡建设部会同国家文物局印发《关于公布第七批中国历史文化名镇名村的通知》(建科〔2019〕12号),公布60个中国历史文化名镇和211个中国历史文化名村。住房和城乡建设部会同国家文物局组织专家赴云南通海县开展历史文化名城申报考察工作。

【历史文化街区划定和历史建筑确定工作】按照"用5年左右时间,完成所有城市历史文化街区划定和历史建筑确定工作"的工作要求,住房和城乡建设部指导和督促各地开展城市历史文化街区划定和历史建筑确定工作,并指导各地全面开展历史建筑普查确定工作。截至12月,全国共划定875片历史文化街区,确定2.49万处历史建筑。

【保护工作监督处罚力度】印发《住房和城乡建设部、国家文物局关于历史文化名城名镇名村保护工作评估检查情况的通报》(建科函〔2019〕95号)《住房和城乡建设部、国家文物局关于部分保护不力国家历史文化名城的通报》(建科〔2019〕35号),总结历史文化名城名镇名村保护工作取得的经验成效和存在的主要问题,对聊城、大同、洛阳、韩城、哈尔滨5座保护不力的国家历史文化名城通报批评,督促开展整改工作,并组织专家对整改情况进行检查。

【成立部科技委历史文化保护与传承专业委员会】为进一步加强住房和城乡建设领域历史文化保护与传承工作,提升历史文化名城名镇名村保护与管理水平,4月29日,印发《住房和城乡建设部办公厅关于成立部科学技术委员会历史文化保护与传承专业委员会的通知》(建办人〔2019〕32号),组建部科技委历史文化保护与传承专业委员会。6—7月,集中组织专家对部分历史文化名城进行现场调研和指导,针对部分标准规范的编制研究提供咨询建议,充分发挥专家智库作用。

城市设计管理

【开展城市设计试点阶段性总结评估】6—7月,组织专家组赴北京、上海、重庆等19个省(自治区、直辖市)实地调研,阶段性总结城市设计试点经验和存在问题。11月7日、8日,分南、北两个片区在广州、南京召开城市设计工作座谈会,各省(自治区)住房和城乡建设厅分管副厅长、57个试点城市的城市设计主管部门负责人及有关城市设计专家参加了会议,沟通交流试点成效和经验做法,研讨分析工作难点问题和下一步方向。

【成立部科学技术委员会城市设计专业委员会】11月11日,印发《住房和城乡建设部办公厅关于成立部科学技术委员会城市设计专业委员会的通知》(建办人〔2019〕74号),组建部科学技术委员会城市设计专业委员会,充分发挥专家智库作用,提升城市设计水平。

【指导中新天津生态城建设】会同外交部筹备组织召开中新天津生态城联合协调理事会第十一次会议,协调各部门出台新的支持政策。

城市更新管理

【开展生态修复城市修补试点总结评估】6—7月,组织专家组赴张家口、郑州、银川等19个省的21个试点城市开展生态修复城市修补试点总结评估工作。8月15日、16日，在陕西省延安市召开生态修复城市修补现场会暨试点总结会，各省（自治区）住房和城乡建设部门和58个试点城市人民政府分管同志参加了会议，编制印发《生态修复城市修补试点示范册》，推广试点经验，将生态修复城市修补作为破解城市矛盾问题的综合抓手，持续推进工作。

【开展城市社区足球场地设施建设试点】3月27日，在北京召开城市社区足球场地设施建设试点工作启动会。4月11日，印发《住房和城乡建设部国家体育总局关于开展城市社区足球场地设施建设试点工作的函》（建科函〔2019〕66号），将大连、呼和浩特、烟台、武汉、孝感、梅州等城市列为城市社区足球场地设施建设试点城市。编制印发《城市社区足球场地设施建设技术指南（试行）》。10月30日，印发《住房和城乡建设部、国家体育总局印发关于开展第二批城市社区足球场地设施建设工作的函》（建科函〔2019〕184号），将深圳、福州、延边朝鲜族自治州汪清县列为第二批城市社区足球场地设施建设试点城市。7—9月，与专家组一同赴各试点城市跟踪指导试点工作。印发城市社区足球场地设施建设试点工作简报，宣传推广广东省珠海市等地的经验做法。截至12月底，试点城市共建设社区足球场地440片，其中新建360片，改造80片。

【开展老厂区老厂房更新改造利用试点】针对老厂房、老厂区更新改造和活化利用，对接改造意愿强烈、条件成熟的城市，研究相关更新试点工作。9月，将江西省景德镇市确定为老厂区老厂房更新改造利用试点城市，探索老厂区老厂房活化利用的方法路径、标准规范和制度机制。

城市信息模型（CIM）平台建设

【城市信息模型（CIM）平台建设】持续跟踪指导广州、南京、厦门、北京城市副中心、河北雄安新区等城市（地区）推进BIM报建系统和CIM平台建设试点工作，每月发布《城市信息模型（CIM）平台建设试点工作简报》。梳理总结可复制可推广的试点经验，研究起草CIM基础平台建设指导意见和技术导则，研究CIM平台标准体系，启动急需急用标准立项编制工作，指导各城市建设智慧城市基础平台。推进部级城市信息模型（CIM）平台研发，梳理平台功能定位，制定建设方案，与部分试点城市平台进行对接，为构建部、省、市三级CIM平台建设框架体系奠定基础。

【成立部科学技术委员会智慧城市专业委员会】12月5日，印发《住房和城乡建设部办公厅关于成立部科学技术委员会智慧城市专业委员会的通知》（建办人〔2019〕80号），组建部科学技术委员会智慧城市专业委员会，充分发挥专家智库作用，支撑智慧城市建设。

建筑设计管理

【开展建筑设计改革创新试点工作】住房和城乡建设部组织院士、建筑大师以及建筑设计单位召开了建筑设计管理工作座谈会，研讨落实"适用、经济、绿色、美观"建筑方针的具体措施。指导海口市开展彰显城市特色和践行绿色理念的建筑设计改革创新试点工作，召开试点启动会。组织动员院士、大师、学会和知名院所支持海口市试点工作，制定创作共识，开展建筑设计。

【推动建筑设计国际合作】支持北京市申办2026年世界建筑师大会，协调中国建筑学会、清华大学以及中国建筑设计研究院等单位予以支持。

【成立住房和城乡建设部科学技术委员会建筑设计专业委员会】11月26日，印发《住房和城乡建设部办公厅关于成立部科学技术委员会建筑设计专业委员会的通知》（建办人〔2019〕78号），充分发挥专家智库作用，推动建筑设计传承创新，提升建筑设计水平。

城市体检评估

【开展城市体检试点工作】为深入贯彻落实习近平总书记关于建设没有"城市病"的城市及建立城市体检评估机制的重要指示精神，4月12日，印发《住房和城乡建设部关于开展城市体检试点工作的意见》（建科函〔2019〕78号），选择沈阳、南京、厦门、广州、成都、福州、长沙、海口、西宁、景德镇、遂宁等11个城市开展体检试点工作。通过开展城市自体检、第三方体检和社会满意度调查，对城市建设状况进行全面体检，查找存在的问题和短板，提出解决方案，系统开展治理，推动城乡建设高质量发展。各试点城市以城市体检为抓手，深入贯彻落实新发展理念，统筹经济社会发展与生态文明建设，统筹城市规划建设管理，推动解决"城市病"等突出问题，提升城市品质和人居环境质量，试点工作取得积极成效。

【建立城市体检指标体系】坚持以新发展理念为引领，坚持目标导向、问题导向和结果导向，坚持以人民为中心，聚焦人民群众反映强烈的"城市病"问题和高质量人居环境建设要求，广泛征求国家相关部委和专家意见建议，确定了生态宜居、城市特色、交通便捷、生活舒适、多元包容、安全韧性、城市活力7个方面共35项基本指标内容，同时指导试点城市因地制宜补充地方特色指标，建立了"35

+N"的城市体检指标体系。

【成立部城市体检专家指导委员会】 6月11日,印发《住房和城乡建设部办公厅关于成立部城市体检专家指导委员会的通知》(建办科函〔2019〕359号),组建部城市体检专家指导委员会,为试点工作提供技术支持。5—6月,集中组织专家对11个试点城市进行现场调研和指导。城市体检完成后,再次组织专家前往部分试点城市,针对自体检、第三方体检和社会满意度调查结果,指导城市提出城市建设补短板的具体措施。

【成立部科学技术委员会人居环境专业委员会】 12月16日,印发《住房和城乡建设部办公厅关于成立部科学技术委员会人居环境专业委员会的通知》(建办人〔2019〕82号),组建部科学技术委员会人居环境专业委员会,充分发挥专家智库作用。

【初步建立城市建设管理与人居环境质量评价体系】 以提供优良人居环境为目标,从城市建设工作的整体性、系统性出发,构建了生态宜居、城市特色、交通便捷、生活舒适、多元包容、安全韧性、城市活力等7个方面的评价内容,形成指标体系,作为城市建设管理和人居环境质量评价体系的重要内容。目前,已形成初步的城市建设管理和人居环境质量评价体系。

【探索开展"美丽城市"建设试点】 为贯彻落实习近平总书记生态文明思想和党的十九大提出的建设"美丽中国"的要求,开展"美丽城市"建设评价体系研究,指导部分省市开展"美丽城市"建设试点。指导江苏省开展美丽宜居城市建设试点工作,重点开展城市住区改善、街区环境塑造、城市系统建设、城市共同缔造等试点。11月18日,与青海省人民政府签署共建高原美丽城镇示范省合作框架协议,重点围绕城镇绿色发展、城乡统筹发展、城市现代化治理、智慧城镇建设和绿色建造等内容开展共建。推动威海市重点开展生态宜居空间营造、滨海特色风貌塑造、道路交通系统优化、品质活力街区打造等方面试点。

建设工程消防设计审验

【完成职责承接】 按照党中央国务院机构改革决策部署,3月27日,住房和城乡建设部会同应急管理部印发《关于做好移交承接建设工程消防设计审查验收工作的通知》(建科函〔2019〕52号),要求各地切实做好消防救援机构向住房和城乡建设主管部门移交建设工程消防设计审查验收职责工作。为做好相关工作,先后印发《关于进一步做好建设工程消防设计审查验收职责承接有关工作的通知》(建办科函〔2019〕319号)、《关于抓紧完成职责承接并做好建设工程消防设计审查验收工作的通知》(建办人函〔2019〕338号)等5份文件,要求各省级住房和城乡建设主管部门主动担当,落实责任、机构和人员,开展相关培训。全国各省(区、市)和新疆生产建设兵团均已完成职责承接工作。

【跟踪指导各地做好建设工程消防设计审查验收】 赴31个省(自治区、直辖市)和新疆生产建设兵团开展专题调研,了解建设工程消防设计审查验收职责承接和工作开展情况,确保建设工程消防设计审查验收工作有人接、接得住、做得好。截至12月31日,全国各级住房和城乡建设主管部门已受理超过21万件建设工程消防设计审查验收申请。住房和城乡建设部建立了部、省移交承接工作联动机制,定期汇总各地好的经验做法,编制印发10期简报。

【组织开展培训】 4月10—29日,先后在廊坊、武汉、重庆、西安等城市举办4期培训班,对全国31个省(自治区、直辖市)和新疆生产建设兵团的省级住房和城乡建设部门100余人、地级市(州、盟、地区)住房和城乡建设部门300余人进行了专题培训,并指导各省级住房和城乡建设部门做好辖区内相关培训工作。

【召开工作推进会】 8月28日,在湖南长沙召开全国建设工程消防设计审查验收工作推进会,湖南、福建、浙江、河南、广西、重庆、天津7个省区市介绍了工作经验,并分组深入交流了各地的做法。10月10日,在北京开展建设工程消防设计审查验收经验交流,邀请专家讲解建设工程消防设计审查验收的理论知识和实践案例,上海、湖北、陕西、江西等省市交流了工作进展。10月31日,在北京召开建设工程消防设计审查验收工作座谈会,深入交流各地工作进展和经验。11月21日,在西安召开建设工程消防设计审查验收工作座谈会,陕西、西安、宝鸡、北京、江苏、四川6个省、市介绍了工作进展和经验,并分组深入交流了各地的做法。

【法律法规制(修)订】 参与《中华人民共和国消防法》修订工作,该法于4月23日在第十三届全国人民代表大会常务委员会第十次会议上通过并颁布实施,明确由住房和城乡建设主管部门承担建设工程消防设计审查验收职责。组织制定《建设工程消防设计审查验收管理暂行规定》,细化建设工程消防设计审查验收的工作程序和内容。

(住房和城乡建设部建筑节能与科技司)

住房公积金监管

2019年，全国住房公积金业务运行安全平稳，缴存、提取、贷款等主要指标持续增长，资金使用效率不断提高，服务水平稳步提升，支持职工住房消费力度进一步加大。住房公积金制度在提高缴存职工住房消费能力，帮助缴存职工实现住有所居方面，发挥了重要作用。

住房公积金业务发展情况

【缴存】2019年，住房公积金实缴单位322.40万个，实缴职工14881.38万人，分别比上年增长10.57%和3.08%。新开户单位53.74万个，新开户职工1877.78万人。

2019年，住房公积金缴存额23709.67亿元，比上年增长12.61%。

截至2019年年末，住房公积金累计缴存总额169607.66亿元，缴存余额65372.43亿元，结余资金9461.52亿元，分别比上年末增长16.25%、12.84%和17.93%。具体情况详见表1、表2、图1。

2019年分地区住房公积金缴存情况　表1

地区	实缴单位（万个）	实缴职工（万人）	缴存额（亿元）	累计缴存总额（亿元）	缴存余额（亿元）
全国	322.40	14881.38	23709.67	169607.66	65372.43
北京	20.63	798.54	2213.55	15309.92	4844.99
天津	7.04	280.39	526.77	4488.17	1473.89
河北	6.41	494.09	655.17	5102.45	2223.61
山西	4.80	333.80	412.24	3160.70	1268.70
内蒙古	4.32	244.07	393.14	3075.15	1406.11
辽宁	9.63	508.93	781.22	7188.59	2614.86
吉林	4.13	248.12	353.54	2839.12	1217.69
黑龙江	4.04	283.08	428.75	3660.55	1492.28
上海	42.67	882.78	1533.57	11087.60	4721.13
江苏	34.92	1357.12	2039.80	13832.86	4900.31
浙江	26.28	867.67	1599.28	10979.22	3573.87
安徽	6.55	437.35	686.96	5477.88	1800.82
福建	12.43	416.38	667.64	4790.01	1739.31
江西	4.71	268.02	443.27	2807.13	1339.29

续表

地区	实缴单位（万个）	实缴职工（万人）	缴存额（亿元）	累计缴存总额（亿元）	缴存余额（亿元）
山东	16.78	967.45	1307.97	9362.94	3846.75
河南	8.07	637.57	799.12	5361.21	2529.26
湖北	7.73	486.35	853.33	5650.01	2647.14
湖南	7.18	456.02	683.69	4481.44	2146.83
广东	42.57	2008.32	2590.26	17852.71	6023.98
广西	5.59	302.74	475.25	3402.97	1228.95
海南	3.05	108.14	133.20	960.02	433.23
重庆	3.95	267.18	429.50	2912.75	1081.97
四川	12.74	693.09	1102.84	7508.42	3168.69
贵州	4.81	261.09	414.21	2469.33	1141.59
云南	5.43	278.67	546.22	3992.29	1539.32
西藏	0.48	33.04	98.91	598.06	300.83
陕西	6.28	404.55	547.77	3787.94	1590.34
甘肃	3.25	193.46	300.85	2252.78	1051.32
青海	0.97	54.52	117.76	880.73	329.73
宁夏	1.00	65.63	106.79	892.93	326.46
新疆	3.44	217.43	421.40	3145.07	1230.94
新疆生产建设兵团	0.51	25.80	45.68	296.54	138.23

2019年分类型单位住房公积金缴存情况　表2

单位性质	缴存单位（万个）	占比（%）	实缴职工（万人）	占比（%）	新开户职工（万人）	占比（%）
国家机关和事业单位	74.67	23.16	4465.90	30.01	253.92	13.52
国有企业	20.50	6.36	2892.94	19.44	206.82	11.01
城镇集体企业	4.16	1.29	226.20	1.52	28.13	1.50
外商投资企业	10.77	3.34	1194.97	8.03	191.04	10.17
城镇私营企业及其他城镇企业	178.13	55.25	4904.90	32.96	951.97	50.70
民办非企业单位和社会团体	8.09	2.51	257.45	1.73	50.42	2.69
其他类型单位	26.08	8.09	939.02	6.31	195.48	10.41
合计	322.40	100	14881.38	100	1877.78	100

图 1 2015—2019 年住房公积金缴存额及增长速度

【提取】 2019 年，住房公积金提取人数 5648.56 万人，占实缴职工人数的 37.96%；提取额 16281.78 亿元，比上年增长 10.46%；提取率 68.67%，比上年减少 1.34 个百分点。

截至年末，住房公积金累计提取总额 104235.23 亿元，占累计缴存总额的 61.46%。具体情况详见表 3、表 4、图 2。

2019 年分地区住房公积金提取情况　表 3

地区	提取额（亿元）	提取率（%）	住房消费类提取额（亿元）	非住房消费类提取额（亿元）	累计提取总额（亿元）
全国	16281.78	68.67	13297.17	2984.61	104235.23
北京	1612.65	72.85	1443.54	169.11	10464.94
天津	390.66	74.16	309.83	80.83	3014.28
河北	415.97	63.49	291.39	124.58	2878.85
山西	231.99	56.28	177.52	54.47	1892.00
内蒙古	261.30	66.46	187.35	73.95	1669.04
辽宁	590.70	75.61	459.04	131.66	4573.73
吉林	247.09	69.89	175.48	71.61	1621.59
黑龙江	315.65	73.62	225.13	90.52	2168.27
上海	907.07	59.15	760.23	146.84	6366.47
江苏	1480.08	72.56	1246.72	233.36	8932.55
浙江	1201.45	75.12	1026.01	175.44	7405.36
安徽	511.79	74.5	418.09	93.70	3677.06
福建	482.95	72.34	395.01	87.94	3050.69
江西	288.29	65.04	227.20	61.09	1467.84
山东	909.93	69.57	738.59	171.34	5516.19
河南	480.09	60.08	354.08	126.01	2831.95
湖北	513.30	60.31	390.31	122.99	3002.87
湖南	399.49	58.43	294.10	105.39	2334.61
广东	1837.67	70.95	1624.58	213.09	11828.73
广西	358.46	75.42	287.31	71.15	2174.02

续表

地区	提取额（亿元）	提取率（%）	住房消费类提取额（亿元）	非住房消费类提取额（亿元）	累计提取总额（亿元）
海南	89.62	67.28	72.35	17.27	526.80
重庆	322.63	75.12	261.82	60.81	1830.78
四川	688.86	62.46	543.90	144.96	4339.73
贵州	267.45	64.57	216.71	50.74	1327.74
云南	425.05	77.82	358.01	67.04	2452.96
西藏	52.32	52.9	40.81	11.51	297.23
陕西	293.33	53.55	227.75	65.58	2197.59
甘肃	208.39	69.27	159.21	49.18	1201.46
青海	98.64	83.76	76.92	21.72	551.00
宁夏	73.04	68.39	57.73	15.31	566.47
新疆	293.03	69.54	229.93	63.10	1914.12
新疆生产建设兵团	32.84	71.89	20.52	12.32	158.31

2019 年分类型住房公积金提取情况　表 4

提取原因		提取人数（万人）	占比（%）	提取金额（亿元）	占比（%）
住房消费类	购买、建造、翻建、大修自住住房	669.05	11.85	4609.37	28.31
	偿还购房贷款本息	3126.61	55.35	7582.42	46.57
	租赁住房	1013.82	17.95	937.83	5.76
	其他	142.37	2.52	167.70	1.03
非住房消费类	离退休	253.11	4.48	2080.81	12.78
	丧失劳动能力，与单位终止劳动关系	182.78	3.24	294.70	1.81
	出境定居或户口迁移	57.73	1.02	92.81	0.57
	死亡或宣告死亡	11.35	0.20	73.27	0.45
	其他	191.74	3.39	442.86	2.72
合计		5648.56	100	16281.78	100

图 2 2015—2019 年住房公积金提取额及提取率

【贷款】 个人住房贷款：2019年，发放住房公积金个人住房贷款286.04万笔，比上年增长13.25%；发放金额12139.06亿元，比上年增长18.79%；回收金额6101.44亿元，比上年增长12.52%。截至年末，累计发放住房公积金个人住房贷款3620.88万笔、97959.46亿元，分别比上年末增长8.58%和14.14%；个人住房贷款余额55883.11亿元，比上年末增长12.11%；个人住房贷款率85.48%，比上年末减少0.56个百分点。具体情况详见表5、表6、图3。

2019年分地区住房公积金个人住房贷款情况　　　　　表5

地区	放贷笔数（万笔）	贷款发放额（亿元）	累计放贷笔数（万笔）	累计贷款总额（亿元）	贷款余额（亿元）	个人住房贷款率（%）
全国	286.04	12139.06	3620.88	97959.46	55883.11	85.48
北京	7.15	557.56	117.99	6916.21	4292.83	88.60
天津	4.99	228.92	102.32	3198.82	1390.07	94.31
河北	8.76	362.57	108.05	2676.35	1640.24	73.77
山西	6.30	269.78	60.74	1459.61	956.63	75.40
内蒙古	6.84	248.23	110.90	2194.66	1106.21	78.67
辽宁	12.22	399.72	181.09	4170.17	2217.39	84.80
吉林	5.41	196.65	74.21	1723.99	1034.22	84.93
黑龙江	6.02	209.24	92.91	2077.59	1062.68	71.21
上海	14.08	939.18	268.24	8727.96	4450.05	94.26
江苏	28.40	1226.04	331.67	9128.35	4793.93	97.83
浙江	15.74	698.42	192.89	6315.88	3407.92	95.36
安徽	10.81	363.97	136.48	3144.72	1765.07	98.02
福建	6.55	331.50	102.98	2904.48	1626.89	93.54
江西	6.47	231.46	79.11	1938.12	1162.87	86.83
山东	19.49	717.41	220.95	5564.42	3231.19	84.00
河南	11.95	416.68	131.08	3080.94	1919.75	75.90
湖北	12.33	520.27	137.42	3541.00	2078.18	78.51
湖南	11.19	421.18	137.53	3060.28	1908.82	88.91
广东	22.68	1173.83	200.31	7216.20	4584.49	76.10
广西	6.09	210.97	72.76	1654.61	1072.71	87.29
海南	1.43	66.81	17.70	516.61	355.55	82.07
重庆	6.07	232.11	60.19	1663.04	1096.71	101.36
四川	14.39	558.44	162.85	4110.85	2567.03	81.01
贵州	7.54	271.31	73.98	1733.18	1111.54	97.37
云南	6.71	262.78	125.21	2562.19	1279.72	83.14
西藏	1.06	65.74	9.16	348.90	209.08	69.50
陕西	8.21	345.44	79.27	1915.13	1278.81	80.41
甘肃	5.47	194.46	78.04	1477.48	814.35	77.46
青海	1.73	70.59	27.21	527.92	247.80	75.15
宁夏	1.74	67.60	28.31	585.16	266.83	81.73
新疆	7.35	250.92	93.28	1708.53	884.50	71.86
新疆生产建设兵团	0.84	29.30	6.06	116.12	69.03	49.93

2019年分类型住房公积金个人住房贷款情况　　　　　表6

类别		发放笔数（万笔）	占比（%）	金额（亿元）	占比（%）
房屋类型	新房	198.31	69.33	8163.68	67.25
	存量商品住房	84.90	29.68	3868.47	31.87
	建造、翻建、大修自住住房	0.81	0.28	25.94	0.21
	其他	2.02	0.71	80.97	0.67
房屋建筑面积	90平方米（含）以下	75.21	26.29	3386.74	27.90
	90～144平方米（含）	183.89	64.29	7538.67	62.10
	144平方米以上	26.94	9.42	1213.65	10.00
支持购房套数	首套	248.75	86.96	10486.04	86.38
	二套及以上	37.29	13.04	1653.02	13.62
贷款职工	单缴存职工	130.52	45.63	4973.84	40.97
	双缴存职工	154.25	53.93	7111.75	58.59
	三人及以上缴存职工	1.27	0.44	53.47	0.44
贷款职工年龄	30岁（含）以下	94.63	33.08	3942.98	32.48
	30～40岁（含）	117.94	41.23	5350.75	44.08
	40～50岁（含）	57.58	20.13	2284.56	18.82
	50岁以上	15.89	5.56	560.76	4.62
收入水平	中、低收入	272.92	95.41	11396.36	93.88
	高收入	13.12	4.59	742.70	6.12

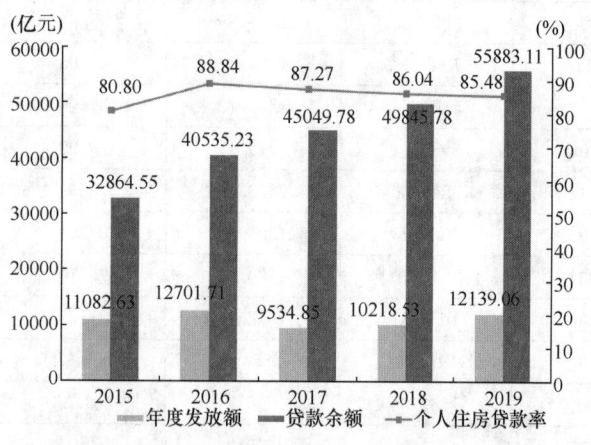

图3　2015—2019年个人住房贷款发放额及个人住房贷款率

支持保障性住房建设试点项目贷款：近年来，支持保障性住房建设试点项目贷款工作以贷款回收为主。2019年，未发放试点项目贷款，回收试点项目贷款39.15亿元。截至年末，累计向373个试点项目发放贷款872.15亿元，累计回收试点项目贷款865.19亿元，试点项目贷款余额6.96亿元。368个试点项目结清贷款本息，81个试点城市全部收回贷款本息。

【国债】2019年，购买国债13.08亿元，兑付、转让、收回国债11.95亿元；截至年末，国债余额20.84亿元。

【业务收支】业务收入：2019年，住房公积金业务收入2051.25亿元，比上年增长13.05%。其中，存款利息331.34亿元，委托贷款利息1710.20亿元，国债利息0.55亿元，其他9.16亿元。

业务支出：2019年，住房公积金业务支出1075.10亿元，比上年增长11.97%。其中，支付缴存职工利息942.87亿元，支付受委托银行归集手续费27.65亿元、委托贷款手续费58.39亿元，公转商贴息、融资成本等其他支出46.19亿元。

增值收益：2019年，住房公积金增值收益976.15亿元，比上年增长14.27%；增值收益率1.58%。

增值收益分配：2019年，提取住房公积金贷款风险准备金273.63亿元，提取管理费用115.78亿元，提取城市公共租赁住房（廉租住房）建设补充资金588.7亿元。截至年末，累计提取住房公积金贷款风险准备金2223.21亿元，累计提取城市公共租赁住房（廉租住房）建设补充资金3952.73亿元。

管理费用支出：2019年，实际支出管理费用

112.5亿元，比上年增长2.3%。其中，人员经费56.32亿元，公用经费11.61亿元，专项经费44.57亿元。

【资产风险】 个人住房贷款：截至年末，住房公积金个人住房贷款逾期额19.51亿元，逾期0.03%；住房公积金个人住房贷款风险准备金余额2201.62亿元，与个人住房贷款余额的比率为3.94%。2019年，使用住房公积金个人住房贷款风险准备金核销呆坏账29.37万元。

支持保障性住房建设试点项目贷款：2019年，试点项目贷款未发生逾期。截至年末，无试点项目贷款逾期；试点项目贷款风险准备金余额9.77亿元，相当于试点项目贷款余额的1.40倍。

住房公积金监督和管理机构情况

根据《住房公积金管理条例》规定，住房城乡建设部会同财政部、人民银行负责拟定住房公积金政策，并监督执行。住房城乡建设部设立住房公积金监管司，各省、自治区住房城乡建设厅设立住房公积金监管处（办），分别负责全国、省（自治区）住房公积金日常监管工作。截至年末，国家、省两级住房公积金专职监管人员共137人。

直辖市和省、自治区人民政府所在地的市以及其他设区的市（地、州、盟）设立住房公积金管理委员会，作为住房公积金管理决策机构，负责在《住房公积金管理条例》框架内审议住房公积金决策事项，制定和调整住房公积金具体管理措施并监督实施。年末，全国共设有住房公积金管理委员会341个。

直辖市和省、自治区人民政府所在地的市以及其他设区的市（地、州、盟）设立住房公积金管理中心，负责住房公积金的管理运作。截至年末，全国共设有住房公积金管理中心341个；未纳入设区城市统一管理的分支机构139个，其中，省直分支机构24个，石油、电力、煤炭等企业分支机构71个，区县分支机构44个。全国住房公积金服务网点3350个。全国住房公积金从业人员4.42万人，其中：在编2.67万人，非在编1.75万人。

按照人民银行的规定，住房公积金贷款、结算等金融业务委托住房公积金管理委员会指定的商业银行办理。受委托商业银行主要为工商银行、农业银行、中国银行、建设银行、交通银行等。

住房公积金政策和监管制度情况

【修改《住房公积金管理条例》部分条款】 为依法推进简政放权、放管结合、优化服务改革，深入推进"互联网＋政务服务"和政务服务"一网通办"，3月24日，《国务院关于修改部分行政法规的决定》（国务院令第710号）对与政务服务"一网通办"不相适应的有关行政法规进行修改。其中，将《住房公积金管理条例》第十三条第二款修改为："单位应当向住房公积金管理中心办理住房公积金缴存登记，并为本单位职工办理住房公积金账户设立手续。每个职工只能有一个住房公积金账户。"

第十四条修改为："新设立的单位应当自设立之日起30日内向住房公积金管理中心办理住房公积金缴存登记，并自登记之日起20日内，为本单位职工办理住房公积金账户设立手续。"

"单位合并、分立、撤销、解散或者破产的，应当自发生上述情况之日起30日内由原单位或者清算组织向住房公积金管理中心办理变更登记或者注销登记，并自办妥变更登记或者注销登记之日起20日内，为本单位职工办理住房公积金账户转移或者封存手续。"

第十五条修改为："单位录用职工的，应当自录用之日起30日内向住房公积金管理中心办理缴存登记，并办理职工住房公积金账户的设立或者转移手续。"

"单位与职工终止劳动关系的，单位应当自劳动关系终止之日起30日内向住房公积金管理中心办理变更登记，并办理职工住房公积金账户转移或者封存手续。"

【进一步完善军队文职人员住房公积金有关政策】 10月18日，住房和城乡建设部、中央军委后勤保障部联合印发《关于军队专业技能岗位文职人员住房公积金缴存管理有关问题的通知》（军后财〔2019〕553号），明确和规范了军队专业技能岗位文职人员住房公积金缴存基数、缴存比例、政策转发和提取贷款等政策。军队文职人员住房公积金相关政策的出台，将军队文职人员住房公积金纳入了地方管理体系，对于做好军地政策衔接，健全军地运行机制，切实维护军队文职人员合法权益提供了制度保障。

【防控资金风险】 5月，住房和城乡建设部印发《关于全面开展住房公积金电子稽查工作的通知》及工作指引，实现全国设区城市住房公积金管理中心（分中心）电子稽查全覆盖。在线上发现异常数据、线下进行核查和处置的基础上，制定防控措施，堵塞风险漏洞，增强住房公积金风险防控能力，提高监管工作针对性和有效性。

【公布住房公积金年度报告】 5月31日，住房和城乡建设部会同财政部、人民银行联合印发《全国住房公积金2018年年度报告》，全面披露2018年度住房公积金管理运行情况。从披露的数据看，住房公积金缴存扩面持续推进，重点满足职工基本住房需求，大力支持租赁住房消费，持续支持保障性住房建设，有效减轻职工住房消费负担，积极促进房地产市场平稳健康发展。《全国住房公积金2018年年度报告》的公开披露，提高住房公积金管理运行的透明度，有效保障缴存单位和职工的知情权和监督权，对社会各界客观了解住房公积金管理运行情况起到积极作用。

住房公积金信息化建设和服务情况

【信息化建设成效显著】 应用区块链技术，全面建成全国住房公积金数据平台。与国家税务总局实现对接，2019年，提供住房公积金贷款数据核验服务1258.77万人次。与国家政务服务平台和国务院客户端实现对接，向缴存职工提供统一高效便捷的查询服务1417.47万人次。与全国组织机构统一社会信用代码数据服务中心实现数据共享，向全国住房公积金管理中心提供缴存单位信息核验服务。

【持续提升服务效能】 利用"互联网+"平台不断提升服务水平，印发《关于建立健全住房公积金综合服务平台的通知》及工作指引，全国299个设区城市建成住房公积金综合服务平台，缴存单位和职工可依托12329服务热线、网上营业厅、手机APP等多种服务渠道，方便快捷地办理住房公积金业务。326个设区城市实现了与全国转移接续平台的直连，2019年全年，通过转移接续平台办结50.34万笔转移接续业务，转移接续资金156.15亿元，进一步满足了职工跨区域流动后"账随人走、钱随账走"的实际需求。全面清理住房公积金业务证明事项，取消不必要的证明材料。

经济社会效益

【缴存扩面持续推进】 2019年，全国净增住房公积金实缴单位30.81万个，净增住房公积金实缴职工444.98万人，住房公积金制度惠及职工数量持续增长。

缴存职工中，城镇私营企业及其他城镇企业、外商投资企业、民办非企业单位和其他类型单位占49.04%，比上年增加1.93个百分点，非公有制企业职工占比持续增长。

新开户职工中，城镇私营企业及其他城镇企业、外商投资企业、民办非企业单位和其他类型单位的职工占比达73.97%；农业转移人口及新就业大学生等新市民982.12万人，占全部新开户职工的52.30%，住房公积金帮助新市民解决住房问题的作用更加凸显。

【多渠道保障住有所居】 重点支持中、低收入群体首套普通住房。2019年发放的个人住房贷款笔数中，中、低收入职工贷款占95.41%，首套住房贷款占86.96%，144平方米（含）以下住房贷款占90.58%，40岁（含）以下职工贷款占74.31%。2019年末，住房公积金个人住房贷款市场占有率15.61%。

2019年，发放异地贷款17.06万笔、666.72亿元；截至年末，累计发放异地贷款87.23万笔、2852.01亿元，余额2105.96亿元。

大力支持租赁住房消费：2019年，住房租赁提取金额937.83亿元，比上年增长28.40%，占当年提取金额的比例逐年上升；住房租赁提取人数1013.82万人，比上年增长32.28%。

持续支持保障性住房建设：2019年，提取城市公共租赁住房（廉租住房）建设补充资金占当年分配增值收益的60.77%。年末，累计为城市公共租赁住房（廉租住房）建设提供补充资金3958.86亿元。

【减轻职工住房消费负担】 2019年，住房公积金住房消费类提取占当年提取额的81.67%。

住房公积金个人住房贷款利率比同期商业性个人住房贷款基准利率低1.65~2个百分点，2019年发放的住房公积金个人住房贷款，偿还期内可为贷款职工节约利息支出2617.14亿元，平均每笔贷款可节约利息支出9.13万元。

2019年，发放公转商贴息贷款6.33万笔、296.76亿元，当年贴息18.68亿元。年末，累计发放公转商贴息贷款65.89万笔、2755.50亿元，累计贴息78.56亿元。

（住房和城乡建设部住房公积金监管司）

城市管理监督

概况

2019年，印发《中共住房和城乡建设部党组印发关于认真学习贯彻习近平总书记重要批示精神推进城市精细化管理专项工作方案的通知》（建党〔2019〕74号），明确以优化城市市容市貌为切入点，以解决制约城市发展、群众反映强烈的市容市貌问题为突破口，提升市容环境品质，推动城市高质量发展的工作思路；部署了完善市容市貌管理标准体系、搭建全国城市综合管理服务平台、推动市容市貌整治提升、加强城市管理执法队伍建设、加强调研督促指导等重点工作；提出通过3年努力，实现城市管理体制机制逐步健全，市容市貌管理标准体系基本完善，群众反映强烈的突出问题得到缓解，城市干净、整洁、有序，群众对市容环境的满意度明显提升的工作目标。

推进城市管理信息化建设

【推动城市综合管理服务平台建设】2月28日，4月16日、23日，部长王蒙徽在听取城市管理监督局汇报、部扫黑除恶工作汇报时明确指示"抓紧建设城市综合管理服务平台"。

4月11—12日，国家城市综合管理服务平台服务器在部信息中心成功安装。

4月16日，向沈阳、成都、青岛、长沙、徐州、常州6个城市管理部门发出《关于商请开展城市管理信息全国联网工作的函》，决定开展首批城市联网试点。

6月5日，向部领导报送《城市综合管理服务平台建设方案》。建设方案明确如下内容：一是平台定位主要是监管平台；二是建设内容先期建设行业管理、分析研判、综合评价、指挥监督4个子系统，以后逐步拓展完善；三是采用"总—分—总"技术架构；四是制定城市综合管理服务平台《建设实施意见》《建设指南》《技术标准》等政策标准。

6月上中旬，赴杭州、宁波、许昌、珠海等地实地调研，了解地方平台建设运行情况和考核评价的具体做法，形成《关于赴杭州、宁波、许昌、珠海4市实地调研情况》。

8月1日，制定《城市综合管理服务平台建设工作试点方案》，向山西、浙江、福建、河南、广东省住房和城乡建设厅印发《关于开展城市综合管理服务平台建设试点工作的通知》（建督三函〔2019〕45号），在前期6个城市平台与国家平台试联互通的基础上，决定继续在太原、杭州、宁波、福州、许昌、珠海开展平台建设试点。

9月19日，印发《关于成立城市综合管理服务平台建设专家指导工作组的通知》。

11月7日，王蒙徽听取城市综合管理服务平台及综合评价工作汇报，对平台建设作出进一步指示要求。

12月24—25日，在北京中工大厦召开座谈会，听取相关省市对试点工作的意见建议，开展《平台试点建设指南》专家评审，与会专家一致通过编制成果评审。

12月31日，研究形成2020年拟联网城市建议名单。

【研究建立城市综合管理服务评价指标体系】5月15—17日，组织杭州、成都、太原、徐州市城市管理部门研究城市综合管理服务评价指标制定工作。依据数字化城市管理信息系统国家标准，围绕如何让人民群众在城市生活得"更方便、更舒心、更美好"的目标，从83个事件类指标中选取33个指标，从121个部件类指标中选取4个指标，开展城市综合管理服务评价工作研究和指标制定。

12月26日，向部领导签报评价指标体系，王蒙徽作出批示开展试评试测，对评价指标进行检验。

【推动地方加快城管平台建设】1月，以地级以上城市为重点，通过调研督导、编写简报和座谈交流等方式，推动各地加快城管平台建设工作。组织各省、自治区和直辖市建立城管平台建设台账，定期跟踪进展。指导各省、自治区加强调研，制定工作方案，细化建设标准，推动市县城管平台建设。全国14个省份实现了地级以上城市城管平台全覆盖。

9月，在昆明市召开城管平台建设工作推进会。

会议总结《中共中央国务院关于深入推进城市执法体制改革 改进城市管理工作的指导意见》印发以来，各地城管平台建设运行的情况，对下一步工作进行了部署，要求各地要提高政治站位，加快推进城管平台建设。会上，广东、河南、湖南省，徐州市分别介绍了城管平台建设经验。

11月，向全国印发简报，宣传推广广东、湖南等地立足本地实际，创新"省带市县"建设模式，破解资金筹措难题，推动城管平台建设的做法。

12月，汇总各省、自治区城管平台建设工作方案，按照"一城一策，精准指导"的原则，定期督促各地加快城管平台建设。截至年底，90%的地级以上城市建立了城管平台，实现利用信息化手段快速发现、快速处理城市管理问题，提高城市管理和执法工作效率。

提升市容市貌环境品质

【部署开展"市容环境大扫除，干干净净迎国庆"活动】5月24—25日，在武汉组织召开全国市容市貌整治工作现场会，副部长倪虹出席会议。会议要求，贯彻落实习近平总书记关于住房和城乡建设工作的重要批示精神，坚持以人民为中心的发展思想，在全国范围内开展市容市貌整治工作。部署各地通过开展城市道路大清扫、城市家具大清洗、市容环境大清理的"大扫除"活动，全面强化城市主次干道、背街小巷市容市貌管理，让城市干净、整洁、有序，不断增强人民群众获得感、幸福感、安全感，以新的面貌迎接新中国成立70周年。各省级住房和城乡建设厅分管厅长和处室主要负责同志，直辖市、计划单列市城市管理部门主要负责同志参加会议。

5月29日，起草印发《住房和城乡建设部办公厅关于开展"市容环境大扫除，干干净净迎国庆"活动的通知》（建办督函〔2019〕339号），指导各地开展"大扫除"活动。加大宣传力度，在部网站首页和《中国建设报》开设活动专栏，召开1次媒体通气会，刊发3期《建设工作简报》，并联合新华社赴江苏开展"大扫除"活动工作调研。新华社、人民网、经济日报等多家媒体对活动进行报道，网上各类报道达11.7万条。

9月6日，召开"市容环境大扫除，干干净净迎国庆"活动电视电话会议，副部长姜万荣出席会议并讲话。会议总结了大扫除活动前一阶段取得的成效，对下一步工作进行了部署，要求各地继续深入开展"大扫除"活动，以让城市干净、整洁、有序

为目标，坚持问题导向，着力解决群众"家门口"的环境"脏乱差"问题，着力解决背街小巷、城乡结合部、城中村等管理薄弱区域的问题，着力对市容环境顽疾进行源头治理，进一步提升城市市容市貌品质，不断增强人民群众获得感、幸福感、安全感，以优异成绩迎接新中国成立70周年。会上，江西省、重庆市、广州市、咸宁市等地作了经验交流。各省、自治区、直辖市的县级以上城市管理部门负责同志在各地分会场参加了会议。

各地高度重视"大扫除"活动，31个省（自治区、直辖市）都印发文件或召开会议，对活动做出部署；地级以上城市制订具体实施方案，明确任务分工。活动期间，共清扫垃圾3683万吨，清洁"城市家具"929万处，清理乱贴广告4030万处，整治违规占道经营533万处，整治户外广告233万处，解决了一大批环境脏乱差问题，群众满意度不断提高。

【开展规范城市户外广告设施管理试点工作】6月17日，印发《住房和城乡建设部关于开展规范城市户外广告设施管理工作试点的函》（建督函〔2019〕101号），部署在长春、武汉、成都、厦门、青岛、深圳、无锡、株洲、如皋9个城市开展工作试点，要求试点城市分别选择2~3条城市道路和1~2个景观区域，以"安全、美观"为目标，围绕"坚持规划引领、完善政策措施、开展整治提升、建立长效机制"4方面内容开展试点工作。

7月12—13日，在厦门市召开试点工作动员座谈会，交流试点工作思路，学习借鉴厦门市规范城市户外广告设施管理工作的经验做法，对试点工作进行动员部署。

9月3日，组织专家对9个试点城市报送的试点方案进行评议，指导试点城市按照专家评议意见修改完善试点方案。在此基础上印发《住房和城乡建设部办公厅关于规范城市户外广告设施管理工作试点方案的复函》（建办督函〔2019〕516号）。

加强城市管理执法队伍建设

【开展全国城市管理执法队伍"强基础、转作风、树形象"三年行动】7月，赴江苏、辽宁、河北等地了解城市管理执法队伍"强基础、转作风、树形象"行动开展情况，主要包括地方工作开展情况、经验做法、存在问题、意见建议。

8月，围绕制度化法治化建设年主题，研究制定城市管理执法队伍管理制度体系，按照急用先行原则，设立"城市管理执法文书示范文本研究"课题，

研究出台《城市管理执法文书示范文本》，规范各地执法文书格式内容。

积极与中央文明办沟通，将3年行动纳入中央文明办2019年重点工作项目，并将3年行动开展情况作为精神文明建设、文明城市评选的重要参考。

【严格规范公正文明执法】 1月31日，印发《住房和城乡建设部城市管理监督局关于做好2019年春节和"两会"期间城市管理执法工作的通知》（建督政函〔2019〕4号），指导督促各级城市管理执法部门践行以人民为中心的发展思想，认真做好城市管理执法工作，努力为人民群众欢度春节和"两会"顺利召开创造良好环境。

5—9月，在厦门、郑州和青岛举办3期城市管理执法处级以上干部培训班，在沈阳市举办1期城市管理执法师资和党建工作培训班，共计培训750人。同时督促各省组织开展培训，不断提高人员素质和能力水平。

（住房和城乡建设部城市管理监督局）

人 事 教 育

高等教育

【2018—2019年度高等学校建筑学专业教育评估工作】 2019年，全国高等学校建筑学专业教育评估委员会对北京建筑大学、郑州大学、山东建筑大学、武汉理工大学、厦门大学、安徽建筑大学、西安交通大学、烟台大学、天津城建大学、新疆大学、福建工程学院、河南工业大学、湖北工业大学13所学校的建筑学专业教育进行了评估；对湖南科技大学的建筑学专业进行了中期检查。评估委员会全体委员对各学校的自评报告进行了审阅，于5月派遣视察小组进校实地视察。之后，经评估委员会全体会议讨论并投票表决，做出评估结论并报送国务院学位委员会。2019年高校建筑学专业评估结论见表1。

2019年高校建筑学专业评估结论　表1

序号	学校	本科合格有效期	硕士合格有效期	备注
1	北京建筑大学	6年(2019.5—2025.5)	6年(2019.5—2025.5)	本科复评 硕士复评
2	郑州大学	6年(2019.5—2025.5)	6年(2019.5—2025.5)	本科复评 硕士复评
3	山东建筑大学	6年(2019.5—2025.5)	6年(2019.5—2025.5)	本科复评 硕士复评
4	武汉理工大学	4年(2019.5—2023.5)	6年(2019.5—2025.5)(有条件)	本科复评 硕士复评

续表

序号	学校	本科合格有效期	硕士合格有效期	备注
5	厦门大学	6年(2019.5—2025.5)	6年(2019.5—2025.5)	本科复评 硕士复评
6	安徽建筑大学	6年(2019.5—2023.5)	4年(2016.5—2020.5)	本科复评
7	西安交通大学	有效期截至2019.5	6年(2019.5—2025.5)(有条件)	硕士复评
8	烟台大学	4年(2019.5—2023.5)		本科复评
9	天津城建大学	4年(2019.5—2023.5)	6年(2019.5—2025.5)	本科复评 硕士复评
10	新疆大学	4年(2019.5—2023.5)		本科复评
11	福建工程学院	4年(2019.5—2023.5)		本科复评
12	河南工业大学	2019.5—2023.5		本科复评
13	湖北工业大学	4年(2019.5—2023.5)(有条件)	—	本科初评
14	湖南科技大学（中期）	4年(2017.5—2021.5)	—	中期检查

截至6月，全国共有69所高校建筑学专业通过专业教育评估，受权行使建筑学专业学位（包括建

筑学学士和建筑学硕士）授予权，其中具有建筑学学士学位授予权的有 68 个专业点，具有建筑学硕士学位授予权的有 44 个专业点。详见表 2。

建筑学专业评估通过学校和有效期情况统计表　　表 2

（截至 2019 年 5 月，按首次通过评估时间排序）

序号	学　校	本科合格有效期	硕士合格有效期	首次通过评估时间
1	清华大学	2018.5—2025.5	2018.5—2025.5	1992.5
2	同济大学	2018.5—2025.5	2018.5—2025.5	1992.5
3	东南大学	2018.5—2025.5	2018.5—2025.5	1992.5
4	天津大学	2018.5—2025.5	2018.5—2025.5	1992.5
5	重庆大学	2013.5—2020.5	2013.5—2020.5	1994.5
6	哈尔滨工业大学	2013.5—2020.5	2013.5—2020.5	1994.5
7	西安建筑科技大学	2013.5—2020.5	2013.5—2020.5	1994.5
8	华南理工大学	2013.5—2020.5	2013.5—2020.5	1994.5
9	浙江大学	2018.5—2025.5	2018.5—2025.5	1996.5
10	湖南大学	2015.5—2022.5	2015.5—2022.5	1996.5
11	合肥工业大学	2015.5—2022.5	2015.5—2022.5	1996.5
12	北京建筑大学	2019.5—2025.5	2019.5—2025.5	1996.5
13	深圳大学	2016.5—2023.5	2016.5—2020.5	本科 1996.5 硕士 2012.5
14	华侨大学	2016.5—2020.5	2016.5—2020.5	1996.5
15	北京工业大学	2018.5—2022.5	2018.5—2022.5	本科 1998.5 硕士 2010.5
16	西南交通大学	2014.5—2021.5	2014.5—2021.5	本科 1998.5 硕士 2004.5
17	华中科技大学	2014.5—2021.5	2014.5—2021.5	1999.5
18	沈阳建筑大学	2018.5—2025.5	2018.5—2025.5	1999.5
19	郑州大学	2019.5—2025.5	2019.5—2025.5	本科 1999.5 硕士 2011.5
20	大连理工大学	2015.5—2022.5	2015.5—2022.5	2000.5
21	山东建筑大学	2019.5—2025.5	2019.5—2025.5	本科 2000.5 硕士 2012.5
22	昆明理工大学	2017.5—2021.5	2017.5—2021.5	本科 2001.5 硕士 2009.5
23	南京工业大学	2018.5—2025.5	2018.5—2022.5	本科 2002.5 硕士 2014.5
24	吉林建筑大学	2018.5—2022.5	2018.5—2022.5	本科 2002.5 硕士 2014.5
25	武汉理工大学	2019.5—2023.5	2019.5—2025.5(有条件)	本科 2003.5 硕士 2011.5
26	厦门大学	2019.5—2025.5	2019.5—2025.5	本科 2003.5 硕士 2007.5
27	广州大学	2016.5—2020.5	2016.5—2020.5	本科 2004.5 硕士 2016.5
28	河北工程大学	2016.5—2020.5	—	2004.5
29	上海交通大学	2018.5—2022.5	2018.5—2022.5	本科 2006.6 硕士 2018.5
30	青岛理工大学	2018.5—2025.5	2018.5—2022.5	本科 2006.6 硕士 2014.5
31	安徽建筑大学	2019.5—2023.5	2016.5—2020.5	本科 2007.5 硕士 2016.5
32	西安交通大学	有效期截至 2019.5	2019.5—2025.5(有条件)	本科 2007.5 硕士 2011.5
33	南京大学	—	2018.5—2025.5	2007.5
34	中南大学	2016.5—2020.5	2016.5—2020.5	本科 2008.5 硕士 2012.5
35	武汉大学	2016.5—2020.5	2016.5—2020.5	2008.5
36	北方工业大学	2016.5—2020.5	2016.5—2020.5	本科 2008.5 硕士 2014.5

续表

序号	学校	本科合格有效期	硕士合格有效期	首次通过评估时间
37	中国矿业大学	2016.5—2020.5	2016.5—2020.5	本科2008.5 硕士2016.5
38	苏州科技大学	2016.5—2020.5	2017.5—2021.5	本科2008.5 硕士2017.5
39	内蒙古工业大学	2017.5—2021.5	2017.5—2021.5	本科2009.5 硕士2013.5
40	河北工业大学	2017.5—2021.5	—	2009.5
41	中央美术学院	2017.5—2021.5	2017.5—2021.5	本科2009.5 硕士2017.5
42	福州大学	2018.5—2022.5	2018.5—2022.5	本科2010.5 硕士2018.5
43	北京交通大学	2018.5—2022.5	2018.5—2022.5	本科2010.5 硕士2014.5
44	太原理工大学	2018.5—2022.5	2018.5—2022.5	本科2010.5 硕士2018.5
45	浙江工业大学	2018.5—2022.5	—	2010.5
46	烟台大学	2019.5—2023.5	—	2011.5
47	天津城建大学	2019.5—2023.5	2019.5—2025.5	本科2011.5 硕士2015.5
48	西北工业大学	2016.5—2020.5	—	2012.5
49	南昌大学	2017.5—2021.5	—	2013.5
50	广东工业大学	2018.5—2022.5	—	2014.5
51	四川大学	2018.5—2022.5	—	2014.5
52	内蒙古科技大学	2018.5—2022.5	—	2014.5
53	长安大学	2018.5—2022.5	2018.5—2022.5	本科2014.5 硕士2018.5
54	新疆大学	2019.5—2023.5	—	2015.5
55	福建工程学院	2019.5—2023.5	—	2015.5
56	河南工业大学	2019.5—2023.5	—	2015.5
57	长沙理工大学	2016.5—2020.5	—	2016.5
58	兰州理工大学	2016.5—2020.5	—	2016.5
59	河南大学	2016.5—2020.5	—	2016.5
60	河北建筑工程学院	2016.5—2020.5	—	2016.5
61	华北水利水电大学	2017.5—2021.5	—	2017.5
62	湖南科技大学	2017.5—2021.5	—	2017.5
63	华东交通大学	2018.5—2022.5	—	2018.5
64	河南科技大学	2018.5—2022.5	—	2018.5
65	贵州大学	2018.5—2022.5	—	2018.5
66	石家庄铁道大学	2018.5—2022.5	—	2018.5
67	西南民族大学	2018.5—2022.5	—	2018.5
68	厦门理工学院	2018.5—2022.5(有条件)	—	2018.5
69	湖北工业大学	2019.5—2023.5(有条件)	—	2019.5

【2019—2020年度高等学校城乡规划专业教育评估工作】 2019年，住房和城乡建设部高等教育城乡规划专业评估委员会对北京建筑大学、广州大学、青岛理工大学、北京林业大学、天津城建大学、四川大学、广东工业大学、长安大学、郑州大学、福州大学、贵州大学、桂林理工大学12所学校的城乡规划专业进行评估。评估委员会全体委员对各校的自评报告进行审阅，于5月派遣视察小组进校实地视察。经评估委员会全体会议讨论并投票表决，做出评估结论，见表3。

2019—2020年度高等学校城乡规划专业教育评估结论　　表3

序号	学校	本科合格有效期	硕士合格有效期	备注
1	北京建筑大学	6年(2019.5—2025.5)	4年(2017.5—2021.5)	本科复评
2	广州大学	4年(2019.5—2023.5)	4年(2019.5—2023.5)	本科复评硕士复评
3	青岛理工大学	6年(2019.5—2025.5)	6年(2018.5—2024.5)	本科复评
4	北京林业大学	4年(2019.5—2023.5)	2019.5—2023.5	本科复评硕士复评
5	天津城建大学	4年(2019.5—2023.5)	4年(2019.5—2023.5)	本科复评硕士初评
6	四川大学	6年(2019.5—2023.5)	4年(2019.5—2023.5)	本科复评硕士初评
7	广东工业大学	4年(2019.5—2023.5)	4年(2019.5—2023.5)	本科复评硕士初评
8	长安大学	6年(2018.5—2024.5)	—	本科复评
9	郑州大学	6年(2019.5—2025.5)	6年(2019.5—2025.5)	本科复评硕士初评
10	福州大学	4年(2019.5—2023.5)	4年(2019.5—2023.5)	本科复评硕士初评
11	贵州大学	4年(2019.5—2023.5)	—	本科初评
12	桂林理工大学	4年(2019.5—2023.5)	—	本科初评

截至5月，全国共有50所高校的城乡规划专业通过专业评估，其中本科专业点49个，硕士研究生专业点34个。详见表4。

城乡规划专业评估通过学校和有效期情况统计表　　表4

（截至2019年5月，按首次通过评估时间排序）

序号	学校	本科合格有效期	硕士合格有效期	首次通过评估时间
1	清华大学	—	2016.5—2022.5	1998.6
2	东南大学	2016.5—2022.5	2016.5—2022.5	1998.6
3	同济大学	2016.5—2022.5	2016.5—2022.5	1998.6
4	重庆大学	2016.5—2022.5	2016.5—2022.5	1998.6
5	哈尔滨工业大学	2016.5—2022.5	2016.5—2022.5	1998.6
6	天津大学	2016.5—2022.5	2016.5—2022.5（2006年6月至2010年5月硕士研究生教育不在有效期内）	2000.6
7	西安建筑科技大学	2018.5—2024.5	2018.5—2024.5	2000.6
8	华中科技大学	2018.5—2024.5	2018.5—2024.5	本科2000.6 硕士2006.6
9	南京大学	2014.5—2020.5（2006年6月至2008年5月本科教育不在有效期内）	2014.5—2020.5	2002.6
10	华南理工大学	2014.5—2020.5	2014.5—2020.5	2002.6
11	山东建筑大学	2014.5—2020.5	2014.5—2020.5	本科2004.6 硕士2012.5
12	西南交通大学	2016.5—2022.5	2016.5—2022.5	本科2006.6 硕士2014.5
13	浙江大学	2016.5—2022.5	2016.5—2022.5	本科2006.6 硕士2012.5
14	武汉大学	2018.5—2024.5	2018.5—2024.5	2008.5
15	湖南大学	2018.5—2024.5	2018.5—2024.5	本科2008.5 硕士2012.5
16	苏州科技大学	2018.5—2024.5	2018.5—2024.5	本科2008.5 硕士2014.5
17	沈阳建筑大学	2018.5—2024.5	2018.5—2024.5	本科2008.5 硕士2012.5
18	安徽建筑大学	2016.5—2022.5	2016.5—2020.5	本科2008.5 硕士2016.5
19	昆明理工大学	2016.5—2020.5	2016.5—2020.5	本科2008.5 硕士2012.5

续表

序号	学校	本科合格有效期	硕士合格有效期	首次通过评估时间
20	中山大学	2017.5—2021.5	—	2009.5
21	南京工业大学	2017.5—2023.5	2017.5—2021.5	本科2009.5 硕士2013.5
22	中南大学	2017.5—2023.5	2017.5—2021.5	本科2009.5 硕士2013.5
23	深圳大学	2017.5—2023.5	2017.5—2021.5	本科2009.5 硕士2013.5
24	西北大学	2017.5—2023.5	2017.5—2021.5	2009.5
25	大连理工大学	2014.5—2020.5	2018.5—2022.5	本科2010.5 硕士2014.5
26	浙江工业大学	2018.5—2024.5	—	2010.5
27	北京建筑大学	2019.5—2025.5	2017.5—2021.5	本科2011.5 硕士2013.5
28	广州大学	2019.5—2023.5	2019.5—2023.5	本科2011.5 硕士2019.5
29	北京大学	2015.5—2021.5	—	2011.5
30	福建工程学院	2016.5—2020.5	—	2012.5
31	福州大学	2019.5—2023.5	2019.5—2023.5	本科2013.5 硕士2019.5
32	湖南城市学院	2017.5—2021.5	—	2013.5
33	北京工业大学	2018.5—2022.5	2018.5—2022.5	2014.5
34	华侨大学	2018.5—2022.5	2018.5—2022.5	本科2014.5 硕士2018.5
35	云南大学	2018.5—2022.5	—	2014.5
36	吉林建筑大学	2018.5—2022.5	—	2014.5
37	青岛理工大学	2019.5—2025.5	—	2015.5
38	天津城建大学	2019.5—2023.5	2019.5—2023.5	本科2015.5 硕士2019.5
39	四川大学	2019.5—2023.5	2019.5—2023.5	本科2015.5 硕士2019.5
40	广东工业大学	2019.5—2023.5	—	2015.5
41	长安大学	2019.5—2025.5	2019.5—2023.5	本科2015.5 硕士2019.5
42	郑州大学	2019.5—2023.5	2019.5—2023.5	本科2015.5 硕士2019.5
43	江西师范大学	2016.5—2020.5	—	2016.5
44	西南民族大学	2016.5—2020.5	—	2016.5
45	合肥工业大学	2017.5—2021.5	—	2017.5
46	厦门大学	2017.5—2021.5	—	2017.5
47	河南城建学院	2018.5—2022.5(有条件)	—	2018.5
48	北京林业大学	2019.5—2023.5	2019.5—2023.5	本科2019.5 硕士2019.5
49	贵州大学	2019.5—2023.5	—	2019.5
50	桂林理工大学	2019.5—2023.5	—	2019.5

【2018—2019年度高等学校土木工程专业教育评估工作】2019年，住房和城乡建设部高等教育土木工程专业评估委员会对山东科技大学、北京科技大学、扬州大学、厦门理工学院、江苏大学、南京工业大学、山东建筑大学、西安理工大学、宁波大学、华东交通大学、河南城建学院、辽宁工程技术大学、温州大学、武汉科技大学、福建农林大学15所学校的土木工程本科专业进行评估。评估委员会全体委员对各校的自评报告进行审阅，于5月派遣视察小组进校实地视察。经评估委员会全体会议讨论并投票表决，做出评估结论，见表5。

2018—2019年度高等学校土木工程
专业教育评估结论　　　　　　　　表5

序号	学校	学位类别	本科合格有效期	评估类型
1	山东科技大学	学士	2019.5—2025.5（有条件）	本科复评

续表

序号	学校	学位类别	本科合格有效期	评估类型
2	北京科技大学	学士	2019.5—2025.5（有条件）	本科复评
3	扬州大学	学士	2019.5—2025.5（有条件）	本科复评
4	厦门理工学院	学士	2019.5—2025.5（有条件）	本科复评
5	江苏大学	学士	2019.5—2025.5（有条件）	本科复评
6	南京工业大学	学士	2019.5—2025.5（有条件）	本科复评
7	山东建筑大学	学士	2019.5—2025.5（有条件）	本科复评
8	西安理工大学	学士	2019.5—2025.5（有条件，2018年5月至2019年5月不在有效期内）	本科复评
9	宁波大学	学士	2019.5—2025.5（有条件，2018年5月至2019年5月不在有效期内）	本科复评
10	华东交通大学	学士	2019.5—2025.5（有条件，2018年5月至2019年5月不在有效期内）	本科复评
11	河南城建学院	学士	2019.5—2025.5（有条件）	本科初评
12	辽宁工程技术大学	学士	2019.5—2025.5（有条件）	本科初评
13	温州大学	学士	2019.5—2025.5（有条件）	本科初评
14	武汉科技大学	学士	2019.5—2025.5（有条件）	本科初评
15	福建农林大学	学士	2019.5—2025.5（有条件）	本科初评

截至5月，全国共有102所高校的土木工程专业通过评估。详见表6。

高校土木工程专业评估通过学校和有效期情况统计表　　　表6

（截至2019年5月，按首次通过评估时间排序）

序号	学校	本科合格有效期	首次通过评估时间
1	清华大学	2013.5—2021.5	1995.6
2	天津大学	2013.5—2021.5	1995.6

续表

序号	学校	本科合格有效期	首次通过评估时间
3	东南大学	2013.5—2021.5	1995.6
4	同济大学	2013.5—2021.5	1995.6
5	浙江大学	2013.5—2021.5	1995.6
6	华南理工大学	2018.5—2024.5	1995.6
7	重庆大学	2013.5—2021.5	1995.6
8	哈尔滨工业大学	2013.5—2021.5	1995.6
9	湖南大学	2013.5—2021.5	1995.6
10	西安建筑科技大学	2013.5—2021.5	1995.6
11	沈阳建筑大学	2012.5—2020.5	1997.6
12	郑州大学	2017.5—2023.5	1997.6
13	合肥工业大学	2012.5—2020.5	1997.6
14	武汉理工大学	2017.5—2020.5	1997.6
15	华中科技大学	2013.5—2021.5（2002年6月至2003年6月不在有效期内）	1997.6
16	西南交通大学	2015.5—2021.5	1997.6
17	中南大学	2014.5—2020.5（2002年6月至2004年6月不在有效期内）	1997.6
18	华侨大学	2017.5—2023.5	1997.6
19	北京交通大学	2017.5—2023.5	1999.6
20	大连理工大学	2017.5—2023.5	1999.6
21	上海交通大学	2017.5—2023.5	1999.6
22	河海大学	2017.5—2023.5	1999.6
23	武汉大学	2017.5—2023.5	1999.6
24	兰州理工大学	2014.5—2020.5	1999.6
25	三峡大学	2016.5—2022.5（2004年6月至2006年6月不在有效期内）	1999.6
26	南京工业大学	2019.5—2025.5（有条件）	2001.6
27	石家庄铁道大学	2017.5—2023.5（2006年6月至2007年5月不在有效期内）	2001.6
28	北京工业大学	2017.5—2023.5	2002.6
29	兰州交通大学	2012.5—2020.5	2002.6
30	山东建筑大学	2019.5—2025.5（有条件）	2003.6
31	河北工业大学	2014.5—2020.5（2008年5月至2009年5月不在有效期内）	2003.6
32	福州大学	2018.5—2024.5（有条件）	2003.6
33	广州大学	2015.5—2021.5	2005.6

续表

序号	学校	本科合格有效期	首次通过评估时间
34	中国矿业大学	2015.5—2021.5	2005.6
35	苏州科技大学	2015.5—2021.5	2005.6
36	北京建筑大学	2016.5—2022.5	2006.6
37	吉林建筑大学	2017.5—2023.5（2016年6月至2017年5月不在有效期内）	2006.5
38	内蒙古科技大学	2016.5—2022.5	2006.6
39	长安大学	2016.5—2022.5	2006.6
40	广西大学	2016.5—2022.5	2006.6
41	昆明理工大学	2017.5—2023.5	2007.5
42	西安交通大学	2017.5—2020.5	2007.5
43	华北水利水电大学	2018.5—2024.5（有条件）（2017年6月至2018年5月不在有效期内）	2007.5
44	四川大学	2017.5—2023.5	2007.5
45	安徽建筑大学	2017.5—2023.5	2007.5
46	浙江工业大学	2018.5—2024.5（有条件）	2008.5
47	陆军工程大学	2018.5—2024.5（有条件）	2008.5
48	西安理工大学	2019.5—2025.5（有条件，2018年5月至2019年5月不在有效期内）	2008.5
49	长沙理工大学	2014.5—2020.5	2009.5
50	天津城建大学	2014.5—2020.5	2009.5
51	河北建筑工程学院	2014.5—2020.5	2009.5
52	青岛理工大学	2014.5—2020.5	2009.5
53	南昌大学	2015.5—2021.5	2010.5
54	重庆交通大学	2015.5—2021.5	2010.5
55	西安科技大学	2015.5—2021.5	2010.5
56	东北林业大学	2015.5—2021.5	2010.5
57	山东大学	2016.5—2022.5	2011.5
58	太原理工大学	2016.5—2022.5	2011.5
59	内蒙古工业大学	2017.5—2023.5	2012.5
60	西南科技大学	2017.5—2023.5	2012.5
61	安徽理工大学	2017.5—2023.5	2012.5
62	盐城工学院	2017.5—2023.5	2012.5
63	桂林理工大学	2017.5—2023.5	2012.5
64	燕山大学	2017.5—2023.5	2012.5
65	暨南大学	有效期截止到2017.5	2012.5
66	浙江科技学院	2018.5—2024.5（有条件）（2017年6月至2018年5月不在有效期内）	2012.5

续表

序号	学校	本科合格有效期	首次通过评估时间
67	湖北工业大学	2018.5—2024.5（有条件）	2013.5
68	宁波大学	2019.5—2025.5（有条件，2018年5月至2019年5月不在有效期内）	2013.5
69	长春工程学院	2018.5—2024.5（有条件）	2013.5
70	南京林业大学	2018.5—2024.5（有条件）	2013.5
71	新疆大学	2018.5—2024.5（有条件）（2017年6月至2018年5月不在有效期内）	2014.5
72	长江大学	2017.5—2023.5	2014.5
73	烟台大学	2017.5—2023.5	2014.5
74	汕头大学	2017.5—2023.5	2014.5
75	厦门大学	2018.5—2024.5（有条件）（2017年6月至2018年5月不在有效期内）	2014.5
76	成都理工大学	2017.5—2023.5	2014.5
77	中南林业科技大学	2017.5—2023.5	2014.5
78	福建工程学院	2017.5—2023.5	2014.5
79	南京航空航天大学	2018.5—2024.5（有条件）	2015.5
80	广东工业大学	2018.5—2024.5（有条件）	2015.5
81	河南工业大学	2018.5—2024.5（有条件）	2015.5
82	黑龙江工程学院	2018.5—2024.5（有条件）	2015.5
83	南京理工大学	2018.5—2024.5（有条件）	2015.5
84	宁波工程学院	2018.5—2024.5（有条件）	2015.5
85	华东交通大学	2019.5—2025.5（有条件，2018年5月至2019年5月不在有效期内）	2015.5
86	山东科技大学	2019.5—2025.5（有条件）	2016.5
87	北京科技大学	2019.5—2025.5（有条件）	2016.5
88	扬州大学	2019.5—2025.5（有条件）	2016.5
89	厦门理工学院	2019.5—2025.5（有条件）	2016.5
90	江苏大学	2019.5—2025.5（有条件）	2016.5
91	安徽工业大学	2017.5—2020.5	2017.5
92	广西科技大学	2017.5—2020.5	2017.5
93	东北石油大学	2018.5—2024.5（有条件）	2018.5
94	江苏科技大学	2018.5—2024.5（有条件）	2018.5
95	湖南科技大学	2018.5—2024.5（有条件）	2018.5
96	深圳大学	2018.5—2024.5（有条件）	2018.5
97	上海应用技术大学	2018.5—2024.5（有条件）	2018.5
98	河南城建学院	2019.5—2025.5（有条件）	2019.5
99	辽宁工程技术大学	2019.5—2025.5（有条件）	2019.5

续表

序号	学校	本科合格有效期	首次通过评估时间
100	温州大学	2019.5—2025.5（有条件）	2019.5
101	武汉科技大学	2019.5—2025.5（有条件）	2019.5
102	福建农林大学	2019.5—2025.5（有条件）	2019.5

【2018—2019年度高等学校建筑环境与能源应用工程专业教育评估工作】 2019年，住房和城乡建设部高等教育建筑环境与能源应用工程专业评估委员会对西安建筑科技大学、吉林建筑大学、青岛理工大学、河北建筑工程学院、中南大学、安徽建筑大学、中国矿业大学、东北电力大学、燕山大学、江苏科技大学、湖南科技大学等11所学校的建筑环境与能源应用工程专业进行评估。评估委员会全体委员对学校的自评报告进行审阅，于5月派遣视察小组进校实地视察。经评估委员会全体会议讨论并投票表决，做出评估结论，见表7。

2018—2019年度高等学校建筑环境与能源应用工程专业教育评估结论　　表7

序号	学校	学位类别	本科合格有效期	评估类型
1	西安建筑科技大学	学士	5年（2019.5—2024.5）	本科复评
2	吉林建筑大学	学士	5年（2019.5—2024.5）	本科复评
3	青岛理工大学	学士	5年（2019.5—2024.5）	本科复评
4	河北建筑工程学院	学士	5年（2019.5—2024.5）	本科复评
5	中南大学	学士	5年（2019.5—2024.5）	本科复评
6	安徽建筑大学	学士	5年（2019.5—2024.5）	本科复评
7	中国矿业大学	学士	5年（2019.5—2024.5）	本科复评
8	东北电力大学	学士	5年（2019.5—2024.5）	本科初评
9	燕山大学	学士	5年（2019.5—2024.5）	本科初评
10	江苏科技大学	学士	5年（2019.5—2024.5）	本科初评
11	湖南科技大学	学士	5年（2019.5—2024.5）	本科初评

截至2019年5月，全国共有49所高校的建筑环境与能源应用工程专业通过评估。详见表8。

高校建筑环境与能源应用工程评估通过学校和有效期情况统计表　　表8
（截至2019年5月，按首次通过评估时间排序）

序号	学校	本科合格有效期	首次通过评估时间
1	清华大学	2017.5—2022.5	2002.5
2	同济大学	2017.5—2022.5	2002.5
3	天津大学	2017.5—2022.5	2002.5
4	哈尔滨工业大学	2017.5—2022.5	2002.5
5	重庆大学	2017.5—2022.5	2002.5
6	陆军工程大学	2018.5—2023.5	2003.5
7	东华大学	2018.5—2023.5	2003.5
8	湖南大学	2018.5—2023.5	2003.5
9	西安建筑科技大学	2019.5—2024.5	2004.5
10	山东建筑大学	2015.5—2020.5	2005.6
11	北京建筑大学	2015.5—2020.5	2005.6
12	华中科技大学	2016.5—2021.5（2010年5月至2011年5月不在有效期内）	2005.6
13	中原工学院	2016.5—2021.5	2006.6
14	广州大学	2016.5—2021.5	2006.6
15	北京工业大学	2016.5—2021.5	2006.6
16	沈阳建筑大学	2017.5—2022.5	2007.6
17	南京工业大学	2017.5—2022.5	2007.6
18	长安大学	2018.5—2023.5	2008.5
19	吉林建筑大学	2019.5—2024.5	2009.5
20	青岛理工大学	2019.5—2024.5	2009.5
21	河北建筑工程学院	2019.5—2024.5	2009.5
22	中南大学	2019.5—2024.5	2009.5
23	安徽建筑大学	2019.5—2024.5	2009.5
24	南京理工大学	2015.5—2020.5	2010.5
25	西安交通大学	2016.5—2021.5	2011.5
26	兰州交通大学	2016.5—2021.5	2011.5
27	天津城建大学	2016.5—2021.5	2011.5
28	大连理工大学	2017.5—2022.5	2012.5
29	上海理工大学	2017.5—2022.5	2012.5
30	西南交通大学	2018.5—2023.5	2013.5
31	中国矿业大学	2019.5—2024.5	2014.5
32	西南科技大学	2015.5—2020.5	2015.5
33	河南城建学院	2015.5—2020.5	2015.5

续表

序号	学校	本科合格有效期	首次通过评估时间
34	武汉科技大学	2016.5—2021.5	2016.5
35	河北工业大学	2016.5—2021.5	2016.5
36	南华大学	2017.5—2022.5	2017.5
37	合肥工业大学	2017.5—2022.5	2017.5
38	太原理工大学	2017.5—2022.5	2017.5
39	宁波工程学院	2017.5—2022.5（有条件）	2017.5
40	东北林业大学	2018.5—2023.5	2018.5
41	重庆科技学院	2018.5—2023.5	2018.5
42	安徽工业大学	2018.5—2023.5	2018.5
43	广东工业大学	2018.5—2023.5	2018.5
44	河南科技大学	2018.5—2023.5	2018.5
45	福建工程学院	2018.5—2023.5	2018.5
46	燕山大学	2019.5—2024.5	2019.5
47	江苏科技大学	2019.5—2024.5	2019.5
48	湖南科技大学	2019.5—2024.5	2019.5
49	东北电力大学	2019.5—2024.5	2019.5

【2018—2019年度高等学校给排水科学与工程专业教育评估工作】2019年，住房和城乡建设部高等教育给排水科学与工程专业评估委员会对清华大学、同济大学、重庆大学、哈尔滨工业大学、武汉大学、苏州科技大学、吉林建筑大学、四川大学、青岛理工大学、天津城建大学、南华大学、安徽工业大学、河北工程大学、长春工程学院14所学校的给排水科学与工程专业进行评估。评估委员会全体委员对各校的自评报告进行审阅，于5月派遣视察小组进校实地视察。经评估委员会全体会议讨论并投票表决，做出评估结论，见表9。

2018—2019年度高等学校给排水科学与工程专业教育评估结论　　表9

序号	学校	学位类别	本科合格有效期	评估类型
1	清华大学	学士	6年（2019.5—2025.5）	本科复评
2	同济大学	学士	6年（2019.5—2025.5）	本科复评
3	重庆大学	学士	6年（2019.5—2025.5）	本科复评
4	哈尔滨工业大学	学士	6年（2019.5—2025.5）	本科复评
5	武汉大学	学士	6年（2019.5—2025.5）	本科复评
6	苏州科技大学	学士	6年（2019.5—2025.5）	本科复评
7	吉林建筑大学	学士	6年（2019.5—2025.5）	本科复评
8	四川大学	学士	6年（2019.5—2025.5）	本科复评
9	青岛理工大学	学士	6年（2019.5—2025.5）	本科复评
10	天津城建大学	学士	6年（2019.5—2025.5）	本科复评
11	南华大学	学士	6年（2019.5—2025.5）	本科复评
12	安徽工业大学	学士	6年（2019.5—2025.5）	本科初评
13	河北工程大学	学士	6年（2019.5—2025.5）	本科初评
14	长春工程学院	学士	6年（2019.5—2025.5）	本科初评

截至5月，全国共有42所高校的给排水科学与工程专业通过评估。详见表10。

高校给排水科学与工程专业评估通过学校和有效期情况统计表　　表10

（截至2019年5月，按首次通过评估时间排序）

序号	学校	本科合格有效期	首次通过评估时间
1	清华大学	2019.5—2025.5	2004.5
2	同济大学	2019.5—2025.5	2004.5
3	重庆大学	2019.5—2025.5	2004.5
4	哈尔滨工业大学	2019.5—2025.5	2004.5
5	西安建筑科技大学	2015.5—2020.5	2005.6
6	北京建筑大学	2015.5—2020.5	2005.6
7	河海大学	2016.5—2021.5	2006.6
8	华中科技大学	2016.5—2021.5	2006.6
9	湖南大学	2016.5—2021.5	2006.6
10	南京工业大学	2017.5—2023.5	2007.5
11	兰州交通大学	2017.5—2023.5	2007.5
12	广州大学	2017.5—2023.5	2007.5

续表

序号	学校	本科合格有效期	首次通过评估时间
13	安徽建筑大学	2017.5—2023.5	2007.5
14	沈阳建筑大学	2017.5—2023.5	2007.5
15	长安大学	2018.5—2024.5	2008.5
16	桂林理工大学	2018.5—2024.5	2008.5
17	武汉理工大学	2018.5—2024.5	2008.5
18	扬州大学	2018.5—2024.5	2008.5
19	山东建筑大学	2018.5—2024.5	2008.5
20	武汉大学	2019.5—2025.5	2009.5
21	苏州科技大学	2019.5—2025.5	2009.5
22	吉林建筑大学	2019.5—2025.5	2009.5
23	四川大学	2019.5—2025.5	2009.5
24	青岛理工大学	2019.5—2025.5	2009.5
25	天津城建大学	2019.5—2025.5	2009.5
26	华东交通大学	2015.5—2020.5	2010.5
27	浙江工业大学	2015.5—2020.5	2010.5
28	昆明理工大学	2016.5—2021.5	2011.5
29	济南大学	2018.5—2024.5（2017年6月至2018年5月不在有效期内）	2012.5
30	太原理工大学	2018.5—2024.5	2013.5
31	合肥工业大学	2018.5—2024.5	2013.5
32	南华大学	2019.5—2025.5	2014.5
33	河北建筑工程学院	2015.5—2020.5	2015.5
34	河南城建学院	2016.5—2021.5	2016.5
35	盐城工学院	2016.5—2021.5	2016.5
36	华侨大学	2016.5—2021.5	2016.5
37	北京工业大学	2017.5—2023.5	2017.5
38	福建工程学院	2017.5—2020.5	2017.5
39	武汉科技大学	2018.5—2021.5	2018.5
40	安徽工业大学	2019.5—2022.5	2019.5
41	河北工程大学	2019.5—2025.5	2019.5
42	长春工程学院	2019.5—2022.5	2019.5

【2018—2019年度高等学校工程管理专业教育评估工作】2019年，住房和城乡建设部高等教育工程管理专业评估委员会对重庆大学、哈尔滨工业大学、西安建筑科技大学、清华大学、同济大学、东南大学、武汉理工大学、北京交通大学、郑州航空工业管理学院、天津城建大学、吉林建筑大学、大连理工大学、西南科技大学、西安科技大学、河南理工大学15所学校的工程管理专业进行评估。评估委员会全体委员对各校的自评报告进行审阅，于5月派遣视察小组进校实地视察。经评估委员会全体会议讨论并投票表决，做出评估结论，见表11。

2018—2019年度高等学校工程管理专业教育评估结论　表11

序号	学校	学位类别	本科合格有效期	评估类型
1	重庆大学	学士	6年（2019.5—2025.5）	本科复评
2	哈尔滨工业大学	学士	6年（2019.5—2025.5）	本科复评
3	西安建筑科技大学	学士	6年（2019.5—2025.5）	本科复评
4	清华大学	学士	6年（2019.5—2025.5）	本科复评
5	同济大学	学士	6年（2019.5—2025.5）	本科复评
6	东南大学	学士	6年（2019.5—2025.5）	本科复评
7	武汉理工大学	学士	6年（2019.5—2025.5）	本科复评
8	北京交通大学	学士	6年（2019.5—2025.5）	本科复评
9	郑州航空工业管理学院	学士	6年（2019.5—2025.5）	本科复评
10	天津城建大学	学士	6年（2019.5—2025.5）	本科复评
11	吉林建筑大学	学士	6年（2019.5—2025.5）	本科复评
12	大连理工大学	学士	6年（2019.5—2025.5）	本科复评
13	西南科技大学	学士	6年（2019.5—2025.5）	本科复评
14	西安科技大学	学士	4年（2019.5—2023.5）	本科初评
15	河南理工大学	学士	4年（2019.5—2023.5）	本科初评

截至5月，全国共有54所高校的工程管理专业通过评估。详见表12。

高校工程管理专业评估通过学校和有效期情况统计表　表12

（截至2019年5月，按首次通过评估时间排序）

序号	学校	本科合格有效期	首次通过评估时间
1	重庆大学	2019.5—2025.5	1999.11
2	哈尔滨工业大学	2019.5—2025.5	1999.11
3	西安建筑科技大学	2019.5—2025.5	1999.11
4	清华大学	2019.5—2025.5	1999.11
5	同济大学	2019.5—2025.5	1999.11
6	东南大学	2019.5—2025.5	1999.11
7	天津大学	2016.5—2022.5	2001.6
8	南京工业大学	2016.5—2022.5	2001.6
9	广州大学	2018.5—2024.5	2003.6
10	东北财经大学	2018.5—2024.5	2003.6

续表

序号	学校	本科合格有效期	首次通过评估时间
11	华中科技大学	2015.5—2020.5	2005.6
12	河海大学	2015.5—2020.5	2005.6
13	华侨大学	2015.5—2020.5	2005.6
14	深圳大学	2015.5—2020.5	2005.6
15	苏州科技大学	2015.5—2020.5	2005.6
16	中南大学	2016.5—2022.5	2006.6
17	湖南大学	2016.5—2022.5	2006.6
18	沈阳建筑大学	2017.5—2023.5	2007.6
19	北京建筑大学	2018.5—2024.5	2008.5
20	山东建筑大学	2018.5—2024.5	2008.5
21	安徽建筑大学	2018.5—2024.5	2008.5
22	武汉理工大学	2019.5—2025.5	2009.5
23	北京交通大学	2019.5—2025.5	2009.5
24	郑州航空工业管理学院	2019.5—2025.5	2009.5
25	天津城建大学	2019.5—2025.5	2009.5
26	吉林建筑大学	2019.5—2025.5	2009.5
27	兰州交通大学	2015.5—2020.5	2010.5
28	河北建筑工程学院	2015.5—2020.5	2010.5
29	中国矿业大学	2016.5—2022.5	2011.5
30	西南交通大学	2016.5—2022.5	2011.5
31	华北水利水电大学	2017.5—2023.5	2012.5
32	三峡大学	2017.5—2023.5	2012.5
33	长沙理工大学	2017.5—2023.5	2012.5
34	大连理工大学	2019.5—2025.5	2014.5
35	西南科技大学	2019.5—2025.5	2014.5
36	陆军工程大学	2015.5—2020.5	2015.5
37	广东工业大学	2015.5—2020.5	2015.5
38	兰州理工大学	2016.5—2020.5	2016.5
39	重庆科技学院	2016.5—2020.5	2016.5
40	扬州大学	2016.5—2020.5	2016.5
41	河南城建学院	2016.5—2020.5	2016.5
42	福建工程学院	2016.5—2020.5	2016.5
43	南京林业大学	2016.5—2020.5	2016.5
44	东北林业大学	2017.5—2021.5	2017.5
45	西安理工大学	2017.5—2021.5	2017.5
46	辽宁工程技术大学	2017.5—2021.5	2017.5
47	徐州工程学院	2017.5—2021.5	2017.5
48	昆明理工大学	2017.5—2022.5	2018.5
49	嘉兴学院	2018.5—2022.5	2018.5

续表

序号	学校	本科合格有效期	首次通过评估时间
50	石家庄铁道大学	2018.5—2022.5	2018.5
51	长春工程学院	2018.5—2022.5	2018.5
52	广西科技大学	2018.5—2022.5	2018.5
53	西安科技大学	2019.5—2023.5	2019.5
54	河南理工大学	2019.5—2023.5	2019.5

(田歌)

干部教育培训工作

【制定印发干部教育培训规划】为贯彻落实中共中央《2018—2022年全国干部教育培训规划》精神，结合住房城乡建设系统实际，制定并印发《住房和城乡建设部关于贯彻落实〈2018—2022年全国干部教育培训规划〉的实施意见》，明确今后5年干部教育培训的指导思想、目标任务和工作措施。

【积极开展机关干部培训工作】组织新招录公务员培训。7月中旬对近两年新录用、接收的28名公务员和军转干部进行了培训。开展中国干部网络学院举办的党史、新中国史网上专题学习，11月下旬组织部机关司局级干部和直属单位领导班子成员进行网上学习，参训率达99.2%。

【指导开展系统干部培训工作】结合"不忘初心、牢记使命"主题教育活动和"根在基层"青年干部调研实践活动，以提高系统领导干部专业化能力培训针对性有效性为主题深入开展调研，形成了代表人事司上报的调研报告。聚焦推动致力于绿色发展的城乡建设，指导全国市长研修学院举办住建系统领导干部培训班22期，包括一把手厅长培训班1期，共培训县以上住建系统领导干部1194人。举办住房和城乡建设系统干部教育培训工作培训班，培训全国各省厅干部教育培训工作负责人65人。

【举办市长培训班】2019年，受中组部委托，共承办7期市长专题研究班（含1期境外培训班），共培训地方党政领导干部232人。部领导高度重视市长培训工作，王蒙徽部长多次对市长培训作出重要指示，对相关课程设置提出明确要求，易军、倪虹、黄艳等部领导亲自到培训班授课，并与学员座谈交流。

【组织开展处级以上干部集中轮训班】"不忘初心、牢记使命"主题教育领导小组关于主题教育学习教育的实施方案，分期分批举办主题学习班，部机关处级以上党员干部，直属单位领导班子成员等

340余人参加学习。为抓好贯彻党的十九届四中全会精神集中教育培训，采取线上与线下、集中轮训与自主学习相结合的方式，于12月11—13日举办第一期专题教育培训，168名部机关处以上干部、直属单位领导班子成员参加。

【印发培训计划并开展领导干部及专业技术人才培训】 印发《住房城乡建设部办公厅关于印发2019年部机关及直属单位培训计划的通知》（建办人〔2019〕17号），根据计划安排，部机关、直属单位和有关社团举办各类培训班287项，415个班次，共培训54520人。部人事司举办支援新疆培训班、支定点扶贫县和对口支援县基层干部培训班各1期，培训相关地区领导干部和管理人员408名，住房和城乡建设部补贴经费46.72万元。

【2019年度领导干部调训工作】 2019年，根据中央组织部、中央和国家机关工委等部门下达的领导干部专题培训和专题研修计划，全年共选派部领导12人次参加省部级干部专题培训班，司局级干部72人次参加专题培训班和研修班，处级干部13人次参加相关培训。

【组织学习第五批全国干部学习培训教材】 第五批全国干部学习培训教材出版发行后，根据中组部、中宣部通知要求，及时印发《通知》进行部署，组织部机关、直属单位和有关社会团体认真学习贯彻习近平总书记为第五批全国干部学习培训教材所作《序言》精神，协调经费为部机关每名司局级干部、每个处室统一购买了教材。

【成立全国市长研修学院系列培训教材编委会并开发特色课程教材】 成立全国市长研修学院系列培训教材编委会，组织部相关司局和全国城乡规划建设管理领域的专家学者编写了以"致力于绿色发展的城乡建设"为主题的系列教材，全面阐述城乡建设领域绿色发展的理念、方法和路径。教材在2019年举办的7期市长专题研究班上进行了试讲使用。

【完成中组部案例编写工作】 根据中组部关于组织编写"贯彻落实习近平新时代中国特色社会主义思想、在改革发展稳定中攻坚克难的生动案例"的工作部署，住房城乡建设部入选并如期编写完成6个主题教育案例、6个教学案例和6个教学手册，并成功入选《贯彻落实习近平新时代中国特色社会主义思想、在改革发展稳定中攻坚克难的生动案例》丛书。

【全国市长研修学院（部干部学院）国家级专业技术人员继续教育基地积极开展专业技术人员培训工作】 依托国家级继续教育基地，举办"万名总师培训计划"班次7期，培训大型骨干设计院、施工企业"总师"等高层次专业技术人员1002人，实现了行业内高层次、骨干专业技术人员的知识更新。

【举办全国专业技术人才知识更新工程高级研修班】 根据人力资源社会保障部全国专业技术人才知识更新工程高级研修项目计划，2019年住房和城乡建设部在北京举办"城乡水务高质量绿色发展高级研修班""绿色建筑技术高级研修班"，培训各地相关领域高层次专业技术人员132名，经费由人力资源社会保障部全额资助。

职业资格工作

【住房和城乡建设领域职业资格考试情况】 2019年，全国共有185万人次报名参加住房城乡建设领域职业资格全国统一考试，共有28万人次通过考试并取得职业资格证书。详见表13。

2019年住房城乡建设领域职业资格全国统一考试情况统计表　　表13

序号	专业	2019年参加考试人数	2019年取得资格人数
1	一级注册建筑师	57926	4583
2	二级注册建筑师	16581	3096
3	一级建造师	1123203	154553
4	一级注册结构工程师	17411	3001
5	二级注册结构工程师	6951	1756
6	注册土木工程师（岩土）	13230	2457
7	注册公用设备工程师	18243	3040
8	注册电气工程师	11211	2085
9	注册化工工程师	1218	430
10	注册土木工程师（水利水电工程）	1709	558
11	注册土木工程师（港口与航道工程）	488	171
12	注册土木工程师（道路工程）	8325	5610
13	注册环保工程师	1424	270
14	一级造价工程师	323555	34449
15	房地产估价师	17528	4034
16	房地产经纪人	58783	20698
17	监理工程师	87062	32354
18	注册安全工程师（建筑施工安全）	85795	8566
合计		1850643	281711

【住房城乡建设领域职业资格及注册情况】 截至2019年年底,住房城乡建设领域取得各类职业资格人员共216.5万人(不含二级),注册人数127万人。详见表14。

住房城乡建设领域职业资格人员专业分布及注册情况统计表　　表14

(截至2019年12月31日)

行业	类别		专业	取得资格人数	有效注册人数	备注
勘察设计	(一)注册建筑师(一级)			41243	34843	
	注册建筑师(二级)			24504	—	未掌握
	(二)勘察设计注册工程师	1.土木工程	岩土工程	25804	17775	
			水利水电工程	11055	—	未注册
			港口与航道工程	574	—	未注册
			道路工程	5610	—	未注册
		2.结构工程(一级)		57908	38711	
		3.公用设备工程		41827	28673	
		4.电气工程		30411	18645	
		5.化工工程		9488	5285	
		6.环保工程		7912		未注册
建筑业	(三)建造师(一级)			1143613	608424	
	(四)监理工程师			346291	187835	
	(五)造价工程师(一级)			263008	176300	
房地产业	(六)房地产估价师			66936	60762	
	(七)房地产经纪人			104894	40965	
	(八)注册安全工程师(建筑施工安全)			8566	51999	
	总　计			2165140	1270217	

【完成全国注册建筑师管委会换届】 按照去行政化的要求,会同建筑市场监管司指导中国建筑学会、部执业资格注册中心研究酝酿全国注册建筑师管委会人选名单。5月,联合人社部印发通知,组建新一届全国注册建筑师管理委员会人员,召开全国注册建筑师管理委员会换届会议,副部长易军出席并讲话。

【职业资格专业设置】 积极与人社部沟通推进勘察设计工程师相关工作,取消勘察设计注册工程师石油天然气、冶金、采矿/矿物、机械4个专业类别的准入类职业资格,启动组建新一届全国勘察设计注册工程师管理委员会。

【执业资格相关制度】 为统一和规范监理工程师职业资格设置和管理,加强专业技术人才队伍建设,进一步优化营商环境,会同建筑市场监管司指导全国注册建筑师管理委员会修订并印发《全国注册建筑师管理委员会章程(试行)》。

人才工作

【开展行业从业人员职业技能鉴定工作试点】 为做好国家职业资格目录清单中涉及住房和城乡建设行业的11个技能人员职业工种技能鉴定工作,2019年1月,印发了《住房和城乡建设部关于做好住房和城乡建设行业职业技能鉴定工作的通知》(建人〔2019〕5号),指导各地开展相关工作。2019年8月,印发了《住房和城乡建设部办公厅关于开展住房和城乡建设行业职业技能鉴定试点工作的通知》(建办人函〔2019〕491号),确定了17家单位开展职业技能鉴定试点,明确了试点目标、任务、步骤等。9月,住房城乡建设部执业资格注册中心在广州召开行业职业技能鉴定试点工作交流会,对试点工作进行具体部署。

【继续组织编修行业从业人员职业标准】 2019年颁布了古建筑传统木工、古建筑传统瓦工、古建筑传统油工、古建筑传统彩画工、古建筑传统石工、模板工、建筑门窗安装工行业职业技能标准。获准立项城镇燃气、城镇排水、环卫、市政、装配式建筑、建筑节能、安装等行业40余个工种的行业职业技能标准的编修工作。获准立项住房城乡建设领域施工现场专业人员标准编修,历史文化名城名镇名村保护修缮工程专业人员、建设工程消防设计审查验收人员职业标准的编制工作。

【行业职业技能竞赛组织管理】 指导中国建筑业协会、中国城市燃气协会举办吊装工、燃气管道调压工等工种行业职业技能竞赛,规范竞赛管理。积极参与世界技能大赛组织筹备工作,推荐竞赛专家、裁判、选手。在第45届世界技能大赛上,涉及建设行业的14个赛项中,混凝土、砌筑、水处理、花艺、建筑石雕等5个赛项获得金牌,另获得3枚银牌、6个优胜奖。组织专家编写一套《世界技能大赛训练导则》,涵盖木工、园艺、砌筑、瓷砖贴面、水处理技术、油漆与装饰、管道与制暖、抹灰与隔墙系统8个赛项内容。6月,经部常务会审议通过,发文授予377名在行业技能竞赛中成绩优秀的选手"全国住房城乡建设行业技术能手"称号,弘扬工匠精神，带动全行业技能水平提升。

【施工现场专业人员教育培训试点工作】为进一步加强现场专业人员教育培训，落实"放管服"改革要求，1月印发《住房和城乡建设部关于改进住房和城乡建设领域施工现场专业人员职业培训工作的指导意见》（建人〔2019〕9号），不断改进施工现场专业人员职业培训工作，提高施工现场专业人员技术水平和综合素质，保证工程质量安全。6月，印发《住房和城乡建设部办公厅关于推进住房和城乡建设领域施工现场专业人员职业培训工作的通知》（建办人函〔2019〕384号），进一步明确职责、细化培训工作流程，指导开展试点工作。7月，在青岛召开施工现场专业人员培训工作研讨会，对政策进行解读，进一步转变思想，切实从提高从业人员素质出发，抓好培训工作。委托并指导中国建筑工业出版社开展施工现场专业人员全国统一测试题库命题工作，共涉及14个岗位，命题42337道，终审入库42058道。启动了施工现场专业人员职业标准修订工作，组织专家编制并审定施工现场专业人员继续教育大纲，通过继续教育，使从业人员熟悉掌握相关新标准、新材料、新技术、新工艺，完善相关专业知识结构，提升专业素质和职业道德素养。

【职业教育指导】与教育部联合举办全国职业院校职业技能竞赛，涉及工程测量、建筑装饰技能、建筑设备安装与调控（给排水）、建筑智能化系统安装与调试、建筑工程识图、建筑装饰技术应用6个赛项。指导全国住房城乡建设行业教育教学指导委员会及各专业指导委员会开展活动，研究在行业职业教育中，贯彻落实《国家职业教育改革实施方案》的要求精神。根据新版高职专业目录分两批对土木建筑类专业教学标准开展修订工作，涉及住建行指委指导的专业教学标准顺利完成有关工作，第一批17个专业教学标准待印发，第二批13个专业教学标准通过审查。

【职称制度改革】落实职称制度改革精神，指导部人力资源开发中心，进一步修改完善部职称评审工作管理办法、实施办法、专家管理办法，加快推进部高级职称评审委员会备案，组织职称评审标准修订等工作。规范开展2019年度职称评审工作，加强职称评审专家的动态管理和随机抽取，细化工作流程，确保职称评审工作的公平公正。2019年度部职称评审工作各项工作顺利完成。

【专家管理服务】按照工作计划，成立住房城乡建设部科学技术委员会历史文化保护与传承、住房和房地产、房地产市场服务、园林绿化、城镇水务、市政交通、城市环境卫生、建筑产业转型升级、工程质量安全、绿色建造、城市轨道交通工程建设、既有建筑抗震加固、超限高层建筑工程技术、建筑节能与绿色建筑、科技协同创新、标准化、智慧城市、建筑设计、城市设计、人居环境、城市安全与防灾减灾、农房与村镇建设等22个专业委员会。为加强专家人才管理服务，2019年住房城乡建设行业从业人员培训管理信息系统新增专家库模块，将各专业委员会组成人员作为首批入库专家，为住房城乡建设行业健康发展提供智力支持。

（住房和城乡建设部人事司）

城乡建设档案

2019年，住房和城乡建设部城建档案工作办公室坚持以习近平新时代中国特色社会主义思想为指导，全面贯彻党的十九大和十九届二中、三中、四中全会精神，不断增强"四个意识"、坚定"四个自信"、做到"两个维护"，紧紧围绕住房和城乡建设中心工作，立足城建档案事业发展面临的新形势，创新城建档案管理与服务，将城建档案验收工作纳入联合验收审批程序，创新工作模式、优化管理体系，充分发挥城建档案优势，城乡建设档案工作服务住房和城乡建设系统能力稳步提高。

【城建档案法制建设】城建档案法规和制度建设是城建档案管理工作的重要依据，是促进城建档案工作沿着法制化、规范化轨道发展的有力保证。以工程建设审批制度改革为契机，为加强工程建设档案归集管理，住房和城乡建设部修订《住房和城乡建设部关于修改部分部门规章的决定》（住建部令第47号），要求：列入城建档案馆档案接收范围的工程，城建档案管理机构按照建设工程竣工联合验收的规定对工程档案进行验收，同时，取消预验收环节。各地不断完善城建档案法制体系，坚持依法治档，进一步规范城建档案管理工作。北京馆颁布《北京市重点工程声像档案资料管理导则》，参与编写京津冀《综合管廊工程资料管理规程》；上海馆开展《上海市城市建设档案管理暂行办法》立法调研工作，制定《上海市规划和自然资源系统业务电子档案管理暂行规则》，修订《建设项目（工程）竣工档案编制技术规范》；重庆馆主编地方标准《建设工程档案数据采集标准》通过专家审查，积极开展"基于建筑信息模型（BIM）的历史建筑档案管理研究"课题研究；吉林省编制《吉林省纸质城建档案数字化标准》，参与编制《吉林省市政工程资料管理标准》；山东省完成《山东省城乡建设档案管理办法》调研工作，日照馆参与新《档案法》《城市建设档案管理暂行规定》《城市地下管线工程档案管理办法》《建设工程文件归档规范》（2019版）修订工作；江苏省修改《江苏省城建档案管理办法》《江苏省建设工程声像档案管理办法（暂行）》《省住房城乡建设厅关于做好全省建设工程电子档案编报工作的通知》等文件，修订《江苏省城建档案馆业务工作规程》《江苏省城建档案目标管理评估办法》，发布《江苏省城建档案馆目标管理评估指标及评分细则》，制定地方标准《建设工程声像档案管理标准》；江西省修订《江西省城市建设档案管理办法》；湖北省发布《湖北省建设工程电子文件与电子档案管理规范》《湖北省城镇地下管线探测技术规程》地方标准，完成"建设工程电子档案有效管理的技术实现可行性研究"调研报告；海南省实施《海南省房屋建筑和市政基础设施工程项目竣工联合验收管理办法（试行）》和《海南省房屋建筑和市政基础设施工程项目竣工联合验收办事指南（试行）》；贵州省编制《贵州省管线探测规程》《贵州省城市综合地下管线信息系统技术规范》《贵阳市"十三五"城市污水收集管网建设专项方案》；青岛、南昌、东莞、海口、银川、营口、辽阳等市修订完善《市城乡建设档案管理办法》，淄博、枣庄、济宁、银川等市颁布实施城建档案包括地下管线管理在内的地方规章，使工程档案归集管理和地下管线信息动态更新做到有法可依；中山、兰州等市启动《城乡建设档案管理办法》立法、修订工作。

各地陆续印发、修订城建档案管理规范性文件，强化了城建档案管理程序，提高了城建档案工作标准化水平，保障了城建档案收集的完整、准确、系统、安全和有效利用，力求适应新形势发展。主要有：《上海市关于进一步优化数字化图纸归档要求的通知》《上海市关于试行取消建设工程竣工档案数字化图纸打印白图交付后相对应数字化图纸的案卷题名方式及组卷原则的通知》《重庆市关于社会投资小型低风险建设项目审批改革档案工作实施方案》《吉林省关于印发〈关于推进房屋建筑和市政基础设施工程竣工联合验收的实施意见〉的通知》《吉林省房屋建筑和市政基础设施工程竣工联合验收操作细则》《荣成市关于加强建设工程档案技术咨询机构管理的意见》《浙江省关于工程档案"最多跑一次"改革试点的通知》《福建省关于进一步做好建设工程档案联合验收工作的通知》《厦门市关于建设工程档案验收工作有关事项的通知》《福州市城市建设档案馆"三重一大"事项集体决策制度》《龙岩市建设工程文件归档整理规范》《龙岩市关于施行建设工程电子档案接收管理工作的通知》《湖北省建设工程档案整理与移交规范》《南宁市加强和改进县区城乡建设档案工作的方案》《佛山市规划城建档案馆网络信息安全管理规定》《陕西省住房和城乡建设厅关于进一步加强全省城建档案安全工作的意见》《陕西省住房和城乡建设厅关于加强全省城乡建设档案工作的实施意见》《天水市关于城市建设档案馆电子档案接收管理工作的通知》《天水市住房和城乡建设局关于建设工程声像档案移交工作有关事项的通知》。

【**建设工程竣工档案归集管理**】建设工程竣工档案归集管理，是工程质量管理的法定环节和重要内容，各地依法规范工程竣工档案归集管理程序，积极拓宽工程竣工档案接收渠道，提高建设工程竣工档案归集率。北京馆坚持工程档案"事前告知—事中指导—验收进馆"的工程流程，加大对重点地区、重大工程档案的指导、验收和接收工作，不断完善信息管理系统，区分不同项目，摸索总结出工程验收备案、工程联合验收、简易低风险工程验收等三种工程建设项目分级分类管理的工作模式。上海馆通过提前介入主动服务，参与全过程管理，开展分期检查等方式，做好重大工程项目档案验收归集服务，接收竣工档案109项（13895卷），拍摄照片10561张。重庆馆年度接收建设工程档案21.1万卷。河北省加强工程建设项目档案归集管理力度，提升城建档案归档率，其中：石家庄馆年度接收档案11015卷；唐山馆接收纸质档案3157卷，挂接电子档案45711卷；秦皇岛馆年度接收竣工工程档案25项；邢台馆入库工程档案4800卷；张家口馆入库工程档案14773卷；承德馆入馆工程档案125项；廊坊馆完成146个单项工程档案验收；衡水馆入库工程档案208项。吉林省城建档案工作稳步开展，新增档案14.2万余卷，全省馆藏档案近217万卷，长春馆接收工程档案2万余卷。沈阳馆实现责任书网上审核,对市重点建设项目进行现场指导;辽阳馆接收工程档案1358卷;大连馆积极做好城建档案接收、指导工作,配合质安中心做好联合验收工作,接收28个标段竣工档案;营口馆采取现场指导、电话指导和来馆指导等多种形式努力拓宽业务指导渠道,全过程跟踪服务重点工程项目,接收97个项目档案,1779卷;盘锦馆主动安排人员到施工现场提供指导,接收档案1986卷。山东省各地市坚持把城建档案放在在工程建设中的法定环节,档案归集管理更加规范,济南、东营、威海、临沂等市接收项目单体工程1000个以上,潍坊、泰安、日照、德州、聊城等市接收项目单体工程500个以上,济南、枣庄、潍坊、泰安、威海、临沂等市接收竣工档案均在1万卷以上,轨道交通、市政工程、地下管线、综合管廊、海绵城市、声像档案等各类档案接收数量均有所增加。江苏省各市馆紧抓资源建设主线,紧紧围绕国家、省、市重点工程项目开展档案资源归集工作,年度新增城建档案18万余卷,馆藏总量突破1200万卷,南京、苏州、宿迁等市馆通过制订规章制度细化业务分类、建立微信群、召开现场会、座谈会等多种形式进一步提高工作成效。浙江省把建设工程档案归集作为工程建设重要环节加强管理,抓住建设主体办理施工许可证环节,发放《工程档案管理告知书》,抓住竣工备案环节,将核验《建设工程竣工档案认可意见书》纳入工程竣工备案环节,同时通过网上咨询、门户网站上传教学片、在线业务培训、电话跟踪回访、现场上门指导、派专人驻场等多种服务形式为建设单位提供全方位服务,提高工程档案接收质量和速度,杭州馆深入重大工程、大型建设单位进行上门指导服务,金华馆接收工程档案237卷。福建省不断规范档案利用行为,提升档案利用水平。江西省库藏档案185万卷,新增档案16万卷,归集竣工项目5093个。湖北省组织专家对部分地市馆基础设施建设和档案信息化方面进行监督指导,全省馆藏档案约426万卷,年度接收档案约43万卷,底图近6万张,照片为6万余张,电子文件约342万件。广西壮族自治区多措并举,加强建设工程档案归集管理与利用,全区接收建设工程竣工档案近10万卷,南宁馆,调整档案移交审批流程,重点推进轨道工程竣工项目接收,专题研究探索轨道交通工程档案工作发展新举措。广东省各地市扎实做好建设工程竣工档案归集管理工作,加大对重点工程档案收集指导,不断提升档案服务水平,广州馆年度接收299个竣工档案,佛山馆年度接收竣工档案119项,12162卷,韶关馆通过现场指导、跟班学习、实操演示等多种方式提供业务指导和专题培训,河源馆年度接收竣工档案19宗1443卷,梅州馆加强对重点工程档案收集的指导工作,接收竣工档案55宗4996卷,茂名馆年度接收竣工档案项目44个,6013卷,肇庆馆年度接收建筑工程、市政基础资料140项,清远馆接收竣工档案765宗、9945卷。海南省主动对重点建设项目开展业务指导,不断提高服务水平,海口、三亚、儋州等市收集工程建设档案350余个,档案3.5万余卷。贵州省年度接收530个项目档案4万余卷,各市县馆通过日常检查、专项检查等方式实地业务指导300余次、业务培训22次500余人。甘肃省通过组织业务培训、电话咨询、网上指导、上门服务等多种形式提供服务,重点加强重大工程竣工档案归集管理。宁夏回族自治区采取网络指导、现场指导、馆内指导等形式拓宽业务指导渠道,提高档案入库率。青海省年度接收城建工程档案2673卷,西宁馆深入施工现场,指导推进城建档案收集工作。

【城建档案信息化建设】各地为进一步提升城建档案服务水平,按照"存量档案逐年数字化、增量档案同步数字化"要求,继续开展城建档案数字化工作,馆藏档案数字化率明显提高,同时建立城建档案信息管理系统,实现城建档案收集、整理、立卷、检索、统计智能化管理,充分发挥馆藏档案资源优势,切实将"死档案"变成"活信息",把"档案库"变成"智慧库",提升城建档案的利用价值和为公众及政府服务的能力。北京馆研究制定建设工程电子档案接收工作方案。上海馆实现电子档案在线归集利用,完成城建档案业务信息系统政务云迁移工作,阶段性完成空间库大数据中心城建档案数据和公共数据资源制作、汇交工作,全面启动城建档案综合管理系统升级改造,全年数字化数据110T,馆藏档案数字化率近90%。重庆馆完成创建国家数字档案馆建设试点申报工作,完成约97万卷电子档案挂接工作。河北省逐步实现城建档案智能化、信息化管理,其中:唐山馆建立完善档案移交网上业务办理系统,并与行政审批联审联验部门对接,实现随时线上办理,完成馆藏5.8万卷档案数字化扫描工作;保定馆、张家口馆、廊坊馆、衡水馆完成馆藏档案数字化加工,实现网上查询服务。吉林省持续推进城建档案信息系统建设,梅河口、长岭、前郭、磐石、舒兰、通化、梨树等市馆购置城建档案信息管理系统,通化、松原、梅河口馆基本完成存量档案数字化加工,全省馆藏档案数字化加工近 15 万卷，馆藏档案数字化工作稳步推进。辽宁省营口馆稳步推进档案数字化工作，年度完成 9500 卷档案的数字化加工，辽阳馆实现新增档案数字化，通过档案管理软件完成 55 个工程项目的电子档案制作，大大提高了档案资源利用率，年度入库电子档案 81 盘。山东省住房城乡建设厅统一搭建建设工程档案管理平台，积极推进纸质、电子、声像档案、地下管线测绘数据"四位一体"移交和馆藏档案数字化，各设区市城建档案馆基本完成馆藏档案数字化工作，均建立城建档案信息化管理系统，部分馆已与当地市政务服务平台对接，纳入市统一大数据管理，青岛馆已研发城建档案在线接收系统并试运行。江苏省组织研发"江苏省建设工程档案资料管理系统"，完成全省建设工程档案资料在线接收系统与全省建筑市场监管平台的衔接贯通，在南京、淮安、镇江、泰州、宿迁等 5 个市 28 个建设项目积极试点，各地积极探索利用"互联网+"服务方式，用数据多跑路的方式节省服务对象往返跑腿的时间和成本，力求实现优质、便民、高效的服务。浙江省升级档案馆数据资源管理系统，推行在线电子文件接收，实现网上申报、电子上传、在线反馈等功能，部分地市实现"建设工程档案验收和移交"全流程网上办理，加快推进城建档案利用一体化平台建设，全省年度完成档案数字化扫描 6347 万页、86 万卷，数据量达 26TB，累计扫描 92 亿页、424 万卷，数据量达 69TB，数字化率为 45.29%，杭州馆完成 3.3 万卷档案数字化加工，实现工程档案全面数字化管理；金华馆、台州馆数字化率达 70% 以上。福建省厦门馆通过信息系统安全等级保护二级测评，地下管线数据录入严格执行审核制度，数据监理查错与数据审批同步进行，确保数据质量；龙岩馆启动馆藏档案数字化，全年完成 126 个项目、9571 卷档案。江西省各级城建档案馆全部使用城建档案管理信息系统软件，年度完成馆藏档案数字化 53 万卷，数据量为 17887GB；萍乡馆采购城建档案综合管理系统，新系统新增工程电子档案收集及整理、声像档案接收、审核及管理、3D 虚拟库房管理模块；九江、修水、彭泽馆采购城建档案信息化管理系统软件，新增档案数字化扫描模块。湖北省武汉馆构建数字城建档案馆集成平台和一个中心数据库，实现档案业务管理工作电子化，完成企业电子档案服务系统建设，提供企业远程档案查阅应用服务，完成数字化加工系统、城建档案 APP 应用和智能化管理基础工作；荆州馆建成"施工图审查数字化平台档案馆端口及储蓄库"，与现有城建档案信息化管理系统相结合，实现建设工程甲方数据的档案数字化接收。广东省各地城建档案馆继续完善和更新城建档案管理系统，加快库存档案数字化，其中：广州馆"城建档案利用综合系统"和"广州市城乡建设档案监督、指导及验收业务管理系统"上线运行，申报"广州市城建档案 BIM 资源管理、服务一体化平台"项目；汕头馆升级改造"城建档案管理系统"，对库存 6000 卷档案进行数字化处理；佛山馆开展声像档案数字化建库工作，完成 331 册（1.1TB）相册建库工作；中山馆开展"基于'多规合一'平台的建设工程信息整合及应用服务体系"研究，上线"建设工程文件跟踪管理服务平台"，进一步完善一张图和三规合一数据库；东莞馆完善"东莞市城建档案云服务平台"建设，推进服务平台在市镇两级城建档案管理机构的应用；肇庆馆完善城建档案管理系统，开展城建档案数字化工作，累计数字化 7011 卷（55 万页）档案。海南省海口、三亚、儋州等市主动作为，不断推进城建档案信息化建设工作，三亚馆完成 90% 馆藏档案的信息录入工作。贵州省进一步推进城建档案工作信息化建设力度，为城建档案便捷管理、政务服务、便民查询提供信息化保障，贵阳馆"贵阳市城建档案信息管理系统、贵阳市城市地下管线综合管理信息系统、贵阳市城建档案信息在线收集管理系统、贵阳市城建声像档案信息管理系统"等已正式运行，年度完成 18 万卷工程档案数字化工作。广西壮族自治区南宁馆参与构建的"基于 GIS 和 BIM 技术的城建大数据平台研究"被列入南宁市科技重大专项项目，其中城建大数据平台管理系统于 12 月成功试运行；北海馆搭建内外管理平台，夯实城建档案信息化基础，内网平台为城建档案综合信息管理系统，外网平台为基于互联网的建设工程资料在线收集与跟踪管理系统，这是广西壮族自治区内首个竣工档案在线收集系统，该系统已成功归集工程竣工项目 175 个，为推进建设单位移交竣工档案"最多跑一次"，实现竣工档案全过程管理和利用提供了切实可行性；柳州馆年度完成 93 万页档案数字化。陕西省启动"陕西省城建档案信息管理系统"建设工作，基本建成覆盖城建档案信息填报、管理、利用、展示等功能的业务应用平台，将于 2020 年 10 月上线；西安、榆林、宝鸡等市馆开展纸质档案数字化扫描，完成 20 万卷扫描工作，数字化率达 80% 以上，延安馆实现档案存储电子化、检索自动化，省内其余各地馆将城建档案业务纳入建设行业管理体系中，确保了纸质与电子档案顺利接收进馆。甘肃省天水馆采购的城建档案电子化处理系统已正式上线接收电子版城建档案；嘉峪关馆使用城建档案管理软件进行档案管理，完成222个项目375个工程6042卷工程档案的信息录入工作；兰州馆年度完成档案数字化扫描2.47万卷，甘州区馆实现档案信息系统管理。宁夏回族自治区依托"住建云"不断推进城建档案信息化建设，银川馆实现馆藏档案全部数字化管理；石嘴山馆组织研发"城建档案管理系统、电子档案接收审核系统、电子文件离线归档系统、城市建设声像档案管理系统"；吴忠、固原、中卫馆逐步将城建档案信息化建设融入地方政府数字城市建设平台，努力实现城建档案存储数字化和利用网络化。

为了加强信息化建设及应用工作中的安全管理，部分地区按照国家有关要求陆续开展城乡建设档案异地异质备份工作，提高应对、处置自然灾害和突发公共事件的能力，为城乡建设档案数据安全存储提供有力保障。上海馆通过开展计算机等软硬件运维、周期性实施城建档案数据备份。吉林省与湖北省顺利进行城建档案异地备份工作。福建省通过数据备份系统对"数字城建档案信息管理系统""综合地下管线信息管理系统"数据进行自动备份，并以人工方式将市区两级新增建设工程档案数据和管线数据备份至移动硬盘实施多层次数据备份。唐山馆与景德镇馆、秦皇岛馆与抚州馆、邯郸馆与吉安馆、海口馆与兰州馆、南宁馆与铜陵馆完成档案异地备份。

【数字声像档案管理】声像档案是历史留声、城市留影、社会服务的重要途径，是城建档案的重要组成部分，我们通过声像档案能直观感受城市的历史变迁，它承载了珍贵的城市建设文化记忆，是城市的一笔宝贵财富。各地城建档案管理机构不断提高声像档案管理水平，坚持跟踪拍摄，真实记录城市规划、建设的过程，保证和监督工程建设质量，为历史留存珍贵的影像资料。上海馆开展声像档案影像数据采集著录工作，编研制作纪录片、发行期刊、专刊，开展照片巡展。重庆馆出版内刊，完成画册编研，开展"城市记忆"和重点工程拍摄，为市政府编写丛书提供老照片近千张，为研究城市变迁与发展留下宝贵的历史影像资料。河北省加强对重大建设活动声像资料的收集整理，石家庄馆声像档案与纸质档案验收同步进行；唐山馆建立声像档案库房；邯郸馆、邢台馆、张家口馆、沧州馆定期对市区重点工程和市政基础设施工程进行现场拍摄。吉林省声像档案与纸质档案同步接收，共接收27095个项目声像档案，长春馆、吉林馆、延吉馆均接收声像档案照片1万张以上。辽宁省沈阳馆、大连馆跟踪拍摄重点工程项目和重点区域，启动馆藏声像档案数字化工作，编制画册和专题片；营口馆整理旧貌照片档案1600张80余卷册；辽阳馆为各类会议、活动提供摄像，为有关单位提供老照片。山东省不断加强声像档案管理，利用馆藏声像档案资源，积极开展专题片、画册和展览制作，努力提高档案利用；淄博、枣庄、烟台、聊城、菏泽等市跟踪拍摄重点建设工程项目，对拆迁、建设及完工领域进行全方位拍摄；德州馆率先完成馆藏照片档案及视频档案数字化转换工作；威海馆、文登馆、荣成馆利用无人航拍机对重大活动进行声像档案采集；在新中国成立70周年之际，济南、青岛、泰安、日照、聊城等市馆向城市建设成就展提供了大量素材；枣庄馆、临沂馆制作多部反映城建发展的专题片。江苏省各市馆为编写"江苏省城乡建设系列画册"提供大量照片档案，发挥了积极作用；徐州、无锡、扬州、常州、镇江、南通等馆扎实开展重点项目工程的跟踪拍摄。浙江省各地市充分利用声像技术力量，继续做好声像业务指导和重大活动声像资料收集、拍摄工作，通过业务QQ、微信、电话等多样化业务指导，保证建设工程声像档案收集的系统性、完整性和准确性；杭州馆全年为重要城建活动提供声像保障34次，拍摄照片3万张，提供照片利用1.5万张，接收重大工程项目照片2.8万张，完成无人机航拍32次，制作专题片10部，科研成果拍摄43部；舟山市借助无人机航拍大量业务照片，为相关部门进行声像资料采集提供帮助；温州馆多次深入施工现场进行业务指导，对工程项目建设全过程、阶段性拍摄。江西省年度接收照片11.4万张，录像700小时，制作专题片45部。武汉馆拍摄2部专题片；襄阳馆《信念铸党魂》获省级优秀奖；仙桃馆制作1部专题片。广东省加强声像档案归集整理，不断丰富档案资源，韶关馆完成259个项目拍摄工作，中山馆全年拍摄重大活动60宗，韶城馆为有关单位提供照片利用，有效发挥了城建声像档案记录城市建设发展轨迹和建设历史的作用。广西壮族自治区南宁馆接收竣工项目声像档案355个，跟踪拍摄重点建设项目403次，制作4部专题片，编撰期刊、画册；桂林、梧州、柳州、北海等地通过社会征集、拍摄等形式收集城市建设照片，桂林馆制作4部专题片，为市重点工作提供了珍贵素材。海南省海口馆不断加强工程声像档案收集力度，组织从业人员进行专门培训，声像档案移交率达20%；三亚馆接收项目竣工备案照片88盒。贵州省不断加强数字声像档案管理与利用工作，贵阳馆开展城市建设拍摄工作，并将现有馆藏图片及视频数字化加工，录入"贵阳市城市建设档案馆声像管理系统"，实现声像档案现代化管理。兰州馆、嘉峪关馆、陇南馆、西宁馆围绕全市重要会议、重大活动、重点工程建设，利用无人机跟踪拍摄声像资料，为多家单位提供利用城建照片，图文并茂地展示了城市建设改革发展的巨大成就。

【城市地下管线工程档案管理】地下管线是城市基础设施的重要组成部分，做好城市地下管线工程档案的管理工作是城市"生命线"畅通的重要保证。按照《国务院办公厅关于加强城市地下管线建设管理的指导意见》（国办发〔2014〕27号）文件要求，各地认真贯彻落实文件精神，成立机构，明确牵头部门及其职责，制定地下管线工程档案管理相关规定，积极开展地下管线基础信息普查和地下管线信息化建设工作，地下管线工程档案管理与接收工作稳步推进。上海馆探索纸质文件与电子文件融合组卷，开展《管线工程竣工档案编制技术规范》的制定工作，为地下管线工程竣工档案的收集提供权威性的技术指导。重庆馆录入323个工程项目管线数据，数据总长20206公里。保定馆采用"地下管线综合应用系统"实现地下管线查阅、入库、更新、动态管理全数字化，入库100个项目管线数据，更新管线2150余公里，管点近10万个，接收地下管线工程档案纸质资料170卷。吉林省各地不断加强地下管线工程档案管理工作，延吉馆地下管网普查及智慧管网信息管理系统（一期）工程已竣工验收，普查管线1286公里。辽宁省营口馆现存地下管线工程档案400余卷，年度接收煤气管线工程档案138卷，探测胶片141册；辽阳馆建立城市地下管线综合信息系统，形成地下管线综合图946幅、管点表125卷；大连馆实施地下管线工程竣工测绘数据审核及工程档案进馆等工作，年度动态更新地下管线数据约650公里。山东省各地市积极运用先进勘测技术和信息化手段，加强地下管线系统和平台建设，推进地下管线数据收集工作；济南、淄博、威海等市馆持续开展地下管线档案追缴，青岛馆完成2018年度地下管线补测补绘项目验收及2019年度地下管线补测补绘工作；日照馆建立城市地下管线信息管理系统共享平台，实现与市城市管理局、市城乡规划服务中心等7家新单位信息互联共享；枣庄、威海市就城市智慧管网建设和地下管线与城建档案信息共享平台开展调研；德州馆实现城市地下管线数据动态更新常态化管理；聊城馆完成"市多规合一暨一张蓝图平台"建设工作，加载多规数据，实现数据对接。浙江省接收地下管线工程项目2084个，累计54532个；杭州馆进一步完善城市地下管线信息系统，把地下管线工程档案接收纳入工程建设管理程序，依托地下管线信息管理系统实现对地下管线信息动态更新管理，全年接收194项地下管线数据，入库2117公里；湖州馆将地下管线数据查询纳入民生服务内容；台州馆接收地下管线工程档案802个。湖北省组织专家对重点地区地下管线普查工作进行指导验收，并建立综合信息系统，全省年度普查主城区总面积3260平方公里，探测长度105704公里，补测补绘管线长度2205公里。广东省开展地下管线普查，加强地下管线管理信息化建设；佛山馆年度接收地下管线普查档案919卷，入库11137公里；韶关馆继续加强燃气地下管线工程档案归集，密切联系市有关单位，通过多种方式指导企业归档工作，年度接收7个燃气地下管线工程竣工档案；中山馆年度完成地下管线普查约6400卷；阳江馆健全、充实城建档案信息管理平台可利用数据库资料。海南省结合智慧城市建设，通过建设信息系统采集相关数据等方式，掌握管线的分布、材质等信息，及时更新地下管线情况，做好管线数据管理和共享应用工作；三亚馆建立地下管网普查与应用管理综合系统。贵州省认真做好城市地下管线普查工作，贵阳馆积极推进各管线权属单位建立专业管线信息系统与贵阳市城市地下管线数据库信息平台进行互联互通。陕西省参与《陕西省城市地下管线信息更新和利用技术导则》编制工作，为省内各地建立地下管线信息管理系统提供可操作性强的技术指导；西安、榆林、汉中、安康和韩城等市馆已完成城市地下管线综合管理信息系统建设工作，将为今后城市基础设施建设管理、地下空间开发利用、城市规划建设等提供科学的数据保障。甘肃省张掖市甘州区普查地下管线管网1130公里，年度新增管网54公里；高台县普查城区11.4平方公里地下管网，整合管线信息数据，建立综合管理信息系统；山丹县探测管线长度约350公里；武威市凉州区完成管线探测长度1050公里，建立城市地面三维模型和地下管线三维模型，实现城市地面建筑和地下管线管理可视化；陇南市完成763公里地下管线补测，建立三维数据平台1套；庆阳市普查管线总长约1713公里；兰州馆现有地下管线档案1175项15613卷；金昌馆开展地下管线摸底排查，参加工程档案竣工验收6次，接收地下管线工程资料189卷。宁夏回族自治区各地结合地下管线普查工作与城市地下综合管廊建设，加强与管线管理部门和管线单位的协调配合，同时密切跟踪地下管线更新普查进程和城市基础地理信息系统开发建设进程，实现信息平台数据共享。青海省各地结合实际，积极协调城市供水、排水等地下管线相关部门，开展收集地下管线现状分布图；海东市借助自然资源和规划局多规合一平台管理地下管线数据，其余四县通过数据库进行数据管理，建立数据管理子系统、CAD地下管线综合应用系统。

【联合验收工作】根据《国务院办公厅关于全面开展工程建设项目审批制度改革的实施意见》（国办发〔2019〕11号）和《关于修改部分部门规章的决定》（住房和城乡建设部令第47号）文件要求，围绕深化"放管服"改革和优化营商环境工作部署，以深入推进工程建设项目审批制度改革为契机，各地城建档案管理机构深入参与工程建设项目审批改革工作，配合规划、土地、消防、人防等部门一起限时联合验收，统一竣工验收图纸和验收标准，统一出具验收意见，成果共享，切实提高了以方便群众、服务企业、推动发展为目标的服务效率和质量。北京馆通过转变服务方式、精简申报材料、建立联动机制等举措积极推进联合验收工作，已实现与"规划核验平台""建设工程联合验收管理平台""建设低风险平台""短信告知平台"的数据传输，档案前期管理和竣工验收阶段数据实现共享、全程网上办理，一窗受理、7日办结，取消装饰装修工程档案验收和接收，取消简易低风险工程（建筑面积小于3000平方米）档案验收，精简竣工档案进馆内容，减轻建设单位负担。上海馆明确建设工程竣工档案验收纳入竣工规划资源验收，取消档案验收合格证；对申请竣工规划验收时，未完成档案收集移交的建设单位（个人）采取限时承诺、容缺受理的模式，同时在审批平台上提供建设项目竣工档案归集全过程服务。重庆馆优化建设工程项目"联合验收"事项中档案验收移交流程、时限，实现档案验收办结时间由9个工作日压缩为7个工作日，同时加强主城区"建设工程档案专项验收"权限下放后事中事后监管。石家庄馆实施容缺后补制，在政务大厅设城建档案验收窗口，集中受理、限时审核、现场验收、发送结果；秦皇岛馆、保定馆、承德馆、沧州馆、廊坊馆积极参与建设工程竣工联合验收；张家口馆对建设工程档案验收实行"一家牵头、并联审批、限时办结"。吉林省各地积极参与联合验收工作，建设工程竣工档案移交纳入线上联验系统。沈阳馆、盘锦馆结合工程建设项目审批改革工作要求，重新梳理建设工程档案归档内容及流程，积极配合住建部门建设项目网上申报、并行审核，进一步压缩城建档案初验审核时间。山东省印发《山东省工程建设项目审批制度改革行动方案》，推行并联审批和限时联合验收制度，取消城建档案预验收环节；城建档案管理部门做到提前服务，明确"城建档案"与规划、国土资源、消防、人防等部门单位"实行限时联合验收，统一竣工验收图纸和验收标准，统一出具验收意见"，实行"容缺受理"和"告知承诺制度"；部分市城建档案接收、审核、发证在政务大厅"一窗受理"；个别市城建档案工作实现电子档案在线接收，加快联合验收进度。江苏省建设工程档案联合验收改革工作起步稳健，开局良好；南京、苏州、淮安、泰州、宿迁等市馆积极参与联合验收改革。浙江省为减轻企业负担，调整《浙江省企业投资工业类建设项目工程文件归档范围》，将139项减为79项，为深化"最多跑一次"改革，修订完善《参与建设工程验收实施方案》，梳理优化工程档案验收和移交业务流程，调整优化工程档案接收范围，完善业务系统；杭州馆、衢州馆试点工程档案全过程在线电子化收集归档，初步形成工程档案验收移交事项"告知、介入，服务、办结"全过程在线，最大限度实现工程建设项目各环节数据共享，确保工程档案验收、移交事项便民高效；宁波馆、金华馆、湖州馆、温州馆、龙岩馆积极参与建设工程联合验收。江西省南昌市、九江市、永修县已实行联合验收。广西壮族自治区南宁市为确保联合验收工作顺利开展，在流程上允许档案移交单位在申请联合验收时，容缺受理电子档案，由档案馆核验纸质档案后出具《工程档案专项验收受理通知书》，档案移交单位书面承诺在取得该通知书9个工作日内补全电子档案并取得《档案移交证明》，视为档案专项验收通过；北海、来宾、钦州、河池、百色、桂林、北海等地积极参与建设工程档案联合验收。海南省推行"告知承诺＋事中事后监管"制度，以包容审慎的方式实施档案验收，坚持报送承诺与处罚相结合。贵阳、安顺、凯里等市馆积极参与项目竣工联合验收。陕西省各地积极开展建设工程联合竣工验收工作，安康馆完成工程建设项目审批管理系统线上衔接，商洛馆主动与相关部门对接，明确联合验收工作中城建档案业务流程，渭南馆积极实行工程项目并联审批制度，将工程竣工档案验收意见书与工程竣工档案移交承诺书相结合，形成闭环管理。甘肃省兰州、嘉峪关、天水、武威、酒泉、玉门、敦煌、陇南、定西、庆阳、金昌、平凉12个市馆参与建设工程竣工联合验收；兰州馆将"建设工程档案验收"政务服务事项纳入联合验收环节，实行全程网办的标准化审批工作，同时推行电子文件审验模式。

【城建档案馆舍、机构、人员培训情况】 各地不断加大对城建档案馆硬件设施的投入，按照《档案馆建筑设计规范》要求，新建和改建一批功能齐全、符合国家馆库建设标准的新型馆库。北京、通化、舒兰、遵义、吴忠等市城建档案馆相继启用新馆。荣成、菏泽等地城建档案新馆库相继建成。重庆、唐山、吉林、厦门等市城建档案馆相继完成新馆招标、勘察、设计等工作。白山、白城、宁波、湖州、温州、海口、儋州、贵阳、咸宁等地新增馆库面积。青岛、淄博、济宁、威海、舟山、泉州等市对档案库房进行改造，消除了档案保护的安全隐患。厦门馆新馆项目开工建设。江西省年度新增馆库2190平方米。为进一步加强馆库安全管理，部城建档案工作办公室以部办公厅的名义印发《关于做好汛期城建档案安全工作的紧急通知》，对馆库安全工作提出要求。

各地城建档案管理机构切实履行职责，不断加强机构建设，不断提高管理水平和服务能力。吉林省51个市（州）县（市），除长白山管委会外，均建立城建档案管理机构。山东省除事业单位行政职能全部剥离、个别市县城建档案馆与其他事业单位合并外，省市县三级城建档案管理机构全部保留。江苏省基本形成省、市、县（市、区）、乡（镇）四级城建档案工作管理体系，共建立81个城建档案馆（室），含36个省级示范馆、21个省特级馆、12个省一级馆，全省已建立690个达省级标准的村镇建设档案室。江西省有95家城建档案管理机构。湖北省有76个市、县、区成立专门的城建档案管理机构。陕西省基本建立省、市、县三级管理体系，共有46个城建档案管（室），含15个省一级馆（室）、11个省二级馆（室）、7个省三级馆（室）。浙江省部分城建档案管理机构与建设系统其他事业单位合并，合并后不再保留城建档案馆职能。甘肃省有7个城建档案馆，陇南市、武威市、凉州区、酒泉市、白银市、定西市等馆由住建部门内设科室或下设单位管理。青海省仅有西宁市、玉树州建立城建档案馆，其他地区主要依托政府及城乡建设档案管理部门开展档案管理业务。部分城乡建设档案管理机构按照机构改革要求，有些许变动，杭州馆按照"还政予政"改革要求，分离"城建档案管理处"行政职能，调整为"市城建档案馆、市建设信息中心"两个职能，隶属杭州市建委；南宁馆由原南宁市规划管理局划归市住房和城乡建设局管理。

各地适时组织开展城建档案从业人员业务培训，为推动城建档案事业发展提供强有力的人才支撑。北京馆采取集中培训、会训结合、实操演练等形式，分层分类组织培训，不断拓展干部培养渠道，干部整体素质得到加强。上海、重庆、江西、海南、贵州、陕西、青海等省（市）通过开展多种形式不同层次的各类业务培训，不断强化知识更新，优化知识结构，促进信息交流，不断提高城建档案干部队伍素质。吉林省组织城建档案业务人员培训，重点讲解城建档案参与联合验收相关文件精神，宣贯省标（市政工程资料标准）。山东省组织部分城建档案馆负责同志和业务骨干赴江苏、浙江和湖南开展城建档案和城市地下管线管理经验学习调研，淄博、枣庄、东营、烟台、济宁、日照、德州、聊城等市采取人员培训、协作组会议、参观考察等形式，加强城建档案业务交流和学习。湖北省组织两项地方标准宣贯培训，进一步推动了地方标准体系、城建档案信息资源体系和城建档案安全体系建设。石家庄、张家口、舟山、金华、温州、茂名、桂林、嘉峪关、兰州等市举办从业人类各类业务班。广州馆采取开展业务培训、制作视频网络教学等形式，加强城建业务交流和学习。南宁馆通过开展集中培训、档案分类培训、档案业务上门指导和现场答疑日等工作，形成"四位一体"新型服务模式，推动馆内各项工作健康发展。天水市邀请专家对职工电子化处理系统专题培训，派人到上海馆和杭州馆对电子化收集工作进行学习。

（住房和城乡建设部城建档案工作办公室）

2019年住房城乡建设大事记

1月

16日 城市设计推动时代特色风貌塑造——住房和城乡建设部城市设计试点经验交流会在珠海召开。为贯彻落实习近平总书记关于城市设计的重要指示批示精神，住房和城乡建设部在广东省珠海市召开城市设计试点经验交流会，总结交流城市设计试点经验，探索行之有效的机制、方法和技术，塑造城市特色风貌，打造宜人亲民的城市公共空间和环境，不断提升城市品质。

17日 按照部长王蒙徽批示要求，住房和城乡建设部安全生产管理委员会召开全体会议，深入学习贯彻习近平总书记、李克强总理关于安全生产重要指示批示精神，认真落实党中央、国务院关于安全生产的决策部署，统筹安排2019年安全生产6项重点工作。住房和城乡建设部安全生产管理委员会主任、副部长易军主持会议。

29日 中央第七巡视组向住房和城乡建设部党组反馈脱贫攻坚专项巡视情况。中央巡视工作领导小组成员姜信治出席反馈会议，对抓好巡视整改工作提出要求。会前，中央第七巡视组向住房和城乡建设部党组书记、部长王蒙徽书面传达了习近平总书记关于巡视工作的重要指示精神。会上，中央第七巡视组组长郭旭明向住房和城乡建设部党组领导班子反馈了巡视情况。王蒙徽主持反馈会议并作表态讲话。

2月

1日 住房和城乡建设部在京召开离退休干部2018年度工作情况通报会。住房和城乡建设部党组书记、部长王蒙徽向离退休干部通报了2018年住房和城乡建设工作情况。会议由部党组成员、副部长易军主持，部党组成员、副部长倪虹，部党组成员、驻部纪检监察组组长宋寒松，部党组成员常青出席会议。

11日 住房和城乡建设部召开脱贫攻坚专项巡视整改动员部署会议暨部扶贫攻坚领导小组2019年第一次全体会议，认真学习贯彻习近平总书记关于脱贫攻坚和巡视工作的重要讲话精神，落实中央巡视组提出的整改意见和要求，对做好脱贫攻坚专项巡视整改工作进行动员部署。部党组书记、部长王蒙徽主持会议并作动员讲话。

21日 住房和城乡建设部在上海召开全国城市生活垃圾分类工作现场会。住房和城乡建设部党组书记、部长王蒙徽出席会议并讲话。会议认真学习贯彻习近平总书记关于垃圾分类工作的系列重要批示指示精神，要求各地深入领会习近平总书记重要批示指示的深刻内涵，充分认识垃圾分类工作的重要意义。

25日 住房和城乡建设部党组会同驻部纪检监察组召开全面从严治党和党风廉政建设工作专题会议，对2018年工作进行总结，对2019年工作作出部署。王蒙徽主持会议，部党组成员、部领导出席会议，驻部纪检监察组和部直属机关党委、纪委负责同志参加会议。

26日上午 中央纪委国家监委驻住房和城乡建设部纪检监察组举办住房和城乡建设系统纪检监察机构视频远程教育培训开班式暨第一讲，视频远程教育培训机制正式建立运行。驻部纪检监察组组长、部党组成员宋寒松主持培训并讲话。

28日 住房和城乡建设部召开直属机关离退休干部工作会，传达全国老干部局长会议精神，交流离退休干部工作经验，部署2019年度直属机关离退休干部工作。部党组成员、副部长易军出席会议并讲话。

3月

4日 住房和城乡建设部会同国务院扶贫办召开全国农村危房改造脱贫攻坚工作电视电话会议，财政部、民政部、中国残联有关部门负责人参加了会议。住房和城乡建设部副部长倪虹、国务院扶贫办副主任欧青平出席会议并讲话。

4日 住房和城乡建设部党组会同驻部纪检监察

组召开全面从严治党和党风廉政建设工作专题会议，对2018年工作进行总结，对2019年工作作出部署。住房和城乡建设部党组书记、部长王蒙徽主持会议，部党组成员、部领导出席会议，驻部纪检监察组和部直属机关党委、纪委负责人参加会议。

5日　住房和城乡建设部就在城乡人居环境建设和整治中开展美好环境与幸福生活共同缔造活动印发指导意见，并明确：到2020年，城乡社区人居环境得到明显改善，人民群众的获得感、幸福感、安全感显著增强；到2022年，基本实现城乡社区人居环境"整洁、舒适、安全、美丽"目标，初步建立"共同缔造"的长效机制。

5日　国家发展改革委、住房城乡建设部联合印发《关于推进全过程工程咨询服务发展的指导意见》发改投资规〔2019〕515号，在房屋建筑和市政基础设施领域推进全过程工程咨询服务发展，提升固定资产投资决策科学化水平，进一步完善工程建设组织模式，推动高质量发展。

12日　2019年全国两会第四场"部长通道"在人民大会堂举行。王蒙徽在接受采访时表示：目前我国房地产市场总体平稳，市场预期逐渐趋于理性；2019年开始将在地级以上城市全面开展垃圾分类工作。

26日　国务院办公厅印发《关于全面开展工程建设项目审批制度改革的实施意见》。该意见指出，要以习近平新时代中国特色社会主义思想为指导，坚持以人民为中心，牢固树立新发展理念，以推进政府治理体系和治理能力现代化为目标，以更好更快方便企业和群众办事为导向，加大转变政府职能和简政放权力度，全面开展工程建设项目审批制度改革。

4月

15日　住房和城乡建设部召开部扶贫攻坚领导小组2019年第二次全体会议，会议学习了习近平总书记关于扶贫工作的重要论述，对2018年脱贫攻坚工作进行了总结，对2019年脱贫攻坚工作进行了部署。部扶贫攻坚领导小组全体成员、驻部纪检监察组负责同志参加会议。

25日　住房和城乡建设部召开部党组2019年巡视工作动员部署会，住房和城乡建设部党组书记、部长、部党组巡视工作领导小组组长王蒙徽出席会议并讲话。会议指出，以习近平同志为核心的党中央始终高度重视巡视工作，对加强和改进巡视工作作出一系列新要求、新部署。部党组始终站在自觉践行"两个维护"、推动党的自我革命的战略高度，切实担负巡视工作主体责任。

5月

9日　住房和城乡建设部在宝鸡召开全国公租房工作座谈会。会议认真学习贯彻习近平总书记关于住房保障工作的重要指示批示精神，围绕加强公租房建设和管理交流经验、分析形势、研究问题，并对下一步工作进行动员和部署。住房和城乡建设部副部长倪虹出席会议并讲话。

10日　住房和城乡建设部直属机关党委举办"青春心向党、建功新时代——我的青春故事"分享会，两名挂职扶贫干部、两名共同缔造示范试点工作团队代表和6名直属机关青年干部现场分享青春故事。部党组成员、副部长、直属机关党委书记易军出席会议并代表部党组和王蒙徽向青年干部提出3点希望。

同日　倪虹带队到河南省兰考县调研脱贫攻坚工作。河南省副省长徐光、省住房和城乡建设厅负责同志参加调研。调研组参观学习了焦裕禄先进事迹，感悟焦裕禄精神，深入到东坝头乡张庄村、堌阳镇徐场村、垃圾处理厂进行调研，并与"村两委"和驻村干部以及设计师下乡代表进行广泛交流，实地了解已脱贫摘帽县成果巩固情况，推进农村危房改造、农村生活垃圾分类和资源化利用、"美好环境与幸福生活共同缔造"等工作情况。

15日　住房和城乡建设部召开2019年党风廉政建设工作会议。会议指出，要深入学习领会习近平总书记在十九届中央纪委三次全会上的重要讲话精神，全面贯彻十九届中央纪委三次全会部署，按照国务院第二次廉政工作会议要求，坚决把思想和行动统一到党中央关于全面从严治党的战略部署上来，细化任务措施，明确工作责任，确保党中央各项决策部署在住房和城乡建设领域精准落地。

16日　住房和城乡建设部党组召开理论学习中心组学习扩大会议，部党组书记、部长王蒙徽以贯彻落实新发展理念、推动"致力于绿色发展的城乡建设"为主题做学习辅导。会议指出，推动绿色发展是贯彻新发展理念的必然要求，城乡建设是全面推动绿色发展的主要载体和重要战场。会议从推动"致力于绿色发展的城乡建设"面临的问题与困难、基本原则和主要工作等方面进行了全面解读。

23日　住房和城乡建设部科学技术委员会历史文化保护与传承专业委员会召开第一次工作会议。

住房和城乡建设部党组书记、部长王蒙徽出席会议并为专业委员会委员颁发聘书，副部长黄艳出席会议。会议宣读了专委会工作规则，明确了2019年工作计划。

24—25日 住房和城乡建设部在湖北省武汉市召开全国市容市貌整治工作现场会，倪虹出席会议。会议要求，各地要坚持以人民为中心的发展思想，总结推广湖北省"一把扫帚扫到底，干干净净迎国庆"活动的做法，在全国范围内开展"大扫除"活动，让城市干净、整洁、有序，不断增强人民群众获得感、幸福感、安全感，以新的面貌迎接新中国成立70周年。

27日 2019年全国建筑市场和工程质量安全监督执法检查启动为深入贯彻习近平新时代中国特色社会主义思想和党的十九大精神，全面落实党中央、国务院关于建筑业改革发展的决策部署，进一步规范建筑市场秩序，提升工程质量安全和建筑节能水平，住房和城乡建设部日前启动2019年全国建筑市场和工程质量安全监督执法检查。

31日 在"不忘初心、牢记使命"主题教育工作会议上发表重要讲话，对主题教育作出全面部署。中央指导组将按照习近平总书记重要讲话和重要指示批示精神，按照党中央部署要求，聚焦根本任务，把握"守初心、担使命、找差距、抓落实"总要求抓好落实，紧扣主题教育具体目标，坚持把学习教育、调查研究、检视问题、整改落实贯穿全过程、各方面，力戒形式主义、官僚主义，指导推动住房和城乡建设部各级党组织扎实开展好主题教育。

6月

4日 住房和城乡建设部召开"不忘初心、牢记使命"主题教育动员大会，认真学习贯彻习近平总书记重要讲话和"不忘初心、牢记使命"主题教育工作会议精神，部署开展主题教育各项工作。部党组书记、部长王蒙徽作动员部署，中央第二十五指导组组长王辉忠出席会议并讲话。

5日下午 住房和城乡建设部、中央纪委国家监委驻住房和城乡建设部纪检监察组举办党组理论学习中心组学习扩大会暨住房和城乡建设系统纪检监察机构视频远程教育培训（第三讲），邀请中央纪委国家监委党风政风监督室副主任郑振成作"以党的政治建设为统领，坚决破除形式主义、官僚主义"专题辅导。王蒙徽就整治形式主义、官僚主义讲话。驻部纪检监察组组长、部党组成员宋寒松主持。

14日 住房和城乡建设部召开座谈会，深入学习习近平总书记对垃圾分类工作系列重要指示精神，并就各地贯彻落实情况进行交流。

25日 住房和城乡建设部党组召开理论学习中心组学习扩大会，专题学习《习近平关于"三农"工作论述摘编》。部党组书记、部长王蒙徽对学习贯彻习近平总书记关于"三农"工作重要论述提出要求。部党组成员，总经济师，部机关各司局、直属单位、社团党委主要负责同志参加学习。

28日 由住房和城乡建设部及广西壮族自治区人民政府共同主办的第十二届中国（南宁）国际园林博览会落下帷幕。本届园博会以"生态宜居 园林圆梦"为主题，彰显"生态园博、文化园博、共享园博"三大特色，是一届"引领城市绿色发展、展示城市建设成就、促进多元文化交融、服务百姓生活"的园博会。展会历时205天，共吸引180万中外游客前来参观游览。园博会闭幕后，南宁园博园将作为综合性城市公园永久保留，继续对游客开放。

7月

1日 住房和城乡建设部城市管理监督局相关负责人表示，自5月底开始在各地开展城市道路大清扫、"城市家具"大清洗、市容环境大清理的"大扫除"活动，清洁了城市的"面子"和"里子"，对与群众生活息息相关的脏乱差环境"顽症"实施了源头治理。住房和城乡建设部1日举行"市容环境大扫除，干干净净迎国庆"媒体通气会。相关负责人表示，此次"大扫除"活动，从细微处着手，"大扫除"的范围除了包含主次干道等城市的"面子"，还将背街小巷、房前屋后这些城市的"里子"作为重点，进一步提升城市市容市貌品质。

16日 住房和城乡建设部、国家发展和改革委员会等6部门印发《关于加快推进房屋建筑和市政基础设施工程实行工程担保制度的指导意见》，进一步优化营商环境，强化事中事后监管，保障工程建设各方主体合法权益。

29日 按照"不忘初心、牢记使命"主题教育安排，住房和城乡建设部党组召开专题会议，交流主题教育调研成果。部党组书记、部长、部主题教育领导小组组长王蒙徽主持会议，部党组成员作调研情况交流，中央第二十五指导组组长王辉忠出席会议并讲话。

30日 住房和城乡建设部安全委员会召开全体会议，深入学习习近平总书记关于安全生产重要指示精神，传达李克强总理关于安全生产的重要批示以及国务院安委会全体会议和全国安全生产电视电话会议精神，部署安排2019年下半年住房和城乡建设系统安全生产重点任务。部党组书记、部长王蒙徽作出批示指出，住房和城乡建设领域安全生产工作责任重大，必须常抓不懈，不能有丝毫放松。

31日 部党组书记、部长、部主题教育领导小组组长王蒙徽以"不忘初心、牢记使命，为实现人民对美好环境和幸福生活的向往而不懈奋斗"为题，给部机关全体党员干部讲党课。中央第二十五指导组副组长冯远出席。

8月

7日 为进一步做好建档立卡贫困户、低保户、农村分散供养特困人员和贫困残疾人家庭4类重点对象农村危房改造工作，推动各地如期实现贫困户住房安全有保障的目标任务，住房和城乡建设部、财政部、国务院扶贫办联合下发通知，要求决战决胜脱贫攻坚，进一步做好农村危房改造工作，以实际行动坚决完成脱贫攻坚住房安全有保障任务。通知指出，全国现有4类重点对象危房存量135.2万户，其中建档立卡贫困户64.3万户。上述危房存量已全部纳入2019年中央农村危房改造任务和补助资金范围，须于2019年年底前全部开工，2020年6月底前全部竣工。三部门要求，各地要组织力量进村入户，现场抽查核实农户身份证明材料和房屋危险性鉴定结果，确保危房改造对象认定精准。逐户制定改造措施，明确拟采取的改造方式、补助资金标准、计划改造时间等内容，实施精准管理，改造一户、销档一户。

22日 按照"不忘初心、牢记使命"主题教育安排，住房和城乡建设部党组召开对照党章党规找差距专题会议。部党组书记、部长、部主题教育领导小组组长王蒙徽主持会议，部党组成员分别发言。

30日 住房和城乡建设部定点扶贫部县联席会议分别在青海省湟中县和大通县召开。副部长倪虹出席会议，分别同湟中县、大通县共商精准扶贫、持续巩固脱贫成果的思路举措，并对下一步工作再细化再部署。

9月

3日 按照"不忘初心、牢记使命"主题教育安排，住房和城乡建设部召开主题教育总结大会。部党组书记、部长、部主题教育领导小组组长王蒙徽通报部党组专题民主生活会情况并作主题教育总结讲话，中央第二十五指导组组长王辉忠出席会议并讲话。

18—19日 住房和城乡建设部召开直属机关第三次党员代表大会。部党组书记、部长王蒙徽出席会议并讲话，中央和国家机关工委副书记李勇到会指导并讲话，部党组成员、副部长兼直属机关党委书记易军代表中共住房和城乡建设部直属机关第二届委员会作工作报告。大会审议通过了直属机关第二届党委、纪委工作报告，选举产生直属机关第三届党委、纪委委员。

18日 住房和城乡建设部隆重举行"庆祝中华人民共和国成立70周年"纪念章颁发仪式，98名同志荣获纪念章。

19日 住房和城乡建设部召开住房租赁中介机构乱象专项整治工作推进会。

26日 庆祝中华人民共和国成立70周年活动新闻中心举办第二场新闻发布会，请教育部部长陈宝生、民政部部长黄树贤、人力资源和社会保障部部长张纪南、住房和城乡建设部部长王蒙徽、国家卫生健康委员会主任马晓伟介绍满足人民新期待、在发展中保障和改善民生情况，并回答记者提问。

27日 住房和城乡建设部召开整治住房租赁中介机构乱象工作推进会。倪虹出席会议并讲话，驻部纪检监察组有关负责同志到会指导，各省、自治区住房和城乡建设部门、北京等35个城市住房和城乡建设部门有关负责同志参加了会议。

10月

23日 住房和城乡建设部党组召开理论学习中心组学习扩大会议，专题学习"习近平总书记在庆祝中华人民共和国成立70周年大会上的重要讲话精神"，并结合《安居中国》系列专题片，座谈住房和城乡建设发展历程与历史成就。

29日 住房和城乡建设部召开部扶贫攻坚领导小组2019年第三次全体会议。会议学习习近平总书记关于脱贫攻坚的重要指示和李克强总理的重要批示，传达国务院扶贫办等部门关于2019年中央单位定点扶贫工作有关情况的通报，通报了部2019年脱贫攻坚工作进展情况，进一步部署推动按时保质完成脱贫攻坚任务。

31日 第六个世界城市日，住房和城乡建设部、河北省人民政府与联合国人居署共同在唐山举办2019年世界城市日中国主场活动。

11月

15日 住房和城乡建设部召开《生活垃圾分类标志》标准发布新闻通气会,介绍标准修订情况,并通报全国城市生活垃圾分类工作进展,同时对新研发的"全国垃圾分类"小程序的开发及使用等情况进行了介绍。

18日 住房和城乡建设部、青海省人民政府签署共建青海高原美丽城镇示范省合作框架协议,提出了构建城镇绿色发展的新格局、探寻城乡统筹发展建设的新路径、推进"美好环境与幸福生活共同缔造"的新模式等方面合作内容。部党组书记、部长王蒙徽,青海省委副书记、省长刘宁代表双方签约。

20—21日 住房和城乡建设部党组书记、部长王蒙徽带队赴湖北麻城调研定点扶贫工作。调研组先后到阎家河镇、黄土岗镇等地调研,并与麻城市主要负责同志、镇村干部以及贫困群众进行现场交流。

12月

4日 是国家宪法日,住房和城乡建设部举行宪法宣誓仪式。部党组书记、部长王蒙徽监誓。住房和城乡建设部直属机关各单位新任职班子成员和机关处长依法进行宪法宣誓。

10日 中国建筑业协会在北京隆重召开建筑业科技创新暨2018—2019年度中国建设工程鲁班奖(国家优质工程)表彰大会,交流建筑业科技创新成果,表彰241项鲁班奖工程。

20日 住房和城乡建设部召开城市轨道交通工程安全生产电视电话会议,通报2019年全国城市轨道交通工程质量安全监督执法检查情况及事故情况,通报广州、厦门近期事故情况。住房和城乡建设部副部长易军出席会议并讲话。

23日 全国住房和城乡建设工作会议在京召开。住房和城乡建设部党组书记、部长王蒙徽全面总结2019年住房和城乡建设工作,分析面临的形势和问题,提出2020年工作总体要求,对重点工作任务作出部署。

26日 住房和城乡建设部科学技术委员会召开会议,成立人居环境专业委员会。住房和城乡建设部副部长黄艳为委员代表颁发聘书。

26日 住房和城乡建设部科学技术委员会城市设计专业委员会成立大会在北京召开,黄艳为委员代表颁发聘书。

基础设施投资建设

全国文化和旅游设施建设

2019年,全国文化和旅游系统以习近平新时代中国特色社会主义思想为指导,全面贯彻落实党的十九大和十九届二中、三中全会精神,紧紧围绕统筹推进"五位一体"总体布局和协调推进"四个全面"战略布局,大力推动文化事业、文化产业和旅游业融合发展,加大文化和旅游设施建设投入力度,全国文化和旅游设施建设取得显著成效。

【覆盖城乡的公共文化设施网络基本建立】2019年,全国文化和旅游系统基本建设投资项目804个,项目计划总投资852.19亿元,计划施工面积(建筑面积)977.70万平方米。全年完成投资额为78.86亿元,竣工项目207个,竣工面积163.59万平方米。分类型看,有64个公共图书馆建设项目,占基建项目总数的7.9%,全年竣工项目9个,竣工项目面积8.41万平方米;群众艺术馆、文化馆(站)建设项目170个,占21.1%,全年竣工项目47个,竣工面积11.98万平方米;博物馆建设项目94个,占11.7%,全年竣工项目32个,竣工面积35.79万平方米。分层级看,县级及以下基建项目494个,占全国项目总数的61.4%,全年竣工项目136个,竣工项目面积112.30万平方米。

截至年末,全国共有公共图书馆3196个,文化馆3326个,文化站40747个,博物馆5132个,全国每万人拥有公共图书馆设施面积由2000年的47.3平方米提高到2019年的121.4平方米,增长了156.7%;每万人拥有文化馆(站)面积由2000年的97.2平方米提高到2018年的322.7平方米,增长了232.0%,覆盖城乡、功能合理的公共文化设施网络基本建立。

【"文化旅游提升工程"进展顺利】为进一步加强我国文化和旅游基础设施建设，文化和旅游部会同国家发展改革委在"十三五"期间实施了"文化旅游提升工程"，重点支持219个国家级非物质文化遗产保护利用设施建设项目和1222个旅游基础设施、公共服务设施项目及红色旅游基础设施建设项目。2019年，中央安排预算内投资38.74亿元，对8个国家级非物质文化遗产保护利用设施建设项目和359个旅游基础设施、公共服务设施和红色旅游基础设施建设项目进行了补助。截至年底，已补助137个国家级非物质文化遗产保护利用设施建设项目，安排中央预算内投资10.27亿元；已补助689个旅游基础设施、公共服务设施和红色旅游基础设施项目，安排中央预算内投资87.18亿元。通过"文化旅游提升工程"的有效实施，我国文化和旅游设施水平得到显著改善。

【国家重大文化设施建设稳步推进】2019年，国家文化设施建设稳步前进。中国国家画院扩建工程基本完工，中央歌剧院剧场工程进行室内外装修工作，中国工艺美术馆工程（暂定名）全面开工建设，故宫博物院地库改造、基础设施改造一期（试点）工程继续推进施工建设，国家图书馆国家文献战略储备库建设工程初步设计及概算已报国家发展改革委审批，中央芭蕾舞团业务用房扩建项目取得可行性研究报告批复，故宫博物院北院区可行性研究报告已报国家发展改革委审批，国家美术馆工程正在按照中央领导同志指示精神进行设计方案优化工作，中国交响乐团团址翻扩建工程完成项目建议书编制工作。

2019年，完成新加坡、斐济、仰光、悉尼等13个中国文化中心的竣工财务决算审计工作，完成布达佩斯、安曼、奥克兰、科威特、瑞士等5个中国文化中心的房屋购置或租赁工作，稳步推进哥本哈根、布加勒斯特、贝尔格莱德、卢森堡等中国文化中心的工程建设工作，积极推进达喀尔、亚的斯亚贝巴、智利等中国文化中心的前期筹建和建设方案设计深化工作，同步推进爱尔兰、葡萄牙、突尼斯、乌拉圭、加拿大等文化中心的前期选址调研工作。截至2019年年底，已运营的海外中国文化中心总数达40个。

【加强文化设施建设标准编制工作】"十一五"以来，抓住国务院颁布实施《公共文化体育设施条例》的契机，抓紧完善配套制度和标准，相继组织编制了《公共图书馆建设标准》《文化馆建设标准》《乡镇综合文化站建设标准》和《公共美术馆建设标准》。这些建设标准的编制实施，对于加强和规范文化设施规划选址、建设规模、功能内容、设备配备，提高文化设施建设的科学决策和管理水平起到了重要的作用。2019年，为进一步加强和规范公共剧场建设，提高项目投资决策和工程建设管理水平，充分发挥投资效益，满足公共剧场使用功能需求，编制完成了《公共剧场建设标准》，正式报送住房和城乡建设部审批。

（文化部财务司）

卫生基础设施建设

【医疗卫生服务体系建设成效显著】2019年，中央安排专项资金252亿元支持全国医疗卫生服务体系646个基础设施建设项目。其中，县级医院394个，中央投资146.1亿元；妇幼健康服务机构33个，中央投资15.7亿元；疾病预防控制机构35个，中央投资6.5亿元；专病防治机构5个，中央投资1.5亿元；血液中心、血站项目13个，中央投资1.5亿元；国家卫生应急移动处置中心项目1个，中央投资945万元；核辐射救援基地建设项目7个，中央投资8990万元；中医药传承创新建设项目64个，中央投资25.5亿元；疑难病症诊治能力提升工程建设项目94个，中央投资54.3亿元。

随着这些项目的竣工并投入使用，公共卫生服务能力整体增强，医疗服务体系日益完善，服务能力和水平显著提升，有效改善了医疗卫生服务体系基础设施条件，基本医疗卫生服务的公平性和可及性不断提高。

【委属（管）单位建设进展顺利】为进一步提高我国医疗教学科研能力，推动健康中国建设，2019年，共安排中央预算内基本建设投资25.9亿元支持委属（管）单位改善基础设施条件。在建项目包括中国医学科学院北区建设工程和四川大学华西医院转化医学综合楼工程等44个委属（管）单位建设项目，总建筑面积343万平方米，总投资286亿元。项目总体建设进展顺利，工程质量良好。其中，北京大学第一医院保健中心工程、复旦大学附属肿瘤医院医学中心工程、华中科技大学同济医学院附属同济医院内科综合楼工程等项目于2019年陆续竣工投入使用，有效改善了医院基础设施条件和科研教学用房紧张的状况，进一步保障了医院医教研协同发展，促进了医院疑难病症诊治、重大疾病防控、科研创新和高层次人才培养能力提升。

（国家卫生健康委员会）

信息通信业建设

2019年，信息通信业深入贯彻落实党中央、国务院系列重大决策部署。践行网络强国战略，有序推进普遍服务、光纤到户、5G建设等相关工作，积极落实国家工程审批制度改革、营商环境专项整治，扎实做好通信建设招标投标、工程质量和安全生产等日常管理，努力营造通信建设市场健康和谐发展秩序，促进通信建设市场高质量发展。

持续推进信息通信基础设施建设，在提升光纤宽带和4G网络覆盖和速率同时，加快5G网络建设和应用发展。2019年，新建光缆线路长度434万公里，全国光缆线路总长度达4750万公里；光纤接入（FTTH/O）端口净增6479万个，全国累计达到8.36亿个；新建4G基站172万个，全国累计达到544万个。5G网络建设顺利推进，在多个城市已实现5G网络的重点市区室外的连续覆盖，并协助各地方政府在展览会、重要场所、重点商圈、机场等区域实现室内覆盖，2019年底5G基站数超过13万个。

【通信建设招投标服务和监管水平】通信工程招投标工作以"通信工程建设项目招标投标管理信息平台"为依托，不断加强对招投标项目的信息化监管。部署开展2019年招投标检查工作，按照网上检查与现场检查相结合方式，组织对4个省份进行网上检查，2个省份进行现场检查，督促企业对检查中出现的问题举一反三开展整改。指导各省结合本地实际，组织开展本行政区内招投标自查。

落实国家优化营商环境要求，联合发展改革委等部委印发《工程项目招投标领域营商环境专项整治工作方案》（发改办法规〔2019〕862号），进一步消除招标投标领域对民资、外资等不同所有制企业的不合理要求。组织电信企业和各省通信管理局做好落实，并按要求对招标投标项目开展抽查，形成示范效应。维护好各类市场主体合法权益，进一步激发市场活力，营造公平竞争环境。

【通信基础设施规范化建设】指导各地开展通信基础设施专项规划编制工作，推动基站、通信光缆、机房、铁塔、管线等通信基础设施纳入城市规划，截至年底全国超过90%城市完成包括4G基站、机房、管线等在内的专项规划编制工作，部分城市开展5G基础设施专项规划编制工作。高标准、高质量推进雄安新区和冬奥相关信息通信基础设施规划建设，协调推动京张、京雄等重点线路进展，保障通信设施与主体工程同步设计、同步施工，确保同步提供通信服务。

落实工程建设标准改革的总体要求，开展3项通信工程建设全文强制性国家标准的研编，按计划完成全文强制性国家标准中期评估、成果验收等工作。组织做好标准编制管理，按计划做好标准立项、审查和报批工作，申请下发2019年通信工程建设国家标准编制计划1项和行业标准编制计划7项，推动发布5项国家标准和12项行业标准。下达2项重点通信工程建设行业标准翻译计划，推动通信建设标准国际化应用。

【推动固定宽带和移动宽带迈入千兆时代】持续落实网络强国战略和提速降费专项行动，加强光纤宽带建设，推进光纤建设系列标准贯彻实施，推进各地严格执行光纤到户国家标准、商业楼宇光纤建设强制性要求，为固定宽带和移动宽带双双迈入千兆时代提供保障。截至2019年年底，百兆及以上接入速率的固定互联网宽带接入用户总数达3.84亿户，占固定宽带用户总数的85.4%，占比较上年末提高15.1个百分点，全国千兆及以上接入速率的固定互联网宽带接入用户达87万户。

积极推进将光纤到户纳入设计审查、竣工验收流程，落实《关于全面开展工程建设项目审批制度改革的实施意见》要求，推动将通信与水电气热同等对待，明确"报装提前办理、入驻服务大厅"。指导各省做好与当地牵头部门的对接工作，约有19个省份实现了通信建设纳入联合设计审查、竣工验收、大厅入驻等环节。

【电信普遍服务试点】组织实施2019年度试点工作，支持全国20个省（区、市）162个地市的农村和偏远地区建设4G基站。加快2018年度试点4G基站项目建设，其中海南6个海岛的4G基站已全部建设完成，实现三沙市有人居住岛礁4G全覆盖，全国行政村通光纤和通4G比例双双超过98%。深入实施网络扶贫，聚焦"三区三州"等深度贫困地区持续完善宽带网络覆盖。持续开展"互联网＋健康扶贫"试点，支持河南汝阳等四个市县先行先试。开展农村宽带网络专项整治，赴全国31个省、区、市调研指导，在边疆地区部署新建1312个4G基站，抢修恢复光缆3.1万公里，故障平均修复时长相比整治前缩短15%以上，圆满完成专项整治各项工作。

【质量安全形势保持平稳】印发2019年通信建设安全生产工作的通知和关于进一步做好2019年通信建设安全生产工作的通知，开展隐患排查治理，督促各企业落实安全生产主体责任。制定全年的质监安全生产联合检查计划，组织对广西等8个省区开展质监和安全生产联合检查，定期对检查中发现的质量和安全问题进行通报。指导各地加强宣传教育，强化一线施工人员安全生产意识，推进一线施工人员深入学习相关操作规范，降低安全风险，指导各地通信管理局开展安全生产大比武、应急救援演练等活动，提高企业和从业人员的安全生产意识。

（工业和信息化部信息通信发展司）

农业农村建设

2019年，中央安排建设资金977.65亿元，支持农业农村基础设施建设，促进农业稳产保供、科技创新、绿色发展、防灾减灾能力和农村基础设施水平得到较快提升，助推乡村振兴战略顺利实施。

【高标准农田建设】根据《乡村振兴战略规划（2018—2022年）》以及《全国高标准农田建设规划》《国务院关于建立粮食生产功能区和重要农产品保护区的指导意见》，安排中央财政转移支付和中央预算内投资共859.23亿元，用于支持全国新增8000万亩高标准农田建设，优先安排粮食生产功能区和重要农产品保护区，促进改善农田基础设施条件，提升粮食和棉油糖等重要农产品综合生产能力。

【畜禽粪污资源化利用】依据《国务院办公厅关于加快推进畜禽养殖废弃物资源化利用的意见》《全国畜禽粪污资源化利用整县推进项目工作方案（2018—2020年）》等，安排中央预算内投资37亿元，支持84个畜牧大县整县推进畜禽粪污资源化利用，重点开展规模化养殖场粪污处理利用设施、粪污处理配套设施改造升级、区域性粪污集中处理中心和规模化大型沼气工程建设。

【农村人居环境整治】依据《农村人居环境整治三年行动方案》等，安排中央预算内投资30亿元，支持中西部省份（含东北地区、河北省、海南省）的141个县开展农村生活垃圾治理、卫生厕所改造、生活污水治理、村内道路建设及村容村貌建设等。

【科技创新条件能力建设】依据《国家重大科技基础设施建设中长期规划（2012—2030年）》《全国农业科技创新能力条件建设规划（2016—2020年）》等，安排中央预算内投资5亿元，支持省级以上农业科研单位的农业科技创新能力基础设施建设，改善农业重点实验室、科学观测站和科研试验基地的设施装备条件，促进科研设备更新换代。

【数字农业建设试点】依据《数字乡村发展战略纲要》《国务院关于印发促进大数据发展行动纲要的通知》等，安排中央预算内投资2.88亿元，支持建设全国农业农村大数据平台、数字农业创新中心和数字农业试点县等项目，促进提高农业生产智慧化、精细化、自动化、科学化水平。

【农垦社会公益性设施】依据《直属直供垦区社会公益性设施建设规划（2016—2020年）》等，安排中央预算内投资3.14亿元，支持国有垦区农场场部道路、供排水、垃圾处理、供暖等小城镇基础设施建设，兼顾医疗设施和科研设施建设，提高农场公共服务设施和基础设施保障能力，提升垦区新型城镇化水平。

【农垦危房改造】依据国务院确定的2018—2020

年棚户区改造计划，安排中央预算内投资 2.5 亿元，支持 3.1 万户国有垦区农场职工房屋改造以及水电路等配套设施建设，促进产业发展和小城镇建设。

【部门自身建设】依据《农业部直属单位中长期基本条件能力建设规划（2017—2025 年）》等，安排中央预算内投资 4.7 亿元，支持农业农村部直属单位基础设施、试验基地与科研用房及仪器设备建设，有力地提升了基础设施保障能力和科技创新能力。

此外，还安排中央预算内投资 5.4 亿元，支持海洋渔业资源调查船、生猪规模化养殖场等项目建设。

（农业农村部计划财务司）

水 利 建 设

【水利设施投资、资金利用情况】2019 年共落实水利建设投资 7260 亿元，较 2018 年增长 5.6%，其中中央水利建设投资 1466.1 亿元。截至 2019 年年底，年度中央水利建设投资计划完成率达到 95.2%，其中重大水利工程完成率 96.9%，其他水利工程完成率 93.8%，圆满完成年度目标任务。

2019 年，中央水利建设投资按工程类型划分，防洪工程投资 580.1 亿元，占 39.6%；水资源工程投资 785.9 亿元，占 53.6%；水土保持及生态工程投资 77.9 亿元，占 5.3%；专项工程投资 22.2 亿元，占 1.5%。按项目所属区域划分，东部地区 196.6 亿元，占 13.4%；中部地区 540.9 亿元，占 36.9%；西部地区 728.6 亿元，占 49.7%。中央投资继续向中西部地区倾斜，安排中西部地区投资占比达 86.6%。

2019 年，银行系统累计向水利建设领域发放贷款 1591.91 亿元，较 2018 年度增长 70.3%，实现了金融支持水利信贷规模较大幅度增长，进一步发挥了水利建设对保障民生、稳定投资的重要作用。水利部、国家开发银行签订《开发性金融支持水利基础设施补短板合作备忘录》，重点聚焦加大重大引调水等重大水利项目建设，结合脱贫攻坚和实施乡村振兴战略，着力推进农村饮水安全等水源工程建设，支持防汛抗旱水利提升工程建设，加快补齐防洪排涝短板，提升防灾减灾能力等六大领域不断深化合作。

【重点水利工程建设】水利扶贫攻坚扎实推进。聚焦"两不愁三保障"，坚持把农村饮水安全作为底线任务，解决了 101.6 万建档立卡贫困人口的饮水安全问题。协调落实"三区三州"以及云南昭通等深度贫困地区水源工程建设资金，加快推进 31 处大型灌区骨干灌排工程改造及用水计量设施配套、19 个大中型病险水库（水闸）除险加固、44 座小型水库等工程建设。深入实施定点扶贫"八大工程"，投入和引进帮扶资金超过 1 亿元，定点扶贫县区人均增收 2719 元，扶贫责任书指标任务全部超额完成。落实滇桂黔石漠化片区脱贫攻坚牵头联系责任，协调相关部委帮助解决片区困难和问题 24 项。

重大水利工程建设进度超预期。2019 年，23 项工程开工建设，圆满完成《政府工作报告》确定的目标任务。其中，172 项节水供水重大水利工程开工 9 项，分别是珠江三角洲水资源配置、新疆玉龙喀什水利枢纽、贵州凤山水库、河南小浪底北岸灌区、河南小浪底南岸灌区、四川龙塘水库及灌区、海南迈湾水利枢纽、广西西江干流治理、四川江家口水库。大藤峡水利枢纽、新疆大石峡水利枢纽、湖北碾盘山水利枢纽、四川土溪口水库、四川李家岩水库等工程实现年度导截流目标；引江济淮、云南滇中引水、珠江三角洲水资源配置、内蒙古引绰济辽、陕西引汉济渭、湖北鄂北水资源配置、贵州夹岩水利枢纽及黔西北调水、福建白濑水库等主体工程加快建设；河南出山店水库、新疆阿尔塔什水利枢纽、西藏拉洛水利枢纽、河北双峰寺水库、山东庄里水库、湖南莽山水库、黑龙江奋斗水库、贵州马岭水库等工程下闸蓄水；江西廖坊水利枢纽灌区二期工程实现通水；新疆卡拉贝利水利枢纽、黄河宁蒙河段防洪治理等工程完工。节水供水重大水利工程累计开工 142 项，其中 32 项完工，在建投资规模保持在 1 万亿元以上。加快防洪重大项目建设，完成中小河流治理 7000 多公里，对 77 座大中型病险水库、3511 座小型水库实施除险加固。

农村水利建设全面提速。抓好农村饮水安全巩固提升工程建设，巩固提升 5480 万农村人口供水保障水平，解决 615 万氟超标人口饮水问题，提前超额完成年度目标任务。统筹推进灌区续建配套与节水改造，完成150处大中型灌区、455处重点中型灌区节水配套改造及20处大型灌排泵站更新改造年度目标，新增、恢复、改善灌溉面积3100万亩，新增年节水能力12.4亿立方米。实施农村水电增效扩容改造，新增农村水电装机107.2万千瓦。累计完成1067条河流、1900多个生态改造项目，修复减水脱水河段2500公里，创建173座绿色小水电示范电站。

水生态治理修复初见成效。开展河北地下水回补试点，潮沱河断流40年后重现水流，试点河段周边地下水水位较补水未影响区域相对上升0.93米。印发实施《华北地区地下水超采综合治理行动方案》，采取"一减、一增"综合措施，推进地下水超采治理。开展东北黑土区、长江经济带坡耕地、黄土高原等重点区域水土流失治理成效评估，圆满完成年度5.4万平方公里水土流失治理任务。在广西等10省区开展水土保持以奖代补试点，带动1倍以上的社会投入，工程建设成本降低20%，治理面积增加21%。

水利信息化水平逐步提升。印发实施《智慧水利总体方案》，启动水利网信水平提升三年行动（2019—2021年）。基本完成国家地下水监测、水资源监控能力、防汛抗旱指挥系统二期、水利安全生产监管等信息化工程建设，290个水管重要饮用水水源在线监测水质数据全部接入国控系统，270个水文测站和48个水文监测中心完成先进仪器设备更新，53条跨省江河省界监测站网建设完成，建设改造一批大江大河水文测站，水文测报新技术应用水平得到提升，水利信息感知网进一步完善。建设完善水利督查、河湖监管、水库大坝运行管理等APP，以及全国大型水库大坝安全监测监督平台、水利建设市场监管服务平台、水利科技成果信息平台、三峡库区综合管理服务平台等应用，智慧水利建设加快推进。

【水利建设相关法规、政策】法规规章方面，一是印发《水法规建设规划（2020—2025年）》，明确了水利建设相关法规修订工作的总体要求、阶段目标、重点任务、实施步骤和保障措施。二是加大《农村供水条例》等立法工作力度，有序开展相关法律法规立改废释工作。三是开展《水利工程建设项目验收管理规定》修订工作，加强水利工程建设项目验收管理，保障工程及时发挥投资效益。四是研究提出《大中型水利水电工程建设征地补偿和移民安置条例》涉及移民安置规划及大纲条款的修改方案。五是贯彻落实国务院关于减证便民、优化服务的部署要求，结合证明事项清理工作进展，修改《水利工程建设程序管理暂行规定》《水利工程建设安全生产管理规定》《水利工程建设监理单位资质管理办法》《水利工程质量检测管理规定》等四件部门规章。

政策文件方面，一是印发《水利建设市场主体信用信息管理办法》和《水利建设市场信用评价管理办法》，建立健全以信用为基础的新型水利建设市场监管体制机制；二是调整水利工程计价依据增值税计算标准；三是修改《水利水电工程施工企业主要负责人、项目负责人和专职安全生产管理人员安全生产考核管理办法》；四是废止《中央水利投资计划执行考核办法》。

【水利建设相关技术标准和规范】一是修订印发《水利标准化工作管理办法》，全面简化标准编制程序，进一步规范标准项目管理。二是颁布实施《小型水电站水能设计标准》《村镇供水工程技术规范》《山洪沟防洪治理工程技术规范》等17项工程建设类水利技术标准，其中国家标准2项，行业标准15项。三是首次评估现行388项水利工程建设类标准，包括国家标准70项，行业标准318项，全面摸清实施效果，提出拟废止技术标准清单。同时，对工程建设类2018年及以前批准发布的47项国家标准和2014年发布的28项行业标准进行了复审。四是小水电国际标准取得突破。水利部与国家标准化管理委员会、联合国工业发展组织签署三方谅解备忘录，由水利部主导编制的国际标准《小水电技术导则》《小水电技术导则第1部分：术语》《小水电技术导则第2部分：选点规划》发布实施。

（水利部建设与管理司）

铁 道 建 设

概况

2019年,铁路建设系统深入贯彻习近平总书记重要指示批示精神,坚决落实党中央、国务院的决策部署,在国铁集团党组的坚强领导下,以开展"不忘初心、牢记使命"主题教育为契机,以推动铁路建设高质量发展为主题,以打好"三保三增"攻坚战为动力,聚焦交通强国、铁路先行,深化强基达标、提质增效,科学有序稳步推进铁路建设,取得了显著成绩。全年完成固定资产投资8029亿元,投产铁路新线51个、8489公里,其中高铁5474公里。截至年底,全国铁路营业里程达到13.9万公里以上,其中高铁3.5万公里。京张高铁、昌赣高铁、浩吉铁路等一批具有影响力的新线依法高质量开通,成为我国铁路现代化进程中新的里程碑,为服务经济社会发展作出了积极贡献。

【党中央决策部署得到有效落实】 扎实推进川藏铁路规划建设。积极做好项目可研和深化可研工作。系统总结类似工程建造技术经验,形成9大类54册技术总结报告,编制完成16项专项标准、"两隧一桥"先期开工点3项应用技术方案,以及关键技术问题和对策措施图集等;印发川藏铁路施工道路和施工供电工程勘察设计暂行规定,制订川藏铁路建设管理办法等5个制度,初步建立了川藏铁路建设制度标准体系。整合全社会科技资源,推进国家川藏铁路技术创新中心筹建,开展系统性重大科研课题研究,形成阶段性成果140余项;做好人员选拔相关工作;全力推进定测、初步设计、施工图设计工作,提早制订先期开工计划和施工组织安排,确保川藏铁路建设科学扎实推进。全力推进京张京雄铁路建设。坚持把建好京张高铁、京雄城际作为重大政治任务来抓,克服标准高、征拆难、工期紧等诸多困难,京雄城际北京至大兴机场段9月26日建成投产,京张高铁12月30日开通运营,为北京冬奥会举办、雄安新区建设、京津冀协同发展等国家战略实施提供了基础设施支撑。习近平总书记对京张高铁开通运营作出重要指示,充分肯定铁路建设取得的重大成就,极大地激励和鼓舞了全体建设者。务实推进境外铁路项目建设。贯彻习近平总书记关于中老铁路等境外项目的重要指示,加大组织实施力度,协调解决征地拆迁、外部协议等重难点问题,中老铁路土建工程基本完成,雅万高铁建设全面提速,为建设中老铁路"一带一路"、中老友谊标志性工程和雅万高铁"一带一路"标志性项目奠定了坚实基础。巴基斯坦拉合尔轨道交通橙线项目建成试车,中泰铁路、匈塞铁路等项目有序推进,我国铁路走出去取得了新成果。积极推进铁路建设扶贫工作。认真落实铁路建设扶贫三年行动方案,有序推进黔张常、成贵、郑万铁路等连接和服务贫困地区的项目建设,14个集中连片特困地区、革命老区、少数民族地区、边疆地区完成铁路基建投资4175.8亿元。采取建设永临结合工程、优先采购当地物资、扩大使用当地劳务等措施,帮扶沿线群众脱贫致富。临沂、赣州、毕节、恩施、湘西、宁夏、淮安等地区迈入高铁时代。

【铁路建设】 坚持依法保开通。提早制定并严格落实年度开通项目安排,及时调整京张高铁、京雄城际、浩吉铁路等重点项目开通方案。制定高铁项目依法开通工作意见,明确落实10项开通条件、13项重点工作及相关程序标准,对用地组卷报批、水井封闭、彩钢房拆除加固等实行清单式管理,检查确认21个高铁项目开通条件,加大京张高铁指导检查力度,确保成熟一个、验收一个、投产一个,京张高铁、成贵高铁、徐盐高铁等51条新线依法高质量开通,特别是高铁项目环水保自主验收首次在开通前全部完成。京福安徽公司、郑万河南公司、昌九城际公司、浩吉铁路公司、广州局集团公司、上海局集团公司等单位,在依法开通方面工作扎实、成效显著。狠抓施组保在建。坚持以强化施组管理为主线,紧盯赣深、成兰、拉林铁路等服务国家战略的重点干线项目,认真落实施组定期审查制度,细化卡控节点时间,动态优化重难点工程施组方案,全路建设项目施组兑现率达到90%以上。落实要件保开工。按照年度新开工项目推进方案,细化可研、初步设计、施工图审查、工程招标等工作目标及完成时限,并纳入国铁集团建设领导小组协调会督办。

建设单位积极参与前期工作，狠抓开工要件办理，加快推进用地预审、环评水保、征地拆迁等工作，渝昆高铁、广湛高铁、杭州西站枢纽等22个项目开工建设。

【**质量安全**】持续深化红线管理。严格落实质量安全红线管理规定，在督促建设单位抓好自查自纠的基础上，国铁集团联合五大施工企业开展了2次红线管理专项督查，抽查建设单位55家、建设项目104个、施工标段413个、工点721个，发现整治质量安全问题2956个，有8家施工企业受到停标处理，18家施工企业、6家监理企业被认定较大不良行为。组织开展重要"四电"甲供物资进场抽检，发现整治不合格物资65个批次。通过持续深化红线管理，参建各方质量安全自控意识明显增强，高铁隧道衬砌厚度不足、混凝土强度不足等典型红线问题基本消除，偷工减料、弄虚作假、以次充好等违法违规行为得到有效遏制。开展"三查"专项整治。深刻吸取怀邵衡铁路"7.8"事故教训，在全路开展"查标准、查管理、查现场"专项治理活动，派出5个督导组现场抽查，发现整治问题32792个。组织6个设计院开展现场警示教育，召开设计单位座谈会，在全路开展开通高铁项目质量安全排查整治活动，发现整改问题1157个，有效整治了不按标准设计、不按设计施工、不按标准验收等突出问题。加大监督管理力度。工程质量监督系统全年开展监督检查1390项次、监督检测284项次，发现并责令整改质量安全问题40291个，发出整改通知单2134份，直接认定施工、监理企业不良行为372项次，责成建设单位运用信用评价扣分451项次；开展监理履职履责专项检查，449名使用假证或严重违规的监理人员被纳入铁路建设市场"黑名单"；持续抓好开通高铁限速点整治，全年消除高铁限速点23处。全力抓好维稳工作。围绕确保春节、两会、新中国成立70周年等特殊时段稳定工作，督促建设单位落实维稳责任，及时排查消除稳定风险隐患。督导解决农民工工资发放、工程款拨付、材料款结算等方面存在的突出问题，防止群体性、突发性事件发生。积极做好民营企业逾期账款清欠工作，全年清欠账款1.3亿元，营造了和谐稳定的铁路建设环境。

【**改革创新**】进一步完善管理体制机制，印发国铁企业控股合资铁路公司建设管理若干规定，进一步理顺国铁集团、铁路局集团公司、铁路公司之间的管理关系；建立健全以质量、安全、工期、投资控制、文明施工为主要内容的依法建设系统目标，促进建设管理水平全方位提升；明确国铁集团重点监管的铁路公司名单，进一步压实了国铁集团、铁路局集团公司对铁路公司的监管职责；加快推动铁路建设市场化改革，依托工管中心组建铁路建设管理有限公司，依法开展项目咨询服务等市场经营业务。逐步健全建设标准体系，着眼提升工程质量水平和推动铁路智能化发展，颁布时速250公里高铁有砟轨道施工技术规范、铁路专用线设计企业标准和铁路隧道全断面掘进机法技术规范等标准；积极研究解决浩吉铁路建设标准实施中的相关问题；编制发布客货共线铁路预制后张法预应力混凝土简支梁、高铁CRTSIII型板式无砟轨道、铁路隧道管片等通用图，全年共发布建设标准27项，铁路工程建设标准体系不断丰富和完善。不断推进管理方式创新，在杭绍台、盐通铁路等项目试点的基础上，研究制定铁路建设项目EPC工程总承包指导意见，进一步规范工程总承包管理；总结北京局、上海局集团公司和怀邵衡铁路公司等7个单位试点经验，印发施工专业分包管理办法，依法全面推行专业分包；开展常益长铁路等项目单价承包试点；做好玉磨、大瑞、丽香铁路隧道动态设计工作；选择西延、包银铁路等新开工项目，开展站前、站后工程施工图同步设计和审核；研究制定项目实施阶段勘察设计质量红线管理规定，建立完善监理单位及人员"黑名单"制度，组织开发监理管理信息系统，推进监理管理试点工作，实现由重点抓施工单位管理向全面抓设计、施工、监理等单位管理的转变。

【**精品智能创新**】着力打造精品工程。按照精心、精细、精致、精品的要求，因地制宜推进京张、京雄、昌赣等9个重点项目精品创建工作。国铁集团精品工程督导组通过现场点评、信用评价等措施，强化过程督导检查，指导施工单位创新工艺工法，打造了精品工程、智能京张新典范，建成了浩吉铁路重载铁路货运示范线，树立了昌赣高铁时速350公里长大干线新标杆。稳步推进智能建造。以打造智能京张、智能京雄为依托，深化BIM技术工程化应用，探索工程全生命周期管理，实现了工程精细化管控与智能建造的深度融合，提高了铁路建设数字化、智能化水平；依托京张、京雄、郑万、郑济等项目建设，研发路基智能高效碾压、填料自动检测技术，深化桥梁和生产生活房屋装配式建造、山岭隧道智能建造、双块式轨道板智能建造、轨道工程智能精测精调等技术研究，推广应用智能梁场板场建造技术，开展联调联试智能化数据分析，推动智能建造迈上了一个新台阶。分类打造绿色铁路。认真总结美丽杭黄、生态高铁建设经验，深入开展课题研究，制定发布了南方地区铁路绿化设计施工标准。落实绿色、开放、共享、廉洁的办奥理念，在京张高铁开展站前工程绿化景观设计施工，采用国家绿色建筑星级标准开展站房设计，打造了"城郊、关塞、大泽、燕北、雪国"景观绿色长廊，为制定北方地区铁路绿化设计施工标准提供了依据。张呼铁路积极探索草原高铁绿化新途径，取得了良好的效果。精心构筑人文工程。积极贯彻畅通融合、绿色温馨、经济艺术、智能便捷的客站建设理念，邀请清华大学等知名院校和艺术团体专家，围绕"天地合德、百年京张"文化主旨，开展文化性、艺术性表达系统研究，细化清河站、八达岭长城站、太子城站等站房设计方案，形成了全线及各站的文化主题，将京张高铁打造成文化内涵深厚的风景线。坚持站城融合、一站一景，总结提炼文化艺术表达元素，优化调整大同南站、吉安西站、张家界西站、桃源站、南阳东站等站房施工细部装饰方案，建成了一批具有地域文化、民族特色、铁路特点、时代特征的人文工程。

【建设队伍素质能力】加强党的建设。扎实开展"不忘初心、牢记使命"主题教育，深入学习领会习近平新时代中国特色社会主义思想，引导建设系统广大干部职工增强"四个意识"，坚定"四个自信"，做到"两个维护"；认真落实加强铁路公司党的领导和党的建设暨2019年党建工作会议精神，强化铁路局集团公司党委对铁路公司党建工作的领导，铁路公司党建工作得到进一步加强。积极做好铁路建设宣传工作，营造了良好的舆论环境。加强能力建设。扎实推进"百千万人才"工程，建设系统全年培养选拔专业带头人20名；举办铁路建设管理领导人员、"保开通、保在建、保开工"等专题培训班9期，培训建设管理人员720名；利用月度电视电话会议、现场会、座谈会等多种渠道和方式，广泛开展建设管理经验研讨交流，进一步提升了建设管理队伍的素质能力。加强作风建设。大兴调查研究之风，深入川藏、京张、玉磨、大瑞等重大项目，及时协调解决影响工程推进的难点问题；严格落实建设单位主要领导工作写实制度，促进各级领导干部履职尽责；围绕企业改革发展、工程建设等重点任务，建设系统领导干部特别是主要领导，恪尽职守、夙夜在公，为广大干部职工和全体建设者作出了示范和表率。加强廉政建设。针对近年来建设系统发生的典型案例和廉政问题，认真梳理工程招标、违法分包、变更设计等方面的廉政风险，一季度派出3个调研组分赴16个铁路公司，督导调研违反中央八项规定精神、收受施工单位钱物、转嫁烟酒及招待费用支出等问题的自查整改情况。结合国铁集团第四轮巡视反馈的突出问题，专题研究制定整改方案，并派出5个督导组开展专项调研检查，督促建设单位全面抓好整改。（综合处）

建设管理

按照铁路建设管理制度制修订和建设需要，印发了5个铁路建设管理办法，对部分建设管理事项进行了明确、调整或补充。

【重要管理办法】印发《中国铁路总公司铁路建设项目技术交底管理办法》（铁总建设〔2019〕72号），以原铁道部《铁路建设项目技术交底管理暂行办法》（铁建设〔2009〕155号）为基础进行了修订。办法共分为四章，分别为总则、设计技术交底、施工技术交底、附则。印发《中国铁路总公司关于进一步加强铁路建设项目竣工财务决算工作的通知》（铁总建设〔2019〕104号），通知共分为五个部分，分别为提高思想认识、加强组织领导、强化过程控制、按期完成竣工财务决算编报、加强考核评价。印发了《铁路建设项目施工专业分包管理办法》（铁建设〔2019〕16号），以《关于开展铁路建设项目施工分包试点工作的通知》（铁总建设〔2017〕246号）为基础进行了修订。办法共分为六章，分别为总则、专业工程分包条件和范围、分包程序、分包管理、处罚规定、附则。印发了《国铁集团关于规范非控股非代建合资铁路和地方铁路委托运营验收及运营安全评估工作的指导意见》（铁建设〔2019〕31号），以《中国铁路总公司关于规范非控股非代建合资铁路委托运营验收和运营安全评估工作的指导意见》（铁总建设〔2017〕43号）为基础进行修订。指导意见共分为四个部分，分别为总体要求、验收咨询服务、运营安全评估、其他事宜。印发了《国铁企业控股合资铁路公司建设管理若干规定》（铁建设〔2019〕59号），规定共分为六个部分，分别为建设业务管理、劳资管理、人事管理、投资计划管理、财务管理、考核工作。

【建设单位考核】完成2018年度建设单位考核工作。依据《中国铁路总公司管理的合资铁路公司建设管理考核办法》（铁总建设〔2017〕120号），国铁集团工管中心根据建设单位上报的2018年度自评结果进行了初评并报国铁集团建设部，建设部组织有关部门进行了审核并提出了考核意见，经国铁集团研究同意后按规定对2018年度建设单位考核结果进行了公示、公布。

建 设 综 述

【信用评价】根据《铁路建设项目施工企业信用评价办法》《铁路建设项目监理企业信用评价办法》《铁路建设项目勘察设计单位施工图评价办法》，继续做好信用评价工作，2019年共公布铁路施工企业信用评价结果2期、铁路建设工程监理企业信用评价结果2期、勘察设计单位施工图评价结果2期，评价结果与工程招投标挂钩。

【建管人员培训】加大铁路建设管理人员培训工作力度，2019年共举办9期培训班，其中川藏铁路建设管理人员培训班1期、铁路建设高级管理人员培训班2期、安全质量管理培训班2期、工程管理培训班2期、铁路建设"保开通、保在建、保开工"重点工作培训班2期，共培训720人，有效提高了参培人员的业务水平。（建设管理处）

建设标准

为适应新形势下的铁路建设管理、服务铁路高质量发展的要求，聚焦交通强国、铁路先行，以全面服务川藏铁路规划建设为核心，紧紧围绕构建世界领先的铁路工程建设标准体系的总体部署，以"三个世界领先、三个进一步提升"为目标任务，全面推进标准制修订，实现建设标准在技术指标、安全控制指标、经济适用指标、适用范围指标等世界领先，促进铁路建造技术和设备不断升级，推动建设技术水平迈上新台阶。

【标准体系】坚持质量导向与问题导向，以创新和发展新的铁路工程建设标准体系为重要途径，全面推进标准制修订，全年发布7项国铁集团规范标准。为进一步提升时速250公里高速铁路有砟轨道施工质量，实现有砟轨道质量高平高稳，发布了《时速250公里高速铁路有砟轨道施工技术规程》；以解决挤压性围岩隧道和规范隧道全断面掘进机法问题为导向，以四化为手段，以提高勘察设计和施工质量为目标，发布了《铁路挤压性围岩隧道技术规范》《铁路隧道全断面掘进机法技术规范》；以解决施工图审核管理存在问题为出发点，以发挥施工图审核单位作用为抓手，以提升施工图设计质量和水平为目标，完善施工图审核的内容和流程，发布了《铁路工程施工图审核标准化管理细则》。

【标准设计体系】为提升和规范铁路工程建设设计和施工质量，进一步体现标准设计技术经济性，进一步完善标准体系建设，全年发布9项60册国铁集团标准设计。体现箱梁较T梁在铁路建维全寿命周期的优势，发布了《客货共线铁路预制后张法预应力混凝土简支箱梁》通用图；为实现中国自主知识产权的无砟轨道结构形式设计标准化，发布了轨道《高速铁路CRTSⅢ型板式无砟轨道》通用图；在总结不同时速盾构法铁路隧道建造技术基础上，统一相同时速盾构隧道内轮廓，发布了隧道《铁路隧道钢筋混凝土管片》通用图；完善站后标准体系，围绕质量提升、规范现场施工，发布了铁路信号防雷及接地、铁路旅客车站静态标识安装图、高速铁路接触悬挂安装图系列通用图。

【川藏铁路标准编制】落实国铁集团党组关于全面启动规划建设川藏铁路的工作部署，按照"科学规划、技术支撑、保护生态、安全可靠"的总体要求，组织开展川藏铁路相关标准的专题研究调研和系列总结、专项标准、开工应用技术方案的编制工作。全面调研施工用电和施工道路功能需求，综合考虑临时工程功能需求和面临地形地貌特征，发布了《川藏铁路施工道路和施工供电工程勘察设计暂行规定》，确定了施工道路、施工供电工程分类分级方案，明确了川藏铁路各项临时工程的技术参数和工程措施，为川藏铁路特殊地形地质条件下施工道路和施工供电工程的勘察设计提供了技术支撑；逐步构建川藏铁路工程建设标准体系，有序推进《川藏铁路勘察设计暂行规定》编制工作，为服务川藏铁路勘察设计提供技术支撑；在全面总结兰渝、大瑞、玉磨、成兰等川藏铁路类似工程建设经验的基础上，对川藏铁路高地应力软岩隧道、岩爆隧道、高地温隧道、瓦斯隧道、大跨度斜拉桥、大跨度悬索桥、大跨度拱桥等难点问题的设计和施工，以及滑坡防治、泥石流防治等地质安全防护进行了全面总结，形成了9大类总报告、45册分报告，共54册川藏铁路类似工程总结报告；把握川藏铁路建设的需求、利用类似工程的经验教训和成果、总结吸纳了国内公路、水利水电和美国、瑞典、日本等国外类似工程的经验，牢牢抓住川藏铁路外部环境条件、工程本身的重点难点，以及川藏铁路质量、安全、投资、进度、环保的要求，开展编制川藏铁路高地应力软岩隧道、岩爆隧道、高地温隧道、瓦斯隧道、大跨度斜拉桥、大跨度悬索桥、大跨度拱桥、滑坡防治、泥石流防治9大类共计16项设计施工暂行标准；在川藏铁路类似工程经验总结、设计施工暂行标准的基础上，围绕色季拉山隧道、折多山隧道和大渡河特大桥"两隧一桥"的特点、难点和关键点，针对9大类综合交叉叠加工况的组合，运用成果转化的经验，开展"两隧一桥"3项先期开工点的设计施工技术方案编制。

【造价标准】高起点高标准高质量推进川藏铁路

规划建设，合理确定有效控制工程建设投资，开展川藏铁路投资估算设计概预算编制暂行规定、川藏铁路隧道施工机械化暂行定额、川藏铁路施工道路和施工供电工程勘察设计暂行规定等标准编制；以构建世界领先的建设标准体系为目标，全面推进智能建造造价标准研究；开展铁路工程技改和大修编制办法研究；完成铁路工程建设信息化管理系统费用、中西部铁路汽车便道费用等铁路工程亟需的课题研究；针对特殊施工工艺，开展补充定额和专项定额测定。

【标准翻译】主动适应铁路"走出去"战略需要、服务"一带一路"建设，积极开展建设标准外文版翻译，组织翻译并发布了铁路架桥机架梁技术规程、客货共线铁路工程施工技术规程系列标准、高速铁路工程细部设计和工艺质量系列标准等11项英文版标准。

【绿色铁路标准编制】为贯彻国务院关于进一步推进全国绿色通道建设的要求，统一南方地区和北方地区铁路工程绿化建设技术要求，围绕"安全可靠、经济适用、易于管护、兼顾绿化效果"总体原则，注重铁路建设与生态环境的融合，发布《铁路工程绿化设计和施工质量控制标准（南方地区）》，加快推进《铁路工程绿化设计和施工质量控制标准（北方地区）》编制。

【货运专用线设计标准编制】落实国铁集团货运增量行动方案要求，加快推进铁路专用线建设，在认真总结铁路专用线建设运营经验、专题调研和理论计算分析的基础上，按照保障运输安全、有效降低工程投资的原则，充分利用既有合格的设施、设备和材料，科学合理地确定专用线标准的有关技术参数和工程措施，编制并发布国铁集团铁路专用线设计标准，为推进铁路专用线建设提供了坚强支撑。

（技术标准处）

招标投标

按照党中央、国务院关于加快铁路建设的总体部署，各单位认真贯彻落实《中华人民共和国招标投标法》和《中华人民共和国招标投标法实施条例》，国铁集团有关部门和单位严格审查把关，加强驻场监督，积极防范围标、串标等违法违规行为，铁路建设招标活动依法有序展开。2019年完成基建大中型项目施工招标105批次，合同额合计2595.84亿元。按计划完成了新建杭州至衢州铁路建德至衢州段、西安至延安高速铁路、新建天津至北京大兴国际机场铁路、新建杭州至温州铁路义乌至温州段、新建池州至黄山高速铁路、新建湖州至杭州西至杭黄高铁连接线、新建金华至宁波铁路、新建包头至银川铁路银川至惠农段工程、新建成都至自贡高速铁路、新建常德经益阳至长沙铁路、新建和田至若羌铁路、新建江苏南沿江城际铁路、新建广州（新塘）至汕尾铁路站前工程、新建川南城际铁路自贡至宜宾线等14个新开工项目招标工作。按照国铁集团规定，建设管理部、工管中心等部门组成检查组，开展了3次招投标工作抽查，主要抽查了上海局、昆明局、兰州局、南昌局、乌鲁木齐局5个铁路局，沪昆客专贵州公司、银西客专公司、昌九城际公司、武九客专湖北公司4个铁路公司，抽查招标项目合计施工中标额714亿元，监理中标额6.347亿元，同时要求各被检查单位制定切实可行的防范措施，认真组织抓好招投标业务学习，领导干部带头学习和遵守国家及国铁集团有关规定，不断规范招标行为。

（工程管理处）

项目验收

国铁集团和各建设单位履行《铁路建设项目竣工验收交接办法》（铁建设〔2008〕23号）、《高速铁路竣工验收办法》（铁建设〔2012〕107号）规定的职责，按计划完成项目验收工作。

【验收组织】2019年，铁路建设系统聚焦项目开通，在攻坚克难中依法高质量开展项目推进。按照国铁集团统一部署和"保开通"工作要求，成立了保开通领导小组，针对2020年的开通项目，对照国铁集团党组确定的10项依法开通的基本条件，逐一研究梳理了有关问题，明确了实现2019年项目依法高质量开通目标必须坚持的有关原则，即：科学有序、安全优质、依法建设、服务运输、高质量发展，提出了加强组织领导、突出质量安全、紧盯问题整改、细化工作措施、强化内外协调、确保安全稳定6方面具体措施。

【初步验收工作】2019年，国铁集团提早制定并严格落实年度开通项目安排，动态分析剩余工程、地方资金、市政配套、路外环境治理等工作进展，及时调整京张高铁、京雄城际、浩吉铁路等重点项目开通方案。制定高铁项目依法开通工作意见，明确落实10项开通条件、13项重点工作及相关程序标准，对用地组卷报批、水井封闭、彩钢房拆除加固等实行清单式管理，并派出督导组现场确认高铁项目开通条件，认真组织国铁集团相关部门和单位开展初步验收前集中检查，协调解决项目存在问题，确保成熟一个、验收一个、投产一个，京张高铁、成贵高铁、徐盐高铁等新线依法高质量开通,特别是高铁项目环水保自主验收首次在开通前全部完成。年内,完成51个项目的初步验收:国铁集团组织完成京雄城际李营至新机场段、成贵铁路、梅州至潮汕铁路、郑州至万州铁路郑州至襄阳段、郑州至周口至阜阳铁路、商合杭铁路商丘至合肥段、徐州至淮安至盐城铁路、连淮扬镇铁路连云港至淮安段、南昌至赣州铁路客运专线、黔江至张家界至常德铁路、张家口至呼和浩特铁路怀安至张家口段、北京至张家口铁路、崇礼铁路、大同至张家口高速铁路14个项目的初步验收;铁路局集团公司组织了朔州至准格尔铁路、敦煌至格尔木铁路等30个项目的初步验收。另外,济南局集团公司、武汉局集团公司、兰州局集团公司、广州局集团公司、上海局集团公司分别受鲁南高铁公司、汉十城际公司、宁夏城际公司、安徽庐铜铁路公司委托,分别开展了鲁南高速铁路临沂至曲阜段、鲁南高速铁路日照至临沂段、武汉至十堰铁路、吴忠至中卫铁路、穗莞深城际新塘至洪梅段、穗莞深城际洪梅至深圳机场段、庐江至铜陵铁路7个项目的竣工验收咨询工作。

【国家验收】国铁集团高度重视已开通项目的国家验收,成立竣工决算领导小组及办公室,组织梳理分析271个未完成竣工决算项目剩余尾工、末次验工计价、地方资金到位等关键问题,集中解决了一批久拖不决的问题,全年共收回地方拖欠资金40多亿元,完成204个开通项目的竣工决算,为项目国家验收和国铁企业股份制改造创造了有利条件。同时,重点抓好国有土地使用证办理、环境保护、水土保持、档案正式验收、资金到位和建设各方费用结算、竣工决算、安全保护区设立等工作,确定重点项目国家验收目标,制订详细的推进计划和具体措施,争取早日具备国家验收条件。(工程管理处)

质量安全

【坚持示范引领】按照精心、精细、精致、精品的要求,运用现场点评、信用评价等措施,加强过程督导检查,打造了精品工程、智能京张新典范,树立了昌赣高铁时速350公里长大干线新标杆;以京津冀地区客站建设为重点,研究细化清河站、八达岭长城站、太子城站等站房设计方案,优化调整吉安西站、张家界西站、桃源站、南阳东站等站房施工细部装饰方案,建成了一批站房示范工程;因地制宜开展京张高铁站前工程绿化景观设计施工,打造了"城郊、关塞、大泽、燕北、雪国"景观绿色长廊,推动了新时代绿色铁路建设迈上新台阶。以智能京张、智能京雄等为依托,深化BIM技术的工程化应用,依托京张、京雄、郑济等项目建设,深化桥梁装配式建造技术、双块式轨道板智能建造技术、轨道工程智能精测精调技术的研究,推广应用智能梁场板场建造技术,开展联调联试智能化数据分析,在智能建造方面迈出了新步伐。

【质量专项整治】4月、10月开展了2次质量安全红线管理专线督查,抽查建设单位55家次、建设项目104个、施工标段413个、工点721个,发现整治质量安全问题2956个。针对督查发现的问题,参建单位及时进行了整改,对相关责任人进行了严肃追责,不断强化质量保证体系并保证正常有效运转。在整改的基础上,相关单位完善质量安全管理制度,改进或开发新的工艺工法,确保工程质量得到持续改进。

【开展专项整治】在全路开展"查标准、查管理、查现场"专项治理活动,派出5个督导组现场抽查,对78个高铁项目、102个普速项目检查3946次,排查整改各类问题32792个,进一步规范了施工图现场核实、设计技术交底、设计巡查、变更设计、质量验收等管理行为。组织6个设计院开展现场警示教育,召开设计单位座谈会,在全路集中开展开通高铁项目质量安全排查整治活动,发现整治问题1157个,不按标准设计、不按设计施工、不按标准验收等突出问题得到有效整治。

【抓好维稳工作】围绕确保春节、两会、新中国成立70周年等特殊时段稳定工作,督促建设单位落实维稳工作责任,及时排查整治稳定风险隐患,并分片督导解决农民工工资发放、工程款拨付、材料款结算等突出问题,防止群体性突发性事件发生。积极做好民营企业逾期账款清欠工作,全年清欠账款1.3亿元,营造了安全和谐稳定的建设环境。

【加大处罚力度】2019年,国铁集团持续加大质量安全问题和事故的处罚力度,进一步落实了参建各方责任。因工程质量问题,对18个施工单位、7个监理单位、1个设计单位进行投标处理,将1名施工队伍负责人、1名试验检测负责人、1名物资负责人清出铁路建设市场、记入黑名单;因为施工安全事故,共对8家施工单位、6家监理单位进行了暂停投标的处罚。(工程管理处)

(中国国家铁路集团有限公司建设管理部)

民 航 建 设

2019年,着力推进机场基础设施建设补短板,新建运输机场5个,新增跑道10条、航站楼面积174.9万平方米、油库容积32万立方米,共完成固定资产投资950亿元。加快推进枢纽机场建设,统筹协调综合交通运输体系中各种运输方式发展,注重机场与其他交通方式的无缝衔接,构建以枢纽机场为核心节点的综合交通枢纽,全年批复的昆明长水国际机场等9个4E级以上机场总体规划中,除拉萨贡嘎国际机场外,全部规划了综合交通枢纽,规划引入轨道交通或高速铁路,着力提升枢纽机场服务保障能力,适应快速增长的航空需求,满足广大人民群众便捷出行需要。补齐中西部机场覆盖不足,特别是边远地区、民族地区航空服务短板,建成投用重庆巫山机场、巴中恩阳机场、宜宾五粮液机场、甘孜格萨尔机场等机场。

2019年,民航固定资产投资总额1819.9亿元,其中,民航基本建设和技术改造投资969.4亿元,比上年增加3.5%。基本建设和技术改造投资按系统划分如下:机场系统完成751.4亿元,空管系统完成50.6亿元,安保系统完成1.7亿元,信息系统完成0.8亿元,科教系统完成5.3亿元,油料系统完成23.1亿元,机务维修系统完成0.5亿元,运输服务系统完成70.5亿元,公用设施系统完成65.5亿元。

【北京大兴国际机场顺利投运】北京大兴国际机场位于天安门正南46公里处的永定河北岸,地跨北京市大兴区礼贤镇、榆垡镇和河北省廊坊市广阳区。距首都机场67公里,天津机场85公里,石家庄机场197公里,廊坊市中心26公里,雄安新区55公里,通州行政副中心54公里。本期按照2025年旅客吞吐量7200万人次、货邮吞吐量200万吨、飞机起降62万架次的目标设计,远期规划可满足年旅客吞吐量1亿人次以上、货邮吞吐量400万吨、飞机起降88万架次。

大兴机场建设过程中有民航、军队、北京、河北、铁路总公司等多个不同行业和地方政府主管的12个建设主体共同参与,项目由飞行区、航站区、工作区等机场主体工程,航空公司基地、航油设施、空管设施等民航配套工程,"五纵两横"综合交通体系和水电气等外围配套设施组成。总投资约4500亿元,是世界上一次建成规模最大的机场工程项目。地面服务、海关、边检、空管、航油、武警等32个驻场单位也需同步做好运营筹备工作,同期投入运营。

大兴机场本期红线内占地27平方公里。一次性建设4条跑道,飞行区道面面积达950万平方米,排水沟总长度144公里,围界长度80公里,巡场路长度38公里。143万平方米航站楼综合体,航站楼核心区总面积70万平方米,工作区建筑总面积达149万平方米。

南航需建设五大功能区,共31栋单体建筑,建筑面积约88万平方米。其中,机库、运行控制中心和航空配餐中心均为亚洲最大。

东航需建设五大功能区,共49栋单体建筑,建筑面积约46万平方米。

空管需建设两座塔台,13.3万平方米业务用房,航管、监视、导航、通信、气象等设施设备194套。需完成京津冀终端区内进离场航线调整、终端区外围航线及相关中小机场进离场航线调整,以及相关班机航线走向调整,涉及新辟(调整)航线97条,调整(增设)53个管制扇区,调整29个机场飞行程序及约4000条班机走向。涉及六大地区空管局及军方的空域调整,是空管系统有史以来最大的一次空域调整。

航油需建设196公里长输管道、50公里机坪加油管线、16万立方米库容机场油库、2座航空加油站、3万平方米综合生产调度中心和6座地面加油站。

外部交通需新建大兴机场高速、大兴机场北线高速两条高速公路,拓宽京开高速公路,新建京雄城际铁路(李营至大兴机场段),新建大兴机场快轨并在草桥站实现城市航站楼功能。

机场工程本期红线内征地拆迁涉及34个村庄,其中北京19个村庄,搬迁5427户,搬迁16000人,河北15个村庄,搬迁1889户,搬迁7423人。

需开展河道改移、水源地迁建、高压线迁改、天然气管线迁改、军事基地迁建、国防光缆迁改、洪泛区调整、净空整治、噪声影响治理等十几项重大拆改。

大兴机场施工难度极高，航站楼工程结构复杂，中心混凝土楼板513米×411米，是国内最大的单块混凝土楼板，高铁、地铁等南北纵贯整个场区，下穿航站楼并在航站楼下设站，综合交通中心总宽达275米，相当于北京站的宽度。交叉施工量大、工序异常复杂。建设工期紧张，大兴机场2014年12月26日正式开工建设，2019年6月30日主体工程竣工，2019年9月25日实现正式投运，全场工期仅4年9个月。运营筹备复杂，大兴机场共有驻场单位32家，完成了民航史上规格最高、工作最细、规模最大、审验时间最长、检查手段最先进的行业验收总验和使用许可审查终审。完成6家航空公司34架航空器转场调机，并举办规模最大、首航飞机最多的首航仪式。协同推进困难，大兴机场定位于大型国际航空枢纽，也是我国规模最大的空地一体化综合交通枢纽，工程综合性强、协同推进难度高。面对建设过程中的各项重大挑战，北京大兴国际机场各建设及运营筹备单位在中国民用航空局党组正确领导下，树牢"四个意识"，坚定"四个自信"，做到"两个维护"，艰苦奋斗、努力拼搏、创新方法、牺牲奉献，按期高效优质完成大兴机场建设任务。

9月25日，习近平总书记出席北京大兴国际机场投运仪式，宣布机场正式投运并巡览航站楼，亲切接见参加机场建设和运营干部职工代表，充分肯定大兴机场的建设成就。大兴机场建设投运以"6.30""9.30"两大节点为总目标，以总进度管控计划为牵引，以投运方案为统领，以高质量发展为标准，以建立有效的风险预警体系和动态控制机制为保障，圆满完成北京大兴国际机场行业验收总验和许可审查终审工作，向党中央、民航局党组及全国人民交上一份满意答卷。

习近平总书记在建设中和投运时两次莅临大兴机场，特别指出"新机场是国家发展一个新的动力源"，并形容大兴机场是一个"人间奇迹"，体现了中国人民的雄心壮志和世界眼光、战略眼光，体现了民族精神和现代化水平的大国工匠风范，向党和人民交上了一份满意的答卷，体现了以大兴机场为代表的中国速度、中国质量、制度优势。习近平总书记铿锵有力地讲道："中国人民一定能！中国一定行！"这是对大兴机场建设成就的充分肯定，也是对我国近年来机场规划设计水平的最高褒奖。

【上海浦东机场卫星厅工程投入使用】浦东机场三期扩建工程于2015年12月全面开工。工程主要包括4大部分：航站区工程、飞行区工程、生产辅助设施工程，以及市政配套工程。其中，62万平方米的卫星厅以及旅客捷运系统、95万平方米的港湾停机坪、2组飞行区下穿通道、满足航空公司中转的行李系统、5300多个停车位的长时停车库、绿色节能的能源中心是其核心工程。

2019年9月，浦东国际机场三期扩建主体工程建成启用，启用后浦东机场可满足年旅客吞吐量8000万人次的运行需求，将持续提升浦东机场运行服务品质，更好服务航空公司高效枢纽运作，更好服务旅客便捷出行。

浦东机场三期核心工程中，世界上最大的单体远距离卫星厅尤为重中之重。它位于浦东机场现有T1、T2航站楼南侧，由两座相连的S1和S2组成，呈工字形，与航站楼成组运行，具备旅客的出发候机、到达和中转功能。西侧的S1地下1层，地上6层，与现有的T1航站楼共同运行，设计年旅客吞吐量3680万人次，服务东上航及天合联盟；东侧S2地下1层，地上5层，与现有的T2航站楼共同运行，设计年旅客吞吐量4320万人次，服务国航、南航、吉祥、春秋、星空联盟、寰宇一家等。卫星厅启用后，浦东机场新增90个登机桥，靠桥率可由目前的50%提高至90%，绝大部分旅客能够通过登机桥上下飞机，出行更加便捷。

旅客通过捷运系统往返航站楼与卫星厅。浦东机场卫星厅是我国内地首个采用机场捷运与主楼相连的远距离卫星厅。捷运线路全长7.2公里，东线连接T2航站楼与S2卫星厅，西线连接T1航站楼与S1卫星厅。

以建设世界一流航空枢纽为目标的浦东机场，也将卫星厅建成了最高标准的建筑精品。浦东机场卫星厅被中国建筑金属结构协会授予了行业内最高荣誉——"中国建筑工程钢结构金奖"。

在三期工程建设中，浦东机场还建成了集中供冷供热的能源中心，能源中心使用天然气燃烧的锅炉氮氧化物排放量小于50毫克/立方米，是上海首家达到此标准的新建锅炉房。集中供冷系统则拥有目前全国最大的水蓄冷技术蓄冷罐，能使用夜间低谷时段的低价电制冷，将冷水储存在蓄冷水罐中，白天高峰时段电价高时再放冷，通过峰谷电价差，每年可节约1800万元左右的运行费用。对标世界级枢纽机场绿色航站楼设计，卫星厅通过使用变频空调箱、取消空调交换器直接供冷、过渡季节自然通风、地面以下直供水等多种节能技术手段运用，预测年节约用电量可达995万度。卫星厅厕所及绿化浇水采用围场河雨水回用技术，可以实现年节水21.6万吨。卫星厅投运后，可减少地面保障车辆运输频次和行驶距离，预测全年减少航空公司保障车辆柴油消耗量1623吨；通过登机桥给飞机供电方式每年可以减少飞机航油消耗量3.9万吨，每年减少二氧化碳排放11.5万吨。

截至2020年春运前期，卫星厅航班量占浦东机场航班总量的48%，卫星厅航班靠桥率实现100%，受此带动，浦东机场客运航班的靠桥率显著提升，浦东机场总的航班靠桥率由卫星厅启用之前的50%提升至90%。

【**西部地区机场建设有序推进**】中西部地区机场覆盖不足，特别是边远地区、民族地区航空服务短板突出，增加中西部地区机场数量、提高密度，进一步扩大航空运输服务的覆盖面。2019年共完成云南玉溪、楚雄、黑龙江宝清、四川遂宁、山西晋城5个机场场址批复，会东、普洱、广安、周口、威海、南通、潢川、防城港8个机场选址完成评审。加快推进巫山等一批机场的基础设施建设，巫山、巴中、宜宾、甘孜机场建成投运。

2016年2月，巴中恩阳机场开工建设，2019年1月机场工程竣工。机场飞行区等级4C，占地面积2641亩，远期按满足2045年旅客吞吐量180万人次、货邮吞吐量8000吨目标规划，现有工程按满足2025年旅客吞吐量90万人次、货邮吞吐量3000吨目标设计、建设。机场飞行区等级4C，建设内容包括：1条长2600米、宽45米的跑道，7个机位的站坪；13000平方米的航站楼，同步建设了通信、导航、气象、供油、消防救援等其他配套设施。项目总投资16.96亿元。机场通航以来，陆续开通了北京、上海、深圳、成都、银川、温州、南宁、昆明等城市航线，积极响应国家民航通航发展号召，开展了训练飞行、应急救护、地质测绘等通用航空业务。巴中恩阳机场建成通航，对构建四川立体交通网络、形成全省航空运输规模化网络化经营、促进巴中全域旅游事业发展、推动秦巴山连片地区及川陕革命老区核心区经济社会可持续发展具有十分重要的作用。

2017年6月，甘孜格萨尔机场开工建设，2019年9月整体竣工。位于四川省甘孜藏族自治州甘孜县来马镇和德格县错阿镇交界六十六道班，海拔高度4068米，是我国第5个海拔4000米以上的民用运输机场。机场飞行区等级4C，建设内容包括：1条长4000米、宽45米的跑道，4个机位的站坪；3000平方米的航站楼，同步建设了通信、导航、气象、供油、消防救援等其他配套设施。能满足空客320、波音737-800及以下的客机起降，设计年吞吐量22万人次。项目总投资24.25亿元。机场自投入运营以来，开通了成都至格萨尔机场航线，运行情况良好。机场的建成将四川省会成都到甘孜州康北腹地的距离从过去的八九个小时车程缩短至一小时航程。甘孜格萨尔机场的建成通航，架起了联通甘孜州康北片区与全世界的空中桥梁，改善了甘孜州康北片区50万群众"山高路远、翻山越岭"的交通状况，更是在提升全州应急救援、抢险救灾能力，促进地方经济社会发展、助力脱贫攻坚和全面建成小康等方面具有极为重要的意义。

2016年10月，宜宾五粮液机场开工建设，2019年9月竣工。机场飞行区等级4C，建设内容包括：1条长2600米、宽45米的跑道，13个机位的站坪；24000平方米的航站楼，同步建设了通信、导航、气象、供油、消防救援等其他配套设施。能满足空客320、波音737-800及以下的客机起降，设计年吞吐量200万人次。项目总投资16.88亿元。机场开航以来，开通了北京、上海、广州、深圳等一线城市的航线，连接国内最发达的航空运输网络，不仅提升了区域的运输能力，对增进社会繁荣、提高区域经济效率、改善产业结构和增加就业方面都起着积极的作用；同时，增加了本地以及周边辐射区域与外地人员、资本、信息的沟通和交流，从而促进经济增长、促进社会和谐。

2015年12月，巫山机场开工建设，2019年8月通过行业验收并正式通航。巫山机场位于重庆市巫山县与奉节县交界处，场址海拔高程为1771.48米，是重庆地区目前海拔最高的机场。机场飞行区等级4C，建设内容包括：1条长2600米、宽45米的跑道，5个机位的站坪；3500平方米的航站楼，同步建设了通信、导航、气象、供油、消防救援等其他配套设施。能满足空客320、波音737-800及以下的客机起降，设计年吞吐量28万人次。项目总投资16.42亿元。机场的建成投用，打通了渝东北地区连接世界的空中交通通道，助力巫山县摘下了贫困县的帽子，完善了机场布局和综合交通运输体系，有效发挥了三峡库区集水、陆、空多种运输方式于一体的综合优势，提高了三峡库区应对社会公共突发事件的效率。

（中国民用航空局机场司）

公 路 建 设

公路建设基本情况

截至2019年年底，全国公路总里程达501.25万公里，比上年末增加16.60万公里。公路密度为52.21公里/百平方公里，增加1.73公里/百平方公里。

全国等级公路里程469.87万公里，比上年末增加23.29万公里，占公路总里程的93.7%，提高1.6个百分点。其中，二级及以上等级公路里程67.20万公里，增加2.42万公里，占公路总里程的13.4%，与上年基本持平。

全国高速公路里程14.96万公里，比上年末增加0.70万公里。其中，国家高速公路10.86万公里，增加0.31万公里。全国高速公路车道里程66.94万公里，增加3.61万公里。

国道里程36.61万公里，省道里程37.48万公里。农村公路里程420.05万公里，其中县道里程58.03万公里，乡道里程119.82万公里，村道里程242.20万公里。

公路重点工程建设总体情况

2019年，交通运输行业坚持服务国家重大区域发展战略，助力全面建成小康社会和脱贫攻坚目标按期实现，加快推进重点工程项目建设，公路建设持续保持较快发展。

广东虎门二桥、安徽池州长江公路大桥、湖北嘉鱼长江公路大桥、湖北石首长江公路大桥以及北京新机场高速公路和新机场北线高速公路、京台高速公路安徽方兴大道至马堰段改扩建工程、沪陕高速公路安徽周庄至陇西立交段改扩建工程、南昌至九江高速公路改扩建工程、莆炎高速公路江西广昌至吉安段、青兰高速公路山东泰安至东阿段、青银高速公路山东济南至青岛段改扩建工程、兰海高速公路广西南宁至钦州至防城港段改扩建工程、榆蓝高速公路陕西绥德至延川段、京藏高速公路青海扎麻隆至倒淌河段改扩建工程、连霍高速公路乌鲁木齐至奎屯段改扩建工程、吐和高速公路新疆疏勒经叶城至墨玉段二期工程等一批重点项目建成通车。随着阳朔至鹿寨高速公路的建成，汕昆国家高速公路全线贯通。中俄黑河—布拉戈维申斯克黑龙江大桥中方一侧工程通过交工验收。海南万洋高速公路、海三高速公路琼中至乐东段、海琼高速公路文昌至琼海段共计约358公里建成通车，海南省国家高速公路"田"字形骨干路网全部建成。

乌鲁木齐至若羌高速公路乌鲁木齐至尉犁段、呼北高速公路山西离石至隰县段、德令哈至马尔康高速公路久治（川青界）至马尔康段、德上高速公路赣皖段至婺源段、沪昆高速公路湖南醴陵至娄底段扩容工程、京秦高速公路河北遵化至秦皇岛段、雅叶高速公路西藏拉萨至日喀则机场段、国道G318线竹巴笼至林芝重点路段整治工程等国家重点公路建设项目初步设计通过交通运输部审批。

京雄高速公路河北段、荣乌高速公路雄安新区新线工程、新机场至德州高速公路京冀界至津石高速段、菏宝高速公路山西临猗黄河大桥及引线段工程、京哈高速公路黑龙江段改扩建工程、京沪高速公路江苏新沂至淮安至江都段改扩建工程、厦门第二东通道工程、京台高速公路山东德州至齐河段和泰安至枣庄段改扩建工程、呼北高速公路湖南官庄至新化段、沈海高速公路广东汕尾陆丰至深圳龙岗段及阳江至茂名、茂名至湛江段改扩建工程、乌玛高速公路兰州新区至兰州段、京新高速公路新疆伊吾至巴里坤段、精河至阿拉山口高速公路等重点工程项目开工建设。

推动公路建设转型升级

交通运输部进一步总结实施绿色公路建设、推进公路钢结构桥梁建设等专项工作经验成果，组织编制出版《绿色公路建设技术指南》和《公路常规跨径钢结构桥梁建造技术指南》。

《绿色公路建设技术指南》主要分为设计篇和施工篇，涵盖总体、路线、路基、路面、桥梁涵洞、隧道、交通工程设施、服务设施、景观与环境保护、旅游功能拓展等方面的设计施工内容。

《公路常规跨径钢结构桥梁建造技术指南》主要包括常规钢结构桥梁材料选用及设计指标、结构及构造设计、工厂制造、现场制造及组装、BIM技术应用、成本核算等内容。

5月和9月,交通运输部公路局先后在京举办公路建设转型升级发展培训班和脱贫攻坚公路重点工程转型发展培训班,以脱贫攻坚涉及的重点区域和重点项目,交流公路建设转型发展经验成果,推动公路建设理念提升。

典型重大工程项目

【虎门二桥】虎门二桥是连接广州市和东莞市的重要公路通道,是继港珠澳大桥之后粤港澳大湾区核心区又一标志性工程。项目起于广州市南沙区东涌镇,先后跨越珠江大沙水道、海鸥岛、坭洲水道,与广深沿江高速公路相接。路线全长12.89公里,按双向八车道公路标准建设,设计速度100公里/小时,主线均采用桥梁方式,桥梁全宽49.7米,桥面宽40.5米。该项目同时建设两座超千米级特大跨度悬索桥,在全世界尚属首次。其中坭洲水道桥主跨1688米,东西边跨分别为658米和552米,建成时是世界上主跨第二大的悬索桥;大沙水道桥主跨1200米,建成时是世界上主跨第十四大的悬索桥。

虎门二桥于2014年6月开工,2019年4月2日通车。项目通车后,广州到东莞路程缩短约10公里,也大大缓解了虎门大桥等珠江口跨江通道交通压力,对加快粤港澳大湾区基础设施互联互通、完善区域综合交通体系、推动珠三角实现高质量发展具有重要意义。

【池州长江公路大桥】池州长江公路大桥是德州至上饶国家高速公路的关键控制性工程,也是安徽省"五纵九横"高速公路网规划中跨越长江重大工程。项目路线起自枞阳县会宫,在左家墩跨越长江,止于殷家汇,全长41.026公里,总投资约60.2亿元。其中长江大桥长约5.825公里,按双向六车道高速公路标准建设,北岸接线长16.150公里,南岸接线长19.051公里,主桥为主跨828米双塔双索面单侧混合梁斜拉桥。

池州长江公路大桥于2015年5月开工,2019年7月12日交工。它的建成对于完善区域路网布局,贯彻落实长江三角洲区域一体化发展国家战略,促进长江两岸经济社会协调发展等具有重要意义。

【延庆至崇礼高速公路】延崇高速公路是2022年冬奥会和冬残奥会重点公路建设项目。赛时,该项目是连通延庆、崇礼最为便捷、高效的公路通道,也是实现两大赛区1小时快速转场的关键保障。项目路线起自北京市延庆区营城子立交,与兴延高速公路顺接,止于河北省棋盘梁村附近的太子城(奥运村)互通,主线全长约115公里,采用双向四车道高速公路标准建设,总投资约323亿元。其中,主线北京段约33公里、河北段约82公里。此外,河北省同步建设赤城支线约15公里、延伸线工程约17公里。项目穿越京西北山岭区,沿线控制性因素多,地形地质条件复杂,其中京冀界松山特长隧道长约9.2公里,是本项目关键控制性工程,由北京、河北各实施约4.6公里,施工单位为中交一公局集团有限公司。在京冀两省市党委、政府的坚强领导下,两地交通运输主管部门周密谋划、通力合作,中交一公局集团等参建单位攻坚克难,通过加大投入、优化方案、高效组织等措施,全力以赴保障延崇高速公路顺利建成。

延崇高速公路北京平原路段约15公里于2019年1月1日建成通车,直接服务于2019年北京延庆世界园艺博览会。2020年1月23日,延崇高速公路主线建成通车。

【湖北石首长江公路大桥】石首长江公路大桥是国道G234线(河北兴隆至广东阳江)的控制性工程。项目起于江陵县普济镇西,接潜江至江陵高速公路,止于石首市高基庙镇西,接岳阳至宜昌高速公路,全长39.723公里,按双向六车道高速公路标准建设,设计速度100公里/小时。其中,长江大桥长10.454公里,跨江主桥为主跨820米双塔双索面非对称混合梁斜拉桥。

石首长江公路大桥于2015年12月开工建设,2019年9月28日建成通车。该项目的建成将石首市南北区域连成整体,对落实长江经济带发展战略,完善长江湖北段过江通道布局,促进江汉平原和洞庭湖平原的交流融合和区域一体化发展等具有重要意义。

【湖北嘉鱼长江公路大桥】嘉鱼长江公路大桥起自洪湖市燕窝镇团结村,接武汉市城市圈环线高速公路洪湖段,止于嘉鱼县新街镇,接武汉城市圈环线高速公路咸宁西段,是武汉城市圈环线高速公路西环孝感至仙桃至咸宁段跨越长江的控制性工程,项目全长4.66公里,按双向六车道高速公路标准建设,设计速度100公里/小时。主桥全长1650米,采用主跨920米的双塔双索面非对称混合梁斜拉桥方案,是目前世界上最大跨度的非对称混合梁斜拉桥。

嘉鱼长江公路大桥于2016年2月开工,2019年11月建成通车。该项目是咸宁市第一座长江大桥,标志着湖北省沿江8市州全部建成了跨江通道,对推动鄂南地区经济社会发展,促进湖北长江沿线经济高质量发展具有重要意义。

(交通运输部公路局)

水运工程建设

概况

2019年，深入落实"一带一路"倡议和京津冀协同发展、长江经济带发展、长三角一体化发展、粤港澳大湾区建设等国家战略，加快建设交通强国，大力推动水运高质量发展，不断加大水运基础设施补短板力度，扩大有效投资，有序推进水运基础设施建设。加强沿海港口基础设施建设，提升港口服务能力和水平；推进长江干支线航道系统治理，加快构建长江经济带综合交通运输体系；继续推进珠三角航道网和西江航运干线扩能工程建设；大力推进贫困地区内河水运建设和界河航运项目。

截至年末，内河航道通航里程12.73万公里，比上年增加172公里。等级航道里程6.67万公里，占总里程的52.4%，提高0.2个百分点。三级及以上航道1.38万公里，占总里程的10.9%，提高0.3个百分点。各等级内河航道通航里程分别为：一级航道1828公里，二级航道4016公里，三级航道7975公里，四级航道11010公里，五级航道7398公里，六级航道17479公里，七级航道17044公里。等外航道里程6.05万公里。各水系内河航道通航里程分别为：长江水系64825公里，珠江水系16495公里，黄河水系3533公里，黑龙江水系8211公里，京杭运河1438公里，闽江水系1973公里，淮河水系17472公里。

年末全国港口拥有生产用码头泊位22893个，比上年减少1026个。其中，沿海港口生产用码头泊位5562个，减少172个；内河港口生产用码头泊位17331个，减少854个。年末全国港口拥有万吨级及以上泊位2520个，比上年增加76个。其中，沿海港口万吨级及以上泊位2076个，增加69个；内河港口万吨级及以上泊位444个，增加7个。

水运工程建设情况

2019年全年完成水运建设投资1137亿元，比上年下降4.4%。其中，内河建设完成投资614亿元，下降2.3%；沿海建设完成投资524亿元，下降6.8%。

【沿海港口基础设施建设】连云港30万吨级航道二期工程、湛江港30万吨级航道改扩建工程、广州港深水航道拓宽工程等工程稳步推进，天津港北疆港区C段智能化集装箱码头、江苏盛虹炼化一体化配套港储项目码头工程等开工建设，广州南沙国际邮轮码头工程、福州港罗源湾港区将军帽作业区一期工程、唐山港京唐港区23号至25号多用途泊位工程、大连港恒力石化（大连）炼化有限公司2000万吨/年炼化一体化项目配套码头工程等一批重大项目建成投入使用。

【长江干线航道建设】长江南京以下12.5米深水航道二期工程通过竣工验收，全线贯通；长江下游江心洲水道、东北水道、安庆二期、库区炸礁二期等航道整治工程完成竣工验收；长江中游宜昌至昌门溪二期工程、下游黑沙洲二期工程、长江口南槽航道治理一期工程完成交工验收并投入试运行；长江上游重庆九龙坡至朝天门段、中游蕲春水道等航道整治工程已基本建成；长江中游武汉至安庆6米水深航道建设、新洲至九江二期工程、长江下游江心洲至乌江二期工程和长江口南坝田挡沙提加高工程等持续推进实施。

【西江黄金水道建设】西江（界首至肇庆）航道扩能升级工程、西江航运干线南宁至贵港Ⅱ级航道工程等完成竣工验收；北江航道扩能升级工程清远枢纽二线船闸、濛里枢纽二线船闸、飞来峡枢纽二三线船闸和白石窑枢纽二线船闸基本建成，联石湾船闸工程有序推进建设，崖门出海航道工程正在推进前期工作；贵港至梧州3000吨级航道工程、贵港航运枢纽二线船闸工程、西津水利枢纽二线船闸工程、柳江红花水利枢纽二线船闸工程等正在进行主体工程建设。

【地区航道、通航设施建设】引江济淮航运工程，京杭运河浙江段、山东段提等升级工程，小清河复航工程，淮河干流航道整治工程，湘江永州至衡阳三级航道一期工程，大芦线航道整治二期工程等重点项目稳步推进；通扬线运东船闸扩容工程、富春江船闸扩建改造工程等完成竣工验收；赣江石虎塘已交工验收并试运行；岷江犍为、龙溪口，赣江井冈山，信江八字嘴，汉江雅口等航电枢纽正在进行主体工程建设。

水运工程建设相关法规政策

【修订建设管理规定】《航道工程建设管理规定》（交通运输部部令2019年第44号）发布，自2020年2月1日实施。《港口工程建设管理规定》（交通运输部部令2019年32号），自公布之日起施行，取消了港口工程试运行经营行为。

【加强信用体系建设】3月正式上线运行全国水运建设市场信用信息管理系统，扩展了信用信息范围，完善了信用信息审核机制，打造全国信用信息"一张网"。同时，组织指导省级交通运输主管部门和部属单位开展水运建设市场信用评价工作，公布2018年度全国信用评价结果。

【落实"放管服"改革要求】推进"水运工程监理企业乙级、丙级资质认定"及"水运工程监理企业机电专项资质认定"在自贸试验区试点实行告知承诺制，"水运工程监理企业甲级资质认定"进一步优化资质审批服务。

【开展职业资格专项治理】会同人社部、住房城乡建设部研究制定《监理工程师职业资格制度规定》和《监理工程师职业资格考试实施办法》，并开展打击专业技术人员职业资质"挂证"专项治理工作。

【推进内河航运高质量发展】7月29日，在江苏苏州组织召开了全国内河航运高质量发展现场推进会，提出推进内河航运高质量发展是当前和今后的一项重要任务，争取到2035年，建成安全、便捷、高效、绿色、经济的内河航运体系。

（交通运输部水运局）

各 地 建 设

北 京 市

住房和城乡建设

概况

2019年，北京市加快建立完善租购并举的住房制度，持续推进城市有机更新，不断深化建筑业改革，大力推动建筑绿色化发展，房地产市场运行平稳有序，建筑业发展稳中向好。

稳地价稳房价稳预期，租购并举住房制度不断完善。保持调控政策的连续性和稳定性，坚持"房住不炒"定位，落实城市主体责任和"一城一策"要求，积极推动长效机制工作方案落地。培育发展住房租赁市场，健全租赁市场管理制度，发布租赁合同示范文本，进一步完善租赁平台功能。加大审核分配管理力度，加强保障房建设和后期管理，持续解决保障家庭住房困难。

推进物业管理改革、老旧小区综合整治、棚户区改造等各项工作，群众居住环境不断改善。加快推进《北京市物业管理条例》立法进程，启动"10+1"试点工作；推进弃管、失管老旧小区引进物业管理试点。全力开展老旧小区综合整治工作，老楼增设电梯完工555部，超额完成任务目标。建立老旧小区管理长效机制，全市210个项目改造后将实施专业化物业管理。加强老城整体保护和棚户区改造，着力推进核心区平房院落有机更新。全年落实棚改1.63万户，完成600户直管公房清理整治任务。实现普通地下室散租住人动态清零。

工程质量安全整体受控，全市重大工程顺利推进。建立健全质量安全管理制度，加快推进工程质量双重预防机制建设，推动质量管理从事后查处向事前预防转变。在住房城乡建设部全国房建、市政工程安全质量监督执法检查中，安全质量总体符合率名列前茅。全力做好重大项目服务保障，世园会工程园区各场馆按时顺利验收，北京大兴国际机场如期建成通航。300项重点工程完成建安投资1296亿元。

加大改革力度，建筑市场秩序更加规范。做好工程领域优化营商环境工作，优化完善建筑工程许可审批流程，在全国率先实现建筑工程许可证全程网上办理；加强联合验收信息平台建设，全面推行电子化招标，全面放开社会投资房屋建筑工程招标。"施工许可证全程网上办"及"推行工程招投标交易全过程电子化"改革措施被国务院办公厅列为"供全国借鉴的改革举措"。加强建筑市场管理，建立北京市建筑市场监管信息系统，实时对建筑市场行为进行信用评价；开展造价管理市场化改革试点，推进京津冀工程计价体系一体化；建立建设单位工程款结算与支付信用承诺制；推进外省市来京企业备案管理和施工人员实名制。

发展建筑节能和绿色建筑，行业发展质量效益不断提高。继续组织超低能耗建筑示范，公共建筑节能绿色化改造实施体系基本形成。继续加强公共建筑电耗限额管理。全年新开工装配式建筑面积1413万平方米，超额完成25%的既定目标。推动砂石绿色供应和建筑垃圾资源化，资源化再生产品累计使用超过8200万吨。

法规建设

【**推进地方性法规和政府规章立法**】制定地方性法规方面，《北京市物业管理条例》由北京市人民代表大会提升为任期内制定完成、年内出台的法规。制定政府规章方面，《北京市城市轨道交通工程质量安全管理办法》列为市政府2019年立法工作计划第一档力争完成项目。办理其他委办局《土地管理法》《城市房地产管理法》《北京市街道办事处条例》等法律法规草案征求意见稿近80件。

【**开展法规、规章及规范性文件清理**】梳理全市住房城乡建设系统的法律、法规、部门规章，对《注册造价工程师管理办法》《城市房地产管理法》等法律法规提出修改建议；清理与扩大对外开放、减少准入限制、优化营商环境、提升投资自由化便利化水平、加强投资促进和保护等要求不符的地方性法规、规章和规范性文件；对涉及政府机构改革、不适应优化营商环境要求和"放管服"改革要求等问题的地方性法规、政府规章进行全面梳理，提出修改、废止意见。

【规范性文件制定审查】落实规范性文件起草的公平竞争审查、合法性审查、社会公开征求意见、集体讨论决定、社会稳定风险评估等制度，全年共制发规范性文件18件，均出具合法性审查意见，100％按时向市政府法制办备案，并在市住房城乡建设委门户网站专栏公开。审查建筑企业资质许可撤销、施工现场扬尘和事故通报百余份，审查委内处室及单位各类文件120余件，确保市住房城乡建设委政策措施和工作合法合规。

【发布行政处罚裁量基准】4月15日，结合梳理后的375项行政处罚职权，《北京市住房城乡建设系统行政处罚裁量基准》正式实施，做好新旧裁量基准的衔接及执法平台的更新。

【推进行政执法考核各项任务指标完成】市、区住房城乡建设系统纳入考核的A类行政执法人员386人，岗位人员关联率为92％、A岗人员参与执法率为85％；共计实施行政检查53857件，人均检查量139.53件；共计实施行政处罚8359件，人均处罚量22.73件；全年住房城乡建设系统履行职权134项，通过现场检查并进行一般处罚立案2213起，撤销立案14起，一般处罚总体撤案率0.51％。行政执法考核指标全部完成。

【推广实施"双随机"执法】梳理涉及市住房城乡建设委的12项行政许可和13项备案事项，全部纳入双随机抽查事项清单。全年市、区两级执法机构共计开展双随机任务摇号1641次，实施双随机执法检查5393次，其中发现违法违规行为194起；按照一般程序实施立案56起；按照简易程序实施行政处罚243起；下发责令改正通知书84份。

【推进执法体制改革】推进住房城乡建设领域执法机构整合工作，会同市司法局、市规划自然资源委、市应急管理局梳理消防验收职权，在执法平台调整完成涉及市住房城乡建设委的部分消防验收行政处罚职权事项。

【落实"互联网＋监管"】开展国家"互联网＋监管"系统监管目录清单和监管事项检查实施清单及行政许可事项的梳理工作，梳理北京市地方性法规、地方政府规章等对应的监管事项和行政检查事项，规范行政执法检查单，关联检查事项与行政处罚职权，确保履职到位。

【制定行政执法三项制度】12月30日，印发全市住房城乡建设系统全面推行行政执法公示制度、执法全过程记录制度、重大执法决定法制审核制度实施方案。组织开展了"北京市住房城乡建设系统行政许可案卷评查标准研究"课题，圆满完成研究任务。

房地产业

【房地产开发管理】截至2019年底，全市资质有效期范围内房地产开发企业2333家，其中一级企业67家，二级企业107家，三级企业71家，四级企业1615家，暂定级企业473家。2019年全市新设立房地产开发企业143家。依法注销企业251家。2018年供地建筑规模511万平方米的新供地商品住宅项目43个，已实现开工41个、418.9万平方米，面积开工率达到82.4％。全市商品房、政策性住房及配套设施实现建安投资1289.1亿元，完成全年1200亿元建安投资计划的107.4％。提升配套设施与住宅建设和移交监管能力，全市新建居住区公共服务设施建设管理运行情况良好，全年完成建设方案备案审核公示（含变更）127个，合计建筑面积3371万平方米。通过强化"建设方案"备案监管和配套设施建设过程监管，较好地实现了居住区公共服务设施与住宅"两同步"监管目标。

【完善房地产市场调控措施】推进房地产市场平稳健康发展长效机制工作方案落地，《北京市房地产市场平稳健康发展长效机制工作方案》获国务院批复后，北京市立即启动任务分解、报市政府专题会、分区考核指标等有关工作。市住房城乡建设委根据长效机制工作方案和当前市场形势，指导各区制定分区方案。提前制定工作预案和政策储备，抑制投机型购房、遏制炒房牟利，保护刚需家庭购房需求。此外，贯彻落实京津冀协同发展，在坚决落实"房住不炒"的基础上，市住房城乡建设委与北京市通州区、河北省廊坊市政府成立协调工作小组，建立协作机制，积极履行主体责任，通力协作、精准对接，逐步推进解决中国人民大学教职工职住平衡问题；推动通州区与"北三县"房地产市场协同发展。起草完成《关于推动通州区与"北三县"房地产市场协同发展的请示》。

【商品房供应和成交情况】2019年，北京市新建房屋成交面积1040.6万平方米，同比增加24.9％；成交金额3853.9亿元，同比增加39.4％。其中预售成交面积655.0万平方米，同比增加38.4％；成交金额2649.2亿元，同比增加45.0％；现房成交面积

385.6万平方米,同比增加7.1%;成交金额1204.7亿元,同比增加28.4%。

【加快发展住房租赁市场】健全租赁市场管理制度,发布《北京市住房租赁合同》《北京市房屋出租经纪服务合同》《北京市房屋承租经纪服务合同》三个合同示范文本,规范互联网租赁信息发布。制定应对租金上涨预案,组织中介行业协会按月发布市场信息。依托住房租赁平台强化租赁市场管理与服务,继续推进积分落户、子女入学、提取公积金等多项租赁赋权。租赁合同备案量突破240万笔,居于全国首位,先后两次被住房城乡建设部作为典型经验在全国推广。备案成果广泛应用,各部门累计调用数据189.6万次,有力支撑租赁市场精细化管理,以及疏整促、人口管理、反恐、国安等相关领域社会治理。毕业季组织校园行188次,搭建"大学毕业生租房供需平台"。同时,进一步加强租赁合同备案管理,强化收房合同备案,初步实现穿透式管理。通过中央财政补贴竞争性评审,成为2019年中央财政支持住房租赁市场发展试点城市,连续3年可获中央财政支持资金30亿元。相关资金将用于增加租赁市场供给、培育租赁市场供应主体、扩展租赁平台功能等用途。2019年,北京市住房租赁供需矛盾趋于缓解,租金变化符合传统淡旺季波动规律,市场运行总体保持平稳。据北京市住房租赁监管平台备案信息和主要经纪机构成交数据推算,全年住房租赁市场累计交易214.9万套次,同比下降15.4%;全市整租平均租金87.1元/(平方米·月),同比上涨5.6%,分租平均租金2703元/(间·月)。

【推进违法群租房整治】2019年,市住房城乡建设委紧紧围绕群众诉求,制定《关于进一步加强违法群租房专项整治的工作方案》,进一步健全完善市、区、街三级协同工作机制;依托大数据资源强化舆情监测,建立舆情督办台账、落实快速处理;通过发放宣传海报、发布"租房指南"、深入社区开展普法宣传等多种形式,加大租赁政策宣传力度;探索研究对违法群租房主体实施信用惩戒,通过事前承诺、事中建立信用记录、事后进行联合惩戒等措施实现全流程监管。据统计,2019年全年"12345"热线共受理群租类诉求来电27063件,热线响应率达100%,诉求解决率达80%,群众满意率达90%,全市整治违法群租房14307处,顺利完成违法群租房"动态清零"的既定任务。

【开展"黑中介""住房租赁中介机构乱象"专项整治】将"黑中介"列入扫黑除恶专项斗争,市、区住房城乡建设(房管)部门及时向公安部门移送"黑中介"涉黑涉恶线索。同年,落实"不忘初心、牢记使命"主题教育要求,切实提高政治站位,强化责任担当,扎实推进"住房租赁中介机构乱象"问题整改。通过会同市场监管部门开展联合检查、不断加大监管执法力度、推进建章立制等,坚持当下改和长久立相结合,破解群众急难愁盼问题。

住房保障

【政策性住房开工建设筹集及竣工验收情况】2019年,全市共开工建设筹集公共租赁住房约1.5万套,集体土地租赁住房约3万套,企业自持租赁住房0.08万套,改建租赁型宿舍0.2万套。全市共开工建设共有产权住房约1.6万套,定向安置住房约5万套。全市共竣工验收公共租赁住房约1.1万套,自住型商品住房(含限价商品住房)2.7万套,定向安置住房约3.9万套,经济适用住房0.3万套。

【公共租赁住房资格审核和配租配售情况】全年公共租赁住房新增申请3.3万户,通过审核备案3.32万户,同比分别减少31%、10%;其中,公共租赁住房实物申请2.45万户、通过审核备案2.48万户,同比分别减少33%、36%。新增公租房实物房源分配1.45万套,累计分配公租房实物房源总量17.5万套,超额完成2017年底前备案的低保、低收入家庭"应保尽保"任务目标。截至年底,全市共有产权住房项目69个、可提供房源约7.1万套;其中启动网申项目共45个、可提供房源约4.5万套。2019年全年共有14个项目启动网申,可提供房源约1.3万套。

【公共租赁住房入住及补贴情况】截至2019年底,全市公共租赁住房项目累计入住207个、房源14.2万套;发放补贴4.32万户,金额5.41亿元,其中公租房租金补贴发放2.54万户,发放金额3.28亿元;市场租房补贴发放1.78万户,发放金额2.13亿元。

【完善住房保障政策体系】坚持公租房、共有产权住房、市场租房补贴并举,精准保障城镇中低收入住房困难家庭、新市民、各类人才的住房需求。调整市场租房补贴标准和申请条件,实物房源优先面向低保家庭、分散供养特困人员等家庭分配。完善共有产权住房相关政策,修订共有产权住房建设导则,加大金融信贷政策支持,简化销售审核流程,引导中心城区人口向新城地区疏解。支持"三城一区"等重点功能区建设,努力满足在京就业创业人才、城市运行保障人口租赁需求,促进职住平衡。强化人才住房支持服务,做好高层次人才公寓的筹集和分配。

【加强保障性住房动态监管】 完善保障性住房违规线索处理机制，全年保障性住房涉嫌违规家庭共计7542户，已受理7395户，受理率98.05%；受理3个月以上6282户，其中已核实处理5473户，核实处理率达87.12%。加大公租房执法检查力度，按照工作部署、产权单位自查、管理部门抽查、问题整改、跟踪整改五个阶段，从政策落实、制度建设、运营管理、使用监管、技防应用、社会管理、物业安全七个方面开展检查。此外，建立公共租赁住房金融信用约束机制。10月，市住房城乡建设委与中国人民银行营业管理部签订《关于金融信用信息基础数据库采集公租房违规信息的合作备忘录》，首次将公租房违规家庭信息纳入到金融体系征信平台，强化对公租房违规家庭的信用约束，对违规家庭形成制度威慑；与北京市第一中级人民法院签订合作协议，加强住房保障领域案件的专题研究和会商，特别是针对公租房转租转借、欠缴租金、法院受理等案例，建立司法与行政良性互动机制。

【完善保障性住房精细化管理】 在各区住房保障部门及产权单位的努力下，绝大多数已入住公租房项目落实了技防设备安装资金，人脸识别等技防设备安装工作取得阶段性成果。简化经济适用住房上市出售流程，将申请改为提交承诺，并可通过市住房城乡建设委官网查询结果。稳步推进公租房调换工作，依托市保障房中心的调换房源信息系统，海淀区率先开展不同产权单位间调换试点。优化住房保障咨询服务，年内住房保障咨询热线接听电话1万余通，特别是接到群众反映产权单位退押金时间长、公租房合同备案编号查询难等问题后，实现由接诉即办向未诉先办转变。此外，加强信息公开，为方便群众精准查找公租房项目及提供违法线索，在市住房城乡建设委官网通过地图方式公开首批公租房项目的产权单位、地址、举报电话等信息。为落实市场租房补贴发放信息列入公开目录的要求，各区主动作为，迅速落实，确保信息公开工作有序开展。

【提升保障房设计质量和居住品质】 做好保障性住房规划设计方案审查工作，从设计方案入手，坚持合规性审查和优化审查有机融合，推进审查工作标准化，以高水平的规划设计为精品保障性住房的建设保驾护航。2019年全市累计审查保障性住房项目规划设计方案50个，涉及住房967万平方米，11.6万套；全市累计审查保障性住房项目全装修方案29个，涉及住房336万平方米，4万套。年内，保障性住房全面实现全装修成品交房。推进保障性住房产业化，自2017年起，新建保障性住房全部采用装配式建筑，建设过程中推广应用BIM技术，其中共有产权住房达到绿色建筑二星级及以上标准。截至2019年底，实施装配式建筑的保障性住房项目累计超过3200万平方米，设计达到绿色建筑二星级及以上标准的保障性住房项目累计超过1200万平方米。其中，2019年度新增138万平方米保障性住房获得绿色建筑二星级及以上设计标识。

【推进棚户区改造工作】 1—12月，全市累计完成棚户区改造（征收、拆迁、腾退协议签订）1.63万户，为全年任务的142%。涉及人口约5.26万人，为全年任务的191%。全市共有127个项目启动居民签约，26个项目完成征拆收尾，19宗入市地块完成土地整理，3.52万套安置房实现回迁入住。

公积金管理

【住房公积金年度归集使用情况】 截至2019年底，北京地区建立住房公积金单位27.47万个，建立住房公积金职工1127.06万人，全年新增住房公积金缴存职工83.93万人。北京地区全年归集住房公积金2213.55亿元，提取1612.64亿元，净增600.91亿元。累计归集15309.92亿元，累计提取10464.94亿元，余额4844.99亿元。全年发放住房公积金个人贷款7.15万笔、557.56亿元，回收金额301.03亿元，净增256.53亿元。支持职工购房面积611.23万平方米。累计发放住房公积金个人贷款117.99万笔、6916.21亿元，回收金额2623.38亿元，余额4292.83亿元。年末个人住房贷款余额占缴存余额的88.6%，住房公积金个人住房贷款市场占有率为29.2%。累计发放支持保障性住房建设贷款36笔，发放金额291.28亿元，实际资金到位金额201.09亿元，项目贷款余额2.4亿元。

【调整住房公积金缴存上下限并执行灵活缴存比例】 2019年度北京地区住房公积金月缴存基数上限由25401元上调为27786元；缴存基数下限按年最低工资计算由2120元上调为2200元；领取基本生活费职工的月缴存基数下限由1484元上调为1540元。当年继续执行住房公积金缴存比例为5%~12%，由单位自主选择。对生产经营困难的企业，可申请降低缴存比例或缓缴。全年共有47727家企业缴存比例为5%~11%。

【"接诉即办"工作】 全年共受理"12345"市民热线转办工单520件，办结首都之窗"政风行风"热线转办信件114封，回复政风行风等其他渠道咨询9500余件，接听"12329"热线电话约201万次，主动回拨咨询电话达10万次。组织领导干部职工接听咨询电话，共接答电话逾5万次。

【住房公积金管理中心信息化建设】《2018—2022年信息化发展规划和顶层设计方案》通过专家评审，新系统功能以全国最高分通过住房城乡建设部"双贯标"验收，顺利实现中直分中心新旧系统平稳切换升级，接入全国住房公积金数据服务平台，推动全国住房公积金数据大集中。同年，向市大数据平台汇聚政务服务数据，完成中华人民共和国成立70周年国庆信息化安全保障。

城市建设

【全市新开工情况】 2019年，全市共办理施工许可3580项，其中房屋建设工程975项，总规模5272.26万平方米，同比增长8.7%；装饰改造工程2225项，总规模1259.05万平方米，同比增长41.56%。

【重大项目完工】 2019年北京市重点工程共确定三大类300项，其中续建180项，计划新开120项，力争竣工87项、完成投资2354亿元。2019年实际新开工96项，竣工72项，完成建安投资1296亿元，完成年度计划104%。2019年圆满完成建安投资任务，基础设施建设整体推进顺利，京张铁路、京雄城际铁路（北京段）如期通车运营，北京大兴国际机场开通运营，冬奥会场馆、北京城市副中心站综合交通枢纽等重点项目建设稳步推进。

【延崇高速公路（北京段）】 项目位于延庆区大浮坨村至市界，建设内容为高速公路，全长约33.2公里。工程总投资1539493万元，2016年12月开工，2019年12月竣工。北京市首都公路发展集团有限公司建设；北京市市政工程设计研究总院有限公司、北京国道通公路设计研究院股份有限公司设计；市政集团、中交路建、城建集团、市政一、中铁六、中铁十六、住总集团联合体，中铁十四、中铁十五、中交一公局施工；北京逸群工程咨询有限公司、中咨公路工程监理咨询有限公司监理。

【环球主题公园增设六环路立交工程竣工】 项目位于通州区台湖镇，建设内容为在六环路新建立交1座。工程总投资27000万元，2017年12月开工，2019年12月竣工。北京市首都公路发展集团有限公司建设，北京市市政工程设计研究总院有限责任公司设计，北京城建集团有限责任公司施工，北京京博通工程咨询有限公司监理。

【长安街西延道路工程竣工】 项目位于石景山区、门头沟区，古城大街至三石路，建设内容为城市主干路，全长6.46公里。工程总投资221445万元，2013年11月开工，2019年9月竣工。北京市首都公路发展集团有限公司建设，北京市市政工程设计研究总院有限公司设计，北京城建五建设工程、北京城建道桥建设集团、北京市市政一、中铁十八局集团第五工程有限公司、北京城乡建设集团、北京市公路桥梁建设集团、中交第一公路工程局、北京城建集团施工，北京华城建设监理有限责任公司、北京正远监理咨询有限公司、铁科院（北京）工程咨询有限公司监理。

【轨道交通7号线东延工程竣工】 项目位于朝阳区、通州区轨道交通7号线焦化厂站至环球影城站，建设内容为轨道交通，全长16.6公里。工程总投资1537037万元，2015年12月开工，2019年12月竣工。北京市基础设施投资有限公司建设，北京市轨道交通建设管理有限公司代建，北京市市政工程设计研究总院有限公司设计，北京城乡建设集团有限责任公司、北京住总集团有限责任公司等5家单位施工，铁科院（北京）工程咨询有限公司等4家单位监理。

【轨道交通新机场线一期工程竣工】 项目跨大兴区、丰台区，轨道交通新机场线草桥站至新机场站，全长41.4公里。工程总投资2649516万元，2017年4月开工，2019年9月竣工。北京市基础设施投资有限公司建设，北京市轨道交通建设管理有限公司代建，北京城建设计发展集团股份有限公司设计，北京城建集团、北京市政路桥、中铁十二局、中铁十四局施工，中咨工程建设监理有限公司、北京双圆工程咨询监理有限公司、北京逸群工程咨询有限公司监理。

【张北可再生能源柔性直流电网示范工程竣工】 项目位于延庆区八达岭镇，建设内容为新建500千伏直流换流站。工程总投资309926万元，2017年12月开工，2019年12月竣工。国网北京市电力公司建设，中国电力工程顾问集团中南电力设计院有限公司设计，中国能源建设集团天津电力建设有限公司施工，湖南电力工程咨询有限公司监理。

【北京大兴国际机场高速公路地下综合管廊（南四环—新机场）一期工程竣工】 项目位于大兴区南五环至新机场，建设内容为全长约28公里的随路地下综合管廊。工程总投资850000万元，2017年9月开工，2019年12月竣工。北京市基础设施投资有限公司建设，北京市市政工程设计研究总院有限公司设计，中铁一局、中铁十二局、中铁六局、市政路桥、中建三局、住总－中交三公局联合体施工，北京正远监理公司监理。

【门头沟永定河滨水森林公园项目竣工】 项目位于门头沟区永定镇，实施绿化面积61.4公顷。工程总投资11472.51万元，2018年10月开工，2019年12月竣工。门头沟区园林绿化局建设，岭南园林设计有限公司、北京住总博地园林发展有限公司设计，北京中厚建设有限公司、北京城市之光生态环境有限公司、北京金诚园林绿化工程有限公司、北京鑫众智远新能源科技有限公司施工，北京华林源工程咨询有限公司、北京环乔咨询有限公司监理。

【北京世界园艺博览会中国馆项目竣工】 项目位于延庆区世园会园区中部，包括建筑工程、机电工程、室外工程等，建设规模约2.3万平方米。工程总投资33040万元，2017年11月开工，2019年3月竣工。北京世界园艺博览会事务协调局建设，中国建筑设计研究院有限公司设计，北京城建集团有限责任公司施工，北京方恒基业工程咨询有限公司监理。

【北京世界园艺博览会国际馆项目竣工】 项目位于延庆区世园会园区东部，包括建筑工程、机电工程、室外工程等，建设规模约2.2万平方米。工程总投资38588万元，2017年11月开工，2019年3月竣工。北京世界园艺博览会事务协调局建设，北京市建筑设计研究院有限公司设计，北京建工五建集团有限公司施工，北京中联环建设工程管理有限公司监理。

【小米移动互联网产业园项目竣工】 项目位于海淀区安宁庄路，建设内容为科研楼，建设规模约34.8万平方米。工程总投资466600万元，2015年9月开工，2019年10月竣工。小米科技有限责任公司建设，北京市建筑设计研究院有限公司设计，中国建筑第八工程局有限公司施工，北京双圆工程咨询监理有限公司监理。

【丽泽SOHO工程竣工】 项目位于丰台区丽泽金融商务区，为商业、办公综合体等，建设规模约17万平方米。工程总投资335548万元，2015年10月开工，2019年12月竣工。北京丰石房地产开发有限公司建设，北京市建筑设计研究院有限公司设计，中国建筑第八工程局有限公司施工，北京双圆工程咨询监理有限公司监理。

【亚洲基础设施投资银行总部永久办公场所竣工】 项目位于朝阳区奥林匹克公园B27-2地块，为办公及配套用房等，建设规模约39万平方米。工程总投资971752万元，2016年11月开工，2019年9月竣工。北京城市副中心投资建设集团有限公司建设，清华大学建筑设计研究院有限公司设计，北京建工集团责任有限公司、北京城建集团有限责任公司、中国建筑第八工程局有限公司施工，北京华城建设监理有限责任公司监理。

标准定额

【新增15项工程建设地方标准】 2019年，北京市新发布工程建设地方标准15项，包括《预拌混凝土质量管理规程》DB11/T 385—2019、《民用建筑太阳能热水系统应用技术规程》DB11/T 461—2019、《钢管混凝土顶升法施工技术规程》DB11/T 1628—2019、《投标施工组织设计编制规程》DB11/T 1629—2019、《城市综合管廊工程施工及质量验收规范》DB11/T 1630—2019等。

【全国首部施工类区域协同标准发布】 6月25日，京津冀"城市综合管廊建设标准体系"建设成果发布会在京召开。会上发布了首部施工类京津冀区域协同工程建设标准《城市综合管廊工程施工及质量验收规范》，该规范也是全国首部施工类区域协同工程建设标准。京津冀区域协同标准合作，充分考虑到京津冀现有的管理体制、管理机制的不同，三地住建管理部门共同创新出"区域协同合作"的新途径，由"三地住建部门共同参与组织、三地企业共同参与编制、三地专家共同参与审查"，采用"统一标准文本（正文）、统一标准备案编号（住房和城乡建设部）、统一标准实施日期"的协同模式。在行政管理层面实行"三地分别进行报批、三地分别进行发布、三地分别组织实施"。

【签署"京津冀区域协同工程建设标准框架合作协议"】 6月，京津冀三地共同制定并签署"京津冀区域协同工程建设标准框架合作协议"，全力推进京津冀工程建设标准协同发展。依据框架合作协议，三地行业管理部门对继续推进京津冀区域协同工程建设标准工作已达成共识，共同起草《京津冀区域协同工程建设标准体系（2019—2021）合作项目清单》。该合作项目清单包括城市综合管廊、超低能耗与绿色建筑、海绵城市、建筑工业化、施工安全5个板块，共19项标准。

【发布工期定额配套管理文件】 为加强建设工程和房屋修缮工程的工期管理，确保工程质量和安全，2月，市住房城乡建设委发布了《关于执行2018年〈北京市建设工程工期定额〉和2018年〈北京市房屋修缮工程工期定额〉的通知》（京建法〔2019〕4号）。在北京市施行原限定压缩定额工期幅度与固定赶工措施费费率挂钩的做法改革，赶工措施增加费全面实行"低限管理"。

【启用全新评标专家专业分类标准】1月1日，启用全新评标专家专业分类标准。针对新的专家分类，根据市发展改革委对北京市评标专家库的调整要求，完成了所有新旧系统的调整工作，保障了专家抽取工作顺利稳定对接。

【出台安全文明施工费管理办法】为适应建设工程安全生产、绿色施工标准化考评分级管理的发展要求，保障建设工程安全文明施工措施落实到位，促进全市施工现场标准化管理水平的提高，4月，市住房城乡建设委发布了《关于印发〈北京市建设工程安全文明施工费管理办法（试行）〉的通知》（京建法〔2019〕9号）。在北京市施行安全文明施工费差别化管理因素从按地域管理改为按安全生产标准化考评等级管理的改革，分"达标""绿色""样板"3档考评等级给定安全文明施工费低限标准，回归安全文明施工费"低限管理"原则，鼓励优质优价。推行安全文明施工费由市场主体自主测算确定，明晰发承包交易活动中确定最终成交价格的路径和规则。

【减量提质按期发布造价信息】秉承造价信息服务于工程质量与安全的宗旨，按照"量大、价高、质重"的"减量提质"原则，进一步强化造价信息发布品种与工程质量、安全和绿色的紧密联系，加强精细化管理，减少信息发布数量。年内，造价信息发布人材机价格数量为4580余条，较2018年删减近70%，市场贴合度和指导性有了较大提高。完成8位码《北京工程造价信息》（1~12期）信息采集、整理、汇总和编辑工作，每月在市住房城乡建设委网站公开发布。

【构建指数指标体系】借鉴国际成熟做法，紧贴市场需求，利用互联网＋和大数据技术，结合造价信息课题研究，着手构建满足市场需要的包括各类工程、分部分项工程和专业工程各个层级的指标指数体系。在住建委网站上发布《北京市老旧小区综合改造技术经济指标》工程造价指数（3~4期），为企业提供了便捷服务。

【完善造价咨询企业信用评价体系】依托"工程造价咨询企业及其注册造价工程师"信用评价平台，落实全市造价咨询企业信用档案和信用承诺制度，通过企业上报、系统采集以及主管部门审核，适时分析工程造价咨询企业及其注册造价工程师在北京市从事工程造价相关活动的市场行为，每天对其进行动态信用评价，评价结果于次日9时在市住房城乡建设委网站公布排名和得分。评价结果是组织实施差别化管理的依据之一。根据评价结果和市场实际开展调研和比对分析，研究完善优化评价标准，准确全面反映市场实际状态。

工程质量安全监督

【安全生产形势平稳可控】推进住房城乡建设系统"双控"体系建设，1月"安全风险分级管控与隐患排查治理双重预控管理平台"上线运行，2月印发《北京市房屋建筑和市政基础设施工程施工安全风险分级管控和隐患排查治理暂行办法》，全面启动建筑施工领域"双控系统"应用工作，截至2019年底，全市建设工程施工现场通过"双控平台"填报施工安全风险共43985条。健全危大工程安全监管体系，印发《北京市房屋建筑和市政基础设施工程危险性较大的分部分项工程安全管理实施细则》《关于加强建筑起重机械安全风险管控工作的通知》《北京市房屋建筑和市政基础设施工程有限空间作业安全管理规定》等文件。扎实开展安全生产月活动，先后开展安全生产月活动启动仪式、安全生产先进个人评选、体验式安全教育开放日等活动，营造安全生产氛围。提升建筑施工安全生产标准化水平，印发《北京市建设工程施工现场安全生产标准化管理图集》，在安全防护、绿色施工等11个方面推广应用标准化、现代化的设备设施和管理模式；印发《北京市建设工程安全文明施工费管理办法（试行）》，为施工企业积极创建"北京市绿色安全工地"，提高施工现场安全标准化水平提供资金保障。全面排查施工现场安全隐患，共检查工地28428项次，对施工安全管理不到位、存在安全隐患的工地责令限期整改3536项，责令停工整改583项。发布《施工工地扬尘视频监控和数据传输技术规范》，开展"建筑垃圾产生源头治理专项行动"，进行施工现场扬尘执法检查72945项次，有效打击震慑了施工扬尘违法违规行为。

【工程质量稳步提升】3月，开展政策性住房质量专项检查，全面排查北京市在建安置住房和保障性住房项目372个，建筑面积3790.3万平方米。4月24日，印发《北京市住宅工程质量潜在缺陷保险暂行管理办法》，在全市住宅工程范围内全面推行工程质量潜在缺陷保险；7月份公布入围保险机构名单，召开该办法全市实施动员部署会议，截至12月底，全市已有42个住宅工程项目投保缺陷保险。5月22日至26日，住房城乡建设部第一检查组对北京市进行建筑市场和工程质量安全监督执法检查，北京市工程符合率在全国范围内名列第一。8月,启动住宅工程质量提升专项行动,对在建以及交付2年以内的住宅工程开展为期一年的质量专项治理。成立大兴国际机场工程竣工验收协调领导小组,建立竣工验收协调工作机制,9月15日前圆满完成工程竣工验收工作,确保大兴国际机场具备投运条件。深入推进工程质量管理领域"双控体系"建设,12月20日印发《北京市房屋建筑和市政基础设施工程质量风险分级管控技术指南》,督促各参建单位对工程质量风险常态化自辨自控,对事故隐患常态化自查自治,逐步健全工程质量风险分级管控工作机制,推动工程质量管理工作从事后查处向事前预防转变。全市共有18个建筑工程项目获得国家级大奖,其中获得中国建设工程鲁班奖(国家优质工程)3大项(6个子项),国家优质工程奖7项,中国土木工程詹天佑奖优秀住宅小区金奖5项。

建筑市场

【招标投标管理】 优化营商环境与工程审批制度,取消直接发包登记环节、公布承包商环节和收取交易服务费,取消施工合同备案1680项。提升建设工程招标投标监管服务质量及效率,在合同估算价1亿元以上市级监管的房屋建筑工程施工总承包项目中,开展评标(审)专家抽取改革试点工作,实现资格预审专家和评标专家当天抽取,当天评标(审)。在全面推行电子化招投标的基础上,进一步提升电子平台的便捷性与智能性。加强对城市副中心、大兴新机场、冬奥会等重点工程及民生工程招投标工作的保障,服务中央单位工作取得新成效。2019年,北京市完成施工总承包交易1320项,交易额2073.45亿元;完成监理服务交易671项,交易额24.43亿元;完成专业承包、专业分包、货物招标交易6811项,交易额616.18亿元。

【工程造价管理】 2019年,北京市被列为全国工程造价管理市场化改革试点城市,住房城乡建设委上半年发布了工期定额配套管理文件、出台了安全文明施工费管理办法,推行北京市措施项目之赶工措施增加费和安全文明施工费试水市场化定价。10月,京津冀三地住房城乡建设主管部门颁发了首部《〈京津冀建设工程计价依据——预算消耗量定额〉城市地下综合管廊工程》JJJZ0-31(03)—2018,推进京津冀工程计价体系一体化。

【建筑劳务管理】 截至2019年底,外省市进京施工企业总量为4281家、工程监理企业总量为176家。4月8日,发布3306家外省市建筑施工企业2018年度在京市场行为的评价结果,其中优秀企业92家、合格企业1344家、基本合格企业82家、不合格企业30家、无报送业绩企业1758家。落实失信联合惩戒相关措施,通过"信用中国"网站筛查申请进京企业和随企业进京的注册执(从)业人员是否存在严重失信行为记录,提醒企业要切实履行法定责任和义务,全年暂停8家存在严重失信行为记录的企业办理进京备案。加强建筑劳务施工队长信用管理和服务,发布2018年在京劳务企业共18333名施工队长的备案业绩、获奖情况以及违法违规行为记分情况,供劳务作业发包方选择劳务队伍和劳务企业聘任施工队长时参考。加快办理农民工工资保证金退还手续,6—8月累计为293家企业办理了保证金退还手续,涉及金额1.77亿元。2019年,全市施工现场人员实名制系统累计备案791017人次,涉及436152人;报送劳务分包合同14185份;施工总承包、专业承包企业直接用工备案38737人次,同比下降15.88%。施工人员数量保持基本稳定。

【深化行政审批改革】 围绕企业资质审批,持续提升服务效能,研究落实企业资质申请全程网上办理,推动资质审批从分级审批向"当场决定"、全面实行告知承诺制等转变。探索建立信用奖惩机制,对承诺不实、弄虚作假的失信企业实施联合惩戒。围绕施工许可证审批,研究立法修法建议,提高办理施工许可的房屋建筑和市政基础设施工程限额;研究进一步简化施工许可证审批管理办法。加强和规范施工许可审批事中事后监管,以"双随机、一公开"为基本手段,以承诺事项落实情况为监管重点,以"互联网+监管"为改革方向,惩治违法违规和失信行为,营造公平诚信的营商环境。2019年,全市共审批建设工程企业新设立、晋级、增项等各类业务11539起。其中,建筑业企业新设立资质4390起,晋级340起,增项1152起,变更5145起,延续512起。

【推进建筑市场信用体系建设】 为优化建筑市场优化营商环境,加快信用体系建设,构建以信用为核心的监管与服务机制,解决以往单纯依靠行政处罚而监管乏力的问题,市住房城乡建设委研究建立失信联合惩戒对象名单管理制度。起草《北京市建筑市场主体失信联合惩戒对象名单管理暂行办法》,将违反行政审批事项告知承诺、利用虚假材料以欺骗手段申请行政许可、串通投标以弄虚作假方式参与投标、违反发包转包违法分包挂靠、发生质量安全事故等9种严重失信行为列入失信联合惩戒对象名单,并详细规定了适用范围、列入原则、列入情形、列入期限、认定依据、列入程序、移出程序、异议处理、重点监管、联合惩戒等内容。

【建立基于风险管理的工程质量安全执法检查制度】 4月12日，《关于建立健全基于风险管理的工程质量安全执法检查制度的通知》发布，在建设工程领域首次提出了综合管理能力风险的概念。北京市综合考虑施工安全风险、行政处罚情况、质量安全管理、建筑市场管理、资质管理等因素，建立综合管理能力风险指标模型并设置82项具体指标，形成负面清单。对于列入负面清单的工程项目、施工企业、监理企业等管理对象，原则上不允许参与评优评奖活动。市、区住房城乡建设行政主管部门采取加大执法检查力度、约谈管理对象、加大通报及媒体曝光力度、推行投保建设工程保险等差别化管理措施，强化监管效果。

【规范工程款和农民工工资支付】 印发《关于切实做好2019年春节前房屋建筑和市政工程建设领域农民工工资支付工作的通知》，开展工程款劳务费支付情况排查，加大违法违规行为处罚力度，稳妥处置群体性讨薪事件，加强长效机制建设。1月17日，印发《关于落实房屋建筑和市政基础设施工程建设单位工程款结算和支付相关要求的通知》，建立建设单位信用承诺制，将严禁拖欠工程款、政府投资工程不得带资承包、全面落实施工过程结算等要求纳入建设单位承诺内容，对其进行信用约束，从源头保障农民工工资支付。此外，支持建筑业联合会组织对全市施工企业开展《关于审理建设工程施工合同纠纷案件适用法律若干问题的解释（二）》的培训，帮助企业理解和掌握相关重点、难点问题，依法维护自身合法权益。

建筑节能与科技

【公共建筑节能】 加强公共建筑电耗限额管理，6月12日通过公共建筑电耗限额管理系统和市住房城乡建设委官网发布2019年度公共建筑电耗限额值（覆盖7594家单位的11258栋公共建筑，建筑面积共1.47亿平方米）。10月，北京市"公共建筑节能绿色化改造申报系统"已受理在线申请1154.3万平方米，具备实施条件的项目879.6万平方米，其中完成综合验收188.9万平方米，可拨付奖励资金5667万元。

【5个超低能耗建筑示范项目通过评审】 全年共有大兴魏善庄四季盛景园共有产权房S1号楼项目、密云区水源路北侧住宅项目等5个超低能耗建筑示范项目通过专家评审，示范面积75062.62平方米。截至2019年底，北京市超低能耗建筑示范项目共计32个，示范面积661270.69平方米。10月，颁布了北京市《超低能耗居住建筑设计标准》。

【105个项目通过绿色建筑评价标识认证】 北京市通过绿色建筑标识认证的项目105项，其中运行标识8项、设计标识97项，建筑面积共计1191.59万平方米。100%为获得二星级及以上的项目，其中二星级项目52项、建筑面积608.28万平方米，三星级项目53项、建筑面积583.31万平方米，三星级项目建筑面积占比达49%。截至年底，北京市通过绿色建筑标识认证的项目共409项，建筑面积达4717.58万平方米。

【北京市节能建筑占比93.70%】 北京市新增城镇节能民用建筑2728.44万平方米，其中居住建筑1155.15万平方米、公共建筑1573.29万平方米，全部按照现行建筑节能设计标准设计施工；完成既有居住建筑节能改造353.42万平方米，完成既有公共建筑节能绿色化改造62.97万平方米。北京市累计建成城镇节能住宅51165.79万平方米，节能住宅占全部既有住宅的93.70%；累计建成城镇节能民用建筑73111.87万平方米，节能民用建筑占全部既有民用建筑总量的78.53%。

【专项检查建筑节能在施工程63项】 2019年，北京市完成2次全市新建在施民用建筑工程建筑节能专项检查工作。共抽检在施工程63项，总建筑面积442.02万平方米。其中，居住建筑37项，建筑面积273.13万平方米；公共建筑26项，建筑面积168.89万平方米。检查中对发现的15个未办理设计变更手续的项目下发了《责令整改通知书》。

【农宅抗震节能改造】 根据《实施乡村振兴战略扎实推进美丽乡村建设专项行动计划（2018—2020年）》工作部署，继续推进抗震节能农宅建设工作。配合市农业农村局牵头组织的"煤改清洁能源"工作，做好北京市节能保温改造工作。截至年底，各区上报开工数10512户，竣工2421户。

【重点科技成果鉴定项目】 围绕重点工程项目，开展技术攻关，组织完成重点科技成果鉴定项目95项，其中26项达到国际领先水平，32项达到国际先进水平。特别是在大型复杂超高层建筑群建造、复杂地下空间结构与综合管廊系统建造等方面，实现了重大集成创新和关键技术突破。

【推进建筑信息模型（BIM）技术应用】 完成"北京市BIM应用示范工程实施效果研究"课题的研究工作；开展北京市BIM应用示范工程建设工作，共28个项目入选，涵盖了冬奥场馆、学校、医院、住宅、高速公路、地铁、管廊等房屋建筑和市政基础设施工程。BIM示范阶段从单纯的施工发展到以全生命周期应用为主,充分发挥示范工程的引领作用,不断提升北京市工程建设项目BIM应用能力和信息化管理水平。

【开展智慧工地建设】 围绕建筑业转型升级,借助于建筑信息模型(BIM)、大数据、人工智能、物联网、移动互联网、云计算及3D打印、VR/AR等信息技术和智能化设备的广泛应用,开展"智慧工地"建设等相关工作。北京市首部智慧工地地方标准《智慧工地技术规程》于12月25日正式发布;《智慧工地评价标准》完成立项,组织开展编制工作。

【12项北京市建筑业新技术应用示范工程通过验收】 北京市建筑业新技术应用示范工程新增29项,共组织验收12项,建筑面积合计2809087平方米,其中北京大兴新机场、亚投行总部、世界机器人大会等10个项目新技术应用整体达到国内领先水平,部分创新技术达到国际先进水平。

【173项工法通过北京市工法评审】 共申报工法项目214项,其中173个项目达到了评审要求,共123项通过北京市工法评审。通过评审的项目,大部分工法关键技术达到国内领先水平。其中,北京城建集团承建的马尔代夫国际机场等"一带一路"沿线工程项目中总结形成的"远洋岛礁新吹填陆域钢板桩护岸工程施工工法""开敞式无围堰珊瑚砂岛礁吹填工法""机场跑道吹填珊瑚砂地基处理工法"3项工法,是北京市首次涌现出的"一带一路"建设的工法创新成果,对助力施工企业积极参与"一带一路"建设、开拓国际市场具有重要意义。

人事教育

【干部人事管理】 2019年,市住房城乡建设委共有工作人员1265人,局级领导共9人,其中正局级干部1人、副局级干部8人;处级干部共363人,其中正处级领导干部70人、副处级领导干部93人、一至四级调研员200人。年内贯彻执行干部任用政策法规,按照市委组织部、市人力社保局的要求和部署,围绕市住房城乡建设委中心工作和重点任务,全面落实机构改革工作相关要求,完善干部选拔任用机制,加强干部教育培训,强化人才队伍建设;严格执行干部任用政策法规,强化干部监督管理,畅通干部监督渠道,不断提高选人用人公信度和群众满意度。

【处级干部轮岗交流和年轻干部培养选拔使用】 组织对担任同一职务10年以上的处级领导干部进行轮岗交流,统筹做好干部交流工作。结合市住房城乡建设委干部队伍建设情况,组织开展机关公务员委内遴选、机关临时行政编制推荐选拔等工作,统筹抓好年轻干部培养选拔工作。注重选任35岁及以下优秀年轻干部,加快形成合理的干部队伍梯次结构。

【干部教育培训】 围绕学习贯彻习近平新时代中国特色社会主义思想和党的十九大精神,落实首都城市战略定位、建设国际一流的和谐宜居之都,落实全面深化改革、建设法治中国首善之区任务,做好全员培训、新入职干部培训、专业技术人员培训、人事干部培训和军转干部培训工作,推动全委干部不断提高政治意识、大局意识、责任意识、纪律意识和依法行政水平。组织全委处级以上干部、全体人事干部和参公以上单位干部共700余人参加了干部在线学习,在线学习完成率100%;组织局处级干部调训50人次,有效推动干部提高理论水平和业务能力;先后选派28名局处级干部赴德国、日本、新加坡等国家考察业务和学习培训,帮助干部开阔视野、拓展思路、更新观念、推动创新。

【"挂证"专项整治】 1月11日,印发《关于开展北京市工程建设领域专业技术人员职业资格"挂证"等违法违规行为专项整治工作的通知》,开展工程建设领域专业技术人员职业资格"挂证"等违法违规行为专项整治工作。年内,对351家"挂证"问题突出的单位开展企业资质专项核查,责令资质不符的9家工程监理企业、10家造价咨询企业、138家建筑业企业限期整改,逾期不改的将依法撤回相应资质;对逾期未参加核查的1家工程监理企业、1家造价咨询企业、38家建筑业企业进行通报批评,依法限制其在京承揽新的工程项目,限制其申请企业资质升级和增项,不予开具出京诚信证明。10月,市住房城乡建设委与市交通委、市水务局、市通信管理局等部门对315名公路专业、57名水利专业、47名通信专业、355名建筑市政专业的注册建造师,进行在京参建工程项目到岗履职情况核查。截至2019年底,"挂证"存疑人数已由第一批次67476人下降至第四批次6386人。

【持续推进电子化证书试点】 2月,电子证书发放范围扩大到"建筑施工企业主要负责人、项目负责人、专职安全生产管理人员安全生产考核合格证书""建筑施工特种作业操作资格证书""住房城乡建设行业技能人员职业培训合格证"。12月,二级建造师注册证书电子化工作开展后,申请人可通过资格管理系统自行申领并下载打印电子注册证书,电子证书的发放范围进一步扩大到执业人员,建筑业从业人员证书全部实现了电子化。

【试点《关于全国监理工程师执业资格考试工作的通知》有关规定】 对北京市近三年报考监理工程师执业资格人员的年龄结构、学历层次、考试合格率进行全面分析后,书面请示住房城乡建设部,建议在京先行试点《关于全国监理工程师执业资格考试工作的通知》的有关规定,将原报考学历要求提高至大学本科及以上。5月,住房城乡建设部函复同意在北京市先行开展试点工作。

【创新专职安全生产管理人员安全生产考核管理】 研究制定专职安全生产管理人员分类考核实施办法,细化考核分类标准,及时修订安全生产三类人员考核大纲和试题库。9月,实施新的分类考核标准组织考核,为起重机械安全管理提供了有力保障。同时,加强特种作业实操培训现场检查,建立培训考核全过程视频监控平台。10月,实现各级监管人员通过手机对培训考核全过程的移动监管和监督信息的实时传输,构建形成职责明晰、监管公开、信息共享的监管责任网,进一步推动监管效率提升。

【创新"工匠讲堂"系列培训方式】 为更好地服务首都建设发展需要,不断提升施工现场专业人员技能水平,启动拍摄建筑起重机械塔式起重机司机和信号司索工两个建筑施工特种作业人员的公益教学片。逐渐丰富"工匠讲堂"录制内容,充分发挥新媒体作用,探索"互联网+教育"公益培训方式。

【"三类人员"续期、执业资格受理、证书续期变更】 为全面开展好"三类人员"继续教育工作,9月制定并下发2019年度"三类人员"续期工作通知,组织召开中央驻京单位、北京市各大集团代表续期工作会议,部署"三类人员"继续教育和证书续期工作。全年完成"三类人员"续期52686人次。全年受理二级建造师、监理工程师、造价工程师、房产估价师等行政许可事项73996人次。一级建造师各类注册业务由住建部审批,市住房城乡建设委负责一级建造师注册业务为企业认证、个人实名认证和企业更名,全年共计受理4729件。全年完成证书续期64663人次,其中"三类人员"52686人次、特种作业11977人次;完成证书信息变更46158人次。

大事记

1月

4日 《北京城市副中心控制性详细规划(街区层面)(2016—2035年)》正式发布,为未来城市副中心建设的总纲领、总指南。

15日 北京市发布《关于做好核心区历史文化街区平房直管公房申请式退租、恢复性修建和经营管理有关问题的通知》,推进核心区平房院落有机更新。

18日 中共中央总书记、国家主席、中央军委主席习近平到北京城市副中心视察,详细了解副中心重大工程项目规划建设情况,主持召开京津冀协同发展座谈会并发表重要讲话。习近平充分肯定京津冀协同发展战略实施以来取得的显著成效,并对推动京津冀协同发展提出6个方面的要求。

2月

28日 北京市推出不动产登记领域线上"一网通办"(存量房屋买卖)服务,不动产登记、房屋交易及税收征管领域办事实现"一网通办"、线下"只进一扇门""最多跑一次"。

3月

由北京城奥置业公司投资建设,北京城建亚泰集团施工的城奥大厦项目通过了北京市建筑信息模型(BIM)应用示范工程验收,并成为北京市首个全生命周期BIM应用示范工程。

4月

24日 印发《北京市住宅工程质量潜在缺陷保险暂行管理办法》,在全市住宅工程范围内全面推行工程质量潜在缺陷保险。

发布《北京市住房和城乡建设委员会关于推行安全生产许可证电子化证书的通知》,自4月15日起对北京市建筑施工企业安全生产许可证换发电子证书。

5月

22日 北京市被列为全国工程造价管理市场化改革试点城市。

22—26日,住房城乡建设部第一检查组对北京市进行建筑市场和工程质量安全监督执法检查。北京市工程符合率在全国范围内名列第一。

6月

10日 西城区菜市口西片申请式退租试点工作启动,这是北京市第一例申请式退租实施项目。住在平房区直管公房的居民可以按照个人意愿,退还房屋使用权,并获得补偿及安置。

25日 国内首部施工类京津冀区域协同工程建设标准《城市综合管廊工程施工及质量验收规范》发布。

30日 大兴国际机场主要工程项目正式竣工。该机场是我国规模最大的一体化综合交通枢纽,其航站楼是全球首个"双进双出"航站楼,采用中央放射五指廊构型。

7月

29日 北京市正式启动面向在京台胞公共租赁住房专项配租工作。首批筹集40套房源,位于昌平区,房源周边配套设施齐备,交通便利。

7月 北京市获批中央财政支持住房租赁市场发展试点城市,新增房源资金主要用于集体土地租赁房建设资金补贴。

8月

1日 长安街西延跨永定河的新首钢大桥钢梁完工。新首钢大桥主桥长639米,宽度达54.9米,是当前我国最宽的钢桥梁。

6日 首趟满载散装水泥的专列由内蒙古呼和浩特沙良货运站到达北京丰台西货运站,标志着北京市建设领域大宗建材绿色供应链建设在水泥材料供应方面取得了新突破。

8月 启动住宅工程质量提升专项行动,对在建以及交付两年以内的住宅工程开展为期一年的质量专项治理。

9月

1日起,北京市存量房购房资格审核和异议复核实现全城通办。

20日 北京援建雄安"三校一院"项目全部开工。

30日 出台《关于规范互联网发布本市住房租赁信息的通知》,从源头规范房屋租赁信息发布。

9月 位于北京奥林匹克公园中心区的亚洲基础设施投资银行总部大楼暨亚洲金融大厦竣工,这是首个由中国倡议设立的多边金融机构总部大楼落户北京。

10月

10月 市住房城乡建设委与中国人民银行营业管理部签订《关于金融信用信息基础数据库采集公租房违规信息的合作备忘录》,首次将公共租赁住房违规家庭信息纳入到金融体系征信平台,对违规家庭形成制度威慑。

10月 发布《超低能耗居住建筑设计标准》,这是北京市首部超低能耗建筑设计地方标准。

11月

22日 发布《北京市公共租赁住房租赁合同》示范文本,该文本细化了合同解除条款,且首次写入对违规转租转借行为的惩戒。

12月

10日起,注册在北京市的建筑业企业申报由市区两级住房城乡建设委许可的建筑工程、市政公用工程施工总承包资质(包括首次申请、增项、升级和简单变更事项),实行告知承诺制,改变了过去"先审后批"模式。

24日 发布《关于完善简易低风险工程建设项目审批服务的意见》及9个配套文件。简易低风险工程建设项目适用范围扩容,审批效率提升,在办理环评手续、供排水接入等方面也能享受多项便利。

30日 京张铁路全线正式开通运营。

(北京市住房和城乡建设委员会)

城 市 规 划

城市规划建设

【城市公共空间改造提升】7月22日,市发展改革委、市规划自然资源委、市城市管理委联合印发《北京公共空间改造提升三年行动方案(2019—2021年)》,按照"三年分步走"计划,每年打造一批高标准、高品质、人性化的公共空间。市发展改革委、市规划自然资源委、市城市管理委继续联合开展城市公共空间改造提升示范工程试点,开展项目筛选、方案评审、综合优化、推进实施等相关工作。这是全市推进城市公共空间改造提升第三年。

【历史文化街区划定和历史建筑确定】市规划自然资源委、市住房城乡建设委、市农业农村局、市文物局组成联合工作小组,共同开展北京市历史文化街区划定和历史建筑确定,同步研究制定历史文化街区和历史建筑保护相关政策。核心区历史文化街区划定成果纳入首都功能核心区控规;卢沟桥—宛平城、模式口、延庆老城、通州南大街历史文化街区通过专家论证。10月,北京市第二批历史建筑完成公示。11月25日,北京市第一批429处历史建筑向社会公布。

【2018年度北京城市体检】北京市采取各区各部门自检与第三方独立评价相结合的方式,组织开展2018年度北京城市体检。市属34个部门、16个区及北京经济技术开发区开展自检并完成自检报告;中国城市规划设计研究院、中国科学院等7家单位组成第三方团队,围绕"四个中心"功能建设、非首都功能疏解、减量发展、大城市病治理等开展专题体检,并开展市民满意度调查。此次体检,以北京城市总体规划指标体系2018年度监测数据为基础,结合2019年工作,聚焦北京城市总体规划实施起步阶段的核心问题和关键变量,剖析规划实施中

的重难点问题，对规划实施情况进行综合评价，提出优化规划实施对策建议，形成《2018年度北京城市体检报告》。11月19日、11月27日，市政府常务会、市委常委会会议分别审议通过《2018年度北京城市体检报告》。12月25日，首都规划建设委员会第38次全体会议通报2018年度北京城市体检情况。

【"小空间 大生活"百姓身边微空间改造行动】市规划自然资源委、市发展改革委、市城市管理委联合开展"小空间 大生活——百姓身边微空间改造行动计划"，选取东城区北新桥街道民安小区内公共空间、西城区大栅栏街道南新华街厂甸11号院内公共空间、朝阳区小关街道惠新西街6~10号楼小区外西侧公共空间、海淀区花园路街道牡丹园北里1号楼南侧公共空间、丰台区长辛店街道朱家坟社区局部公共空间、石景山区老山街道老山东里北社区活动公共空间等6个百姓需求强烈的"三角地""边角地"公共空间，向社会广泛征集城市小微公共空间优秀设计方案。截至2019年底，方案正在征集中。

【长安街及其延长线公共空间及重要节点方案征集】市规划自然资源委在《长安街及其延长线品质提升详细规划》基础上，开展长安街及其延长线（复兴门至建国门段）公共空间整体城市设计及重要节点整体营造方案征集。征集要求从服务于政治中心、文化中心、国际交往中心战略定位出发，研究深化两门段间公共空间整体城市设计，对建筑风貌、整体天际线、交通组织及站点周边空间、生态及景观绿化、城市家具、公共艺术等要素提出总体要求；依据整体城市设计，统筹考虑节点重要性、可实施性及人群使用活跃度，选取北京音乐厅、东单、建国门三处重要节点，以功能优先、满足重大活动和日常需求、兼顾环境品质整体提升为原则，开展城市设计，做好整体营造方案。

【长安街西延长线及永定河北京段城市设计研究】市规划自然资源委组织开展长安街西延长线及永定河北京段城市设计研究。该研究从宏观、中观、微观三个层面展开，完成长安街与永定河历史文化梳理，汇总整理现有法律法规、规划和相关研究成果，明确现状与问题，提出长安街及其西延长线、永定河北京段目标愿景与城市设计原则。截至2019年底，正在对核心区段进行深化研究，对区域文化、用地功能、城市形态、特色风貌、生态环境等进行优化提升。

【2022年冬奥会、冬残奥会无障碍环境提升行动方案】市规划自然资源委组织制定《2022年冬奥会、冬残奥会无障碍环境提升行动方案》，以主办城市合同等文件为主要依据，从宏观、中观、微观三个层面，提出北京市保障冬奥会、冬残奥会召开必须具备的城市无障碍条件，并落实到各职能部门。

【阜内大街环境整治提升工程评估】市规划自然资源委组织开展阜内大街环境整治提升工程评估。评估认为，该工程提出"绿化带"理念，保障步行和自行车优先路权；优化交通流线，综合整治交通堵点；实现多杆合一，净化道路空间；见缝插绿，塑造生态友好绿色街道；修旧如旧，恢复传统老街风貌；营造有文化有活力街道；是老城内街道品质提升的一次突破和实践，对老城区街道品质提升改造具有借鉴示范意义。阜内大街环境整治提升一期工程，从阜成门至赵登禹路，全长680米，为老城区重要城市公共空间提升改造重点示范项目。

【北京市城市设计管理办法研究】市规划自然资源委在分析国内外大城市城市设计管理实践基础上，立足北京实际，聚焦城市设计编制体系、实施体系、监督体系，开展北京市城市设计管理办法研究。截至2019年底，已形成专题研究报告和《北京市城市设计管理办法》初稿。

【回龙观、天通苑地区城市设计导则】市规划自然资源委落实市政府《回龙观、天通苑地区公共服务三年行动计划》，组织编制《回龙观、天通苑地区城市设计导则》。该导则聚焦回龙观、天通苑地区城市风貌和城市公共空间存在问题，以优化提升回龙观、天通苑地区城市风貌、提高城市精细化管控为目标，分类分项提出城市设计管控思路，指导区域城市公共空间品质提升和城市特色风貌塑造。

【街区控规层面城市设计编制技术要点研究】市规划自然资源委组织开展街区控规层面城市设计编制技术要点研究，明确不同层面街区控规中城市设计重点要素，分级分类提出管控要点。

【城市设计条件纳入土地入市条件机制研究】市规划自然资源委聚焦地块层面城市设计管控要素体系和机制路径，开展将城市设计条件纳入土地入市条件的具体要素、成果形式、纳入方式、实施路径等研究，促进城市设计要求在具体项目中实施落地。

【5项城市设计导则深化完善】市规划自然资源委考虑实施需求及应用重点、难点，深化完善《北京街道更新治理城市设计导则》《北京第五立面和景观眺望系统城市设计导则》《北京城市色彩城市设计导则》《北京滨水空间城市设计导则》《北京市无障碍系统化设计导则》5项导则。

【优秀城市雕塑案例数据采集】市规划自然资源

委开展北京城市公共空间优秀城市雕塑案例数据采集，对天安门广场人民英雄纪念碑浮雕和毛主席纪念堂外围雕塑（共14组）进行三维数字化数据采集，保护传承优秀城市雕塑的政治价值、历史文化价值。

【**轨道场站公共空间一体化城市设计**】市规划自然资源委、市发展改革委联合推动建立轨道场站公共空间一体化城市设计长效机制，通过边试点、边提炼总结、边形成标准的模式，对轨道场站公共空间的非机动车停放空间、标识系统、设备设施、无障碍设施及公共艺术品等进行统筹规划设计。

【**北京城市公共空间发展纲要研究**】市规划自然资源委完成"北京城市公共空间发展纲要研究"。该研究在系统分析、研究国内外公共空间案例及相关政策基础上，结合北京市实际，提出北京市公共空间的发展目标、原则、实施机制及相应策略等。

【**北京中心城区公共开放空间系统规划研究**】市规划院完成"北京中心城区公共开放空间系统规划研究"。该研究对北京市中心城区公共开放空间总量水平、构成要素、现状问题、空间布局、系统耦合、利用情况、空间品质等进行剖析，对国内外公共开放空间规划方法和标准进行总结，提出中心城区应建设更加包容和人性化的公共开放空间系统，从关注建设空间转向关注非建设空间，从关注建设规模转向关注空间品质，让公共开放空间成为"看着美、用得上、用得好、建得了"的城市空间；提出构建公共开放空间网络的应对策略，包括：纳入街区控规编制，公共开放空间指标管控内容、用地性质管控策略、存量空间挖潜策略、实施管控措施等。

【**无障碍环境建设专项行动实施方案**】市规划自然资源委落实市政府《北京市进一步促进无障碍环境建设2019—2021年行动方案》，研究制定无障碍环境建设专项行动实施方案，对法规修订、规划编制、标准制定、方案审查、监督验收等提出全流程提升措施，并将无障碍设计纳入规划编制和实施全流程监管体系，促进新改扩建项目无障碍建设水平提升。

【**推动无障碍设计嵌入城市设计**】市规划自然资源委推动将无障碍设计嵌入城市设计。编制《北京市无障碍系统化设计导则》，将城市设计和无障碍理念相结合，倡导通用设计理念，关注各年龄人群无障碍需求，重点解决城市公共空间、建筑场地和建筑内部空间之间无障碍设施的系统性和连续性问题。开展"北京市无障碍环境建设工作优化方法与策略研究"，聚焦研究硬件方面的无障碍环境建设成果和不足，分析问题并提出优化方法和策略。

【**市级公共空间艺术品建设管理联席会议完成组建**】该联席会议由市委宣传部、市规划自然资源委、市城市管理委等16个市级单位组成，主要负责研究确定重点区域和重点题材（包括历史、民族、政治、领袖名人等）公共空间艺术品的规划、建设和管理等事项。

【**市级公共艺术专家咨询委员会完成组建**】该委员会主要为市级公共空间艺术品建设管理联席会议决策提供意见建议，承担对重点区域和重点题材公共空间艺术品的规划布局、主题设计等专业性研究和咨询工作，协助做好与公共空间艺术品主题内容相关的其他工作。

【**8个车站公共空间艺术品建成**】市雕塑办组织完成地铁7号线东延暨八通线南延项目的黄厂站、郎辛庄站、黑庄户站、万盛西站、万盛东站、群芳站、高楼金站、花庄站8个车站的公共空间艺术品建设，并通过验收。

【**核心区公共艺术品价值研究**】市雕塑办完成"核心区公共艺术品价值研究"。该研究对核心区现存660件公共艺术品进行实地调查，重点从政治价值、历史价值、艺术价值等方面对公共艺术品综合价值进行分析研究，并对部分艺术品提出拆除、迁移等建议。

村镇规划建设

【**北京市村庄规划导则（修订版）**】12月26日，市规划自然资源委印发《北京市村庄规划导则（修订版）》（京规自函〔2019〕2986号公布）。该导则在《北京市村庄规划导则（试行）》基础上修订，历时2年（2018—2019年）。修订内容包括：衔接全市正在开展的各层级规划，贯彻落实近两年国家、北京市出台的相关政策文件和技术标准，应对村庄规划编制中出现问题，明确针对性对策；对接市级各部门，明确公共服务、市政、交通、公共安全等各类设施的建设原则、要求和标准。

【**北京市村庄布局规划**】市规划院编制完成《北京市村庄布局规划（2017—2035年）》，于7月获市委、市政府同意。规划立足村庄实际，坚持"开门编制"，在现状评估与总结基础上，明确村庄功能定位，构建"三区四类"村庄管控引导体系，明确村庄地区总体管控、分区管控、分类引导要求，提出村庄地区全域管控、生态保育、产业发展、公共服务设施和市政交通基础设施配置、公共安全引导要求。

【乡镇国土空间规划工作体系】市规划自然资源委印发《关于开展乡镇国土空间规划编制工作的指导意见》（京规自函〔2019〕3023号）、《北京市乡镇国土空间规划编制导则（试行）》（京规自函〔2019〕3039号公布）、《乡镇国土空间规划数据库建设标准》，制定《关于规范乡镇国土空间规划编制、审查、报批的有关意见（试行）》《乡镇国土空间规划审查要点》，构建"一个工作方案＋一个编制导则、一个指导意见、一个编审流程、一个审查要点、一个数据平台＋一个生态指引"的"1＋5＋1"工作体系，指导、推进乡镇国土空间规划编制审批。

【四级村庄规划体系建立】市规划自然资源委建立"北京市村庄布局规划—区级乡村规划—乡镇国土空间规划—村庄规划"四级村庄规划体系。印发《北京市村庄规划导则（修订版）》（京规自函〔2019〕2986号公布），指导各相关区推进村庄规划编制。

【村庄规划编制审批】全市美丽乡村创建村中，应编制村庄规划1184个，实际完成编制1205个，实现"应编尽编"；完成审批349个。

【村庄规划执行效果评估】市规划自然资源委结合北京城市体检评估，开展村庄规划执行效果评估研究，形成村庄规划实施评估指标体系。

（北京市规划和自然资源委员会）

城 市 管 理

概况

首都市容环境建设按照精治、共治、法治要求，坚持集中治理与长效管理有机结合，不断提升城市精细化管理能力和水平，圆满完成新中国成立70周年庆典、第二届"一带一路"高峰论坛、世界园艺博览会和亚洲文明对话大会等重大活动市容环境保障任务。制定《2019年首都环境建设任务书》，列入环境建设任务114项，开展全市城市公共空间服务设施规范治理，新增200条主要大街公服设施二维码管理。以"十无一创建"为主要内容，完成首都核心区背街小巷环境整治提升三年（2017—2019）任务。修订《北京市生活垃圾管理条例》，制定《北京市生活垃圾分类工作行动方案》以及配套的4个实施办法。开展140个村的环境综合整治工作，完成500个垃圾分类示范村创建，垃圾分类示范片区创建工作的街道（乡、镇）覆盖率达到60%。生活垃圾无害化处理率指标达到99.94%。累计改造公厕8484座，新增和更新环卫电动车550台，城市道路机械化作业率达91%以上。着眼首都功能定位，落实天然气需求总量，全年共使用天然气182.9亿立方米。推进热网调峰热源建设，新增供热能力800兆瓦以上。基本实现平原地区无煤化，清洁取暖率达到84%。认真落实《加强市政设施规划建设运行统筹管理的实施意见》，确保城市生命线安全有序顺畅运行，牵头的市政基础设施建设项目总计24项（市级重点8项、城市副中心5项、冬奥会11项），京津冀协同办任务9项、新首钢办任务2项，全部按计划完成年度目标。加强统筹协调，推进世园会、冬奥会、城市副中心、大兴国际机场临空经济区等重点工程建设，累计建成运营综合管廊122.25公里。组织专业机构完成了408公里管道高后果区识别及定量风险评估，地下管线消隐计划项目完成638项、127公里，项目完成率79%，较2018年增长13%。推进老旧小区市政管线入楼入户，推动回龙观、天通苑地区雨污水管线改造工作。完成100条无灯道路路灯建设任务。

城市建设

【编制《2019年首都环境建设任务书》】编制完成《2019年首都环境建设任务书》，并印发首都环境建设管理委各成员单位及各区环境建设管理办。共列入环境建设任务114项，其中市政府相关部门及地区管委会主责任务28项，各区牵头任务86项。

【实施首都环境建设市级重点项目】围绕城市副中心及联络线环境建设、重大活动环境保障、重要地区环境建设、重点环境薄弱地区整治等，共确立年度市级重点项目17项。2019年底前，朝阳区长安街及其延长线（八里桥公园、管庄地区杨闸村及东会村三角地绿化）、广渠路（小郊亭桥南侧、广渠路南侧王四营段一期绿化）、石景山区冬奥场馆周边（北辛安路、广宁路、石龙立交）、门头沟区长安街西延、通州区行政办公区周边道路环境提升等8个项目实施完成。

【编制冬奥会环境建设规划方案】编制完成《冬奥会环境建设规划方案（2019—2021年）》，明确北京地区"五区四线三周边"的冬奥会环境整治项目范围（"五区"指奥林匹克中心区域、首体区域、五棵松区域、冬奥组委区域、延庆小海坨区域；"四线"指冬奥进京联络线、冬奥场馆联络线、冬奥活动场所联络线、冬奥火炬传递路线；"三周边"指冬奥冰雪运动场所周边、冬奥文化旅游场所周边、冬奥配套服务场所周边），制定了冬奥会环境建设项目库，以及建筑界面、道路交通、绿化植被、标志系统、广告牌匾、夜景照明、市政设施、无障碍设施、道路公共服务设施、公共艺术等10个环境要素的规划设计导则。

【完成国庆庆典等重大活动市容环境保障】牵头组建环境整治提升和工程建设指挥部，统筹负责广场观礼台搭建、城市环境保障和城市景观布置工作。完成"四线、五区、五环、多周边"市容景观、市政设施等整体提升任务。围绕第二届"一带一路"高峰论坛、世界园艺博览会和亚洲文明对话大会相关住地会场，明确"五区、五环、十线、多周边"保障范围，完成河道治理、山体修复、设施维护、绿化美化等任务。

【推进美丽乡村建设】重点推进2019年启动的第二批1300余个村庄农村人居环境整治，并加大100余个示范村的连片整治提升和培育典型创建工作。优先抓好"一点、两区、四线"，即旅游景点，通州区、延庆区，冬奥会、世园会沿线、雁栖湖会都沿线，大兴国际机场沿线，城市副中心沿线等周边可视区域。截至2019年底，全市97%行政村生活垃圾得到处理；纳入住房城乡建设部台账的非正规垃圾堆放点治理累计完成149处；完成全市500个生活垃圾分类示范村创建；完成951座公厕达标改造。

【加强城乡结合部环境整治】印发了《2019年城乡结合部重点村环境整治工作方案》，明确"四无、三建、五有"的工作目标，确定9个区178个重点村整治台账，做好清理卫生死角、积存垃圾、非法小广告；完善垃圾收运设施、公共照明设施，开展公厕达标改造；拆除或规范广告牌匾、拆除废旧设施等8项具体任务，每月组织开展农村地区专项环境检查，内容主要涉及村庄日常环境卫生、基础设施的建设与管理、垃圾治理等方面，落实责任主体，督促各区限期整改。

【利用卫星遥感技术开展市容环境监测】继续依托卫星技术手段，重点对大型垃圾渣土堆放点分布及变化情况、垃圾渣土堆放点周边状态、铁路和高速路周边环境情况等开展市容环境监测。全年累计发现大型垃圾渣土堆放点281个，面积约53.17万平方米；新增大型垃圾渣土堆放点264个，面积约48.01万平方米；整治大型垃圾渣土堆放点278个，面积49.55万平方米。通过对京广、京津等九大干线和12条高速公路两侧环境状况进行监测，发现沿线两侧30米范围内建筑物9585个，面积约1435.85万平方米；废品回收站和土堆225个，面积约66.25万平方米。

【修订《北京市生活垃圾管理条例》】启动《北京市生活垃圾管理条例》修订工作。成立由市人大常委会主要领导和市政府主管市长任组长，市人大常委会法制办、城建环保办、市司法局、市城市管理委和相关综合部门参加的《北京市生活垃圾管理条例》修订专班。11月27日北京市第十五届人民代表大会常务委员会第十六次会议通过《关于修改〈北京市生活垃圾管理条例〉的决定》，2020年5月1日将正式实施。配套制定了《北京市生活垃圾分类工作行动方案》以及《北京市居住小区垃圾分类实施办法》《北京市党政机关社会单位垃圾分类实施办法》《北京市生活垃圾收集运输处理实施办法》《北京市生活垃圾减量实施办法》等4个实施办法。

【持续推进垃圾分类示范片区创建】印发《北京市生活垃圾分类示范片区创建考核验收办法》（京管函〔2019〕66号）和《北京市生活垃圾分类日常运行管理检查考核评价办法》（京管函〔2019〕65号），进一步明确生活垃圾分类示范片区创建任务和日常检查考核标准。到年底，全市开展垃圾分类示范片区创建工作的街道（乡、镇）覆盖率已达到60%。

【完成首都核心区背街小巷三年整治任务】按照《首都核心区背街小巷环境整治提升三年（2017—2019年）行动方案》要求，以"十无一创建"为主要内容，核心区2435条背街小巷环境整治提升任务基本完成。府学胡同、东绒线胡同等一批环境优美、和谐宜居的文明街巷连片亮相。建立背街小巷环境整治提升协调议事机制，搭建研究破解背街小巷重难点问题和城市精细化管理措施的有效平台，发挥街巷长、小巷管家作用，凝聚基层共治力量，推进长效管理。

【推进核心区架空线入地】以撤线拔杆为标准，推进核心区架空线入地，重点开展香山革命纪念地周边、阅兵村周边、奥林匹克中心区等区域架空线入地。完成架空线入地电力51公里、路灯36公里、通信311公里，拔除各类线杆1.6万余根；完成电力箱体（含路灯）"隐形化、小型化、景观化"治理38台；雍和宫大街实施"多杆合一"，233根各类杆体减至77根，减量67%，安全隐患得到消除，城市品质得到提升。

【推进违规户外广告和标语规范治理】继续保持对违规户外广告牌匾标识和标语宣传品的高压态势。集中组织开展扰民和违规户外广告牌匾标识与标语宣传品规范治理，截至2019年底，全市共治理违规牌匾1.8万余块，其中绩效任务台账7750块，完成率100%。

市政公用事业

【完成重点供热工程建设】推进热网调峰热源建设，完成了花家地3台116兆瓦、宝能5台58兆瓦、北辰6台58兆瓦、通州5号1台116兆瓦和1台29兆瓦等调峰热源建设，新增供热能力800兆瓦以上。

【推进清洁取暖】农村地区基本完成平原地区农村清洁取暖改造，共有2407个村庄、89.95万户完成"煤改清洁能源"，其中"煤改电"村庄1922个，71.48万户；"煤改气"村庄485个，18.46万户，清洁取暖率达到84%。

【完成陕京四线联络线工程建设】密云—马坊—香河输气管道工程是国家2019年天然气基础设施互联互通的重点建设项目，线路全长约75公里，途经北京市密云区、平谷区及河北省三河市和香河县。10月30日，马坊—香河支干线工程全线贯通；11月30日，密云—马坊联络线管道工程全线贯通；12月15日，密云—马坊—香河联络线管道工程全面建设完成；12月18日，密云分输站站外动火作业的最后一道焊口焊接完成，标志着密云—马坊—香河联络线输气管道工程实体具备投产条件，至此有着北京"七环"之称的陕京管道大型天然气输气环网正式建成闭环，极大地提升了天然气供应的可靠性和调运的灵活性。

【大兴国际机场外围综合管廊按期建成】6月30日，按期建成大兴国际机场高速公路综合管廊（大礼路以南段）3.2公里，永兴河北路综合管廊（保通航段）7.3公里，大礼路、青礼路综合管廊（保通航段）5.0公里等4条机场外围综合管廊。8月31日，完成供水、电力、燃气、通信等市政管线入廊并投入运营。

【冬奥会延庆赛区外围综合管廊完工】冬奥会延庆赛区外围综合管廊实现管廊主体全线贯通，9月全部管线入廊敷设完毕，成为保障延庆赛区造雪用水、生活用水、电力、电信、有线电视转播等市政能源需求的重要市政基础设施。

【实施《城市综合管廊设施设备编码规范》】本市地方标准《城市综合管廊设施设备编码规范》DB11/T 1670—2019经市市场监督管理局批准发布，于2019年4月1日实施。该标准在国内率先建立了统一、规范、集约的综合管廊设施设备编码规则，有助于提高精细化管理水平。

【实施综合管廊智慧运营系统技术规范】本市地方标准《城市综合管廊智慧运营管理系统技术规范》DB11/T 1669—2019经市市场监督管理局批准发布，于2020年4月1日起实施。该标准规定了综合管廊智慧运营管理系统的系统架构、系统功能、系统性能、系统接口、数据及系统安全的相关要求。适用于综合管廊智慧运营管理系统的设计、实施、验收及维护。

【完成北京大兴国际机场燃气管线建设】2月28日，北京大兴国际机场燃气配套工程完成了首条燃气次高压入廊管线——永兴河北路次高压A燃气工程的接线工作，并具备通气条件，为新机场调试和正式通航工作提供了气源保障。3月15日，北京新机场次高压A燃气调压站工程验收竣工，标志着新机场天然气能源保障任务顺利完成。大兴国际机场配套天然气管线共计17.1公里，于8月22日正式完成通气。

【实施地下管线结构性隐患消除计划】印发《北京市2019年度消除城市地下管线自身结构性隐患工程计划项目汇编》，召开全市城市地下管线自身结构性隐患排查治理工作会，积极协调解决遇到的问题。2019年底前，全市地下管线消隐计划项目完成638项、127公里，项目完成率79%，较2018年增长13%。

【回龙观、天通苑地区雨污水管线改造】组织召开回龙观、天通苑地区雨污水分流改造工作协调会，明确雨污水分流改造投资政策、拆迁主责单位和多管线统筹施工等有关事宜。统筹协调各地下管线权属单位、市区道路管理部门合理安排管线施工、道路大修时序，推动雨污水分流改造等项目有序实施，最大限度地减少道路反复开挖对交通和市民出行的影响。回龙观雨污水管线实现了年内进场开工的目标，天通苑地区雨污水管线工程已开展可行性研究报告评审有关工作。

【一批垃圾处理设施建成运行】密云、顺义、阿苏卫焚烧厂和大工村厨余垃圾处理厂投运，新增焚烧、生化处理能力4500吨/日，生活垃圾处理设施总设计处理能力达到32711吨/日，基本满足本市生活垃圾处理需求；阿苏卫循环经济园占地面积约125公顷，设计日处理能力达到3000吨，是北京市市属大型垃圾综合处理园区项目，主要负责处理东城区、西城区北部地区和昌平区全区产生的生活垃圾。草桥、北小河、酒仙桥、三星庄和通州5座粪便处理设施投运后新增处理能力2100吨/日，粪便处理设施设计处理能力达到8960吨/日。

【提升天安门广场周边建筑景观照明】组织实施天安门广场周边主要建筑景观照明提升工程，涉及均衡广场东西两侧建筑夜景效果,增加人民大会堂和国家博物馆主入口庆典微彩光,补充人民大会堂、毛主席纪念堂和国家博物馆建筑第五立面照明,提高人民大会堂和国家博物馆等建筑主立面照明亮度和均匀度。全面提升正阳门城楼、箭楼古建夜间形象,增加楼顶瓦面、山花檐画、椽檩斗栱等中式建筑细部照明,9月12日,整个项目完成施工调试,展现出了天安门广场地区庄严、厚重、明亮、整饬的夜景氛围。

【完成100条无灯道路路灯建设任务】年内会同16个区确定100条无灯路路灯建设任务清单,下发《关于落实2019年无灯路路灯建设民生实事任务的通知》,持续督促、检查各区按照任务清单抓紧推进工作落实。7月23日,组织16个区召开无灯路路灯建设民生实事任务推进会,督促各区加快推进工作。10月18日,组织未完成任务的8个区城市管理委召开专题会议,要求各区充分考虑冬施、极端天气、用电报装等各类影响施工的因素,制定相关预案,严格施工进度。下发《关于加快推进2019年无灯路路灯建设民生实事任务的通知》,每日沟通协调推进任务落实。12月底,完成全部100条道路路灯设施建设工作。

【完成副中心C区智慧照明系统建设】全面启动城市副中心行政办公区C区智慧景观照明总控系统项目建设,经过需求调研、设计开发、测试完善、培训试用等,完成系统管理模块、设备管理模块、智能控制模块、场景智能配置模块、故障报警管理模块、接口管理模块、数据采集与处理模块以及智慧管理模块的功能开发,完成总控系统和办公区综合服务管理平台集成和对接程序开发,实现总控系统与A1—A4、B1—B4、C2共9个地块强弱电主控服务器对接。

重点专项执法工作

【推进全市疏解整治促提升占道经营整治专项行动】通过全市"动态清零"对标对表、探索多元有效社会共治、建立重点点位挂销账制度、整治效果市级综合评价、协同生活服务品质提升推进有效疏导、梳理压实街乡镇党委项主体责任等措施,全市占道经营类市民有效举报数量下降42.65%;全市占道经营类立案执法18.72万起,立案执法量达到同期市民举报量的3.97倍;全市758处2019年上账重点点位已全部销账,全市333个街乡镇中全部达到动态清零标准。

【开展全市地桩地锁整治】会同市住房城乡建设委、市公安交管局,开展部署、调度、联合督导,推进属地落实,全市共拆除私装地锁等障碍物5.9万余个,各区动态销账重点点位1989处,立案1479起,罚款83万余元。全市"12345"市民热线举报数下降63%。

【推进回龙观、天通苑地区综合整治】通过市级部门实地调度、专班工作组常态化督导以及重点问题市区街执法联动等措施,牵动地区立案查处违法行为1899起,罚款420余万元,市民举报数下降39.4%,地区环境秩序面貌显著提升。

【推进大气污染防控治理】持续强化实名制台账管理、落实行业部门通报和市级部门联合联动和移送惩戒机制,向市税务部门移送征收环境保护税扬尘案件信息33件,与市住房城乡建设委共享施工扬尘案件信息1882件,向园林、水务、轨道交通、道路、市政等行业主管部门通报施工扬尘案件798件,牵动全市强化整治,查处施工工地违法行为3.1万余起,同比上升35%,罚款1.46亿元,同比上升14.8%。同时,大力推进"三烧"治理,立案处罚露天烧烤、露天焚烧违法行为3100余起,罚款117万余元,全市空气质量水平显著提升。

【推进违法建设整治工作】与市违法用地违法建设专项行动指挥部及有关部门协同联动,重点开展私挖地下室和楼顶违法建设整治、100个存在突出隐患居民小区挂账整改等系列专项整治;同时,迅速落实新规划条例要求,强化快速拆除在施违法建设工作,通过总队领导多轮次实地调研督导、市级针对性强化调度等措施推进热线举报315处上账点位的挂销账治理。

【推进燃气安全专项工作】一是加强重点时期强化整治和执法宣传;二是加强市区联动和执法示范培训,与丰台、昌平、顺义、朝阳、亦庄等区局以及直属队、属地执法队开展多种形式互动交流;三是强化新职权对接联动和执法履职,会同市城管委以及属地部门,对通州区、顺义区开展油气管线联合检查,办理油气管线典型案件2起;四是迅速落实市委市政府要求,牵动全市持续开展瓶装燃气整治、加强台账核查督导。进一步落实"两有两可"要求,切实夯实工作基础。

【推进生活垃圾管理】一方面持续整治助力打赢非洲猪瘟防控战,另一方面创新组织实施垃圾处理设施联合检查,强化垃圾处理末端监管;在市容环境卫生责任制方面,会同西城区局组织召开"商户自治"管理模式现场会,创新城市治理模式;在园林绿化专项工作方面,强化行业部门对接,加强全市调度督导，加大绿化及公园类违法行为治理，执法作为大幅上升，劝导规范处罚公园管理类违法行为1.2万余起，并对典型行为移交列入旅游"黑名单"，强化工作效果；在非法小广告整治方面，加强多领域结合，协同开展"保健"市场乱象和涉嫌非法集资风险等整治行动，开展波次整治和重点点位核查及调研督导，提升整治效果；在黑车专项整治方面，结合首都扫黑除恶重点行业工作安排，部署开展非法营运专项整治行动，并会同市文旅局、市环食药旅总队、市交通委等部门在重点地区开展专项打击行动，取得明显成效。同时，旅游环境秩序、私掘占路、户外广告牌匾整治以及供热、城市道路公共空间设施、水污染防治、社会救助等专项工作有序开展，有效发挥了在各行业领域的协同配合和执法监管作用。

【扎实做好"接诉即办"工作】"96310"城管热线强化服务意识，切实发挥联系群众的桥梁及纽带作用，妥善做好群众诉求事项办理工作。全年共受理群众各类来电21.4967万件，同比下降48.9%，其中，办理群众各类诉求事项14.1108万件，同比下降55.3%（办理市非紧急救助服务中心转办案件6029件）；为群众提供各类咨询服务7.367万件；受理群众建议49条；收到群众来电表扬140件。电话回访9.3946万件，反馈率为96%，即时解决率为99.6%，契合度为100%，满意度为79.3%。

【充分发挥综合执法、综合协调、综合监管作用】一是全力保障全市重大活动，积极服务首都功能定位。以新中国成立70周年庆祝活动为主线，围绕全国第二届"一带一路"国际合作高峰论坛、北京世界园艺博览会、亚洲文明对话大会、国际篮联篮球世界杯等重大活动，全方位加强环境秩序整治。组织开展"并肩治乱"专项整治行动，集中治理黑摩的、黑旅游、黑停车等5类街面突出问题，查处违法行为7630起。开展了贯穿全年的天安门核心区环境秩序综合整治，集中力量加强环境秩序管控。服务保障全国"两会"、开展春运、清明、"五一""十一"、中高考、中超联赛、CBA联赛、演唱会等综合保障140余次。二是充分发挥综合协调作用，开展了"开展大气污染防治、占道经营整治、市政公用专项执法"三大攻坚行动。生态环境部门牵头大气污染防治，全市查处施工违法行为5.3万起，城管执法部门牵头，开展占道经营等环境秩序专项整治，结案处罚各类环境秩序突出问题18.3万起，罚款2137万元。市城管委牵头落实"十无一创建"标准，完成839条背街小巷环境整治提升。三是针对领导关注、媒体曝光和群众反映的突出问题，通过联合会商和联合整治，解决了治理难点区域、群众身边的老大难问题1.2万个。四是坚持"精治、共治、法治"理念，加大联动惩戒力度。生态环境、城管执法、规划自然资源、住房城乡建设、公安治安等部门依据工作意见，针对餐饮油烟、违法建设、非法运营等职责交叉问题，综合联动，明确职责分工，强化全流程管控，实施联动处罚。五是建立挂账跟踪督导、群众举报高发地区约谈、问题高发时段弹性督察、市区联动督察等工作机制，围绕重大活动、占道经营、大气污染防治、街面秩序等重点工作，督导整改问题13.3万个；围绕中央核心区和长安街沿线、中轴线和大运河沿线、首都综治挂账点、农村及城乡结合部、回龙观天通苑等重点地区，督导整改问题4000起，切实做到"有必督、督必果"，共向各区、各部门派发《监管通知单》10.1万件，解决各类问题13.3万个，复查整改率达95.3%。

【全力做好大型活动保障工作】全年共参与各类保障机构24个。适时完善了局重要活动领导小组组织结构，组建了局70周年大庆工作专班，形成了职责明确、关系顺畅、合作有力的机制。同时，督导各区健全了应急协调机制、联络员制度、信息报送制度等，使局、区指挥联络顺畅、调度及时高效。办理市委、市政府及各级大庆活动保障机构文件110余份，参加会议40余次，报送各类信息75份，先后3次组织召开了重大活动工作推进会，较好地完成了重大活动的各项保障工作，获得由中华人民共和国成立70周年北京市庆祝活动领导小组阅兵服务保障指挥部和环境整治与提升指挥部颁发的荣誉证书。

【持续推进扫黑除恶专项斗争工作】局扫黑办成立以来，围绕中央督导检查，有力推动全系统扫黑除恶专项斗争向纵深发展。先后9次组织召开工作推进会，组织开展专项斗争宣传、调研、培训等，并通过观看警示片、通报工作情况、转发工作经验、开展主题党日活动等方式，不断增强全系统扫黑除恶专项斗争的行动自觉。全年共梳理各类线索近千条，排查34条涉嫌涉黑涉恶线索，经过会商后，其中2条由市扫黑办接收。重点盯办中央督导组转办185条行业乱象线索和全国12337平台接收的7条行业乱象线索，深入11个区多次实地核查、现场协调，督促办结142条，有力推动了海淀区常青园、通州区天鹅堡小区、顺义龙湾别墅区等违法建设拆除工作，其余48件正在依法推进。

【积极指导牵动系统开展"并肩治乱"】按照全市总体部署和要求，积极指导、牵动各级城管执法部门，落实实名、实岗、实责"三实"工作标准，结合高发点位，开展联合整治。梳理建立违法相对人基础信息台账，为公安部门做好清源行动提供依据。市区两级督察部门采取重点督查、随机督查、交叉督查、明察暗访等多种形式，对各单位落实"并肩治乱"专项行动相关要求情况进行督导推进。开展行动以来，全市共查处5类街面秩序类突出违法行为7630起，罚款49.6万元，查扣黑摩的246辆。从群众举报情况看，"12345"市民服务热线和96310城管热线共受理非法运营举报1696件，环比下降19.8%，同比下降49.7%。

【持续推进背街小巷治理】按照背街小巷基础台账，以市民群众反映强烈、媒体聚焦、领导关注的重点问题为切入点开展专项整治行动，通过综合监管平台分别向属地政府、责任部门或城管执法系统派发《监管通知单》，并将反馈和整改情况纳入区政府绩效考核和城管执法系统千分制考核，推动落实自身责任。同时，坚持疏堵结合，依托市占道经营整治办平台，协助商务部门组织城管执法系统对便民服务网点摸排，为便民服务网点建设提供了基础信息，推动从源头解决背街小巷环境秩序问题。指导背街小巷的整治工作开展，查处各类违法行为2.98万起，清除、没收小广告3.5万张，拆除地锁4360个。

【推进平安北京建设工作落实】为落实考核工作要求，制定了《关于做好首都综治委2019年市级挂账社会治安重点地区整治工作的通知》《关于做好首都综治委16个重点挂牌督办街道（乡镇）整治工作的通知》和《关于做好与"平安北京"建设考评对接通知》。多次组织机关处室和区局召开综治工作调度会，通报2018年度综治考核结果，分析扣分原因，制定整改措施，形成整改报告，提前谋划综治考核工作，做好服务指导。制定下发《关于转发市委政法委对全市16个街道（乡镇）进行重点挂牌督办整治工作的通知》，要求各区局主动向区综治办、街道（乡镇）党委政府汇报整治进展情况和难点问题，共同研究制定整治方案，每月分析16个街乡镇城管热线举报数据，对同比未下降20%街乡镇进行督促对接。

【春运期间环境保障】制定春运工作方案，牵头协调、督促全系统认真落实职责任务，扎实有序推进春运工作开展。春运40天期间，全市城管执法系统共查处各类违法行为15353起，罚款89733元，其中无照经营6056起，店外经营7845起，散发小广告1014起，非法营运438起。

【元旦春节烟花爆竹安全管理】制定了专项执法工作方案、禁放看护工作方案和宣传工作方案。全市城管执法系统共查处各类违法行为756起，及时处置庙会周边违法行为13起。城管热线受理群众举报340件，比去年春节同期下降34.2%，群众满意率为99.3%。

【推动京津冀地区执法联动工作】为深入贯彻落实京津冀协同发展战略部署，加强城管执法领域工作衔接配合，解决京津冀周边环境秩序问题，确保措施一体、作用互补，为京津冀一体化发展提供支撑保障。分别组织通州、大兴、延庆城管局进行了座谈会商，确定问题通报会商、双方执法联动等机制。制定印发《关于加强与河北、天津城管执法部门开展协同执法的通知》，部署指导各区城管局与接壤城管执法部门建立执法联动机制。

【启动协调机制 共商共治天安门地区环境秩序】通过实地查访，会同公安、属地城管部门，坚持"零容忍"标准、全覆盖摸排违法问题，集中区域，制定了"一图一表一方案"核心区综合治理长效机制。安排直属执法力量，持续对天安门地区31处点位进行63轮次督导检查工作，针对问题，及时调整执法力量开展整治工作，确保整改落实到位不反弹。

【服务中央单位及驻京部队】组织相关职能处室参与制定了《服务中央单位和驻京部队工作落实职责制》，积极同北京地区停止军队有偿服务协调联络办沟通接洽，建立协调联络机制，做好停止军队有偿服务的有关协调联络工作和执法保障。

【推进三大攻坚任务督导落实】完善常态化监管机制，有效发挥弹性工作制，优化市区联动督察机制，共督导解决各类街面环境秩序问题5100余处。大气污染防治贯穿全年全天候不间断。

【发挥督察考核导向作用】一是调整优化考评细则。加大对各区落实综合监管力度要求，设定每季度最低发单量；提升各区对督办件办理重要意义的认识，增加督察督办考核项；根据年度工作重点和新职权划转要求，以奖促治，考核新增"大型活动""综合执法大数据平台"和"市政专项、街区更新、城乡结合部及交界地区"等内容。二是改进完善考核方式。区区交叉与总队内部交叉相结合，坚持统一会审制度，强化对办理过程考核，对整改情况逐一认定通报。政府通知单平均整改率达97.4%，同比上升3.1%，督办单平均整改率达98%，同比上升

0.6%，有效提升了《监管通知单》办理质量。

(北京市城管执法局)

园林绿化

概况

2019年，北京市园林绿化系统圆满完成了市委、市政府和首都绿化委员会部署的各项任务。全市新增造林绿化面积1.87万公顷、城市绿地803公顷。全市森林覆盖率达到44%，平原地区森林覆盖率达到29.6%，森林蓄积量达到1850万立方米；城市绿化覆盖率达到48.46%，人均公共绿地面积达到16.4平方米。

园林绿化建设与管理

【绿化造林】北京新一轮百万亩造林全年完成造林1.72万公顷，栽植各类苗木1159万株，截至2019年底，新一轮百万亩造林已经完成3.29万公顷。城市副中心园林绿化建设方面，推进30个续建项目，新启动21个项目，新增和改造林地绿地2333.33公顷。永定河综合治理与生态修复完成造林3420公顷，森林质量精准提升0.67万公顷。京津风沙源治理二期、太行山绿化等国家级重点生态工程，完成困难地造林1506.67公顷、封山育林1.53万公顷、山区森林健康经营4.67万公顷，完成彩叶造林1020公顷、公路河道绿化150公里。张承地区营造京冀生态水源保护林0.67万公顷，森林资源保护联防联控机制不断完善。

【绿化美化】北京持续加大"留白增绿"（即在拆除违法建筑后在腾退的土地上还绿），着力修补城市生态。结合"疏整促"（疏解整治促提升）专项行动，充分利用拆迁腾退地实施"留白增绿"1686公顷。结合综合整治、拆除违建、城中村和棚户区改造等，全年新增城市绿地803公顷，建成西城区莲花池东路逸骏园（二期）、海淀区五路居等城市休闲公园24处，新建东城区北中轴安德、西城区广阳谷三期等近自然城市森林13处，建设口袋公园和小微绿地60处，全市公园绿地500米服务半径覆盖率由80%达到83%。完成公园绿地改造141万平方米，建设生态精品街区3.2万平方米；实施老旧小区绿化改造22万平方米，道路绿化改造31万平方米，新建屋顶绿化11万平方米、垂直绿化40公里，完成739条背街小巷的绿化景观提升，新建健康绿道135公里，实施公路河道绿化150公里。

【义务植树】完成党和国家领导人、全国人大常委会领导、全国政协领导、部委领导、中央军委领导及国际森林日等重大植树活动的组织协调和服务保障工作。积极创新义务植树形式，建成"互联网+义务植树"基地13处。全市共有396万人次以各种形式参加义务植树，共植树162万株，抚育树木1056万株。

【重大活动保障】高水平完成国庆70周年庆祝活动的景观环境服务保障任务，天安门广场"普天同庆"中心花坛在庆祝活动结束后7个小时内惊艳亮相。承办了2019世界花卉大会。

【迎春年宵花展】1月20日，由北京市园林绿化局、北京花卉协会主办的迎春年宵花展及组合盆栽大赛，在北京各大花卉市场举办，北京各大生产商年宵花生产量总计约400万盆。

【国际森林日植树活动】3月21日，在北京市石景山区新安城市记忆公园举办2019年"国际森林日"植树纪念活动。20多个国家和国际组织代表、全国绿化委员会成员单位、有关部门（系统）代表及各界干部群众共240余人，共同栽下油松、银杏、白蜡、栾树、国槐、元宝枫等苗木800余株。

【第七届北京西山森林音乐会】3月24日，第七届北京森林文化节在西山国家森林公园开幕，全市15家森林公园和5家市区公园，举办60余项200余场森林文化活动。

【中央领导及机关干部参加植树活动】党和国家领导人习近平、栗战书、汪洋及在京的政治局委员，到北京市通州区永顺镇参加首都义务植树活动。4月10日，5位全国人大常委会副委员长及全国人大常委会机关干部，在丰台区青龙湖植树场地参加义务植树活动。4月16日，9位全国政协副主席同全国政协机关干部职工近300人，到北京市海淀区西山国家森林公园参加义务植树活动。

【第十届北京郁金香文化节】4月5日至5月6日，第十届北京郁金香文化节以"丝路花语·春满京城"为主题，在北京国际鲜花港开幕。郁金香文化节期间，室外布展以景观装饰、花艺小品和花车为表现形式，形成富有观赏性的景观轴线，将"丝路花语·春满京城"主题与"一带一路"专题小品相结合，打造"时代变迁""丝路传承""锦绣花车""共享繁华""国泰郁金香""和谐美满""锦绣前程"等景观小品16处，展示优质郁金香130余种，共计400余万株，布展面积9万余平方米。

【首都全民义务植树日】4月6日，第35个首都全民义务植树日，首都市民植树栽花、认养树木、抚育林木、清理绿地，以多种形式履行植树义务，为北京建设国际一流的和谐宜居之都贡献力量。全市共有108万人次参加了形式多样的义务植树活动，栽植各类树木50余万株，养护树木421余万株，发放宣传材料88万份。

【党和国家领导人习近平和夫人彭丽媛在北京延庆出席2019年中国北京世界园艺博览会】4月28日，党和国家领导人习近平和夫人彭丽媛在北京延庆和出席2019年中国北京世界园艺博览会的外方领导人夫妇共同参观园艺展，并发表题为《共谋绿色生活，共建美丽家园》的重要讲话，强调顺应自然、保护生态的绿色发展昭示着未来。地球是全人类赖以生存的唯一家园。中国愿同各国一道，共同建设美丽地球家园，共同构建人类命运共同体。

【庆祝中华人民共和国成立70周年环境布置】9月27日，在庆祝中华人民共和国成立70周年之际，在全市环路、长安街延长线、香山纪念地、新机场周边以及重要旅游景区周边、繁华商业区周边等重要区域，共设置主题花坛200个、地栽花卉2000万盆（株），摆放花柱花堆小品1万个、组合容器5000组，悬挂花箱1.5万个，使首都绿化环境景观全面升级。

【"绿卫2019"森林执法专项行动】北京市"绿卫2019"森林执法专项行动领导小组成立，制定《北京市"绿卫2019"森林执法专项行动实施方案》《北京市"绿卫2019"森林执法专项行动督查工作方案》，全面开展排查整改工作，共排查出4638起问题案件线索，范围涉及自然保护地184起，国家公益林359起，市级公益林603起，平原生态林746起，其他2746起。截止到年底，整改完成2717起，收回林地1767.84公顷；其中查处案件79起，已结案65件，结案率为2.28%，罚款899.2916万元。

【新一轮百万亩造林工程】全年完成造林1.72万公顷（25.8万亩），栽植各类苗木1159万株。自2018年开始，新一轮百万亩造林已经完成3.29万公顷（49.3万亩）。

【北京城市副中心绿化建设】城市副中心绿化绿心建设完成造林绿化322公顷，潮白河景观生态带实施造林绿化433.34公顷。

【永定河综合治理工程】新增造林3200公顷，完成森林质量精准提升4266.67公顷，3年累计完成1.07万公顷。

【世界园艺博览会的中国馆建设】世园会中国馆北京室内展区面积为150平方米，采用开放式的布展形式，演绎"红墙百花，绿水青山"的主题，打造"北京记忆""北京发展""北京未来"和"北京绽放"4个板块，共布置月季、牡丹、菊花、榆叶梅、玉兰、矾根等花卉植物50余种，1600余株（枝），通过植物造景与北京园艺发展多媒体影像虚实结合，讲述北京花卉园艺的历史文化故事，体现首都花卉园艺最新成果。

【开展森林城市创建】编制完成《北京森林城市发展规划（2018—2035年）》。印发《关于加快推进国家森林城市创建工作的实施方案》，明确了北京市创建国家森林城市的总体目标、基本原则、基本程序和工作要求，力争2021年门头沟、平谷、怀柔、密云、延庆，昌平、房山7个生态涵养区实现创森目标，到2023年，除东城、西城外，其他14个区达到国家森林城市标准。北京市延庆区获得"国家森林城市"称号，成为北京市第二个荣获"国家森林城市"称号的区。

【古树名木管理】完成《北京市古树名木保护管理条例》的重新修正。配合中央国家机关绿委办出台《中央国家机关古树名木保护管理办法》。深入落实保护责任制，加强古树名木保护与管理。推进丰台太子峪、海淀公主坟、西城金融街3处古树名木主题公园建设。组织开展《北京古树名木保护规划》编制工作。

【湿地建设】将湿地恢复与建设任务纳入新一轮百万亩造林绿化行动计划，以温榆河公园、沙河湿地公园、南苑森林湿地公园建设为重点，加大湿地恢复与建设力度，推进南苑森林湿地公园等项目建设，全年计划恢复湿地1600公顷，新增湿地600公顷。完成《北京市湿地名录管理办法》《北京市建设项目占用列入名录的湿地审核审批管理办法》等保护管理制度草案；完成《北京市湿地保护条例》专家审查。推进中央财政湿地保护补助项目实施，完成房山长沟泉水国家湿地公园验收，组织开展密云水库国家重要湿地申报前期工作。

（北京市园林绿化局）

水务建设与管理

概况

2019年，北京市水务系统深入贯彻落实中央和市委市政府决策部署，坚持"转观念、抓统筹、补短板、强监管、惠民生"工作思路，全力推进"安全、洁净、生态、优美、为民"发展目标，全年用水总量控制在了42亿立方米以内，万元地区生产总值水耗 11.78 立方米，污水处理率达到 94.5%，再生水利用量为 11.5 亿立方米，完成建安投资 121.8 亿元，有力促进了首都经济社会高质量发展。

水务建设与管理

【水资源】水资源量方面，2019 年全市平均降水量 506 毫米，形成水资源总量为 24.56 亿立方米，其中地表水资源量为 8.61 亿立方米，地下水资源量为 15.95 亿立方米。

【水务规划】推进南水北调东线二期规划编制工作。开展南水北调东线规划研究，开展东线调水规模、工程建设方案等研究，提交了《北京市南水北调东线二期工程规划水资源供需分析与配置方案》，并提出了接水点方案。

【城乡供水】2019 年，密云水库最大蓄水量达 26.8 亿立方米，为近 21 年来最好水平。出台《北京市地下水超采综合治理行动方案》，最大限度"少采多补"，降水偏少之年全市地下水同比仍回升 0.32 米。高标准完成香山革命纪念地、国庆阅兵训练基地、大兴国际机场、延庆冬奥会赛区等重点地区供水保障工程。完成永丰供水工程建设，有效缓解海淀山后地区供水紧张问题。第十水厂、黄村水厂投入运行，市区日供水能力由 370 万立方米提高到 420 万立方米。完成 316 个单位（小区）自备井置换和 397 个老旧小区内部供水管网改造，超额完成任务，公共自来水供水人口累计新增 140 万。

【农村饮水安全】加强农村供水运行监督和规范化建设，指导各区建立健全农村供水管理责任体系，全面落实"三个责任"和"三项制度"。完成 50 个村农村饮水安全巩固提升工程，有效解决了部分农村地区集约化供水程度不高、供水水量保障不足、工程建设标准偏低等问题，5 万多村民供水条件得到明显改善。加大农村供水监督检查力度，2019 年组织开展 4 轮专项检查，共检查了 600 多处农村供水厂（站），对 1573 处农村供水水质进行专项检测分析，并以"一区一单"形式通报各区政府进行整改。全市农村供水消毒设备配备率由 76% 提高至 90%，运行率由 54% 提高至 80%。

【节约用水】2019 年，北京市顺利通过国家节水型城市复核，连续 17 年保持全国节水型城市称号。年内 9 个区完成节水型区创建，16 个区全部建成节水型区。初步建立"三管"（城市运行必须管节水、管理生产必须管节水、管理行业必须管节水）节水责任体系，对用水增长过快的 20 个街道（乡镇）进行了约谈，开展"五杜绝"（杜绝绿地水汪汪、杜绝工地水哗哗、杜绝公共场所水滴答、杜绝道路水渍渍、杜绝农田地面水漫流）行动，推动高校、园林绿化等重点单位和行业节水，率先完成水务系统 66 家单位节水型机关创建。全市再生水年利用量达到 11.5 亿立方米，同比增长 8000 万立方米。

【南水北调建设】大兴支线工程。大兴支线工程主要连通北京南干渠与河北廊涿干渠，使北京与河北的南水北调水互联互通，为北京大兴国际机场水厂提供双水源通道，同时亦为北京市增加一条南水北调中线水进京通道。

【工程运行管理】工程运行管理标准化建设。制定《水利工程运行管理标准化建设实施方案》《水利工程运行管理标准化建设标准（试行）》。各市属水管单位标准化运行管理制度体系基本建立。

工程运行管理指导督查。修订了《北京市水利工程维修养护定额》；制定了《北京市水利工程设施应急抢险修复工程管理办法》《北京市河道分级管护标准》《北京市河湖水系及水利工程标识标牌设置导则》《北京市市属河湖管理保护范围内通信基站建设管理暂行办法》《北京市小型水库运行管理规程》，逐步健全水利工程运行维护基础制度和标准。组织 150 余人次先后 5 批对全市 88 座水库进行全面普查、抽查和"回头看"检查等，组织 4 个工作组现场指导问题整改，确保检查整改效果。组织完成 5 座水闸和 2 座水库大坝安全鉴定，督促指导 47 座小型水库安全鉴定及 9 座小型水库降等报废，稳步推进水利工程安全鉴定和除险加固。

【质量监管】2019 年在建工程共 122 项，全年共进行监督检查 1640 次，共进行质量行政处罚 17 起。对《北京市水利建设质量工作考核办法》进行了全面修订。组织对全市 13 个区水利建设质量工作进行了现场核查，对 26 个区级在建水务工程进行了日常检查。通过综合评价，8 个区取得 A 级，5 个区取得 B 级。2019 年全年无工程质量事故，无质量投诉，全市水利工程质量可控。

【污水处理】2019 年，完成第二个"三年治污方案"。三年来新建再生水厂 26 座，升级改造污水处理厂 8 座，建设污水收集管线 2407 公里，累计解决 1506 个村污水收集处理问题，全市污水处理率达到 94.5%，城镇地区基本实现污水全收集、全处理，农村治污取得重大进展。启动第三个三年治污方案。首次开展"清管行动"，汛前清掏雨水口近 42 万个、雨水及雨污合流管线 9060 公里，有效减少降雨初期污染物入河。农村污水处理设施在线监控系统正式运行，在线率达到 80%。

【海绵城市建设】 北京城市副中心海绵城市建设试点顺利通过国家验收，各区基本完成海绵城市建设规划制定，全市海绵城市建设达标面积18%。年内实施的世园会、冬奥赛区、大兴国际机场、未来科技城、怀柔科学城、亦庄开发区、温榆河公园、城市副中心行政办公区、千年守望林、城市绿心、环球影城等一大批重点区域和重点项目，按照海绵城市的理念进行规划、设计和建设，实现85%的降雨就地消纳利用。

（北京市水务局）

天 津 市

国土空间总体规划

概况

2019年，天津市国土空间总体规划工作贯彻习总书记"三个着力"及京津冀考察期间的指示精神，落实《京津冀协同发展规划纲要》，践行天津"一基地三区"战略定位，对标北京、上海总体规划，坚持以人民为中心的发展思想，体现高质量发展要求，树立创新、协调、绿色、开放、共享的发展理念，融合土地利用总体规划、城市总体规划、主体功能区划、海洋功能区划等管控要素，优先划定生态空间，重塑"三区两带中屏障"的市域生态格局和"一市双城多节点"的市域城镇格局。

规划编制

天津市委印发《关于天津市城市总体规划编制工作领导小组更名及组成人员调整的通知》，将天津市城市总体规划编制工作领导小组更名为天津市国土空间总体规划编制工作领导小组，成员单位由58家扩展至78家。

天津市深入落实《中共中央国务院关于建立国土空间规划体系并监督实施的若干意见》精神及自然资源部部署要求，编制完成了《天津市国土空间发展战略》，明确了全市国土空间总体规划的战略目标，研究提出区域协同、全域统筹、空间重构、产业重塑、枢纽重组、生态重现、人文重兴七大国土空间发展战略等核心内容。在划定全市生态保护红线、永久基本农田、城镇开发边界三条控制线初步方案的基础上，形成了《天津市国土空间总体规划（2019—2035年）》初步规划方案，同时统筹推进40余项专项规划的编制。作为国土空间总体规划的支撑。

2019年，天津市编制印发了《天津市双城中间绿色生态屏障区规划（2018—2035年）》及《天津市加强滨海新区与中心城区中间地带规划管控建设绿色生态屏障工作方案》，确定了"一轴、两廊、两带、三区、多组团"的总体空间布局和"天"字形生态廊道骨架结构。明确对屏障区采取三级管控：一级管控区449.3平方公里，禁止一切与生态环境保护无关的建设活动。二级管控区148.7平方公里，严格控制建设规模和开发强度，形成结构合理、功能完善、景观优美和生态环境良好的宜居城镇。三级管控区138平方公里，以内涵式发展为主，加强结构调整，实现产业转型升级，有序推动区域有机更新，着力提高发展质量和水平。建设规划分远期和近期目标，远期规划到2035年，实现蓝绿空间面积占比达到70%（远景2050年达到80%），一级管控区森林覆盖率达到30%，河湖水质标准基本达到Ⅲ类至Ⅳ类标准，生态和农业用水量达到3.21亿立方米/年，生活垃圾处理率达到100%。近期目标到2021年，一级管控区建设基本完成，森林（绿化）覆盖率达到20%；二级、三级管控区建设水平大幅提升，绿色生态屏障雏形基本形成，初步显现出"生态屏障，津沽绿谷"特色风貌。滨海新区、东丽区、津南区、西青区、宁河区分别编制了5个分区规划，细化各项指标落实。同时，编制了水系连通、交通路网、环境保护、旅游和工业园区治理5个专项规划，形成了全面的规划管控体系。

天津市全面贯彻落实中央城市工作会议精神对加强城市设计工作的决策部署和《中共中央国务院关于进一步加强城市规划建设管理工作的若干意见》的要求，按照城市设计试点工作计划，成功举办了城市设计国际学术研讨会和天津城市设计展2019，组织编写并出版了《重回海河边——天津城市设计的理论与实践探索》专著，印发了《天津市城市设计试点城市工作方案（修订）》，选取了12个项目开展我市城市设计试点工作，试点项目分为历史文化保护、开放空间系统、城市重点地区等三种规划类型。其中，侯台片区（水西公园周边地区）城市设计已由市政府批复并公布。

天津市结合国土空间规划体系的构建，开展了"多规合一"村庄规划编制工作。印发了《天津市统筹推进村庄规划工作实施方案》《关于进一步做好村庄规划编制工作的通知》，明确村庄规划编制工作的总体思路、目标要求和主要内容，全面部署推进村庄布局规划和村庄规划编制工作。印发了《天津市村庄规划编制导则（试行）》，明确村庄规划编制的内容标准与深度。制定了《天津市村庄规划技术审查要点（试行）》，提高村庄规划审查效能。

天津市为加快完成棚户区改造任务，编制了大直沽地区控制性详细规划修改方案。

规划建设

【"一张蓝图、多规合一"平台建设】 2019年，天津市按照党中央、国务院关于深化"放管服"改革和优化营商环境的部署要求，全面落实《国务院办公厅关于开展工程建设项目审批制度改革试点的通知》要求，统筹经济社会发展规划、城乡规划、土地利用规划、生态环境保护规划等相关规划的融合，整合空间管理分区，建立统一的空间规划体系。天津市"一张蓝图、多规合一"综合管理平台建设整合全市各部门数据资源，构建了全市"多规合一"的"一张蓝图"，推进工程建设项目的前期策划生成，覆盖全市16个区及31家市级单位，实现了全市域、全网络联通，推进了城市管理体系和管理能力的现代化，促进了智慧天津建设。

【法制建设】 2019年5月30日天津市第十七届人民代表大会常务委员会第十一次会议《关于修改〈天津市实施《中华人民共和国城市居民委员会组织法》办法〉等十部地方性法规的决定》，对《天津市城乡规划条例》《天津市不动产登记条例》《天津市海域使用管理条例》3部地方性法规进行了修改，自公布之日起施行。

2019年，为进一步加强我市规划和自然资源管理，天津市规划和自然资源局制定发布了10件规范性文件。

【历史文化名城和大运河保护】 2019年，天津市以习近平总书记"在保护中发展、在发展中保护"的重要指示为指导，按照国家《历史文化名城名镇名村保护条例》要求，结合天津市新时代历史文化遗产保护面临的新形势、新任务，组织开展了《天津市历史文化名城保护规划（2020—2035年）》编制，与天津市国土空间规划相衔接，融入历史城区复兴规划理念，积极拓展保护对象体系，研究探索建立大保护的框架，强化历史城区整体保护，延续历史城区整体格局和特色风貌。开展了历史文化名镇名村资源的挖掘与研究工作，形成了历史文化名镇名村名录初稿。

2019年12月5日，大运河文化保护传承利用工作省部际联席会第一次会议要求成立由自然资源部和天津市人民政府双牵头的工作专班，研究提出大运河沿线2公里核心监控区空间管控具体措施，天津市组织编制《大运河天津段核心监控区国土空间管控细则（试行）》。该细则将大运河世界文化遗产保护和文物保护、生态保护放在首位，突出了保护传承的内容和核心要义，体现了最为严格的管控同时兼顾了长远发展。

规划管理

【规划管理】 天津市为进一步完善城市公共服务设施，提升城市配套水平，构建窄路密网城市格局，制定印发了《天津市规划用地兼容性管理暂行规定》和《天津市规划用地兼容性管理暂行规定实施细则（试行）》，不仅适用于新建项目，也适用于在建项目、既有项目改造。

天津市为贯彻落实党中央、国务院关于深化"放管服"改革和优化营商环境部署要求，开展了一系建筑工程规划许可管理方面标准、规章的研究和制定工作。印发出台了《市规划和自然资源局关于执行〈城市居住区规划设计标准〉的通知》《天津市建筑工程规划管理技术标准》《市规划和自然资源局市住房城乡建设委关于开展工业用地建设审批服务工作的通知》。同时，推动《天津市规划设计导则（2018版）》等规范标准的执行，贯彻五大发展理念，为提升城市环境品质、人民生活质量、城市文化内涵提供技术保障。

天津市为推进村庄布局规划和村庄规划编制工作，出台了《天津市村庄规划编制导则（试行）》，明确村庄规划编制的内容标准与深度。制定了《关于落实我市乡村振兴战略部署做好规划和自然资源管理工作的若干政策措施》，从强化规划引领加快村庄规划编制、优先安排乡村振兴发展用地盘活闲置房地资源、加大乡村要素保障和负面清单管理等4个方面提出了25条政策措施。配套出台了《市规划和自然资源局关于支持乡村振兴规范"点状用地"管理的通知（试行）》，增加政策措施的可操作性，为贯彻实施乡村振兴战略提供制度保障。

天津市加快推进"1001"电网工程建设。出台了《关于优化"1001工程"建设项目空间走廊调整审批的实施意见》和《简化中低压等级配套电力线性工程审批流程实施方案》，核发电网工程选址意见书74件，建设工程规划许可证73件，大力推动电力项目规划建设工作。

天津市完成了北京燃气天津南港LNG应急储备项目外输管线、唐山LNG外输管线项目（宝永段）、中俄东线天然气管道项目天津段（分输站以东）等国家重点项目选址意见书或建设工程规划许可证审批工作。

【城建档案管理】 天津市城建档案馆制定了档案验收认可承诺审批方案、实施细则以及事中事后监管办法，将验收并入联合验收流程。完成了《建设工程文件归档整理规程》《天津市城市建设档案管理规定》的修编，编制了《城建档案法律法规和行业标准汇编》《城建档案规范性文件汇编》，为档案管理工作顺利开展提供了依据。

天津市城建档案信息化建设进入实际应用阶段，完成了纸质档案3700余卷的数字化著录，扫描文件、图纸约53万页（张）。

2019年，天津市城建档案馆全年现场服务216次，接收各类档案1.15万卷，截至2019年12月31日，馆藏纸质档案总计约61.2万卷。全年累计接待档案查询3500余人次，调阅档案近1万卷，复印文件及图纸6.6万余页（张）。

【规划展览馆】 天津市规划展览馆细化接待服务标准，着力打造"规范、专业"讲解员队伍，提升公众满意度。完成了日本千叶市政府代表团、德国驻华大使葛策一行、俄罗斯驻华大使安德烈·杰尼索夫一行、河南省周口市党政代表团等国内外团体的重要接待任务。全年完成规划公示活动2次，充分发挥政民沟通桥梁作用。

【地下空间信息管理】 天津市加强地下空间信息数据整理提升及系统建设，形成了地下空间信息收集、整理、动态更新维护一整套机制，服务城市规划建设管理。地下管线方面，收集整理了2010年以来市政管线项目规划审批数据，包括选线规划、路径规划、管线综合、设计方案及许可证附图。地下建筑方面，收集整理了市内六区和环城四区范围内2000—2018年建设工程规划许可证、建设工程规划验收合格证地下建筑数据，涉及项目4450项，许可证面积5239万平方米，验收合格证面积2165万平方米。整理滨海新区重点区域地下空间利用现状情况，涉及地下空间单体6413个，地下建筑面积2076万平方米。地铁数据方面，收集了5条地铁线路的地下段（1号线、2号线、3号线、9号线和6号线首开段）空间数据及属性信息，包括地铁线路65.3公里和地铁车站53座。

大事记

1月

24日 天津市规划和自然资源局召开北京城市副中心控制性详细规划专题讲座。

2月

20日 天津市政府办公厅印发《天津市规划用地兼容性管理暂行规定》。

同日 天津市规划和自然资源局组织召开国土空间规划编制工作座谈会，传达相关文件精神并进行工作部署。

22日 天津市召开加强滨海新区与中心城区中间地带生态屏障建设领导小组第一次会议。会议听取了双城中间绿色生态屏障区规划及交通、水利专项规划，研究了2019年生态屏障区建设工程实施方案，并对下一步工作提出具体要求。

26日 市规划资源局召开"一张蓝图，多规合一"平台培训会。全市29个委办局及15个区近800人参加培训会。

3月

18日 中国共产党天津市委员会天津市规划委员会成立。主要职责是：贯彻落实党中央、国务院发展战略、方针政策、中长期规划，研究制定全市发展规划、重大决策；推动国土空间和经济社会发展重大项目和重要事项；协调解决跨部门、跨领域、跨区域发展重大问题；指导各领规划在国土空间规划管控下的落实。

21日 天津市规划和自然资源局召开历史文化名城保护暨湿地与自然保护地工作会议。

25日 天津市规划委员会第一次会议召开。学习《中共中央 国务院关于对〈北京城市副中心控制性详细规划（街区层面）（2016—2035）〉的批复》，审议并原则同意《天津市国土空间发展战略》和《天津市双城中间绿色生态屏障区规划》。

4月

30日 天津市规划和自然资源局会同市委农办、市农业农村委、市发展改革委、市财政局五部门联合印发《天津市统筹推进村庄规划工作实施方案》，对村庄布局规划和村庄规划编制工作进行全面部署安排。

5月

10日　天津市规划和自然资源局召开历史文化遗产保护工作座谈会，与法国国家科研署"全球化进程中的文化遗产旅游"课题组就天津历史文化遗产保护工作进行了交流研讨。

30日　《天津市加强滨海新区与中心城区中间地带规划管控建设绿色生态屏障工作方案》经天津市双城生态屏障工作领导小组同意，由领导小组办公室印发执行。

6月

17日　天津市规划和自然资源局印发《关于落实我市乡村振兴战略部署做好规划和自然资源管理工作的若干政策措施》。

7月

12日　天津市规划和自然资源局召开2019年第三次企业家座谈会。轨道交通集团、高速集团、民生银行天津分行、嘉里房地产开发有限公司等12家企业60余人参加。

8月

29日　天津市规划和自然资源局会同市委农办、市农业农村委联合印发了《关于进一步做好村庄规划编制工作的通知》。

9月

11日　天津市规划和自然资源局召开区级国土空间总体规划编制推动会，传达中发【2019】18号文件、全市国土空间总体规划的市－区联动工作方案、各区基本农田储备区划定和耕地保护工作要求。

20日　天津市规划和自然资源局印发《市规划和自然资源局关于进一步规范集体建设用地管理工作的通知》及《市规划和自然资源局关于推动海绵城市建设有关措施的通知》。

25日　天津市规划和自然资源局与市发展改革委、市住房城乡建设委、市政务服务办联合印发《天津市推进工程建设项目审批制度改革规范项目前期策划生成工作的意见》，进一步提高天津市工程建设审批效率。

27日　天津市规划和自然资源局印发《市规划和自然资源局关于支持乡村振兴规范"点状用地"管理的通知（试行）》，进一步规范"点状用地"管理有关要求，切实保障农业农村优先发展的用地需求。

29日　天津市规划和自然资源局印发《天津市村庄规划编制导则》，明确村庄规划编制的内容、标准与深度，细化规划编制的技术路线、用地分类和成果要求。

10月

24日　天津市规划和自然资源局召开全市村庄规划工作现场推动会。传达全国村庄规划工作推进会议上胡春华副总理的讲话精神，介绍典型案例，交流工作经验。

11月

2日　城市设计的理念创新——2019天津规划论坛暨城市设计国际学术研讨会隆重召开。

11日　天津市规划和自然资源局印发《天津市村容村貌提升规划设计导则》，指导全市乡村建设规划管理和农村人居环境整治工作。

29日　天津市规划和自然资源局印发《市规划和自然资源局印发关于贯彻落实规划用地"多审合一、多证合一"实施意见的通知》，将建设项目选址意见书、建设项目用地预审意见合并为用地预审与选址意见书，将建设用地规划许可证、建设用地批准书合并为建设用地规划许可证，自2020年1月1日起施行。

12月

5日　天津市规划和自然资源局组织召开区级国土空间总体规划培训会。

12日　天津市规划和自然资源局召开大运河保护专题研究会。

23日　天津市委、市政府印发《关于进一步加强规划和土地管理工作的意见》，进一步强化党对规划和土地管理工作的领导，统筹全市国土空间规划管理。

（天津市规划和自然资源局）

城 乡 建 设

建筑业

【概况】截至2019年底，天津市建筑业企业6449家。其中，特级资质施工总承包企业13家，一级资质施工总承包企业143家，二级资质施工总承包企业283家，三级资质施工总承包企业1407家；一级资质专业承包企业199家，二级及以下资质专业承包企业2705家；劳务作业企业1699家。全市建筑业企业从业人员81.08万人，同比增长25.9%。其中，一级注册建造师16696人，二级注册建造师22355人，注册监理工程师3309人，注册造价工程师2864人。

2019年，全市总承包和专业承包资质建筑业企业实现产值4096.50亿元，同比增长8.1%。2019年末全市建筑业企业签订合同额13071.67亿元，同比增长9.6%，比上年同期提高了11.0个百分点。

【建筑市场与招投标管理】 印发《市住房城乡建设委关于开展建筑市场扫黑除恶专项排查的通知》（津住建建市函〔2019〕54号），对全市2018年8月以来，应当招标项目和在建施工项目开展专项检查，重点查处围标串标、违法分包、转包、出借资质证书、涉嫌恶意讨薪等建筑市场违规行为。对全市在建工程集中开展建筑市场暨工程质量检测专项检查，2300项在施房屋建筑和市政基础设施工程项目全数进行了自查自纠，抽查36个在施项目，对涉嫌违法违规的12个项目下达执法建议书，责成相关区住房城乡建设委依法处罚。

印发《市住房城乡建设委等五部门关于开展工程建设领域专业技术人员职业资格"挂证"等违法违规行为专项整治的通知》（津住建建市函〔2019〕8号），开展职业资格人员"挂证"专项整治。分17轮排查企业3459家，依法查处210名"挂证"人员和122家违规使用"挂证"人员的企业。对283家注册人员数量不足、资质条件不达标的企业，限期责令整改。

重新开发房屋建筑和市政基础设施工程招投标行政监督平台，提升改造交易平台，推进招投标全流程电子化系统建设。优化评标专家库的结构和分类，重新聘任2276名专家。开展招投标领域营商环境专项整治工作，清理规范性文件，抽查773个依法必须公开招标项目。

印发《市住房城乡建设委等五部门关于推进我市房屋建筑和市政基础设施工程担保制度的通知》（津住建建市〔2019〕78号），加快推进工程担保制度。

【劳务用工管理】 落实《住房城乡建设部办公厅关于启用全国建筑工人管理服务信息平台的通知》（建办市函〔2018〕603号）要求，5月30日"天津市建筑工人管理服务信息平台"正式上线，实现全市各级建筑工人实名制管理平台互联共享，与全国建筑工人管理服务平台实现对接，截至2019年底，项目入库率达75%。2018年度农民工工资支付工作专项考核天津位列全国第12。印发《市住房城乡建设委关于开展全市建筑业农民工工资支付及建筑市场检查的通知》《市住房城乡建设委关于开展2019年度根治欠薪冬季攻坚行动专项检查的通知》，开展农民工工资支付专项检查，抽查在施项目308个，提出整改意见1086条，维护了建筑业农民工的合法权益，保持了社会和谐稳定。

【工程造价咨询服务】 按照《市住房城乡建设委关于启动2020届各专业预算基价编制工作的通知》（津建办函〔2019〕27号），启动天津市2020届计价依据编制工作。按照国家税制改革要求，对天津市各专业计价依据中计价内容重新测算，印发《天津市住房城乡建设委关于调整我市建设工程计价依据的通知》（津住建建市函〔2019〕42号）进行调整。根据《市人社局市财政局市税务局关于降低社会保险费率的通知》（津人社规字〔2019〕1号），印发《天津市住房城乡建设委关于调整各专业预算基价规费费率的通知》（津住建筑便函〔2019〕44号），对天津市各专业计价依据中规费费率进行调整，由44.21%调整为37.64%。召开天津市2020计价依据审定工作会议，原则通过了编制组所作报告及2020计价依据审定稿。

【建筑市场信用体系建设】 按照"统一标准、统一评价、统一发布"的原则，以建筑市场信用信息平台归集的各类信用数据为基础，组织完成2018年度信用评价及等级评定工作。在评价过程中，依据《天津市建筑市场主体信用奖惩办法》，重点加大对质量安全事故、农民工工资拖欠问题责任单位的信用惩戒力度，根据事故等级、拖欠问题严重程度，对相关责任主体的信用等级进行调整和限定，对失信主体的威慑进一步增强。2019年参与信用等级评定的施工总承包企业共3006家，其中信用等级A级企业321家、B级企业275家、C级企业2391家、D级企业19家。参与信用等级评定的建设工程监理企业共420家，其中信用等级A级企业70家、B级企业59家、C级企业289家、D级企业2家。

【工程建设地方标准编制及管理】 天津市工程建设标准坚持新发展理念，坚持京津冀协同发展，为天津市住房和城乡建设高质量发展提供技术支撑，截至2019年底，天津市现行工程建设地方标准（含导则）总计177项、标准设计图集总计43册（套）。

建立京津冀工程建设标准合作体制机制。贯彻服务京津冀协同发展重大国家战略。2019年6月25日，京、津、冀三地标准合作发布会上，北京市住房和城乡建设委员会、北京市规划和自然资源委员会、北京市市场监督管理局、天津市住房和城乡建设委员会、河北省住房和城乡建设厅共同签订《京津冀区域协同工程建设标准合作框架协议》，发布京津冀区域协同工程建设标准行动计划（2019—2021年），建立三地标准合作与管理体制机制和标准互认共享机制，统一区域协同标准编制与管理工作要求，形成京津冀协同工程建设标准长效合作机制。

开展京津冀区域协同工程建设标准编制，在海绵城市、绿色建筑、装配式建筑、城市综合管廊和施工安全5个领域开展京津冀标准合作，启动首批19部协同标准编制，共同推动构建京津冀工程建设标准体系。

加强地方标准管理。2019年，以标准服务天津市住房和城乡建设中心任务为宗旨，坚决落实新发展理念，共发布了城市轨道交通、绿色建筑、BIM技术应用和新技术应用等领域24项标准（含1项京津冀区域标准和3项导则）。

结合天津市住房和城乡建设发展需要、工程建设领域技术进步、产业政策调整，以及标准管理改革总体要求，废止20项标准，启动修订18项标准，启动新编24项标准。

【装配式建筑】天津市核发施工许可证的新开工装配式项目面积283万平方米，其中住宅213.6万平方米，公共建筑69.4万平方米。

确定7个市级装配式建筑产业基地，积极支持静海区建设天津市装配式建筑产业示范园。新建装配式建筑部品部件生产企业9家，新增750万平方米供应能力。

为做好第二届全国装配式建筑职业技能竞赛参赛工作，组织完成天津地区"源泰德润杯"预选赛，选拔出天津参赛队伍参加国家总决赛。

充分发挥技术创新联盟作用，组织开展普及型技术交流论坛。在天津大学建筑设计规划研究总院举办专业技术交流论坛，在天津市建筑设计院举办大型科普培训等活动。

【绿色建筑】通过绿色建筑施工图审查的项目累计476项，建筑面积为2913.31万平方米，项目100%执行《天津市绿色建筑设计标准》。

开展绿色建材和设备标识评价工作，全年共有10家企业获得绿色建材二星级评价标识，1家企业获得绿色设备二星级评价标识。

开展绿色建筑评价标识工作。64个项目获得绿色建筑设计评价标识，建筑面积561.10万平方米。其中，获得一星级设计标识的建筑项目20个，建筑面积149.09万平方米；获得二星级设计标识的建筑项目40个，建筑面积344.20万平方米；获得三星级设计标识的建筑项目4个，建筑面积67.81万平方米。8个项目获得绿色建筑运行评价标识，建筑面积105.20万平方米。其中，获得一星级运行标识的建筑项目1个，建筑面积17.16万平方米；获得二星级运行标识的建筑项目3个，建筑面积65.24万平方米；获得三星级运行标识的建筑项目4个，建筑面积22.80万平方米。

开展高星级绿色建筑运行标识项目奖励，发布《市住房城乡建设委关于申报高星级绿色建筑运行标识项目奖励资金的通知》（津住建科函〔2019〕514号）。经企业申报、材料审核、公示，11个项目共获得奖励资金2317.50万元。

【城建科技】征集2019年天津市建设领域推广技术（产品）项目，经评审、公示，确定5项技术为2019年天津市住房城乡建设领域推广技术（产品）项目。

开展2019年天津市住房城乡建设领域工程建设工法征集、评审、公示，发布2019年天津市住房城乡建设领域工程建设工法82项，其中房屋建筑工程工法42项、土木工程工法35项、工业安装工程工法5项。

运用"天津市建设领域科技专家库管理系统"搭建网络平台，开展第三批天津市建设领域科技专家征集、申报、公示、发布及专家随机抽取、语音通知等工作，分类发布第三批天津市建设领域科技专家名单。

开展2019年天津市建筑业新技术应用示范工程立项征集、评审、公示，公布2019年天津市建筑业新技术应用示范工程项目19项。

【建筑节能】新建民用建筑100%执行节能强制性标准。新建75%节能率居住建筑2325.46万平方米，新建65%节能率公共建筑349.42万平方米。

促进建筑节能改造市场机制建立，鼓励合同能源管理模式在建筑节能领域应用。2019年，推动实施公共建筑节能改造示范项目172万平方米，其中采用合同能源管理模式项目占比达到75%。

借助信息化手段，进一步加强公共建筑用能运行管理。组织公共建筑用能监管和信息服务平台系统项目建设，打造集用能统计、监测、诊断、分析、限额和审计功能于一体的在线管理系统。

实施建筑节能推广、限制和禁止目录制度。按照《天津市建筑节约能源条例》和《天津市建筑节能技术、工艺、材料、设备的推广、限制和禁止使用目录管理办法》等有关规定，发布《天津市建筑节能技术、工艺、材料、设备的推广、限制和禁止使用目录（2019版）》。

【质量安全行政执法】按照全面落实质量终身责任和安全生产"党政同责、一岗双责、齐抓共管"的工作要求和"放管服"工作要求，以质量安全检查执法为中心工作，强化督促企业主体履责，高效执法、便捷服务，保障了全市房建及市政工程质量安全工作稳定受控。

检查执法的中心工作，聚焦于高难深大项目、地铁轨道交通工程、保障性住房、医院、学校等生命线工程及结构性建筑材料五项重点，关注深基坑、高支模、起重机械设备、施工安全用电及一般安全事故防范五大环节，以防高处坠落、防坍塌、防机械伤害、防触电、防物体打击、防火灾为重点，畅通"扫黑除恶"工地线索渠道。全年开展开复工、房屋建筑、轨道交通及市政工程等9次专项检查。全年全市办理各类建设工程违法违规案件742件，处罚金7663.60万元；实施问责工作机制，共对49家企业进行约谈，企业内部对82名责任人员进行追责问责。

坚持"法无授权不可为、法定职权必须为"，在行政检查、行政处罚和行政备案等工作中履行权责清单，严格执法程序，统一处罚尺度，落实行政处罚裁量权基准制度，及时做好行政检查、行政处罚信息上传市执法监督平台。通过内部检查，进一步规范和完善执法人员下达行政执法文书行为，规范执法记录仪使用和管理。以集中授课和远程视频的方式，组织4次执法人员专题培训。履行好行政调解职责，对现行《总队房屋建筑工程质量投诉处理办法》进行了修订，形成了《总队信访投诉处理办法》，实施"处级干部接待日""领导包案""信访投诉工作例会""信访投诉研判"等工作机制，通过引导督促责任主体单位在质量控制、及时保修等环节主动履责，在根源上减少信访投诉事项的发生，进一步简化质量监督登记与建筑施工许可合并办理流程，以依法行政的实效积极改善营商环境。

深化改革迈出新的步伐。2019年11月18日，天津市住房和城乡建设综合行政执法总队挂牌成立。坚持围绕企业和政府两条主线，以不出事、出好活、管得对、抓得好为目标，着重于工作体制和机制，坚持利剑高悬、无事不扰、自维自控、共治共享、尽职免责、失职追责原则，由监督执法向检查执法转变，建立"双随机、一公开"检查执法工作模式，进一步管出公平、放出活力、服务出效益。

勘察设计行业

截至2019年底，天津市共有勘察设计企业334家，其中中央驻津企业34家，外资企业17家，民营企业283家。全行业具备甲级资质的企业共计184家，占总数的55%。全市共有勘察设计专业技术人员5.2万人，其中具备中、高级职称的专业技术人员33593人，占全行业的64.3%；其中勘察设计类注册人员5864人，占全行业的17.4%。2019年评选出天津市"海河杯"优秀勘察设计奖373项，其中109项工程荣获天津市"海河杯"优秀勘察设计奖一等奖。

严格超限高层建筑工程抗震设防审批，全年完成国家会展中心工程一期综合配套区项目A区2号塔楼、B区3号塔楼超限高层建筑工程等超限高层抗震设防专项审批7项。按照国务院关于建设项目审批制度改革部署，开展了施工图审查政府购买服务工作。全年严格开展勘察设计领域执法，对125家企业开展了资质资格检查，对80余项勘察设计工程开展了质量检查，撤回11项勘察设计资质许可，对2家企业及2名责任人员依法实施了行政处罚。

房地产业

【概况】天津市房地产开发投资平稳增长。全市完成房地产开发投资2727.85亿元，同比增长12.5%。新开工面积2545万平方米，同比增长2.7%，竣工面积1656万平方米，同比下降20.8%。

【房地产开发企业管理】2019年，天津市具有房地产开发企业资质的企业共1231家。按资质等级分，一级开发企业11家，二级开发企业46家，三级开发企业56家，四级开发企业958家，暂定级开发企业160家。

市住房城乡建设委制定出台了《市住房城乡建设委关于进一步简政放权支持房地产开发企业发展有关事项的通知》，将房地产开发企业资质二级、三级、四级以及暂定级资质审批和监管事权全部下放各区住建委，促进招商引资、发挥属地监管积极性。办理房地产开发企业资质许可过程中，实行承诺制审批，进一步减轻企业负担。

深入全市16个区、100余个项目进行实地帮扶，加快项目前期手续办理，协调解决疑难问题，推动房地产开发行业平稳健康发展。

对未取得资质从事房地产开发经营业务的5家企业依法实施了处罚，对发生严重质量事故的1家企业依法吊销了资质，并提请工商部门依法吊销其营业执照，进一步净化了市场环境。

按照国务院关于住房体系建设的总体要求，自2019年4月12日不再审批新建经济适用住房项目。

【住房保障制度与管理】健全完善以公共租赁住房为主的城镇住房保障体系，更好满足群众住房需求。全年新增发放住房租赁补贴7856户，累计向7

万余户家庭发放租房补贴4亿元；办理经济适用住房资格证明9700余户，公共租赁住房（安置类）资格证明3874户；推出公共租赁住房房源4054套；办理限价商品住房资格证明782户，住房保障实现应保尽保。

扩大租房补贴保障范围。印发《市住房城乡建设委市财政局市民政局关于2019年调整住房租赁补贴有关政策问题的通知》（津住建保〔2019〕32号），自2019年7月1日起，将廉租住房实物配租补贴和廉租住房租房补贴收入准入标准提高7%，将市场租房家庭补贴标准提高20%。

完善房屋出租人补贴制度。印发《市住房城乡建设委关于向本市城镇住房租赁补贴家庭出租住房的出租人给予补贴有关操作程序的通知》（津住建发〔2019〕5号），将向经济租赁房租房补贴家庭出租住房的出租人和企业纳入出租人补贴范围并纳入出租人补贴制度，进一步鼓励社会资源向租房补贴家庭出租住房。

平稳退出现有配售类保障性住房。一是明确定向安置经济适用住房除历史遗留项目和示范小城镇建设安置外，原则上不再建设新项目。二是限价房项目在满足群众购房需求的基础上，不再批准建设新项目，通过政策引导，逐步实现上述两种保障房的平稳退出。

按照市政府关于"一制三化"改革要求，对涉及住房保障资格、单位住房货币分配、公有住房出售的11项政务服务事项进行了梳理，持续深化"五减"改革，下放政务服务事项1项。按照推行"网上办"的要求，各项业务均可实现网上办理。

按照住房城乡建设部等四部委《关于进一步规范发展公租房的意见》（建保〔2019〕55号）要求，会同市财政局、市城市管理委、市道路运输管理局、市公交集团研究拟定了将环卫、公交系统非津户籍职工纳入天津市住房保障范围的意见。参照研究起草了公共租赁住房配建办法。开展对滨海新区、蓟州区等重点区域新市民的调研。开展各区人才公寓建设的摸底调查，为2020年开展《天津市公共租赁住房管理办法》修订工作奠定基础。

进一步加强公共租赁住房租后管理。一是对新配租公共租赁住房小区配备"一卡通"及高清监控系统，促进管理水平提升。二是采取政府购买服务方式引入第三方机构参与公共租赁住房项目管理考核检查。三是完善公共租赁住房退出管理机制，印发了《关于进一步完善公共租赁住房入住后管理程序的通知》，解决离异家庭退出难、本小区房源调换难、补贴类型变化后无法续领取补贴等与群众紧密相关的问题。四是研究拟订了公共租赁住房属地化管理实施方案。

完成了住房保障信息系统管理工作。一是完成了与住房城乡建设部公共租赁住房系统联网工作。二是完成了与市民政局相关数据共享前期准备工作，为实现对住房保障对象收入、财产审核及时准确奠定了基础。三是完成了年度住房保障管理信息系统的升级改造工作，按年度计划对系统十余项功能进行了升级或修改。

加大住房保障监管力度。积极推动对存在严重失信行为的住房保障违规家庭联合惩戒工作，严格核查保障家庭住房、人口、收入和财产，将上述违规家庭列入全市失信联合惩戒范围。

完成了补充住房公积金和按月住房补贴缴存基数调整工作。截至2019年底，全市建立补充住房公积金和按月住房补贴的单位约8000家，受益职工52万余人。

指导市维修资金中心、承办银行、区住建委、市房产总公司和售房单位做好公有住房出售资金的归集使用管理工作。截至2019年底，全市公有住房出售收入集中管理账户累计归集公有住房出售资金62.95亿元。

积极配合市国资委做好中央驻津企业"三供一业"移交工作。与市国资委深入企业、街道，讲解公有住房售后维修资金移交工作的办理程序。截至2019年底，推动20余家企业完成了移交，划转公有住房售后维修资金2.2亿元。

为进一步改善公有住房"低租金、租不养房"的现状，起草了《关于2020年调整公有住房租金的函》。

【房地产市场管理】严格落实限购、限贷等调控措施，有效遏制投机、投资炒房。支持北京非首都功能疏解引进项目外地职工、在滨海新区居住的外地人员及相关人才购买首套住房，满足合理住房需求。优化台湾籍居民在天津购房政策。制定实施"稳当前、防风险"的九项举措，防范房地产市场下行风险，坚决落实稳房价、稳地价、稳预期任务目标。在确保完成国家房地产市场调控目标的基础上，不对各区设置房价调控目标，统筹资源给足支持，满足地区经济社会发展需要。2019年，天津新建商品房销售约1479万平方米，同比增长18.3%，二手住房成交1100万平方米，同比增长15%。

加快培育和发展住房租赁市场，构建租购并举的住房制度。多渠道筹集租赁住房房源，持续增加新建自持租赁住房用地供应，在新建商品住宅地块中累计新增租赁住房建设规模8万平方米。支持住房租赁企业开展分散式、集中式住房租赁业务，丰富租赁住房产品类型，为承租人提供多元化服务。推动各区积极增加人才公寓，累计认定人才公寓项目91.88万平方米、1.5万套。支持专业化、规模化住房租赁企业发展，天津累计新增备案住房租赁企业20余家。加强住房租赁金融支持力度，引导金融机构提供覆盖租赁住房建设、改建、改造、装修、运营等环节信贷支持，满足住房租赁项目全生命周期资金需要。支持住房租赁企业发行债券、不动产证券化产品，加快推进房地产投资信托基金试点。为承租人特别是新就业人员、新市民等提供租房信贷支持。2019年，天津累计新增长期租赁住房4万套（间）、240万平方米，逐步形成租购并举的住房供应体系。

制定下发《市住房城乡建设委关于开展商品房销售市场专项整顿工作的通知》（津住建房市函〔2019〕193号），在全市范围内对组织开展专项整顿活动，共出动检查人员1271人次，检查开发企业471家，代理机构130家。开展全市新建商品房渠道费专项整治，制止恶意收取高额渠道费行为，促进行业良性发展。开展住房租赁市场专项整治，研究制定了《市住房城乡建设委等六部门关于在房地产经纪机构、住房租赁企业开展涉及住房租赁中介机构乱象问题专项整治的函》（津住建房市函〔2019〕336号），成立工作专班，建立周联络制度，组织各区政府，在全市范围内对房地产经纪机构、住房租赁企业开展涉及住房租赁中介机构乱象问题专项整治。专项整治期间，全市共出动巡查检查人员4000余人，检查房地产中介机构、住房租赁企业3000余家，对发现的100余起房地产中介机构现场公示信息不全、租赁合同未备案等问题责令整改，公开曝光8起典型案例。

实现企业监管账户注销、重开两个环节合并办理。2019年，全市新增商品房资金监管项目846个，预售资金进款1693.75亿元，资金拨付1661.12亿元，监管账户资金余额340.18亿元。2019年，累计监管存量房屋7.25万套，监管面积597.37万平方米，监管金额1046.55亿元，平均监管比率为66.69%。

强化房屋测绘管理，提高测绘成果应用服务水平。2019年，归档1618个项目成果，续档192个资料变更项目，同步做好归档成果管理。完成房产测量5989.5万平方米，土地测绘786.6万平方米。高效完成涉及信访历史遗留问题房地测绘项目40件，涉及轨道交通、补登补测、企业混改等重点测绘项目30件。强化测绘成果质量管控，发布《关于加强项目质量管理的通知》，修订《测绘成果质量评定标准》，建立月度通报、季度分析、半年总结、年度考核的项目质量管理机制。

【房屋征收安置管理】紧密围绕天津市政府与国家签订的住房保障目标责任书和市委、市政府确定的民心工程建设任务，全面完成市区棚改"清零"，累计改造市区棚户区148.56万平方米；完成改造零散棚户区8万平方米，占总任务量的19.4%；开工建设棚改安置房2.7万套，为目标任务量2.58万套的104.7%，基本建成棚改安置房1.55万套，为目标任务量1万套的155%。

积极推进棚户区改造。按照属地原则，实施清单式管理，逐一明确时间表；定期召开调度会议；成立6个棚改"清零"攻坚小组，分区专项对接。协调推进河北区等申报棚改专项债券锁定平衡地块问题；配合市财政局，参与做好棚改专项债券发行专家评审工作，全年成功发行棚改专项债238亿元；指导各区做好市区棚改工作方案资金平衡重新测算，做好成本控制；配合市规划和自然资源局、区政府做好棚改地块控规调整事宜，加快资金回笼。推进房源筹集。市、区两级集中资源，多渠道筹集落实房源，优先支持棚改。遴选地块提供各区整地块建设定向安置商品房。按照《市区零散棚户区改造工作方案》要求，指导各区合理制定棚改计划。协调市规划和自然资源局出具"一揽子"土地利用总体规划、城乡规划函件，方便各区启动棚改项目房屋征收。

组织相关单位对辖区内国有土地上房屋征收项目开展全面排查，逐一建立清单台账，确保扬尘污染源无遗漏。结合创建卫生城市、市城管委市容环境清整工作，要求各区规范项目管理，解决工地围挡，渣土苫盖问题，全面落实"六个百分之百"控尘措施。严格落实重污染天气应急响应，收到预警信息后立即启动应急预案。

全年累计接待群众来访226批次、283人次，受理群众来信共105件，信访办结率达100%。

【物业管理】截至2019年底，天津市实施物业管理面积4.91亿平方米、5371个项目，其中住宅3.88亿平方米、3295个项目；非住宅1.03万平方米、2076个项目。

相继修订《关于本市非住宅物业专项维修资金交存管理有关事项的通知》《关于印发天津市商品住

宅专项维修资金使用办法的通知》等规范性文件，并与市民政局等单位联合印发《关于在全市推行街片长制的指导意见的通知》。开展对《天津市物业管理用房管理办法》《天津市物业服务企业退出项目管理办法》的修订工作。

积极推动《天津市社区物业管理办法》的贯彻实施，组织培训和宣传，突出党组织在社区物业管理工作中的领导作用。利用新闻媒体等多种形式宣传普及物业管理政策法规知识。指导物业服务企业做好服务工作，全力做好扫黑除恶专项治理工作。

实行社区党组织批复制度，物业小区在申请使用房屋专项维修资金使用和应急解危专项资金时，业主委员会或者其委托的物业服务企业要征得社区党组织同意，并按照社区党组织的批复意见制定实施方案，履行维修资金使用程序。

择优选聘评标专家，规范物业管理招投标市场秩序。高标准确定专家评委聘用条件，通过制定工作方案、调研走访、组织报名、面谈沟通、培训测试、模拟评标等环节择优选聘新专家。建立《评标专家管理规程》，通过制定并签署《责任书》强化纪律要求。

【直管公房管理】推进直管公房管理体制改革，对党政机关办公用房情况逐处进行梳理，初步完成党政机关办公用房划转工作。

制定下发了《市住房城乡建设委关于印发天津市直管公产房屋管理办法的通知》。修订《天津市直管公产房屋管理办法》，2019年11月1日颁布实施。修订完善了《关于修订直管公产住宅房屋变更承租人和使用权转让有关示范文本的通知》，制发了《指定承租人告知书》《住宅房屋指定承租人协议书》等17个示范文本，进一步规范了直管公产住宅房屋变更承租人和使用权转让行为。

印发2019年直管公房修缮计划，完成修缮任务191.56万平方米，提升公房管修服务水平。

配合完成解决单位房屋历史遗留问题工作，分5个批次对各区上报的部分企事业单位无力管理的房屋进行了交公处理，纳入区级直管公产房屋管理。

【历史风貌建筑保护利用】研究下发《关于进一步加强历史风貌建筑修缮和装饰装修管理工作的通知》，明确历史风貌建筑保护责任主体，明确市、区两级在修缮和装饰装修管理工作方面的职责。组织开展2019年度历史风貌建筑保护财政补助资金项目工作，共完成367幢、70万平方米历史风貌建筑安全查勘，完成40幢、8.3万平方米传统工艺维修项目补贴工作。督促推动各区住建委加强属地日常管理，对历史风貌建筑每月开展巡查监管。

盘活利用天津市小洋楼资源招商引企，将具有小洋楼风格建筑709幢纳入招商房源数据库。与房屋产权单位和使用单位协商洽谈，筹集了100幢、13.82万平方米小洋楼，全力开展小洋楼招商引企工作。截至2019年底，累计对接洽谈企业300余家，已经与阿里巴巴集团、联想集团、艾康尼克新能源汽车、360网络、91科技、微医集团等58家智能科技企业、跨国企业总部签署落户协议，已有38家企业正式入驻办公，招商成果显著。

城市建设

【概况】聚焦全市发展大局和城建固定资产投资目标，完成城建固定资产投资3061.8亿元，同比增长14.4%。其中，市政基础设施投资334亿元，同比增长33%；房地产开发投资2727.82亿元，同比增长12.5%。多措并举推进房地产业发展，新开工面积2545万平方米，同比增长2.7%，累计施工面积9105万平方米，同比增长5.2%。房地产市场继续保持增长态势，全市新建商品房销售1479万平方米，同比增长18.3%；二手房成交1264万平方米，同比增长6.6%。

拓展重大项目融资模式。以地铁项目PPP模式为引领，广泛吸引社会资本，完成地铁4号线（北段）、7号线、8号线、11号线PPP项目政府采购招标，项目总投资突破1000亿元，实现了天津市利用社会资本进行地铁建设的历史性突破。全面启动轨道交通建设。发挥重点工程指挥部统筹调度作用，强化重点任务清单化管理。全面加快地铁建设，京津冀交通一体化进一步完善。国家会展中心一期场馆建设贯彻新发展理念，采用钢结构装配式、BIM技术、海绵城市、综合管廊等技术，将成为公建项目示范。配合滨海国际机场等单位推进天津机场三期改扩建工程前期工作。完善城市道路系统。实行"一工程一方案""一项目一清单"，协调推动完工24条道路。破解已建成未移交市政基础设施难题，形成建、管有效衔接的新机制。

印发《天津市深化工程建设项目审批制度改革实施方案》，进一步精简确定工程建设项目审批事项57项，科学设置审批流程，完善财政投融资类、一般社会投资类等10张工程建设项目审批流程图，继续压减工程项目审批时间，一般社会投资项目从取得土地到开工不超过80天。强化"一张蓝图、多规合一"项目策划生成机制，深化施工图审查改革，明确不再进行施工图审查的工程项目范围，完善建设项目帮办代办服务，优化天津市工程建设项目联合审批系统，通过"政务一网通"平台实现信息资源共享。行政许可和服务类事项申请材料缩减40%，审批时限平均压缩至法定时限的20%，政务服务事项全部实行"一次办"，61个权力事项分别下放到滨海新区及各功能区。顺利承接建设工程消防设计审查验收职能，市、区两级住建部门共办理建设工程消防验收类项目1470个。推出便民服务措施14条，农民工权益保障、房屋测绘、房屋鉴定等服务更加优化。

提前完成中心城区棚户区改造"三年清零"任务，累计完成改造148.56万平方米，6.3万户、近30万居民"出棚进楼"。同步推进零散棚户区改造，完成改造8万平方米，占总任务量的19.4%。开工建设棚改安置房2.7万套，基本建成棚改安置房1.55万套。完成3091个片区、8357.2万平方米中心城区老旧小区及远年住房三年改造，127万户居民直接受益，超额完成三年任务。制定印发天津市既有住宅加装电梯工作指导意见，先后在两个小区成功试点。改善农村人居环境。坚持统筹城乡发展，全面核查天津市农村困难群众危房存量台账，完成6102户农村困难群众危房改造，群众居住安全得到保障。加强协同配合，推进7个市级人居环境示范村编制村庄规划、特色民居设计，推动特色小城镇健康有序发展，陈塘庄村成功入选第五批中国传统村落。完成供热旧管网改造100公里、燃气旧管网改造70公里。

有序推进综合管廊建设，累计开工建设管廊54.57公里，提前完成"十三五"规划目标。大力发展绿色建筑和装配式建筑。推动绿色生态城区建设，新建建筑100%执行绿色建筑设计标准，开展绿色建筑、绿色建材标识评价工作，发布实施建筑节能推广、限制和禁止目录，完成172万平方米公共建筑、220万平方米既有居住建筑节能改造。健全装配式建筑发展长效机制，加快促进装配式建筑产业基地和产业示范园建设，推动建设高品质装配式建筑项目，新开工装配式建筑面积达283万平方米。持续推进生态文明建设。全面落实施工工地"六个百分之百"，全年开展3次工地扬尘治理专项大检查，共计检查2995个施工项目，下达停工通知57份，整改通知178份，在施项目实现扬尘检测视频、监控设备全覆盖，工地扬尘治理得到有效控制。利用1亿元世行贷款开展绿色交通改善工程，和平区、南开区一期工程基本完工，中心城区居民慢行出行环境进一步改善。

加强房地产开发企业、建筑企业、勘察设计企业等信用体系建设，采用"双随机一公开"方式，抽查341批次。开展天津市建筑抗震标准及实施情况调研，组织《天津市防震减灾条例》实施情况第三方评估工作，努力提高抗震设防管理水平。加强法治和网络安全建设。畅通信访渠道，完善工作机制，加强"阳光信访、责任信访、法治信访"建设，信访事项及时受理率100%，按期办结率98.5%，群众满意率达98%以上。强化网络安全管理，推进信息资源整合共享，信息化建设有了新提升。加强重大事项决策合法性审查，发布有效规范性文件目录，规范公正文明执法，积极推进法治政府建设。

完善房屋建筑和市政基础设施工程质量安全监管体系，严格落实建筑工程质量终身责任制，新建工程"两书一牌"覆盖率达100%。强化源头管控，注重建材质量控制，严查违规使用海砂生产混凝土行为，对6家工程质量检测机构进行了处罚，吊销3家检测机构相关资质。加强施工过程质量安全监管，持续深入开展安全生产隐患排查整治，全年行政处罚573起，罚款2208万元。加强汛期、节假日等关键时期安全管理，落实安全风险防控措施，全年未发生较大以及以上生产安全事故。

【综合管廊建设】截至2019年底，综合管廊建设提前完成"十三五"规划建设目标。

加强设施建设。围绕专项规划和重点区域建设计划，有关区加大综合管廊建设力度，北辰东道综合管廊4.75公里，采用PPP模式，引进社会资本，于2019年7月开工建设；宝坻区西环路综合管廊一期、二期共6.8公里，于2019年11月主体完工。

完善设计标准。《城市综合管廊工程施工及质量验收规范》全面施行，《综合管廊维护管理技术规程》已完成专家评审，将有效保障地下管廊工程质量安全，提升管廊建设管理水平。

加强政策储备。完成"城市综合管廊投融资模式及运营管理制度研究"，积极开展入廊机制、入廊费、日常维护费等相关研究工作。

加强统计分析。依托住房城乡建设部全国城市地下综合管廊建设项目信息系统，严格落实周统计，月分析等工作机制。

【海绵城市建设】天津市16个行政区编制了海绵城市建设实施方案，划定不少于25%建成区面积为重点建设区域，全面落实海绵城市发展理念。

新出台《天津市老旧居住区改造海绵城市技术应用指南（试行）》《天津市公共建筑区改造海绵城市技术应用指南（试行）》《海绵城市——低影响开

发设施施工质量验收指南（试行）》等多部技术规程，搭建国家标准、行业标准、地方标准完善的海绵城市标准规范体系。

制定出台《市住房城乡建设委关于加强建设项目海绵城市设施竣工验收管理工作的通知》《市住房城乡建设委关于进一步明确建设项目年径流总量控制率等有关内容的通知》等文件，完善相关制度体系，探索海绵城市创新发展。

编制海绵城市公益宣传片，实现了公交、地铁全覆盖。向市民发放《海绵城市宣传手册》10000余册。编印《中国·天津·海绵城市建设实践路径》，广泛收纳全市海绵城市实践探索。

2019年12月20—22日，住房城乡建设部、财政部、水利部三部委组织专家对天津市海绵城市试点进行终期考核验收，天津市解放南路和中新生态城两个试点片区建设获得考核组的充分肯定。

【村镇建设】全面核查农村困难群众危房存量，将4400户4类重点对象列入中央脱贫攻坚农村困难群众危房改造范围；建立4类重点对象新增危房动态统计机制，确保符合条件的新增户及时纳入改造范围；实施脱贫攻坚两项"统筹"，即统筹加固改造和统筹兜底；严格建设标准，坚持"不拔高，不降低"原则，引导农村困难群众建设既符合经济条件又满足使用需求的危改房屋；强化质量安全监管，对4类重点对象房屋改造情况开展"回头看"；优化危改对象认定审批流程，简化核查手续，提升困难群众满意度；通过广播、电视、微信公众号、大篷车、口袋书等多种形式宣传危改政策；推进农房节能改造，助力天津市冬季清洁取暖工作。全年完成6102户农村困难群众危房改造。

组织10个涉农区对全市农村宅基地及其地上房屋确权登记范围内的农民自有住房开展结构安全排查摸底，建立农村危险住房存量台账。

宝坻区八门城镇陈塘庄村入选第五批中国传统村落；指导宝坻区陈塘庄村、蓟州区孙各庄满族乡隆福寺村、出头岭镇官场村开展保护规划编制；组织蓟州区西井峪村、蓟州区黄崖关村、西青区六街村、宝坻区陈塘庄村4个全国传统村落完成基础数据录入，黄崖关村、陈塘庄村入驻中国传统村落数字博物馆。

【行政审批制度改革】市住房城乡建设委不断优化营商环境，推进"放管服"改革，做到"两个改革"一起抓。

将政务服务事项683个申请材料减少了159个；进一步压缩审批时限，所有事项办理时限平均压缩到法定时限的20%；行政许可事项全部实行"网上办""一次办"，施工企业安管人员资格证书核发等5项推行"马上办"；建筑施工企业安全生产许可（变更）等推行"就近办"。向滨海新区下放6个许可事项（11个子项）、3个服务事项和47个行政执法事项，向五大功能区下放5个许可事项（10个子项）和24项执法事项。

制定《天津市深化工程建设项目审批制度改革实施方案》（津政发〔2019〕25号），出台30项改革措施，精简规范审批事项57项，优化10类项目审批流程图，进一步强化项目策划生成机制，明确以函代证、告知承诺操作规程，深化施工图审查改革，完善帮办代办服务，优化工程建设项目联合审批系统，通过"政务一网通"平台实现信息资源共享。实现工程建设项目审批用时平均再压缩6个工作日，一般社会投资工程建设项目联合审批从取得土地到开工不超过80个工作日，基本形成了科学、便捷、高效的工程建设项目审批和管理体系。

【城建信息化建设】建设市住房城乡建设委政务服务平台。以服务企业群众、提质增效为导向，开发涵盖建筑业、勘察设计、房地产、质量安全、招投标、施工许可等行政许可、公共服务业务的一体化政务服务平台，实现业务申请、受理、审查、批准到制证等全流程在线办理，政务服务平台于2019年4月28日正式上线运行。

统一数据归集口径，编制发布政务信息资源目录113个，累计向天津市共享交换平台推送政务数据400万余条。推进政务数据共享，向市发改委、市合作交流办、市委网信办等单位共享开放数据7万余条。推动电子证照数据对接，向市网信办推送电子证照数据15万余条。

将原市建委网站和原国土房管局网站合并优化，完成网站更名和网站域名变更。组织开展网站信息内容专项清理，保障网站安全稳定运行。实施网站集约化建设，开展网站栏目、页面设计，完成历史数据整体迁移。

召开"市住房城乡建设委网络安全工作会议"和"国家网络安全宣传周保障工作会议"，举办"网络安全等级保护知识专题讲座"和"数据安全专题讲座"，组织开展网络安全应急演练。

【法制建设】结合机构改革，启动了市住房城乡建设委发布的规范性文件的全面清理工作，经过逐件清理、核对，公布城乡建设和房屋管理方面的有效规范性文件135件，为推进住房城乡建设领域法治建设提供了制度保障。

全面落实行政执法"三项制度",将执法主体、执法人员、执法事项、执法结果在天津住建网公示;对所有行政处罚案件进行法律审核,未经审核或审核不合格的一律不得实施行政处罚;执法过程全部采用文字记录与音像记录相结合,实现执法过程留痕管理。强化执法人员持证管理,完成委机关和直属单位254名行政执法人员考试、换证工作,对新增552名执法人员进行了专业法律知识考试。

为理顺行政复议、应诉工作机制,结合机构改革职责调整,制定出台了《市住房城乡建设委行政应诉工作办法》。

提升法治思维和法治能力,组织委机关全体干部和直属单位、中央驻津单位处级以上领导干部1928人参加全市领导干部网上学法用法考试,参学率、合格率均达到100%。

【建设项目融资与管理】按照市政府工作部署,市住房城乡建设委作为项目实施机构,推动地铁4号线、地铁7号线一期、地铁8号线一期、地铁11号线一期PPP相关工作。

四个轨道交通项目总投资近千亿元规模,均采用PPP模式吸引社会资本投资建设,在全国范围处于领先地位。市住房城乡建设委还组织推动了已落地的津沧高速改造和解放南路海绵城市PPP项目规范实施,项目进展良好。

大事记

2月

4日 市地铁6号线二期工程开工动员大会在景荔道地铁站现场召开。

3月

29日 国家会展中心(天津)项目开工动员暨部市共建天津国家会展中心项目领导小组第十三次专题会在津南区现场指挥部举行。

6月

3日 市住房城乡建设委分别与中国建筑股份有限公司(联合体)、中国交通建设股份有限公司(联合体)签署地铁7号线及地铁11号线《政府和社会资本合作协议》。

11月

圆满完成棚户区三年改造任务。市住房城乡建设委科学制定搬迁方案,解决制约市区棚改的资金问题,多渠道筹措房源,实现市区棚改安置需求全覆盖。截至11月底,全市累计改造148.56万平方米,惠及6.3万户近30万居民。

(天津市住房城乡建设委员会)

城市管理

概况

天津市城市管理推进市容整治、垃圾治理、民心工程、城市运行、精细管理等五大工程。

【园林绿化】新建提升绿化面积1058万平方米,栽植乔灌木40.8万株。启动实施梅江公园二期建设,建成成林道街心公园等8座公园,水西公园全面开放,城市绿道示范段河西段开放。围绕新中国成立70周年等大型活动,布设草花1000多万盆,建设花坛草雕300余处,创建林荫道50条、月季精品园10个。实施126个城市公园维护改造,消除安全隐患,提升景观品质。实施绿地分级养护,开展铁路沿线环境安全隐患专项治理,补植行道树4864棵,更换易产生"飞絮"毛白杨。完善绿化有害生物防治、动物疫源疫病监测等区域联防机制。

【环境卫生】全范围实施"扫、保、考"作业管理模式,严格落实道路保洁分级分类管理。不断加大"以克论净"考核力度,检测道路7778条次,平均达标率79%。开展全市春季环境卫生清整、迎国庆环境卫生清整。修订了《天津市城市道路清扫保洁质量标准与作业规范》和《天津市冬季除雪工作预案》,制定了《天津市机动车辆清洗行业管理指导意见》。

【垃圾管理】吸纳社会资本近百亿,西青、东丽、北辰垃圾综合处理厂等11座垃圾处理设施开工建设,建成静海综合处理厂、大韩庄填埋场(二期)等3座处理设施,新增处理能力3424吨/日,全市建成区生活垃圾无害化处理率达到95%。建成厨余垃圾处理设施20余处,增加处理能力40吨/日。健全生活垃圾分类领导机制,设立生活垃圾分类中心,完善上下协调联动机制。颁布《天津市生活垃圾分类指南》等规范性文件。全市垃圾分类设施配备,公共机构覆盖率达到70%、居民户数覆盖率达到60%,垃圾分类专用车辆达到450辆。建成天津垃圾分类处理培训展示中心,垃圾分类入户宣传145余万次,垃圾分类教育"进校园、进课堂"覆盖率达94%,制定《关于建立健全我市农村生活垃圾处理体系的指导意见》,开展农村垃圾基础信息摸排,整治农村非正规垃圾堆放点311处。完成双口填埋场45万吨积存渗滤液的导流和应急处理,同步配齐常规处理设施,消除生态安全隐患。

【公用服务】持续开展燃气安全隐患排查,检查燃气企业268家，整改隐患问题363个。严格"煤改气"燃气设施安全监管，印发《农村"煤改气"安全监管工作方案》。建设覆盖"8890—市级单位—区级部门—基层站点"四级的智能化受理系统，实现供热工单处置"一键到站"，供热问题30分钟内得到解决，群众供热满意率达93%。开展道桥设施安全排查整治，整改安全隐患251处。开展城市井盖安全隐患大排查，整改各类病害井盖4439处，填埋社会无主井305座。加快停车设施建设，激活泊位6005个，共享泊位8616个，新建泊位10521个，挖潜泊位4258个，"停车难"有效缓解。中心城区主要路段建设电子围栏，共享单车停放秩序混乱问题有效治理。

【卫生工作】新建、提升改造公厕333座，二类及以上公厕全部配备手纸和洗手液，优化完善"天津公厕"小程序，找厕所更加容易，114座公厕试点安装人脸识别取纸装置，26座公厕试点提供免费WiFi。

【市容景观】开展建筑立面整修，实施85万平方米远年建筑立面整修维护及排查抢险，治理违章户外广告1516处。编制《天津市户外广告、牌匾设置专项规划》，完成城市户外广告牌匾信息系统架构开发，户外广告牌匾实现"有户口"。落实《天津市城市照明管理规定》，路灯故障率下降5%，投诉率下降22%。开展路灯确权和信息登记，实现路灯"一张网管理"。实施路灯"1001工程"，照明设施管理水平提升。

【活动保障】以迎国庆为契机，设计大型景点100余处、布设灯笼灯饰1800套、升挂20万面国旗，整修提升街容街貌，点亮津城夜景。实施城市道路大清扫、开展"城市家具"大清洗、开展市容环境大清理，节日期间市容环境整洁靓丽。完成第十届残运会暨第七届特奥会、第101届糖酒业大会等40余次重大会议市容环境保障。

【市容市貌管理】治理各类户外广告设施1516处。完善广告牌匾户籍台账，建立市区街三级网格化组织架构和市区联合监管网络，实现专业部门、广告业主共同参与城市管理，户外广告牌匾管理信息系统完成建设架构，进入信息采集录入阶段。

环境秩序治理

天津市实施"扫、保、考"作业管理方式，实现机扫水洗全覆盖。

【城市园林绿化】天津市实施公园绿化、道路绿化，提升园林建设绿化水平，新建提升各类绿化面积1058万平方米，栽植乔灌木40.8万株。提升改造水上公园、动物园等8座公园并面向社会开放，城市绿道公园（河西段）和子牙河滨河公园实现开园。天津市与萨拉热窝市的萨拉热窝联谊亭工程，亭子高6.48米，面阔2.8米，柱高3米，建筑面积28平方米，10月底在波黑首都萨拉热窝萨菲科公园内建成，吸引当地市民和媒体目光，新华社多次专题报道。

城市公园管理

天津市126个城市公园为市民提供优美的园林景观环境和完善的设施服务，满足市民文化活动需求。2019年秋季，水上公园举办以"菊香悠然·盛世华诞"为主题的第二届京津冀菊展，展出200余个品种，1500余盆精品菊花。水上公园代表天津市参加第十三届全国菊展，夺得大赛最高荣誉"百菊赛大奖""标准展台大奖"，获奖牌36块，其中金奖14块，是国内获奖最多城市。

综合执法管理

天津市开展违法建设专项治理、大气污染防治专项治理等专项行动，治理乱堆乱放13.4万余处，乱贴乱画、乱吊乱挂等21.9万余处，露天焚烧、运输撒漏等1.1万余起，各类行政处罚440万余元，完成存量违法建设治理任务。落实《天津市文明行为促进条例》，对《条例》涉及城市管理内容解读培训；制定完善利于《条例》贯彻实施的《执行〈天津市文明行为促进条例〉相关条款行政处罚自由裁量权规范（试行）》、行政执法"三项制度"等10余件城市管理执法制度文件，持续助力天津全域创建文明城市。全面推行行政执法"三项制度"，规范行政处罚自由裁量权，下发《天津市城市管理委员会行政执法公示办法》《天津市城市管理委员会行政执法全过程记录实施办法》等10余件制度文件。组织开展城市管理执法队伍"强基础、转作风、树形象"专项行动，出台《天津市城市管理系统行政执法人员行为规范》，组织城市管理委566名执法人员进行公共法和专业法培训考试，全系统729名新增行政执法人员进行专业法考试，552名执法人员完成换证。运用行政执法监督平台功能，发现执法履职率和执法率问题，督促整改落实，提高行政执法部门依法履职能力和水平。

【信息化管理】天津市依托市电子政务外网，对市数字化城市管理平台进行提升改造，建设以市数字化城市管理平台为主会场，联通16个区城市管理委、市公用事业局和16个委属主要单位，共32个分会场组成的视频会议及城市管理指挥调度系统。

城市管理法制建设

《天津市生活垃圾管理条例》列为市人大预备审议项目，《天津市市区冬季清雪暂行办法》修订列入市政府年度立法计划调研项目。审核《天津市餐厨垃圾管理暂行办法》《天津市城市树木迁移事中事后监管办法》《城市生活垃圾经营性清扫、收集、运输服务行政许可事项事中事后监管实施细则》等19个规范性文件。学习宣传《文明行为促进条例》，开展《天津市城市照明管理规定》法规宣传；完成《城市管理法律法规汇编》印发工作；开展法治宣传教育基地建设。

城市管理科技

天津市完成"雄安新区规划设计基础资料研究""后全运时代天津园林景观的发展探讨""多肉植物引种繁殖技术及规模化生产示范研究""大韩庄垃圾填埋场渗滤液处理设施管式膜科研成果转化项目"等4项科技课题研究。修订完成《安祖花盆花生产技术规程》2017-LY-072，发布实施《天津市大树移植技术规程》DB/T 29-91-2019，《滨海盐碱地树木栽植技术规程》标准项目通过审定；完成《天津市城市快速路养护技术实施细则》和《天津市城市桥梁养护操作技术规程》的编制申报。

【行政许可管理】2019年，天津市办理市容园林行政许可事项4473件，其中，城市生活垃圾经营性处理4件；城市生活垃圾经营性清扫、收集、运输4件；工程建设涉及城市绿地、树木许可18件；临时占用绿化用地的许可76件；户外广告设施许可3696件；临时悬挂、设置标语或者宣传品许可183件；在道路两侧和景观区域内，对建筑物外檐、构筑物、围墙和其他设施进行装修、改建、改变的，或者设置各类标志设施许可492件。办理办结公用事业服务事项177件，其中，临时占用、挖掘城市道路及依附城市道路建设管线、杆线等设施许可151件；燃气经营许可—设立4件；燃气经营许可—变更3件；燃气设施工程竣工验收备案19件。

【园林展会】北京世界园艺博览会天津园建设项目，建成城市绿色发展领先花园，总面积4300平方米，其中，含室外展园4200平方米，室内展厅100平方米。室外展园位于世园会中国馆东南侧，室内展厅位于中国馆内西区，参展北京世界园艺博览会，最终获得中国省区市展区银奖、中国省（区、市）室内展品竞赛特等奖、最佳组织奖等17项大奖。

【燃气发展】天津市燃气经营许可企业173家，包括管道气企业42家，加气站企业46家，区域管道供气企业13家，液化石油气企业81家。全市天然气用户546.99万户，其中工业用户0.30万户，商业用户26.34万户，居民用户520.35万户。天然气供气总量54.64亿立方米，比上年增长9.4％。燃气管线总长度29356公里，其中高压、次高压燃气管线2971.5公里，中压燃气管线6328.6公里，低压燃气管线20055.9公里。燃气储配站4座，调压站1100座，其中高调站190座。持续开展燃气设施特别是农村"煤改气"设施隐患排查整治专项检查，整改隐患问题363个。严厉打击燃气行业违法行为，对7家违法燃气企业和违法个人实施行政处罚，罚款9.5万元。编写《天津市农村"煤改气"用户安全宣传手册》，发放50余万份。启动修订《天津市城镇燃气供气设施运行管理标准》、编制《农村天然气供气设施运行管理规范》等。全年受理8890、12319、政民零距离等事项4万多件，处置及时率、办结率均为100％。推行物联网燃气表安装更换，年度内完成40余万块换表任务。

【供热概况】天津市集中供热面积51409万平方米，集中供热普及率99.9％，其中，燃气锅炉供热面积20599万平方米，占比40.07％；热电联产供热面积18812万平方米，占比36.59％；燃煤锅炉供热面积8900万平方米，占比17.31％；地热及其他清洁能源供热面积3098万平方米，占比6.03％。热电联产、燃气和清洁能源供热比重达到82.69％，形成了以清洁能源为主的集中供热体系，为改善我市冬季大气环境发挥了重要作用。

【道桥养护】天津城市建成区道路总长度7875.36公里，路网密度6.842公里/平方公里，其中，城市建成区干线道路总长度3833.15公里，干线路网密度3.33公里/平方公里。完成铁东北路、大沽南路等20条环内重点道路整修工程，维修工程量约114万平方米，6项工程达到优质标准。解决市管202条道路、359座桥梁影响行车安全的隐患类病害，完成严重病害维修18.4万平方米，维修泄水孔1.4万个、伸缩缝8500米、栏杆及钢结构外观油饰5.1万平方米，梁体混凝土结构耐久性病害维修9400平方米。

【城市管理考核】天津城市管理重点考核151条主干道路、31个重点地区、海河沿线、迎宾路线，同时，逐步向区域结合部、次支道路、背街里巷延伸。通过日巡查、周抽查、月联查、季民调、群众投诉等多种方式，实现城市管理考核全覆盖；针对城市管理规律和季节变化特点，适时改进考核机制和方法，采取市区两级上考下、下考上、互相考等多种形式，实现城市管理科学化、精细化。发挥"以考促管"引导作用，压实属地和属主责任，指导各区和相关部门做好城市管理工作。每月10日在《天津日报》突出位置公布城市管理考核结果，接受社会监督，人民群众积极参与城市管理工作，推进城市管理向城市治理转变。

（天津市城市管理委员会）

水利建设与管理

概况

全市水务系统积极践行新时期治水思路和水利改革发展总基调，扎实推进水资源、水环境、水安全各项任务落实落地，着力补齐水务工程短板，持续强化水务行业监管，为全市高质量发展和加快建设"五个现代化天津"提供了坚实水务保障。重点建设项目完成投资65.62亿元，一大批兴水惠民工程建成生效。科学调引长江水11.02亿立方米、调引滦水6.97亿立方米，保证了全市用水需求和供水安全。完成中心城区5座污水处理厂和环外5座污水处理厂扩建提升工程，全面推进水污染防治攻坚战94项治理任务，水生态环境质量持续改善。

水利建设与管理

【水资源】2019年，天津市属于偏枯水年。全市平均降水量436.2毫米，比上年偏少25.0%。全市水资源总量8.09亿立方米，比多年平均偏少54.0%。全市14座大中型水库年末蓄水量6.93亿立方米，比年初蓄水量减少0.62亿立方米。

全年，已运行深处理再生水厂12座，设计日供水能力40.9万吨，日均供水量17.19万吨，供水总量6272.83万吨。全年海水淡化日生产能力21.6万立方米，实际生产海水淡化水4653万立方米，比上年增加512万立方米。淡化海水用于工业4105万立方米，比上年增加402万立方米，进入城市公共供水管网548万立方米，比上年增加110万立方米，海水淡化水供滨海新区部分区域生产和生活使用。在确保防洪安全的前提下，拦蓄雨洪水资源3.28亿立方米，为生态环境和工农生产储备了水源。

【城市供水】天津市有供水单位38家，其中获得供水行政许可的公共供水单位34家，较上年新增1家，自建设施供水单位1家，较上年减少1家，淡化海水供水单位3家。

每月组织具有资质的水质监测单位对供水单位出厂水9项、管网水7项和常规42项指标进行检测，全年抽检城市供水水样503个，抽查合格率为100%；二次供水抽检水样145个，水质合格率为100%；村镇供水抽检水样326个，水质合格率达到80%以上。

【节水型社会建设】年初，制定节水型企业（单位）和居民小区创建目标任务，部署创建工作。全年共创建节水型企业（单位）142家。全市16个区积极参与节水型居民小区创建，全年共创建节水型居民小区280个，节水型公共机构11家，创历史新高。

【污水处理】制定出台了《天津市城镇污水处理厂管理办法》《2019年城镇排水和污水处理工作指导意见》。截至2019年底，天津市96座污水厂日处理能力343万吨，全年处理污水11.7亿吨，较上年多处理7000余万吨；出水水质主要指标达标率97.7%，较上年提高近5%；全年污水厂共超标28次，较上年减少70%。

【水污染防治】制定2019年度污染防治攻坚战重点任务，印发《天津市全市域黑臭水体整治工作方案》，组织各区排查出农村黑臭水体567条，2019年计划完成40%，即227条黑臭水体治理主体工程建设。实际完成286条黑臭水体治理主体工程，超额完成59条。

【水生态文明建设】继续实施中心城区一级、二级河道保洁和水生态修复，加强市管河道取排水备案统计管理，组织开展中心城区海河、卫津河等20条河道日常保洁、曝气增氧设施运行等水环境日常维护，控制蓝藻生长、改善河道水质。全年天津市20个国考断面优良水体比例50%，同比上升10个百分点；劣V类水体比例5%，同比下降20个百分点。加强突发水污染事件应急管理，建立河湖水质会商机制，成立水质分析技术组，针对环保监测数据，及时分析主要河流水质变化趋势及影响因素，加强市管河道取排水备案统计管理，非汛期杜绝支流污染和排水口非法排污等问题，全年没有发生突发水污染事件。全年累计利用外调水源和雨洪资源生态补水15.48亿立方米，有效地改善了天津市水生态环境。

【海绵城市建设】截至12月，新开河、先锋河调蓄池工程已竣工，2020年汛期投入使用。开展解放南路试点片区内陈塘泵站工程。泵站设计排涝流量20立方米/秒，增设初期雨水调蓄池12100立方米，建成后将大大缓解该地区暴雨内涝和初期雨水收集排放问题，以满足海绵城市建设需求。2019年12月项目已开工建设。

（天津市水务局）

河 北 省

概况

2019年，河北省住房城乡建设事业呈现多点突破、齐头并进的良好发展态势，为全省经济社会高质量发展作出突出贡献。民心工程圆满完成。棚户区改造，开工12.7万套、基本建成5.6万套，发放公租房租赁补贴2.9万户，超额完成年度任务。老旧小区改造，完成2779个，59.6万户群众居住环境得到改善。295个城中村改造项目全部启动，受益村民8.3万户。农村危房改造完成4类重点对象危房户70590户，其他对象6086户。市政老旧管网改造，完成3146.8公里，超额完成1096.8公里，其中雨污分流改造完成690.7公里，超额完成290.7公里。垃圾焚烧发电项目开工51座，建成9座，其他处理设施建成7座。冬季清洁取暖，完成气代煤、电代煤改造223.97万户，超额完成5万户，更多村民实现清洁安全取暖。住房保障水平显著提高。通过实施公租房保障，解决了47万户、150多万人住房困难问题。城市建设稳步推进。全省新增城市绿地3667.1公顷，新建提升公园游园202个，8个市县通过国家园林城创建验收。10个设区市达到国家节水型城市标准。全省洁净城市新增30个，城市和县城机械化清扫率分别达到83%、80%。新建改造城市公厕1754座。完成全部48条城市黑臭水体和532个城市易涝积水点整治。创建美丽街区、精品街道28个。建筑品质日益提升。全省城镇竣工绿色建筑4881.5万平方米，占新建建筑比例84.5%，被动式超低能耗建筑面积累计达到316.6万平方米，保持全国领先水平。新开工装配式建筑842万平方米，比上年增长80%。培育省级安全文明工地446个，绿色施工示范工程37个，创建省结构优质工程452项。全省住房城乡建设系统安全生产事故起数和死亡人数分别下降72.7%和37.5%。村镇建设继续加强。新增乡镇垃圾转运站137座，4.8万个村庄建立日常保洁机制，平原地区村庄城乡一体化垃圾处理比例达到95.3%，山区丘陵地区达到90.6%。非正规垃圾堆放点整治完成率98.7%。

法规建设

【立法工作】覆盖城乡的《河北省燃气管理条例》正式发布，《河北省房屋建筑和市政基础设施工程建设标准管理办法》《河北省人民代表大会常务委员会关于加强建筑市场管理的决定》颁布实施。《河北省促进绿色建筑发展条例》入选2018年度"十大法治成果"。《河北省城乡生活垃圾管理条例》按计划完成省人大常委会第一次审议。河北省住房和城乡建设厅配合省人大、省司法厅完成改革涉及的地方性法规、政府规章和规范性文件的清理修改任务，提请修改地方性法规1部，废止省政府规章1部、修改3部，宣布失效和废止规范性文件2件。对厅发规范性文件进行全面清理，宣布失效和废止21件。

【普法工作】将党规党纪列入普法重要内容，通过会议、专题辅导班等多种方式学习宪法，组织"12·4"宪法日宣传活动、宪法知识测试和宪法专题讲座。开展《河北省房屋建筑和市政基础设施工程建设标准管理办法》《河北省燃气管理条例》等新法宣贯和执法业务骨干培训班，培训行业执法骨干270余人次。

【执法工作】河北省住房和城乡建设厅组织执法人员法制在线培训考核，落实行政执法公示、全过程记录和重大执法决定法制审核制度，对40件信息公开答复、60件行政处罚案件、33件行政合同进行了合法性审查，对15件规范性文件进行了合法性和公平竞争性双审查。办理行政复议和诉讼应诉79件，复议案件驳回13件、撤销15件、终止1件、责令履行6件，纠错率46.7%，妥善处理了4件法律法规规定不明确和无先例参考的复杂案件。

房地产业

【概况】据河北省统计局数据，2019年全省房地产开发完成投资4347.1亿元，同比下降2.9%，其中商品住房完成投资3455.7亿元，同比下降0.4%；房地产新开工面积9452.7万平方米，同比增长12.7%，其中商品住宅新开工面积7404.4万平方米，同比增长14.9%；房地产施工面积29853万平方米，同比增长6%，其中商品住宅施工面积23023.4万平方米，同比增长7.3%；房地产竣工面积2680万平方米，同比增长12.1%，其中商品住宅竣工面积2042.7万平方米，同比增长6.5%；商品房销售面积5282.7万平方米，同比增长0.6%，其中商品住宅销售面积4770.4万平方米，同比增长1.2%；商品房平均销售价格7834元/平方米，同比增长2.0%，商品住宅平均销售价格7787元/平方米，同比增长2.9%；商品房待售面积996.1万平方米，同比增长8.5%，其中商品住宅待售面积648.9万平方米，同比增长6.2%。

【房地产市场调控】严格贯彻落实住房城乡建设部《关于进一步做好房地产市场调控工作有关问题的通知》和河北省《关于进一步促进全省房地产市场平稳健康发展的实施意见》《关于切实做好房地产市场调控工作有关问题的通知》，要求各地尤其是热点城市、环首都和环新区地区引导市场预期，执行好限购、限贷、限价等管控措施，坚决遏制投机炒作。根据住房城乡建设部有关要求，组织各市编制完成2018—2022年住房发展规划。2019年全省房地产市场运行总体平稳，调控效果持续显现。2019年底，全省新建商品住宅去化周期16.3个月，处于合理区间范围。

【规范房地产市场秩序】建立房地产开发领域违法建设治理长效机制，河北省政府办公厅印发《关于治理房地产开发领域违法建设建立健全长效机制的若干意见》，省住房城乡建设厅等七部门制发《关于健全治理房地产开发领域违法建设执法责任制的通知》。为加强对企业信用管理和约束，省住房城乡建设厅印发《河北省房地产企业严重失信名单管理暂行办法》，建立"黑名单"管理制度。印发《关于开展2019年房地产开发企业"双随机、一公开"监督检查工作的通知》，抽调全省各地业务骨干，通过交叉检查方式对全省房地产开发企业资质进行检查。在"不忘初心、牢记使命"主题教育期间，省住房城乡建设厅会同省公安厅等部门，制定《在"不忘初心、牢记使命"主题教育中专项整治房地产租赁中介机构乱象实施方案》，组织开展房地产中介市场专项整治。

【房地产市场监测】河北省住房和城乡建设厅加强房价波动情况监测分析，及时发布预警提示，针对新情况、新问题及时研究解决措施和办法。积极引导社会舆论，及时发布权威消息，解答房地产热点问题，稳定市场预期。

住房保障

【推进保障性安居工程】2019年，河北省保障性安居工程任务目标为：棚户区改造开工119625套，基本建成37764套，公租房开工1664套，发放租赁补贴18980户。全年，全省棚户区改造开工12.7万套，完成国家下达年度任务的106.2%；基本建成5.6万套，完成国家下达年度任务的148.5%；公租房开工1664套，完成年度任务的100%；发放租赁补贴2.9万户，完成年度任务的152.8%。全省通过实施公租房保障，解决了47万户、170多万人住房困难问题（其中，退役军人1.3万户、残疾人9090户、青年教师3580户、青年医生823户、环卫工人658户、公交司机329户）。

【加强住房保障督查】从各市抽调业务骨干作为省级督导核查员，经培训后交叉派驻各地，开展实地督导。2019年共实地核查棚改新开工项目160个、12.7万套，基本建成项目150个、5.6万套，实现目标任务项目督查全覆盖。督查期间，督促进度滞后项目36个、1.4万套按时达到目标要求，为全省圆满完成年度任务提供有力保障。同时，对2016年及以前棚改开工项目和历年来公租房项目进行全面排查，发现棚改建设进度滞后项目48个、4.8万套，公租房建设进度滞后项目27个、1.1万套，共下达整改通知书75份。通过核查统计进一步摸清全省问题项目底数，为全省住房保障工作精准施策提供了数据支持。

【住房租赁市场】河北省第十三届人民代表大会常务委员会第十二次会议审议通过《河北省租赁房屋治安管理条例》，进一步明确租赁房屋治安消防管理、信息登记等要求。

公积金管理

【住房公积金管理】2019年，河北省住房公积金管理不断深化"放管服"改革，清理银行账户，治理违规提取，推进公积金贷款"最多跑一次"改革，实现查询和偿还公积金贷款提取、退休提取网上办理，全面接入全国公积金数据平台，为健全住房保障体系、解决城镇中低收入家庭住房问题发挥了重要作用。2019年，全省住房公积金缴存655.17亿元，同比增加10.44%。累计171.42万人次提取公积金415.97亿元，分别增长0.26%、7.5%。累计发放个人住房贷款8.76万笔、362.57亿元，分别增长45.92%、30.98%。个贷率73.77%，提高1.16个百分点；个贷逾期率0.11‰，降低0.003个百分点；增值收益率1.57%，提高0.06个百分点。

【住房公积金改革创新】2019年，河北省推进住房公积金贷款"最多跑一次"改革，实行多部门服务职责集成，群众只进"一扇门"和信息共享，优化业务流程，精简办事环节。年底，各市实现主城区住房公积金贷款"最多跑一次"，各市基本实现住房公积金查询和偿还住房公积金贷款提取、退休提取全流程网上办理。

【强化住房公积金行业监管】以政策合规性、业务规范性、资金安全性为重点，全面开展电子稽查，实现住房公积金各项业务和省级实地抽检全覆盖，及时排查和处理业务数据疑点和风险隐患，各市住房公积金管理中心业务疑点数量逐月减少。建立省内跨市和与京、鲁、苏跨省市异地信息协查机制，加强与公安、网信等部门协作联动，全年共清理非法中介组织4个，关停发布违规提取信息的网站2个、微信100条、涉嫌违法电话5个，有力净化了社会环境。

【改进住房公积金服务】21家住房公积金管理中心及分支机构全部接入全国数据平台，提前1个月完成任务目标，为实施住房公积金个人住房贷款利息的个人所得税专项附加扣除政策提供数据支撑。集中开展全国住房公积金数据平台接入工作，加快推进综合服务平台建设，组织各地开通12329服务热线，建立短信、网上营业厅、微信公众号、手机APP等服务渠道。石家庄、邯郸、廊坊、保定市住房公积金综合服务平台建成达标，并以优异成绩先后通过部省联合验收。

城市建设

【概况】大力推进城中村改造、棚户区改造、老旧小区改造、市政老旧管网改造、城市停车设施建设等工作，不断补足城市短板，推动城市更新提速。在全省开展星级公园、园林式单位、小区、街道创建活动，不断提升园林绿化水平。

【推进老旧小区改造】按照《河北省推进老旧小区改造工作方案》《河北省老旧小区改造三年行动计划（2018—2020年）》，强力推进老旧小区改造。2019年全省共改造老旧小区2779个，涉及房屋建筑面积4660万平方米、居民59.6万户，群众居住条件得到明显改善。

【推进城中村改造】河北省成立由省财政厅、省自然资源厅、省住房城乡建设厅、省生态环境厅、省人社厅、省民政厅、省大督查办、国开行河北省分行、农发行河北省分行等九部门组成的城中村改造工作领导小组，组织推动工作开展。省住房城乡建设厅、省生态环境厅联合印发《关于实行城中村改造安置房工程项目清单管理的通知》，对纳入2018—2020年全省三年行动计划的城中村改造安置房工程项目实行清单化管理，保障安置房工程顺利推进。2019年全省共启动城中村改造项目295个，启动率100%，圆满完成年度任务目标。

【加快城市道桥改造】河北省积极推进城市桥梁护栏升级改造，按照《住房和城乡建设部办公厅关于开展城市桥梁护栏升级改造专项工作的通知》（建办城〔2019〕19号）要求，组织开展城市桥梁护栏升级改造工作，各地共排查出存在安全隐患桥梁88座，截至2019年底完成整治30座。

【加强城市照明管理】河北省政府办公厅转发省住房城乡建设厅关于加强城市景观照明管理若干措施的通知。2019年6月5日，举办城市市政设施维护养护安全生产培训班，对《若干措施》进行了解读，提出工作要求。2019年8月，省住房城乡建设厅组织行业专家对各市（含定州、辛集市）和雄安新区城市照明管理情况进行专项检查，并抽查14个县（市、区），现场抽查检测76条道路功能照明参数、97个景观照明项目。

【加强城市停车设施建设】4月，河北省住房和城乡建设厅出台《河北省城市停车设施配置及建设导则》，确定各类建筑物配建停车位指标，为建筑物配建停车位提供技术指导。省政府办公厅印发《关于加强城市停车设施规划建设管理的若干措施》（〔2019〕—89），针对性提出15条工作措施。2019年8月，省住房城乡建设厅印发《河北省城市公共停车设施建设行动方案》，对全省公共停车设施建设工作进行部署，开展停车设施建设试点。

【推进城市排水防涝】3月18日，河北省住房和城乡建设厅印发《2019年全省城市排水防涝安全及重要易涝点整治责任人名单》，督促各地切实落实好城市排水防涝工作行政首长负责制，强化城市排水防涝安全责任意识。省住房城乡建设厅印发《关于做好2019年城市排水防涝工作的通知》，安排部署汛前检查工作，要求各地围绕排水防涝工作机制建设、设施巡查维护、应急管理、易涝区段整治等逐项查找不足，开展拉网式汛前排查整治工作，确保汛期安全。4月4日，组织全省城市排水防涝补短板

5个重点城市和内涝灾害风险大的23个城市，参加住房城乡建设部召开的2019年城市排水防涝工作电视电话会议，同时对全省城市安全度汛工作作出动员部署。5月29日至6月10日，抽调城市排水主管部门人员和行业专家，组成13个汛前准备工作检查组，开展备汛情况交叉互查，对各市（含定州、辛集市）市本级、每设区市2个所辖县（市、区）备汛工作情况进行检查。贯彻落实《河北省城市排水防涝能力提升行动方案（2018—2020年）》，进一步加大城市易涝积水点整治工作力度，建立工作台账，逐一明确整治责任单位和责任人，将易涝点整治纳入省住房城乡建设厅重点工作督查范围，每月开展实地督导，督促各地落实责任，采取有效措施，强力推进积水点整治。截至2019年底，全省排查出的532个易涝积水点整治工作全部完成。

【市政公用设施安全】省住房城乡建设厅制定印发《河北省城市市政公用行业运营安全管理规定》（冀建法〔2019〕3号），对全省市政公用行业安全管理工作予以规范。3月，为贯彻落实《河北省城市市政公用行业运营安全管理规定》，结合住房城乡建设部、省安委会分别印发的《2019年安全生产工作要点》，省住房城乡建设厅印发《关于做好市政公用行业2019年度安全生产工作的通知》（冀建城建函〔2019〕38号），对2019年市政公用设施安全运行工作作出安排部署，要求各市对市政公用行业安全隐患进行全面排查整治，完善安全应急管理措施，建立定期检查巡查工作制度，确保城市安全运行。2019年9月，组织行业专家对全省市政公用设施安全工作进行检查。

【加快市政老旧管网改造】将全省市政老旧管网改造任务分解到具体项目、具体单位，落到具体区域、具体点位，建立起全省老旧管网改造"一本账""一张表"，并按台账有序推进。改造过程中，重点结合市政道路改造、城中村改造、老旧小区改造同步推进，最大限度降低对城市影响。2019年，全省城市老旧管网改造共完成3146.8公里，其中供水705.4公里，燃气135公里，供热1615.7公里（一次网246.1公里、二次网1369.6公里），排水690.7公里。

【多城同创】2019年复查国家"节水型城市"2个，新增国家"节水型城市"2个，新增省级"节水型城市"5个（含迁安市），完成省级"节水型城市"达标评价2个。河北省8市（县）获得国家园林城市（县城）命名，邯郸市峰峰矿区获得河北省园林城区命名，15个县（市、区）通过省级园林县城（城市、城区）复查；命名创建洁净城市30个。

【城市供热管理】2019年河北省大力推进供热监管信息平台建设，编制城市供热室温采集、台账维护、指标年度统计、采暖季日报和应急投诉处置5个工作导则，供热监管信息平台覆盖全省38个城市、71家企业，累计完成41508个室温采集点安装工作。

【黑臭水体整治】二、三季度组织开展对各市（含定州、辛集市）黑臭水体第三方评估，确保黑臭水体治理取得实效。11个设区市中，除承德市经排查无黑臭水体外，其他10个设区市共排查出48条黑臭水体，截至年底已全部完成整治，黑臭水体消除比例达到100%，提前完成国家对全省的年度考核任务。县级城市（含定州、辛集市和雄安新区3县）排查出的45条黑臭水体已全部完成整治，消除比例达到100%。衡水市入选第三批国家级黑臭水体治理示范城市。

【城市污水处理】6月5日，省住房城乡建设厅等部门联合印发《河北省贯彻落实住房城乡建设部等部委城镇污水处理提质增效三年行动方案（2019—2021年）重点任务》（冀建城建〔2019〕11号），指导、督促各地逐步解决解决污水直排、河（湖）水倒灌、雨污水错接混接、外水入渗、溢流污染、工业废水不达标纳管等问题，8月召开工作会议安排部署三年重点工作。截至2019年底，县级以上城市共建成污水处理厂201座，形成污水处理能力978万立方米/日，全年累计处理城市污水约26亿立方米，年度COD削减量约73万吨，氨氮削减量约8.6万吨，城市和县城污水处理率分别为96.1%和91.1%，对全省污染物减排作出重要贡献。

【推进厕所革命】制定"厕所革命"实施方案，完善推进机制，成立工作专班，建立联席会议制度，合力推进城乡厕所改造工作有力开展。2019年完成城市公厕建设改造1754座，完成1700座年度任务的103.2%。

【加快垃圾处理设施建设】省住房城乡建设厅起草《城乡生活垃圾处理设施建设工程实施方案》，列入2019年省政府20项民心工程系列方案印发实施。2019年，省政府召开2次调度会和1次约谈会，强力推进垃圾焚烧发电设施建设。解决规划环评、土地调规、环保提标、环评审批、配套电网建设五大难题，压缩审批时限一半以上。印发《关于推进生活垃圾焚烧发电项目加快建设的通知》，暂缓环保提标。2019年，全省51个垃圾焚烧设施任务全部开工，其中建成9座；建成其他设施7座。

【城市绿化】 2019年，河北省城市植树1580.9万株，新增城市绿地3667.3公顷，新建提升公园、游园202个，创建河北省园林式单位70个、小区96个、街道111条，创建河北省五星级公园2个、四星级公园21个、三星级公园44个。

【举办园博会】 8月28日，第三届河北省园林博览会和第二届城市规划设计大赛在邢台市开幕。

【加强城市容貌整治】 自6月起，在全省开展"市容环境大扫除，干干净净迎国庆"活动。活动期间，累计清运垃圾343.7万吨、清洁城市家具82.3万处、清理乱贴小广告2000多万处、整治提升户外广告106.2万处、动员市民13.8万多人参与。继续开展城市广告牌匾整治提升行动，全省共完成各类问题广告牌匾整治提升总数110万处（块）。评选河北省人居环境奖3个、河北省人居环境进步奖5个、河北省人居范例奖12个。

【道路扬尘治理】 2019年，河北省继续开展"洁净城市"创建活动，全面推行"以克论净"道路扬尘防控标准，构建城市道路扬尘量化防控体系。

村镇规划建设

【概况】 2019年，河北省住房和城乡建设厅结合职责分工，大力改善农村人居环境，推进特色小城镇建设，加强农村历史文化保护。

【农村生活垃圾治理】 2019年，河北省住房和城乡建设厅积极推动建立农村生活垃圾治理长效机制，全省所有村庄均建立日常维护机制，共配备保洁员20.9万名，其中45592个村庄建立了城乡一体化垃圾处理机制，占村庄总数的93.6%。按照城乡生活垃圾处理设施建设三年行动计划安排，加快乡镇转运站建设和转运设备的购置，全省建成乡镇转运站143座，新增转运车辆807辆，进一步健全收运体系。加快非正规垃圾堆放点整治工作，全年共整治1929处，占所有非正规垃圾堆放点整治总数的98.7%。

【推进农村地区冬季取暖】 2019年，河北省共安排农村清洁取暖计划218.8853万户（气代煤170.3219万户，电代煤44.0815万户，其他方式4.4819万户，不列入任务考核的光伏光热＋和醇基燃料试点共3.05万户）。实际完成223.9670万户，其中气代煤完成170.8487万户，电代煤完成48.7105万户，其他方式完成4.4078万户，超额完成5.0817万户。

【加强特色小城镇建设】 6月，河北省住房和城乡建设厅印发《关于建立和完善全省重点培育特色小城镇建设情况定期报告及评价机制的通知》，建立日常报告评价机制。委托技术单位对全省重点培育的100个特色小城镇建设情况进行评估，针对存在问题，提出建设发展指引。积极推进重点镇污水处理设施建设，截至年底，182个全国重点镇具备污水处理能力，8个镇正在建设污水处理设施。

标准定额

【河北省房屋建筑和市政基础设施工程标准管理办法】《河北省房屋建筑和市政基础设施工程标准管理办法》（省长令〔2019〕第3号）经2019年2月25日省政府第46次常务会议通过，自5月1日起施行，是新修订的标准化法实施以来，在全国省级层面出台的第一部工程建设标准化工作管理的地方性规章，为规范全省工程建设标准化管理，引领工程建设高质量发展提供了法律保障，为各省地方标准化管理提供了示范经验。为推动《管理办法》的实施，河北省住房和城乡建设厅会同各地建设行政主管部门，对各地勘察设计、施工、监理、检测等相关技术人员进行《河北省房屋建筑和市政基础设施工程标准管理办法》宣贯，宣贯人数总规模达2000人次。

【京津冀工程建设标准协同】 6月25日，京津冀三地在北京召开协同发展新闻发布会，签署《京津冀区域协同工程建设发展框架协议》，发布了《京津冀区域协同工程建设标准体系（2019—2021）合作项目清单》，内容涵盖城市综合管廊、超低能耗建筑及绿色建筑、海绵城市、建筑工业化、施工安全5个板块，共19项标准。2019年完成《冬奥会绿色场馆评价标准》《地下综合管廊施工和验收标准》《城市地下综合管廊管线监控与报警设备安装施工验收标准》《地下综合管廊技术资料管理标准》4项京津冀区域协同工程建设标准的编制工作。

【雄安新区工程建设标准编制】 河北省住房和城乡建设厅组织河北省消防总队、应急部天津消防研究所等10余家国内消防、科研院所，完成《雄安新区地下空间消防安全技术标准》的编制工作，2019年12月发布实施。

【被动式超低能耗建筑标准体系建设】 全面启动《被动式超低能耗居住建筑节能设计标准》《被动式超低能耗居住建筑施工验收标准》《被动式超低能耗建筑评价标准》等5项标准及配套图集修订工作，内容覆盖设计、施工、验收、检测、评价等全过程。建立了较为完备的被动式超低能耗建筑标准体系。

【开展全统定额修编】 按照住房城乡建设部要

求,完成全国统一消耗量市政定额"管网工程册"修编相关工作。

【启动新一轮计价依据修编】 制定《河北省建设工程计价依据全面修订工作方案》,全面启动河北省新一轮计价依据修编。

【推进京津冀计价体系一体化】 与北京、天津两地联手,在2018年工作的基础上完成土建、安装、市政管线3个专业约4600个定额项目划分和专家评审,完成《京津冀城市地下综合管廊工程预算消耗量定额》编制工作,于10月三地联合发布。同时开展管廊定额配套人工单价、常用材料价格、施工机械台班价格指数采集、测算前期工作。按《推进京津冀工程计价体系一体化实施方案》要求,实现人材机造价信息共享,每月将11个设区市常用建安材料等4类5000余条材价信息发至天津市造价站,由天津市造价站在"京津冀工程造价信息共享"平台上统一发布,1—11月共计发布50000余条。

【提升造价信息服务水平】 制定《河北工程建设造价信息》管理办法(细则)。全年编辑印发2018年第12期至2019年第10期共计11期《河北工程建设造价信息》,累计发布建筑、安装、装饰材料价格信息154000余条。

工程质量安全监督

【概况】 2019年河北省共监督房屋建筑单位工程69720个,建筑面积6.09亿平方米;市政基础设施工程1500个,造价550亿元。全省日常监督抽查单位工程37874个,共出具日常监督记录49653份,下发整改通知4978份,暂停施工通知书352份,实体抽测6060次,材料、构配件抽测5994组,全省建设工程质量整体处于受控状态,未发生等级以上质量事故。

【建筑工程质量提升行动】 4月2日,河北省住房和城乡建设厅组织召开2019年全省建筑工程质量安全提升暨建筑施工安全生产标准化专项行动推进观摩会议,印发《河北省建设工程质量安全监督管理工作要点》,部署推进工程质量安全提升行动,组织观摩精品示范工程,以典型示范引领工程质量提升。严格落实工程质量终身责任制,督促各级监督机构严格执行"两书两牌一档案"制度,认真落实终身责任制季报制度,并在省级质量巡查暗访中对落实情况进行检查督导。全省在监工程"两书两牌一档案"覆盖率100%。贯彻落实住房城乡建设部《工程质量安全手册(试行)》,制定出台《河北省工程质量安全手册实施细则(试行)》,进一步规范企业质量行为,落实企业主体责任。提请省政府办公厅印发《关于完善质量保障体系提升建筑工程品质若干措施的通知》。加强监督队伍建设,按照以考促学的原则,开展全省新进、既有监督人员考核工作,严把考核关,经考核合格人数共2090人。邯郸市和保定市分别推进"监理单位向政府报告质量监理情况"和"工程质量评价体系"两项住房城乡建设部试点工作,全年共试点监理报告制度135个在建项目、监理季报180份、监理节点报59份;共开展工程质量评价118次,其中自评36次,互评37次,监督39次,社会6次,对加强工程建设薄弱环节管理、提高各方责任主体质量责任意识起到积极作用。结合河北省房屋建筑工程质量监管和质量投诉处理实际,坚持问题导向,修订完成《河北省工程实体质量常见问题防治措施指南》(2019版),2019年11月5日印发全省执行。

【省级工程质量巡查暗访】 河北省住房和城乡建设厅印发《关于做好2019年房屋建筑和市政基础设施工程质量巡查暗访工作的通知》,扎实开展全省工程质量巡查暗访,加大监督检查频次和对违法违规行为的惩处力度,始终保持质量监管的高压态势。全年省、市、县三级共巡查暗访8673项单位工程,抽检建筑材料3700组,抽测混凝土构件2373个,下发整改建议书1360份,暂停施工通知书138份,处罚金额233.69万元。

【结构优质工程】 河北省住房和城乡建设厅印发《关于做好2019年度省结构优质工程创建工作的通知》,统筹安排全省创优工作。坚持"确保质量、控制数量、优中选优"的原则,分配各市控制名额,落实省结构优质工程月报制度,掌握创优工程施工进度,按照全年省级抽查数量不低于各市核查通过数量的15%的工作要求开展抽查。

【冬奥项目质量安全监管】 河北省住房和城乡建设厅全年共对40个冬奥项目检查148个次,发现质量安全问题461条,组织专业检测机构对建筑材料、工程实体进行抽检、抽测2次,抽测建筑材料164组,抽查工程构件738个,并针对发现的质量安全问题和抽测不合格项目,监督当地住房城乡建设部门采取有效措施,督促责任主体全部整改到位,切实消除质量安全隐患,确保冬奥项目质量安全可控。

【易地扶贫搬迁集中安置工程质量检查】 组织各市开展在建安置住房和保障性住房质量专项排查,全省共排查在建安置住房项目239个、保障性住房项目226个,发现并消除工程质量隐患133项。省住房城乡建设厅会同省发展改革委等部门组织开展易地扶贫搬迁工程质量安全集中排查工作。

【农村气代煤工程质量检查】 做好全省农村气代煤工程质量安全监督检查工作。在各地自查的同时，省级抽查25个县的50个村庄农村气代煤工程，下发整改建议书18份，问题记录单32份，并将检查情况通报各市政府。严肃整改情况核查，确保及时消除质量安全隐患，更好地保障人民群众冬季取暖。

【市政基础设施工程质量监管】 针对河北省市政基础设施质量监管的"盲区"和"空白"，省住房城乡建设厅对全省各市和部分先进省（市）专题调研，制定印发《关于加强市政基础设施工程质量监督管理的通知》《关于加强新建住宅小区室外配套设施工程质量监督管理的通知》，对加强市政基础设施工程质量监管工作作出安排部署，并督促各市主管部门落实各项工作措施，推动消除工程质量监管"盲区"和"空白"。

【检测机构管理】 按照"双随机、一公开"要求，全年共开展检测机构检查2次，检查检测机构60个，下发行政处罚建议书11份，整改通知书25份，暂停检测机构单项资质12个。以检测监管信息系统辅助检测管理工作，在全省应用增加防伪二维码新版检测报告，遏制伪造检测报告的产生；有序推进系统上政务云工作，通过第三方安全测评；不断完善系统功能，制定不合格报告预警功能开发需求。开展检测人员初始考核，考核10555人次，合格4914人次，合格率为46.56%。

【开展既有建筑幕墙隐患排查治理】 6月，河北省住房和城乡建设厅在全省首次开展既有建筑幕墙隐患排查治理工作。研究制定《河北省建筑幕墙管理办法》，内容覆盖建筑幕墙从规划建设开始的全生命周期管理，建立长效机制，填补河北省建筑幕墙管理制度空白。截至年底，全省共排查既有建筑幕墙项目4121项，排查出隐患项目371项，累计治理完成220项。

【推进质量监管信息化建设】 河北省住房和城乡建设厅编制《河北省质量安全手册实施细则（试行）》（质量部分），提高全省工程质量监管标准化水平，并在质量管理标准化基础上，编制完成《质量安全信息一体化平台项目立项书》（质量部分），通过层层立项答辩和审批程序，落实信息化项目建设专项经费，实现可持续发展。

建筑市场

【概况】 2019年，河北省建筑业增加值2129.9亿元，占全省GDP比重为6.07%。全省建筑业完成产值5848亿元，其中，省外完成建筑业产值2013亿元。进一步加强工程质量监管，持续推进工程质量常见问题治理，全省建设工程质量整体处于受控状态，全年未发生等级以上质量事故。

【培育发展龙头企业】 河北省积极扶持优质企业资质升级，对申报建筑、公路、通信等施工总承包一级资质的企业，做好政策指导和跟踪服务。全省已有建筑业总承包特级企业19家，总承包一级企业328家。

【强化事中事后监管】 河北省住房和城乡建设厅组织开展建筑业企业及工程造价咨询企业"双随机、一公开"检查，印发《关于开展2019年度建筑业及工程造价咨询企业"双随机、一公开"核查工作的通知》（冀建建市函〔2019〕52号），随机抽取企业，组织专家分组开展检查，对企业整改结果及时发布公告。按照"随机抽取、滚动实施、重点监管"原则，强化"双随机、一公开"监管，规范企业资质管理。通过开展"双随机、一公开"核查，实现"规范一批，整改一批，清理一批"目标，同时将整改合格的企业纳入重点监管范围，在次年"双随机"检查中全覆盖。开展省外进冀建筑企业核查，重点核查省外进冀建筑企业在冀承揽业务情况和在冀基本信息情况。强化清出管理，依法撤销（注销）39家资质不达标的建筑企业（含1家造价企业）和12家申报资质弄虚作假企业的资质。

【开展建筑市场秩序专项整治】 河北省住房和城乡建设厅聚焦建筑市场违法发包、转包、分包等问题，开展建筑市场秩序专项整治工作。2019年6月制发《河北省建筑市场秩序专项整治行动实施方案》并组织成立建筑市场秩序专项整治行动工作领导小组及办公室，强化组织推动。7月2日召开全省建筑市场专项整治暨《关于加强建筑市场监督管理的决定》宣贯动员会，对排查整治工作专题部署、传导压力。7—8月先后派出4个督导组深入沧州、保定等市开展精准督导，并组织13个市住房城乡建设部门进行交叉互查，持续加大专项整治力度。10月21日至12月5日派出3个督导组到各市开展"回头看"督导检查，检查各市履职尽责和工作开展情况，复核各市对问题线索的处理情况，综合检验各市工作成效。12月23日，省住房城乡建设厅对建筑市场秩序专项整治工作进行通报，对各市违法发包、转包、分包问题项目处罚率和立案率进行排位，督导各市按时间要求完成整改。

【开展违法违规建设排查整治】 按照河北省"两办"通知精神，河北省住房和城乡建设厅会同有关部门印发了工作方案。经各地排查，涉及省住房城乡建设厅职责范围的事项，全省共排查了277个问题，除1个因涉及土地问题已移交省自然资源厅（省专班）依法处理，其他的已全部进行整改。

【开展违建别墅清查整治】省自然资源厅、省生态环境厅、省住房城乡建设厅起草《河北省违建别墅问题清查整治专项行动有关政策的实施意见》，于6月14日联合印发各市政府。省住房城乡建设厅印发《关于建立违建别墅问题清查整治专项行动工作信息报送制度的通知》，建立月报机制，及时掌握各地工作进展。组织石家庄等市对违建别墅进行复核，并督促相关市对问题别墅项目整改到位。

【完善政策法规体系】河北省人大出台《河北省人民代表大会常务委员会关于加强建筑市场监督管理的决定》，推行交易全流程电子化和招标人负责制，在强化监管长效机制建设方面作出规范，于2019年6月1日正式实施。省住房城乡建设厅印发《进一步规范国有资金投资房屋建筑和市政基础设施工程项目招标投标工作的若干意见》（冀建建市〔2019〕5号）、《关于进一步规范房屋建筑和市政基础设施工程施工发包承包行为的指导意见》（冀建建市〔2019〕8号），进一步加强招投标监管，规范工程发包承包行为。

【"两个平台"建设】改造升级省建筑市场监管公共服务平台，实现监管一张网。落实住房城乡建设部、人力资源社会保障部《建筑工人实名制管理办法（试行）》，搭建建筑工人实名制平台，加强施工现场数字化监管，规范用人单位用工行为，提升工程项目质量安全管理水平。在雄安新区、承德市、邯郸市开展试点工作，并于11月8日在雄安新区组织现场观摩活动。

【配合做好农民工工资支付保障】落实国家、省政府等有关要求，1月18日，召开全省建筑领域保障农民工工资支付工作调度会议。省住房城乡建设厅配合省人力资源社会保障厅开展建筑领域保障农民工工资支付专项检查、"根治欠薪夏季行动"，组织各市住房城乡建设部门对在建及竣工的建筑工程项目农民工工资支付情况进行排查，及时发现欠薪问题并督促整改。将人力资源社会保障部公布的河北省2家拖欠农民工工资的建筑企业列入建筑市场主体严重失信名单，并向社会进行公布，实施联合惩戒。

【推进工程担保制度】河北省住房和城乡建设厅会同省发展改革委等部门认真贯彻落实住房城乡建设部等部委部署要求，联合转发《住房城乡建设部等部门关于加快推进房屋建筑和市政基础设施工程实行工程担保制度的指导意见》，并提出具体工作要求，鼓励企业使用工程保函，防范、化解工程风险。

【招投标工作】河北省住房和城乡建设厅推进工程项目招投标全流程电子化，进一步规范招投标管理工作，保障建筑市场各方主体的合法权益。及时了解各市工作情况，针对存在问题进行座谈研讨，安排部署有关工作。2019年底，已完成信用评价计分系统的研发，与省公共服务平台实现对接，全省基本实现招投标全流程电子化工作。

【工程造价】推进京津冀计价体系一体化，完成土建、安装、市政管线3个专业约4600个定额项目划分和专家评审，基本完成《京津冀城市地下综合管廊工程预算消耗量定额》编制工作。加强全省计价依据体系建设，组织召开2019年造价系统工作座谈会，深入了解当前全省工程造价领域焦点问题。完成《河北省建设工程计价依据全面修订工作方案（草案）》、《河北省工程造价咨询企业信用信息评价管理办法（草案）》起草。

建筑节能与科技

【概况】2019年，河北省城镇新增节能建筑5775.23万平方米，城镇节能建筑累计达6.945亿平方米，占全省城镇民用建筑总面积的51.20%。河北省城镇新建居住建筑全面执行75%节能标准，与京津两地保持同步水平和协同发展。保定、廊坊、石家庄、唐山、张家口、衡水、沧州、邢台、邯郸9个北方地区冬季清洁取暖试点城市，继续对具有改造价值的既有项目存量进行改造。

全省既有居住建筑节能改造面积808.14万平方米，其中，唐山市完成412万平方米。省住房城乡建设厅印发《关于加快推进住房城乡建设科技创新的通知》，完善政策措施，为科技创新提供有力保障。

【推进绿色建筑和被动式超低能耗建筑建设】2019年，河北省城镇竣工绿色建筑4881.52万平方米，绿色建筑占比达到84.53%，超额完成60%的年度目标。全省累计建设被动式超低能耗建筑316.6万平方米，其中竣工55.52万平方米，在建和竣工项目面积均居全国首位。2019年10月，第23届国际被动房大会在河北省高碑店市成功举办，50多个国家的780位外宾和30多个国际团体、200多个国内团体派人参会，签约项目14个，充分展示河北形象，赢得与会嘉宾高度称赞。

【绿色建材应用】河北省持续推进绿色建材评价

工作，2019年全省共17家建材企业的4类46项产品获得绿色建材标识，绿色建材采信机制逐步建立。将备案事项纳入全省政务服务"一网通办"，优化建筑工程材料设备使用备案流程。省住房城乡建设厅等5部门印发《关于加强建筑垃圾管理和资源化利用工作的指导意见》，省住房城乡建设厅编制《河北省建筑垃圾资源化利用技术导则》，规范建筑垃圾再生混凝土、砌块砖、级配骨料等再生产品的资源化利用技术工艺，引导产品推广应用。截至2019年底，绿色建材在全省新建建筑工程的应用率达到37.9%。

【装配式建筑推广】河北省城镇新开工装配式建筑842万平方米，比2018年增加80%，累计开工装配式建筑2253万平方米。全省共有国家装配式建筑示范城市3个，国家装配式建筑产业基地14个，省装配式建筑产业基地20个。预制混凝土构件年设计产能582万立方米，钢构件年设计产能261万吨，木构件年设计产能7.5万立方米。发展装配式建筑的政策机制、标准体系、产业基础已初步形成。

人事教育

【机构和职责变化情况】根据河北省机构改革方案和《河北省住房和城乡建设厅职能配置内设机构和人员编制规定》，河北省住房和城乡建设厅将指导建设工程规划许可工作职责划入河北省自然资源厅，同时增加了专项用于指导建设工程消防设计审查验收相关工作。截至12月31日，河北省住房和城乡建设厅设置14个内设机构和机关党委、离退休干部处，核定编制145名，在编公务员139名，工勤人员10名。随着2018年机构改革涉及的部门职责调整，事业单位承担行政职能回归机关，对事业单位机构设置进行了调整。截至12月31日，河北省住房和城乡建设厅保留正处级事业单位18个，核定编制412名，在编人员369名。

【开展现场专业人员职业培训试点】2019年8月29日，印发《关于在全省开展住房和城乡建设领域施工现场专业人员职业培训试点工作的通知》（冀建人教函〔2019〕17号），选取5家管理规范、制度完善、培训和测试硬件配备齐全的培训机构作为试点单位。9—12月，在石家庄、邢台、承德、沧州和廊坊5个地市组织开展了培训试点工作，共培训施工现场专业人员1213人。

【建筑工人职业技能鉴定与培训】12月，组织钢筋工、防水工、架子工、手工木工职业技能鉴定，共有524人参加，22人取得了高级工《职业资格证书》，391人取得中级工《职业资格证书》。2019年，全省培训建筑工人59833人次，考核58583人次。

【住房城乡建设系统干部教育培训】按照《2019年全省住建系统干部教育培训计划》，共安排11个班次，培训1100人次。提高了全省干部队伍政治素质、法治素养和业务水平。

【技能大赛情况】9月，河北省住房和城乡建设厅会同河北省总工会、河北省人力资源和社会保障厅举办了"河北省职工职业技能大赛测量工决赛"。全省有15支代表队，共70名选手参加决赛，产生团体奖6名，个人奖获奖选手10名。2019年10月，河北省住房和城乡建设厅会同河北省人力资源和社会保障厅、河北省总工会、共青团河北省委组织开展了"河北省建设行业'邢台市政杯'职业技能竞赛"。

【人才培养】河北省住房和城乡建设厅2人取得"省政府特殊津贴专家"称号，1人评为省"三三三人才工程"二层次人选，10人评为省"三三三人才工程"三层次人选。获"河北省技术能手"称号13人，获"河北省建设行业技术能手"称号52人，获"河北省青年岗位能手"称号14人。

年度其他重要工作

【深化工程建设项目审批制度改革】以河北省政府办公厅名义相继印发《关于推进工程建设项目审批提速的若干措施》（冀政办字〔2019〕37号）、《河北省全面深化工程建设项目审批制度改革实施方案》（冀政办字〔2019〕42号）。省级审批监管系统和各市审批系统已建成并与国家平台对接，上传项目1300多个。全省政府投资项目、核准类和备案类社会投资项目审批用时分别压缩至80个、68个和65个工作日内，位列全国审批用时最短省份之一。

【优化政务服务】河北省有序推进企业资质和人员资格证书电子化改革。省住房城乡建设厅印发《关于企业资质和从业人员资格实行电子证书的通知》，省住房城乡建设厅实施的所有行政审批事项全部实行了电子证书，实现了"一次不用跑"审批，国务院办公厅到河北调研并全国推广。

【推进信用体系建设】升级完善河北省住房城乡建设行业信用信息系统，修订《河北省住房城乡建设行业信用信息管理办法》，围绕建立违法失信行为惩戒机制，连续印发《河北省在冀建筑业企业招标投标信用评价管理暂行办法》《河北省建筑市场主体严重失信名单管理暂行办法》《河北省房地产企业严重失信名单管理暂行办法》等管理办法，将严重失信市场主体列入"黑名单"。

大事记

1月

18日 全省建筑领域保障农民工工资支付工作调度会在石家庄召开。会议通报了2018年全省建筑领域保障农民工工资支付工作进展情况。

22日 全省住房和城乡建设工作会议在石家庄召开。会议回顾了2018年全省住房城乡建设工作，对2019年工作进行安排部署。

3月

27日 由河北省政府主办，河北省住房和城乡建设厅、邢台市人民政府、中国城市规划学会承办的第二届河北国际城市规划设计大赛新闻发布会在邢台举行。

4月

2日 河北省建筑工程质量提升暨建筑施工安全生产标准化专项行动推进观摩会在石家庄召开。

10日 全省城市供热保障调度会在石家庄召开。会议总结交流了2018—2019年度采暖期全省供热保障工作开展情况，安排部署了2019年城市供热相关重点工作。

24日 全省市政老旧管网改造工作调度会在省住房城乡建设厅召开。会议听取了各市2019年供水、供气、供热、排水老旧管网改造工作进展情况汇报，安排部署下步工作。

5月

14日 河北省住房公积金管理工作座谈会暨贷款"最多跑一次"改革现场观摩会在邯郸召开。会议学习交流了公积金贷款便捷化改革推进情况。

16日 河北省政府新闻办公室举办新闻发布会，介绍省第三届（邢台）园林博览会暨第二届河北国际城市规划设计大赛筹备情况。

30日 河北省第十三届人大常委会第十次会议表决通过《河北省人民代表大会常务委员会关于加强建筑市场监督管理的决定》。随后，省人大常委会举办新闻发布会，对《决定》进行了介绍、解读。《决定》自6月1日起正式施行。

31日 河北省住房和城乡建设厅组织召开全面从严治党暨政治监督试点工作动员部署会议，回顾总结了2018年度党风廉政建设工作，就抓好2019年全面从严治党和党风廉政建设工作进行部署。

6月

5日 河北省政府新闻办公室召开全省"双创双服"活动进展情况及下一步重点工作新闻发布会，介绍棚户区改造、农村危房改造等民心工程开展情况。

5日 河北省第五届园林博览会暨第四届河北国际城市规划设计大赛申办评审会在省住房城乡建设厅举行。

6日 河北省住房和城乡建设厅召开"不忘初心、牢记使命"主题教育动员部署会议。

13日 全省城市管理执法工作座谈会在秦皇岛召开。会议总结交流了全省城市管理执法体制改革、城管执法队伍"强基础、转作风、树形象"等工作进展情况，传达学习全国市容市貌整治工作现场会会议有关精神，安排部署下阶段任务。

13日 2019中国智慧城管建设经验交流会在秦皇岛拉开帷幕。会议由秦皇岛市政府与中国城市科学研究会数字城市专业委员会联合主办，秦皇岛市城市管理综合行政执法局承办。来自全国17个省、57个城市的400余名一线城管队员、城市管理领域从业者参会。

7月

2日 省住房城乡建设厅在石家庄市组织召开全省建筑市场秩序专项整治暨《河北省人民代表大会常务委员会关于加强建筑市场监督管理的决定》宣贯动员部署会。

10日 全省老旧小区改造现场会在唐山召开，通报全省老旧小区改造工作情况。

同日 全省工程建设项目审批制度改革现场调度会在唐山召开。

16日 省住房城乡建设厅召开"不忘初心、牢记使命"主题教育推进会暨专项行动部署会。

19日 省住房城乡建设厅在石家庄组织召开全省建筑施工安全生产工作电视电话会议。

同日 全省保障性安居工程工作会议在石家庄召开。

24日 京津冀区域协同《绿色建筑评价标准》启动工作研讨会在北京召开。会议明确了由京津冀三地住房城乡建设主管部门根据新版国家标准《绿色建筑评价标准》GB/T 50378—2019共同组织开展京津冀协同标准《绿色建筑评价标准》编制工作，形成京津冀三地统一的绿色建筑评价体系，贯彻落实京津冀绿色协同发展战略，推进绿色建筑高质量发展，推动区域互补合作共赢。

31日 全省（北片）棚户区改造政策研讨会在唐山召开。省住房城乡建设厅、省发展改革委、省财政厅、省自然资源厅、省审计厅有关负责同志参加会议。

同日 全省生活垃圾焚烧发电设施建设调度会在廊坊霸州举行。

8月

15日 省住房城乡建设厅组织召开全省工程建设项目审批管理系统省市对接工作培训会。

22日 省政府新闻办公室组织召开新闻发布会，介绍省第三届（邢台）园林博览会暨第二届河北国际城市规划设计大赛筹备情况。

30日 省住房城乡建设厅组织召开全省市政老旧管网改造工作调度会。

9月

3日 全省农村危房改造脱贫攻坚推进会暨重点工作调度会议在石家庄召开。

21日 河北省工程建设信息智能化协会成立大会在石家庄召开。

10月

1日 省住房城乡建设厅精心打造的"河北住房城乡建设70年成就展览"正式启帷。

18—19日 2019年中国技能大赛·河北省建设行业"邢台市政杯"职业技能竞赛（决赛）在邢台市举办。比赛由省住房城乡建设厅、省人社厅、省总工会、团省委共同主办，分两个工种，最终产生一等奖6名、二等奖12名、三等奖18名。

21—22日 2019年河北省园林绿化人才培养研讨会暨大学生风景园林文化节启动仪式在邢台市隆重举行，标志着2019年河北省大学生风景园林文化节正式拉开帷幕。

29日 2019年全省县城建设品质提升暨停车设施建设现场观摩调度会在正定召开。会议总结交流了县城建设典型经验做法，安排部署了下一步重点工作。

31日 住房和城乡建设部、河北省人民政府与联合国人居署共同在唐山举办2019年世界城市日中国主场活动。住房和城乡建设部副部长倪虹，河北省副省长张古江，联合国助理秘书长、联合国人居署副署长维克托·基索布出席活动并致辞。

11月

8日 河北省建筑工人实名制和分账制管理公共服务平台建设应用现场观摩活动在雄安新区举办。

9日 来自全省各地的近200名选手汇聚邢台学院体育馆，参加中国技能大赛·2019年河北省园林技能竞赛全省决赛。

28日 河北省第三届（邢台）园林博览会暨第二届河北国际城市规划设计大赛举行闭幕式。

29日 省第十三届人民代表大会常务委员会第十三次会议通过《河北省燃气管理条例》，将于2020年4月1日起施行。

12月

10日 全省住房城乡建设系统扫黑除恶专项斗争推进会在石家庄召开。会议学习传达了全国扫黑除恶专项斗争第二次推进会和全省扫黑除恶专项斗争第二次推进会精神，总结了2019年度全省住房城乡建设系统扫黑除恶专项斗争取得的成效。

19日 全省燃气管理工作会议在石家庄召开。会议听取了各市和雄安新区2019年燃气管理工作情况汇报及2020年重点工作安排，研究部署了《河北省燃气管理条例》宣贯工作，通报了2019年以来全省燃气爆炸事故情况、液化石油气市场整顿和安全问题隐患专项排查整治情况。

（河北省住房和城乡建设厅）

山　西　省

概况

2019年，山西省住建系统在习近平新时代中国特色社会主义思想的指引下，在省委、省政府的坚强领导下，在住建部的有力指导下，紧紧围绕"三大目标"，找准定位、突出重点、狠抓落实，圆满完成了各项任务。着力讲政治、转作风、树新风，全面从严治党迈出坚实步伐；着力强保障、解难题、惠民生，人民群众居住条件进一步改善；着力防风险、强监管、保安全，行业高质量发展步伐不断加快；着力抓关键、补短板、强弱项，住建领域生态环境保护取得新成效；着力提品质、强管理、抓保护，城乡人居环境持续改善；着力疏堵点、优服务、提效能，住建领域"放管服效"改革不断引向深入。

法规建设

【立法工作】 开展《山西省传统村落传统院落传统建筑保护条例》和《山西省城市生活垃圾分类管理规定》起草、修订、报送工作。开展法规清理工作。完成党内法规规范性文件、政府规章集中清理工作，申请省司法厅废止《山西省村庄和集镇规划建设管理实施办法》。加强规范性文件备案审查。对规范性文件和其他厅发文件均进行合法性公平性审查。加强立法上下联动。参与指导太原市、忻州市住建领域地方性法规修订和论证工作，加强立法层级沟通、协调。

【普法工作】 编制四期"七五"普法学习资料。组织厅机关处室、事业单位工作人员赴省高院旁听建设工程领域案件审理，此项工作被《城乡建设》第十一期予以报道。编印《住房城乡建设法律法规汇编（2019版）》，开展全省住建系统"七五"普法知识竞赛活动。

【执法监督工作】 印发《山西省住房城乡建设系统行政执法（行政处罚、行政强制）文书示范文本》，在全省统一适用。建立行政执法"三项制度"。起草并在全省住建系统印发"三项制度"实施方案，明确任务分工和时间节点；起草行政执法公示办法和重大行政执法决定法制审核办法，牵头编制行政执法人员清单、执法事项清单、执法流程图等，加强执法人员管理和执法事项梳理。负责全厅所有行政处罚案件立案、告知、决定法制审核和其他重大行政执法决定合法性审核。通报2018年行政执法案卷评查工作，开展2019年全省住建系统行政执法案卷评查工作。牵头组织全厅"互联网＋监管"梳理监管事项目录清单和检查实施清单工作。

【行政复议、行政诉讼】 依法办理行政复议案件12件、行政诉讼案件19件。完成2018年行政复议诉讼分析报送工作，按时将行政复议信息上传全国行政复议工作平台。加强行政与刑事衔接。对执法过程中发现的涉嫌违法犯罪行为移交公安机关处理。同省高院联合印发了《关于建立建设工程合同纠纷多元化解机制的意见》，有力地促进建筑市场健康有序发展。编辑案例汇编，开展以案释法。开展法律顾问续聘工作，不断加强和规范厅法律顾问和公职律师考核及日常管理工作。

房地产业

【房地产市场运行】 2019年，山西省完成房地产开发投资1656.5亿元，同比增长20.3%；房屋施工面积1.95亿平方米，同比增长15.3%；房屋新开工面积4879.1万平方米，同比增长26%；房屋竣工面积2739.2万平方米，同比增长94.6%；商品房销售面积2366.1万平方米，同比增长0.2%。

【房地产市场调控】 成立"山西省保障性安居工程建设和稳定房地产市场领导小组"，进一步强化对防范化解房地产市场风险的集中领导和统筹安排，加强房地产市场监测分析，按月度编制房地产市场分析报告，建立了月度分析、季度评价、年度考核的房地产市场监测预警机制，对房地产市场波动较大的城市进行了预警通报。加快制定实施住房发展规划，下发《住房发展规划编制导则》《关于做好住房发展规划编制和实施工作的通知》，要求各市加快编制实施住房发展规划，稳定市场预期。

【规范和发展住房租赁市场】 培育租赁市场主体，拓展房源筹集渠道，山西全省新增专营或兼营住房租赁业务的企业83个，开展新建和改建租赁住房试点项目37个。加强住房租赁市场监管和服务，与省建行协作完善住房租赁综合服务平台，新增租赁房源3万套。印发了《山西省住房租赁中介机构乱象专项整治工作方案》，集中开展住房租赁中介机构专项整治，分两次通报各市专项整治工作情况，集中曝光各市查处的70个违法违规典型案例，在山西省住建厅官方网站进行了公开。

【房地产市场监管】 转发《住房城乡建设部关于进一步规范和加强房屋网签备案工作的指导意见》，加快推进房屋网签备案全覆盖，按照住建部要求，顺利完成房屋网签备案系统全国联网。加大房地产市场整顿力度，开展房地产市场秩序规范整治、房地产领域矛盾纠纷排查化解、住宅专项维修资金集中清缴3个专项行动。

【加快解决房屋交易历史遗留问题】 在大同市召开全省现场会，学习大同经验，先后开展3次专题调研，形成《全省国有土地上房屋交易历史遗留问题专题调研报告》；起草《关于加快解决国有建设用地上房屋交易和不动产登记历史遗留问题的意见（代拟稿）》，12月27日经省政府第53次常务会议审议通过。

【促进房地产业高质量发展】 加快推进住宅全装修工作，印发了《加快推进住宅全装修工作任务分解方案》，加快发展全装修住宅，提高全装修住宅覆盖率。据调研摸底，截至2019年底，山西省新建商品住房全装修覆盖率比年初提高了5.4个百分点。完善房地产项目库，实施分级调度，重点推进挂牌房地产项目建设。

住房保障

【概况】 住建部和省政府下达住房保障工作目标任务为：实施棚户区住房改造开工3.26万套、建成6.71万套，城镇保障性安居工程投资309亿元，城镇住房保障家庭租赁补贴发放6.89万户。全年，山西省棚户区住房改造开工4.76万套，占年度任务的146.1%；棚户区住房改造建成11.2万套，占年度任务的166.8%；城镇保障性安居工程投资413.4亿元，占年度任务的133.8%；城镇住房保障家庭租赁补贴发放7.54万户，占年度任务的109.6%，均超额完成年度目标任务。

【棚改资金筹集】 下达城镇保障性安居工程中央财政专项资金8.88亿元、城镇保障性安居工程配套基础设施建设中央预算内投资7亿元、城市棚户区住房改造省级补助资金9705.3万元、城镇住房保障家庭租赁补贴省级补助资金3000万元，发行棚改专项债券92.045亿元。协调省财政厅按照当前录入债务金额全额保障贷款本金发放的原则，有效保障棚改专项贷款发放，截至12月底，全省累计发放贷款1202.91亿元（其中年度发放149.72亿元），占累计授信1704.85亿元的70.6%。

【公共租赁住房保障】 加大对重点群体和重点产业困难职工的精准保障力度，租赁补贴发放范围逐步扩大至城镇中等偏下收入住房困难家庭、新就业无房职工和外来务工人员，鼓励保障家庭通过市场租赁满足个性化住房需求。

【信用体系和信息化建设】 印发《住房保障领域信用信息管理办法（试行）》，对住房保障信用信息的认定、归集、应用、管理、修复等方面作了明确规定，加快推进住房保障领域信用体系建设，进一步规范保障性住房的运营管理工作。落实住建部要求，积极对接建设银行山西分行，成立了山西省全国公租房信息系统贯标联网推进工作领导组，印发了《山西省公租房信息系统建设实施方案》，组织各市开展了系统培训，加快推进公共租赁住房信息系统建设。截至12月底，全省11个市均已完成系统上线，录入房源4.28万户，保障家庭2.5万户，配给信息45.3万条。

【审计发现问题整改】 印发《关于加快解决城镇保障性安居工程建设项目前期手续不全等遗留问题的通知》，要求各市、县严格落实相关问题解决措施，全面促进审计发现问题整改。截至12月底，2016年度城镇保障性安居工程跟踪审计发现的853个问题，已完成整改720个，整改率为84.41%；2017年度城镇保障性安居工程跟踪审计发现的825个问题，已完成整改588个，整改率为71.27%；2018年度城镇保障性安居工程跟踪审计发现的512个问题，已完成整改263个，整改率为51.37%。以省保障办名义印发了《山西省城镇保障性安居工程建设管理"二十个严禁"》，要求举一反三，堵塞漏洞，有效防止问题屡审屡犯。

公积金管理

【主题教育公积金"三服务"】 2019年8月25日，根据山西省委8月23日主题教育推进会精神和《关于全面做好"三服务"活动的通知》要求，为深化"服务地方、服务基层、服务群众"活动，山西省住建厅成立11个调研组，由厅党组成员带队分赴11地市公积金管理中心，就"不忘初心、牢记使命"主题教育"三服务"工作开展调研。

【数据互联共享平台】 山西省住房公积金数据互联共享平台如期建成，11个市住房公积金管理中心和省直分中心之间，各市住房公积金管理中心（含省直分中心）与省公安、省民政、省自然资源厅、省税务、省市场监管局之间，及19家相关商业银行之间信息壁垒彻底破除，为省内实现跨中心、跨区域业务协作奠定坚实基础，为铲除和治理"骗提骗贷、一人多户、一户多贷"等乱象打造了长效利器；公积金"马上办、网上办、就近办、一次办、一周7天24小时办"等便民服务改革。

【年度信息披露】 根据国务院《住房公积金管理条例》和住房城乡建设部、财政部、人民银行《关于健全住房公积金信息披露制度的通知》要求，山西省住建厅根据全省公积金管理机构运行情况，向社会披露了我省住房公积金2018年年度报告。

【信用体系建设】 制定《山西省住房公积金失信行为管理办法（试行）》（以下简称办法）。《办法》遵循客观公正、分类分级、动态调整、诚信便利、失信惩戒的原则，由各市公积金中心、分中心根据信用主体（缴存单位、缴存职工和关联单位）的信用状况，采取直接判级方式认定其信用等级，分守信A级、一般失信B级、严重失信C级3个等级。经信息核实、调查取证、逐级审核、告知、异议处理、公示、集体研究决定后纳入公积金信用信息管理系统，并定期将信用评价结果上传至山西省智慧建筑管理信息服务平台，经省住建厅汇总后，依法有序向社会公布。

【规范业务标准】 根据审计署指出的问题，认真开展审计整改，督促违规问题及时整改到位；进一步归并银行账户，集中资金管理，优化存款结构，提升公积金存款利率；进一步清理历史数据和逾期个人住房贷款，降低逾期风险。规定各地公积金活期存款最高限额，提出存款上浮利率要求，并纳入年度目标责任书进行约束，减少损失浪费，提高资金收益。依托省级电子稽查监管平台，对全省各市公积金中心、省直分中心电子稽查疑似问题进行情况通报，督促各市公积金中心、分中心对疑似问题分类梳理、逐条核实、完善整改，不断完善基础数据信息，切实减少风险隐患。

【贷款数据上报】 2019年3月以来，山西省11个市公积金中心和省直分中心，积极贯彻住建部《关于做好全国住房公积金数据平台接入工作的通知》要求，经过开发测试、数据上传、上线申请等工作，最终与全国数据平台顺利对接上线，为计算个税扣减提供数据支持。

城市建设

【市政基础设施建设】 2019年，山西省城市（含县城）市政基础设施建设累计完成投资719亿元，占年计划的114%。其中，新建改造城市道路923公里，新建改造水、气、热管网3543公里，新建污水管网790公里，改造雨污合流管网537公里，新增绿化面积1958万平方米，均已超额完成年度任务。同时，深入推进园林城市创建活动，晋中、忻州、运城3市被住建部命名为国家园林城市，河曲、五台、岚县、垣曲、沁水5县被命名为国家园林县城。

【城镇污水处理设施建设】 完成13个污水厂的新建扩容。汾河、桑干河流域69座城镇生活污水处理厂，通过采取工程和技术措施全部完成改造达效。不断强化设施运行监管，报请省政府出台了《山西省城镇污水处理厂运行监督管理办法（试行）》，建立了运行管理的长效机制；下发了《强化全省城镇污水处理厂今冬明春建设运行督导工作方案》，开展了为期5个月的专项督导；同时严格按月通报调度，强化督办整改，实施约谈问责，全省每月排放严重超标的污水厂数量，由1月份的41座减少至0座，实现了总体达标稳定运行。

【城市生活垃圾分类】 山西省住建厅研究起草了《山西省城市生活垃圾分类管理规定》，并上报省政府。组织召开了生活垃圾分类专题推进会议，多次开展垃圾分类考察调研，下发了《关于全省城市生活垃圾分类工作情况的通报》。指导太原、忻州、长治等城市出台了生活垃圾分类工作方案，选择了一批居民小区先行先试，取得了阶段性成果。不断加快垃圾处理终端设施建设，太原、阳泉、长治的垃圾焚烧处理设施已投入试运行，长治、晋城餐厨垃圾处理设施已进入调试阶段，其他城市正在抓紧建设。

【黑臭水体整治】 山西省住建厅开展了排查和整治效果评估工作，完善了"全国城市黑臭水体整治监管平台"，针对太原市北张退水渠和晋中市太榆退水渠进行了专题巡查调研，有力推动了整治进度。指导晋城市成功申报国家黑臭水体治理示范城市，获得4亿元资金支持。山西全省城市建成区共排查出黑臭水体91个，已全部整治完成，整治率达到100%，提前超额完成国家任务。

【城市公厕建设管理】 印发《山西省城市公共厕所规划建设导则》和《山西省城市公共厕所服务管理实施细则》，指导各市按照数量、质量双达标的要求，科学布局城市公厕点位，进一步加大城市公厕新建、改造和对外开放力度，积极鼓励沿街门店、商业门店、宾馆酒店等向社会开放自有厕所，多渠道增加厕所供给。全年共新增城市公厕1224座（含新建和对外开放）。

【中央环保督察整改落实】 印发《推进中央生态环境保护督察"回头看"整改方案》《关于切实做好全省住房城乡建设领域生态环境保护工作的通知》等文件，对住建系统生态环境保护相关工作做了全面安排部署。建立了2个月一次的省市县督导全覆盖制度，对督导中发现的问题下发督办通知，切实督促各市加快整改项目推进。中央环保督察反馈整改的64个项目中，61个已整改完成。对"五堆"专项整治进行安排部署，指导各市加大投入力度，增加机械化清扫面积；推广硬密闭新型环保渣土运输车辆，规范渣土运输管控；联合公安交管等部门，对违规行为严查重处，全面规范渣土运输行为。

【市政公用行业安全监管】 以规范燃气经营许可管理，强化液化石油气和农村"煤改气"安全管理为重点，深入开展专项治理。印发《山西省深化城市桥梁安全工作实施方案》，对城市桥梁安全防护提出了要求；开展了风险评估和隐患排查整治，积极推进桥梁护栏升级改造。组织各市制定完善抢险预案和度汛措施，提高应急处置能力，切实保障城市安全度汛；印发《关于进一步加强城镇排水、污水处理等设施维护作业安全管理工作的通知》，强化了城镇排水、污水处理等设施维护作业安全管理工作。

村镇建设

【农村危房改造】 完成农村危房改造任务6.96

万户（其中 4 类重点对象 2.96 万户，贫困边缘户 2.35 万户，深度贫困县其他户 1.65 万户），实现存量任务"静态清零"。从精准确定动态改造任务、加大深度贫困地区住房安全保障力度、全面开展住房安全性鉴定、规范农村危房改造标准 4 个方面逐项施策，出台《农村危险房屋加固改造技术指南》和《农村住房危险性评定办法》，搭建省级农户档案信息检索系统平台，开展了"大排查大清底""静态清零""深度贫困县技术帮扶""农村危房鉴定"等专项行动，全面实施第三方评估，强力推进，着力提高脱贫质量。扎实开展专项整治，在全省就改造进度不平衡、对深度贫困县技术帮扶不够、鉴定不精准不规范、政策实施跟踪机制不完善、补助资金发放不及时、对"失心工程"摸排不够 6 个方面问题进行了全面排查整改，解决不按图施工等安全隐患 300 余个；解决群众政策咨询和投诉举报问题 74 起。

【农村生活垃圾治理】完成 58 个县（市、区）的农村生活垃圾收运处置体系建设，除深度贫困县外的 107 个县（市、区）初步建成收运处置体系，覆盖行政村比例达到 80％。大力开展非正规垃圾堆放点再排查再整治，按照"一处一策"要求，逐点确定整治方法，建立整治台账，逐一销号清零。

【建制镇生活污水处理设施建设】开展 75 个重点镇和 4 个汾河流经建制镇的生活污水处理设施建设，对 7 个排放不达标的建制镇生活污水处理厂实施了提标改造，进一步提高建制镇生活污水处理能力。开展全面摸排调研。分 15 个小组，行程 2.4 万公里，对全省重点镇、汾河干流流经县的一般镇进行实地摸底。赴湖北省实地调研了乡镇污水治理全覆盖工程，学习经验做法。与 64 个县（市、区）召开对接会，紧盯"一把手"责任落实，将重点镇生活污水处理设施建设纳入主题教育重点任务台账，开展了专项督导行动，分级分类抓好推进不平衡等问题整改。全年共完成 39 个重点镇、3 个汾河流域建制镇和 6 个镇级污水处理厂提标改造建设任务。

【传统村落保护】紧紧围绕经济社会转型、实施乡村振兴战略、推动文旅产业发展，加大传统村落保护、改造、活化力度，促进传统文化有效传承。出台了《山西省历史文化名镇名村、传统村落功能复兴和活化利用试点工作方案》，在 10 个镇村开展活化利用试点。大阳镇、润城镇、上庄村保护利用工作被中央电视台专题报道；小河村、南庄村、岳家寨村、良户村、闫景村入选全省首批 AAA 级乡村旅游示范村。全年完成中国传统村落保护项目 45 个，启动项目 52 个；完成 150 个中国传统村落保护规划编制；完成 200 个传统建筑挂牌。

【共同缔造活动和农房建设试点】以农房建设试点和乡村建筑风貌整治为载体，深入开展不同类型、不同特色村庄的建设管理模式探索，在娄烦县、灵丘县、岢岚县、沁源县、垣曲县 5 个县开展农村住房建设试点，在灵丘县、平遥县、岢岚县和泽州县开展 4 个县设计下乡试点，编制了《山西省乡村建筑特色风貌整治导则》《山西省农村住房建设技术导则》，印发共同缔造示范图册 800 余册。

标准定额

【构建地方标准体系表】将现行和在编的国家标准、行业标准、地方标准进行梳理，提出今后一段时间急需和待编的标准目录近 400 项，构成山西省工程建设标准体系表（共分规划设计、质量安全、节能科技、城建交通、房地产与村镇建设 5 个分体系表），完成了工程建设标准体系夯基垒台、立柱架梁的工作，为今后我省地方标准的制定、修订提供了依据。

【编制发布地方标准】批准发布城市综合管廊工程、建筑信息模型（BIM）应用、土壤源热泵系统工程、建筑固废再生利用、农村危险房屋改造加固、太阳能热水系统建筑一体化、地下连续墙等技术标准和养老服务设施、电动汽车充电站及充电桩等建设标准 24 项，数量位居全国第四，推动了工程建设"四新"应用。

【创新工程造价计价管理】在全国率先制定印发《在我省房屋建筑和市政基础设施工程中推行施工过程结算的通知》。制定发布《城市轨道交通工程预算定额及取费标准》，填补了山西省城市轨道交通工程一直没有计价依据的空白。制定发布《BIM 技术应用费用计价参考依据（收费标准）》，推动了山西省建筑信息模型（BIM）技术在工程建设中的广泛应用。

【工程造价咨询市场监管】以"社保全国联网"为契机，对山西全省工程造价咨询市场进行了专项治理，共清理了 25 家资质不合格的工程造价咨询企业、规范了 221 家造价咨询企业在晋分支机构管理，有效规范了注册造价工程师执业行为，维护了造价咨询市场秩序和社会公共利益。同时，组织制定了《工程造价咨询市场信用管理办法》，利用"全省建筑市场监管公共服务平台"进行信用管理。

工程质量安全监督

【概况】2019 年，山西省共发生房建与市政工程生产安全事故8起，死亡11人，同比事故起数减少10起、死亡人数减少7人；深入推进工程质量安全提升行动，严格落实工程质量终身责任制，实现"两书一牌"全覆盖，工程质量保持总体受控状态。

【完善建筑施工安全监管机制】制定《危险性较大的分部分项工程安全管理实施细则》和《山西省建筑施工安全手册》；印发《关于切实做好工矿商贸企业建筑施工安全生产工作的通知》，着力解决监管缺位问题；印发《关于进一步加强全省农村"煤改气"工程质量安全监督管理工作的通知》，严格农村"煤改气"工程建设管理程序。

【开展安全生产专项整治】下发《深化建筑施工安全生产专项整治和开展安全"体检"工作方案》，重点围绕建筑工程质量安全、城市轨道交通、城镇燃气、农村"煤改气"工程、建筑外墙外保温系统9个方面开展集中检查。针对太原市连续发生2起污水管网施工安全事故，印发《关于开展全省污水管网施工和污水处理运营维护安全专项整治的通知》，开展为期2个月的专项整治。

【安全生产监督检查】开展"三个专项行动"集中检查工作，由厅领导带队组成5个检查组，对太原、忻州、阳泉、晋中、吕梁5市住建领域安全管理进行集中检查，共抽查房屋建筑与市政基础设施工程45项、城镇燃气企业8家、汽车加气站15个、农村"煤改气"项目3项、桥梁（涵洞）11个、农村既有房屋12处，发现安全隐患183条，责令16个项目限期整改，责令6个项目（企业）停工整改。组织开展2019年度建筑工程质量安全"双随机、一公开"执法检查，共检查11个市35个项目，发现隐患298条，通报项目8个，省、市挂牌督办项目11个，涉及施工企业19家，将通报、督办企业记录不良信用信息，扣综合信用分10分。

【健全工程质量管理制度】编制《山西省工程质量管理手册》和《山西省工程安全管理手册》，印发了《山西省装配式混凝土建筑工程施工质量管理技术导则（试行）》《山西省建筑工程质量管理标准化工作方案》。

【工程质量提升】山西省所有在建项目"两书一牌一档"全覆盖，工程质量保持总体受控状态。2019年，全省共创建中国建设工程鲁班奖3项，国家优质工程奖8项；山西省汾水杯质量奖32项，省级优良工程60项，省级优质结构工程136项。

【工程质量监督检查】组织开展山西全省在建安置住房和保障性住房质量专项排查工作，对工程质量责任落实、工程实体质量及执法检查情况进行逐一排查。开展了房地产项目工程质量安全和保障性住房工程质量安全2次监督执法检查，通报项目4个。省市县三级住建部门开展质量安全监督执法检查3582次，检查工程6175项，下发监督执法检查整改单5018份。

【深化施工审查制度改革】印发《关于进一步深化施工图审查制度改革加强勘察设计质量管理的意见（试行）》，从7月1日起取消施工图审查环节，实行勘察设计质量承诺制、重要工程专家论证制。

【工程技术】批准709项为2018年度省级施工工法，完成920项关键技术鉴定工作。87项工程作为2018年度建筑业新技术应用示范工程通过验收。确定202个项目为2019年度山西省建筑业新技术应用示范工程项目。

建筑市场

【建筑业发展】制定出台《关于加快培育我省全过程工程咨询企业的通知》，推进工程建设组织管理模式改革，提升工程建设项目投资决策水平和工程质量效益；印发《关于简化住房城乡建设领域企业资质申报材料的通知》和《关于部分建筑业企业资质审批试行告知承诺制的通知》，持续深化建筑业"放管服效"改革，推进工程建设项目审批制度改革；强化建筑业运行监测，坚持月分析、月调度、月排名，及时查找问题、制定措施，确保全省建筑业运行平稳。2019年，全省完成建筑业总产值达4653.3亿元，比上年增加581.8亿元，同比增长14.3%。

【建筑市场监管】制定印发《房屋建筑和市政基础设施工程设计招标评标办法》，进一步规范我省房屋建筑和市政基础设施工程设计招标评标活动，维护建筑市场秩序，保证工程质量安全，保护招标投标当事人的合法权益。持续加强建筑市场监督执法检查力度，印发《关于开展2019年度建筑市场"双随机、一公开"执法检查工作的通知》，随机抽取289个在建工程项目进行市场行为检查，涉及建设单位264家、施工单位274家、监理单位208家，对问题比较突出的255个项目下达216份执法建议书，查处问题项目是2018年的2.4倍。开展资质动态考核，为459家勘察、设计、监理核定动态考核结论，作为市场监管、招标投标和评优评先参考依据。加强企业批后监管力度，全年共撤回、注销、撤销338家企业相关资质（其中建筑业249家，勘察设计64家，监理25家），为历年最高。

【智慧建筑信息化建设】山西省住建厅会同省建

设银行开发建设"智慧建筑管理服务信息"平台，形成集建筑用工管理、建筑市场监管、工程建设企业信用评价、项目现场信息化监管、工程担保管理、建材价格发布、建筑市场运行监测于一体的综合化管理服务信息平台，构建工程建设领域的大数据分析决策系统，全面提升建筑行业信息化水平，推动政府职能向"减审批、强监管、优服务"的模式转变。依托"智慧建筑"平台，试行开展建设工程企业信用评价工作，完成857家建设业企业信用评价（其中建筑工程施工总承包二级以上企业541家，工程勘察企业44家，设计甲级资质企业108家，工程监理企业164家），评价结果作为企业招投标、评优评先的参考依据，督促引导全省建设类企业诚信经营，营造"公平、公正"的建筑市场环境。

【"二青"城市风貌整治】在第二届青年运动会城市风貌整治工作中建立月统计、月分析和定期调度机制，及时分析研判推进全省整治工作，于"二青会"开幕前顺利圆满完成。山西全省共拆除违章建筑747个，整饬修饰建筑立面1030.7万平方米，规范施工现场775个，修复美化城市道路711.7公里。

建筑节能与科技

【概况】2019年，山西省建筑节能与科技工作坚持以绿色发展为核心，以资源节约低碳循环、推动致力于绿色发展、高质量发展的节能建筑为目标。全省新设计居住建筑、公共建筑65%节能标准执行率达到100%，竣工验收建筑节能标准执行率达到100%。新建建筑中执行绿色建筑标准建筑面积比例达到58.28%。认定省级装配式建筑产业基地12个，示范项目5个。新开工装配式建筑559.85万平方米。登记建设科技成果90项。

【建筑节能】确保新建建筑严格执行节能强制标准，进一步提升建筑能效，完成节能75%新建居住建筑节能地方标准编制。2019年，全省新设计建筑面积2783.53万平方米，节能65%标准执行率100%，节能专项验收2489.33万平方米，节能标准执行率100%。2019年，全省累计新开工既有居住建筑节能改造项目694.89万平方米，公共建筑节能改造120.89万平方米。三是实施能源替代工程。2019年，全省新建建筑执行可再生能源应用面积1816.14万平方米，新建建筑中可再生能源应用比例65.25%。

【绿色建筑】政府投资公益性建筑、大型公共建筑，太原市保障性住房100%执行绿色建筑标准。印发《山西省住房和城乡建设厅关于加快推进绿色建筑集中示范区建设的通知》，推进绿色建筑集中示范区建设，积极培育高星级绿色建筑。各市结合实际进一步扩大执行绿色建筑标准范围，推动绿色建筑规模化发展。全省绿色建筑占新建建筑面积比例达到58.28%。22个设市城市绿色建筑集中示范区内新建建筑全部执行绿色建筑标准，执行率达到100%。取得绿色建筑评价标识项目40个，共计367.99万平方米。其中二星级、三星级绿色建筑32个，共计298.39万平方米。

【装配式建筑】印发《山西省装配式混凝土建筑工程施工质量管理技术导则（试行）》《山西省装配式建筑设计导则》《装配式建筑评价标准》等。全年认定省级装配式建筑产业基地12个，示范项目5个。新开工装配式建筑559.85万平方米。

【建设科技】2019年，山西省加大科技成果推广应用，纳入骨干企业、诚信评价、招投标、职称评定等管理。召开全省建设科技工作会，开设《山西建设大讲堂》，传播先进技术，共享发展经验。全年立项建设科技计划项目30项，省科技厅立项4项，住建部立项11项，结题1项；登记建设科技成果90项，其中，重大成果（一等）10项，优秀成果（二等）28项，创新成果（三等）52项；获省部科学技术奖28项。对住房城乡建设领域整体技术进步起到积极带动作用。

人事教育

【技能大赛】2019年9月6—8日，山西省住建厅联合省人社厅、省教育厅、省总工会，团省委成功举办2019年中国技能大赛——山西省"建投工匠杯"建筑职业技能大赛。大赛由山西建筑职业技术学院承办，由山西省城乡建设学校协办，由中铁三局集团有限公司、中铁十二局集团有限公司、中铁十七局集团有限公司、山西建设投资集团有限公司提供技术支持。本次大赛分为砌筑、电焊、防水、钢筋四大工种。共有来自11个市、15支代表队、204名选手（砌筑50名、电焊56名、防水45名、钢筋53名）参加，经过3天的激烈角逐，共有44名选手获各类个人奖项，3支队伍获团体奖，7支队伍获突出贡献奖，4支队伍获最佳进步奖。

大事记

1月

15日 全省住房城乡建设工作会议在太原召开。会议全面总结了2018年住房城乡建设工作，深刻分析了面临的形势和问题，安排部署了2019年工作任务。

2月

19日　山西省住房和城乡建设厅召开"改革创新、奋发有为"大讨论动员部署会,对全厅开展大讨论工作进行了安排部署。

21日　山西省住房和城乡建设厅召开农村危房改造工作部署会,会上传达了习近平总书记关于住建工作的重要批示精神、胡春华副总理在我省调研时的指示要求和全国扶贫领域专项巡视问题整改电视电话会议精神。

27日　山西省住房和城乡建设厅召开全省住房城乡建设系统扫黑除恶专项斗争工作会,会议传达学习了全国扫黑除恶专项斗争工作领导小组会议精神和全省扫黑除恶专项斗争工作视频会议精神,通报了2018年全省住建系统扫黑除恶专项斗争工作情况,对全省住建系统2019年扫黑除恶专项斗争各项工作进行了安排部署。

3月

14日　山西省住房和城乡建设厅召开对标一流述职评议大会,安排厅机关18名副处以上干部进行了对标一流述职,厅领导分别作了点评。

25—26日　山西省住房和城乡建设厅党组书记、厅长王立业赴广东省就"美好环境与幸福生活共同缔造"、城市"微改造"、智慧工地等工作进行调研,厅党组成员、副厅长翟顺河、相关处室负责人陪同调研。

27日　山西省省长楼阳生到山西省住房和城乡建设厅调研山西中部盆地城市群发展规划纲要编制工作。

24—30日　山西省领导干部改善城市人居环境专业能力提升培训班在广东中山大学举办。

4月

8日　山西省住房和城乡建设厅深入开展2019年"4·15"全民国家安全教育日活动,组织召开国家安全专题培训会。

18日　山西省住房城乡建设厅召开2019年全省住建系统法治工作座谈会。会议传达了全国住房城乡建设系统法治工作座谈会精神,总结2018年法制工作并对2019年法治建设工作做了安排部署。

15—26日　山西省住房和城乡建设厅在徐州举办全省城市管理市县局长培训班,分两期对各市城市(乡)管理局局长、副局长,各县(市、区)城市管理主管部门主要负责人和分管领导,山西省住房和城乡建设厅相关处室(单位)干部职工进行集中授课和现场教学,共计300余人。

5月

20日　山西省住房和城乡建设厅召开"改革创新、奋发有为"大讨论交流总结会。

20日　《山西省全面推进工程建设项目审批制度改革实施方案》印发,明确了山西省工程建设审批制度改革的主要目标、具体任务和落实措施,确定山西省改革向纵深推进的路线图和时间表,目标完成比国家要求提前半年。

23日　山西省住房和城乡建设厅、山西省高级人民法院联合组织开展领导干部法院旁听庭审活动。

23日　山西全省乡村建筑风貌提升暨共同缔造试点工作推进现场会在灵丘县召开。

6月

11日　山西省住房和城乡建设厅召开"不忘初心、牢记使命"主题教育工作会议,对全厅"不忘初心、牢记使命"主题教育进行动员部署。

18—19日　山西省住房城乡建设厅组织开展"不忘初心、牢记使命"主题教育集中学习研讨会。

28日　山西省住房城乡建设厅举行"不忘初心、牢记使命"主题教育先进事迹报告会。

7月

8—9日　山西山西省住房和城乡建设厅党组开展"不忘初心、牢记使命"主题教育第二次集中学习研讨会。

10日　山西省住房城乡建设厅召开主题教育征求意见座谈会。会议邀请了太原、朔州、忻州、吕梁、晋中、阳泉六个地市的十家住建系统单位向厅领导班子提意见建议。

16—19日　省领导小组分别派出两个专项工作组实地督导长治、晋城和晋中三个试点市改革工作。

25日　晋中、长治、晋城三个市举行工程建设项目审批管理系统上线运行启动仪式。

8月

1日　山西省住房和城乡建设厅召开厅直系统庆"八一"退役军人代表座谈会。

9月

3日　山西省住房城乡建设厅法治政府建设与行政执法能力提升培训在太原举行。

7日　2019年中国技能大赛——山西省"建投工匠杯"建筑职业技能大赛在山西建筑职业技术学院开幕。

12日　山西省住房和城乡建设厅召开"不忘初心、牢记使命"主题教育专项整治工作会,安排部署下一阶段主题教育整治整改工作。

10月

18日 山西"数字房产"战略合作签约仪式在太原举行。

11月

14日 山西省住房和城乡建设厅召开"不忘初心、牢记使命"主题教育整改落实情况"回头看"推进会和分析研判会。

23日 《山西建设大讲堂》在太原理工大学举办启动仪式暨第一期讲座,300余人汇聚一堂,学习分享最前沿的建筑领域知识。

12月

16日 山西省住房和城乡建设厅召开全省住建系统扫黑除恶专项斗争工作会议。

19—20日 山西省住房和城乡建设厅在太原举办全省住房和城乡建设系统法治政府建设和行政执法能力提升培训班。

(山西省住房和城乡建设厅)

内蒙古自治区

概况

2019年,全区住房和城乡建设系统持续深入学习习近平新时代中国特色社会主义思想,深入贯彻落实习近平总书记对内蒙古工作的重要讲话重要指示批示和对住房城乡建设工作的重要批示精神,增强"四个意识"、坚定"四个自信"、做到"两个维护",坚持以人民为中心,锐意进取、攻坚克难,全区住房城乡建设事业发展取得了新进展新成效。

法规建设

【行业立法】《内蒙古自治区民用建筑节能和绿色建筑发展条例》于9月1日施行。向自治区人大、自治区政务服务局(审改办)提请暂停执行建筑市场管理条例和工程质量管理条例部分条款。向自治区人大、自治区司法厅分别报送了12项法规规章立法计划建议项目,调整9项五年立法规划建议项目。向自治区司法厅报送废止和修改5部法规规章建议。

【行政执法】对厅机关及厅属事业单位的执法人员数量、执法性质等情况进行全面梳理,具有行政执法主体资格的单位8个,执法人员98名。制定印发住建领域推行"执法三项制度"工作方案、办法,在厅门户网站设置行政执法结果公示专栏,对120个执法结果进行公示。对1件重大执法决定进行法制审核,并出具合法性审查意见。对7个盟市住建主管部门的21份行政处罚案卷进行评查。

【普法工作】印发《关于进一步强化"谁执法谁普法"普法责任制落实的通知》《关于印发〈内蒙古自治区住房城乡建设厅学法用法及法治宣传教育规定(试行)〉的通知》,严格落实普法责任制。举办自治区住房和城乡建设厅2019年国家安全教育宣传讲座、宪法专题讲座,累计300余人参加。组织厅机关和厅属事业单位干部职工做好"法宣在线"学习考试工作,确保参学率和合格率在95%以上。

房地产业

【房地产市场调控】坚持"房子是用来住的,不是用来炒的"定位,压实城市政府主体责任,因城施策,不断加大调控力度。深入开展房地产市场乱象集中整治,全区检查房地产开发企业及中介机构3041家、房地产开发项目1805个,约谈房地产企业、中介机构1495家,下发整改通知书1433份,注销问题开发企业资质384个,对137起违法违规行为立案查处,与相关部门联合惩戒问题企业449家。全年完成房地产开发投资1041.9亿元,同比增长18%;施工面积1.6亿平方米,同比增长5.5%;新开工面积3706.1万平方米,同比增长22.5%;商品房销售面积2008.2万平方米,与去年持平;销售额1243.9亿元,同比增长11.7%。

【房地产市场风险化解】按照"购房人无过错即办理"的原则,实行属地管理、集中办理、分类解决。推动各地通过"费证分离""以函代证""并联审批"等途径,切实解决回迁难、入住难、办证难问题。全区解决房地产历史遗留问题项目1845个、87.96万套,完成率分别为59.5%、60%。推动落实网签备案全覆盖,从源头上堵塞漏洞。

住房保障

【棚户区改造】把住房保障工作作为一项重大的民生工程、发展工程，不断完善住房保障体系，扩大住房保障范围，持续做好住房保障工作。全区棚户区改造开工5.3万套，开工率100.2%，基本建成4.6万套，完成率170.4%，完成投资147.7亿元。乌兰察布市被国务院确定为棚户区改造工作激励城市。巴彦淖尔市积极探索"原地翻建""改旧为新"的非成套住房改扩翻模式，走出一条既符合政策要求，又切合地方实际的棚改新路。

【保障性住房】加快公租房配套设施建设，加强对新市民、重点群体、重点产业困难职工的精准保障，保障性住房惠及面不断扩大。全年发放租赁补贴4.2万户，超额完成5327户，发放补贴7416万元。

【城镇老旧小区改造】中央安排15亿元专项资金支持老旧小区改造，全年开工4.5万户。自治区安排1亿元专项资金支持试点地区既有住宅加装电梯。

公积金管理

督促各盟市公积金管理机构精简归并银行账户，加强逾期贷款管理。对各个贷率高的4个盟市公积金使用情况进行跟踪监督，防范资金风险。全区住房公积金缴存余额1406.1亿元，贷款余额1106.2亿元，住房公积金个人贷款率78.6%。

城市建设

【市政基础设施建设】根据国家基础设施补短板的要求，突出抓好城镇市政基础设施建设三年滚动项目库、2019年计划项目库、亿元以上市政网项目库的储备和实施。加强城镇道路和桥梁的建设维护，加大对供水、排水、供热、燃气等老旧管网的更新改造力度。稳步推进城市地下综合管廊建设，累计开工113公里，建成廊体86公里。2019年全区完成城镇基础设施建设投资403.36亿元。

【地下综合管廊】深入贯彻落实《国务院关于加强城市基础设施建设的意见》（国发〔2013〕36号）精神，自治区政府印发了《关于加强城市基础设施建设的实施意见》（内政发〔2014〕99号），推动地下综合管廊建设。全区地下综合管廊建成廊体87公里，包头市管廊建设试点城市项目全部完成。

【海绵城市建设】全区共有13个设市城市完成了海绵城市专项规划草案的编制工作。9月，按照住建部部署开展设市城市海绵城市建设试评估工作。

【黑臭水体治理】采取控源截污、垃圾清理、清淤疏浚、生态修复等综合措施，呼和浩特市、包头市、赤峰市3个城市建成区13个黑臭水体已完成初步治理任务。印发《内蒙古自治区城市黑臭水体治理攻坚战行动方案》，包头市、呼和浩特市通过竞争性评审，分别成为第二批、第三批国家城市黑臭水体治理示范城市。

【园林绿化】积极推进园林城市建设，通过破硬建绿、拆墙透绿、拆违建绿、规划建绿等方式，推动全区城市园林绿地的数量和品质的提升，提升了城市园林绿地的系统性、均衡性和综合服务效能。截至2019年底，全区城市建成区绿地率达到35.79%，人均公园绿地面积19.28平方米。2019年新增国家园林城市1个、国家园林县城5个。

【历史文化保护】联合自治区文旅厅出台《内蒙古自治区历史文化名城名镇名村街区历史建筑保护办法》，进一步加强历史文化名城、历史文化街区和历史建筑保护工作。推动扎兰屯市申报国家历史文化名城，公布自治区级历史文化街区22条（片），历史建筑381处，城市文脉得到进一步保护和传承。

村镇建设

【农村牧区危房改造】按照脱贫攻坚"两不愁三保障"要求，扎实开展农村牧区危房改造工作，保障农村牧区困难群众住房安全。2019年国家下达我区改造任务18002户，其中建档立卡贫困户任务3655户。全年实施四类重点对象危房改造1.8万户、竣工率100%，8073户建档立卡贫困户危房实现"清零达标"。乌兰察布市兴和县被国务院确定为农村危房改造绩效奖励地区。

【农村牧区人居环境】安排专项资金，支持农村牧区生活垃圾治理项目建设。在兴安盟突泉县开展垃圾分类试点，农村牧区生活垃圾治理达到干净整洁目标的行政村（嘎查）9807个，占比88.86%，1126个存量非正规垃圾堆放点完成整治994个，占比88.28%。支持33个牧业旗牧区改厕，推行正蓝旗牧区改厕试点做法，全年建成4万户牧区无害化卫生厕所。

标准定额

【工程建设标准化】批准发布实施建筑节能、工程质量安全管理、绿色建筑、BIM技术应用等10部地方标准，工程质量标准体系不断完善。严格执行工程量清单计价制度,2019年完成了《内蒙古乳品工业管道及设备安装工程预算定额》《内蒙古自治区建筑安装工程工期定额》等6部专业工程定额的编制出版工作。

工程质量安全监督

【工程质量】 严格落实"两书一牌一档案"制度,强化全过程控制和全员管理标准化,建立质量责任追溯、管理标准化岗位责任制度,建立质量管理标准化评价体系。全区工程质量监督和检测监管实现了"数据一个库,监管一张网,管理一条线"。29项工程项目被评为自治区"草原杯"工程质量奖,44项工程项目被评为自治区优质样板工程。全区新建工程抗震设防审查率达到100%。

【施工安全】 围绕全区住房和城乡建设领域安全生产专项提升行动,持续深入推进全区建筑施工安全专项治理工作。按照"双随机、一公开"原则,开展建筑施工安全专项检查,下达限期整改通知42份,停工整改通知14份,执法建议14份,约谈8家企业负责人。12个盟市建筑施工安全信息化监管平台已全部上线运行。评选了全区标准化示范工地254个。

【消防设计审查验收】 成立了专项工作推进组,建立了专家库,建成了信息管理平台。全区共受理建设工程消防设计审查验收项目2231个、办结1687个,其中受理历史遗留项目758个、办结433个。

建筑市场

【建筑业发展】 积极扶持企业做大做强,鼓励企业开展联合、兼并、重组,2019年选树了50家龙头企业。适应装配式建筑、绿色建筑、超低能耗建筑发展需求,加快我区建筑构件生产基地落地,积极推广BIM技术,稳步推进全过程工程咨询工作。成功举办首届内蒙古建筑工业化与金融产业融合发展论坛。在房屋建筑和市政工程推行工程保证保险,推进建筑市场信用建设,激发市场主体活力,有效减少履约纠纷和欠款欠薪等问题。目前全区共有特级建筑业企业4家,一级建筑业企业202家,二级建筑业企业1950家。2019年全区建筑业实现增加值1305亿元。

【建筑市场】 整顿规范建筑市场和招标投标秩序,组织开展全区建筑市场监督执法检查工作,严厉打击围标、串标、转包、挂靠等违法违规行为,更新和补充评标专家库,检查项目2217个。开展工程建设领域专业技术人员职业资格"挂证"问题专项整治,全区已整改2860人。大力弘扬工匠精神,加强建筑行业人才队伍培养,成功举办自治区第五届建设行业职业技能大赛。

建筑节能与科技

《内蒙古自治区民用建筑节能和绿色建筑发展条例》于2019年9月1日实施,绿色建筑发展的地方性立法工作走进全国前列。全区新建建筑按照绿色建筑标准设计建造的工程2561万平方米,同比增长49.2%。自治区安排2亿元专项资金实施既有居住建筑节能改造,全年实施改造207.4万平方米。居住建筑开始执行75%的节能标准,提前完成"十三五"建筑能效提升目标。

人事教育

【队伍建设】 严格把握选任程序,准确掌握任用条件,积极改进考察方式。2019年,厅机关和直属单位共选任25名处级干部,及时补充处级干部岗位空缺。贯彻落实《公务员职务与职级并行规定》,厅机关和直属参公单位87名公务员完成职级套转和晋升工作。修订《内蒙古自治区住房和城乡建设厅直属事业单位科级干部选拔聘用办法》,全年完成11名直属单位科级干部选任备案工作。加强年轻干部队伍建设,通过调任、引进、考录、遴选等形式,新进入厅系统33名年轻干部。

【教育培训】 制定印发《内蒙古自治区住房和城乡建设厅2018—2022年干部教育培训实施意见》和《2019年干部教育培训工作计划》。加大领导干部业务培训力度,在上海和厦门分别举办了全区提升城市精细化管理水平培训班和工程建设项目审批制度改革培训班,培训150余人次。选派干部参加自治区党校(行政学院)脱产学习、住建部能力提升学习和双休日讲座学习等59人次。组织完成公务员在线学习和内蒙古干部培训网络学院学习,线上学习完成率达100%。

【人才工作】 积极推进行业人才队伍建设,2019年,完成建筑工程系列初、中、高级职称评审1448人。组织职业技能培训12748人,其中,特种作业人员12490人。开展建设行业职业技能鉴定164批次,参加建设行业职业技能鉴定11603人,鉴定合格10266人。建立高技能人才实训基地2个,"砌筑工"技能大师工作室1个。组织开展全区第五届建设行业职业技能大赛。

年度其他重要工作

【城市管理】 贯彻落实自治区城市精细化管理实

施意见和三年行动方案，建立了厅际联席会议制度，编制了精细化管理标准，建成了覆盖自治区、盟市、旗县三级的城市管理执法监管数据平台。持续开展"物业管理服务质量提升年"活动，住宅小区物业服务覆盖率达到82%以上，新建小区达到100%。深入开展设市城市建成区违法建设治理行动，存量违法建设治理达到91.72%。结合"干干净净迎国庆"活动，开展市容市貌整治提升行动。涌现出了"城管环卫一体化""五级街长＋N员""路长制""城市保洁以克论净""城市女子中队""物业菜单式管理"等一批服务模式和标准。鄂尔多斯市积极推进城市无障碍设施建设，无障碍环境建设水平明显提升。乌海市、锡林浩特市、乌拉特前旗城市管理综合执法局被住建部评为2019年度"强基础、转作风、树形象"专项行动表现突出单位。

【营商环境优化】落实落细"放管服"改革任务。完成与自治区政务服务平台对接，录入19项电子证照数据，厅本级27项行政审批事项全部入驻自治区政务服务大厅。调整和梳理检查事项清单，完善了检查对象和检查人员名录库，"双随机、一公开"监管不断规范。推动房屋交易和不动产登记"一窗受理""并行办理"。进一步压缩住房公积金审核、发放时限，共取消各类证明材料、审核件近200项。全区住建部门所属施工图审查机构脱钩转制工作全部完成，施工图审查市场全面放开。行业协会脱钩工作基本完成。深入开展工程建设项目审批制度改革。按照《内蒙古自治区工程建设项目审批制度改革工作实施方案》要求，出台了36项配套文件，合理划分了审批阶段，全区"减、并、放、转、调"259项审批事项，自治区本级工程建设项目审批管理系统已上线运行并与国家对接，盟市已全部完成与国家和自治区系统的数据对接，审批时间压缩至100个工作日以内。

大事记

1月

21日　全区住房城乡建设和生态环境保护工作会议在呼和浩特召开。

同日　自治区住房和城乡建设厅与长沙远大住宅工业集团股份有限公司签订《装配式建筑发展战略合作协议》。

29日　自治区住房和城乡建设厅等七部门联合印发《自治区工程建设领域专业技术人员职业资格"挂证"等违法违规行为专项整治方案》。

3月

18日　自治区住房和城乡建设厅在北京举办新闻发布会，发布了《内蒙古自治区乳品工业管道及设备安装预算定额》。该标准作为国内首个乳品工艺定额标准，填补了行业计价空白，对助力我区乳品行业高质量发展具有重大意义。

27日　自治区住房和城乡建设厅、自治区人力资源和社会保障厅、中国银保监会内蒙古监管局联合印发《关于在房屋建筑和市政工程推行工程保证保险的通知》。

4月

22日　自治区住房和城乡建设厅制定《内蒙古自治区2019年农村牧区生活垃圾治理行动方案》，明确到2019年年底以前，80%行政村（嘎查）生活垃圾得到治理，达到干净整洁的目标；全区现存的1126个非正规垃圾堆放点，完成清理任务数量达到80%。

5月

6日　全区牧区改厕工作现场会在锡林郭勒盟正蓝旗召开。会议学习交流了牧区改厕工作经验，研究部署了2019年全区牧区改厕工作任务。

10日　国务院办公厅印发通报，对2018年落实打好三大攻坚战和实施乡村振兴战略、深化"放管服"改革、推进创新驱动发展、持续扩大内需、推进高水平开放、保障和改善民生等有关重大政策措施真抓实干、取得明显成效地区予以督查激励。我区乌兰察布市成为国务院首批棚改激励的12个地级市之一；兴和县入列农村危房改造工作积极主动、成效明显地区。

同日　自治区住房和城乡建设厅印发《关于进一步做好城镇困难职工等重点群体住房保障工作的实施方案》。

30日　经自治区人民政府同意，自治区住房和城乡建设厅印发《内蒙古自治区城镇生活垃圾分类工作指导意见》。

31日　自治区政府发布《内蒙古自治区工程建设项目审批制度改革工作实施方案》，加大转变政府职能和简政放权力度，全面开展工程建设项目审批制度改革，实现工程建设项目审批流程、信息数据平台、管理体系、监管方式"四统一"。

31日　《内蒙古自治区民用建筑节能和绿色建筑发展条例》由自治区十三届人大常委会第十三次会议审议通过，于9月1日起施行。

6月

2日　推广呼和浩特市试点经验、全面开展盟市所在地生活垃圾分类工作启动仪式在呼和浩特市举行。

3日　全区推进工程建设项目审批制度改革工作电视电话会议召开，对加快推进全区工程建设项目审批制度改革工作做了全面部署。

26日　自治区住房和城乡建设厅公布了2018年度内蒙古自治区"草原杯"工程质量奖及内蒙古自治区优质样板工程获奖名单。

7月

1日　我区首部城市精细化管理标准《内蒙古自治区城市精细化管理标准（试行）》出台。

8月

12日　全区棚户区改造工作现场会在巴彦淖尔市召开。会议学习交流棚户区改造工作经验，研究部署下一步棚户区改造和公租房保障重点工作。

13日　全区物业管理及老旧小区改造工作现场会在巴彦淖尔市召开。

同日　经自治区人民政府同意，自治区住房和城乡建设厅和自治区文化和旅游厅联合公布了第七批自治区级历史文化街区。

26日　由自治区住房和城乡建设厅、人力资源和社会保障厅、总工会共同举办的"中国梦·劳动美"2019年全区职工职业技能比赛暨第五届建设行业职业技能大赛在呼和浩特市开幕。

29日　2019年首届内蒙古建筑工业化与金融产品融合发展博览会在呼和浩特开幕，新中国成立70周年内蒙古城乡建设成就展和相关主题论坛同时开幕。

9月

14日　自治区住房和城乡建设厅联合自治区发改委、公安厅、市场监督管理局、银保监局、网信办等部门出台《内蒙古自治区专项整治住房租赁等中介机构乱象实施方案》。

19日　自治区住房和城乡建设厅、自然资源厅、人防办联合印发《内蒙古自治区房屋建筑和市政基础设施工程建设项目竣工联合验收实施方案（试行）》。

10月

1日　自治区住房和城乡建设厅发布《牧区无害化卫生户厕建设与管理规范》。

自治区住房和城乡建设厅积极落实《内蒙古自治区人民政府办公厅关于妥善解决国有土地上房屋权属登记等历史遗留问题的指导意见》，截至9月30日，全区已解决房地产历史遗留问题项目共798个、4263.94万平方米、37.8万套。完成率分别为24.2％、23.5％和25％。

12日　自治区副主席包钢一行深入住房和城乡建设厅调研，自治区住房和城乡建设厅党组书记、厅长冯任飞汇报了2019年住房和城乡建设工作开展情况及下一步工作思路。

11月

4日　自治区住房和城乡建设厅和自治区文化和旅游厅联合公布了第八批自治区级历史文化街区。

6日　由自治区建设工程标准定额总站负责编制的《内蒙古自治区乳品工业管道及设备安装工程预算定额》《内蒙古自治区装配式建筑工程预算定额》《内蒙古自治区建筑安装工程工期定额》《内蒙古自治区绿色建筑工程预算定额》《内蒙古自治区城市地下综合管廊工程预算定额》《内蒙古自治区仿古建筑工程预算定额》正式出版发行。

30日　全区棚户区改造开工53010套，开工率100.2％，基本建成46069套，超额完成目标任务18820套，完成投资141.8亿元。

12月

5日　全区危房改造已开工18002户，开工率100％，竣工18002户，竣工率100％，其中建档立卡贫困户4644户已全部竣工验收合格，已圆满完成2019年农村牧区危房改造任务。

6日　自治区住房和城乡建设厅与自治区气象局签订合作框架协议。

10日　建筑业科技创新暨2018—2019年度中国建设工程鲁班奖（国家优质工程）表彰大会在北京召开，我区内蒙古兴泰建设集团有限公司承建内蒙古电力生产调度楼（生产调度指挥中心），内蒙古兴泰建设集团有限公司承建内蒙古自治区儿童医院、妇产医院、妇幼保健院外迁合建项目，中天建设集团有限公司承建包商银行商务大厦，内蒙古巨华集团大华建筑安装有限公司承建巨海城八区南综合楼6号办公楼4个项目获奖。至此，我区荣获国家鲁班奖（国家优质工程）工程项目已增至54项。

（内蒙古自治区住房和城乡建设厅）

辽 宁 省

建筑业

【概况】全省建筑业呈现企稳回升态势。全年完成建筑业总产值3555亿元，比上年增长0.7%，增幅比上年度增加5个百分点，近5年来首次实现正增长。成功举办了中国（沈阳）国际现代建筑产业博览会，吸引来自国内外500余家建筑业知名企业参展，展出面积6万平方米，专业观众5万人，规模和品质保持全国领先水平。全年为1043家企业办理不同等级资质设立、升级或增项，企业结构进一步优化。截至年末，全省建筑业企业总数12000余家，其中特级企业13家、一级企业1000余家；建筑业从业人员88万。

【建筑市场管理】印发《辽宁省整治建筑工程施工发包与承包违法行为专项行动工作方案》，在全省开展专项整治行动。全年全省共检查项目3732个，查出各类违法违规行为666个，其中发包与承包违法行为134个，共处罚金3313.1万元，对7家企业予以停业整顿，给予44家企业全省不良记录。

【农民工治欠保支】全年全省各级住建部门自行及协助人社部门查处拖欠农民工工资案件45件，涉及项目41个，涉及农民工1640人，清欠金额4177万元。出台《辽宁省建筑工人实名制管理实施办法（试行）》，办法规定，凡在辽宁省行政区域内承揽建设工程的建筑企业应当按照《办法》规定，通过"建筑工人实名制信息管理服务平台"对进入施工现场的管理人员和工人实行实名制管理。

【推进招投标改革】继续推进电子招投标，全年施工类项目电子招标率达80%。制定《房屋建筑和市政工程电子招投标行政监督平台技术标准》，推动交易平台市场化改革，新交易平台上线运行；出台《企业、群众反映招投标问题办理工作制度》，规范招投标热点投诉的程序和处理办法；印发《关于试行开展房屋建筑和市政工程招标代理机构市场行为评价工作的通知》，加强代理机构事中事后监管。

【工程监理行业发展】全省共有276个建设工程监理企业，其中，综合资质企业4个，甲级资质企业136个，乙级资质企业98个，丙级资质企业38个。年末，工程监理企业从业人员23426人，其中，正式聘用人员16325人，工程监理从业人员16522人；工程监理企业专业技术人员20942人，其中，高级职称人员4950人，中级职称人员10396人；工程监理企业注册执业人员7139人，其中，注册监理工程师4634人，其他注册执业人员2505人。2019年工程监理企业承揽合同额141亿元，其中，工程监理合同额29.08亿元。工程监理企业全年营业收入114.27亿元，其中，工程监理收入25.04亿元。

【工程造价管理】全省共有工程造价咨询企业246家，其中，甲级工程造价咨询企业117家，乙级工程造价咨询企业129家；专营工程造价咨询企业211家，兼营工程造价咨询企业35家。年末，全省工程造价咨询企业从业人员6976人，其中正式聘用人员6577人。工程造价咨询企业共有一级注册造价工程师2168人。全年工程造价咨询业务收入为12.88亿元，企业完成的工程造价咨询项目所涉及的工程造价总额为4280.56亿元。

【工程造价咨询行业】截至2019年末，全省共有工程造价咨询企业246家，比上一年减少8%。其中，甲级工程造价咨询企业117家，增长4%，乙级工程造价咨询企业129家，减少16%。专营工程造价咨询企业211家，增长29%；兼营工程造价咨询企业35家，减少66%。2019年末，全省工程造价咨询企业从业人员6976人，比上一年减少3%。其中，正式聘用人员6577人，减少5%。工程造价咨询企业共有一级注册造价工程师2168人，减少8%，注册造价工程师占全省工程造价咨询企业从业人员31%。2019年工程造价咨询业务收入为12.88亿元，比上一年增长9%。企业完成的工程造价咨询项目所涉及的工程造价总额为4280.56亿元，减少2%。

发布实施《辽宁省建设工程计价依据有关问题解释》，发布全省造价信息12期，按季度发布人工费指数、按月发布工程造价指数，解决争议纠纷7000余次。

在全省建筑市场执法检查工作中，检查了工程造价企业资质达标情况和工程计价行为、从业人员行为情况，共抽查工程造价企业50家、咨询成果文件100份，查出违规行为125个，下达《执法建议书》1份。

与省交通运输厅、省水利厅、省人力资源社会保障厅联合印发了《关于开展二级造价工程师执业资格考试工作通知》。

【工程质量安全监管】 开展各类质量安全检查49776次，检查在建项目（单体）16239个，检查面积87121万平方米，发现问题隐患98934项。全年房屋市政工程发生事故13起、死亡15人，与2018年相比，事故起数、死亡人数分别下降38%和35%。

健全完善安全生产规章制度，落实监督责任。出台《贯彻落实推进城市安全发展实施意见工作方案》，指导各地加强城市安全源头治理，健全城市安全防控机制；制发《辽宁省危大工程安全管理规定实施细则》，对住建部第37号令进行细化和补充，加大对危大工程的管理力度，强化危大工程管理规定的培训；拟定房屋建筑施工"1+1+4"安全风险防范制度，全力防范化解建筑施工安全风险；制发《关于进一步规范优化住建系统建设工程项目审批和服务的意见》，进一步落实质量终身责任制。大连、阜新、辽阳等市强化安全生产目标考核，与所属县（区）签订责任书，压实安全生产责任。抚顺市将安全生产工作纳入考核体系，落实安全生产"一票否决"制。面对原独立安全监督机构并入服务中心的新形势，各级住建部门加快人员融合、工作磨合、职能整合，主动研究探索安全监管的新模式。

加大工程质量安全监管力度。持续深入开展建筑施工安全专项治理、住建领域质量安全大检查和"保平安、迎大庆"安全专项整治等专项行动。省住建厅先后4次组织开展了省级检查，共抽查在建施工现场300余个，面积600余万平方米，检查出2000多条安全问题和隐患，下达建设行政执法建议书15份，下达建设行政执法责令整改通知书91份。印发沈阳"老虎冲"事故情况通报、特种设备安全隐患排查治理、全力做好建筑安全生产工作和开展住建领域安全生产隐患大排查等多个文件，要求各级住建部门层层压实压紧部门监管责任。

省住建厅联合7个省直部门转发《住建部等部门关于加强海砂运输销售管理使用工作的通知》，积极组织开展违规海砂运销专项治理行动，重点检查了预拌混凝土、预制构件等生产企业及房屋建筑和市政基础设施在建项目，以及工程用砂的原材料采购、进场检测和使用台账等。全省共开展检查502次，涉及预拌混凝土企业366家，工程项目1489个，建筑面积4495.75万平方米。通过排查，未发现建筑工程违规使用海砂的情况，各级工程质量监督部门也未收到相关投诉举报。

工程质量安全提升行动持续推进。制定《辽宁省工程质量安全提升行动实施方案》，要求严格落实工程参建各方主体责任和工程质量终身责任；着力提升建筑设计水平；推进工程质量管理标准化、信息化和工程建设新技术应用；健全监督管理机制，加强监管队伍建设。沈阳市被定为城市轨道交通工程双重预防机制试点城市，大连市被定为建立工程质量评价体系试点城市。2019年，全省各地"两书一牌"覆盖率达到100%，大中型工程项目一次验收合格率达到100%，其他工程项目一次验收合格率达到98%以上，工程实体监督抽查合格率达到95%，结构性建材合格率达到90%以上。全省完成建设海绵城市示范工程项目10个，54个项目被评为辽宁省建筑业新技术应用示范工程。

持续推进建筑施工起重机械"一体化"管理工作。公布3批29家建机"一体化"企业。铁岭市积极探索建机"一体化"管理模式；沈阳、丹东、锦州、营口、阜新等市建立或更新了危大工程专家库，严格执行施工方案编制、论证及按方案实施制度；沈阳市编制地铁在建风险源管控手册，建立风险源清单；大连市实施风险分级和动态管理，分级确定风险隐患。

贯彻落实工程质量安全手册制度。省住建厅对工程质量安全手册进行全面细化、补充。在质量安全检查中，将企业落实质量安全手册的情况作为必检内容，督促企业严格遵守执行质量安全手册规定的各项内容。研究制定工程质量安全手册实施细则，编制相关配套图册和视频，组织宣传培训，督促工程建设各方主体认真落实工程质量安全手册要求。

【绿色建筑与科技推广】 通过多方面努力，建筑业科技创新与推广取得积极成效，截至年底，全省绿建占比达到65.2%。

推进装配式建筑发展。出台《辽宁省装配式建筑示范城市管理办法》《辽宁省装配式建筑产业基地管理办法》，大连市被认定为辽宁省装配式建筑示范城市，26家企业被认定为辽宁省装配式建筑产业基地。全省新开工装配式建筑面积1177.73万 m^2，占新建建筑比例12.5%。

夯实制度和技术支撑体系基础。2月颁布实施《辽宁省绿色建筑条例》，会同省直8个单位共同制定了《辽宁省推广绿色建筑实施意见》，制定了《绿色建筑施工图审查和竣工验收管理暂行办法》。以节约资源、节能减排、降低建筑能耗、推动可再生资源利用、发展循环经济、提高建筑节能水平等相关标准的制定修订为重点，充分发挥工程建设标准化工作的技术保障和支撑作用，强化标准规范的系统性。

充分发挥行政和激励双重作用。建立目标管理，将绿色建筑推广纳入各级政府绩效考核，定节点任务，每月一督促，每月一考核。

积极开展科技创新和科技推广。积极开展国际先进技术引进，以"为企服务解难题"为契机，吸引比利时贝卡尔特在辽增资建；出台全国首例钢纤维管片技术标准并开展钢纤维混凝土预制管片技术研究和试点应用；积极开展绿色建材推广应用工作，编制发布《辽宁省绿色建材产品推广目录》，推广新型节能砌体材料、保温材料、建筑节能玻璃、陶瓷砖、卫生陶瓷、预拌混凝土、预拌砂浆和机制砂石等；开展科技创新，重点推进超低能耗建筑、装配式超低能耗房屋试点建设；开展科技示范，采用先进技术保护历史建筑，省建科院对百年建筑义县火车站平移70米，并对其内部进行加固修复，为保护历史建筑开辟了新路径；开展节能示范，在辽中县建设农村绿色装配式农房示范项目，在宽甸县建设钢结构装配式超低能耗房屋示范项目。

【勘察设计管理】全省有各类勘察设计企业850家（勘察企业165家，设计企业685家），其中，具备甲级资质企业297家、乙级资质企业320家、丙级及以下资质企业233家；勘察设计从业人员64868人，其中，技术人员46515人，注册工程师11580人，全年工程勘察设计合同额2110751万元。从多方面扶持培育勘察设计企业进一步增强竞争力。积极帮助企业扩展业务范围。对持有工程勘察设计资质的企业进行资质动态核查，适时为企业晋升资质等级，认真组织全省技术人才申报国家工程勘察设计大师评选工作。组织梳理修编了3部有关标准设计图集。根据"放管服"改革和优化营商环境的要求，通过完善信息化管理系统，取消了勘察设计项目合同备案，实现了施工图审查合格书二维码网上即时备案，减少了企业跑腿办理红章备案的环节，平均每个工程建设项目节省办理时间5个工作日。

质量管理方面，严格落实勘察设计单位和人员的五方主体责任。执行施工图设计文件签字盖章人员实名制管理，明确要求施工图设计文件上签字盖章的所有人员必须是本企业的正式人员，确保信息完整、真实，且在勘察设计管理信息库中可查。制定下发《辽宁省房屋建筑和市政基础设施工程施工图设计文件审查管理暂行办法》，对适用范围、审查机构条件、委托方式、审查内容、审查费用、审查时限、优化服务等相关内容均作出明确具体的规定。压实监管责任，积极调动基层管理的积极性，转变质量监督检查方式，将主动权放到各市。全年共检查工程勘察设计文件质量84项，不断完善企业信用管理制度。

消防管理方面，全力做好消防设计审查工作。制定印发《关于建设工程消防设计审查验收工作的指导意见（试行）》，明确业务承接范围、职责分工、工作模式、工作流程、工作时限等相关内容。筹备组建了省消防设计审查专家库，由379人构成。印发《关于做好建设工程消防设计审查工作的通知》，围绕严格落实各方主体责任、做好信息系统建设、提高履职能力、加强内部监督等方面内容，提出了相关具体要求。

房地产业

以分类指导为原则，促进房地产市场平稳发展。精准落实调控政策，因地制宜分类指导，"四房网签系统"初步搭建成型，14个市新建商品房网签数据实现联网。全年房地产开发投资2834亿元，同比增长9%；商品房销售面积3696万平方米，销售额3049亿元，实现税收534亿元。沈阳、大连、丹东、锦州等热点房价指数涨幅排名在全国70个大中城市中等水平，沈阳市作为全国"一城一策"试点城市已完成国务院报备。

以县城去库存为重点，推进供给侧结构性改革。指导商品住房库存去化周期超过20个月的县（市）召开春秋两季房交会。全省县城商品住房库存去化周期为15.9个月，保持在合理区间。

以住房租赁为试点，构建租购并举住房制度。将培育发展住房租赁市场工作纳入省政府对各市政府重点工作绩效考核内容。加大租赁住房供应。全省供应租赁住房41506套。培育国有住房租赁企业开展住房租赁业务的任务，指导物业服务企业支持住房租赁信息采集和租赁服务管理工作。总结沈阳、大连培育住房租赁企业的试点经验和其他地区的经验做法，召开现场会做出全面部署。规范租赁中介行为，提出查处一批、曝光一批、取缔一批和网签备案、制定中介机构管理办法三个工作成果。做好"多证合一"后房地产经纪机构备案管理工作。

以解决回迁难为突破口，推动五级书记抓信访。加强摸底核实，确保工作落地、落细。建立网上电子项目卡片，具体到姓名、电话、房型、面积，确保回迁难情况真实、具体，随时可抽查、可复核。

开展挂牌督办，推动解决重点、难点。确定重点项目，实行领导包案，逐个项目调研，逐个城市督办，协调难点问题，现场摸情况、促工作。定期通报情况，层层传导压力、动力。专题向省委、省政府报告回迁难工作进展情况。向各市住建局下发通报，并抄报省政府和市政府。全省累计安置34020户，占总任务的67.6%，其中2019年安置16369户。

以提升水平为出发点，开展物业服务质量提升年行动。推广易安居物业投诉平台，平台投诉回复率已达到95%以上。推动建立小区基层党组织。以鞍山市健身社区为试点，探索"一中心三保障"共同缔造管理模式。选树40个物业服务标杆项目。举办第二届物业行业职业技能竞赛。选聘物业服务质量义务监督员。

以老旧小区改造为载体，打造社会治理新格局。坚持"试点带动、逐步推开、尽力而为、量力而行"的原则，有序推进老旧小区改造工作。开展调查摸底。全省2000年前建成的老旧小区8407个、62148栋楼、2.29亿平方米，涉及338.8万户居民。其中，城市（建成区）的老旧小区6972个、56643栋楼、2.1亿平方米，涉及313.9万户；县城（城关镇）的老旧小区1435个、5505栋楼、1938万平方米，涉及24.9万户。编制改造计划。经各市申请，2019年我省申请中央补助支持老旧小区改造项目459个、3451栋楼、1457万平方米，涉及187406户，计划投资19.5亿元。下拨补助资金。7月份国家发改委下拨我省老旧小区改造补助资金63241万元。10月份财政部下拨我省老旧小区改造补助资金130793万元。

城市建设

【改善困难群众住房条件】

早期棚改小区维修改造全部完工。全省115个早期棚改小区共完成屋面防水137.2万平方米、楼体保温218.7万平方米，更换单元门1.1万樘，新安装小区路灯5800多盏，新增停车位2万多个。困扰群众生活的"冷、漏、堵"问题得到有效解决，小区面貌显著改观，居民告别"摸黑路"、停车难，直接受益群众达到70万人。本溪市强化机制建立和统筹协调，探索出"党建＋五共""自助式物业服务"等符合早期棚改小区特点的维修管护新模式。

农村危房改造任务如期完成。全省农村危房改造开工3.89万户，开工率114%；建成3.37万户，解决9.5万人住房安全问题。列入今年计划的1.63万户建档立卡贫困户危房改造全面完成，积极争取国家补助资金7.7亿元，切实改善了农村困难群众住房条件，助力脱贫攻坚。鞍山、丹东等市印制政策解读明白卡，加强政策解读；葫芦岛、阜新等市强化档案管理，一户一档，基础扎实。

老旧小区改造试点推进。全省开工建设老旧小区249个、750万平方米，惠及13.6万户。中央补助资金19.4亿元。沈阳、大连、鞍山、本溪4市7个社区被确定为"美好环境与幸福生活共同缔造"试点社区。全省棚改新开工1.98万套，发放租赁补贴7.02万户，完成国家下达任务。

【提升城市综合承载力】

"厕所革命"取得扎实成效。完成城市公厕新建改造729座，新增内厕开放1426座。"找厕所"手机平台录入公厕和内厕8432座，累计上线用户数4.4万余人。沈阳市和平区结合工业城市文化，推进装配式厕所；鞍山市加强巡查监管，分区包片负责公厕检查督导工作；朝阳市将沿街公交站点与环保公厕进行有机结合，破解公厕建设选址难、数量少、投资大等问题。

生活垃圾处理能力不断增强。完成870处非正规垃圾堆放点整治，完成率达88.7%。加快推进垃圾处理设施建设，沈阳市大辛、老虎冲、西部3座新建生活垃圾焚烧项目进入调试运行阶段，新增日处理能力7500吨。鞍山、辽阳、铁岭市3座生活垃圾焚烧项目开工建设，锦州市有效解决垃圾分类焚烧设施建设邻避问题。

城市公共基础设施建设加快推进。沈阳、大连13条轨道交通线路正式运营，里程达310公里。沈阳市地铁9号线开通运营，10号线试运行。地下综合管廊累计开工建设125公里，形成廊体87公里。清理燃气管线违章占压300处、储气设施建设36万立方米，沈阳、大连、抚顺、盘锦完成违章占压清理工作。

历史文化名城名镇名村保护工作顺利推进。省政府召开历史文化名城名镇名村保护工作现场会议，全省新增7批56处（64栋）历史建筑。沈阳市出台历史文化街区、历史建筑保护实施方案，辽阳市申报国家历史文化名城已通过国家住建部、国家文物局审查，已报国务院待公布。

【改善城乡人居环境】

垃圾分类覆盖面不断扩大。全省已开展生活垃圾分类居民小区4100个，公共机构4852个，相关企业5056个。农村生活垃圾处置体系覆盖88.8%行政村。沈阳市引入专业公司参与垃圾分类，在幼儿园、中小学普及分类知识，推进教育实践活动；大连市实现中心城区公共机构和相关企业垃圾分类全覆盖；本溪、铁岭、朝阳、盘锦等市积极推进餐厨垃圾分类，实现餐厨垃圾及时收运、安全运输和有效处置。

水污染防治深入推进。深入开展中央环保督查"回头看"反馈意见整改，70条城市黑臭水体得到有效整治，完成56座污水处理厂提标改造和31座污泥处理处置设施达标改造，新建改造排水管网150公里、城市雨污分流比例达到44.6%；辽河流域城镇污水处理厂新建5座、扩建2座已通水调试。葫芦岛市、营口市获得国家第二、第三批城市黑臭水体治理示范城市，共获国家资金支持7亿元。

市容环境整治全面加强。开展城市市容环境综合整治，累计清扫垃圾58万吨，清理乱贴广告127万处，整治占道经营15万处、户外广告3万处，全省市容环境明显改善。本溪市延长在岗时间；营口市开展"百日行动"攻坚，重点解决突出问题；辽阳市注重宣传造势，推行建账销号整治；阜新市实行网格化督导落实；朝阳市注重高位协调推动。

【城市公共交通】截至2019年底，全省共建成城市轨道交通线路13条，总里程达到331公里，全部集中在沈阳、大连两市。其中，沈阳市9条线路，分别是地铁1号、2号、9号线和浑南现代有轨电车1—6号线，总长度约173公里；大连市4条线路，分别是地铁1号、2号、3号、12号线，总长度约158公里。2019年，全省在建城市轨道交通项目7个，计划建设总长度约195公里。

【生活垃圾分类】省政府办公厅于2019年11月25日出台《关于加快推进城乡生活垃圾分类工作的指导意见》（辽政办发〔2019〕33号），建立省城乡生活垃圾分类工作联席会议制度，统筹全省29个省（中）直单位共同推进生活垃圾分类工作。截至2019年底，全省累计开展生活垃圾分类居民小区4101个，公共机构4852个，相关企业5056个。

【城市生活垃圾处理设施建设】加快推进生活垃圾焚烧处理设施建设，沈阳大辛、老虎冲、西部3座生活垃圾焚烧发电厂全部建成调试，合计日处理能力7500吨；鞍山、辽阳生活垃圾焚烧发电厂开工建设。开展全省58个城市生活垃圾填埋场等级评定，编发城市生活垃圾填埋场操作规程，进一步提升垃圾处理设施管理水平。

【城市园林绿化】深入贯彻落实《城镇园林绿化条例》，严格实施城市"绿线"制度，优化城市绿地结构布局，完善绿地类型，推进公园绿地建设。2019年，全省完成城市园林绿化固定资产投资27191万元，新增城市园林绿地面积555公顷。第十二届中国（南宁）国际园林博览会于2018年12月在南宁开幕，2019年6月闭幕，期间沈阳、大连市代表辽宁省参展建园，并在建园竞赛中均获得多个奖项。

【城镇燃气】全省城镇燃气企业约1364家，其中管道天然气企业142家，管网总长度达到33725公里，其中老旧管网约2745公里，燃气普及率97.52%。新建改造老旧供气管网约431公里，清理违章占压246处，推进城镇燃气企业储气能力建设36万立方米，全省累计排查燃气用户约（含商业用户）347.41万户次，检查各类经营企业943家次，及时整改各类安全隐患98821项。开展各类安全宣传活动1842次（其中媒体报道292次，发放宣传单193.41万张）。

【水污染防治】全省城市排水管网总长度达到22418.7公里，其中，污水管网长度6056.3公里，雨水管网长度7163.4公里，雨污合流管网长度9199公里。城市建成区排水管网密度7.06公里/平方公里。全省共有污水、雨水、雨污合流泵站450座，排水能力1259立方米/秒。全省县以上城镇污水处理厂约141座，设计能力925.6万吨/日，实际处理763.99万吨/日，负荷率约82.54%。全省70条城市黑臭水体整治工程基本完工。

【城市供热】全省2019年城市供热总面积13.60亿平方米，集中供热面积13.28亿平方米，热电联产供热面积6.38亿平方米，燃煤锅炉供热面积6.94亿平方米，工业余热（天然气、电、地热能、生物质能、太阳能等）供热面积7188万平方米，现有供热企业581家。集中供热管网总里程达到5.85万公里，其中供热一级网约1.1万公里，供热二级网约4.754万公里。全省改造供热老旧管网1307.47公里、淘汰锅炉141台，全省县级以上建成区10吨及以下燃煤供热锅炉已全部淘汰。全省地级以上城市建成区已经形成以大型集中供热热源厂供热为主、布局合理、运营稳定、管理高效的供热体系，县级建成区集中供热率明显提升。2019—2020年度采暖期全省供热运行总体平稳，未发生重大安全生产事故，新冠肺炎疫情期间，各地多措并举，通过提升供热标准、延长供热时间、加快抢修等方式有力保障居民供热。本采暖期省民心网8890供热投诉量同比下降56%，投诉办结率达99.94%，群众满意率达97.44%，办理时限同比缩短1天1小时。

【城市供水、节水】一是开展了2019年度全省水质抽检工作，对新民、法库、长海等12个县市开展水质抽样检测工作，共检查了14处水源水、13处出厂水、23处管网水、2处二次供水，督促各地严格水质管理，确保城市供水安全。二是完成宣贯《辽宁省城市供水用水管理办法》，《办法》自2019年1月实施以来，多次到沈阳、大连、本溪等地开展宣贯培训，推动相关规定得到落实，加强全省城市供水工作管理。三是大力推动城市供水管网漏损控制工作。阜新市漏损率为10.8%，居全省各市第一，被中国水协列为全国7个漏损控制典型城市之一。四是开展以"建设节水城市，推进绿色发展"为主题的全省节水宣传周活动，组织2019年全省节水型企业、社区申报评审工作。根据国家住建部相关要求，省住建厅会同省发改委在大连召开了大连市国家节水型城市复查工作会议，顺利完成大连市国家节水型城市复查工作。

【推进城管执法体制改革】向省编办发函，积极争取城管执法队伍相关政策。对未完成执法体制改革任务的地区跟进督办，向市政府发函督促完成任务。完成我厅监管事项目录编制和实施清单编制工作。

【加强执法制度建设】组织编制了住建系统综合执法文书，共四大类72种，规范了文明执法行为；编制全厅行政处罚、行政强制措施、行政强制执行3个流程图；全面推行政执法3项制度；编制完成我厅政务服务事项目录。

【深入开展"强转树"专项行动】持续推进"强基础、转作风、树形象"专项行动，坚持用服务方式来解决问题，变被动管理为主动服务。提高执法人员能力水平，强化干部培训工作，实现各县市区全覆盖。与省委党校联合举办了提升城管执法水平专题研讨班，培训60人。组织全省执法和法制审核负责人专题培训班，培训300人。安排了我省22名执法干部参加住建部培训。

【"市容环境大扫除，干干净净迎国庆"活动】通过会议部署、加强宣传、督导检查等方式推动活动开展。全省共参加22万人次，清扫垃圾58万吨，清理乱贴广告127万处，整治占道经营15万处，整治户外广告3万处。

【群众举报投诉案件稽查工作】全年共受理住建领域举报投诉案件97件，办结90件，结案率93%。其中住建部转办案件47件，群众投诉举报到我厅的案件50件，对群众反映强烈的案件进行了现场调研和督办。

【推进违建别墅清查整治工作】下发文件对全系统违建别墅清查整治工作进行部署，建立了住建系统违建别墅清查整治工作"月报制度"，会同有关部门开展了2轮专项整治检查，拆违情况逐项核查，对工作贯彻不力的地区进行了通报。

村镇建设

【农村生活垃圾治理】印发《辽宁省农村生活垃圾处置体系建设工作的指导意见》，指导各地因地制宜建立城乡一体化处置、乡镇片区相对集中处置、村庄分散处置等多种处置体系模式。印发《关于做好2019年非正规垃圾堆放点整治工作的通知》，制定了年度整治计划，组织专家深入基层进行技术培训和技术指导。省财政投入1.5亿元支持各市乡镇垃圾中转站和乡镇垃圾填埋场建设。全省农村生活垃圾处置体系覆盖88.8%行政村，870处非正规垃圾堆放点整治完成，完成整治88.7%。

【农村危房改造】全年，国家下达给辽宁省农村危房改造任务3.39万户，其中建档立卡贫困户1.58万户。截至年末，全省完成开工建设3.89万户，开工率114.9%，竣工3.38万户，竣工率99.7%。其中建档立卡贫困户2.19万户已全部竣工。

【特色乡镇创建工作】完成特色乡镇建设规划的编制任务，有序推进特色乡镇基础设施、公共服务设施建设，城镇环境质量不断提升。

吉 林 省

概况

积极推进城市主体责任制。全面贯彻落实中央和省委、省政府构建房地产市场平稳健康发展长效机制的决策部署，按照一城一策、因城施策的原则，研究起草建立城市主体责任制相关配套文件，积极构建符合省情的住房市场体系和保障体系，保持全省房地产市场平稳健康发展。

【住房租赁市场加快发展】 长春市成功入选首批国家住房租赁试点城市，中央财政三年给予长春市24亿元奖补资金支持。

省政府召开全省棚户区改造工作推进会议，出台《吉林省人民政府办公厅关于按份共有产权廉租住房国有产权转让工作的指导意见》，规范推进公租房保障工作。

【棚改逾期未安置工作稳步推进】 将解决棚改逾期未安置问题工作纳入省政府绩效考评和目标责任考核，督促各地制定棚改逾期未安置项目整改工作方案，指导帮助解决工作难题。

【城镇老旧小区改造工作全面启动】 组织各地全面开展老旧小区普查，建立全省老旧小区数据库，制定年度改造计划。

【住房公积金管理工作继续加强】 积极参与住房公积金制度改革，支持住房消费，强化廉政风险防控，开展行业乱象整治，大力提升信息化水平，提高服务质量和效率。

【市政基础设施建设逐步完善】 省级海绵试点城市累计开工209项，完成投资60.15亿元。全省地下管廊共形成廊体222公里，有入廊管线廊体90公里，入廊管线350公里，累计完成投资178亿元。全年新增供热能力1580MW。

【城市园林绿化建设水平较大提升】 继续实施"城市园林绿化提升行动"，推进裸露地面治理，全省共消除裸露地面409.49公顷，完成"2019年底前地级及以上城市建成区全面消除裸露地面"的目标任务。全年新增城市绿地721公顷，新建和改造各类城市公园44个，城市人均公园绿地面积预计达到12平方米以上。

【农村危房改造扎实推进】 认真落实中央脱贫攻坚专项巡视反馈意见整改工作，十一个部门联合印发《关于中央第八巡视组脱贫攻坚专项巡视农村危房改造问题反馈意见整改工作方案》，建立农村危房改造相关部门"一张表"联审联批程序，进一步规范农村危房改造审批制度，完善政策，堵塞漏洞。围绕完成建档立卡贫困户等4类重点对象危房改造、保障贫困户基本住房安全的任务目标，进一步核实报送建档立卡贫困户等4类重点对象危房存量。落实脱贫攻坚关于贫困户住房安全有保障的目标，开展农村危房改造除险加固房屋梳理排查整改。

【建筑业实现平稳发展】 将扶持建筑业企业发展列入省政府"强化精准调控着力稳增长防风险政策措施"，公布2019年度省级重点扶持企业名单，在资质资格、市场开拓、评先选优等方面给予支持。加快建筑业转型升级，大力发展装配式建筑。全年落实装配式混凝土结构建筑110万平方米。组建BIM技术评标专家库，组织"数字建筑、点亮吉林"峰会，扩大BIM技术的传播范围。

【消防设计审查验收移交工作顺利承接】 组建消防专班，制定《吉林省住房城乡建设主管部门消防验收工作手册（暂行）》，使全省消防审验工作有法可依、有章可循。

【建筑市场监督全面强化】 重点整治建筑工程施工发包与承包违法行为，积极开展工程建设领域专业技术人员职业资格"挂证"清理工作，对全省2147个项目开展建设工程招标投标领域专项检查。落实建筑工人实名制管理，解决农民工工资欠薪。开展勘察设计质量专项检查。

【工程质量安全监管力度不断加大】 开展"双随机、一公开"、明察暗访、交叉互检等安全生产监督检查，印发《吉林省工程质量安全手册实施细则（试行）》和《吉林省危险性较大分部分项工程安全管理规定实施细则》等文件。

法规建设

【立法工作】 完成了《吉林省国有土地上房屋征收与补偿办法》调研、修改、论证工作，12月份提交省政府常务会讨论通过；向省立法机关申请修订《吉林省建筑市场条例》《吉林省民用节能和发展应用新型墙体材料条例》部分条款；完成了《吉林省物业管理条例》省内、省外调研，现已形成草案，并上报省司法厅，计划2020年出台；完成了《吉林省建设工程质量管理办法》修订，实现了与工程建设项目审批制度改革举措协调一致。

【行政执法】 2月份，印发《吉林省住房城乡建设系统行政执法案卷评查工作实施意见》《行政处罚案卷评查标准》《行政处罚案卷文书样本及填表说明》。3月份，召开全省住建系统法治工作座谈会，重点对开展行政执法案卷评查工作进行动员部署，全面启动2019年行政执法监督工作。

【普法工作】 出台《国家工作人员学法用法制度》以及《强化法治意识严格依法行政的实施意见》，对提高全厅工作人员运用法治思维和法治方式开展工作、解决问题的能力进行部署；邀请专家学者开展法治培训讲座。强化了公职人员特别是领导干部尊法学法守法用法的意识，提高了依法行政的能力和水平。

【合法性审查】 全年完成对《吉林省危险性较大分部分项工程安全管理实施细则》《吉林省房屋建筑和市政基础设施工程直接发包管理规定（试行）》《吉林省建筑市场信用管理办法》《关于规范房屋建筑和市政基础设施工程项目招标投标市场秩序的通知》《关于进一步做好推广使用预拌砂浆禁止建筑工程施工现场搅拌砂浆工作的意见》5份文件的合法性审查，程序规范、审查严格。

房地产业

【政策完善】 贯彻落实党中央、国务院构建房地产市场平稳健康发展长效机制的决策部署，坚持"一城一策、因城施策"的原则，积极落实城市主体责任。省住建厅结合实际，代省委、省政府起草了《关于建立房地产市场平稳健康发展城市主体责任制若干意见》（以下简称《若干意见》），围绕加强房地产市场监管、规范发展住房租赁市场、建立完善住房保障制度、积极处置房地产市场风险等方面，初步提出相关配套政策措施，构建了符合省情的住房市场体系和住房保障体系，保持房地产市场平稳健康发展，提高全省房地产市场发展质量。

【房地产市场调控】 全面总结去年全省房地产市场调控工作，科学分析今年全省房地产市场面临的发展形势、谋划今年主要工作思路和具体调控措施。组织开展全省房地产市场重大风险项目排查工作，保持全省房地产市场平稳健康发展。指导长春市以保持房地产市场稳定、防止市场出现大起大落为主线，把握调控节奏、把握调控力度，做好稳房价工作。2月份以来，全省商品住房价格同比增长分别为21.4%、18.3%、17.9%、17.1%、14.3%、13.3%、14.9%、10.3%、8.5%；其中，长春市商品住房价格同比增长分别为21.1%、23.8%、26.8%、20.7%、18.2%、15.9%、15.2%、11.6%、8.3%，总体商品住房价格保持增长、增速收窄态势。

【房地产市场监测】 加强对全省房地产市场要素运行情况的监测，科学分析省房地产市场形势，组织房地产市场形势研判，防止市场出现大幅波动；建立房地产市场运行分析报告制度，组织专家团队逐月分析研判市场运行情况，每月向省政府报送运行分析报告；准确掌握全省房地产市场运行情况，组织召开房地产企业、部分城市政府专题座谈会，深入研究分析我省房地产市场形势，特别对可能出现的风险进行研判。

【"一城一策"方案编制】 指导和督促长春市科学编制建立和完善房地产市场平稳健康发展长效机制的工作方案（以下简称"一城一策"方案），并形成初稿；学习借鉴其他省城市经验做法，专程赴国家第一批试点城市安徽省合肥市学习借鉴经验做法，对"一城一策"方案编制工作进行学习交流。

【房地产业信息化建设】 省住建厅与省建行先后4次召开专题会议，就全省房地产市场监测分析、行业监管、政务服务等信息化工作，研究分析，深入对接。提出建设"全省房地产市场监测分析和监管综合服务平台"（以下简称"数字吉林房产平台"）的主要思路、主要内容。

【住房租赁市场】 住房租赁试点：长春市探索建立政府购买服务、开发企业自持物业出租、专营公司运作、新设租赁公司运营、房地产中介机构运营等试点模式，支持"租购并举"试点企业发展，首批推出租赁住房6000余套。申报中央财政支持试点城市：省住建厅指导长春市成功申报中央财政支持试点城市，入选国家首批16个试点城市，中央财政在三年试点期间，给予长春市24亿元奖补资金支持。住房租赁中介机构乱象专项整治：印发《全省专项整治住房租赁中介机构乱象工作方案》，明确6个方面整治重点，省、市、县三级住房城乡建设部门设立了中介整治投诉举报电话，在省住建厅网站统一向社会公示。截至12月31日，全省共排查1916家中介机构，受理投诉举报251件，查处中介机构违法违规行为549件，将5起违法违规典型案例在我厅网站公布曝光。

【房屋合同网签备案】 下发《加快推进房屋网签备案数据联网工作的通知》，指导各地加快房屋网签系统建设工作，逐步完善系统功能，推进房屋网签备案系统联网工作。长春市、吉林市、延吉市三个重点城市5月底前与国家住建部联网。制定全省房屋交易合同网签备案联网工作方案，省住建厅召开网签备案信息联网工作部署会，会同建设银行吉林省分行督促指导地级城市加快推进网签备案联网工作，在9月底前完成了地级城市的联网工作。

【房地产估价】 全省房地产估价机构年检，全省142家房地产估价机构中，6家2018年优秀报告机构为2019年免检机构，8家因2018年10月1日至2019年10月1日期间未出具报告未参加评审。对128家房地产估价机构的参评报告，组织专家依据《房地产估价规范》《国家房地产估价报告评审标准》和《吉林省房地产估价规程》进行评审，合格报告119份，合格率92.9%，不合格报告9份。

【物业立法】 结合物业管理整治专项行动中发现

的问题，积极推进物业立法。立法过程中进行充分吸纳和体现，深入开展调研，广泛征求管理部门意见，邀请专家论证和风险评估，形成《吉林省物业管理条例（送审稿）》报送省司法厅，列入2020年完成计划。

【物业管理专项整治】制定下发了《关于开展物业服务专项整治工作的通知》，明确重点整治内容，设立投诉举报电话，广泛宣传发动。组成5个检查组，对全省9个市（州）、长白山管委会、梅河口市、公主岭市等12个县（市）物业服务专项整治工作情况进行了实地督导检查。截至12月31日，全省受理问题线索1245件，核实办结问题1206件，责令整改物业服务企业40家，移送涉黑涉恶线索41件，打掉涉黑涉恶团伙1个，清欠物业专项维修资金2.127亿元。

【房屋征收】截至12月31日，全省共完成房屋征收（拆迁）2.5万户，申请法院强制执行303户，确保了棚户区改造等重大民生工程的实施，推动了基础设施、公共事业项目落地开工，为各地城市建设发展创造了条件。

住房保障

【棚户区改造】省政府召开解决棚改逾期未安置和"无籍房"问题领导小组（扩大）会议和全省棚户区改造工作推进会议，全面安排部署年度工作。截至12月31日，全省各类棚户区开工3.61万套，完成年度计划的104%；基本建成3.02万套，完成年度计划的133.6%；完成投资97.1亿元，完成年度计划的121.3%。发放公租房租赁补贴9.68万户，完成年度计划的111.9%。2019年，全省各项计划任务均提前超额完成。长春市、松原市、蛟河市等12个市县超额完成棚改开工任务。

【棚改逾期未安置】今年省政府把解决棚改逾期未安置问题工作纳入省政府绩效考评和目标责任考核，建立全省棚改逾期安置项目台账，实施动态销号管理。督促各地制定棚改逾期安置项目整改工作方案，明确责任单位和责任人、推进措施和整改完成时限。按照"一城一策""一项一案"的原则，指导帮助市县政府做好项目调整、资产清算、资金筹集等工作。今年全省计划解决棚改逾期未安置户数不少于1.2万户，截至12月31日，已解决12985万户，完成年度计划的108.2%。全省累计解决26425万户，整改完成率70.8%，超额完成省政府规定的"2019年，解决逾期未安置项目户数的70%以上"的目标任务。辽源市、公主岭市、延吉市等22个市县全面完成逾期未安置计划任务。

【公租房保障】今年省政府出台《吉林省人民政府办公厅关于按份共有产权廉租住房国有产权转让工作的指导意见》。省住建厅会同省发改委、省财政厅、省自然资源厅联合转发《关于进一步规范发展公租房的意见》的通知。针对财政部吉林监管局专项核查提出的问题，在全省开展住房保障自查自纠活动，进一步规范公租房保障工作。

【棚改资金】省住建厅会同省发改委、省财政厅争取2019年中央财政城镇保障性安居工程专项资金11.56亿元、保障性安居工程基础设施建设中央预算内投资7.42亿元；省级配套0.42亿元。指导各地提前做好棚改专项债券项目包装、申报和发行等工作，全省落实棚户区改造债券限额139.8亿元。2019年，全省棚改项目贷款审批6.90亿元，发放棚改专项贷款63.23亿元。

【公有住房出售和住房补贴发放】截至12月31日，全省可统计的已售公有住房约139.37万套，8041.21万平方米。可统计的未售公有住房约31.787万套，1786.96万平方米。全省住房补贴发放约67.71亿元，发放人数27.42万人。

住房公积金管理

【公积金缴存】2019年1—12月缴存额为353.5亿元，同比增长9.69%。截至2019年12月31日，住房公积金缴存总额为2839.28亿元，缴存余额为1217.7亿元。

【公积金提取】2019年1—12月，提取额247.1亿元，同比增长7.96%，占当年缴存额的69.89%，比上年同期降低1.12个百分点。截至2019年12月31日，提取总额为1621.59亿元。

【公积金贷款】2019年1—12月，发放个人住房贷款5.41万笔、196.65亿元，同比降低9.01%、3.6%。截至2019年12月31日，累计发放个人住房贷款74.21万笔、1723.99亿元，贷款余额1034.22亿元，个贷率（个人住房贷款余额占缴存余额）84.93%。

【服务管理】人民银行征信系统接入，协调中国人民银行长春中心支行，推动中心接入人民银行征信系统工作。按照国家住房城乡建设部、财政部、中国人民银行要求，3月底各中心完成了住房公积金信息披露并通过媒体向社会公示，4月底完成了全省住房公积金信息披露，并在住房城乡建设厅官方网站进行公示，提升住房公积金工作的透明度。

【风险防控】 行业乱象治理，印发《吉林省住房公积金行业乱象专项治理行动方案》，重点打击违规提住房取公积金、获取住房公积金贷款等行为。召开2次行业乱象专项治理工作部署推进会议，对延边、辽源、白城、松原市中心开展行业乱象专项治理工作督导。配合国家审计署对长春、吉林、延边、辽源、省直、电力6个中心进行现场审计。

【信息化建设】 完成国家数据集中平台接入，6月16日，各中心全部完成数据平台接入工作，长春省直住房公积金管理分中心是全国第一个完成接入的中心。综合服务平台建设，各中心已建成综合服务平台并启用了部分功能，住房公积金缴存业务全程可以网上办理，离退休、解除劳动关系、偿还住房公积金贷款等部分提取业务实现网上办理。

【人员培训】 组织各中心参加全国住房公积金数据平台建设、住房公积金归集业务标准、贷款业务标准培训。11月25日，长春市中心邀请国内专家举办住房公积金资金管理标准培训会，组织省内其他中心参加培训。

城镇老旧小区改造

【改造规模】 4月，按照住建部、发改委、财政部的通知要求，及时组织各市县编制年度改造计划任务，组织各地开展老旧小区普查，建立全省老旧小区数据库，全省共有44个市县改造计划纳入全国2019年中央支持城镇老旧小区改造计划任务，改造规模全国排名第5位，涉及改造规模为：831个小区、3713栋楼房、涉及218681户，建筑面积1566.7万平方米。

【改造资金】 2019年7月，全省有43个改造项目获得第一批中央预算内投资6.6854亿元。10月，财政部下拨我省2019年中央财政城镇保障性安居工程专项资金用于城镇老旧小区改造资金16.2511亿元。11月初，全省8个市县共计6.3亿元的投资项目打包申报2019年度第二批中央预算资金，47个市县共计65亿元的投资项目申报2020年中央预算投资；11月中旬，中央财政补助我省2020年老旧小区改造资金20.3915亿元已经先期下拨。截至12月31日，全省两个年度中央支持资金到位总计43.328亿元，为全省开展改造工程建设提供了强有力的资金保障。

【老旧小区普查】 建立全省老旧小区数据库。9月25日，印发《关于开展全省城镇老旧小区改造普查工作的通知》，全省开展摸底排查工作。以社区或街道为单位，为做好今后年底改造计划和编制项目打好基础。截至12月31日，全省需要改造的城镇老旧小区为12219个、楼房65592栋，建筑面积32585.37万平方米，涉及住户3912917户。

【政策、技术体系建设】 按照7月国务院专题调研组的要求，12月17日，经省政府同意，由省住建厅、省发改委、省财政厅、省民政厅、省教育厅、省电力公司等12部门和单位联合印发《关于做好2020年城镇老旧小区改造工作的通知》，明确我省老旧小区改造指导思想、基本原则、改造范围和内容、主要任务和组织实施等工作内容。印发《吉林省城市管理工作联席会议制度的通知》，明确部门职责分工。在2018年出台《吉林省老旧小区整治提升技术导则》的基础上，根据当前老旧小区改造的新要求进行补充完善，正在制定《吉林省老旧小区加装电梯技术标准》《吉林省既有居住房屋检测加固技术》和《小区内道路建设技术标准》等技术文件。

【改造部署】 10月24—26日，召开了"全省城镇老旧小区改造工作调度会"，取各市、县2019年工作的进展和2020年工作安排，同时对我省相关政策进行解读，对2020年工作进行部署。12月13日召开吉林省城镇老旧小区改造视频工作交流会。截至12月31日，正在办理前期准备的项目389.38万平方米（占比24％）；已完成前期准备、施工单位已进场施工的项目893.71万平方米（占比58％）；全部内容已完工项目283.6万平方米（占比18％）；完成投资额近8亿元（占比30％）。

【改造试点】 11月29日，印发了《关于在全省开展城镇老旧小区改造试点工作的通知》，推进体制机制创新，建立和完善城镇老旧小区改造政策和标准，鼓励各地先行先试，开展试点工作。

城市建设

【完善政策】 4月24日，印发了《吉林省住房和城乡建设厅关于进一步规范城市供水、供气、供热报装流程的通知》（吉建城〔2019〕36号），明确相关政策措施，精简了前置审批事项，规范了供水、供气、供热报装流程，大幅缩短了办理时限，提高了城市公共服务功能和效率。

【城市污水处理】 全省已建成城市生活污水集中处理厂66座，55座达到一级A或以上排放标准，其余11座已全部完成提标改造施工并通水试运行，总设计规模433.7万吨/日，运行负荷率86.1％。完善政策技术体系。印发《吉林省城镇污水处理提质增效实施方案（2019—2020年）》及配套实施方案编制技术指南等政策技术文件。强化工程建设督导，指导13个提标改造和11个扩能改造项目的实施，先后对松原、白城、公主岭、延吉、龙井等地工程滞后及运行违规问题进行督办整改，保障24个项目通水试运行。加强污水处理厂运行监管，制定《城市生活污水处理厂规范化运行管理技术指南（试行）》，推广先进运营经验。

【黑臭水体治理】 全省99处黑臭水体全部上报基本消除黑臭，累计完成投资86.75亿元，年度完成投资16.36亿元，圆满完成黑臭水体三年攻坚战年度任务。督导剩余9处黑臭水体实现基本消除，多次委托专家对9处黑臭水体进行现场技术指导及核查，组织9处黑臭水体所在地政府按照国家及省级评定标准进行水体消除申报。全面指导各地做好阶段过渡工作，省住建厅会同省水利厅、省生态厅印发《关于加快建立全省城市黑臭水体治理长效机制的通知》，部署"长制久清"阶段工作。

【城市燃气】 2019年完成城镇燃气基础设施建设投资49.8亿元，累计发展用户141607户，"煤改气"16户，新建中低压管线总长度890公里，改造老旧管网100公里，新建场站54座，新增储气能力102.2万立方米，实现年用天然气17.4万立方米。设施安全排查，印发《吉林省城镇燃气安全综合治理工作方案》和《关于加强燃气安全管理工作的通知》，开展燃气行业侵害群众利益治理工作，共查出隐患511处，依法关停1家充装企业。开展瓶装液化石油气整治，排查企业264家，查处无证经营企业4家，非法储存、倒装处33处，没收报废、过期钢瓶465个、转充设备24套，扣押非法运输车14辆。强化安全监管，全省566家企业落实"五个一工程""双重机制"实行闭环管理，经风险评估，136家重大危险源企业设立重大危险源辨识牌，完善应急预案。加强地下燃气管道提升改造，完成90公里老旧管网改造。提升燃气安全设施建设，省住建厅会同省发改委、省应急管理厅、省市场监督管理厅印发《关于加强燃气安全管理工作的通知》，加快自闭阀的推广应用，推进智能燃气安全在线监测系统建设。

【城市供水】 全省共有城市供水厂97座，市政公共供水能力417万立方米/日，年实际供水8.5亿立方米，城市供水普及率90.38%，供水管网漏损率26.8%，共有城市供水管网15932.32公里。全省城市供水总人口1201.69万人，其中使用公共水厂供水人口921.69万人。强化行业监管指导，印发《提升城市供水保障水平的意见》，全面指导供水基础设施建设。开展全省城市供水规范化管理考核互检工作，采取听取汇报、现场勘查、查阅资料等方式，对49个市县州的供水行业主管部门进行综合考核，全省共有150人参加此次考核工作。开展全省城市供水水质检测，提升居民用水质量。组织全省水质检测，上半年，省住建厅委托国家水质检测网长春检测站，对全省49个市县州的原水、管网水、出水厂和龙头水进行水质检测，确保全省居民的用水安全。

【海绵城市】 2019年全省海绵城市建设，稳步推进国家及省级试点建设，共计完成投资15.06亿元。白城市全面完成国家对第一批试点城市建设要求，共计279个项目，完工比例100%，完成22平方公里示范区面积，累计完成投资43.5亿元。省级试点城市建设项目共计319项，开工209项，完成投资60.15亿元。指导白城市顺利通过国家试点验收，获得1.2亿元奖补资金。推进技术标准体系建设。印发《吉林省海绵城市建设指南》，推动全省工程建设。

【排水防涝】 全力应对汛期排水防涝工作，建立"零报告"制度，对全省50余个市县每天调度，保障平稳度汛。强化易涝点排查、确认。共排查53处积水点、79处易涝点。

【综合管廊】 全省共形成廊体222公里，有入廊管线廊体90公里，入廊管线350公里，2019年度完成投资10.9亿元，累计完成投资178亿元。7月24—27日，组织各地市政管理负责人及省规划设计研究院的专家共20人，参加地下综合管廊运维管理培训。完善技术标准体系，制定并发布地标《城市缆线管廊工程技术标准》。

【生活垃圾处理设施建设】 截至12月31日，我省共建设生活垃圾处理场59座，现运行生活垃圾处理设施52座（填埋场42座，焚烧厂10座），4座填埋场封场，1座填埋场改建成建筑垃圾和污泥处置厂，2座填埋场停运。今年开工建设生活垃圾焚烧厂3座，敦化市焚烧厂年底试运营，白山市、白城市生活垃圾焚烧厂在建。

【城市生活垃圾分类】 省住建厅指导长春市积极推进国家生活垃圾强制分类试点城市建设，指导地级城市启动生活垃圾分类工作。省住建厅与省发改委等九部门联合印发《吉林省推进地级城市生活垃圾分类处理工作方案》，召开"吉林省推进地级城市生活垃圾分类处理工作新闻发布会"，调度地级城市工作进展情况。

【生活垃圾处理场整改】 省住建厅3次组织专家赴生活垃圾处理场现场检查，由专家现场进行技术指导。落实整改工作进展情况定期报送检查考核制度，每月调度进展情况，每季度组织专家对实施整改任务的生活垃圾处理场进行现场检查核实，年底进行考核评价。严格结果把关，向各地政府印发《关于提供环保督察反馈生活垃圾处理场问题整改完成证明材料的函》，要求各地政府提供完成整改任务的证明材料，确保整改结果的真实性。印发《吉林省推进地级城市生活垃圾分类处理工作方案》指导长春市积极推进国家生活垃圾强制分类试点城市建设。截至12月31日，全省30座未通过无害化等级评定生活垃圾处理场全部完成整改，其中通过无害化等级评定25座，封场4座，改建建筑垃圾和污泥处置厂1座，开工建设生活垃圾焚烧厂3座。

【城市整洁行动】推动"城市整洁行动"，全省城市面貌和垃圾处置情况均有大幅度改善。开展城市环境卫生专项治理，突出城乡结合部、城中村、背街小巷、城市出入口等部位；完善城区环卫设施及设备，垃圾收运实现"日产日清"，基本实现密闭化管理；开展道路扬尘专项治理，城市道路洗扫和洒水频次明显提高，全省各市县主次道路机械化清扫率为77.7%，28个市县完成任务指标；开展城市公共厕所占用整改工作，完成城市公共厕所建设改造4421座（含3665座公共机构向社会开放厕所）。

【城市园林绿化提升】全省持续抓"城市园林绿化提升行动"，以"增加绿量、提升品质"为主线，实施"城市园林绿化提升行动"，全省新增城市绿地721公顷，新建和改造各类城市公园44个，新建绿道349公里。

【城市建成区裸露地面治理】开展绿化、硬化行动，继续推进裸露地面治理工作。针对各类裸地的特点，分类施策，通过多措并举，综合治理，全省城市建成区裸露地面大幅度减少，根据各地上报的数据，2019年共消除裸露地面409.49公顷，已经实现了"2019年底前，地级及以上城市建成区全面消除裸露地面"的目标任务。

【园林城市（县城）创建】今年9月，积配合国家住建部完成了对我省"三市一县"（通化市、梅河口市、大安市和东辽县）申报国家园林城市（县城）的实地考察验收工作。2019年全省实际新增城市绿地721公顷，新建和改造各类城市公园44个，城市人均公园绿地面积预期能达到12平方米以上。

【市政基础设施建设】下发《关于报送2019年省政府重点工作相关情况的紧急通知》，及时调度硅谷大街、硅谷互通立交桥征拆工作完成情况，加快长春-公主岭同城化协同发展步伐；为缓解停车难和交通拥堵问题，省住建厅起草了《加强全省城市停车设施建设和管理的意见》，目前已完成第二次征求意见；组织有关专家在全省范围内开展调研工作，重点对危桥加固改造及道路、停车场建设工作进行现场核查，解决市政基础设施短板；为贯彻落实国务院办公厅转发住建部《关于加强城市景观照明管理意见》的文件要求，省住建厅正在编制《关于加强全省城市景观照明管理的通知》，其中明确各地要强化城市功能照明及景观照明的运行维护力度，增加巡线检修频次，完善城市照明故障报告制度和检修监督制度。

【历史建筑保护】下发了《关于进一步加强历史文化名城名镇名村街区及历史建筑保护利用工作的通知》《关于进一步做好历史文化名城名镇名村和历史建筑保护管理工作的通知》《吉林省历史建筑测绘建档三年行动计划》，通报了历史文化遗产保护工作情况，各地进一步加大排查力度，加快公布、建档和挂牌保护工作。截至12月31日，全省经各地政府公布确认的历史建筑为140处。下发《吉林省历史建筑保护利用试点工作方案》，将长春市确定为省级历史建筑保护利用试点。下发《关于开展我省非国家历史文化名城的县历史建筑确定工作的通知》，全面启动非历史文化名城所在县的历史建筑普查确定等工作。

【城镇供热】截至2019—2020年供暖期开栓前，全省供热面积7.26亿平方米，当年新增供热能力1580兆瓦，撤并10吨以下（含10吨）小锅炉房9座，改造老旧管网719公里。全省经营性供热企业共321家，其中国有65家、民营252家、合资4家。2019—2020年供暖期供热工作展开顺利，8月末开始调度各地供热基本情况和燃煤储备情况；9月29日，组织召开全省供热工作调度会，调度全省今冬供热开栓前的准备工作落实情况，并作出部署；10月调度各地开栓日期、运行情况和燃煤储备；11月15日开始按照住房和城乡建设部城建司要求每周报送供热情况周报。

【城镇供热规范化考核】修改完善了《吉林省城镇供热行业规范化服务考核标准》，并于3月份组织各市县开展规范化服务考核，指导各地开展规范化服务建设工作。

【城镇供热安全】在春节前印发了《关于加强节日及极寒天气安全防范管理的通知》，修改完善《吉林省城镇供热行业生产安全事故应急预案》，已完成各地征求意见和专家修改稿；组织召开供热安全生产座谈会，听取基层单位对供热安全管理的意见和建议。组织编制了《供热安全汇编》。

城市管理监督

【城市管理效能提升】 推进城市管理效能提升工作。召开了全省城市管理效能提升工作会议。印发了《2019年全省城市管理效能提升工作安排》，并根据今年重点工作安排，修改完善了《城市管理效能提升行动督导考评办法》，细化了《吉林省城市管理效能提升行动督导考评评分细则》；建立了吉林省城市管理效能提升信息平台。

【完善政策】 制定了《吉林省城市精细化管理标准》，指导各地城市管理工作，提升城市管理水平。继续推进城市管理数字化平台建设。编制了省级数字化城管平台建设方案，向省政数局申请立项建设省级数字化城管平台；出台了《吉林省数字化城市管理信息系统建设指导意见》《吉林省数字化管理系统建设运行验收导则（试行）》，印发了《吉林省数字化城市管理系统建设与运行管理办法（试行）》。

【城市出入口周边及公路、铁路两侧环境综合整治】 省住建厅会同省公安厅、省交通厅及沈阳铁路监督管理局、中国铁路沈阳局集团有限公司联合下发了《吉林省城市出入口周边及公路、铁路两侧环境综合整治实施方案》，召开了新闻发布会。制定了《吉林省高铁沿线彩钢房屋安全整改指导意见》。2019年，各市、县对111个城市出入口周边环境开展综合整治。清理拆除出入口周边可视范围内的违法建筑物、构筑物5551处，1623977平方米，牌匾广告6649处。彻底清除了出入口周边可视范围内的各类垃圾372240立方米。整治无序市场、废品回收站（点）等经营场所65处。依法清理占道经营12846处，清理"僵尸车"222台。改造立面16690延长米，粉刷墙体80480平方米。治理出入口周边乱贴、乱画、乱扯乱挂行为160296起。治理违规停放、占道修车超限超载、沿途撒漏等行为4485次；规范物流货站等经营服务活动，保证交通安全顺畅。提升出入口品质形象，种植树木628856棵、各种花卉5606050株、新增绿地面积3623184平方米，新增路灯885盏；对国道、省道、高速公路两侧进行了排查整治，拆除私搭乱建306处、违规牌匾广告设施691块、各种条幅及非公路标志11088块，清理各种垃圾16038立方米，绿化补植36200棵；清理铁路两侧拆除私搭乱建511处，100034平方米，清运建筑垃圾27处、1639吨，整治牌匾广告6处。

【迎国庆环境整治】 开展"城市环境大清洗，干干净净迎国庆"活动。全面强化城市主次干道、出入口周边、背街小巷市容市貌管理，推动了市容环境管理无死角，工作全覆盖。活动期间，全省共清扫垃圾179204吨，清洁城市家具28787处，清理乱贴广告1011455处，整治占道经营136040处、户外广告22157处，拆除违建4502处。

村镇建设

【农村危房改造】 2019年国家下达省危房改造计划任务11400户，根据各地核查危房存量，先后三次下达危房改造计划任务17679户，将4类重点对象（建档立卡贫困户、分散供养特困人员、低保户、贫困残疾人家庭）存量危房全部纳入改造计划。截止到12月31日，全省农村危房改造共开工17679户，竣工17621户，超额完成国家任务6221户。第一、第二批危房存量16035户，开工16035户，开工率100%；竣工15977户，竣工率99.6%。其中建档立卡贫困户6208户，开工率100%；竣工率100%；"无房户、彩钢房"以及新核查4类重点对象存量危房1644户（第三批），开工率100%；竣工率100%。其中建档立卡贫困户876户，开工率100%，竣工率100%。

【建档立卡】 省住建厅联合省民政厅、省财政厅、省扶贫办、省残联印发《关于核实报送建档立卡贫困户等重点对象危房存量台账的通知》（吉建联发〔2019〕16号）和《关于上报彩钢房和无房户改造计划的通知》（吉建村〔2019〕34号），要求住建、民政、扶贫、残联等相关部门配合，核实报送建档立卡贫困户等4类重点对象危房、彩钢房和无房户改造计划存量台账。

【政策完善】 为规范了农村危房改造审批制度，省住建厅会同省民政厅、省财政厅、省扶贫办、省残联印发《关于进一步规范农村危房改造审批制度的通知》（吉建联发〔2019〕17号），建立了农村危房改造相关部门"一张表"联审联批程序。针对危房改造实施过程中存在政策落实不到位、执行政策有偏差、资金使用不规范等危房改造中的突出问题，印发了《关于进一步明确农村危房改造若干问题的通知》（吉建村〔2019〕21号）。印发了《解决住房安全保障突出问题工作方案》，明确住房安全保障标准、保障措施，以及彩钢房安全认定的简便方法。

【定期调度】 自5月份开始，省住建厅开始每月定期调度危房改造进展情况，自9月11日开始实行一周一调度，两周一通报，及时掌握开竣工情况，4次组织市州召开作汇报会，对工作推进较慢的10个县市及时下达预警函或约谈，确保高质量完成农村危房改造。

【资金落实】根据最新各地核查农村危房存量，省住建厅积极与国家住建部争取最大限度支持，并与省财政厅沟通，落实省级危房改造补助资金。今年，国家共下达我省1.14万户危房改造任务，争取国家农村危房改造补助资金16232万元；省级财政同意将17679户符合条件的危房全部纳入今年危房改造计划，并按标准落实省级危房改造补助资金。已会同省财政厅将17679户危房改造指标下达到各市、县。

【信息管理】委托国家农村危房改造脱贫攻坚三年行动农房档案信息检索系统软件开发公司，对我省危房改造信息检索系统进行升级改造，实现了与扶贫、民政、残联部门数据的对接，通过信息比对，及时发现贫困身份认定不准问题；建立"吉林农村危房App"，各级管理人员可以通过手机App对危房改造对象进行信息采集、审核、拍照、检查，实现直查直录。实现对农户危改信息统计汇总，及时掌握工程进度和信息录入情况，提升危房改造信息管理质量。

【信息化监督】印发《结合"不忘初心、牢记使命"主题教育开展保障贫困户基本住房安全方面漠视侵害群众利益问题整治工作方案》，公布群众监督举报电话，并为每个危房改造对象建立一个危房改造二维码，将二维码和操作流程手册发放到户，农户通过扫描二维码可直接反映实施过程中存在的问题。也可以通过举报电话反映，确保贫困户危房应改尽改，补助资金一分不少，有效防止套取冒领资金问题发生。

【督查检查】省住建厅会同省财政厅、省扶贫办、省残联组成联合督查组，于3月18—22日，分三组对全省9个市（州）的部分县（市、区）进行督查，对20个县（市、区）29个乡（镇、街）39个建档立卡贫困村120户改造户进行入户走访检查。于7月29日开始，利用一个月时间，抽调省规划院、建研院、建材院熟悉危房改造工作的结构专家，分3个指导组对所有县市区开展危房改造工作进行督查指导，现场帮助基层查摆问题，提出解决意见。9月15日至12月27日，组织省规划院、建研院、建材院的结构专家，分两组对全省所有市县不间断进行暗访。重点对精准排查新增的2019年危房改造工作以及对4类重点对象安全性认定滞后地区去进行暗访，并根据不同时期及时调整暗访重点，发现问题要求县市建立整改清单，限时整改。

【问题整改】以省住建厅、省扶贫办、省发改委、省民政厅等11个部门联合印发了《关于中央第八巡视组脱贫攻坚专项巡视农村危房改造问题反馈意见整改工作方案》（吉建联发〔2019〕10号），建立问题台账，销号管理。通过以房查人，确保改造户符合政策，确保所有贫困户住房安全得到保障。印发《在全省开展农村危房改造除险加固问题大排查大整改行动的通知》（吉建村〔2019〕15号），在全省范围内开展大排查、大整改。截至12月31日，存在的问题已整改完毕。

【建制镇污水处理设施建设】按照《吉林省农村人居环境整治三年行动方案》安排，到2020年，全省114个重点建制镇生活污水得到治理。截至2019年12月31日，已建设完成54个、正在建设45个、正在办理前期手续和启动建设的15个。不在计划指标内额外建设完成和正在建设34个。其中：2018年、2019年应启动建设82个，截至2019年12月31日，已建设完成39个、正在建设32个、正在办理前期手续11个。2020年应该启动建设32个，已提前完成和正在建设22个，还剩10个没有启动。

【农村生活垃圾治理】按照《吉林省农村人居环境整治三年行动方案》安排，到2020年，90%行政村生活垃圾得到有效治理，基本完成非正规垃圾堆放点整治任务。其中，2019年完成19个市县省级达标验收工作，非正规垃圾堆放点整治任务达到70%。2019年正在开展19个市县省级达标验收工作。全国信息系统显示，我省有农村生活垃圾非正规堆放点1192处，目前已整治销号1152处，占总数的96.6%，正在进行整治40处。建设垃圾转运434座，购置环卫车辆1701辆，配备垃圾收集设施38.5万个，收运处理垃圾282.11万吨。

美好环境与幸福生活共同缔造活动

【确定试点】按照住房和城乡建设部《关于在城乡人居环境建设和整治中开展美好环境与幸福生活共同缔造活动的指导意见》（建办村〔2019〕19号）、住房和城乡建设部村镇建设司《关于在农村人居环境建设和整治中开展美好环境与幸福生活共同缔造活动试点的通知》（建村房函〔2019〕21号）要求，结合我省实际，制定印发了《在农村人居环境建设和整治中开展美好环境与幸福生活共同缔造活动试点方案的通知》（吉建村〔2019〕25号），每个市（州）遴选1～3个自然村，作为全省"共同缔造"活动试点，全省共确定21个"共同缔造"活动试点村。

【人员培训】省东辽县11月份被住建部列为第一批共同缔造试点县，省住建厅委托全国市长研修学院（住建部干部学院），于7月16—21日在厦门市组织集中培训。培训人员包括9个市（州）建委（住建局）的主管副局长、科长，试点村所在县（含公主岭市）的主管副县（市、区）长和住建局的主管副局长，共计63人。提升了试点县市对"共同缔造"的理念和方法的认知。

【农村住房建设试点】为贯彻中央经济工作会议精神，落实全国住房和城乡建设工作会议部署，根据住房和城乡建设部办公厅《关于开展农村住房建设试点工作的通知（建办村〔2019〕11号）》要求，印发了我省《吉林省农村住房建设试点工作方案》（吉建村〔2019〕11号），经审核确定长春市九台区、延边州和龙市、四平市伊通满族自治县、通化市通化县、松原市扶余市5个试点县（市、区），计划按照国家评选标准，申请列入全国第二批次试点。

【特色小城镇】5月5—10日配合国家住建部特色小城镇调研，重点对东辽县辽河源镇、辉南县金川镇、龙井市东盛涌镇、安图县二道白河镇、长春市绿园区合心镇、抚松县松江河镇、四平市铁东区叶赫满族镇、吉林市龙潭区乌拉街满族镇、集安市清河镇9个全国特色小城镇建设情况及取得的成效、媒体和社会关注的热点问题、特色小城镇培育中的探索创新进行了实地调研。

【传统村落】10月8—18日，省住建厅组织6家相关厅局和专家成立专项督查组，对9个已获得中央财政支持的传统村落开展了专项督查工作。督查内容：传统村落保护和发展实施情况、项目资金规范管理和审批情况。12月6日省住建厅与相关厅局联合下发文件，对全省传统村落保护和发展实施情况专项检查进行通报，重点指明存在问题和整改措施。

建筑业

【建筑业"放管服"改革】研究探索建筑工程施工许可环节的流程简化，成立了工程建设项目审批制度改革领导小组，制定了工程建设项目审批制度改革工作分工方案，1月9日，制定印发了《吉林省建筑工程施工许可管理实施细则》（吉建管〔2019〕2号），同步修改完善了我省施工许可管理系统。实现施工许可与质量、安全报监并联审批，将国家住建部规定施工许可办理的八个前置条件，进一步缩减为六个；实行承诺制，在国家住建部规定的建设资金已落实承诺的基础上，对施工场地已具备施工条件、施工组织设计已编制完成，也采取承诺制；质量报监、安全报监手续不再作为施工许可的前置条件单独办理，而是通过一张申请表单，与施工许可证一并办理；压缩审批时限，在国家住建部7个工作日的基础上，又进一步把施工许可证办理时限压缩到5个工作日。截至12月31日，今年实施施工许可并联审批的项目已达2378个。

【扶持建筑企业】省政府将扶持建筑业企业发展列入"强化精准调控着力稳增长防风险政策措施"，要求各地政府对省级重点扶持企业建立"一对一、点对点"包保服务机制，对年产值首次突破10亿元、20亿元、50亿元、100亿元的建筑业企业分别给予表彰。公布了2019年度省级重点扶持企业名单，针对装配式建筑生产企业和施工总承包企业实行优惠政策。加大对省重点扶持企业的支持力度，在资质资格、市场开拓、评先选优等方面给予支持。继续推行"优质优先、优质优价"政策，在招投标时对本省获奖企业的项目负责人予以加分。规范工程担保工作，减轻企业负担。组织开展了2019年度工程担保机构推荐工作，面向建筑市场推荐担保机构4家。转发国家住建部等部门联合发布的《关于加快推进房屋建筑和市政基础设施工程实行工程担保制度的指导意见》（建市〔2019〕68号），制定省推广的工程款支付担保的指导意见。

【建筑市场监督】将建筑工程施工发包与承包违法行为列为年度整治行业乱象的重点。将《建筑工程施工发包与承包违法行为认定查处管理办法》《认定查处办法释义》转发各地，开展《认定查处办法》宣贯培训，部署建筑市场违法违规行为专项检查工作。全省共检查在建工程项目663项（其中房建592项，市政基础设施71项），其中存在问题的项目345项。通过检查，对78个单位和2个个人进行了处罚，处罚金额3786万元。省住建厅组织《认定查处办法》培训，邀请法律顾问和执法专家授课，对建筑市场违法违规案件认定查处程序进行了讲解和规范。"挂证"违法行为专项整治，下发了《关于转发住房城乡建设部办公厅等关于开展工程建设领域专业技术人员职业资格"挂证"等违法违规行为专项整治的通知》（吉建联发〔2019〕5号），对全省整治"挂证"工作进行部署。截至12月31日，全省"挂证"存疑人员24689人，多单位注册"挂证"存疑人员723条记录。自查自纠阶段，已整改了24508人，整改率99%，仍有181人存疑，将逐一进行核查。对省级许可发放的107人的二级注册证书进行暂停执业处理，记入不良行为记录并列入建筑市场主体"黑名单"，向社会公布。对违规使用"挂证"证书的81个单位，列为"双随机一公开"重点监管对象，列为信用评价不合格单位。

【建筑工人实名制管理】落实《建筑工人实名制管理办法（试行）》文件精神，省住建厅委托吉林省建筑业协会举办了吉林省建筑企业建筑劳务实名制管理政策解读及实操培训班，全省856家企业，1296人参加了培训会。3月份全省建筑劳务人员实名制管理系统与住建部实名制管理平台实现对接，数据实现实时传输。12月份，省住建厅与省人力资源社会保障厅联合下发《吉林省建筑工人实名制管理办法实施细则（试行）》。截至12月31日，全省共有2745个工程项目通过实名制管理系统录入项目信息，项目所有农民工实行了实名制管理，累计进场考勤人数49401人，占全省在施项目的50%以上。

【装配式建筑】全年推进长春、吉林两市落实装配式混凝土结构建筑110万平方米（其中装配式钢结构建筑5.8万平方米），全省新建钢结构建筑132万平方米，合计242万平方米。推广新型建造方式，促进装配式建筑产业发展，规范装配式建筑产业基地管理，制定了《吉林省装配式建筑产业基地管理办法》（吉建管〔2019〕33号），评选出8个省级装配式建筑产业基地。指导长春市装配式建筑产业园申报国家级装配式建筑产业基地（园区类）。

【BIM技术应用】推广BIM技术应用，组织BIM技术施工应用评标专家评审，建立BIM施工评标专家库。6月5日，在长春国际会展中心，参与组织BIM技术实操培训及数字建筑——吉林省建设行业年度峰会，超过800家企业到会参加论坛活动，扩大BIM技术在全省的传播范围。8月22日，BIM技术应用及2019年版《吉林省建筑工程计价定额》深度解读培训暨第一届BIM大赛在延吉市举行，有540人参加这次培训和活动。

【信用体系建设】创新监管模式，充分发挥信用监管的作用，制定出台了《吉林省建筑市场信用管理暂行办法》，提出信用信息管理系统改造需求，促进建筑市场秩序改善。建立健全建筑市场信用体系，强化建筑市场和施工现场联动管理，保障工程质量和施工安全，构建"诚信激励、失信惩戒"的市场机制，修订了《吉林省建筑业企业信用综合评价办法》，组织开展年度信用评价工作。

【信息化建设】推行企业资质证书、技术工人岗位证书、二级建造师注册执业证书等电子证书试点工作。推进"放管服"改革，将企业信息备案、人员信息备案审核的操作取消，为企业减轻了负担，与"入吉企业信息登记"一样实现了"不见面、零跑动"管理。

【违规建筑排查】配合省自然资源部门对城市规划区内国有土地上的别墅类项目取得施工许可证和预售许可证情况进行排查认定工作。截至12月31日，通过各地住建部门认真排查，经各地领导小组认定，发现违建别墅项目7处、85栋，建筑面积3.66万平方米。对延边海兰湖旅游度假区高尔夫球场、抚松长白山国际滑雪中心雪上两项夏季高尔夫场取缔、清理工作进行督导。

【绿色建筑】加强监管，下发了《关于2018年度全省绿色建筑推进情况的通报》和《2018年度全省建筑节能与绿色建筑工作总结及任务目标完成情况统计工作的通知》，开展了绿色建筑标识评价工作，发布了4批《吉林省2019年度绿色建筑评价标识项目》，其中设计标识28项，运行标识2项。完善标准，根据国家标准，结合全省实际，修订《吉林省绿色建筑评价标准》，计划2020年初全省发布。宣传培训，开展建筑节能宣传周和低碳日活动，制定下发了《吉林省住房和城乡建设厅关于开展2019年节能宣传周和低碳日活动的通知》，各地住房城乡建设主管部门组织开展有地方特色的宣传活动，提升全社会对节能和低碳的认知度。组织相关单位和专家开展新版《绿色建筑评价标准》GB/T50378－2019学习培训，为下一步编制我省地方标准、开展绿色建筑评价标识积累技术和人才储备。

【建筑节能】提高建筑节能标准，根据国家标准，结合省实际，启动修订《吉林省居住建筑节能75%设计标准》，计划2020年初全省发布，并在长春、吉林两市试点实施。因地制宜推广可再生能源建筑应用技术，开展了吉林省工程建设地方标准《地源与低温余热水源热泵系统技术规程》DB22/T1038－2011修订工作，进一步指导工程建设应用。组织开展了可再生能源建筑应用项目运行维护技术培训工作。建筑节能示范，省住建厅联合省财政厅组织开展了2018年度省级可再生能源建筑应用示范项目验收工作。2018年度共有12个项目通过验收，示范面积39万平方米。制定下发了《关于组织申报2019年度可再生能源建筑应用示范项目的通知》，2019年度共有20个项目初步列入省级示范。建筑节能技术及产品推广使用目录编制，制定印发了《关于开展吉林省建筑节能技术及产品推广、限制和禁止使用目录（2019年版）征集工作的通知》（吉建科〔2019〕6号），在全省范围内进行征集，计划2020年初全省发布。

【绿色建材推广应用】省住建厅联合省工信厅制定下发了《关于开展2019年度绿色建材标识评价工

作的通知》（吉建联发〔2019〕12号），印发了《关于公布2019年吉林省绿色建材评价标识（第一批）目录的通知》（吉建联发〔2019〕11号），共有2类6个产品获得绿色建材评价标识，其中一星级标识2个、二星级标识4个。

【科学计划项目申报】 完成了国家住建部科学计划项目申报初评，按照国家住建部《关于组织申报2019年科学技术计划项目的通知》要求，组织35个项目上报国家住建部。

【民用建筑能源资源消耗统计】 为完成全省民用建筑能源资源消耗统计，四月份下发了文件，正式开启能耗统计工作。截至12月31日，全省共上报统计建筑5550栋，累计建筑面积4862.67万平方米，其中居住建筑4099栋，中小型公共建筑643栋，大型公共建筑184栋，国家机关办公建筑624栋。

【建筑废弃物利用】 下发了《关于报送2019年建筑废弃物综合利用工作情况的通知》（吉墙节办字〔2019〕04号），对全省建筑废弃物利用情况进行了统计，据统计，全省今年利用建筑废弃物约为20.6万吨，生产建筑材料的建筑废弃物使用量占建筑废弃物总量的比例为4.3%。

【勘察设计】 2019年全省勘察设计工作，以健全政策法规体系和完善管理制度为保障，以强化行业动态监管为重点，坚持行业监管和服务并重原则，打造规范有序和充满活力的勘察设计市场环境。截至12月31日，全省共有勘察设计企业587家，从业人员2.8万人，施工图综合审查机构16家，年完成房屋建筑工程施工图审查面积5000万平方米，年完成设计产值110亿元。

【施工现场标准化管理】 建筑施工现场标准化管理示范工地考核评定，组织专家对各地申报的194项省级施工现场标准化管理示范工地项目进行考评，对长春市工人体育馆项目（一期）等187个项目颁发省级施工现场标准化管理示范工地证书或奖牌。

【工程项目审批制度】 出台工程竣工联合验收相关文件，为落实国务院办公厅《关于开展工程建设项目审批制度改革试点的通知》吉林省人民政府《关于印发全面推进"只跑一次"改革实施方案的通知》要求，创新建设行业管理体制。2月19日经省政府常务会讨论通过，省住建厅联合省自然资源厅、省应急管理厅等九部门印发《关于推进房屋建筑和市政基础设施工程竣工联合验收的实施意见》（吉建联发〔2019〕9号）。5月10日联合省自然资源厅、省公安厅、省应急管理厅等10部门印发《吉林省房屋建筑和市政基础设施工程竣工联合验收操作细则》（吉建联发〔2019〕351号），建立"一家牵头、一口受理、并联审批、限时办结"的工作机制，实现了建筑（市政）、规划、土地、环保、消防等相关部门联合验收，变分散验收为集中验收。10月31日，吉林省工程建设项目审批管理系统正式上线运行，竣工验收备案时间缩短到12个工作日。截至12月31日，联验系统上已办理申请项目16个。

【工程质量检测管理】 按照省《关于进一步加强工程质量检测机构质量管理的通知》，积极推行检测机构现场取样制度和制定检测方案制度，开展全省检测市场专项整治检查工作。对2018年检查中涉及虚假检测报告的34家检测机构依法进行了处理。2019年，对吉林省建设工程质量检测监管平台中多次修改检测数据的质量检测机构和开展桩基础工程检测工作的质量检测机构共98户进行专项整治工作。对19户检测机构资质予以注销；责成属地住房城乡建设主管部门对3户检测机构有关行为核实后，依法予以行政处罚，并记入黑名单，省厅对其重新核定资质；对9户检测机构记入不良信用记录6个月；对17户检测机构通报批评，对企业法定代表人进行约谈。2019年，省建筑工程质量监督站共受理信访办、举报中心转办的工程质量投诉46件，均已按时办结。

【监理企业资质管理】 推进建筑业"放管服"改革，优化监理企业资质管理。依据住房和城乡建设部办公厅《关于调整工程监理企业甲级资质标准注册人员指标的通知》（建办市〔2018〕61号），调整工程监理企业乙级资质标准注册人员指标，对注册类人员指标，按原资质标准要求人数的60%核定。

【建筑标准立项、编制】 2019年围绕绿色建筑和建筑节能、装配式建筑、城市建设发展等重点工作，确定19项地方标准列入2019年全省工程建设地方标准制定第一批编制计划。根据需要，将急需立项编制的《钢管混凝土束结构工程技术标准》等5项重点工作标准列入第二批编制计划。截至12月31日，已有20项标准发布实施，其中《小型生活污水处理工程技术标准》的发布实施，对规范全省小型生活污水处理工程的设计、施工、验收及运行起到指导作用，其余各项标准按照编制进度有序进行。

【建筑标准复审】 为贯彻落实国家及省关于深化标准化工作改革工作部署，缩短标准复审周期，加快标准修订节奏，对使用年限满5年及在应用中存在问题的地方标准进行复审，确定13项继续有效、2项建议修订、2项列入今年计划，6项废止，同时为规范管理，省住建厅联合省市场监管厅有关部门对68项现行工程建设地方标准进行集中复审，确定继续有效或废止，对确定继续有效的标准，依据《关于进一步推进全省工程建设标准化工作的意见》，由吉林省市场监督管理厅按照工程建设地方标准独立号段重新赋号。

【建筑标准体系】 组织申报吉林省标准化战略科研专项海绵城市建设标准体系研究工作并通过论证，对国内外海绵城市建设现状资料及标准化现状资料搜集、整理、系统分析，形成《海绵城市建设现状研究报告》和《海绵城市建设标准化现状研究报告》。

【建筑标准项目的征集】 为做好明年工程建设地方标准项目的征集工作，下发《关于征集2020年工程建设地方标准项目的通知》，对城市垃圾分类、城市市政基础设施建设等方面，研究标准编制方向，超前规划，发挥标准引领作用。组织专家对征集的标准项目进行论证，为明年的标准计划下达做好准备工作。

【招标投标政策完善】 为规范省房屋建筑和市政基础设施工程直接发包活动，省住建厅出台了《吉林省房屋建筑和市政基础设施工程直接发包管理规定（试行）》。为营造公平有序的建筑市场环境，严厉查处打击招标投标活动中存在的违法违规行为，出台《吉林省住房和城乡建设厅关于规范房屋建筑和市政基础设施工程项目招标投标市场秩序的通知》。为规范行业秩序，组建地方标准编制小组，制定招标投标地方标准，并向省标办上报《吉林省建设工程招标投标活动程序标准》（报批稿）并通过审查。

【招标投标诚信体系构建】 为完善全省招标代理机构行业信用体系，增强招标代理机构诚信意识，对全省347家招标代理机构（含外埠入吉企业）进行了2018年度诚信等级评价并予以公告。按照住房城乡建设部办公厅《关于报送2018年工程招标代理机构统计报表的通知》文件精神，对在省行政区域范围内注册的招标代理机构按要求予以统计上报。

【招标投标市场监管】 开展建设工程招标投标领域专项检查。根据吉林省住房和城乡建设厅《关于印发〈全省建设工程招标投标领域专项检查工作实施方案〉的通知》（吉建管〔2019〕18号）文件要求，9月初至9月中旬，组建3个检查组在全省范围内开展建设工程招标投标领域专项检查，并形成《关于全省建设工程招标投标领域专项检查工作情况的通报》。

【建筑领域安全生产】 印发了《吉林省建设行业冬春安全治理专项行动方案》，开展了春季开工复工建筑领域安全生产大检查。采取"双随机、一公开"和暗查暗访相结合的方式，派出3个督查组，对全省51个房屋建筑和市政基础设施施工现场进行了实地检查，下发执法建议书14份，检查通报2份。组织安全生产交叉互检，由各市（州）建设行政主管部门组成6个检查组，对全省12个地区39个在建工程项目进行了抽检，下达执法建议书4份，检查通报1份。印发了《吉林省工程质量安全手册实施细则（试行本）》《吉林省危险性较大分部分项工程安全管理规定实施细则》《吉林省住房和城乡建设领域"夏秋百日攻坚"安全整治专项行动方案》等文件。7月15日，在长春市举办《危险性较大的分部分项工程安全管理规定》及《模架工程安全专项方案编制要点》宣贯培训班，共360人参加培训。印发了《关于全省建设行业集中组织"迎大庆、保安全、严监管、促平安"大决战实施方案》，全力保证中华人民共和国成立70周年大庆全省建设行业安全稳定。各地区共排查建筑施工企业1166家，排查事故隐患7068项，下达执法文书872份，停产整顿77家企业。

建设工程消防设计审查

【政策完善】 省住建厅会同省应急管理厅联合印发了《关于做好建设工程设计审查验收移交工作的通知》（吉建联发〔2019〕24号），明确了移交承接范围及消防设计审查验收适用法律法规等。省住建厅印发了《关于做好过渡期房屋建筑和市政基础设施工作消防验收工作的通知》（吉建办〔2019〕31号），制定了《吉林省住房城乡建设主管部门消防验收工作手册（暂行）》，明确了验收标准、备案抽查比例、申报材料、工作程序及工作时限，使全省消防审验工作有法可依、有章可循。

【业务培训】 省住建厅会同省消防救援总队，组织消防审验专家，编制了《建设工程消防设计审查验收工作文件汇编》《建设工程消防设计审查验收业务知识汇编》两本培训教材及教学课件，组织开展了消防审验业务专项培训，全省各地负责消防审验工作的相关人员共计350余人参加培训，提高了从业人员素质和能力。同时，针对各地提出的问题进行梳理，下发了《过渡期内消防设计审查验收问题解答》，为各地顺利开展建设工程消防设计审查和验收工作提供了保障。

【完善机构编制】 省住建厅会同省编办联合印发了《关于做好建设工程消防设计审查验收工作的通知》（吉建联发〔2019〕46号），明确了市（州）、县

(市)住建部门消防审验工作的主要职责、机构设置和人员配备的具体要求,为各地加快消防审验机构设立和人员配备提供了政策支持。

（吉林省住房和城乡建设厅）

黑 龙 江 省

概况

2019年,省住房和城乡建设厅认真落实习近平总书记在深入推进东北振兴座谈会上的重要讲话和对我省重要讲话重要指示精神,坚决贯彻落实习近平总书记对住房和城乡建设工作的重要批示精神,坚持以人民为中心的发展思想,稳中求进、担当作为,突出补短板、增供给,有序实施城市基础设施建设;突出优环境、促脱贫,深入开展城乡生活垃圾分类治理,加快推进4类重点对象农村危房改造;突出优服务、促转型,加快推进房地产业、建筑业提质增效;突出保障和改善民生,着力加强保障性安居工程建设。

房地产市场

2019年,黑龙江省完成房地产开发投资958亿元,同比增长1.4%;房屋竣工面积1204万平方米,同比增长0.1%;商品房销售面积1684.5万平方米,同比下降12%;商品房销售额1268.2亿元,同比下降3.9%;商品房销售均价7529元/平方米,同比增长9%;房地产业税收259.3亿元,同比下降8.2%,占税务部门组织收入的14.3%。因城施策消化商品房库存,截至2019年底,全省商品房库存4127万平方米,去化周期23.8个月。其中商品住宅库存2378万平方米,去化周期16.3个月。加大房地产市场监管力度,印发《关于进一步加强全省房地产市场监管的通知》,制定规范自有资金购地、加强信用评价、落实项目资本金制度、调整预售标准等6个方面措施,限制不具备实力企业进入房地产开发建设领域,防范市场风险。

保障性安居工程建设

截至年底,全省棚改开工2.83万套,开工率118.9%,基本建成5.51万套,基本建成率123.6%,安置逾期未回迁户2.98万户。当年分配政府投资公租房6832套,累计分配37.58万套;当年发放租赁补贴20万户、5.2亿元。全力推进棚改回迁安置,印发《黑龙江省棚户区改造项目建设推进难及逾期未回迁安置问题专项整治工作方案》,指导各地扎实开展棚改逾期未回迁安置问题整改,对进展缓慢的市县,进行书面致函、电话督办、组织约谈、实地督导,有力促进了各地整改进程。加大公租房分配,印发《关于2018年全省租赁补贴发放情况和做好2019年工作的通知》,对全省2018年租赁补贴发放情况进行通报,指导市县进一步做好租赁补贴发放工作;指导哈尔滨市扩大租赁补贴发放范围,年度增发补贴3万户。印发《黑龙江省公租房信息系统建设实施方案》,组织哈尔滨市、牡丹江市、大庆市及所辖县(市)开展公租房信息系统培训,完成系统上线联网任务。

住房公积金管理

截至2019年底,住房公积金缴存额435.3亿元、提取额317.33亿元,同比增长7.82%、5.05%,发放住房公积金个人贷款6.02万笔、211.66亿元,同比下降14.97%、11.18%。住房公积金缴存总额3691.38亿元、提取总额2172.06亿元、缴存余额1519.32亿元,同比增长13.37%、17.11%、8.42%,累计发放住房公积金个人贷款92.91万笔、2080.07亿元,同比增长6.92%、11.33%,贷款余额1065.08亿元,同比增长7.24%。印发《关于住房公积金行业办理提取 贷款业务不求人工作方案》(黑建住〔2019〕2号),指导全省18个公积金中心开通网上营业大厅、手机APP、12329短信等8大服务渠道,信息化服务能力和社会满意度明显提升。印发《关于加强住房公积金个人住房贷款风险管理工作的通知》(黑建住〔2019〕6号),进一步规范个人住房贷款业务行为,防范住房公积金贷款风险,保证资金安全。

城市基础设施建设

2019年,省住房和城乡建设厅深入推进城镇供水水质提升三年行动，加快提升城镇供水能力，城市供水普及率98.45%、县城88.08%，新建改造供水管网870公里，全省13个市（地）和具备条件的县（市）启动二次供水改造。加快实施老旧供热管网改造，新建改造供热老旧管网1212.8公里，普及率达到87%以上。加快补齐城镇污水收集和处理设施短板，新建改造排水管网750公里，城市生活污水处理率达91.53%、县城达86.61%，印发《黑龙江省城镇污水处理提质增效三年行动实施方案（2019—2021年）》，着力推进管网混接错接改造、管网更新、破损修复等工程建设，消除城中村、老旧城区和城乡接合部污水收集处理设施空白区。大力推进城市黑臭水体治理攻坚战，全省44条黑臭水体通过有序整治，已初见成效40条，完成比例达到90.9%。新建城市道路150公里，新建城镇桥梁11座。

农村危房改造

2019年，省住房和城乡建设厅印发《进一步解决好4类重点对象住房安全保障问题的实施方案》，拉齐补助标准，落实中央和省级补助资金22亿元。开工改造4类重点对象危房7.8万户、竣工7.7万户。完善技术体系，新编或修订《农村危房改造工程质量通病治理防控技术措施》《高烈度区农房抗震鉴定与加固技术导则》《农村住房安全性鉴定报告》等多个技术指导文件，进一步健全改造标准体系。推进问题整改，开展国家扶贫成效考核、第三方评估、媒体暗访、扶贫审计发现问题整改和贫困户已改造住房安全"回头看"等，排查16.4万户已改造贫困户住房，查找和整改违规超面积等"6类"问题2648个。抓好专项整治，印发《黑龙江省专项整治保障贫困户基本住房安全方面漠视侵害群众利益问题实施方案》，向社会公开省市县农村危房改造信访电话107部，受理并办结政策咨询和信访投诉135件。组织开展贫困户住房安全性鉴定情况自查，排查应鉴定未鉴定户1.2万户，要求各地及时整改。针对部分县（市）改造进度慢问题，先后召开现场会1次、约谈会2次，印发督办函11份，协助省纪委、省委组织部调查处理七台河市及所属县（区）整体改造进度慢问题。

城乡生活垃圾分类治理

2019年，省住房和城乡建设厅编制印发《黑龙江省城乡固体废物分类治理布局规划（2019—2035年）》，完成13个市（地）城乡固体废物治理专项规划省级技术性审查。推动生活垃圾分类，召开全省城乡生活垃圾分类工作视频会议和全省城镇生活垃圾分类工作现场推进会，印发黑龙江省城市生活垃圾分类指导手册、考核办法及城乡生活垃圾分类指导意见等，制作生活垃圾分类公益广告，在省级主要媒体播发。推进垃圾分类立法工作，起草完成《全省城乡生活垃圾分类管理条例（初稿）》、《全省城镇生活垃圾分类标准》（征求意见稿）。推进生活垃圾和餐厨垃圾处理设施建设，组织召开全省固体废物治理和污水处理领导小组会议，完成生活垃圾和餐厨垃圾处理项目省级打捆招商工作。开工建设生活垃圾焚烧发电项目11个、餐厨垃圾处理项目10个，完成投资21.1亿元，新增生活垃圾无害化处理能力1000吨/日。推进农村生活垃圾分类治理，全面落实全省10个县、59个乡镇和189个行政村生活垃圾治理试点任务，基本达到"五有"治理要求。编制完成农村生活垃圾《分类、收集、转运标准》《处理技术标准》《垃圾分拣中心建设示例方案》等相关技术标准。排查整治非正规垃圾堆放点，印发《排查整治攻坚方案》和《验收销号暂行办法》，全省190处非正规垃圾堆放点已有116处提请销号。

建筑业

2019年，黑龙江省建筑业总产值1185.3亿元，增加值850亿元。深入开展建筑业改革，稳步推进工程担保、"互联网＋监管"、拓展省外份额、工程总承包、全过程工程咨询、BIM技术应用等改革工作，取得阶段性成效。加快推进工程建设项目审批制度改革，印发《黑龙江省工程建设项目审批制度改革实施方案》和13个配套文件，建设省市两级审批管理系统14个，与国家和省直有关平台数据联通，审批时限压减至120个工作日以内，13个市（地）基本形成审批流程、信息数据平台、审批管理体系和监管方式的"四统一"。强化建筑市场监管，印发《关于进一步加强全省建筑市场监管的通知》，加强资质资格动态管理、工程项目承发包管理、工程项目施工管理和建筑市场信用管理，进一步加大处罚和联合惩戒力度。加快推进行业信息化建设，全面推广应用施工现场信息化管理平台，印发《关于启用黑龙江省工程建设项目施工现场信息化管理平台的通知》和《关于进一步落实农民工合法权益保障制度的通知》，落实劳务用工实名制和农民工工资银行代发等制度，保障农民工合法权益。

建筑节能和绿色建筑

2019年，省住房和城乡建设厅推动建筑能效大幅提升，组织编制发布了《黑龙江省居住建筑节能设计标准》，平均节能率达到78.3%，高于国家行业标准3.3个百分点。启动修订《黑龙江省公共建筑节能设计标准》。完成既有建筑节能改造210万平方米。推进绿色建筑规模化发展，组织编制发布《黑龙江省绿色建筑施工图审查要点》，推广绿色建筑1756万平方米。推进装配式建筑项目落地，组织编制发布《黑龙江省装配式建筑装配率计算细则》《黑龙江省装配式混凝土结构工程施工质量验收标准》，推广装配式建筑15个项目共计50.02万平方米。

消防设计审查验收

2019年，省住房和城乡建设厅按照新修订的《中华人民共和国消防法》要求，推动消防设计审查验收承接工作。明确职责，联合省应急厅、消防救援总队印发《关于做好建设工程消防设计审查验收职责承接工作的通知》，要求各市（地）政府组织移交承接工作。统一标准，制定《黑龙江省住房和城乡建设主管部门消防设计审查验收消防设计备案工作指南（暂行）》，明确具体受理范围、工作时限、备案抽查比例、办理流程和所用文书示例。协调人员配备，与省编办沟通，核增专职消防审查验收行政编制3人。开展业务培训，举办两期820人次的消防设计审查验收工作人员、专业技术人员培训班，提升了消防审验人员的业务素质。加强业务指导，联合省财政厅、自然资源厅和人防办出台《黑龙江省房屋建筑与市政基础设施工程联合验收实施意见》《黑龙江省施工图设计文件联合审查的实施意见》，提高了建设项目审批效率和便利化程度。加强信息化建设，在全省建筑市场公共服务平台上，开发建设消防设计审查、验收、抽查和备案信息系统，实现消防设计审查验收与工程审批制度改革的有效衔接。

（黑龙江省住房和城乡建设厅）

上 海 市

城乡建设与管理

概况

2019年，上海全年实现建筑业总产值7812.65亿元，比上年增长10.5%；房屋建筑施工面积50918.88万平方米，增长7.0%；竣工面积9231.95万平方米，增长16.0%。

城乡建设与管理

【优化建筑业营商环境】 重点针对水、电、气接入服务，工程竣工验收，现场质量管理，各类辅线评估评审事项等难点环节，通过"减、并、调、放、转"五策并举，简化办理流程，降低办理成本。经过两轮改革，全市社会投资项目从土地取得到竣工验收及不动产登记全流程实现了一次申报、一口受理、一次发证、一网通办，手续办理环节精简至18个，办理时限压缩为89个工作日。认真落实"双减半""双一百"要求，推动二级注册建造师等5个办理事项实现电子证照发放，公积金单位缴存证明实现零见面、线上开、线上验，"一网通办"各项年度目标任务全面完成，实现行政审批时限减少62%、审批材料减少62%。

【绿色建筑】 2019年，发布《上海市绿色生态城区试点和示范项目申报指南（2019年）》《上海绿色生态城区评价标准实施细则》等文件，进一步明确绿色生态城区申报流程和绿色生态专业规划的编制要求。截至2019年底，上海已创建或梳理储备的绿色生态城区共计28个，总用地规模约为86平方公里。其中，虹桥商务区核心区获得全国首个"绿色生态城区实施运管三星级标识认证"，桃浦智创城、宝山新顾城、浦东前滩成为上海首批获得"上海绿色生态城区试点"称号的绿色生态城区。

【装配式建筑】 修订发布《上海市装配式建筑单体预制率和装配率计算细则》，鼓励推广集成技术应用，探索解决门窗、墙体渗水、外保温、外饰面砖脱离等建筑质量通病问题。编制《上海市装配式建筑评价标准》等科研及标准、图集编制，聚焦工程建设全生命周期开展装配式评价，促进设计生产标准化、内装工业化、管理信息化。

【建筑节能】 推进既有公共建筑节能改造，2019

年共落实210万平方米公共建筑节能改造任务，可再生能源建筑应用160万平方米，能源审计105项，能耗公示90项，提前完成"十三五"规划目标任务。加快公共建筑能效提升重点城市建设步伐，完成165万平方米既有公共建筑节能改造，改造后平均节能率18%。推进超大型公共建筑能效提升，通过引导超大型公共建筑分项计量安装、开展建筑能源审计等，完成年度单位建筑面积能耗下降1%的目标。

【大型居住社区保障房建设】2019年，住房城乡建设部下达给上海市的保障性安居工程建设目标中，用于棚户区改造的征收安置住房应新开工4000套、基本建成3000套，至2019年底，实际完成新开工4308套，基本建成3651套，顺利完成全年目标任务。

【租赁住房建设管理】围绕加快构建租购并举住房制度的总体要求，新增租赁住房目标任务连续两年列入上海市政府重点工作。针对不同渠道反映的租赁住房项目配套标准不明晰、不适配等堵点难点，会同相关部门研究形成《关于支持本市新建租赁住房项目建设的实施意见》和《关于商请向本市2019年租赁住房建设项目提供电力支持的方案》等配套政策。上海市已有约6万套新建租赁住房项目开工建设。

【农村低收入户危旧房改造】2019年上海市积极贯彻落实党中央、国务院关于打赢脱贫攻坚战的目标任务，按照质量第一、安全为本的原则，努力实现本市农村困难家庭住房安全有保障。2019年启动农村低收入户危旧房改造244户，实施危旧房改造后的农村困难家庭，居住条件普遍有较大程度改善。

【旧区改造】2019年，大力推进旧区改造，完成中心城区成片二级旧里以下房屋改造55.3万平方米、受益居民2.9万户；完成1184万平方米三类旧住房综合改造，受益居民约20万户；完成104万平方米各类里弄房屋修缮改造；完成624幢既有多层住宅加装电梯计划立项，完工运行131台。新建和转化租赁房源10.1万套，新增代理经租房源12.8万套。全年新增供应各类保障房6.3万套。

【重大工程】2019年，重点围绕长三角一体化和自贸区新片区建设，协调推进机场联络线等27个项目开工建设，科创中心张江科学基础设施等13个项目基本建成，重大工程前期审批、建设进度和开竣工情况均好于预期。全面完成10件、28项市政府实事项目，累计完成投资72.5亿元。有序推进黄浦江两岸贯通"南拓北延"工程，持续释放贯通开放红利，实现新增杨浦滨江2.7公里岸线贯通开放。积极推进苏州河贯通工程建设，全年新增12公里贯通岸线，累计贯通岸线近36公里，达到全部岸线的85%。启动实施北外滩贯通和综合改造提升工程，完成水域5米亲水平台建设。开展临港国家海绵城市建设试点，累计完成197个项目建设，全面完成试点任务。

【房地产开发投资】据上海市统计局统计，2019年1—12月，全市完成房地产开发投资4231.4亿元，同比增长4.9%。其中住房投资共完成2318.1亿元，同比增长4.1%。房地产开发投资占全社会固定资产投资比例为52.8%，比上年减少0.1个百分点。1—12月，全市新建住房新开工面积1572.9万平方米，同比增长6.8%；竣工面积1453.3万平方米，同比减少16%。

【商品房成交】据上海市统计局统计，2019年1—12月全市新建商品房销售面积1696.3万平方米，同比减少4%；其中新建商品住房销售面积1353.7万平方米，同比增加1.5%。二手存量住房买卖登记面积1769.8万平方米，同比增加44.0%。

【商品住房价格】据国家统计局数据显示，2019年，上海市住房价格总体保持稳定，全市新建商品住房销售价格指数上涨2%，二手存量住房价格销售价格指数上涨1.3%。

【房地产经纪管理】2019年底，全市共有备案房地产经纪机构13139家，其中分支机构5106家，外资企业690家，内资企业12449家，在册从业人员55981人。结合"不忘初心、牢记使命"主题教育和扫黑除恶专项斗争，加大房地产经纪机构乱象专项整治工作力度，共计排查房地产经纪机构近2000家，对134家机构做出行政处罚。

【房地产估价管理】2019年底，全市共有房地产估价机构64家，其中一级机构38家、二级机构8家、三级机构5家、分支机构13家；注册房地产估价师1066名。按照2019年5月8日住房和城乡建设部下发的《关于开展房地产估价师注册下放试点工作的通知》（建房函〔2019〕91号）要求，上海市作为试点地区按照"三个统一"（统一注册平台、统一注册条件、统一注册证书）的要求开展房地产估价师注册工作，同时落实属地责任，强化事中事后监管。

【住房租赁管理】2019年1—12月，全市新增代理经租房源12.8万套（间），顺利完成2019年上海市政府工作报告提出的全年新增9万套（间）的目标任务。积极推进中央财政支持住房租赁市场发展试点工作，编制上报《上海市支持住房租赁市场发展试点实施方案》，成为全国首批入围的试点城市。坚持高效便民目标导向，会同上海市民政局、上海市公安局联合印发《上海市住房租赁合同网签备案操作规定》（沪房规范〔2019〕11号），居民办理住房租赁合同网签、备案实现"一窗办理、一次办结"。

【住房保障】2019年，多措并举推进各类保障性住房供应，全年新增供应各类保障房6.3万套。积极支持自贸区临港新片区建设，优化人才住房相关政策，在全市面上推开新一轮非沪籍共有产权保障住房供应工作。全市住房保障受益家庭大幅增加，全年新增签约共有产权保障住房1.7万套，同比增长16倍，累计受益家庭达11万户；廉租住房全年新增配租签约5002户，累计受益家庭达12.93万户；公共租赁房（含单位租赁房）累计筹措17.7万套、入住21.1万户，累计保障（含退出）60万户。

【廉租房】2019年国家保障性安居工程协调小组与上海市人民政府签订的住房保障工作目标责任为：棚户区改造开工3万套、基本建成2.9万套；发放城镇住房保障家庭租赁补贴3.75万户。按照目标责任书对应的统计范围和口径，上海市棚户区改造全年新开工3.1万套、基本建成3.0万套；全年共发放城镇住房保障家庭租赁补贴3.9万户，全面完成国家下达的各项目标任务。2019年市政府确定全年新筹措各类保障性住房6万套，截至2019年年底全市实际新筹措6.3万套。

【共有产权保障房】根据国家统一部署，2018年9月进一步扩大共有产权保障住房受益面，将持证年限较长、学历层次高、符合本市产业发展导向、为本市经济社会发展作出贡献的非沪籍住房困难家庭纳入保障范围。2019年，有序开展沪籍面上第六、第七批次及非沪籍供应工作。第六批次，全市16个区第六批次选房工作累计选房2.91万套。第七批次，全市第七批次有产权保障住房累计受理约1.89万户。

【公共租赁住房】截至2019年年底，全市累计筹措公租房（含单位租赁房）17.7万套，入住21.1万户，累计保障（含退出）约60万户。2019年，全市新增供应公租房12642套，超额完成市政府确定的全年新增供应公租房1万套的目标任务（新增供应保障性住房6万套目标任务范围）。市筹、区公租房全年租金收入总额约13亿元。

（上海市住房和城乡建设管理委员会）

绿化市容

绿化林业

【概况】全市加大绿化造林，全年造林11.3万亩，森林覆盖率达到17.56%。生态廊道建设稳步推进，"绿道"网络基本成型，街心公园多点开花，绿化"四化"水平稳步提高。完成绿地建设1321公顷，绿道建设210.1公里，立体绿化建设40.6万平方米，建成区绿化覆盖率达到39.6%。

【生态环境建设】2019年完成造林11.3万亩，全市森林面积已达167万亩，森林覆盖率达17.56%。按照"四化"要求，优化完善生态廊道设计导则，增加色叶、开花植物，以及珍贵和经济林树种在生态廊道中的应用，全市17条（片）市级重点生态廊道项目现已全面启动建设，组织春季造林质量检查，共抽查47个项目250余个地块，加强19个违规项目整改，确保造林成活成林成景。

【绿地建设】加快构建全市绿地系统、公园体系，积极推进世博文化公园、上海植物园北区等市级重点项目，以及虹桥商务区、长兴岛开发区、临港新城等重点区域项目，完成浦东森兰楔形绿地、碧云楔形绿地、嘉定京沪高铁众百绿地、奉贤泡泡公园、上海之鱼环湖绿化景观工程等，全年共新建绿地1321公顷，其中公园绿地831.5公顷。建成区绿化覆盖率达39.6%。

【绿道建设】完成黄浦江滨江绿道（南外滩段）、横港河绿道、南站绿道、外环绿道（长宁段）、宝山湖清心园绿道、剑川路两侧绿道、戚家墩路绿道、闸殷路绿道、黄兴公园绿道、杨高路（桃林路—浦建路）绿道和环城水系（一期D段）绿道等，全年共完成210.1公里建设任务。

【街心花园建设】完成黄浦玉兰园、静安石南街心花园等60个街心花园建设，推进虹口区广粤路、黄浦区雁荡路、长宁区新华路等绿化特色街区建设。

【绿化"四化"建设】印发《上海市公园绿地"四化"三年行动计划》《上海"四化"木本植物名录（第一批）》《上海市森林"四化"规划》，开展"四化"植物应用的科学研究，形成"四化"木本植物应用手册和推荐苗源信息。编制完成《上海市公园绿地规划纲要》，进一步提升街心花园、绿化特色街区、绿道等项目中"四化"水平。

【郊野公园建设】做好廊下、长兴岛、青西、浦江、嘉北、广富林、松南7座已开放郊野公园的日常管理工作，制定《上海市郊野公园运营管理办法》，关注在建郊野公园的规划建设工作。

【林荫道创建】完成闻喜路、吴兴路等24条林荫道创建命名，全市共创建命名林荫道245条。

【绿化特色道路】按照绿化、彩化、珍贵化、效益化建设目标，按照《上海市绿化特色道路评定办法》要求，打造"两季有花、一季有色"的道路绿化特色景观，每年在全市创建一批绿化特色道路，2019年，共创建绿化特色道路11条。

【申城落叶景观道路】2019年，"落叶不扫"景观道路调整扩容至42条，自2013年起，申城道路保洁和垃圾清运行业开始打造落叶景观道路，徐汇区余庆路、武康路率先尝试对部分落叶道路"落叶不扫"，成为申城一道独特风景，受到许多市民点赞。2014年，全市落叶景观道路增至6条，2015年增至12条，2016年增至18条，2017年增至29条，2018年增至34条。

【花卉景观布置】围绕人民广场、外滩、陆家嘴3个市级核心区域、8个市级重点区、13条重点道路开展"双迎"花卉布置，期间共布置花坛花境面积约14万平方米，组合花箱近4万组，灯杆花球3300只、主题绿化景点73个，单季用花量达到1410万盆，自然花海91万平方米。

【老公园改造】完成航华公园、虹桥河滨公园、华山绿地、淞沪抗战纪念公园（三期）、紫藤文化园、闸北公园（东区）、庙行公园等7座公园改造并开放。

【新增城市公园52座】加强分类分级管理，完成本年度城市公园名录调整工作并正式发文。新纳入城市公园52座，全市城市公园总数达到352座。

【公园主题活动】举办上海国际花展、上海国际兰展、第13届全国菊花展。全市形成以蜡梅、梅花、樱花、郁金香、牡丹、杜鹃、月季、爱鸟周、荷花睡莲、菊花、玉兰、紫藤、海棠、桃花、八仙花萱草、鸢尾16个主题内容为核心的园艺文化展，共举办180场主题活动。

【古树名木管理】开展古树名木白蚁、桂花溃疡病、古银杏超小卷叶蛾的综合防治，完成对9个区75株古树的白蚁专项防治工作和14个区127株银杏超小卷叶蛾的防治工作。开展古树名木生长状况健康评估工作，修改完善《古树名木和古树后续资源养护评价标准》。

【树木工程中心建设】聚焦城市环境下树木生长不良等问题，以城市树木健康为核心，开展树木应用调查、树木健康与风险评估、树木地下生境改善等关键技术研究与工程化技术研究，初步形成研发、示范、推广三位一体的创新研发推广模式。筹建期内，形成了树木健康与风险评估、模块应用等关键技术6项，行道树生境改善、古树保护复壮等成套化工程技术5项，授权专利21项，发表论文15篇，编写应用技术手册4本，出版专著1本，发布标准3项，培训22期共计1871人次，顺利通过市科委验收。

【立体绿化建设】制定《屋顶绿化养护造价指标与编制说明》，完成《立体绿化技术规程》修编。全面完成40.6万平方米建设任务，并完成约2万米花墙、545根花柱建设。持续推进"申字型"高架沿口"彩化"工作，完成全市约16万箱高架沿口绿化布置。

【市民绿化节】2019年举办的第五届上海市民绿化节自3月启动以来，历时9个月陆续在全市推出家庭园艺、绿色展示、体验互动、科普服务四大系列40余项市级活动，全市举办各类活动上千场，直接参与人次逾百万。

【森林资源管理】完成浦东、松江、青浦、金山存量森林资源更新调查，配合完成第一批次质量抽检及森林资源管理"一张图"数据成果处理。试点落实公益林管护制度，推进公益林市场化养护和林地抚育。完成《上海市森林经营规划》以及东平等3座森林公园总体规划编制工作。

【种苗"四化"】从引种、筛选、繁育和推广应用等方面推进本市林苗"四化"工作全面提速，完成编写《上海市公益林主要造林树种推荐目录（第二批）》《木本"四化"植物名录》。完成佘山森林公园、大金山岛、崇明佘山岛林木种质资源外业调查。经济林树种桃"锦春"通过品种审定，梨"七夕蜜"、桃"加纳岩"等通过品种认定，汇编《2019苗源信息》手册，社会化服务水平不断提高。

【"安全优质信得过果园"创建】2019年，全市"安全优质信得过果园"达到78家，且分布于沪郊各区。统一使用专用logo和果品安全追溯系统。

【湿地保护修复】贯彻落实《上海市湿地保护修复制度实施方案》，完成5个湿地生态修复项目和3个野生动物栖息地项目。发布《上海市湿地名录管理办法（暂行）》，公布《上海市重要湿地名录（第一批）》，宝山陈行—宝钢水库等13块湿地列入市级重要湿地。

生活垃圾

【概况】《上海市生活垃圾管理条例》颁布实施，市政府转发《关于贯彻落实〈上海市生活垃圾管理条例〉推进全程分类体系建设的实施意见》，全市召开生活垃圾分类工作动员万人大会。

【垃圾分类实效】全市1.3万余个居村分类达标率由2018年年底的15%提高到90%，单位分类达标率达到87%，135个街镇成功创建为"示范街镇"，10个区创建成为"示范区"，下发首批71个垃圾分类示范街镇专项补贴；可回收物回收量4049吨/日，环比增长431.8%；有害垃圾分出量0.6吨/日，环比增长504.1%；湿垃圾分出量7453吨/日，环比增长88.8%；干垃圾处置量17731吨/日，环比下降17.5%。

【分类体系建设】完成2.1万余个分类投放点规范化改造，完成4万余只道路废物箱标识更新，配置及涂装237辆可回收物回收车、87辆有害垃圾车、1461辆湿垃圾车和3079辆干垃圾车，建成可回收物回收服务点1.5万个、中转站201个、集散场10个，餐厨废弃油脂收运、处置闭环管理落实到位。

【末端处置设施】松江、闵行二期、老港湿垃圾资源化利用项目，老港填埋二期、老港焚烧二期项目，奉贤、崇明、普陀、宝山、老港建筑垃圾资源化利用项目等10个项目建成运营；宝山、金山湿垃圾资源化利用项目，浦东、宝山、奉贤、金山二期焚烧项目，崇明、金山、青浦建筑垃圾资源化利用项目等9个项目开工建设；干垃圾焚烧和湿垃圾资源化利用总量从1.4万吨/日提高到2.1万吨/日，生活垃圾填埋比例从41.4%下降到20%。

【垃圾分类配套制度】《生活垃圾分类收集容器配置规范》《生活垃圾分类标志标识管理规范》《宾馆不主动提供一次性用品目录》《餐饮服务单位不主动提供一次性餐具用品目录》《湿垃圾农业资源化标准》等18项《条例》配套制度颁布实施；市相关部门积极履职，配套制定《建筑工地生活垃圾分类导则》《关于发挥本市社区治理和社会组织作用助推生活垃圾分类工作的指导意见》《生活垃圾分类违法行为查处规定》及处罚裁量基准等文件。

【社会宣传动员】全市主流媒体开展成系列、成专题的舆论宣传，垃圾分类相关新闻报道达到1.8万篇次；电视、广播积极开展垃圾分类公益宣传，全市举办宣传活动2万余场，完成居民入户宣传980余万次，发放宣传资料4500余万份；成立市、区、街镇《条例》宣讲团，举办集中培训3.3万余场次；联手上海滑稽剧团推出垃圾分类轻喜剧，巡回演出30余场。

【垃圾分类实效测评】组织两次垃圾分类实效综合测评，本市所有区综合测评均达到"优秀"标准。

【建筑垃圾管理】严格渣土车辆管理，对不在网车辆进行"清标改色"，全市5530辆渣土车安装车辆右转盲区监测系统、驾驶员安全行为监测系统；加强联合惩戒，对存在违法违规行为的运输单位实施提醒谈话共228家次，暂停核发处置证（一个月）35家次，启动对2家运输单位许可的吊销程序；推进N1库区配套水运码头选址，保障应急消纳正常运行；推进老港建筑垃圾资源设施筹备工作，积极探索和提升建筑垃圾资源化利用水平。

【餐厨废弃油脂管理】巩固餐厨废弃油脂源头管控成效，推进落实末端焚烧设施B5生物柴油的推广应用；加强处置体系建设，全市全年餐厨废弃油脂（含油率95%以上）收运处置总量为68904.10吨。完善餐厨垃圾申报、签约、收运、物流调配等信息化平台功能，加强餐厨垃圾收运处全程监管，进一步规范本市收运企业作业行为。全年全市餐厨垃圾收运处置总量为1039404.52吨。

【船舶废弃物管理】督促外港船舶生活垃圾接收服务企业开展自律自治，强化船废收集、分类、接收、中转、处置的全流程管理，加强船舶垃圾接收服务监管体系建设；结合大调研工作，了解并掌握内河船废收集作业的具体情况，不断优化内河船舶污染物接收作业监管，加大船舶垃圾分类收集的宣传力度，督促作业单位完善垃圾分类收集设施的建设，实施免费接收服务的全过程闭环监管，防止二次污染的发生。

市容景观

【概况】加强顽症治理，健全长效机制，2019年完成807处区域的1250项任务，清理326个占道亭棚，"六大十清"活动治理背街小巷8455条。户外广告、招牌设施管控有力，景观照明建设成效显著。"双迎"期间黄浦江、苏州河景观水域环境实现了"水生植物零污染、水面垃圾零漂浮"目标。

【进博会市容保障】完成重要区域473大项、2306小项市容环境整治类工程性项目、"19+15"重要通道两侧建筑物外立面整治提升项目238处以及各委办局和企业单位牵头的109项任务；建立"月巡察、周检查"制度，共督办整改4799件市容巡察案件，及时解决60个"三跨"难题。

【景观灯光建设】完成黄浦江两岸350余栋重要楼宇建筑、近55公里岸线公共空间景观照明设施建设任务；制订迎国庆、迎进博"黄浦江光影秀"实施方案，获得市委常委会和市政府常务会审议通过，"黄浦江光影秀"广受社会好评；组织开展苏州河两岸和延安高架、南北高架沿线景观照明规划方案编制工作，初步形成景观照明总体设计方案。

【市容专项工作】100个"美丽街区"完成方案设计，78个启动建设，建成28个；全市公共设施完善提升4806处，整治建构筑物外立面约415.9万平方米，美化围墙约22.3万平方米，建设街景小品783处等。

【市容短板治理】积极推进零星乱设摊、高速（架）乱张贴、外立面乱设置、绿地乱抛物等顽症治理，完成807处区域的1250项任务，清理326个占道亭棚，"六大十清"（大清理、大冲洗、大展示、大参与、大巡查、大保障；清理背街小巷、工地管理、绿地花箱、沿街垃圾箱、高架桥荫、交通枢纽管理、加油站、非机动车停放、公共设施、建筑立面）活动治理背街小巷8455条。

【户外广告招牌设施】拆除违法设置和存在安全隐患的户外广告设施3700余块、户外招牌1.4万余块，加固隐患招牌设施3600余块；制定《关于加强本市户外招牌综合管理的指导意见》，建成60条店招特色道路。

【市容环境责任区管理】继续以"七个一"工程为抓手，注重完善市容信息管理效能，责任区信息系统录入信息29万余条；加大重点人员培训力度，完成责任人、管理人员培训约13.3万人次；全面推行沿街商铺生活垃圾上门收集制度，提升1389条（段）中小道路垃圾上门收集实效；以"我的门前我清洁、我的区域我负责"为主题，每月开展城市清洁行动，累计达692场次；组织开展了《上海市市容环境卫生责任区管理办法》实施四周年暨《城市容貌规范》宣贯活动，全市16个区开展了百余场形式多样、贴近实际、贴近市民的系列宣传活动，营造了市民共治共享的良好社会氛围。

【城市清洁专项行动】组织实施"人人参与，美化环境，干干净净迎国庆、迎进博"活动，重要景点、城市主干道等区域按照每月一次要求，进行全方位、全要素冲洗保障，做好中小道路、结合部区域的盲区死角排查清理，"席地可坐"区域从17个拓展到25个。

【道路保洁】组织开展中小道路"365回头看"专项整治行动，352条中小道路已全部整治完成；优化调整道路废物箱设置，在废物箱顶部张贴标识，推进废物箱分类收集工作；固化见实效的作业方法，如"链式"六车联动机械化作业等；打造42条落叶景观道路；加强扬尘易污染路段监控，重点保障道路进行地毯式有效冲洗。

【全国首个地方性智慧公厕建设导则出台】《上海市智慧公厕建设导则（试行）》是全国首个关于智慧公厕建设的规范性文件，《导则》从4方面涵盖了本市智慧公厕的建设标准，共涉及61项设施配置，通过分类分级方式，明确了基本、推荐和高级3种不同的配置要求。

【环卫公厕】全市新建环卫公厕23座、改建171座、增设第三卫生间58座。持续推进"智慧公厕"建设。

基础发展

【政策发挥保障】颁布《上海市景观照明管理办法》；完成《上海市户外招牌设置管理办法》《上海市水域市容环境卫生管理规定》2件规章草案送审；推进《上海市实施〈中华人民共和国野生动物保护法〉办法》修改前期研究；制定行业规范性文件4件。

【优化营商环境】制订实施《优化行业营商环境行动方案》，明确21项工作任务；"一网通办"改革效能稳步提升，电子证照归集和数据共享初见成效，行政许可"双减半"落地率不断提高，"好差评"制度落实到位，全年完成"减材料"任务151件；深化"放管服"改革，进一步规范生活垃圾经营性服务、园林绿化建设工程等事项办理要求；支持自贸区临港新片区、浦东新区行政审批制度改革，下放绿地、林地占用审批权。

【大调研常态化制度化】坚持"问题导向、需求导向、效果导向"，始终把大调研作为抓落实、抓推进的重要抓手，全面形成"问题清单、措施清单、解决清单、制度清单"，解决一批"三跨"问题。共开展调研1194次，覆盖对象1293家，发现问题894个，已解决问题807条，解决率达到91%，收到工作建议349条。

【标准化研究】完成《珍稀鸟类人工孵化和育雏技术优化和应用》等20个科研项目验收，2个中央财政林业科技示范推广项目、《垃圾房技术标准》等5项地方标准获批；完成"分类收运质量在线"生活垃圾监管平台建设并投入试运行；开展人工智能技术应用设计研究，部分项目形成可行性方案；推进环卫新能源车应用，30款新车型通过地方标准检测。

【安全维稳】强化行业防汛防台工作，成功防御"利奇马""米娜"台风袭击；深入开展行业扫黑除恶专项斗争；积极配合第二轮中央生态环保督察；健全信访维稳、诉求处置工作机制，受理处置群众信访670件、市民诉求37054件，信访办结率100%，转送交办率100%，受理告知率100%。

（上海市绿化和市容管理局）

水务建设与管理

概况

2019年各级水务（海洋）部门全年完成市级水

务工程投资323.82亿元，其中水利170.81亿元、供水11.95亿元、排水141.06亿元。

【河长制湖长制不断健全】各级河长累计巡河108万人次，推动解决难点问题700余个。建立"三查三访一通报"制度，强化水质情况通报，市河长办督查督办141次，治水责任进一步落实。协同建立太湖淀山湖湖长协商协作机制，"金（山）平（湖）嘉（善）水事议事堂""青（浦）吴（江）嘉（善）联合河长制"等协作实践不断深化，闵行、浦东等区建立区区界河合作治理机制，流域区域治水合力进一步凝聚。推进83个河长制标准化街镇建设，出台民间河长指导意见，民间河长总数达5200名，吸纳志愿者近4万名；联合团市委组织开展河长制宣讲，动员2万多名青少年成为"河小青"，全社会治水氛围更加浓厚。

【河道综合治理成效明显】以推进"碧水保卫战"和"环保三年行动计划"为抓手，加快推进"苏四期"工程，全市面上完成558千米河道整治、2000千米河道轮疏、9万户农村生活污水处理设施改造、1434个住宅小区雨污混接改造和3365处其他雨污混接点改造。打通断头河871条段，拆除沿河违法建筑110万平方米，清单内7600条河道消除劣Ⅴ类（2018年以来累计1.7万条），劣Ⅴ类水体比例从2018年初的38.7%降至7.8%，河湖水面率由2018年的9.92%提升至9.98%，城乡水环境面貌显著改善。

【末端处理处置能力持续提升】全面启动城镇污水处理提质增效行动，全市城镇污水处理厂出水水质全面执行一级A及以上排放标准，城镇污水处理率提升至96.5%。

【长江大保护工作有力推进】全面完成河湖"清四乱"专项行动，累计整治513个点位；完成长江干流岸线利用项目清理整治117项（占总量的96%）。与江苏省水利厅签订省际边界采砂管理合作备忘录，全年开展采砂执法223次，立案查处30件，没收江砂13052立方米。

【防汛工作体系进一步健全】实行上海市政府防汛工作"双总指挥制"，夯实以行政首长负责制为核心的防汛责任制。水务、应急部门联合组成防汛办，形成全市防汛"统一指挥、统一办公、统一值守、统一应对"的工作体系。

【城市防汛经受严峻考验】成功抵御"利奇马"等4次台风侵袭，实现"不死人、少伤人、少损失"目标。持续推进防汛设施建设，加快新一轮24个排水系统提标改造，建成9个，基本完成苏州河堤防达标工程，完成11项积水点改造工程、35千米海塘达标建设、10千米黄浦江堤防维修工程、21个圩区提标改造，城市防汛"四道防线"不断完善。

【守住安全底线红线】深入开展专项整治和"安全生产月"活动，累计排查建设运行管理单位2900余家，整改各类隐患2280余项。组织开展2次行业危化品安全督查，排查安全生产隐患400余起。水务设施管理单位开展自查3900余次，排查整改一般隐患1000余项。

【水资源监管基础不断夯实】严格取用水监管，完成679个取水工程（设施）核查登记，以及国家、市、区三级重点监控用水单位名录发布。严控地下水开采，采灌比达1∶17。配合上海市人大常委会完成《上海市水资源管理若干规定》执法检查监督。国家水资源监控能力（二期）项目通过水利部首批技术评估。做好区域水量分配，完成水资源调度顶层设计，出台《上海市水资源调度管理办法》，进一步优化水资源配置。

【城市节水行动启动实施】出台上海市节水行动实施方案，建立市级节水工作联席会议制度。按照水利部要求，发布《上海市用水定额（试行）》，完成2所高校合同节水、4项工业园区规划的节水评价，上海市水务局率先建成市级水利行业节水机关，日均用水量较创建前下降22.6%。深入推进节水型社会建设，建成一批节水型小区、校区、机关、企业和工业园区。推进非常规水源利用，再生水利用量达323万立方米，较2018年增长158%。

【完善规划引领发展】推进2035水务专项规划报批工作，供水规划获上海市政府批复，防洪除涝规划通过水利部行业审查，中心城雨水规划完成国际方案征集，"十四五"规划启动编制。围绕长三角一体化发展国家战略，持续推进长三角一体化核心示范区水利、供排水专项规划编制，并取得阶段性成果。加强全市河湖面积管控，严格填堵河道的行政审批管理和批后监管，2019年对金山、奉贤、松江、崇明4个区施行限批政策。

【夯实体系以管促建】强化水务建筑市场管理和工程现场管理，开展水利检测单位资质批后监管，加强市场经营行为动态监管，深化安全生产警示约谈制度；初步建立安全监督管理系统，全行业全过程监督工程建设质量。长桥自来水厂深度处理工程等3个项目获上海市重大工程文明施工升级示范工程，全市水利建设质量获得水利部考核第一名（连续五年A等级）。

【严格执法维护秩序】坚持严格规范公正文明执法，积极开展河道"清网"、进博会保障等专项执法行动，累计执法巡查1.3万次，出动执法人员3.3万人次，查处违法案件1078起，处罚5487万元，开展行刑衔接4件，形成震慑。《上海市排水与污水处理条例》通过上海市人大常委会审议，制定8项局规范性文件，水务海洋法规体系进一步完善。

【深化改革提高效能】积极推进"一网通办"，供排水接入改革平均办理时间从原来的49天大幅压缩到6天，助力营商环境优化。清理规范行政审批事项，审批事项从原来的46项压缩到37项，评估、评审事项从原来的23项压缩到8项，减材料比例达61%、减时间比例达52%，22项审批事项实现相对人"零跑动"，11项审批事项实现"零材料提交"。农业水价改革深入推进，完成3.33万公顷综改任务，累计达12.6万公顷，占总量的93%。

【科技创新支撑能力持续增强】全年启动科研项目研究21项，取得科研成果28项。颁布《上海市水务标准体系》（2019版），组织制定农村生活污水处理设施水污染物排放标准等11项地方标准，完成48项地方标准复审工作，实施局指导性技术文件5项。

【信息化与业务深度融合】推进城市水务运行管理智能化升级，完成"一网统管"1.0版建设，防汛防台指挥、水务综合管理等2个综合系统，以及河湖长制、供水保障、排水运行等3个专题系统上线运行。

防汛防台

【概况】2019年，上海经受住4个强力台风的影响，以及21场暴雨，其中1场局部特大暴雨、7场局部大暴雨等汛情考验。上海市防汛指挥部共发布防汛防台应急响应行动20次，其中Ⅱ级响应1次，Ⅲ级响应6次，Ⅳ响应13次，未发生因"风、暴、潮、洪"等灾害而导致的人员伤亡和重大财产损失事故，实现"不死人、少伤人、少损失"的防汛目标。全年汛情总体受控，基本情况如下。

【降雨情况】降雨总量比常年偏多七成。汛期（6—9月），徐家汇代表站累积雨量1172.6毫米，较常年同期雨量偏多七成，是2018年汛期雨量的2.2倍。梅雨季持续时间长、梅雨量偏多。

【潮位情况】沿江沿海潮位总体平稳，第9号台风"利奇马"期间，受杭嘉湖、阳澄淀泖区来水影响，黄浦江上游、苏州河和嘉定、青浦、松江、金山等西部地区内河水位全面超警。

【台风影响】受到4次台风的影响，分别是第9号台风"利奇马"、第13号台风"玲玲"、第17号台风"塔巴"和第18号台风"米娜"，其中影响最大的是第9号台风"利奇马"。

【防汛防台工作】全年从五个方面做好防汛防台工作。即做好动员部署，做好隐患排查，做好动员宣传，做好培训演练，做好进博保障。

【台风"利奇马"防御工作】8月8—11日，第9号台风"利奇马"影响上海期间，导致普降暴雨到大暴雨，各站点过程雨量普遍在150~250毫米之间。全市下立交积水43处，道路积水389处，居民小区进水409个，转移群众25.9万人，树木倒伏3.2万株，农田受淹2133公顷，电力中断194条，店招店牌坠落70个，经济损失约1.258亿元。

【安全生产工作】上海市水务局与13家局属单位签订安全生产工作责任书，召开工作例会5次；抽查水务生产经营单位3600余家，排查发现一般隐患3200余项，其中水务建设工程安全隐患1100项全部落实整改；在"安全生产月"活动期间，开展一把手谈安全生产、网络知识竞赛、警示教育、《水安将军》安全生产知识趣味活动等活动。

河长制湖长制

【河长制湖长制】在完善市、区、街镇、村居四级河长体系的基础上，推进虹桥商务区、化学工业区、国际旅游度假区、临港地区、长兴岛地区等市属重点区域，以及市属企业管辖区域的河长制工作。4月22日，上海市河长制办公室印发《关于鼓励社会参与增设民间河（湖）长的指导意见》，加强民间河长和护河志愿者队伍建设。完善"三查三访一通报"制度，注重日常监督检查和重点抽查相结合。

【水污染防治行动计划实施方案】安排工程项目17项，管理类项目13项。年底，工程类项目完成10项，分别是青草沙水库库内配套工程、泰和污水处理厂及配套管网新建工程、白龙港污水处理厂提标改造工程、石洞口污泥处理工程、竹园片区污泥处理处置工程、金山区建设通沟污泥处理设施1座（新江）、中心城区市政雨水泵站旱流截污工程、市政管道雨污分流改造工程、中心城区28个排水系统完善工程和农村生活污水处理工程；管理类项目完成3项，分别是中小河道综合整治、镇村河道轮疏和全市公共供水管网漏损率控制。

【环保三年行动计划水环境保护专项】2019年是第七轮环保三年行动计划水环境保护专项实施的第二年，共安排项目19项。年底，完成8项，累计完成16项，累计完成项目占项目总数的59.3%；开工在建9项，占项目总数的33.3%。未开工2项，占项目总数的7.4%。

【苏州河环境综合整治四期】根据上海市政府办公厅印发的《苏州河环境综合整治四期工程总体方案》，围绕污染治理、防汛安全和两岸整治等目标，完成整治任务。苏州河支流劣Ⅴ类水体比例由2018年底的20.6%下降至2019年底的8.9%。

【河湖管理工作】开展河湖管理范围划定、长江采砂管理、河湖四乱问题清查整治及长江干流岸线利用项目清理整治等工作。3月7日，印发《关于加快本市河湖管理范围划定工作的通知》及划定技术方案，完成长江（上海段）、市管与区管及以下河湖管理范围线划定工作。6月20日，与江苏省水利厅签订《长江河道苏沪省际边界采砂管理合作备忘录》。10月16日，上海市河长办印发《关于进一步加强本市长江河道采砂管理工作的实施方案》，12月6日，上海市河长办印发《上海市长江干流河道非法采砂源头治理暨"三无"采砂船专项整治工作方案》，7月，完成上海河湖"清四乱"专项行动，7月5日，印发《上海市重要河道、湖泊、水库、海塘、海域无居民岛范围内违法建筑物问题清查整治专项行动实施方案》，推进长江干流岸线利用项目清理整治工作。

【太湖淀山湖湖长协作机制建立】12月14日，太湖淀山湖湖长协作会议在浙江省湖州市长兴县召开。会议审议通过《太湖淀山湖湖长协作机制规则》。协作机制成员由江苏、浙江省级太湖湖长，江苏、上海省（市）级淀山湖湖长，沿太湖苏州、无锡、常州、湖州市级太湖湖长，沿淀山湖苏州、青浦市（区）级淀山湖湖长，主要出入湖河道所在县（市、区）的县级河长，太湖局和江苏、浙江、上海省（市）级河长制办公室及长三角区域合作办公室有关负责人，以及苏州、无锡、常州、湖州、青浦市（区）级河长办有关负责人组成。各成员单位所在单位为协作机制成员单位。协作机制办公室由江苏省、浙江省、上海市河长办和水利部太湖流域管理局共同组成，一体推进太湖、淀山湖及出入湖河道的综合整治与管理保护。

城市供水

【概况】2019年底，上海市共有自来水厂37座，与上年持平。2019年，全市自来水供水总量29.79亿立方米，比2018年下降2.5%；售水总量23.99亿立方米，下降1.5%。其中，中心城区自来水公司供水总量19.85亿立方米，比2018年下降2.2%，售水总量16.31亿立方米，下降2.1%；郊区供水企业供水总量10.52亿立方米，下降3.0%，售水总量8.26亿立方米，下降0.2%。全市日均供水量814.73万立方米（中心城区543.41万立方米、郊区271.32万立方米），供水服务压力合格率99.15%，供水水质综合合格率99.73%。全市最高日供水量907.36万立方米（7月30日，当日最高气温37.9℃）。

【节水型社会建设】2019年，新增2家节水型工业园区、5家节约用水示范企业、42家节水型企业、2所节约用水示范学校、22所节水型学校、1所节水示范托幼机构、14所节水型托幼机构、13家节约用水示范小区、160家节水型小区、2家节约用水示范机关、91家节水型机关、1家节约用水示范单位、86家节水型单位，21家企业、6所学校、413家小区、1家单位通过复评工作。10月，根据住房城乡建设部和国家发改委关于《开展国家节水型城市复查工作的通知》，上海做好复查迎接工作。通过听取汇报、查阅资料、现场核查等方式，上海顺利通过国家节水型城市的复查。

城市排水

【概况】2019年，上海市城镇污水总量28.07亿立方米，日均处理769.03万立方米，上海市共有城镇污水处理厂42座，总处理能力834.3万立方米/日。完成《上海市排水与污水管理条例》修订工作。

【道路积水改善工程】2019年，完成合肥路、王家码头路、外仓桥街南仓街等11个2019年度上海市政府实事项目道路积水改善工程项目，涉及黄浦、普陀、虹口、静安、杨浦等5个中心城区。新敷设排水管道约5.5千米，总投资额约1.5亿元。

【化学需氧量、氨氮、总磷减排工作情况】2019年，上海市共有城镇污水处理厂42座，总处理能力834.3万立方米/日，合计处理污水量28.07亿立方米，日均处理769.03万立方米，与2018年同期相比，日均处理量增长2.68%，全市城镇污水处理厂出水水质全面执行一级A及以上排放标准。出水化学需氧量、氨氮和总磷平均浓度分别为25.4毫克/升（2018年同期30.8毫克/升）、2.08毫克/升（2018年同期4.30毫克/升）、0.20毫克/升（2018年同期0.32毫克/升）。化学需氧量削减量78.43万吨，同比增长6.98%；氨氮削减量6.16万吨，同比增长12.2%；总磷削减量1.04万吨，同比降低2.8%。全市产生污泥133.0万吨（干基43.9万吨），日均污泥量3644.4吨（干基1203.3吨），每处理万吨污水产生1.56吨（干基）污泥。

水利建设

【概况】 2019年,完成9万户农村生活污水处理设施建设,超额完成考核目标;推进农业水价综合改革,完成3.33万公顷(50万亩)国家年度考核目标任务,推进圩区达标改造项目建设,建成7个;加快推进历年农田水利项目扫尾,完成竣工验收93个。开展水土保持监测、信息化、监督执法等工作。上海市水土保持工作会议暨2019年度水土保持规划实施情况评估工作启动会顺利召开,全市水土保持工作有序推进。出台《加强本市河湖长效管理养护工作的实施意见》《河湖长效管理工作考核办法》,规范河道管理养护工作。印发《2019上海市河道(湖泊)报告》。

【农业水价综合改革】 围绕保障粮食安全和水安全目标,推进农业水价综合改革,强化农业用水管理。建设完成农业水价综合改革面积3.33万公顷,完成国家年度考核目标任务。

【水土保持】 8月7日,开展生产建设项目水土保持专项监督检查工作;10月30日,建立上海市水务局水土保持专家库,发布《生产建设项目水土保持方案审批办事指南》《生产建设项目水土保持方案审批办事指南(告知承诺方式)》等规范性文件;11月13日,上海市水土保持工作会议暨2019年度水土保持规划实施情况评估工作启动会召开,推进全市水土保持工作,按照《水利部 发展改革委 财政部 自然资源部 生态环境部 农业农村部 林草局关于开展全国水土保持规划实施情况考核评估工作的通知》要求,完成2019年度水土保持自评估工作。

【农村生活污水治理】 农村生活污水治理仍被列为2019年上海市政府实事项目,并列入城乡一体化考核目标。全年建设完成全市9万户农村生活污水处理设施,超额完成8万户年度考核目标,涉及浦东新区、闵行、嘉定、奉贤、松江、金山、青浦等7个区,全市农村生活污水处理率由2018年的75%上升至84%。

【水利行业管理】 抽查河湖1.6万千米,发现、整改问题3.6万处。完成水利部确定的两江四湖"清四乱"专项行动,68个规模以上问题和445个规模以下问题均完成整改。完成市区镇三级河湖与长江(上海段)管理范围划定工作,向社会公布划界成果。5—8月,开展蕰南片、青松片、淀北片等相应区域的调水试验。完成水闸安全鉴定23座。完成全市17451条(个)河湖和1721个水利工程设施的规范命名工作。完成3期139人次河道修防工和8批368人次水工闸门运行工的职业技能培训鉴定。12月9日,完成《本市水资源调度实施细则》修编;11月15日,完成《水闸和水利泵站维修养护定额》送审稿;11月18日,完成《灌溉用水定额》修编工作。

水政管理

【概况】 2019年,累计受理、办理水务、海洋行政审批事项10607项。其中上海市水务局行政服务中心(上海市海洋局行政服务中心)受理办理行政审批事项共2182项(其中水利705项、供水145项、排水1326项、海洋6项);接收建设工程并联审批事项63项。上海市供水管理处受理办理"用水计划指标的核定或批准"8423项。上海市供水调度监测中心受理办理"临时停止供水或者降低水压的审批"2项。发布主动公开信息2796条,行政公文主动公开率达73.3%,办理依申请公开信息60件。调整门户网站政务公开栏目,细化公开目录、扩大公开范围、丰富公开形式,建立目录更新和完善机制,推进主动公开基本目录制度建设。优化门户网站公开专栏设置,提升政务公开重点工作和内容的可见性和展示度。12月,修订《上海市水务局上海市海洋局政府信息公开指南》,明确申请流程、答复时间、答复类型等内容,提高指南的易读性。9月,完善《上海市水务局政府信息依申请公开内部办理流程》,更新《信息公开办理流转单》,加强审核把关。全市水务执法机构共开展执法检查12908次,出动执法人员32005人次,立案1072件,与上年相比,同比下降11.5%,罚款5485.27万元,同比增长15.9%。其中水利类案件201件,供水类案件69件,排水类案件802件。在海洋执法方面,开展海上巡航221航次,陆上巡查280车次,出动人员2162人次,立案38件,同比增长123.5%,罚款366.05万元,同比增长57.2%。

【水务规划】 2019年,推进新一轮《上海市供水规划》《上海市防洪除涝规划》《上海市城镇雨水排水规划》《上海市水务海洋"十四五"规划基本思路》《长三角生态绿色一体化发展示范区水利规划》《长三角生态绿色一体化发展示范区供排水规划》《竹园污水处理厂四期工程专项规划》《竹园白龙港污水连通管工程专项规划》等20余项规划编制;扎实推进长江口河海划界工作。开展竹园白龙港污水连通管、原水西环线、金泽水库提升完善工程等10余项水务海洋重点工程项目技术储备。推进长江经济带、长三角一体化发展、城市总规、城市规划建设管理方案等涉水任务实施,汇总并报送实施情况,推进各项工作顺利完成。做好世博文化公园二期、机场联络线以及临港地区、郊区新城等重点地区20余项上海市重大工程涉及水务海洋规划调整和协调工作。严格填堵河道的行政审批管理和批后监管,全年批复138个填河许可事项,净增河湖面积约35公顷。开展水务、海洋规划审核和服务工作,完成各类地区性水务专业规划、重大工程涉水规划、总规、控规等行业审核和协调100余项。受理河道蓝线划示项目428项,图纸11839张;归档项目412项,涉及图纸2203张。重大工程项目32个。

【地方性法规】12月19日,上海市十五届人大常委会第十六次会议全票表决通过《上海市排水与污水处理条例》,于2020年5月1日起施行。该修订通过立新废旧方式,对原条例进行全面修订,将农村污水治理、规范泵站放江、严格雨污分流等近年来城市排水与污水处理出现的新情况纳入范围。

【行政规范性文件】1月24日,印发《上海市排水执法水质监测管理规定》,明确排水执法水质监测方式和项目,规范采样的方式和程序。1月29日,印发《上海市水务海洋违法行为举报奖励办法》。2月1日,印发《上海市水务局关于修改〈上海市水务局关于进一步加强排水户监管工作的通知〉的决定》,原通知根据决定修改后重新公布,修改排放污水水质执行标准、核发排水许可证依据和严格执法监管要求。4月1日,印发《上海市公共供水水质信息公开管理办法》,规范公共供水水质信息公开工作。4月3日,印发《上海市建设项目海域使用许可管理办法》《上海市海域使用论证报告评审工作实施办法》,加强全市海域使用管理。5月24日,印发《上海市水平衡测试管理规定》,落实最严格水资源管理制度,加强用水效率管理,规范水平衡测试工作。9月9日,印发《上海市水利工程乙级质量检测单位"双随机、一公开"抽查工作实施方案》,落实国务院和水利部"双随机、一公开"监管要求,规范全市水利工程乙级质量检测单位"双随机、一公开"抽查工作。

【水质监测】2019年,推进地表水常规监测和地下水水质监测,开展全市河湖市控新增断面、全市骨干河湖、水利控制片、苏四期、保障进博会、"三查三访"问题河湖、农村生活污水处理设施的出水水质监督性监测等水质监测,完成监测资料统计汇总和分析评价,上报各类月报、通报和专报20期;加强实验室质量管理以及水质在线监测管理;7月5—8日,成功举办长江经济带全国引领性劳动和技能竞赛"助推绿色发展,建设美丽长江"水质监测技能竞赛。围绕全市"消黑除劣"目标,11月,编制《2019年全市河湖水质监测方案》,开展全市河湖水质监测。

【黄浦江干流水质状况】2019年,松浦大桥、吴泾、长桥、南市水厂、杨浦水厂和吴淞口等6个水质监测断面水质综合评价类别均为Ⅲ类,影响水质的主要项目为总磷。与2018年相比,黄浦江整体水质略有好转;全江段氨氮、高锰酸盐指数年平均浓度好转29.0%和15.6%,溶解氧、化学需氧量、五日生化需氧量和总磷年平均浓度均基本持平。

【苏州河干流水质状况】2019年,赵屯、白鹤、黄渡、华漕、北新泾、武宁路桥和浙江路桥等7个水质监测断面中,赵屯、白鹤2个断面水质综合评价类别为Ⅲ类,其余5个断面水质综合评价类别为Ⅳ类,影响水质的主要项目为溶解氧和氨氮。与2018年相比,苏州河水质好转;赵屯、白鹤、黄渡、华漕和北新泾等5个断面水质综合评价提升一个类别,武宁路桥和浙江路桥等2个断面水质综合评价类别持平;全河段主要监测项目的浓度变化为0.06～1.1毫克/升。

【水务科技】2019年,上海市水务海洋科技工作围绕全市2040卓越的全球城市建设和加快推进具有全球影响力的科创中心建设目标,全年取得国家水专项、海洋公益性专项、上海市科委重大项目、局科研专项等35项科研成果。其中,海洋公益性专项"深海石油钻采钻铤无磁钢国产化及防护技术"项目,5项研究成果实现产业化目标;水专项"城市排水系统溢流污染削减及径流调控技术研究""城市雨水径流综合管控平台与辅助决策系统研究及示范""巢湖市城市水环境质量改善研究与综合示范"项目,为城市排水、雨水径流、提质增效提供技术支撑;上海市科委专项"上海市海绵城市雨水系统规划与建设关键技术研究""上海市区域排水内涝防治体系关键技术研究"等项目,为上海市海绵城市工程和城市排水工程规划建设提供技术支持。出台一批地方标准和局指导性技术文件,颁布出台《上海市水务标准体系》,发布全国首个饮用水地方标准——上海市《生活饮用水水质标准》。

(上海市水务局)

江 苏 省

概况

2019年，江苏省住房和城乡建设厅坚持城市、乡村工作两手抓、两促进。对城市工作，以系统化思维强化城市建设领域目标综合、项目集成、资源整合和项目化推进，在国内率先试点探索美丽宜居城市建设；对乡村工作，坚持"四化"同步，加快推进苏北地区农民群众住房条件改善，整合升级农村建设发展项目，扎实推动特色田园乡村建设。同时，深入学习贯彻习近平总书记关于国家安全的重要论述，以及习近平总书记在省部级主要领导干部坚持底线思维着力防范化解重大风险专题研讨班上的重要讲话精神，着力防范化解重大风险，被省委确定为5个开展风险防控四项机制试点的省级部门之一，积极为全省风险防控工作探索经验。

中央部署的打好三大攻坚战、实施乡村振兴战略、长江经济带建设、扫黑除恶专项斗争等重点工作，在全省住房城乡建设领域得到全面有力落实；省政府2019年度十大主要任务中涉及省住房城乡建设厅的18项工作，包括省政府10项民生实事中涉及省住房城乡建设厅的5项实事，均按时序进度全面高质量完成。提前一年率先完成国家确定的城市黑臭水体整治任务。2019年建筑业增加值预计达到5300亿元，占全省GDP比重5.5%左右，房地产开发投资和销售规模约占全国总量十分之一。

法规建设

【立法工作】严格执行立法程序，在《江苏省燃气管理条例》（修订草案）的起草工作中完成了召开立法座谈会、征求省级相关部门和各地燃气主管部门意见、向社会公众公开征求意见、召开听证会、组织公平竞争审查和社会风险稳定性评估等前期工作；配合省司法厅对报送审查的草案进行修改，并经省政府第35次常务会议讨论通过；配合省人大相关委员会完成了条例的两次审议工作。制定印发了《江苏省住房和城乡建设厅关于试行调整部分建筑业企业资质承包工程范围的通知》《关于试行部分类别的施工总承包资质企业跨专业承接工程的通知》《江苏省二级造价工程师职业资格考试实施办法（试行）》《江苏省建筑工人实名制管理和工资支付保障实施办法（试行）》等4个规范性文件。

全年共协调处理国家和省、市立法机关转来的法律、法规、规章征求意见98件次，各类政策文件征求意见反馈136件次，共计234件次；先后开展了涉及生态环境保护、工程审计制度改革、产权保护、证明事项、机构改革、行政裁决的省地方性法规、省政府规章、省政府文件6轮专项清理工作。

贯彻落实《重大行政决策程序暂行条例》，对《条例》中规定的5个方面重大行政决策事项，认真落实决策启动、公众参与、专家论证、合法性审查、集体讨论决定、决策公布等程序规范要求。

【行政复议和行政诉讼】2019年共收到行政复议申请64件，与上年总数163件相比下降60%；复议案件纠错率由去年的6%上升为12%，复议监督纠错力度进一步增强。以复议机关作为共同被告的败诉案件数量由去年的5件下降为1件，复议案件办理质量进一步提高；2019年共办理行政应诉案件86件，与去年总数115件相比下降25%；败诉案件6件，占行政应诉案件的6.9%，与2018年持平。

【行政执法监督】向全省城市管理部门传达了省委编办召开的综合行政执法改革工作协调会与全省综合执法改革工作推进会会议精神，稳步推进城市管理执法体制改革各项工作；在全国率先实现"省市县（区）"三级城市管理机构全覆盖；会同省委编办推进城市管理领域"乡镇行政综合执法"机构改革试点；出台了《江苏省城市管理执法规范化建设标准》《江苏省城市管理执法全过程记录实施办法》等8个标准规定。

全面推行"三项制度"。出台《江苏省住房城乡建设厅关于进一步加强全省住房城乡系统行政执法队伍建设的意见》，对全省住建领域贯彻落实行政执法"三项制度"提出明确要求，确保执法行为过程信息全过程记载、执法全过程可回溯管理、重大执法决定法制审核全覆盖。

启动全省统一的住房城乡建设领域行政执法办

案系统建设，探索形成全省住房城乡建设系统行政执法办案"一张网"；同步开展执法数据库和相关数据标准研究，推动设区市、县（市、区）执法数据与"一张网"数据对接，实现"数据一个库，管理一条线"。

【普法工作】组织新任领导干部法律知识考核，组织从事行政执法岗位工作的人员参加执法人员资格考试；完成厅行政执法主体确认和行政执法人员证件核发工作；针对消防职能承接中面临的相关技术和执法问题，组织消防质量监督执法专题培训；组织全系统建设和城管执法骨干人员的两次专题培训；在厅门户网站设置法规专题，及时动态更新涉及住建系统的相关法律法规。

【其他】全面推进工程建设项目审批制度改革，开展工程建设项目审批制度"全流程、全覆盖"改革。牵头起草并提请省政府办公厅印发《江苏省工程建设项目审批制度改革实施方案》（苏政办发〔2019〕53号）。提请省工程建设审批制度改革领导小组印发了《江苏省工程建设项目审批事项清单》；组织编制并印发了《江苏省工程建设项目分类审批指导性流程图》《关于印发全省工程建设项目审批制度改革配套制度的通知》《关于印发工程建设项目审批四个阶段"一张表单"的通知》；改革涉及的地方性法规、政府规章和部门规范性文件"立改废释"工作已同步开展。6月底，实现了省级工程建设项目审批管理系统与国家系统、南京市系统的互联互通；12月中旬，各设区市工程建设项目审批管理系统全部完成与省和国家审批管理系统的联通，实现了系统建设的年度目标。

深入推进"放管服"改革，优化营商环境。印发《江苏省住房城乡建设系统全面推开"证照分离"改革相关管理措施》；开展全省建设工程质量监督检查、物业服务行业检查等方面的"双随机、一公开"抽查工作；按照推进"互联网＋监管"工作要求，已经完成对口国家部委62个事项的认领，另新增事项38项，监管事项总数100项，子项总数662项，并完成全部检查事项实施清单的梳理填报。

对住房城乡建设系统的739项行政处罚权进行梳理，摘录出涉及工程质量、安全生产、违法招投标行为等重点领域、重点事项197项，初步理清了住房和城乡建设系统失信行为的类型、数量，失信行为分类的思路进一步清晰，失信行为分类规范的框架体系进一步完善。

房地产业

【概述】2019年，省住房城乡建设厅继续坚持"房子是用来住的，不是用来炒的"工作定位，围绕"稳地价、稳房价、稳预期"的目标，认真督促城市政府落实主体责任制。南京、无锡、苏州稳妥实施"一城一策"试点方案，其他城市坚持因城施策，着力防范化解房地产领域风险隐患，大力整顿规范市场秩序，全省房地产市场运行总体平稳。

【房地产开发】2019年，全省房地产开发投资共完成12009亿元，同比增长9.4%，增幅高于全省固定资产投资增幅15.3个百分点，占全省固定资产投资总额的20.4%。其中，商品住宅投资9462亿元，同比增长13.1%，增幅高于全省固定资产投资增幅11个百分点，占全省固定资产投资总额的16.1%。

【房地产建设】2019年，全省商品房新开工面积16227万平方米，其中商品住宅12478万平方米，同比分别下降3.5%、3.3%。商品房施工面积65687万平方米，其中商品住宅49011万平方米，同比分别增长4.8%、5.8%。全省商品房竣工面积9369万平方米，其中商品住宅6969万平方米，同比分别增长9.8%、9.6%。

【房地产经营】2019年，全省商品房和商品住宅累计批准预售面积分别为14078万平方米、11848万平方米，同比分别下降11.7%、11.5%。全省商品房和商品住宅累计登记销售面积分别为14392万平方米、12332万平方米，同比分别下降3.4%、3.3%。全省商品房和商品住宅成交均价分别为12004元/平方米、12308元/平方米，同比分别增长23.8%、28.7%。截至2019年底，全省商品住宅累计可售面积9162万平方米，较上年底增加92万平方米。按滚动12个月的月均销售速度计算，库存去化周期为8.9个月，处于相对合理区间。

【物业管理】省住房城乡建设厅修订发布了《省级示范物业管理项目服务质量评价标准（2019年版）》，并组织开展了省级示范物业管理项目评价工作，以树立行业先进典型的方式鼓励引导企业争先创优，确认了131个省级示范物业管理项目；同时，会同省委组织部召开全省党建引领物业管理服务工作现场会，表彰了10个物业管理服务行业党建工作示范点，通过物业行业党建，破解物业管理难题，提升全省物业服务水平。组织开展了物业服务行业"双随机"检查，要求各地按照每年不低于辖区内物业管理项目30%的比例进行抽查，三年内完成"双随机"检查全覆盖，通过查找问题、通报批评、责令整改等方式，促进物业服务水平提升。2019年，省发改委、省住房城乡建设厅全力推进新修订的

《江苏省物业服务收费管理办法》实施，进一步规范物业服务费管理，维护业主、物业使用人和物业服务企业的合法权益。

【宜居示范居住区建设】2019年，省住房城乡建设厅在老旧小区综合整治基础上，继续开展省级宜居示范居住区建设。全年共建设省级宜居示范居住区项目130个，其中旧改项目51个、提升项目79个，整治改造总建筑面积1414万平方米，惠及12.3万户。

住房保障

【保障性安居工程建设】2019年，全省棚户区改造新开工26.86万套、基本建成15.54万套，城镇住房保障家庭租赁补贴发放2.58万户，分别完成年度目标任务122.09%、141.27%、193.98%。全省政府投资公租房分配26.13万套，分配比例95.77%，国家下达我省的保障性安居工程各项任务全部提前超额完成。

【政策保障】一是资金保障。完成上年度棚户区目标任务完成情况核查，争取中央财政专项补助资金46.75亿元、国家保障性安居工程基础设施配套补助资金16.11亿元，落实省级财政预算安排保障性安居工程补助资金2.5亿元，全年共到位补助资金65.36亿元。省住房城乡建设厅、省财政厅组织各地申报棚户区改造专项债券，2019年共发行专项债券279亿元；同时，积极推广自营模式贷款、项目贷等融资方式，支持各地争取各类银行贷款，并支持各地发行企业债、公司债、中期票据以筹集资金。二是用地保障。组织各地对保障性安居工程年度用地指标进行测算和申报，2019年全省共单列新增保障性安居工程年度用地计划1.34万亩。

【住房保障信息公开】省住房城乡建设厅印发《关于进一步加强住房保障信息公开工作的通知》，督促各地严格落实国家和省要求，扎实做好住房保障政策、工程建设信息、保障性住房分配和退出信息公开工作，保障人民群众的知情权、参与权和监督权。根据住房城乡建设部相关工作部署，省住房城乡建设厅会同江苏省建行有序推进公租房信息系统建设，全省所有市县均按要求顺利完成公租房系统贯标联网工作。

【住房保障诚信体系建设】省住房城乡建设厅指导徐州、泰州、连云港等地有序开展住房保障诚信管理试点，并委托南京工业大学进行住房保障诚信体系课题研究。根据试点地区经验以及课题研究成果，省住房城乡建设厅会同省信用办联合印发了《关于加强住房保障失信行为管理的通知》，全面推进住房保障领域信用体系建设。

住房公积金

【概况】江苏共设有13个设区市住房公积金管理中心、9个独立设置的分中心；全省从业人员1999人。2019年，全省13个城市中心全部被评为省文明单位，全省住房公积金系统再次被评为省文明行业。

【住房公积金工作督查管理】全面开展住房公积金电子稽查和评估，有效提升全省住房公积金规范管理、合规管治和风险管控水平，保障资金安全和政策落实。配合审计署完成对全省2018年度和2019年1—9月住房公积金归集管理使用以及相关政策措施落实情况专项审计。认真组织开展扫黑除恶治理违规提取住房公积金活动，至2019年末，全省违规提取业务数量比扫黑除恶治理活动之初下降92.49%。

【住房公积金信息化】全省住房公积金中心使用区块链技术接入全国住房公积金数据平台，实现住房公积金数据全国集中。各设区市积极贯彻落实"互联网+政务服务"改革要求，全面推进"智慧公积金"建设。

加快推进住房公积金档案电子化。按照实现档案工作对住房公积金管理"业务全嵌入、结果全记录、过程全监督、数据大服务"的要求，实施档案存量数字化、增量电子化、归档在线化、利用网络化、管理系统化"五化"举措，以档案信息化推进住房公积金管理规范化。

【住房公积金工作服务指导】积极推进长三角公积金一体化建设。落实国家发展战略，探索住房公积金领域的长三角一体化发展路径，会同上海、浙江、安徽两省一市共同研究长三角住房公积金一体化战略合作模式，打造长三角区域内住房公积金业务联动、信息联动、服务联动的新局面。全省住房公积金管理机构实现在长三角"一网通办"专窗系统开展住房公积金跨地区信息协查，积累了区域内住房公积金一体化发展有益经验。推进住房公积金缴存登记纳入"多证合一"，推行住房公积金缴存业务全程网上办、"通缴通取"，持续优化营商环境。

城市规划设计

【概况】2019年，江苏认真落实中央城市工作会议精神，通过大力推进历史文化名城保护、深化完善城市设计、开展城市体检评估试点，持续提升人居环境与设计品质，城市文脉延续性和风貌整体性管控取得积极进展。

【历史名城保护】2019年，苏州市光福镇、昆山市巴城镇、高邮市界首镇、高邮市临泽镇和常州市杨桥村、溧阳市沙涨村入选第七批中国历史文化名镇名村；兴化市启动申报国家历史文化名城，连云港市、溧阳市启动申报省级历史文化名城。截至2019年底，江苏共保有13座国家历史文化名城、31个中国历史文化名镇、5个中国历史文化街区，国家历史文化名城与中国历史文化名镇数量保持全国第一。

在全省大运河文化保护工作总框架下，将大运河沿线14个历史文化名镇、10个历史文化街区保护修缮项目纳入《江苏省大运河国家文化公园建设保护实施方案》《江苏省大运河文化保护传承利用实施规划》。继续指导各地做好历史文化名城名镇名村保护规划2020版备案与2035版修编，组织审查了常熟市南泾堂历史文化街区、西泾岸历史文化街区与扬州市邵伯镇中大街-南大街历史文化街区保护规划。制定实施江苏历史建筑测绘、建档工作三年行动计划，截至2019年底全省共确定历史建筑1593处；南京市、溧阳市开展省级历史建筑保护利用试点，探索历史建筑保护和可持续利用模式及路径。

【城市设计管理】2019年，南京、苏州、徐州、南通、镇江、宿迁6市全面完成国家城市设计两年试点任务。

【城市双修试点】2019年，南京、徐州、苏州、南通、扬州、镇江6市全面完成国家生态修复城市修补两年试点任务。结合各试点城市经验，江苏省住房城乡建设厅组织开展"城市双修"课题研究，并编制江苏省"城市双修"工作指南。

【建筑设计管理】省住房城乡建设厅联合省委宣传部、中国建筑学会、中国勘察设计协会、中国园林风景学会共同举办第六届"紫金奖"文化创意设计大赛专题赛事"建筑及环境设计大赛"。该赛事自2014年创办以来已举办六届。

省住房城乡建设厅联合省委宣传部、中国建筑学会共同创办"江苏·建筑文化讲堂"。该讲堂为全国省级层面首个"建筑文化讲堂"。讲堂内容包括建筑与城市、建筑与空间、建筑与风貌、历史建筑保护利用等多个主题，首批30名主讲嘉宾包括7位院士、14位设计大师、9位知名学者。

【城市体检评估】2019年，省住房城乡建设厅指导南京市入列住房城乡建设部首批全国城市体检试点名单，并建成城市体检指标体系，完成体检评估报告。体检指标包括生态宜居、城市特色、交通便捷、生活舒适、多元包容、安全韧性、城市活力等方面。

城市建设

【概况】2019年，江苏城市建设工作以打好污染防治攻坚战为重点，努力补齐市政基础设施建设短板、提高市政公用设施安全运营和应急保障能力、提升市政公用行业服务质量。全省黑臭水体治理与污水处理提质增效等重点任务，以及城市轨道交通、海绵城市建设、易涝易淹片区整治等重点工程推进明显，安全供水供气保障措施更趋完善，停车便利化工程、燃气行业立法、地下综合管廊建设等工作进展顺利。

【海绵城市建设】省住房城乡建设厅编发《江苏省建设工程海绵城市专项设计审查要点（试行）》《江苏省海绵城市适用设施标准图集》，并依托省海绵城市技术中心和省海绵城市联盟定期开展省级试点城市现场调研评估，保障建设成效。新增海绵城市建成面积351.2平方公里。截至2019年底，全省城市（县城）累计建成海绵城市总面积606.6平方公里以上，约占全省城市（县城）建成区总面积11.4%。

【城市地下综合管廊】2019年江苏城市地下综合管廊建设稳步推进。苏州市高质量通过国家首批地下综合管廊试点城市建设考核验收；南京、连云港、新沂、涟水4个省级试点城市在新区建设、旧城改造中统筹推进地下综合管廊建设，管线安全管理水平和防灾抗灾能力显著提升，试点任务顺利完成。截至2019年底，全省累计建成地下综合管廊约220公里、在建约120公里。省住房城乡建设厅制定发布《江苏省城市地下综合管廊运行维护指南（试行）》，并结合省级试点评估结果编撰《地下综合管廊省级试点城市验收评估报告》，为全省地下综合管廊建设工作、城市地下空间高效集约利用提供指引。

【市政交通建设】2019年江苏省新增城市（含县城）道路长度105.01千米（面积约2591.47万平方米）、桥梁549座、道路照明灯24.87万盏。截至年底，全省拥有城市道路总长度5.49万千米（面积98208.04万平方米），人均城市道路面积达24.52平方米；拥有各类桥梁16934座、道路照明灯401.53万盏，安装路灯道路长度4.44万公里。省住房城乡建设厅首次组织编印《江苏省城市照明发展报告》，起草并提请省政府印发《关于加强城市景观照明管理的贯彻实施意见》，杜绝"形象工程""政绩工程"。组织编印了《江苏省城市照明智慧灯杆建设指南》，对主动开放灯杆资源、整合公共服务功能、实施智能化管理等提出明确要求。2019年全省城市轨道交通建设持续推进，全年完成城市轨道交通建设投资705亿元，建成投运城市轨道线路5条、里程141公里，在建城市轨道线路21条、里程555公里。截至2019年底，全省城市轨道交通总运营线路26条（含6条有轨电车），运营里程791公里。

【环卫设施建设】2019年江苏省新增城市（含县城）生活垃圾无害化处理设施8座、完成扩建2座，新增生活垃圾无害化处理能力10450吨/日；新增6座餐厨废弃物无害化处理和资源化利用设施、完成扩建1座，新增处理能力1350吨/日；新增6座建筑垃圾资源化利用设施、完成扩建1座，新增建筑垃圾资源化利用能力335万吨/年。截至2019年底，全省累计投运生活垃圾处理设施91座（卫生填埋场40座，焚烧厂50座，水泥窑协同处置项目1座），生活垃圾处理总能力为7.95万吨/日。全年全省清运生活垃圾1928.5万吨，较上年增长6.1%，生活垃圾无害化处理率连续3年达到100%。

全省深入开展城市公共厕所提标便民工程。全年新建、改建城市公厕1191座；省住房城乡建设厅印发《江苏省城市公共厕所运行管理规程（试行）》，构建"厕所开放联盟"，完善城市公厕公共服务体系。全省城市生活垃圾分类治理亦持续推进。省住房城乡建设厅印发《江苏省城市居民生活垃圾分类投放与收运设施设备配置指南（试行）》《江苏省生活垃圾分类小区评价标准》，全年新增垃圾分类试点小区超过6300个、单位7810个，截至2019年底，全省累计有1.78万个小区、2.67万个单位实施垃圾分类；13个设区市和41个县（市）建成区生活垃圾分类设施覆盖率分别为85.4%、89.9%，提前一年并超额完成原定70%、60%的三年目标任务。全省城市（县城）建成区道路机械化清扫率进一步提升，设区市达到83%，县（市）达到78%。

【城市供水节水】2019年江苏省供水安全保障体系建设持续加强。全年全省城市（县城）新增自来水深度处理能力614万立方米/日，完成二次供水改造设施约1300个，完成老旧供水管网改造约1600公里。省住房城乡建设厅组织开展了3次供水水质监督检测，并联合省反恐办开展了供水行业反恐达标建设，督促各地做好供水安全保障。组织开展了全省供水行业危险化学品摸排，液氯储备超过5吨的全部纳入重大危险源省级台账。印发《关于切实加强汛期城镇供水安全工作的通知》《关于加强城镇供水管网建设维护保障运行安全的通知》，引导各地加强汛期供水保障能力建设、完善管网设施运行维护机制。根据省太湖水污染防治工作部署，4月份启动太湖饮用水安全度夏应急防控机制。组织徐州、苏州等11个城市开展国家节水型城市复查，指导新沂创建省级节水型城市，指导盐城、泰州两市开展城市节水评价。全力推进城建供水报装审批制度改革，进一步压缩用水报装程序和时间，督促用水报装"进大厅、上网络"，优化全省供水行业营商环境。

【城镇污水处理】2019年江苏认真落实国家长江大保护战略和国家三部委城镇污水处理提质增效三年行动计划，以补齐"污水收集管网""处理设施能力"两项短板为重点，全力提升城镇污水处理工作质量。一是出台纲领性文件加强引导。印发《江苏省城镇生活污水垃圾专项整治行动方案》，明确近两年污水处理设施建设任务；印发《江苏省城镇生活污水处理提质增效三年行动实施方案（2019—2021年）》，并组织编制了《实施方案编制大纲》《城市污水管网排查评估技术导则》，启动开展省级示范城市建设，谋划江苏省城镇污水提质增效精准攻坚行动。二是加快推进基础设施建设与改造。省住房城乡建设厅研究制定《太湖地区城镇污水处理厂再提标工作方案》，宣贯太湖地区城镇污水处理厂提标技术指引，召开工作推进会，全面推进提标工作和尾水生态湿地建设。三是加强乡镇污水处理设施建设与运行。省住房城乡建设厅联合省财政厅确定第二批苏中、苏北六县建制镇污水处理设施专项以奖代补县（市、区）名单，下达资金4.7亿元；联合省生态环境厅印发《关于进一步加强全省乡镇生活污水处理设施建设和运行管理的指导意见》，指导各地强化建制镇污水处理设施效能发挥。全省城市（县城）新增城镇污水处理能力67万立方米/日以上，新增污水收集管网1300公里以上。

【城市黑臭水体治理】省住房城乡建设厅、省生态环境厅联合制定全省城市黑臭水体整治年度计划，并建立实施整治工作季度调度会制度，加强日常调度监督与指导；省级财政下达补助资金2.23亿元，引导各地整治工作推进。对淮安、盐城、徐州建立重点城市对口帮扶制度，实行现场帮扶指导。指导各地开展城市黑臭水体整治成效评估，并委托第三方机构开展水质监督检测，督促地方加强动态巡查管理，建立长效管理机制。宿迁、盐城入选国家城市黑臭水体治理示范城市；全省完成黑臭水体整治项目148个，其中设区市121个、太湖流域县（市）27个，实现了13个设区市和太湖流域9个县城建成区基本消除黑臭水体的总目标。

【城市燃气】2019年江苏城市（县城）新增燃气供气管道8578公里、改建685公里，天然气供应总量139.3亿立方米，液化石油气供应总量约64.8万吨，用气人口3903.4万人，燃气普及率99.87%。截至年底，全省共有天然气门站134座，供应能力550亿立方米/年，天然气管道总长度97234公里。全省共有LNG加气站106座，供应能力209万立方米/日；CNG加气站186座，供应能力463万立方米/日；CNG/LNG合建站77座，供应能力246万立方米/日，应急储备能力14241万立方米；液化石油气储配站580座，总储存容积13.72万立方米；液化石油气供应站1552座，其中Ⅰ级站66座，Ⅱ级站235座，Ⅲ级站1251座。

全省扎实开展城市燃气管线第三方破坏防控、燃气气瓶专项治理和餐饮场所燃气使用安全专项治理等专项治理（行动），持续推动城市燃气重点领域安全管理长效机制建设。实施城镇燃气领域重大安全风险清单制度和动态销险制度，督促各地加快场站安全间距不足、违章占压管道整改以及燃气老旧管道改造。

【园林绿化建设】2019年江苏省深入推进宜居街区园林绿化示范项目建设，结合全省7个示范项目经验组织编写了《江苏省宜居街区园林绿化建设指南》，促进提升城市空间品质；南京市、连云港两市完成都市田园示范项目建设并通过验收评估。完成了第四次城市古树名木及古树后备资源普查，编印了《江苏省城市古树名木及古树后备资源名录汇编》。全省城市（县城）新增便民型公园绿地项目100个、完成老旧公园绿地改造提升项目39个，设区市城市绿化覆盖率全部超过40%，城市（县城）公园免费开放率达到94%以上。全省新增4个国家生态园林城市，数量全国第一，苏州市在全国设区市中率先实现国家生态园林城市全覆盖；新增3个国家园林城市、2个国家园林县城、5个省生态园林城市。截至年底，全省建成区绿化覆盖率43.23%、建成区绿地率39.92%，人均公园绿地面积14.83平方米；全省拥有国家生态园林城市9个、国家园林城市32个、国家园林县城12个、省级生态园林城市10个。

村镇规划建设

【概况】至2019年末，全省累计有671个建制镇（不包含县城关镇和划入城市统计范围的建制镇，下同）、38个乡、13915个行政村、127583个自然村。村镇户籍人口4725.93万人，常住人口4900.43万人。建制镇建成区面积2718.11平方千米，平均每个建制镇4.05平方千米；乡建成区面积61.27平方千米，平均每个乡建成区面积1.61平方千米。

【村镇供水】2019年全省新增乡镇供水管道1690.06千米、排水管道1028.66千米。截至年底，全省乡镇供水管道总长5.90万千米、排水管道总长2.17万千米，乡镇年供水总量12.59亿立方米，用水人口1429.24万人；村庄供水普及率达97.03%；建制镇污水处理率83.19%，污水处理厂集中处理率78.47%。

【村镇道路】至2019年末，全省乡镇实有道路3.85万千米、面积2.81亿平方米，乡镇镇区主街道基本达到硬化；村庄内实有道路14.08万千米，其中硬化道路45361.49万千米。

【村镇园林绿化】至2019年末，全省建制镇绿地面积累计达到6.74万公顷，其中公园绿地面积1.04万公顷，人均公园绿地面积7.33平方米（常住人口，下同），建成区绿化覆盖率30.24%；乡绿地面积1408.34公顷，其中公园绿地面积188.39公顷，人均公园绿地面积5.39平方米，建成区绿化覆盖率29.52%。

【村镇房屋建设】2019年全省村镇新建住宅竣工面积4235.96万平方米，实有住宅总建筑面积20.27亿平方米，村镇人均住宅建筑面积42.90平方米。全省村镇新建公共建筑竣工面积698.31万平方米，其中混合结构以上建筑面积657.02万平方米，占新建公共建筑总面积的94.09%；村镇新建生产性建筑竣工面积达到2082.26万平方米，其中混合结构以上建筑面积1950.33万平方米，占新建生产建筑总面积的93.66%。

【村镇建设投资】2019年全省村镇建设投资总额为1475.79亿元，其中住宅建设投资675.08亿元，占投资总额的45.74%；公共建筑投资113.40亿元，占投资总额7.68%；生产性建筑投资306.21亿元，占投资总额20.75%；市政公用设施投资381.10亿元，占投资总额25.82%。

【农村危房改造】2019年江苏以省政府办公厅名义印发《关于加强农村住房建设管理服务的指导意见》。完成24958户省级建档立卡低收入农户等农村四类重点对象存量危房核查。下达苏南苏中地区农村危房改造任务7385户、补助资金8730万元，指导苏北地区结合农民群众住房条件改善推进17573户存量危房改造工作。组织召开江苏省农村危房改造工作电视电话会议，通报进展、交流经验，部署工作。开展农村危房改造第三方技术巡查指导、市级互查，印发《省住房城乡建设厅关于加快推进农村危房改造工作的督办函》，加强工作推进力度。组织开展脱贫攻坚农村危房改造排查"回头看"，全面排查整改突出问题隐患。2019年，江苏共下达农危房改造任务17076户，其中苏南苏中地区7385户农村四类重点对象危房改造，苏北地区9691户省级建档立卡低收入农户危房改造。年内所有改造任务全部完成。

【苏北地区农民住房条件改善】根据省委省政府《关于加快改善苏北地区农民群众住房条件推进城乡融合发展的意见》精神，持续推进苏北地区农民群众住房条件改善工作。苏北五市34个涉农县（市、区）全部编制完成镇村布局规划，省定10万户农房改善任务全部完成，建成了一批建设品质高、公共服务好、产业发展优、环境条件佳、文化特色足、农民满意度高的新型农村社区。

【农村人居环境整治】继续贯彻实施农村人居环境整治三年行动实施方案。省住房城乡建设厅制定印发了《江苏省农村生活垃圾分类工作考核办法（试行）》，大力引导农村生活垃圾源头分类、就地减量和有机垃圾资源化利用，持续完善"组保洁、村收集、镇运转、县（市）处理"的城乡统筹生活垃圾收运体系。全省农村生活垃圾集中收运率达96%以上。农村非正规垃圾（生活、建筑垃圾）堆放点排查及整治成效明显，全省168处堆放点完成整治并销号136处，整治完成率81%，超额完成国家目标任务。

【传统村落保护发展】2019年扬州仪征市新城镇蒲薪村等5个村庄入列第五批中国传统村落名录。截至2019年底，全省累计保有中国传统村落33个。按照《江苏省传统村落保护办法》，省住房城乡建设厅组织对备选传统村落从村落传统遗存保护、风貌特色塑造、传统文化传承、人居环境质量等方面进行审核，经省政府同意，公布了第一批107个省级传统村落名单。

【特色田园乡村建设】省住房城乡建设厅印发《江苏省特色田园乡村评价命名标准（试行）》，并建立负面清单制度，加强工作管理。按照"县级初验推荐、市级复验、省级验收"程序，完成首批及第二批省级试点村庄验收，并发布了第一批次19个省特色田园乡村名单。组织编制《首批江苏省特色田园乡村成果汇编》，梳理总结各地优秀案例和创新做法，促进各地经验交流。

【小城镇建设】2019年全省新增7个小城镇参加省重点及特色镇发展项目试点示范，在老镇区综合整治改造、环卫设施建设、道路建设、公共服务设施配套、景观绿化美化等方面进行重点建设，共17个示范项目。截至2019年底，7个项目竣工，其余项目有序推进，计划于2020年底前完成。省住房城乡建设厅编制印发《江苏省被撤并乡镇集镇区整治要点》，指导苏南苏中地区15个县（市、区）177个被撤并乡镇集镇区做好整治。截至年底，全省共实施286个整治项目，完成131个，完成率45.8%，其余项目有序推进，计划于2020年底前完成。

工程质量安全监管

【建筑工程质量监管】2019年，江苏企业主申报获"中国建设工程鲁班奖"11项，"国家优质工程奖"28项，获奖总数位于全国前列。共456个项目获得2019年度江苏省优质工程奖"扬子杯"。

2019年，全省共开展工程质量安全监督检查91994次，检查工程78455项，下发行政处罚书2760份。印发《江苏省住宅工程质量潜在缺陷保险试点理赔服务标准（试行）》（苏银保监发〔2019〕14号）。起草完成《建筑工程质量品质评价标准》，出台《关于加强江苏省装配式建筑工程质量安全管理的意见（试行）》组织开展在建安置住房和保障性住房质量专项排查，共排查在建安置住房和保障性住房工程511个，建筑面积5385.76万平方米，督促整改工程质量问题共871起，责令停工整改项目16个。深入推进治理违规海砂工作，联合省级8个相关厅局对沿海沿江9个重点城市开展治理违规海砂工作联合督查。

严格开展城市轨道交通工程质量安全监督检查。对全省6个地铁在建城市的12个标段进行了随机质量安全监督检查。开展全省城市轨道交通工程质量安全状态评估，对全省在建的15条线25个标段进行了全覆盖式质量安全监督检查，并对全省轨道交通工程质量安全状态进行量化评估，形成2019年度江苏省城市轨道交通工程质量安全状态评估报告。

深入开展全省建筑施工安全专项整治，下发《省住房和城乡建设厅关于通报扬州市广陵区"4.10"基坑坍塌事故情况和全面落实建筑施工领域重大安全风险隐患防控措施的通知》。4—10月共组织专家分26批次，检查在建工程213个、城市轨道交通项目13个，发现安全隐患2145条，下发执法建议书25个，通报批评建筑工程22个研究制定《省建筑施工安全生产专项整治实施方案》，深入开展建筑施工安全专项整治工作。

相继出台《江苏省房屋建筑和市政基础设施工程危险性较大的分部分项工程安全管理实施细则》《关于加强江苏省装配式建筑工程质量安全管理的意见（试行）》。印发《关于全省推进建筑施工安全生产标准化考评工作情况的通报》。积极推动智慧工地建设，在全省确定了107个绿色智慧示范工地，给予7000万财政补助，强化示范引领作用，助力江苏建筑业高质量发展。全省建筑施工安全生产事故起数、死亡人数与上年同比分别下降15.3%、2.3%，连续多年实现"双下降"。

紧抓建筑工地扬尘治理工作，印发《2019年全省施工工地扬尘专项治理工作方案》，制定《江苏省重污染天气建筑工地扬尘控制应急工作方案》，组织修订《建筑工地扬尘防治标准》。2019年全省各级共检查在建工地51015个（次），全省建筑工地扬尘污染防治达标率为96%。

稳步推进建设工程监理改革，印发《江苏省建设工程监理现场用表（第六版）》。支持和培育监理企业开展全过程工程咨询服务和装配式建筑监理，积极推进省内监理企业参与轨道交通建设。加强监理行业管理，强化事中事后监管，2019年10月起对全省774家工程监理企业开展资质动态核查工作。

持续推广新技术应用，全年共审批通过省工法486项。做好省级技术研发中心申报企业的认定及评审工作，共认定"省级技术研发中心"申报企业6家。

【工程勘察设计】根据国家推进全过程工程咨询服务发展工作部署，省发展改革委、省住房城乡建设厅联合印发省实施意见，进一步深化全省工程咨询行业供给侧结构性改革，促进完善工程建设组织模式和管理机制；公布了第二批176家全过程工程咨询试点企业和52个试点项目，加强示范引导；遴选确定54个优秀案例，编制完成了全过程工程咨询项目案例集；组织开展全过程工程咨询管理制度研究。全面推进施工图多审合一，全省96%的施工图审查机构实现从传统审图模式向数字化审图模式转变，组织开展《江苏省施工图设计文件数字化审查标准》《江苏省房屋建筑工程施工图联合审查要点》编制工作。

2019年省住房城乡建设厅组织开展全省工程勘察设计质量及市场行为抽查，随机抽取109个房屋建筑工程，重点审查项目的勘察、建筑、结构专业质量情况、施工图审查情况及项目完成单位的市场行为。组织开展大型公共建筑工程后评估试点项目自评估和第三方评估工作，编写完成《大型公共建筑工程后评估管理制度研究报告》。组织中外建筑设计管理制度框架研究并形成课题报告，组织开展江苏省勘察设计行业诚信体系研究和信用评价标准研究。截至年底，全省共有勘察设计企业（含设计施工一体化企业）2026家、从业人员45万多人，全年营业收入5612.1亿元。强化施工图设计文件审查监管，建立江苏省施工图设计文件数字化审查一体化监管平台，不断完善日常监管功能。经一体化监管平台统计，2019年全年共审查各类项目32944个，审查发现并纠正违反工程建设标准强制性条文28883条次。严格执行《无障碍设计规范》，指导各地做好新建无障碍设施和养老设施的设计审查把关，确保设计质量和安全。结合全省年度勘察设计质量及市场行为检查，对新建项目无障碍设计进行重点抽查。

省住房城乡建设厅启动实施江苏省"杰出建筑师和优秀青年建筑师培养工程"，组织开展首期申报，加快构建多层次设计人才梯队。组织推荐并评选产生首批"紫金文化创意人才"（建筑及环境设计类别）英才12名、优青35名。

【城乡建设抗震防灾】2019年江苏省住房城乡建设厅会同省财政厅下达省级抗震专项资金项目26项，支持16个市县开展抗震示范项目建设，并同步推进EPC工程总承包、大师设计下乡等工作创新。省住房城乡建设厅编制印发《装配式混凝土结构隔震减震技术规程》《装配式混凝土结构节点抗震构造图集》等技术标准，发布《防灾避难场所建设技术标准》，加强技术指引。江苏应急避难场所建设积极推进，全省13个设区市、18个县（市）60个应急避难场所项目，已建成中心避难场所87个、固定避难场所440个，有效避难面积3291.6万平方米。

根据工程建设项目审批制度改革工作统一部署，自11月1日起江苏超限高层建筑工程抗震设防审批事项由省级下放至设区市，省住房城乡建设厅配套制订政策文件明确工作流程，并提供省级超限高层审查专家库，指导地市工作开展。省住房城乡建设厅组织开展51个超限高层建筑工程抗震设计专项审查项目，总建筑面积553.8万平方米。各地积极做好既有建筑抗震排查鉴定工作。

城乡建设抗震防灾宣传工作深入开展。进一步推广"城市防灾与科普"微信公众号，全年推送文章1300余篇。"防灾减灾日"期间，省住房城乡建设厅联合泰州市举办全省抗震防灾宣传活动,开展"江苏省抗震防灾科教馆"参观体验、防灾避险演练和地震舞台剧演出,取得较好的宣传效果。

建筑市场

【概况】 2019年江苏坚持稳中求进工作总基调,深入贯彻新发展理念,扎实做好国务院办公厅《关于促进建筑业持续健康发展的意见》(国办发〔2017〕19号)、省政府《关于促进建筑业改革发展的意见》(苏政发〔2017〕151号)的贯彻落实,建筑市场与施工现场联动监管进一步加强,工程建设水平和建筑品质持续提升,全省实现建筑业总产值36771.6亿元,同比增长7.98%;建筑业增加值再创新高,达到6493.5亿元,占全省GDP的6.5%;行业从业人员852.4万人,同比增长2.2%;工程结算收入32554.6亿元,同比增长7.1%;利税总额2546.8亿元,同比增长3.8%,其中利润总额1512.5亿元,同比增长4.5%;特级资质企业达到80家,特级资质数量达到82项,位居全国前列。建筑业支柱产业的地位更加巩固,对全省经济社会发展的贡献不断提升。

【主要指标】

建筑业总产值:全年实现建筑业总产值36771.6亿元,比上年增长7.98%,增幅较上年下降0.52个百分点。

竣工产值:竣工产值29634.9亿元,同比增长11.8%;竣工率达80.6%。

建筑业增加值:经第四次全国经济普查核准,2019年全省全年实现建筑业增加值6493.5亿元,比上年增长7.1%,占全省地区生产总值的6.5%,连续14年保持在全省GDP的6%左右。

建筑产业现代化:2019年,全省新开工装配式建筑项目面积4664.9万平方米,新建装配式建筑占比稳步增加至28%。推荐2个城市、2个园区和10个单位申报第二批国家装配式建筑示范城市和产业基地;确定了3个示范园区、43个示范基地、27个示范项目共73个省级示范。推进省装配式建筑施工、监理企业(第二批)的复审认定,累计64家设计单位、114家施工单位、154家监理单位和191家部品部件生产基地进入省级名录。共开展204项装配式建筑科研项目研究,出台相关标准18项,标准设计10项,在编相关标准22项,标准设计10项。培育了28个专项能力实训示范基地,积极开展装配式建筑预制构件生产、装配式施工、检验检测、BIM应用等专项职业能力培训。

从业人员情况:建筑业年末从业人数852.4万人,同比增长2.2%,其中,省内从业人员数536.1万人,同比增长2.0%;出省从业人员数316.3万人,同比增长2.5%。

【市县建筑业】

区域发展情况:苏中地区共完成建筑业总产值17305.4亿元,同比增长7.8%,占全省建筑业总产值47.1%,产值规模继续全省领先;苏南地区共完成建筑业总产值11638.3亿元,同比增长10.4%,占全省建筑业总产值31.6%;苏北地区共完成建筑业总产值7827.9亿元,同比增长5.1%,占全省建筑业总产值21.3%。

【建筑企业】

产业集中度:全省一级资质以上企业产值达到26925.9亿元,以一级以上企业完成产值占建筑业总产值比重的方法测算,产业集中度为73.2%,同比提高0.6个百分点;以企业总数前10%的企业完成产值占建筑业总产值比重的方法测算,产业集中度为85.7%,同比提升了0.9个百分点。

规模企业情况:全省建筑业产值超亿元的企业达到4127家,比去年增加237家。其中,产值1亿—10亿元企业3571家,10亿—50亿元企业438家,50亿—100亿元企业68家,100亿元以上企业50家。

资质情况:全省共有建筑业企业总数35425家,同比增加9515家,增幅37%,资质84650项,增加24451项,增幅40%。从总承包资质等级数量来看,特级资质共82项,占全省施工总资质总数的3%,2019年度增加17项,增幅26%;一级资质1296项,占全省施工总资质总数的5%,2019年度增加473项,增幅57%,增幅最大;二级资质4785项,占全省施工总资质总数的17%,2019年度增加889项,增幅23%,增幅最小;三级资质21373项,占全省施工总资质总数的78%,2019年度增加6,659项,增幅45%。

【住房保障性安居工程】 2019年,全年棚户区改造完成新开工26.86万套、基本建成15.54万套,分别为年度任务的122.1%、141.3%。积极争取国家政策性资金支持,组织各地积极申报棚改专项债券,2019年共发行279亿元棚改专项债。会同省财政厅、财政部专员办对上年度棚改目标任务完成情况进行核查,争取中央财政专项补助资金46.75亿元。会同省发改委争取国家保障性安居工程基础设施配套补助资金16.11亿元。落实省级财政预算安排保障性安居工程补助资金2.5亿元。

【老旧小区综合整治工程】扎实推动老旧小区改造升级，在充分调研和论证的基础上，出台《关于加强老旧小区环境综合整治 推进宜居示范居住区建设工作的指导意见》（苏建房管〔2018〕175号）（附件1），重点支持2000年前建设的老旧小区，通过整治环境补齐基础设施和服务短板，完善小区功能，提高公共服务水平；鼓励2000年后既有居住区开展适老化设施配套建设，优化公共环境和服务配套，改进完善一批宜居示范住区。2019年，完成老旧小区综合整治项目320个，完成宜居住区建设项目130个，惠及居民25.3万户，整治改造建筑面积2497万平方米；累计加装并投入使用电梯超过1000部。

【苏北农房改善工程】落实省委省政府有关加强苏北农房改善工程的有关要求，制定项目考核验收标准和绩效评价办法，公布首批29个省级示范创建项目。强化技术支撑，编制农房设计方案系列技术指引和图集，研发上线"农房建设服务网"，开发了江苏省农房建设管理信息系统。苏北五市新建项目817个，年度10万户改善任务如期完成。积极推进苏南苏中地区四类重点对象和苏北地区建档立卡低收入农户农村危房改造，17076户农村危房改造年度任务全部竣工。

【轨道交通建设】截至2019年12月，城市轨道交通投入运营的有南京、苏州、无锡、常州、徐州、淮安、昆山7个城市，共24条线，总里程约749公里，其中有轨电车5条线83公里；在建的有南京、苏州、无锡、徐州、常州、南通6个城市，共20条线，总里程约551公里。

市场监管

【市场监管】按照"双随机、一公开"要求，开展全省质量安全和市场管理大检查活动，严厉打击建筑市场违法违规行为，进一步规范市场现场秩序。加快推进工程建设项目审批制度改革，截至2019年底，省级和各设区市审批事项清单、审批流程图、四个阶段"一张表单"、改革相关配套制度、审批事项办事指南全部制定出台，13个设区市工程建设项目审批管理系统全部完成与国家、省审批管理系统对接工作。市级合计精简审批事项150项、下放审批事项17项、合并审批事项196项、转变管理方式审批事项49项、调整审批时序审批事项107项。2019年共发放行政许可证17433个。开展建筑业企业资质动态核查工作，根据国务院办公厅《关于推广随机抽查规范事中事后监管的通知》（国办发〔2015〕58号）、《建筑业企业资质管理规定》（住房和城乡建设部令第22号），继续开展建筑业企业资质动态核查工作，对整改未达标的建筑业企业寄送"撤回行政许可告知书"，对"撤回行政许可告知书"被退回的企业以公告方式进行了送达，对经整改仍不合格的企业进行资质撤回。2019年，全省撤回783家企业，共911项建筑业资质。

开展"挂证"专项整治工作的通知，多次召开全省"挂证"专项整治工作会议。2019年全年整改18万余人，整改率达90%，"挂证"专项整治工作取得了阶段性成果。

【营商环境改善】运用好建筑业改革综合试点省份授权，深化资质管理改革，印发《江苏省住房和城乡建设厅关于试行调整部分建筑业企业资质承包工程范围的通知》（苏建规字〔2019〕1号）和《省住房城乡建设厅 省交通厅 省水利厅关于试行部分类别的施工总承包资质企业跨专业承接工程的通知》（苏建规字〔2019〕2号），试行调整部分建筑业企业资质承包工程范围，试行部分类别的施工总承包资质企业跨专业承接工程。做好在自贸试验区开展建筑业企业"证照分离"改革工作。

【造价管理】落实建筑业增值税改革要求，制定江苏建设工程增值税调整文件。落实"放管服"要求，调整全省分支机构管理规定。建立健全计价依据，印发江苏省管廊计价定额及清单计算规范，发布建筑工人实名制取费标准。加强造价咨询企业动态监管，开展"挂证"清理专项整治，强化以信用为核心的市场监管机制。2019年，全省共有721家造价咨询企业，其中甲级408家、乙级（含暂定乙级）313家，完成造价咨询收入82.12亿元，较上年增长10.55%。按照人工工资动态调整要求，发布两期人工工资指导价，较上年增长约5%，建筑市场劳务用工走势总体平稳。全省各级造价管理机构为建筑市场提供人工、材料、机械台班等各类计价要素信息累计45000余条。

【资质管理】2019年，省、市行政审批部门共受理办结建筑业企业资质申报业务38745件（家·次），其中：首次5466件，增项3729件，升级（省厅）851件，简单变更10391件，分立、合并、重组（以下简称资质平移）18308件。从业务量上看，省厅办理21772件，占业务总量的56%。

【实名制管理】根据《住房和城乡建设部 人力资源和社会保障部关于印发建筑工人实名制管理办法（试行）的通知》（建市〔2019〕18号）等文件精神，结合实际，11月底，与省人力资源和社会保障厅、中国人民银行南京分行共同出台《江苏省建筑工人实名制管理和工资支付保障实施办法（试行）》（苏建规字〔2019〕4号），联合召开全省根治农民工欠薪工作推进会，进一步强化"四项制度"落实，维护建筑企业和建筑工人的合法权益。大力推进用工制度改革，被住建部列为建筑产业工人队伍建设试点省份。加快建筑工人实名制管理平台建设，实现了实名制管理全省全覆盖，目前全省实施实名制管理项目15682个，实名制登记人数245万人，开通专用账户12613个，农民工权益得到有效保障。

【清欠管理】2019年，全省受理拖欠农民工工资投诉4758件，较去年增加753起，涉及金额17.4亿元，同比增加2.1亿元；结案4758件，结案率100%，解决拖欠工资17.4亿元。41家建筑施工企业被限制全省市场准入、24家建筑施工企业被全省通报批评、23名施工项目负责人被限制全省建筑市场准入和31名建筑劳务人员被全省通报批评。

建筑节能与科技

【节能建筑】2019年江苏城镇新建民用建筑全面执行65%节能标准，全省全年新增节能建筑面积17309万平方米（居住建筑13436万平方米、公共建筑3872万平方米）、既有建筑节能改造面积851万平方米（居住建筑312万平方米、公共建筑539万平方米）、建筑节能量200万吨标准煤。截至2019年底，江苏节能建筑规模总量达20.5亿平方米，占城镇建筑总量60.6%；既有建筑节能改造规模总量达5897万平方米，占城镇建筑总量1.8%。

【可再生能源建筑应用】2019年江苏新增可再生能源建筑应用面积8428万平方米，其中太阳能光热建筑应用面积8189万平方米（居住建筑7162万平方米、公共建筑1027万平方米）、浅层地热能建筑应用面积240万平方米。截至2019年底，江苏可再生能源建筑应用规模总量超过6亿平方米，其中太阳能光热建筑应用面积59460万平方米、浅层地热能建筑应用面积4106万平方米。

【建筑节能监管和能效测评】2019年全省新增建筑能耗统计项目5591项、分项计量项目61项、能效测评标识项目389项。全省累计有1703栋建筑实施建筑能耗分项计量和实时监测，覆盖面积达3713万平方米；累计建筑能效测评标识项目达2502项，其中一星级2234项、二星级240项、三星级28项。

【绿色建筑概况】全省新增绿色建筑面积1.67亿平方米，城镇绿色建筑占新建建筑比例达96.19%，同比提高约9个百分点；新增绿色建筑标识项目1348项（1.38亿平方米），同比增长67.8%，累计标识项目4116项（4.26亿平方米）；徐州市、张家港市、南京江北新区3个省级绿色城区项目入列住房城乡建设部2019年度"绿色城市科技示范项目"，截至2019年底全省累计设立省级绿色城区示范项目74个，规划面积近3.6万平方公里，区内新增建筑项目中60%以上获绿色建筑二星级以上标识。

【绿色建筑制度建设】依据《江苏省绿色建筑发展条例》，省住房城乡建设厅完成省生态文明建设规划、省人居环境奖及人居环境范例奖创建、大气污染防治行动计划以及高质量发展监测评价等指标体系中的绿色建筑发展指标；同时，深入开展《条例》后评估工作，为持续完善《条例》和配套政策奠定基础。进一步完善引导资金管理办法，将原省级节能减排（建筑节能和绿色建筑）专项引导资金管理办法修改为《江苏省绿色建筑发展专项资金管理办法》，进一步规范资金使用范围和分配方式。

【绿色建筑标准建设】2019年，省住房城乡建设厅组织启动了《江苏省绿色建筑设计标准》修编和《江苏省绿色建筑评价标准》编制工作，完成了《绿色社区建设技术导则》等6项研究成果，同时组织开展了《江苏省超低能耗居住建筑技术导则》《江苏省居住建筑热环境和节能75%设计标准》等技术标准的编制，引导新建建筑节能标准从50%到65%，再向75%及以上逐步提升。

【绿色建筑工作推进】重点支持绿色城区、高品质绿色建筑实践项目、建筑能效提升和重大科技支撑项目4种类型，组织2020年度专项资金申报工作。2019年共完成52个省级示范项目（包括城市/城区）验收评估，同比增加33%；全省857项示范项目中，区域类、单体类、科研标准类验收率分别为68%、86%、77%。省住房城乡建设厅首次组织开展了绿色建筑突出贡献集体和个人通报表扬，全省6个集体、11名个人获殊荣，18个绿色建筑项目获"省绿色建筑创新项目"称号；首次组织召开两会代表委员谈绿色建筑、推动召开国际绿色建筑联盟学术委员会成立大会，发动社会力量、资深专家共同筹划新时代绿色建筑高质量发展；系统总结全省10年来的专项引导资金示范项目建设成果和5年来的绿色建筑发展情况，编制出版《拾年十年》《江苏省绿色建筑发展报告2018》。

【建设科技】2019年省住房城乡建设厅围绕住房城乡建设部和省委省政府重点工作，确定了计划类科技项目13个、指导类科技项目163个。组织申报并立项住房和城乡建设部科技项目27项；组织对34项科研成果进行科技成果验收。组织对11项新技术、新材料、新工艺进行审定，开展了55项建设科技成果推广项目评估认定，有效推进了建设科技创新成果落地。全省共有18项建设科技成果获华夏建设科学技术奖。

【工程建设标准化】2019年全省共确定了33部工程建设地方标准和标准设计项目立项，发布了21部标准和4部标准设计，认证公告了161部工程建设企业技术标准。加强工程建设地方标准实施指导，通过专项宣贯和注册师继续教育培训，对《民用建筑设计统一标准》等国家标准和地方标准进行宣贯培训，3000人次参加学习。组织编著了《江苏省工程建设标准解读论文集（2018）》，扩大工程建设标准影响力。

人事教育

【教育培训】2019年省住房城乡建设厅共组织厅内干部145人次参加中央组织部、省委组织部、住房城乡建设部等单位组织的年度调训；与省委组织部分别在延安和北京联合举办了第7期江苏省高层次人才"爱国·奋斗·奉献"专题培训班和城乡建设高质量发展专题班，参训干部160人。省住房城乡建设厅组织开展了4期省级机关抽调市、县（市、区）党委管理干部专题培训班。

【执业注册与考试】按照"双随机抽查"要求，制定了事中事后监管方案，根据重点事项推进进度、数据分析预警、群众来电举报情况，结合飞检、抽检等形式对各考核基地和无纸化考点进行随机抽查。同时，根据"放管服""不见面审批（服务）"改革要求，省住房城乡建设厅与省人社厅研究出台《江苏省专业技术人员资格考试考前资格抽查工作实施意见》《关于做好专业技术人员资格考试考后审查有关工作的通知》一系列规定、流程、细则，并率先在二级建造师执业资格考试实施、探索资格后审制度，通过省政务大数据提供的学历、社保数据，加强执业资格考核资格审查。2019年江苏住房城乡建设系统共组织了6.1万人、17.9万科次的执业资格考试，考试工作安全无事故。省住房城乡建设厅、省人社厅、省交通运输厅、省水利厅联合印发《江苏省二级造价工程师职业资格考试实施办法（试行）》，建立考试报名信息系统，组织专家进行命题，为顺利完成二级造价工程师首次考试奠定了基础；江苏省房地产估价师注册承接工作和省住房城乡建设厅执业资格考试与注册业务进驻省政务中心工作有序完成。执业资格注册工作流程进一步优化，各专业审批事项办理做到了及时、无误、全公开。2019年度受理各类执（职）业资格注册申请共37.8万项，办结33.75万项，同比增长22%；办结安管人员申请共49.39万项，办结48万项，同比增长87%。

城建档案

【城建档案规章标准】2019年江苏对规章《江苏省城建档案管理办法》和《江苏省建设工程声像档案管理办法（暂行）》《省住房城乡建设厅关于做好全省建设工程电子档案编报工作的通知》等规范性文件进行了专项清理修改。新修订的《江苏省城建档案馆目标管理评估指标及评分细则》正式发布，《建设工程声像档案管理标准》入列省住房城乡建设厅2019年新制订地方标准，《江苏省房屋建筑和市政基础设施工程档案资料管理规范》修订工作顺利推进。

【城建档案工作管理体系】全省新创建1个省级示范城建档案馆，3个省示范城建档案馆通过复查，村镇建设档案室10个达省特级标准、18个达省一级标准。截至年底，全省所有市、县（市）、部分区共建立了81个城建档案馆（室），其中，省级示范城建档案馆36个、省特级城建档案馆21个、省一级城建档案馆12个，全省已建立达省级标准的村镇建设档案室690个，省、市、县（市、区）、乡（镇）四级城建档案工作管理体系更趋完善。

【建设工程档案联合验收】根据工程建设项目审批制度改革工作部署，省住房城乡建设厅研究制定了《建设工程档案验收流程图》《江苏省工程档案专项验收申请表》，编制了建设工程档案验收办事指南。各市馆积极参与地方实践。

【建设工程档案资料在线接收】南京、淮安、镇江、泰州、宿迁等5个试点城市根据项目建设进度，对建设单位、监理单位、施工单位相关人员进行跟踪指导和业务培训，确保试点工作顺利进行。省住房城乡建设厅定期集中听取试点城市情况汇报，年中又组织对5个城市试点工作进行调研评估。

【城建档案服务和利用】2019年江苏充分运用"互联网+"理念，用数据多跑路的方式，力求实现优质、便民、高效的服务。

（江苏省住房和城乡建设厅）

浙 江 省

概况

2019年，浙江省住房城乡建设系统坚持以习近平新时代中国特色社会主义思想为指导，在省委、省政府的坚强领导下，坚持"高质量、可执行、补短板、有规则、重持续"工作导向，全省住房城乡建设事业发展取得新成效。小城镇环境综合整治、生活垃圾治理、工程建设项目审批制度改革等工作完成出彩，为全国提供了"浙江模式""浙江经验"。全省房地产市场平稳发展，住房保障体系日趋完善，城市市政基础设施不断完善，城市管理水平显著提高，建筑产业稳居全国前列，历史文化和传统村落保护卓有成效。全年，新建商品住宅销售面积7804万平方米，与历史高值基本持平。城镇棚户区改造新开工22.1万套、基本建成11.9万套，发放租赁补贴6.9万户，温州被评为国务院首批棚改激励城市。新增停车位15万个、绿道1430公里，公共绿地2300公顷，建成海绵城市216平方公里、地下综合管廊36公里。全年新增27个县（市、区）生活垃圾分类系统、344个省级高标准垃圾分类示范小区，新建成20座焚烧和餐厨垃圾处理设施。创建国家生态园林城市1个、国家园林城市7个、国家园林城镇6个。29个历史文化名城名镇名村保护规划获省政府批复，235个村落列入第五批中国传统村落名录，136个美丽宜居示范创建村和100个传统村落风貌提升全部启动。新开工装配式建筑超过25%，提前实现国家目标；建筑业总产值约2.04万亿元，建筑业增加值约占全省GDP的6.1%。全年，创鲁班奖9项、国家优质工程金质奖14项。

法规建设

【**地方立法**】出台地方性法规《浙江省农村生活污水处理设施管理条例》。

【**规范性文件**】制发《浙江省住房和城乡建设厅关于促进建设行业民营经济发展的若干意见》等12件规范性文件。对规范性文件进行全面清理，废止9件、暂保1件。

【**行政复议应诉**】办理行政应诉（含行政复议答复）案件48件，认真做好答辩、举证等工作，全力支持和配合复议机关以及人民法院受理、审理行政案件，努力做好协调化解行政争议相关工作。

【**执法监督**】以防范化解行政机关法律风险为主题，开展法治政府建设督查暨行政执法案卷评查，督促指导市县部门不断规范行政行为。

【**"最多跑一次"改革**】动态调整全系统行政权力事项基本目录、群众和企业到政府办事事项指导目录，按"最优颗粒度"要求细化事项。实现5项企业、群众"一件事"的集成办理和45项民生事项的"一证通办"。率先探索行政许可事项智能化审批模式，41个行政许可事项实现智能化审批，占行政许可事项总数（55项）的74.5%；其中智能"秒办"事项32项，占行政许可事项总数的58.2%。行政许可事项各项指标全国领跑，网上办理率、办事材料电子化比率、跑零次率均达100%，即办率96.3%，承诺时限压缩比98.2%。建成和运行全省一体化工程建设项目审批管理系统2.0（投资项目在线审批监管平台3.0）；在全国首创性开展建设、消防、人防有关事项"多合一"审批改革，实行"一次申请、一套材料、一并审批、一个批件"；开展用水、用气报装便利化行动，将用水、用气报装平均时间压缩至4个工作日以内。

【**数字化转型**】完成厅核心业务梳理，确定6类核心业务、32项一级业务、84项二级业务、241项事项、1118数据项，获得省级A类评定；推进厅144项政务服务事项网办和掌办应用，网办率、材料电子化率、跑零次率、即办率、承诺压缩比5项指标在全国"四省一市"领跑；实现厅5项"一件事"、43项"一证通办"部署实施和15项机关内部跑一次配置应用，通过大数据局验收。两个省级重大项目"工程建设项目审批管理系统""房地产风险监测系统"初见成效。

房地产业

【**概况**】全省继续坚持"房子是用来住的、不是用来炒的"定位，严格落实稳地价、稳房价、稳预期工作要求，着力防范化解房地产领域风险，推进房地产市场平稳健康发展长效机制建设。全省贯彻落实国家有关房地产调控要求，坚持调控政策的连续性、稳定性，房地产政策面、市场面基本稳定，杭州和宁波先后实施"限房价、限地价"调控措施。

【房地产市场】房地产市场总体平稳。新建商品房成交量小幅下降，销售面积9378万平方米，较2018年下降3.9%，其中商品住宅销售面积7804万平方米，下降1.7%。新建商品住宅价格基本保持平稳，全年全省商品住宅价格每月环比涨幅0.1%~0.9%。新建商品住宅在售库存平稳回升，至年末，全省商品住宅可售面积6280万平方米，去化周期9.7个月。房地产开发投资保持平稳增长，全年全省房地产开发投资额10683亿元，增长7.4%。房地产业实现增加值4357亿元，增长5%，占全省地区生产总值的7%。房地产业税收收入2199亿元，增长17.7%，占全省税收总量的19.3%。

【防范化解房地产风险】积极推进房地产市场风险防范化解。开展全省房地产逾期交付项目排查和预售资金使用情况检查，对发现的问题制定"一项目一方案"督促整改。省住房城乡建设厅建立房地产稳控工作领导小组，明确工作例会、信息报送、信息研判和工作检查制度。健全突发事件报告制度，建立新交付项目、逾期交付项目、涉访涉诉房地产项目清单，全力做好风险隐患化解。持续完善省级多部门房地产市场分析联席会议制度，定期开展月度监测和季度分析。采集土地供应、销售、税收、信贷等数据，实现多源大数据监测分析。上线房地产观星台系统和浙政钉"房地产大数据"应用，提升市场监测分析能力和水平。加强房屋网签备案工作，在全国率先实现省建设厅与住房城乡建设部网签数据联网。建立重点企业监测制度，定期监测重点房地产企业经营情况。

【房地产行业管理】建设完成房地产开发企业二级资质智能化审批系统。印发《关于进一步简化房地产开发企业资质管理的意见》，明确二、三级开发企业资质由所在地设区市房地产开发主管部门审批，且不设置县（市、区）初审环节；一级开发企业资质初审，委托开发企业工商注册地所在地的设区市房地产开发主管部门进行初审；启用二级资质智能化审批系统。充分发挥行业协会和专家作用，成立浙江省住房政策和房地产市场专家库，召开2次专题会议。

【住房租赁市场】规范和推进住房租赁市场发展。开展全省住房租赁中介专项整治，将整治工作纳入"不忘初心、牢记使命"主题教育活动整改内容。全省排查住房租赁中介机构6895个，受理投诉举报592件，调查处理中介机构104个，曝光违法违规典型案例4起。省住房租赁监管平台纳入1900余家经纪机构、320余家租赁机构开户备案，纳入平台管理房源近40万套。杭州市被列入中央财政支持住房租赁试点的16个试点城市范围，获3年24亿元的奖补资金。年内，杭州开工租赁住房6.69万套（间），盘活存量房源6.56万套（间），培育专业化、规模化企业22家，前30名租赁企业运营房源规模占机构持有房源的90%，网签租赁合同17.3万份，平台新增房源和租赁合同网签备案率均达100%。

【物业服务】积极推动以党建为引领的"红色物业"创建工作，至2019年底，杭州、温州、湖州、嘉兴、衢州等地制定了政策文件，全省已有2873个业主委员会成立党组织，占比45.9%。平湖市红色物业已覆盖全市所有住宅小区。杭州市"以党建引领推进业委会和物业企业建设"入选全国基层党建最佳案例。嘉善县"深化'红色物业'党建，让城市生活更美好"入选全国基层党建优秀案例。开展首次物业企业信用申报，核定物业企业信用等级企业1230家。物业服务行业被确定为全省11个率先构建信用监管评价的试点领域之一，信用信息已实现与省信用办、省大数据局数据共享。省建设厅会同省公安厅、省市场监管局下发通知，在全省范围内开展规范和整治小区服务队及物业服务企业相关行为联合行动，累计检查物业管理小区4173个，整改问题1580个。

【住房民生工程】推动住宅加装电梯工作，召开全省住宅加装电梯推进会，推广学习杭州市加装电梯模式。至2019年底，全省住宅加装电梯累计竣工862部，另有在建539部，方案联审通过232部。住宅加装电梯工作被评为年度全省改革创新优秀实践案例。全省城镇危房巡查纳入基层治理"四个平台"，实施网格化动态管理。全年完成第二轮城镇危房治理改造6582幢、建筑面积577.3万平方米。

【国有土地上房屋"阳光征收"】加强国有土地上房屋征收工作。省建设厅印发《国有土地上房屋征收与补偿领域涉法事务清单》，依法规范国有土地上房屋征收行为。全省共作出征收决定项目186个，总建筑面积约628万平方米（28391户），分别下降39%、21.9%。完成征收项目133个，总建筑面积482万平方米（19658户），分别下降27.7%、21.8%。遗留拆迁项目进一步减少，遗留拆迁项目8个，总建筑面积18万平方米，其中未签协议建筑面积0.3万平方米，较2018年（22个项目、22万平方米、0.7万平方米）均有所下降，拆迁项目遗留问题进一步解决。

住房保障

【概况】2019年，全省新开工城镇棚户区改造22.19万套，基本建成棚户区改造11.95万套，发放城镇住房保障家庭租赁补贴6.91万户，分别完成年度目标任务的121.2%、176.5%、210.1%，并率先完成国家棚改新三年攻坚计划，12月14日《人民日报》头版予以报道。高质量推进棚改专项债券工作，经验做法得到住房城乡建设部、财政部肯定，住房城乡建设部专门印发简报在全国推广。温州被评为国务院首批棚改激励城市。

【完善城镇住房保障体系】扩大保障范围，指导各地进一步完善公租房保障政策，采取降低门槛、扩大保障范围等措施，将更多住房困难家庭纳入保障范围，并纳入省对市年度目标责任考核。至年末，全省低于上年度城镇人均可支配收入的住房困难家庭已基本纳入公租房保障范围。丰富保障方式，鼓励人口流入大、新增保障对象多、市场存量房源不足的城市，通过新建、配建等方式筹集公租房实物房源，满足住房困难家庭的实物保障需求。同时，要求公租房实物房源充分分配、市场房源充足的市县，大力推进公租房租赁补贴，切实提高补贴标准，使保障家庭领取补贴后在市场上可以租赁到适宜住房。全省累计发放租赁补贴6.91万户，同比增长59.2%，其中温州市鹿城区发放租赁补贴达1.2亿元，租赁补贴在保家庭达1.46万户，发放金额和保障户数居全省首位。探索实施定向保障，鼓励各地划出一定数量的公租房实物房源，对环卫、公交等公共服务行业职工以及青年教师、青年医生等重点行业青年职工进行定向保障，并通过与用人单位签订整体租赁协议，实行定向整体配租。如杭州市面向公交、环卫一线职工，推出专项公租房房源1226套，累计解决3000余人次的住房困难问题。

【推进棚户区改造】严格审核棚改计划，会同财政、发改等相关部门，对各地申报的棚改计划及项目进行会审。积极争取补助资金，2019年累计获得中央财政专项补助资金28.7亿元、中央预算内投资34.49亿元、棚改专项债券464亿元，同时落实省级财政补助资金3.5亿元，有效解决棚户区改造资金需求。组织各地对棚改计划开工项目进行梳理、排查和评估。

【公租房信息化管理】根据全国公租房信息管理系统数据标准，组织制定实施方案，推进贯标改造工作。完成全省住房保障"最多跑一次"事项的颗粒度细化梳理，借助浙江政务服务网、"浙里办"移动客户端，全面实行"网上办理""掌上办理"，"公租房租金收缴"事项实现"一证通办"。

【做好国家试点工作】开展政府购买公租房运营管理服务试点工作，试点地区根据当地工作实际均制定了实施方案、服务标准、绩效考核等制度文件，确定购买服务内容和服务标准。在省级财政专项资金分配过程中，对试点地区购买服务费用予以补助支持，共计下达补助资金472.7万元。试点地区同步明确资金筹集渠道，全力做好资金保障工作，如温州市明确购买服务费用列入区级财政年度预算和中期财政规划，并结合实际需要调整资金投入。借助运营管理企业专业力量，实现公租房小区入住退出更加规范，居住更加安全，日常管理更加温馨，如新昌县实现从选房到入住的办理时限，由原来的至少7天缩短至1天。以国家级试点为契机，积极建设示范小区，探索构建智慧社区，大力推行智能化管理，如诸暨市将公租房小区对照普通小区标准进行无差别化改造，通过与社区文化活动、医疗保障、法治建设等方面进行共建，共同打造智慧社区。

住房公积金管理

【概况】2019年，全省净增缴存职工67.1万人，归集1599.3亿元，同比增长15.2%，支持住房消费1899.9亿元，同比增长15.8%，年末个人住房贷款市场占有率（含公转商贴息贷款）14.2%，个人住房贷款率95.4%，较2018年末减少3个百分点，资金运用率95.4%，个贷逾期率为万分之零点五，继续保持全国最低水平，至年末，全省住房公积金实缴职工867.7万人，缴存总额10979.2亿元，累计向192.9万户家庭发放6315.9亿元住房公积金贷款，有力支持职工住房消费。

【政策导向】适时调整完善住房公积金使用政策，积极支持刚需、抑制过度消费，妥善应对资金流动性不足。持续推进全省住房公积金领域的扫黑除恶专项行动，开展住房公积金电子稽查工作抽查，开展专项整治行动，依法依规查处限制、阻挠、拒绝住房公积金贷款行为，切实维护缴存职工购房贷款合法权益。积极探索建立个体工商户、灵活就业人员等新市民自愿缴存住房公积金制度，有序推进住房公积金支持危旧房改造、绿色建筑、装配式建筑、住宅全装修、旧住宅加装电梯等扶持政策。

【信息化建设】接入全国住房公积金数据平台，

健全完善省市住房公积金业务监管（管理）系统，面向全省缴存个人及单位用户，通过加强全省住房公积金业务"八统一"执行，以浙江省政务服务网、浙里办APP为主要载体，搭建省级住房公积金综合服务平台，信息化建设水平显著提高。全省各级住房公积金相关单位政务专网按省、市、县三级架构已并入各级政务外网，并实现整体运行。

【管理服务】全省各地严格执行管委会决策制度，决策体系不断完善。风险防控机制和各项规章制度不断健全，资金管理日趋规范，财务收支基本按规定执行。资金竞争性存放管理制度普遍建立，有效杜绝可能存在的利益冲突和利益输送。各地努力提高服务水平，文明创建再结硕果，衢州市中心获得全省"人民满意的公务员集体"称号，温州市中心获得全国"工人先锋号"和全国"巾帼文明岗"称号，丽水市中心及长兴分中心获得全国"青年文明号"，湖州市中心获得省级"三八红旗集体"称号，平阳分中心获得省级"青年文明号"称号。全省各地各级住房公积金管理机构共获得地市级以上先进单位、个人称号及其他荣誉68个。

【深化公积金改革】将深化"最多跑一次"改革与全面提升住房公积金管理服务水平紧密结合。深入推进业务规范办理，进一步统一全省政策，切实推进贷款、退休等"一件事"全流程"最多跑一次"。深入推进业务在线办理，在浙江政务服务网、浙里办APP开通个人及企业事项办理，实现适宜网办业务全纳入和全省覆盖，所有民生事项实现窗口、网上、掌上三端"一证通办"。深入推进业务就近办理，办理网点向乡镇、街道延伸，将办事事项下放至乡镇、街道的银行网点办理，方便群众跨区域、近距离、无障碍办理业务。全省绝大部分地区已实现提取业务的"全市通办"。

城市建设

【五水共治】治理污水方面，为提升污水处理厂处理能力和出水水质，共完成城镇污水处理厂新扩建项目17个，新增污水处理能力86万吨/日；新增城镇污水配套管网1833公里；完成966个城镇生活小区"污水零直排区"创建。全省城市、县城污水处理率分别为96.95%和96.51%，建制镇污水处理率73.62%。其中，县城污水处理率提前实现国务院印发的《水污染防治行动计划》中提出的"到2020年县城污水处理率达到85%"要求；杭州市、宁波市城市污水处理率分别为96.02%和98.8%，提前完成省会城市、计划单列市建成区污水基本实现全收集、全处理的目标。根据全国城镇污水处理管理信息系统，全省累计COD、氨氮削减量分别为102.1万吨和9.5万吨，较2018年基本持平。全年新（扩）建污泥处理处置设施7个。

排涝方面，综合整治城市河道53条，占年度目标106%；新开城市河道完成5条，占年度目标100%；建设雨水管网753公里，占年度目标150%；提标改造管网617公里，占年度目标154%；雨污分流改造管网772公里，占年度目标208%；清淤排水管网29510公里，占年度目标239%；改造易淹易涝片区213处，占年度目标284%；增加应急设备4.084万立方米/小时，占年度目标185.6%。

保供水方面，新建供水管网1217.59公里，完成比例146.7%；改造供水管网1540.72公里，完成比例168.3%；新增供水能力82万吨/日，完成比例100%；新建改造供水能力开工91万吨/日，开工率100%。

抓节水方面，大力实施城区老旧管网改造，推进有条件的县（市、区）实施分区计量管理，控制供水管网漏损率。据统计，全省城市供水管网平均漏损率6.13%，已达到国务院印发的《水污染防治行动计划》中提出的"到2020年，全国公共供水管网漏损率控制在10%以内"要求。进一步加快生活节水器具改造和雨水收集利用工程建设，全省共改造节水器具6.11万套，改造"一户一表"13.28万户，有效提升居民家庭节水意识和节水水平。

雨水利用方面，通过"抓节水"工作的实施，全省雨水利用工程建设也进一步加快，全省建设屋顶集雨等雨水收集系统2747处，雨水利用率得到大幅提升。

【城市黑臭水体治理】2019年生态环境部、住房城乡建设部对浙江省开展的第一轮统筹强化监督现场检查中，浙江省城市黑臭水体实现了零发现。在治理黑臭水体的同时，全省实现2019年度黑臭水体零增长。2017—2018年已全部完成杭州市余杭区赭山港、金华市婺城区回溪和水电渎、舟山市定海区新河、台州市椒江区庆丰河、丽水市莲都区五一溪6条黑臭水体的治理，2019年进一步巩固治理成效。

【城市园林绿化】加强园林绿化市场管理，省住房城乡建设厅出台《关于进一步明确园林绿化管理工作有关事项的通知》，制定《浙江省园林废弃物处置技术规程》，开展园林绿化工程施工招标核查工作。加强古树名木保护管理，省住房城乡建设厅联合省林业局修订《关于印发浙江省古树名木认养办法的通知》，印发《浙江省古树名木健康诊断技术规程（试行）》《关于进一步做好古树名木建档挂牌和目录公布的通知》。推进人居环境示范创建，创成国家生态园林城市1个，国家园林城市7个，国家园林城镇6个，已创国家园林城市顺利通过住房城乡建设部复查。创建省级园林城市1个，省级园林城镇13个。积极推进郊野公园和立体绿化建设，新增绿地2300公顷以上，建成118个省级园林式居住区（单位）、57个优质综合公园、64条绿化美化示范路和66条街容示范街。

【"万里绿道网"建设】省住房城乡建设厅召开第七次全省绿道网建设工作会议，全省新增高标准绿道1430公里。省住房城乡建设厅联合省发改委等10部门印发《浙江省大花园骑行绿道网建设工作方案》，联合8个省级部门开展第三届"浙江最美绿道"评选活动，选出10条最美绿道。省住房城乡建设厅联合省卫健委、《浙江日报》举办全省第一届"绿道健走大赛"暨绿道健身月活动，在全省100个县市（区）同步举行，近13万人参与，营造出良好的共建共享氛围。

【垃圾分类】以省委办公厅、省政府办公厅名义印发《关于高水平推进生活垃圾治理工作的意见》，颁布全国首部城镇生活垃圾分类省级标准。全省生活垃圾分类投放、分类收集、分类运输、分类处置体系已初步建立，累计建成省级高标准垃圾分类示范小区758个、示范片区51个、定时定点投放清运的小区（商业街）超500个，11个设区市、县级城区垃圾分类收集覆盖率分别超过88%和78%。通过抓好生产、流通、消费、分类、回收等环节工作，垃圾高速增长态势得到有效遏制，从2013—2016年平均年增长率10%下降到2019年的0.7%。全省现有城镇生活垃圾末端处理设施149座（焚烧56座，填埋54座，餐厨设施39座），总处理能力约9.04万吨/日，实际处理约7.2万吨/日，无害化处理率达100%，湖州、舟山市已提前实现焚烧、餐厨设施县县全覆盖和"零填埋"。

【老旧小区改造】浙江省和宁波市分别被住房城乡建设部列为全国城镇老旧小区改造试点省和试点城市。经调查，全省需要改造城镇老旧小区7018个，总建筑面积2.50亿平方米，涉及居民255.26万户。2019年，全省共开工改造393个小区（开工率100%），涉及6231栋、建筑面积1335万平方米，惠及居民14.63万户，累计完成投资约25亿元。省住房城乡建设厅会同省发改委、省财政厅联合印发《关于加快推进全省城镇老旧小区改造工作的指导意见》和《全省城镇老旧小区改造试点工作方案》，指导全省城镇老旧小区改造和探索试点"九个机制"工作。

【城镇燃气】根据省委省政府有关"平安护航新中国成立七十周年安保"的工作部署，省建设厅贯彻落实有关消防安全、危化品整治、反恐怖、城市建设领域安全生产等方面的安全生产工作要求，全面完成重大安全隐患挂牌督办、瓶装液化石油气集中整治、国庆备勤等多项任务。扎实推动应急处置能力建设，年内组织消防、反恐怖等应急演练485次，共计1385人次参加，修编完善城镇燃气事故处置应急预案，强化反恐怖最小作战单元建设，全省供气行业共有最小作战单元213支计1132人。

【交通治堵】全省新增停车位151100个，其中新增公共停车位20631个。新增城市（含县城）道路长度733.28公里。推进轨道交通建设806公里，其中，杭州市建成86.9公里，续建243.5公里，开工68.3公里；宁波市建成16.7公里，续建93.9公里，开工9.1公里；温州市建成18.7公里，续建61.5公里；嘉兴市续建48公里；金华市续建107公里；台州市续建52.4公里。推进城市快速路方面，杭州市建成17.8公里，续建96公里，开工31.2公里；宁波市建成17.1公里，续建31.2公里，开工8.7公里；嘉兴市开工15.1公里；绍兴市续建17.5公里，开工51.5公里；台州市续建9公里。新建和改造全市域城市公交停靠站2298个，其中港湾式停靠站（包括嵌入式停靠站）1485个。

【海绵城市建设】组织嘉兴市、宁波市完成国家海绵城市建设试点验收，组织对绍兴市、衢州市、兰溪市、温岭市等四市开展海绵城市建设试点绩效评价试评估。开展海绵城市建设成效评价，对12个县（市、区）进行评价指导，并给予省级财政补助。全省全年新增216平方公里达到海绵城市建设目标要求。

【地下综合管廊建设】全省地下综合管廊开工40公里，新增36公里形成廊体；全省累计开工177公里，形成廊体104公里，36公里投入运营或试运营。

村镇建设

【美丽宜居示范工程】启动实施136个美丽宜居示范村创建，累计开展省级美丽宜居创建项目1275个。全省美丽宜居示范村建设成效显著，涌现一批"颜值高、产业兴、生活好"的生态宜居示范村。

【农村危房改造】2006—2019年，全省累计完成农村困难家庭危房改造32.6万户（其中2019年完成 7109 户），农村危房改造救助覆盖面已扩大到当地当年低保标准的 1.5 倍以内。2019 年开始实施农村困难家庭危房改造即时救助，要求做到发现一户，改造一户，切实保障低收入人群基本住房条件。在此基础上，还将农村危房改造范围扩大到农村非困难家庭。至 2019 年底，全省完成农村非困难家庭危房治理改造 21.4 万户（其中 2019 年完成 11155 户）。

【传统村落保护】新增中国传统村落 235 个，全省中国传统村落数量达 636 个，列全国第四。台州市出台传统村落保护和利用条例，金华市和丽水市出台传统村落保护条例。公告发布《浙江省传统村落保护技术指南》《浙江省传统村落保护发展规划编制导则》《传统村落和历史文化名城名镇名村白蚁防治技术导则》等相关技术标准。68 个中国传统村落获中央资金支持，累计 397 个传统村落列入中央财政支持范围，争取到中央资金 11.91 亿元。2019 年开展传统村落风貌保护提升 100 个。

【农村生活污水处理设施运维管理】2019 年 9 月 27 日，浙江省人大常委会公布《浙江省农村生活污水处理设施管理条例》。这是全国首部专门针对农村生活污水处理设施管理的立法，对农村生活污水处理设施的建设改造、运行维护及其监督管理作出全面规定，填补农村生活污水处理设施管理没有直接法律依据的空白。省住房城乡建设厅制定《浙江省农村生活污水治理设施标准化运维管理评价导则》、《农村生活污水水质检测化验室建设导则》等导则，推进农村生活污水处理设施运行维护工作。至 2019 年末，全省农村生活污水处理设施维护率达 100%，其中 4787 个日处理能力 30 吨以上处理设施实施标准化运维，标准化运维比例 47.06%。开化县、奉化区农村生活污水处理设施运行维护工作成效突出，被住房城乡建设部作为县域统筹推进农村生活污水治理优秀案例向全国推广。指导各地开展县域农村生活污水治理专项规划编制工作，全省涉及农村生活污水处理设施运维管理的 83 个县（市、区）（含金华经开区、嘉兴港区）的县域农村生活污水治理专项规划已全部经当地政府批复实施。

【小城镇环境综合整治】全面完成全省小城镇环境综合整治三年行动任务，1191 个小城镇基本消除环境"脏乱差"现象，累计打造省级样板 446 个，有效改变"既不如城、更不如村"的旧貌，实现美丽蝶变，浙江省成为全国唯一对小城镇进行全面、彻底、全域整治的省份。9 月，省委省政府为持续深化"千万工程"，加快形成城乡融合、全域美丽新格局，在小城镇环境综合整治取得阶段性成效基础上，作出启动实施新时代美丽城镇建设决策部署。省委、省政府办公厅出台《关于高水平推进美丽城镇建设的意见》，谋划实施设施、服务、产业、品质、治理五大提升行动，配套印发建设指南、"一镇一方案"编制大纲，为全面推进工作明确方向、提供指导，全省各市、县（市、区）基本建立美丽城镇专班化实体化工作运行机制。9 月 6 日，省委省政府在建德市梅城镇召开全省美丽城镇建设工作会议，开启美丽城镇建设新篇章。

工程造价

【政策规章】修订出台《浙江省建设工程造价管理办法》，经省人民政府第 26 次常务会议审议通过，以浙江省人民政府令第 378 号发布，自发布之日起施行。新修订的《造价管理办法》充分吸收"最多跑一次"改革成果，在深化行政审批制度改革、落实政府数字化转型要求、构建以信用为核心的监管体制、强化事中事后监管等方面进行完善与充实。

【计价依据】开展 2018 年版计价依据第二阶段编制工作，组织成立《浙江省建设工程计价依据（2018 版）》第二阶段编制项目各专业定额编制组，印发《浙江省建设工程其他费用定额》等 7 部定额编制实施方案，完成各专业送审稿，提交编制工作专家组审定。

【造价信息】强化造价信息公共服务，制定发布《全省信息价统一发布标准（试行）》（一）、（二），进一步推进全省价格信息数据共享。每月定期采集测算发布安装材料、火工、保温、绝热、防腐材料、市政、园林绿化及仿古建筑工程专用材料信息和相应指数，全年向建设市场提供人工、材料、机械台班等各类计价要素信息 17 万余条。

【造价企业管理】优化造价咨询企业服务，制定浙江省造价咨询企业培育活动办法并组织开展培育活动，全省共有 150 余家企业参与，评选出 16 家品牌企业及 65 家优秀企业。至年末，全省共有造价咨询企业 417 家，其中甲级 296 家、乙级 121 家、乙级暂定期 6 家。全年造价咨询业务收入共 74 亿元，较上年增长 26%，其中 167 家企业收入超过千万元，12 家企业收入突破亿元。全省一级注册造价工程师 10790 人，二级造价工程师 8881 人。

【造价争议调解】全年全省累计受理调解项目 334 个，涉及国有投资 252 个；累计受理项目金额 584.34 亿元（其中国有投资项目 450.69 亿元），调解金额 11.06 亿元；调解成功率 98%。开展施工合同履约检查，重点检查在建工程施工合同的订立及履约情况，共抽查全省33个在建工程，其中16个公共建筑、10个保障性安居工程、6个住宅工程、1个市政工程，共计建筑面积251.14万平方米，工程造价79.26亿元。发包人履约评价结果为较好及以上占比39%，承包人履约评价结果为较好及以上占比76%。

【长三角造价一体化】 联合上海、江苏、安徽共同发布长三角区域建筑安装人工价格与综合指数。牵头组织召开长三角区域工程造价管理一体化第三次联席会议，共同签署《推进长三角区域造价管理一体化发展规范造价咨询市场执业行为合作要点》，组织编制并发布《长三角一市三省高性能建筑门窗及部品（件）技术推广目录（2019版）》。组织举办2019年长三角区域"数字造价·数字建筑"高峰论坛。

工程质量安全监督

【工程质量】 深入开展工程质量提升行动，推动工程质量终身责任制落实，持续保持建筑工程"两书一牌"全覆盖；深化工程质量安全手册制度，健全手册执行激励和惩戒制度；抓行业整治，开展住宅工程质量常见问题、违规使用海砂专项治理、工程质量检测活动专项整治行动等专项治理，提升住宅工程品质；推行"双随机、一公开"检查方式，强化政府监管。全年房屋建筑工程质量监督总数18263个，建筑总面积67157.944万m^2；市政基础设施工程3382个，工程总造价1789.23亿元；城市轨道交通工程317个，工程总造价1672.9102亿元。全省各级建设主管部门共抽查、督查工程项目104820个次，下发整改通知书61789份，下发停工通知单3426份，下发行政处罚书2041份，处罚单位1798家，通报违法违规典型案例318起。组织开展2019年度浙江省建设工程钱江杯奖（优质工程）认定工作，共评出钱江杯119项，创"鲁班奖"9项，国家优质工程金质奖14项，居全国前列。

【施工安全】 守好建筑施工安全底线，制定下发《浙江省安全生产综合治理三年行动计划》《浙江省安全生产委员会2019年工作要点的通知》和《消防安全三年翻身仗行动实施方案》，以"防危大工程事故、防高处坠落事故、防管理薄弱区域事故"的"三防"为主线，开展安全生产集中整治、危险化学品专项整治、起重机械专项整治、防高处坠落、高大支模专项整治等系列行动。全年厅领导带队省级检查督查31次，持续在11个地市开展安全生产专项检查。各级建设系统行业主管部门出动检查人员173189人次，检查工地98031个次，发现隐患238253项，其中危大工程隐患12830项；整改隐患234123项，其中危大工程隐患12764项。

建筑市场

【概况】 2019年，浙江建筑业坚持转型升级，开放发展，深入推进建筑工业化，优化产业结构，强化市场监管，着力建筑市场规范化、法制化建设，实现高质量发展。全省建筑业企业共完成建筑业总产值2.04万亿元，同比增长2.3%，占全国建筑业总产值的8.2%；实现建筑业增加值3779.6亿元，占全省GDP的6.1%；全省建筑业入库税收604.7亿元，增长15.4%，占全省入库税收的5.3%；签订合同金额4.2万亿元，其中新签合同金额2.2万亿元；房屋建筑施工面积18.3亿平方米，占全国房屋建筑施工总面积12.7%，其中新开工面积5.8亿平方米；建筑业从业人员620万人，占全国建筑业从业人员11.4%。

【建筑企业发展】 着力优化行业结构调整，着力培育大企业，做专做精专业企业，持续推进民营建筑业企业发展。全年新增特级企业2家，全省特级企业共80家，其中基础设施领域特级企业14家（市政7家、公路4家、水利2家、化工石油1家），基础设施类特级资质占比17.5%，数量和占比均居全国各省市前列；全省建筑业产值超100亿元企业22家，其中中天建设集团总产值816亿元，居全省第一，浙江宝业建设集团有限公司、浙江中成建工集团有限公司等5家建筑业企业总产值超200亿元。全省14家建筑业企业上榜2019全国民营企业500强，占全省上榜企业15.2%；全省建筑监理企业实现营业收入366.36亿元，监理收入113.49亿元，监理企业中综合资质企业21家，甲级企业249家。

【改革创新提速】 深入开展工程总承包工作，积极培育工程总承包市场和企业，全年共有694家企业承接工程总承包项目1054个，工程造价822.1亿元；率先开展全过程工程咨询试点，将试点从房建市政行业扩展到交通、水利、能源行业。全年共有208家企业参与实施全过程咨询，实施项目397个，合同额9.4亿元；先行开展建筑劳务用工改革试点和建筑产业工人队伍培育试点，制定浙江省新时代建筑产业工人培育试点工作方案。

【装配式建筑发展】 全面实施绿色建筑专项规划，对建筑项目提出绿色建筑等级、建筑装配化建造和住宅全装修等控制性指标要求。新开工装配式建筑7896万平方米，占新建建筑面积比例

25.1%，装配式建筑新开工面积和占比均居全国前列。其中，新开工装配式住宅和公共建筑（不含场馆）5619万平方米，已实施住宅全装修项目3359万平方米。全省共有建筑工业化基地100个，其中预制混凝土装配式基地65个，生产线222条，产能766万立方米；钢结构基地35个，生产线167条，产能329万吨，在满足浙江省需求基础上，逐步向上海、江苏等地供应。在全国率先开展钢结构装配式住宅试点，杭州、宁波、绍兴等3个城市和17家企业分别被认定为国家级装配式建筑示范城市和产业基地。累计建成钢结构装配式住宅304.4万平方米，在建钢结构装配式住宅111.34万平方米；其中累计建成钢结构农房15万平方米，在建6.6万平方米。

【监管模式转变】着力推进监管模式转变。推进行业监管向信用管理转变，建立建筑市场"黑名单"制度，打破信息孤岛，实现数据共享，规范建筑市场信用评价结果在招标投标领域规范应用。截至2019年底，建筑市场监管与诚信信息平台数据库已有2万家企业信息、76万从业人员信息、8.6万个工程项目信息、7352条进浙备案企业信息、7273条企业良好信息、4123条个人良好信息、70条企业不良信息和140条个人不良信息。省住房城乡建设厅制定《浙江省建筑工程施工发包与承包违法行为专项整治行动方案》，部署开展发包和承包违法行为专项整治行动，有效打击建筑市场违法发包、转包、违法分包和挂靠等违法违规行为。建立工资保证金、实名制管理、工资款分账核算、工资按月足额支付、银行代发工资、维权信息公示等六项配套制度，全年建设部门共查处欠薪案件884件，解决876件，结案率99.1%，协助人社部门查处欠薪案件413件。完善建筑工人实名制管理信息平台功能，提高全省建筑工人实名制管理信息数据质量，联合省人力社保厅推进建筑产业工人队伍培育试点工作。全省建设工程以保函形式缴纳保证金1257555万元，保函缴纳比例达22.2%。

【"走出去"发展】深入实施"走出去"发展战略。省政府办公厅出台《关于推进浙江建筑业开放发展的若干意见》，从加快产业结构调整、加强工程项目对接、加大财政金融支持力度、加大国际工程人才培育力度、加强工程建设标准互联互通、加强服务保障6个方面提出11条举措，助推浙江省建筑业积极参与"一带一路"建设。对外承包工程业务保持较快增长，全年完成对外承包工程营业额76.3亿美元，同比增长3.3%，新签合同额52.1亿元，同比增长31.0%。在（ENR）公布的2019年度250家国际承包商榜单中，浙江省有省建投公司、东阳三建、省交工集团3家入围，较上年增加1家，分别列第89位、194位、204位。东阳三建为近年首次入围的民营建筑业企业。

建筑节能与科技

【技术标准】组织完成《城市地下综合管廊运行维护技术规范》《建设工程勘察土工试验质量管理规范》《建设工程勘察企业质量管理规范》、《城镇生活垃圾分类标准》《装配式建筑评价标准》等25项浙江省工程建设标准的出版发行。组织完成《普通高中走班教学用房功能布置》《明挖现浇地下管廊工程防水构造》《住宅厨房集成灶安装详图》等7项浙江省标准设计图集的编制、发行。

【绿色建筑发展】全省新建民用建筑全面按照一星级以上绿色建筑强制性标准进行建设，其中国家机关办公建筑和政府投资或者以政府投资为主的其他公共建筑，按照二星级以上绿色建筑强制性标准进行建设，执行标准高于国家标准，全面推进绿色建筑发展。全省新增城镇绿色建筑面积1.6亿平方米，城镇绿色建筑占新建建筑比重96%，较2018年提高2个百分点；新增节能建筑1.2亿平方米，实施高星级绿色建筑示范工程147项，绿色建筑发展规模和水平位居全国前列。

【可再生能源建筑应用】全省以实施民用建筑节能评估和审查制度为主要抓手，大力推进太阳能光伏系统、太阳能光热系统、空气源热泵热水系统和地源热泵系统等可再生能源建筑应用。明确要求可再生能源设施设备应用与建筑一体化设计、施工和安装，确保建筑与环境美观协调。全省累计实施太阳能热水器集热面积2094万平方米，浅层地能建筑应用面积612万平方米。全年完成太阳能等可再生能源建筑应用面积2000万平方米。

【绿色建材标识评价】省住房城乡建设厅和省市场监管局等14部门联合印发《关于加快推进绿色产品认证工作的意见》，形成绿色建材和绿色产品采信互认机制。至年末，全省共有98项建材产品获绿色建材标识，其中三星级91项、二星级7项。共涉及砌体材料、保温材料、预拌砂浆、预拌混凝土、建筑节能玻璃、陶瓷砖、卫生陶瓷等7大类，预拌混凝土47项，预拌砂浆22项，砌体材料17项，保温材料3项，建筑节能玻璃2项。

【既有建筑节能改造】积极引导各地结合三改一拆、小城镇综合环境整治、老旧小区改造等省委省政府重点工作,利用外墙外保温、活动外遮阳、隔热屋面、太阳能、地源热泵等节能技术,开展既有建筑节能改造。全省累计实施既有公共建筑节能改造建筑面积797万平方米,累计实施既有居住建筑节能改造面积2071万平方米。2019年全省完成既有公共建筑节能改造面积100万平方米。

城市管理

【标准体系】健全城市管理标准规范体系。组织起草《关于积极推进"城市大脑"在智慧城管中应用的意见》《浙江省智慧城管建设导则》,修订《智慧城管事部件立结案规范》等标准规范。

【信息技术】加快城市管理信息技术革新,完善有关精细化管理标准体系,研究制定城市精细化管理标准,在智慧城管系统中完善智慧环卫、智慧市政、智慧园林、智慧燃气等功能。推进基于城市大脑的城市管理服务创新、基于实时感知的城市运行监测创新和基于人工智能的城市运行流程创新,运用智慧城管技术手段推进城市治理能力提升。

【城市治理机制】积极引导城市治理机制创新。以绩效为导向,通过运行测评准确推动精细化。组织编写《智慧城管工作绩效评价标准》,通过测评对比,发现各地运行短板,挖掘、传播好的做法与先进经验,促进全省城市管理工作协同发展。以科技为潮流,通过平台借力持续引导精细化。推进"城市大脑"在城市管理领域的创新应用与深度融合,在"城市大脑"支撑下,不断依托数据、算法、算力的发展推进城市管理精细化实践。以垃圾分类为重点,推进城市管理关键领域精细化。通过建设浙江省生活垃圾分类监管信息系统平台,提高生活垃圾分类工作管理效率,推进分类工作规范化、智能化、精细化、长效化,实现从源头分类投放监管,促进源头减量,到分类收集、分类运输、分类处置,到最终副产生物去向的全过程监管。

【三改一拆】推进"无违建"创建。组织"无违建县(市、区)"考核验收,公布杭州市临安区等6个县(市、区)为第三批"无违建县(市、区)",杭州市下城区等28个县(市、区)为第四批"基本无违建县(市、区)";修改完善创建标准和考核验收办法,制定《浙江省"无违建县(市、区)"创建标准及考评办法》;实行动态管理。抓好违建核查和督办,建立完善新增违建督办制度,做好省委、省政府30个督导组调整及任务部署工作。推进"四边三化"工作,抓好问题点位整治,开展道路两侧乱设广告、悬挂张贴物等情况专项整治行动。围绕讲好"三改一拆"故事,做好宣传策划工作,总结推广好的工作方法。6月,根据浙江省委、省政府组建新的"三改一拆"(违建别墅清查整治)行动领导小组,并将办公室调整到省自然资源厅的决定,省住房城乡建设厅与省自然资源厅对"三改一拆"有关工作进行交接。省建设厅为新组建的省"三改一拆"(违建别墅清查整治)行动领导小组成员单位。2019年1—6月,全省拆除违法建筑5382万平方米,完成年度工作任务(8150万平方米)的66.04%;完成"三改"5065万平方米,完成年度工作任务(7500万平方米)的67.53%,其中城中村改造1513万平方米、旧住宅区改造2184万平方米、旧厂区改造1368万平方米。城中村、旧住宅区改造受益群众户数23.56万户。全省拆违涉及土地面积628万平方米(0.94万亩),"三改"涉及土地面积556万平方米(0.83万亩)。

人事教育

【深化改革】顺利完成机关机构改革。根据省委机构改革统一部署,协调落实机构、人员和职责划转事宜,研究出台厅机关内设机构定编定岗定员实施方案并抓好落实,组织开展内设机构主要负责人集体谈话,推动机构改革落地和年度重点工作落实。按时启动事业单位改革。配合做好事业单位改革前期专题调研,结合实际提出分类优化设置和推进改革意见建议,以及清理规范整合方案。牵头启动厅属经营性事业单位改制工作,按时报送厅属经营性事业单位转企改制工作方案和实施方案,并获批复。开展公务员职务职级并行。配合省委组织部开展厅机关公务员职务职级并行制度实施情况模拟调研,制定《省住房城乡建设厅公务员职务与职级并行制度实施方案》,完成厅机关和省建管总站非领导职务人员职级套转和第一批职级晋升工作。积极承接正高职称评审改革。贯彻落实省委办、省政府办《关于深化职称制度改革的实施意见》要求,编制完成《浙江省建设工程专业正高级工程师职务任职资格评价条件》,拟定政策解读,组织开展业务培训,承接正高职称评审。牵头梳理厅数字化转型涉及的公共服务事项。两次牵头调整公共服务事项目录和省级公共服务事项,调整后省市县三级公共服务事项目录共44项,省本级公共服务事项共59项,助推政务服务事项等指标领跑全国。

【人才队伍建设】加大人才选拔推荐力度,推荐"国家荣誉称号"候选人2名、享受国务院特殊津贴专家1名、全国技术能手2名、百千万人才国家级人选 1 名、省突出贡献中青年专家 2 名、省"万人计划"科技创新领军人才 1 名。组织开展 2019 年度全省建设工程专业正高级工程师、高级工程师资格评审和直属单位中初级专业技术资格评审初定工作，全省分别有 246 人、4558 人取得建设工程专业正高级工程师、高级工程师资格，省属单位 258 人取得中初级任职资格。200 余名教授级高级工程师过渡为正高级工程师，43 名外省调入人员高级工程师证书确认。

【干部教育培训】编制年度建设教育培训计划，指导开展建造师、建筑师、房地产估价师等 6 个类别建设行业注册执业资格人员继续教育，举办各类专业技术人员提高素质能力培训班 37 个，重点组织实施"一带一路"背景下工程项目管理、千岛湖及新安江流域水资源与生态环境保护、城市有机更新与城市设计、城乡建设重点课程师资培训等 4 个专业技术人员出国培训项目和乡村振兴协同城镇化发展高研班，积极争取将垃圾分类网上专题研讨等 4 个培训班列入省委组织部班次计划，累计约 9000 人次参加培训。组织公务员参加"学法用法三年轮训"、年度网络学院学习和法律知识考试，协调选派 45 名领导干部参加国家行政学院、住房城乡建设部、省委组织部、省委党校各类班次学习。

【建设类人员培训教育】启动现场专业人员职业培训试点，确定浙江省建设施工现场专业人员职业培训 6 家试点机构，并向住房城乡建设部人事司报送试点方案和总结，试点期间共培训 4319 人次，实施 69 场次 5999 人次的测试。推动省建设行业专技人员继续教育和学时登记，规范省属单位专业技术人员学时认定登记信息化管理，完成省属单位专业技术人员学时登记认定 3579 人、57209 学时，完成专业科目和公需科目网络学习视频课件录制及试题库建设，新录制视频课件 137 学时，其中建设行业公需科目 28 学时，专业科目 109 学时，视频课件总数累计 311 学时。

大事记

1月

18 日　全省住房城乡建设工作会议在杭州召开。

30 日　浙江省安全生产委员会下发《关于 2018 年度安全生产目标管理责任制考核结果的通知》，省住房城乡建设厅获评 2018 年度安全生产目标管理责任制考核优秀单位。

2月

21 日　省住房城乡建设厅召开全省建筑施工安全现场警示会。

27 日　省住房城乡建设厅举行厅机关和直属单位处级干部集体宪法宣誓仪式。

3月

5 日　省住房城乡建设厅召开党风廉政建设形势报告会，省纪委副书记、省监察委副主任罗悦明作报告，厅长项永丹主持。

6 至 8 日　厅长项永丹带队赴吉林省开展对口合作工作交流。

19 日　省住房城乡建设厅召开全省住房城乡建设系统扫黑除恶专项斗争工作推进会，厅长项永丹出席，副厅长张清云主持。

28 日　全省工程建设项目审批制度改革工作电视电话会议召开，副省长彭佳学出席，厅长项永丹参加。

4月

10 日至 11 日　厅长项永丹赴杭州市余杭区、萧山区调研并召开省分类办专题会议。

16 日　副省长彭佳学赴杭州市调研建德梅城镇美丽城镇建设工作，厅长项永丹、副厅长张奕参加调研。

18 日　绍兴市召开建筑产业发展大会，厅长项永丹出席。

5月

11 日　浙江省暨杭州市城市节水宣传周在杭州市市民中心启动，主题为"建设节水城市，推进绿色发展"，副厅长张奕出席启动仪式。

19 日　第 291 场中国工程科技论坛暨 2019 年中国钢结构发展高峰论坛在杭州举行，厅党组成员朱永斌出席。

30 日　省建设厅在杭州召开全省住房和城乡建设系统精神文明建设工作座谈会，副厅长应柏平参加。

6月

10 日　省住房城乡建设厅"不忘初心、牢记使命"主题教育动员部署会在杭州举行，厅长项永丹主持会议并作动员部署。省委"不忘初心、牢记使命"主题教育第十巡回指导组全体同志到会指导，组长陶时梅出席并讲话。

13 日　厅长项永丹主持召开全省建设系统学习贯彻习近平总书记关于垃圾分类重要指示专题部署会。

7月

2 日　省长袁家军围绕推动营商环境走在前列，到省住房城乡建设厅开展"不忘初心、牢记使命"

主题教育专题调研。副省长彭佳学,省政府秘书长陈新,省政府副秘书长、办公厅主任鞠建林,省政府副秘书长、研究室主任应雄等参加调研。

2—3日 住房城乡建设部、中组部、民政部联合调研组赴浙江省专题调研物业党建工作,副厅长应柏平参加调研。

9日 省住房城乡建设厅召开各市住房城乡建设系统工作座谈会,传达学习袁家军省长来厅调研重要讲话精神。

11至12日 住房城乡建设部副部长黄艳一行调研浙江省城镇老旧小区改造工作,厅长项永丹、副厅长张奕参加调研。

22至24日 住房城乡建设部党组成员、副部长易军赴浙江省调研钢结构装配式住宅工作开展情况,厅长项永丹、副厅长应柏平、厅党组成员朱永斌参加调研。

24日 住房城乡建设部党组成员、副部长易军赴全国白蚁防治中心调研"不忘初心、牢记使命"主题教育开展情况,副厅长应柏平、厅党组成员朱永斌参加调研。

27日 住房城乡建设部办公厅发文公布同意将浙江省列为钢结构装配式住宅试点。

8月

7日 住房城乡建设部绿色建造试点工作调研座谈会在杭州召开。

21日 省住房城乡建设厅发布全国第一部城镇生活垃圾分类省级标准——《浙江省城镇生活垃圾分类标准》。

9月

11日 省住房城乡建设厅召开"不忘初心、牢记使命"主题教育总结会。

27日 浙江省十三届人大常委会第十四次会议通过《浙江省农村生活污水处理设施管理条例》,为全国首部专门针对农村生活污水处理设施管理的立法。

10月

17—18日 2019长三角区域"数字造价·数字建筑"高峰论坛在杭州举办。

11月

11日 由联合国人居署、浙江省住房城乡建设厅、丽水市人民政府共同主办的第一届城乡联系国际论坛在丽水市松阳县开幕,厅长项永丹在开幕式上致辞。

13日 2019年度全省绿道网建设工作现场会在缙云召开,厅长项永丹参加,副厅长张奕主持。

14日 省住房城乡建设厅在绍兴市诸暨市召开全省建筑施工工具式模板支撑体系应用试点现场观摩会。

11月28日 省城乡环境整治工作领导小组召开美丽城镇建设专题会议,副省长彭佳学主持,厅长项永丹、副厅长张奕参加。

12月

3日 全国白蚁防治标准化技术委员会换届大会在杭州召开。

4—6日 全国小城镇建设工作现场会在杭州召开,住房城乡建设部村镇建设司二级巡视员白正盛出席,副厅长张奕参加。

(浙江省住房和城乡建设厅)

安 徽 省

概况

2019年,安徽省住房城乡建设系统以习近平新时代中国特色社会主义思想为指导,认真落实党中央、国务院及省委、省政府各项决策部署,开拓进取、担当作为,全面完成各项工作任务。2019年,安徽省棚户区改造和农村危房改造工作积极主动、成效明显,均受到国务院督查激励;省住房城乡建设厅在年度省政府目标管理绩效考核中被通报表扬;安全生产、信访、创优"四最"营商环境等工作得到省委、省政府通报表彰;定点扶贫考核位居安徽省省直单位第二。

【**推动城乡建设高质量发展**】城市基础设施不断完善,提请省政府印发《关于加强城镇基础设施建设的实施意见》。海绵城市建设全面推进,全省累计15%的城市建成区达到海绵城市建设要求。开展城市污水提质增效三年行动。全面完成城市排水防涝三年行动，城市排水防涝能力明显提升。蚌埠、宿州、宣城市获"国家节水型城市"称号。历史文化资源保护切实加强。安徽省已有历史文化名城名镇名村81个、历史文化街区23个、历史建筑4224处。持续推进传统村落挂牌保护和合理利用，全省237个村落被列入第五批中国传统村落，累计400个村落列入国家级传统村落名录，数量位居全国第七。

【持续提升城市管理服务水平】 城市管理水平有效提高，提请省政府印发《安徽省人民政府关于进一步加强城市精细化管理工作的指导意见》，推进城市管理领域补短板、强弱项、提品质、抓长效。选取33个城市社区和15个自然村作为首批试点开展群众身边和房前屋后人居环境建设与整治工作。城镇公厕提升行动顺利开展，提升改造城镇公厕2592座。智慧城管建设加快推进，省级智慧城管平台建成运行，实现与各市平台数据对接。各市加快推进数字平台智慧化升级，建设完善城市地下管网安全运行监测系统，保障城市设施运行安全。城市生活垃圾分类全面开展。持续推进合肥、铜陵2个国家级及淮北等6个省级试点市开展垃圾分类试点工作。全省累计1300个小区、80.8万户居民以及4174家公共机构、1445所学校开展生活垃圾分类。加快城市生活垃圾、厨余垃圾处理设施建设，新增生活垃圾处理能力2800吨/日，全省厨余垃圾处理能力达900吨/日。

【持续改善城乡人居环境】 棚户区改造新开工23.11万套，开工率107.77%；基本建成13.62万套，完成率135.29%。"十三五"期间计划105万套棚户区改造任务提前一年完成。新增棚户区改造续建项目竣工交付16.11万套，约48万棚户区改造居民可实现安居梦。全省公租房累计竣工78.69万套，累计分配77.29万套。以新市民为重点，持续推进住房公积金制度扩面，全年新增开户71.37万户。城镇老旧小区改造加快推进，列入计划的620个项目基本完成改造，惠及25万户居民。全年完成农村危房改造5.01万户，其中建档立卡贫困户3.06万户，完成171.9万户建档立卡贫困户房屋鉴定工作，确保困难群众不住危房。

【打好三大攻坚战】 围绕打好精准脱贫攻坚战，扎实推进农村危房改造，加强存量危房核实，完成171.9万户建档立卡贫困户危房鉴定"回头看"。扎实做好六安市裕安区以及太安村、陵波村定点扶贫工作。围绕打好污染防治攻坚战，大力开展城市黑臭水体治理，全省设区市建成区231个黑臭水体，218个消除黑臭，达到"初见成效"，比例超过90%；宿州、马鞍山、芜湖市列为全国黑臭水体治理示范城市。认真抓好中央生态环境保护督察和长江经济带生态环境警示片反映问题整改落实。加强建筑施工扬尘防治。围绕打好防范化解风险攻坚战，落实城市主体责任，因城施策，切实稳地价、稳房价、稳预期，指导各地防范化解房地产市场领域重大风险，妥善化解51个省级风险清单内项目。

法规建设

【法规制定】《安徽省无障碍环境建设管理办法》于12月31日以省人民政府第293号令公布，于2020年5月1日正式实施，填补安徽省无障碍环境建设管理立法空白。新修订的《安徽省城镇燃气管理条例》于5月1日正式实施；《安徽省绿色建筑发展条例》《安徽省建筑市场管理条例》《安徽省建筑工程招标投标管理办法》等立法或修改项目稳步推进。

【法制建设】 落实《安徽省住房和城乡建设厅重大行政决策程序规定》和《安徽省住房城乡建设厅重大行政决策公众参与程序规定》，将涉及群众利益重大决策前公开征求意见作为决策必经程序。开展重大决策风险评估。起草《安徽省绿色建筑发展条例》过程中广泛听取意见，按要求组织专家论证，进行风险评估。严格规范性文件制定流程，推进重大事项合法性审查、公平竞争审查全覆盖。配合省政府和省直有关部门，完成党内规范性文件清理、生态环境保护涉及的地方性法规清理、机构改革涉及的规章和规范性文件清理、工程建设项目审批制度改革相关法规规章清理等工作。扎实做好厅发规范性文件清理，并及时向社会公布清理结果。修订《安徽省住房城乡建设厅法律顾问制度》，积极发挥法律顾问作用，向15名法律专家颁发聘书，设立4名公职律师，在涉法、涉诉事项办理过程中，聘请专职律师，组织案件分析，广泛听取专业意见建议，有效提升依法行政效能。

【规范执法】 全面推行行政执法公示制度、执法全过程记录制度、重大执法决定法制审核制度。在厅本级层面，对所有实施行政处罚的案件均落实法制审核程序，当年办理完成的行政处罚案件信息均及时进行网上公示公开，严格落实执法过程全记录，一案一档，规范行政执法卷宗管理。在全系统范围内广泛调研，认真研究制定全省住房建设系统贯彻落实方案和相关配套措施，开展执法文书规范文本调研和修订工作，着力规范执法档案信息。制定《安徽省住房城乡建设领域行政处罚权集中行使工作衔接规范（试行）》，构建衔接顺畅、高效便捷的行政处罚工作机制。编制《行政处罚调查取证指南》《执法规范用语指南》《音像记录设备管理办法》《装备配备指导标准》等制度文件；调整行政处罚自由裁量基准，进一步强化全省住房城乡建设领域行政处罚行为规范。组织行政执法资格认证专业法律知识考试。印发《安徽省住房城乡建设领域继续教育管理办法（暂行）》，编印《建设专业法律、法规、规章汇编》，为全省住房和城乡建设领域执法人员继续教育工作提供有力保障。

【行政复议应诉】积极畅通行政复议渠道，全年共办理行政复议31件，出庭应诉22次，无败诉情形，案件办理质量较高。认真主动配合上级行政机关办理行政复议案件，自觉执行上级行政机关的行政复议决定。全年被复议案件5起，均在法定期限内向省政府或住房城乡建设部提交答复书和相关证据材料，根据上级行政机关审理结果，安徽省住房城乡建设厅作出的具体行政行为均得到维持。按季发布行政复议及应诉情况分析报告，突出共性、重大、疑难问题，结合案例加强业务指导。积极做好行政调解工作，用多元化方式化解矛盾。

【重点工作】扎实做好公平竞争审查，先后对2个政府规章、2个地方性法规、27个规范性文件、7个其他政策措施及所有厅长办公会议题进行公平竞争审查，有效防止出现排除、限制和其他不符合公平竞争审查标准的政策措施。严格做好合法性审查和法制审核工作，认真履行规范性文件前置审查、备案审查和异议审查职责，为27件厅规范性文件、省委省政府代拟稿和重大政策性文件出具合法性审查意见书。多种方式开展法制宣传，围绕污染防治、扫黑除恶和脱贫攻坚等工作，开展主题法制宣传，组织全系统"厉行法治"主题征文比赛，丰富法治宣传内容。

【新举措】厅主要负责同志亲自讲法制课。在"12·4国家宪法日"当天，厅主要负责同志亲自为全体干部职工题为"坚持以习近平新时代中国特色社会主义思想为指引全面做好新时代法治建设工作"的法治讲座。落实宪法宣誓与法律测试制度。全年两次组织厅机关新晋升处级以上领导干部进行宪法宣誓，组织所有处级干部参加宪法法律知识测试，强化领导干部法治意识，不断提高领导干部依法办事能力和水平。

房地产业

【概况】2019年，安徽省全面贯彻党中央、国务院和省委省政府对房地产市场的决策部署，坚持"房子是用来住的，不是用来炒的"定位，紧盯稳地价、稳房价、稳预期目标要求，落实城市主体责任制，实施"一城一策"方案，加强防范化解房地产市场风险，着力推动住房领域民生改善，全省房地产市场保持平稳健康态势。2019年，全省房地产开发完成投资额6670.5亿元，同比增长11.7%。房屋施工面积43591.2万平方米，同比增长6%，其中新开工面积11117.5平方米，同比增长2.5%。房屋竣工面积5673.9万平方米，同比增长26.4%。商品房销售面积9229.4万平方米，同比下降8.1%。年末城镇常住居民人均住房建筑面积41.8平方米，比2018年末增加1.5平方米。

【房地产市场政策协调与指导】落实土地供应与商品房库存挂钩机制，加强购地资金来源审查，坚决防止出现区域总价、土地或楼面单价新高等情况。出台《安徽省房地产开发企业信用管理暂行办法》，逐步建立房地产开发企业信用体系。各城市落实城市主体责任，切实稳地价、稳房价、稳预期。合肥市扎实做好房地产调控长效机制国家试点工作，出台长效机制工作方案2019年贯彻意见、责任清单、评价考核等文件，成功入围中央财政支持住房租赁首批试点城市。

【房地产市场监测】出台《关于进一步规范和加强房屋网签备案工作的指导意见》，在全省范围落实商品房交易合同网签备案制度，顺利与住房城乡建设部联网。依托市场监测平台，每日统计分析各市商品房备案交易情况，对房价、地价波动较大城市，通过发函、约谈等方式督促采取措施稳定房地产市场。全年全省新建商品住房交易网签备案均价7206元/平方米，同比增长7.6%。新建商品住房交易网签备案面积7907.2万平方米，同比下降15.5%。

【房地产开发与征收】全年累计完成征收项目211个，征收房屋建筑面积815.57万平方米，涉及46616户家庭，项目实施切实保障和改善民生，有力促进全省城镇化水平进一步提升。省住房城乡建设厅加强房屋征收工作指导，鼓励各地结合实际积极创新工作方式方法，推动安徽省房屋征收工作扎实开展，保障重点项目建设，维护被征收人合法权益。各地健全完善符合本地的征收规章办法和工作机制，加大信息公开力度，及时更新、发布各类征收信息，接受社会和被征收人监督。各地做好房屋征收领域矛盾纠纷排查化解工作，完善投诉举报机制、信访接待处理机制，切实解决群众合法合理诉求。

【物业服务与市场监督】 出台《关于做好住宅区物业共用部位共用设施设备紧急维修管理工作的通知》《进一步发挥住宅专项维修资金在老旧小区和电梯更新改造中支持作用的通知》等文件，进一步完善物业专项维修资金应急维修使用制度。建立健全物业服务企业信用管理信息系统。出台《关于督促物业服务企业做好物业管理区域内房屋住用安全隐患排查治理工作通知》，督促物业服务企业开展安全生产隐患排查治理专项行动。指导部分城市成立物业纠纷人民调解委员会，为物业纠纷当事方无偿提供专业调解服务。探索研究制定物业服务第三方评估标准。加强党建引领，指导各地在建立"四位一体"物业管理工作联动机制基础上，积极探索创新"物业＋党建"的治理模式，打造红色物业。出台《房地产市场扫黑除恶专项斗争工作方案》，明确扫黑除恶重点任务。落实属地责任，结合解决群众诉求、清理信访积案等工作，加强问题线索摸排和移交。组织开展商品房延期交付问题化解机制建设专项调查研究，开展房地产市场风险防范化解工作，中央电视台等新闻媒体对安徽省部分城市风险处置工作进行宣传报道。

住房保障

【概况】 着力完善住房保障体系，积极应对棚改融资政策调整，全面超额完成年度住房保障各项目标任务。全省保障性安居工程实现棚户区改造新开工23.11万套，开工率107.77%；基本建成13.74万套、完成率134.85%。提前一年完成城镇住房保障"十三五"规划确定的105万套棚户区改造目标任务。新增棚户区改造续建项目竣工交付16.11万套，约48万棚户区改造居民可实现安居梦。全省公租房累计竣工78.69万套，累计分配77.29万套。其中政府投资公租房竣工率99.62%，已基本全部建成，分配率98.88%。全年发放租赁补贴4.41万户。

【棚户区改造】 严把棚改范围和标准。按照"三不"和"六严禁"要求，重点改造老城区内脏乱差的棚户区和国有工矿区棚户区，特别是需要通过棚改方式消除安全隐患的城市危房，优先纳入计划，做到应改尽改。保持棚改政策连续性和稳定性。棚改年度计划总量保持相对稳定。坚持一城一策，合理确定棚改安置方式。2019年全省棚改货币化安置率21.9%，同比下降20.6个百分点，有力促进房地产市场平稳健康发展。着力提高棚改安置房建设品质。督促和引导各地强化质量安全监管，推动工程创优，全省72项棚改项目纳入市级以上创优计划。抓好棚改续建项目竣工交付。按合理工期三年进行调度，将棚改续建项目竣工率作为个性化指标，纳入省政府与各市政府住房保障目标责任。要求2019年棚改新开工项目在合同签订时明确竣工时间，并向社会公布。建立应竣工项目台账，实行销号管理。截至2019年底，全省棚改新增竣工16.11万套，约48万棚改居民可实现安居梦。全省2016年及以前年度开工棚改项目竣工率96.43%。继续加大财政资金和土地政策支持。共争取中央和省财政资金119.77亿元。会同省直有关单位提前预安排棚改用地计划指标4625亩。积极通过发行地方政府棚改专项债券支持各地棚改建设，全年分两批共成功发行地方政府棚改专项债券827.51亿元。2019年安徽省合肥市被评为棚改工作真抓实干、成效显著城市，被国务院办公厅通报表扬并予以激励。

【公租房保障】 全省公租房新增竣工5824套，新增分配16674套。实行公租房实物配租和租赁补贴并举、分类保障，城镇低保、低收入住房困难家庭已实现依申请应保尽保，并加大对符合条件的新就业无房职工、在城镇稳定就业的无房外来务工人员等新市民的保障力度，解决其阶段性住房困难。指导合肥市因地制宜探索发展共有产权住房和政策性租赁住房。

【公租房运营管理】 扎实开展政府购买公租房运营管理服务国家级试点工作，在总结试点经验基础上，召开全省政府购买公租房运营管理服务现场观摩交流会，印发《安徽省住房和城乡建设厅关于进一步加强政府投资公租房运营管理的指导意见》，加强对公租房运营管理的组织领导、制度设计、财政保障和监督管理，指导各地建立健全"政府主导、社会参与、监督有力、服务规范"的公租房运营管理机制。不断提高公租房运营管理水平，切实增强保障对象幸福感、获得感和安全感。

住房公积金管理

【概况】 2019年，新开户单位8364家，实缴单位65531家，净增单位5294家；新增开户职工71.37万人，实缴职工437.33万人；缴存住房公积金686.97亿元，同比增长13.80%；提取住房公积金511.81亿元，同比增长4.22%；发放个人住房贷款10.82万笔，363.95亿元，同比增长16.22%和23.29%。回收个人住房贷款216.52亿元。截至年末，累计缴存住房公积金5477.88亿元，累计提取

3677.06亿元，缴存余额1800.82亿元，累计发放住房公积金个人住房贷款3144.72亿元，个人住房贷款余额1765.08亿元。

【住房公积金改革】按照住房城乡建设部统一部署，组织全省住房公积金管理中心、分中心按时全面接入全国住房公积金数据管理平台，每日向全国平台推送住房公积金全量数据，由封闭管理转向向社会开放的实时查询。

【监督管理】强化业务运行监管。以住房公积金电子稽查评估为抓手，每季度选择部分城市开展现场评估，对发现的重点问题督促整改。通过对系统运行的定期体检，不断发现问题，查找漏洞，不断完善。加强资金运行安全监管。通过重点指标检测，每月印发业务运行通报，指导相关城市加强流动性资金风险防控，有效控制融资规模，逐步消化短期借款，当年归还融资49.69亿元，融资余额118.99亿元，较上年减少26.07亿元。开展审计工作试点。2019年安排审计专项经费，首次采取委托中介机构，对部分住房公积金管理分中心开展审计工作试点。规范期房住房公积金贷款阶段性担保行为。取消委托担保公司担保期房贷款行为，住房公积金期房贷款担保管理得到进一步规范，有效防范期房贷款风险。

【"互联网+"建设】推进综合服务平台建设。截至2019年底，马鞍山、淮北、黄山、安庆、池州、宣城6个城市住房公积金管理中心完成了住房公积金综合服务平台建设，并通过住房城乡建设部、安徽省住房城乡建设厅联合验收。积极融入长三角住房公积金信息协查。推进长三角政务服务住房公积金业务"一网通"专项任务落实。贯彻落实《优化营商环境条例》。督促全省各住房公积金管理中心按照要求，做好企业开办一网通办平台对接，实现住房公积金企业开户一网通办、全程网办，进一步减少企业开户材料数量，压缩开办时间，方便缴存单位办理住房公积金业务。

城市建设

【城市黑臭水体治理】贯彻落实安徽省政府办公厅《打好城市黑臭水体治理标志性战役实施方案》（皖政办秘〔2018〕270号）要求，实施黑臭水体治理控源截污、内源治理、生态修复、补水活水、长效管理五大工程，至2019年底，219条黑臭水体达到"初见成效"整治效果，累计消除黑臭水体比例达90%。落实"一水一策"，巩固城市黑臭水体治理成果，建立健全水体水质长效管护机制，防止水质反弹，积极总结推广宿州、马鞍山市城市黑臭水体治理国家试点示范经验做法，2019年芜湖市入选第三批城市黑臭水体治理示范城市。

【城市基础设施补短板】省政府印发《关于加强城镇基础设施建设的实施意见》（皖政〔2019〕64号），从城镇老旧小区改造、城市停车场建设行动、城乡冷链物流设施建设行动、城市水环境治理工程、城镇生活垃圾处理工程、城市道路交通提升工程、城市"双修"工程、城市公共服务设施配套工程等8个重点方面进行部署。省住房城乡建设厅联合省直7部门制定印发《安徽省城市停车场建设行动方案》（建城〔2019〕120号）。

【城市排水防涝】2019年7月，《安徽省城市排水防涝三年行动方案》（皖政办秘〔2016〕195号）确定的目标任务顺利完成，全省三年累计完成投资750多亿元，全省136个主要易涝点整治完成，建成管网长度5645.7公里，新增泵排能力2421.8立方米/秒，建设雨洪行泄通道长度1120.9公里、雨水调蓄工程总规模914.4万立方米、雨水渗透和利用工程项目总规模245.6平方公里，城市排水防涝能力显著提升。

【海绵城市建设】池州市海绵城市建设试点在国家终期考评中为优秀等次，获1.2亿元追加奖励。总结推广池州市海绵城市建设试点经验，组织编写《海绵城市建设——池州实践》《安徽省海绵型绿地建设技术导则》《安徽省海绵型雨水口建设导则》。

【污水处理】省住房城乡建设厅会同省生态环境厅、省发展改革委联合印发实施《城镇污水提质增效三年行动实施方案（2019—2021年）》（建城〔2019〕65号），加快推动城市建成区污水管网全覆盖，生活污水全收集、全处理。长江干流及主要支流年度计划实施的22个城市生活污水处理厂提标改造项目基本完成。2019年度基本建成污泥处置项目3个，建成城市污水处理厂10座，新增污水日处理能力54万吨，改造修复城市污水管网1103.73公里，全年处理污水24.2亿吨。2019年，全省累计争取中央中西部补短板建设管网专项补助资金2.4亿元，安排省级"城市五统筹"配套管网改造专项补助资金1.8亿元，用于支持城市污水处理提质增效三年行动项目建设。芜湖市与三峡集团合作开展长江经济带城镇污水治理厂网一体化建设运营试点，已正式签约组织实施芜湖市城区污水系统提质增效一期、二期项目和无为市城乡污水一体化三个PPP合作项目，总投资约69亿元。

【园林绿化】持续开展城镇园林绿化品质提升行

动,打造精品园林示范工程,11个市县创建成为国家园林城市、县城。总结提炼绿道建设成果,深入开展共建共享宣传活动,印发《安徽省城市园林绿化市场信用管理办法(试行)》。新增(改造提升)城镇园林绿地面积6797万平方米,建成城市绿道800.2公里。

【行业安全监管】《安徽省城镇燃气管理条例》3月29日经省人大常委会审议通过,并于5月1日正式施行,组织开展相关宣贯活动和培训。坚守安全底线,突出重点领域和薄弱环节,加强城镇供排水、供气、供热、道路桥梁和城市公园、动物园等风险排查和隐患治理。持续抓好市政公用行业安全生产工作,按照"双随机一公开"要求,组织开展城市燃气、供水生产经营、安全管理情况监督检查并向社会公开检查结果。督促各供水企业严格落实城市供水水质检测日检、月检、半年检(年检)相关规定,定期在城市政府网站进行水质结果公开,接受社会监督。组织编制完成《城镇燃气用户安全检查技术标准(初稿)》,启动《瓶装液化石油气配送服务规范》编制工作。开展《城市桥梁、道路、照明养护技术标准》宣贯培训。举办全省城镇燃气产供储销体系建设、安全运行及监督管理培训班。

村镇建设

【概况】扎实推进脱贫攻坚工作,完成农村危房改造5.01万户,其中建档立卡贫困户3.06万户,保障了农村困难住房安全。农村生活垃圾治理水平进一步提升,2019年2月,安徽省农村生活垃圾治理通过住房城乡建设部、中央农办、生态环境部等十部委验收,并得到省政府充分肯定。传统村落保护发展得到加强,237个村落被住房城乡建设部等七部委列入第五批中国传统村落。

【脱贫攻坚农村危房改造】制定《2019年农村危房改造实施方案》,明确农村危房目标任务、质量把控、资金监管、技术支持等工作保障措施。组织建档立卡贫困户危房鉴定"回头看",完成对171.6万户建档立卡贫困户房屋鉴定工作,确保困难群众不住危房。开展农村危房改造政策和信息系统业务培训,提升基层服务和管理农村危房改造能力。加强农村危房改造面积管控,引导农户合理建房,防止攀比建房,防止超面积举债建设。完善农村危房改造农户档案管理信息系统,真实、准确、全面录入危房改造农户信息,按照"一户一档"的要求,建立农户档案。加大对六安市裕安区定点帮扶力度,做好定点帮扶牵头工作。

【农村生活垃圾治理】加强非正规垃圾堆放点整治,指导科学制定整治技术方案,明确治理措施,做到一处一策,完成27个非正规垃圾堆放点整治。新增农村环卫保洁员近2000人,全省已有农村环卫保洁人员14.8万人,基本做到村庄保洁全覆盖。加强市场化运作,鼓励和引导社会资本参与农村生活垃圾治理,全省已有50个县(市、区)采取PPP模式,选择一家企业从事整县域农村环卫保洁和生活垃圾收运服务。加强信息化管理,引导和鼓励专业运营公司采取信息化手段,对垃圾收集、转运车安装信息定位系统,实时掌握垃圾治理情况。

【传统村落保护】完善传统村落名录,400个村落列入中国传统村落,754个村落列入省级传统村落。163个村落争取到中央专项资金支持4.89亿元。完成全省1131个村落的全档案建立及信息录入。组织开展农房建设现状调研,研究提炼地域传统建筑文化元素和空间结构,编制《安徽省农房设计图集》。

标准定额

【行业发展】全省主营勘察设计企业487家(全省有勘察设计资质的企业998家,以下均指主营勘察设计的企业)。从业人员数3.05万人。专业技术人员占从业人员的比例84%。主营勘察设计企业营业收入383.7亿元,人均勘察设计收入37万元(不包括工程总承包等)。

安徽省11家企业21个项目获得全国行业奖一等奖4项、二等奖7项、三等奖10项,一等奖数量超过前3届之和。

【安徽省工程勘察设计大师评选】根据《安徽省工程勘察设计大师评选与管理办法》,会同省人社厅组织开展第四批安徽省工程勘察设计大师的评选工作。会同省人社厅联合授予韦法华等19名同志"安徽省工程勘察设计大师"称号。

【建筑信息模型(BIM)技术应用】成立安徽省建筑信息模型(BIM)专家库。举办各市(省直管县、市)建设局分管领导以及勘察设计、施工业务管理科室负责参加的全省建筑信息模型(BIM)技术培训班。开展第三届全省住房城乡建设系统BIM技术技能竞赛和第三届BIM技术应用大赛。2019年中国勘察设计协会第九届"创新杯—建筑信息模型(BIM)设计大赛",安徽省13家企业14个项目获奖,获奖总数位列全国(不含央企)第8位。

【工程建设标准员制度实施】印发《关于在工程设计、施工企业中推进工程建设标准员制度指导意见》（建标〔2019〕24号），推动工程设计、施工企业标准化管理，提升企业竞争力。

【工程建设团体标准】印发《安徽省工程建设团体标准管理暂行规定》（建标〔2019〕90号），对工程建设团体标准制修订原则、编制程序、法律地位、监督要求等方面提出统一要求，规范工程建设团体标准管理，促进工程建设团体标准发展。

【重点课题研究】组织开展2016年之前发布的110项安徽省现行工程建设地方标准和标准设计复审评估工作，提出"立、改、废"建议，70项工程建设标准中8项继续使用、52项修编、10项废止，40项标准设计中13项继续使用、20项修编、7项废止。开展安徽省抗震标准及实施情况调研，梳理省内房屋抗震防灾能力现状及建筑抗震标准体系，分析抗震标准在安徽省适应性，研究提出进一步提高建筑抗震标准、加强标准实施的对策建议并形成调研报告。结合安徽省实际，开展城市街区整治提升研究，掌握各地在街区整治提升中的主要矛盾和具体需求，制定出台《安徽省城市街区整治提升导则》，指导城市街区管理建设。开展农村房屋建筑技术研究，编制《安徽省农房设计技术导则》，提高农村房屋建筑设计水平，建造符合农村实际的居住建筑。开展建设工程材料市场价格信息发布与管理研究，通过信息化手段，完善信息价格的积累并定期发布信息价格，解决工程造价管理中信息量不易采集、加工、发布的缺陷问题，提高原有工作效率和预决算编制精准性。

【工程造价市场监管】印发规范性文件《安徽省建设工程材料市场价格信息发布管理暂行办法》（建标〔2019〕45号），对安徽省建设工程材料市场价格发布机制做出详细规定，切实提高发布质量。编制安徽省工程造价咨询市场"双随机、一公开"随机抽查事项清单及2019年度抽查工作计划，制定工程造价咨询市场随机抽查工作指引，组织开展安徽省建设工程造价咨询企业市场活动"双随机、一公开"监督抽查。编制完成《安徽省城市轨道交通工程计价定额》《安徽省装配式建筑工程计价定额》。配合开展对造价咨询企业、造价从业人员"挂证"行为专项整治行动，维护工程造价行业市场秩序。进一步加强造价咨询企业信用信息管理工作，稳步推进安徽省工程造价咨询企业信用体系建设。贯彻落实习近平总书记提出的支持长江三角洲区域一体化发展并上升为国家战略的指示精神，组织开展长三角区域建筑工程人工价格测算及发布工作。参加长三角区域工程造价管理工作会议，研讨长三角造价管理一体化工作，推进长三角区域工程造价行业更高质量发展。

【建设工程消防设计审查验收】与省应急管理厅、消防救援总队联合转发住房城乡建设部、应急管理部《关于做好移交承接建设工程消防设计审查验收职责的通知》（建标〔2019〕65号），并结合安徽省实际，提出移交范围、移交时间和承接期的工作要求。印发《关于做好当前建设工程消防设计审查验收有关工作的通知》（建标函〔2019〕1303号），对安徽省建设工程消防设计审查验收范围和主体责任以及建设工程消防设计审查、消防验收、备案和抽查的有关工作程序和要求进行规定。2019年安徽省共受理建设工程消防设计审查验收项目11399项，办结9760项，全省16个省辖市全部完成建设工程消防设计审查验收工作移交承接。举办3期安徽省建设工程消防设计审查验收工作培训班，邀请消防救援部门、行业专家进行授课，对全省各市县区住房城乡建设主管部门从事建设工程消防设计审查验收工作的近千名人员进行培训。注重专家建设。面向全省公开征集建设工程消防技术专家库人选，吸收住房城乡建设与消防救援行业专家，组建省级建设工程消防技术专家库，遴选出136位专家作为首批入库专家，为全省建设工程消防设计审查验收工作的开展提供重要技术支撑。

工程质量安全监管

【概况】安徽省住建厅获2019年全省"安全生产月"和"安全生产江淮行"活动优秀组织单位。获省政府安委会2019年度全省安全生产和消防工作考核先进单位。

【建筑施工安全监管】出台《建设项目施工现场安全风险管控标准（试行）》《危险性较大的分部分项工程安全管理相关违法违规行为认定标准（试行）》，提高建设项目施工现场安全风险管控工作效率、质量以及落实危大工程各方主体责任。召开全省住建系统安全生产工作会、电视电话会，落实住房城乡建设系统安全生产层级监督职责，加强对下级住房城乡建设部门安全生产工作的指导协调和监督检查。开展安全生产集中整治，重点整治建筑施工、城镇燃气、城市公用设施运行、城市监督管理、危房改造和房屋使用、消防安全管理、城市轨道交通工程等方面。组织全省105个市、县（区）住建主管部门进行安全生产交叉互查、开展省级建筑施工安全生产检查、建筑施工质量安全暗查暗访、建筑施工安全生产"双随机、一公开"检查。各地对于督查检查、暗访暗查发现的问题隐患，认真整改，切实消除了一批质量安全隐患。会同省发改委联合部署开展城市轨道交通工程安全隐患大排查。

【建筑工程质量提升】贯彻工程质量安全手册制度，选取5个地市及有关重点企业试点推行手册贯彻落实。开展违规海砂专项治理行动。制定《安徽省开展打击违规海砂专项行动工作方案》，提请省政府常务会审议通过并会同省公安、自然资源等7部门印发，在全省开展为期3个月的打击违规海砂专项行动。印发《关于进一步加强建设工程质量检测机构管理工作的通知》《安徽省建设工程质量检测从业人员能力考核纲要》，进一步提高工程质量检测机构检测水平和服务质量。开展建筑施工质量、工程质量检测机构"双随机、一公开"检查，施工图设计文件审查机构"双随机、一公开"检查。加强超限高层建筑工程抗震设防管理，办理超限高层建筑工程抗震设防专项审查17件，保证超限高层建筑工程抗震设防质量。工程质量保险试点有序开展，发挥市场资源配置决定作用，落实建设单位首要责任和企业主体责任，推动政府职能转变。

【建筑生产安全事故处理】建筑安全联合惩戒实现全省覆盖。指导各地对建筑生产安全事故责任主体和安全违法违规行为实施多种手段、多种方式的处罚、处理，全省16个地市全部出台联合惩戒文件。强化事故督导，及时督导事故发生地市开展事故企业和项目安全生产条件复核。强化事故查处，从严从快对建筑生产安全一般事故和较大事故实施行政处理。强化建筑生产安全事故责任追究，强化警示约谈提醒，对上年事故发生较多地区下发《事故警示通报》共10份，会同省应急管理厅对2个地市政府进行约谈，就建筑施工安全生产有关问题进行提醒告诫，督促整改落实，切实压实监管责任。

【建筑施工扬尘治理】会同省生态环境厅出台《安徽省建筑工程施工和预拌混凝土生产扬尘污染防治标准（试行）》，在全国范围内首次将混凝土搅拌站扬尘防治纳入标准，实现建筑施工扬尘防治"六个百分百"指标量化，推进建筑施工扬尘防治工作科学化、规范化。联合召开全省住房城乡建设和生态环境部门扬尘标准宣贯会，推动标准贯彻实施。开展全省住建系统秋冬季大气污染综合治理攻坚行动，通过"双随机、一公开"监督检查和暗访暗查，深化建筑施工扬尘污染防治。

【无障碍环境建设】开展无障碍环境立法，牵头省残联等部门联合起草《安徽省无障碍环境建设管理办法》，以省政府令293号下发，办法出台引起媒体广泛关注报道。指导11个市县村镇申请创建无障碍环境市、县和村镇，积极开展无障碍环境创建工作。

建筑市场监管

【经济指标】2019年，全省建筑业完成总产值8503亿元，位居全国第11位，同比增长7.8%。省外完成建筑业产值2074.56亿元，占安徽省建筑业总产值24.4%，同比增长5.6%。2019年，安徽省完成建筑业税收338.1亿元，占全省税收总额7.8%，同比增长5.1%。

【企业培育】联合16个省直部门印发《关于进一步培育和壮大建筑业企业的若干意见》。组织召开建筑业龙头企业座谈会，邀请省引江济淮、省投资集团、省交控集团授课。2019年，全省新增施工总承包特级资质企业4家，施工总承包一级资质企业24家。截至2019年底，具有一级及以上资质的建筑施工总承包企业共448家，其中具有特级资质的企业31家（40项）。

【企业"走出去"】2019年，全省在境外承揽业务的建筑业企业共63家，境外工程新签合同额21.4亿美元，完成营业额33.5亿美元。全省建筑业企业参与"一带一路"倡议建设涉及国家28个，新签"一带一路"倡议建设工程合同额9.4亿美元，"一带一路"倡议沿线国家承包工程完成营业额19.9亿美元，同比增长31.6%。

【信用体系建设】制定印发《安徽省建筑市场信用管理暂行办法》，组织各市制定实施细则，开展建筑市场各方主体信用评价。配合信息中心，优化升级厅建筑市场信用平台，归集各市建筑市场主体信用信息，并推送全国建筑市场监管公共服务平台。

【建筑市场监督】推进建筑业企业资质动态核查，核查企业人员等指标，查处373家不满足建筑业企业资质标准的企业，限期整改。开展工程建设领域专业技术人员职业资格"挂证"检查，累计办理注销业务59644次，全省"挂证"人员整改率已达到85%以上，先后对127名建筑行业从业人员下发《执法告知书》。开展建筑工程施工转包违法分包专项检查，全省共检查项目11731个，检查建设单位8717家，检查施工企业9920家，罚款2322万元，没收违法所得89万元，给予企业整顿2家，限制招投标47家，给予其他处理120家。

【保障农民工工资支付】制定印发建筑工人实名制管理办法，开展全省住建系统根治欠薪冬季攻坚行动，查处拖欠建筑农民工工资行为。依托厅政务服务平台，开发建筑工人管理服务平台，并与各市平台互联互通。开展建筑农民工工资支付保障明察暗访。2019年，全省建筑农民工工资支付保障工作总体稳定。

建筑节能与科技

【概况】2019年，全省新建绿色建筑面积5760.5万平方米，新建装配式建筑面积1482.1万平方米，新建可再生能源建筑应用面积3832.44万平方米。

【绿色建筑推广】会同省财政厅评定11个106万平方米省级绿色建筑示范项目，委托第三方对2018年度省级绿色建筑示范项目及省级绿色生态城市综合试点进行专项评估，组织各地对2016年度省级绿色建筑示范项目进行验收，144个项目获得绿色建筑星级评价标识。梳理标准体系：通过《绿色建筑技术规程》课题研究，系统梳理国家及省级层面支撑绿色建筑方面标准，提出完善标准体系编制计划。加强立法工作调研和条例文稿起草，形成《安徽省绿色建筑发展条例（送审稿）》，上报省人民政府。

【装配式建筑发展】强化示范带动。会同财政厅评定23个407万平方米省级装配式建筑示范项目，依托示范项目，形成推广经验。夯实产业基础。引导企业转型升级，及时跟进装配式产业，合理布局产业基地，全省共有PC构件生产企业39家，设计能力799万立方米；钢结构生产企业35家，生产能力533万吨，有力支撑装配式建筑供给侧需求。对2个国家级装配式建筑示范城市和5个产业基地建设进行总结评估，推荐1个园区、12家企业申报国家级装配式建筑示范园区和产业基地。实施技能培训。编制装配式建筑产业工人培训教材和培训考核大纲，启动装配式建筑工人技能培训，开展省级层面装配式建筑职业技能竞赛。围绕套筒灌浆、外墙保温一体化等关键技术研究，实施《装配式混凝土技术规程》《装配式钢结构建筑技术规程》《装配式建筑评价标准》等课题，编制相关标准，完善装配式建筑技术标准体系。

【建筑节能】强化新建建筑节能标准执行率。全省竣工节能建筑9653.1万平方米，新建建筑节能标准设计执行率达到100%，施工执行率达到100%。可再生能源建筑应用面积3832.44万平方米。配合开展国家及省级层面控制温室气体排放目标责任考核、能源消费总量和强度"双控"目标责任评价考核和煤炭消费减量替代工作等各项考核任务。

【科技支撑】加强建设领域科技计划项目管理。组织课题申报，10个科研项目列入2019年住房城乡建设部科学技术计划项目，38个项目列入2019年省住房城乡建设厅科学技术计划项目。加强课题研究过程指导，对4个厅科技计划项目进行了验收。

推荐行业科技成果申报奖项。组织全省建设系统申报2019年度安徽省科学技术奖，获得二等奖2项，三等奖1项。

城市管理监督

【城市精细化管理】省政府印发《安徽省人民政府关于进一步加强城市精细化管理工作的指导意见》，通过"补短板、强弱项、提品质、抓长效"，完善城市功能、优化管理服务、改善人居环境、提升治理能力。省住房城乡建设厅编制《安徽省城市街区整治提升导则（试行）》，按照整洁有序、宜居舒适、特色魅力三级整治目标，指导地市开展城市街区有效整治，提升城市街区品质。

【生活垃圾治理】提升城市生活垃圾处理能力，2019年全省已建成运行生活垃圾处理设施92座，生活垃圾日处理能力超过44907吨。经省委、省政府同意，省住房城乡建设厅会同省发展改革委、省生态环境厅共9部门联合印发《安徽省推进城市生活垃圾分类工作实施方案》，部署推进全省城市生活垃圾分类工作。合肥、铜陵2个国家级及淮北等6个省级试点市工作持续推进。全省16个设区市均出台垃圾分类实施方案，1300个小区、80.8万户居民以及4174家公共机构、1445所学校开展生活垃圾分类，一批餐饮单位、超市、专业市场等积极参与。

【市容环境整治】在全省范围内开展"市容环境大扫除，干干净净迎国庆"活动，全省各地市共组织群众开展大扫除活动2749次，参加人数达67.7万人次，共清扫垃圾72.85万吨，清洁城市家具76.63万处，清理乱贴广告166万处，整治占道经营18.9万处，整治户外广告2.9万处。持续推进城镇公厕提升行动，全省2019年新建、改造、开放城镇公厕2592座。

【执法规范化建设】推动地方立法，全省城市管理领域已有45部地方性法规、规章正式施行。制定《安徽省住房城乡建设领域行政处罚权集中行使工作衔接规范（试行）》，构建衔接顺畅、高效便捷的行政处罚工作机制。继续深入开展城管执法队伍"强基础、转作风、树形象"专项行动，组织开展年度城市管理执法人员集中轮训，全年完成10期培训，培训一线执法人员3400余人。

【智慧城管建设】开展省市智慧城管建设，省级智慧城管平台建成运行,初步实现监督监测、应急调度、考核评价等功能。各市加快推进数字平台智慧化升级拓展,实现本地数字平台与省级平台数据共享,同时结合本地实际,从供水、排水、燃气、热力、桥梁等方面建设完善城市地下管网安全运行监测系统,保障城市设施运行安全。

人事教育

【概况】 2019年,人事教育工作围绕中心、服务大局,聚焦巡视整改、机构改革、职级并行、人才建设、选人用人等重点工作,圆满完成年度既定工作任务。

【省委综合考核和巡视】 圆满完成省委综合考核各项工作,省住房城乡建设厅连续4年获省委综合优秀等次,年度综合考核成绩位于省直单位前列。认真开展十届省委第六轮专项巡视反馈问题整改,制定整改方案,建立工作台账,定期调度推进,不断拿出硬招实招,逐条逐项落实整改。坚持标本兼治,建立完善相关制度规定33项,整改工作取得阶段性成果。

【机构改革】 按照省委及厅党组部署,会同省有关部门妥善做好相关职责调整及人员划转工作。做好建设工程消防设计审查验收职责承接工作。

【干部选拔任用】 完成22名处级干部及4名省城乡规划设计研究院副职选拔任用、2名处级干部及2名科级干部转任、8名处级干部试用期满考核、4名军转干部定职、3名军转干部接收、2名省定向选调生接收、公开遴选2名公务员(工作人员)。完成2家厅直单位公开招聘的4名工作人员聘用工作。

【职级并行】 根据有关规定及厅党组决定,完成63名干部职级套转,5名一级调研员、5名三级调研员及13名一级主任科员、2名二级主任科员、2名三级主任科员晋升工作。

【选派挂职干部】 按要求选派2名处级干部赴裕安区及有关村开展扶贫挂职和定点帮扶;从厅直单位选派1名副处级干部赴住建部挂职锻炼;完成2名挂职期满干部考核工作,参与完成省第六批援藏干部期满考核工作。

【干部监督管理】 组织完成8名厅级干部、77名处级干部个人有关事项填报工作,严格按照"凡提必核"及10%随机抽查要求,重点抽查核实35名干部个人有关事项报告。

【干部教育培训】 根据省委组织部培训计划,组织全省各市、县(市、区)122名党委、政府分管负责同志,圆满完成全省工程建设管理改革及城市建设高质量发展专题培训任务。成功举办全省住建系统新任领导干部培训班,150余名新任领导干部参加培训。选调3名厅级干部、14名处级干部、3名科级干部参加省委党校(行政学院)、省直党校等主体班次学习。选派48名住建系统干部参加住房城乡建设部举办的致力于绿色发展的城乡建设专业能力提升系列培训班。安徽省住建系统干部教育培训工作受到住房城乡建设部人事司肯定,并在会上作经验交流发言。

【职称评审】 修订印发《安徽省建设工程专业技术资格评审标准条件》,适当放宽学历和资历要求,注重突出对实际业绩的评价,并向艰苦边远和基层一线倾斜。全年共有1859人通过年度建设工程中、高级社会化职称评审,较上年增加331人,其中获得正高级职称173人、高级职称1344人、中初级职称评审342人。

【行业人才队伍建设】 稳步推进安徽省施工现场专业人员培训工作,制定试点方案,确定试点单位,做好前期工作。明确招投标环节对施工现场专业人员培训证书要求的有关政策口径。积极协调省人社厅商定取消临时二级建造师证书后有关人员参加二级建造师执业资格考试免试科目事项。出台《安徽省二级造价工程师职业资格考试管理办法(试行)》。做好行业专业技术人员继续教育管理。

【统战工作】 结合修订《厅党组工作规则》,将统战工作纳入厅党组决策重大事项范围。落实厅党组联系服务专家工作。在全省住建系统广大知识分子中推进开展"弘扬爱国奋斗精神、建功立业新时代"活动。

【厅管社团和企业】 做好行业协会脱钩后续管理工作,做到脱钩不脱管、脱钩不脱责。指导厅管社团做好年检、主要负责人换届人选报批、社会评估工作。贯彻落实中央及安徽省关于改革国有企业工资决定机制的部署要求,印发《省城乡规划设计研究院负责人薪酬管理暂行办法》《厅直属事业单位所属国有企业工资总额管理实施办法》。

大事记

1月

1日 省住房城乡建设厅正式实行二级建造师电子注册证书。

12日 省委书记李锦斌就住房城乡建设工作作出批示:要以习近平新时代中国特色社会主义思想为指导,深入贯彻习近平总书记重要批示精神,坚持稳中求进工作总基调,坚持以新发展理念统揽全局,深入落实五大发展行动计划,聚力打好三大攻坚战,突出抓好防范化解房地产市场风险、完善住房保障体系、加强城乡建设管理等重点任务落实,推动全省住房城乡建设事业高质量发展,为现代化五大发展美好安徽建设作出更大贡献。

12日 省长李国英就住房城乡建设工作作出批示:要以习近平新时代中国特色社会主义思想为指导,深入贯彻落实习近平总书记关于住房城乡建设工作重要批示精神,坚持以人民为中心的发展思想,坚持稳中求进总基调,坚决打好三大攻坚战,持续完善住房保障体系,加快补齐城市基础设施短板,深入推进城市精细化管理,大力改善农村人居环境,高质量推动全省住房城乡建设工作,为决胜全面建成小康社会、加快建设现代化五大发展美好安徽作出更大贡献。

21日 全省住房城乡建设工作会议在合肥召开,厅党组书记、厅长赵馨群作《贯彻新理念 坚持总基调 奋力谱写新时代全省住房城乡建设事业高质量发展新篇章》工作报告。

2月

1日 印发《建设项目施工现场安全风险管控标准(试行)》。

3月

15日 安徽省被住房城乡建设部确定为农村危房改造工作积极主动、成效明显的省,在2018年度全国农村危房改造绩效评价排名第五。

29日 安徽省十三届人大常委会第九次会议通过修订后的《安徽省城镇燃气管理条例》,自2019年5月1日起施行。

29日 安徽省2019年第一批棚改专项债券在上海证券交易所成功发行。

4月

2日 一季度全省城市建设重点工作现场调度会在黄山市召开,省政府副省长周喜安出席会议并讲话。

10日 中央扫黑除恶第14督导组进驻安徽,4月11日下午到省住建厅检查住建系统扫黑除恶工作。

12日 安徽省住房城乡建设厅起草的《安徽省全面开展工程建设项目审批制度改革实施方案(送审稿)》经省政府第47次常务会审议、省委审定后报住建部审核。

17日 副省长周喜安代表省政府与各市人民政府签订《2019年住房保障工作目标责任书》。

18日 副省长周喜安参加住房城乡建设部举办的工程建设项目审批制度改革视频培训后,对全省工程建设项目审批制度改革工作进行全面部署,提出明确要求。

19日 向安徽省环境保护委员会办公室上报《关于落实长江安徽段"三大一强"专项攻坚行动工作方案》。

26日 安徽省住房和城乡建设厅、安徽省财政厅、人民银行合肥中心支行联合印发《安徽省住房公积金2018年年度报告》,并向社会公开发布。

30日上午 省委副书记信长星率队到省住房城乡建设厅调研督导扫黑除恶专项斗争,并调研了传统村落保护等工作。

5月

6日 省住房城乡建设厅省财政厅省自然资源厅省市场监管局联合印发《关于城市既有住宅增设电梯工作的指导意见》。

7日 阜阳市棚户区改造工作真抓实干、成效明显,受到国务院督查激励。

8日 省委办公厅省政府办公厅授予安徽省住房和城乡建设厅"2018年度全省平安建设(综治工作)优秀单位"称号。

13日 在2018年度省直单位定点扶贫工作考核中,安徽省住房城乡建设厅被省扶贫开发领导小组通报表彰。

13日 省住房城乡建设厅荣获"安徽省推进与中央企业合作发展工作先进单位"称号。

16日 安徽省人民政府办公厅印发《安徽省全面开展工程建设项目审批制度改革实施方案》。

16日 印发《安徽省房地产开发企业信用管理暂行办法》。

17日 省住房城乡建设厅、省生态环境厅、省发展改革委联合印发《城镇污水处理提质增效三年行动实施方案(2019—2021年)》。

21日—24日 中央组织部、民政部、住房城乡建设部三部门来安徽省调研社区物业党建工作。

23日 省住房城乡建设厅荣获"2018年度省级部门预算管理工作绩效考核先进单位"称号。

27日 在2018年度省政府目标管理绩效考核及稳增长贡献单项考核中,安徽省住房城乡建设厅被安徽省政府通报表彰。

31日 出台《关于进一步加强历史文化名城名镇名村街区及历史建筑保护工作的意见》。

6月

3日 省住房城乡建设厅发布《安徽省历史建筑普查与认定技术导则》。

5日 长三角区域工程造价管理工作会议在沪召开，上海市与江苏、浙江、安徽省住房城乡建设主管部门共同签署《长三角区域工程造价管理工作合作备忘录》。

24—26日 住房城乡建设部安全生产督导调研组来皖，现场督导合肥、铜陵两市城市燃气等市政公用行业安全生产工作。

26日 省长李国英主持召开省工程建设项目审批制度改革领导小组会议，研究推进工程建设项目审批制度改革工作。

28日 省工程建设项目审批制度改革领导小组印发《安徽省工程建设项目审批事项清单》《安徽省工程建设项目审批流程图》《安徽省工程建设项目审批"一窗受理"工作规程》。

7月

31日 安徽省提前一年完成"十三五"规划确定的改造现有105万套棚户区目标任务。

8月

1日 安徽省人民政府印发《关于进一步加强城市精细化管理工作的指导意见》（皖政〔2019〕52号）。

7日 会同省人社厅印发修订后的《安徽省建设工程专业技术资格评审标准条件》。

14日 发布《安徽省城市双修技术导则》。

15日上午 周喜安副省长召开专题会议，研究推进加强城镇基础设施建设实施意见、城镇老旧小区改造行动方案和城市停车场建设行动方案有关文件起草工作。

16日 副省长周喜安主持召开省房地产市场调控联席会议。

19日 印发《安徽省建筑市场信用管理暂行办法》。

20日 安徽省2019年第二批棚改专项债券在深圳证券交易所成功发行。

21日 印发《安徽省工程建设团体标准管理暂行规定》。

22日 印发《关于做好当前建设工程消防设计审查验收有关工作的通知》。

27日 全省历史文化名城名镇名村街区保护工作会在肥召开，赵馨群厅长出席会议并讲话。

30日 印发《安徽省城市街区整治提升导则（试行）》。

9月

2日 厅党组暨厅扶贫攻坚领导小组召开定点帮扶裕安区脱贫攻坚年中专题推介会。

3日 副省长周喜安主持召开专题会议，研究加快推进加强城镇基础设施建设实施意见等有关文件起草工作，赵馨群厅长，吴桂和、陈扬年副厅长，城建处、房产处负责同志参加会议。

4日 省长李国英主持召开省政府第66次政府常务会，听取《安徽省推进城市生活垃圾分类工作实施方案》的汇报。

16日 经省政府同意，省住房城乡建设厅公布寿县北过驿巷等11个街区为安徽历史文化街区。

17—18日 组织开展淮南、阜阳、六安、铜陵、马鞍山市黑臭水体治理重点督查。9月29日，通过厅网站公告三季度全省城市黑臭水体水质监测情况。

19日 《安徽省开展打击违规海砂专项行动工作方案》经省政府常务会议审议通过，省住建厅、公安厅等7部门联合开展打击违规海砂专项行动。

23日 省工程建设项目审批制度改革领导小组印发《安徽省工程建设项目审批"一张图"建设实施方案》。

24日 对合肥、铜陵开展城市生活垃圾分类工作调研，研究推进两市的全国城市生活垃圾分类试点工作。

27日 省工程建设项目审批制度改革领导小组办公室印发《关于实施工程建设项目区域评估的指导意见》。

30日 经省委、省政府同意，省住房城乡建设厅、发展改革委、生态环境厅、商务厅、教育厅、机关事务局、文明办、团省委、妇联等九部门联合印发《安徽省推进城市生活垃圾分类工作实施方案》。

30日 省长李国英主持召开省政府第69次常务会议，审议通过《加强城镇基础设施建设的实施意见（送审稿）》。

10月

9日 省委书记李锦斌赴铜陵市政务服务中心调研工程建设项目综合服务窗口。

11日 全国住房城乡建设系统干部教育培训工作会议在重庆市召开，会上安徽省住房和城乡建设厅作重点经验交流发言。

21日 印发《全省住房城乡建设领域检视整改民生工程突出问题验收抽查工作方案》，推进民生工程突出问题整改。

21日 世界制造业大会执委会办公室发来感谢信，对安徽省住房和城乡建设厅积极参与并支持大会顺利完成各项议程表示感谢。

22日 发布《黄山市污水治理专项工程实施方

案》，实施新安江生态补偿机制十大工程城市污水治理专项工程。

23日 大别山片区区域发展与脱贫攻坚推进会在安徽省金寨县召开。住房城乡建设部副部长倪虹、国务院扶贫办副主任欧青平出席会议并讲话。

25日 副省长周喜安赴淮北市政务服务中心调研工程建设项目综合服务窗口。

28日 省委主题教育办、省委宣传部与住房城乡建设厅联合举办的全省住建系统"不忘初心，牢记使命"先进事迹首场报告会在合肥市举行。

28日 开展全省住房城乡建设领域施工现场专业人员职业培训工作试点。

29日 芜湖通过争创全国第三批黑臭水体治理示范城市竞争性选拔。

31日 省政府印发《安徽省人民政府关于加强城镇基础设施建设的实施意见》。

11月

1日 副省长周喜安召开住建领域近期重点工作专题研究会，赵馨群厅长参加。

11日 安徽省住房和城乡建设领域施工现场专业人员职业培训试点方案经住建部人事司审核同意。

14日—15日 住房城乡建设部召开第十三届中国国际园林博览会遴选会议，副厅长吴桂和参加会议。

15日 全省政府购买公租房运营管理服务现场观摩交流会在合肥召开。副厅长陈扬年出席会议。

19日 贯彻省政府《安徽省人民政府关于加强城镇基础设施的实施意见》，会同省发展改革委、公安厅、财政厅、自然资源厅、交通运输厅、人防办、市场监管局等八部门联合印发《安徽省城市停车场建设行动方案》。

22日 发布《安徽省建设工程质量检测从业人员能力考核纲要（试行）》。

25日 印发《关于开展全省住建系统2019—2020年秋冬季大气污染综合治理攻坚行动有关工作的通知》。

25日 省长李国英主持召开建筑业发展工作专题会议，研究建筑业高质量发展工作。

11月25日—12月2日 发布2019年度全省建筑施工安全生产（扬尘污染防治）"双随机一公开"监督检查结果公告。

29日 华东六省一市建设厅长（建委主任）座谈会在合肥召开。安徽省住房和城乡建设厅与上海市住房和城乡建设管理委员会、江苏省住房和城乡建设厅、浙江省住房和城乡建设厅联合签订《推进长三角地区住房城乡建设事业一体化发展框架协议》。

12月

5日 省长李国英主持召开省创优"四最"营商环境工作领导小组会议，厅长赵馨群参加并汇报《工程建设项目报建提升行动方案》制定情况。

9日 印发《关于进一步加强政府投资公租房运营管理的指导意见》。12月13日，住房城乡建设部召开2019年城市建设统计改革部署会暨快报会审会，会上安徽省住房城乡建设厅就城市建设统计的经验做法和成效作重点交流发言。

18日 世界制造业大会组委会印发《关于对2019世界制造业大会筹办工作先进集体表扬的通报》，授予安徽省住房和城乡建设厅优秀保障奖。

19日 安徽省2019年城市建设统计快报工作获住房城乡建设部办公厅通报表扬。

20日 部署开展全省城市轨道交通工程安全隐患大排查。

25日 印发《安徽省住房和城乡建设厅直属事业单位财务监督管理办法》。

26日 省政府新闻办举行推进工程建设项目审批制度改革新闻发布会，厅长赵馨群参加并发布工程建设项目审批制度改革推进情况。

27日 四季度全省城市建设重点工作现场调度会在六安市召开。受副省长周喜安委托，省政府副秘书长孙东海出席会议并讲话。

31日 省政府颁布《安徽省无障碍环境建设管理办法》（省政府令第293号），自2020年5月1日起施行。

（安徽省住房和城乡建设厅）

福 建 省

概况

2019年,福建省住房城乡建设厅(以下简称福建省住建厅)贯彻落实新发展理念,着力推进行业高质量发展,全面完成年初确定的目标任务,各项工作取得新进展和新成效。

【房地产业运行平稳,住房保障力度加大】 推动城市落实主体责任,福州、厦门制定实施"一城一策"试点方案,培育发展住房租赁市场,一手、二手房价基本可控,其他设区市完成住房发展课题研究,市场基本稳定。开展租赁中介机构乱象整治,各地处理并公布一批违法违规典型案例,市场秩序进一步规范。全年棚户区改造新开工6.4万套,基本建成4.9万套,提前超额完成国家下达目标任务,公租房分配率达95%。推广福州安置型商品房建设经验,破解征迁逾期安置、品质效率不高等难题。持续优化住房公积金缴存、提取、贷款管理服务,全年发放住房公积金个人贷款331亿元。完成房地产开发投资5673亿元,同比增长14.8%,商品房销售6456万平方米,同比增长3.9%。

【城市综合承载力提升】 深入推进补短板九大工程建设,聚力解决民生实事,全省完成投资约3400亿元,全年新建改造城市道路、绿道和各类市政管网约9000公里、城乡公厕3518座,新增公共停车泊位4.8万个,启动老旧小区改造项目410个,供水水质综合合格率达99.86%。福州、厦门各新增一条地铁线路投入运行,全省地铁运营总里程达126公里。生活垃圾分类取得新进展,省人大常委会颁布实施《福建省城乡生活垃圾管理条例》,福州五城区全面推行分类"四定"工作,厦门连续6个季度生活垃圾分类考评排名全国第一。第一轮中央环保督察整改有序推进,涉及住建领域83项销号任务序时完成31项。县城帮扶试点成效明显,周宁、拓荣等10个县城面貌显改善。福州完成44条黑臭水体整治,供水管网漏损率从19.5%下降到10.3%,建成各类小公园330余处,拆墙透绿550余处,提升城市颜值。

【乡村宜居环境改善】 协同推进农村人居环境整治"一革命四行动",编制污水垃圾治理、公厕建设、农村建房等工作要点、技术指南、"一张图",分级开展培训,推动环境整治工作进村入户。新增农村危房改造3014户,基本完成存量改造任务。新建成115个乡镇生活污水处理设施,2033座农村公厕,基本实现乡镇生活污水处理设施全覆盖,87%行政村建有一座以上水冲式公厕,累计6700余村庄实施"美丽乡村"建设,创建示范村600多个。牵动指导福州晋安区前洋村、九峰村开展农村人居环境整治试点,推动建立协商共治的乡村治理体系,省委通过召开现场会进行总结推广。全面推进"两高"沿线环境综合整治,累计拆除乱建乱搭118万平方米,改造坡屋顶1.4万栋,泉州段沿线整村推进闽南坡屋顶改造,同步开展技能竞赛,形成比学赶超氛围。为保护历史文化风貌,省委、省政府出台保护利用工作方案并做工作部署。省住建厅组织全系统深入贯彻,成立风貌保护协调机构,组建保护传承专家委员会,出台相关制度,启动开发利用数据库、平台和在线监测系统,初步构建保护框架。

【建筑业改革创新深化】 持续深化建筑业供给侧结构性改革,全年完成建筑业总产值1.31万亿元,同比增长14.0%。加快完善招投标网上运行公开,建立工程总承包招投标制度,规范园林绿化施工招投标行为,严肃查处串标案件50余起。发展新型建造方式,在城市桥梁工程中推广钢结构,在房建工程中推广装配式建筑,福州装配式建筑开工面积连续三年全省第一。新建民用建筑全面执行绿色建筑标准,全年城镇绿色建筑占新建建筑超过60%。推动机制砂产业发展,全省布局完成22个矿山采矿权出让,年产能新增2500万立方米。全面推进工程建设项目审批制度改革,建成省市两级审批管理平台、中介服务交易平台和施工图数字化审查系统,实现全流程网办和实时监管,厦门、平潭改革案例在全国推广,厦门办理建筑许可评价排名进入全国前五名,福州提升三十位。

【城市管理运行安全高效】 持续推进城市执法体制改革,59个市县成立专门城市管理工作机构,综合行使市政公用、市容环卫、园林绿化等领域行政处罚权,70%市县建成数字城管平台,城市管理服务水平提升。加快推进"互联网＋市政公用设施"行动，健全完善城市生活垃圾焚烧厂（填埋场）、供水供气、桥梁安全监测排查等常态化机制，运行安全保障进一步夯实。强化对施工现场的大数据监管，全省累计发出整改通知书1.7万余份，36家施工监理单位、99名责任人被列入省级质量安全黑名单。开展房屋安全隐患排查整治，发现重大隐患房屋4.3万栋，分类处置3.5万栋。三明、南平、龙岩、宁德等地积极应对多轮强降雨影响，全力保持住建系统安定稳定。全面落实中央消防改革精神，各地克服机构、人员、技术等各类困难，消防设计审查验收职能基本实现平稳承接。

【**行业自身建设全面加强**】持续加强机关和基层党组织建设，持之以恒正风肃纪，省委巡视反馈问题整改和形式主义、官僚主义整治取得阶段性成效。深入开展"不忘初心、牢记使命"主题教育，围绕中央确定的8个方面问题和省委提出的7个难题积案，系统上下联动，合力整改，推动完善营商环境、房屋征迁安置、总承包招投标、老旧小区改造等制度机制，切实解决一批困扰群众的烦心事、揪心事。推进扫黑除恶专项斗争，重点开展建筑垃圾、招投标、物业管理、工程承揽、建筑用砂等领域综合整治，行业发展环境不断净化。注重加强人才队伍建设，省住建厅举办平改坡、塔吊工等5场岗位技能竞赛，全省新增注册高级职称1250余人，引进毕业于清华大学、同济大学等规划建设类人才24名，干部职工素质持续增强，57名先进集体、122名先进个人受到表彰。

【**存在问题有待解决**】房地产市场区域性、结构性矛盾依然存在，长效机制尚未完全建立，市场风险有所显现，全省仍有40余个烂尾风险项目有待化解；城市建设管理，体系化程度和科学化、精细化、智能化管理水平不高，老城更新和老旧小区改造亟待加大力度；乡村建筑风貌缺乏有效管控，风貌特色不明显，农村生活垃圾治理不到位，公厕管护机制不够健全；一些地方历史文化保护意识不强，历史建筑活化利用、资金众筹和认领认养等体制机制创新不够，专业工匠培育、古建构（配）件建设等要素保障不到位；建筑业管理体制机制不够完善，装配式建筑面临发展瓶颈，技术质量、品质优势未得到体现，人才紧缺、引进难；行业各类信息平台数据共享、开发，以及传统建设管理方式与现代信息技术融合等不够。这些问题和不足反映出行业在统筹谋划推动上、制度机制建设上以及工作作风上都有待进一步改进。

法规建设

【**概况**】2019年，福建省住建厅立法工作取得新成效。《福建省城乡生活垃圾管理条例》经省人大审议通过并颁布实施；《福建省绿色建筑发展条例》《福建省住房租赁管理办法》《福建省住房销售管理办法》（原《福建省房屋交易监督管理办法》）报送省政府及司法厅，并配合司法厅开展调研和修改论证。

【**政策措施和规范性文件审查**】2019年，福建省住建厅加强对厅规范性文件出台前的合法性审查并及时向省政府法制办备案，共上报《福建省园林绿化施工企业信用评价办法及评价标准（试行）》等规范性文件12份；办理住房城乡建设部、福建省人大、福建省政府及省直有关部门立法、规范性文件征求意见修改工作，共出具书面反馈意见100余份；建立厅政策措施和各类文件公平竞争审查制度，开展公平竞争审查工作，最大限度减少部门对建筑市场干预，激发市场主体活力；配合省政府开展涉及妨碍生态环境保护、产权保护、民营经济发展保护方面的规范性文件清理。

【**行业依法行政指导**】2019年，福建省住建厅印发《全省住房城乡建设行业2019年度法治建设工作要点》，结合行业特点对全省法制工作进行全面部署和落实；研究答复各级住建系统主管部门行政执法和各类企业生产经营中遇到的政策法规实施过程中疑难问题的请示。据不完全统计，全年接待单位和个人50余批次、100余人次。

【**"放管服"改革**】2019年，福建省住建厅开展本级权责清单梳理工作，经融合梳理，全厅制定权责事项395项。权责清单由省住建厅联合省委编办审核后对外公布，并实行动态管理。做好全省住建系统审批事项"三级四同"工作。梳理全省住建系统所有行政审批和公共服务事项，统一省、市、县三级事项名称、类型、编码、依据，共76项（行政审批48项＋公共服务28项），年底前印发全系统执行。全力实施"一趟不用跑""最多跑一趟"改革。截至2019年底，省住建厅14项行政许可和公共服务事项，12项实现"一趟不用跑"；2项为"最多跑一趟"。深入推进"双随机一公开"改革。列入抽查事项12项，其中2项因机构改革，相关职能划归自然资源部门。其余12项抽查事项全部完成"两库一细则"规制，其中6项列入厅"市场监管与诚信一体化工作平台"，于2018年完成系统开发，为全省"双随机一公开"抽查工作开展奠定基础。

【行政复议、处罚、应诉、检查监督案件办理】 2019年，省住建厅受理复议案件28件（含上年结转8件），其中维持或者驳回12件，撤销、确认违法或责令原行政机关履行职责3件，申请人自行撤回而终止复议4件，不予受理行政复议申请8件，在办1件；加大行政执法力度，继续对房地产市场和建筑市场典型案件、重大案件进行查处；办理行政诉讼案件35件（含上年结转6件），截至2019年底，裁判25件，24件胜诉，1件再审；办理检查监督案件18件，比上年增加10件，其中1件驳回，17件未做出决定。

【扫黑除恶专项斗争】 2019年，省住建厅进一步提升政治站位，对扫黑除恶专项斗争召开全省住建系统会议进行动员部署。厅领导到挂钩地区指导推进，并将专项斗争纳入支部书记年度责任书，组织处室年度考评，编发学习材料并组织测试，增强干部责任意识和斗争本领。针对中央督导组督导福建"回头看"反馈意见，针对需要全面整改的5个共性问题和系统整改的1个重点问题，制定动漫宣传短片，组织网络问卷调查，发动群众投诉举报，全年共摸排线索182条。开展建筑渣土运输处置、工程招投标、工程承揽、物业小区、建筑用沙管理等5个重点领域整治。在"不忘初心，牢记使命"主题教育中，开展对黄赌毒和黑恶势力听之任之、失职失责甚至包庇纵容、充当"保护伞"等问题专项整治和住房租赁中介机构乱象专项整治。

房地产业

【房地产市场精准调控】 2019年，全省坚持"房住不炒"定位，保持调控政策连续性、稳定性，强化地价房价联动调控，"限房价、竞地价"将控价端口前移至土地出让环节，推行公证摇号，从源头上规范市场交易秩序，按照中央房地产调控方向，实现"稳地价、稳房价、稳预期"，防范市场风险。2019年，全省房地产市场保持平稳运行的态势，房地产业增加值2690亿元，同比增长7%；房地产开发投资5673亿元，同比增长14.8%；商品房销售6456万平方米，同比增长3.9%。各城市落实稳定房地产市场主体责任，学习借鉴福州、厦门试点经验，科学开展住房发展课题研究，加快制定实施"一城一策"。2019年12月，福州市新房价格指数增长4.2%，地价指数增长0.26%；厦门新房价格指数增长3.9%，地价指数增长2.9%，基本实现"稳地价、稳房价、稳预期"目标。

【住房租赁市场】 2019年8月，福州、厦门发展住房租赁市场试点实施方案通过评审，入选成为全国16个中央财政支持住房租赁市场发展试点城市，2019—2021年，中央将给予福州、厦门两市每年各8亿元财政奖补资金。福州市已出让租赁住房用地5宗、批准集体用地建设租赁住房项目5宗，2019年新增租赁住房供应4546套；厦门市出让租赁住房用地6宗，批准集体用地建设租赁住房项目31宗，2019年新增租赁住房供应5805套。6月以来，按照党中央关于"不忘初心、牢记使命"主题教育要求和关于专项整治漠视侵害群众利益问题的统一部署，在全省范围内开展整治住房租赁中介机构乱象工作，各地对住房租赁中介机构进行全面摸排整治，全省各地共召开中介机构动员部署会74场，媒体报道118篇，发放宣传材料14900份，专项整治宣传工作深入每一个店面。全省各地共出动检查5527人次，排查房地产中介机构3392家、门店6472个，查处各类违法行为2099件，取缔中介机构数量4家，关闭门店数量94个。

【推行安置型商品房建设模式】 结合"不忘初心、牢记使命"主题教育开展专项调研，召开现场会，向全省推广安置型商品房做法，鼓励各市县创新征收安置和土地出让方式，吸引品牌房企参与安置房建设，提高建设效率和住房品质的同时减轻财政压力，实现政府、开发企业、被征迁群众三方共赢。继续推进房屋征收信访积案化解工作，强化监督指导。召开房屋征收工作培训班，组织创建和谐征收示范项目活动和房屋征收信息公开情况检查。

【物业行业管理】 进一步贯彻落实《福建省物业管理条例》。印发《关于贯彻〈福建省物业管理条例〉的实施意见》《关于物业服务收费管理有关问题的通知》《关于加强（前期）物业服务合同备案工作的通知》《关于紧急情况下使用商品住宅专项维修资金有关事项的通知》等物业管理相关配套文件，并加强物业服务行业信用体系建设，建立物业矛盾纠纷调处机制。会同省建设建材工会举办物业管理行业民用电工与物业管理员岗位技能竞赛，推动企业建立健全物业管理从业人员培养、评价、选拔、使用、激励机制，树立行业从业人员爱岗敬业理念，强化物业服务企业基础工作技能，推动我省物业管理行业职工素质不断提高。

住房保障

【概况】 2019年，省棚户区改造开工率与基本建成率两大指标列入国家目标责任考核，列入福建省委省政府为民办实事项目。国家下达福建省年度目标任务为棚改新开工6.36万套,基本建成3.16万套。截至12月底,开工6.43万套,开工率101.1%;基本建成4.92万套,基本建成率155.7%;累计完成投资443.98亿元,完成投资率112.06%。超额完成年度目标任务。全省累计建设公租房25.8万套,分配25.3万套,分配率98%,位居全国前列。

【棚户区改造】2019年,福建省住建厅严格把好棚改范围和标准,坚持将老城区内脏乱差的棚户区和国有工矿区、林区、垦区棚户区作为改造重点,实行目标责任管理。2019年福建省政府与各设区市政府、各设区市政府与所辖市县签订目标责任书,并将目标任务落实到具体项目,编制项目清单向社会公布,全省共落实棚改项目136个,6.36万套。建立常态化跟踪督促机制,及时掌握保障性安居工程投资、开工、基本建成、配租配售进展情况,对进度滞后的地区,分析滞后原因,明确工作时限,督促加快进度。会同福建省财政厅积极申报地方政府棚改专项债,2019年共申报327.8亿元,支持棚改资金需求。结合主题教育,在深入调研基础上,通过总结经验、召开培训会等方式,在全省房屋征迁安置房建设工作中推广福州市安置型商品房模式,从体制机制上破解房屋征迁逾期安置问题。

【公租房建设分配】2019年,福建省住建厅按照因地制宜原则,推进公租房建设。对列入国家71个大中城市的福州、厦门、泉州,要求适当增加公租房实物供应,2019年三市共申报公租房4624套,获中央补助资金近2亿元;对人口净流出的中小城市,因地制宜建设公租房。2019年其他地市共申报公租房6064套,主要用于重点产业园区配套。以满足新市民住房需求为主要出发点,完善住房保障体系。在福州、厦门等地因地制宜发展共有产权住房。进一步完善保障方式,坚持实物与租赁补贴相结合,加快推进公租房保障货币化,福州、泉州、龙岩、平潭等地已出台公租房保障货币化实施办法。扩大分类保障定向分配范围,从一线环卫工人和公交司机等六类住房困难家庭,扩大到公安协警、地铁职工以及青年教师、青年医生等群体。全省累计保障公交司机1095套、环卫工人1021套、青年医生3287套、青年教师2366套。推进公租房管理信息化。结合住房城乡建设部公租房信息系统建设,规范公租房分配与使用管理,2019年6月在福州开展试点基础上,逐步向其他设区市推进。福州、厦门、泉州、漳州、莆田等市均实现公租房数据联网。推进保障房配置网上公开工作,《福建省打造保障性住房配置网上公开系统,加强住房保障领域廉政风险防控》列入全国10个省市典型经验,住房城乡建设部印发文件全国推广。

【审计整改】2019年,福建省住建厅细化保障性安居工程问题清单,建立整改项目台账,将整改任务落实到具体项目,明确整改时限和责任单位,对审批手续不全的67个项目,以及分配率低的福州、南平、平潭3个设区市逐一进行整改。实行"挂牌督办""销号管理",促进整改。对问题突出的5个设区市进行专项调研,对整改滞后的下发督办通知。举一反三,完善制度,加强警示教育,梳理历年审计发现的典型案例,印发各设区市,督促组织培训,规范保障房建设管理。

住房公积金管理

【概况】2019年,福建省住房公积金继续按照"规范管理,防控风险,提升信息化与服务水平"总体要求,加强住房公积金运营管理,有效管控资金风险,利用信息技术手段持续提升服务效能和管理水平,发挥住房公积金对职工租房购房的支持作用。2019年全省缴存住房公积金667亿元,同比增长12.87%;提取住房公积金483亿元,同比增长17.23%;发放住房公积金个人贷款6.55万笔331亿元,同比分别增长14.86%和23.2%。截至2019年底,全省住房公积金缴存总额4790亿元,提取总额3050亿元;累计为102.98万户职工提供个人住房公积金贷款2904亿元,个贷余额1627亿元,个贷使用率93.54%,逾期率0.21‰。

【住房公积金扩面】2019年,福建省住建厅深入贯彻落实福建省政府办公厅《关于扩大住房公积金制度覆盖面的意见》,指导各地结合当地实际情况,以非公企业、大型企业和已建缴但未全员建缴企业为重点,主动深入园区、社区和企业开展政策宣传和靠前服务,激发企业和职工建缴意愿,促进各企业建缴并逐步实现全员覆盖。各地全面贯彻落实住房城乡建设部等部门《关于在内地(大陆)就业的港澳台同胞享有住房公积金待遇有关问题的意见》和住房城乡建设部、中央军委后勤保障部《关于军队文职人员住房公积金管理有关问题的通知》,切实维护在内地(大陆)就业的港澳台同胞和军队文职人员住房公积金合法权益。

【住房公积金监管】2019年,福建省重视资金流动性风险防控,密切监测各地资金使用情况,指导各地加强资金运行情况分析,合理安排资金使用。各地结合实际,采取有效措施,持续做好个贷使用率稳控工作，全省个贷使用率稳步下降，从年初的95.32%下降1.78个百分点至93.54%。个贷逾期率保持低位（0.21‰），低于全国平均水平。福建省住建厅联合省财政厅、人民银行福州中心支行及时完整披露《福建省住房公积金2018年年度报告》。省住建厅印发《福建省住房公积金综合管理信息系统管理办法（试行）》，规范新版系统的管理和使用，保障系统运营维护。

【住房公积金信息化建设】2019年，福建省新版住房公积金综合管理信息系统在全省上线，持续优化新版系统使用中发现的问题和新需求，进一步完善新版信息系统的会计核算、贴息贷款支付、归集提取流程、统计报表等功能。全省深入拓展线上服务，网厅、微信公众号、闽政通APP等移动服务渠道功能日趋完善，单位业务实现网厅办理全覆盖，个人业务办理范围不断扩大，信息查询、缴存证明打印、公积金还贷提取、离退休提取等高频业务实现多渠道线上办理。福州、省直、莆田、厦门等4个住房公积金中心综合服务平台以优秀等级通过住房城乡建设部验收，验收组对福建省综合服务平台的建设工作给予充分肯定。率先完成与全国住房公积金数据平台对接，数据完整性、上线率和及时报送率均达100%。积极推进与全省政务数据汇聚平台对接，实现与公安、工商、民政、人社等部门数据共享。

【住房公积金服务】2019年，福建省住建厅落实"放管服"要求，督促各地严格落实服务承诺，进一步改进工作作风、简化办事流程、减少办事要件，不断提高广大缴存单位和职工的满意度。指导各公积金中心通过文明创建、争先创优等方式，推进行业取得积极成效。2019年，全省全系统创建国家级青年文明号1个，地市级文明单位4个，省级工人先锋号1个，地市级三八红旗手1个，省级和地市级先进集体和个人26个，其他类荣誉称号29个。

城乡规划建设

【规划编制和修缮保护】2019年，福建省住建厅完成莆田历史文化名城保护规划报批，完成莆田宋城、萝苜田、沙县东门、平潭南北街等历史文化街区保护规划技术审查。全省全部历史文化名城、60%街区、70%名镇名村、90%中国传统村落均完成保护规划编制。完成省级重点跟踪扶持的10条老旧街巷修复整治和15个名镇名村传统村落改善提升。研究《古建筑修缮工程招投标办法》，优化项目管理；开展历史建筑修缮工程用砖瓦调研，支持漳州国投等国企建设等砖瓦、木作古建构配件材料生产基地；修订古建修缮定额标准，加强服务支撑。研究制定《福建省传统建筑修缮技艺传承人和传统工匠评选管理办法》，开展全省第一批传统工艺传承人和传统工匠认定工作。强化技术指导和人员培训，会同省文物局开展乡村历史文化保护线划定培训班；会同省财政厅、省文旅厅举办省重点改善提升历史文化名镇名村和传统村落保护发展培训班。

【责任体系和试点示范】2019年，福建省住建厅开展全省历史文化保护利用体系和发展策略研究，初步建立福建省历史文化保护责任体系。促成各地市明确历史风貌主管部门，各设区市有专人专班负责历史风貌保护工作。梳理每个设区市历史文化名城、街区、名镇、名村、传统村落和历史建筑保护名单，印成手册，列出清单。指导龙岩漳平市、福州闽清县、泉州惠安县等地开展总设计师制度、历史风貌离任交接制度和历史建筑保护楼长制试点。

【活化传承和推广利用】2019年，福建省住建厅推动落实《传统建筑活化利用导则》《历史文化名镇名村保护和整治导则》《古建筑保护修复工程预算定额》等导则。支持福州、漳州、泉州等地探索利用历史建筑、传统建筑等开展文化创意、教育研究等实践活动，开办精品民俗、展馆或博物馆活动。总结推广宁德市屏南县"以文创激活乡村"的传统村落活化利用模式。组织开展《福建省地域建筑特征分区研究》《福建省传统建筑特色风貌区研究》等课题研究，总结提炼闽派建筑元素。

【登记建档和数据库建设】福建省住建厅加快历史文化名镇名村和传统村落普查登记和测绘建档，推进认定公布，2019年全省新增国家级历史文化名镇名村34个，省级历史文化名镇名村38个，中国传统村落265个，历史建筑565栋。推动莆田、厦门申报国家级历史文化名城，开展第四批省级历史文化街区和第三批省级传统村落申报工作。同时，推进历史建筑测绘建档，制定《福建省历史建筑认定导则》《历史建筑测绘建档标准》，制定全省历史建筑测绘建档三年行动计划。完成历史建筑和历史文化名镇名村与传统村落数据库建设，制定地市工作手册，指导各地组织数据录入。启动"传统村落租养平台"和"历史建筑在线监测"系统开发，实现全省历史文化保护基数"一张图"。

【"两违"综合治理】2019年一季度，福建省住建厅组织"两违"综合治理"春季攻坚战"，各地通过挂牌督办，实施清单销号，集中力量化解"两违"积案，利用卫片核查技术手段，强化日常巡查，严控新增"两违",攻坚期间全省共整治"两违"8779宗,面积593.22平方米。理顺"两违"综合治理体制,按照机构改革"城乡规划"职责划转要求,提请省政府协调并与省自然资源厅沟通,做好职责移交和后续配合工作,5月起"两违"综合治理工作移交省自然资源厅牵头负责。配合开展"大棚房"高尔夫球场等重点问题治理。

城市建设

【国家试点建设】 2019年,福建省住建厅通过下基层督导调研,协调专家到福州、厦门、漳州等地开展技术指导,配合住房城乡建设部、财政部等部委对相关项目进行现场考核和年度验收等措施,4项国家试点建设任务有序推进。厦门市、福州市基本完成住建部海绵试点建设任务,通过验收。福州、漳州、莆田申报全国黑臭水体治理示范城市,并按照住房城乡建设部要求有序推进黑臭水体治理。厦门、平潭两个国家地下综合管廊试点建设完成,厦门市通过验收,平潭任务基本完成,并完成住房城乡建设部专家组实地考核。支持泉州、莆田市开展智慧汽车基础设施和机制建设试点,泉州在电动车智能管理,莆田在智慧出行方面先行先试,完成住房城乡建设部第一阶段验收。

【民生基础设施补短板建设】 2019年,福建省按照全省住房城乡建设工作会议部署要求,聚焦推进城市建设高质量发展,实施"补短板九大工程"建设,加强环保督察反馈问题整改,加快补齐民生基础设施短板,年计划投资2800亿元,完成投资3408亿元,各项主要建设任务指标全部超额完成。全省新改扩建城市道路1536千米、供水管网1445千米、污水管网1821千米、雨水管网1986千米、燃气管网1230千米、绿道1149千米,福州、厦门各新增1条地铁线路投入运营,新增城市公共停车泊位4.8万个、地下综合管廊28千米、水厂技改25座、户表改造13万户。

【城市水务管理】 2019年,福建省住建厅为提升城市水务管理水平,以水质安全为主线,从水源、水厂、管网、二次供水全流程治理,抓供水保障,深入实施省政府提升城市供水水质三年行动计划,全面提升饮用水水质。开展二次供水水箱(池)清洗消毒专项行动和全省水质抽检,对全省所有市县131个供水厂和管网水进行106项全分析检测,并评估考核32个市县区供水行业规范化管理情况和33家供水企业安全运行情况。推进污水提质增效,97座市县生活污水处理厂基本实现污泥规范处置,9个设区市建成区87条黑臭水体基本消除黑臭。推进排水防涝信息系统建设,省级排水防涝应急平台建设基本完成省住建厅与所有市县的互联互通;推进易涝点整改工作,列入住房城乡建设部跟踪的60个排水防涝补短板重点城市的福州市38个易涝点全部完成整治。

【老旧小区改造】 2019年,福建省全省摸底调查2000年以前建成的老旧小区共有56.7万户,争取中央财政补助资金7.53亿元支持福建省2019年度老旧小区改造,福建省住建厅会同福建省财政厅提前下达1.4亿元省级财政专项资金用于支持28个省定试点改造老旧小区、街区、片区。支持福州市被住房城乡建设部确定为新一批改造试点城市,指导各地制定年度实施计划,加强项目调度,结合城市更新,实施改造老旧小区410个,完工150个,在建260个。

【行业安全管理】 2019年,福建省住建厅抓好城市燃气企业天然气储气设施建设,推进4个县(市)燃气管道供气。加强燃气行业管理,开展燃气场站、设施安全隐患排查,深化瓶装液化气安全专项治理。加快燃气行业信息化监管系统建设,推进瓶装液化石油气实名制,累计完成销售建档244万户,全省212家液化气储配站气瓶数字身份证与充装枪实现自控连锁,远程视频监控系统建设基本全覆盖。加强道路桥梁安全,制定城市道路和渣土车综合监管三年专项行动实施方案,推进城市道路提质改造,完成20座城市桥梁护栏升级改造和33处城市道路隐患整治路段和处临水临崖整治任务。

村镇建设

【农村人居环境整治】 2019年,全省推进农村人居环境整治"一革命四行动",多项超额完成年度计划。部署推动农村公厕建设,组织编制《福建省农村公厕建设管理技术指南》《福建省农村公厕建设管理要点一张图》,全年新建改造乡镇厕所558座,超年度计划41.75%;新建改造农村厕所2033座,超年度计划118.8%。推进农房整治、村容村貌提升、农村生活垃圾治理和铁路沿线环境综合整治。推进48个省级村镇住宅小区建设试点,编印《农房屋顶平改坡导则》,省市县分级培训农村建筑工匠和镇村干部3万人次。印发《2019年美丽乡村建设现场指导标准》,全年全省开展1000个整治村、100个示范村、54条美丽乡村特色景观带,完成投资31.8亿元。推动设计下乡和闽台乡建乡创合作,设计下乡服务村庄2297个;实施"两岸建筑师联合驻村行动",共引进50个台湾建筑师团队589人次,开展66个乡建乡创闽台合作项目,陪伴式服务83个村庄。2019年,全省83个试点村开展干湿分类试点,超年度计划27.7%;健全完善治理常态化机制,推行"村收集、镇中转、县处理"城乡一体化垃圾处理模式;联合省农业农村厅、供销社印发《关于推进农村生活垃圾干湿分类试点工作的通知》,印发《福建省农村生活垃圾干湿分类工作一张图》;开展非正规垃圾堆放点整治,全省完成整治111处非正规垃圾堆放点,完成率98.2%。省住建厅按照省委省政府打好农村人居环境整治"第一战"部署要求,牵头各成员单位成立整治指挥部,制定整治方案,强化技术指导,建立联席会制度,开展包片督导,推行路地联动"双段长制"。截至2019年底,铁路沿线整治累计完成投资26.6亿元,拆除乱建乱搭118.3万平方米,城屋顶改造14337栋532.5万平方米,新建绿地和绿化带595.4万平方米修复治理青山挂白380处;推进市县建立铁路沿线环境管护长效机制,做到"整治一线,巩固一线";开展整治情况全线巡查评估,深化整治工作。

【**农村危房改造和农房建设**】2019年,全省农村危房改造年度任务2749户全部竣工,实际竣工3014户(含动态新增改造对象),全省农村危房改造任务基本完成。全面按时完成省委巡视整改要求,落实问题整改,健全制度机制;召开全省农村危房改造视频会议进行工作部署安排;组织市县(区)开展全覆盖摸底排查,补缺补漏、核实存量、逐户鉴定、健全台账,确保应纳尽纳;开展排查解决"住房安全有保障"突出问题专项行动,开展保障贫困户基本住房安全方面漠视侵害群众利益问题专项整治,省住建厅会同省直六部门组织"回头看",反复排查,逐项建账,整改落实;跟踪督促动态新增贫困户鉴定改造和南平、三明、龙岩、宁德等地建档立卡贫困户受灾危房修缮重建;有关部门健全建档立卡贫困户退出时住建部门参与审查"住房安全有保障"机制;省住建厅包片处室人员会同技术专家组成10个调研组赴10个地市随机抽取村庄进行所在村贫困户全覆盖入户调研,累计蹲点32个村,入户调研565户贫困家庭,对发现问题,整改落实;组织市县全面应用扶贫(惠民)资金在线监管系统;组织省市县乡分级开展农村危房改造业务培训,累计培训农村建筑工匠和村镇干部1万人次。全省农村危房改造工作被住房城乡建设部、财政部确定为成效显著省份。省政府办公厅转发《关于切实改进农房建设管理确保安全质量的若干意见》,印发《2019年农房建设管理工作要点》,部署各地加强农村建房质量安全管控;开展全省房屋安全隐患排查整治专项行动,全面排查宵村房屋628万多栋,发现重大隐患房屋3.5万栋,分类处置2.8万栋;编印《农房屋顶平改坡导则》,举办全省农村建房质量安全视频培训,组织编印农房质量安全要点"一张图",开发全省建筑工匠登记管理信息系统。

【**管理探索创新**】2019年,全省推进12个省级农村人居环境整治试点村和永春、晋安两个省级试点县开展试点,推动福州市晋安区寿山乡前洋村、九峰村试点,总结屏南县工料分离、统一雇工、统一购料的"工料法"做法经验,2019年省委1号文件明确法定招标范围以内的小型涉农工程可以采取雇工购料的做法。根据镇村实际在原有农房整治、污水垃圾治理"一张图"基础上,先后编制印发农村公厕建设管理、农村生活垃圾分类、农房建设质量安全常识3个"一张图",推动"一张图"进村入户,促进相关技术政策要求落地落实。协调永春县引入国内知名乡建专家,在吾峰村探索新时代农村社区建设模式,从乡村建筑风貌、村民生活需求、传统民俗传承、邻里守望相助、周边资源利用、共建共治共享等方面打造新时代农村社区。

【**历史文化保护**】2019年,在《人民日报》重刊《福州古厝(序)》,福建省委、省政府召开全省历史文化保护视频大会,出台保护利用工作方案,成立风貌保护协调机构,组建保护传承专家委员会,出台历史建筑认定、古建筑修缮定额、传统建筑技艺传承人和工匠评选3项制度。启动开发历史建筑和传统村落数据库、传统村落租养平台、历史建筑在线监测系统,初步构建保护框架。全省各地新增历史文化名镇名村72个,中国传统村落265个,新公布历史建筑641栋,完成省级重点扶持的10条老旧街巷和15个名镇名村传统村落改善提升。福州全年修缮古建筑、历史建筑1100多处,推进特色历史文化街区建设15个,完成传统街巷整治156条。宁德市屏南县通过文创引领,活化利用老房子,形成独特的"龙潭模式",《中华民居》杂志编写特刊予以宣传推广。

工程建设管理

【**概况**】2019年,福建省住建厅以工程质量安全提升行动为载体,开展建筑施工安全生产隐患排查治理,严格落实安全生产"党政同责、一岗双责、齐抓共管、失职追责"和"管行业必须管安全、管业务必须管安全、管生产经营必须管安全"要求,健全完善质量安全责任体系，完善诚信约束机制建设，改进建筑施工安全生产标准化建设，加大监督检查执法力度，服务城乡建设发展。全省房建和市政工程质量安全生产形势总体稳定，4个项目获得鲁班奖，7个项目获得国家优质工程奖，49个项目获得闽江杯优质工程奖，未发生较大以上安全生产责任事故，完成了省政府下达的目标任务。全省工程质量安全监管信息化工作得到住房城乡建设部肯定，分别在全国住建工作会议和全国建筑工程品质提升推进会上作经验交流。

【安全生产专项治理】2019年，福建省住建厅制定印发《住建系统安全生产隐患排查治理专项行动实施方案》，落实隐患排查治理监管责任和企业主体责任，明确建筑施工等领域隐患排查重点和工作要求。贯彻落实《危险性较大的分部分项工程安全管理规定》，细化危大工程管控措施，重点抓外脚手架、模板支架主要构配件材质和搭设质量，开展建机一体化企业专项整治。通过整治清出一批不符合要求的企业，2家建机一体化企业列入黑名单。推行建筑设备智能识别开机，规范限载安全措施，淘汰落后产能设备，提高设备安全技防水平，2019年全省共有6036台施工升降机安装智能识别开机系统。落实安全生产约谈制度，对事故同比上升较多的市县，约谈主管部门；对事故多发的施工企业和建设单位，约谈法定代表人。落实法人安全生产第一责任人责任，要求企业法定代表人定期分析部署安全工作，带队检查在建工程安全生产情况，并在监管系统留痕，对未按规定落实带队检查的592家施工企业，予以全省通报批评和不良行为信用扣分。

【建筑施工安全生产标准化】2019年，福建省住建厅印发《关于改进建筑施工安全生产标准化项目管理的通知》，改进省级标准化优良项目管理，取消设区市推荐和评审环节，改为利用项目日常监管情况，根据预先公布的条件和年度指标，依据动态监管系统项目安全动态考核记分值由低至高自动排序，筛选现场管理规范的施工项目作为省级标准化优良项目。运用大数据监管手段自动归集施工企业和项目安全生产考评情况，实时公布建筑施工安全生产标准化考评不合格的企业主要负责人和项目经理，将考评结果与企业安全生产许可证延期及企业负责人、项目负责人安全生产考核证延期挂钩。推进质量安全手册制度，将落实手册与日常质量安全监管工作相结合，组织中建海峡建设发展有限公司等5家省级试点企业编制《工程质量安全手册实施指南（细则）》。

【机制砂产业发展】2019年，福建省住建厅牵头八部门起草并出台《福建省保障建设用砂规范发展指导意见》，推动机制砂、河砂、海砂"三砂"科学布局，统筹做好生态保护与保障发展的关系。出台《关于加强机制砂产品质量管理的通知》，加强对机制砂产品质量的监督抽查抽测，2019年，全省56个拟新设机制砂矿山中，22个完成采矿权出让，年产能约2434万立方米（其中4个投产）；19个项目完成"三合一"方案评审提交属地政府研究采矿权出让相关工作。

【监督检查执法】2019年，全省住建系统各级监管部门共对受监工程安全隐患发出责令改正通知书16960份，涉及工程项目7153个，发现安全隐患59586条，已整改55569条。福建省住建厅组织上下半年两轮省级房建和市政工程大检查，随机抽查在建房建项目75个、市政项目5个，发出督促整改通知书80份。组织开展全省城市轨道交通工程质量安全专项督查，随机抽查福州、厦门22个在建项目，发出督促改正通知书22份。组织开展省级预拌混凝土企业和检测机构专项检查，随机抽查预拌混凝土企业21家、6家建材检测机构和10家正在试验的地基基础检测机构。对3家预拌混凝土企业予以全省通报批评并不良信用记分，责令对21家预拌混凝土企业动态记分共记400分；对10家地基基础检测机构进行信用记分，共记10分。

【监督队伍建设】2019年，福建省住建厅推进监督机构人员考核管理科学化、程序化和信息化。根据《福建省建设工程质量安全监督机构及其监督人员考核管理办法》和《福建省建设工程质量安全监督机构及其监督人员考核实施细则》，升级完善"建设工程质量安全监督机构和监督人员考核系统"，新增"机构、人员层级指导结果登记""机构、人员电子版考核证书"等功能，完成监督人员业务考试题库更新工作，涉及规范32本，更新试题300余道。截至年底117个持证监督机构和1520个持证监督人员的周期考核、资格新申请、考核证书信息变更和监督人员级别晋升等工作均依托"考核子系统"在网上开展。

【绿色文明施工】2019年，福建省住建厅印发《关于进一步加强建筑施工扬尘管控的通知》，明确各方主体扬尘防治责任，按照工地周边围挡、物料堆放覆盖、土方开挖湿法作业、路面硬化、出入车辆清洗、渣土车辆密闭运输"六个百分之百"的要求采取施工扬尘防治措施，重点做好市政道路等工程的扬尘防治工作。推进扬尘在线监测系统应用，鼓励全省各在建房建市政项目安装环境侦测预警联动设备，2019年新安装设备1500个。

【应急管理】2019年，福建省住建厅印发《福建省住房和城乡建设系统防洪防台防涝应急预案（2019版）》，指导规范系统台风洪涝汛情等自然灾害应急处置工作，有效防范化解消防重大安全风险，提升住建系统消防安全整体水平。做好节假日、重大活动、台风汛期和国庆70周年等敏感时期安全生产工作，及时发出预警，加强应急处置工作的巡查指导，各地住房城乡建设部门督促所属行业企业落实安全防范措施，有效应对"丹娜丝""利奇马""白鹿""塔巴"等台风和夏季的持续强降雨灾害。做好信访维稳工作，2019年累计处理工程建设信访事项820余件。

【安全宣教培训】2019年，福建省住建厅围绕"防风险、除隐患、遏事故"活动主题，在全省范围内开展"安全生产月"活动。各地住建部门紧密围绕活动主题，组织开展主题宣传、咨询日、安全事故警示教育、应急预案演练、网络知识竞赛、现场观摩会、送安全技术、送清凉等宣教活动，发动企业员工积极参与，拓宽影响面，把"安全生产"理念传递到基层和一线作业人员。根据省政府安全生产委员会部署，省住建厅会同福州市城乡建设局参加在福州大学旗山校区举办的"2019年安全宣传咨询日"活动，发放施工安全注意事项等各类宣传材料600余份，现场咨询互动300余人次。组织编制住建领域安全事故典型案例，严格落实企业安全生产主体责任、强化属地安全监管责任及扎实推进房屋安全隐患排查整治的具体要求。

【信用评价体系建设】2019年，福建省住建厅加强社会监督，对主体责任不落实的予以公开曝光，并采取动态违规记分、通报批评、信用扣分等措施，督促其履行责任。全年共对11家次预拌混凝土企业进行通报批评并信用扣分。8月起对发生非责任事故的施工总承包企业，视同受省住建厅通报批评予以信用扣分，进一步强化施工总承包企业对施工现场安全生产负总责机制。落实"隐患就是事故"理念，将存在较多安全质量隐患问题、信用差的责任主体列入"黑名单"，进行差异化监管。2019年将30家施工单位、6家监理单位、99名责任人列入省级质量安全"黑名单"，向社会公开曝光。

【"放管服"改革】2019年，福建省住建厅持续推进施工许可证和竣工验收备案网上办理。全省各级住建主管部门共通过项目监管系统网上办理施工许可证6041份，网上办理竣工验收备案1497份。按照国务院、省委省政府关于优化营商环境和工程建设项目审批制度改革有关精神，调整施工许可阶段项目审批流程，对施工许可审批、消防设计审查、人防防护设计审查进行并联审批，消防、人防等设计审批文件不作为施工许可证办理要件。在市级审批系统中增设建筑工程施工许可证和竣工验收备案等功能，调整简化办理要件，提高审批效率。

【信息化建设】2019年，福建省住建厅完善升级"福建省工程项目建设监管系统"。针对项目质量安全监督及施工许可申报、项目日常监管、远程视频监控申请及安装等系统操作使用问题，开设答疑热线和问题反馈邮箱并安排专人接听回复。2019年共回复邮件约3.3万封，接听来电约3.4万个，解决用户来电来邮咨询问题约9.1万个；共向软件开发公司提交系统瑕疵1244个，截至年底已解决约97%。2019年基本完成"三网系统"迁入省级政务云平台有关工作。印发《关于应用远程视频监控进一步加强工程质量安全管控的通知》，监督人员发现问题及时通过视频抓拍取证，拓展监管半径，提高监管效率。据统计，2019年新安装远程视频大数据管控系统的在建房建和市政工程2700个。

建筑业

【建筑业转型升级】福建省建筑业加快转型升级，进一步做大建筑业经济总量。2019年，省住建厅围绕建筑业重点工作，坚持供给侧结构性改革，着力培育并做大做强龙头企业，推广新型建造方式，推进新型组织方式变革，不断优化建筑市场秩序，推进建筑劳务实名制管理，促进建筑业走高质量发展之路。全年完成建筑业总产值1.31万亿元，同比增长14.0%，保持全国第七位。增加值4482亿元，约占GDP10.57%。税收303.5亿元，占全省总税收7%。省内市场占有率达86%，自"十三五"后增加12个百分点。支持企业拓展省外市场，在省外完成产值占比40%以上。21家特级资质企业核心竞争力、市场风险意识和质量品质意识不断增强，产业集中度再次提升，特一级企业完成产值占全省53%以上，百亿产值企业新增4家，共达11家，50亿元至100亿元产值新增11家，累计近35家。

【装配式建筑发展】2019年，福建省持续推进装配式建筑发展，省住建厅会同省发改委制定政策，在城市桥梁工程领域推广钢结构，公布25家钢结构生产基地，年设计生产能力达169万吨。推进装配式混凝土构件产能扩大，全省建筑投产18家预制混凝土构件生产基地，年设计生产能力达289万立方米，基本实现PC生产基地全省全覆盖。稳步推进项目建设，全年全省完成建筑业现代化投资工程包105亿元，超额完成省政府下达任务指标。全年新开工PC工程项目118个，总建筑面积548万平方米；新开工钢结构工程项目600个，总建筑面积789万平方米。协同促进队伍实力逐步提升，新成立5家装配式建筑工人培训考核基地，总数达到9家，全年面向社会培训装配式建筑工人800余人。组织开展全省装配式建筑现场观摩。并通过电视、报纸、网络等媒体加强宣传，逐步提高公众认知度。

【新型组织方式优化实践】2019年，福建省总结工程总承包试点实践经验，继续在房屋建筑和市政基础设施工程项目推进工程总承包方式。根据省公共交易行政监督平台数据统计，各地落实324个工程项目实施工程总承包。组织各地实施全过程工程咨询试点，共安排8个政府投资项目实施试点，为后续制定政策奠定基础。

【深化招投标网上运行公开】2019年，福建省住建厅开展工程总承包制度调研，商省发改委和财政厅同意后出台工程总承包招投标政策。配套出台了工程总承包招标文件示范文本、模拟清单计价规则以及概算定额。规范园林绿化招投标活动，在全国率先在园林绿化工程招投标活动中应用信用评价成果。完善厅内部工程招投标咨询工作制度，规范厅机关领导干部和工作人员咨询事项。推进计价软件实名制管理，充分利用信息技术，严肃查处串通投标行为，2019年全省对共对17个招标项目的47家参与串通投标企业予以行政处罚。

【建筑市场违法违规行为查处】2019年，福建省建筑市场共查处22起转包、违法分包、违法分包等违法行为案件。严肃处理补录业绩弄虚作假行为，对1569项虚假业绩予以撤销，对296家企业和13家主管部门予以通报批评。对于利用虚假业绩骗取资质的140家企业予以撤销并列入建筑市场主体"黑名单"，并在政府投资项目的招投标活动中予以限制。组织各地清理专业技术人员职业资格"挂证"专项整治，全省完成列入存疑名单的6.4万多人整改，通报处理不配合个人办理注销业务的8家企业并依法撤销16人注册许可。

【劳务实名制管理】开发建设"福建省建筑劳务实名制管理平台"，利用信息化手段对项目实施实名管理。将实施实名制管理、劳动合同签订等纳入信用评价。开展2019年度根治欠薪夏季行动、冬季攻坚行动，开展建筑领域欠薪信访积案排查调研。继续实施"欠薪黑名单"制度。

【强化工程造价标准化建设，完善计价依据】2019年，福建省住建厅组织编制建筑装饰、安装工程概算定额，审核装配式建筑工程概算定额和概算编制办法。组织编制市政工程施工图预算编审规程、门窗附框等26项补充定额以及福建省房屋建筑加固工程预算定额。完善古建筑工程计价规定，出台建筑垃圾和渣土外运、增值税调整计价指导意见，制定消防检测费指导价。修订《福建省建设工程造价电子数据交换导则》，组织编写福建省建筑、安装、市政和园林工程造价电子数据交换标准。

建筑科技与设计

【建筑勘察设计管理】2019年，福建省住建厅出台提升施工图审查效率若干意见，实行"多审合一"施工图设计文件联合审查，缩短审查时限，对规模较小、技术简单、质量安全风险较小的8类房建市政工程免予审查，完成建筑工程施工图审查系统建设并上线试运行，累计审查项目8000余个。开展工程勘察设计企业信用评价，依托"全省勘察设计信用评价系统"，对勘察设计企业的市场行为、质量行为和社会影响等情况进行评价。联合省财政厅出台以政府购买服务方式开展施工图审查的政策措施，推动各地明确本地施工图审查费用结算指导标准，建立供应商名录库，构建以审查质量、效率和服务水平等因素为核心的信用评价体系。加大引进先进建筑设计理念，做好2019年全国建筑设计创新创优大会暨全国优秀建筑设计展示交流会各项筹备工作，推进福州三坊七巷全国优秀建筑设计展示馆提升和布展，并正式向社会开放。针对高层住宅候梯时间长、担架进出不便、噪声干扰等问题，出台进一步做好高层住宅候梯设计的通知。通过数字化审查系统组织全省勘察设计质量检查，抽查项目35个，提高了检查效率。完成15项超限高层抗震设防专项审查工作。

【绿色建筑发展】2019年，福建省住建厅推进绿色建筑发展，配合省司法厅对《福建省绿色建筑发展条例》进行多次修改论证，加大对漳浦、屏南、泰宁等绿色建筑发展较慢县的督促指导，全年城镇绿色建筑占新建建筑71.6%。规范绿色建筑评价标识管理，全年获得绿色建筑评价标识项目67个，标识面积714万平方米。推进新建建筑节能，全年竣工节能建筑面积5376万平方米。全年完成公共建筑节能改造141万平方米，福州、厦门公共建筑节能改造重点城市分别完成50个示范项目223.9万平方米和47个项目303.9万平方米。推广可再生能源建筑应用面积89万平方米。发布《福建省绿色建材产品推广应用目录（2019年）》。推进BIM技术应用，确定第四批建筑信息模型（BIM）技术应用试点项目175个。

【标准科技支撑作用发挥】2019年，福建省住建厅组织开展16项标准体系研究。着力推进标准编制和科研工作，完成26部地方标准和技术导则编制，完成14项建设科技研究开发项目，有13项成果获省科技进步奖，新增省级企业技术中心9家，发布省级工法138项，"装配式混凝土建筑绿色建造关键技术与产业化示范应用研究"列入省重大科技项目。探索海峡两岸标准共通，组织两岸专家研究海岸两岸绿色建筑技术标准，发布《海峡两岸绿色建筑评价标准》。

城市管理

【概况】2019年，福建省住建厅按照住房城乡建设部安排，扎实推进全省城市市容环卫管理、生活垃圾处理、城市管理执法体制改革、城管队伍规范化管理、渣土车专项整治，重点做好生活垃圾处理、生活垃圾分类、中央生态环境保护督察反馈问题整改等工作，各项成效明显。

【城市执法体制改革】2019年，福建省住建厅深入开展"强基础、转作风、树形象"专项行动。完成全省城管执法队伍111名处级、802名科级、4940名科级以下干部轮训工作；推进城管执法人员统一着装，全省完成制式服装和标志标识换装；出台《福建省城管执法行为规范》，创建12个全省城管执法队伍示范中队，推进规范执法、文明执法；明确城市管理执法人员配备比例，要求各地按不低于常住人口万分之三标准配备执法人员；推进数字城管建设，9个设区市（实验区）和25个县（市）建成投用数字城管平台。

【市容环卫工作】2019年，福建省新改扩建生活垃圾焚烧发电厂4座，新增无害化日处理能力3300吨。全省8个设区市和平潭基本建成餐厨垃圾处理厂，泉州在建。福州、厦门建成厨余垃圾处理厂，基本具备垃圾分类的条件和能力。厦门、福州、泉州、龙岩建成大件垃圾处理厂。

【渣土车整治】2019年，福建省住建厅为整治渣土车，加强管控平台应用，推进消纳场建设，加大违法违规行为查处。全省设区市录入渣土车管控平台的运输企业904个、车辆14936辆，平台联合审批工地1981个，处置渣土14967.8万立方米。全省设区市现有固定场消纳场43个、临时消纳场239个、中转站25个。各地采取联合执法、集中执法和平台动态监管等方式查处渣土车各类违法违规行为，有效遏制渣土车事故发生。全省对未经核准擅自处置渣土、将建筑垃圾交给个人或未经核准从事建筑垃圾运输的单位处置、渣土车未密闭运输、滴撒漏、乱倾倒和工地未实施净车出场等违法违规行为实施行政处罚共13069起、罚款3185.3万元。

【生活垃圾分类】首先提高站位抓部署。福建省住建厅党组认真贯彻落实习近平总书记重要批示指示精神和省委"三四八"工作机制，主要领导亲自抓、亲自部署，分管领导具体抓、定期调度、协调推进。制定方案明责任。省政府建立李德金副省长任总召集人的协调推动机制。全省"九市一区"和6个先行区结合实际，出台实施方案，并建立党委、政府主要领导亲自推动的协调机制。推动立法强约束。《福建省城乡生活垃圾管理条例》于2020年1月1日起实施，厦门、福州、漳州、平潭出台生活垃圾分类管理办法或条例，龙岩等地启动相关立法工作。深化试点树示范。厦门在全国首创"五全工作法"（全民众参与、全机构协调、全流程把控、全节点攻坚、全方位保障），连续6个季度在全国46个重点城市考评中排名第一。福州从2019年7月在五城区范围内全面落实前端分类、中端收运、后端处置等3个环节"四定"工作。强化宣传养习惯。编印《福建省垃圾分类宣传手册》，在全省主流媒体和新媒体刊播公益动漫广告、宣传片等。各地坚持党建引领，充分发挥小区党支部的"火车头"作用，形成党员包干、"楼长制"等工作模式。福州、厦门生活垃圾分类知识纳入教材，其他设区市进课堂教学。开展中小学校"小手拉大手"、公共机构"志愿者"活动，形成"一个孩子带一个家庭、一个学校带一个社区"良性互动机制。福州、厦门、莆田、龙岩等地成立垃圾分类宣讲团。

【"厕所革命"】2019年，福建省住建厅会同相关部门在老工矿企业生活区、车站码头、旅游景区、乡村公厕开展专项整治，委托第三方机构对全省"厕所革命"实施情况进行评估，组织记者行，与高德、百度地图主流平台对接，制定操作指南等。全省新改扩建城市公厕927座。

【中央生态环境保护督察反馈问题整改】2019年，福建省住建厅继续抓住住建领域中央生态环境保护督察移交问题整改不放松。召开专题推进会、约谈会，联合相关主管部门调研督导，建立环卫专家库，指导基层整改。继续推进第一轮中央生态环境保护督察反馈问题整改工作。24座生活垃圾填埋场渗滤液和4座生活垃圾焚烧处理厂飞灰全部得到规范处置,持续推进49座存量垃圾治理,闽侯、南平、福安、罗源等4座生活垃圾焚烧处理厂加快推进。抓好第二轮中央生态环境保护督察反馈问题整改,提升漳州生活垃圾处理能力,推进华安、平和两座垃圾焚烧发电厂建设和诏安、华安生活垃圾填埋场渗滤液处理整改。抓好第二轮中央生态环境保护督察信访件办理。

(福建省住房和城乡建设厅)

江 西 省

概况

2019年,江西省棚户区改造开工29.3万套。全省老旧小区改造686个,涉及居民26.6万户,开工率达100%。"放管服"改革成效显著,"江西住建云"平台建成上线,"智慧公积金"被国务院第六次大督查列为典型经验。萍乡市海绵城市建设首批试点获全国优秀第一名,央视进行专题报道,并成功入选中组部"攻坚克难案例系列"丛书。景德镇综合管廊试点在全国第二批试点城市绩效考核中排名第二。上饶市棚户区改造、宁都县农村危房改造分别获国务院通报表扬与激励。

【城乡环境更加宜居】 全省各地深入开展"净化、美化、亮化"三大行动,推动全省高铁沿线环境安全专项整治行动,持续深化全省环境综合整治。狠抓城市道路清扫保洁市场化、机械化、标准化运行,设区市中心城区主次道路机扫率达90.32%、市场化率达88.3%。有序开展城市生活垃圾分类工作,新建成生活垃圾焚烧处理设施4座,新增处理能力2800吨/日。农村生活垃圾收运处置体系覆盖率达92.3%,非正规垃圾堆放点整治验收销号率达92.2%。突出治"污",让水更清。全面启动城镇污水处理提质增效三年行动,全面开展城镇污水管网调查摸底。全省58个城镇污水处理厂完成一级A提标改造,新建、改造污水管网1649.52公里。11个设区市本级全部建成污泥处理设施。33个城市黑臭水体中29个完成整治。九江市、宜春市成为国家黑臭水体治理示范城市。扎实推进建制镇生活污水处理,处理设施覆盖率达52.87%,处理规模达35.8万吨/天。狠抓工地扬尘治理,全省78.35%在建项目扬尘治理达到合格及以上标准。扎实开展"美好环境和幸福生活共同缔造"行动,与江西电视台联合开播《美丽江西在行动》专栏。在全国"千村万寨展新颜"活动中,江西入选的村庄占全国村庄总数的30%。

【城市功能品质大幅提升】 开展城市功能与品质提升三年行动,明确"一年有提升、两年上台阶、三年进一流"目标。突出项目引领,围绕治脏、治乱、治堵、功能修补、生态修复、特色彰显、亮化美化、治理创新八大行动,谋划项目8164个,全年开工5946个,完成投资2757多亿元。突出补齐短板,坚持"每年一重点",2019年为"突出重点治顽疾",针对性开展治脏治乱治堵专项行动。治脏方面,全省中心城区道路机扫率、保洁市场化率分别达90.32%、88.37%;治乱方面,全省74.13%的背街小巷实现整治提升;治堵方面,全省新建改造城市道路1744条,新增公共停车场932个、停车位14.6万个。突出提升品质,扎实开展园林绿化提质增效专项行动,全省城市建成区绿化率42.94%,绿化覆盖率45.92%,两项指标均列全国第二。不断加快公共服务设施建设,新建改造农贸市场441个新建成中小学校447个,幼儿园195个,打通城市断头路328条,新建改建城市公厕2529个。加强对历史文化街区、道路、街巷和建筑等的保护与修缮,新增省级历史文化街区15处、历史建筑407处。景德镇获批全国老厂区老厂房更新改造利用试点城市、综合管廊试点在全国第二批试点城市绩效考核中排名第二。萍乡市海绵城市建设首批试点获全国优秀第一名。

【房地产市场平稳运行】 坚持"房子是用来住的,不是用来炒的"定位,房地产市场保持平稳运行。全省新建商品住宅均价7071元/平方米,同比增长4.97%,较全国平均水平降低11个百分点;新建商品住宅均价6733元/平方米,同比增长7.76%;新建商品住宅交易量6178.5万平方米,同比下降6.67%;房地产开发完成投资2239.11亿元;房地产税收660.72亿元,同比增长8.24%。强化目标管理。坚决落实房地产市场目标管理机制,对突破目标管理的设区市及时预警、提示、约谈,对库存量较低的县市下发风险预警提示函,督促多地落实限购、限贷和限售等调控措施。强化会商指导。完善房地产运行情况会商机制,指导各地采取有针对性措施,促进住房及用地供需平衡、价格稳定。突出抓好对重点城市的监测指导和考核评价,通过网签日报系统检测分析、每月紧盯新建商品房价格指标,督促各地实行上市预报、价格管控等制度。继续发挥公积金调控作用,公积金归集、提取、贷款均呈两位数增长,资金流动性压力显著缓解。强化市场整治。会同有关部门建立省、市、县三级房地产领域涉稳风险处置联席会议工作机制,开展住房租赁中介机构乱象专项整治工作,查处一批住房租赁中介违法违规企业。规范商品房销售信息公示及售前告知行为。

【群众住房条件全面改善】狠抓棚户区改造,逐级签订目标责任书,实行"每月一调度,每月一通报"。2019年,全省棚户区改造开工29.3万套,居全国第一,基本建成16.5万套,超额完成国家下达目标任务。中央政策研究室《学习与研究》刊发江西省《加快实现棚户区困难群众安居梦》文章。全省老旧小区改造数量列全国第三,改造总数686个、涉及居民26.6万户,所有项目全面开工,完成改造230余个、惠及居民10万余户。推进城市既有住宅加装电梯工作,完善城市既有住宅使用功能,印发《江西省城市既有住宅加装电梯指导意见》。着力破解居民上楼难,央视《新闻联播》进行相关报道。农村危房改造方面,狠抓精准识别关、精准鉴定关、精准管控关、精准兜底关,3.57万户农村危房改造任务全面完成,提前半年完成国家下达的目标任务;7个年度计划脱贫县危房改造任务全面完成,江西省被列为农村危房改造工作积极主动、成效明显的省。央视《安居中国》专门报道永丰县罗铺垦殖场危房改造的做法。上饶市、宜春市棚户区改造、宁都县危房改造先后获国务院通报表扬与激励。

【建筑业发展实现量质齐升】产值和总量"双壮大"。全省实现建筑业总产值7944.78亿元,增长13.60%,增速排全国第6位。建筑业完成税收入库收入265.15亿元,占全省入库税收总收入7.9%。吸纳农民工就业160万人次以上。企业规模不断壮大,完成产值超百亿元的建筑业企业5家(中大股份、江西建工一建、中恒建设集团、发达控股集团、中煤建设集团);全省总承包和专业承包建筑业企业达1.1万余家,其中特级企业21家,一级企业675家。江西民营企业100强中建筑企业28家,5家进入全球承包商250强榜单,位居全国前列、中部第一位。质量效益不断提升,装配式建筑产业基地实现翻番,3个国家级基地完成评估验收。江西成为全国装配式钢结构住宅建设试点省份,6个设区市被列入第一批试点城市。项目施工许可和竣工验收备案管理等系统上线运行。建筑市场监管与诚信一体化工作平台加快建设,建筑市场信用管理不断加强。扎实推进招投标领域专项整治、转包违法分包、工程建设领域职业资格"挂证"等专项整治,建筑市场环境不断优化。全省建筑施工领域事故总量呈下降态势,安全形势总体平稳,近三年以来房屋建筑工程及市政基础设施工程未发生3人以上的较大安全事故。房屋建筑工程及市政基础设施领域拖欠农民工工资案件、人数、金额实现"三下降"。全国建筑施工领域监督执法检查合格率达83.4%,工程质量稳步提升。2018—2019年度有7个项目荣获鲁班奖,再创新高。

【住建领域改革深入推进】放管服改革扎实推进,下放行政权力3项,取消部门规章、规范性文件设定的证明事项61项。"江西住建云"平台建成上线,行政许可事项全部"一次不跑"网上办。工程建设项目审批改革全面铺开,建立覆盖省市县三级的工程建设项目审批管理系统,将审批事项100余项压缩至79项;大力压缩审批时限,最短为42个工作日。建设工程消防设计审查验收改革有序承接,进一步明确建设工程消防工作的管理模式、设计审查验收流程。探索推进"互联网+监管"无纸化招投标模式,取消投标报名环节,全面推行招标投标电子化和信息化。

法规建设

【法规制度】申报2020年立法建议项目3项。开展法规、规章和规范性文件清理工作。废止省政府规章1部,修改6部,建议修改地方性法规4部。会同省自然资源厅对涉及城乡规划管理的规范性文件进行清理。开展党内法规、规范性文件清理工作。4件省委规范性文件全部建议继续有效。完成21件规范性文件合法性审核工作。

【"双随机一公开"】向社会公布2019年随机抽查事项清单。江西省住房城乡建设厅行政执法检查计划录入江西省"双随机、一公开"行政执法监督平台进行备案审核。向省推进法治政府建设工作领导小组办公室报送"双随机"监管事项动态调整情况。

推进"双随机、一公开"行政执法监督平台应用工作。

【法治建设和行政建设】部署2019年法治（政府）建设任务和整改2018年法治（政府）建设考核扣分事项，压实工作责任。开展全省住房城乡建设系统普法依法治理，利用网络媒体进行法制宣传。推进全省住建领域清理、规范中介服务和年审年检工作。发挥法律顾问、公职律师作用。全年提供法律服务11次，提出法律审查意见6份。提高依法行政能力，参加培训班4次，举办两次法治讲座。

【行政执法】全面推行行政执法公示制度、执法全过程记录制度、重大执法决定法制审核制度。公布《重大执法决定法制审核事项清单》《行政执法事项清单》《行政执法音像记录清单》。转发《规范住房和城乡建设部工程建设行政处罚裁量权实施办法》和《住房和城乡建设部工程建设行政处罚裁量基准》。开展行政执法案卷评查，推动全省住建系统行政执法规范化。

【行政复议和行政应诉】全年收到行政复议申请3件，均告知向其他机关申请行政复议。受理以江西省住房和城乡建设厅作为被申请人的行政复议案件1件，作出驳回决定。依法做好行政应诉工作。2019年江西省住房和城乡建设厅作为被告的行政诉讼案件1件，法院判决驳回诉讼请求。

房地产业

【概况】2019年，江西省房地产市场保持平稳运行。新建商品住宅交易量基本平稳。全省全年新建商品房交易量6178.5万平方米，同比下降6.67%。商品住宅交易量5246.9万平方米，同比下降4.87%。全省新建商品房销售均价7071元/平方米，同比增长4.97%，新建商品住宅销售均价6733元/平方米，同比增长7.76%，新建商品住宅销售价格增幅月环比平均值0.95%。房地产开发投资和税收增长。全省全年房地产开发完成投资2239.11亿元，同比增长3%，住宅开发投资为1687.18亿元，同比增长6.1%，占房地产开发投资75.4%。全省房地产业税收660.72亿元，同比增长8.24%，占全省税收19.2%。

【房地产市场调控】坚持房地产市场目标管理，通过网签日报系统监测分析新建商品房价格指标，实行上市预报制度与价格管控。推进房屋网签备案联网工作。印发《关于进一步规范和加强房屋网签备案工作的指导意见》，全省11个设区市全部完成房屋网签备案联网工作。

【防范市场风险】健全防范市场风险制度体系，编制《全省房地产市场下行风险预警和处置工作方案》《全省稳定房地产市场信息收集与研判工作机制》《全省防范化解房地产市场风险方案》。健全防范化解涉稳风险体制机制，推动建立省、市、县三级房地产领域涉稳风险防范处置联席会议工作机制。做好问题楼盘化解处置工作。梳理排查全省房地产领域涉稳风险重点楼盘143件，召开全省房地产楼盘信访问题督办会，定期调度通报进展情况，化解一批陈年积案。

【住房租赁乱象整治】开展主题教育专项治理，落实住房城乡建设部《"不忘初心、牢记使命"主题教育中专项整治住房租赁中介机构乱象实施方案》，联合开展乱象专项整治工作，下发整改通知书233份，公开通报79家违规企业。

【房地产市场监管】加强商品房预售资金监管，向全省转发《永修县新建商品房预售资金监管实施细则（暂行）》，鼓励提高预售资金监管比例，防范楼盘"烂尾"和延期交房，保障购房人合法权益。出台《关于进一步规范商品房销售信息公示及售前告知行为的通知》，规范商品房销售行为，保障购房人的知情权、选择权。开展监督检查。化解处置房地产积案，进行"双随机一公开"检查，采取暂停网签、约谈、列入"黑名单"等举措，查处一批违法违规案件。

【长效机制逐步健全】推进建立长效管理调控机制。编制完成全省2019—2025年住房发展规划，提出住房发展目标、重点任务和政策措施，合理确定住房和用地供应规模、结构、时序，引导相关资源合理配置，确保商品住房供需总体平衡。印发《关于建立房地产市场平稳健康发展城市主体责任制的意见》，强化城市主体责任，提请省房地产市场会商协调小组会议审议。完成《江西省建立和完善房地产市场平稳健康发展长效机制工作方案》，提出完善住宅用地供应机制、严格金融监管制度、培育和发展住房租赁市场体系等多项调控政策"工具箱"。

住房保障

【概况】2019年，江西省棚户区改造开工任务为27.79万套。全年实际开工29.3万套（其中2019年度项目27.79万套，提前开工2020年度项目1.5万套），开工率105.4%。完成改造投资904.6亿元。江西省公共租赁住房新建（筹集）任务0.7万套，已开工0.5万套，开工率71.4%。江西省保障性安居工程基本建成任务5.35万套，全省实际建成17.3

万套。

截至12月底,全省公租房已分配71.02万套,分配率98.3%,其中政府投资公租房已分配65.97万套,分配率98.7%。对城镇特困人员、城镇最低生活保障对象和支出型贫困低收入家庭等城镇贫困群众实行兜底保障"应保尽保",对符合条件的老人、残疾人、优抚对象、退役军人、失独家庭、省部级以上劳模等特殊困难群众进行优先保障。截至2019年底,全省城镇中等偏下及低收入住房困难家庭已实施保障60.75万户,占在保家庭77.3%。对环卫、公交司机等公共服务行业以及青年医师、教师等重点发展产业实施精准保障。全省已实施新市民住房保障17.88万户,占在保家庭22.7%,其中环卫、公交司机已实施保障0.66万户,青年医师、教师已实施保障2.21万户。

【强化目标管理】江西省政府与各设区市政府、各设区市政府与所辖县(市)政府层层签订《2019年住房保障工作目标责任书》,落实目标责任。印发《关于下达2019年全省保障性安居工程建设工作计划的通知》,将目标任务分解下达到各市、县。

【强化调度督导】启动2019年度棚户区改造定期调度和通报制度,实行每月一调度、每月一通报。对宜春、景德镇、鹰潭、南昌、吉安等地开展调研,督促各地加快项目建设。组织开展全省住房城乡建设领域综合督查,对全省各地棚户区改造、质量安全开展监督检查。召开全省棚改现场会议,加快开工建设。

【强化筹措资金】全省下达保障性安居工程各类补助资金111.5亿元(其中:中央财政补助资金71.6亿元,中央预算内投资补助37.2亿元,省级财政配套资金2.7亿元),比上年增长29.5%。争取棚改专项债券额度,举办地方政府棚改专项债券发行视频培训会议,发行棚户区改造专项债券274.6亿元。适应棚改融资新政策,全年争取国开行、农发行新增发放贷款256亿元,解决棚户区改造资金。

【强化工程质量管理】把控设计审查、材料采购进场、工程质量监督检查和竣工验收"四个关口"。对173个在建安置住房项目和39个在建保障性住房项目质量开展专项排查,发现工程质量问题下发整改通知单。

【强化保障力度】加大全省城镇贫困群众住房保障力度,组织对全省市、县(区)2018年基本住房保障工作开展考核评价。转发《住房和城乡建设部 国家发展改革委 财政部 自然资源部关于进一步规范发展公租房的意见》通知,明确提出对城镇特困人员、城镇最低生活保障对象和支出型贫困低收入家庭实行应保尽保,加大货币化补贴力度。截至2019年底,全省城镇"三类贫困群众"已实施公租房保障17.73万户,占在保家庭22.5%,其中实物保障15.35万户,租赁补贴2.38万户。落实中央和省委关于退役军人尤其是参战参试人员住房保障优先分配、优先安排要求。截至12月,全省军队退役人员实施公租房保障1.13万户,其中实物配租0.95万户、租赁补贴0.18万户;参战参试人员实施公租房保障0.30万户,实物配租0.22万户、租赁补贴0.08万户。省住房和城乡建设厅会同省发展改革委、省财政厅、省自然资源厅先后对九江市、新余市部分县(市、区)长期闲置、改变用途等公租房项目进行实地认真核查,向省政府提出处置意见,经省政府批复同意,妥善解决了4万余套公租房遗留问题。研究起草《关于加强保障性住房管理工作的指导意见》,报江西省政府同意后,会同省发改、财政、自然资源、民政等部门联合印发。12月,在全省公租房工作座谈会上进行了宣贯。

【强化审计整改】印发《关于做好2018年度保障性安居工程跟踪审计整改工作的函》。将审计发现棚改居民未按期回迁安置问题列入主题教育整治内容,制定专项方案,每半个月调度督办一次整改进展情况。截至年底,全省2018年审计发现棚改居民无法按期回迁安置问题2294户,已整改2166户,整改率94.4%。

住房公积金管理

【概况】2019年全省住房公积金新开户单位4295家,实缴单位47055家,净增单位9家;新开户职工30.76万人,实缴职工268.02万人,净增职工0.04万人;缴存额443.97亿元,同比增长13.01%。2019年末,缴存总额2807.83亿元,较2018年末增加18.78%;缴存余额1339.29亿元,较2018年末增加13.09%。92.74万名缴存职工提取住房公积金288.99亿元,提取额同比增长17.16%;提取额中,住房消费提取占78.23%,非住房消费提取占21.77%;提取职工中,中低收入职工占96.41%,高收入职工占3.59%。2019年末,提取总额1468.53亿元,同比增长24.5%。发放个人住房贷款6.47万笔231.46亿元(其中异地贷款1445笔4.01亿元),同比增长30.18%、32.93%,回收个人住房贷款134.65亿元,支持职工购建房727.67万平方米。2019年末,住房公积金个贷率86.83%,逾期率0.3‰,住房贡献率103.06%。

【缴存基数】 出台《关于规范机关事业单位和国有企业住房公积金缴存基数工作的通知》，要求各地管理中心规范住房公积金缴存基数。

【平台建设】 对全省13个管理中心综合服务平台建设工作进行预验收，业务办理由传统柜台办理的单一模式转变为线上线下协同办理。畅通信息共享渠道，借助"江西住建云"平台打通与公安部门的信息壁垒，防范骗提、骗贷住房公积金现象。全省12个管理中心完成异地转移接续直连上线工作。全省13个管理中心将住房公积金部分高频业务接入"赣服通"，省直、赣州等管理中心通过"赣服通"平台可实现退休提取、终止劳动关系提取、冲还贷款签约等18项业务。

【行业乱象整治】 开展整治清理违法广告、整治"红顶中介""黑中介"等专项工作。出台《关于进一步治理骗提骗贷住房公积金行为的通知》，明确惩戒骗提骗贷公积金的措施，治理住房公积金的行业乱象，保障缴存职工的合法权益。

城市建设与管理

【概况】 持续推进城乡环境综合整治，开展"市容环境大扫除、干干净净迎国庆"活动、铁路沿线环境安全综合整治行动、"线乱拉"专项整治，做好黑臭水体治理、城镇污水处理设施建设改造、建制镇生活污水处理设施补短板、生活垃圾分类、非正规垃圾堆放点整治、建筑工地扬尘治理等工作，坚决整治城乡环境各类乱象，守住江西"新城新貌""新村新貌"。按照"精心规划、精致建设、精细管理、精美呈现"理念，以城市功能与品质提升三年行动为抓手，重点攻坚制约城市发展的短板和弱项，有序推进城市"双修"、海绵城市建设，加强城市设计和建筑风貌管控，深入开展城市运行安全专项整治，宜居、智慧、安全、人文的品质城市加快建成。

【污水处理提效能】 全面启动城镇污水处理提质增效三年行动，新建改造污水管网1200公里，58座城镇污水处理厂完成一级A提标改造，占比超50%。11个设区市本级全部建成污泥无害化处理设施，设区城市污泥无害化处理处置率提前达到"水十条"2020年底的目标要求，一批县（市）完成污泥处理处置设施建设改造。全省城镇污水处理厂累计削减COD计17万吨、BOD计7万吨、总磷2318吨。

【城镇老旧小区改造大提速】 全省老旧小区改造共获中央补助资金49.88亿元，印发《关于推进全省城镇老旧小区改造工作的指导意见》，全省改造计划266597户，列全国第三，开工率100%，完成改造230个、惠及居民10.5万户。

【海绵城市建设有成效】 九江、抚州、新余和瑞金完成专项规划编制工作。全省海绵城市建设现场推进会在萍乡市召开，指导南昌、吉安和抚州开展省级海绵城市建设试点，带动全省海绵城市建设；海绵城市建设理念贯穿项目土地出让、规划许可、招标投标、施工许可、图纸审查和竣工验收等各环节，采取建设一批、储备一批的形式推动项目建设。2019年萍乡市获国家终极绩效评价优秀第1名，全省建成大批具有海绵功能的城市公园、绿地、住宅小区和游园广场，22个城市共建成276.168平方公里，提前完成占城市建成区15%面积的要求。

【黑臭水体治理有进展】 全省新增整治完成黑臭水体3个，累计完成29个。落实《江西省城市黑臭水体治理三年攻坚战实施方案》，开展黑臭水体治理，推进黑臭水体整治工程建设和验收。南昌、景德镇、鹰潭和宜春市整治工作通过国家专项督查。宜春市入选国家黑臭水体治理示范城市，获中央财政支持3亿元，争取中央资金5300万元用于城市黑臭水体整治。

【城镇园林绿化作示范】 九江市通过国家园林城市复查，崇义县被命名国家园林县城。编制印发《江西省园林绿化养护概算定额（2019版）》。全省设市城市新增绿地面积2400公顷，绿地率达43.69%，增建公园绿地700处、公园绿地面积630公顷，人均公园绿地面积达14.86平方米，累计建有城镇绿道1714公里，绿化覆盖率45.92%，列全国第二。

【市政基础设施更完善】 新建改造供水管网3000余公里，推进公共供水漏损控制，南昌市、新余市供水分区计量工作取得初步成效。改造城市照明用LED灯具4.5万盏，新建改造城市道路1113公里，新增公共停车位14.6万个，景德镇市综合管廊建设试点获2018年国家第二批综合管廊试点城市绩效考核第2名。加强燃气行业管理，全省用气人口达2022.39万，液化石油气供气总量375198.95吨，人工煤气供气总量15026.32万立方米，天然气供气总量29.07亿立方米，设市城市燃气普及率97.54%，县城燃气普及率93.18%。推进生活垃圾焚烧处理设施建设。印发《江西省生活垃圾焚烧设施布点规划（2018—2030）》，指导全省推进焚烧处理设施建设。2019年新建成城镇生活垃圾焚烧处理设施4座，垃圾焚烧日处理能力由2018年底的6400吨增加至2019年底的9200吨，全省城镇生活垃圾焚烧处理能力得到提升。规范城镇生活垃圾填埋场运营。组织专家对全省18个县级城镇生活垃圾填埋场开展无害化等级评定,其中14个填埋场达到无害化等级二级标准。

【市容市貌管理更精细】6月,住房城乡建设部开展"市容环境大扫除、干干净净迎国庆"活动,江西省印发《关于开展"治脏治堵治乱百日攻坚 净化序化美化喜迎国庆"活动的通知》,进行净化治脏、序化治堵、美化治乱专项行动。9月6日,住房城乡建设部在北京召开"市容环境大扫除、干干净净迎国庆"活动电视电话会议。江西省作为唯一省份做典型发言,介绍"大扫除"活动开展情况和经验做法。省住建厅制定《江西省城管执法队伍深入开展"强基础、转作风、树形象"三年行动方案》。各设区市也结合本市特点和实际情况出台了三年行动方案。12月26日,全国城市管理执法队伍"强基础、转作风、树形象"专项行动座谈会在南昌召开。推动生活垃圾分类。印发《关于全面开展城市生活垃圾分类工作的实施意见》,2019年全省所有设区市中心城区全面启动垃圾分类工作。提升道路机扫水平。下发《关于加强全省城市道路机械化清扫工作的通知》,2019年底,全省城区环卫市场化率达86.49%,全省城区道路机械化清扫率达75.29%。

村镇规划管理

【概况】2019年,全省3.57万户农村危房改造任务全部完工,提前半年达到国家时间节点要求。村庄生活垃圾有效治理率97.6%、第三方入村暗访合格率99.1%,提前两年通过国检验收。全省建有或改造区域性垃圾填埋场68座、垃圾焚烧发电厂13座,建有乡镇中转设施1400座,配备5200台密闭式运输车。有361个建制镇生活污水处理设施已建成并运行,覆盖率50.5%,处理规模为26.8万吨/天。168个村正式列入第五批中国传统村落名录,中国传统村落总数达343个。全省新增认定传统建筑10596栋、革命旧址等红色建筑1592栋。

【农村危房改造】宁都县农村危房改造工作获得国务院2018年落实有关重大政策措施真抓实干成效明显激励和省政府及时奖励。多次开展农村四类对象存量危房台账调查核实、四类对象身份部门联审,精准识别四类对象身份。对75.53万户建档立卡贫困户等重点对象进行房屋安全全面鉴定,把鉴定为C、D类危房的1902户列入2019年改造任务,及时组织实施改造,其余A、B类房屋进行挂牌标识并将鉴定意见存入其建档立卡贫困户档案资料,实现安全鉴定全覆盖。开展技术下乡便民专项行动,帮助完善1400余户改造方案,对发现的200多个问题通过技术指导解决。加强信息档案管理,要求各地及时收集整理完善农户档案资料,做到批准一户、建档一户、录入一户。开展脱贫攻坚农村危房改造"回头看"排查工作,全省排查新增危房存量3428户,发现各类问题103个,其中53个问题已立行立改、整改到位。明确提出危房改造建房管控建筑面积标准为农户自建110平方米内、"交钥匙工程"60平方米内,农村危房改造面积超高超大现象有效控制。督促各地结合中央脱贫攻坚巡视反馈问题一体整改,完成中央专项巡视组反馈的20项整改任务和国家脱贫攻坚成效考核组反馈的12个整改问题。

【农村生活垃圾治理】印发农村生活垃圾治理专项行动方案,召开全省农村人居环境整治现场推进会和联席会议。委托第三方机构对47个县(市、区)入村调查并下发通报,对13个问题突出的县点名批评。将农村生活垃圾治理费用纳入各级政府公共财政预算,实行以公共财政投入为主的经费保障机制。大力推行"村收集、乡转运、区域处理"城乡一体化农村生活垃圾治理模式,并已覆盖至93.6%的行政村。制定省地方标准《江西省农村生活垃圾治理导则》。完成两批次、486处非正规垃圾堆放点的现场整治和验收销号,占比92.4%,超出中央部委要求22.4个百分点、超出省方案17.4个百分点。在14个县(市、区)试点探索农村垃圾分类减量和资源化利用,指导60个县(市、区)推行政府和社会资本合作的农村生活垃圾第三方治理。

【特色小镇建设】永修县吴城镇成功举办首届"鄱阳湖国际观鸟周"活动,将鄱阳湖国际候鸟小镇列入省级特色小镇创建名单。起草《关于支持袁隆平小镇综合项目的报告》。对12个国家特色小城镇建设情况开展调研。基本完成特色小镇建设专项规划编制。将连续两年考核不合格的新建区溪霞镇从省级创建名单除名并通报全省。

【传统村落保护】启动全省村镇范围内传统建筑调查、登记和挂牌保护工作,下达资金1300余万元用于传统建筑调查认定和挂牌保护。制作全省统一的传统建筑标识牌和编号,下发通知要求各地加快推进传统建筑挂牌保护。指导九江、上饶两市出台历史建筑保护条例,鼓励支持传统村落重点市县制定出台相关法规。全省已公布的历史文化名镇名村、中国传统村落保护发展规划和档案编制工作基本完成。5个传统村落完成落户国家数字博物馆。新增17个中国传统村落获300万元中央补助资金,前四批公布的175个中国传统村落全部获得中央财政资金支持。组织对列入 2015 年中央和省级财政支持范围的 48 个中国传统村落保护项目实施情况进行验收，发现问题，及时整改。完成省历史文化名镇名村保护体系调研工作以及省传统村落保护项目绩效评价。

【建制镇生活污水处理】全面调查、梳理各设区市建制镇污水生活处理设施运行状况及项目进展情况，全省有 361 个建制镇生活污水处理设施已建成并运行，覆盖率 50.5%，处理规模 26.8 万吨/天。抽拨资金 4540 万对全省 235 个生活污水处理设施运行较好的建制镇进行奖补，保障有效运行。全面梳理 2016 年以来环保督察及日常调度中涉及建制镇生活污水处理项目建设运行问题，先后赴景德镇市、上饶市、九江市、赣州市等地进行实地暗访督导，汇总存在问题，抓好整改。开展农村污水的调查和制定农村污水处理标准。

【对口扶贫工作】驻村帮扶泰和县马市镇柳塘村，安排 150 万元支持村庄整治和产业发展。从规范支部党建、开展主题教育、健全完善村庄治理体系等方面帮助柳塘村强化基层组织建设，创建"星级廉洁村""六好基层组织"。指导开展脱贫攻坚稳固提升、美丽乡村建设（整治人居环境）、传统村落保护（传统建筑登记）、发展特色种养（发放鸡苗 210 羽、鸭苗 200 羽）工作。创办"互助怡养之家"公益食堂并运行，创建村级微信公众号"云上柳塘"，推进"阳光助残创业就业基地"创建。帮扶深度贫困村兴国县鼎龙乡古顺村，安排 150 万元支持村庄整治和产业发展。完成现有危房改造任务，帮助打造红薯深加工基地。谋划 21 个基础设施项目，其中 8 个顺利完工验收。指导峡江县金坪民族乡完成特色小镇建设专项规划编制。

标准定额

【概况】2019 年，全省共有建设工程造价管理机构 49 家，其中省级 1 家、设区市级 11 家、县（市）级 37 家，共有工作人员 390 余人。全省共有工程造价咨询企业 191 家（包括暂定乙级），其中甲级资质 82 家，乙级资质 109 家。全省共有一级注册造价工程师 3317 人，二级造价工程师考试合格 1949 人。

【工程造价监管】加强对全省工程造价市场的事中和事后监督管理工作，查处工程造价执业单位和个人的违法违规行为，清理工程造价领域违规挂证现象，继续做好工程项目"最高投标限价"和"竣工结算"成果文件备案工作。组织年度行业"双随机一公开"监管检查工作，完成对全省 56 家工程造价咨询企业、464 名注册造价工程师、6 家造价管理机构的双随机监管抽查工作。完成工程造价监管事项目录清单、检查实施清单等相关数据填报，做好同国家建设工程造价数据监测网的并联工作。完成 185 家工程造价咨询企业统计报表上报工作。

【工程计价管理】出台《关于重新调整江西省建设工程计价依据增值税税率的通知》。编制 2019 版《江西省装配式建筑工程消耗量定额及统一基价表（试行）》并颁布实施。编制 2019 版《江西省园林绿化养护概算定额》《江西省城市照明设施养护维修费用指标（试行）》并颁布实施。完成城市建筑工地扬尘治理费用的测算工作，出台工程施工工地扬尘治理取费标准。

【工程造价信息】调整现行信息发布的采集、测算、审查和发布工作方式，更新和完善现行建材信息价格目录，增加 12 大类 310 个品种的建筑材料信息发布目录，删除 56 条淘汰材料产品。发布 7 期《省内装配式建筑工程材料信息价》、24 期《江西省海绵城市建设工程材料信息价》。开展混凝土、中（粗）砂及园林苗木等材料价格调研工作，编写 2019 年上半年部分建筑材料价格走势图和 2019 年全年部分材料价格走势图。

【工程标准化建设】拟定关于《2019 年第一批江西省工程建设标准、建筑标准设计编制项目计划》立项请示报告，完成审批的工程建设标准 16 项，建筑标准设计 7 项，拟定关于《2019 年第二批江西省工程建设标准、建筑标准设计编制项目计划》立项请示报告。完成《装配整体式混凝土住宅设计标准》等 6 项工程建设标准及《海绵城市 LID 设施工程构造》等 7 项建筑标准设计出版发行工作任务。

工程质量安全监督

【概况】全省现有建设工程质量监督站（局）（以下简称：质监站）121 个，包括：省级（省建设工程安全质量监督管理局）1 个、设区市级建筑工程质监站 12 个、县（市区）级建筑工程质监站 108 个。全省工程质量监督从业人员 1565 人，包括：工程质量监督员 1271 人，其他工作人员 294 人。其中：高级工程师 191 人，占比 15%；工程师 436 人，占比 34%；助理工程师 443 人，占比 35%；技术员 135 人，占比 11%。全省独立设置的建筑施工安全生产监督站（以下简称：安监站）61 个，与建设工程质量监督站（局）合并设置的建筑施工安全生产监督站（局）89 个。2019 年全地区建筑施工用塔式起重机 7523 台、流动式起重机 265 台、门式起重机 52

台、物料提升机4146台、施工升降机5607台、高处作业吊篮2321台。全省新受监工程6361项，面积13887.18万平方米。全省在建受监未竣工工程8548项，面积19186.65万平方米。全省竣工验收合格工程5144项，面积8783.88万平方米。全省各级工程质量监督机构受理工程质量举报投诉2714起，工程质量投诉受理率100%。2019年度，全省发生安全生产事故33起，死亡37人；较2018年分别减少6起和3人。全省有3项工程荣获中国建设工程鲁班奖（国家优质工程），99项工程荣获江西省优质建设工程奖，包括：房建和市政工程81项，其中：杜鹃花奖26项、省优良工程奖55项；园林绿化工程18项，其中杜鹃花奖4项、省优良工程奖14项。

【施工专项整治】制定《江西省深化房屋建筑与市政工程施工安全专项整治行动实施方案》，集中开展市政工程、房屋建筑工程施工安全整治活动。全省共排查隐患89676条，其中重大隐患701条；整改完成89676条，其中重大隐患701条全部整改到位；上报履职报告企业4165家，开展对标梳理企业4675家，开展反"三违"行动企业4706家，开展警示教育3670场，组织安全培训120440人次，安全生产标准化达标企业398家，责令停工整顿项目1521个，罚款金额5509.39万元。根据《江西省深化安全生产十大专项整治行动工作方案》要求，组织协调成员单位开展深化建筑施工安全专项整治行动。全省辨识风险点共30094处，其中重大风险点2928处；实际受控风险点29756处，其中重大风险点管控3098处；安全隐患排查253628条，其中重大隐患2374条；整改完成隐患247376条，其中重大隐患2337条；共取缔关闭非法企业2家，责令停工整顿企业3091家，实施经济处罚9540.86万元。在全省范围组织开展各类园区联合执法、联合惩戒检查，开展各类园区房屋建筑与市政工程施工专项检查。共组织专项检查244次，检查132个园区，占整个园区的89.18%，检查项目1131个，占整个园区在建项目的96.74%。排查隐患4639条，其中重大隐患99条；整改隐患4176条，其中重大隐患80条；处罚项目33个，处罚金额76.21万元；下发限期整改通知书930份，下发停工整改通知书256份，下发行政执法建议书24份；约谈行政主管部门8个，约谈企业法人49人次；通报行政主管部门11个，通报企业法人18人次；记不良行为记录4次，2家企业被限期禁止入市，42家企业被限期禁止升资质。

【质量安全标准化建设】在全省范围培育创建建筑施工安全生产标准化示范工地。6月3日组织召开"安全生产月"活动会暨安全生产标准化示范工地现场观摩会，全省共有140项工程获得安全生产标准化示范工地称号。开展工程质量提升行动，印发《关于进一步贯彻落实工程质量终身责任承诺制度的通知》，明确五方责任主体工程质量终身责任承诺书要求，对未提交授权书和工程质量终身责任承诺书的，不予办理质量监督手续。全省新办理质量监督手续工程3635项，100%签署授权书、承诺书；新办理竣工验收备案工程4144项，100%设立永久性标牌，100%建立质量信用档案。开展治理违规海砂专项行动，全省共开展检查300余次，涉及工程建筑面积27729.63万平方米，预拌混凝土企业387家，全省未发现违规使用海砂现象。落实工程质量安全手册制度推动工程质量管理标准化，在南昌县建筑科技产业园组织开展住建领域"宣传咨询日"活动。推进工程质量管理标准化工作，制定《关于印发〈工程质量标准化主要内容要求〉的通知》等文件，召开全省住房城乡建设领域"质量月"活动暨工程质量管理标准化现场观摩会。举办全省基桩检测机构能力竞赛，74家单位参赛。

【信息化建设】全省考试考核现场安装全域实时的音视频监控设备，统一对接住建云—现场监控平台。研发特种作业人员实操考核手机应用软件，实时上传考核现场图片，进行逐项评分，实现实操考核无纸化。"三类人员""特种作业人员"证书业务全面实现"一次不跑"，证书管理工作实现无纸化，所有业务均可在网上办理。全年共办理建筑施工安管人员安全生产考核合格电子证书137363本，建筑施工特种作业人员操作资格电子证书89887本，建筑施工安管人员新发证30628本，建筑施工特种作业人员新发证22018本。

建筑市场

【概况】2019年，全省总承包和专业承包建筑业企业达到1.1万家，其中特级企业21家，一级企业675家。2019年全省5家建筑业企业共完成建筑业总产值7944.78亿元，增长13.60%，增速与2018年基本持平，在外省完成产值2653.04亿元，增长8.7%。全省建筑业总产值排全国第13位，中部地区第5位，总产值增速总体高于全国平均水平7.9个百分点，全国位列第6位。2019年全省5家建筑业增加值1974亿元，占GDP比重7.9%。全省建筑企业完成税收收入265.15亿元，占全省入库税收总收入7.9%。骨干企业竞争力增强，对外承包能力提升。2019年，全省5家建筑业企业完成产值超过百亿元；完成产值在50亿～100亿元的企业22家；完成产值为20亿～50亿元的企业52家，较上年增加3家；完成产值为5亿～20亿元的企业达176家。2019年全省建筑业企业在全球40亿多个国家开展对外工程承包业务，共完成对外工程承包营业额44.95亿美元，总量居全国第9位、中部第2位。2019年8月，美国《工程新闻纪录（ENR）》"全球最大250家国际承包商"榜单发布，江西省5家企业入榜，中国江西国际经济技术合作股份有限公司、江西中煤建设集团有限公司入榜百强。

【装配式建筑】全省新开工总建筑面积10400万平方米，新开工装配式建筑面积2190万平方米，其中装配式混凝土结构建筑面积553万平方米，钢结构装配式建筑面积1606.8万平方米，装配式木结构建筑30.2万平方米，共占新开工总建筑面积21%。向住房城乡建设部推荐赣州市、抚州市、南昌县为第二批装配式建筑示范城市，推荐武阳装配式建筑产业园为园区类装配式建筑产业基地，推荐6家企业为企业类装配式建筑产业基地。

【"挂证"专项整治】在全省开展工程建设领域专业技术人员职业资格"挂证"等违法违规行为专项整治活动，涉及工程建设企业注册勘察设计工程师、建筑师、建造师、监理工程师、造价工程师10万余人。全省共注销各类注册执业人员近3万人次，排查1025名注册执业人员和368家企业存在"挂证"行为，其中395名人员和213家企业整改到位。存在"挂证"等违法违规的企业和个人在江西省住房和城乡建设厅门户网站上向社会公开，并限制办理业务和开展投标活动。

【建筑市场违法违规行为】2019年，全省各级住建部门共查处109家企业存在转包、违法分包等违法行为，处罚金额2062万元，对19家企业限制招投标资格，对56家企业给予停业整顿处罚。

【维护农民工合法权益】2019年，全省各级住建部门受理拖欠农民工工资案件163件，涉及人员2695人，涉及金额7052万元。案件数量、涉案人数和金额均比上年大幅下降。印发《江西省建筑工人实名制实施细则》，在南昌、新余、鹰潭、九江、赣州等地举办实名制管理现场操作培训。建筑工人实名制信息服务平台共上线运行1500个工程项目，发放农民工工资2000余万元。

建筑节能与科技

【概况】2019年，全省工程勘察设计单位共608家，甲级企业152家；从业人员165813人，其中技术人员26384人（高级职称人员5607人）；注册执业人员9237人，其中注册建筑师614人（一级276人，二级338人），注册结构工程师513人（一级344人，二级187人），注册土木工程师（岩土）226人。全年全省勘察设计营业收入总额1189.5885亿元，增长18.39%，工程勘察收入21.12亿元，增长46.06%。工程设计收入49.63亿元，增长41.03%；工程总承包收入847.9亿元，增长52.77%；营业税金及附加9.16亿元，增长37.33%。组织全省903人参加2019年度全国注册建筑师考试，组织全省3547人参加2019年度全国勘察设计注册工程师考试。按《中华人民共和国注册建筑师条例》《勘察设计注册工程师管理规定》等相关规定，完成2019年注册建筑师337人、注册结构师230人的继续教育培训工作。

【建设工程消防设计】印发《转发住房和城乡建设部 应急管理部〈关于做好移交承接建设工程消防设计审查验收职责的通知〉》《关于做好建设工程消防设计审查验收职责移交承接工作的通知》《关于开展房屋建筑和市政基础设施工程消防设计审查验收工作的实施意见（试行）》，明确建设工程消防工作的管理模式、设计审查验收流程。组织人员参加河北廊坊、重庆举办的建设工程消防设计审查验收职责移交承接培训班。组织470余人参加全省建设工程消防设计审查验收培训班。调研江西省化工设计院、中国电建集团江西省电力设计院有限公司。组织开发"江西省建设工程消防管理系统"方便申报主体。在《关于推荐江西省建设工程消防技术专家库人选的通知》上公布两批专家库人员620人。

【加强勘察设计质量监管】组织开发"江西省数字化审图系统"并投入使用，全面推行数字化审查交付工作，分两批对全省勘察、设计、图审单位近300位技术人员进行宣贯。印发《关于全面推行施工图设计文件联合审查改革的实施意见》，实现"一家机构、一套标准、一次审查、一个结果、多方监督"改革目标。开展全省施工图设计文件审查机构培训，分两批公布符合条件的图审机构。印发《江西省2018年度勘察设计质量检查情况通报》，对违反相关强制性标准的勘察设计单位、施工图审查机构和个人进行通报。配合住房城乡建设部开展2019年度工程质量安全监督执法检查，并开展抽查工作。开展省外进赣勘察设计企业信息告知承诺、勘察设计企业业绩补录工作、勘察设计"挂证"专项整治工作。

【提升城镇发展品质】开展城市设计调研，指导赣州市国家城市设计试点和景德镇市、瑞金市、婺源县省级城市设计试点工作指导。印发《关于进一步加强城市设计和建筑风貌管理的通知》，推动各地加强总体城市设计和重点地区城市设计工作。指导国家首批城市体检试点景德镇市制定工作方案。开展创建全国无障碍环境市县村镇工作。推进养老服务基础设施建设，进行无障碍改造。

【历史文化资源保护】加强制度建设，开展地方性法规和行政规章前期研究工作。开展省级名城和第五批省级街区申报工作，全力支持抚州市、九江市申报国家历史文化名城。推进各地加快公布历史建筑名录。推动保护规划编制，发挥保护规划引领作用。开展省级历史建筑保护利用试点工作。印发《江西省历史建筑测绘建档三年行动计划》，要求各地开展历史建筑测绘建档工作，摸清家底，指导各地合理利用历史文化资源。

【建筑标准管理】下达2019年编制计划，批准发布10项工程建设地方标准，并报住房城乡建设部备案。印发《关于在全省住宅小区推广建设智能信报（快件）箱的通知》，切实保障广大人民群众享有安全方便的投递服务。指导江西省地方标准《工业与民用建筑机制砂生产与应用技术规程》编制工作。

【建筑科技】开展2019年度住房城乡建设领域科技计划项目征集工作，8个项目列入全省住房城乡建设领域科技计划。推荐11个项目申报住房城乡建设部住房城乡建设领域科技计划，"基于智慧场景应用的通用物联网平台开发及实践"等8个项目通过立项。组织专家组对中阳广场、江铜国际广场、兴国县文化艺术中心等省级建筑业新技术应用示范工程进行验收。

【建筑节能和绿色建筑】全省城镇新建建筑全面执行节能强制性标准，城镇新增绿色建筑面积7706.82万平方米，竣工阶段绿色建筑占新竣工建筑比例56.72%。完成既有居住建筑节能改造项目70个，改造面积124.4万平方米。开展可再生能源建筑应用项目183个，应用建筑面积934.72万平方米。398个项目取得绿色建筑设计标识，建筑面积5139.2万平方米。在线监测250栋公共建筑能耗情况，总接入面积993万平方米，接入点位18805个。开展民用建筑能源资源消耗统计，全面统计全省城镇范围机关办公建筑和大型公共建筑，抽样调查中小型公共建筑。批准发布《公共建筑用能检测系统工程技术标准》。全省共有国家历史文化名城4座，省级历史文化名城8座，省级历史文化街区65处，各地公布历史建筑1415处。

人事教育

【概况】全省建设系统建筑与市政施工企业现场专业技术人员（即关键岗位人员，简称"八大员"）培训机构69家。企业按照"自主培训、自主考试、自主发证"原则申请的培训机构271家，约12万人次通过考试取得各类岗位培训合格证书。办理各类证书变更、延期等约7.2万余人次，其中："八大员"变更、注销等约5余万人次。

【教育培训】根据中共江西省委组织部《2019年省直单位举办地方党政领导干部专题培训班计划的通知》精神，9月7日—11日，于北京全国市长研修学院举办了一期"江西省深化改革绿色发展专题研讨班"，62名县（市、区）分管领导参加研究班学习。

【培训交流】根据住房城乡建设部人事司《关于举办住房和城乡建设系统干部教育培训工作培训班的通知》精神，9月22日—25日，组织参加重庆市举办的全国住房和城乡建设系统干部教育培训工作经验交流会，江西省住房和城乡建设厅作为全国住建系统干部教育工作典型代表，作了题为"江西省做好住建行业专业及分管领导干部专题培训工作的几点体会"的交流发言。

【教育督导】根据江西省政府教育督导办《关于开展设区市人民政府履行教育职责督导评价试点实地核查工作的函》要求，10月27日至11月1日，对上饶市政府履行教育职责的实地进行核查。

大事记

1月

11日　全省住房城乡建设工作会议召开。新华社、人民网、《江西日报》、江西卫视、《中国建设报》等媒体作报道。

16日　全省城市生活垃圾分类工作现场推进会在宜春市召开，省委常委、副省长刘强出席会议并讲话。

17日　江西省住房城乡建设厅向省委常委、副省长刘强呈送专报《关于棚户区改造工作的汇报》。

2月

19日　省委书记刘奇主持召开省委农村工作领导小组第一次会议，审议并原则通过《江西省农村人居环境生活垃圾治理专项行动方案》。

26日　省政府与各设区市政府签订《2019年住房保障工作目标责任书》，压紧压实市县政府工作责任，确保全面完成棚户区改造目标任务。

28日 经省政府同意，江西省住房城乡建设厅向住建部等国家部委推荐上饶市作为全国棚户区改造工作激励支持对象。

3月

11日 江西省住房城乡建设厅会同省发改委、财政厅分解下达2019年全省保障性安居工程任务计划，并对全年任务、进度、考核等工作提出要求。

13日 住房城乡建设部对江西省上饶市、湖南省长沙市等12个城市列入全国2018年棚户区改造工作拟激励城市名单公示。

20日 江西省住房城乡建设厅对11个设区市及所辖县住房保障信息系统建设和在线使用情况进行通报。全省基本完成市、县（市、区）两级住房保障信息系统建设，并与省级平台互联互通。

4月

15日 省社会主义新农村建设暨农村人居环境整治工作领导小组印发《江西省农村人居环境整治农村生活治理专项行动方案》。

17日 江西省住房城乡建设厅在全省对外新闻工作座谈会上，获省委宣传和省政府新闻办授予的"2018年度新闻选题信息工作先进单位"称号。

19日 2019年全省建筑业市场和质量安全监管工作座谈会在南昌市召开。

5月

7日 国务院办公厅印发通报对2018年落实重大政策措施真抓实干成效明显地方予以督查激励，江西省上饶市棚改工作获通报表扬并激励支持。

8日 江西省住房城乡建设厅正式印发《关于江西省住建领域支持民营经济发展的通知》，要求各地住建部门贯彻执行。

13日 江西省住房城乡建设厅配合省财政厅分解下达2019年中央财政城镇保障性安居工程专项资金64.96亿元，其中上饶市棚改工作获国务院通报表扬，下达奖励资金2000万元。

29日 省委常委、副省长刘强调研南昌市城市管理与城市功能与品质提升工作。

截至5月底 吉安、赣州、省直、抚州等公积金管理中心接入全国住房公积金数据平台，职工购房时申请使用住房公积金贷款可享受个税抵扣优惠政策。

6月

1日 全省海绵城市建设工作现场推进会在萍乡召开。省委常委、副省长刘强出席会议并讲话。

6日 江西省住房城乡建设厅印发《江西省在农村自然村开展美好环境与幸福生活共同缔造活动2019年度工作计划》。

11日 全省开展"治脏治堵治乱百日攻坚 净化序化美化喜迎国庆"活动，以干净、整洁、有序的城乡新面貌喜迎中华人民共和国成立70周年。

25—30日 江西省住房城乡建设厅组织开展全省住房城乡建设领域上半年综合督查，对赣州市、吉安市、南昌市、上饶市落实房地产市场调控政策、棚户区改造进展和住建领域安全生产及工程质量情况开展综合督查。

截至6月底 江西省13个住房公积金管理中心接入全国住房公积金数据平台，缴存职工申请使用住房公积金贷款可享受个税抵扣优惠政策得到落实。

7月

9日 全省农村人居环境整治现场推进会在抚州市召开，省长易炼红出席会议并讲话。

18日 江西国际移动物联网博览会在鹰潭召开，其中"智慧生活馆"展馆由江西省住房城乡建设厅筹办。

19日 住房城乡建设部正式批复同意江西省开展钢结构装配式住宅建设试点，南昌市、九江市、赣州市、抚州市、宜春市、新余市为第一批试点城市。

29日 江西省住房城乡建设厅印发《关于开展住房租赁中介机构乱象专项整治的方案》，对发布虚假租赁房源信息等8个方面进行专项整治。

8月

13日 省长易炼红赴景德镇、上饶调研城市功能与品质提升工作。

21日 江西省住房城乡建设厅会同省发改委、省财政厅印发《关于推进全省城镇老旧小区改造工作的指导意见》。

27日 江西省政府批复《九江历史文化名城保护规划》。

30日 全省房地产市场会商协调小组会议暨房地产领域涉稳风险防范处置联席会议召开。厅长卢天锡通报全省房地产市场运行情况及有关问题楼盘信访案件情况。

9月

1日 国务院根治拖欠农民工工资工作领导小组办公室通报2018年度保障农民工工资支付工作考核情况，江西省考核等级为A级，并受通报表扬。

4日 江西省住房城乡建设厅印发《关于加快落实已购经济适用住房上市交易政策的通知》，要求各地加快出台经济适用住房上市交易实施办法，维护经济适用住房业主群众的合法权益。

5日 江西省住房城乡建设厅印发《关于将九江市、抚州市列为全省第一批历史建筑保护利用试点城市的通知》。

6日 住房和城乡建设部召开全国"市容环境大扫除，干干净净迎国庆"活动电视电话会议，厅长卢天锡代表江西省作为全国唯一省份在会上作典型经验介绍。

10月

14—15日 全省城镇老旧小区改造暨停车场建设现场推进会在南昌召开。

17日 江西省住房城乡建设厅出台《关于进一步规范商品房销售信息公示及售前告知行为的通知》。

28—29日 全省城市功能与品质提升三年行动第二次现场推进会在景德镇市、上饶市召开。

30日 江西省工商联发布2019江西民营企业100强榜单。

11月

18日 江西省住房城乡建设厅、省自然资源厅、省人防办联合印发《江西省建设工程联合验收管理办法（试行）》。

20日 江西省向住房和城乡建设部推荐赣州市、抚州市、南昌县为第二批装配式建筑示范城市；武阳装配式建筑产业园推荐为园区类装配式建筑产业基地；南昌市政远大建筑工业有限公司、中阳建设集团有限责任公司、发达控股集团有限公司、玉茗建设集团有限责任公司、江西海力万欣建筑装配式工程有限公司、江西省建工集团有限责任公司等六家企业推荐为企业类装配式建筑产业基地。

12月

1—3日 国务院农村人居环境整治第八检查组在南昌、赣州检查工作。

3日 住房和城乡建设部副部长倪虹在南昌主持召开调研座谈会，重点了解江西省物业管理、特色小镇建设情况。

12日 副省长吴忠琼深入南昌市、九江市开展高铁沿线环境安全隐患整治工作调研。

16日 江西省住房城乡建设厅、省发改委、省财政厅、省自然资源厅、省民政厅联合印发《关于加强保障性住房管理工作的指导意见》。

30日 副省长吴忠琼主持召开全省房地产市场会商协调小组会议暨房地产领域涉稳风险防范处置联席会议，厅长卢天锡汇报江西省房地产市场运行情况及有关问题楼盘信访案件情况。

31日 江西省住房城乡建设厅完成非正规垃圾堆放点整治任务第二批次验收销号，全省实现485处整治任务验收销号，占比92.2%。

（江西省住房和城乡建设厅）

山 东 省

概况

2019年，山东省住房城乡建设系统坚决落实习近平总书记对山东工作的重要指示批示和对住建工作重要批示精神，认真贯彻中央决策部署，落实省委、省政府工作要求，住建经济运行稳中有进、民生改善任务全面完成、重点领域改革成效明显。

2019年，全省住房城乡建设完成投资11880.5亿元，比上年增长10.0%。其中，房地产业完成投资8614.9亿元，城市建设完成投资1502.8亿元，村镇建设完成投资1762.8亿元，分别增长14.1%、4.8%和下降2.9%。房地产业和建筑业实现增加值9790.6亿元，增长4.8%，占地区生产总值的13.8%。其中，房地产业实现增加值4348.7亿元，增长4.4%，占地区生产总值6.1%；建筑业实现增加值5441.9亿元，增长5.2%，占地区生产总值7.7%。房地产和建筑业共缴纳税收2195.4亿元，增长1.2%，占全省税收收入的23.8%。其中，房地产业缴纳税收1615.5亿元，增长0.1%，占全省税收收入的17.5%；建筑业缴纳税收579.9亿元，增长4.6%，占全省税收收入的6.3%。

【城镇化质量持续提升】 省委常委会通过关于加快推进城乡融合发展的实施意见，济青局部片区入选首批国家城乡融合发展试验区。优化调整省城镇化工作领导小组成员单位，召开领导小组办公室主任会议和全省新型城镇化工作推进会议。莱芜撤市划区并入济南，青岛、济南都市圈发展战略研究顺利完成。"城镇化稳定增长期政策机制研究"和"山东沿黄地区新型城镇化布局和发展研究"取得阶段性成果。人口市民化稳步推进。深化户籍制度改革，开通省内跨地域户口迁移网上一站式办理业务，大力推广居住证制度，目前省内1100万流动人口中800万持有居住证。将农村集体产权制度改革范围扩大到所有涉农乡镇（街道）。完善农业转移人口市民化与财政转移支付挂钩机制，对市民化进展快、城镇化质量高的地区给予奖励。城镇化综合试点深入开展。总结推广第一批省级试点12条工作经验，第二批国家试点4条工作经验在全国推广。印发青岛市绿色城镇化、诸城市"三区共建"、武城县"两证保三权"典型案例，在全省57个县区因地制宜推广相关经验做法。积极培育新生中小城市，开展试点年度评估，印发第一批中小城市试点典型经验。

【住房工作扎实推进】2019年，全省商品住宅施工面积55942.0万平方米，增长10.1%；竣工面积7734.7万平方米，下降4.0%。全省新建商品住宅网签成交面积12672.1万平方米，下降5.4%；成交均价每平方米7606元，上涨15.8%，低于全国平均涨幅1.5个百分点；全年批准商品住宅预售面积15073.9万平方米，增长10.9%。截至2019年底，全省商品住宅库存14472.7万平方米，去库存周期13.7个月，处于合理区间。棚户区和老旧小区改造扎实推进。全省发行棚改专项债券908亿元，规模居全国首位。潍坊市棚改工作获国务院督查激励。山东省入选全国老旧小区改造试点，省政府常务会研究通过老旧小区改造实施方案。2019年，国家下达山东省棚户区改造开工任务21.4万套，基本建成任务10.8万套，全年实际开工22.4万套、基本建成18.7万套，年度计划完成率104.7%、172.9%，潍坊市棚改工作获国务院督查激励。全年开工改造老旧小区935个、21.6万户、1841.2万平方米，全部完成年度计划。物业和公积金服务水平稳步提升。2019年，以党建引领加强和规范物业管理，实施物业服务规范系列地方标准，加快形成以信用为核心的物业服务市场监管机制。不断推进公积金缴存扩面，全年新增缴存额1308.0亿元，提取额909.9亿元，发放公积金贷款717.4亿元，同比分别增长9.3%、7.3%和16.4%。

【城市建设提质加速】城市品质加快提升。2019年8月，省政府办公厅印发《山东省城市品质提升三年行动方案》，召开全省动员视频会议，扎实开展8个专项提升行动。成功举办第二届城市建设博览会和第十届威海国际人居节，烟台成功获批全国城市社区足球场地设施建设试点。城市基础设施不断健全。2019年，全省开工建设投资1000万元以上市政道路工程240个，总投资390亿元。全省新增综合管廊104.3公里，海绵城市面积366.4平方公里。全省城市（县城）供水普及率99.57%，燃气普及率98.72%，人均城市道路面积24.5平方米，建成区路网密度7.5公里/平方公里，污水集中处理率97.42%，垃圾无害化处理率99.94%，建成区绿地率37.26%。省人大常委会审议通过《山东省历史文化名城名镇名村保护条例》，新增184座历史建筑，50个村落入选第五批中国传统村落。

【城市管理更加精细】完善城市管理制度体系。2019年，省住房城乡建设厅研究编制全省智慧化城市管理建设导则、信息系统建设标准等规范，为城市精细化管理提供科技支撑。召开全省城市精细化管理现场推进会，推广济南市"行走城管"、临沂市"三长一会"等典型经验，打通城市管理最后"一米瓶颈"。省住房城乡建设厅建设省级数字化城管平台，研究制定数据交换和系统对接规范，指导市、县数字化城市管理平台加快对接，全省97个市县完成数字城管平台建设，实现全覆盖。

【建筑业发展不断加快】2019年，省住房城乡建设厅提请省政府出台《关于进一步促进建筑业改革发展的十六条意见》，召开全省建筑业改革发展大会，促进建筑业持续健康发展，全年完成总产值1.4万亿元，比上年增长10%左右。山东海外工程建设发展联盟成立，山东省建筑业企业赴南美、非洲开拓海外市场，青建、山东路桥、烟建、德建等10家企业入选全球工程承包商250强。全年完成外出施工产值3100亿元，外向度首次超过20%。

【村镇建设工作成效明显】2019年，省住房城乡建设厅启动第二批100个试点村庄建设，开展"泰山奖·美丽村居建筑设计大赛"，引导首批300余名优秀技术人员参与美丽村居建设。编制美丽村居建设标准，印发美丽村居建设省级试点评估办法和评估标准。省政府召开全省农村改厕规范升级和后续管护长效机制工作现场会，出台工作方案，改厕成效初步显现。全年完成涉农街道村庄改厕55.4万户。全省农村危房改造完成4.4万户。

省住房城乡建设厅研究编制特色小（城）镇创建评价体系，编制出版《全省特色小（城）镇典型案例》，进一步规范提升特色小（城）镇发展。

【重点改革不断深化】2019年，省住房城乡建设厅提请省政府印发《优化提升工程建设项目审批制度改革实施方案》，召开全省视频会议部署推进，将工程建设项目全流程审批时间压缩到100个工作日以内。省级工程建设项目审批监管平台已部署完毕，16个设区市审批系统全部上线运行。省住房城乡建设厅编制完成住建系统权责清单、监管事项检查实施清单和许可事项清单，精简行政许可各类证明材料36项。实现建筑业企业资质与安装许可证同时申报、施工许可与质量安全监督手续合并办理，开展建筑业企业资质告知承诺审批试点，将政府投资大中型建设项目初步设计审查事项下放到设区市，将省外建筑企业入鲁报送基本信息材料核验工作下放到50个县。省住房城乡建设厅修订发布《山东省城市公共供水服务规范》《山东省燃气行业服务标准》，供水、供气、供热报装时间分别压减到7、10、25个工作日，办理环节减少到3个，申报材料减少到2项。

法规建设

【重点领域立法】 11月29日，经省十三届人大常委会第十五次会议审议，全票通过《山东省历史文化名城名镇名村保护条例》，于2020年3月1日起施行。该《条例》合理确定了适用范围，建立了历史文化潜在资源普查和预保护制度，明确了省历史文化名城名镇名村的撤销制度，提出了对历史文化遗产活化利用政策指引。

1月22日，《山东省绿色建筑促进办法》以山东省人民政府令第323号公布，自3月1日起施行。该《办法》提出了绿色建筑全面推广政策，建立了绿色建筑全过程管理制度，明确了绿色建筑发展引导激励政策，促进省绿色建筑发展纳入法制化轨道。

3月10日，《山东省无障碍环境建设办法》以山东省人民政府令第324号公布，自5月1日起施行。该《办法》对无障碍设施建设、无障碍信息交流、无障碍服务作出全面规定，为打造良好无障碍环境提供了有力的法制保障。

【行政复议应诉】 2019年，省住房城乡建设厅重视行政复议应诉工作，复议案件全部在法定期限内受理、审理并依法做出决定，充分做好诉讼应诉准备，提升材料准备、出庭辩论、善后处理等工作质量，以化解争议为目标，努力做到"案结事了"。2019年，省住房城乡建设厅作为行政复议被申请人的案件有12件，其中，复议机关为住房城乡建设部7件，复议机关为山东省人民政府行政复议办公室5件。以省住房城乡建设厅作为被告人的行政诉讼案件共12件，均胜诉。

【规范性文件管理】 2019年，省住房城乡建设厅严格落实行政规范性文件管理制度，规范开展行政规范性文件合法性审核、公平竞争审查工作，发行政规范性文件10件。按照省人大、省司法厅的工作部署，开展行政规范性文件清理工作，73件规范性文件继续有效，废止行政规范性文件26件。

房地产业

【房产销售】 据网签数据，2019年全省新建商品住宅网签成交1.27亿平方米，比上年减少5.4%；网签均价7606元，比2018年增长15.8%；12月底新建商品住宅库存1.45亿平方米，去化周期13.7个月，供需基本平衡。据统计数据，2019年全省完成房地产开发投资8615亿元，比上年增长14.1%；销售商品房12727万平方米，比上年减少5.4%；实现销售额10271亿元，比上年增长2%。

【房地产市场调控】 2019年，省住房城乡建设厅坚决贯彻党中央、国务院房地产工作有关决策部署，把握"房子是用来住的、不是用来炒的"定位，进一步落实城市主体责任，保持调控政策的稳定性、连续性，认真落实国家稳地价稳房价稳预期的要求，坚决防范化解房地产市场风险，努力促进促进房地产市场平稳健康发展。制定《防范化解房地产市场风险专项工作方案》，提请省政府办公厅印发《山东省房地产市场风险防控预案》，指导各城市根据当地实际编制风险防控预案，分级分类提出防控和应对措施，坚决防范和化解房地产市场风险。稳妥推进"一城一策"试点，指导济南、青岛2市，认真编制房地产市场调控"一城一策"试点工作方案，督促两市按照工作方案，认真组织、稳妥推进试点工作。

【老旧小区整治改造】 2019年，全省935个年度老旧小区计划改造项目涉及居民21.6万户，截至2019年年底全部开工，年度目标全面完成。积极向上争取支持，经省政府同意，向住建部提交申报全国老旧小区改造试点省工作方案，被住建部确定为全国老旧小区改造试点省。老旧小区改造工作经验和做法得到国家调研组的充分肯定。加大对老旧小区改造难点问题的调研，起草全省老旧小区改造"4+N"模式试点方案，组织各市筛选生成一批试点项目。部署开展老旧小区摸底调查，启动《山东省老旧小区改造提升技术导则》编制，督促各市完善改造标准，提高老旧小区改造品质。

【规范房地产市场秩序】 2019年，省住房城乡建设厅持续规范房地产市场秩序，开展房地产市场乱象治理、中介市场专项整治和住房租赁中介机构乱象专项整治，全省检查9000余家中介机构，分三批通报112起违法违规典型案例。

【培育和发展住房租赁市场】2019年，全省积极探索"多主体供给、多渠道保障、租购并举"住房制度有效实现形式。大力支持租赁企业，鼓励住房租赁企业机构化、规模化、专业化发展，已有万科泊寓、济南中合、青岛一站快租等90余家机构开展住房长租业务，经营面积达145万平方米。支持重点中小企业利用自有产权待建土地配建产业配套住房。东营东明塑胶有限公司、烟台东方不锈钢工业公司、黄河方舟国际贸易公司等15家企业配建产业住房16.03万平方米。积极推进商事制度改革，企业可自主申请在经营范围中登记为"住房租赁经营"；新开办企业营业执照1个工作日完成。扎实开展住房租赁试点，济南市顺利通过财政部、住房城乡建设部组织的竞争性答辩评审，被确定为中央财政支持住房租赁发展试点城市，2019年度8亿元中央财政支持资金已到位。青岛认真开展集体土地建设租赁住房试点，已初步选定城阳区百埠庄社区一宗集体土地，计划建设租赁住房约160套、建筑面积约12000平方米。租赁型住房集中建设取得突破，青岛市衡阳路租赁型住房集中建设项目于8月30日奠基开工，规划总建筑面积28万平方米，建成后可向社会提供各类租赁型住房3600套（含公租房1000套）。强化租房群众子女受教育保障，各地教育部门将无房人员特别是进城务工人员随迁子女入学工作纳入每年普通中小学招生入学工作安排；进城务工人员随迁子女与当地学生混合编班、统一管理。全省进城务工人员随迁子女在公办义务教育学校就读的比例达92.1%。

住房保障

【概况】2019年，山东城镇保障性安居工程建设计划为：新开工棚户区住房改造21.39万套，基本建成棚户区安置住房10.81万套，发放城镇住房保障家庭住房租赁补贴30468户。3月，副省长刘强代表省政府与16设区市市长签订2019年度住房保障工作目标责任书，将年度建设任务分解至各市。3—4月，各设区市与县（市、区）签订目标责任书，并将任务全部落实到具体项目。至2019年12月底，全省全年新开工棚户区住房改造22.4万套，基本建成棚户区安置住房18.7万套，发放城镇住房保障家庭住房租赁补贴41420户，分别完成年度任务的104.7%、172.9%和135.9%。全省累计分配列入国家计划的政府投资公租房19万套，分配率96.32%。

【保障房资金筹集】2019年，山东省争取中央财政保障性安居工程专项补助资金37.6亿元，国家发改委中央预算内投资补助资金57亿元，省级财政安排奖补资金5亿元。充分用好国家大规模增加新增专项债券和全国人大授权国务院提前下达部分新增债务限额的政策机遇，坚持早安排、早动手、早准备，科学把握发行节奏，择优选择发债窗口，有序加快发行进度，省级财政及青岛市财政分别发行专项债券835亿元、73亿元，发行规模居全国首位。

【棚改工作督导】2019年，省住房城乡建设厅提请省委办公厅、省政府办公厅继续将棚改进展列为全省重要工作通报事项，每季度在全省通报。完善"三函"（提示函、督办函、问责建议函）推进机制，向进度偏慢的城市下达提示函、督办函，督促加快工作进度。启动开展"快建成、快配套、早交付、早入住"专项行动，全面摸底排查逾期未交付和开工超3年未建成项目，深入分析原因，找准问题症结，针对性地制定个性化解决方案，让更多困难群众早日住上新房。

【住房租赁补贴制度扩面增量】2019年4月，省住房城乡建设厅落实省委办公厅、省政府办公厅《关于抓好20项重点民生实事落实的工作方案》，会同省民政厅、省财政厅、省人力资源社会保障厅、省税务局制定出台《关于进一步推进城镇住房保障家庭租赁补贴工作的指导意见》，首次明确将城镇中等偏下收入住房困难群体、新就业无房职工和稳定就业外来务工人员纳入补贴范围，实施分层级差别化住房租赁补贴。

住房公积金监管

【公积金归集扩面】2019年，省住房城乡建设厅深入贯彻落实国家缴存扩面政策，积极引导非公企业和新市民群体建立住房公积金制度。全年新开户单位33461家，新开户职工109.03万人，缴存额1307.97亿元，比2018年增长9.25%。全省连续三年新增缴存职工突破百万人、新增缴存额突破千亿元，住房公积金制度覆盖面进一步扩大。缴存单位中，非公企业比例逐年增加，由2016年的51.34%提高到63.51%，年均增加4.06个百分点，其中城镇私营企业及其他城镇企业比例由2016年的35.11%提高到47.64%，年均增加4.18个百分点。非公企业新开户职工71.18万人，占全年新开户职工的65.29%，为住房公积金制度增添新动能。

【公积金支持职工住房刚性需求】2019年，省住房城乡建设厅重点支持职工基本住房消费。全年发放个人住房贷款19.49万笔717.41亿元，分别比

2019年增长11.5%、16.35%。贷款期内职工累计节约购房利息支出149.75亿元，户均节约7.68万元，降低职工购房贷款成本。职工首次申请使用住房公积金贷款购买自住住房16.4万笔，占当年总发放笔数的84.11%，满足职工对自住住房的刚性需求。职工贷款所购住房以中小户型为主，住房面积144平方米以下占82.67%。中低收入贷款职工占所有贷款职工比例为96.86%，更多中低收入群体享受到住房公积金制度红利。个人住房贷款率连续三年保持在83.5%~84%，资金使用保持稳定。积极落实住房公积金异地贷款政策，全年发放异地贷款7901笔共30.26亿元，比2018年长27.29%、35.56%，保障缴存职工异地购房权益。全年338万名缴存职工提取住房公积金909.93亿元，比上年增长7.28%。提取额占当年缴存额的69.57%，比上年减少1.27个百分点。住房消费类提取继续占主导地位，占全年提取额的81.17%，比上年增加1.84个百分点。其中，提取699.7亿元用于购买住房和偿还购房贷款本息，比上年增长12.84%，切实减轻职工购房资金压力。支持建立租购并举的住房制度，落实提取住房公积金支付房租政策，全年租房提取22.88亿元，比上年增长50.72%，为24.37万无房职工解决住房问题提供资金支持。

【公积金文明行业创建】 2019年，省住房城乡建设厅围绕"标准建设年"活动主题，持续开展文明行业创建活动。编制印发活动实施方案，组织召开工作推进会议，贯彻落实国家业务标准规范，推广烟台市政务信息共享经验做法，进一步提升业务管理标准化水平。编制全省住房公积金服务事项审批清单，实施全省同一服务事项在申请材料、办理环节、流程和时限等要素统一，努力实现服务事项审批标准化，提升全行业管理服务水平。组织举办庆祝建国70周年山东省住房公积金精神文明建设成果展演，展示住房公积金行业文明创建成果。选评出20个文明服务示范窗口和100名文明服务标兵。

【公积金放管服改革】 2019年，省住房城乡建设厅落实省政府办公厅《关于聚焦企业和群众关切深化"一窗受理·一次办好"改革的措施》精神，疏解群众办事难点、堵点，进一步精简证明材料，简化审批流程。全省取消单位提取证明、个人收入证明，取消职工办理业务全部要件材料复印件。积极推行综合柜员制，优化业务流程，提高办事效率，提取业务实现实时办理，贷款业务审批时限最低缩减为5个工作日。印发《关于落实住房公积金政务服务有关工作任务的通知》，落实住房公积金业务省内通办、一网通办、"通缴通取"等服务事项。推进与民政、财政、公安、税务、自然资源、房管、人民银行等部门信息共享，接入全省政务服务平台和"爱山东"APP，全行业服务水平得到全面提升。

城市建设

【第二届山东省城市建设博览会】 9月8日，以"品质城市铸就美好生活"为主题的"第二届山东省城市建设博览会"在曲阜市召开。博览会为期3天，重点展示、宣传山东省住房城乡建设发展成就和城市基础设施建设新技术、新产品，旨为全面推进山东城市建设管理水平，助力产业赋能升级，打造品质城市。现场划分为室内和室外两大展区，设置了"住房城乡建设新中国成立七十周年成就展、住房城乡建设新中国成立七十周年书画摄影展、城市基础设施技术与产品展"三个主题展区。展会总面积35000平方米，参展企业近400家，展位近1500个，参观总人数近两万人次。

【城市品质提升】 2019年，省政府工作报告提出了"实施城市品质提升行动，积极推进智慧城市、海绵城市、综合管廊建设"目标要求。省住房城乡建设厅迅速行动，扎实开展各项工作，牵头起草《山东省城市品质提升三年行动方案》，经省政府常务会议审议通过，印发实施。方案针对城市建设管理的薄弱环节和明显短板，将城市品质提升行动细化为风貌特色、蓝绿空间、空气洁净、道路交通、生活服务、治理能力、安全运行、文明素质8个专项行动，每个行动均有目标、有任务、有措施。

9月11日，省政府在济南召开全省城市品质提升三年行动动员视频会议，对当前和今后一个时期重点工作进行安排部署。会后各市积极行动，通过出台相关文件或召开会议等形式对城市品质提升工作进行部署。经省政府同意，省住房城乡建设厅会同10个省直部门印发《关于〈山东省城市品质提升三年行动方案〉重点工作的指导意见》，细化深化行动具体内容和要求，指导地方开展工作。组织各市创建试点片区，评选一批试点项目（工程）、街道，发挥引领示范作用。开展城市品质提升评价，科学评估实施成效。

【清洁取暖】 2019年2月，省清洁取暖建设推进办公室成员单位会议召开，专题研究清洁取暖建设推进工作。经省政府同意，将2019年建设计划印发各地实施。2019年，全省清洁取暖城市（县城）计划新增7523万平方米，农村地区计划新增146.48万户。经各方共同努力，采暖季前，全省16地市城市

(县城）清洁取暖项目完工9774万平方米，农村地区完工162万户（其中气代煤71万户、电代煤52万户、其他39万户），全面完成全年建设任务。其中7个通道城市（县城）清洁取暖项目完工5168万平方米，农村地区完工126万户（其中气代煤67万户、电代煤36万户、其他23万户）。

【供暖节能降耗】 2019年，省住房城乡建设厅组成冬季供暖节能降耗组，探讨工业余热集中供暖路径和推进措施。组织主管部门、供热企业与发电企业召开对接会。报请省政府同意，印发《全省工业余热和新能源供暖实施方案》。2019年全省大容量高效机组余热和新能源改造计划量为2275万平方米，完成5255.3万平方米，可节约煤炭消耗200万吨。

【城镇燃气管理】 截至2019年，全省共有管道燃气企业经营企业345家，汽车加气企业609家，汽车加气站（包括CNG、LNG和合建站）956座；液化石油气企业1102家，液化石油气储罐总容量14.5万立方米；人工煤气企业4家。全省中压及以上管网长度6.2万公里，2019年老旧管网改造1037公里。

【污水处理】 2019年，全年争取省级财政资金2.5亿，推进城市雨污分流建设，新建污水管网1164.8公里，改造合流制管网757.7公里。新建21座污水厂，新增处理能力65万吨/日；全省建成运行城市污水处理厂321座，形成污水处理能力1630万吨/日，其中有320座达到一级A或再生利用标准排放。

【污水处理提质增效】 2019年，经省政府同意，省住房城乡建设厅印发《山东省城市污水处理提质增效三年行动细化方案（2019—2021年）》。对全省城市黑臭水体整治工作实行月调度和季通报制度。结合中央生态环境保护督察整改督战，组织五批次到各地现场调研检查。

【城市黑臭水体治理】 2019年，全省设区市城市共排查出166条城市黑臭水体，完成工程整治166条，完工率100%。全省县城（县级市）建成区共排查出104条黑臭水体，完成整治85条，整治完工率82%。济南等4个城市先后被评为国家黑臭水体整治试点城市，黑臭水体整治试点城市数量与广东省并列第一。

【市政道路设施建设】 2019年，全省开工建设投资1000万元以上市政道路工程240个，总投资390亿元。其中，济南市虞山大道及综合管廊工程、青岛市新机场高速连接线工程、临沂市蒙山高架路北延工程投资分别达到14.47亿元、20亿元、9.9亿元。设区市实施公共停车设施项目106个，提供车位2.99万个。

【地下综合管廊建设】 2019年，省住房城乡建设厅会同省财政厅下发补助资金0.4亿元支持综合管廊建设。2019年新增形成廊体104.3公里，全省累计在建长度648.3公里，形成廊体555.1公里，规模居全国第一。为提高管廊利用效率，发挥管廊效益，省住房城乡建设厅会同10部门制定《关于积极推进城市地下管线入廊管理工作的通知》。青岛和威海管廊试点通过国家专家组评估验收。

【海绵城市建设】 2019年，省住房城乡建设厅会同省财政厅，下发补助资金2.3亿元支持海绵城市建设。2019年新增在建面积466.9平方公里，新增建成面积366.4平方公里。全省累计开工面积2064.3平方公里，其中累计建成面积1325.2平方公里。发布《海绵城市建设工程施工及验收标准》，组织开展海绵城市建设典型案例编制工作，选编各市优秀案例40余个。济南和青岛海绵城市试点通过国家专家组评估验收。

【城市供水】 2019年，全省完成城市供水管网改造760公里，其中改造服役超过50年的落后管网和管材300公里；供水管网新建完成2000公里；新增供水能力（包括新建和扩建）50万立方米/日，供水水厂改造规模65万立方米/日；新增一户一表55万余户。

【城市生活垃圾分类试点】 截至2019年底，济南、青岛、泰安3个国家垃圾强制分类试点城市编制完成生活垃圾分类实施方案，城区共有街道149个、社区1300个、居民359.95万户，其中，开展分类试点的街道149个、社区1269个、居民约324.95万户，覆盖率分别为100%、97.61%、90.28%，形成一批可复制、可借鉴、可推广的先进经验和模式。淄博市博山区、邹城市、荣成市、郓城县、单县5个省级垃圾分类试点县（市、区）所辖的90个乡镇（街道）、3101个行政村中，有67个乡镇（街道）、2285个行政村启动垃圾分类，覆盖率分别为74.44%、73.68%。

【生活垃圾处理设施建设】 2019年，省住房城乡建设厅加强调度、督导及约谈工作力度，按照"十三五"规划推进全省生活垃圾焚烧和餐厨垃圾处理设施建设。截至2019年年底，全省建成运行垃圾处理场（厂）126座，设计处理规模约7.76万吨/日；全年共无害化处理生活垃圾约2743.73万吨，其中焚烧处理占比69%。

【非正规垃圾堆放点整治】 2019年，省住房城乡建设厅将非正规垃圾堆放点排查整治作为重点内容，持续开展实地督战，加大农村地区非正规垃圾堆放点整治力度，对已经完成整治并通过市级验收销号的堆放点进行复核。组织开展"城乡环境大清扫、干净整洁迎国庆"集中整治，对涉农乡镇进出道路、房前屋后、沟渠河道、田间地头等区域卫生死角进行拉网式排查清理。2019年，山东省在住房城乡建设部信息系统中的146个非正规垃圾堆放点，已整治完成145个。

【城乡环卫一体化暗访】2019年，省住房城乡建设厅印发《关于认真落实问题整改 全面加强城乡环卫一体化工作的通知》，督促相关城市强化组织领导，开展城乡环卫一体化"回头看"，保持工作常态长效。针对部分市、县（市、区）农村环卫状况出现反弹问题，2次约谈烟台、菏泽等11个设区市及所辖18个县（市、区），督促整改到位。组织开展"城乡环境大清扫、干净整洁迎国庆"集中整治。委托第三方专业机构，采取随机抽查方式，对全省16个设区市、62个区县及所属乡镇村庄开展暗访评估工作，并进行量化排名。全省被暗访的882个村（居）中，合格825个，合格率93.54%，相比2018年合格率提高4.54%。对暗访发现的问题，责成有关县（市、区）限时整改。

【园林城市创建】2019年，省住房城乡建设厅积极支持、指导东营等10个市、县（市）申报国家（生态）园林城市（县城），东营市通过住建部国家生态园林城市综合评审，邹城市、昌邑市通过国家园林城市综合评审，蒙阴县、齐河县、惠民县、郓城县通过国家园林县城综合评审。截至2019年年底，全省国家级园林城市（县城）55个，其中，国家生态园林城市1个、国家园林城市30个、国家园林县城24个。

【省级园林城市（县城）评价】2019年，省住房城乡建设厅组织开展2019年省级园林城市（县城）评价工作，经材料审查、遥感测试、实地考察、综合评审，平度市、梁山县、鱼台县、莘县等4市（县）达到省级园林城市（县城）标准。截至2019年底，全省实现省级园林城市（县城）全覆盖，提前完成省政府《关于转发省住房城乡建设厅山东省城市园林绿化服务业转型升级实施方案的通知》提出的"2020年前，所有城市（县城）达到省级以上园林城市标准"的工作目标。

【省级园林城镇评价】2019年，省住房城乡建设厅印发了《关于做好2019年全省省级园林城市（县城、城镇）评价工作的通知》要求，组织开展2019年全省省级园林城镇评价工作。参照《国家园林城镇标准》要求，对全省33个申报评价的建制镇（区）进行材料审查、现场考查、综合评审，最终认定郑路镇等24个建制镇达到省级园林城镇标准。截至2019年底，全省园林城镇数量达37个。

【绿道建设】2019年，省住房城乡建设厅研究制定了《推进全省绿道建设专项工作方案》，组织编制省级绿道规划，印发《山东省绿道建设技术指引》，进一步明确各地绿道建设重点任务、建设标准及推进措施，加强对各地绿道建设的政策技术指导。截至2019年底，全省建成各类城市绿道4000余公里。2019年，省住房城乡建设厅在全省组织开展了第一批"山东省最美绿道"评价工作，经各地申报推荐、省级综合评价、公众投票、网络公示，最终认定青岛西海岸蓝湾绿道等15条城市绿道达到"山东省最美绿道"标准。

村镇建设

【农村无害化卫生厕所改造】2019年，全省完成农村无害化卫生厕所改造52.8万户，2016—2019年累计完成改厕1086.5万户，全省农村改厕工作取得阶段性成果。9月24日，全省农村改厕规范升级和后续管护长效机制工作现场会议在滨州召开，省委副书记、省长龚正出席会议并讲话，副省长刘强、于国安出席会议。11月13日，省住房城乡建设厅组织召开贯彻落实全省农村改厕规范升级和后续管护长效机制工作现场会议情况调度视频会议。会议通报了各地贯彻落实全省农村改厕规范升级和后续管护长效机制工作现场会议精神进展情况，部署安排下步重点工作。

【农村改厕奖补资金】2019年，中央财政对山东农村改厕奖补资金3.0515亿元、省财政奖补资金6亿元，全部纳入2019年乡村振兴重大专项资金整合范畴。10月，省住房城乡建设厅会同省财政厅、省农业农村厅制定《山东省农村"厕所革命"整村推进财政奖补实施方案》，指导各地做好农村改厕整村推进工作，加强粪污利用处理设施建设，不断提升改厕管护水平。

【农村改厕监督评估】2019年6月，省农村改厕工作联席会议组织各成员单位，在全省开展农村改厕包市督导工作，印发《农村改厕包市督导工作方案》，督促各地加快推动重点任务落实，各联席会议成员单位积极赴所包地市进行明察暗访，累计走访244村2000多户。9月，委托省鲁统市场调查中心在全省开展农村改厕群众满意度电话调查工作，结果显示,全省群众满意度为95.67%。10月,委托第三方机构在全省开展农村改厕暗访核查工作,走访16个市60个县(市、区)192个镇(街)385个村(社区),入户4085户。

【农村危房改造】2019年3月,省住房城乡建设厅会同省扶贫开发办、省民政厅、省残联等部门召开全省农村危房改造视频会,组织各方力量开展危房改造计划摸底,逐级建立台账,加强数据共享。4月,省住房城乡建设厅会同省财政厅下发《山东省2019年农村危房改造工作实施方案》,深入贯彻党中央、国务院脱贫攻坚决策部署,认真落实省委、省政府工作要求,切实保障农村困难群众住房安全。8月,省住房城乡建设厅印发《山东省农村贫困人口住房安全保障工作方案》,贯彻落实国务院扶贫开发领导小组《关于解决"两不愁三保障"突出问题的指导意见》精神,按照省扶贫开发领导小组《关于扎实做好脱贫攻坚"回头看"着力解决"两不愁三保障"突出问题的通知》部署要求,全力做好省农村贫困人口住房安全保障工作。全年完成危房改造5万户,其中建档立卡贫困户3.76万户,累计48.4万户贫困家庭住上了安全房。5月10日,国务院办公厅印发《关于对2018年落实有关重大政策措施真抓实干成效明显地方予以督查激励的通报》,山东省农村危房改造工作连续两年获得国务院督查激励。

【美丽村居建设】2019年,按照山东省美丽村居建设"四一三"行动实施方案部署要求,省住房城乡建设厅大力推进美丽村居建设,着力抓好第一批56个美丽村居建设省级试点实施,组织专家对各试点实施方案和村庄设计方案进行技术审查。经省政府同意,9月公布第二批100个美丽村居建设省级试点村庄名单。建立"厅领导带队、处室参加、专家跟踪"的试点村庄联系机制,每个厅领导联系1~2个试点村庄,不定期深入试点村庄进行现场指导,提升试点建设水平。开展"泰山奖·美丽村居建筑设计大赛",评选公布一等奖17项、二等奖33项、三等奖84项,为编制村庄设计提供典型案例,加强示范引领。

【美丽村居建设标准】2019年,省住房城乡建设厅组织编制"美丽村居·系列丛书",在发布《乡村风貌规划指引》《美丽村居案例手册》《村庄设计导则》《美丽村居建设导则》等美丽村居系列技术文件的基础上,委托山东省城乡规划设计研究院编制《山东省美丽村居建设标准》,制定《山东省美丽村居建设省级试点评估办法》和评估标准,切实做到美丽村居设计有参考、建设有标准、评估有依据。

【特色镇村建设】2019年,省住房城乡建设厅委托第三方编制《山东省特色小(城)镇创建评价体系》,为做好下一步全省新生小城市、重点示范镇及特色小镇验收命名工作打下基础。50个村落入选第五批中国传统村落,山东省的中国传统村落总数达125个,传统村落名录进一步充实。加大历史文化名镇名村保护力度,2019年11月29日,山东省第十三届人民代表大会常务委员会第十五次会议通过《山东省历史文化名城名镇名村保护条例》,持续推进历史文化名镇名村保护规划备案与修编工作。

标准定额

【标准编制管理】2019年,省工程建设标准定额站着力优化标准体系,不断完善标准供给结构。按照控制总量、提升存量、优化增量原则,强化地方标准公益性、基础性定位,严格将地方标准控制在履行宏观调控、市场监管、社会管理、公共服务、环境保护、安全防范等公共职能需要的范围之内。严把标准立项关,严格审查85项地方标准制(修)订计划申报项目,最终确定39项标准项目列入年度地方标准制修订计划。全年备案发布《城市道路工程文明施工管理标准》等25项地方标准。严把标准复审关,按照地方标准制定原则和范围,积极清理规范地方标准,对省2014年12月之前批准实施及外墙保温类43项地方标准进行清理规范,采取主编单位自审,组织专家逐项审查方式,废止6项,整合修订24项,继续有效10项,可转化成团体标准3项。通过不断清理规范,山东省工程建设地方标准逐步向政府职责范围内的公益类标准过渡。强化标准制修订信息共享,加大标准立项、专利技术采用以及复审等标准编制工作的透明度和信息公开力度,严格标准征求意见稿网上公开征求意见,完善已发布地方标准的信息公开机制,除公开出版外,现行180项地方标准逐步实现在省住房城乡建设厅官网全文公开。

【计价依据体系完善】2019年,省工程建设标准定额站承担全国《通用安装工程消耗量定额》第十册《给排水、采暖、燃气工程》的修订工作,完成《山东省城市地下综合管廊工程消耗量定额》《山东省城市地下综合管廊工程费用项目组成及计算规则》编制工作。根据增值税税率调整有关文件要求,对《山东省建设工程施工机械台班费用编制规则》《山东省建设工程施工仪器仪表台班费用编制规则》中的1800余项机械、仪表台班的预算价格、检修费、燃料动力费等费用项目测算调整，生成新的机械台班、仪器仪表台班单价表并发布。

【造价咨询资质审批】 2019年，省工程建设标准定额站受省住房城乡建设厅委托，年内共审批完成506项乙级工程造价咨询资质申请，转报住房城乡建设部甲级工程造价咨询资质申请142项，注销37家工程造价咨询资质，法定和承诺时限办结率100%，投诉率0%。进一步优化服务事项，梳理、完善山东省政务服务事项清单、住建系统权责清单、监管目录清单和监管目录实施清单等，拆分细化11个办理事项，编写办事指南、业务手册和常见问题。进一步优化审批材料。依据《住房和城乡建设部关于取消部分部门规章和规范性文件设定的证明事项的决定》要求，进一步优化审批材料，取消部分证明事项，减轻企业负担，进一步提高审批效率。同时对省政府320号令下放济青烟的工程造价咨询乙级资质审批事项运行情况进行评估，优化下放事项，抽检部分企业，提出问题清单，并做好该事项扩展至其他13市的衔接工作。

【全过程工程咨询服务】 2019年，省工程建设标准定额站依据《关于推进全过程工程咨询服务发展的指导意见》，积极推进全省工程造价咨询企业开展全过程咨询服务，6月印发《关于布置工程造价咨询企业参与全过程咨询服务工作任务的通知》，明确目标，细化任务，推动全过程咨询服务工作开展，同时征集省内全过程咨询服务项目21项。赴济南、淄博、烟台等地，深入工程造价咨询企业、施工现场开展调研，详细了解全省全过程咨询服务开展情况，形成调研报告。根据任务部署，按季度发布《我省全过程咨询服务工作动态》。12月召开全过程咨询服务座谈会，交流企业全过程咨询服务经验，倡导企业积极拓展全过程咨询服务领域，促进工程造价咨询企业转型升级。

工程质量与安全监督

【质量管理标准化】 2019年，省住房城乡建设厅加快推进质量管理标准化试点，在124家企业、171个项目开展试点，各市组织观摩30余次，制定方案、出台相关导则29件，试点企业编制质量管理手册、标准、图册等194件。

【工程质量保障体系建设】 2019年，省住房城乡建设厅健全完善质量终身责任追溯机制，组织《商品住宅使用说明书》《商品质量保证书》示范文本启用活动，规范商品住宅交付质量管理，压实建设单位质量首要责任。

【工程质量问题专项整治】 2019年，省住房城乡建设厅部署开展违规使用海砂专项治理，建立部门联动协调机制，查处用砂违法违规行为332起，处罚企业17家，清理取缔企业36家。严格整治混凝土、钢筋、保温材料质量问题，联合省市场监管局印发《关于加强重点建筑材料监督管理工作的通知》，启动工程质量重点材料随机抽测，严格问题隐患督办闭环。编制完成住宅工程质量常见问题治理标准和标准图。

【工程质量安全第三方辅助巡查】 2019年，省住房城乡建设厅坚持和完善第三方工程质量安全辅助巡查制度，采用政府购买服务方式，继续委托第三方开展巡查，健全事前交底、过程衔接、问题闭环机制，压实各方主体责任。2019年，共巡查建筑工程项目511个、起重机械861台，发现纠正隐患问题13340项，责令停工整改项目219个，实施经济处罚169.73万元，信用惩戒60宗。

【工程安全管理】 2019年，全省住房城乡建设系统安全生产形势总体平稳，全年房屋市政工程施工生产安全事故18起，死亡人数21人，死亡人数同比下降25%，建筑业百亿元产值死亡率同比下降29.7%，事故起数位列全国住建系统第16位，6年来首次实现"零较大事故"，中华人民共和国成立70周年等关键时期未出现不良影响状况，省住房城乡建设厅被评为全省安全生产工作先进单位、"安全月"优秀组织单位。

【安全专项整治行动】 2019年，省住房城乡建设厅持续深化建筑施工安全治理，先后开展迎接中华人民共和国成立70周年安全生产专项治理、建筑施工安全百日集中行动，紧盯易发群死群伤事故的危险性较大的分部分项工程，部署企业全面自查、主管部门拉网式检查、集中严打处罚，组织执法检查和辅助巡查，各级检查工程项目5.5万（个）次，跟踪督办整改隐患问题13.4万项。

【安全长效机制建立】 2019年，省住房城乡建设厅修订完善《建筑施工安全文明标准化工地管理办法》，培育创建346个省级安全文明标准化工地，示范带动作用明显。加快推进建筑施工安全生产双重预防体系建设，遴选公布省级标杆企业23家、市级标杆企业300余家，组织多轮对标评估、督导检查。开展建筑施工安责险试点，首期56个项目纳入试点范围，引入市场化机制完善施工安全生产保障体系。推广集中体验式安全教育，建成试点基地15家，完成培训4万余人次。

建筑市场

【建筑业改革发展】 2019年,省住房城乡建设厅持续推进建筑业高质量发展,省政府出台《关于进一步促进建筑业改革发展的十六条意见》,并召开全省建筑业改革发展大会,总结近年来工作情况,分析面临的形势,部署当前和今后一个时期重点任务。

【《十六条意见》落地见效】 2019年,全省各级住建部门会同有关部门围绕贯彻落实全省建筑业改革发展大会精神和省政府办公厅《关于进一步促进建筑业改革发展的十六条意见》,积极作为,会同发改、交通、水利等部门制定印发15个配套文件,推动有关扶持政策落地见效。

简政放权。2019年,省住房城乡建设厅18项省级许可下放济南、青岛、烟台三市,17项资质实施告知承诺审批,二级注册建造师延续变更、特种作业人员考核认定下放设区市办理,施工企业资质和安全生产许可证同时申办,施工许可和质量安全监督手续合并办理,资质申请取消了注册人员身份、社保等证明材料,企业申办许可事项办事更加便捷、流程更加简化、时间大大缩短。

建筑企业做大做强。2019年,省住房城乡建设厅对营业收入首次突破500亿的1家、突破100亿元的4家民营企业,兑现财政奖励700万元。联合交通、水利部门印发文件,对联合体投标,跨资质等级承揽业务,总承包企业承接专业工程,市政和公路资质、水利和港行资质互跨专业竞争,作出了具体、可操作性规定,全省已有39家企业通过联合体方式参与轨道交通、综合管廊等重大基础设施建设,或通过跨资质投标拓展业务范围。

创新创优。2019年,省住房城乡建设厅设立省住房城乡建设科技计划项目110项,其中27个项目列入住房城乡建设部科技计划;获华夏建设科技二等奖2项、三等奖3项(列全国第四);首批38个BIM技术应用试点示范项目通过验收;批准发布25项地方标准,有2项分获全国标准科技创新行标一等奖和地标一等奖,省级工法518项。全年创"鲁班奖"工程8项、国优工程24项、省级"泰山杯"工程188项、优质结构工程431项。落实优质优价政策,出台计取标准,把创优费用列为不可竞争费用并列入合同约定条款。

【建筑业改革深化】 2019年,省住房城乡建设厅深化工程建设组织方式改革,积极推行工程总承包和全过程咨询服务,全省443家企业、323个项目开展试点,企业拉长产业链实现提质增效,项目减少承发包环节加快落地实施。助力打造一流营商环境,合并施工许可和质量安全监督手续,实行"一张表单"申请、"一个窗口"受理,办理时限压缩至3个工作日以内。落实"扩权强县",省外企业入鲁报送基本信息材料核验下放到50个县。推进招标投标改革,招标人主体责任、综合评估法评标、取消初始业绩门槛等措施全面落实,16市均实现电子化招投标,8市实现远程异地评标。为推动工程监理行业转型发展,12月17日在济南召开全省工程监理工作座谈会,引导监理企业开展全过程工程咨询、政府购买服务,向多元化经发展。

【行业旗舰企业培育】 2019年,省住房城乡建设厅鼓励建筑业创先争优,对2019年度山东省建筑业5强市、10强县、30强企进行通报表彰。指导帮助企业新增特级资质1项、一级总承包资质47项,全省特级企业44家,产值过百亿元企业25家,比2018年同期增加7家。支持企业通过兼并重组、战略合作、组建联合体等方式,积极参与轨道交通、超高层建筑等高附加值工程建设。

【外部市场开拓】 2019年,省住房城乡建设厅引导全省建筑业企业积极走出去开拓市场,全年完成外出施工产值2862亿元,外向度首次突破20%。完善外出施工联络服务机制,依托骨干企业组建外出施工联络服务点,已覆盖华北、华东、西北等地区。积极开拓国外市场,11月27日成立山东海外工程建设发展联盟,为企业联手开拓海外市场搭建平台,青建、山东路桥、烟建、德建和威海国际经济技术合作公司入选全球承包商250强。

【减轻建筑企业负担】 2019年,省住房城乡建设厅深化银企合作,与省建行签订战略合作协议,组织部分骨干企业与恒丰银行签订战略合作协议,建行每年对山东省建筑企业投放不低于150亿元专项信贷支持,恒丰银行三年新增山东建筑企业授信300亿元。2019年建行对全省建筑企业信贷投放249.82亿元,贷款余额比年初增长14%。恒丰银行签约省内建筑企业54家,授信70.82亿元,信贷投放53.63亿元。规范涉企保证金管理,除依法保留的投标、履约、工程质量、农民工工资四类保证金外,一律禁止违法违规收取。2019年各方主体累计缴纳四类保证金384.5亿元,其中以保函形式缴纳175.1亿元。大力推行保函、保险替代保证金,投标保证保险在全省推开,10月12日,省住房城乡建设厅会同省发改委等部门印发了《关于开展房屋建筑和市政工程履约保证保险工作的意见(试行)》。全面停止主管部门代收代拨养老保障金制度，赋予建筑市场主体更多经营自主权。

【规范建筑市场秩序】2019年，省住房城乡建设厅制定《全省建筑市场"双随机、一公开"监管工作方案》，将建筑市场检查与建筑市场领域扫黑除恶专项斗争、打击承发包违法行为、农民工工资治欠保支有机结合，最大限度减少对企业正常生产经营行为的干扰。持续严厉打击承发包违法违规行为，11月27日印发《山东省房屋建筑和市政工程施工发包与承包违法行为认定工作指南》，全年累计检查建设项目20026个（次）、建设单位13798家（次）、施工企业14826家（次），对有违法行为357个建设项目、140家建设单位、212家施工企业、22名人员，依法予以处罚。切实做好房屋建筑和市政工程进场交易及行业监督管理工作，推进完善交易系统和监管系统建设，精简管理事项和环节，取消没有法律法规依据的投标报名、招标文件审查、原件核对等事项。

【健全保障农民工工资制度】2019年8月26日，省住房城乡建设厅、省人力资源社会保障厅等15部门联合印发《山东省农民工工资支付监管平台管理办法》和《山东省工程建设领域农民工工资专用账户管理办法》，统筹推进建筑工人实名管理平台和农民工工资支付监管平台应用。充分发挥在线监管和实时预警功能，督促相关企业严格落实建筑工人实名制和农民工工资保证金、专用账户、总包代发、银行卡发放等管理制度，逐步实现建筑农民工工资支付标准化、流程化、精准化、信息化。

建筑节能与科技

【建筑节能】2019年，省住房城乡建设厅提请省人大修订《山东省民用建筑节能条例》，修订发布《山东省公共建筑节能设计标准》，编制发布《山东省农村既有居住建筑围护结构节能改造技术导则（试行）》，组织开展2019年全省节能宣传周和全省低碳日活动。加强建筑节能全过程闭合监管，新建建筑严格执行居住建筑节能75%、公共建筑节能65%设计标准，施工阶段执行率超过99%，全年建成节能建筑1.48亿平方米，完成既有居住建筑节能改造1734.23万平方米、公共建筑节能改造670.49万平方米，推广可再生能源建筑应用5625.96平方米，新增被动式超低能耗建筑示范项目12个、建筑面积26.17万平方米。

【可再生能源建筑应用】2019年，省住房城乡建设厅印发《关于进一步加强民用建筑太阳能热水系统一体化应用管理的通知》，新建高度100米以下城镇居住建筑、农村新型社区以及集中供应热水的公共建筑，按规定安装太阳能热水系统或按要求选用地源热泵、空气源热泵、地热能等其他可再生能源热水系统替代。2019年，全省新增可再生能源建筑应用面积5625.96万平方米，其中，太阳能光热建筑一体化应用5394.42万平方米、地源热泵建筑应用231.54万平方米。

【第四届亚洲被动房大会】2019年5月30日，以"能耗监测——被动房节能最有力证明"为主题的第四届亚洲被动房大会在青岛中德生态园举行，大会由省住房城乡建设厅、青岛西海岸新区管理委员会、青岛市住房和城乡建设局支持，青岛国际经济合作区（中德生态园）管理委员会主办，会议围绕被动房数据监测及如何通过合理化运营提升建筑能效等方面展开深入研讨，谋划亚洲被动房发展新方向。

【被动式超低能耗建筑】2019年，省住房城乡建设厅开展超低能耗建筑示范工程建设，新增示范项目12个、建筑面积26.17万平方米，山东城市建设职业学院低能耗实验实训中心、潍坊丰麓苑、临淄区莲台养生养老院等三个示范项目建设完成，并通过省住房城乡建设厅验收。

【绿色建筑】2019年，省住房城乡建设厅提请省政府颁布《山东省绿色建筑促进办法》，配合人民银行济南分行举办绿色金融宣讲活动，组织绿色建筑相关企业、项目与金融机构开展金融需求对接。发布实施《山东省绿色建筑发展专项规划编制技术导则（试行）》，为各市、县全面编制绿色建筑发展专项规划提供指导和依据。推进绿色建筑规模化发展，城镇新建建筑全面执行绿色建筑标准，设计达标率100%，年内236个项目获得绿色建筑评价标识，建筑面积3236.13万平方米，其中二星及以上占89.8%。省住房城乡建设厅新创建省级绿色生态示范城区1个、城镇16个，示范城区、城镇数量累计分别达到23个、67个；济南绣源河绿色生态示范城区及济南玉皇庙镇、潍坊景芝镇、济宁驷城镇、泰安西张庄镇4个绿色生态示范镇通过验收评估。积极推广绿色施工，评审立项省级绿色施工科技示范工程344项，累计立项983项。

【装配式建筑】2019年，省住房城乡建设厅大力发展装配式建筑，编制《山东省推进钢结构装配式住宅建设试点方案》，于2019年7月首批获住房城乡建设部批复，济南、枣庄、烟台、潍坊、济宁、日照、临沂、聊城、菏泽9市及淄博淄川区列为重点推广地区，落实2019—2020年试点项目30个、160万平方米，住房城乡建设部先后3次来山东省调研试点工作。省住房城乡建设厅推荐2个城市、2个园区类产业基地、8个企业类产业基地申报住房城乡建设部第二批装配式建筑示范；新创建省级装配式建筑示范城市4个、示范工程27个、产业基地20个，省级示范城市、示范工程、产业基地累计分别达15个、120个、129个。加强装配式混凝土建筑全过程质量管控，制定印发装配式混凝土建筑施工图设计深度规定、审查要点、监理工作指南等技术文件。编制发布《山东省装配式钢结构体系推广应用技术目录（第一批）》。加强各类示范动态管理，实施定期调度通报制度，委托各市开展示范工程验收，组织省级装配式建筑示范城市、产业基地实施情况评估，对于评估结果为"不合格"的1个示范城市、2个产业基地撤销示范认定。

【建设科技】2019年，省住房城乡建设厅积极推进建设科技创新，立项公布2019年度省住房城乡建设科技计划项目110项，推荐其中27个项目列入住房城乡建设部科技计划，与江苏省并列第一；推荐系统内项目获华夏建设科技二等奖2项、三等奖3项，列全国第四（居北京、上海、广东之后）。肖绪文院士牵头研发的"竖向分布钢筋不连续剪力墙体系研究"成果在山东省率先投入工程实践。采取政府购买服务方式，组织开展住建领域重大课题攻关。委托住房城乡建设部科技与产业化发展中心开展山东省绿色城镇化发展战略研究，研究成果通过专家验收。搭建高层次交流合作平台，邀请崔愷、肖绪文、丁烈云、岳清瑞4位院士出席2019山东创新驱动发展院士恳谈会。省住房城乡建设厅组织创建省级绿色智慧住区示范19个、省级绿色智慧建造示范10个，启动智慧建造技术标准研究。

（山东省住房和城乡建设厅）

河　南　省

概况

2019年，河南省住房和城乡建设领域完成投资超过1.4万亿元、占全省固定资产投资约1/3，房地产和建筑业税收占全省税收约1/3，为全省经济社会发展作出积极贡献。

【推进新型城镇化，加快中原城市群发展】推动百城建设提质，增强城市承载能力。新建、改造城市道路2419公里；开工建设棚改安置房19.4万套，基本建成22.7万套；改造城镇老旧小区576个。截至年底，全省城镇化率达到53.21%，比上年提高1.5个百分点，保持较快城镇化推进速度；低于全国平均水平7.39个百分点。

【坚持多主体供给多渠道保障，着力构建多层次住房体系】坚持"房子是用来住的、不是用来炒的"定位，加强监测预警，督促指导城市落实主体责任，全省房地产市场总体保持平稳。全省房地产开发完成投资7464.59亿元，投资额连续保持全国第五、中部第一，同比增长6.4%；商品房销售面积14277.55亿平方米，同比增长2.1%；房屋施工面积57567.1亿平方米，同比增长5.3%。11月18日，省政府办公厅印发《关于推进城镇老旧小区改造提质的指导意见》，加快推进全省城镇老旧小区改造提质，进一步改善居民的居住条件和生活品质。17个省辖市和济源示范区全部出台老旧小区改造标准。全省3383个老旧小区、约50万户纳入中央资金支持范围、争取资金55亿元，已完成改造576个、正在改造2212个。加大住房公积金对住房消费支持力度。全年缴存住房公积金785.53亿元、同比增长12%，提取465.32亿元、同比增长16.64%，新开户31.33万人。政府投资公租房完成分配96%以上。

【全域实施百城建设提质工程，全面提升城市品质】坚持高位推动，全域推进实施。省委、省政府召开两次全省百城建设提质工程暨文明城市创建工作推进会，分别观摩洛阳、鹤壁、新乡、焦作等市县百城建设提质项目。印发2019年全省百城建设提质工程实施方案和城市"四治"专项方案。

【发挥职责作用，助力打好三大攻坚战】积极防范和化解重大风险。全省纳入化解攻坚范围的1210个问题楼盘已化解1075个、化解率88.8%，涉及问题楼盘信访量同比下降77.2%，各市县按期完成

"双60%"的工作目标，全系统19个单位和19名个人获省信访联席办表彰。开展住房租赁中介机构乱象整治，取缔"黑中介"40家，查处规范752家。全省累计完成整改项目121个、78.38万套，整改率达76%。按照"有黑扫黑、有恶除恶、有乱治乱"原则，持续开展建筑工程施工承发包、工程质量安全、渣土清运、住房公积金骗提等专项整治。全力推进脱贫攻坚。国家下达河南省改造任务9.08万户，完成10.64万户，存量危房提前清零。全省PM_{10}、$PM_{2.5}$浓度均超额完成大气污染防治目标任务。省辖市、直管县市主次干道达到"双10"标准，县级城市主干道机械化清扫率达到100%。全省15.6万户餐饮服务单位油烟净化设施安装率稳定在98%以上、达标排放率达88%，省辖市、济源示范区建成区150处黑臭水体基本消除135处，县市173处基本消除131处。全省建筑垃圾资源化处置能力超过6500万吨，省辖市、济源示范区资源化利用1153万吨，利用率达66%。

【着力改善人居环境，推动乡村振兴】持续强力推进农村生活垃圾治理。截至年底，全省121个涉农县（市、区）农村生活垃圾治理全部通过省级达标验收，基本建成"扫干净、转运走、处理好、保持住"的治理体系。累计清理非正规垃圾堆放点1174处。济源、兰考等5个国家农村生活垃圾分类示范县市开展了试点工作。加强传统村落保护利用。新增81个中国传统村落，全省累计中国传统村落204个、省级传统村落807个，44个传统村落获得中央和省级财政补助。加强农房抗震改造，编制新建农房抗震设防等技术导则，中央下达河南省农房抗震改造3.15万户、补助资金2.62亿元。开展美好环境与幸福生活共同缔造活动。确定57个村组为全省共同缔造活动试点。光山县着力打造4个共同缔造示范村。

【全面加强城市治理，提升服务保障能力】统筹推进城市垃圾治理。大力推进城市生活垃圾分类，国家试点郑州市完成分类近150万户、覆盖率74%，全省119个城市生活垃圾填埋场渗滤液处理设施完成提标改造，实现达标排放、规范运行。107个市县初步建立餐厨废弃物收运管理体系。新建成14个生活垃圾焚烧处理项目、日处理能力10050吨。提升城市供水和污水处理能力。全省建成南水北调配套水厂81座，年供水能力21亿吨。全省运行的城镇污水处理厂229座，年处理污水37亿吨，削减COD87万吨，城市和县城污水集中处理率达到97%和95%。79个市县建成污泥处置设施，日处置能力9527吨。提高城市治理水平。各市县数字城管平台平稳运行，17个省辖市与所属县市基本实现互联互通，通过平台解决城市管理问题930多万件，全省城管执法队伍以"强基础、转作风、树形象、打造人民满意城管"三年行动为抓手，加强能力建设，队伍素质形象明显提升。推进城市供水、燃气和供热行业服务便民化，全面推行移动支付、网上办事。提升物业管理服务水平。研究起草物业专项维修资金管理办法和物业承接查验办法，探索人民调解与行政、司法调解相衔接的工作机制。全省新成立业主大会业主委员会421家，比2018年增长1倍多。大力推进依法行政。实施《河南省市政基础设施工程质量监督管理办法》，推动《河南省城市供水管理办法》立法。对19个监管事项开展"双随机、一公开"检查。省住房和城乡建设厅受理投诉举报210件，办理行政复议53件。

【大力调整优化结构，推进建筑业转型升级】全省建筑业总产值达到12700.97亿元，同比增长11.8%。按照省政府重点产业转型发展部署，大力实施建筑企业改革、装配式建筑、科技创新等五大攻坚行动。引导企业加快股权分配制度改革；大力开拓外埠市场，组织建筑企业到"一带一路"沿线国家推介，林州市在北京召开建筑企业推介会；优化资质资格管理，对具备1项特级和2项一级资质的重点培育企业，赋予其他专业类别二级总承包资质；112家省重点培育企业完成建筑业产值同比增速33%，2家企业晋升施工特级总包资质；推广工程担保和劳务实名制，开展根治农民工欠薪专项行动，解决农民工工资拖欠投诉2137起、11.99亿元。全省新建建筑节能设计标准执行率100%，新建居住建筑执行"65%+"、公共建筑执行"65%"节能标准，10个清洁取暖试点城市率先执行"75%"节能标准，绿色建筑占新建建筑比例超过45%。全省实施城镇既有建筑、既有农房节能改造3447万平方米和1630万平方米。进一步规范"中州杯"评审管理制度，2018年和2019年度有10项工程荣获"鲁班奖"、210项工程荣获"中州杯"。推动勘察设计行业转型发展和标准定额优化服务。30家勘察设计单位和12个项目列入全过程咨询服务试点，31家特级施工总承包企业获得建筑设计甲级资质。完善工程建设标准体系，发布标准定额28项，废止1项。出台加强建筑材料计价风险管控的指导意见，建成工程造价大数据监测平台，开展工程造价咨询企业信用评价。

【深化"放管服"改革，增强住房和城乡建设系统发展活力】加大简政放权力度。省住房和城乡建设厅本级19项审批事项全部实现"一网通办"，企业资质审批、二级执业师注册管理等事项全部实现电子证照化，多数审批事项实现"最多跑一次"，1/3事项实现"零跑腿"。建筑企业、工程造价咨询资质在全国率先推行告知承诺制审批。推进全系统审批服务事项"一条线"，优化审批流程，水气暖报装时限分别压减至7、9、10个工作日以内，住房公积金业务网上可办率80%以上，"一网通办""零跑腿"办结率超过60%。强力推进工程建设项目审批制度改革。发挥牵头作用，按照进入全国第一方阵目标加压推进，17个省辖市和济源示范区建成并逐步完善工程建设项目审批系统，制定审批事项清单和审批流程图，全部实现审批时限压减至100个工作日以内的目标。开发建设三级联动监管平台，实现工程质量安全监管全覆盖。在河南政务服务网打造"豫快开工"特色专栏，率先实现工程建设项目审批监管系统与国家平台对接，办件量居全国前列，住房城乡建设部给予充分肯定。

【全省住房和城乡建设工作会议】1月6日，河南省住房和城乡建设工作会议在郑州召开。会议总结2019年全省住房城乡建设工作，安排部署2020年工作。会议强调突出抓好八项工作：以深入推进百城建设提质工程为抓手，推动以人为核心的新型城镇化加速提质。坚持"稳"字当头构建租购并举的住房体系。持续聚焦聚力，坚决打赢三大攻坚战。创新城市治理，提升城市治理能力。坚持绿色发展，改善城乡生态环境。以保护提升传统村落和加强农房建设管理为重点，建设美丽乡村。推动建筑业加快转型，强化工程质量安全监管。深化"放管服"改革，进一步优化便民服务和营商环境。会上，焦作市住房和城乡建设局等8个单位作交流发言。

【住建系统法制建设】组织召开系统法治工作会，及时制定年度工作计划，细化任务责任实。按时报告并公示厅年度法治政府建设工作情况。持续组织开展依法行政示范单位培育创建。加快推进立法工作。《河南省市政基础设施工程质量监督管理试行办法》颁布实施；《河南省城市供水管理办法（修订草案）》已经省政府常务会审议通过。组织开展涉及住房城乡建设领域的地方性法规规章清理，及时报送清理结果。严格履行法制审核职责。省住房和城乡建设厅有8件规范性文件通过法制审核印发实施，并通过备案审查。多次组织开展文件清理，截至年底，集中清理后决定继续有效245件、宣布失效51件、修订6件。充分发挥法律顾问作用，会同法律顾问全年为省住房和城乡建设厅提供决策建议100余条，审核协议合同、相关文件28件。促进严格规范公正文明执法。大力推行行政执法"三项制度"。制定推行实施方案，召开动员会，广泛开展宣传培训。制定重大执法决定法制审核制度，编制法制审核目录清单并严格实施，31个执法决定通过法制审核。深入推进服务型行政执法。确定推行行政相对人法律风险防控试点单位和年度服务型行政执法示范点，加强培育指导。全面落实行政执法责任制。及时组织调整公布执法权责清单及流程图，组织200多名执法人员参加专业和综合法律知识考试。开展建筑工程类行政处罚案卷集中评查并及时通报评查结果。结合法律法规规章立改废情况，及时修订裁量标准。

【建设工会工作】2019年，建设工会工作成效显著。省住房和城乡建设厅、省建设工会印发《中原城乡建设大工匠推荐选树办法（试行）》。省建设工会印发《关于举办2019年河南省住房和城乡建设系统工会干部培训班的通知》，做好有关前期准备和培训班期间组织工作。

开展省建设劳动奖评选表彰。经民主推荐、严格评选，五一前夕共表彰37个河南省建设劳动奖状获奖单位，70名河南省建设劳动奖章获奖个人，26个河南省住房城乡建设系统工人先锋号荣誉称号获奖项目（班组）。向河南省劳动模范和先进工作者表彰大会筹备委员会办公室推荐省劳动模范候选人2名，均获评河南省劳动模范。

【职工技能竞赛】2019年，省建设工会积极组织住建系统技能竞赛。省住房和城乡建设厅下发《关于申报2019年全省住房和城乡建设系统职工职业技能竞赛工种的通知》，对工种申报总要求进行明确。共组织18个工种的省级竞赛活动（列入省劳动竞赛委员会竞赛计划工种14个，列入省职业技能竞赛委员会竞赛计划的工种13个）。

【中原城乡建设大工匠评选】2019年，按照省住房和城乡建设厅、省建设工会印发《中原城乡建设大工匠推荐选树办法（试行）》有关规定，省住房和城乡建设厅、省建设工会组织开展了中原城乡建设大工匠推荐选树。经单位推荐、专家评审、网络公示等程序，省住房和城乡建设厅、省建设工会决定命名雷霆等20人为中原城乡建设大工匠并授予河南省建设劳动奖章。

【人事教育】2019年，全省建设人事教育工作成绩显著。3月至6月，省委组织部联合省住房和城乡建设厅分别在长沙、杭州等地举办的全省规划建设管理高级研修班、紧扣习近平总书记关于城乡规划建设管理的重要论述，系统谋划"规划引领""产城融合""城市设计与城市特色""城乡统筹""城市品质提升与精细化管理"5个模块，开展集中教学。继续组织全省现场专业人员培训考务工作，全年报名培训29639人，考试合格证书人员11074人，复检51574人（双证报名3587人，取证1728人）。落实一线操作人员技能培训和鉴定任务。把全省职业技能培训7万人的任务分解到18个省辖市住房城乡建设局（委），并提出明确要求，全年培训技能工人82698人，经考核合格发放培训合格证书81734本。基本满足了现阶段全省建筑业企业资质申办的需要。全省住房城乡建设行业申报技师、高级技师职业资格考评人员共359人。按照河南省技师高级技师考评有关规定，经过理论考核、实操考核和综合评审三个环节，共有316人考评合格，其中技师职业资格考评合格人员有189人、高级技师职业资格考评合格人员127人。强化建筑行业科技支撑力度。11月省住房和城乡建设厅印发《关于开展河南省装配式建筑人才培养基地遴选推荐工作的通知》，12月组织相关专家对39家申报单位进行评审，其中17家单位成为全省首批装配式建筑人才培养基地。

【住房城乡建设执法监督管理】2019年，全省城管执法系统以"强基础 转作风 树形象 打造人民满意城管"专项行动为抓手，严肃执法纪律、规范执法行为，队伍建设管理取得明显成效。

【城市管理执法队伍建设整体水平不断提升】截至年底，全省17个省辖市全部成立城市管理局（加挂城市综合执法局牌子），并纳入政府机构序列。全省共有城市管理执法队伍211支，城市管理行政执法人员26297人，城市管理协管人员11028人，执法队伍统一着装率达98%以上。省住房城乡建设厅制定《"强基础 转作风 树形象 打造人民满意城管"制度化法治化建设年工作实施方案》，出台《河南省城市管理文明执法规范（试行）》等标准规范，对城管执法人员的着装规范、仪容举止规范、语言规范等作出明确规定。全年共接到投诉举报案件线索296件，其中上级转查办理139件、同级移送45件、来电来访来信50件、网上投诉62件。经梳理，实际受理236件。

【深入推进住房城乡建设系统扫黑除恶专项斗争】指导全省住房城乡建设系统按照"有黑扫黑、有恶除恶、有乱治乱"原则，持续开展问题楼盘信访突出问题化解攻坚、工程建设领域专业技术人员职业资格"挂证"、建筑工程施工发包与承包、工程质量安全、住房公积金骗提等专项整治。

房地产业

【房地产开发】2019年，全省房地产开发总体表现平稳，除开发企业土地购置面积外，其余主要指标保持平稳增长。房地产开发投资平稳增长，住宅类投资增长较快，非住宅类投资降幅比较明显。全年全省房地产开发企业完成投资7464.59亿元，同比增长6.4%，增速同比增长7.5个百分点，比一季度增长1.3个百分点，比上半年增长2.3个百分点，比前三季度回落0.9个百分点。全省住宅投资6055.37亿元，增长12.4%，增速高于房地产开发投资增速6个百分点。非住宅类投资1409.22亿元，与2018年同期相比降低13.4个百分点，低于房地产开发投资增速19.8个百分点，低于住宅投资25.8个百分点。

【房地产市场管理】2019年，河南坚持"房子是用来住的、不是用来炒的"定位，持续抓好房地产市场调控，加快租赁市场发展，提升物业服务水平，加强市场风险防范，推动全省房地产市场平稳运行。

切实抓好房地产市场调控和长效机制建设。贯彻省委、省政府决策部署，坚持因地制宜、因城施策，指导郑州、开封等城市审慎调整房地产市场调控政策，切实稳定房地产市场预期，推动房地产市场平稳运行。

推进住房租赁市场发展。积极培育各类住房租赁市场主体，多渠道增加租赁住房供应，支持符合条件的租赁住房项目和租赁企业拓宽贷款、债券等融资渠道。在全省范围内开展以住房租赁信息采集和隐患排查为主要内容的住房租赁调查工作，研发了集住房租赁调查、租赁合同网签备案、数据集成映射和移动端应用为一体的河南省住房租赁调查管理平台，实现住房租赁网签数据全省联网。

推进房地产领域放管服改革。按照省住房城乡建设厅放管服改革领导小组工作安排，陆续完成了房地产领域审批服务事项"四级十同"梳理规范、公共服务事项梳理、"互联网＋监管"事项目录清单梳理编制等工作。印发《关于进一步简化和规范二级房地产开发企业资质审批服务事项的通知》。印发《关于优化房地产估价机构备案程序的通知》，利用互联网依法推进物业管理区域备案、物业服务合同备案等，平台维护区域备案信息9110项、前期招标备案信息2244项、前期中标备案信息1837项、合同备案信息4864项、业主大会业主委员会信息992项，方便企业和群众办事。

加快推行房屋交易合同网签备案制度。全面推行房屋网签备案制度，实现房屋网签备案数据全省联网。截至年底，全省17个省辖市、济源示范区和104个县（市）全部实现存量数据和增量数据的推送，联网工作进展位于全国前列。做好四大网签备案的建设和融合，形成房地产生态大数据集，围绕产业生态不断探索完善信用评价体系，创新服务场景、服务手段。省住房城乡建设厅印发《关于规范房屋交易合同网签备案 加快实现省内"一网通办"的通知》，规范房屋交易合同网签备案，加快实现省内"一网通办"。

强化房地产市场治理整顿。联合省发展改革、公安、市场监管、网信等部门，聚焦住房租赁市场短板，规范住房租赁中介机构、住房租赁企业和从业人员行为，持续开展整治住房租赁中介机构乱象工作。截至年底，全省共排查住房租赁中介机构3089家，查处违法违规住房租赁中介机构752家，通报曝光违法违规机构273起，五部门联合向社会公开曝光住房租赁中介机构乱象专项整治7个典型案例。组织开展全省矛盾纠纷大排查大化解专项行动，指导郑州市开展房地产市场集中整治，共排查房地产开发项目634个、房地产经纪机构1024家，并对12家房地产企业和24家经纪中介进行了通报。积极推动问题楼盘处置化解。配合省信访工作联席会议办公室，推进房地产领域信访突出问题化解攻坚专项行动。截至年底，全省纳入化解攻坚范围的1210个问题楼盘已化解944个，增加税收收入78.2亿元，化解率78%。省住房城乡建设厅印发《关于当前推进问题楼盘化解处置有关问题的意见》，指导各地因地制宜，妥善完善问题楼盘建设手续、配套设施等，积极推动问题楼盘依法依规处置化解，并指导永城、济源等地市有效处理涉问题楼盘企业资质问题。

【房地产交易与产权管理】2019年，全省积极培育房地产市场交易主体，房地产交易和权属管理水平进一步提升。

房地产交易情况。全省经房管部门合同备案的商品房成交面积13221万平方米，成交1161485套，与上年同期相比分别增长4.21%和1.71%，成交金额8985亿元，同比增长16.23%。商品住宅成交面积11873万平方米，成交974715套，成交金额7815亿元，与上年同期相比分别增长4.41%、0.41%和18.23%。全省二手房成交面积2880万平方米，同比增长10.96%，成交275522套，同比增长12.11%，成交金额1547亿元，同比增长20.23%。二手住宅成交面积2715万平方米，同比增长10.85%，成交263674套，同比增长12.53%，成交金额1466亿元，同比增长19.54%。

规范房屋交易管理，加快推进省内"一网通办"。印发《河南省住房和城乡建设厅关于规范房屋交易合同网签备案加快实现省内"一网通办"的通知》。推行房屋交易合同网签备案制度，规范房屋交易合同网签备案工作，强化房屋交易合同网签备案技术基础，完善一体化政务平台运行体系。分片区召开培训会议。于11月8日、12日、14日、15日分别在郑州、三门峡、安阳、许昌分片区召开规范房屋交易合同网签备案、加快实现省内"一网通办"培训会，截至年底，全省18个省辖市及103个县（市）已实现存量数据和增量数据的推送，为实现省内"一网通办"奠定了坚实基础。

加强房屋租赁市场监管，促进住房租赁市场健康发展。7月1日，省住房和城乡建设厅印发《河南省住房和城乡建设厅关于印发〈河南省集中开展住房租赁调查工作方案〉（试行）的通知》，对住房租赁调查工作进行安排部署。根据住房租赁调查管理平台数据，全省租赁调查房屋121589户，面积1150.73万平方米。省住房和城乡建设厅、省发展改革委、省公安厅、省市场监督管理局、省网信办印发《住房租赁中介机构乱象整治工作方案》。成立专项整治工作领导小组和工作专班。召开专题会议推进专项整治工作，研究部署住房租赁中介机构乱象专项整治工作。截至年底，全省共排查住房租赁中介机构3089家，其中住房租赁企业305家，住房租赁经纪机构2728家，住房租赁网络平台56个。查处违法违规住房租赁中介机构752家，其中，住房租赁企业20家，住房租赁经纪机构730家，住房租赁网络平台2家。各地共受理投诉406件，调查处理314件。

房地产估价经纪管理。根据省住房和城乡建设厅印发《厅关于印发2019年度"双随机一公开"年度抽查计划的通知》和工作安排，于11月开展了2019年房地产估价机构"双随机一公开"检查工作，组织专家对随机抽取的40家机构进行检查，对8家房地产估价进行了通报批评；对4家机构进行责令整改；对1家机构计入不良行为记录，并移交执法部门进一步处理；对认定"挂证"的60名房地产估价师，按照《注册房地产估价师管理办法》规定，提请注册机关查实后撤销注册；对3家机构予以注销备案。

【物业管理】 2019年，全省物业管理围绕物业服务质量提升，重点强化政策宣贯及实施落地，全面执行好物业管理行政备案，引导行业依法依规诚信管理服务。截至年底，全省注册物业服务企业8700余家，从业人员达40余万人；在管物业项目总数约1.45万个，其中在管居住物业项目近9000个，管理总面积达到17亿平方米。

开展矛盾纠纷调处工作调研。省委省政府印发《关于加强和完善城乡社区治理的实施意见》要求，针对物业管理矛盾纠纷特点，组建调研小组分赴省内、省外开展矛盾调处工作调研，总结郑州市、开封市、许昌市、焦作市等地矛盾纠纷调处工作经验，深入分析全省矛盾纠纷调处存在问题及原因，提出具体加强全省矛盾纠纷调处工作的意见措施，探索有效协调解决物业管理区域涉及群众利益方式途径，助力打造共建共治共享共评社区治理新格局。

规范物业承接查验活动。结合全省物业管理存在问题，指导地市对于新建物业按照《条例》要求，组织研究起草《河南省物业承接查验办法》，规范物业服务行为，维护业主合法权益。

加快推动维修资金立法。按照工作部署，加强对物业专项维修资金研究，制定《河南省物业专项维修资金管理办法》起草工作方案，强化全省维修资金监管，提高维修资金使用效率。按照《河南省省级示范物业项目服务评价标准（居住/公共物业）》对申报2018年度省级示范的141个项目进行实地评价验收，经公示，共有104个项目评价为省级物业服务居住、公共物业示范、优秀项目。

住房保障

【住房保障和保障性安居工程】 2019年，省住房和城乡建设厅围绕国家下达的各项目标任务，强化督导，创新举措，不断推动工作高质量发展。全省保障性安居工程责任目标为新开工棚改安置房15万套（国家目标为15万套），基本建成18.64万套。截至年底，全省已开工棚改安置房21.3421万套，开工率142.28%（按省定目标23.32万套计算，开工率为83.23%）；基本建成24.2085万套，完成目标的129.85%。全省保障性安居工程建设实际完成投资867.6亿元。

配合省财政厅做好2019年中央财政保障性安居工程专项补助资金的申请和分配，按规定全额拨付专项资金38.4亿元。配合省发展改革委申请中央预算内保障性住房配套基础设施项目159个，争取中央补助资金50亿元。争取国开行和农发行发放棚改贷款425亿元。指导市、县并配合财政部门推进棚改专项债券发行，全年共发行4期棚改政府专项债，合计432个项目，454.78亿元。

做好公租房管理。截至年底，政府投资公租房已完成分配96.32%。

做好审计发现问题整改。省住房和城乡建设厅印发《加快保障性安居工程资金投入和使用绩效审计整改工作的通知》，明确要求整改目标、责任分工及整改时限等。编印了12本审计整改工作内部参考资料，为各地整改提供政策支持和范例支撑。2019年审计发现问题整改率达92.47%。

省住房和城乡建设厅印发《关于确定上报2019年棚户区改造计划项目的通知》，及时调整棚改项目准入标准，谋划筹集2020年项目。初步确定2020年新开工棚改安置房12.9万套。

【城镇房屋征收管理】 2019年，全省进一步规范国有土地上房屋征收与补偿。国有土地上房屋征收概况。全年共作出征收决定项目91个，同比减少34%，户数19260户，同比减少11059户，房屋建筑面积349.36万平方米，同比减少205.76万平方米；完成征收项目44个，户数7419户，房屋建筑面积118.73万平方米；作出补偿决定148个，户数684户。

【住房公积金监督管理】 2019年，全省住房公积金管理按照"保一限二禁三"的原则，因城施策，保障刚性住房需求，强化资金风险管控，提升行业服务水平。业务指标运行总体平稳。全省住房公积金管理按照稳定住房消费政策，不断加大对职工基本住房消费的支持力度，行业发展呈现良好发展态势，各项业务指标保持较快增速，个贷率保持稳定，新市民公积金建制工作稳步推进。缴存。全年新开户单位8583家，实缴单位80743家，净增单位4718家；新开户职工68.46万人，实缴职工637.57万人，缴存额799.12亿元，同比增长13.93%。截至年底，缴存总额5361.21亿元，同比增长17.52%；缴存余额2529.26亿元，同比增长14.43%。提取。全年提取额480.1亿元，同比增长20.35%；占当年缴存额的60.08%，比上年增加3.43个百分点。年底，提取总额2831.95亿元，同比增长20.41%。贷款。首先个人住房贷款。2019年发放个人住房贷款11.69万笔416.68亿元，同比增长17.25%、34.17%。回收个人住房贷款196.27亿元。截至年底，累计发放个人住房贷款130.82万笔3080.94亿元，贷款余额1919.75亿元，同比分别增长9.81%、15.64%、12.97%。个人住房贷款余额占缴存余额的75.90%，比上年减少0.98个百分点。住房公积金支持保障性住房建设项目贷款。截至年底，累计发放项目贷款10.58亿元。资金运用率。年底住房公积金个人住房贷款余额、项目贷款余额和购买国债余额的总和占缴存余额的75.9%，比上年减少0.98个百分点。

全省当年新开户缴存人数68.91万人。其中进城务工人员、个体工商户、自由职业者等城镇新市民31.33万人，占比45.47%，发放个贷14608笔、51.32亿元。

城市建设与管理

【城市设计和历史文化名城保护管理】 2019年，全省重点推进城市双修和城市设计管理，加强历史文化资源保护利用。省住房和城乡建设厅印发《关于做好城市设计及历史文化名城、街区保护规划编制有关工作的通知》，督促市县政府建立保护工作协同机制；省住房和城乡建设厅印发《关于报送历史文化名城名镇名村街区和历史建筑保护工作主管单位的函》，全省所有省辖市在机构改革后已基本明确了主管部门，完善了工作机制。全省各地已确认公布历史建筑1579处，已基本完成住房城乡建设部对河南省历史文化街区划定和历史建筑确定工作"五年计划三年完成"的总体要求；全省第一批15条历史文化街区已完成住房城乡建设部系统平台填报；会同河南省文物局提请省政府公布郑州市二砂历史文化街区等12条第二批历史文化街区。指导和督促历史文化名城做好整改。8月22—23日在开封市组织召开全省历史文化名城保护工作培训会，对全省28个市县主管部门的负责同志进行了业务培训；省住房和城乡建设厅印发《关于成立河南省历史文化名城保护与城市设计专家委员会的通知》，储备全省历史文化名城保护与城市设计专家智库。

【城市建设和市政公用基础设施建设】 2019年，全省加快推进城市基础设施建设，进一步细化推进措施。

【综合管廊及轨道交通建设有序推进】 出台《河南省城市地下综合管廊工程人民防空设计导则》《河南省城市地下空间暨人防工程综合利用规划编制导则》。截至年底，全省已开工建设管廊262.65公里，形成廊体149.17公里。郑州市完成城市轨道交通第三期建设批复工作，郑州市轨道交通5号线、14号线完成通车试运营，全省在建轨道线路8条，共244公里。

【城市园林绿化建设全面提升】 全省城市绿地总面积突破15.7万公顷，城市建成区人均公园绿地面积达到12平方米、绿地率达到35.6%，城市生态环境得到有效改善，城市居民幸福指数明显提升。3月26日，省政府公布《河南省市政基础设施工程质量监督管理试行办法》；制定了《城市桥梁安全防护设施设置标准》，组织编制《河南省海绵型绿地建设技术指南》和《河南省海绵城市建设系统技术标准》等；省住房城乡建设厅、省财政厅、省水利厅对许昌、濮阳等8个省级海绵城市试点工作进行指导和考核评估；将海绵城市建设等工作纳入《河南省全面推行河湖长制三年行动计划》协同推进。国家级海绵城市试点鹤壁市全部完成共计6大类273个项目和3个配套能力项目，实际完成投资34.11亿元，完成率104%，实现人居环境明显改善、暴雨季节历经考验、黑臭治理成果显著的目标。8个省级海绵城市试点共实施项目297个，完成投资60多亿元。

【全力做好城市排水防涝】 推进全省城市排水防涝设施建设运营管理，加大排水管网建设力度，不断提高城市排水防涝能力。5月，召开全省城市排水防涝座谈会，省住房城乡建设厅印发《关于做好2019年城市排水防涝工作的通知》，督促指导各地抓好责任落实，强化汛前排查，抓好重点环节，严格值班制度，扎实做好汛前各项准备工作；省住房城乡建设厅印发《关于抓紧完成城市易涝点整治工作任务的通知》，督促各地推进易涝点整治。全省城市130处重要易涝点中，已完成整治111处。

【城市黑臭水体整治及污水处理成效显著】 省住房城乡建设厅、省生态环境厅、省水利厅印发《河南省城市黑臭水体治理攻坚战实施方案》，省住房城乡建设厅、省生态环境厅、省发展改革委印发《河南省城镇污水处理提质增效三年行动方案（2019—2021年）》等。截至年底，全省省辖市建成区150处城市黑臭水体，已有135处基本消除黑臭，占比90%；县（市）173处黑臭水体中基本消除黑臭133处，占比77%。全省县级及以上城市运营的污水处理厂228座，建成规模1143万吨/日，年处理污水量35.53亿立方米，COD年削减量86.89万吨，城市和县城污水集中处理率分别达到97.26%、95.13%。汝州市投资建立洗耳河（朝阳路—梦想大道）景观示范段，治理流域面积31.5万平方米，彻底消除洗耳河水体黑臭现象。信阳市、开封市、周口市先后入选国家城市黑臭水体治理示范城市。

【燃气设施建设管理稳步推进】 实施农村燃气延伸工程，加快城乡燃气设施建设。截至年底，所有省辖市及所辖县（市）已实现城镇管道燃气供应，全省已发展燃气管网总长7.2万多公里，用气人口达1295万多户。加强农村燃气行业监管，保障农村燃气工程质量，省住房城乡建设厅印发《河南省燃气行业安全生产风险隐患双重预防体系建设实施细则》《全省住建领域"防风险保平安迎大庆"消防安全执法检查专项行动方案》《全省住房城乡建设领域"防风险、除隐患、保平安、迎大庆"攻坚行动实施方案》，要求各地重点排查城区燃气管网和农村"煤改气"施工质量和安全隐患。

【供热设施建设任务超额完成】按照省政府《关于印发河南省污染防治攻坚战三年行动计划（2018—2020年）的通知》要求，省住房城乡建设厅印发《关于印发〈河南省2019年城镇集中供热实施方案〉的通知》。截至年底，全省所有省辖市（周口除外）、济源示范区及其他49个县市均不同程度实现了集中供热，共铺设供热管网长度1.3万多公里，集中供热面积达到6亿多平方米。其中，郑州、开封、洛阳等10个减煤替代重点城市2019年共新建改造管网267.42公里，新建改造热力站267个，新增集中供热面积3009万平方米。

【城市市政公用设施建设投资】2019年，全省城市市政公用设施建设及固定资产投资建设实施成绩显著。全年完成投资8986636万元，比上年下降2%。其中，供水160815万元，燃气86940万元，集中供热379859万元，轨道交通1238691万元，道路桥梁3993068万元，地下综合管廊180757万元，排水533102万元（污水处理194112万元，污泥处置1270万元，再生水利用12706万元），园林绿化1806482万元，市容环境卫生331184万元（其中垃圾处理248945万元）。城市市政公用设施建设新增生产能力：供水综合生产能力85.5万立方米/日，供水管道长1374.26公里，天然气储气能力75.19万立方米，天然气供气管道长度3128.6公里，蒸汽集中供热能力119吨/小时，热水集中供热能力908.9兆瓦，轨道交通线路长度40.4公里，道路长度771.96公里，道路面积2256.28万平方米，地下综合管廊长度10.54公里，排水管道长度2152.96公里，污水处理厂处理能力55.5万立方米/日，绿地面积7245.13公顷，生活垃圾无害化处理能力7445吨/日。

【百城建设提质工程】2019年，全省全域推进百城建设提质工程，推动城市高质量发展，各项工作成效明显。

省住房城乡建设厅印发《2019年全省百城建设提质工程工作实施方案》和《城市"四治"专项实施方案》，明确重点工作，并根据各市、县不同批次启动实施的实际情况，实行分类指导。截至年底，完成专项规划编制2946项。全省百城建设提质工程共实施建设项目9830个，完成投资7483亿元。突出抓好城市"四治"。做好119个城市生活垃圾填埋场渗滤液处理设施完成提标改造，实现达标排放、规范运行。新建成14个生活垃圾焚烧处理项目，日处理能力10050吨。安阳、漯河、开封、洛阳成功创建省级节水城市。郑州市成功创建国家生态园林城市，周口、虞城、济源王屋镇等24个市县镇成功创建国家园林城市（县城、城镇），全省国家生态园林城市、国家园林城市数量居全国首位。

【城镇老旧小区改造】2019年，全省积极推动城镇老旧小区改造，加大城镇老旧小区改造力度。11月18日，省政府印发《关于推进城镇老旧小区改造提质的指导意见》，明确老旧小区改造总体要求、改造范围和内容、资金筹措等。省住房城乡建设厅、省发展改革委、省财政厅、省民政厅、省自然资源厅、省审计厅、省电力公司等印发《关于城镇老旧小区改造工作的指导意见》。组织编制《河南省城镇老旧小区改造设计导则》。截至年底，全省17个省辖市和济源示范区全部出台了老旧小区改造标准。积极争取中央补助资金支持，全省纳入2019年纳入中央补助资金支持的3383个老旧小区，争取中央财政城镇保障性安居工程资金45亿元和专项资金10亿元，已完成改造小区535个，正在改造1304个，其余1544个正开展前期工作，2019年底前全部开工，累计投入资金17.65亿元。未用中央补助资金的老旧小区781个（涉及群众17万户，估算投资16亿元），345个已完成改造，正在实施改造的有139个，累计投入资金5.8亿元。

【园林城市创建】2019年，完成了浚县、内黄县、杞县、宁陵县、新乡县的省级园林县城创建指导工作。截至年底，郑州市成功创建成为国家生态园林城市，荥阳市等7个城市、中牟县等16县及济源王屋镇被住房城乡建设部命名为国家园林城市、国家园林县城、国家园林城镇，全省国家园林城市、县城、城镇总数量再次居全国首位，生态园林城市数量居中部六省首位。省级园林城市、县城达到121个，提前实现园林城市全覆盖，省级园林县城达标率98%。城市绿道建设全面展开。省住房城乡建设厅印发《河南省铁路沿线绿化设计导则》《关于贯彻落实森林河南建设规划推进全省城市园林绿化三年大提升行动方案》，推动开展城市绿道规划编制，全年有郑州、洛阳等11个省辖市完成绿道专项规划编制，新增绿道1400余公里，城市建成区林荫道普及率70％以上，城市绿道和林荫道纵横交织、城乡联通、层级多样的城市绿色慢行体系雏形初显。

【城市管理】 省住房城乡建设厅印发《关于在各级各类学校推进生活垃圾分类工作的通知》《关于全面启动省辖市城市生活垃圾分类的函》，组织召开了生活垃圾分类座谈会，大力推进城市生活垃圾分类。截至年底，郑州市完成生活垃圾分类试点149.39万户，垃圾分类覆盖率达到74.29％，印发《关于进一步加快推进餐厨废弃物处理设施建设的通知》《关于对全省生活垃圾填埋场整治工作开展情况的通报》《河南省生活垃圾焚烧发电中长期专项规划（2018—2030年）》等，督促加快推进生活垃圾填埋场整治和餐厨废弃物处理设施建设进度。新增日处理能力10050万吨。制定《全省城市市容环境卫生治"脏"专项实施方案》《关于进一步做好道路扬尘污染防治工作的通知》《2019年河南省深化城市清洁行动实施方案》《关于印发开展"市容环境大扫除 干干净净迎国庆"活动的实施方案的通知》《关于开展市容市貌专项整治行动的通知》等，省辖市、省直管县（市）主次干道采取机械化清扫保洁的路面已达到"双10"标准，县城及县级城市主干道机械化清扫率达到100％，各城市市容市貌有明显提升。做好城市排水防涝，全省城市130处重要易涝点中，已完成整治106处，正在整治20处。印发《关于加强市政公用事业精细化管理 深入推进服务便民化的通知》，大力推行移动支付和APP办事。制定《河南省城市供水行业服务规范》《河南省城市燃气行业服务规范》《河南省城市供热行业服务规范》，加强全省城市供水、燃气和供热行业管理，规范城市供水、燃气、供热企业和从业人员的服务行为，维护用户合法权益和社会公共利益。强化市政设施安全运营。开展市政公用设施和人员密集场所安全治理，全省市政公用行业共检查企业数量5541家（次），发现一般隐患4876项，整改完成4685项，整改率96.1％。制定"防风险、除隐患、保平安迎大庆"城市市政公用设施运营安全暗查暗访方案，抽查各地开展情况和城市市政公用设施运营单位安全责任落实情况。开展市政公用行业危险化学品安全综合治理。截至年底，共组织排查生产经营单位1326家，排查出问题和隐患1060处，落实安全责任人员942人，完善应急预案577个。

【数字化城市管理】 2019年，全省进一步完善数字化城市管理政策，大力推动全省数字化城市管理，取得明显成效。全省17个省辖城、济源示范区、105个县（市）全部建成数字城管平台，实现了市、县平台全覆盖。

村镇规划与建设

【概况】 2019年，全省村镇建设成效显著。截至年底，全省纳入村镇统计的建制镇1026个、乡562个、镇乡级特殊区域4个，行政村41727个，自然村187461个，镇（乡）域建成区及村庄现状用地面积1306461.33公顷，村庄常住人口5908.46万人。全年全省村镇建设投资合计9941358.02万元，其中住宅建设投资5477326.96万元、公共建筑投资680770.95万元、生产性建筑投资1297781.24万元、市政公用设施投资2485478.87万元。全省镇（乡）域建成区道路长度44674.68公里，道路面积29673.36万平方米；污水处理厂390个，年污水处理总量31566.49万立方米；排水管道长度13103.67公里；年生活垃圾清运量391.59万吨，年生活垃圾处理量312.13万吨；公共厕所15705座。村庄内道路长度182535.09公里；供水管道长度109663.7公里，年生活用水量160518.16万立方米；集中供热面积805.21万平方米；村庄集中供水行政村28070个，排水管道沟渠长度50797.3公里；对生活污水进行处理的行政村4544个，对生活垃圾进行处理的行政村20260个，有生活垃圾收集点的行政村27436个，年生活垃圾清运量784.4万吨。

【农村危房改造】 2019年，河南省强力推进农村危房改造。中央财政下达省建档立卡贫困等4类重点对象危房改造任务9.08万户，补助资金14.54亿元，已改造10.64万户。研究制定2019年危房改造清零行动专项推进方案。组织召开全省农村危房改造现场观摩推进会议，开展信息检索系统应用培训；配合住房城乡建设部、国务院扶贫办在信阳市召开全国农村危房改造脱贫攻坚工作推进会，展示全省农村危房改造成果。会同省财政厅下拨2019年危房改造的资金计划，及时将中央和省预拨资金分解下达到市县。河南省被住房城乡建设部、财政部确定为2018年工作积极主动、成效明显省份，卢氏县被国务院通报表彰为真抓实干、成效明显的县。制定《农村危房改造农户信息推广应用实施方案》，完成农户档案信息检索系统平台搭建和数据库建设。制定全年解决住房安全有保障（危房改造清零行动）突出问题有关保障措施、全省工程质量安全集中整治活动方案，召开全省工程质量安全集中整治活动电视电话会议，全面开展危房排查鉴定和质量安全集中整治。制定危房改造领域漠视侵害群众利益问题专项整治工作方案，整改各地自查自纠发现问题

225条，开通在线举报平台，公布省、市、县三级举报电话162个，办结各类问题41个。

【农村生活垃圾治理】 2019年，河南省扎实推进农村生活垃圾治理。省委省政府连续两年将农村生活垃圾治理列入民生实事。截至年底，全省121个涉农县（市、区）农村生活垃圾治理全部通过省级达标验收，基本建成"扫干净、转运走、处理好、保持住"的治理体系。

【传统村落保护发展】 2019年，河南省深入推进传统村落保护发展。截至年底，累计公布省级传统村落807个，其中204个列入中国传统村落名录。省住房城乡建设厅积极组织申报中央和省级财政补助资金，全年有19个中国传统村落获得中央财政补助资金共计5700万元，25个传统村落获得省级财政补助共计4500万元。组织编撰《中国传统建筑解析与传承（河南篇）》，对全省传统建筑和民居进行全面的研究总结。会同省财政厅，规范省级补助资金管理和使用，督促传统村落保护发展项目实施。洛阳、鹤壁、平顶山等地积极探索传统村落保护发展模式，信阳市建立省市县三级传统村落保护名录。

【农村住房建设管理】 2019年，河南省以农房建设试点为抓手，积极推广功能现代、风貌乡土、成本经济、结构安全、绿色环保的宜居型农房，促进乡村风貌不断提升。编制《河南省农村住房建设试点工作实施方案》，明确全省农房建设管理四个阶段目标、组织实施及重点环节等；确定长垣县、温县、禹州市、上蔡县、台前县和信阳市"五县一市"作为全省农房建设试点，指导试点县探索农房建设管理相关机制、编制农房设计图集，引导农户建设宜居型示范农房。组织开展农房抗震改造。中央下达河南省农房抗震改造任务3.15万户，补助资金26190万元。组织编制《河南省农房抗震改造工作方案》《河南省新建农村住房抗震设防技术导则》《河南省农村住房抗震加固技术指南》《河南省农村住房抗震鉴定技术指南》，为全省农房抗震改造提供政策依据和技术支撑。

【美好环境与幸福生活共同缔造活动】 2019年，按照住房城乡建设部统一安排部署，河南省编制《河南省农村人居环境建设和整治中开展美好环境与幸福生活共同缔造活动试点工作方案》，确定57个村组作为全省共同缔造活动试点，鼓励设计团队下乡帮扶参与其中。与住房城乡建设部、相关院校联合在光山县打造4个"共同缔造"示范村，4个村已进入建设阶段。以共同缔造理念对省住房城乡建设厅定点帮扶村驻马店上蔡县上岗村进行建设，帮助其改善农村人居环境，提升村容村貌。举办"共同缔造"培训班，让全省更多村庄、乡镇、县市掌握"共同缔造"理念和工作方法。

【农村生活污水治理】 2019年，省住房城乡建设厅配合抓好农村生活污水治理。制作农村生活污水治理宣传推广视频。总结济源市、兰考县等4个国家级农村生活污水治理示范县（市）经验做法，并报住房城乡建设部村镇建设司。配合省生态环境厅编制《农村生活污水处理设施水污染物排放标准》。配合省生态环境厅组织对各涉农县（市、区）县域农村生活污水治理专项规划进行评审。截至年底，已组织农村生活污水治理专项规划评审7期，评审通过54个县（市、区）。

工程建设与建筑业

【建设工程质量管理】 2019年，全省建设工程管理坚持稳中求进，牢牢把握工程质量提升这条主线，推动了工程质量管理标准化和手册制度质量提升"双引擎"的协同发力，出台河南省市政基础设施工程质量监督管理办法，做到了较大以上工程质量零事故，完成对全省质量监督人员考核，评出2018年和2019年度中州杯210项，按期向住房城乡建设部提交《基于工程总承包模式的质量监管机制研究》报告。全省受监工程项目总数42808项，建筑面积68630.71万平方米，新报监工程项目总数12251项，建筑面积22277.8万平方米；竣工工程项目总数6713项、建筑面积9919.96万平方米。受理工程质量投诉3894项，办结3772项，办结率97%。荣获2019年度鲁班奖工程5项，评出2019年度中州杯94项。全省没有发生较大以上工程质量事故。

省住房和城乡建设厅调研起草《河南省市政基础设施工程质量监督管理试行办法》，以省政府令第188号形式于3月26日公布，2019年6月1日起施行；省住房和城乡建设厅、省发展改革委、省公安厅、省自然资源厅等8部门出台《河南省建设工程竣工联合验收实施细则》，启动全国首部百年住宅地方标准《河南省百年住宅工程技术标准》编制，印发《关于做好全省房屋建筑工程质量管理标准化评价工作的通知》，对推进全省房屋建筑工程质量管理标准化评价工作进行总体部署。

突出民生工程，切实发挥监管职能。印发《关于开展易地扶贫搬迁工程质量专项集中排查的通知》。扎实做好质量服务。抓好先试先行，试点工作取得成效。省住房和城乡建设厅印发《河南省工程质量评价体系试点工作实施方案》，联合郑州大学等单位，承担住房城乡建设部《基于工程总承包模式的工程质量监管机制研究》课题。该课题于2019年11月20日通过住房城乡建设部质量监管司专家验收，成果达到国内领先水平。

【建筑施工安全管理】 2019年，全省建筑施工安全管理，以稳定全省建筑安全生产形势为目标，以推进安全生产双重预防体系建设为抓手，持续加大隐患排查整治和风险管控力度，有效遏止重特大建筑生产安全事故的发生，全省建筑安全生产形势保持基本稳定、总体好转的发展态势。

省住房和城乡建设厅印发《全省建设安全工作要点》，提出全年建设安全生产工作的目标任务、工作重点、工作措施，对建筑安全生产工作进行了全面安排部署；印发《河南省房屋建筑和市政工程施工安全风险隐患双重预防体系建设行动方案》，按照"典型引路、重点突破，分类指导、整体推进"的思路，确定10家特级建筑施工总承包企业作为省住房和城乡建设厅试点企业，组织编写印发《河南省房屋建筑和市政工程施工安全风险隐患双重预防体系建设实施细则》和《建筑施工安全事故隐患排查标准参考清单》；印发《2019年下半年建筑施工安全生产风险隐患双重预防体系建设工作方案》，就建筑施工行业双重预防体系提质扩面工作进行全面安排部署。

深入开展隐患排查治理，不断加大安全生产督导检查力度。督促工程参建各方主体认真执行住房城乡建设部《危险性较大的分部分项工程安全管理规定》和《工程质量安全手册（试行）》，指导地市全面推进全省建筑施工安全生产事故隐患大暗访大排查大整治大执法攻坚行动，消除重大事故隐患。

严格工作程序，强化全省建筑施工生产安全事故的快报。按照有关规定和工作程序，及时完成全省建筑施工生产安全事故的快报，积极督促地市及时完成事故调查处理；省住房和城乡建设厅对郑州市"11·15"土方坍塌较大事故现场应急救援和调查处理工作进行了现场督导。

开展打击假冒特种作业操作证专项治理行动。省住房和城乡建设厅印发《全省打击假冒特种作业操作证专项治理行动方案》全省开展自查单位数为5158家；查验证件数34789个；伪造涂改冒用证件584个；过期证件4750个；无证上岗832人；出动执法人员数10194人次；检查单位数4958家；下达整改通知书1002份；查办违法案件46起；查获假冒证件668个；经济处罚55万元；案件移送38件；曝光违法行为16起；责任追究3人。

加强安全生产宣传教育培训。印发《全省建设系统安全生产月活动方案》，新修订发布的《河南省安全生产条例》，广泛组织开展宣贯培训，大力宣传安全发展观，强化安全生产法治观念，增强遵法、守法、用法的积极性和主动性，提高全行业安全生产法治素养。完善管理制度和技术标准，推进建筑施工安全监管长效机制建设。印发《〈工程质量安全手册〉安全检查实施细则》；组织编制《城市轨道交通风水电及装修工程安全文明标准化实施指南》和省地方标准《建筑施工悬挑式卸料平台安全技术规程》《塔式起重机安全检验技术规程》《建筑施工现场安全资料管理标准》《建筑施工双重预防体系建设指导手册》等，参与修订《河南省建筑施工现场扬尘防治标准》，为加强全省建筑施工安全管理工作提供了制度遵循和技术支撑。

加强安全生产信息化建设。有序推进全国建筑施工安全生产监管信息化试点。参加住房城乡建设部安全监管信息化工作研讨会，配合住房城乡建设部信息化调研组对河南调研试点相关工作，开发建设《全省建筑工地监管信息系统》的施工安全监管平台。

【《河南省市政基础设施工程质量监督管理试行办法》出台】 2019年3月26日，河南省政府公布《河南省市政基础设施工程质量监督管理试行办法》。《办法》分为总则、工程质量责任和义务、工程质量监督管理、法律责任、附则等5章37条，自2019年6月1日起施行。

【勘察设计咨询业管理】 2019年，全力推进勘察设计行业健康发展，积极承接建设工程消防设计审查验收，深入推进"放管服"改革等。勘察设计队伍不断壮大。全省已初步形成了一支门类齐全、技术密集、专业配套、人才密集的勘察设计队伍，勘察设计企业资质区域分布合理，大中小结构匹配适当，可以满足全省各类建设工程勘察、设计以及工程咨询的需要。截至年底，全省勘察设计行业从业人员11.16万人，全国是447万人，河南占2.5%；各类注册人员1.96万人；全省工程勘察设计营业收入115.34亿元，全国是64200.9亿元，河南占0.18%，有5家单位进入全国勘察设计百强行业。全省工程勘察设计新签合同额24.81亿元。全省勘察设计企业总数达1526家，其中甲级207家。全国统计的企业总数为24754家，河南占6.20%，位居全国内第9名。积极支持企业转型发展。印发《河南省全过程工程咨询试点工作方案（试行）》，在全省开展全过程咨询服务试点，并选取了省内有实力的勘察设计单位30家和12个项目分别列入第一批、第二批试点。

【勘察设计质量管理】2019年，河南进一步加强勘察设计质量管理。全省施工图审查机构共37家（一类审查机构22家、二类审查机构15家）。其中，房屋建筑工程审查机构35家，市政基础设施审查机构9家；从业人员800人。审查房屋建筑工程1.49万项，总建筑面积27647.34平方米；市政基础设施工程1319项，总投资6104370万元。省住房城乡建设厅、省财政厅、省人防办印发《关于贯彻落实河南省人民政府办公厅"联合审图"方案有关工作的通知》。全省勘察设计质量监管平台系统（审查备案管理系统）基本建成，并与省级、各市工程建设项目审批系统完成对接。发布《河南省勘察设计质量监管及数字化审图平台与各市工程建设项目审批管理系统数据共享交换标准的通知》，4月30日，省住房城乡建设厅、省消防总队印发《关于做好移交承接建设工程消防设计审查验收职责的通知》。截至6月底，所有省辖市承接了消防设计审查验收业务。

【工程建设项目审批制度改革】2019年，全省工程建设项目审批制度改革经过各省辖市的攻坚努力和各省直单位的协调配合，全省工程建设项目审批时限压减至100个工作日以内，省、市级工程建设项目审批管理系统与河南省政务服务平台、全国工程建设项目审批管理系统实现互联互通。全省各地已经全部建成工程建设项目审批制度框架和信息数据平台，并实现与省级平台对接。至2019年底，全省通过工改系统在线办理项目4260个，在线办理项目数量排名位于全国前列，全省105个县（市）当中有90个县（市）共2095个项目线上运行。

【住房和城乡建设执业资格管理】2019年，全省住房和城乡建设职业资格注册管理以强力推进"放管服"改革、实行"一网通办"、搞好注册管理和安管人员考核为重点。截至年底，全年共受理各类建设执业师注册182989人次，其中二级建造师160555人次；完成一级建造师个人实名认证23023人，企业实名认证6585家；网上审核建筑施工安管人员181195人次；组织建筑施工安管人员考试79180人次；组织各类执业师及建筑施工安全三类人员网上继续教育83450人次；执业师考试资格审查1685人；年度累计完成执业师注册、安管人员考核、各类继续教育审核等超55万人次，平均每个工作日办理业务达2200人次。

【建设工程抗震管理】2019年，全省建设工程抗震管理进一步做好工程抗震及防灾减灾。严格依法行政，加大对抗震设防的监管力度。首先是做好新建工程的抗震审查备案工作，2019年完成超限高层建筑工程抗震设防专项审查13项；其次是指导和监督全省新建工程按抗震设防规范标准进行抗震设防，要在2020年全省勘察设计质量检查中，新建工程的抗震设计基本达到抗震设防标准要求。督促指导全省7度以上抗震设防地区抓紧修编城区抗震防灾规划。建立健全抗震救援机制，提高地震应急处理能力。及时更新省住房和城乡建设厅关于更新地震应急预案有关组织及应急措施。建立健全省辖市震后房屋建筑安全应急评估队伍，同时补充、完善河南省工程抗震专家队伍建设，建立健全退出和增补制度，充分发挥行业专家技术支撑作用。配合省防灾减灾委做好全省"5·12"防灾减灾综合宣传演练活动。

【建筑业发展情况】2019年，全省建筑业认真贯彻落实省建筑业转型发展工作会议精神，各项工作稳步推进，转型发展管理取得初步成效。全省完成建筑业总产值12700.97亿元，同比增长11.8%，高于全国平均增速6.1个百分点，位列全国第八位，中部第二位；全省建筑业完成税收445亿元，同比增长1.39%。112家省重点培育建筑业企业全年完成建筑业产值5109.6亿元，占全省建筑业总产值的39.9%，同比增长25.3%，高于全省平均增速13.5个百分点。全省施工总承包特级企业、特级资质数量居全国第六位。转型升级持续向好。大力发展装配式建筑。省发展改革、财政等部门出台支持装配式建筑的奖补政策，省住房城乡建设厅发布10部装配式建筑系列地方标准。全省入库新开工装配式建筑项目117个，面积900余万平方米，省青年人才公寓采用装配式技术建造。全省装配式建筑生产基地年产能可满足450余万立方米预制混凝土构件和3000余万平方米装配式钢结构建筑需求。积极推广绿色建筑。全省新增绿色建筑标识评价项目108个、1344.92万平方米，累计完成绿色建筑标识评价项目526个、8144万平方米。先后获批6个国家级可再生能源建筑应用示范城市、3个国家公共建筑能效提升重点城市、2个中欧低碳示范城市和气候适应型试点城市。

建筑业高质量发展呈现良好态势。科技创新取得新突破。全省建筑业新增1个省级产业技术创新战略联盟、11家省级企业技术中心、6家省工程技术研究中心、44家高新技术企业、8项省级科技进步奖、136项省住房城乡建设厅科技进步奖。深入推进BIM技术应用。省住房城乡建设厅组织编制并发布民用建筑工程、市政道路桥梁等4项BIM技术标准。甲级工程勘察设计企业BIM应用覆盖率达90%以上，特级施工企业BIM应用比例100%，一级施工企业BIM应用比例50%以上，国有资金投资为主的大中型建筑BIM应用比例达60%以上。推动成品房建设。省住房城乡建设厅编制并发布成品住宅系列标准，并与各地签订成品房推广目标。全省新开工建设成品住宅760万平方米，省青年人才公寓将全部实行成品交付。开展工程质量创优。共有5项工程获国家"鲁班奖"，12项工程获第十三届中国钢结构金奖，1项工程获中国土木工程詹天佑奖，24项工程获国家优质工程奖，94项工程获得河南省建设工程"中州杯"（省优质工程）。

人才队伍建设进一步加强。重点培育建筑企业成立3个院士工作站、引进院士5名，获批9家省级博士后创新研发基地。制定《河南省培育新时期建筑产业工人队伍试点工作方案》和《关于装配式建筑人才队伍培养工作的指导意见》，全省共培训技能工人8.92万人，注册专业作业企业180余家。国外工程承包。积极参与"一带一路"倡议，全省对外承包工程和劳务合作完成营业额41.63亿美元，同比增长20.7%；新签合同额44.26亿美元，同比增长18.2%。

【建筑市场管理】 2019年，河南进一步加大建筑市场监管力度，提升建筑市场监管效能。

规范建筑市场秩序。全省全年共检查工程项目10701个，查处违法违规项目532个，对企业罚款金额3317.881万元，没收企业违法所得11.99万元，对个人罚款金额23.7509万元，没收个人违法所得2.25万元，有效规范建筑市场秩序。同时，对工程建设领域专业技术人员职业资格"挂证"进行专项整治，取得较好效果。

加强招投标管理。全省共检查项目1150个，发现问题107个。全省监管范围内的房屋建筑和市政基础设施建设新建项目10108个，其中政府投资和使用国有资金项目6975个，公开招6590个，邀请招标385个，进场交易率100%。非国有资金投资项目3133个，招标发包315个，直接发包2818个。

做好农民工工资根治欠薪。省住房城乡建设厅、省人力资源社会保障厅印发《关于推进房屋建筑和市政基础设施领域农民工实名制管理和工资支付监管信息化工作的通知》，要求依法纳入住房城乡建设行政主管部门监管的项目，全部实行农民工实名制管理信息化和工资支付在线监管。

【建筑业法规建设与体制改革】 2019年，河南进一步加大建筑业法规建设和体制改革力度。深入推进"放管服"改革。省住房城乡建设厅全面落实非国有资金投资项目自主招标、建筑业专业承包资质审批权下放、权限内所有审批事项下放给自贸区等政策，省住房城乡建设厅权限内建筑业、工程监理资质全部实行告知承诺制审批，承诺办结时限由20个工作日压缩至8个工作日。工程项目审批全省均已实现网上办理，平均办理时长2日。切实解决建筑业企业发展难题。省住房城乡建设厅会同省建行、省中行、中原银行召开银企对接会，签约意向资金达370多亿元。省住房城乡建设厅会同相关部门在全省大力推行工程担保，用保函替代现金保证，全省共出具保函1824份、替代现金保证26.03亿元。强化建筑材料管理力度。出台《关于加强建筑工程材料市场价格风险管控的指导意见》，降低因生产成本上涨对建筑企业的不利影响。印发《关于促进机制砂产业发展 大力推广应用机制砂的指导意见》，大力推广机制砂应用。

【工程建设监理】 2019年，全省工程建设监理行业在资质建设、人员培养、业务拓展、增长方式、科技设备、技术手段等方面都有了长足的进步。全省共有工程监理企业378家，其中综合资质企业18家、甲级企业160家，占企业总数的42%；乙级139家，占企业总数的37%。工程监理从业人员5.82万人，其中注册监理工程师8144人、省专业监理工程师1.93万人。全年工程监理企业实现营业收入超亿元的企业有35家，超8000万元的有45家，超过5000万的有67家，超3000万元的有91家。

年工程监理企业承揽合同额334亿元，与上年相比增长27%。其中工程监理合同额118亿元，与上年相比增长11%；工程项目管理与咨询服务、工程造价咨询及其他业务合同额120亿元，与上年相比增加44%。工程监理合同额占总业务量的35%。实现营业收入198亿元，与上年相比减少19%。其中，工程监理收入73亿元，与上年年相比增加10%，占总营业收入的36%；工程项目管理与咨询服务、工程造价咨询及其他收入67.4亿元，与上年相比减少40%。

全省工程建设监理行业地位明显上升。全省工程监理企业数量居全国第十一位，工程监理行业营业收入位居全国第七位，综合资质18家，8家企业跻身工程监理收入前100名榜单，业务遍及全国28个省市自治区。电力、铁路、石油化工专业监理走在了全国的前列，部分监理企业走出国门，参与了海外工程咨询服务市场的竞争。

【工程建设标准定额和工程造价管理】 2019年，河南持续健全工程建设标准体系，完善工程造价机制。

工程建设标准体系日趋完善。在全国率先颁布实施《河南省居住建筑节能设计标准》和《河南省超低能耗居住建筑节能设计标准》等标准，建筑能效进一步提升。编制修订《河南省城市房屋建筑和政基础设施工程及道路扬尘污染防治标准》启动《混凝土用机制砂质量及检验方法标准》和《机制砂混凝土应用技术标准》编制。编制《河南省既有居住建筑加装电梯技术标准》，2019年1月发布实施。全年共出台地方标准24项。

定额编制和工程造价管理成效明显。完成《河南省城市地下综合管廊预算定额》《河南省装配式建筑工程预算定额》《河南省绿色建筑工程预算定额》和《河南省城市轨道交通工程预算定额》等4套专业定额的编制和发布实施。印发《关于加强建筑材料计价风险管控的指导意见》。对全省扬尘污染防治增加费进行了测算。完成国家建设工程造价数据监测平台和河南省工程造价数据监管系统数据对接，已全部实现数据互传。

工程造价咨询业务管理全面到位。组织修订并印发《河南省优秀工程造价成果评选办法（试行）》和评分标准，开展了2019年度河南省优秀工程造价成果评选活动，从全省104个申报项目中评出优秀工程造价成果55项（全过程成果6项，阶段性成果49项）。按时完成2018年工程造价咨询企业统计报表上报。全省实有工程造价咨询企业313家，全年工程造价总额为15757.36亿元，利润总额为64.51亿元。

组织开展全省造价系统职工技能竞赛。2019年中国技能大赛"先锋杯"省住房和城乡建设系统职工职业技能竞赛（造价）决赛暨河南省第二届"匠心杯"工程造价技能大赛在郑州举办。

建筑节能与科技

【组织科研攻关】 组织住房城乡建设部科技计划项目的推荐申报，征集遴选56个科研技术类、30个科技示范类共计30个项目向住房城乡建设部申请立项审核。组织开展全省建设科技计划项目立项，以建筑节能技术、装配式建筑、低能耗建设示范为方向，发布74项软科学、技术开发和科技示范项目。

【开展集成示范】 加强对建筑节能和绿色建筑的关键技术、材料、产品进行研发，开展集成应用。重点开展以市政工程、产业园区、住宅、公益性建筑、绿色农房为类型的装配式建筑集成示范；重点组织超低能耗关键技术研究和科研创新，推广适合超低能耗建筑的墙体保温系统、门窗系统等，建设一批公共建筑的超低能耗建筑改造和住宅建筑的超低能耗建筑技术集成应用项目；重点推动以新技术、新产品应用的关键技术研究与技术集成，形成一批智慧施工应用、BIM信息化技术及建设科技集成应用的示范工程。

【提升新建建筑能效】 全省新建居住建筑执行"65%+"、公共建筑执行65%节能标准，郑州、开封等国家清洁取暖试点城市率先执行"75%"节能标准；结合农村建设试点，组织专家免费提供技术服务，指导焦作温县北冷乡整村安置项目开展低能耗农房试点，项目涉及农户130户，示范面积3.3万平方米。组织专家编制《河南省超低能耗公共建筑技术标准》《河南省清洁取暖建筑能效改造提升项目验收指南》《河南省清洁取暖建筑能效提升应用技术指南》等技术规范，进一步完善全省建筑能效提升技术体系，有效指导建筑能效提升。

【建设超低能耗建筑示范】 编制发布《河南省被动式超低能耗居住建筑节能设计标准》，推进低能耗建筑发展；结合全省地域实际和工程需要，积极开展五方企业馆、新乡金域华府等超低能耗建筑建筑试点示范工程。指导开展超低能耗建筑工程实践，郑州外国语学校（航空港区）、荥泽苑人才公寓等12个项目为年度超低能耗建筑示范项目，总建筑面积达78.4万平方米。住房城乡建设部超低能耗建筑发展技术交流会在新乡市召开，以技术交流、现场观摩的方式向全国推介中原地区发展超低能耗建筑示范技术和商业发展模式，为中原地区规模化成片推广超低能耗建筑起到示范引领作用。

【建筑能效提升和清洁取暖】 在全国率先颁布实施《河南省居住建筑节能设计标准》（寒冷地区"65%+"）、《河南省居住建筑节能设计标准》（寒冷地区75%）、《河南省超低能耗居住建筑节能设计标准》等提升标准，建筑能效进一步提升，全省新建建筑节能设计标准执行率连续十多年达到100%，实施率达到99%以上。定时召开清洁取暖试点城市建筑能效提升工作座谈会，研讨帮助解决推进中存在的技术难题，督促工程项目落实和实施，全省清洁取暖试点城市实施既有农房改造面积约1630万平方米，实施城镇既有建筑节能改造面积3446.6万平方米。配合省财政厅指导全省前两批8个清洁取暖试点城市完成2018—2019示范年度绩效省级评价，在全国排名中河南省8个试点城市获得4优4良的优异成绩。指导济源和三门峡2市成功获批第三批中央财政支持北方地区冬季清洁取暖试点城市。

【绿色建筑】 在全国首次研究开发"河南省绿色建筑评价标识管理系统"软件，实施网上受理、专家审核等。全省新增绿色建筑评价标识项目118个，标识面积约1445万平方米。

【装配式建筑】 2019年，全省大力发展装配式建筑。适时更新省级装配式建筑项目库，实行月调度制度，促进项目落实，全省新开工装配式建筑项目121个，约900万平方米。对省老干部大学等25个装配式建筑项目（合计面积100.1万平方米）和云松·金域华府等2个超低能耗建筑项目（合计面积3.122万平方米），落实奖补激励。申报节能和资源循环利用专项资金2610.5万元，其中中建森林上郡、鹤壁淇水花园、临颍远大天成家园等一批开发项目将得到省级奖补。推进试点示范建设。省住房城乡建设厅制定《河南省装配式钢结构住宅建设试点实施方案》，指导新乡、安阳、商丘和济源等4个城市获批国家装配式钢结构住宅试点；依据《河南省装配式建筑示范城区管理办法》和《产业基地管理办法》，确定焦作、济源、禹州3个城市和机械工业第六设计研究院有限公司、中原建港建筑科技有限公司等20家企业列入省级示范。省住房城乡建设厅组织开发"河南省装配式建筑评价服务系统"。加大装配式建筑相关标准的研究力度，先后编制《装配整体式混凝土结构技术规程》《装配式混凝土构件制作与验收技术规程》等技术标准，确立了涵盖装配式预制混凝土结构、钢结构等在内的多种建筑结构技术体系。

【新型墙体材料革新】 2019年，全省新型墙材在城市规划区应用比例保持在98%以上，城市"禁黏"成果进一步巩固，乡镇"禁实"继续推进，新型墙材应用管理进一步规范。稳步推进乡镇"禁实"。统筹全省"禁实""禁黏"情况并结合各地实际，省住房城乡建设厅印发《关于下达2019年度"禁实"目标任务的通知》，下达乡镇"禁实"目标任务55个，各地多数市、县制定了更高的工作目标，对县、区实行目标管理，分解落实任务，完善工作机制，各市、县实际完成验收81个，超额47%完成年度"禁实"目标。

【建筑垃圾管理和资源化利用】 2019年，全省建筑垃圾管理和资源化利用强化全过程管控，不断推进行业转型升级。严格落实大气污染防治相关法规和规章制度，不断强化建筑垃圾清运市场和清运秩序规范管理；严格落实处置核准制度，强化源头管控；严肃查处沿途抛洒和私拉乱倒行为，有效遏制道路扬尘产生，收到良好效果。全省核准建筑垃圾清运公司251家、清运车辆14296辆，规范管理的消纳场（点）有54个，资源化利用企业有32家，建筑垃圾资源化年处置能力超过6500万吨，省辖市建筑垃圾资源化利用率达60%。深入推进建筑垃圾清运领域扫黑除恶专项斗争，按月上报执法查处情况，将扫黑除恶专项斗争贯穿于建筑垃圾清运管理工作始终。建立联合执法机制，开展常态化联合执法检查，全年共开展联合执法5721次，出动执法人员139617人次，查处违法违规车辆6003台，清退违法违规车辆148台。各地行业主管部门排查移交线索2条。

大事记

1月

3—4日 全省百城建设提质工程暨文明城市创建工作推进会在洛阳召开，省长陈润儿带队观摩并出席会议。会议期间与会人员到洛阳市区和宜阳、新安、孟津三县进行实地观摩。

8日 2018年度国家科学技术奖励大会在北京举行，由中铁工程装备集团有限公司等单位完成的《异形全断面隧道掘进机设计制造关键技术及应用》获得国家科技进步奖二等奖。依托这一项目，中铁工程装备集团有限公司自主研制出超大断面矩形、马蹄形、U型等多种异形掘进机由许昌金科资源再生股份有限公司参与完成的《建筑固体废物资源化共性关键技术及产业化应用》荣获2018年度国家科技进步奖二等奖。

18日 河南省政府办公厅印发《关于实施工程建设项目区域评估的指导意见》，《意见》就实施工程建设项目区域评估的总体要求、主要任务、主要事项、保障措施等提出明确要求。

19日 河南省首个被动式超低能耗示范项目——五方科技馆在郑州"西岗·建筑艺术体验园"正式建成并投用。五方科技馆里"十三五"国家重点研发计划专项科技示范工程和国家北方清洁取暖城市示范项目，总建筑面积约3800平方米，主要用来进行被动式超低能耗建筑技术以及其他建筑新技术的示范、展示、研发、体验和交流，项目已经取得德国被动房研究所认证和中国被动式超低能耗建筑联盟认证。

21日 商丘市在柘城县举办2019年重大建设项目集中开工仪式，131个重大项目集中开工建设，总投资735亿元。

21日　住房城乡建设部、国家文物局公布第七批中国历史文化名镇、中国历史文化名村名单。其中河南获评中国历史文化名村7个，分别是宝丰县李庄乡翟集村，郏县薛店镇冢王村、薛店镇下宫村、茨芭镇山头赵村，修武县云台山镇一斗水村、西村乡双庙村，三门峡市陕州区西张村镇庙上村。

26日　郑州市不动产登记中心发布《郑州在郑州市区启用不动产登记电子证书（房屋首次登记）和不动产登记电子证明（预告登记）的公告》，自2019年2月1日起，在市区范围内，将启用不动产登记电子证书（房屋首次登记）和不动产登记电子证明（预告登记）。不动产登记电子证书（房屋首次登记）和不动产登记电子证明（预告登记）与纸质不动产登记证书和证明具有同等法律效力。

2月

11日　为深入推进房屋和市政工程施工安全风险双重预防体系建设，河南省住房城乡建设厅印发《河南省房屋建筑和市政工程施工安全风险隐患双重预防体系建设实施细则（试行）》，《细则》分为适用范围、编制依据、工作任务和目标、体系建设基本要求、教育培训、风险管控、隐患排查、双重预防体系过程管控、持续改进、信息化、文件管理等。

12日　平舆县2019年建筑防水产业大会召开，来自全国建筑防水行业以及法国、德国等多个国家和地区的800余名中外客商、专家参会，省政协副主席张震宇出席大会并讲话。

19日　为加强对城镇污水处理厂污泥处理处置监督管理，河南省住房城乡建设厅印发《河南省城镇污水处理厂污泥集中处理处置管理办法（试行）》，《办法》共32条，自2019年2月19日起施行。

26日　为指导铁路沿线绿化设计，提升铁路沿线的景观风貌，河南省住房城乡建设厅印发《河南省铁路沿线绿化设计导则》，《导则》分为总则、安全技术要求、一般规定、设计原则、植物配置等。

3月

8日　为深化安全生产风险隐患双重预防体系建设，河南省住房城乡建设厅印发《河南省城市市政公用设施运营安全风险隐患双重预防体系建设实施细则（试行）》。

18日　为促进建筑产业绿色发展，加快住宅产业现代化，切实提高人民住房品质，洛阳市政府印发《关于推进成品住宅发展的实施意见》，《意见》对成品住宅的建设目标和基本原则、主要任务、运行机制、保障措施等提出了明确政策措施。

19日　为保障全省学前教育事业健康有序发展，河南省政府办公厅印发《河南省城镇小区配套幼儿园和无证幼儿园专项治理工作方案》，《方案》分为总体要求，工作原则，工作任务，工作步骤，组织保障等。

26日　为加强对全省市政基础设施工程质量的监督管理，明确工程质量责任和义务，规范质量监督行为，河南省政府公布《河南省市政基础设施工程质量监督管理试行办法》（省政府令第188号），《办法》分为总则、工程质量责任和义务、工程质量监督管理、法律责任、附则等共5章37条，自2019年6月1日起实行。

4月

8日　许昌市首座立体绿化公厕正式投入使用，该公厕位于许昌市区万丰路北段，三面墙上栽有碧玉、鸭脚木、红钻、绿钻、绿精灵、金童子、小仙女，屋顶种有月季、常春藤、扶芳藤，近万株植物搭配成的色块，让这座占地60平方米公厕的绿化增加约120平方米。

13日　为进一步规范和加强全省楼堂馆所建设管理，河南省政府办公厅印发《河南省机关团体建设楼堂馆所管理办法》，《办法》分为总则、审批权限、项目审批、建设资金、建设管理、监督问责、附则等共7章39条，自2019年6月1日起施行。

16日　为服务全省城市地下综合管廊建设，满足工程计价需要，省住建厅编制了《河南省城市地下综合管廊工程预算定额》（HAAI/31（12）-2019），自2019年4月16日起执行。

21日　《平顶山绿色矿业城市建设规划》（以下简称《规划》）设计通过专家评审。根据《规划》，平顶山市将由"黑"变"绿"，通过绿色发展破解转型发展困局，将城市打造成集能源、绿色、生态、旅游于一体的国家绿色矿业发展示范区和国际一流绿色矿业城市。

30日　安阳市职工文化体育中心建成揭牌，该项目位于安阳市中华路与文明大道交叉口东南角，占地面积41838.31平方米，总建筑面积45557平方米，总投资约2.9亿元，设计为地上4层，地下1层。

5月

11日　第二届国家中心城市建设高层论坛在郑州师范学院举行，国内知名专家学者齐聚嵩山学堂，纵论国家中心城市建设与区域协调发展。国务院发展研究中心副主任张军扩，中国国际经济交流中心副理事长兼秘书长张大卫出席论坛开幕式并作主旨演讲。河南省政协副主席张震宇出席论坛开幕式。

12日　河南省住房城乡建设厅发布由河南省中原成品房研究中心、机械工业第六设计研究院有限公司主编的《河南省成品住宅评价标准》(DBJ41/T 216—2019)批准为河南省工程建设地方标准，自2019年6月1日起在全省施行。

19日　全国农村危房改造脱贫攻坚工作推进会在信阳市召开。住房和城乡建设部副部长倪虹、国务院扶贫办副主任欧青平出席会议并讲话，河南省人大常委会副主任乔新江出席，副省长徐光致辞。财政部、民政部、中国残疾人联合会等有关部门负责人参加会议。会议听取云南省、甘肃省、贵州省和信阳市工作经验介绍，实地观摩了信阳市平桥区明港镇何岗村和新集村农村危房改造工作情况。

20日　郑州地铁首条"环线"5号线正式开跑，标志着郑州市轨道交通"十字＋环线"网化运用时代正式开启，由"换乘时代"迈向"网络时代"。地铁5号线的开通试运营，使郑州成为国内继北京、成都、上海之后第4个拥有环线地铁的城市，线路长度居全国第2位。

20日　中国文字博物馆续建工程和汉字公园项目工程全面开工建设，中国文字博物馆续建工程占地面积175亩，在一期规划边界的基础上，向北扩建178.7米，向东、西各扩建95.5米，建筑面积6.83万平方米，建设内容包括文字文化演绎体验中心，文字文化研究交流中心，人防工程三部分。汉字公园，项目总规划用地面积214亩，建设内容包括园林及庭院工程、海绵城市设计等，充分发挥文字主题创意思维，通过文化复制、文化游娱、文化陈列与园林艺术相结合，打造以汉字主题为主线的公园。

27日　为规范工程保证制度运行，防范化解工程风险，维护投保人、保证人和被保证人的正当权益，河南省住房城乡建设厅印发《工程保证保函基本要求（试行）》，《要求》分为保证金额及保证期限、保证方式、免赔率（额）、保函撤销、免责条款、应急措施等。

6月

5日　商丘市工程建设并联审批平台上线运行，该平台作为商丘市工程建设项目审批制度改革工作的基础性信息化支撑，首创业务流程可视化动态自生配置、办理信息和申办资料共享复用、审批流程质态实时分析展示等技术。该平台还结合大数据分析、可视化决策预警等手段，办事企业可以通过"商事快办"微信公众号实时查看办事进度，监管人员可以通过可视化手段实时掌握审批工作质态。

26日　郑州市政府公布2018年度郑州市总部企业名单，郑州一建集团有限公司、新蒲建设集团有限公司、中国有色金属工业第六冶金建设有限公司、中铁七局集团有限公司、中铁隧道股份有限公司、河南省交通规划设计研究院股份有限公司等建筑企业被认定为2018年度郑州市总部企业。

27日　为进一步推行农民工实名制管理信息化和工资支付在线监管，省人力资源和社会保障厅、省住房城乡建设厅印发《关于推进房屋建筑和市政基础设施领域农民工实名制管理和工资支付监管信息化工作的通知》。

7月

11日　为全面推进全省建设工程竣工联合验收工作有效开展，规范建设工程竣工验收程序和行为，提高效率，保证工作质量，省住房城乡建设厅、省发展改革委员会、省公安厅、省自然资源厅、省市场监督管理局、省人民防空办公室、省大数据管理局、省通信管理局、省电力公司印发《河南省建设工程竣工联合验收实施细则（试行）》，《细则》分为总体要求、联合验收范围、联合验收组织、联合验收条件、联合验收程序、联合验收资料留存。

12日　中钢集团洛阳耐火材料研究院院长李红霞当选亚太材料科学院院士，李红霞是此次当选的院士中唯一一位河南省籍的院士。李红霞长期从事冶金耐火材料研究，主持"863""973"等国家级项目16项，获国家技术发明奖二等奖1项，曾任国际标准化组织耐火材料技术委员会主席、耐火材料联合国际会议执行委员会委员，先后获得国家有突出贡献专家、"新世纪百千万人才工程"国家级人选、第三届杰出工程师奖、全国优秀科技工作者、河南省科学技术杰出贡献奖、中原学者等荣誉。李红霞现任河南省科学技术协会副主席、先进耐火材料国家重点实验室主任、全国耐火材料标准化技术委员会主任委员等。

17日　河南省工程建设项目审批制度改革领导小组办公室印发《河南省工程建设项目审批告知承诺制管理办法（试行）》，《办法》共14条，自2019年7月17日起实施。

26日　河南省第十三届人大常委会第十一次会议批准《郑州市停车场建设管理条例》，《条例》分为总则、停车场规划和建设、停车场经营和管理、城市道路内停车泊位管理、非机动车停放管理、监督检查、法律责任、附则等共8章53条，《条例》自2019年10月1日起施行。

29日　为全面提升全省城市管理文明执法水平和队伍形象，进一步规范城市管理执法行为，省住房城乡建设厅印发《河南省城市管理文明执法规范（试行）》，《规范》分为总则、着装规范、仪容举止规范、语言规范、其他规范、监督检查、附则等共7章27条，自2019年7月29日起施行。

8月

1日　为健全正向激励机制，省住房城乡建设厅、省财政厅印发《农村危房改造激励措施实施办法》，《办法》共8条，自2019年8月1日起施行。

9日　中共河南省委办公厅、河南省政府办公厅印发《郑州大都市区空间规划（2018—2035年）》，《规划》提出构建"一核、四轴、三带、多点"空间格局，最终形成高度融合的网络状城镇体系。《规划》指出，未来，随着郑州辐射带动能力和郑州大都市区一体化水平的不断提升，在现阶段空间范围的基础上，会逐步将开封市、新乡市、焦作市、许昌市所辖县（市）纳入郑州大都市区范围，加快形成网络化、组团式、集约型空间发展格局，引领带动中原城市群向具有国际影响力的国家级城市群迈进。

9月

10日　为进一步规范全省城市餐饮服务单位油烟净化设施安装和加强使用维护管理，省住房城乡建设厅印发《河南省城市建成区餐饮服务业油烟净化设施安装和运行维护监督管理办法（试行）》，《办法》分为总则、油烟净化设备选型、油烟净化设施安装、油烟净化设施运行维护、油烟净化设施监督管理、附则等共6章22条，自2019年10月1日起施行。

10月

16日　国务院正式发布《关于核定并公布第八批全国重点文物保护单位的通知》，其中，河南省有62处入选，此次河南入选第八批全国重点文物保护单位的62处分别为：古遗址20处、古墓葬3处、古建筑27处、石窟寺及石刻3处、近现代重要史迹及代表性建筑9处。至此，河南省全国重点文物保护单位达到420处，位居全国第二位。

19日　二里头夏都遗址博物馆开馆，该馆位于偃师市翟镇镇四角楼村南，规划总建筑面积3.2万平方米，包括公共区域、业务区域、行政区域及早期中国研究中心等，满足博物馆文物展示、文物馆藏、文物科研和观众游览休闲等综合性需求。

29日　河南省政府办公厅公布2019年河南省职业教育教学专家，其中河南建筑职业技术学院史晓慧入选。

11月

18日　为加快推进全省城镇老旧小区改造提质，河南省政府办公厅印发《关于推进城镇老旧小区改造提质的指导意见》，《意见》明确提出改造的总体要求，改造提质范围、内容，主要任务，资金筹措等；《意见》要求全省在2021年6月底前，完成2000年以前建成的城镇老旧小区改造提质工作，实现城镇老旧小区设施配套、功能完善、环境整洁、管理到位的总体目标。

20日　由中共河南省委宣传部、省科技协会等主办的2019年河南"最美科技工作者"发布仪式在郑州举行，10位勇于创新、无私奉献的科技工作者获此殊荣。

23日　由河南省社科院和鹤壁市政府主办的河南大运河文化带建设高层论坛在鹤壁召开，来自全国各地的100多名专家学者出席，为河南省大运河带建设建言献策。论坛上，专家学者围绕隋唐大运河历史文化与遗产价值研究、京杭大运河与隋唐大运河比较研究、河南大运河文化带建设研究、鹤壁大运河遗产价值及其当代应用研究等议题进行了深入探讨。

29日　河南省第十三届人大常委会第十三次会议批准《开封市扬尘污染防治条例》，《条例》分为总则、防治措施、监督管理、法律责任、附则等共5章47条，自2020年3月1日起施行。

同日　河南省第十三届人大常委会第十三次会议批准《许昌市城市绿化条例》，《条例》分为总则、规划和建设、保护和管理、法律责任、附则等共5章37条，自2020年3月1日起施行。

12月

2日　省住房城乡建设厅、省人防办印发《河南省城市地下空间暨人防工程综合利用规划编制导则》（以下简称《编制导则》）《河南省城市地下综合管廊工程人民防空设计导则》（以下简称《设计导则》）。《编制导则》分为总则、规划编制、技术要求、多规融合（规划协调）、规划审批与修改、附则等。《设计导则》分为总则、术语、基本规定、建筑与布局、结构、通风、给排水、电气、管线防护、平战转换、附则等。

3日　省住房城乡建设厅、省发展改革委员会命名开封市、洛阳市为"河南省节水型城市"。

6日　国道234焦作至荥阳黄河大桥及连接线项目建成正式通车，此项目是交通运输部第一批13个PPP项目之一，也是全省"十一纵十一横"普通国道网规划内一条南北纵线和河南省重点建设项目。

10日　省住房城乡建设厅命名内黄县、浚县、新乡县、宁陵县为"河南省园林城市"。命名新密市白寨镇、新安县石井镇、安阳县白壁镇、浚县王庄镇、临颍县皇帝庙乡、卢氏县徐家湾乡、卢氏县汤河乡、固始县陈淋子镇、固始县草庙集乡、新县浒湾乡、息县关店乡、项城市高寺镇、西华县红花集镇、遂平县常庄镇、遂平县阳丰镇、汝州市寄料镇、汝州市米庙镇、永城市裴桥镇、柘城县岗王镇、柘城县伯岗镇为"河南省园林城镇"。

16—17日　由中国城市科学研究会、郑州市人民政府主办的"2019（第八届）国际智慧城市峰会暨智慧生态博览会"在郑州国际会展中心开幕。国务院参事、住房城乡建设部原副部长、中国城市科学研究会理事长仇保兴，省委常委、郑州市委书记徐立毅，副省长何金平出席开幕式。本届峰会以"助推5G商用，升级智慧生态城市"为主题，为期2天，包括开幕式及主论坛两场全体大会和14场平行召开的专题分论坛。

24日　由郑州新大方重工科技有限公司完成的1000吨/40米级混凝土箱梁搬运技术及装备、1800吨级预制节段梁架桥机和复杂环境120米级超轮毂风电快装起重机3项技术成果，正式通过由中国机械工程学会组织的科技成果鉴定。

28日　郑州市轨道交通2号线二期工程初期运营，该线是2号线一期的北延线，线路起于贾河站，止于刘庄站（不含），沿开元路—花园北路敷设，全长约10.25公里，均为地下线，共设车站6座，分别是贾河站、惠济区政府站、毛庄站、黄河迎宾馆站、金洼站、金达路站。

（河南省住房和城乡建设厅）

湖　北　省

概况

【**稳增长，房地产业、建筑业高质量发展取得新进步**】坚决贯彻落实中央"六稳"工作部署，充分发挥稳投资作为稳增长的核心作用。全年完成房地产开发投资5112亿元，同比增长8.9%；完成城乡市政基础设施投资2360亿元，同比增长8%。贯彻落实中央减税降费政策，累计为困难企业减缴公积金1.5亿元以上。深入开展扫黑除恶专项斗争，扎实开展"服务企业提质年"行动和职业资格"挂证"专项整治。建筑业质量和效益不断提高，全年完成总产值1.69万亿元，同比增长12.2%。

【**促改革，激发市场活力和社会创造力**】认真履行"50+100"改革牵头职责，工程建设项目审批制度改革处于全国第一方阵。"四个统一"改革要求基本落实，省市两级审批管理系统全部实现上线运行，3876个工程建设项目实现网上审批，工业建设项目50个工作日、工程建设项目100个工作日完成全流程审批的目标基本实现。大力推进政务服务"一张网"建设，"互联网+政务服务"在省直部门考核中位居前列。坚决贯彻落实中央、省委机构改革决策部署，基本完成建设工程消防设计审查验收职责承接工作。大别山（麻城）建筑产业工人培育基地建成运营，建筑工人实名制管理逐步推进。

【**优生态，城乡人居环境焕然一新**】全省828座乡镇生活污水治理项目转入试运行，建成主支管网9679公里，乡镇生活污水治理设施实现全覆盖。整治城市黑臭水体212个，完成率99%，超额完成90%目标任务。持续开展绿色建筑行动，全省获得绿色建筑标识项目132个，建筑面积1813.55万平方米。武汉市坚持办赛事与建城市相融合，提升了城市功能品质。荆州园博会展示生态与艺术交融的园林盛宴；华新水泥厂旧址、老河口5133厂列入国家工业遗产，"工业锈带"变"生活秀带"，成为当地文化新地标。

【**惠民生，城乡居民住房条件进一步改善**】新开工棚户区改造9.11万套，建成9.2万套，发放租赁补贴3.3万户，发行棚改专项债340亿元，发放贷款453亿元。完成老旧小区改造680个，惠及4284栋14万户居民。扎实推进政府购买公租房运营管理服务试点，襄阳市创新保障房后期管理，推行"红管家"服务。武汉、宜昌、襄阳、十堰等4个租赁试点城市培育企业92家，筹集长租公寓20.2万套（间），解决部分新市民住房问题。全省通报查处住房租赁中介典型案例577件；新增归集住房公积金预计达850亿元，同比增长12.8%，超额完成目标任务；预计发放公积金贷款516亿元，同比增幅45%。开展农村危房改造攻坚行动，全省7.5万户存量任务全部竣工，4类重点对象危房实现全清零。

【守底线、防风险，为全省改革发展稳定大局贡献力量】制定《防范化解重大风险工作方案》，全面开展风险排查整改。坚持稳房价预期，建设运行全省房地产大数据监测平台，实行"一城一策"分类调控，全省商品住房销售面积7100万平方米，同比增长0.8%；库存消化周期10个月，保持在合理区间；武汉等热点城市房价基本保持稳定。武汉公积金中心实行精细化管理，有效防范资金运作风险；孝感市开发上线存量房交易资金及佣金监管系统，对规范中介市场、防止交易资金挪用发挥较好作用。大力开展《工程质量安全手册》试点，住房城乡建设部在湖北省召开建筑工程品质提升推进会暨观摩会，8项工程获2018—2019年度鲁班奖。全省安全生产形势总体平稳，未发生较大伤亡事故。深入开展燃气安全生产大排查大整治。

法规建设

【法治化营商环境建设】2019年，省住建厅出台《省住建厅关于服务建筑业民营企业发展的十条措施》，并联合八部门出台《湖北省工程项目招投标领域营商环境专项整治工作实施方案的通知》（鄂公管文〔2019〕35号），消除招投标过程中对不同所有制企业设置的各类不合理限制和壁垒，维护公平竞争的市场秩序。省住建厅出台《关于支持我省建筑重点培育企业加快发展的通知》（鄂建办〔2019〕81号），重新确定本省建筑业重点培育企业名单并实施相关扶持政策。开展房屋建筑和市政基础设施工程建设领域涉企保证金清理，推广银行保函、建设工程履约保证综合保险代替现金形式保证金工作。开展"服务企业提质年"活动，下发《关于加强房地产开发项目管理服务的通知》（鄂建办〔2019〕104号），梳理房地产开发重点项目839个，涉及重点企业774家，支持企业转型发展、多元发展和品质发展；组织企业赴红安开展产业扶贫；组织"2019中国BBC定制精装城市论坛——武汉站"高峰论坛，推动房地产上下游产业共融共享共赢发展。

【城市管理执法体制改革】2019年，省住建厅继续深化全省城管执法体制改革。加强机构设置优化，根据《湖北省委办公厅　省政府办公厅关于调整省住房和城乡建设厅机构编制的通知》（鄂办文〔2019〕107号）要求，将湖北省住建厅直属行政机构省城市管理执法监督局调整为厅机关内设机构，更名为城市管理执法监督处（省城市管理执法监督局）。优化城市管理执法体制机制，全省116个城管执法机构，行政单位110个，占比94.82%，参公事业单位3个，占比2.59%，全额拨款事业单位3个，占比2.59%。110个行政单位中，属于政府组成部门109个，占比99.09%。行政处罚权集中划转，建立省级住建领域集中行使行政处罚权工作机制，各市县根据中央、省确定的综合执法范围，重点在多头执法扰民问题突出、专业技术要求适宜、与城市管理密切相关且需要集中行使行政处罚权的领域推行城市管理综合执法。执法队伍下沉，按照属地管理、权责一致原则，以区为主、街道（乡镇）为基础，简政放权、放管结合、优化服务，将执法力量下沉到街道（乡镇）。行政执法"三项制度"全面推行，印发《湖北省城市管理执法行为规范细则》（鄂建办〔2019〕99号），明确"城市管理执法部门应当运用执法记录仪、视频监控等技术，实现执法活动全过程记录"。

【重点领域突出问题治理】开展建筑市场行业乱象治理。7月和9月两次对全省17个市州进行建筑市场监督执法专项检查，重点整治违法发包、违法分包、转包和挂靠等"三包一挂"违法违规行为，随机抽查86个在建工程，下达16份执法建议书、11份责令整改通知书，并将检查结果予以全省通报。组织市州检查在建工程项目2725个，查处违法违规行为103起。开展住房租赁中介机构乱象治理。全年共排查住房租赁中介机构1102家，查处违法违规中介机构34家。开展注册建造师挂证专项清理，完成整改6.3万条，此项工作处于全国前列。开展扫黑除恶专项斗争。全年全省住房城乡建设系统摸排受理群众举报线索918件，协助公安部门查办武汉"安逸之家"中介涉黑涉恶等典型案件。

【普法工作】2019年，以推进实施"七五"普法规划为主线，全面开展法治宣传教育，省住建厅被评为全省"七五"普法中期先进集体。制定出台省住建厅法治政府建设清单和普法责任清单，落实普法责任。厅领导带头学法，党组中心组开展《监察法》《中国共产党问责条例》以及新修订的《中国共产党纪律处分条例》等法律、党内法规集体学习交流。督促厅机关干部积极参加网上学法考法，组织30余名干部到省高院观摩法庭庭审，现场接受法纪教育。举办2次全省住建系统法规学习培训，各市州分管领导、法治骨干400余人参训。

【行业立法工作】2019年，协调完成上年度省政府立法计划，《湖北省城镇二次供水管理办法》于4月1日正式实施。调研起草《湖北省城乡生活垃圾管理条例》，向省人大申报2020年立法计划。协助基层立法工作，审查各市州城市管理、自然和历史资源保护、环境保护方面的地方性法规、规范性文件40余件。开展法规修订和清理工作，对全省住建行业现行8部省级地方性法规进行集中清理，对《湖北省燃气管理条例》等4部条例提出具体修订意见，并报请省人大修订；配合开展涉及湖北自贸区、外商投资法等的法规清理工作。

【行政执法监督】2019年，省住建厅进一步加强和规范行政执法监督。对建筑业企业检查、建设工程联合验收等重要规范性文件出具书面合法性审查意见。对厅直接办理的50余起行政处罚案件全过程监督，协助处理中交二航局等企业涉及的行政处罚案件。办理行政复议案17件，行政诉讼案15件，审结案件胜诉率100%。积极发挥行政调解，实现定纷止争、案结事了。

【住建法治环境建设】2019年，省住建厅做好双随机工作、住建行业"互联网＋监管"工作，加强信用体系建设，营造良好住建法治环境。梳理确定18项"双随机一公开"抽查事项，对应形成"一表两库一细则"，所有抽查事项占全部行政执法事项100%，其他事项70%以上。先后出台《湖北省建筑市场"黑名单"管理暂行办法》《湖北省公共住房保障家庭信用管理及失信联合惩戒制度的实施意见》《房地产行业信用承诺实施细则》《建筑市场质量监管信用体系考核和失信计分办法》。组织全省100家建筑业失信企业进行信用修复培训，组织企业签订诚信守信承诺书，编制《住建行业信用承诺实施细则》。建立违法失信黑名单的公开曝光制度及市场禁入制度，发布行政处罚和不良行为记录信息113条。完成省本级"互联网＋监管"系统监管事项清单、行政检查实施清单、住建系统省市县通用权责清单，组织对厅本级实施的97项监管事项数据进行系统录入。

房地产业

【概况】2019年，全省房地产市场总体保持平稳，呈现"三增一可控"特点。房地产开发投资稳步增长，全省房地产开发投资5112亿元，同比增长8.9%，增幅较2018年同期和2019年上半年分别提高6.3和1个百分点。房地产税收稳中有增，房地产业税收收入967.4亿元，同比增长2.8%，占全部税收收入19%，较2018年同期提高0.2个百分点。商品住房销售总量同比增长。全省商品住房销售面积7119.9万平方米，同比增长1%。商品住房库存基本可控。截至2019年底，全省已批准预售商品住房库存面积6280万平方米，环比增加360.5万平方米，平均消化周期10.6个月，总体处于合理区间。

【市场风险防控】稳妥实施长效机制：坚持"房子是用来住的，不是用来炒的"定位，平衡好稳增长与防风险的关系，建立全省房地产市场目标管理制度、一城一策方案和住房发展规划备案制度、房地产市场调控评价考核制度。建立房地产市场监测指标体系、分级评价考核督查体系、政策联动和统筹指导体系。开展房地产市场平稳健康发展长效机制研究，组织问卷调查3000余份。指导实施一城一策：督促指导武汉市推进一城一策试点，编制一城一策试点方案。武汉、襄阳、宜昌、荆门等市已编制实施住房发展规划。研究制定防风险工作方案：研究起草防范化解房地产市场重大风险工作方案。6月，省委办公厅、省政府办公厅制发《湖北省防范化解重大风险工作方案和问责办法》。省住建厅制定《湖北省住建厅防范化解重大风险工作方案》。9月，召开各市州房管部门工作会议，对落实工作方案进行安排部署。建立部门会商联动机制：与省自然资源厅、人行武汉分行等部门建立会商机制，加强部门政策协调联动。2月18日、8月15日、10月30日、12月3日先后4次联合相关部门召开会商会，分析研判市场形势，研究解决新情况新问题。联合调查总队制定《关于印发〈加强湖北省房价统计工作实施方案〉的通知》（鄂调字〔2019〕9号）、《关于进一步做好房价统计工作的通知》，指导6个指数城市提高指数统计质量，为房地产调控评价考核提供依据。加强项目跟踪服务：4月2日，印发《关于加强房地产开发项目管理服务工作的通知》（鄂建办〔2019〕104号），对全省房地产投资和重点项目情况进行摸底，全年全省房地产开发投资预计完成5126亿元，同比增长9.2%，增幅较上年提高6.6个百分点。全省未施工面积在5万平方米以上或投资2亿元以上的重点项目839个，涉及774家企业，2019年计划总投资3724.12亿元，占全省开发投资73%。

【市场监测预警】编制完成大数据平台的建设方案，转发住建部《关于进一步规范和加强房屋网签备案工作的指导意见》《关于印发房屋交易合同网签备案业务规范（试行）的通知》，督促各地全面落实网签备案制度。加快完善网签备案系统建设，实现与省级平台对接，提升大数据平台数据质量。湖北省与江苏、浙江等六省率先实现全国房地产市场监测"一张网",实现县-市-省-部四级纵向网签数据自动传输。加强与省直相关部门衔接,建立了横向数据共享机制,实现交易、投资、税收、库存、土地、信贷、人口、电力等8方面数据汇集和动态更新,建成6个专题22个子栏目大数据平台。完善大数据平台综合分析功能,综合10项数据指标对80个市县区房地产市场进行月监测、季评价、年考核。落实监测月报制度。加强市场监测分析,督促全省80个市(县、区)每月填报市场监测数据,编写全省房地产市场监测分析报告12份。督促各地每月15日定期发布房地产供应、交易、库存等信息。指导省房地产业协会组建市场监测专委会,稳定市场预期。加强风险预警提示,召集销量下滑、库存上升较快的5个市县进行座谈,研究相关应对措施。向投资销量下滑、库存上升的9个城市下达风险提示函,督促落实省防风险工作方案。

【市场秩序整治】省住建厅,会同省发改委、公安厅、市场监管局、银保监局、省委网信办5部门联合印发《关于转发〈关于印发在"不忘初心、牢记使命"主题教育中专项整治住房租赁中介机构乱象实施方案的通知〉的通知》,召开动员部署会,从全面清理中介机构及从业人员、落实行业制度、查处违法违规行为等方面,抓专项整治工作。全省共受理信访投诉举报3065件,调查处理件数2851件,排查住房租赁中介机构4152家,查处违法违规租房租赁中介机构373家,曝光典型案例552起,查处取缔"黑中介"10家。省住建厅集中曝光2批共13起各地查处的典型案例。对住房租赁中介机构和从业人员进行全面摸底排查,基本完成已备案住房租赁机构和从业人员信息采集工作,全省清理中介机构7561家,从业人员30899人。开展金融风险大排查。印发《关于开展全省房地产领域金融风险隐患大排查的通知》,全面开展房地产领域金融风险大排查,加强对风险隐患的跟踪监控。印发《关于开展2019年房地产领域非法集资宣传教育月活动的通知》,部署非法集资风险排查和宣传月活动,围绕房地产行业易发生非法集资和金融风险的关键环节和重点部分开展宣传教育,增强群众的风险意识和辨别能力。开展宣传报道,全省共组织房地产领域非法集资宣传活动74场,发布宣传报道50250条。

【住房租赁】坚持抓好试点引领。指导武汉市加快推进国家住房租赁试点工作,完善体制机制和支持政策,多渠道筹集房源,增加租赁住房供应,推动项目落地。武汉市住房租赁试点企业87家,其中:国有企业29家、民营企业58家,运营长租公寓1000套(间)以上的企业达18家。通过新建、配建、改建、包租等方式,在国有土地上明确32个租赁住房建设项目,建筑面积约219万平方米,房源约3.77万套;在集体土地上选址5个地块、66.3亩土地建设租赁住房,房源约1100套;通过存量房市场筹集长租房源17.5万余套(间)、522万平方米。加大政策支持力度。指导武汉市对存量住房"N+1"改造、"商改租"、集体土地建设租赁住房试点和金融支持、配套服务等政策进行创新。襄阳市颁布《襄阳市住房租赁管理办法》,宜昌市印发《宜昌市城区加快建立多主体供给多渠道保障租购并举住房制度实施方案》,培育和规范住房租赁市场发展。完善信息平台服务。印发《关于加快推进住房租赁监管系统应用的通知》,召开全省系统联网对接视频会议,会同省建设信息中心、省建设银行,完善省级住房租赁信息服务监管平台,实现租赁平台与全省房地产市场大数据平台的对接。在大数据平台增设住房租赁板块,与商品房市场进行联动分析。指导武汉市搭建"互联网+租赁+金融"综合服务平台,入驻租赁服务企业81家,租赁合同备案10万笔。优化管理体制机制,推动建立房管、公安、市场监管等多部门联动工作机制。全面推行经纪机构和人员实名管理,机构备案4202家,备案率78%,从业人员登记2.7万人。

【物业服务管理】2019年,省住建厅抓好《湖北省物业服务和管理条例》宣贯实施工作;研究编制湖北省物业服务规范和等级标准;强化物业管理行业党建引领,推动物业服务融入基层社会治理。开展物业小区违规养犬宣传月和排查治理。印发《关于开展城市住宅物业区域内违规养犬专项排查和治理工作的通知》,组织开展为期一个月的物业小区违规养犬专项排查治理工作和"宣传月"活动,全省共排查小区4008个,发放宣传品9.45万份,发现劝阻制止违规养犬行为2.1万余次。

【房屋征收补偿】推进建立房屋征收补偿监测制度。印发《关于建立全省国有土地上房屋征收补偿监测制度的通知》,自2019年12月1日起,在湖北省房产查核报送系统专线上开通"湖北省国有土地上房屋征收与补偿管理信息系统",实现计划管理、征收管理、机构管理、信访管理等工作在线办理。规范国有土地上房屋征收补偿。组织开展"房屋征收与补偿信访形势及政策研究""房屋征收行为规范考核指标研究""房屋征收社会稳定风险评估范式研究"等课题研究,推进制度建设、标准建设,规范征收流程和标准。加强组织征收工作人员学习培训和观摩交流，提高房屋征收工作人员业务水平和能力。规范政府国有土地上房屋征收与补偿行为，落实国有土地上房屋征收补偿监测制度，提高国有土地上房屋征收与补偿管理信息系统数据质量，完善信息公开、公示、公告等制度。做好房屋征收信访工作，维护被征收房屋所有权人合法权益。

住房保障

【棚户区改造】2019年，全省稳步推进棚户区改造工作，全年完成棚户区改造开工9.11万套，开工率100%；基本建成9.21万套，完成率133.1%。严格按照国家"六个严禁"要求，申报湖北省2019年棚改计划。将棚改目标纳入省委对市州党政领导班子目标考核，印发《湖北省关于抓紧做好2019年棚户区改造工作的通知》，分解市州任务，压实地方政府主体责任。2019年初，会同省财政厅对全省棚改专项债总需求进行摸底调查，共发行棚改专项债340亿元。会同省财政厅向国家争取中央财政城镇保障性安居工程专项资金22.10亿元，会同省发改委向国家争取下达中央预算内投资资金38.12亿元。协调国开行、农发行棚改项目融资支持，新增发放贷款453亿元，其中：国开行新增放贷203亿元，农发行新增放贷250亿元。开展督办检查，每月发布《关于全省棚户区改造进展情况通报》，保障全省棚户区改造开工建设顺利完成。

【公租房政府购买服务国家试点】2019年，省住建厅、省财政厅联合印发《关于开展政府购买公租房运营管理服务试点工作的通知》，研究确定武汉市等5个市县为国家级试点市县，并选定26个合计16052套公租房为试点项目，全面推动试点格局，试点公租房覆盖率高于全国平均水平。所有试点项目均采取公开招标、竞争性磋商、单一来源等竞争择优方式，选定政府购买服务承接主体，签订合同金额1385.73万元。承接主体中既有国有企业，也有民营企业，初步形成运营主体多元、服务特色各异的市场格局。制定各类试点配套文件。制定《湖北省公租房运营服务规范（征求意见稿）》，规范全省试点项目的运营服务标准；武汉市制定出台《武汉市政府购买公租房运营管理服务暂行办法》《武汉市公租房运营管理购买服务工作指导手册》及《武汉市公共租赁住房运营管理规范》等规定，并联合专业机构开展"政府购买公租房运营管理服务定价模型构建及动态调整机制研究"课题，其成果运用于政府购买服务价格标准；宜昌市制定《公租房运营管理考评办法》及《公租房运营管理考核评分细则》；孝感市制定《孝感市公共租赁住房运营管理考核实施细则》《孝感市市本级公共租赁住房维修管理及经费拨付实施细则》；远安县制定《政府购买公租房运营管理服务考核方案（试行）》。

【全国公租房信息系统贯标联网】2019年，省住建厅、省建行联合下发《关于成立我省全国公租房信息系统贯标和联网接入推进工作领导小组的通知》（鄂建文〔2019〕21号），成立全省推进工作领导小组和工作专班，制发《2019年我省全国公租房信息系统贯标和联网接入工作实施方案》并进行培训。协同省建行专班，指导督促6个城市及所属县（市、区）公租房数据清理、系统测试、网络部署、培训上线、运行维护和改造升级等工作。全省共有公租房房源24.13万套，保障对象15.38万户和租赁合同14.94万户等数据与全国公租房信息系统实现共享，圆满完成了2019年全省全国公租房信息系统贯标联网工作，确保住房保障信息及时、准确、全覆盖。

【公租房小区规范管理评价】2019年，对全省已分配入住的政府投资和管理公租房小区开展规范管理评价工作。分阶段、分流程对全省17个市州上报的710个公租房小区中择优抽选的69个公租房小区开展第三方测评和住户满意度调查，共评出武汉市青和居等35个90分（含90分）以上小区和襄阳市丽景东西苑等29个80（含80）~90分小区。

【宣传活动】2019年，全省住房保障部门总结中华人民共和国成立70年来，特别是党的十八大以来发展所取得的历史性成就，配合住房城乡建设部、中央广播电视总台在湖北省拍摄《安居中国》宣传片。联合省广播电视总台制作反映湖北省住房保障所取得巨大成就的系列纪录片《广厦千万间——湖北住房保障成就纪实》。国家改革开放40周年成就展以湖北省武汉市青山区工人村棚改前后对比图为典型案例介绍全国住房保障取得的突出成绩。中央电视总台、湖北电视台等新闻媒体对湖北省推进住房保障工作取得的成就进行正面报道。《湖北日报》推出《从"忧居"到"优居"——住有所居的幸福密码》《湖北住房保障能力不断增强》等多篇报道。

住房公积金管理

【概况】归集稳定增长。2019年，全省新增归集住房公积金853.3亿元，超额完成省政府650亿元目标任务，同比增长11.9%。公积金累计缴存总额达到5650亿元，缴存余额2647.1亿元。提取不断增加。2019年，全省住房公积金提取额513.3亿元，同比增长6.9%，提取额占当年缴存额的比例为60.2%，累计提取总额3002.9亿元。个贷发放增幅明显。2019年，全省新增发放个人住房公积金贷款520.3亿元，同比增长44.4%。贷款总额达到3541亿元，贷款余额2078.2亿元，个贷率78.5%，处于合理区间。

【制度政策】2019年，制定下达全年工作要点和归集使用计划，提出面向新市民、面向乡镇、面向社区干部的扩面重点方向，选取扩面重要增长点武汉作为调研联系点，督促各地积极开展扩面行动。不断完善缴存政策，加大宣传力度，采取上门促缴、行政执法等方式扩面促缴，自愿缴存业务在全省推开，乡镇"七站八所"职工公积金待遇逐步落实，社区干部公积金建制缴交取得突破。省住建厅提出的"三个面向"列入省发改委《2019年全省新型城镇化建设重点工作举措》。围绕支持职工合理住房消费，不断调整完善使用政策，加大对职工租购住房支持力度。各地调整贷款投向，优先支持首套刚需，有条件支持二套改善性需求，严格禁贷第三套，规范提取政策，重点支持住房消费类提取，优先支持租房提取，促进住房租赁市场发展。武汉、潜江等进一步放宽贷款政策，支持职工购房，贷款增长较快，武汉贷款发放同比增长95%。为满足老旧小区改造、加装电梯需要，武汉中心出台老旧小区加装电梯提取公积金政策。

【风险防控】全省公积金流动性风险总体可控，贷款逾期率低于预期，骗提骗贷行为得到有效遏制。各地充分运用电子稽查工具自查整改，政策执行风险得到较好控制。重点督促有关城市中心，按要求规范缴存基数上限，协调武汉中心对超基数、超限额缴存情况进行规范调整，化解政策执行中的潜在风险。配合审计署驻汉办完成对全省住房公积金审计工作，督促各地提早开展问题整改，确保审计问题整改到位。

【信息化水平】重点推进全国数据平台接入、综合服务平台验收和异地转移接续平台直连三项工作。截至年底，全国数据平台接入工作全面完成，接入率和上线率均为100%。综合服务平台建设有序推进，已有8个中心通过验收；异地转移接续平台直连工作进展较快，已有11个城市实现直连，开通以来全省共办理异地转入业务4.2万笔10.7亿元，异地转出业务1.2万笔3.3亿元；积极推进政务服务"一网通办"，网上业务办理量大幅提升，服务水平明显改善，全省已有21个中心开通网厅，武汉、宜昌等地基本实现单位业务全程网上办理。

城市建设

【城市供水管理】水质监管。实行全省供水企业出厂水42项水质检测报告月度公开和全省18个重点城市供水管网水水质7项主要指标监测结果季度公开制度，全年共公布城市城镇供水水质监测信息12期；开展全省水质督查，对8个县城的公共供水厂和管网水进行抽样检测。加强二次供水管理。省住建厅出台《湖北省城镇二次供水管理办法》；开展供水规范化考核，对全省供水规范化和二次供水管理工作情况进行检查。加快国家供水应急救援华中基地建设，为国家供水应急救援华中基地建设争取财政资金。加强水源地保护和管理，联合省水利、环境等5部门联合印发《关于进一步加强城镇饮用水水源保护和管理工作的通知》，明确饮用水水源地建设管理职责。打造供水行业宣传阵地，联合湖北日报（荆楚网）传媒集团、省城镇供水排水协会成立"湖北城镇供水新闻中心"。

【城市节水管理】开展节水培训。2019年初，组织召开全省城镇供水节水培训班，近200人参加培训。加快推进节水城市创建验收。2019年，宜昌市获得"国家节水型城市"称号，黄石市通过"国家节水型城市"复查，鄂州市、荆门市通过了创建节水型城市省级评审，全省达到"节水型城市"要求的城市6家；认定武汉市等5个城市的12家企业、13家单位、58个居民小区为2019年省级"节水型企业（单位）、节水型居民小区"。加强公共供水管网漏控管理。建立漏损控制项目库，总投资约148.63亿元；新增宜昌、孝感、大治3个城市为省级DMA分区计量管理试点；下发《关于明确城镇公共供水管网漏损率统计计算方法的函》，确保漏损数据计算方法的一致性。全省城市公共供水管网漏损率控制目标达标比例由2017年的25%提升至60%以上。

【桥梁安全防护】2019年，省住建厅印发《关于贯彻落实〈住房和城乡建设部办公厅关于开展城市桥梁护栏升级改造专项工作的通知〉的通知》，督导各地开展城市桥梁护栏升级改造工作、城市危桥加固改造工作，收集整理城市桥梁护栏升级改造项目清单。截至2019年底，全省2235座城市桥隧共排查出城市危桥40座，加固改造28座，排查出城市桥梁护栏隐患69座，完成升级改造17座。

【老旧小区改造】2019年，省住建厅印发《关于推进全省城镇老旧小区改造的指导意见》《湖北省老旧小区改造工作指南》；组织召开全省老旧小区改造现场推进会，举办城镇老旧小区改造现场推进培训班。全年共争取国家发改委、财政部资金43.89亿元。全省2018年以前建成的小区中，纳入改造计划的老旧小区共15690个，楼栋数87047栋，户数2281643户，建筑面积22985.677万平方米。截至2019年底，全省全部改造内容已完工的小区680个，楼栋数4284栋，户数139823户，面积1537.4万平方米。从2019年9月起，对老旧小区改造工作实行进度月报制度，督促各地加快推进老旧小区改造工作。

【城镇燃气管理】全面部署安全生产工作，组织召开省城镇燃气安全生产专业委员会联席会议，下发《2019年省城镇燃气安全生产工作要点》。加强安全生产隐患排查治理，制发《湖北省城镇燃气安全生产隐患大排查大整治大会战行动方案》，开展全省"城镇燃气安全生产隐患大排查大整治大会战"行动，全年共排查安全隐患和问题11193项，整治10977项，整改率98.07%。省住建厅联合省市场监管局召开全省液化石油气瓶信息化工作现场观摩推进会，研究解决钢瓶质量检测和管理问题，会同省安委办印发《省安委办关于印发全省推进液化石油气气瓶信息化管理工作方案的通知》。组织住建、城管、监管、公安、商务等部门联合执法，严厉打击辖区无证经营、黑气点、气贩子、无证施工、野蛮施工、占压管道、为过期钢瓶充气、无证运载钢瓶等违法违规行为。全年打击燃气行业违法违规行为690起，取缔黑气点751个，暂扣气瓶23367个，暂扣无证运载钢瓶车辆96台，处理非法占压管道133起。全年先后5次组成11个督查组，分别对全省17个市州城镇燃气安全生产工作进行督查暗访，共查出安全隐患和问题682个（处），下达限期整改通知单65份，执法建议书146份。加强燃气从业人员职业技能培训考核，组织建立全省燃气从业人员资格考核机考题库，印发《关于做好全省燃气经营企业从业人员专业培训考核工作的通知》，全省推广实施燃气从业人员资格考试机考，提高燃气从业人员业务技能和水平。开展住建领域危化品安全生产综合治理，全年全省住建系统共组织排查生产经营单位2036个，排查住建领域危险化学品93.57%，清理涉及危险化学品共36种，重大危险源225处。落实住房和城乡建设生产经营单位安全责任人1779个，完善危化品储存、使用、运输、废弃、处置等制度1072个，健全城镇燃气使用环节和危险化学品事故应急预案773个，开展培训演练13715人次。

【城市地下综合管廊建设】截至2019年底，全省37个设市城市除京山市外，全部完成地下综合管廊专项规划编制工作，其中25个城市完成规划审批，占比68%。督导各地因地制宜推进城市地下综合管廊建设，武汉、黄石、十堰、荆门等市根据地下综合管廊专项规划，因地制宜推进城市干线、支线、缆线管廊建设；部分县市结合城市道路改造，积极推进缆线管廊建设。指导各地加强政策法规建设，武汉、黄石、十堰、荆门等市出台《地下综合管廊建设管理暂行办法》《地下综合管廊入廊费试行收费标准》。全年全省城市地下综合管廊开工建设项目总里程360公里（其中2019年已开工50公里），建成管廊235公里（其中2019年92公里），完成投资额205.6亿元（其中2019年95亿元），入廊管线总里程400余公里。

【海绵城市建设】指导各地编制完善海绵城市建设专项规划，落实海绵城市建设要求。组织各地制定年度海绵城市建设计划，有序推进重点区域海绵化改造，全年新开工海绵城市建设50余平方公里。

【县城品质提升】结合城市建设绿色发展三年行动要求，制定印发《关于开展县城品质提升行动的指导意见》，引导各地开展生态修复城市修补工作，加快停车位改造和市政设施扩容改造工作，督促各地加快推进城市绿道建设，推动"15分钟城市居民活动圈建设"。

【城市污水治理】按照住房城乡建设部、生态环境部、发展改革委印发的《城镇污水处理提质增效三年行动方案（2019—2021年）》有关要求，印发《湖北省城镇污水提质增效三年行动实施方案》。加强城镇生活污水处理设施建设，截至2019年底，全省已建成运行城市（县城）生活污水处理厂136座，总处理能力794.5万立方米/日。全年共处理生活污水27.4亿吨，处理污泥约115万吨。全年全省新完成25座污水处理厂的一级A提标改造工程建设，累计123个污水处理厂完成提标升级改造工程建设，占总量90%。进一步完善城镇生活污水收集管网，指导各地分期分批组织开展城市排水管网排查，对发现的问题制定整改方案，将管网建设改造纳入城建计划，大力推进城市雨污分流改造和老旧污水管网改造，全年全省建设改造城市排水网管1800余公里。

【城市黑臭水体治理】围绕实现90%以上黑臭水体完成整治的年度目标，指导各地因地制宜，坚持控源截污、内源治理、活水补水、生态修复并举，加快推进黑臭水体整治。截至2019年底，全省12个地级以上城市已排查确认的214个黑臭水体中，完成整治工程措施212个，占总数99%。咸宁、荆州、襄阳先后获批国家城市黑臭水体整治示范城市。

【城市排水防涝和河湖长制责任】城市排水防涝，贯彻落实中央和省关于防汛抗旱工作的总体部署以及住建部关于城市排水防涝工作要求，指导督促各地建立内涝灾害报告制度，组织汛前做好城市排水防涝工作责任落实和应急准备到位情况排查，逐项查找不足，确保汛前整改到位。落实河湖长制责任。组织开展富水河管护情况巡查活动，按照省河湖长3号令，研究制定富水河、龙感湖等牵头河湖相关贯彻实施意见，配合水利厅、生态环境厅等部门做好有关河湖管护工作。

【重大项目建设】组织各地报送补短板、惠民生项目库，包括老旧小区改造、排水防涝、污水处理、黑臭水体治理等。全省共谋划储备基础设施领域补短板项目1239项，总投资821.8亿元。其中城市排水防涝设施建设项目328项，总投资385.3亿元；城市黑臭水体治理项目136项，总投资109.1亿元；城市生活垃圾处理设施建设项目130项，总投资122.2亿元；城市污水处理提质增效项目114项，总投资180.9亿元；城市老旧小区改造及基础设施项目504项，总投资9.1亿元；城市二次供水设施改造项目27项，总投资15.2亿元。全省谋划年度老旧小区改造项目1297个，预计总投资60.04亿元。按照省发改委要求，做好重大项目谋划调度工作，全年入库项目33个，转化率30%以上。

村镇建设

【乡镇生活污水治理】2019年，全省共安排乡镇生活污水治理项目897个，计划新建、改造污水处理厂828座（另有69个项目只建管网），新建主支管网8065公里，总投资约300亿元。截至2019年底，所有乡镇污水厂全部建成并投入试运行，占建设计划100%，新增污水处理能力114万吨/日；新增主支管网9643公里，占建设计划119.6%，乡镇生活污水治理设施实现全覆盖。

【农村危房改造】2019年，中央下达湖北省4类重点对象农村危房改造计划7.5万户、补助资金13.7亿元，省级配套资金4.1亿元。截至2019年底，全年已完成改造8.7万户。

【"擦亮小城镇"行动】印发《湖北省"擦亮小城镇"行动实施方案》，以乡镇建成区为主要范围，开展"一统筹、三整治、三提升"工作，全省50个镇纳入首批省级"擦亮小城镇"行动试点镇。

【农村住房建设试点】省住建厅印发《湖北省农村住房建设试点方案》，选定17个县（市、区）纳入省级试点。将全省划分为鄂西北、鄂西南、江汉平原、鄂东北、鄂东南5个片区，形成分区乡村人居环境风貌和村庄民居建筑风貌导则、图集。

【传统村落保护】2013—2019年，住房城乡建设部等六部共公布五批中国传统村落名录，湖北省206个村先后列入中国传统村落名录，133个村纳入中央财政支持范围，占比64.6%。第一批至第四批118个村全部纳入中央财政支持范围；第五批88个村，15个纳入中央财政支持范围。

城市管理

【城乡垃圾无害化处理】2019年，全面开展城乡垃圾无害化处理全达标三年行动，着力推进垃圾处理设施项目建设。全年全省开工建设生活垃圾末端处理设施项目47个，已建成项目15个，完成投资45.42亿元。截至2019年底，全省建成垃圾中转站1858座，日转运能力1.3万吨，基本做到乡镇垃圾中转站全覆盖；建成生活垃圾末端处理设施150座，日处理能力4.48万吨，2019年生活垃圾日处理量同比增长9.8%，焚烧占比约48%（含水泥窑协同处置）。全省农村按"五有"标准，生活垃圾有效治理率90%。各地前端收、中间转、末端处的链条式管理体系不断健全。

【"一把扫帚扫到底，干干净净迎国庆"活动】2019年3月全面启动"一把扫帚扫到底，干干净净迎国庆"活动，省住建厅以上率下，每周开展义务劳动，共在22个县（市）开展义务劳动47次，引领基层推进垃圾治理。全省共出动机关干部、保洁人员496.5万余人次，开展义务劳动15615次，共清理积存垃圾67万余吨。663个非正规垃圾堆放点整改销号644个，整治堆体941万立方米，完成率97.13%。

【城乡生活垃圾分类】2019年，积极开展城乡垃圾分类专项整治。9月18日，省长王晓东主持召开全省垃圾分类工作视频会议，推动垃圾分类工作走深走细走实。省政府印发《湖北省推进城乡生活垃圾分类工作实施方案》，省住建厅编制《城乡生活垃圾分类技术导则》并举办全省视频培训。加强部门联动，建立省级垃圾分类联席会议制度，联合省供销社推进"两网融合"。开展立法，起草完成《湖北省城乡垃圾管理条例》草案建议稿，并通过省人大立法计划建议项目论证评估。开展"三进"活动，发动全厅党员干部走进社区开展垃圾分类，在《湖北日报》刊发《城乡生活垃圾分类倡议书》。截至

2019年底，全省城市2593个社区和24652个行政村中，698个社区和3757个行政村开展垃圾分类工作。

【城镇"厕所革命"】 按照《湖北省"厕所革命"三年攻坚行动计划（2018—2020）》和《湖北省城镇公共厕所建设技术导则》要求，推进城镇公厕建设。截至2019年底，全省共建设完成城镇公厕6451座（城市3472座，乡镇2979座），完工数占三年目标总数90.76%。其中，2019年建设完成城镇公厕3016座，完成投资约10.76亿元，完工数占全年任务总数116%。城市公厕建设完成1707座，完工数占全年任务126.44%；乡镇公厕建设完成1309座，完工数占全年任务104.72%，均提前完成年度建改任务。全省城市一类公厕占比提高至15%以上，乡镇二类以上公厕占约50%。

【城管执法体制改革与队伍规范化建设】 2019年，全省103个县（市、区）全部出台城管执法体制改革意见及方案，97个属于行政机构，纳入政府组成部门，另外6个为参公事业单位。推进数字城管建设，全年全省13个市州（含39个区）、52个县市建成数字化城市管理平台。武汉市建成智慧城管执法监督平台。推进队伍规范化建设，在全省城管执法队伍推进"三项制度"施行。4月1日，省住建厅制定并印发《湖北省城市管理执法行为规范细则》（鄂建办〔2019〕99号），重点对执法主体资格、执法规程、执法保障、执法责任等予以明确，通过"定下尺度""细化标准"，让执法更加科学规范。加强教育培训，分别举办全省城市管理执法、数字化城管和园林绿化培训班，培训市县城管干部600余人。

【园林绿化】 9月28日，以"辉煌荆楚，生态园博"为主题的湖北省第二届（荆州）园林博览会开园。全园设有各色展园45座，总占地1550亩，入园总人数突破88.2万人次。11月，组织开展鄂州、广水、洪湖、钟祥4市以及江陵、竹溪2县2019年国家创园申报现场考查工作。截至2019年底，全省已获国家级园林城市（县城）称号40个，其中国家级园林城市28个，国家级园林县城12个。开展"鲜花添彩、增园添绿、裸土还绿、立体绿化"四大行动。武汉市新种植各类乔木10万株，补植大规格行道树7.4万株，建成临时花海600余公顷，新栽月季100万株，道路绿化提升里程800余公里。

【稽查执法】 2019年共受理住房城乡建设部查办、转办、领导交办、纪检部门移交、厅信访中心转交、群众来信等途径的投诉举报205件，办结案件124件。房地产市场案件办结率83.33%，违法建设案件办结率92%，建筑工程案件办结率90.91%，其他问题案件办结率100%。

【"挂证"整治】 省住建厅联合省人社厅等七部门印发"挂证"专项整治工作实施方案，建成"挂证"专项整治信息系统，开展"挂证"核查整治。采取建立协调机制、分流嫌疑数据、开发信息系统、召开专项会议、开展宣传引导、疏导投诉举报等举措，指导各地较好完成全省"挂证"专项整治阶段工作。住房城乡建设部共向湖北省下发四批次嫌疑数据10万余条，截至2019年底，已整改完成80%。

标准定额

【计价依据体系建设】 2019年，住房城乡建设部计划修编建设工程计价依据6项，其中《市政工程消耗量定额》和《装配式建筑工程投资估算指标》2项编制任务下达湖北完成，截至2019年底，《市政工程消耗量定额》完成初稿，共计子目6600余个。《装配式建筑工程投资估算指标》已完成项目设置的专家审查。发布武汉城市轨道交通定额，于7月1日起施行；发布房屋修缮、综合管廊维护定额，于2020年1月1日起施行。建筑工程概算、建设项目总投资其他费用、仿古建筑3项计价依据编制顺利。针对建筑业增值税税率由10%再次调整为9%，测算工程82个，印发《关于调整湖北省建设工程计价依据的通知》，及时应对降税调整。

【工程建设标准化工作】 深入推进标准实施情况调研，印发《关于组织开展全省建筑抗震标准及实施情况调研的通知》，成立调研组，实地调研典型项目6个，召开调研报告审议会2次，形成调研成果。协助做好工程建设标准化技术委员会组建工作。整理并初审报名专家人数667人，公示通过专家人数433人，成立标委会工作组19个，印发《关于成立湖北省房屋建筑和市政基础设施工程建设标准化技术委员会的通知》，完成标委会组建工作。地方标准覆盖范围不断扩大。申报地方标准编（修）订计划38项，批准立项13项。截至2019年12月底，全省地方标准立项165项，经省住建厅公告实施并报住房城乡建设部备案84项。

【信息化建设】 省标准定额总站持续推进信息化建设。门户网站并入厅网工作全面完成，全文公开城市轨道交通、城市地下综合管廊工程、绿色建筑工程计价定额、房屋修缮定额、地下管廊维护定额5个。规范工程材料市场价格信息发布，印发《关于调整材料信息价格计税税率的通知》，重新计算计价定额材料6547种。截至2019年12月底，发布湖北省各市、州工程材料市场信息价格6万余条。开展装配式PC构件市场信息价格调研3次。主动应对建筑材料价格波动。印发《关于建设工程材料价格风险管控的指导意见》，将建材市场信息价由原来的双月发布改为单月发布。

【造价咨询市场秩序规范】 组织开展全省工程造价咨询企业专项检查，共检查存档咨询项目资料451个，检查造价咨询企业135家，合格率95.5%。检查分公司111家，合格率92.5%。全省共下达整改通知书36份，约谈企业负责人1人，约谈分公司负责人14人。随机抽查市州15个、企业33家，检查存档咨询项目资料66个，检查情况在全省范围内通报。开展造价工程师职业资格"挂证"行为清理整治。截至2019年12月底，完成信息核实并填报系统6390条。推进二级造价师资格考试工作。会同省水利厅、交通运输厅和人社厅印发《湖北省二级造价工程师职业资格考试管理办法》，赴外省开展考试命题调研2次，积极推进考试工作。加强日常监管。截至2019年12月底，受理工程造价咨询企业分支机构备案政策咨询150家，完成备案工作22家；上报47家甲级资质延续造价咨询企业的日常行为监管意见；依法依规办理信访件6件。

工程质量安全

【概况】 全省监督建筑工程约3.2万项、4.8亿平方米，监督市政工程项目造价1050亿元；新签署授权书、承诺书11875份，签订率100%；设立永久性标牌的工程8206项，设置率100%。省内房屋市政工程创中国建筑工程鲁班奖4项、国家优质工程奖13项，优质精品工程创历年之最。

年内共接到各地上报经核对房屋市政工程生产安全亡人事故32起，死亡35人，未发生较大及以上亡人事故，实现省政府下达我厅2019年职能目标。

暂扣44家建筑施工企业安全生产许可证，吊销9名事故责任人安全生产考核合格证书，下达事故督办通知书26份，对32家企业和4名个人的违法违规行为进行不良行为公示，保持房屋市政工程生产安全形势平稳。

【工程质量安全手册】 省住建厅编制《工程质量安全手册实施细则》，分质量安全行为、房建工程实体质量控制、市政工程实体质量控制、安全生产现场控制和质量安全管理资料5个分册，要求将《细则》执行情况纳入工程质量安全监督中。

【治理体系与治理能力】 省住建厅印发《湖北省房屋市政工程安全生产动态扣分暂行办法》《关于做好易地扶贫搬迁工程竣工验收、备案登记及回访保修工作的通知》《关于印发湖北省工程质量安全手册实施细则（试行）的通知》，不断完善住宅质量治理体系，大力推动质量安全手册落地见效。制定出台《湖北省建设工程联合验收暂行办法》，将多部门各自独立实施的专项建设工程竣工验收转变为"统一时间、集中组织、一次验收"的联合竣工验收模式。积极推进"互联网＋监管""双随机一公开"监管，坚持公开公正、依法监管，采取有力措施狠抓落实，持续提升监管效率。

推动工程质量竣工验收信息公开、按套出具质量合格证等试点工作，强化建设单位首要责任，促进工程质量品质提升。推广使用检测样品二维码或芯片唯一性标识，推动检测场所视频监控管理，保证检测样品和数据准确，营造良好检测市场。持续深化放管服改革，在湖北政务服务网开通建筑施工企业安管人员、特种作业人员办事专栏，各类事项实现"一网通办"。全省建筑施工企业安管人员考核取证36176人，特种作业人员考核取证34544人。研发并推行湖北省房屋市政工程安全生产监督工作管理软件，进一步加强房屋市政工程安全监管力度，促进企业加强工程项目安全管理，提升整体安全生产水平。

【监督检查与违法违规行为处罚】 2019年共检查工程项目201个，下达执法建议书14份，下达限期整改通知书30份。按照《2019年房屋市政工程施工扬尘防治工作方案》，全年全省累计开展扬尘治理检查23945次，检查工程32673项次。持续强化检测市场整治，打击虚假检测报告行为，对宜昌、恩施、咸宁、黄石、黄冈和鄂州等6地区13家检测机构进行随机现场抽查，对严重违规的3家检测机构下达执法建议书。开展建筑施工安全生产百日攻坚行动。各地住建部门开展安全检查1509次，共检查工程项目3462个，排查安全隐患8119处，下达限期整改通知书2196份，下达停工整改通知书284份，通报违法违规项目76个。

建筑业

【概况】 2019年，全省完成建筑业总产值1.69万亿元，较上年同期增长12.2%，新签合同额20514.06亿元，同比增长15.3%，增加值3037亿元，同比增长10.18%，劳动生产率的平均人数251.25万人，同比下降1.18%，连续六年保持中部第一、全国第三。全年全省新开工建设装配式建筑面积781.32万平方米，已建成投产装配式建筑生产基地42个，在建生产基地15个，与上年同期相比有大幅提升，超额完成省政府下达的350万平方米目标任务，完成率达223%。

【惠企政策】按照"服务企业提质年"工作总体部署，制定出台《关于支持我省建筑业重点培育企业加快发展的通知》（鄂建办〔2019〕81号），从资质申请、项目监管、企业兼并重组和政府服务等方面明确12条扶持政策，确定164家重点培育企业对象（其中民营企业129家，约占总数的80%）。截至2019年底，省住建厅共受理103家培育企业申报的500项资质，审核通过59家297项资质。

【工程保证保险】根据国务院办公厅《关于清理规范工程建设领域保证金的通知》（国办发〔2016〕49号）和住房城乡建设部、财政部《关于切实做好清理规范工程建设领域保证金有关工作的通知》要求，印发《关于清理规范房屋建筑和市政基础设施工程建设领域涉企保证金和大力推广银行保函建设工程履约保证综合保险的通知》（厅字〔2019〕524号），持续开展房屋建筑和市政基础设施工程建设领域涉企保证金清理，大力推广银行保函、建设工程履约保证综合保险代替现金形式保证金工作。建立涉企保证金清退投诉协调机制。

【施工组织方式改革】为落实《湖北省人民政府关于促进全省建筑业改革发展二十条意见》（鄂政发〔2018〕14号），深化工程项目组织实施方式改革，大力推行工程总承包，10月12日，完成《湖北省房屋建筑和市政基础设施项目工程总承包管理实施办法（试行）》。

【建筑工人实名制信息化管理】启动省级建筑工人管理服务信息平台建设并正式上线。起草《湖北省建筑工人实名管理实施细则》，印发《关于全面推行建筑工人实名制管理工作的通知》（鄂建文〔2019〕27号），各地住建部门全面落实实名制属地管理责任，推进实名制信息化管理，实现全省实名制数据互联共享。截至2019年底，武汉、宜昌、咸宁已启动自建平台建设，14个市州均使用由人社部门开发建设的信息平台。2019年6月至年底，全省实名在册人数111974人，除荆门、恩施两地尚未录入人员信息，其余15个市州均已实现覆盖。

【大别山（麻城）建筑产业工人培育示范基地】5月10日，大别山（麻城）建筑产业工人培育示范基地正式挂牌成立。截至2019年底，大别山（麻城）建筑工人培育示范基地开展了装配式工人、脚手架工人、设备管理和技术人员三期培训，共培训建筑产业工人266人次。

【建筑产业扶贫】服务企业提质：深入老区，对建筑业企业关注度较高的融资贷款、项目合作、人才培训、技能鉴定、资质升级等问题进行专题研究部署。老区建筑业企业资质升级：黄冈市先后获部批建筑工程施工总承包一级资质企业8家，绝大多数集中在6县市连片区，升级后全市建筑工程施工总承包一级资质企业达56家。正在申报部批建筑工程施工总承包特级资质企业3家，部批建筑工程施工总承包一级企业5家，产业扶贫效果明显。特色产业集群：打造大别山建筑业做精品牌战略，已培育成型团风钢构产业集群、麻城石材建材输出基地、大别山建筑产业工人培育基地等特色产业，其中团风钢构申报全国钢构试点区。

【市场监管】加强市场管理：以建筑工程项目为依托，采用"双随机，一公开"方式对全省17个市州和23个县（市、区）的140个项目进行综合检查，涉及勘察企业101家、设计企业93家；对检查发现的违法违规项目和相关责任主体共下发责令限期整改通知书和执法建议书20份，涉及相关责任主体共25个，其中勘察单位2个、设计单位8个。规范市场行为：按照国家七部委的统一工作部署，开展工程建设领域专业技术人员职业资格"挂证"等违法违规行为专项整治工作。省住建厅分类下发四个批次注册建筑师、注册勘察设计工程师、注册监理工程师三类注册人员共计1万余条社保及重复注册存疑数据，各市州住建部门督促所属企业开展自查自纠、全面清理和问题整改，截至2019年底，注册人员整改完成率超过69%。查处违规违法行为：对2019年度全省发生生产安全事故的16个房屋市政工程建设项目进行督办，督促项目所在地主管部门依法对涉事工程监理企业履责情况进行全面核查。对武汉市汉阳旧城风貌区C地块危房改造项目质量安全问题进行履责调查，督促项目所在地主管部门依法对涉事工程监理企业实施处罚。

【鲁班奖】组织湖北省新技术推广应用专家对8家企业申报的12个工程项目进行建筑业10项新技术应用成果技术评价工作，为企业申报国优奖和鲁班奖提供基础性支持。12月10日，建筑业科技创新暨2018—2019年度中国建设工程鲁班奖（国家优质工程）表彰大会在北京召开，湖北省共有8项工程荣获2018—2019年度中国建设工程鲁班奖。

建筑节能与科技

【工程建设标准工作】指导地方标准制（修）订。2019年，向省市场监督局申报两批共33项地方标准立项。联合省市场监督局发布《装配整体式混凝土剪力墙结构技术规程》等13项湖北省地方标准。组织筹建湖北省房屋建筑和市政工程建设标准化技术委员会，经公示确定湖北省房屋建筑和市政工程建设标准化技术委员会成员名单。完成住建部部署的建筑抗震规范实施情况专题调研。会同省经信厅、民政厅、卫健委、通管局、残联，组织开展"十三五"全省无障碍环境市县镇村创建申报工作，推荐十堰市等6个市县镇村为全国"十三五"无障碍环境创建县镇村，并指导各地建立完善工作机制，全面开展创建工作。

【建筑节能与绿色建筑】2019年，全省新增建筑节能能力97.7万吨标准煤，同比增长6.5%，为年度计划的129.7%。新建建筑节能标准执行率，设计阶段达100%，施工阶段达99.6%。全省城镇新建建筑全面执行低能耗标准，新增节能建筑面积7603万平方米。组织开展绿色生态城区和绿色建筑省级示范工作。全年共有132个项目获得绿色建筑评价标识，建筑面积1813.55万平方米。进一步推动既有建筑节能改造。全年完成既有建筑节能改造443万平方米，其中既有居住建筑节能改造253万平方米，既有公共建筑节能改造190万平方米。推进可再生能源在建筑中多元化、规模化应用。全年可再生能源建筑应用2575.88万平方米。太阳能热水系统应用面积2221.66万平方米，地源热泵系统应用面积354.22万平方米；新增太阳能光电建筑应用装机容量22.52兆瓦。全年共有28家建材生产企业取得绿色建材评价标识（三星级18家，二星级10家）。2019年，全省散装水泥供应量7701.35万吨，预拌混凝土供应量9699.88万立方米，预拌砂浆供应量489.12万吨，分别是年度目标的112%、149%、407%。

【消防设计审查】贯彻落实五部门《关于进一步做好建设工程消防设计审查验收工作的通知》（鄂建文〔2019〕32号），会同质安总站组织召开全省建设工程消防设计审查验收工作座谈会，并组织全省各市州县住建局及相关施工图审查和检测机构开展消防设计审查验收业务培训，参加培训人员超1000人。

【勘察设计与施工图审查】贯彻落实"适用、经济、绿色、美观"新建筑方针，助推勘察设计强省建设。全省共6名专家荣获全国第九批勘察设计大师称号，占全国总量的1/10。会同公安、人防、消防、政务等有关部门印发《关于推进房屋建筑和市政基础设施工程施工图设计文件联合审查的实施意见》（鄂建〔2019〕2号），全面推进施工图联合审查工作。组织制定联合审查具体办法，会同公安、人防、消防等部门研究起草《湖北省房屋建筑和市政基础设施工程施工图设计文件联合审查管理办法》并广泛征求意见。研究起草联合审查配套技术文件，会同人防、公安部门组织开展《湖北省房屋建筑和市政基础设施工程施工图设计文件人防工程技术审查要点》《湖北省建设工程施工图设计文件消防工程技术审查要点》评审，对接省公安厅研究制定《湖北省省房屋建筑和市政基础设施工程施工图设计文件技防工程技术审查要点》。推进施工图数字化审查试点工作，谋划全省施工图联合审查和数字化审查系统建设工作，组织制订全省数字化审图数据标准、监管标准和安全保障措施三个数据标准。制发《关于进一步优化施工图审查工作的通知》（鄂建办〔2019〕120号），缩短审查时限，健全施工图审查监管制度。

【建设科技】按照省科技厅要求，组织住建系统2019年度科技进步奖提名推荐工作，共推荐8个项目参评2019年度湖北省科学技术奖。按照住房城乡建设部要求，完成2019年科学技术计划项目申报审核工作，共推荐30个项目申报住建部科学技术计划项目。征集省级建设科技项目和节能示范项目，申报数量较上年翻一番。

【历史文化名城保护】组织湖北省历史文化街区划定专家审议会，按照住房城乡建设部印发的《关于进一步加强历史文化街区划定和历史建筑确定工作的通知》（建办规函〔2017〕270号）中"历史文化街区须经省人民政府核定公布"的要求，联合省文旅厅向省政府报送《关于报请省人民政府公布湖北省历史文化街区的请示》（鄂建设文〔2019〕120号）。按照住房城乡建设部《关于推进非国家历史文化名城的县历史建筑确定工作的函》（建科保函〔2019〕66号）要求，联合省文化和旅游厅印发《关于开展县域历史建筑确定工作的函》，部署并指导全省县城开展历史建筑确定工作。全省共上报住房城乡建设部历史建筑1284处，历史文化街区39处。湖北省历史文化街区划定数量全国排名第十，历史建筑确定数量全国排名第八。会同省文化和旅游厅支持和指导荆州市编制《荆州历史文化名城保护规划（2018—2035）》，并于4月19日召开《荆州历史文化名城保护规划（2018—2035）》专家技术审查会，按照专家意见对保护规划进行修改完善后，省住建厅提请住房城乡建设部组织对《荆州历史文化名城保护规划（2019—2035）》进行审查。

【非历史文化名城的县历史建筑确定】 按照住房城乡建设部《关于推进非国家历史文化名城的县历史建筑确定工作的函》（建科保函〔2019〕66号）要求，联合省文化和旅游厅印发《关于开展县域历史建筑确定工作的函》，部署并指导全省县城开展历史建筑确定工作。

【城市设计试点】 指导武汉、襄阳、荆州、远安4个住房城乡建设部城市设计工作试点市县，对试点工作情况进行梳理总结，形成试点工作报告、案例和资料汇编。6月下旬，住房城乡建设部带领专家组到湖北省调研座谈，对全省城市设计工作给予了好评。

【防灾减灾】 拟定2019年住建领域自然灾害防治和防震减灾工作方案，部署全省消防安全执法检查专项行动和专项整治工作，印发《关于开展"防风险保平安护军运迎大庆"消防安全执法检查专项行动和全省仓储物流场所消防安全专项整治工作的通知》，召开全省住建领域消防安全专项行动和专项整治动员部署及建筑施工安全生产视频会议，协助做好迎接中华人民共和国成立70周年和军运会的各项安全工作。

人事教育

【机构改革】 出台省住建厅机构编制改革方案，机关核增6名行政编制，新设3个处室，调整合并1个处室。顺利完成城乡规划职责和编制人员的划转移交工作。印发《湖北省住房和城乡建设厅内设机构职责和人员编制规定》。积极推进建设工程消防设计审查验收职能的承接工作，会同省委编办、省财政厅、省应急厅、省消防救援总队联合印发《关于进一步做好建设工程消防设计审查验收工作的通知》，明确建立新的管理运行机制、机构编制人员、经费保障、信息系统建设等重要事项。

【干部培训锻炼】 印发《省住建厅2019年干部教育培训计划》，组织厅2019年春季业务知识系列讲座，举办全省"城市建设绿色发展"专题研讨班，万勇副省长出席并作动员讲话。协调厅有关处室（单位）共举办各类培训18期，培训各级各类干部2350人次。组织厅机关5名年轻干部下基层短期锻炼。建立厅党组联系服务专家工作，协调有关处室（单位）推荐、遴选联系服务专家人选，印发《关于做好厅党组联系服务专家工作的通知》。加大年轻干部培养力度，组织厅机关23名年轻干部、军转干部到武汉市区级住建部门和项目工地等基层单位学习锻炼；厅党组书记、厅长李昌海同志与年轻干部座谈，共同分享学习《习近平的七年知青岁月》的体会；选派16名年轻干部到贫困县挂职，参加驻村（扶贫）工作队和援疆援藏。2019年省住建厅被评为工作突出派出单位。

【干部选拔监督】 完成厅机关和住保局7名处长转正工作，城建职院3名班子副职、省住保局2名副处长的选配工作，组织进行厅机关6名公务员和省建管局4名、省住保局3名参公人员职级晋升工作，根据省委组织部要求完成1名援藏干部调动、任职工作以及18名公务员（参公）登记工作。组织全厅16名省管干部、72名厅管干部完成个人有关事项填报；开展个人有关事项随机抽查和重点核查，完成22名拟提拔对象、8名随机抽查对象的核查比对；结合干部选拔任用工作，认真组织考察，落实凡提"五必要求"，加强党员干部管理监督，下发个人有关事项函询7份，诫勉党员干部1名。组织开展干部人事档案专审和档案信息化软件招标建设工作。

【干部管理考核】 组织开展厅机关公务员年度考核，对85名机关干部和41名厅直参公人员履职尽责情况进行全面考核；开展厅直事业单位领导班子和领导干部年度考核。认真落实《省住建厅干部经常化制度化考核实施办法》，通过干部选拔和年度考核，全面了解了干部政治素质、履职情况和廉洁自律情况。完成干部休假统计，建立并实施年度干部年休假计划和休假备案制度。

【人事管理】 严密组织人员招录工作，完成厅直事业单位公开招聘4人。加强编制和劳资管理，办理厅机关及直属事业单位58人上下编手续，完成厅机关和厅直单位600余人调标及晋级晋档工作。完成"城乡建设与环境治理访问团""宜居生态城镇建设管理访问团"和"建筑产业现代化访问团"出访任务；印发《关于进一步加强和规范离退休领导干部因私出国（境）证件管理工作的通知》，组织对离退休领导干部因私证件进行专项清理，办理报备495人。加强社团管理，完成厅管5个社团年检的初审工作。

【职称评审和行业教育培训】 拟制《湖北省建设工程系列技术职务任职资格申报评审条件》（征求意见稿）；开展2019年度建筑工程高、中级水平能力测试工作，全省共有1118人参加测试，合格618人。印发全省建筑工人职业培训工作实施意见；协助住建部人事司完成住建领域现场专业人员信息管理系统的测试工作；组织开展住建领域现场专业人员职业培训试点工作。印发《住房和城乡建设行业建筑工人职业培训考核实施细则》《住房和城乡建设领域施工现场专业人员职业培训实施细则》，开展信息系统建设、试题库建设、师资培训等相关工作，全面规范开展湖北省建筑工人和施工现场专业人员职业培训工作。

大事记

1月

8日　全省住房城乡建设暨党风廉政建设工作会议在武汉召开。省住建厅党组书记、厅长李昌海作题为《奋斗新时代 砥砺建新功 谱写湖北住建事业高质量发展新篇章》的工作报告。会议传达学习习近平新时代中国特色社会主义思想，全面贯彻落实中央经济工作会议、全国住房城乡建设工作会议精神，传达省委十一届三次、四次全会和全省经济工作会议精神，总结2018年工作，安排部署2019年全省住房城乡建设和党风廉政建设重点工作。

9日　省住建厅通报武汉市普爱医院、武汉新华大饭店有限公司新华诺富特大饭店管理分公司、湖北晴川饭店有限公司武汉晴川假日酒店、武汉洪山宾馆集团有限公司等4家用水单位为省级"节水型单位"。

17日　省住建厅召开厅安委会全体成员单位2019年第一次会议，传达1月9日全国和全省安全生产电视电话会议精神，对2018全省房屋市政工程生产安全事故进行分析，并就2019年工作安排进行交流讨论。

18—19日　省住建厅党组书记、厅长李昌海，厅党组成员、副厅长黄祥国赴兴山县调研定点扶贫工作，实地察看了村级组织建设、易地扶贫搬迁、产业发展、基础设施建设等情况，看望慰问扶贫干部和困难党员、困难群众，听取基层干部群众对扶贫工作的意见建议。

23日　省住建厅、省人力资源和社会保障厅、省交通运输厅、省水利厅、省通信管理局、武汉铁路监督管理局、中国民用航空湖北安全监督管理局联合印发《湖北省开展工程建设领域专业技术人员职业资格"挂证"等违法违规行为专项整治工作实施方案的通知》，严厉打击违法违规行为，进一步促进建筑业持续健康发展。

2月

1日　湖北省人民政府公布《湖北省城镇二次供水管理办法》，通过设定权责明晰、管理专业、监管到位的二次供水设施建设与管理工作机制，力求提高二次供水设施建设和管理水平，改善供水水质和服务质量，打通"最后一公里"的水质安全问题，促进二次供水管理进一步走上制度化、规范化和法治化的轨道。

12日　省住建厅召开誓师大会。厅党组书记、厅长李昌海出席会议并讲话，厅党组副书记、副厅长张弘主持会议。

19日　省住建厅印发《关于全省住建系统"服务企业提质年"活动实施方案的通知》，明确工作任务，落实各部门职能职责，促进《省住建厅关于构建全省住建领域新型政商关系的实施意见》《省住建厅关于服务建筑业民营企业发展的十条措施》落地见效，推进全省住建事业高质量发展。

26日　省住建厅印发《关于做好2019年园林绿化工作的通知》，推动重点工作任务落地落实，全面提高城市园林绿化水平。

27日　省住建厅印发《关于2019年全省住建系统安全生产工作要点的通知》。

3月

4—6日　住房城乡建设部建筑市场监管司司长张毅一行到湖北省红安县、麻城市等大别山连片地区调研建筑业产业扶贫工作。省住建厅党组副书记、副厅长张弘陪同调研。

6日　省住建厅、省公安厅联合印发《关于命名2018年度湖北省"省级市容环境美好示范路"的决定》，武汉市园博园东路等11条道路获"湖北省市容环境美好示范路"荣誉称号。

12日　全省乡镇生活污水治理工作现场推进会召开。

17日　湖北新建的647个乡镇生活污水处理厂主体工程基本完工，8000余公里主支管网基本建成，实现全省乡镇污水处理厂建设全覆盖。

20日　省住建厅发布《湖北省房屋市政工程安全监督动态扣分管理办法（试行）》，2019年7月1日起，全省房屋市政工程安全监督实行动态扣分制度。

21日　省住建厅发布《武汉市"3·13"房屋市政工程生产安全事故督办通知书》，采取有力措施确保建筑施工企业生产安全。

25日　省住建厅印发《关于加强乡镇生活污水接户管网建设管理工作的通知》，进一步加强接户管网建设管理工作，确保乡镇生活污水收集到位。

28—29日　全省建管工作暨工程质量安全管理工作会议在武汉召开。

4月

2日　省建筑节能与墙体革新领导小组印发《2019年建筑节能与绿色建筑发展工作意见的通知》，进一步推进建设领域节能减排，提升城乡绿色发展水平。

3日 省政府新闻办召开"一把扫帚扫到底，干干净净迎国庆"活动新闻发布会。省住建厅介绍了"一把扫帚扫到底"的内涵，确立活动主要目标，部署活动主要工作任务，安排活动具体实施步骤。

4日 省住建厅印发《关于开展2019年建筑施工安全专项治理行动的通知》，进一步压降事故，遏制较大事故，杜绝重特大事故，推动全省建筑施工安全形势持续稳定发展。

21日 省住建厅印发《关于加强城市精细化管理工作的通知》，补齐城市短板，提高城市精细化管理水平，推动城市高质量发展。

22日 省城乡垃圾无害化处理工程建设指挥部办公室印发《关于启用湖北城乡垃圾治理监督举报平台的通知》，进一步推进全省城乡生活垃圾无害化处理工作。

22—24日 住建部住房公积金监管司司长张其光一行到湖北省调研。

23日 省住建厅、省财政厅、中国人民银行武汉分行联合印发《湖北省住房公积金2018年年度报告》的通知。

29日 省住建厅召开全省建筑施工领域安全生产视频会议，学习习近平总书记近期关于安全生产的重要指示，传达省委、省政府主要领导对安全生产工作的有关要求，贯彻省建设安全生产专业委员会2019年第一次会议精神，通报2019年以来全省建筑施工领域安全生产形势，并对当前和今后一段时期的安全生产工作进行部署。

5月

3日 省住建厅党组书记、厅长李昌海深入鄂州市建筑工地、混凝土搅拌站，暗访检查施工现场的安全生产工作，了解"扫黑除恶"专项斗争的推进情况，看望慰问一线建筑工人。

7日 省住建厅印发《关于做好2019年全省住建领域重大项目谋划推进工作的通知》，进一步明确湖北省住建领域重大项目工作任务、工作要求等。

10日上午 "大别山（麻城）建筑产业工人培育示范基地"挂牌仪式及"钢结构装配式"培训班开班仪式在麻城市职业技术教育集团举行。

15日下午 省住建厅与建行湖北省分行召开了公租房信息系统贯标和联网接入工作对接会。

20日 省住建厅印发《湖北省农村住房建设试点方案》，公布湖北省农村住房建设试点名单，助推美丽湖北建设。

23日 省住建厅制发《湖北省住房和城乡建设系统2019年"安全生产月"活动方案》。

24—25日 住房城乡建设部在武汉市召开全国市容市貌整治工作现场会。

30日 2019年度湖北省建设行业"安全生产月"活动启动仪式暨工程质量安全手册推进情况观摩会在武汉市天风大厦项目举行。

31日 省住建厅印发《关于公布湖北省美好环境与幸福生活共同缔造活动示范村名单的通知》，78个村列为湖北省美好环境与幸福生活共同缔造活动示范村。

6月

5日 全省住建领域消防安全专项行动和专项整治动员部署及建筑施工安全生产视频会议召开。

4—6日 省住建厅党组书记、厅长李昌海赴荆州调研"一把扫帚扫到底，干干净净迎国庆"活动开展情况。

6日 住房城乡建设部、文化旅游部、国家文物局、财政部、自然资源部、农业农村部等联合下发通知，公布第五批中国传统村落名单。湖北省大冶市金湖街道姜桥村等88个村名列其中。

12日 省住建厅印发《关于开展城市住宅物业区域内违规养犬专项排查和治理工作的通知》，于6月15日至7月15日，在全省开展城市住宅物业区域内违规养犬专项排查和治理工作。

20日 省住建厅印发《关于全面推行建筑工人实名制管理工作的通知》，自2019年6月20日起，全省房屋建筑和市政基础设施工程项目全面推行建筑工人实名制管理。

20日，省住建厅召开"不忘初心、牢记使命"主题教育动员部署会议。

27日 省住建厅制发了《湖北省"十三五"城市市政基础设施规划》，为全省"十三五"市政基础设施建设提供指引。

7月

4日 省人民政府办公厅印发《湖北省工程建设项目审批制度改革实施方案的通知》，对工程建设项目审批制度实施审批全流程、工程项目类别和办理事项全覆盖改革。

15日 省住建厅公布2019年第一批各地查处的违法违规房地产开发企业和中介机构名单。

16日上午 省政府新闻办举行《湖北省工程建设项目审批制度改革实施方案》政策解读新闻发布会。

17日 副省长万勇赴荆州调研省第二届（荆州）园林博览会筹备工作。省住建厅党组书记、厅长李昌海陪同调研。

18日 国管局、住建部、教育部、公安部组成的联合调研组来鄂开展城镇老旧小区改造调研工作,并召开座谈会。

20—21日 省住建厅党组书记、厅长李昌海一行赴兴山县调研指导精准扶贫定点帮扶工作,并主持召开座谈会,听取兴山县2019年脱贫攻坚工作和10家定点帮扶单位帮扶工作情况介绍,研究推进下一步定点帮扶工作。

25日 省政府召开农村危房改造工作专题会议。

25—26日 2019年湖北省工程建设行业吊装职业技能大赛暨全国工程建设行业吊装职业技能竞赛选拔赛在江夏区中建凤凰产业园举办。

26日 省政府召开全省防汛抗旱和建筑行业安全生产会商调度视频会议,学习贯彻习近平总书记重要指示精神和李克强总理批示要求,认真落实全国安全生产电视电话会议精神,安排部署全省防汛抗旱、建筑行业和城镇燃气安全生产、部分消防职能划转等工作。

8月

1日 省住房城乡建设厅、省自然资源厅、省人民防空办公室联合印发《湖北省建设工程联合竣工验收暂行办法》。

6日 全省房屋市政工程安全生产视频会议召开,传达"7·26"全国安全生产电视电话会议精神,通报2019年以来全省房屋市政工程生产安全事故情况,部署全省房屋市政工程安全生产百日攻坚行动。

10日 湖北省政府印发《湖北省推进城乡生活垃圾分类实施方案》,明确"时间表"和"任务书",全省从试点垃圾分类阶段正式走向全面实行垃圾分类阶段。

14日 省住建厅组织召开全省城乡生活垃圾分类工作第一次联席会议。

21日 《工程质量安全手册》现场观摩活动在武汉市湖北宜科大厦项目开幕。

9月

4日 全省"四个三重大生态工程"建设现场推进会在随州广水市召开。

18日 湖北省委副书记、省长王晓东在武汉市调研城乡生活垃圾分类工作,并召开全省推进城乡生活垃圾分类工作视频会议。

20日 省住建厅印发《关于加强建筑垃圾治理促进资源化利用工作的通知》,切实加强建筑垃圾的全过程管理,进一步推进建筑垃圾资源化利用。

21—22日 省住建厅党组书记、厅长李昌海赴荆州市对松滋市综治联系点、园博园开幕筹备、城乡生活垃圾无害化处理、乡镇生活污水治理等工作进行了实地调研督办。

28日 湖北省第二届(荆州)园林博览会开幕。

10月

5日 省住建厅党组书记、厅长李昌海到武汉市暗访城镇燃气安全生产工作。

10—11日 省住建厅党组书记、厅长李昌海赴洪湖、监利对乡镇生活污水治理、城乡生活垃圾治理工作进行了暗访调研。

19—20日,25—26日 省住建厅党组书记、厅长李昌海先后赴荆门、随州,围绕贯彻实施湖北省"一芯两带三区"区域和产业发展战略布局,就推进武汉城市圈、宜荆荆城市群、襄十随城市群建设问题,与域内相关城市住建部门负责同志开展深入交流,听取意见建议。

21日 省住建厅、省水利厅、省生态环境厅、省卫生健康委员会和省市场监督管理局联合印发《关于进一步加强城镇饮用水水源保护和管理工作的通知》,进一步加强领导,加大工作力度,保障城镇饮用水水源水质管理和供水安全。

25日 全省房屋市政工程安全生产视频会议召开,传达近期省委安全稳定专题会议精神,通报全省房屋市政工程安全生产百日攻坚行动和施工扬尘防治工作进展情况,对四季度建筑施工领域安全生产工作进行再部署、再动员。

25日 碧桂园湖北区域与云梦县义堂镇红光村举行了党建共建结对仪式,签订共建精准扶贫协议,以党建促扶贫,助力红光村打赢脱贫攻坚战,实现乡村振兴。

27日 《关于表扬2019年度湖北省"优秀环卫工人"的通报》发布,谌先锋等201名优秀环卫工人获此殊荣。

28—30日 省住建厅党组书记、厅长李昌海赴黄石、黄冈等地,对易地扶贫搬迁工程质量、乡镇生活污水治理、城乡生活垃圾治理、"擦亮小城镇"、农村危房改造等工作进行调研督导。

31日 省住建厅党组书记、厅长李昌海赴武汉市汉阳区、武昌区对住房租赁中介机构进行了暗访。

11月

6—7日 住房城乡建设部在武汉召开建筑工程品质提升推进会暨推行工程质量安全手册观摩会。

8日 省住建厅组织编制《湖北省房屋修缮工程消耗量定额及全费用基价表》《湖北省城市地下综合管廊工程维护消耗量定额及全费用基价表》(以下简

称"本定额"),自2020年1月1日起实施,与本定额对应的原定额同时停止使用。

15—16日 省住建厅党组书记、厅长李昌海赴应城、汉川调研指导"不忘初心、牢记使命"主题教育。

20日 省建设工程质量安全监督总站、华中科技大学等单位联合承担的住房城乡建设部"县(市)城镇工程质量问题及治理模式研究"课题在北京通过结题评审。

25日 省住建厅召开互联网+政务服务"一张网"建设工作推进会。

12月

18日 省住建厅发布《湖北省建筑节能推广、限制和禁止使用技术和产品目录(2019年版)》的公告,推广应用节能环保、品质优良的建筑节能技术和产品,促进全省建筑节能和绿色建筑高质量发展。

30日 全省住房城乡建设暨党风廉政建设工作会议在武汉召开。会议总结2019年住建工作,分析面临的形势任务,部署2020年全省住房城乡建设和党风廉政建设工作。

31日 省住建厅组织召开大别山片区脱贫攻坚座谈会,交流工作进展,协调项目支持,安排收官阶段重点工作。

(湖北省住房和城乡建设厅)

湖 南 省

概况

2019年,湖南省住房城乡建设系统全面贯彻落实习近平新时代中国特色社会主义思想和党的十九大精神,坚决落实住房城乡建设部和省委省政府决策部署,着力发挥新型城镇化建设指引作用,持续打造"人文住建、绿色住建、智慧住建、廉洁住建",打造"一个体系"推动发展,全力构建"政府+协会学会+科研院校+企业"的住建大格局体系,各项工作取得新的进展和成效。

政策法规

【概况】2019年,湖南省住房城乡建设厅以贯彻落实省委省政府"法治湖南"建设战略部署为主线,以规范行政权力、促进行业发展为目标,加强各处室、直属单位工作协调,突出重点,多措并举,大力推进住房和城乡建设领域民生立法,严格审查清理规范性文件,依法办理行政复议和应诉案件,为住房城乡建设系统依法治理提供有效的法治保障。

【民生领域立法】2019年,湖南省住房城乡建设厅坚持以推进住房和城乡建设领域民生立法为己任,牵头组织起草并全程参与《湖南省农村建房管理办法》,11月18日,《办法》在省人民政府第52次常务会议上表决通过,2020年1月1日起正式实施。起草制定《湖南省绿色建筑发展条例》并已向省人大、省政府申报2020年立法出台计划。组织修订《湖南省建设工程造价管理办法》,并申请列入2020年省政府立法计划。对涉及公众重大利益的民生立法,积极引入第三方机构参与立法,认真参与立法听证。

【规范性文件审查清理】湖南省住房城乡建设厅严格落实规范性文件审查并执行"三统一"(统一登记、统一编号、统一公布)制度,坚持所有规范性文件必须经法规处进行合法性审查,并经厅务会集中审议后再报送省政府登记。全年厅法规处共审查规范性文件45件、经济合同100余件、信访和各类答复55件、法规征求意见70余件,各类行政处罚案件49件。全年向省政府报送登记的29件规范性文件全部通过审查。根据国务院、省政府关于清理不符合《政府投资条例》《外商投资法》和招标投标营商环境要求的现行制度的要求,组织对全厅规范性文件进行全面清理。

【行政复议和应诉案件办理】2019年,湖南省住房城乡建设厅共办结行政复议案件32件,其中涉及信息公开15件,占比46.9%;房地产管理12件,占比37.5%;建筑市场管理5件,占比15.6%。共承办行政应诉案件14件,审结12件。

【普法学法责任机制】2019年,湖南省住房城乡建设厅认真落实普法学法责任机制,切实将普法工作纳入全省住房城乡建设系统年度工作目标管理体系,制定《2019年湖南省住房和城乡建设厅法治宣传教育实施方案》。制定普法工作规划和年度普法工作计划,建立并公示普法责任清单,落实责任部门和具体责任人。推行领导干部述法考评制度,制定《党组中心组理论学习要点》,建立机关干部学法用法制度,组织全体干部认真学习习近平新时代中国特色社会主义思想、《宪法》《宪法修正案》《中国共产党党内监督条例》《中国共产党纪律处分条例》等,认真组织厅机关和直属单位参加如法网学法。组织厅机关各处室和各市州住房城乡建设主管部门开展《行政复议法》《行政诉讼法》《政府信息公开条例》的宣贯研讨座谈,全面落实执法资格制度。组织对新出台的招标投标法规政策文件的学习贯彻培训班23期。将法治教育作为各类专业技术人员培训与考核的重要内容。利用农民工夜校培训等方式,定期为农民工宣讲相关法律法规。结合全省文明行业创建,组织各级监督机构开展法制教育"进工地、进社区、进企业"等活动。组织全省各市州住房城乡建设主管部门以及建筑节能行业设计、施工、检测、材料等各方主体开展《民用建筑节能条例》《湖南省民用建筑节能条例》等法律法规和标准政策的宣贯。

住房公积金监管

【概况】2019年,湖南省住房城乡建设厅住房公积金监管工作全面贯彻落实党的十九大精神,以习近平新时代中国特色社会主义思想为指引,按照全省住建工作统一部署,坚持以缴存职工为中心,以防范资金风险为重点,在"加快建立多主体供给、多渠道保障、租购并举的住房制度"方面精准发力,充分发挥住房公积金在保障和改善民生方面的积极作用。全省新开户单位8940家,实缴单位71774家,净增单位3956家;新开户职工57.63万人,实缴职工456.02万人,净增职工21.58万人;缴存额683.69亿元,同比增长13.33%。2019年末,缴存总额4481.44亿元,较上年末增加18%;缴存余额2146.83亿元,较上年末增加15.26%。全年提取399.49亿元,同比增长10.29%,占当年缴存额的58.43%,较上年减少1.61个百分点。2019年末,提取总额2334.61亿元,比上年末增加20.64%。发放个人住房贷款11.19万笔421.18亿元,同比下降4.44%、1.39%。回收个人住房贷款185.18亿元。2019年末,累计发放个人住房贷款137.53万笔3060.28亿元,贷款余额1908.82亿元,分别比上年末增加8.86%、15.96%、14.11%。个人住房贷款余额占缴存余额88.91%,比2018年末减少0.9个百分点。

【归集扩面】2019年,湖南省住房公积金监管部门进一步加大归集扩面力度。积极推动政策落地。落实《关于做好军队专业技能岗位文职文员住房公积金缴存管理有关问题的通知》要求,主动与驻地军队对接,上门服务做好军队文职人员缴存建制;推进非公企业建制。拟定非公企业建制计划,下达归集任务,以正常缴纳"五险"未建制缴存公积金的非公企业作为突破口,以机关事业单位聘用制人员、合同制人员、劳务派遣人员、乡镇社区干部等群体为归集扩面的重点和盲点,加大归集扩面力度,通过广泛宣传、上门催建、召开座谈会、媒体曝光、开展行政执法等措施,深挖归集扩面潜力。全省新开户单位8940家,新开户职工57.63万人。切实维护职工权益。贯彻落实住房城乡建设部等四部委联合下发的《维护缴存职工购房贷款权益》文件精神,协同相关部门严厉打击房地产企业拒贷行为,坚决维护缴存职工权益;积极回应职工诉求。建立公积金中心常态化、规范化催建催缴工作制度和工作台账。对各种渠道反映单位应缴未缴公积金的有关投诉进行重点梳理,通过约谈企业负责人、主动上门、网站公示警告、行政执法等方式,促使规范开户缴存。长沙中心处理欠缴、未缴公积金有关投诉306起,新增月缴存额88.04万元;娄底市向17家单位送达《责令限期办理住房公积金缴存登记手续通知书》,新增汇缴(补缴)人员525人;省直单位公积金中心为紫东阁、中南大学湘雅二医院、湖南中医药大学第二附属医院等多家单位相关人员办理补缴手续、补缴金额60余万元;张家界公积金中心为15家单位职工办理缴存账户。

【优化政策】2019年,湖南省住房公积金监管部门保障缴存职工刚需和改善性需求。坚持"房子是用来住的、不是用来炒的"定位,继续落实"保一限二禁三"政策要求,加大对各住房公积金中心执行政策情况的检查力度,各住房公积金中心因城施策,制定差别化提取和使用住房公积金政策,重点保障缴存职工基本住房需求,支持自住型、改善型住房需求,提升住房公积金在住房金融中的支撑作用。2019年,支持职工购建房1428.80万平方米,个人住房贷款市场占有率为13.33%。落实住房公积金增值收益支持廉租住房(公共租赁住房)建设政策,全年提取城市廉租住房(公共租赁住房)建设补充资金246135.91万元。贯彻落实党中央、国务院决策部署和省委、省政府为企业"减税降费"工作要求。联合相关部门出台《关于改进住房公积金缴存机制进一步降低企业成本的通知》。落实省委、省政府《关于支持湘南湘西承接产业转移示范区发展的若干政策》规定,明确企业可在5%至当地规定的上限区间内,自主确定住房公积金缴存比例。生产经营困难企业,经职工代表大会或工会讨论通过,可申请降低住房公积金缴存比例和缓缴。全年全省205家企业申请降低住房公积金缴存比例,12家企业申请缓缴住房公积金,为企业降低成本3619.41万元。

【信息化建设】2019年,湖南省住房公积金监管部门打造"智慧公积金"。加快综合服务平台建设。在12329服务热线、短信基础上,开通微信、微博、门户网厅等服务渠道。12329热线月接通5.8万人次,发送短信557万人次。长沙公积金中心微信公众号累计关注人数62.83万,占缴存职工的50%以上,网上业务大厅个人版注册人数20.83万。湘西、怀化等公积金中心,打通各部门预留对接接口。推动异地转移接平台直联。15家住房公积金中心全部通过测试实现直联并开通异地贷款业务,全年发放异地贷款8070笔282456.44万元。深化"放管服"改革。推行"互联网+政务服务",按照中央、省深化"放管服"改革要求,组织湘潭、株洲等4家公积金中心业务科长和法律顾问,拟定35项服务事项报送省公共服务事项平台;实行"一窗通办""一站服务"办结模式。全面推行综合柜员制,组织公积金中心学习省外省内业务办理综合化、受理审批一体化工作经验,提升行业办事效率和服务水平;推进"一件事一次办"。组织人员编写省、市两级工作手册,推进业务办理流程优化再造。

【风险防控】2019年,湖南省住房公积金监管部门坚持监管长效机制。认真落实《住房公积金行政监督办法》,及时开展现场监管和非现场监管。加强政策合规审查。认真对各城市管理委理会出台的政策进行合规性审查,全年答复20份请示件,否定不合规条款5项,列席各市州管委会会议11次。坚持重大事项报告制度。关注重点领域,建立银行账户开设、大额资金调度、银行存单等工作台账,实行一个城市一个档案管理模式。进一步加强网络安全管理。全省13家市州住房公积金管理中心先后取得网络信息系统安全等级保护三级证书,配置相应软硬件安全设备,堵塞网络安全漏洞,防止缴存单位和个人信息数据泄露。加强住房公积金个人信息安全管理,保障缴存职工个人信息安全。强化风险防控措施,发挥信息技术在风险防控工作中的作用。

遵循住房公积金归集、提取、贷款、资金管理等政策,利用电子化检查工具每季度对全省15个住房公积金中心开展政策执行情况检查和风险隐患排查,并形成季度分析报告按时报送住房城乡建设部,每月指导各公积金中心开展自查,自查结果省监管部门建立台账,督促落实整改。规定担保业务管理,联合相关部门出台《关于规范全省住房公积金贷款担保业务的通知》。开展专项审计。配合国家审计署长沙特派办对全省住房公积金行业归集管理使用以及相关政策措施落实情况进行全面审计,省公积金监管部门指定专人负责落实相关工作,截止审计组撤离现场审计,共发放54张资料需求单,收集资料600余份,多次向审计组专题汇报行业工作情况,确保审计工作顺利完成。开展骗提骗贷自查自纠和行业乱象治理行动。省住房公积金监管部门制定行业乱象治理措施5条,各城市公积金中心建立联合打击骗提骗贷工作机制。长沙、郴州等公积金中心与市公安局联合发布《关于开展打击非法中介违规提取住房公积金工作的通知》;长沙公积金与市中院联合下发《关于建立涉住房公积金审理、执行联动机制的若干意见》;怀化市人民政府办公室出台《关于开展骗取骗贷住房公积金专项治理工作的通知》文件。全省共处理内部工作人员2名,依法处理骗提骗贷当事人3人,约谈中介公司负责人或当事25人次,61人纳入公积金失信人员名单,发现违规提取住房公积金89笔560.49万元,追回骗提资金310.51万元。

房地产监管

【概况】2019年,湖南省住房和城乡建设厅坚决贯彻落实中央和省委、省政府的决策部署,坚持"房子是用来住的、不是用来炒的"的定位要求,按照"严调控、建机制、强监管、稳市场"的总体思路,扎实推进工作,圆满完成各项工作任务,全省房地产市场总体呈现平稳发展态势。全省商品房销售面积9103.50万平方米,同比减少1.5%,增速较上年同期回落9.8%;销售总额5577.99亿元,同比增长4.2%,增速较上年同期回落15.8%;全省完成房地产开发投资4445.47亿元,同比增长12.7%,连续33个月保持在10%以上的增速。全省商品房施工面积40045.12万平方米,同比增长11.9%,增速较上年同期回落1.0%,其中房屋新开工面积11933.23万平方米,同比增长7.2%,低于全国增速1.3%,较2018年同期回落27.9%;新开工面积总量、增速分别在全国排名第7位、第18位,在中部地区排名第2位和第3位。竣工面积3975.24万平方米，同比减少4.5%，增速较2018年同期回落6.4%。全省房地产用地供应6567.08公顷，同比增长6.1%，增速较上年同期回落31.7%。其中，住宅用地供应4491.78公顷，同比减少1.3%；商服用地供应2075.30公顷，同比增长26.7%。全省房地产用地出让均价3462元/平方米，同比上涨1.8%，增速较上年同期回落29%。其中，住宅用地出让均价3720元/平方米，同比上涨1.8%；商服用地出让均价2989元/平方米，同比上涨1.1%。商品房均价基本平稳。全省商品房销售均价为6127元/平方米，同比上涨5.7%，其中新建商品住宅均价5848元/平方米，同比上涨6.9%，排名全国第27位，中部六省末位。

【房地产市场调控】2019年，湖南省住房城乡建设厅以稳房价、稳预期为重点，切实加强房地产市场形势研判，推出系列举措，促进全省房地产市场平稳健康发展。印发《严肃房地产调控纪律的通知》，保持房地产调控政策连续性、稳定性。配合统计部门将房价调查城市从3个扩大至8个，为实施房地产市场调控评价考核奠定基础。针对长沙市楼市一度出现的"小阳春"现象，联合相关部门在全国率先取消长沙市二套住房契税优惠税率，迅速稳定房地产市场。支持长沙市获批全国住房租赁试点城市，争取到24亿元中央财政奖补资金。指导长沙市制定房地产长效机制试点工作方案，完成国务院备案，并在此基础上起草全省工作方案编制导则，建立房地产调控政策的"储备库"。按照中央建立房地产市场平稳健康发展城市主体责任制的要求，起草湖南省贯彻落实城市主体责任的工作方案。通过主动作为，房地产市场总体呈现平稳发展态势。

【房地产业务监管】2019年，湖南省住房城乡建设厅积极推进房地产日常监管，重点在物业管理和监管平台建设工作中取得突破。依法推进物业管理。以《湖南省物业管理条例》为核心，构建"1+5"的物业法规政策体系。加快建设房地产市场监管平台。以智慧住建规划为指导，以全省房产数据为基础，以房地产项目全生命周期管理为主线，建立全省统一的房地产市场监管平台。该平台初步实现全省房地产数据自动采集、智能化统计分析、可视化动态化监测，为全面分析研判市场行情、实施"一城一策"调控奠定基础；搭建省市县三级行业行政管理平台，为企业提供便捷的线上行政服务窗口，实现房地产企业资质办理"最多跑一次"目标；着手搭建物业投票平台，积极破解住宅小区决策难问题，提升业主自治能力。优化房地产市场环境。印发《湖南省住房和城乡建设厅关于进一步优化房地产市场营商环境减轻企业负担的通知》，提出进一步降低涉企保证金缴纳标准，推行以银行保函替代现金缴纳保证金，积极推进"双随机、一公开"监管、信用监管、大数据监管、"告知承诺＋事中事后监管"等新型监管方式政策措施，切实减轻企业负担。按照中央要求，会同有关部门集中力量开展住房租赁中介机构乱象整治，全省共排查住房租赁中介机构1952家，在《中国建设报》、省住房城乡建设厅网站及市州网站上曝光违法违规中介机构33家。推进既有住宅加装电梯。积极落实《湖南省城市既有住宅增设电梯指导意见》，指导全省既有住宅加装电梯754部，2019年共完成加装电梯277部。联合省财政厅印发《开展老旧小区加装电梯项目申报工作的通知》，督促各地进一步摸清底数，为2020年加装电梯工作奠定基础。加强房屋安全管理。督促有关单位和物业服务企业做好老楼危楼和物业管理区域内的安全隐患排查工作。完成新建房屋白蚁预防施工面积7967.38万平方米，灭治白蚁7122户。通过全面摸底与现场调查相结合的方式，开展D级危房调研工作，调研结果显示全省共有D级危房4.16万户，为下阶段实施危房改造奠定基础。扎实推进房屋征收和信访维稳。指导市州平稳有序推进国有土地上房屋征收工作，完成征收项目328个共计374万平方米。认真处理房地产开发、房产交易、房屋征收、物业管理等各类信访投诉案件138件，其中厅长信箱97件、省长信箱32件、来信6件、依申请公开3件；接待来访群众59批次148人次，有效化解各类矛盾纠纷。

住房保障

【概况】2019年，湖南省保障性安居工程工作围绕"住有所居"目标，克服棚改项目推进难度大、棚改筹融资压力大、地方住房保障系统人员队伍变动大三大困难，精心组织、攻坚克难，圆满完成各项工作任务。国家下达湖南省城镇棚户区改造计划8万户，开工8万户，开工率100%，100%完成目标任务；下达新筹集公共租赁住房计划10821套，开工建设10821套，开工率100%，100%完成目标任务；下达发放公租房租赁补贴任务137751户，发放143202户，完成目标任务的103.96%，累计完成分配入住108.77万套，总体分配入住率98.88%。

【项目推进】2019年，湖南省住房城乡建设厅在综合考虑棚改范围标准、财政承受能力、棚改专项债券发行等多方因素基础上,向国家申报棚改计划8万套。为确保任务完成,省、市、县人民政府签订责任状,层层分解任务,压实主体责任。建立建设节点完成监控制度,将项目开工、基础完成、主体封顶、竣工验收时间等逐项明确时间节点,定期排名、定期通报。上半年和下半年分别召开一次全省行业会议,部署安排任务,调度督促进度。

6月,对长沙等6市历年保障性安居工程在建项目调研摸底,核查情况。9月,抽调各市州134名业务骨干分14组对全省历年城镇保障性安居工程开展核查,全面督促市州加快往年续建项目工程进度和分配入住,基本建成保障性住房6.18万套,竣工11.26万套,圆满完成8万套开工任务。

【资金筹集】2019年,湖南省住房城乡建设厅积极争取中央专项补助资金和省级配套资金92.6亿元。配合省财政厅组织地方发行棚改专项债200亿元。面对棚改融资政策变化、棚改专项债额度剧减的困局,思变求进,探索引入社会资本参与棚改。召开5次座谈会,赴广东实地调研,探索按照任务集成、政策协同、空间统筹、市场参与原则,推进以城镇棚户区、城镇老旧小区、城市零星D级危房和集中成片区域为重点的城市更新,起草《关于推进城市更新 促进高质量发展的指导意见》(征求意见稿)。

【公租房管理】2019年,湖南省住房城乡建设厅指导各地根据保障对象的经济情况及实际需求,分类实施公租房实物配租或发放租赁补贴保障,做到精准保障。不断扩大保障范围,助力解决新市民住房问题,加大对基层干部保障力度。全年共发放住房租赁补贴1.76亿元,118.51万户城镇住房困难群众享受到公租房保障。开展公租房信息系统建设以实现线上受理、审批。组织各地通过政府购买服务方式引导社会力量参与公租房运营管理,完善优化公租房小区配套设施、环境和服务,促进困难群众由"有房住"向"住得好"转变。

建筑业

【概况】2019年,湖南省建筑业完成总产值10800.62亿元,同比增长12.7%,首次突破万亿;实现增加值3327.00亿元,同比增长4.8%。在外省完成建筑业产值3427亿元,同比增长15%。对外承包工程新签合同额54.99亿美元,同比增长20.1%;完成营业额30.3亿美元,同比增长1.6%。全省建筑业上缴税收356.7亿元,同比增长11.1%。全省建筑施工安全生产形势总体平稳向好。全省工程质量一次竣工验收合格率99.4%,质量投诉处理办结率95.55%。全省创建鲁班奖7项,国家优质工程奖17项,省优质工程奖281项,芙蓉奖108项。

【质量安全监管】抓制度完善。拟定《省建筑施工安全生产专业委员会工作规则》,明确专业委员会工作制度及职责。出台"智慧工地"推进政策,建成"互联网+智慧工地"管理平台(项目级),引导企业按照"6+X"模式,强化项目信息化监管。

抓标化引领。抓好安全生产标准化考评,全年累计公布考评不合格项目383个,督促施工企业落实项目管控主体责任,健全标准化管控体系。全面推动工程质量安全手册制度落实,推动建筑企业质量安全管理人员作业标准化、规范化。

抓执法升级。印发《湖南省建筑施工企业"落实企业安全生产主体责任年"2019年实施方案》,要求建筑施工企业切实落实企业安全生产主体责任。通过开展"安全生产隐患大排查""大排查大管控大整治"百日行动、"强执法防事故"和"安全监管执法质量排行榜"活动,督促各地铁腕执法。全省共开展监督执法检查12450余次,发现质量安全隐患36190条,下发限期整改通知8096份,下发停工通知1569份,约谈责任单位187家、责任人145名,行政处罚立案497起,实施经济处罚约2654.7万元,曝光违法违规典型案例162起。

抓层级考核。建立全省建筑工程安全生产目标管理考核体系,每季度按照"双随机一公开"与日常质量安全监督的方式,对全省14个市州及其所辖部分县市区进行集中督查,对存在的薄弱环节和突出问题提出整改要求。全年共检查14个市州、89个县市区、171个项目,发现质量安全隐患2872条,下发隐患整改通知书84份,停工通知书107份、质量安全执法建议书28份,督促属地管理、部门监管及企业主体责任落实。

抓精准防控。突出危大工程、工程质量、建筑施工工地扬尘等专项治理,强化重大危险源或薄弱环节的安全监管。全省4740个建筑施工项目落实"六个百分百",占项目总数88.2%;有2582个项目已安装在线监测监控设备,占全省项目总数48%。印发《关于开展农村危房改造质量安全大排查大整改的通知》和《湖南省住房和城乡建设厅关于印发进一步加强农村危房改造项目质量安全大排查大整改工作方案的通知》,确保贫困农户基本住房安全落到实处。会同省发改委、省自然资源厅等部门联合开展易地扶贫搬迁工程质量安全集中排查,督促各地对易地扶贫搬迁工程质量安全进行集中排查。积极协调长沙、株洲、湘潭三地做好长株潭"三干两轨"项目施工许可和质量安全监管工作。

【建筑市场监管】2019年，湖南省住房城乡建设厅进一步优化营商环境，革新建筑市场监管机制，打好打赢建筑市场"三包一挂""保函代替保证金""无欠薪工地"三大攻坚战。抓好工程建设项目审批制度改革。建成全省统一的审批制度框架和审批管理系统，打造全省统一开放、透明稳定、可预期的工程建设市场营商环境。建立全省工改工作领导小组，联动30家省直厅局和14个市州政府，出台全省统筹的顶层设计文件32份，统建全省"多规合一"协同审批平台和覆盖全流程的全省工程建设项目审批管理系统，推进"多规合一""多图联审""联合测绘""联合验收""区域评估""告知承诺""一窗受理""一网通办"以及市政公用服务和中介服务优化等配套改革全面落地，实现全省审批流程、信息数据平台、管理体系以及监管方式"四个统一"，凸显"五个减少"效果（一减事项、二减时限、三减环节、四减材料、五减次数）。推动建筑市场信用体系建设。建立信用平台，采集施工企业和监理企业信用信息并应用于招投标活动。开展"三包一挂"专项整治。全省共检查项目15477个、建设单位11372家、施工企业10980家，其中查处违法项目204个，对涉及企业和人员罚款1947.37万元。通过开展"挂证"违法行为专项整治，全省注销整改注册建造师60386人（含重新注册）。推进保函替代保证金，全年以各类保函代替保证金金额达34.34亿元，进一步释放建筑业企业流动资金压力。推动建设"无欠薪工地"。督促各地建立农民工工资拖欠案件台账，落实劳务用工实名制等工作机制。印发《湖南省住房和城乡建设厅关于印发〈湖南省住房城乡建设领域保障农民工工资支付工作整改方案〉的通知》，对全省各市州落实根治拖欠建筑工人工资有关措施开展情况进行检查，从源头提前预控欠薪案件发生。

【行业发展】2019年，湖南省住房城乡建设厅通过品牌建设、开放发展、科技创新、人才建设、精准服务，全力推动建筑业持续健康发展。

推动品牌立业。组织2018年湖南省"建筑强企"评选，出台《关于公布2018年湖南省"建筑强企"名单的通知》，评选"建筑强企"19家，打造"湖湘建造"品牌企业。举办"湖南省建筑业政银企对接交流会"，现场签订19份战略协议，确定授信额度1877亿元。

推动开放强业。推动成立湖南省建筑业"走出去"战略合作联盟，多次组织建筑业企业参加经贸对接及邀商等活动。在中非经贸博览会对接工作中，举办赞比亚代表团欢迎餐叙会，推进拓宽赞比亚与湖南企业合作渠道，为企业"走出去"助力。

推动科技建业。建立"互联网＋智慧工地"（项目级）管理平台，继续推广建筑信息模型（BIM）技术在施工阶段的应用及全过程集成应用。出台《关于加强城市建筑垃圾管理促进资源化利用的意见》，编制发展规划，助推行业绿色发展。推动人才兴业。继续启动"建筑业人才培训百千万工程"，完成全省100名建筑业企业职业经理人、1000名项目经理、10万名技术工人培训任务。组织开展国际市场经营管理人才培训3期，累计1000余人次参加，打造国际工程管理人才队伍。

【勘察设计概况】2019年，湖南省勘察设计行业营业收入3034亿元，共有工程勘察设计企业955家，同比增加23家。全省共有勘察设计行业注册执业人员19357人（含建造、造价等专业）。其中注册建筑师986人（一级505人，二级481人），注册结构工程师1170人（一级878人，二级292人），注册土木工程师（岩土）498人，注册公用设备工程师747人，注册电气工程师519人，注册化工工程师185人，其他专业（造价、监理、建造、咨询等）注册人员15252人。冯树荣、刘小力被评为2019年全国工程勘察设计大师。全年湖南省获评全国优秀勘察设计奖一等奖6项，二等奖12项，三等奖12项；共评选出2019年度湖南省优秀工程勘察设计奖162项，其中一等奖31项，二等奖58项，三等奖73项。

【施工图审查制度改革】2019年，湖南省扎实推进施工图审查制度改革。湖南数字化联合审图模式被住建部列入首批复制推广清单。"互联网＋图审"、政府购买服务、"多图联审""多审合一"实现零跑路、零接触、零付费，成为全国施工图审查制度改革标杆。施工图审查流程由多专业多部门分别审查备案变为住建、人防联合审查备案，流程大幅精简。勘察文件与施工图设计文件审查实现同时申报，流程进一步简化，效率进一步提高。全年受理项目10007个，环比增加120%，办结项目8436个，环比增加146%，线上审查覆盖全省169个市州、县市区（含开发区），线下无审批。9月，发布《关于进一步提升施工图审查效率的通知》，要求各环节在规定时限内予以办理，全流程审查用时由27.7日缩短至14.7日，审查效率大幅提高。对21个县政府未落实政府购买服务的整改到位，11月全省所有县市全部实施政府购买服务，湖南施工图管理信息系统同步关闭非政府购买施工图审查服务项目申报通道。12月印发《湖南省住房和城乡建设厅关于印发〈湖南省建设工程施工图审查管理办法〉的通知》，全面总结施工图审查制度改革以来出台的政策和改革举措，指导规范施工图审查工作。加大对审查发现的违反工程建设强制性条文的责任单位处罚力度，开展季度勘察设计质量检查，对检查结果进行通报，对存在违法违规行为的有关单位进行处罚。全年共计抽查项目167个，抽查比例2%。建立施工图审查情况通报制度，定期通报全省施工图审查情况，促进勘察设计质量和审查效能大幅提高。严格监管措施成效显现，一至三季度勘察文件和施工图审查平均送审次数2.1次和3.0次，四季度分别提高至1.9次和2.6次；施工图审查一次审查通过率由6.76%提高至8.84%；每百个项目审查发现违反工程建设强制性条文18.4条，较上年度减少6.9条。

【建筑工程消防设计】2019年4月1日，湖南省住房和城乡建设厅开始承接建设工程消防设计审查验收工作，实有消防审查验收公务员编制6个、事业编制8个。全省批准消防编制191个（其中行政编59个，事业编132个），实际工作人数666人，与原消防部门从事消防审核验收人数基本持平。全省各级住建部门突出强化建设工程消防设计职能建设，积极开展消防设计审查技术培训。创新培训方式，构建以实体入门级培训为基础、网络培训为重要自学手段的全过程培训学习体系。依托现有施工图管理信息系统，搭建消防专业技术在线学习，实现对全省各级消防审查、验收人员在线培训和考试。将"专项消防设计审查"纳入"多图联审"，编制发布《湖南省施工图审查常见问题及处理意见》，统一审查尺度，规范审查行为。截至2019年底，全省消防设计审查业务共受理6019件（房建市政类5945件、其他类74件），办结4670件（房建市政类4670件、其他类61件）。其中市州本级受理消防设计审查业务1012件，办结851件；区市县受理消防设计审查业务5007件，办结3880件。

【全过程咨询与工程总承包】2019年，湖南省以政府投资的民生工程、基础设施工程先行先试，涵盖房建、市政、园林绿化、教育等领域，释放全过程工程咨询和工程总承包市场需求。全省全过程工程咨询项目新签合同份额超850亿元，平均缩短项目建设周期20%~30%，节约投资2%以上；工程总承包项目772个，同比增长21%，新签合同份额约2930亿元。全过程工程咨询和工程总承包由试点转向全面发展，在提高质量、提升效率、节约投资、推动建筑业转型升级等方面取得显著成效，住房城乡建设部对此给予高度肯定。该做法在《建设工作简报》（2019年第33期）和全国全过程工程咨询座谈会上得到推介。

【BIM技术应用】2019年，湖南省BIM技术应用迈上新台阶。组织编写《湖南省BIM审查系统技术标准》《湖南省BIM审查系统模型交付标准》和《湖南省BIM审查系统数字化交付数据标准》，举办第四届BIM技术应用与建筑工业化论坛、首届全省BIM技能竞赛、学术交流巡回论坛，促进建筑业企业加快向BIM技术升级，提升全省建筑业核心竞争力。研发BIM审查系统，该系统具备三维辅助审查和智能审查功能，达到全国首创、世界先进的实践应用水平，将于2020年6月正式上线试运行。

城市建设

【概况】2019年，湖南省住房城乡建设厅深入贯彻落实党的十九大和十九届二中、三中、四中全会精神，紧紧围绕省政府工作报告、全省住房城乡建设工作会议明确的重点工作任务，狠抓生活污染防治，提升公共服务品质，强化安全生产监管，城市建设管理工作取得明显成效。全省城乡环境基础设施建设共完成投资337.15亿元，同比增长62.3%，建成项目371个，环境基础设施水平明显提升。全省申报老旧小区改造计划2009个，涉及32.9万户，计划投资106.32亿元；2019年全省启动改造的小区1916个，共加装电梯556台。全省生活垃圾无害化处理率达99.5%。全省地级城市、县级城市污水集中收集率在2018年基础上均提高1%；纳入国家考核任务的地级城市建成区黑臭水体184个，完成整治172个，全省黑臭水体消除比例平均达93.5%。省内支干线全年完成投资13.14亿元，为年度计划的102.6%，完成管道焊接219公里，为年度计划的106.8%，超额完成年度任务；国家干线新粤浙"潜江—韶关"输气管道工程（湖南段）全年完成投资21.95亿元，全省天然气长输管网覆盖69个县市区。全省新（扩、改）建城市自来水厂13座，新建（改造）城市供水管网1676公里，县以上城市公共供水普及率平均达94.7%。积极推进管线入廊，全省共开工223.66公里，形成廊体187.4公里。抓好海绵城市试点建设，全省累计完工项目275个，完成投资236.4亿元。指导市州加强供水、供气、桥梁道路、城市公园等领域安全生产，保证全省稳定运行，全年未发生重大安全责任事故。

【城乡环境基础设施建设】2019年，湖南省住房城乡建设厅贯彻落实全省推进城乡环境基础设施建设现场会精神，全力推进供水提质、供气、污水处理、垃圾处理、黑臭水体整治和智慧建设增效等六大环境基础设施建设。

做好顶层设计。印发《关于推进城乡环境基础设施建设的指导意见》《湖南省县以上城市污水治理提质增效三年行动工作方案（2019—2021年）》《湖南省乡镇污水处理设施建设四年行动实施方案（2019—2022年）》，起草《湖南省地级城市生活垃圾分类工作实施方案》，出台《湖南省城乡生活污水治理PPP项目操作指引》《湖南省城乡生活污水治理PPP项目通用合同》等配套文件，"1+X"政策框架体系基本形成。

多渠道争取资金。共争取中央资金13亿元，省财政一般债券资金20亿元，并积极组织城乡环境基础设施项目申报国家专项债，申报资金规模达651亿元。抓好项目对接。先后召开座谈会和对接会，编制发布政策、项目清单，搭建政银企合作平台，签约或达成合作意向项目总投资近500亿元。

强化督导服务。建立月调度机制，定期通报项目进展情况。印发《关于建立绿色通道加快城乡污水处理设施建设前期工作的通知》，推动污水处理项目加快落地。

【生活污染突出问题整改】2019年，湖南省住房城乡建设厅坚持以问题为导向，实施厅领导联点督导，指导相关市县举一反三抓好整改落实，生活污染突出问题整改取得阶段性成效。2019年整改任务顺利完成。中央环保督察"回头看"指出的洞庭湖区域27座污水处理厂全部完成提标改造；2018年长江经济带生态环境警示片指出的岳阳市2个问题，完成整改和验收销号；株洲市1个问题正在推进整改，2020年底前完成整改销号。2020—2021年整改任务有序推进。中央环保督察"回头看"、2019年长江经济带警示片、全国人大水污染防治执法检查等各项督导检查反馈的其他35个问题，目前各地正按照制定的整改方案有序推进，整改工作进展顺利。

【城镇老旧小区改造】2019年，湖南省住房和城乡建设厅以保障和改善民生为根本目标，全面推进城镇老旧小区改造。

制订政策标准。会同省发改委、省财政厅起草《关于推进全省城镇老旧小区改造工作的通知》，编制《湖南省老旧小区改造技术导则》。积极争取资金。共争取中央资金54.26亿元，其中，2019年中央财政下达全省老旧小区改造补助资金31.46亿元，占全国资金总额的10.56%，排全国第二。发挥示范效应。省财政安排8020万元用于老旧小区改造试点，积极推进省级城镇老旧小区改造试点，以点带面工作格局基本形成。加快信息平台建设。依托"湖南智慧住建平台"，开发全省老旧小区改造信息系统，为全面调度、协调、督办提供支撑。

【生活垃圾分类】2019年，湖南省住房城乡建设厅贯彻落实习近平总书记关于垃圾分类重要批示指示精神，加快推进全省生活垃圾分类工作。抓好政策制定。先后赴省内外开展广泛调研，认真研究全省生活垃圾分类体系，形成专题调研报告，制定全省地级城市生活垃圾分类工作实施方案，待提请省委常委会审议后印发。广泛宣传发动。成功举办"湖南省2019年度城乡环境综合治理高峰论坛——垃圾分类主题峰会"；联合团省委举办"第四届青年志愿服务项目大赛和青年社会组织公益创投大赛"，专门设立"垃圾分类我先行——垃圾分类组"赛项；联合省贸促会举办湖南省"一带一路"绿色博览会垃圾分类专题论坛。加快末端处理设施建设。联合省发改委印发《湖南省生活垃圾焚烧发电中长期专项规划（2019—2030年）》。推进生活垃圾焚烧发电设施和餐厨垃圾处理设施建设，全年建成4座焚烧发电厂，完成投资20亿元，全省焚烧占比达40%；长沙、衡阳餐厨垃圾处理项目建成投运，株洲餐厨垃圾处理项目进入试运营阶段，娄底餐厨垃圾处理项目即将安装处理设备，其他地级城市均在开展餐厨垃圾处理项目前期工作，全省餐厨垃圾处理能力达到1060吨/日。加强设施运营管理。对全省运营满一年的生活垃圾焚烧发电厂和部分卫生填埋场开展无害化等级评定，联合省生态环境厅开展全省城镇生活垃圾填埋场污染防治问题大排查，督促各地加强问题整改，提高设施运营管理水平。

【污水处理提质增效及黑臭水体整治】2019年，湖南省住房城乡建设厅按照全省县以上城市污水治理提质增效三年行动工作方案（2019—2021年）、城市黑臭水体治理攻坚战实施方案要求，大力推进污水处理提质增效和黑臭水体整治。开展排水系统现状排查，对14个市州中心城市开展排水系统现状排查和提质增效研究，制定问题清单和项目清单。强化资金保障。共争取污水治理中央资金6.4亿元，其中中央财政下达的2019年、2020年城市管网及污水处理补助资金合计5.4亿元，排全国第三。推荐岳阳市、湘潭市成功申报第二批国家黑臭水体治理示范城市，各获得4亿元奖补资金。指导各地进一步盘活存量资产，理顺污水收费政策，引入三峡集团、省建工集团、碧水源等有实力的社会资本参与污水处理设施建设，将污水管网与具有收益回报的污水处理厂打包实施PPP项目，推进厂网河一体化运营。

加强调度督导。每季度赴现场开展黑臭水体整治技术督导，印发通报交办问题。开发全省城市黑臭水体整治监管平台，实施月调度工作机制。

【"气化湖南"工程建设】2019年，湖南省住房城乡建设厅充分发挥省气指的牵头抓总作用，加快推进"气化湖南工程"建设。加强组织领导。召开"气化湖南工程"2019年推进会，对年度工作进行全面部署。制定2019年"气化湖南工程"项目建设进度计划表，印发《湖南省"气化湖南工程"指挥部职能职责及成员单位职责分工》，进一步明确各级责任和工作要求。做好指导服务。印发《关于"气化湖南工程"项目审批手续相关问题的答疑》，召开项目审批手续专题座谈会，指导加快项目前期工作。开展下游配套燃气设施建设情况专项调研，找准下游市场开发痼疾症结，打通上下游沟通屏障。加大督导力度。落实月调度、月通报机制，共计召开协调调度会19次，印发各类通报15份。先后赴怀化、郴州等地调研项目进展情况，并召开大湘西、湘南、湘中片区的现场调度会，压实工作责任。

【供水行业管理】2019年，湖南省住房城乡建设厅积极推进城市供水设施、供水管网建设改造和城市应急备用水源配套设施建设，有条件的地方逐步将城市供水管网向周边乡镇延伸，扩大城市供水管网覆盖范围。印发加快推进城市节水评价、城市公共供水管网漏损工作的通知，组织开展节约用水宣传周活动，指导各地加快推进城市节水评价工作，实施城市供水管网分区计量和消火栓分色管理，严控管网漏损。

【园林绿化建设】2019年，湖南省住房城乡建设厅以园林城市创建为抓手，推进绿地建设，完善绿地功能，均衡绿地布局，促进城市人居环境改善。积极推进园林城市（县城）创建工作。醴陵市成功创建国家园林城市，耒阳市、洪江市、祁阳县、宁远县、蓝山县等2市3县成功创建省级园林城市（县城），做好平江县、汝城县等16个省级园林城市（县城）复查工作。全省共有国家园林城市（县城）15个、省级园林城市（县城）36个。开展城市园林绿化等级评定。按照《住房城乡建设部关于促进城市园林绿化事业健康发展的指导意见》（建城〔2012〕166号）要求，指导各地抓好工作落实，至2020年，设市城市对照《城市园林绿化评价标准》完成等级评定工作，达到国家Ⅱ级标准，其中获得命名的国家园林城市达到国家Ⅰ级标准。强化园林绿化工程监管。起草《湖南省住房和城乡建设厅关于进一步加强和规范园林绿化工程管理的通知》，配合制定《湖南省园林绿化工程招标评标办法》。

【历史文化名城保护】2019年，湖南省住房城乡建设厅加强历史文化名城保护，传承优秀历史文化遗产，促进城市建设与社会文化协调发展。明确职能职责。印发《关于加强历史文化名城名镇名村保护管理职责落实的通知》（湘建城〔2019〕140号），要求各地进一步厘清职能，确保管理职责落到实处。推进规划审查。完成《桂阳县历史文化名城保护规划（2019—2035年）》审查报批。协调跟进衡阳市、凤凰县历史文化名城保护规划审批、修编工作。开展全面摸底。结合住房城乡建设部调研部署，对各市州、县市区历史文化名城保护规划编制实施、历史文化街区划定和历史建筑确定等情况进行全面摸底，推动部历史文化街区和历史建筑数据信息申报平台填报。全省共有国家历史文化名城4个、省级历史文化名城16个。

【地下综合管廊和海绵城市建设】2019年，湖南省住房城乡建设厅指导1个国家试点城市（长沙）、3个省级试点城市（郴州、永州、湘潭）积极推进地下综合管廊建设，在规划布局上重点突出新区、各类园区和成片开发区域；鼓励支持各地结合实际，稳步推进地下综合管廊建设，逐步形成"成环、成网、成体系"管廊格局，积极推进管线入廊。抓好海绵城市试点建设，指导各地新城区建设严格落实海绵城市建设要求，老城区结合城镇棚户区改造、危房改造和城镇老旧小区改造以及各类绿化、广场和公园建设，推进区域整体海绵城市建设。

【城市道路和公共停车设施建设】2019年，湖南省住房城乡建设厅印发《关于进一步完善城市道路功能推进停车设施建设的通知》，督促各地加快实施"微改造"，优化城市道路网络配置，完善慢行交通系统建设，加强慢行系统环境治理，推动城市道路品质提升。通过拓展停车场建设资源渠道、推进停车场智能改造等，指导各地加快城市停车设施建设，相关经验做法被国务院办公厅专报刊发。

【城市照明】2019年，湖南省住房城乡建设厅赴省外开展广泛调研，拟制新型城镇化进程中城市多功能智慧灯杆行业建设现状、问题和发展研究报告，提供各地行业主管部门和企业参考。以前期调研为基础，立项启动湖南省工程建设地方标准《湖南省多功能灯杆技术标准》编制工作，进一步规范全省智慧灯杆建设标准。举办2019湖南省首届照明行业发展高峰论坛,全面展示照明行业先进产品和技术,推动全省城市照明行业转型升级和高质量发展。

【行业安全监管】2019年,湖南省住房城乡建设厅按"管行业必须管安全"要求,全力抓好行业安全监管,全年无较大及以上事故发生。抓好城市供水安全。印发《关于加强城市供水安全生产工作的通知》,开展全省城市供水规范化管理调研评估,修编《湖南省城市二次供水设施技术标准》。开展全省城市供水现状调研,起草湖南省城市供水现状调查分析报告,系统梳理供水系统存在问题,提出具体的工作建议。提高城市排水防涝能力。国务院确定的全省9个重点城市累计排查出227个重点易涝点,完成整治210个,占总数92.5%。加强城镇燃气安全监管。印发《湖南省管道燃气特许经营中期评估报告编制大纲(试行)》,进一步明确特许经营中期评估内容和方法,完善城镇管道燃气特许经营监管体系。开展城镇燃气安全生产隐患大排查和瓶装液化石油气安全专项治理,堵塞安全漏洞。保障城市道路桥梁安全。在全省范围内开展城市桥梁安全运行管理调研评估,并将评估结果通报全省。开展城市桥梁护栏升级改造专项工作,指导各地制定整改方案,有序推进城市桥梁护栏升级改造。制定《湖南省住房和城乡建设系统交通问题顽瘴痼疾集中整治行动工作方案》,推进交通问题顽瘴痼疾集中整治行动。强化城市公园安全管理。加强城市公园游园、道路绿地安全运营监管,特别是在雨雪冰冻天气、节庆假日期间,督促各地园林绿化行业主管部门积极应对,落实安全生产职责。

村镇建设

【概况】2019年,湖南省共有乡镇1476个,其中建制镇1084个、乡392个。国家下达湖南省4类重点对象危房改造任务33856户,实际完成65432户,超额完成31576户;获中央补助资金5.72亿元,省级财政配套8.91亿元。全省共有340个乡镇(其中2019年新增59个)建成(接入)污水处理设施,在建项目300个,已开展前期工作的170多个,完成50个乡镇的黑臭水体整治。全省乡镇污水处理PPP入库项目28个,总投资93.1亿元。乡镇污水处理设施建设项目进入农业发展银行和国家开发银行项目库的38个,获批13个,贷款投放8个。新增中国历史文化名镇名村13个。全省完成新建(改造)乡镇垃圾中转站104个,完成非正规垃圾堆放点整治并提交销号申请1127个。湖南省被住房城乡建部、财政部列为2019年全国农村危房改造工作积极主动、成效明显省份,怀化市通道县被评为全国农村危房改造激励对象。

【农村危房改造】2019年,湖南省住房城乡建设厅深入推进农村危房改造工作,全省深度贫困地区户均补助标准达到3万元,比其他地区户均多5000余元。加强组织领导。调整充实湖南省住房城乡建设厅脱贫攻坚领导小组及其办公室成员,建立厅领导联点督导协调制度,召开省、市、县、乡四级农村危房改造突出问题视频会议。坚持问题导向。按照"危房不住人、人不住危房"的要求,实施房屋安全性鉴定、挂牌标识、质量安全排查整改"三个全覆盖",组织全省住建系统先后3次对4类重点对象开展房屋危险性鉴定工作,共鉴定4类重点对象房屋264.55万户,其中鉴定为A、B级的安全住房258.78万户,全部进行挂牌标识;鉴定为C、D级的危房全部列入2019年改造计划。省市县三级对2013年以来改造的农村房屋开展质量安全大排查大整改,县市区自查78.84万户,整改质量安全隐患2613户;省级入户抽查1.22万户,对发现的问题建立清单,逐一交办,督促全部整改到位。正式投入使用省厅研发的"农村危房改造质量安全大排查系统"移动APP,全面提高工作效率。凝聚工作合力。发挥技术优势,省市县各级均组织建筑施工、工程监理、勘察设计等企业专业技术人员参与危房鉴定、房屋设计、施工技术指导、质量安全管理、竣工验收等工作。动员广大房地产、建筑企业主动承揽社会责任,捐助支持危房改造工作。加强作风建设。印发《农村危房改造工作中侵害群众利益方面突出问题的整改措施》《在"不忘初心、牢记使命"主题教育中专项整治保障贫困户基本住房安全方面漠视侵害群众利益问题实施方案》《关于切实解决农村危房改造工作突出问题的通知》,进一步加强资金监管,规范补助资金管理和使用,完善危房改造补助资金公开制度;进一步畅通群众反映问题渠道,建立省市县乡四级农村危房改造咨询投诉电话,公布省、市、县三级共163个咨询投诉电话,各乡镇公布电话1797个。

【农村住房建设建章立制】2019年,湖南省住房和城乡建设厅加大力度,推进农村住房建设。起草并由省政府印发《湖南省农村住房建设管理办法》(政府令第299号),农村住房建设管理迈入法制化轨道。开展优秀农村住房设计方案征集活动,共征集作品328套,选出100套优秀设计方案,编印《湖南省优秀农村住房设计图集》。湖南省安化县大园村入选第一批住房城乡建设部美好环境与幸福生活共同缔造试点村。望城区、汨罗市、宁远县等9个农村建房试点地区基本建成一批宜居型示范农房，农房设计服务、工匠培训管理等农房建设管理体系初步建立。

【乡镇污水处理设施建设】2019年4月8日，省委省政府召开全省推进城乡环境基础设施建设现场会，全面启动乡镇污水处理设施建设四年行动。8月20日，许达哲省长主持召开全省乡镇污水处理设施建设专题会议。陈文浩副省长先后两次主持召开专题会议研究推进乡镇污水处理设施建设和相关政策措施问题。省人民政府印发《湖南省乡镇污水处理设施建设四年行动实施方案（2019—2022年）》，省住房城乡建设厅会同相关部门印发《湖南省住房和城乡建设厅等8部门关于建立绿色通道加快城乡污水处理设施建设前期工作的通知》《关于进一步完善全省乡镇污水处理收费政策和征收管理制度的通知》《城乡污水治理PPP模式操作指引》和《通用合同范本》《湖南省农村生活污水排放标准》《关于做好利用抵押补充贷款资金支持农村人居环境整治工作的通知》等资金筹措、技术标准、运行模式、资金奖补政策文件13个，搭建"1+N"政策体系。为加快推进项目建设，省厅组织开展全省乡镇排水规划编制和技术审查，组织专家完成949个乡镇排水规划技术审查，全省97%乡镇（1433个）完成排水规划编制。加强资金筹集，积极争取财政奖补资金支持，占省级计划补助总投资的20%。召开全省城乡环境基础设施建设项目座谈会和对接会，搭建政银企合作服务平台，积极引入社会资本参与项目建设。

【传统村落保护发展】2019年，湖南省共有401个村落列入第五批中国传统村落名录，数量排名全国第一，105个村落（含14个第四批中国传统村落）列入中央财政支持范围（占全国1/6以上），排名全国第一，争取资金3.15亿元，累计争取资金10.44亿元。基本完成第五批401个中国传统村落规划编制，其中201个村落的规划编制通过省级审查。完成第四批166个中国传统村落基本情况录入。建立中国传统村落数字博物馆示范馆，推出传统村落规划简本，编制完成《湖南传统村落（第二卷）》。

【农村生活垃圾治理】2019年，湖南省多渠道、多层面推进农村垃圾治理工作，先后实施农村生活垃圾五年治理和改善农村人居环境整治三年行动，开展非正规垃圾堆放点整治，一方面引导建设、补足设施；另一方面发动群众、注重长效，人居环境不断改善，百姓获得感和幸福指数大幅提升。全省92%村庄对垃圾进行基本处理，大部分县市基本实现有齐全的设施设备、有成熟的治理技术、有稳定的保洁队伍、有长效的资金保障、有完善的监管制度"五有"工作目标。

建筑节能与科技

【概况】2019年，湖南省装配式建筑、绿色建筑、工程建设标准及科技创新等进展顺利，年度目标任务全面完成。全省全面实施建筑节能65%标准，既有公共建筑节能改造和居住建筑节能改造有序推进，全面完成可再生能源利用试点示范城市验收和湖南省公共建筑能耗监管平台升级改造。全年市州中心城市新建装配式建筑1855.95万平方米，占新建建筑26%，占比在全国排名第三位；市州中心城市新建绿色建筑4895.928万平方米，占新建建筑81.6%，绿色建筑标识个数在全国排名第6位；两项指标任务均超过目标任务22%和70%的要求。研发建设全国首个省级装配式建筑全产业链智造平台，该智造平台"政府侧公共服务平台"研发工作基本完成并上线试运行，"企业侧应用平台"预计2020年底研发完成。7月，住房城乡建设部同意批复湖南省成为全国七个钢结构装配式住宅试点省份之一。湖南省住房和城乡建设厅进一步确定长沙市、株洲市、娄底市、邵阳市、吉首市、湘阴县、常德市西洞庭管理区为全省七个试点地区，落实2019—2021年钢结构装配式住宅32个，总建筑面积151.09万平方米。湖南建工集团、中机国际工程设计研究院有限责任公司等17家单位获批"2019年度湖南省装配式建筑产业基地"。10月15日，成功举办2019湖南省绿色建筑行业峰会暨湖湘建设绿色尖峰榜颁奖盛典，特邀部、省两级政府相关领导、行业专家、建筑领军企业代表、全国知名地产商等400余人参会，对"湖湘建设绿色尖峰榜"评选活动中获奖的27家企业、11个项目、24位个人进行表彰。成功举办第四届"湖南（长沙）装配式建筑与建筑工程技术博览会"，展览展示面积6万平方米，举办论坛20余场次，全国29个省市、近200名国际嘉宾参会，参会人数总量达8万余人次。12月19日，举办全国绿色建材产品认证交流会。12月20日，举办全国绿色建材工作座谈会。组织东方红、沙坪等装配式企业参加全国首届装配式建筑"三一杯"技能大赛，湖南东方红建设集团荣获"套筒灌浆组"全国冠军，沙坪建设公司（三能房屋）荣获"构件制作组"全国亚军。

【科技与标准化管理】2019年，湖南省加强建筑节能与科技及标准化顶层设计，强化管理，进一步提高建筑节能与科技及标准化水平，推进行业发展。积极推进《湖南省绿色建筑发展条例》出台，申报纳入2020年立法出台计划；出台《关于推进我省装配式建筑发展有关工作的通知》。发布湖南省工程建设推荐性地方标准《湖南省绿色建筑工程验收标准》，自2019年8月1日起在全省范围内实施，形成设计、审查、施工、评价、验收一体的标准体系。印发《湖南省绿色建筑工程设计要点（试行）》《湖南省绿色建筑工程技术审查要点（试行）》《湖南省住房和城乡建设厅关于加强我省民用建筑节能与绿色建筑相关管理工作的通知》，要求设计单位和施工图审查机构严格按照要求进行设计和施工图审查。组建绿色建筑专家宣讲团，开展"绿色建筑行动年"宣传培训，组织对优秀绿色建筑项目进行观摩，并邀请省人大、省政府相关领导、省政协委员出席宣贯会；制作绿色建筑课件，将课件列入建设领域继续教育课时管理；举办首届"湖南省绿色建筑设计竞赛"，收到设计竞赛作品近80个，参赛人数400余人。大赛最终分类评选出金奖6名，银奖14名，铜奖40名。

【建筑节能"国检"】2019年，湖南省住房和城乡建设厅配合省发改委，完成国务院能耗"双控"（总量和强度）考核，其中"绿色建筑""装配式建筑""建筑节能改造""公共建筑节能改造"均超额完成目标任务。配合住房城乡建设部全国建筑市场和工程质量安全监督执法第四检查组，完成对全省建筑节能、绿色建筑、装配式建筑、绿色建材检查，"建筑节能强制性标准执行情况""可再生能源建筑应用""绿色建筑和装配式建筑完成情况""绿色建材发展年度目标"等相关指标、任务均执行到位。住房城乡建设部办公厅《关于2019年全国建筑市场和工程质量安全监督执法检查情况的通报》对湖南省2019年建筑节能、绿色建筑、装配式建筑、绿色建材等工作进行通报表扬。

【首批能效提升示范项目】2019年，由住房城乡建设部财政部支持的湖南省首批5个公共建筑能效提升示范项目，即省肿瘤医院、省儿童医院、祁阳县人民医院、湖南师范大学、长沙理工大学节能改造工程全部完工并通过湖南省住房和城乡建设厅组织的专家组验收，3月项目验收总结报告住房城乡建设部，6月最后一笔财政补贴发放至项目单位。

【可再生能源示范城市验收】2019年，历时3年的湖南省可再生能源示范县市镇的验收工作全部完成。3月验收总结报告住房城乡建设部。全省先后有8个示范市、18个示范县获评国家或省级可再生能源建筑应用示范市县，获批财政支持资金6亿余元。

【湖南省公共建筑能耗监测平台升级改造】2019年，湖南省住房城乡建设厅利用新型城镇化引导资金，委托同方泰德国际科技（北京）有限公司对湖南省公共建筑能耗监测平台进行软硬件升级，开发上线单建筑能耗查询手机APP模块，实现能耗监测平台与省住建云联网运行。截至2019年底，省能耗监测平台接入监测建筑620栋，涵盖所有市州和7所高校。

城市管理和执法监督

【概况】2019年，湖南省住房城乡建设厅稳步推进城管执法体制改革，按照打造"四个住建"部署要求，围绕让城市更有序、更安全、更干净目标，持续推进城市管理执法体制改革，注重理顺城市管理机制，大力加强执法队伍建设。设立城市管理和执法监督局，全省市县两级（除湘西州本级外），均设立城市管理执法机构且为政府工作部门，统一名称为"城市管理和综合执法局"。

【城管工作调研】2019年5月17日，厅领导鹿山、舒行钢、易小林参加全省市州城管局长座谈会，听取市州城管局长对城管执法工作的意见建议。5—6月，城管执法局集中时间赴14个市州和部分县市区开展城市管理执法工作调研，剖析城管工作存在的突出问题，在深入调研和思考基础上，形成全省城管执法工作调研报告。同时，加强与省直部门的沟通协调，探讨解决问题的措施。

【城管执法体制改革】2019年，城市管理和执法监督局在城市管理执法体制改革上取得一定的成效。8月22日，协调召开第一次全省城市管理工作联席会议，研究城市管理执法工作，审议《全省深入推进城市执法体制改革加强城市管理工作情况报告》，拟制《湖南省城市管理工作联席会议工作制度》《关于建立城市管理综合执法行政管理与行政处罚衔接机制的指导意见》和《全省城市管理执法科级干部三年轮训方案》等文件，明确下一步工作，进一步明晰城市管理执法职责。规范城管执法行为。拟制《集中行使厅机关行政处罚权工作规程》，进一步明确厅机关行政处罚工作职责和工作程序；起草《湖南省住房和城乡建设厅全面推行行政执法公示制度执法全过程记录制度重大执法决定法制审核实施方案》，推动全省住房和城乡建设系统形成权责统一、权威高效的行政执法体系。推进数字城管建设和精细化管理。重点推进网格化管理、数字化基础治理工作。督促市县按照《全省数字化城市管理平台建设工作方案》，推进数字城管建设。全省（除湘西州）13个地级市、87个市县中，12个地级市已建成数字化城市管理平台，完成率92.3%（张家界市正在建设中）；26个县（市）已建成数字化城市管理平台，完成率30.2%；根据住建部工作安排和智慧住建建设要求，起草《湖南省城市综合管理服务平台需求方案》，筹划建立省级智慧城管平台，与全国城市综合管理服务平台对接，完成数据上传，与市县数字城管对接，采集基础数据，促进市县数字城管建设和运行；为进一步推进精细化管理，起草《湖南省住房和城乡建设厅关于贯彻习近平总书记重要批示精神推进城市精细化管理的工作方案》，牵头组织相关工作。

【队伍建设】2019年，湖南省城市管理和监督执法局全年组织完成全省城管处级以上干部参加住房城乡建设部培训共6批33人。扎实开展"不忘初心、牢记使命"主题教育，指导全省城管执法队伍开展"强基础、转作风、树形象"活动，全省城市管理执法队伍积极组织执法队员培训，政治素质、工作作风、执法能力、服务水平和队伍形象得到提升；持续推行"721"工作法，城管执法形象大幅好转，严格规范执法。

【开展市容环境整治活动】2019年，湖南省城市管理和监督执法局根据住房城乡建设部"市容环境大扫除，干干净净迎国庆"活动要求，指导全省城市管理部门开展市容环境清扫整治工作，截至10月，全省14个市（州）、122个县（市、区）共发布宣传报道720篇，组织群众大扫除1433次，参加大扫除333408人次，清扫垃圾864612.97吨，清洁城市家具192459处，清理乱贴广告891880处，整治占道经营189800处，整治户外广告40879处。

【铁路安全环境整治】2019年，根据《湖南省人民政府办公厅关于印发〈湖南省开展铁路沿线安全环境整治工作实施方案〉的通知》和《关于我省铁路人行通道建设及安全环境隐患整治工作的会议纪要》的要求，为抓好铁路安全环境整治工作，厅召开会议研究部署，明确城市管理和执法监督局为责任处室，高度重视，积极配合省铁路安全环境整治领导小组扎实推进整治工作。11月，厅下发《湖南省住房和城乡建设厅关于进一步做好铁路沿线安全环境整治工作的通知》，明确要求各级住房和城乡建设局、城市管理和综合执法局切实履行工作职责，改善铁路运行安全环境，确保人民群众安全。12月，根据《湖南省铁路安全环境整治领导小组办公室关于印发〈开展高铁安全环境整治督导检查方案〉的通知》要求，厅督导检查组于9—11日赴娄底市、邵阳市，采取听取汇报、讨论交流、实地督查的方式对两地4个县（市）区、14个铁路安全隐患点进行实地督查，并将督查报告及时报送省铁路安全环境整治领导小组。

建设监督

【政策体系建设】2019年，湖南省住房城乡建设厅完善政策体系，构建全省规则统一的招投标市场。为落实省委、省政府的决策部署和省委主要领导对招投标乱象治理的系列批示，规范招标投标市场秩序，构建全省规则统一的招投标市场，营造公开、公正、公平的市场环境，住建厅以围标串标和资质挂靠等违法违规问题为导向，持续完善湖南省房建和市政招投标"1+X"政策体系，制定出台《湖南省房屋建筑和市政基础设施工程招标投标管理办法》等5个规范性文件。为事中、事后监管提供政策依据，搭建"建设项目招投标行政监督平台"和"招标代理机构动态监管平台"2个平台，大力推进电子化招投标系统，实现与省公共资源交易中心交易系统互联互通，确保招投标从评标办法到行政监管全省的统一。

【政府职能转变】2019年，湖南省住房城乡建设厅落实简政放权，推动政府职能转变。着力简化招投标程序，提升监管效能，推动落实一系列简政放权新举措。以省政府办公厅名义出台"湖南省房屋建筑和市政基础设施工程招标投标管理办法"，创新建立招标人负责制，市场主体承诺制，投标保证金承诺制，招标文件告知性备案等等，充分体现"放管服"改革精神。政策的整体思路符合国家和住房城乡建设部各相关政策文件要求，并与之形成较好衔接，适应当前建筑业发展需要。全年全厅完成52个省管工程项目招标文件备案，其中施工招标项目36个，设计施工总承包项目5个，监理招标项目11个，涉及总投资额约3.76亿元。

【投标市场诚信考评体系】2019年，湖南省住房和城乡建设厅注重公平抓信用，构建招投标市场诚信考评体系。建立招标投标信用体系。出台施工、监理招投标"评标办法""信用评价实施细则""施工标准文件"等一系列规范性文件。引用信用评价、注重市场和现场"两场联动"，依托信用评价监管平台，实现信用评价分值的动态发布，强化建筑市场主体及其执（从）业人员信用评价结果在招标投标中的运用；制定招标投标"失信黑名单"暂行办法，依法界定失信黑名单行为，对严重失信主体实行行业协同约束。组织起草"守信红名单"制度,按照"守信激励"原则,对企业在信用评价中予以加分,引导、鼓励企业公平有序竞争。建立招标代理机构动态监管信用体系,依托"省建设工程招标投标动态监管平台",规范招标代理机构及专职人员从业行为的监督管理,为建设单位运用信用评价结果确定招标代理机构提供参考。

【电子化招投标】2019年,湖南省住房城乡建设厅推进平台互联互通,推行电子化招投标。依托"智慧住建"系统,实现厅行政监督平台与省公共资源中心的交易平台互联互通,并于3月与省交易中心联合印发通知,要求从4月起,全省范围内依法必须招标的工程建设项目实现全流程电子化交易,6月底各市州监管平台和交易系统实现互联互通,形成"全省一张网",2019年底,各地远程异地评标的工程项目占比应达到20%以上。目前省级行政监督和交易平台已完全对接,施工项目顺利实现电子化交易。监理标准文件完成编制,配套的监理评标系统正在开发建设中。《设计施工总承包招标评标暂行办法》已完成初步编制并拟上会讨论,相关标准文件编制和软件开发工作正同步推进。

【专项巡视问题整改】2019年,湖南省住房和城乡建设厅配合专项巡视工作,全力做好问题整改。10月省委第六巡视组进驻省厅开展为期2个月的招投标专项巡视。根据巡视工作要求,住建厅迅速制定工作方案、成立领导小组,积极配合巡视组工作。2月,巡视组向厅反馈巡视问题和意见,厅党组高度重视,多次召开党组会议专题研究整改问题,制定详细整改方案,明确具体整改措施、任务分工和整改时限。要求各处室(单位)全力做好巡视反馈意见的整改落实工作。3月20日召开全省巡视整改部署工作电视电话会议,传达巡视反馈意见,明确整改工作要求。会后印发《关于做好建设工程招标投标专项巡视问题整改工作的通知》,要求各地市建设行政主管部门明确任务、夯实责任、严格落实、定期报告。

【住建领域稽查】2019年,湖南住房城乡建设厅抓顽疾治理,加强住建领域稽查工作。严格落实《湖南省房屋建筑和市政基础设施工程标后稽查实施办法》,全年按上下年度分别开展标后稽查,加大稽查力度并认真做好标后稽查工作,要求市州定期上报本地区标后稽查情况,使标后稽查制度化、常态化、规范化。12月,厅开展全省建设工程项目标后稽查工作,共抽查项目31个,下发执法建议书18份,发现的问题均已整改或处罚到位。

(湖南省住房和城乡建设厅)

广 东 省

概况

2019年,广东省住房城乡建设系统坚持推动住房城乡建设各项工作取得新进展。住房保障工作扎实推进,住有所居水平不断提升,坚持"房子是用来住的、不是用来炒的"定位,因城施策、分类指导,房地产市场运行总体平稳、风险总体可控,城市主体责任制试点有序推进,租购并举住房制度建设稳步推进;城乡人居环境持续改善,环保基础设施建设水平不断提升,全省新增城市(县城)生活污水处理设施20座,处理能力超过130万吨/日,城镇污水管网超过7000千米;新建成生活垃圾处理设施19座,处理能力2.63万吨/日;新建成镇级污水处理设施226座,处理能力98.24万吨/日。城市生活垃圾分类全面推进,乡村风貌引导和农村房屋建设不断规范,城市管理水平提升明显;工程建设项目审批制度改革成效明显,基本建成全省审批制度框架和管理体系,基本实现审批时间由平均200多个工作日压减至100个工作日的目标;行业管理改革步伐加快,在全省范围内推行工程勘察、设计、施工等7项企业资质证书电子化,在全国率先实现全省范围内"全行业、全链条、全覆盖"的建设工程资质电子证书。

法规建设

【概况】2019年,围绕建设社会主义法治国家总目标,广东省各级住房城乡建设主管部门推进法治建设和依法行政,在依法全面履行职能,完善依法行政制度体系,推进行政决策科学化、民主化、法治化,坚持严格规范公正文明执法等方面取得成效。

全年办理行政复议案件55件，全年复议案件比上年下降44%，复议后引发的应诉案件下降67.7%。年内，《广东省城乡生活垃圾处理条例（修订）》《广东省绿色建筑条例》两个立法项目列入省人大常委会2020年项目。按照模板化修订《广东省住房和城乡建设厅规范性文件管理办法》，全年出台规范性文件6个，初步实现2019年行政执法"三项制度"全面推行的目标。

【规章、规范性文件专项清理】2019年，广东省住房和城乡建设厅组织开展涉及机构改革的法规、规章和规范性文件专项清理，提请省人大常委会、省政府废止、修改部分与机构改革精神不一致的法规、规章和规范性文件，对其中不符合民营经济发展、工程建设审批制度改革或者上位法规定的内容提出清理意见。省住房和城乡建设厅修改地方性法规7件、政府规章1件、省政府规范性文件3件；结合职责调整，将原涉及城乡规划管理职责条文中的"省住房城乡建设主管部门"修改为"省自然资源主管部门"，将原涉及风景名胜区管理职责条文中的"建设行政主管部门"修改为"林业行政主管部门"。

【绿色建筑条例编制】2019年，广东省住房和城乡建设厅在立法上废旧立新，组织编制地方性法规。为适应当前人民对居住环境新的发展需求，推动建筑业绿色低碳发展，将《广东省民用建筑节能条例》的"建筑节能"扩展为"绿色建筑"，在原有建筑节能的相关制度设计、处罚措施等内容的基础上，按照绿色建筑全寿命期的各个环节进行规范，形成《广东省绿色建筑条例（草案）》，提请省政府审议。

【城乡生活垃圾处理条例修订】2019年，广东省住房和城乡建设厅启动《广东省城乡生活垃圾处理条例》修订，重点修改条款中关于生活垃圾分类体系建设、城乡统筹、源头减量、公众参与、规范收费等内容，建立生活垃圾分类"投放、收集、运输、处置"全链条建设监管，建立涵盖生产、流通、消费等领域的各类废弃物源头减量机制，推动全社会共同参与生活垃圾管理，以适应全省生活垃圾分类新的发展需求。该条例在省人大常委会、省司法厅的指导下，完成专题座谈调研、征求意见、专家论证等，形成送审稿。

【广东省住房和城乡建设厅规范性文件管理办法修订】2019年11月18日，《广东省住房和城乡建设厅规范性文件管理办法》印发。该办法较2014年版本有较大调整和补充，在结构上作分章表述，分五章26条，新增加8条和7个配套性文件。该办法新增规范性文件的认定标准、合法性审查标准和公平竞争审查标准，增加规范性文件制定过程中常用的文件参考模板，理顺规范性文件制定程序，增加规范性文件后续监管机制等。

【行政复议与行政应诉】2019年，全年受理行政复议案件55件，比上年下降44%。复议申请人以个人为主，占91%；复议案件集中在珠江三角洲地区，占82%。案件类型集中在行政处罚、行政不作为、信息公开三大类和建筑市场、房地产管理、住房保障等与群众利益关系密切的行业领域。是年，针对疑难复杂的案件，省住房和城乡建设厅组织专家咨询，确保合法性和专业性并重，妥善解决金御苑42户群众住房保障问题。全年办理行政应诉案件9件，法院审理判决驳回原告诉讼请求或驳回起诉9件，继续保持较高胜诉率。原告不服法院生效判决向检察机关申请监督案件2件、检察机关经审理不支持原告监督申请的1件、尚未审结1件。

【违法建设治理】2019年，广东省住房和城乡建设厅贯彻落实省委、省政府关于打好违法建设治理攻坚仗的决策部署，整合执法资源，完善政策体系。全年治理违法建设1.65亿平方米（含拆除1.25亿平方米），超额完成32.47%。自2016年8月全省统一开展违法建设治理行动以来，全省治理违法建设3.36亿平方米（含拆除2.48亿平方米），为建设粤港澳大湾区和世界级城市群、推动广东高质量发展提供有力保障。

【法制宣传教育】2019年，广东省住房和城乡建设厅建立"谁执法谁普法"普法责任制，印发《2019年全省住房城乡建设普法依法治理工作要点》，建立普法责任清单，对普法依法治理的年度任务作出具体布置。首次集中开展普法培训，开展专题法制讲座，将培训对象由厅机关拓展到全省住房城乡建设系统，覆盖省市住房和城乡建设部门、省行业协会和各行业具有代表性企业。结合质量安全月、节能宣传月等时间节点，开展系列法治宣传活动，通过省住房和城乡建设厅官方网站和《广东建设报》，扩大法制宣传覆盖面。各地住房城乡建设主管部门通过召开研讨会、专题讲座等形式普法学习，通过以案释法，提高领导干部的法治思维和依法行政能力。

房地产业

【概况】2019年，广东省完成房地产开发投资15852.16亿元，比上年增长11%；新建商品房销售面积1.38亿平方米，下降3.4%，总体保持平稳；新建商品房销售金额19748.21万亿元，增长5.4%；

全省商品住宅可售面积1.1亿平方米，消化周期为11.9个月，商品住房库存整体处于合理区间。截至年底，全省新开工棚户区改造住房27933套，发放租赁补贴26078户，通过保障性住房对住房困难群体实施保障95.16万户。全省实际缴存住房公积金职工数为2008.32万人，全年缴存额2590.26亿元，提取额1837.67亿元。

【房地产市场专项整治】2019年，广东省住房和城乡建设厅推动房地产市场秩序专项整治，制订5个房地产领域专项整治方案，省级层面公布5批、305家违法违规房地产开发企业、中介机构和物业服务企业名单。年内，推进住房租赁中介机构乱象整治，依法查处一批违法违规"黑中介"。6—12月，全省排查住房租赁中介机构16128家，查处违法违规住房租赁中介机构2142家，通报曝光发布虚假房源信息、隐瞒影响住房出租的重要信息、诱骗群众租房的案例93个。2019年，广东省住房和城乡建设厅印发《2019年广东省房地产市场秩序专项整治工作方案》《2019年广东省物业管理专项整治工作方案》等系列文件，加强与政法、公安、市场监管、价格、金融、税务等部门的密切配合，建立联合查处机制；组织召开全省部分城市整治住房租赁中介机构乱象工作推进会，建立部门协同机制和上下联动机制，联合省发展和改革委员会、公安厅、市场监管局等部门赴广州、深圳、珠海、佛山、东莞、中山等市开展督导。

【房屋交易合同网签备案管理】2019年，《广东省住房和城乡建设厅关于加快房屋网签备案系统建设和城市联网工作的通知》等系列文件印发实施，省住房和城乡建设厅组织召开全省房屋网签备案工作推进会，建立健全工作协调机制，成立专门工作组，帮助重点城市加快推进联网工作，并对进度慢的城市开展"一对一"督导，组织专家帮助解决技术问题，提前2个月实现各地级以上市房屋网签备案系统全国联网。2019年9月，广东省住房和城乡建设厅转发、印发并实施《住房和城乡建设部关于印发房屋交易合同网签备案业务规范（试行）的通知》，推动房屋交易合同网签备案全覆盖。

【住房租赁市场管理】2019年，广东省住房和城乡建设厅贯彻住房和城乡建设部，以及省委、省政府工作部署，发展住房租赁市场，推动租购并举住房制度建设。继续推进住房租赁试点，支持指导广州市、深圳市成为首批中央财政支持住房租赁市场发展试点城市，推进国有住房租赁企业建设，全省累计筹集房源9.6万套；完善租赁住房管理机制，会同省市场监管局制定《广东省住房租赁合同示范文本》，引导住房租赁市场规范发展；创新住房租赁金融服务模式，与中国建设银行广东省分行推动金融服务创新，支持省内住房租赁项目67个，审批金额141亿元，贷款投放53.11亿元，拉动新增或收购租赁住房3.1万套。

【住房租赁金融服务模式创新】2019年，广东省住房和城乡建设厅会同中国建设银行广东省分行推动金融服务创新，支持建设省内住房租赁项目67个，审批金额141亿元，贷款投放53.11亿元，拉动新增或收购租赁住房3.1万套。针对存量闲置房源，中国建设银行以专业子公司广东建方房屋租赁管理有限公司为资产管理平台，联合省内5家专业租赁企业，激活9541套分散的闲置房源进入长租市场。截至年底，推进近8000套集中式房源进入市场。完成签约的分散式房源出租超过9000套。

【国有土地上房屋征收管理】2019年，全省做出国有土地上房屋征收决定的项目有125个、房屋建筑面积374.06万平方米；全年完成征收项目145个，房屋建筑面积157.08万平方米。全省作出国有土地上房屋征收补偿决定的建筑面积17万多平方米，4300多户；申请法院强制执行户数20户，法院裁定准予执行户数19户，实际执行户数17户。截至年底，全省遗留拆迁项目仍有104个未完成拆迁，建筑面积328万多平方米，总户数1.7万户。

【物业管理】2019年，广东省住房和城乡建设厅推进物业管理体制改革，省级层面公布5批、57家违法违规物业服务企业名单，累计排查物业管理项目8598个。

住房保障

【保障性安居工程建设】2019年，国家下达广东省住房保障目标任务为新开工棚户区改造住房24960套、基本建成棚户区改造住房17621套、发放租赁补贴18090户。广东省出台支持政策，落实中央和省各类补助资金14.56亿元，获棚户区改造专项债券资金12.3亿元，安排用地指标240公顷，实现投资226.7亿元。全年新开工棚户区改造住房27933套，发放租赁补贴26078户，基本建成棚户区改造住房30532套，分别完成目标任务的111.9%、144.2%和173.3%。

【共有产权住房建设试点】2019年，广东省住房和城乡建设厅会同发展和改革委员会、财政厅、自然资源厅、中国人民银行广州分行、中国银行保险监督管理委员会广东监管局制定《关于因地制宜发展共有产权住房的指导意见》，继续抓好省共有产权住房建设试点，指导广州、深圳、珠海、佛山、茂名5市开展共有产权住房政策探索。截至年底，全省筹集共有产权住房5.91万套，供应共有产权住房3.27万套。

【住房保障体系构建】截至2019年底，全省累计落实保障公租房（含租赁补贴）73.9万户，惠及住房困难群众238万人；新增供应共有产权住房1.2万套，累计供应3.27万套，惠及新市民及"夹心层"群众10.6万人；通过购房补贴、租房补贴和实物人才住房等方式，解决33.19万位人才安居。其中，筹集人才住房12.8万套，供应人才住房8.6万套，发放购房补贴5亿元，发放租房补贴40.62亿元。

【住房保障规划编制】2019年，广东省住房城乡建设厅为推进建立"多主体供给、多渠道保障、租购并举"的住房体系，推动住房保障事业高质量发展，逐步实现全体人民住有所居、住有安居、住有宜居。结合广东省住房保障工作的实际情况，编制《广东省2019—2022年住房保障规划》，提出到2022年，基本形成以公共租赁住房为核心，棚户区改造为重点，兼顾共有产权住房和人才公寓的住房保障体系。

【公租房信息系统"双贯标"建设】2019年，广东省住房和城乡建设厅开展公租房数据和信息系统技术标准化建设（简称"双贯标"）。建立"双贯标"工作联合小组，建立月报制度，召开专题研讨会议、专题培训，编制《广东省公租房信息系统建设实施方案》《广东省公租房信息系统贯标联合培训手册》等。完成全省21个地市的信息系统贯标及上线，提前26个月完成国家下达的目标任务，居全国前列。

【保障性安居工程审计整改】2019年，广东省住房和城乡建设厅推进棚户区改造、公租房建设管理、保障性安居工程资金跟踪审计和绩效评价，组织各市、县开展审计整改。省住房和城乡建设厅联合国家和省有关部门开展联合督查、专项督导6次，实地巡查深圳、东莞、汕头乌桥岛、韶关始兴县、中山小榄镇、茂名高州市等多个市（区、县）；专题约谈审计中出现问题较多、整改不力的城市，通过整改存在问题，保障棚户区改造项目顺利推进。完成2018年度保障性安居工程跟踪审计、省住房和城乡建设厅预算执行审计及信息化审计3项专项审计。年内，通过中央及省级住房保障资金各项绩效评价，成绩优良。

住房公积金管理

【概况】2019年，广东省住房公积金运行平稳，全省各地住房公积金管理中心加强信息化建设，建成"粤港澳大湾区"住房公积金数据共享平台，各地全面接入"粤省事"政务服务平台等。全省实际缴存职工数为2008.32万人，当年新增职工数为97.49万人；全年缴存额2590.26亿元，比上年增长13.01%；全年提取额1837.67亿元，增长8.96%；占当年缴存额的70.95%；全年发放个人住房贷款22.69万笔1173.83亿元，分别增长43.69%、56.34%。截至年底，缴存总额17852.71亿元，比上年末增长16.97%；缴存余额6023.97亿元，增长14.28%；提取总额11828.73亿元，增长18.39%；累计发放个人住房贷款200.3万笔、7216.2亿元，贷款余额4584.49亿元，分别比上年末增长12.78%、19.43%、19.84%；存贷比76.1%，增长3.53%。

【住房公积金服务创新】2019年5月，住房和城乡建设部印发《关于建立健全住房公积金综合服务平台的通知》，要求各地重视住房公积金综合服务平台。从加强组织领导、合理确定资金投入、严格规范线上服务、统一管控各类渠道、妥善对接政务平台、强化安全保障机制和加大监督指导力度7个方面建立健全服务平台。截至年底，全省各地全面完成综合服务平台建设并通过验收，当年综合服务量3194.67万人次。6月，全省各地住房公积金管理中心全部接入"粤省事"政务服务平台，实现查询业务功能全省覆盖。

城市建设与管理

【概况】2019年，广东省住房和城乡建设厅推进实施《广东省城镇生活污水垃圾处理设施建设"三年攻坚"行动方案（2018—2020年）》，并纳入省委、省政府打好污染防治攻坚战三年行动计划。牵头编制《广东省城镇污水处理提质增效三年行动方案（2019—2021年）》，以制度为保障，推动全省城市基础设施建设；制定生活垃圾、生活污水、生活污泥处理等系列技术指引和规范，为城市基础设施建设提供技术支持。截至年底，全省建成区绿化覆盖率43.31%，城市人均日生活用水量240.82升，城市用水普及率99.06%，城市燃气普及率97.94%，城市液化石油气年供气总量412.37万吨，城市天然气年供气总量191.85亿立方米，建成城市（县城）污水处理设施376座，日处理能力2525.29万吨，配套管网6.4万千米，城市污水处理率96.72%，生活污水处理设施数量比上年增长41%，日处理能力增长47%。全省建成启用生活垃圾无害化处理场（厂）143座，无害化处理能力13.07万吨/日，总处理能力比上年提高21%。全省焚烧处理能力占比60%，提高10个百分点。城市生活垃圾无害化处理率99%以上，提前完成"十三五"目标任务。

【生活污水处理设施建设】2019年，广东省城镇污水处理能力和污水管网建设总长度再创新高。根据住房和城乡建设部全国城镇污水处理管理信息系统，截至年底，全省建成城市（县城）生活污水处理设施376座，处理能力达到2525.29万吨/日，处理能力连续多年居全国第一位。2018—2019年，全省城市（县城）累计全年新增生活污水处理设施65座，新增处理能力416.92万吨/日。新增生活污水处理设施38座，新增处理能力248.05万吨/日。按照《广东省打好污染防治攻坚战三年行动计划（2018—2020年）》（简称《三年攻坚行动计划》），从2018—2019年总体情况来看，全省城市（县城）生活污水处理设施建设情况总体进展良好，累计完成2018—2019年新建污水处理设施任务的152.32%。年内，全省城市（县城）建设通水污水管网7606.25千米，年度建设通水里程再创新高。2018—2019年全省城市（县城）累计建设污水管网1.9万千米，是"十二五"期间建设总量的2倍。

【城市公厕建设与改造】2019年，城市公厕建设被纳入广东省十件民生实事，计划新建和提升改造城市公厕1000座。截至年底，全省新建和提升改造城市公厕2650座，超额完成年度目标任务。城市公厕在分布合理性、管理有效性，以及卫生环保性方面均有明显提高。广州市注重建筑和景观呼应，采取"一厕一景一方案"措施，先后建成105座示范性公厕。其中越秀区宏城公园公厕、海珠区滨江东公厕、荔湾区蒋光鼐广场公厕和天河区黄村东公厕等一批市政环卫公厕受到市民好评，为全面提高厕所建设质量起示范引领作用；深圳市借鉴欧洲街头小型公厕建设经验，采用装配式建筑方式，在街头、社区公园、绿化带等区域"见缝插针"建设街头小型公厕90座，为市民提供高品质如厕体验，小型公厕造型独特，与优美的自然环境融为一体；东莞市推行"以商建厕、以商养厕"管理模式，打造50座"星级公厕"，转变人们对公共厕所的传统印象。

【城市园林绿化建设】2019年，广东省以规划统筹为引领，以创建园林城市为抓手，实现建成区绿化覆盖率、公园绿地服务半径覆盖率、人均公园绿地面积等主要指标稳步提高。全省绿化覆盖面积584449.3公顷，其中建成区绿化覆盖面积277100.48公顷；绿地面积502353.26公顷，其中建成区绿地面积244262.46公顷，公园绿地面积112519.43公顷；公园3912个，公园面积81100.14公顷。结合"厕所革命"和"老旧小区"改造等重大专项工作部署，通过城市"新绿景"建设，促进绿化质量有效提升。推行"口袋公园"理念，城市公园亮点频现。

【城市轨道交通规划建设】截至2019年年底，全省建成运营城市轨道交通线路28条（含有轨电车），总里程880.99公里，站点数548座；在建城市轨道交通线路33条，总里程785.44公里；规划城市轨道交通线路7条，总里程223.6公里。其中，广州、深圳、珠海、汕头、佛山、东莞、中山7个市完成城市轨道交通线网规划，江门市提交轨道交通网络规划技术审查申请。截至年底，广州、深圳、佛山、东莞4市开通运营地铁线路24条，广州、深圳、佛山、珠海4市开通运营有轨电车线路4条，汕头、中山暂未开工建设。

【城市道路与桥梁建设】2019年，广东省加强公路对外交通干线与城市干道的有效衔接，优化完善城区出入道路，打通城市道路"微循环"，科学规划与改造城市道路桥梁，形成完整路网。截至2019年年底，全省建成城市道路总长49269.22公里，道路总面积84370.94万平方米，建成城市桥梁8090座，其中立交桥867座。

【城市供水】2019年，广东省住房和城乡建设厅指导广东省城镇供水协会开展城镇供水规范化管理考核，对二次供水进行专项检查，要求各地市整改检查发现的问题。落实供水水质公开制度，督促各市在网站上公开供水水质状况。指导各地市加强城市供水管网分区计量管理，控制供水管网漏损，提升供水安全保障能力。通过政府采购方式委托专业水质检测公司，对省内24个城市开展供水水质督查和规范化管理考核，建立健全城市节水机制，申报国家和省级节水型城市。结果显示，全省21个地级以上市供水规范化管理考核80分及以上提升到19个；全省57个县级市供水规范化管理考核80分及以上提升到29个。年内，国家供水应急救援华南基地在广州挂牌成立，全省城市供水行业管理规范化程度提升。

【城市燃气供应】2019年，广东省各地市城镇燃气液化石油气终端用户年总供应量367.25万吨，各地市终端用户天然气年总供应量191.85亿立方米，燃气普及率97.94%。全省城镇燃气平稳发展，其中管道天然气发展加快,全省有城市天然气管道39435.66千米,天然气用气户数955.61万户,其中居民户940.95万户,用气人口3018.61万人。对全省城镇燃气、城市桥梁和排水防涝安全工作进行全覆盖检查。

【城镇污水处理设施运行成效】2019年,广东省城镇污水处理设施运行成效显著,主要污染物逐年削减,全省生态环境明显改善。全省全年污水处理量91.13亿吨,比上年增长8.68%;化学需氧量(COD)削减量159.96万吨,增长7.35%;生化需氧量(BOD)削减量70.36万吨,增长6.13%;氨氮削减量15.37万吨,增长5.92%。

【城市黑臭水体治理】2019年,广东省持续推进城市黑臭水体治理。省住房和城乡建设厅聚焦城市黑臭水体治理,坚决打赢打好污染防治攻坚战,采取超常规举措,超常规力度,取得阶段性成效。截至年底,全省城市黑臭水体数量525个,461个城市黑臭水体治理"初见成效",占比为87.8%,高于全国平均水平,水质持续改善。广州、深圳等8个城市自评达到"初见成效"比例的100%。年内,省住房和城乡建设厅会同省财政厅、生态环境厅推荐清远、汕头、深圳市成功申报国家城市黑臭水体治理示范市。

【城市地下管网建设与管理】2019年,广东省21个地级以上市完成编制城市地下综合管廊专项规划。截至年底,各市建成地下综合管廊259公里,完成投资约390亿元,运营或试运营126.5公里,在建274公里。相关地市根据实际情况分别制定地下管廊建设、运营、管理技术标准、配套政策和行业规范,确保城市地下综合管廊建设有序推进。

【海绵城市建设】截至2019年底,全省海绵城市(试点)建设取得成效,全省各地级以上城市完成海绵城市专项规划编制和自评。根据各地上报不完全统计,全省开展建设的海绵化工程面积1654.4平方千米,建成并达到海绵城市要求的面积507.49平方千米,占城市建成区的9.3%;累计消除城市易涝点776个,海绵化改造老旧小区433个,海绵化改造与建设道路648条,海绵化改造与建设公园607个,整治和治理河道湖泊944个,累计完成投资967.2亿元。

【城市排水防涝建设】2019年,广东省住房和城乡建设厅督导各地编制完善排水防涝专项规划及城市排水防涝应急预案,开展线上线下培训,组织开展排水防涝安全大排查,印发《关于推进城市排水防涝补短板工作的通知》等系列文件,全省城市排水防涝取得新进展。截至年底,23项整治任务基本完成。全省城市重要易涝点从上年的211个减少至97个(含新增城市重要易涝点32个),但是距离基本消除城市内涝点仍有差距。全省排水管道累计超过9.4万千米,其中污水管道累计6.4万千米、雨水管道累计超过3万千米。全省排水防涝体系逐步完善,珠江三角洲各市实现内涝防控自动化监测;深圳市推进源头减排、防洪防潮、海绵城市建设,有效缓解城市内涝;珠海市在地下车库设置防汛挡板取得较好防汛效果,在全省推广;各地防水排涝体系更加完善,各地主管部门坚持源头治理,加大资金投入,实施闭合管理。

【城市生活垃圾处理】2019年,广东省生活垃圾处理设施建成数量和新增处理能力再创历史新高。新建成城市垃圾处理厂19座,新增处理能力26310吨/日。截至年底,全省建成运营143座生活垃圾处理场(厂),总处理能力13.07万吨/日,总处理能力比上年提升21%。全省焚烧处理能力占比60%,提升10个百分点。城市生活垃圾无害化处理率达到99.95%,提前完成"十三五"目标任务。生活垃圾处理设施数量和总处理能力居全国首位。广州、深圳、东莞、汕头等城市树立多个生活垃圾焚烧标杆项目,推动全省生活垃圾处理高质量发展。污染防治攻坚战全省60座生活垃圾处理项目中,建成和在建项目数量占比91.7%,处理能力占比94.2%,其中建成37座垃圾处理场(厂),处理能力54585吨/日,在建18座,处理能力14775吨/日;前期手续办理5座,处理能力4250吨/日。

【大气污染治理】2019年,广东省实施挥发性有机物(VOCs)和氮氧化物协同控制,强化重点行业建设项目VOCs总量指标管理,将4700多家重点企业纳入整治清单,完成1009家重点监管企业"一企一策"综合整治。全省整治"散乱污"工业企业10.6万家,完成率99.31%。对3834台重点工业炉窑整治项目实施分类管理,制定7家长流程钢铁企业超低排放改造计划,完成建筑陶瓷行业"煤改气"生产线设备改造367条;强化移动源污染防治,印发《广东省柴油车污染治理攻坚战实施方案》,提前执行轻型汽车第六阶段(国Ⅵ)排放标准,推动全省公交电动化率83%。加强用车环保监管,16个市建成遥感监测系统并与省系统联网,初步建立用车大户清单。统一高排放非道路移动机械认定标准,全省21个市均划定非道路移动机械低排放控制区。推动完成沿海岸电泊位改造63个,718个内河泊位全部建成岸电设施,全省主要港口基本实现码头堆场堆取箱作业全电力驱动；科学应对污染天气，印发《关于进一步强化今冬明春大气污染防治工作的通知》。组织修订重污染天气应急预案，建立应急减排措施和清单。加强扬尘污染日常巡查，督导施工单位全面落实"6个100%"。建立省—市—县秸秆禁烧联动机制，全面禁止露天焚烧。针对传统节日期间城市PM2.5短时大幅上升的问题，2019年春节期间严格实施烟花爆竹管控，全省PM2.5浓度比上年下降超过50%。清远市针对超轻度污染天气提前预报预警和综合应对，有效减少污染天气天数。

【水污染治理】2019年，全省城市（县城）新增处理污水能力248.05万吨/日，新建管网超7000公里；组织开展黑臭水体整治专项行动及监督性监测，推动全省525个城市黑臭水体中的461个整治初见成效；深入推进饮用水源保护区"划立治"，科学指导、严格审查18个地级以上市饮用水源保护区调整方案并经省政府审批。全省155个县级以上饮用水水源保护区标志规范化设置率100%。组织开展水源地环境保护专项行动，中央环保督察反馈意见指出的全省饮用水源一级保护区内违法项目和建筑清理整治完成率98.1%，县级饮用水水源地环境问题按要求全部完成整治；编制《广东省农村生活污水攻坚战实施方案》，明确农村生活污水攻坚任务要求。召开示范现场会，加强技术指导，安排中央财政专项资金1.09亿元推进开平、廉江、蕉岭和始兴农村生活污水治理示范县建设，制定《广东省农村生活污水处理排放标准》；加强近岸海域污染防治，加强海洋与陆地"连接点"整治，全面开展入海排污口分类核查和清理整顿，14个沿海市共核查各类入海排污口1396个，东莞、江门市新发现非法或设置不合理入海排污口17个，其中11个完成整改。推动重点工作实施，组织开展全省海滩（岸）垃圾清理行动，推进深圳、惠州、湛江市和汕头南澳县、茂名电白区开展"湾长制"试点。

【土壤污染综合防治】2019年，《广东省2019年土壤污染防治工作方案》《广东省实施〈中华人民共和国土壤污染防治法〉办法》出台实施，开展土壤污染防治，完成全省农用地3.26万个点位土壤污染状况详查，农用地详查顺利通过国家审查。完成9452家重点行业企业用地第一阶段调查，形成"一图一表一报告"。全省累计安全利用农用地面积5.99万公顷，严格管控面积0.24万公顷，韶关先行区提前1年完成农用地分类管理。发布第一批建设用地土壤污染风险管控和修复名录，完成3个国家试点污染地块修复。

【固体废物污染治理】2019年全年新增危险废物利用处置能力126.92万吨，新增焚烧、填埋等无害化处置能力30.06万吨/年，提前1年完成中央环保督察的25万吨缺口的整改任务。贯彻实施固体废物进口管理改革，全省获批进口量比上年下降42.16%，其中废塑料、废钢船实现"零进口"。组织开展57家涉镉等企业整治，完成整治23家。

【生态环境保护】2019年，广东省推进粤港澳大湾区生态环境保护，配合编制大湾区生态环境保护规划，组团参加澳门、香港国际环保展。深化粤港、粤澳区域环境协同治理和环境科技产业合作，将VOCs在线监测纳入"粤港澳"珠江三角洲区域空气监测网络，建立"粤港澳"大湾区环保产业联盟。强化跨省污染联防联治，推动泛珠9省（区）签订污染联防联治合作框架协议。支持深圳中国特色社会主义先行示范区建设，推进深圳"无废城市"试点建设。支持广州市黄埔区生态环境科技产业创新，推进以碳排放为首个品种的广州创新型期货交易所筹建。落实"一核一带一区"区域发展格局，高效组织编制"三线一单"，初步划定综合管控单元1770个，各类管控单元1.8万个，阶段性成果获生态环境部审核通过。把老区苏区民族地区生态发展区林业碳汇类等碳普惠核证减排量纳入广东省碳交易体系，有力推动区域协调发展。开展生态文明建设示范创建，经生态环境部核查，深圳市福田区、佛山市高明区、江门市新会区被授予第三批"国家生态文明建设示范市县"，深圳市南山区授予第三批"绿水青山就是金山银山"实践创新基地。

【社区体育公园建设】2019年，广东省向粤东西北地区36个县（市、区）安排省级专项资金补助154个社区体育公园建设项目，建成103个，建设面积1050万平方米，覆盖常住人口超过134万人。截至年底，全省建成社区体育公园2368个，新增公共体育活动场地改善人居环境，缓解人民群众健身需求和健身设施不足的矛盾。12月13日，省体育局、省住房和城乡建设厅在云浮市举行"丰收社区体育公园"挂牌仪式，该公园是全省第一个挂牌的社区体育公园。

【数字化城市管理推进】2019年8月，广东省住房和城乡建设厅启动新一轮全省数字化城市管理业务基础信息支持服务项目立项，完善省级数字化城市管理平台。截至年底，全省21个地级以上市建成数字化城市管理平台，其中茂名市进驻省级数字化城市管理平台。省级数字化城市管理平台与广州、东莞、肇庆、梅州等地市完成执法信息、视频监控等数据对接，汇集129万多条信息，有效推动省、市、县三级城市管理信息互联互通，实现城市管理"一张网"。是年，全省利用数字化城市管理平台受理案件588万件，办结561万件。

村镇建设与管理

【概况】2019年，广东省住房和城乡建设厅将农村人居环境整治作为实施乡村振兴战略的第一场硬仗，推进农村危房改造、农村生活垃圾、乡镇污水治理、乡村风貌塑造和农房建设管理，全省村镇建设事业取得重要成果。截至年底，国家和广东省人民政府下达的农村危房改造任务全部完成；全省基本形成县域统筹的"村收集、镇转运、县处理"的村镇生活垃圾收运处理模式，收运处置体系覆盖95%以上行政村；被列入中央环保督察整改任务的505个镇级填埋场全部完成整改并通过市级验收，录入全国信息系统的344个非正规垃圾堆放点完成整治并提交销号申请280个；全省1125个乡镇中，生活污水处理设施覆盖762个，覆盖率67.73%，广州、珠海、佛山、惠州、东莞、中山、江门市实现建制镇全覆盖；全省有中国传统村落263个，广东省传统村落186个。

【省级新农村连片示范建设工程和省贫困村创建新农村示范村】2019年3月，中共广东省委、省政府印发《关于对标三年取得重大进展硬任务 扎实推动乡村振兴的实施方案》。截至年底，全省五批省级新农村连片示范建设工程共覆盖2643个自然村，完成村道硬化的自然村2549个，完成率96.44%；实现集中供水自然村2594个，覆盖率98.15%；完成卫生改厕自然村2579个，完成率97.58%；实行雨污分流并建有污水处理设施自然村2276个，覆盖率96.11%；实行人畜分离自然村2564个，覆盖率97.01%。全省2277个省定贫困村共覆盖18998个自然村，完成"三清三拆三整治"自然村18998个，完成率100%；完成村道硬化自然村18978个，完成率99.89%；实现集中供水自然村18914个，覆盖率99.56%；建有村庄标准垃圾屋（垃圾点）自然村18989个，覆盖率99.95%，配有保洁员自然村18998个，覆盖率100%；实施雨污分流自然村18349个，覆盖率96.58%，建有终端污水处理设施（含纳入城镇污水系统统一处理）自然村16098个，覆盖率84.74%；实行人畜分离自然村18544个，覆盖率97.6%；成立村民理事会并制定村规民约和章程自然村18998个，覆盖率100%；对照干净整洁村标准，18114个自然村基本达到干净整洁村标准，占95.35%。

【"个十百千"生态宜居美丽乡村示范创建和岭南特色乡村风貌示范带建设】2019年3月，广东省委实施乡村振兴战略领导小组印发《广东省关于深入推进"千村示范、万村整治"工程的行动方案》（简称《方案》），部署"个十百千"生态宜居美丽乡村示范创建及岭南特色乡村风貌示范带建设，争取以点带面、连线成片，形成可复制、可推广的经验做法，辐射带动全域人居环境"万村整治"工作。《方案》明确示范市、县、镇、村至2020年和2022年两个阶段的创建任务，以及"沿交通线""沿省际边界""沿景区""沿城市郊区"的"四沿"示范创建优先选择的区域。年内，广东省向每个示范县下达资金3000万元，每个示范镇下达资金1000万元，每个示范村下达资金500万元，下达"四沿"示范创建资金6亿元。

【乡村规划】2019年，广东省需编制村庄规划的16885个行政村完成村庄规划编制，提前完成任务。印发《关于加快推进村庄规划编制工作的通知》《广东省村庄规划基本技术指南（试行）》，加快推进编制"多规合一"的实用性村庄规划。全省各地在乡镇国土空间规划和村庄规划中预留不超过5%的建设用地机动指标；允许在不占用永久基本农田和生态保护红线的前提下，划定不超过现状建设用地20%的区域作为有条件建设区作为村庄未来发展的备用地。

【人居环境整治】2019年，广东省住房和城乡建设厅按照《农村人居环境整治三年行动方案》部署安排，结合《关于全域推进农村人居环境整治建设美丽宜居乡村的实施方案》整洁村、美丽宜居村、精品村村容村貌整治提升要求，全省村容村貌整治取得重要成效。2019年3月29日在珠海召开全省农村人居环境整治现场推进会。广东省省长马兴瑞、省委常委叶贞琴、省直有关部门主要负责人、各地级以上市党委或政府分管负责人、各县（市、区）党委或政府主要负责人以及各地级以上市农业农村局主要负责人参加。

【农村生活垃圾治理】2019年，广东省基本形成县域统筹的"村收集、镇转运、县处理"的村镇生活垃圾收运处理模式，各项年度目标任务基本完成。截至年底，农村生活垃圾收运处置体系覆盖全省95%以上的行政村，全省列入中央环保督察反馈意见整改措施清单的505个镇级填埋场全部完成整改工程并通过市级验收，全省录入全国信息系统的非正规垃圾堆放点344个，其中以生活垃圾、建筑垃级为主的318个，完成整治并提交销号申请280个，占比81.4%，完成年度目标。

【镇级生活污水处理设施建设】2019年，广东省住房和城乡建设厅指导和督促各地加快推进镇级生活污水处理设施建设。截至年底，全省1125个乡镇中，生活污水处理设施覆盖762个，覆盖率67.73%。全年新建成镇级生活污水处理设施230座，新增镇级生活污水处理能力93.75万吨/日，新增镇级生活污水管网4176.86千米。广东省优先推进国考断面控制单元内农村生活污水治理，开展农村黑臭水体试点示范，探索建立健全农村污水治理设施运行资金保障机制。2019年，全省完成1060个村庄环境综合整治，超额完成"水十条"国家考核任务，改善部分农村环境质量。

【农村危房改造】自2011年起，广东省开始实施农村危房改造，2011—2014年省扶贫办公室牵头完成44万户农村低收入住房困难户住房改造。2015—2018年，省住房和城乡建设厅牵头完成农村危房改造38.57万户（含国家任务12.6万户）。截至2019年底，国家和省政府下达的农村危房改造任务全部完成。3月，广东省被国务院确定为2018年度农村危房改造工作积极主动、成效明显省份，茂名高州市被列为农村危房改造国务院激励对象。

【农村"厕所革命"】2019年，广东省先后出台《农村"厕所革命"行动方案》《关于深化农村公共基础设施管护体制改革的指导意见》，做好顶层政策设计，提供农村厕所改建、管护工作指引。各地均参照广东省的做法，成立专项工作组，制定农村厕所革命具体实施方案、行动计划等，形成全面推进农村厕所革命工作合力。截至年底，全省农村完成无害化卫生户厕改造建设1337.3万户，无害化卫生户厕普及率99.7%，完成标准化公厕改建56086座，占应改建公厕81.3%。

【农村削坡建房风险排查整治】2019年，按照中共广东省委、省政府关于自然灾害防治能力建设行动部署，防范农村削坡建房周边区域发生地质灾害，保障人民群众生命财产安全，开展农村削坡建房风险排查整治。截至9月，全省各地级以上市人民政府上报农村削坡建房风险点65190处（户），各地按照省住房和城乡建设厅工作部署有序推进农村削坡建房风险整治。

【特色小城镇建设】2019年，按照住房城乡建设部和广东省人民政府的工作部署，广东省住房和城乡建设厅推进特色小城镇建设。截至年底，全省有全国特色小城镇2批20个，其中第1批6个、第2批14个。

建筑市场监管

【概况】2019年，广东省建筑业呈现快速发展态势。资质以上总承包和专业分包企业完成建筑业总产值16633.41亿元，比上年增长21.3%，增幅高于全国建筑业增幅15.6个百分点，低于西藏（27.5%），居全国第二。随着广东省建筑业市场的扩大和地方出台的优惠政策实施，全省吸引大批大型建筑业企业落户，全省资质以上总承包和专业分包企业7171家。全省建筑企业从事建筑业活动的平均人数为329.51万人，建筑业仍是广东吸纳社会就业的重要力量，珠江三角洲核心区建筑业快速增长，广州和深圳龙头地位突显。

【工程建设管理改革】2019年，广东省推进工程建设管理改革，转变工程建设组织方式，发展全过程工程咨询和专业化服务，创新工程监理制度，推动建筑业高质量发展。指导广州、东莞、佛山等市制定相关政策。全省实行工程总承包模式的项目超过600个。开展全过程工程咨询试点，认定试点单位77家，开展项目试点68个，编制完善全过程工程咨询服务指引。

【勘察设计与工程咨询】2019年，广东省勘察设计行业和工程咨询业稳健发展。全省有工程勘察设计企业1987家，营业收入6926.5亿元，占全国10.79%；其中甲级企业约800家；全省施工图设计文件审查机构64家，其中一类63家。全行业从业人员54.99万人，人均营业收入126万元，全国工程勘察设计大师15位，省级工程勘察设计大师19位，注册建筑师4519人，注册勘察设计工程师9663人。"互联网+监管"模式逐渐起步，建筑师负责制试点不断深入，岭南建筑在传承文化、引领城市发展上发挥积极作用。广州市城市规划勘测设计研究院等23家企业新增为全过程工程咨询试点单位，全省认定的试点单位增加至77家，广州全控总部大楼等68个试点项目推进顺利。广东省实行告知性备案管理以来，除深圳市外，在全国投资项目在线审批监管平台备案的工程咨询单位1338家，执业登记的咨询工程师（投资）4308人，为工程咨询行业注入可持续发展的力量。

【勘察设计市场及监管】2019年，广东省各级住房城乡建设主管部门加强勘察设计市场和质量监管，推动房屋建筑和市政基础设施工程实施数字化审图，会同公安部门推进消防、人防、技防等技术审查多审合一，并入施工图设计文件审查。开展施工图审查效能专项检查，提升施工图审查效率，推动审图市场化。开展勘察设计企业资质动态核查，撤回2家企业的勘察资质、9家企业的设计资质。

【招标投标领域营商环境专项整治】2019年，广东省住房和城乡建设厅联合省有关部门印发《关于印发〈广东省工程项目招投标领域营商环境专项整治工作方案〉的通知》，并补充印发《广东省住房和城乡建设厅关于做好房屋建筑和市政基础设施工程招投标领域营商环境专项整治工作的补充通知》。全省各级住房城乡建设主管部门随机抽查或重点核查4801项房屋市政工程招投标项目，总计查出508个项目存在设置歧视条款、实施投标报名、招标前备案、强制现金投标保证金等问题。督促部分地市的招投标监管部门积极修改有关文件和推进交易系统升级，纠正投标报名、限定以现金缴纳保证金等违规做法。

【建设工程消防设计与人防工程建设】截至年底，全省受理建设工程消防设计审查13228件、办结11720件，办结率89%；受理消防验收11031件、办结10231件，办结率93%；受理消防验收备案6744件、办结6244件，办结率93%；印发相关文件90份。广州、深圳、河源、清远4市住房和城乡建设局专门设置内设机构负责消防设计审查验收。各市级住房城乡建设主管部门消防编制46个，实际工作人数341人。全省纳入统计的148个县（市、区、功能区）中，42个设置内设机构负责消防设计审查验收。各县（市、区、功能区）住房城乡建设主管部门消防编制134个，实际工作人数595人。

【建设领域专业技术职业资格"挂证"整治】2019年，依托住房和城乡建设部建筑市场监管公共服务平台和广东省"三库一平台"管理信息服务系统，研究开发"挂证"专项整治系统，设置信息查询、数据预警、投诉举报、审核汇总、信息公示等功能，实现专项整治工作全程线上操作，推进全省注册人员数据、社保数据的信息共享，逐步形成"挂证"行为信息化监管的长效机制。全省"挂证"整治率达到99.23%，完成专项整治任务，促进建筑业持续健康发展。

【拖欠农民工工资治理】2019年，广东省住房和城乡建设厅从严治理拖欠农民工工资问题。全省住房城乡建设领域主管部门牵头或协助查处欠薪案件285件，帮助1.2万名农民工追回工资4.07亿元，拖欠农民工工资案件全部清零，通过国家保障农民工工资支付工作考核，取得A级成绩，获国务院通报表扬。

工程质量安全监督

【概况】2019年，广东省房屋市政工程质量安全形势总体发展稳定。全省纳入质量安全监督的房屋市政工程累计32177项，全省房屋建筑工程总建筑面积9.56亿平方米，市政基础设施工程中的城市道路（含配套的桥梁、隧道）和地铁工程总长度13336.23千米。

【工程质量监管】2019年，广东省住房和城乡建设厅创新质量监管机制，强化完善住房城乡建设部门、监督机构监管手段，提高监管效能，落实企业主体责任。通过开展工程质量提升行动，推行《工程质量安全手册》等相关工作，全省房屋市政工程质量稳步提升。全省房屋市政工程竣工验收合格工程10821项，一次通过验收合格率100%，新办理竣工验收备案工程9853个，纳入监督的在建房屋市政工程未发生质量事故。质量主体责任有效落实，全省签订法定代表人授权书和工程质量终身责任承诺书13900份，设立永久性标牌项目9853项，建立质量信用档案的工程9175项，"两书一牌"（建设工程法定代表人授权书、工程质量终身责任承诺书及工程永久性标识牌）签订率100%。全年获"中国建设工程鲁班奖"10项（其中2项为境外工程）、"广东省建设工程优质奖"117项、"广东省建设工程金匠奖"70项、"广东省建设工程优质结构奖"148项。

【施工安全监管】2019年，广东省住房和城乡建设厅推进依法治安，全省房屋市政工程施工安全管理总体稳定。是年，重点开展2019年度建筑施工安全专项整治、房屋市政工程"重点攻坚、全年保平安"攻坚行动、建筑起重机械安全抽查检测以及建筑施工安全标准化评定实施情况抽查等。全省房屋市政工程发生安全事故68起、死亡75人，其中，较大事故2起，包括深圳市体育中心改造提升拆除工程"7·8"坍塌事故和广州市天河区"12·1"较大路面塌陷事故。比上年事故起数和死亡人数分别下降10.5%和19.4%。

【城市轨道交通工程质量安全管理】2019年，广东省住房和城乡建设厅加强城市轨道交通工程质量安全监管，防止发生较大以上事故，切实维护人民群众生命财产安全和企业合法权益。截至年底，广州、深圳、佛山、东莞等市在建城市轨道交通工程线路31条，里程810.84公里，车站382座，工区（工点）596个，在监工程项目272个。另有位于东莞市塘厦镇的赣深高铁东莞南站的地铁站项目1个，建筑面积3.33万平方米（含车站，地下暗挖工程）。

【工程质量安全三年提升行动】 为提升工程质量安全水平，确保人民群众生命财产安全，促进广东省建筑业持续健康发展，广东省住房和城乡建设厅重点研究建筑工程质量监理情况和质量评价体系，督导各市开展工程质量安全提升行动，推行《工程质量安全手册》。截至2019年底，全省工程质量安全三年提升行动完成，"两书一牌"签订率达到100%，印发监督执法检查整改单20.28万份，下发行政处罚书5590份，处罚单位4176家，处罚人员2764人，实施信用惩戒4425起，处罚单位4056家，处罚人员257人，曝光违法违规典型案例586件。

【建筑施工安全生产专项整治】 2019年，广东省住房和城乡建设厅制订《广东省住房城乡建设领域安全生产隐患大排查实施方案》，组织各地开展以违法建设活动、房屋市政工程、市政公用设施运行、城镇危旧房屋使用、农村削坡建房等为重点的安全隐患大排查。全省各地住房城乡建设部门出动10.77万人次，对建筑工地开展安全隐患排查，重点排查危险性较大的分项分部工程安全隐患，督促建立台账、落实闭环整治。大排查工作期间全省检查工程45275项次，发出安全整改通知书13388份，查处建设、勘察、设计、施工、监理、施工图审查、质量检测单位及各类人员等的违法违规行为，作出警告366宗，罚款440宗，罚款金额2524万元。

【治理违规海砂专项行动】 2019年，《广东省住房和城乡建设厅关于开展违规海砂专项治理行动的通知》印发，各地住房城乡建设主管部门开展违规使用海砂专项治理行动。期间，出动检查人员5253人（次），检查工程项目1959个（次），检查预拌混凝土、预拌砂浆生产企业1595家（次）。其中混凝土工程实体结构、预拌混凝土取样送检2579组，36组不合格，合格率98.6%；混凝土原材料取样送检2837组，33组不合格（混凝土用砂不合格23组），合格率98.8%，都依法依规对不合格问题作相应处理。省住房和城乡建设厅加强日常监督，全省各级住房城乡建设主管部门开展检查2657次，涉及预拌混凝土企业736家，工程项目2661个，建筑面积15488.6万平方米。

【施工扬尘专项治理】 2019年，广东省住房和城乡建设厅先后印发《广东省住房和城乡建设厅关于扎实做好建筑工地施工扬尘污染防治工作的紧急通知》《广东省房屋市政工程今冬明春施工扬尘治理攻坚行动方案》等，要求各级主管部门加强组织领导，督促落实施工扬尘防治"6个100%"措施，将房屋市政建设工程扬尘防治列入日常监管范围，保证监管工作常态化，多次组织对全省各市开展施工扬尘污染防治督查。省住房和城乡建设厅会同公安厅、交通运输厅、水利厅、生态环境厅、市场监督管理局印发《关于进一步规范渣土运输车辆管理的通知》，进一步规范渣土运输车辆管理，推广全封闭智能运输车辆。全省住房城乡建设系统建立建设工程施工扬尘污染台账工程3.03万个，开展检查20.37万次，检查工程14.24万项，责令整改37024起，移交或实施行政处罚263起，处罚金额542.4万元，停工1559宗，实施动态扣分9318宗，企业诚信扣分331宗，约谈15次。

【汛期防灾减灾救灾】 2019年，广东省住房和城乡建设厅组织全省各地在汛期灾害天气、台风登陆等重要时间节点开展安全隐患排查整治，组织工地人员安全撤离。台风"韦帕""白鹿"袭击期间，全省建筑工地无人员伤亡事故发生。11月，为加强广东省住房和城乡建设系统管辖的房屋建筑和市政工程建设、市政设施运营等的防风防汛工作，提升预防、预警和应急处置能力，印发《广东省住房和城乡建设系统防风防汛应急预案之一（房屋市政工程）》，针对事前预防和应急准备，事中的灾害险情应急救援处置和事后恢复重建工作等内容作出明确要求，最大限度减少全省住房和城乡建设建系统建筑工程人员伤亡和财产损失。

标准定额

【建设工程造价管理】 2019年，广东省工程造价行业不断完善，全省有工程造价咨询企业420家，包括甲级企业254家、乙级企业166家。其中专营工程造价咨询企业131家，所占比例31.19%；具有多种资质的咨询企业289家，所占比例68.81%，业务涉及工程招标代理、工程监理、工程咨询和工程设计等；2019年全省工程造价咨询业务合计收入65.08亿元、其他业务收入889.1亿元，营业总收入954.18亿元，完成工程造价咨询项目所涉及的工程造价总额48606亿元。广东省建设工程标准定额站全年完成广东省定额3部，地方标准1部，修编合同1部，参编国家定额规范6部，补充完善广东省工程计价依据体系，发挥工程造价管理机构服务职能。

【动态定额管理系统和造价纠纷处理系统试运行】 2019年，广东省建设工程标准定额站试推行"广东省建设工程定额动态管理系统""广东省建设工程造价纠纷处理系统"，着力解决工程定额滞后性问题，促进工程造价纠纷处理高效规范，发挥工程造价管理机构的服务职能，切实维护建筑市场健康发展。完成对两个系统的试运行及升级，通过采用"互联网＋定额管理"模式，完善广东省建设工程定额动态管理系统，实现在线查阅定额内容、咨询定额应用、反馈定额问题，及时在线更新定额，建立定额的动态调整机制，提高定额时效性和准确性。

【建设项目全过程造价管理规范】2019年，广东省建设工程标准定额站组织省市造价管理部门和行业内相关企业编制地方标准《广东省建设项目全过程造价管理规范》，于8月1日起实施。

【国家定额编制】2019年，广东省建设工程标准定额站参与国家定额《通用安装工程工程量计算规范》《市政工程工程量计算规范》《园林绿化工程工程量计算规范》《城市轨道交通工程工程量计算规范》《仿古建筑工程工程量计算规范》《市政工程消耗量定额（桥涵册）》等编制，完成编制重点任务。5本规范于10月向社会征求意见，适用于全国通用相应专业工程量计算规则、工程量清单的编制方法。

【工程建设监理】2019年，广东省有工程建设监理企业570家，比上年增加7家。其中，综合资质企业17家，甲级资质企业291家，乙级资质企业220家，丙级资质企业41家；主营房屋建筑工程和市政公用工程业务的企业505家，占企业总数的88.6%。工程监理从业人员10.03万人，比上年增加10720人，增长11.97%；其中注册监理工程师14630人，比上年增加189人，增长1.31%。全省工程监理企业承揽合同额718.43亿元，比上年增加293.46亿元，增长69.05%。其中，工程监理合同额235.92亿元，占工程监理企业承揽合同额32.84%。全省工程建设监理企业的总营业收入468.62亿元，比上年增长37.3%。其中，建设工程监理营业收入158.4亿元，占总营业收入的33.8%。广东省工程监理企业中工程监理收入达到1亿元（含）以上的有31家。有15家监理企业进入全国工程监理企业百强，进入百强企业数量居全国第一。

建设科技与绿色建筑

【概况】2019年，广东省新发布工程建设地方标准29项，获"华夏建设科学技术奖"一等奖1项、二等奖1项、三等奖16项，占全国七分之一，位居全国前列。全省城镇新增节能建筑面积2.26亿平方米，比上年增长14%，可形成204万吨标准煤的节能能力；新增城镇绿色建筑1.32亿平方米，城镇绿色建筑占新建建筑的58%；新增太阳能光热应用面积46万平方米；新增太阳能光电建筑应用装机容量403兆瓦；完成公共建筑节能改造451万平方米；新建装配式建筑1973.83万平方米，比上年增长35%。

【城市信息模型平台建设试点】2019年6月，住房城乡建设部确定广州市为全国城市信息模型（CIM）平台建设试点城市，广东省住房和城乡建设厅依据职能指导广州市按照住房和城乡建设部要求，建设集规划审查、建筑设计方案审查、施工图审查、竣工验收备案等功能于一体的CIM平台，精简改革工程建设项目审批程序，减少审批时间，结合住房和城乡建设业务实际，在智慧工地、城市体检、城市更新、智慧照明基础较好的地方开展平台业务应用研究，探索建设智慧城市基础平台。

【建筑信息模型应用推广】2019年，广东省住房和城乡建设厅围绕促进行业质量提升，从制度、政策、技术、试点示范等，推进BIM技术应用，BIM技术与现代科技紧密融合，创新应用不断增加。8月20日，广东省第五届BIM发展论坛召开，探讨粤港澳BIM创新合作；9月25日至11月6日，先后在广东省清远、惠州、中山、江门、云浮、茂名、揭阳和潮州8个城市举办广东BIM公益行活动，解读BIM技术试点政策，宣贯相关标准及定额，展示广东省第二届BIM应用大赛作品，推动该项技术在全省房屋建筑和市政基础设施工程建设领域的应用；12月27—28日，建设工程BIM技术应用成果经验交流会在深圳召开，会议聚焦行业BIM技术发展前沿问题，就最新应用成果进行交流。

【工程建设标准化】2019年，广东省住房和城乡建设厅围绕装配式建筑、建筑节能、绿色建筑、海绵城市、城市综合管廊、污水垃圾处理、城市轨道交通、工程质量安全、抗震和防灾减灾、BIM技术应用、无障碍环境建设、历史建筑保护、南粤古驿道保护利用、5G智慧杆建设等住房城乡建设重点工作开展标准制修订工作，将61项标准列入年度制修订计划，发布地方标准29项，现行工程建设地方标准达到128项。加大标准动态管理力度，废止7项现行标准，1项现行标准转化为团体标准，终止13本在编标准编制。开展《电动汽车充电基础设施建设标准》等重要标准宣贯培训，完成抗震标准实施情况调研。完成粤港澳地区工程建设标准体系对比研究，开展大湾区抗风标准协同研究，粤港澳三地共同编制《广东省建设项目全过程造价管理规范》，探索开展粤港澳大湾区标准共建。

【建筑节能与绿色建筑】2019年，广东省城镇新建民用建筑100%执行节能强制性标准，新增节能建筑面积2.26亿平方米，比上年增长14%；城镇新增绿色建筑面积1.32亿平方米，城镇绿色建筑占新建建筑比例58%；新增绿色建筑评价标识面积1.01亿平方米，其中二星级及以上面积2731万平方米，增长86%，运行标识面积213万平方米；全省新增太阳能光热建筑应用集热面积46万平方米，新增太阳能光电建筑应用装机容量403兆瓦，完成既有建筑节能改造面积542万平方米；广东省新建建筑在全面执行建筑节能标准的基础上，逐步从节能建筑向绿色建筑发展方向转变。

【散装水泥发展应用管理】2019年，广东省散装水泥行业推进供给侧结构性改革，各级散装水泥主管机构积极贯彻落实《广东省促进散装水泥发展和应用规定》《商务部关于"十三五"期间加快散装水泥绿色产业发展的指导意见》等政策法规文件精神，全面实现城市城区砂浆"禁现"，散装水泥、预拌混凝土、预拌砂浆发展平稳。广东省实现散装水泥供应量10537.5万吨，比上年增长9.17%；预拌混凝土使用量2.1亿立方米，增长8.59%；预拌砂浆使用量1399.61万吨，增长12.24%。按测算，2019年发展散装水泥节约优质木材347.74万立方米、标准煤82.19万吨，减少粉尘排放105.9万吨、二氧化碳排放629.5万吨、二氧化硫排放2.06万吨，综合利用工业固体废弃物5742.9亿吨，折合经济效益63.2亿元。截至年底，全省农村散装水泥销售网点有147个，全省农村使用散装水泥1197.84万吨，占全省散装水泥供应量12%，散装水泥使用率为50.8%。

【装配式建筑】2019年，广东省共有16个城市出台装配式建筑发展实施意见，8个城市出台发展装配式建筑的专项规划；新发布《装配式建筑评价标准》等6项装配式建筑地方标准；珠江三角洲和粤东粤北地区15个城市建立装配式建筑预制构配件生产基地，形成各类预制构件企业121家，生产线301条；认定佛山市为广东省第二批装配式建筑示范城市，中国国际海运集装箱（集团）股份有限公司等22个企业为广东省第二批装配式建筑产业基地，保利紫山公馆等10个项目为广东省第二批装配式建筑示范项目。全省新开工装配式建筑1973.83万平方米，比上年增长35%；竣工装配式建筑面积599.25万平方米，增长146%；新开工全装修住宅建筑面积1345.07万平方米，新开工装配化装修住宅建筑面积147.14万平方米。其中，深圳长圳项目是全国最大的装配式建筑公共住房项目，总建筑面积115万平方米。装配式建筑总承包和专业分包工程产值453.27亿元，比上年增长123.2%，其中，国有及国有控股企业完成225.87亿元，增长25.8%，增速超过建筑业总产值增速4.5个百分点。

建设事业信息化

【工程建设项目审批管理系统建设】2019年，广东省推进省、市工程建设项目审批管理系统建设。截至年底，全省21个地级以上市初步建成城市工程建设项目管理系统，实时对接审批数据到省级、国家工程建设项目审批管理系统。推进身份证、户口簿、营业执照等证明文件的电子证照，以及工程建设项目审批各环节签发的电子证照、电子印章在审批过程中的应用，推动工程建设项目审批事项全流程网上办理。以东莞为例，东莞市建成工程项目信息共享复用平台，实现电子证照的审批应用和其他书面资料"一次收取、反复应用"。

【建设行业数据资源整合共享】2019年，实现工商注册登记、职称资格、企业社保、个人社保4类政务信息资源数据共享和应用，25项政务数据接入省政务大数据中心，实现"三库一平台"管理信息服务系统与广东省建筑市场监管公共服务平台系统集成和数据整合；推进各地市城市工程建设项目审批管理信息系统与"三库一平台"管理信息服务系统对接，实现全省施工许可业务协同和项目关键岗位人员统一管理。截至年底，"三库一平台"管理信息服务系统汇聚行业企业5.56万家，比上年增长24.9%；从业人员259.3万名，增长29.3%；建设工程项目12.86万个，增长70.1%；各级行政主管部门497家，增长33.9%；工作人员席位3981个，增长29.2%。通过平台累计办结各类事项45万件，签发各类企业资质证书38216本，安全生产许可证22834本，施工许可证67778本，接入的全国注册人员信息328.7万条，全省三类人员信息56.9万条，特种作业人员信息13.7万条，施工现场专业技术人员证书信息52.5万条。平台归集数据覆盖的范围、种类和规模均处于全国领先地位。

【信息化援建】2019年，广东省建设信息中心完成黑龙江省住房和城乡建设政务服务管理信息系统援建任务。根据黑龙江省建设行业工作实际和业务需求，广东省建设信息中心对该系统重要功能进行优化完善，推动黑龙江省住房城乡建设厅政务信息化跨越式发展。该系统于3月28日上线运行。截至年底，归集各级行政主管部门51家，行政工作人员309名，各类企业10914家，其中省内7255家、外省3659家，从业人员16.31万名，办结各类事项17709件。年内，广东省建设信息中心与黑龙江省住房和城乡建设厅建立援助性合作机制，推进黑龙江省住房和城乡建设厅6项企业资质（备案）电子证照应用。

建设行政审批

【行政审批】 2019年，广东省住房和城乡建设厅推行建设工程企业资质（备案）电子证书，实现电子证书网上直接送达；开展建筑业企业资质"放管服"改革，分阶段实施建设企业资质许可（备案）电子化申报和审批全覆盖；加大对建设工程企业资质申报弄虚作假行为的查处力度，企业虚假申报行为得到有效遏制。全年行政许可事项申请10.61万件、按时办结率100%，均为网上办结。其中，不予批准2029件，占比1.91%。

【施工许可证办理限额调整】 2019年8月22日，广东省住房和城乡建设厅印发《关于调整房屋建筑和市政基础设施工程施工许可证办理限额的通知》，广东省工程投资额在100万元以下（含100万元）或者建筑面积在500平方米以下（含500平方米）的房屋建筑和市政基础设施工程，可不申请办理施工许可证，较全国统一的工程投资额30万元以下或者建筑面积300平方米以下的限额有所放宽，是全国第二个调整房屋建筑和市政基础设施工程施工许可限额的省份，放宽幅度居全国省份之首。

【消防设计审查】 自2019年5月起，广东省各级住房城乡建设主管部门承接建设工程消防设计审查职责。截至年底，全省受理建设工程消防设计审查13228件、办结11720件，办结率89%。横琴口岸及综合交通枢纽开发项目等27个项目进行特殊建设工程消防设计专家评审。

人事教育

【概况】 2019年，广东省住房和城乡建设厅以建设高素质专业化干部队伍和加强住房城乡建设行业人才队伍建设为目标，开展教育培训、职称评审；推进大规模培训干部工作，创新培训模式，确保"量的增加与质的提升"有机结合，在干部培训工作上取得新成效。组织在深圳市举办第二十一期市长（书记）城建专题研究班，提高各地级市市长（书记）和部分县（市、区）长城乡建设管理理论水平和实践能力。深化建设工程专业技术人才职称评价改革，如期完成2019年度评审。

【第二十一期市长（书记）城建专题研究班】 2019年8月26—30日，广东省住房和城乡建设厅联合省委组织部、省自然资源厅、省生态环境厅在深圳市举办第二十一期市长（书记）城建专题研究班，50名各地级以上市市长（书记）和部分区（县）长（书记）参加。研究班以推进粤港澳大湾区建设为主题，邀请相关领导和知名专家、学者授课，提出以文化遗产游径为抓手、共同推进粤港澳人文湾区建设，并在深圳市前海展示厅、前海石公园和深圳湾华润大厦进行现场教学，使学员开阔视野、拓宽思维、提高认识，提升推进大湾区建设以及城市建设改革发展的理论水平和决策能力。研究班专题特色和取得的良好效果，成为广东省党政领导干部培训的一个重要平台和品牌。

【干部教育培训管理的实施意见（2019—2023年）】 2019年，根据《中共广东省委关于印发〈2019—2023年广东省干部教育培训规划〉的通知》《住房和城乡建设部关于贯彻落实〈2018—2022年全国干部教育培训规划〉的实施意见》等有关部署和要求，广东省住房和城乡建设厅制定并组织实施《广东省住房和城乡建设厅关于干部教育培训管理的实施意见（2019—2023年）》。

大事记

1月

8日 广东省住房城乡建设工作会议在广州召开，全面总结2018年全省住房城乡建设成绩，部署2019年重点任务。

21日 汕头市澄海区莲下镇程洋冈村、云浮市云城区腰古镇水东村、郁南县大湾镇五星村被评为第七批"中国历史文化名镇名村"。

31日 《2015年及以前年度立项未编制完成的工程建设标准项目专项清理结果》公布，终止13项地方标准编制。

2月

2日 住房和城乡建设部办公厅发布《关于开展农村住房建设试点的通知》，云浮市新兴县被列入"国家农村住房建设试点县"，并被列入"美好环境与幸福生活同缔造活动"试点。

12日 广东省第一批装配式建筑示范城市、产业基地和示范项目公布。深圳市被认定为"广东省装配式建筑示范城市"，广东莲田金属工程建筑有限公司等28家企业被认定为"广东省装配式建筑产业基地"，番禺区何贤纪念医院医疗综合大楼改扩建工程等17个项目被认定为"广东省装配式建筑示范项目"。

3月

1日 广东省人民代表大会常务委员会发布新修订的《广东省实施〈中华人民共和国招标投标法〉办法》施行。

26日　由香港贸易发展局、广东省住房和城乡建设厅主办的"未来建设 建设未来"论坛在广州举行。

26—27日，住房和城乡建设部在清远英德市举办农村社区美好环境与幸福生活共同缔造培训班。住房和城乡建设部村镇建设司巡视员卢英方、广东省住房和城乡建设厅副厅长郭壮狮、清远市副市长彭裕殿出席。

27日　广东省住房和城乡建设厅在广州召开全省环卫领域重点工作部署会，副厅长刘玮出席。21个地级以上市生活垃圾管理和城市公厕建设主管部门负责人参加。

27日　广东省住房和城乡建设厅副厅长蔡瀛带队赴香港贸易发展局屋宇署调研香港工程建设管理机制，拓展粤港工程建设协同发展的思路。

28日　在北京召开全国工程建设项目审批制度改革工作电视电话会议。广东省副省长许瑞生、省住房和城乡建设厅党组书记赵坤及有关部门负责人出席广东分会场。

29日　全省住房城乡建设科技与绿色发展工作会议在东莞召开。同期举行全省第一批装配式建筑示范城市、产业基地和示范项目授牌仪式。

4月

2日　住房和城乡建设部"城市体检"试点工作座谈会在北京召开。广州市被列为全国首批11个城市体检试点城市之一。

2日　广州市南沙大桥建成通车。

4日　广东省委机构编制委员会办公室印发《关于建设工程消防设计审查验收职责划转核增省市住房城乡建设部门行政编制的通知》，将原公安消防部门建设工程消防设计审查验收相关职责划转省、市住房和城乡建设部门。

8日　潮州市潮安区生活垃圾焚烧发电厂通过达标投产验收。成为粤东地区首个获得AAA等级无害化处理最高等级的生活垃圾处理项目。

8日　根据中共广东省委组织部《关于余云枢同志免职退休的通知》，免去余云枢同志的省住房城乡建设厅副巡视员职务，批准余云枢退休。

12日　"中国土木工程詹天佑奖"二十周年庆典暨第十六届颁奖典礼在北京举行。深圳平安金融中心、深圳市轨道交通七号线工程、深圳福田站综合交通枢纽、广州市中山大道快速公交（BRT）试验线工程4项工程获第十六届"中国土木工程詹天佑奖"。

18日　广东省住房和城乡建设厅财政资金综合管理信息平台上线运行。

26日　根据中共广东省委组织部《关于林兆雄同志任职的通知》，批准林兆雄同志任省住房和城乡建设厅副巡视员。

26日　广东省各地住房公积金"双贯标"工作全部通过部、省联合验收。

29日　广东省成为全国首个接入住房公积金数据平台的省份。数据接入平台后，可供税务部门核实缴存职工个税申报情况。

5月

8—10日　广东省住房城乡建设厅二级巡视员魏振发赴陕西省宝鸡市出席住房和城乡建设部召开的全国公租房座谈会。

12—17日　广东省住房和城乡建设厅在陕西延安市委党校举办党性锤炼暨"不忘初心、牢记使命"主题教育培训班，深刻感悟延安精神和时代价值。

21日　住房和城乡建设部在北京召开全国推进城镇污水处理提质增效三年行动电视电话会议。广东省住房和城乡建设厅副厅长刘玮出席广东省分会场会议，部署全省城镇污水处理提质增效工作。

29日　2019年度"广东省建设工程优质结构奖"（第一批）获奖名单公布，其中广东省55项工程获奖。

30日　2019年度"广东省建设工程优质奖"获奖名单公布，其中广东省有117项工程获奖。

30日　2019年度"广东省建设工程金匠奖"获奖名单公布，其中广东省有70项工程获奖。

31日　广东省住房和城乡建设厅向住房和城乡建设部报送省级历史建筑保护利用试点方案，选取国家历史文化名城梅州市和申报国家历史文化名城的韶关市作为试点。

31日　在全国黑臭水体治理示范城市竞争性评审中，清远市以总分第六名的成绩入选"全国黑臭水体治理示范城市"，获中央财政4亿元的专项奖补资金。

6月

1日　广东省建设执业资格注册中心承接房地产估价师注册下放试点任务，开展初始注册、变更注册、延续注册和注销注册业务审核等。

10—12日，住房和城乡建设部住房保障司司长曹金彪、广东省住房和城乡建设厅二级巡视员魏振发到广州市住房和城乡建设局、深圳市住房建设局开展关于住房保障体系和棚户区改造情况调研。

11日　广东省住房和城乡建设厅在佛山市顺德区举行2019年广东省建筑领域节能宣传月活动启动

仪式。

11—12日，广东省住房和城乡建设厅在湛江举办2019年全省住房保障工作座谈会。副厅长郭壮狮、湛江市副市长陈伟杰出席并讲话。

6月

25日—7月12日，广东省住房和城乡建设厅组织6个专项检查组，对汕头、韶关、惠州、东莞、中山、江门、湛江、茂名、肇庆、清远、揭阳、云浮12市开展房屋市政工程建筑市场、工程质量安全和消防安全管理情况进行监督执法检查。

28日 广州市被住房和城乡建设部纳入城市信息模型（CIM）平台建设试点。

28日 广东省住房和城乡建设厅开展2019年度"广东省优秀工程勘察设计奖"评选。全省勘察设计企业上报项目1727个，评出优秀设计项目701个。

28日 清远市4.5万条公租房数据与住房和城乡建设部数据对接成功，成为全国首个公租房数据对接成功的城市。

30日 由新华社主办的绿色建筑产业发展（广东）峰会在广州召开。以"绿色建筑产业发展"为主题，探讨绿色建筑产业发展的新路径。

7月

5日 国务院参事室当代绿色经济研究中心、广东省建设工程绿色与装配式发展协会在中山举办2019绿色发展高层论坛暨绿色建设与装配式建筑主题论坛。

9—13日，住房和城乡建设部住房保障司司长曹金彪到广州市住房和城乡建设局、深圳市住房和建设局开展住房保障体系、住房市场体系调研。

24日 2019年广东省职业技能大赛——住房城乡建设行业职业技能竞赛起重工竞赛在东莞市中堂镇启动。

31日 《2019年广东省工程建设标准制订、修订计划》公布，新立项标准38项。

8月

1—3日，广东省政协副主席、省住房和城乡建设厅厅长张少康邀请国家"水体污染控制与治理"科技重大专项副总工程师、同济大学环境学院徐祖信等4位教授，省建筑设计研究院、华南河湖长学院等8位专家组成专家组，赴汕头、揭阳服务指导练江污染治理。

2—4日，住房和城乡建设部城市建设司副司长韩煜率队到广州、深圳、珠海调研城市生活污水处理提质增效、海绵城市建设、黑臭水体治理、排水防涝、供节水等情况。省住房和城乡建设厅副厅长刘玮，广州、深圳、珠海市相关部门负责人出席。

5日 广东省住房和城乡建设厅公布2019年工程建设标准复审结论，7项地方标准废止。

8日 中国海员建设工会全国委员会、中国建筑业协会印发《关于开展"新中国成立70周年·建筑工匠"学习活动的通知》，联合公布100名"新中国成立70周年·建筑工匠"名单，广东省住房和城乡建设系统黄文铮、钱汉清、程克辉、何玉成、王志超5人获评。

12日 广东省取消二级建造师临时执业证书。

14—16日，广东省住房和城乡建设厅在肇庆、清远开展农村危房改造"回头看"专项检查。省政协副主席、厅长张少康，省委第十二巡回指导组组长陈杭参加清远农村危房改造实地检查活动，走访慰问困难群众。

20日 佛山南海与香港粤港澳合作高端服务示范区建设工程管理服务创新论坛与对接会在佛山市南海区举行。

21日 广东省住房和城乡建设厅向住房和城乡建设部报送，确认第一批城市社区"美好环境与幸福生活共同缔造"活动试点名单和第二批城市社区"美好环境与幸福生活共同缔造"活动试点建议名单。

26日 《广东省装配式建筑评价标准》发布。

26—30日，广东省住房和城乡建设厅联合省委组织部、自然资源厅、生态环境厅，在深圳举办第二十一期市长（书记）城建专题研究班。

28日 广东省住房和城乡建设厅总工程师陈天翼赴北京市参加住房和城乡建设部召开的房地产市场和棚户区改造工作座谈会。

30日 广东省政协副主席、省住房和城乡建设厅厅长张少康参加在深圳开展的"支持深圳建立和完善房地产市场平稳健康发展长效机制"专题调研。

30日 全国首个省级智慧灯杆技术标准《智慧灯杆技术规范》出台。

9月

12日 广东省住房和城乡建设厅在广州举办"习近平总书记关于文化遗产保护重要指示精神宣讲"活动。

16—18日，2019年广东省职业技能大赛——住房城乡建设行业塔式起重机装拆等5个工种竞赛在东莞市高埗镇举行。

20日 经中共广东省委组织部《关于刘耿辉同志任职的通知》批准，刘耿辉任省住房和城乡建设厅副厅长，试用期1年。经省委组织部同意，刘耿辉任省住房和城乡建设厅党组成员。

21日 《广东省住房和城乡建设厅 广东省自然资源厅 广东省人民防空办公室 广东省档案局关于房屋建筑和市政基础设施工程竣工联合验收的管理办法（试行）》印发。

23日 由广东省住房和城乡建设厅、省工业和信息化厅主办、省建设科技与标准化协会承办的广东省标准《智慧灯杆技术规范》培训班在广州召开。

23日 深圳市建成各类公园1090个，提前15个月实现"千园之城"目标，成为"公园里的深圳"。

24—29日，广东省住房和城乡建设厅组织技术团队，分别前往汕头、佛山、韶关、河源、梅州、惠州、江门、清远8市，调研城市生活垃圾分类管理情况。

25—26日，2019年中国技能大赛——"碧桂园杯"第二届全国装配式建筑职业技能竞赛预赛暨广东省"博越杯"装配式建筑职业技能竞赛在佛山召开。

27日 广东省房屋建筑和市政基础设施工程施工图数字化审查管理系统上线，施工图设计文件审查实现全流程网上办理。

10月

1日 由广东省住房和城乡建设厅实施的建筑施工企业安全生产许可证核发事项下放至中国（广东）自由贸易试验区（广州南沙新区片区、深圳前海蛇口片区、珠海横琴新区片区）。

9日 广东省政协副主席、省住房和城乡建设厅厅长张少康，副厅长蔡瀛在广东博智林机器人有限公司调研建筑机器人及相关设备研发试用情况。

10日 广东省住房和城乡建设厅党组书记赵坤在省建设信息中心实地调研网络安全、"数字政府"建设及信息化建设等情况。

11日 《广东省住房和城乡建设厅关于广东省环卫行业信用管理暂行办法》印发，自2019年12月1日起，从事生活垃圾清扫、分类、收集、运输、处置等环卫服务活动的企业纳入信用管理范围。

11日 广东省人力资源和社会保障厅、省住房和城乡建设厅印发《广东省建筑工程技术人才职称评价改革实施方案》。

11日 梅州至潮汕铁路全线开通运营。

12日 广东省政协副主席、省住房和城乡建设厅厅长张少康在梅州开展城镇老旧小区改造和黑臭水体整治情况调研。

21日 广东省省长马兴瑞先后在省水利电力规划勘测设计研究院、省建筑设计研究院调研，就转企改制工作提出指示要求。

21日 茂名火车站南站房建成投入使用。

31日 广东省按照住房和城乡建设部节点要求，实现全省各市公租房信息系统上线运行。

31日 经广东省人民政府同意，广东省从事生产经营活动事业单位改革工作领导小组印发《广东省城乡规划设计研究院转企改制实施方案》，明确广东省城乡规划设计研究院整体转企改制为国有控股的混合所有制企业。

11月

1日 广东省房屋建筑和市政基础设施工程施工图数字化审查管理系统上线运行。

5日 由广东省住房和城乡建设厅核发的建筑施工企业安全生产许可证实现统一启用电子证书，不再颁发纸质证书。

7日 《2019年广东省工程建设标准（复审）修订计划》公布，23项标准列入计划。

7—9日 中央纪委国家监委驻住房和城乡建设部纪检监察组组长宋寒松到广东调研指导保障贫困户基本住房安全相关工作。

11日 2019年度"广东省建设工程优质结构奖"（第二批）获奖名单公布，其中广东省有93项工程获奖。

12日 孙中山先生诞辰153周年纪念日，中山市中山纪念图书馆开放试运营。

13日 《广东省住房和城乡建设厅 广东省公安厅关于房屋建筑和市政基础设施工程实行联合审图的通知》印发。

19日 广东省住房城乡建设系统"厕所革命"创新论坛在广州市珠岛宾馆举行。

21—26日，由广东省人民政府国有资产监督管理委员会牵头，会同省财政厅、住房和城乡建设厅先后在广晟公司和韶关市人民政府召开广晟公司驻韶企业棚户区改造专题会，协调推进广晟公司棚户区改造工作。

26日 广东省住房和城乡建设厅牵头联合中国铁路广州局集团有限公司以及省直有关单位印发《广东省铁路环境安全综合治理工作方案》，要求在春运前提前完成全省高铁沿线6231处安全隐患治理任务。

26日 广东省住房和城乡建设厅、省体育局印发《广东省社区体育公园规划建设指引（第二版）》。

28日 广东省住房和城乡建设厅副厅长郭壮狮在深圳、东莞调研保障性住房建设情况。

29 日　佛山氢能源产业交流峰会暨世界首条商业运营氢能源有轨电车上线启动仪式在佛山市高明区举行。

12 月

1—14 日，广东省住房和城乡建设厅组织有关地市住房和城乡建设部门、科研院所赴瑞典开展共有住房政策及建设实践培训。

2 日　广东省住房和城乡建设厅发布《广东省城市生活垃圾分类指引（试行）》，从分类技术体系、管理体系等方面提供技术支撑。

3 日　广东省举办全省住房公积金业务规范标准培训。

4 日　2019 年度"中国建设工程鲁班奖（国家优质工程）"获奖名单公布，广东省有 10 个项目获奖，其中 2 项为境外工程。

9 日　建筑业科技创新暨 2018—2019 年度"中国建设工程鲁班奖"（国家优质工程）表彰大会在北京召开。广东省获"中国建设工程鲁班奖"10 项（含境外工程）。

11 日　由中国勘察设计协会主办的全国勘察设计行业协会共庆中华人民共和国成立 70 周年大会暨中国勘察设计协会六届二次会员代表大会在广州召开。

13 日　广东省住房和城乡建设厅、中国建设银行股份有限公司广东省分行签订《广东省"数字住建"战略合作框架协议》。

13 日　广东省住房和城乡建设厅、省体育局在云浮举行"丰收社区体育公园"挂牌仪式。该公园是全省第一个挂牌的"广东省社区体育公园"。

15 日　穗深城际铁路开通运营。

18—19 日　住房和城乡建设部城市建设司副司长张乐群在广州调研城市生活垃圾分类及全国垃圾分类现场会筹备情况。

26 日　广东省人民政府新闻办公室在广州举行新闻发布会，介绍广东工程建设项目审批制度改革推进情况及取得的阶段性成果。

26 日　广东粤电湛江外罗海上风电项目全容量并网投产。

27 日　广东省各地完成住房公积金综合服务平台建设并通过验收，为缴存职工提供便捷、安全和高效服务。

30 日　广东省住房公积金信息共享平台上线。省政协副主席、省住房和城乡建设厅厅长张少康，住房和城乡建设部住房公积金监管司副司长倪吉信出席启动仪式。

30 日　湛江市供水一期工程竣工暨霞山水厂试运行投产，水厂日供水能力 25 万立方米。

31 日　广东省第二批装配式建筑示范城市、产业基地和示范项目公布。

31 日　茂名博贺湾大桥建成通车。该工程施工路线总长 4.88 公里，其中桥梁总长 2.2 公里。

（广东省住房和城乡建设厅）

广西壮族自治区

概况

【**建设经济发展强劲**】行业固定资产投资占全区总量的 38%，税收占全区税收收入 28.6%，行业增加值占全区 GDP 的 17%。房地产开发投资、商品房销售面积增速分别排全国第 4、第 5 位，房地产市场保持平稳健康发展。争取中央财政资金 99.2 亿元，同比增长 31.4%。棚户区改造获得国家奖励 6.96 亿元，资金规模排全国第三位、西部地区第一位。

【**保障住房建设居全国前列**】在全国率先开展全区棚户区和老旧小区调查摸底专项行动，界定全区待改造的棚户区 767 个、城中村 179 个、老旧小区 1892 个。全区启动老旧小区改造约 19.9 万套。棚户区改造新开工 17.32 万套，开工率居全国前列；基本建成 10.09 万套；解决 64.9 万城镇居民住房难题。分配公租房 44.20 万套。开展住房安全保障战役"尽锐出战"行动，脱贫攻坚农村危房改造完成开工 5.7 万户。

【**城市建设品质显著增强**】建成区路网密度、燃气普及率等指标居全国前十。城镇污水处理率和生活垃圾无害化处理率分别达 95% 和 99% 以上，黑臭水体消除率超 90%，南宁、桂林、贺州市入选全国黑臭水体治理示范城市，获中央补助资金 11 亿元，资金规模排名全国第一。第十二届中国（南宁）国际园林博览会圆满闭幕。

【乡村风貌提升成效明显】5.22万个村庄开展"三清三拆",32条特色鲜明、宜居宜业宜游、乡风文明的示范带建设基本完成;新增国家级传统村落119个;308个乡土特色示范村屯项目顺利完工。

【建筑业转型升级步伐加快】建筑业总产值达到5407.31亿元,同比增长15.7%,增速排名全国第三;增加值不变价增速为10.4%,占全区GDP8.6%,支柱产业地位凸显。大力发展装配式建筑和绿色建筑,城镇绿色建筑占新建建筑面积比重47.73%。

【行业全面深化改革多点突破】全国首创"桂建通"广西建筑农民工实名制管理平台,获国务院大督查通报表扬。工程建设项目审批时限比国家规定减少20个工作日。搭建全国首个建设工程消防管理信息平台,切实提升消防设计审查阶段效能;全过程工程咨询试点成效显著,获住房城乡建设部肯定推广。行业信访工作成效显著,获"人民满意窗口"称号。

法规建设

【概况】2019年,广西住房城乡建设厅根据全年工作要点,全面推进法治政府建设并取得明显成效。建立合法性审核全覆盖机制,强化涉及市场准入、证明事项等规范性文件清理,优化法治营商环境。严格规范决策流程,建立健全行政执法"三项制度"。优化复议应诉工作机制,依法有效化解社会矛盾纠纷。"七五"普法依法治理工作取得实效。广西住房城乡建设厅分别在2019年度全国住房城乡建设系统法规处长会议、自治区法治建设电视电话会议、立法工作会议上作经验交流发言。

【行业立法】《广西乡村规划建设管理条例》于2019年5月1日正式颁布实施。《广西物业管理条例》通过人大一审。《广西城市管理综合执法条例》完成2019年度立法调研,列入全区立法预备项目。同步推进燃气管理、城镇生活垃圾管理立法进程。参与住房城乡建设部《建设工程消防设计审查验收管理规定》立法论证,在全国范围率先制定建设工程消防设计审查和验收管理配套文件。

【法规规章】2019年,根据机构改革职能调整,广西住房城乡建设厅对《广西壮族自治区燃气管理条例》《广西壮族自治区新型墙体材料促进条例》《广西壮族自治区民用建筑节能条例》三部地方性法规进行修改,确保权责明晰,依法行政。完成对《中华人民共和国城市房地产管理法》《广西壮族自治区优化营商环境条例》《富川瑶族自治县传统村落保护条例》等70余部法律法规规章征求意见答复工作,通过法治政府建设架起平等保护市场主体产权及合法权益"防护网",营造法治化营商环境。

【建立合法性审核全覆盖机制】根据广西住房城乡建设厅本级《合法性审核管理制度》,将十大类事项全部纳入合法性审查,对13件规范性文件强化公平竞争审查力度。重视合同管理,加大对服务类、货物类等政府采购合同规制力度,防范合同风险,明确各部门依法签订合同内容、形式,将竞争性磋商、公开招标等限额以上经济合同全部纳入厅务会集体审议范畴。

房地产业

【概况】2019年广西房地产投资、销售稳中向好,房地产市场总体保持平稳健康。2019年,全区房地产开发完成投资3814.41亿元,同比增长27.0%,增速较2018年同期上涨15.1个百分点,增速在全国排第4位。全区商品房销售面积为6711.77万平方米,同比增长8.0%,增速高于全国平均水平8.1个百分点,较2018年同期回落12.1个百分点,增速排全国第5位。其中,商品住房销售面积为6076.88万平方米,同比增长8.7%,增速较2018年同期回落10.6个百分点。2019年,全区商品房平均售价为6505元/平方米,同比增长5.6%,增速与2018年持平;商品住房平均售价为6440元/平方米,同比增长8.1%;全区商品房销售价格平稳。据房地产交易信息日报数据,截至2019年12月底,全区商品房库存面积共计7313.03万平方米,同比增长33.8%,消化周期约13.3个月。其中,商品住房库存面积共计4847.01万平方米,同比增长38.5%,消化周期约10.1个月,商品住房库存量保持在合理区间。

【防范化解房地产风险】坚持"房子是用来住的,不是用来炒的"定位,因城施策、分类指导,实施精准调控。统筹推进实施房屋网签备案制度,规范房屋交易合同及网签备案业务流程,截至2019年9月18日,全区14个设区市房屋网签备案系统全部实现与住房城乡建设部联网。其中,柳州市创新性将交易资金监管与网签系统相结合,实现精准调控和金融风险监控。南宁、柳州、百色3市住房租赁监管服务平台全部上线运行。北海市建立房地产行业信用监管和"红黑名单"监管机制,截至2019年底,已公布1126家企业信用等级情况。玉林市出台《房地产行业信用信息管理办法》,上线运行房地产行业诚信系统，保驾护航房产交易安全。各地适时调整住房公积金政策，支持新市民进城安居和住房消费498.29亿元，遏制投资投机性购房需求。

【整治房地产市场秩序】加强对房地产开发企业、租赁企业、中介机构及从业人员管理，先后会同相关部门集中力量开展全区房地产市场秩序专项整治、全区住房租赁中介乱象专项整治，公开曝光违法违规典型案例，净化房地产市场秩序，维护群众合法权益。2019年，全区共检查房地产开发企业及中介机构2385家、在售房地产项目及中介门店2531个，发出限期整改通知书223份，约谈企业（机构）258家，暂停房屋网签项目25个，曝光违法违规典型案例32起。在开展住房租赁中介乱象专项整治期间，共排查住房租赁中介机构460家、中介机构经营门店1595家，发现117家住房租赁中介机构存在违法违规行为，约谈、责令整改住房租赁中介机构65家，查处典型案例16起。

【租购并举】制定试点工作方案。截至2019年8月，南宁、柳州、百色3个自治区试点城市出台培育和发展住房租赁市场实施方案。建设信息管理平台。指导督促试点城市加快推进住房租赁监管服务平台建设，为租房者提供高效便捷的住房租赁服务。南宁、柳州、百色市的市级住房租赁监管服务平台已全部上线运行。多渠道增加租赁住房房源。加大公共租赁住房房源整合，扩大公共租赁住房覆盖范围。加大人才公寓建设力度，南宁市高坡岭人才公寓项目提供房源4159套，柳州市柳东新区人才公寓项目提供房源322套。研究配套政策措施，鼓励住房租赁消费，南宁市出台《南宁市高层次人才认定实施办法》，柳州市出台提取住房公积金支付房租政策等。

【物业服务企业】截至2019年底，广西有物业企业3038家，从业人员19.9万，实有物业服务面积近5亿平方米，业主自管项目超1000个，其他管理人管理项目超500个；住宅维修资金累计归集近183亿元，累计增值6.3亿元，累计使用3.4亿元。

【物业管理政策】2019年底联合自治区发展改革委印发《广西普通住宅小区前期物业服务等级指导标准（试行）》。积极配合自治区人大开展《广西壮族自治区物业管理条例》修订工作，联合自治区人大法工委、环资委和自治区司法厅赴河南、江苏、湖南、重庆、上海等省市开展立法调研工作，并多次组织起草组成员根据调研情况和各部门、社会各界反馈意见进行修改完善。

【物业管理优秀小区评选】2019年，广西全区申报自治区物业管理优秀住宅小区（大厦、工业园）评比的项目达46个，项目覆盖全区9个地市。2019年12月中下旬，自治区住房城乡建设厅指导行业协会组织行业专家对全区46个申报物业项目进行现场考评。

住房保障

【概况】2019年，广西提前、超额完成国家下达的各项公共租赁住房和棚户区改造目标任务，保障性安居工程完成投资302.9亿元。其中，城市棚户区改造完成投资289.14亿元，国有工矿棚户区改造完成投资7.09亿元，公共租赁住房完成投资5.79亿元，经济适用住房完成投资0.16亿元，限价商品住房完成投资0.72亿元。广西棚户区改造工作得到国务院表扬激励，获得国家保障性安居工程奖励资金6.69亿元。

【公共租赁住房】2019年，全区公共租赁住房基本建成目标任务为1.09万套，截至12月底，基本建成1.18万套，完成自治区下达年度任务的108.55%。其中，大部分设区市均已完成基本建成目标任务，河池市（30.50%）和崇左市（89.21%）基本建成率未达100%。截至2019年12月底，全区列入国家计划的公共租赁住房累计开工建设46.97万套（不含已依照规定盘活的公共租赁住房），已分配44.20万套，分配比例94.10%。其中，列入国家计划的政府投资公共租赁住房累计开工建设39.15万套，已分配37.42万套，分配比例95.60%。南宁、柳州、桂林、梧州、贵港、百色、贺州等七市在分配入住进展、建成交付及配套设施进展、新增分配规模等方面成效比较突出。全面提升公租房保障能力，发放城镇住房保障家庭租赁补贴2.17万户，完成国家下达年度目标任务1.98万户，完成率109.35%。2019年，全区实施实物保障的低保家庭、低收入家庭、中等偏下收入家庭、新就业无房职工和稳定就业外来务工人员共44.03万户，实施住房租赁补贴共1.93万户。各地积极推行分类保障和用人单位集中申请、集中分配公共租赁住房的"团租"模式，解决新市民及特殊困难家庭群体10.2万人的住房困难。全区5市1区推进政府购买公共租赁住房运营管理服务试点工作；南宁、桂林和北海三市重启公共租赁住房新建计划。

【脱贫攻坚住房安全保障】全区各级成立住房安全保障战役指挥部，印发实施方案，定期召开调度会、推进会，实行挂图作战，普遍建立"一对一"帮扶机制。开展住房安全保障战役"尽锐出战"行动，对全区尚未脱贫的建档立卡贫困户和未实施过危房改造的4类重点对象共81.1万户进行鉴定核实，摸清危房存量底数，精准确定改造对象。下达中央及自治区资金17.01亿元，培训技术骨干7.5万人次，农村危房改造年度开工任务如期完成，2019年农村危房改造竣工5.4万户，竣工率达94.8%，3.8万建档立卡户住房安全保障任务全部完成。崇左市、百色市将危房改造与乡村风貌提升三年行动相结合，旧房拆除成效明显。全面完成中央第二巡视组脱贫攻坚专项巡视反馈意见及中央脱贫攻坚专项巡视反馈问题整改。

【惠民安居工程】实施棚户区改造，2019年，国家下达广西棚户区改造目标任务为新开工12万套。截至2019年底，全区各类棚户区改造新开工17.32万套，其中，国家下达任务新开工12.22万套，超额开工0.22万套（结转至2020年任务）。全年争取保障性安居工程补助资金大幅提高，发行棚户区改造专项债券200亿元，融资工作模式获住房城乡建设部肯定和推广。在全国率先开展全区棚户区和老旧小区调查摸底专项行动，界定全区待改造棚户区767个、城中村179个、老旧小区1892个，工作获得自治区党委主要领导肯定。有序推进老旧小区改造，争取中央下达补助资金14.84亿元，全区启动老旧小区改造约19.9万套。制定实施危旧房改住房改造补充规定，疏解改造项目拆迁难等问题。梧州市在全区率先创建老旧小区物业管理委员会制度。出台既有住宅加装电梯财政补贴政策，获得住房城乡建设部肯定。新建无障碍环境设施率达100%。全区四市五县列入创建全国"十三五"无障碍环境建设示范城市，获自治区财政专项补助资金2600万元。

【棚户区（危旧房）改造专项债券】2019年，全区发行2期棚户区（危旧房）改造专项债券共计200亿元，用于支持棚户区（危旧房）改造建设18.92万套（其中2018年及历年续建7.47万套，2019年国家下达任务7.43万套，2019年国家储备任务0.85万套，2019年自治区新增任务3.17万套）。截至2019年底，已支付使用债券资金195.79亿元，使用率97.89%。其中，第一期债券资金已使用49.55亿元，占第一期发行债券总额50亿元的99.09%；第二期债券资金已使用146.24亿元，占第二期发行债券总额150亿元的97.49%。在专项债券资金投入使用过程中，使用速度较快的有南宁、防城港、钦州、百色、贺州、崇左等6个市。目前，各市的两期专项债券资金除玉林市尚未完成使用以外，其他城市基本完成使用。

住房公积金管理

【概况】2019年，广西全区住房公积金新开户单位7092家，实际缴存单位55948家，净增单位3152家；新开户职工36.07万人，实际缴存职工302.74万人，净增职工12.55万人；缴存额475.25亿元，同比增长11.95%。截至2019年底，全区缴存总额3402.97亿元，比2018年末增加16.23%；缴存余额1228.95亿元，比2018年末增加10.5%。2019年，全区住房公积金提取额358.46亿元，同比增长16.26%；占当年缴存额75.42%，比2018年增加2.8个百分点。截至2019年底，全区累计提取总额2174.02亿元，比2018年末增加19.74%。2019年，全区发放住房公积金个人住房贷款6.09万笔210.97亿元，同比增长21.72%和29.27%。回收个人住房贷款97.51亿元。截至2019年底，全区累计发放个人住房贷款72.76万笔1654.61亿元，贷款余额1072.71亿元，分别比2018年末增加9.13%、14.61%和11.83%。个人住房贷款余额占缴存余额的87.29%，比2018年末增加1.03个百分点。2019年全区未发放住房公积金支持保障性住房建设项目贷款。截至2019年底，全区累计发放住房公积金支持保障性住房建设项目贷款2.26亿元，项目贷款已全部回收。

【业务收入与支出】2019年，全区住房公积金业务收入37.72亿元，同比增长11.43%。其中，存款利息4.93亿元，委托贷款利息32.78亿元，国债利息0亿元，其他0.01亿元。2019年，全区住房公积金业务支出19.47亿元，同比增长16.93%。其中，支付职工住房公积金利息17.38亿元，归集手续费0.25亿元，委托贷款手续费1.35亿元，其他0.49亿元。

【缴存业务】2019年，全区住房公积金实缴单位数、实缴职工人数和缴存额增长率分别为5.97%、4.33%和11.95%。缴存单位中，国家机关和事业单位占比54.08%，国有企业占比11.93%，城镇集体企业占比1.37%，外商投资企业占比1.26%，城镇私营企业及其他城镇企业占比26.63%，民办非企业单位和社会团体占比2.1%，其他占比2.64%。缴存职工中，国家机关和事业单位占比54.06%，国有企业占比23.28%，城镇集体企业占比1.1%，外商投资企业占比3.36%，城镇私营企业及其他城镇企业占比15.56%，民办非企业单位和社会团体占比0.82%，其他占比1.82%；中、低收入群体占比

98.59%，高收入群体占比1.41%。

【提取业务】2019年，全区共有123.87万名缴存职工提取住房公积金358.46亿元。提取金额中，住房消费提取占比80.15%（其中，购买、建造、翻建、大修自住住房提取占比34.82%，偿还购房贷款本息提取占比39.61%，租赁住房提取占比5.57%，其他提取占比0.15%）；非住房消费提取占比19.85%（其中，离休和退休提取占比13.12%，完全丧失劳动能力并与单位终止劳动关系提取占比4.64%，出境定居提取占比0.03%，其他提取占比2.07%）。

【推广住房公积金贷款业务联办】2019年7月，广西全面推广住房公积金贷款业务公积金、银行、不动产中心三部门联办，实现职工办理所有类型住房公积金贷款业务全过程"只进一扇门、只收一套材料、一站式办结，最多跑一次"，从贷款受理至抵押办结时限不超过10个工作日。截至2019年底，全区有13个设区市实现住房公积金贷款业务联办工作目标，住房公积金贷款业务办理效率大幅提高。

【住房公积金综合服务平台建设】2019年，广西共有13个公积金中心和南宁住房公积金管理中心区直分中心建成住房公积金综合服务平台，并全部通过住房城乡建设部验收，平台建成验收率93.3%，处于全国领先水平。综合服务平台的建成和应用，极大地拓展了住房公积金线上业务办理渠道，形成以门户网站、网上服务大厅、"12329"热线服务、"12329"短信服务等为主体，微信、支付宝、自助终端、手机客户端等多种服务渠道相配合的住房公积金综合服务体系。

【全面接入全国住房公积平台】截至2019年6月底，全区所有公积金中心全面完成全国住房公积金数据平台接入工作，行业基础数据共享贯通，信息安全、有效传输。截至2019年底，全区所有公积金中心已全面直连接入全国住房公积金异地转移接续平台，实现职工申请后业务系统直接办理转移接续业务，为自治区内外缴存职工提供极大便利，服务效率得到进一步提升。

【年度监督和考核】2019年6—9月，自治区住房城乡建设厅通过政府采购，以委托会计师事务所进行审计检查的方式，对全区14个公积金中心和南宁住房公积金管理中心区直分中心2018年度住房公积金内部控制情况开展审计监督。

城市建设

【概况】全面实施城镇污水处理提质增效及环境保护基础设施建设三年行动，加快完善全区城镇污水生活垃圾处理体系。镇级污水处理设施覆盖率超过70%，设区市、县级市全部具备污泥无害化处置能力。南流江、九洲江流域74个建制镇均建成镇级污水处理厂，运营稳定，流域环境治理取得阶段性成果。全区70段（个）城市建成区黑臭水体，黑臭消除或基本消除率达90%以上，涌现出南宁市那考河、沙江河、柳州市竹鹅溪等黑臭水体治理典范。南宁、桂林、贺州市全面推进29公里"水清岸绿、鱼翔浅底"黑臭水体治理示范河道建设，成功列入国家黑臭水体治理示范城市。北海市"滨海活力区"基本建成，治水截污、生态修复成效明显。设区市生活垃圾分类工作全面启动，全区城镇生活垃圾无害化处理能力达2.35万吨/日，其中生活垃圾焚烧处理能力占比42.4%，提前完成全国"十三五"规划目标。设区市道路机械化清扫率达68%以上，有效助力大气污染防治工作。柳州市全国建筑垃圾治理试点成果显著，在全国会议上做典型发言。

【城市基础设施建设】全区城市道路总里程1.59万公里，南宁市、柳州市轨道交通建设稳步推进；城镇供水普及率97%以上；43个市、县通管道天然气，全区非职业性一氧化碳中毒死亡人数同比大幅下降61%；累计建成地下综合管廊107公里；全区城市建成区海绵城市总面积163平方公里，易涝点消除率81%，南宁市被评为全国优秀海绵试点城市，获1.5亿元奖励资金。两年累计新建改建市政公厕794座，基本提前完成"三年新建改建800座市政公厕"目标。大力推进城市新区建设，南宁市五象新区高层建筑、市政桥梁项目加快建设，道路交通网络系统日益完善；柳州市柳东新区全面开展基础设施和公共服务设施建设，北部生态新区推进河湖水系治理、绿地生态景观等一系列工程建设，城市功能不断完善；桂林市临桂新区着力打造门户区、行政中心区两大节点，桂林新中心日益彰显；梧州市苍海国家湿地公园、苍海新区地下综合管廊项目有序推进。

【城市道路桥梁建设】截至2019年底，全区城市（县城）道路长度16640.45公里，道路面积34288.93万平方米，人均城市道路面积19.40平方米，建成区平均路网密度7.37公里/平方公里。2020年目标为建成区平均路网密度达到8公里/平方公里。

【地下管网】截至2019年底，全区累计建成排水管道21703公里（含污水、雨水及雨污合流制管道）、供水管道28917公里、燃气管网长度8320公里、地下综合管廊廊体107公里。

【海绵城市】 截至2019年底，全区14个设区市累计建成海绵城市面积190.93平方公里，建成区13%以上的面积达到海绵城市建设要求。南宁市作为首批海绵城市试点城市，试点区共安排322项海绵城市建设相关工程，对照《南宁市海绵城市试点建设三年实施计划》，超额安排119项，完成国家海绵城市试点验收工作且排名前列，荣获优秀海绵试点城市，并获1.5亿元奖励资金。

【城市垃圾处理】 截至2019年底，全区累计建成生活垃圾无害化处理厂91座，垃圾无害化处理能力达2.35万吨/日，其中焚烧发电能力达9950吨/日，提前实现"十三五"规划明确的"设区地市生活垃圾焚烧发电能力占无害化处理总能力50%以上"以及"生活垃圾回收利用率达到35%以上"的目标。全区城镇全年共处理生活垃圾710.38万吨，生活垃圾无害化处理99%以上，高于"十三五"规划目标（98%）；城市建成区道路机械化清扫率平均值达78.23%，提前实现大气污染防治目标（68%）；全区全年开工新建生活垃圾处理设施项目、餐厨垃圾处理设施项目共34个；新建改建市政公共厕所459座，提前一年完成广西城乡"厕所革命"（2018—2020年）行动计划明确的市政公共厕所建设任务。

【城市污水处理】 截至2019年底，全区累计建成城镇（县城及城市）污水处理厂120座，生活污水处理能力达494.7万立方米/日，2018年全年处理生活污水15.14亿立方米，削减化学需氧量（COD）18.93万吨。根据2019年度广西城市（县城）建设统计快报数据，广西城市污水处理率达96.29%、县城污水处理率达93.93%，接近或提前完成"十三五"污水处理率规划目标。累计建成镇级污水处理厂532座，生活污水处理能力约74万立方米/日，建成污水管网约2617公里，镇级污水处理设施覆盖率超过70%。

【宜居城市建设】 全区9个项目获得自治区宜居城市建设优秀范例奖，南宁市、北流市获得全区宜居城市综合奖。首批44个广西特色小镇产业进一步发展壮大。23个新型城镇化示范县、101个百镇建设示范建设稳步推进。制定苍梧县新县城建设方案及路径，为建设美丽宜居新苍梧奠定了坚实的基础。加强历史文化名城保护，柳州、桂林、北海市三个国家历史文化名城保护持续推进；全区累计公布历史文化街区23处和历史建筑324处。推进园林绿化建设，制定广西公园城市建设试点工作指导意见。防城港市获"国家园林城市"称号，永福县、蒙山县获"国家园林县城"称号，梧州市通过"国家园林城市"复查。成功举办第十二届广西（防城港）园林园艺博览会。南宁、北海市国家城市设计试点工作及桂林、柳州市国家"城市双修"试点工作通过住房城乡建设部考评。

村镇规划建设

【概况】 2019年广西有建制镇702个（不含104个县人民政府驻地镇和纳入城市规划区内的建制镇，下同），乡政府驻地集镇307个（不含5个纳入城市规划区内的乡，下同），村庄（自然村）约17.4万个（不含城中村，下同），村民委员会所在村约1.42万个。建制镇建成区面积952.06平方千米，比上年增加14.07平方千米，户籍人口550.69万人，常住人口522.38万人，人均建设用地182.25平方米/人。乡政府驻地集镇建成区面积119.36平方千米，比上年减少0.31平方千米，户籍人口78.47万人，常住人口74.42万人，人均建设用地160.38平方米/人。村庄现状建设用地面积合计5096.70平方千米，户籍人口4071.32万人，常住人口3751.3万人，人均建设用地135.87平方米/人。全年村镇建设投资总额587.61亿元，其中住宅建设投资346.26亿元，公共建筑投资40.28亿元，生产性建筑投资26.05亿元，市政公用设施投资175.01亿元；村镇房屋竣工总面积4816.62万平方米，其中，住宅竣工4072.04万平方米，占竣工总面积的84.5%；公共建筑竣工439.83万平方米，占9.13%；生产性建筑竣工面积304.75万平方米，占6.3%。至2019底，全区村镇住宅建筑总面积13.79亿万平方米，人均住宅29.35平方米。村镇公共建筑总面积10968.72万平方米，生产性建筑总面积10502.82万平方米。

【农村危房改造】 2019年中央下达广西农村危房改造任务5.7万户，要求年内全面开工，2020年6月30日前竣工。截至2019年底，广西以农村危房改造方式完成5.7万户住房安全保障任务，以租借住等其他方式完成0.9万户住房安全保障任务，圆满完成国家下达年度任务。2019年继续参照2018年补助方法，中央和自治区本级财政按照建档立卡贫困户户均2.65万元给予补助，其他3类重点对象按照户均1.5万元给予补助；市、县分别按照户均1500元、2000元进行配套；各级财政合计补助建档立卡贫困户户均3万元，合计补助其他3类重点对象户均1.85万元。

【危房改造服务保障】 举办多期农村危房改造管理业务培训班，全区累计培训技术骨干7.5万人次；

编印《广西农村危房改造加固案例参考》《广西农村危房改造施工图集》《广西农村危房改造工匠培训简易培训手册》等，免费赠送给农户、工匠，积极引导困难群众按照标准图纸建房。在资金保障方面，自治区本级安排2930万元工作经费，用于开展危房等级评定、档案资料调查整理入库、建档立卡贫困户信息核实等工作；2019年给予农村危房改造真抓实干成效明显的地方各30万元工作经费奖励；各市、县普遍建立激励机制，对提前完成危房改造任务的农户给予5000~10000元不等的奖励，全区奖励金额共计2.9亿元。

【乡村风貌提升三年行动】2019年广西成立乡村风貌提升三年行动指挥部，多次召开会议，印发乡村风貌提升配套文件，实施"红黑榜"通报和暗访制度，建立完善乡村风貌管控机制。截至2019年底，全区共有5.22万个村庄开展"三清三拆"环境整治工作，2.65万个基本整治型村庄、548个设施完善型村庄、102个精品示范型村庄建设竣工，完成了32条示范带建设，累计完成投资12.78亿元。

乡村风貌提升管理。田阳县巴某村、玉林市福绵区十丈村入选全国31个共同缔造精品村。玉林市开展领导干部回乡美化家园大行动，河池市南丹县突出村民自治管理，实行包干负责制。贺州市富川瑶族自治县采用"二次四分法"开展垃圾分类，按实际需求新建垃圾分拣中心、阳光堆肥房，配齐分类垃圾桶、垃圾清运车等，建立垃圾分类处理新模式。河池市南丹县突出村民自治管理，实行包干负责制，建立党员负责联系包干5~7户村民，一户村民负责包干住房周边10米范围内的环境整治以及微景观建设和长效管护制度。崇左市江州区江州镇普遍推行"支部带队伍、政府出物料、群众投人工、社会献爱心"村庄建设模式，由党支部带领群众开展"三清三拆"，筹措50万元完成35个村屯环境整治，群众自发形成"白天砍甘蔗、晚上搞建设"的良好氛围。北流市司马第村在党支部带领下完成"三清三拆"后，群众自发捐款超过200万元开展村庄建设。钦州、贺州、崇左等地普遍实施竞争奖补机制，组织村干部演讲竞争，确定各类示范村，根据村庄"三清三拆"成效拨付奖励资金。

乡村建设新模式。改变以往政府大包大揽、建设项目由政府组织招投标，施工单位建设，群众参与程度低的建设模式。根据项目类型、规模大小、投资主体等分别采用EPC建设模式、项目业主建设模式、村民自治组织建设模式、村民自建模式等实施；基本整治型村庄项目，基本由村民组织实施。

按照共同缔造"决策共谋、发展共建、建设共管、效果共评、成果共享"的要求，推动规划设计下乡服务，设计师与村民共同商议村庄整治建设，凝聚共识；发动群众近200万人次参与村庄整治。

乡村风貌建设指导。编制《广西农房风貌设计指引》，全区17个市县编制地方建房图集。选择10个县区开展农村建筑工匠培训试点，2019年累计完成1万名农村建筑工匠培训。研究起草《加强农房建设管控持续提升乡村风貌指导意见》，进一步规范农房建设行为。

【农村人居环境治理】2019年，广西完成94个自然村公共厕所、874座旅游公共厕所、5834座农村户厕改造项目。开展147个村级垃圾处理设施改造更新，完成213个非正规垃圾堆放点整治，4个农村生活垃圾分类和资源化利用示范县的100个行政村生活垃圾分类试点有序推进，安排7350万元开展147个村级垃圾处理设施改造更新。恭城县创新垃圾治理方式，在全国农村生活垃圾治理工作推进现场会作典型发言。富川县采用"二次四分法"有效解决农村垃圾分类问题。持续推进恭城和陆川全国农村污水治理示范县建设，陆川县实现村级污水处理设施基本覆盖，农村人居环境明显改善。

【农村基础设施】截至2019年底，全区已实现所有行政村通硬化路，14041个行政村通客车，通客车率达98.68%。完成315个行政村污水处理设施建设项目。完成100个村屯道路硬化项目。超额完成村屯公共照明试点项目2457个。完成4258个饮水安全战役项目。完成50个村庄河塘沟渠清淤试点项目。投资2.42亿元，建成973个村级公共服务中心。建成"儿童之家"2493所。574.67万农村贫困人口家庭医生签约服务已实现全覆盖。投入11.3亿元，实施"壮美广西·智慧广电"工程，5328个行政村新建光纤联网，14224个35户以上自然村新建光纤联网，建设乡镇广电服务站594个、乡镇机房392个，发展"广电云"用户73.68万户。

【乡土文化建设和传统村落保护】119个村新增列第五批中国传统村落名录，数量居全国第10位，28个村落获中央财政支持资金8400万元。全区526个乡土特色示范村完成投资约9.2亿元，308个村屯项目顺利完工。

【新型城镇化建设】截至2019年12月底，新型城镇化示范县项目建设累计完成投资68.66亿元。分批推进101个百镇建设示范、59个少数民族乡建设、90个乡改镇建设工程。第一、第二批百镇和第一批少数民族乡已完成建设并验收。第三批41个百镇建设项目累计完成投资超过8.32亿元，第二批少数民族乡建设累计完成投资3.5亿元，乡改镇建设完成投资1.19亿元。

标准定额

【概况】2019年，完成全年6次信息价的常规审核工作。完善指数指标编制发布管理，做好建设工程造价大数据指标管理系统开发，完成8个测试工程数据资料的修改转换。全年共完成6期《广西建设工程造价管理》编辑发行工作。根据国家营改增后相关政策规定，发布《关于调整除税价计算适用增值税率的通知》。结合广西建筑市场发展实际，调整建筑安装工程劳动保险费有关规定，开展定额咨询解答和造价纠纷调解工作。

【工程建设标准】2019年，广西工程建设地方标准、导则及图集申请立项共97项，在装配式建筑、BIM技术、绿色建筑、海绵城市、城市地下综合管廊等方面共批准立项59项，已编制完成并批准发布《绿色建筑运行维护技术规范》《预制装配式地下综合管廊技术规程》等30项地方标准。2019年10月出台《广西工程建设标准国际化方案》。

【工程造价标准】2019年，编制完成并颁布《广西壮族自治区古建筑修缮工程消耗量及费用定额》1项定额标准。分别开展《广西房屋修缮工程消耗量定额（古建筑分册）》及其配套费用定额等4项定额编制工作，开展$d800$混凝土顶管（岩石顶进）一次性补充定额等4项补充定额的编制工作。

【工程造价过程监管】2019年，广西共有2401个项目完成网上备案（不包含纸质备案的项目），其中控制价1590个、合同价485个、结算价173个、概算价147个、可再生能源价6个。开展2019年全区工程造价咨询企业执业情况检查工作。

【BIM计价依据】2019年，编制完成并批准发布《广西建筑信息模型（BIM）技术应用费用计价参考依据（试行）》，为建筑信息模型（BIM）技术在工程应用中提供计价依据。编制完成并批准发布《广西建筑信息模型（BIM）技术试点项目验收实施细则》。

工程质量安全监督

【概况】2019年，全区新受监房屋建筑工程7712项，面积18079万平方米，造价3130.90亿元；新受监市政工程1271项，造价570.64亿元；竣工验收房屋建筑工程4302项，面积7768.7万平方米；竣工验收市政工程376项；工程竣工验收合格率保持100%；住宅工程质量用户满意度达到84.3%，比2018年提高1.5个百分点，超过预设的82%的目标；全区监督机构共发出停工整改通知书3980份、整改通知书14766份，消除质量隐患12508起；处理投诉1115起，已结案1109起。全年未发生一般及以上等级质量事故。

【工程质量管理】2019年全区监督机构针对13个质量指标的3030个住宅工程进行抽查、抽测，共发出937份整改通知书，其中隐患整改通知书787份、停工整改通知书150份。加强建设工程质量标准体系建设。出版《市政基础设施工程质量常见问题治理指南》。印发《关于规范全装修住宅工程质量管理的通知》。

【工程质量安全检查】2019年，共开展了4次全区建设工程质量安全综合调研工作，覆盖全区14个设区市，随机抽查了279个在建项目；涉及建设单位276家、施工单位274家、监理单位230家；发出停工整改建议书163份、隐患整改建议书116份。

【住宅工程质量用户满意度调查】在全区14个设区市和65个县（区、市）开展问卷调查工作，对222个住宅小区进行住宅工程质量满意度调查，涉及入住户数55276户，其中参与问卷调查的有14648户，完成问卷调查12706份。从调查情况看，全区平均用户满意度84.3%，较2018年提高1.5个百分点；县域平均用户满意度83.4%，较2018年提高1.2个百分点；设区市（含区）平均用户满意度85.6%，较2018年提高2个百分点；自治区、设区市、县（区）三级住宅工程质量用户平均满意度较2018年有较大提高，78.6%的地区用户平均满意度达到预设82.0%的目标。

【建筑工地安全生产】全年开展2次全区建筑工地安全生产隐患排查整治，共派出551个检查组、4208人次排查房建市政工程项目3000余项次，排查出事故隐患3941个，责令改正、限期整改、停止违法行为1152起，责令停产、停业、停止建设企业97家。全年20个项目获"全国建设项目施工安全生产标准化工地"称号；319个工地获"广西建设施工安全文明标准化工地"称号，其中22个为示范工地。

【安全事故追责】2019年以来共对29家施工单位、6家分包单位、12家监理单位作出暂扣安全生产许可证、暂停投标资格处罚，对19名项目经理、18名专职安全员、5名总监理工程师作出暂停执业资格处罚。

建筑市场

【概况】建筑业产值实现高速发展。2019年全区建筑业总产值5407.31亿元,同比增长15.7%,产值增速排名全国第三。建筑业增加值1816.05亿元,占全区GDP8.6%,现价增速13.0%,不变价增速10.4%。建筑业税收247.56亿元,同比增长14.9%,占全区税收收入9.4%,建筑业作为广西支柱产业地位进一步夯实。2019年全区新增2家总承包特级资质企业,全区总承包特级企业13家;18家企业晋升总承包一级资质、3家企业晋升监理甲级资质。2019年,广西工程项目获鲁班奖4项,国家优质工程奖21项,詹天佑住宅小区奖4项,12个中国安装之星、32个全国装饰奖;荣获全国工程建设一类QC成果29个、二类QC成果59个、三类QC成果6个;20个工程获全国建设项目施工安全生产标准化工地;承接建设工程消防设计审查验收管理职责,率先出台省级规范性文件。编制完成30项工程建设地方标准、导则及图集。加大建筑业扶持力度,扶持100家民营建筑业企业"小升规(小上限)",在广东省推介广西建筑企业,加快推进企业"走出去"。

【建设工程招投标】2019年,全区共实施工程总承包项目855个,投资额约1126.35亿元,数量、金额为开展试点以来最多,投资额占全区所有公开招标的房屋建筑和市政基础设施工程项目合同总额约44.12%。2019年,全区房建市政工程实施全过程工程咨询试点项目34个,其中区本级1个、南宁市13个、崇左市3个、贵港市3个、柳州市1个、桂林市6个、河池市2个、玉林市2个、梧州市3个。全面实现全区施工电子化招投标常态化,在南宁市和贵港市试点开展远程异地评标工作。取消投标报名环节及时间限制,实现人员诚信卡信息系统自动核验、全流程监管网上完成等。

【建筑业改革试点】全面推进工程总承包改革,2019年共实施855个项目、投资金额1126.35亿元,数量、金额为近3年试点以来最多。同时积极探索改革工程总承包发包及计价管理模式,规范工程总承包发包及计价行为。大力推动全过程工程咨询试点,发布工程建设全过程咨询服务导则(试行),为企业开展全过程工程咨询提供引导,新增34个全过程工程咨询试点项目,广西全过程工程咨询试点成效获住房城乡建设部推广。稳步推进工程质量保险、工程质量评价、安全生产监管信息化、城市轨道交通工程双重预防机制等六项全国建筑业改革试点工作。

【根治欠薪】印发《广西壮族自治区建筑工人实名制管理办法实施细则(试行)》,并单独下发多项制度规定,补齐制度短板。在全国首创"一人一卡""全区通用"的"桂建通"管理模式,全面实现由平台代发农民工工资,从源头根治拖欠农民工工资顽疾,获国务院第六次大督查通报表扬,住房城乡建设部在广西通过召开现场会,以发布简报等形式对"桂建通"进行推广,国务院门户网站、《人民日报》、新华总社等中央媒体以及《中国建设报》等专业媒体也进行相关宣传报道。截至2019年12月31日,全区录入农民工实名制信息超126.1万人,累计发放"桂建通"工资卡102万张,代发农民工工资超139.7亿元。行业欠薪案件、人数、金额同比均下降80%以上。

【装配式建筑】广西已有31个装配式建筑产业基地投产,另有11个产业基地正在建设,全部投产后装配式混凝土构件产能将达362万立方米,装配式钢结构产能达82.5万吨。2019年全区新开工装配式建筑项目74个,建筑总面积468.11万平方米,其中4个试点城市新开工装配式建筑项目65个,建筑总面积426.19万平方米,试点城市的新开工装配式建筑项目个数和建筑面积分别比2018年增加85.71%和49%。自治区级装配式示范产业基地累计15个、自治区级装配式示范项目累计21个。稳步推进装配式农房试点工作,遴选龙胜县小寨村、扶绥县东门镇等三个装配式农房试点地区,确定共计200户装配式农房项目,落实每户4万元共计800万元装配式农房试点项目补助资金。

【勘察设计咨询企业】2019年,全区工程勘察设计单位约536家,其中具有甲级资质的单位120家,资质范围涵盖建筑、市政公用等14个行业。期末从业人员70953人,其中勘察人员5488人,设计人员19788人。期末注册执业16684人次,其中一级注册建筑师393人,一级注册结构工程师525人,注册土木工程师(岩土)378人,注册公用设备工程师345人,注册电气工程师287人,注册化工工程师42人。全区高级职称人员9109人次、中级职称人员17254人次。全年工程勘察新签合同额309993.91万元,工程设计新签合同额904380.53万元。

建筑节能与科技

【概况】全区城镇新增绿色建筑开工报建面积约9416.99万平方米,竣工验收约2538.06万平方米,城镇新建建筑中绿色建筑面积占比49.15%。全区城镇新建建筑在施工阶段的建筑节能强制性标准执行率99%。新型墙体材料占墙材总量比例78%以上,乡镇农村新型墙材应用比例20%。发布实施行业技术和产品等推广、限制与禁止使用目录,核发11个建设科技成果推荐证书,2个项目荣获华夏建设科学技术奖。推进BIM技术广泛应用,国有投资项目BIM技术应用比重59.5%,多个项目在2019年国际BIM大赛中获奖。

【绿色建筑】2019年,广西城镇新建民用建筑在设计阶段和施工阶段执行节能强制性标准的比例分别达100%和99%,新建节能建筑面积约5163.61万平方米,折合节能量约88.44万吨标准煤,超额完成2019年度建筑节能目标任务。全区新增绿色建筑设计评价标识项目27个,建筑面积约248.13万平方米;新增绿色建筑运行评价标识项目4个,建筑面积约58.67万平方米。二星级以上绿色建筑评价标识项目21个,占绿色建筑评价标识项目总数67.74%。

【可再生能源建筑应用】2019年,广西新增太阳能光热应用面积约698.85万平方米、浅层地能建筑应用面积约43.69万平方米、太阳能光电建筑应用装机容量约473千瓦。安排自治区本级财政节能减排(建筑节能)专项资金750万元用于支持5个可再生能源建筑应用示范县建设,实施应用面积不少于75万平方米;安排专项资金200万元支持象州县石龙镇智能光伏建筑应用示范小镇项目建设,支持30户贫困户屋顶安装太阳能光伏板,预计并网发电后每户每年将获得2500元以上固定收益。

【新型墙材】2019年,广西新型墙材年产能突破510亿块标砖,产值超过140亿元,新型墙材占墙体材料总量78%,城镇房屋新型墙材应用比例超过95%,乡镇农村建筑使用新型墙材占比约20%。完成第一、第二批56个县城"限粘"、788个乡镇"禁实"任务。关停淘汰落后墙材生产企业210余家,折产能52.5亿块标砖,消纳固体废弃物约2700万吨,发展新型墙体材料293亿块标砖,节约土地约4.83万亩,节约能源181.66万吨,减少SO_2排放4.17万吨,减少CO_2排放435.9万吨。建成技术先进、节能减排效果好的新墙材产品认定企业1120家。

【新型墙材质量监管】2019年,受理新型墙体材料行政确认申请573件,占自治区本级政务服务行政审批件0.64%,办理新认定企业411家。分别于2019年5月年和2019年9月两次完成年度新型墙材产品质量抽查工作,抽查范围覆盖14个设区市、县,共抽查599家墙材企业、594批次产品,抽查数量占全区新型墙体材料认定企业63%,其中自治区本级抽查255家企业、250批次产品;各市、县共抽查墙材企业344家、344批次产品。新型墙材产品质量总体合格率81%,较上年提高9个百分点。

【墙材产业转型升级】2019年,对8家墙材生产企业补助200万元墙改专项基金进行技改,对4个装配式建筑墙板生产企业补助235.5万元墙改专项基金支持钢结构装配式建筑墙板开发生产。4个装配式蒸压加气混凝土墙板生产企业开工建设,填补了广西无装配式蒸压加气混凝土墙板开发生产"空白",全区形成200多万立方/年的装配式蒸压加气混凝土墙板生产能力。4个装配式钢结构建筑装配墙板开发生产和推广应用示范项目完成建设并通过验收。督促历年新型墙材标杆示范项目建设,完成4项新型墙材标杆示范企业工程项目验收。2019年,全区建成超亿块产能的规模化、机械化、标准化新型墙材企业145家。

人事教育

【概况】2019年,广西住房和城乡建设厅认真落实新时代党的建设总要求和党的组织路线,把做到"两个维护"、做好"三个表率"作为首要任务。从思想源头抓党建,大力加强基层党组织建设,提高基层党组织创造力、凝聚力和战斗力。开展各项主题教育,推动社会化管理培训,加强培训主体事中、事后监管,运用培训信息化云平台和人脸识别"两大系统"实现对培训机构培训全过程监控。组建特种作业人员、检测实操考核专家库,执行实操考核专家派遣制度,确保考核质量。组织实施建筑工人培训考核试点工作,推动广西建筑产业工人队伍培育示范基地试点开展,促进劳务用工转型。

【主题教育】持续深入学习贯彻习近平新时代中国特色社会主义思想,聚焦行业重点难点问题,深入开展学习调研和实践活动,形成一系列高质量调研成果。将自治区党委第八轮政治巡视整改、国务院大督查、中央脱贫攻坚专项巡视反馈意见整改任务纳入主题教育问题整改,以优化营商环境,缩减用水、用气指标办理环节和时限,住房安全保障战役为重点,将巡视反馈意见细化为100项具体任务,开展漠视侵害群众利益问题专项整治和问题整改,巩固深化主题教育成果,以整改推动住房城乡建设各项工作质量水平全面提升。

【党的政治建设】狠抓强风气建设,贯彻落实党风廉政建设责任制成效明显,党风廉政制度愈发完善。将意识形态工作纳入党建工作责任制,筑牢意识形态主阵地。抓党建促脱贫攻坚工作成绩显著,5个定点帮扶贫困村全部完成脱贫摘帽任务。岜独村获"全国脱贫攻坚典型示范村"称号,云里村获"中国少数民族特色示范村寨""全国改善农村人居环境保障基本示范村""全国民主法治示范村"等称号。

【干部培训】 科学制定2019年度培训计划,规范教学管理,统筹做好干部教育培训,举办22期专题培训、研修班、知识讲座,参培干部3000余人次。组织厅机关、厅属单位干部按要求参加自治区党委组织部在自治区党校、百色干部学院、区直工委党校及区外举办的各类培训学习和住房城乡建设部、广西干部网络学院、广西远程教育培训中心的培训学习,干部职工网络学习参加率100%。

【行业教育培训】 2019年,广西开展住房城乡建设行业职业能力培训及继续教育累计19万余人次。其中:开展执业资格注册人员继续教育培训2.8万余人次;建筑施工企业"三类人员"安全教育27327人;现场专业人员继续教育48198人;建筑施工特种作业人员考试(考核)合格人数30945人,继续教育培训合格人数9848人;开展编录员、描述员、燃气从业人员等职业能力培训累计参训人数25089人;培训考核建筑工人32122人。

大事记

1月

8日 北京市住房城乡建设委员会调研组到自治区住房城乡建设厅调研考察既有住宅加装电梯工作。

11日 自治区住房城乡建设厅厅长周家斌与中国农业发展银行广西分行行长武建华举行工作座谈,双方就全区乡村风貌提升三年行动、农村人居环境整治、棚户区改造等相关事项进行交流。

21日 住房城乡建设部、国家文物局公布第七批中国历史文化名镇名村名录,广西22个镇村入选。

28日 由自治区住房城乡建设厅、广西广播电视台主办,中国—东盟信息港有限公司承办的"温暖新春行 幸福回家路"爱心大巴公益活动启动,上百名建筑工人搭乘免费专线大巴踏上返乡路。

2月

13—14日 住房城乡建设部副部长倪虹率队到广西调研农村生活垃圾治理工作。

14日 自治区召开全区优化营商环境重点指标百日攻坚行动动员部署电视电话会议,自治区住房城乡建设厅厅长周家斌参加会议并作发言。

22日 自治区党委常委、自治区副主席严植婵赴崇左市调研乡村风貌提升工作,并主持召开座谈会。

26日 自治区政府办公厅印发《广西壮族自治区危旧房改住房改造补充规定的通知》(桂政办发〔2019〕22号),进一步加强和规范广西危旧房改住房改造工作。

27日 自治区住房城乡建设厅会同自治区乡村办联合召开2019年度全区乡村风貌提升三年行动厅际联席会议成员单位联络员扩大会议。

3月

4日 全国农村危房改造脱贫攻坚工作电视电话会议在北京召开,自治区住房城乡建设厅在广西分会场参加会议。

12日 自治区纪委副书记、监委副主任何敏率队到自治区住房城乡建设厅调研中央第二巡视组对广西开展脱贫攻坚专项巡视反馈意见整改情况。

13日 住房城乡建设部在南宁举办全国住房城乡建设系统法规处长座谈会,自治区住房城乡建设厅做经验交流发言。

14日 自治区住房城乡建设厅召开2019年全区建筑市场监管工作会议暨第一季度全区建筑施工安全生产形势分析会。

14日 自治区住房城乡建设厅与农业发展银行广西分行举行战略合作签约仪式。双方将重点围绕广西乡村振兴战略、广西农村人居环境整治三年行动实施方案、广西乡村风貌提升三年行动方案等涉及的乡村风貌提升领域工作开展合作。

15日 2019年全区住房城乡建设工作会议在南宁召开,会议贯彻落实全国住房城乡建设工作会议精神和全区经济工作会议精神,总结2018年全区住房城乡建设工作,分析面临的形势和问题,部署2019年工作任务。

15日 全区乡村风貌提升三年行动工作调度会在南宁召开。自治区党委常委、自治区副主席严植婵出席会议并讲话。

27日 自治区住房城乡建设厅在南宁召开2019年全区墙材革新工作会议。

24日 全区住房城乡建设系统扫黑除恶专项斗争推进工作电视电话会在南宁召开。

28日 国务院召开全国工程建设项目审批制度改革工作电视电话会议。自治区人民政府副主席费志荣,自治区住房城乡建设厅、发展改革委、工业和信息化厅、公安厅、自然资源厅等有关单位负责人在广西分会场参加会议。

4月

1日 2019年全区建筑节能与建设科技工作会

议在南宁召开。

2日 2019年全区勘察设计工作会议暨勘察设计行业全国试点工作推进会议、数字化施工图联合审查改革部署会议在南宁召开。

14日 中央扫黑除恶第17督导组到自治区住房城乡建设厅开展走访问询。

17日 2019年度全区乡村风貌提升工作推进会在南宁召开。

28日 广西壮族自治区人民政府印发《关于停止统一收取建筑安装工程劳动保险费的通知》(桂政发〔2019〕20号),在广西行政区域范围内停止统一收取建筑安装工程劳动保险费。

5月

1日 广西所有在建房建市政工程项目全面应用"桂建通"平台直接向建筑工人代发工资。

5日 经自治区人民政府同意,自治区住房城乡建设厅印发通知,在全区全面开展房屋网签备案制度工作。

14日 自治区党委常委、自治区副主席严植婵主持召开全区脱贫攻坚住房安全保障战役推进会。

同日 内蒙古住房和城乡建设厅考察调研组到广西考察调研广西建筑垃圾管理、城镇生活垃圾处理以及墙材革新等工作。

20日 2019年全区城管执法工作会议在南宁召开。

同日 广西建筑农民工实名制平台成功实现"贷发"工资。

28日 自治区住房城乡建设厅在钦州市召开2019年全区住房公积金工作会议暨综合服务平台建设推进现场会。

同日 广西第二批150亿元棚户区改造专项债券顺利发行。

6月

6日 全区住房城乡建设系统启动推进脱贫攻坚住房安全保障战役"尽锐出战"。

同日 住房和城乡建设部等部门公布第五批列入中国传统村落名录的村落名单,广西119个村落入选。

18—22日 住房城乡建设部住房公积金监管司与自治区住房城乡建设厅组成部省联合验收组,对钦州、防城港、贵港、河池等市住房公积金综合服务平台开展验收检查,4市均顺利通过验收。

20日 自治区住房城乡建设厅赴上林县开展"不忘初心、牢记使命"主题教育扶贫调研。

28日 由住房城乡建设部与广西壮族自治区人民政府共同主办的第十二届中国(南宁)国际园林博览会举行闭幕式。

7月

1日 自治区住房城乡建设厅成立建设工程消防监管办公室,具体负责全区建设工程消防设计审查验收管理的综合协调和督导工作。

同日 由自治区住房城乡建设厅、自然资源厅、国家安全厅、人防边海防办、通信管理局印发的《广西壮族自治区房屋建筑和市政基础设施工程竣工联合验收实施办法(试行)》于7月1日正式实施。

3日 广西建设工程消防设计审查验收备案管理平台正式启用,为消防设计审查验收职责移交住房城乡建设部门后,在全国首个上线运行的省级建设工程消防设计审查验收管理平台。

4日 自治区党委常委、自治区副主席、自治区工程建设项目审批制度改革工作领导小组副组长严植婵主持召开全区工程建设项目审批制度改革工作电视电话会议,总结前一阶段改革推进情况,研究部署下一阶段工作。

10日 自治区住房城乡建设厅召开棚户区改造融资座谈会。

11日 自治区住房城乡建设厅召开2019年保障性安居工程工作座谈会。

12日 第十二届广西园林园艺博览会在防城港市开幕。

16—17日 住房城乡建设部城市建设司调研组到柳州市调研老旧小区改造工作。

19日 自治区党委副书记孙大伟到自治区住房城乡建设厅开展乡村风貌提升和脱贫攻坚住房安全保障工作调研。

24日 贵州省住房和城乡建设厅组成调研组到广西调研建筑农民工实名制管理等工作情况。

30日 全区乡村风貌提升工作现场推进会在崇左市召开。

同日 自治区住房城乡建设厅贯彻落实粤桂联动加快珠江—西江经济带建设会议精神推动广西建筑行业企业融入粤港澳大湾区建设推介会在广州市举办。

8月

21日 全区住房安全保障战役暨保障性安居工程等重点工作现场会在百色靖西市召开,自治区党委常委、自治区副主席严植婵出席会议并讲话。

29日 自治区住房城乡建设厅召开全区推进城市黑臭水体治理、城镇污水处理提质增效、镇级污水处理建设运营、老旧小区改造重点工作电视电话会议。

9月

3日 国务院第六次大督查第九督查组组长吴宏耀率队到自治区住房城乡建设厅调研"桂建通"平台建设情况，自治区党委常委、自治区常务副主席秦如培陪同调研。

5日 自治区党委第六巡视组向自治区住房城乡建设厅党组反馈巡视情况。

7日 自治区住房城乡建设厅在全国住房城乡建设系统法治政府建设工作会议上做经验交流发言。

10日 住房城乡建设部、财政部组织在南宁召开部分省市住房保障工作座谈会。

18日 2019中国—东盟市长论坛在南宁开幕。自治区主席陈武，中国市长协会副会长齐骥在开幕式上致辞。菲律宾前总统阿罗约和中国前驻联合国日内瓦办事处代表、特命全权大使吴海龙在开幕式上做主旨演讲。

23日 自治区住房城乡建设厅在来宾市召开全区棚户区和老旧小区调查摸底工作部署暨业务培训会，全面启动棚户区和老旧小区调查摸底工作。

27日 自治区墙体材料改革办公室更名为自治区墙体材料改革站。

29日 全区住房城乡建设系统扫黑除恶专项斗争问题整改工作推进会、约谈会暨数字城管建设工作推进会在南宁召开。

30日 广西建设工程质量安全监督总站更名为自治区建设工程质量安全管理站。

10月

1日 自治区住房城乡建设厅组织干部职工集中收看庆祝中华人民共和国成立70周年大会电视直播。

8日 自治区建设工程造价管理总站正式更名为自治区建设工程造价站并揭牌。

8日 全区统一使用广西公租房信息平台上报公租房信息数据。

同日 22时55分，玉林北流市发生5.2级地震。自治区住房城乡建设厅迅速启动Ⅳ级抗震救灾应急响应，部署震后房屋和市政设施安全隐患大排查。

15日 住房城乡建设部建筑节能与科技司组织调研组赴广西调研建设工程消防设计审查验收管理工作。

20日 中央扫黑除恶第二轮督导"回头看"督导组到广西住房和城乡建设厅召开扫黑除恶工作调研座谈会。

24日 自治区住房城乡建设厅厅长周家斌率队赴玉林市开展调研，实地考察乡村风貌提升工作进展。

24日 自治区住房城乡建设厅召开全区住房城乡建设系统推进城镇小区配套幼儿园治理工作电视电话会议。

11月

1日 自治区住房城乡建设厅开展2019年度"送法进工地""律师以案释法"活动。

1日 广西住房城乡建设系统在全区开展为期3个月的安全生产隐患大排查大整治行动。

4日 "广西壮族自治区建设'桂建通'平台探索破解农民工工资拖欠难题"经验获得国务院第六次大督查通报表扬。

5日 全国总工会2019年"送教到基层"广西住建系统工会干部专题培训班在南宁举办。

5—6日 中央纪委国家监委驻住房城乡建设部纪检监察组组长宋寒松率队到广西调研脱贫攻坚住房安全保障工作。

11日 自治区住房城乡建设厅等九部门联合印发通知，在各设区市全面开展生活垃圾分类工作。

13日 广西建筑安装工程劳动保险费管理办公室正式更名为广西建筑安装工程劳动保险费保障中心并揭牌。

13日 2019年全区历史文化街区划定和历史建筑确定工作推进会议在南宁召开。

25日 靖西市发生5.2级地震。自治区住房城乡建设厅迅速启动Ⅳ级抗震救灾应急响应。

25—29日 住房和城乡建设部住房公积金监管司与自治区住房城乡建设厅组成部省联合验收组，对南宁、区直、桂林、梧州、玉林等市公积金综合服务平台进行验收检查，5市均顺利通过验收。

26日 全区乡村治理体系建设、乡村产业振兴、"幸福乡村"活动、乡村风貌提升现场推进会在永福县召开。

26日 自治区住房城乡建设厅派出专家组赴崇左市大新县开展震后房屋建筑安全评估工作。

12月

5日 住房和城乡建设部工程质量安全监管司在南宁召开工程质量监管工作座谈会。

8日 自治区住房城乡建设厅、发展改革委、财政厅联合公布第二批广西特色小镇培育名单，南宁市兴宁区昆仑关军事主题文旅小镇等17个小镇入榜，每个小镇将获得1000万元培育资金奖励。

17—18日 自治区住房城乡建设厅组织调研服

务组赴柳州市、贺州市、北流市深入走访非公企业，服务实体经济发展。

18—20日，25—26日 住房和城乡建设部住房公积金监管司与自治区住房城乡建设厅组成省联合验收组，对柳州、北海、百色、贺州、来宾等市住房公积金综合服务平台开展验收检查，5市均顺利通过验收。

20日 第十二届广西园林园艺博览会总结大会暨举行会旗交接仪式及研讨会在防城港市召开。

23日 广西全面启动设区市生活垃圾分类工作新闻发布会在南宁举行。

27日 自治区工程建设项目审批制度改革领导小组会议在南宁召开。自治区党委常委、自治区副主席、自治区工程建设项目审批制度改革领导小组副组长严植婵出席会议并讲话。

27日 2019年全区BIM技术应用现场推进会在南宁召开。

30日 住房和城乡建设部在门户网站公示2019年拟命名国家生态园林城市、国家园林城市、县城和城镇名单，广西防城港市、永福县、蒙山县入选。

同日 自治区住房城乡建设厅、财政厅、自然资源厅、广西税务局联合印发《广西壮族自治区危旧房改住房改造项目确认和不动产权证书办理办法》（桂建发〔2019〕18号），进一步规范广西危旧房改住房改造项目确认和不动产权证书办理等工作。

（广西壮族自治区住房和城乡建设厅）

海 南 省

概况

2019年是海南省全面深化改革开放政策落实之年，也是全面建成小康社会的关键之年。全省住建系统深入贯彻习近平总书记"4·13"重要讲话和中央12号文件精神，认真贯彻落实党中央、国务院和省委、省政府决策部署，勠力同心，真抓实干，攻坚克难，推动全省住房城乡建设事业发展取得新成就，为海南自由贸易区（港）建设和全省经济社会平稳发展作出重要贡献。

法规建设

【健全政策法规体系】按照省人大、省政府的立法部署，先后配合业务处室修改完善《海南经济特区建筑工程管理条例》，启动《海南省绿色建筑条例》立法进程，稳步推进年度立法工作；先后全面梳理自贸区建设需调整的法律法规，清理军民融合发展法规、规章、规范性文件，清理证明事项，2019年7—11月，组织开展全省住建系统法律、法规、规章、规范性文件清理，梳理出现行有效法律3部、行政法规17部、部门规章70部、国务院文件12件，废止规范性文件12件，较好实行地方性法规、政府规章、规范性文件目录及文本动态化管理；修订《海南省住房城乡建设行政处罚自由裁量细化基准表》，进一步规范自由裁量权适用标准和用语，进一步完善行政处罚操作流程。

【强化法治培训】建立健全部门学法用法制度，严格执行年度学习计划，党组理论中心组先后学习宪法、国民法总则、行政复议法等法律法规，"4·13"重要讲话、中央12号文件、《中国共产党纪律处分条例》等政策文件和党内法规，形成厅领导班子率先学法、带头普法、自觉用法的良好氛围。制定印发《关于开展2019年"宪法宣传周"活动实施方案》。

【合法性审查】对拟制定印发的规范性文件、通知通报、合同文本等，就制定主体、权限、程序、内容、形式等进行全面审查，全年完成法律审核文件约800余件。

【报备和公布规范性文件】严格落实规范性文件法律审核及备案登记制度，全厅全年报备规范性文件19件，备案登记率100%，近年来该项工作排名一直位处省直机关前列。

【行政复议及诉讼】依法办结行政复议及诉讼案件，有效化解矛盾。全年受理行政复议案件2宗，均做出撤销原具体行政行为决定，未引发行政诉讼，较好维护行政管理相对人合法权益；全年无行政诉讼案件，且未收到检察院检察建议。

房地产市场监管

【房地产市场运行】始终坚持"房子是用来住

的，不是用来炒的"定位，严格执行"全域限购"政策，坚决防范炒房炒地投机行为，房地产市场总体呈现"量降价稳"态势，运行平稳。全年完成房地产开发投资1336.18亿元，同比下降22.1%；商品房销售面积829.34万平方米，同比下降42.1%；商品房销售均价15383元/平方米，同比上涨5.8%，符合调控预期。加快建立房地产市场长效机制，继续加强房地产市场调控。2019年全省房地产开发投资占固定资产投资比重较2018年下降6.9个百分点，房地产税收占比较2018年下降1.6个百分点，房地产业转型发展取得初步成效。

【住房保障和供应体系】研究起草《关于开展安居型商品住房建设试点工作的指导意见》和《关于解决全省基层教师和医务人员住房问题的指导意见》，加快解决本地居民、引进人才和基层教师医务人员住房问题。制定出台支持和规范住房租赁市场发展政策，构建租购并举的住房制度。加强人才住房保障工作，通过人才公寓、发放住房租赁补贴或购房补贴、支持人才购房等多种方式，妥善解决引进人才住房问题。相继出台《关于完善人才住房政策的补充通知》《关于进一步完善人才住房政策的补充通知》，进一步支持总部企业人才、高层次人才、急需紧缺人才等各类人才在海南省购房居住，支持海南自贸区（港）建设。

【市场秩序整治】开展房地产市场和住房租赁中介机构乱象专项整治。严厉打击违法违规销售等各类违法违规行为，加大查处和曝光力度，进一步规范市场秩序。约谈开发企业140家，对16家房地产企业进行停业整顿，对22家企业和机构罚款384.27万元，取消35家中介机构备案。

【风险防范】为妥善化解矛盾，防范房地产风险，1月成立海南省房地产风险防范工作领导小组督导专班，制定工作方案，多次召开督导专班专题会议，研究全省风险房地产项目问题，制定分类处置指导意见，建立包点督办工作机制，落实市县主体责任，加强督促协调指导。全省106个存在风险问题的房地产项目均已制定处置方案，已妥善处置94个，处置工作有序开展。

住房保障

【棚户区改造】圆满完成国家下达棚改任务。2019年国家下达棚改计划8461套，实际开工8471套，开工率100.1%。

【公租房分配】加快公租房及配套设施建设，指导市县合理调整准入条件，扩大保障范围。截至2019年底，全省公租房分配入住7.47万套，占开工7.99万套的93.5%。加大租赁补贴发放力度，全年发放城镇住房租赁补贴7054户。

【城镇老旧小区改造】2019年，根据国务院有关精神，海南省开展城镇老旧小区改造工作。据初步调查统计，全省（不含三沙市）2000年前建成的小区共有城镇老旧小区约1920个，房屋17.36万套、6000栋楼，总建筑面积达到1609万平方米。为加快推进城镇老旧小区改造，经省政府审核，海南省住房和城乡建设厅（以下简称省住建厅）联合省财政厅申请中央财政资金4248万元用于支持全省城镇老旧小区改造试点工作（涉及小区41个、楼栋135栋、住户4008户、建筑面积44万平方米）。省住建厅起草制定《海南省城镇老旧小区改造指导意见（试行）》，从总体要求、基本原则、改造内容、改造办法、保障措施等方面指导全省城镇老旧小区改造工作。

住房公积金监管

住房公积金使用效益进一步提升。全省住房公积金累计缴存960.02亿元，提取526.8亿元，占缴存额的54.87%，发放个人贷款516.6亿元，使用率、个贷率分别达到91.91%和82.06%。

城市建设

【燃气工程建设】2019年，海南省燃气普及率96.95%，城镇液化石油气供气量9.75万吨，城镇天然气供气量5.33亿立方米；天然气用户95.48万户，其中居民用户94.52万户，工商用户0.96万户；天然气汽车加气站46座。省住建厅下发《关于进一步优化营商环境加强用气报装服务的通知》（琼建城函〔2019〕503号），精减用户申请材料至不超过2份，办理环节缩减为申请受理、提交方案、施工通气3个，报装办理总用时缩减至不超过10个工作日（其中不含合同签订、工程施工、行政许可审批等供气企业无法控制的时间）。省住建厅、省财政厅联合印发《海南省燃气下乡"气代柴薪"试点工作方案》（琼建城〔2019〕139号），在琼中、定安开展燃气下乡"气代柴薪"试点工作。省财政厅下达2019年燃气下乡"气代柴薪"省级财政奖补资金1.3亿。省住建厅草拟《加快推进燃气下乡"气代柴薪"试点工作的指导意见》，解决燃气下乡"气代柴薪"试点工程中出现的燃气设施选址落地难等突出问题。截至2019年底，琼中县累计完成中压管道施工5公里，低压管道185公里，累计完成投资5346万元。覆盖

10个乡镇104个自然村7878户农户；入户安装3062户。定安县累计完成中压管道施工7.9公里，低压管道9.12公里，累计完成投资1378万元。覆盖富文镇、龙湖镇2个镇3个自然村233户农户，入户安装164户。海口、三亚、昌江、白沙、五指山、东方、乐东、陵水等8个市县11个乡镇（区）20个50户以上自然村开展燃气下乡工作，覆盖3338户，入户安装1993户，通气点火235户。

【"厕所革命"】农村"厕所革命"半年攻坚行动开工11.41万座，竣工8.69万座，全省累计建成农村卫生厕所143.08万户，农村卫生厕所覆盖率达到96.7%。

【园林绿化建设】2019年，海南省建成区绿化覆盖率42.10%，建成区绿地率36.06%，人均公园绿地面积8.86平方米。持续推进园林城市创建，乐东县正式获批省级园林县城。继续推进绿化和公园建设，海口市万绿园改造、美舍河凤翔湿地公园PPP项目均已完工。海口市2019年小游园改造项目、琼山大道（新大洲大道—白驹大道）市政化改造配套绿化工程、龙昆南延长线（龙昆南互通—椰海大道）市政化改造配套绿化工程等一批项目稳步推进。三亚市2019年共建设园林绿化工程项目9个、续建项目8个、新建项目1个。其中公园绿地项目4个、道路绿化项目3个、海绵设施项目1个、其他1个，总投资82894万元（其中征地拆迁费43796万元）。积极推进绿道系统建设，印发《海南省绿道系统规划》，通过建设互联互通的绿道网络系统，有机串联全省主要生态保护区、郊野公园、历史遗存和城市开放空间，将"区域绿地"的生态保护功能与"绿道"的生活休闲功能合二为一。

【城市地下综合管廊建设】截至2019年底，海南省累计建成廊体58.76公里，完成投资62.35亿元。海口共有11条管廊项目获得海南省优质结构工程奖，共有5个项目获海南省安全文明"标准化"工地奖。江东新区管廊专项规划已完成公示，江东新区管廊（一期）工程包含14条综合管廊，总投资估算约75亿元，其中建安费约60亿元。崖州湾科技城（南繁起步区）拟建甘农大道、甘农大道延长线、规划路、崖州大道、甘农北路、水南大道、崖州大道北段等7条道路管廊工程，拟建管廊总长7.808公里，已建城2公里。

【海绵城市建设】截至2019年底，三亚建成区面积约51.63平方公里，已建成海绵城市23.80平方公里（试点区域20.3平方公里，非试点区域3.50平方公里），在建区域3.21平方公里，已建成面积约占城市建成区面积46.10%，在建区面积约占城市建成区面积6.22%。2019年底，三亚市顺利通过海绵城市国家试点城市绩效考核。海口市建成海绵城市面积6.65平方公里。

【城市道路建设】2019年，海南省按照"窄马路、密路网"的城市道路布局理念，重点加强次干路、支路建设，打通"断头路"，推进城市道路建设及改造。文明东越江通道主体结构贯通，海秀快速路（二期）、白驹大道改造及东延长线工程和起步区、临空经济区路网建设按时序推进。三亚市组织实施新建康庄路、丹州中路、清新路等市政道路建设，并对迎宾路、荔枝沟路、学院路进行升级改造，完成新改建道路20.3公里。2019年底，全省城市（含县城）建成区平均路网密度9.82公里/平方公里，建成区道路面积率14.26%。

村镇建设

【乡村民宿】为加快全域旅游，助力乡村振兴，大力推进乡村民宿发展，截至2019年底，已建成乡村民宿82家。印发《海南省乡村民宿发展总体规划》《海南省乡村民宿管理办法》和《海南省乡村民宿发展实施方案》，建立海南省乡村民宿联席工作会议制度。与《海南日报》联合在海口举办海南特色民居（民宿）建筑设计论坛，在琼海召开海南省乡村民宿工作推进会，现场考察学习琼海特色民宿，在琼海博鳌镇南强村凤凰客栈颁发全省第一张"海南省乡村民宿经营备案证"，召开全省乡村民宿管理人员培训班，规范乡村民宿备案登记、审核和发证工作。联合三亚学院成立"海南省乡村民宿研究中心"和"海南乡村民宿产业人才培训基地"。

【危房改造】扎实完成农村危改工作。在保证完成国家下达1万户危房改造任务前提下，主动拓展危改受益范围，新增农村住房安全大排查2624户。全年共完成农村危房改造1.27万户，入住率100%，超额完成国家下达任务。在2019年全国农村危房改造工作积极主动、成效明显的20个省份中名列第四位。

【传统村落保护】2019年，向住房城乡建设部申报第五批中国传统村落65个，经住房城乡建设部专家组初审，公布海南省17个第五批传统村落入选中国传统村落名录，现有64个中国传统村落纳入保护范畴。

标准定额

2019年标准定额工作取得新发展，省建设标准定额站围绕自贸区（港）建设重点工作任务，完成《海南省地下综合管廊建设及运营维护技术标准》和《海南省绿色建筑工程综合定额》等9项重点工程建设地方标准定额制修订工作；实时跟踪国家有关增值税率和社会保险费费率调整情况，以及人工和砂石原材料等重点工程要素价格变化情况，及时调整相关计价依据，全年累计发布各类价格信息3万余条。省建设标准定额站依托工程造价咨询企业管理系统不断探索"互联网＋监管"方式，进一步提高行业监管水平和服务水平。

工程质量安全监督

【工程质量管理】 2019年，省住建厅深入推进工程质量安全提升行动，严格落实《工程质量安全手册》制度，全省未发生较大及以上工程质量事故，工程质量总体水平稳中有升。充分运用"双随机、一公开"机制开展在建项目工地质量抽查和部分建筑材料抽测，进一步规范建筑市场和工程质量安全行为，持续强化违规海砂治理工作且未发现违规海砂流入项目工地，全省工程建设质量和材料质量总体受控。坚持优化营商环境，省住建厅先后出台《海南省房屋建筑和市政基础设施工程项目竣工联合验收管理办法（试行）》（琼建质〔2019〕165号）和《海南省房屋建筑和市政基础设施工程项目竣工联合验收办事指南（试行）》（琼建质〔2019〕225号）等系列文件，大力压减验收时限至10个工作日，2019年全省累计办理联合验收项目98个。积极完善工程质量保修机制，省住建厅联合中国银保监会海南监管局出台《海南省房屋建筑工程质量潜在缺陷保险试点工作方案》，以海口市和儋州市为试点，提高工程质量风险防范和化解能力。坚持样板引路和强化培训工作，省住建厅组织举办海南省装配式建筑示范项目观摩会、海南省全装修工程质量观摩会和绿色建造暨高质量发展宣贯培训班，积极推广应用装配式、全装修、预拌砂浆、铝模等新工艺新技术新材料。认真做好质量评优工作，海航国际广场项目、三亚海棠湾度假酒店、海南省人民医院秀英门诊楼、内科楼及地下室工程项目、三亚海棠湾亚特兰蒂斯酒店项目（一期）项目等4个项目获2018—2019年"鲁班奖"，评定海口市民游客中心等35项工程为2019年度省建设工程"绿岛杯"，评选出"多元复杂地质条件下长距离曲线机械顶管顶进施工工法"等48项省级工法和"海口美兰国际机场二期扩建工程航站楼一标段项目"等20项工程为省建筑业新技术应用示范工程。

【施工安全】 2019年，省住建厅严格按照国务院安全生产委员会、住房城乡建设部及海南省委省政府、省安全生产委员会的工作部署，狠抓施工安全管理，2019年全省建筑工地未发生较大及以上生产安全事故，发生一般事故17起，死亡17人，较2018年同比分别下降26％和32％，安全生产形势稳中向好。召开2019年全省住房城乡建设暨党风廉政建设工作会议，部署年度安全生产工作。制定《全省住房城乡建设系统建筑施工安全（消防安全）专项治理行动实施方案》《全省住房城乡建设系统"防风险保平安迎大庆"消防安全执法检查专项行动工作方案》《海南省住房城乡建设系统2019年"安全生产月"暨安全生产隐患大排查活动方案》等系列文件，部署开展安全生产大检查和专项整治，抓严抓实重大节假日、台风高温等极端天气及重大活动期间安全生产工作，指导各市县住房城乡建设主管部门认真履行属地监管职责，督促参建单位切实落实主体责任，从严抓好抓实深基坑、高支模、脚手架和建筑起重机械等危大工程管理，及时消除各类风险隐患。牵头印发《关于切实做好建筑施工行业安全生产责任保险工作的通知》，2019年3月1日起全省实行建筑施工行业安全生产责任保险，强化事故预防，有效防范和减少事故发生。2019年投保安责险企业519家，投保项目1134个，投保工程总造价1462亿元，总保费8049万元。严厉查处违法违规行为，全年省各级建设主管累计开展抽查1792个项目次，下发整改通知书1549份，发现安全隐患10514项，完成整改10386项，整改完成率98.78％；处罚单位74个、罚款12万元，记不良信用记录165条，涉及单位127个、人员42名。积极推进建筑施工质量安全标准化工作，坚持样板引领，召开海南省装配式建筑示范项目观摩会和海南省全装修工程质量观摩会，并指导海口、三亚、万宁、琼海等市县召开市县级建筑施工质量安全标准化工地现场观摩会，激发企业创优争先的积极性，不断提高全省建筑施工现场质量安全管理水平，2019年度海南省7个项目获评"全国建设工程项目施工安全标准化工地"，55个项目获评"海南省建筑安全文明施工标准化工地"。

【建筑工地扬尘污染治理】 出台《关于促进我省建筑工地安全文明施工标准化管理的实施意见》，进一步强化海南省建筑工地安全文明施工管理，全面落实施工扬尘防治"六个100％"措施，力争建筑施工现场安全文明管理水平达到全国一流水平。印发《关于印发建筑施工扬尘专项治理工作方案的通知》，明确建筑施工扬尘治理工作目标和要求,督促各市县实行文明施工,按照6个100%措施,强化建筑施工扬尘治理工作。海南省已有933个在建项目和106个预拌混凝土搅拌站按要求安装扬尘噪声在线监测系统。印发《关于进一步规范扬尘噪声在线监测系统管理的通知》等方式,确保扬尘噪声在线监测系统设备质量和在线率,目前在线率约达90%。强化博鳌两会期间扬尘防治工作,以海口市和博鳌镇为中心,将保障区域划分为严控区和管控区,分两阶段明确年会期间建筑工地扬尘管理具体要求。

建筑市场监管

【建筑业改革发展】 2019年,海南省继续推动建筑业改革创新,助力自贸区港建设。印发《海南省住房和城乡建设厅关于试行建筑工程施工许可告知承诺制审批的通知》,在全省范围试行建筑工程施工许可告知承诺制审批。施工许可1个工作日办结,1000平方米以下房屋建筑工程可不作图审,建立以诚信为基础的事中事后监管模式。至2019年底共1156个项目采用告知承诺取得施工许可证。印发《海南省住房和城乡建设厅关于落实〈国务院关于支持自由贸易试验区深化改革创新若干措施的通知〉有关事项的通知》,放开建设工程设计领域外资准入限制,放宽有关建筑业企业承揽业务范围限制。印发《海南省装配式建筑实施主要环节管理规定(暂行)》,要求装配式建筑项目原则上采用设计-采购-施工(EPC)总承包管理模式。印发《关于试行工程设计企业代理报批报建工作的通知》,探索推行建筑工程服务机构为建设项目提供报批报建等在内的全过程咨询服务。

【建筑市场监管】 2019年,海南省继续加强建筑市场监管,规范建筑市场秩序。开展"挂证"排查整治工作,通过多措施途径督促企业主动整改。全省"挂证"社保异常名录中存疑人数从12094人降至7月份2579人。对尚存的"挂证"存疑人员,开展4批次排查,全覆盖清查上述剩余存疑人员。公布两批问题名单,涉及企业14家,人员24人。开展三批工地信息化安装应用抽查工作,对不安装实名制和远程视频监控系统、项目经理和项目总监考勤率低、工人登记人数和考勤人数不达要求的项目通报批评,对相关责任单位和人员进行不良行为记录。

【建筑市场诚信管理】 2019年,海南省继续健全和完善诚信体系建设,诚信评价标准已覆盖大部分建筑市场主体,诚信信息采集登记工作不断增强。2019年1月1日开始实施建设单位、招投标代理机构等诚信管理,至此诚信评价标准已覆盖建设、施工、监理、造价咨询、工程质量检测、预拌混凝土生产、招标代理7类企业以及注册建造师、注册监理工程师、注册造价工程师、造价从业人员、专业监理工程师、监理员、建设单位项目负责人7类人员。截至2019年底全省共采集记录企业良好记录1081条,人员良好记录351条,企业不良记录643条,人员不良记录190条,列入黑名单企业11个,开展4期诚信等级评价。

【建筑市场信息化监管】 2019年,海南省继续加强建筑市场和施工现场"两场联动",建筑市场监管信息化水平不断提高。扩大建筑施工工地远程视频监控的使用范围,将视频监控安装范围从2万平方米或5000万施工合同额扩大到1万平方米或2500万合同额。进一步推进工地现场人员实名制管理,取消实名制系统安装作为安全监督报监的前置条件,加强安装率、应用情况事中事后监管。

建筑节能与科技

【建筑节能】 2019年,海南省城镇新建民用建筑100%执行国家节能强制性标准,设计阶段与竣工验收阶段建筑节能标准执行率均为100%以上。根据历年城镇建筑面积变化发展测算,自开展建筑节能工作以来,全省执行节能标准的建筑累计约16878.22万平方米,2019年度新增节能建筑面积2193.58万平方米。海南省加快太阳能光热、光伏系统推广应用,积极推进可再生能源建筑多元化利用。2019年太阳能集热器面积7.5万平方米,应用建筑面积达318.9万平方米。积极贯彻执行《绿色建材产品认证实施方案》,积极选用已通过绿色建材评级标识的建材产品等,积极推进绿色建筑和装配式建筑发展。

【绿色建筑】 2019年,海南省新增执行绿色建筑标准项目230个,建筑面积1202.93万平方米;新增绿色建筑标识项目13个,建筑面积88.56万平方米(其中设计标识12个,建筑面积70.54万平方米;运营标识1个,建筑面积18.02万平方米)。新增竣工的绿色建筑面积为1209.73万平方米,城镇绿色建筑占新建建筑比例55.15%。省住建厅组织编制《海南省绿色建筑设计说明专篇(2019年版)》。省住建厅进一步修改完善《海南省绿色建筑管理条例(草案)》,并将《海南省绿色建筑管理条例》列入2020年省人大第二类立法计划。省住建厅组织举办绿色生态小区政策标准培训班。

【施工图审查】 2019年,海南省施工图审市场化和多审合一制度创新改革已在中国（海南）自由贸易试验区第一批制度创新案例中公开发布，同时被商务部选为向全国可复制可推广的创新案例。海南省加快探索取消施工图审查（或缩小审查范围），省住建厅印发《关于试行建筑工程施工许可承诺制审批的通知》，规定建筑工程项目建筑面积在1000平方米以下（含）且不超过五层的房屋建筑工程，其设计文件可不再进行施工图审查。省住建厅委托上海市勘察设计行业协会施工图审查分会开展了2019年海南省施工图设计文件审查质量评估，共抽查了37个项目，包含22个房屋建筑工程、6个市政基础设施工程、9个岩土勘察工程，评估工作共提出意见278条，其中涉及工程建设强制性条文的124条，占比44.6%；涉及施工图审查要点（标准、规范条文）的154条，占比55.4%。

【消防设计审查】2019年，省住建厅、应急厅印发《关于做好移交承接建设工程消防设计审查验收职责的通知》，自2019年5月15日起，省住建厅指导住房和城乡建设主管部门受理并负责建设工程消防设计审查验收工作。省住建厅印发《关于做好建设工程消防设计审查验收工作的实施意见（试行）》，初步规范消防设计审查验收受理范围、办理程序、执行标准等；开展消防设计审查培训，积极筹划建立消防专业技术专家库。

【装配式建筑推广】2019年，省住建厅大力推进装配式建筑发展，全省明确采用装配式建造的项目建筑面积累计456.86万平方米。年内，省住建厅或联合省发展和改革委员会、省自然资源和规划厅相继印发了《海南省装配式建筑实施主要环节管理规定（暂行）》《关于做好装配式建筑设计和施工图审查工作的通知》《海南省装配式建筑专家管理办法》《关于推进钢结构装配式建筑应用与发展相关事项的通知》等配套文件，出台海南环岛旅游公路驿站建设技术导则。省住建厅组织开展了2018年全省装配式建筑发展目标考核，印发《关于2018年度海南省装配式建筑发展目标考核情况的通报》，印发《关于2019年推进装配式建筑有关事项的通知》、2019年海南省装配式建筑工作综合考核评分表和装配式建设任务指标。组织完成了装配式建筑适宜技术体系和标准化关键技术6个课题研究。截至2019年底，已投产生产基地6家，其中PC构件2家，钢构件4家；在建3家。积极引进专业机构和人才队伍，省住建厅与中国建研院、海南大学三方开展战略合作并签订合作意向书。组织开展2019年装配式建筑示范项目和示范基地评审工作，评选出3个示范项目和2个示范基地。组织开展两次装配式建筑观摩会，举办三次装配式建筑专题讲座，召开装配式建筑、绿色生态小区政策标准培训班，多次前往广州、深圳、云南、北京、杭州等省市交流学习，并积极指导全省乡镇医疗卫生院装配式建筑项目顺利推进。

【建设科技工作】2019年，海南省住房城乡建设系统组织申报2019年科学技术计划项目，做好科学技术计划项目的中期管理和验收工作，中国建筑科学研究院会同海南省建筑设计院共同申报的"海南环岛旅游公路驿站建设技术体系研究与示范"项目成功获得技术创新项目立项，中建二局第三建筑工程有限公司申报的"南光中心"项目成功获得绿色技术创新综合示范立项。

人事教育

【干部队伍建设和人事管理】注重加强制度建设，规范干部队伍管理。严格按照"三重一大"制度，认真做好全年20次党组会议的会前准备、会中记录、会后落实等工作；制定实施《中共海南省住房和城乡建设厅党组会议制度》，规范决策行为，提高决策的科学性和民主性；制定《海南省住房和城乡建设厅关于推行干部交流轮岗工作实施办法》，草拟《海南省住房和城乡建设厅干部选拔任用工作规程》《海南省住房和城乡建设厅干部选拔任用纪实工作实施办法》《海南省住房和城乡建设厅干部人事档案管理办法》《海南省住房和城乡建设厅干部人事档案管理人员管理办法》等试行文件，合理有效推进干部轮岗，加强干部选拔任用工作全程监督，规范干部选拔任用工作程序和纪实材料，规范干部人事档案管理。注重加强干部选拔任用和调配工作。严格按规定做好干部选拔任用、职务与职级并行、干部交流轮岗等工作，逐步释放改革红利，调动干部队伍积极性。全年厅机关选拔任用处级领导干部11人，套转前晋升非领导职务处级干部3人、科级干部4人，套转后晋升职级46人次，交流轮岗干部31人；直属单位选拔任用处级领导干部2人、科级领导干部6人，晋升非领导职务处级干部4人、科级干部3人，交流轮岗干部6人；归口管理单位省住房公积金管理局选拔任用正处级领导干部3人；完成非领导职务人员共102人的职级套转工作（厅机关65人、直属单位37人）。强化干部培训和学习，注重本土人才培养和使用。全年组织全省住建系统共109名干部，分别在清华大学、同济大学举办专题培训班；组织厅机关处室46名领导干部参加住房城乡建设部举办的系列培训班;特邀在省住建厅挂职的3名优秀干部进行专题讲座,帮助厅机关和直属单位全体干部深入学习装配式建筑相关知识;组织厅机关、直属参公单位165名公务员、参公人员参加公务员在线学习;组织省住建厅省管干部参加周末学习专题讲座12次,业务骨干共130余人次参加学习;组织3名省管干部、8名处级干部参加省委党校"建设海南自贸区(港)"系列专题培训;选派1名军转干部到高校进行为期一年的专项培训;在OA系统论坛开设《文化专栏——每日一读》学习外语栏目,每天一更新,营造学习外语氛围,逐步提升应用外语能力水平。将参加培训学员撰写的心得体会以"培训成果分享"名义在OA通知公告栏予以发布,目前已发布13期共38篇培训成果,最大限度发挥培训的辐射带动作用。切实协调推动干部挂职锻炼工作。选派2名驻村第一书记、8名乡村振兴工作队员,全力支持脱贫攻坚事业;接收中央选派来琼挂职干部1人,选派1名干部与上海华建集团进行双向交流挂职,选派1名干部到自贸区跟班学习;选派4名干部参加省内双向挂职,同时接收市县2名干部来省住建厅挂职锻炼;选派1名干部到住房城乡建设部挂职,1名干部到省政府办公厅挂职;组织实施第8期建设规划人才智力扶持中西部市县工作,选派挂职服务干部8人,定点指导9人,跟班学习8人。

【产业人才】牵头做好海南省建筑领域人才引进的服务工作。负责流动建筑领域工程技术人员专业技术资格确认和对高层次人才进行认定服务等工作。全年共确认从省外流动到海南省企业单位工作的建筑领域工程技术人员高级专业技术资格人员130名,推荐95名建筑领域高层次人才到省人才局进行认定和自行认定4名其他高层次人才。积极实施专业技术人才培养和评价工作。组织召开座谈会,指导市县开展职称评审工作;组织部署建筑领域工程技术人才培养和评价工作,精心筹划、科学设计,从海南省自贸区(港)建设和推进装配式建筑发展目标任务出发,着重培养海南建筑工程专业技术人才,坚持公平公正、权威高效,对参评人员和送评材料严格把关,确保评审质量。组织完成2019年度全省建筑领域专业技术人员职称评审工作。2019年送评高级职称646人,正高级职称32人,经评审委员评审通过并公示无异议,评审确认高级职称452人,正高级职称19人。积极开展建筑领域职业培训、职业技能人才的培训考核。制定印发《关于建设培训及建设职业技能培训机构告知性承诺的通知》,采取告知性承诺方式开展建设教育培训相关业务;积极抓好住房城乡建设领域施工现场专业人员职业培训试点工作,制定试点工作方案,遴选5家试点单位,积极稳妥地推进海南省施工现场专业人员职业培训工作;积极抓好技能培训和考核工作。2019年共有5100多人报名参加培训和考核,考核通过4600人,合格比例达90%;积极开展专业人员继续教育,2019年举办各类继续教育培训班150期,培训达3万多人次。积极开展执业资格考试。积极开展二级建造师执业资格考试,2019年二级建造师执业资格考试有14763人报名,考试通过2316人,合格率为15.69%;积极做好二级造价师职业资格考试的各项准备工作,制定了《海南省二级造价师职业资格考试管理办法(试行)》,根据国家考试大纲要求,组织专家编写海南省二级造价师职业资格考试学习教材,并通过新华出版社发行。

大事记

1月

1日 实施建设单位、招投标代理机构等诚信管理。

15日 在三亚万科湖畔"同心家园十二期"8号、9号楼举办"2019海南省装配式建筑示范暨安全文明标准化观摩会"。

16日 命名乐东黎族自治县为省级园林县城。

29日 印发《海南省住房和城乡建设厅等五部门关于印发海南省工程建设领域专业技术人员职业资格"挂证"等违法违规行为专项整治实施方案的通知》。

2月

20日 印发《关于建立全省整治违法建筑情况月报制度的通知》(琼建稽函〔2019〕148号)。

3月

13日 联合海南省发展和改革委员会、海南省自然资源和规划厅印发《海南省装配式建筑实施主要环节管理规定(暂行)》。

14日 印发《海南省住房和城乡建设厅 海南省财政厅 海南省扶贫办公室 关于印发海南省2019年农村危房改造实施方案的通知》(琼建村〔2019〕97号)。

17日 国务院印发《国务院办公厅关于全面开展工程建设项目审批制度改革的实施意见》。

27日 省住建厅、省委人才发展局《关于完善人才住房政策的补充通知》(琼建房〔2019〕94号)。

28日 省住建厅、省资规厅《关于做好2019年房地产市场调控有关工作的通知》(琼建房〔2019〕

95号）。

28日 印发《海南省住房和城乡建设厅关于落实〈国务院关于支持自由贸易试验区深化改革创新若干措施的通知〉有关事项的通知》（琼建管〔2019〕92号）。一是放开建设工程设计领域外资准入限制；二是放宽有关建筑业企业承揽业务范围限制。

4月

19日 省住建厅等9部门《关于支持和规范住房租赁市场发展的通知》（琼建房〔2019〕116号）。

22日 省政府印发《关于成立海南省工程建设项目审批制度改革工作领导小组的通知》。

5月

17日 联合省财政厅印发《海南省燃气下乡"气代柴薪"试点工作方案》（琼建城〔2019〕139号）。

27日 省政府印发《海南省工程建设项目审批制度改革实施方案》和《海南省建设工程竣工联合验收实施方案》。

30日 联合海南省自然资源和规划厅、海南省旅游和文化广电体育厅、海南省交通运输厅、海南省工业和信息化厅、海南省水务厅、海南省生态环境厅印发《海南省环岛旅游公路驿站建设技术导则》。

31日 印发《关于进一步推进2019年园林绿化工作的通知》；印发《关于进一步加强2019年城市建设工作的通知》。

6月

11日 评选表彰35项工程获海南省建设工程绿岛杯奖。

12日 印发《海南省"城乡环境大整治，干干净净迎国庆"活动实施方案》。

24日 印发《海南省住房和城乡建设厅关于试行建筑工程施工许可告知承诺制审批的通知》（琼建管〔2019〕155号），该项举措走在全国前列，作为海南自贸区建设制度创新第四批案例发布，并获得了海南省改革和制度创新三等奖。

24日 与人社厅等四部门联合印发《海南省建设领域以银行保函方式缴纳农民工工资保证金实施办法》（琼人社发〔2019〕124号）。

7月

1日 印发《海南省住房和城乡建设厅 关于印发海南省农村房屋危险性简易评定导则（试行）的通知（琼建村〔2019〕192号）。

2日 海南省住房和城乡建设厅通过2018年度安全生产、消防工作责任目标考核，被评选为先进单位。

15日 省委人才发展局 省住建厅《关于进一步完善人才住房政策的补充的通知》（琼人才局通〔2019〕24号）。

24日 印发《海南省住房和城乡建设厅关于全省各级综合行政执法部门全面推行行政执法公示制度执法全过程记录制度重大执法决定法制审核制度的实施方案》（琼建稽函〔2019〕415号）。

24日 联合省发展和改革委员会、省财政厅印发《关于加快做好城镇老旧小区改造工作的函》（琼建城函〔2019〕410号）。

8月

5日 印发《海南省住房和城乡建设厅 海南省财政厅关于印发海南省农村危房改造激励措施实施办法的通知》（琼建村〔2019〕185号）。

27日 印发《中共海南省委办公厅 海南省人民政府办公厅 关于印发全省推进农村"厕所革命"半年攻坚战行动方案》的通知（琼厅字〔2019〕43号）。

9月

2日 印发《关于加强城市公共空间清理腾退和管控工作的通知》（琼建城监函〔2019〕436号）。

16日 印发《海南省装配式建筑专家管理办法》。

10月

25日 印发《关于印发〈关于加强城市管理执法网格化工作指导意见〉的通知》。

11月

8日 印发《关于进一步优化营商环境加强用气报装服务的通知》（琼建城函〔2019〕503号）。

13日 印发《海南省农村"厕所革命"推进工作领导小组办公室关于解决当前我省农村"厕所革命"突出问题的指导意见》。

29日 《海南省生活垃圾分类管理条例》由海南省第六届人民代表大会常务委员会第十五次会议通过。

12月

4日 制定《海南省数字化城市管理平台建设推进方案》。

13日 海南省建设工程4项获2018—2019年度鲁班奖。

17日 印发《海南省住房和城乡建设厅 关于建立奖励机制推进农村危房改造"建新拆旧"工作的指导意见》。

19日 参加海南省2019年平安建设（综治工作）考评被评为优秀等级（《关于海南省2019年平安建设（综治工作）考评情况的通报》琼政字〔2020〕28号）。

27日 印发《海南省绿道系统规划（2020—2030）》。

30日 与人社厅等六部门共同印发《海南省政府性投资工程项目以银行保函方式缴纳农民工工资保证金实施办法》（琼人社规〔2019〕6号）。

31日 印发《关于推进钢结构装配式建筑应用与发展相关事项》。

（海南省住房和城乡建设厅）

重 庆 市

城 乡 建 设

概况

2019年，重庆市住房城乡建委深入学习贯彻习近平总书记视察重庆重要讲话精神和对住房城乡建设工作的重要批示精神，按照国家和市委市政府决策部署，紧紧围绕成渝城市群和重庆都市圈等发展规划，积极开展城市建设、脱贫攻坚、住房保障、房地产市场调控、风险防范等工作，有力促进重庆市住房城乡事业高质量发展。

法规建设

2019年11月29日，重庆市人大审议通过《重庆市物业管理条例》（修订），于2020年5月1日起实施。修订后的条例明晰了监督管理主体责任，强化街道办事处、乡镇政府对物业管理活动的指导和监督职责，规范物业管理关键环节，强化对业主自治的支持与监督。

房地产业

【房屋交易】2019年，全市房地产市场运行总体平稳健康、风险可控，商品房成交量缩价稳、需求结构合理、总供需基本平衡，二手房交易保持平稳，主城区房地产市场逐步回归常态，远郊区县市场稳中向好。

2019年全市商品房上市7169万平方米，同比增长3.3%，为历史新高；网签成交6093万平方米，同比下降12.1%；成交金额4776亿元，同比下降7.5%，绝对值分别为历史第三和第二高位。其中：主城区商品房上市3947万平方米，同比下降7%，为历史第二高位；网签成交3170万平方米，同比下降17.8%；成交金额3026亿元，同比下降13.2%，绝对值均为历史第三高位。全市二手房成交面积2847万平方米，减少8.6%，其中：主城区二手房成交面积1501万平方米，减少16.5%。

【房地产市场调控】2019年，市住房城乡建委始终坚持"房子是用来住的、不是用来炒的"定位，通过稳妥实施长效机制，全市房地产市场总体较为平稳健康，供需基本平衡，房价稳中有升，风险总体可控。

编制《重庆市建立和完善房地产市场平稳健康发展长效机制工作方案》，经市委常委会第99次会议、市政府第40次常务会议审议通过，4月12日住房城乡建设部经国务院授权批复同意实施。根据工作方案，重庆市成立促进房地产市场平稳健康发展领导小组，建立各市级部门联席会议机制，实施多项政策工具，进一步加强供需双向调节，保障刚需和改善性需求，坚决遏制投机炒房；加强市场运行监测和分析研判，全力实现"稳地价、稳房价、稳预期"目标，保证全市和主城房地产市场平稳健康发展。

【房屋租赁】2019年，经申报和竞争性答辩，重庆市成功入选中央财政支持住房租赁市场发展示范城市，获得3年共30亿元中央财政奖补资金。编制和完善重庆市住房租赁市场的试点实施方案，代拟《关于加快培育和发展住房租赁市场的实施意见》，有序推进住房租赁试点项目，培育和发展住房租赁市场。

【房地产市场秩序专项整治】印发《关于开展房地产中介市场秩序专项整治工作的通知》，联合市级有关部门印发《关于印发贯彻落实在"不忘初心、牢记使命"主题教育中专项整治住房租赁中介机构乱象实施方案的通知》，有力推进房地产中介市场秩序专项整治工作。各区县住房城乡建设部门联合市场监管、公安等部门检查住房租赁中介机构968家，查处45家，清退违规资金116万元，处罚金额3万元。专项整治期间组织两次"双随机一公开"监督检查，检查了40个中介机构门店和60个房地产项目。与公安部门联合打击房地产领域违法违规行为，查处涉及房地产市场非法吸取公众存款和集资诈骗案件8起，涉案资金12.96亿元，刑事拘留5人，执行逮捕5人，移送起诉6人；重点整治专业"房闹"行为，行政处罚1人，法制教育和训诫70余人。

【房地产市场矛盾风险化解】2019年，按照市委、市政府防范化解重大风险的决策部署，稳妥实施防范化解房地产市场重大风险实施方案，形成《重点任务台账及责任清单》。联合有关部门下发《关于规范购房融资和加强反洗钱工作的通知》，严格执行"抵押房不得用于预售、预售商品房不得用于抵押"政策，严查"首付贷"或场外配资等违法违规行为，防范信贷和交易风险。严格准入管理，完善企业退出机制，清理"僵尸企业""空壳公司"。

【房地产开发】2019年，重庆市房地产开发投资增速放缓，项目开工建设有所减少。全年全市房地产开发投资4439亿元，比上年增长4.5%，其中住宅投资3247亿元，增长7.8%；商品房新开工面积6725万平方米，减少8.9%，其中住宅新开工面积4593万平方米，减少10.7%。主城区房地产开发投资3069亿元，增长4.8%，其中住宅投资2206亿元，增长4.3%；商品房新开工面积3676万平方米，减少14.5%，其中住宅新开工面积2441万平方米，减少17.6%。全市出让经营性用地4.13万亩，同比减少11.5%，其中住宅用地3.37万亩，同比减少14.5%。主城区出让经营性用地1.35万亩，与上年持平，其中住宅用地1.2万亩，同比下降7.8%。

【房地产开发管理】强化行业调查研究。加强对房地产开发建设形势的分析研判，定期发布房地产形势分析报告和房地产相关资讯。

加强资质管理。严格房地产开发行业市场准入，加强企业资格审查；建立企业退出机制，依法注销"僵尸企业""空壳公司"和不符合资质条件的房地产开发企业，不断优化资质结构。至年末，全市清理"僵尸企业""空壳公司"和不符合资质条件的房地产开发企业200余家，全市房地产开发企业减少至2591户，其中一级资质企业65户，二级资质企业712户，三级、四级和暂定资质企业1814户。

积极推进房地产企业兼并重组。支持房地产企业通过行业内兼并重组、土地（项目）转让或股权转让等形式实现优势互补，盘活资产，增强房地产企业综合竞争能力和抵御风险能力。自2017年推进该项工作以来至2019年末，被兼并重组房地产开发企业85户，其中一级企业2户，二级企业21户，三级企业3户，暂定资质企业59户。

加强房地产开发项目管理。首先深化房地产开发建设全过程监管。加强对《重庆市城市房地产开发经营管理条例》执行情况监督检查，在全市开展房地产开发项目建设现场大督查工作；加强项目资本金和预售资金监管，2019年项目资本金监管按照"灵活监管、差别化管理"要求，进一步扶持民营企业发展，扩大项目资本金免监管范围，截至2019年12月末，全市项目资本金监管余额83亿元；按照相关规定严格实施商品房预售资金首付款监管，进一步完善预售资金监管系统，至12月末，预售资金首付款核定监管额698.3亿元。

切实推进全市智慧小区建设工作，建立智慧小区建设考核督查机制。2019年，全市计划打造智慧小区70个，实际打造77个，建筑面积1320万平方米，超额完成年度目标任务。其中一星级智慧小区33个，占比43%；二星级智慧小区34个，占比44%；三星级智慧小区10个，占比13%。

深化房地产行业信用体系建设。优化升级信用体系管理平台，及时准确掌握企业基础信息，加大信息公开力度，进一步完善不良行为定期信息收集、信息曝光机制。至2019年年末，通过门户网站公开信息50余万条，包括近2600家企业信息、4000余个项目信息、5万余名人员信息和1000余条诚信信息。开展年度信用综合测评，根据测评结果对企业实行分类管理，完善守信激励和失信惩戒机制。

切实做好房地产领域信访维稳工作。制定年度专项治理工作方案；定期开展房地产开发建设领域信访矛盾纠纷拉网式摸底排查，及时准确掌握问题项目情况；加强组织协调，加大重点问题项目处置力度，全市房地产领域信访维稳工作形势总体可控。

【房地产开发资金】2019年，重庆市房地产开发行业信贷规模合理增长，开发企业资金状况良好。至12月末，全市房地产行业贷款余额1.38万亿元，同比增长16.3%。其中房地产开发贷款余额3084亿元，增长12.1%；个人住房贷款余额9728亿元，增长16.9%。全年全市房地产开发企业新增到位资金5953亿元，增长11%，其中定金及预收款同比下降9.2%，个人按揭贷款同比增长0.3%。

【配套费征收】2019年，全市累计征收城市基础设施配套费237.09亿元,同比下降5.5%,绝对值为历史第二高位。主城区征收151.63亿元,同比下降12.77%,绝对值仅低于2018年。远郊区县征收85.46亿元,同比增长10.9%。

全市累计办理城市基础设施配套费征收面积10549.45万平方米,同比下降14.2%,绝对值为历史第二高位。主城区办理配套费征收面积5771万平方米,同比下降20%,绝对值仅低于2018年。远郊区县办理配套费征收面积4778.45万平方米,同比下降6.1%。

住房保障

【**住房保障发展**】2019年,重庆市扎实推进住房保障体系完善、公租房分配管理、人才安居、国企住房剥离移交、住房保障成就宣传等工作,圆满完成各项工作任务。

抓住房保障体系完善。开展重庆市住房保障体系课题研究,成功向国家申请开展完善住房保障体系试点,形成试点方案及试点项目上报市政府。完善优抚对象公租房租金补助、加强困难群体精准保障等政策规定。

抓公租房统筹使用。督促推进全市公租房建设扫尾,确保项目按时交付使用。"加强公租房优化利用"重点民生实事成效明显,全年新增2.78万套公租房用于分配和统筹保障,超额完成2.5万套目标任务。累计分配公租房53万套,促进解决新市民住房困难问题,累计惠及140余万住房困难群体。推动公租房资产盘活利用,形成公租房租赁收益权转让总体方案。

抓智能信息化建设。开展现有住房保障信息系统功能梳理及优化研究,完成住房城乡建设部公租房信息系统贯标工作,推动人脸识别等智能化技术在全市推广。

抓人才安居保障。形成《关于加强人才安居的实施意见(送审稿)》报科教兴市和人才强市领导小组办公室。全年筹集1.1万套"拎包入住"人才公寓供高层次人才使用,超额完成1万套的目标任务;为青年人才提供定向配租住房2.7万套。

抓住房保障成就宣传。在全市开展以"壮丽70年·共圆安居梦"为主题的住房保障成就宣传,通过专题片、专题画册、主题征文、专项展览等方式全方位展示住房保障工作成就。重庆市选送的"重庆康居西城公租房休闲广场上老人与孩子'较量'"照片在众多素材中脱颖而出,在"伟大历程辉煌成就——庆祝中华人民共和国成立70周年大型成就展"进行展示。

完成94个单位、1.05万人的住房补贴审核,完成53件、1162套公房出售和集资建房完善产权,指导区县完成国企职工住房管理移交39.93万套(市属国企21.84万套、央企18.09万套),全市住房保障工作平稳推进。

【**房屋征收管理**】2019年,市住房城乡建委围绕城市提升行动计划,切实保障轨道交通、道路基础设施等重点项目需要,督导区县依法规范、平稳有序组织实施国有土地上房屋征收与补偿工作,切实维护被征收群众合法权益,全市下达征收决定95个,涉及1.70万户、245万平方米;完成征收项目95个,涉及1.77万户、243万平方米。

全力保障重点项目征拆交地。督导区县全力加快轨道、道路基础设施等重点项目征拆交地,协调解决轨道9号线、10号线、一纵线、内环拓宽等13个项目、26个难点卡点问题。积极开展征收补偿政策调研与指导。组织市行业协会与区县继续落实项目价格复核、鉴定前期会商机制,指导区县落实群众关心的产权调换房"等值对价"要求,保障被征收人权利。加强矛盾纠纷的排查和化解,印发《关于做好国有土地上房屋征收和棚户区改造信访稳定工作的通知》,全面梳理群众反映的征拆遗留问题、回迁安置问题以及要求纳入征收等诉求,按照"四个一批和依法处理"要求推动"事要解决",全市化解征拆遗留问题176件。强化城镇房屋拆除工程动态监管,落实主体责任。配合完成国务院安委会督察、安全大排查大整治大执法、全市污染防治百日行动、蓝天保卫战等专项任务。组织对重点项目、商圈要道等150处城镇房屋拆除工程现场进行市级专项检查1954人次,发现安全隐患问题61个,及时通报区县进行整改,严防房屋拆除安全事故发生。

【**棚户区改造**】2019年,重庆市积极推进2018—2020年三年棚户区改造攻坚计划。全市全年计划改造棚户区5万户,完成棚户区改造5万户,其中实施改造城市棚户区4.3万户,城中村0.5万户,国有企业棚户区0.2万户,完成投资329亿元。

坚持尽力而为、量力而行,严格把握棚改范围和标准,以老城区内脏乱差的棚户区为重点,科学确定改造项目和改造范围,有序推进项目实施。积极争取中央棚户区改造专项补助和配套基础设施中央预算内资金25.7亿元,发行2019年政府棚改专项债券94亿元,严格抓好各类资金管理和使用,提高资金使用效率。充分征求群众意见,依法依规做好棚户区居民补偿安置工作,强化政策宣传解释工作,确保群众得到及时妥善安置。坚持改善民生和城市形象品质提升相结合,做好与全市城市提升、城市更新、存量住房改造提升等工作的有机衔接,重点支持推进修缮加固及改扩建类项目,保护传承城市文脉,促进城市有机更新。

【物业行业监管】 2019年,积极推动物业行业法制建设,强化物业行业信用监管,推进物业行业智能化建设,鼓励物业企业做大做优。2019年,重庆市新大正物业成功登录深圳证券交易所上市交易,成为深圳证券交易所第一支物业股,全国第二支物业股(A股)。2019年9月12日颁布实施《重庆市物业服务企业和物业项目负责人信用管理办法》。2019年11月29日,《重庆市物业管理条例》通过市人大常委会审议,拟于2020年5月1日实施。

【老旧小区改造】 2019年,全市申报实施改造老旧小区面积922万平方米。截至2019年年底,全市启动老旧小区改造项目1113个,占全市7394个待改造项目的15.1%;改造面积约1100万平方米,占全市1.02亿平方米总改造面积的10.8%。通过实施老旧小区改造和社区服务提升,居民获得感、幸福感、安全感增强。通过实施改造基本实现了房屋的增值,九龙坡区长石苑小区改造前二手房价格约7500元/平方米,改造后二手房价格增值到约9000元/平方米。

【智能小区建设】 2019年,在《智能物业小区评价指标体系》基础上,进一步修订完善智能小区建设标准,大力推进存量智能物业小区建设。成功创建智能小区393个。

住房公积金管理

【运行情况】 2019年,全市住房公积金管理工作以习近平新时代中国特色社会主义思想为指导,坚持稳中求进的工作总基调,改革创新、开拓进取,全面完成市住房公积金管委会下达的各项目标任务,公积金事业稳步发展。

【归集情况】 年度归集429.50亿元,同比增长13.06%,完成计划的119.31%。截至2019年年底,全市缴存单位4.79万个,同比增长13.95%,缴存职工352.56万人,同比增长5.81%。累计缴存额2912.75亿元,缴存余额1081.97亿元。

【提取情况】 全年共有91.81万人次提取322.63亿元,提取额同比增长8.29%;占当年缴存额的75.12%,比上年减少3.30个百分点。累计提取使用1830.78亿元。

【贷款情况】 全年发放个人住房贷款6.17万笔236.12亿元,同比分别增长13.21%、21.31%。贷款余额1251.94亿元(含贴息贷款余额155.23亿元),同比增长10.46%。截至2019年底,累计发放个人贷款1863.48亿元(含贴息贷款200.44亿元)。

【风险控制情况】 2019年年底,全市个贷逾期额共计1022.17万元,同比减少348.23万元,个贷逾期率0.09‰(远低于1.5‰的国家控制标准),同比下降35.71%。截至2019年年底,住房公积金贷款风险准备金余额31.98亿元。

【增值收益情况】 全年实现增值收益14.48亿元,同比增长20.39%。

城市设计

【概况】 2019年,勘察设计行业积极推进建筑品质提升行动,持续深化行业"放管服"改革,大力引导行业实现转型发展,不断提升行业管理与发展水平,促进行业高质量发展。收入完成498.73亿元,增长平稳。甲级企业比例持续提升,新增甲级企业2家、甲级资质8项,截至2019年12月底,全市共有勘察设计企业536家,其中甲级企业占比33.6%。全市勘察设计类注册师4272人,占专业技术人员比例达13.7%。勘察设计企业"走出去"和"引进来"同步发展,全市共有143家市内企业对外开拓市场,签订市外合同金额约307.7亿元;市外入渝企业达到1364家,全国百强中有80家,十强中有9家已入渝承接业务。勘察设计行业核心竞争力不断提升,大力推动以设计为"龙头"的工程总承包,在全市推动开展工程总承包项目187个,合同金额超过433亿元。推动开展全过程工程咨询试点,实施全过程工程咨询项目46个,投资额648多亿元。

【勘察设计行业监管】 加强资质动态管理。严格按照资质审批标准开展工作,加强对企业资质和注册人员资格动态核查,共核查勘察设计企业30家,发出限期整改通知13份,有效防止了行业出现"空壳公司"和"僵尸企业"。加强个人执业资格管理。把注册人员变动与企业资质进行有效联动管理,对扰乱行业秩序、涉嫌违反注册管理规定的注册人员及其所在企业进行约谈和口头警告。开展专业技术人员"挂证"专项整治,住房城乡建设部下发的四批涉嫌"挂证"人员2047人次已全部完成整改。严格勘察设计市场监管。加强勘察设计市场、质量联动监管,落实市场准入清出制度,依法加大对勘察设计单位违法违规行为查处力度,通报8家企业,罚款金额20万元,处理46家外地勘察设计企业,有效维护市场正常竞争秩序。加强勘察设计质量监管,全市完成初步设计审查 790 项，施工图审查备案 3643 个，抽查各类建设工程项目勘察外业 561 个，加大房屋建筑和市政基础设施工程勘察设计质量抽查力度，市住房城乡建委对设计质量较差、市场行为不规范的 11 家单位和 5 名项目负责人予以处罚。强化抗震设防监督管理，从设计源头加强抗震设防监管，严格落实抗震设防专项论证等管理制度，完成超限高层建筑工程抗震设防专项审查 53 项，组织实施建筑抗震标准及实施情况调研和地震易发区房屋设施加固。

【勘察设计行业"放管服"改革】组织编制并印发《重庆市建筑工程施工图设计文件技术审查要点（2019 年版）》《重庆市市政工程施工图设计文件技术审查要点（2019 年版）》《重庆市岩土工程勘察文件审查要点（2019 年版）》，作为开展施工图联合审查的依据。深化工程建设项目审批制度改革，探索缩小施工图审查范围，严格控制施工图审查内容，对建筑面积 1000 平方米以下的装修工程、房屋建筑工程（涉及高切坡、深基坑、高填方的除外）不再强制要求开展施工图审查。加快实行资质审批告知承诺制，拟定《关于重庆市工程勘察设计企业资质实行告知承诺审批制度的通知》，将市住房城乡建委负责审批的勘察设计资质全部纳入告知承诺审批的范围。加快诚信管理体系建设，编制《重庆市勘察设计行业诚信管理暂行办法》并通过合法性审查，加强对勘察设计企业和从业人员的信用约束。优化社会投资小型低风险建设项目勘察设计管理，对于社会投资小型低风险建设项目，优化工程勘察管理和施工图审查流程，实行工程勘察、施工图审查政府购买服务。

【建筑品质提升】编制了《重庆市城市提升行动计划建筑品质提升专项实施方案》和《重庆市城市市政工程品质提升设计导则》，积极推进建筑品质提升行动。组织开展了优秀青年设计师和优秀工程勘察设计奖评选，评选出 29 名优秀青年设计师、121 项优秀勘察设计项目。全市有 1 人获全国工程勘察设计大师称号。开展高水平技术交流，指导举办山水城市可持续发展国际论坛，组织三期重庆"大师讲堂"系列讲座活动。切实提高勘察设计质量，督促勘察设计单位建立并落实勘察设计质量自审责任制，规范设计变更行为，推进精细化设计。在国内率先开展勘察设计质量通病专项治理，梳理质量通病 2042 项，出版《重庆市房屋建筑和市政工程勘察设计质量通病防治措施技术手册》，为提高勘察设计质量提供了技术支撑。做好标准设计工作，围绕城市品质提升、城乡智慧建设、建筑产业现代化、绿色建筑发展等工作重点发布 11 项标准设计，进一步提高工程设计的质量和标准化水平。

城市建设

【城市道路】2019 年，重庆市主城区有序开展城市道路、公共停车场及步行系统建设。有序推进曾家岩大桥、龙兴隧道等 7 座桥梁、4 座隧道建设；建成投用龙洲湾隧道、歇马隧道等融城通道；完工千厮门隧道、28 条未贯通道路，有效缓解交通拥堵；开工建设金凤隧道、渝黔复线连接道等重大项目。主城区城市道路建设完成投资 312 亿元。2019 年主城区开工建设公共停车场 42 个，新增停车泊位 1.14 万个，完成投资 8.21 亿元；建成公共停车场 45 个，停车泊位 4905 个。主城区新建及提档升级人行天桥与地通道项目 30 个，建成人行步道 11 条，实际完成投资 3.2 亿元。

【轨道交通】2019 年，全市轨道交通建设计划完成投资 315 亿元，实际完成投资 318 亿元，连续 6 年实现投资增长。环线西南半环（海峡路至二郎段）、尖璧线等 16 公里线路如期建成通车，全市运营轨道线路里程达 329 公里，首次实现城市轨道交通向主城都市区延伸。全年轨道交通日均客运量超 300 万乘次，日最高客运量达 373.9 万乘次，轨道交通成为市民绿色低碳出行首选。城市轨道交通第二期、第三期建设规划线路项目持续推进，集中开工 4 号线二期、18 号线（原 5A 线）、5 号线北延伸段等 3 条、70 公里线路，4 号线二期、18 号线两个 PPP 项目成功引入中国中铁、中国铁建 347 亿元社会资本并引入广州地铁等全国一流运营单位。编制完成《城市轨道交通成网计划实施方案》，加快推进第四期建设规划报批工作。

【综合施策改善轨道服务水平】围绕城市品质提升的要求，不断加大轨道交通建设补短板、强弱项的力度。稳步推进 2 号线大修及更新改造项目；协调督促相关区政府完成唐家院子等首批 5 个轨道交通提质增效示范站点建设；实施主城区轨道与地面公交换乘整体提升工程，包括公交站点改造及站台设施提档升级 118 处、新建与轨道换乘公交首末站 16 处、新增与轨道换乘人行过街设施 17 处，其中建设条件较好的首批 39 个公交站点已建成投用，更好实现轨道交通与地面公交无缝衔接、便捷换乘。

【排水、排污】2019 年，全年全市建成城市排水管网 996 公里，完成投资 24.9 亿元。全市城市生活污水集中处理率 94%，其中主城区城市生活污水集中处理率96.9%。全市城市生活污水集中收集率70.8%，其中主城区城市生活污水集中收集率75%。投运的72座城市污水处理厂处理达标排放污水12.7亿立方米，完成15座污水处理厂建设或扩建任务。全年全市产生污泥100.83万吨，污泥无害化处置率93.97%，其中主城区59.56万吨，无害化处置率94.58%。完成22个排水防涝补短板项目。全年全市未发生较为严重的城市内涝事故，未发生水质超标排放和安全生产事故。

【"两江四岸"治理提升】高标准完成"两江四岸"109公里岸线国际方案征集并通过重庆市规委会审议。启动南滨路雅巴洞湿地公园等十大公共空间治理提升，完成节点公共空间方案深化工作并通过市政府专题会议审定，陆续动工建设。其中，江北嘴示范段已完工，南滨路雅巴洞湿地公园、长滨路珊瑚公园、嘉滨路磁器口码头三个项目水工部分已率先开工。专项工作统筹推进。开展消落带"八乱"治理，排查整治"八乱"行为2811起；积极推进停泊船舶、货运码头专项治理，清理餐饮船舶90艘，货运码头28座；有序推进主城区跨江大桥增设垂直升降梯工作，东水门大桥垂直升降梯项目开工建设，朝天门大桥、千厮门大桥等7座大桥有序开展前期工作。起草《"两江四岸"保护利用和建设管理办法（决定）》，已报请重庆市人大同意将其列入2020年立法预备项目。新华社形成《重庆治理提升"两江四岸"重塑山水之城》内参，得到住房城乡建设部充分认可，并拟向全国推广。

【"清水绿岸"治理】2019年，先后拨付中央和市级财政资金5.6亿元用于"清水绿岸"治理；印发《重庆市主城区清水绿岸治理提升实施方案》，开发"清水绿岸"信息管理系统，建立健全督办制度，20条河流全部实现"挂牌督办"和清单管理；进一步明确河流水质标准，委托专业机构对全市48段黑臭水体开展12次巡查和水质监测。目前20条河流实现全部开工建设，各条河流建设有序推进，中央公园镜湖、跳蹬河（九龙坡区段）已基本完工。

村镇建设

【小城镇建设】2019年，重庆市推进以"两加强三完善"为主要内容的市级特色小城镇环境综合整治，下达市级补助资金3.54亿元，实施市级特色小城镇环境综合整治项目101个。

【农村人居环境整治】2019年，全市完成农村旧房整治提升14.58万户，创建评比美丽庭院3.07万个，安装公共照明或庭院灯15.11万盏，整治农村非正规建筑垃圾堆放点13处，实施12个中央财政和4个市级财政支持的中国传统村落保护发展，推动黔江区小南海镇新建村等7个村落进入中国传统村落数字博物馆。印发《关于引导和支持设计下乡的实施意见》，搭建设计下乡服务平台（APP），通过双向选择选派100余名规划师、建筑师、工程师和艺术家赴彭水、石柱、酉阳等所有涉农区县开展设计下乡服务。成立13个设计下乡市级工作室、17支设计下乡志愿者队伍，培训合格农村建筑工匠3955名。

【农房建设】2019年，重庆市印发《关于全面开展农村住房安全等级鉴定工作的通知》，对建档立卡贫困户等4类重点对象住房开展全面鉴定，共完成鉴定84.8万户并实行房屋安全等级挂牌公示。下达2019年农村危房改造计划39349户（其中建档立卡贫困户12179户），对全市4类重点对象实现动态覆盖。组织开展建档立卡贫困户住房安全保障"回头看"、漠视侵害群众利益问题专项整治、脱贫攻坚农村危房改造"回头看"排查等工作。至2019年年末，全市共完成农村危房改造39042户（其中建档立卡贫困户12179户），为住房城乡建设部下达计划（3.17万户）的123.16%，全市建档立卡贫困户危房实现动态清零。2019年，重庆市被住房城乡建设部、财政部列为"农村危房改造积极主动、成效明显的省（区、市）"。

【农村建筑工匠培训】市住房城乡建委加强组织领导，深入开展调研，收集各区县农村建筑工匠培训需求，按需下达培训目标任务。加强技术指导，组织编制乡村振兴战略、农村人居环境整治、农村建设安全知识、农村建设质量管控6个专题培训课件，指导各区县开展农村建筑工匠从业基础、乡村振兴战略、农村建设安全管理、农村建设质量管控、选址及人居环境公共空间利用等专题理论培训，并组织学员到农房建设项目实地观摩。做好宣传引导，通过电视"播"、网络"载"、微信"传"、报纸"刊"等多种方式，营造农村建筑工匠积极参加培训的良好社会氛围。强化培训管理，严格按照培训备案、实施培训、培训考核、统一信息化管理等工作流程开展培训工作。建立农村建筑工匠培训资料档案台账制度，对学员登记表、成绩册、财务收支报表、学员考勤表、工作简报等培训资料整理归档。全年培训合格农村建筑工匠3955名。

【东西部扶贫协作】8月、11月，市住房城乡建委党组书记、主任乔明佳，分管领导委党组成员、市公积金党组书记、主任张其悦分别赴山东省开展调研，召开2次高层扶贫协作对接会议，进一步深化认识、达成共识。邀请山东省建筑科学研究院专家为33个涉贫区县的农村危房改造、房屋安全鉴定等脱贫攻坚工作进行培训。邀请山东力诺瑞特新能源有限公司、莱钢建设集团、万华节能科技集团等企业来渝实地考察江北区轨道交通在建项目和潼南区特色小城镇、农村危房改造、农村人居环境建设项目，协调山东省青岛建工集团对彭水县省道418、422、204大垭乡段进行施工，积极参与彭水县大垭乡脱贫攻坚规划项目建设。印发《关于开展设计下乡"双向选择"的通知》等政策文件，鼓励相关区县和业主单位，优先选择与山东籍设计人才合作。进一步拓展鲁渝住建领域扶贫协作领域，促进两地装配式建筑发展交流合作，邀请山东省住房城乡建设厅在重庆联合举办"渝鲁建筑产业现代化技术交流会"；邀请山东籍知名建筑专家丁奇来渝，为重庆市贫困区县村镇建设系统工作人员讲授美好环境与幸福生活共同缔造经验。组织对口帮扶区县彭水县扶贫干部、致富带头人12人次前往山东省潍坊市寿光、青州等地学习考察畜牧业、种植业发展经验，促进彭水县产业提档升级。

工程质量安全监督

【工程质量监管】2019年，重庆市建筑工程质量水平稳步提升，无一般及以上质量事故发生。全市建筑业获中国建设工程鲁班奖4项，中国土木工程詹天佑奖1项，国家优质工程奖12项，"三峡杯"优质结构工程奖86项，"巴渝杯"优质工程奖60项。

备案工程情况。全市备案工程3259项，较上年增加0.49%；面积9723.1万平方米，较上年增加7.1%。至年末，全市监管工程共9023个，建筑面积2.93亿平方米。

持续推进住宅工程分户验收制度。全市各区县质量监督机构实现分户验收覆盖率100%，分户验收合格率100%。共抽查14048户，总抽测1110646点，平均合格率为97.04%，比上年高2.09个百分点。

积极推广应用四新技术。2019年全市共申报336部施工工法，较上年增加91部，相对增长37%，增长速度明显，申报数量仍保持较高位状态，评审通过151部。

执法处罚情况。开展质量监督执法检查25582次，检查项目21801项，其中市级组织督查的工程508项、区县督查工程21393项。共下发监督执法检查整改单8474份，行政处罚书1530份，处罚单位1296个，处罚人员270名。

【建筑施工安全监管】2019年，以建筑施工安全风险防控为工作主线、工地污染防治和形象品质提升为新发展理念，通过压实企业主体责任，夯实行业安全基础，狠抓建筑安全体系建设，严格违法违规行为惩处等手段。建筑行业安全生产形势持续向好，安全生产形势总体可控。

监督工程情况。截至2019年年底，全市受监工程5021个。其中房屋建筑工程3943个，建筑面积约23691万平方米；市政基础设施工程807个，造价约63561亿元；其他工程271个，建筑面积约662万平方米，造价约150亿元。

执法处罚情况。全市建筑安全监督机构共立案2196起，共计罚款11367万元。全市建筑综合执法立案1699起，共计罚款13800万元。

建筑施工企业安全生产标准化考评情况。共开展标准化自评项目5810个，其中2774个申报了项目标准化考评，优秀63个，合格2702个，不合格9个。全市申报标准化考评的企业1902个，其中合格1847个，不合格55个。

【建筑行业安全生产】2019年，全市住房和城乡建设领域共发生生产安全事故合计135起，死亡138人，未发生较大及以上事故。其中，房屋和市政基础设施建设工程（含轨道）共发生生产安全事故81起，死亡83人，分别比上年下降12.9%、12.63%。另有村镇建设（含农村危房改造、自建房等）、装饰装修（含个人装修）、城镇房屋拆除、市政排水管网、房屋修缮等本行业其他类别事故20起，死亡20人。纳入本行业统计指标事故34起，死亡35人。至年末，全市受监工程5021个。其中房屋建筑工程3943个，建筑面积约23691万平方米；市政基础设施工程807个，造价约63561亿元；其他工程（边坡治理、土石方、场平工程等）271个，建筑面积约662万平方米，造价约150亿元。其中，市管工程125个，包括房屋建筑工程3个，建筑面积约2.4万平方米；市政基础设施工程110个，造价约679.5亿元，其他工程（边坡治理、土石方、场平工程等）12个，造价约30亿元。

建筑市场

【概况】2019年，全市完成建筑业总产值8222.96亿元，同比增长5.2%。实现建筑业增加值2840.12亿元，同比增长6.6%。建筑业增加值对重庆市地区生产总值贡献率为11.2%，拉动重庆市经济增长0.8个百分点。2019年，全市建筑企业签订合同额14740.80亿元，同比增长4.9%。其中，本年新签合同额8283.15亿元、同比增长5.2%，上年结转合同额6457.65亿元、同比增长4.6%。合同额余量6517.84亿元，较上年末增加288.75亿元。2019年，全市新开工房屋建筑面积15132.45万平方米，同比减少0.2%；全市在建房屋面积36557.76万平方米，同比增长4.0%；全年竣工房屋面积13618.26万平方米，同比减少1.2%。建筑业支柱产业地位依然突出。

【行业发展】截至2019年年底，重庆市施工企业特级资质9家，较上年增加1家；一级资质企业650家，较上年增加176家。2019年，重庆市一级及以上资质企业实现建筑业产值3895.08亿元，同比增长16.3%，完成全市47.4%的产值额，为重庆市建筑业发展中坚力量。2019年，重庆市本地企业实现产值亿元以上1172家，同比增加72家，完成建筑业产值7744.40亿元，占全市94.2%，产业集中度得到提升。2019年重庆市本地民营企业完成建筑业产值6311.75亿元，同比增长4.1%，占全市77.6%，民营企业为建筑业主力军。2019年全市建筑从业人数达236万，建筑行业为社会提供大量就业机会。全市目前共有注册建造师约4.5万人、注册监理工程师约4000人、注册造价工程师约4000人、建筑施工企业关键技术岗位人员约57万人，人员综合素质不断提升。

【教育培训】2019年，完成建筑工人培训考核鉴定20680人，培训装配式建筑工人292人，培训农村建筑工匠3955人，培养高技能人才118人。重庆市5名建筑工人荣获2019年重庆市"五一劳动奖章"，2名建筑工人荣获"重庆市技术能手"，2名建筑工人荣获"全国住房城乡建设行业技术能手"。全年完成"安管人员"考核91期，共考核31452人，合格21910人；完成特种作业人员考核239期，考核人员23704万名，合格17706人。

【建筑业改革创新】22个市级部门联合印发《促进重庆建筑业改革与持续健康发展市级部门任务分工方案》。扶持全过程咨询试点企业39家，承接一批具备国际影响力的项目。重点培育工程总承包试点企业19家，在本市累计开展工程总承包项目240个，合同金额超过560亿元。2017年至2019年底，重庆市房屋和市政工程累计获得鲁班奖12项、詹天佑奖4项、国家优质工程奖29项、"AAA"级工地称号31项。截至2019年年底，累计建成"智慧工地"2630个，数量全国领先，并累计推动811个工程项目充分应用BIM技术。

【建筑业"放管服"改革】2019年，重庆市建筑业"放管服"改革持续发力。印发实施《关于落实支持自由贸易试验区深化改革创新若干措施有关事项的通知》，在自贸试验区内放开外资企业人员准入限制、取消外资企业境内承揽工程限制、下放部分市级审批事项权限并实行告知承诺制，扩大企业自主经营权，激发市场主体活力。对房地产市场、住房保障、外地企业进出渝和企业诚信申报等办事指南进行全面梳理，印发《重庆市区县工程建设项目审批服务大厅建设指导意见》，召开2次推进会，开展2次实地督导，指导区县推进工程建设项目审批"一个窗口"建设。深化审批制度改革和优化营商环境。重庆市审批制度改革顺利通过在审批时限压缩一半以上的基础上，出台重庆市深化改革实施方案，精简审批事项和申报材料20%以上，施工许可豁免限额调整至投资额100万元或建筑面积500m^2以下。以优化施工许可办理促进营商环境优化，形成《社会投资小型低风险建设项目审批服务改革工作方案》。

【建筑市场监管】2019年，重庆市不断加强建筑市场监管。全年全市各区（县）、自治县建设行政主管部门对10934个项目开展检查，立案1699起，罚款13800万元。全面开展"双随机、一公开"执法。开展建筑、监理、造价咨询企业专项检查，检查企业470家。持续强化诚信体系在建筑市场监管中的作用。全年全市通报批评企业212户，进行诚信扣分并被纳入不良记录6—12个月的企业147户，屏蔽入渝信息6—12个月的外地企业28户，对33户市外企业作出注销入渝信息处理。开展人员资格"挂证"专项整治，五部门联合发文部署专项整治工作，完成4批约1.6万人清理工作。

【"智慧工地"建设】2019年，重庆市持续以大数据智能化促进建筑业转型升级。印发《2019年"智慧工地"建设技术标准》，明确12项"智能化应用"建设要求。召开全市"智慧工地"推进会，极大调动区县建设积极性。建成具备人员实名制、工程质量安全、扬尘噪声监测、农民工工资专户、BIM、重大项目视频调度等元素的"智慧工地"1630个，位居全国首位，相关工作得到住房城乡建设部发文表扬。采用互联网、物联网、智能设备技术等信息化智能化方式完成全市第二次视频调度，有效推动重大项目加快建设。重庆市覆盖"主管部门、企业、工程项目"三级联动的"智慧工地"管理体系逐步完善，有效推动建筑业由传统粗放型建设管理模式向信息化、智能化和精细化方向发展。

建筑节能与科技

【概况】2019年,重庆市住房城乡建委围绕国家和重庆市建筑节能与绿色建筑重点任务,按照重庆市委市政府实施生态优先绿色发展行动计划和推进生态文明体制改革工作要求,研究制定《关于做好2019年绿色建筑与节能工作的意见》,统筹部署2019年度重庆市住房城乡建设领域生态优先绿色发展工作,推动全市城镇新建民用建筑全面执行建筑节能强制性标准,新组织实施节能建筑8316.57万平方米、竣工5596.37万平方米,新组织实施绿色建筑6841.21万平方米、竣工2846.09万平方米,完成既有公共建筑节能改造125.5万平方米,新增可再生能源建筑应用面积105.61万平方米。积极争取财政激励政策,落实建筑节能与绿色建筑地方补助资金5075万元。

【新建建筑节能监管】在新建城镇建筑监管中严格执行建筑节能强制性标准,重庆市主城中心区新建居住建筑自2016年12月1日起,区级人民政府所在地城市规划区新建居住建筑自2019年1月1日起,全面执行《居住建筑节能65%(绿色建筑)设计标准》,新建公共建筑自2016年9月1日起全面执行《公共建筑节能(绿色建筑)设计标准》。2019年9月印发《关于推进绿色建筑高品质高质量发展的意见》,自2020年1月1日起,全市范围内城镇新建居住建筑执行65%节能标准。2019年重庆市新组织实施节能建筑面积8316.57万平方米、竣工5596.37万平方米,累计竣工节能建筑面积约6.15亿平方米,约占重庆全市城镇建筑面积(约10.26亿平方米)59.94%。

【绿色建筑转型发展】严格执行《公共建筑节能(绿色建筑)设计标准》《居住建筑节能(绿色建筑)设计标准》地方强制性绿色建筑设计标准;印发《重庆市关于推进绿色建筑高品质高质量发展的意见》,自2020年1月1日起,推动重庆市县级人民政府所在地城市规划区内新建居住建筑项目执行绿色建筑标准,主城区范围内新建政府投资或以政府投资为主的公共建筑、社会投资建筑面积2万平方米及以上的大型公共建筑和区级行政区域内新申报的绿色生态住宅小区应至少达到二星级绿色建筑标准要求,县级行政区域内绿色生态住宅小区应至少达到一星级绿色建筑标准要求。通过强制推广及激励引导双向并举的工作机制,推动重庆市绿色建筑高质量高品质发展,2019年重庆市新组织实施绿色建筑6841.21万平方米,绿色生态住宅(绿色建筑)小区683.65万平方米,新建城镇建筑执行绿色建筑标准的比例达到82.26%,2019年度竣工绿色建筑2846.09万平方米,绿色建筑在城镇新建建筑中比例达到50.86%;2019年度绿色建筑评价标识项目61个,面积1060.27万平方米;全年新增二星级及以上绿色建筑项目810.21万平方米,绿色建筑运行标识3个,面积33.96万平方米。

【绿色建筑标准体系】2019年以绿色建筑高品质高质量发展为重点,对照国家标准《绿色建筑评价标准》,启动修订《公共建筑节能(绿色建筑)设计标准》《居住建筑节能(绿色建筑)设计标准》《绿色建筑评价标准》《绿色生态住宅(绿色建筑)小区建设技术标准》4部地方绿色建筑基础标准,编制发布《建筑中水工程技术标准》《民用建筑立体绿化应用技术标准》等8项涵盖绿色建筑与节能技术标准。截至2019年年底,累计发布建筑节能与绿色建筑技术标准101项、标准设计39项,形成涵盖建筑节能与绿色建筑设计、施工、检测、验收、评价全过程和标准设计齐全配套的技术法规体系。

【组织配套能力建设】2019年针对绿色建筑与节能领域面临的共性问题和关键技术,加大科技创新力度,以技术标准完善和机制体制创新为重点,组织完成《近零能耗建筑关键技术集成与示范》等配套能力建设项目,不断完善建筑节能与绿色建筑技术体系,研究推进建筑绿色化与产业化、智能化融合发展工作路径,推动研究成果在具体工作中的应用,系统谋划城乡建设领域绿色发展工作。着力开展超低能耗建筑技术示范,推动悦来展示中心近零能耗、近零碳和超级绿色建筑示范项目建成投用,实现总体节能率、碳减排率和绿色建筑评价得分3个90以上的目标。

【落实绿色建筑激励政策】根据《重庆市绿色建筑项目补助资金管理办法》,按照建筑面积,对获得金级、铂金级绿色建筑标识项目分别给予25元/平方米和40元/平方米资金补助,促进更高星级绿色建筑发展,2019年共有9个高星级绿色建筑项目获得补贴1120.24万元;推动落实西部大开发税收减免政策,开发建设绿色生态住宅小区的项目企业可享受企业所得税减免10%,按15%缴纳。

【既有居住建筑节能改造】会同重庆市财政局发布《重庆市既有居住建筑节能改造管理暂行办法》,重庆市住房城乡建委负责全市改造项目的统筹协调和监督指导,重庆市建筑节能中心承担改造项目改造内容、改造面积复核,区县城乡建设主管部门负责本行政区域内改造项目的征集初审、监督实施,在中央财政补助资金基础上，落实市级财政1∶1配套补助政策，按照14元/平方米的标准进行资金补助。结合旧城区综合改造、城市市容整治，着力推动具备条件的既有居住建筑同步更换节能门窗、加装遮阳系统和采用围护结构保温隔热措施，发布实施重庆市《既有居住建筑节能改造技术规程》等技术标准10余项，为居住建筑节能改造提供技术支撑，2019年全市新增既有居住建筑节能改造面积10.6万平方米。

【既有公共建筑节能改造】全面完成第二批国家公共建筑节能改造重点城市350万平方米建设任务并通过验收。加快推进公共建筑能效提升重点城市建设，累计组织对1734栋建筑进行能耗统计，698栋建筑进行能源审计，对516栋公共建筑进行能效公示。完善重庆市建筑能耗监测数据中心建设，2019年共有19栋建筑接入节能监管平台，监测项目达394栋，监测楼栋能耗数据稳定上传率达90%以上。2019年组织实施完成公共建筑节能改造项目25个共计125.5万平方米。强化示范项目质量控制管理，以机关办公、文化教育、医疗卫生、商场和宾馆饭店等建筑为重点，采用合同能源管理模式规模化推动公共建筑节能改造，在实施节能改造基础上推广应用室内新风、节能门窗、太阳能光伏等绿色化改造技术，加快推动编制《既有公共建筑绿色化改造技术标准》。建成重庆文理学院等国家级节约型校园6所，组织编制发布重庆市《绿色医院建筑评价标准》。编制发布《重庆市公共建筑节能改造技术及产品性能规定》《重庆市公共建筑节能改造项目合同能源管理标准合同文本》《机关办公建筑能耗限额标准》《公共建筑用能限额标准》等10余项标准、技术规定。

【可再生能源建筑应用示范】以地源热泵、空气源热泵推广及区域集中供能项目建设为重点，着力推动可再生能源建筑应用，全年新增可再生能源建筑应用面积105.61万平方米。完善可再生能源建筑应用管理机制，严格执行《公共建筑节能（绿色建筑）设计标准》促进5万平方米以上的大型公共建筑因地制宜采用可再生能源。完善可再生能源建筑应用的技术支撑体系，启动编制《区域集中供冷供热系统技术标准》，累计发布《空气源热泵应用技术标准》等标准及标准设计13项。

【绿色建材发展应用】创新绿色建材管理工作机制，在全国率先建立绿色建材评价标识管理制度，创建主管部门、评价机构、行业协会三位一体的绿色建材工作机制，由重庆市住房城乡建委会同重庆市经信委共同牵头，依托4家评价机构和3个行业协会共同推动绿色建材发展，2019年新增绿色建材评价标识项目54项（其中一星级19项，二星级35项）。构建绿色建材产品技术体系，创新建立绿色建材性能认定和星级绿色建材评价管理制度，率先在全国制定发布《绿色建材评价标准》以及配套应用的8类绿色建材分类评价技术导则和细则，组织编制发布《重庆市绿色建材分类评价技术要求》。打造绿色建材智慧管理与信息共享平台，创新建立智慧建材管理与信息共享平台，主要包含绿色建材管理系统、绿色建材评价标识系统和绿色建材信息发布查询系统，实现星级绿色建材评价的申请、受理、公示和公告全过程信息化管理，为各方市场主体提供政策咨询、信息查询、统计分析等服务。提高绿色建材评价技术要求，落实绿色建材应用管理措施，推动绿色建材产业化示范等方面加大绿色建材应用支撑力度。

【加大地方建筑节能产业培育力度】按照因地制宜、协调发展原则，通过节能技术备案管理等手段规范行业应用，不断壮大节能建材产业，形成具有地方特色的产业集群，同时培育扶持一批有规模、有实力、有影响的绿色建筑与建筑节能产业化示范基地，引导绿色建材产业往产业规模化、管理现代化、装备自动化和生产标准化的方向发展，逐步做大、做亮重庆市绿色建材地方产业。

【行业实施能力建设】2019年组织开展国家标准《绿色建筑评价标准》宣贯培训，针对区县管理人员、行业从业人员，开展全市绿色建筑与节能工作培训，全年完成专项培训3000余人次，提高行业执行绿色建筑相关标准的能力。

【行业信息化发展】加快推动建筑信息模型（BIM）技术应用，推动政府投资项目、大型项目等强制应用BIM技术，全市366个项目在设计环节应用BIM技术，征集BIM技术应用示范项目43个，组织第四届BIM技术应用竞赛，评选获奖作品64项，组织召开重庆市智慧建造示范项目BIM技术应用观摩会。实行施工图数字化审查，实现施工图无纸化申报、在线审查和实时在线监管，推动施工图设计成果数字化交付，减轻了建设和勘察设计单位报送纸质图纸负担，提高施工图审查效率和质量。完善"互联网＋勘察质量管理"。进一步提升勘察设计管理信息化水平，对勘察外业资料和实验室数据实时采集进行信息化监管，完成勘察外业和实验室数据实时采集系统APP主体框架研发。

【人事教育】根据《重庆市住房和城乡建设委员

会职能配置、内设机构和人员编制规定》，市住房城乡建委主要职责20项，内设机构23个（不含机关党委和离退休人员工作处），编制150名。在原市城乡建委基础上，主要增加房屋管理、城镇排水、消防设计审查验收等职责。

城 乡 规 划

城市规划设计

【重点片区规划及城市设计】牵头重点片区规划及城市设计等各类规划50余项。市人大常委会出台《关于加强广阳岛片区规划管理的决定》。做好"四山"保护提升，完成《重庆市主城区"四山"保护提升实施方案》，研究制定"四山"综合管控任务要求，提出积极推进违法建筑综合整治、生态保护修复等8方面共34项工作任务。完成"两江四岸"城市发展主轴规划研究，统筹重庆主城"两江四岸"江、岛、岸、城空间关系，科学布局国际化、绿色化、智能化、人文化重大功能项目，精心打造生态带、风貌带、游憩带、景观带以及四大重要功能空间节点，整合策划形成四大湾区，分区分段提出城市设计规划指引。

【构建重庆特色的城市设计工作体系】制定完善城市设计编制技术导则、全市主城区城市设计通则、城市设计编制审查规程，构建重庆特色城市设计工作体系，提炼适用于重庆的管控要素并落实到控规中。分片分类推进九龙半岛、钓鱼嘴半岛、原重钢片区等重要地区城市设计。建立城市设计专家咨询库、优秀城市设计单位库。

【推动城市有机更新与降容提质】完成主城区城市更新规划研究，理顺城市更新规划体系。配合完善主城区城市更新管理办法。按照"减量、增绿、留白、整容"总体思路，推动综合采用"微更新"、零星改造、综合整治等方式，开展旧城改造与城市更新。完成主城区高度、密度、强度分区规划研究，大力降低新建居住用地和滨水临山地区建筑高度与容积率。优化居住空间布局，落实小街区制，在土地出让前进一步细化研究论证地块规划条件，提高支路网密度，切实把"窄马路、密路网"理念落到实处，促进职住均衡，形成顺应自然、疏密有致的城市生活空间。

【加强建筑空间形态规划设计】相继开展建筑屋顶、立面等风貌导则和专项研究工作，编制完成《重庆市主城区建筑屋顶景观艺术设计导则》《重庆市建筑外立面设计导则》《重庆市公共厕所规划设计导则》《重庆市义务教育中小学建筑设计导则》《重庆市普惠性幼儿园设计导则》《重庆市城市色彩规划方案》，有效提升建设项目设计水平与审批质量。

【历史文化保护传承规划和实施】制定《关于加强历史文化保护传承规划和实施工作的意见》，按照"一年抓抢救、两年有亮点、三年显成效、五年成格局"工作要求，明确年度目标任务，紧紧围绕"乡村振兴"和"城市提升"将重庆市历史文化保护传承工作细化为开展资源普查、推进保护修缮、传承历史文脉、完善法规体系4个板块、26项重点任务和194个项目。重点推进两江四岸核心区整体提升规划方案、大田湾—文化宫—大礼堂文化风貌片区保护提升实施方案以及十八梯、湖广会馆、山城巷、李子坝、鲁祖庙、磁器口、金刚碑、慈云寺—米市街—龙门浩、第十兵工厂等一批重点传统风貌街区保护修缮利用和环境品质提升。完成《重庆市主城区山城步道专项规划》，打造"山城步道"特色品牌。

村镇规划建设

【区县域村布局规划】按照农村人居环境整治要求，根据资源禀赋特征，将全市8003个行政村按集聚提升、城郊融合、特色保护、搬迁拆并4类进行分类和规划指引，引导差异化编制村庄规划。其中集聚提升类占比68%，城郊融合类占比17%，特色保护类占比8%，搬迁撤并类占比7%。

【实用性村规划编制】印发《关于开展镇乡村规划深化及报送编制计划的通知》《关于进一步加强实用性村规划编制管理的通知》，指导各区县依托行政村特色资源禀赋，按照促进多规合一、保障发展需求、力求易懂好用原则，分类推进实用性村规划编制及原有成果深化。

【"4+2"资源禀赋台账】以村为单元开展区位条件、自然本底、经济社会、历史人文及生态保护、地质安全等"4+2"资源禀赋分析，为全市8003个村建立资源禀赋台账。

【规划师下乡】启动第三批规划师下乡工作，累计选派39名下乡规划师赴基层，驻村开展规划技术服务工作。印发《关于进一步加强和规范规划师下乡工作的通知》，开发"重庆乡村规划APP"，搭建起信息交流平台，编印规划师下乡工作动态6期、季刊2册。

【政策研究指导】印发《重庆市乡村规划设计导则》，编制《重庆市优秀村镇规划设计及实施项目选编（2016—2018）》《重庆市乡村设计师手册》，初步完成《乡镇国土空间规划编制规程》研究。

【专项工作】 组织编制《三峡库心跨区域发展规划》。推进"十三五"易地扶贫搬迁集中安置点选址整改，印发《关于支持易地扶贫搬迁安置点规划建设的通知》《关于加快推进易地扶贫搬迁集中安置点选址工作的通知》，2019年5月后新建33个安置点已全部完成规划选址。开展乡村民宿规划管理工作研究，起草《关于进一步加强乡村民宿规划管理工作的通知》。局部调整（修改）乡镇规划155宗，保障城乡基础设施、公共服务设施及重点项目建设。

大事记

1月

4日 重庆市规划和自然资源档案馆数字档案馆正式获批"全国示范数字档案馆"。

7日 重庆市住房和城乡建设委员会发布《重庆市城市地下综合管廊工程计价定额》和《重庆市城市管线迁改工程计价定额》。

11日 "不动产登记+金融服务"率先在主城区运行，不动产抵押登记实现"不见面"办理。

12日 重庆市中心城区"两江四岸"和"清水绿岸"治理提升首批启动项目开工。

18日 重庆首批边角地修建的社区体育文化公园正式交付使用。

2月

2日 万州区罗田镇、涪陵区青羊镇、江津区吴滩镇、江津区石蟆镇和酉阳土家族苗族自治县龚滩镇获批中国历史文化名镇。

3月

1日 开展学习贯彻习近平总书记关于扶贫工作重要论述宣讲报告会，市委宣讲团来局宣讲。

2日 重庆市规划和自然资源局主办，重庆市规划和自然资源调查监测院主承办的"重庆规划和自然资源论坛"正式开讲，全年共举办十期。

19日 重庆市规划和自然资源局举办首届科普讲解大赛。

重庆市智慧住建云平台建成。

29日 重庆市召开住房公积金管委会第22次会议。会议由市政府副市长、市住房公积金管委会主任陆克华主持。

4月

20日 全国首个现代建筑产业发展研究院在重庆揭幕。

24日 重庆市举办"中国建造2035战略研究"项目启动会暨院士重庆行系列活动。

6月

17日 重庆市规划和自然资源局举办"不忘初心、牢记使命"主题教育宣讲会，市委宣讲团来局作报告。

21日 重庆市规划展览馆宣讲员在2019年全国科普讲解大赛中荣获全国三等奖。

25日 中共重庆市规划和自然资源局党组举办第一届"规划自然资源青年论坛"。

28日 2019年全国规划院长工作会议在重庆召开。

30日 重庆市住房公积金中心新一代信息系统首次年度结息圆满完成，运行时间仅31分钟，较上一代信息系统结息运算时间减少17个小时。

7月

20日 重庆市成功入选住房租赁试点城市，获3年共30亿元中央财政奖补资金。

8月

26—28日 "智能建造 智慧居住"专题展亮相智博会，期间与腾讯公司联合发布全国首个建筑业互联网平台

28日 首届中国智慧城市大数据开放创新应用大赛颁奖典礼在重庆国际博览中心举行，市规划院空间规划大数据应用重庆市工程研究中心组队"udd66"参赛并荣获大赛"最佳团队奖"。

9月

在全国率先搭建设计下乡服务平台。

16日 重庆市住房和城乡建设委员会发布《2018年重庆市建设工程计价定额综合解释》。

20日 2019年中国名城委西南片区会在重庆涪陵区顺利召开。

29日 重庆市第三批历史建筑名录正式公布，130处老建筑入选该名录。

10月

19—21日 2019中国城市规划年会在重庆国际博览中心召开。来自全国各地业界学界代表围绕"活力城乡 美好人居"主题分享城市规划智慧和经验。

23日 重庆市住房公积金中心与重庆有线电视网络股份有限公司召开战略合作协议签订暨"329重庆公积金"有线电视频道发布会。

29日 重庆市住房和城乡建设委员会发布《建设工程人工材料设备机械数据标准》，该标准为重庆市工程建设推荐性标准，于2020年2月1日起正式实施。

11月

6日　重庆市委召开专题会听取两江四岸核心区整体提升工作情况汇报。

29日　重庆市市域快线璧铜线开工建设。

重庆市成功申报完善住房保障体系试点城市"两江四岸"核心区整体提升工作情况汇报。

12月

6日　重庆市住房公积金中心研发的"智慧公积金"系统顺利通过了专家终验评审。

29日　重庆市首条"迈出"主城的金凤隧道开工建设。

30日　尖璧线建成通车。

30日　重庆市全面实行不动产登记、交易和缴税"一窗办理、即办即取"。

（重庆市住房和城乡建设委员会）

四 川 省

概况

2019年，四川省住房城乡建设系统着力"三大攻坚战""一轴三带、四群一区"新型城镇化总体格局、城镇污水和城乡垃圾处理设施建设三年行动计划项目组织实施、农村生活垃圾分类和资源化利用试点示范、城镇住房发展规划、建筑业高质量发展、营商环境优化等，推进住建事业高质量发展。截至2019年年底，全省形成由1个特大城市、6个大城市、8个中等城市、138个小城市和1531个小城镇构成的城镇体系；全省城镇常住人口城镇化率由1982年的14.10%提高到2019年的53.79%，户籍人口城镇化率达到36.70%；城镇居民人均住房面积由中华人民共和国成立初的3.60平方米提高到41平方米，农村人均住宅建筑面积达到48.70平方米，较中华人民共和国成立初期增长近7倍；房地产开发投资同比增长15.40%，商品房销售面积同比增长6.30%；全省建筑业完成总产值1.76万亿元；获得"鲁班奖"项目4个、"国家优质工程奖"项目6个，通过"天府杯"评审项目106个，入选国家生态园林城市、园林城市3个；成都公园城市建设案例入选联合国《中国人类发展报告特别版》。

【"三大攻坚战"推进有力】 脱贫攻坚住房安全保障攻坚战。发现建档立卡贫困户住房问题6.90万户，全部整改完成。与凉山州共建农房质量安全巡检机制，覆盖农户5.70万户，整改农房质量安全问题2201个。实施农村危房改造21.90万户，土坯房改造开工61.30万户。广元市昭化区农村危房改造工作受到国务院督查激励表彰。住建领域污染防治攻坚战。中央环保督察涉全省住建领域整改项目778个，完成整改745个。省级环保督察涉住建领域整改问题1091个，完成整改1081个。国家移交长江经济带生态环境涉全省住建领域问题6个，完成整改5个。地方自查问题96个，完成整改41个，53个问题整改达到时序进度。全省纳入"全国城市建成区黑臭水体整治监管平台"地级及以上城市黑臭水体103个，已治理竣工101个。排查发现"散、乱、污"企业2167家，完成整改1698家。防范化解房地产市场风险攻坚战。出台《贯彻落实习近平总书记重要批示精神防范化解房地产市场风险工作方案》，督导市（州）加强房地产市场风险防范化解，指导成都完成"一城一策"方案制定并实施。发布《2019年住宅用地年度供应计划分类》，构建"人—地—房"挂钩的住宅用地供应机制。出台《四川省商业性个人住房贷款参考LPR定价实施方案》。成都市成功申报中央财政支持住房租赁市场发展试点市。

【城镇化发展协同共进】 落实"一干多支"发展战略，大力推进以人为核心的城镇化，出台支持4大城市群和7个区域中心城市加快发展政策措施，制定支持成都平原经济区住建领域协同发展措施。德阳市与成都市共同编制《成都都市圈发展规划》等9部规划，其中《成德工业同城化发展规划（2019—2022）》《成德同城化乡村振兴先行示范带规划》《德阳市综合交通体系规划》印发实施；成、德两地间首条公交车开通运营；成都、德阳两个国际铁路物流港合作全面启动。加快实施《成眉同城化发展五年行动计划（2018—2022）》方案。成资大道新建段、沱江到城东新区段和成资临空大道正式启动；连接城东天府国际机场三大重点项目开工；10月25日，成都天府国际空港新城与资阳市临空经济区签署《成都天府国际机场临空经济区"一区两片"同城化发展三年行动计划（2019—2021年）》。全省城镇化"一轴三带、四群一区"总体格局雏形初具。

【城市建设管理提质增效】全省城市（县城）完成市政基础设施投资1400亿元。"城镇垃圾污水处理设施建设三年行动计划"即"三推"项目累计开工1837个，完工1512个，累计建成海绵项目1132个、建筑面积587.09平方千米。遂宁市海绵城市建设试点成效明显，累计建成地下综合管廊368.02千米，在建208.87千米。全年新（改）建城镇公厕2763座。成都地铁和有轨电车累计开通运营8条线路、长度341.30千米，在建地铁和有轨电车10条线路、长度334.80千米。出台《四川省生活垃圾分类和处置工作方案》，在18个地级以上城市全面启动生活垃圾强制分类。审议通过《推动城市基础设施改造加强城市生态环境建设的指导意见》。大力支持成都市公园城市建设先行先试，龙泉山城市森林公园等重点项目建设加快推进，新建成绿道820千米，成都公园城市建设案例入选联合国《中国人类发展报告特别版》，被选为最具代表性的中国城市发展典型成功经验。自贡、广安、遂宁、乐山、米易等市（县）借鉴成都经验积极推进公园城市建设试点。"城市双修"省级试点市（县）完成项目657个。城市生态修复"双百工程"竣工项目108个，在建项目84个、建筑面积102.70平方千米。成都、遂宁被列为全国首批城市体检试点。绵阳市挂牌西南地区第一个国家供水应急救援基地，北川县在全国城镇供水规范化管理抽查考核中名列第一。宜宾、资阳、广元、仪陇、洪雅等市、县创建国家园林城市（县城）通过国家验收。省级数字城管平台与17个地级市实现互联互通。13个国家智慧城市试点和11个省级智慧社区试点成效明显。

【村镇建设成效突出】在7个区（县）开展农村生活垃圾分类和资源化利用试点示范，全省建制镇污水处理设施覆盖率达到71%，同比增长21个百分点。出台《建立健全农村生活垃圾收运处置体系指导意见》，创新推广农村生活垃圾分类"二次四分法"，启动开发"全省农村垃圾收转运设施APP"。出台《加强古镇古村落古民居保护工作的意见》，完成《四川省传统村落保护条例》草案起草工作。成功召开"历史村落的未来"国际会议并举办第二届"四川省最美古镇古村落创新发展论坛"。四川电视台《乡村印象》连续32期全方位宣传展示古镇、古村落魅力。出台《四川省农房风貌指引导则》，分区域推动农房风貌整治与提升，高质量完成住房城乡建设部交办的"四川省设计师制度促进乡村风貌提升案例与成效研究"课题。因地制宜推广应用现代夯土技术和装配式技术。

【住房制度改革步伐坚实】在全国率先出台《四川省城镇住房发展规划（2018—2022年）》，住房城乡建设部在成都召开全国住房发展规划工作座谈会，总结推广四川经验。开展完善住房保障体系试点工作，建成覆盖省、市、县、街道、社区联网的公租房信息系统。全省层面建立"两张清单"，开展配建公租房房源核查。实施棚改攻坚，深化"农民工住房保障行动"，推动城镇老旧小区改造，出台《实施既有住宅电梯增设三年计划（2019—2021年）的指导意见》。住房公积金管理和使用成效突出，公积金贷款业务实现全省通办，查询业务实现全国通查。

【建筑业发展成效显著】出台《关于推动四川建筑业高质量发展的实施意见》，制定《四川省建筑业发展质量指标体系》，促进建筑业转型升级。深入实施装配式建筑发展三年行动计划，新开工装配式建筑4100万平方米，建成装配式混凝土部品、部件生产企业20家和装配式钢结构部品、部件生产企业52家，四川省被列为全国钢结构装配式住宅建设试点。引导企业加大科技创新投入力度，加强科技成果转化和利用，四川被选为全国培育新时期建筑产业工人队伍两个试点省份之一，建筑业农民工向产业工人队伍转型取得突出成效。全面推行建筑工人实名制管理，建立全省建筑工人管理服务平台。出台《加快推动建筑企业"走出去"发展的实施方案》，与重庆市住房城乡建设委签订《深化建筑业协调发展战略合作协议》，与江苏省住建厅共同搭建省级劳务资源合作平台。

【营商环境不断优化】出台《工程建设项目审批制度改革实施方案》，所有市（州）全部建成审批管理系统平台，实现国家、省、市（州）三级系统平台互联、互通。推进政务服务标准化建设，完成行政权力清单、责任清单、负面清单、证明事项清理调整。印发《实行房屋和市政基础设施建设项目工程竣工联合验收工作的通知》，与规划、国土、消防、人防等部门实行限时联合验收。出台《关于促进民营建筑企业健康发展的实施意见》，着力解决民营建筑企业经营发展中存在的问题。印发《关于深入推进建设工程保证保险工作的通知》，全面推行工程担保制度，切实减轻企业负担。推进工程招投标全流程电子化，开展招投标领域突出问题和营商环境专项整治。印发《进一步规范建筑业企业重组、合并、分立资质审批工作的通知》，有效遏制资质承继中乱象，维护建筑市场秩序。

法规建设

【法治政府建设】 完成《法律法规规章设定的省级住房城乡建设行政主管部门职能职责及履职情况分析报告》；整理编辑《住房城乡建设法律法规汇编（2019年版）》《住房城乡建设领域相关重大改革与发展政策文件汇编（2019年版）》《四川省住房和城乡建设厅相关地方部门请示复函汇编（2019年版）》制发《厅长办公会会前专题学法计划》，系统学习住房城乡建设领域法律法规，全年组织会前学法7次。

【地方立法与业务指导】 推进重点领域立法，完成《四川省城市排水条例》《四川省城乡环境综合治理条例》修正，经省人大审议通过，并组织实施；会同省林业和草原局完成《四川省古树名木保护条例》调研起草工作，经省人大审议通过，并组织实施；完成《四川省传统古村落保护条例》立法草案代拟稿起草拟定，已报送省司法厅审查；完成《四川省城市管理综合执法条例》立法调研。加强市（州）住建领域地方立法工作指导，《绵阳市物业管理条例》《达州市市容和环境卫生管理条例》等一批市（州）地方性法规经省人大常委会批准出台。

【规范性文件审查】 全年共制定出台10件规范性文件，均报备案机关进行备案审查，未出现规范性文件被撤销或确认违法等情况。加强对市（州）住房城乡建设规范性文件备案审查和指导。9月，在成都举办全省住建系统法规科长培训班，对加强规范性文件管理进行专题培训。完成厅规范性文件证明事项清理，取消证明事项4项。

【行权清单事项调整】 根据政府机构改革要求，对全省住建系统行政权力事项和责任清单事项进行动态调整，经省政府审议通过并公布实施；完成公共资源交易领域行政权力事项清理，形成全省住房城乡建设系统公共资源交易领域行政权力清单和责任清单，通过厅门户网站向全社会通告；完成市场准入许可负面清单事项清理。

【行政复议与行政应诉】 2019年，共收到行政复议申请31件，均依法办结；办理行政应诉案件21件，行政行为未出现诉讼败诉或被上级机关撤销、确认违法、责令履行的情形。行政复议和应诉案件逐年减少。做好全国行政复议工作平台案件录入工作，新收复议案件实现平台同步录入，平台共运行复议案件101件。

【政府信息公开】 通过省住房城乡建设厅网站发布信息4634条，其中文件类信息648条。通过微信公众号"四川发布""四川建设发布"发布信息782条，通过微博"四川建设"发布信息4569条。依法依规做好政府信息申请公开工作，受理、办结政府信息公开申请41件。

房地产业

【开发投资】 1—12月，全省房地产开发投资6573.24亿元，同比增长15.40%，增速比1—11月回落0.70个百分点，比全国9.90%的增速高5.50个百分点，总量居全国第七位。其中住宅投资4665.31亿元，占71%，同比增长23.90%；非住宅投资1907.93亿元，同比下降1.30%。

【开工面积】 1—12月，全省房屋新开工面积15325.50万平方米，同比增长8.70%，增速比1—11月回落3.20个百分点，比全国8.50%的增速高0.20个百分点。其中住宅新开工面积10294.70万平方米，同比增长5.80%；非住宅新开工面积5030.80万平方米，同比增长15.40%。

【销售面积】 据房地产交易系统统计，1—12月，一手房商品房销售建筑面积12978.60万平方米，同比增长6.30%，增速比1—11月提高2.30个百分点，总量居全国第四位。其中商品住宅销售建筑面积10451.05万平方米，同比增长5.60%；非住宅销售建筑面积2527.55万平方米，同比增长9.20%。二手房销售建筑面积4383.11万平方米，同比下降8.20%，降幅比1—11月收窄2.60个百分点。其中，二手住宅销售建筑面积3791.57万平方米，同比下降7%；二手非住宅销售建筑面积591.54万平方米，同比下降15.40%。截至12月底，全省商品住宅待售建筑面积7864万平方米，消化周期10.50个月，与11月底持平。

【市场风险防范化解】 牵头制定《四川省贯彻落实房地产市场平稳健康发展城市主体责任制实施方案》（代拟稿）；报请厅党组专题研究制订《关于贯彻落实习近平总书记重要批示精神防范化解房地产市场风险工作方案》，住房城乡建设部已正式批复，印发各地组织实施。指导各地着力打好防范化解重大风险攻坚战。深入资阳、广安、内江等市调研，督促指导各地抓实问题楼盘化解处置。排查统计，全省现有295个问题楼盘，涉及住宅12.60万套、商建3万套，正督促各地按照"一楼盘一化解"方案推进化解，维护社会稳定。

【老旧小区改造及既有住宅电梯增设】 全省需进行改造的城镇老旧小区2.20万个，房屋10万栋，建筑面积2.20亿平方米，涉及居民239万户、620万人，占全省城镇常住人口 1/7（14.30%），其中 2000 年以前建成需改造的老旧小区 17954 个，房屋 73516 栋，建筑面积 1.50 亿平方米，涉及居民 164 万户、426 万人。纳入 2019 年中央支持补助计划的老旧小区改造项目，已开工在建 76 个，完工 51 个；2015 年来累计完成老旧小区改造 5888 个。全省电梯纳入既有住宅电梯增设三年行动以奖代补项目 2061 部，已建成使用 1673 部，建成率 81.20%；在建 228 部，在建率 11.10%。

【物业服务】通过调研形成《四川省物业服务价格动态调整机制研究》报告，培育和支持物业服务行业转型发展。全省专业化物业服务企业 9173 个，从业人员 45.10 万人，13 家进入全国物业服务企业综合实力百强。指导和支持蓝光嘉宝物业创新发展，10 月成功在香港挂牌上市。配合审计署完成维修金专项审计，全省共归集维修金 558.16 亿元，其中商品住宅维修金 551.37 亿元。

住房保障

【"两张清单"】联合自然资源厅，开展全省公租房房源、商品住房配建公租房专项调研，形成《关于完善住房保障体系试点工作情况的报告》。全省实有政府投资公租房 50.11 万套，其中纳入国家计划 49.46 万套。国家计划外筹集 6486 套。联合建设银行四川省分行建设住房保障信息系统，采集并导入 49.30 万套政府投资公租房信息以及保障对象 45.97 万户、72.17 万人信息。

【"两个机制"】4 月 3 日，召开"建立两张清单、健全两个机制"完善住房保障体系试点工作动员大会，确定自贡、泸州、德阳、南充、广安、眉山市为健全"两个机制"试点城市。健全保障标准动态调整机制。建立进入、退出审核监管机制。健全"人—房"动态匹配机制。

【保障性安居工程】2019 年，国家下达四川省棚户区改造开工任务 19.80 万套，基本建成 9.99 万套，全省实际开工 20.38 万套，基本建成 16.51 万套，完成率分别为 102.96%、165.32%。发放城镇住房保障家庭住房租赁补贴目标任务 5.40 万户，实际发放 6.51 万户，完成率 120.73%。5 月 7 日，国务院办公厅印发《关于对 2018 年落实有关重大政策措施真抓实干成效明显地方予以督查激励的通报》，南充市作为全国 12 个、全省唯一的棚改工作成效明显城市受国务院激励表彰，获保障性安居工程中央预算内投资和中央财政城镇保障性安居工程专项资金奖励 6.20 亿元。

【"农民工住房保障行动"】10 月，中央广播电视总台、住房城乡建设部联合摄制系列专题片《安居中国》播出，第四集《美好新生活》详细介绍四川省开展"农民工住房保障行动"过程和成效。近五年，全省共向农民工提供公租房 11 万余套，约 33 万农民工获得住房保障。2019 年，全省新增农民工公租房分配 6115 套，发放租赁补贴 687.78 万元。

住房公积金管理

【缴存扩面】全省新增缴存 1102.84 亿元，占目标任务的 110.28%。缴存总额达 7508.42 亿元，保持全国第六、西部第一。全年缴存额首次突破 1000 亿元。全省住房公积金实际缴存单位 12.74 万家，实缴人数 693.09 万人，新开户单位 2.16 万家、职工 94.05 万人。

【个人贷款】年末个人住房贷款率 81.01%，比年初下降 2.19 个百分点，资金保持合理使用；逾期率 0.24‰。支持职工住房贷款消费需求，有效减轻缴存职工购房压力。2019 年，全省 230.53 万人提取使用住房公积金 688.86 亿元，比 2018 年增长 5.07%，其中住房消费类提取 544.06 亿元，占当年提取额的 78.98%；住房租赁提取人数 18.60 万人、16.09 亿元，同比分别增长 101.08% 和 63.35%。全年向缴存职工家庭发放 14.39 万笔贷款，贷款金额 558.44 亿元。2019 年年末，累计发放个人住房贷款 162.85 万笔、4110.85 亿元，贷款余额 2567.03 亿元。

【国家审计】9—11 月，全省 24 个公积金中心接受审计署驻成都特派员办事处审计。全省公积金资金完整、安全，执行政策总体保持较好。

【信息技术应用】利用省政府一体化政务服务平台，全省 21 个市州、24 个公积金中心信息实现互联互通，贷款业务全省通办。各公积金中心结合终端特点，增加"居民身份证号码＋动态密码"身份认证方式，采用人脸、指纹等生物识别技术，提高信息查询的便捷性。按住房城乡建设部《关于做好全国住房公积金数据平台接入工作的通知》，组织 3 批人员参加全国住房公积金数据平台接入培训，3 月底全省 24 个公积金中心首批完成接入工作，实现总对总信息共享。

城市规划设计

【城市建设规划】全省城市（县城）中，54 个编制完成综合管廊专项规划；设市城市中，26 个完成地下管线普查，17 个建成信息系统，23 个完成地下管线综合规划。编制完成《四川省城镇污水处理提质增效三年行动方案（2019—2021年）》。印发《关于抓紧完成公共厕所专项规划编制及初审工作的通知》，牵头召开第一、第二批全省公共厕所专项规划评审会，组织开展专项规划技术审查。持续推动历史文化名城保护专项规划的编制与修编，完成2个省级历史文化名城保护规划审查，开展3个国家历史文化名城保护规划修编。

【城市设计试点】遂宁、隆昌市和梓潼、射洪、武胜、九寨沟县等6个省级城市设计试点工作稳步提升，编制城市设计相关规划20余项。

【城市体检】指导成都、遂宁2个全国首批城市体检试点市开展自体检工作，科学构建城市体检指标体系，量化评价城市建设成效，确诊把脉"城市病"。根据住房城乡部要求，结合建设美丽宜居公园城市有关工作，构建"36+15"的城市体检指标体系。通过深入查找"城市病"问题根源，探索解决"城市病"的有效路径，不断提升城市功能品质和宜业宜居水平。

【"城市双修"】召开全省城市生态修复和城市修补现场推进会，17个"城市双修"省级试点市（县）完成项目657个。城市生态修复"双百工程"竣工项目108个、竣工面积126.30平方千米，在建项目84个、在建面积102.70平方千米。

城市建设

【城市交通设施】截至2019年年底，全省城市道路长度达2.54万千米，人均道路面积15.07平方米。完成3483座桥梁排查整治。成都市轨道交通开通运营8条线路（地铁线路7条，有轨电车线路1条），运营里程达341.30千米，居全国第八位；在建共10条线路、11个项目，在建里程约334.80千米。

【地下综合管线】抓好国家和省级地下综合管廊建设试点，落实省级财政专项资金1.99亿元，大力推进各类地下综合管廊建设。全省新建地下综合管廊57.80千米，成都累计投运地下综合管廊35.30千米。

【海绵城市】推进成都、泸州、自贡、绵阳、广安市等省级试点海绵城市建设，完成全省35个设市城市海绵城市建设试点评估工作。全省海绵城市建成面积占城市建成区比例达14.85%，成都、遂宁市海绵城市建成面积分别达到51.70平方千米和34.20平方千米。遂宁成为全国6个额外获得国家海绵试点奖励资金的城市之一，获中央财政奖励资金1.20亿。

【城市供水排涝】推进节水型城市创建活动，成都、绵阳、遂宁成功申报创建国家节水型城市；24批332家节水型企业（单位）、10批126个节水型小区通过考核验收。加快城市易涝点排水防涝设施建设。截至2019年年底，全省城市管网漏损率控制在12%以内；攀枝花、绵阳、遂宁、乐山、宜宾5个城市应急备用水源工程建设达到工作要求。成都、绵阳、乐山市等8个全国城市排水防涝补短板重点城市77个项目，已开工76个，完工70个。

【生活垃圾分类】充分发挥国家和省级试点城市示范带动作用，逐步开展生活垃圾分类工作。成都市通过构建法规、政策、工作、标准、设施"五大体系"，党政机关、医院、中小学和商业综合体分类覆盖率均达100%，居住区分类覆盖率达60.92%；广元市积极引入社会资本，居住区分类覆盖率达90%以上；德阳市坚持全域统筹推进城市和农村垃圾分类工作，居住区分类覆盖率达44.90%。

【污水垃圾处理】截至2019年年底，《四川省城镇污水和城乡垃圾处理设施建设三年推进方案》中1837个污水垃圾处理项目基本完成开工任务，累计完工1512个，完工率82.30%，完成投资738.40亿元（计划总投资866.20亿元）、投资完成率85.20%。修正《四川省城市排水管理条例》，编制完成《四川省城镇污水处理提质增效三年行动方案（2019—2021年）》。截至2019年年底，排查3667.20千米城市污水管网，新建污水管网1464.90千米，改造808.61千米。全省118座城市（县城）污水处理厂通过评估；建成16个污水处理设施运行监管平台，在建9个。

【黑臭水体治理】纳入"全国城市黑臭水体整治监管平台"的103个地级及以上城市建成区黑臭水体已治理竣工101个，消除比例达98%，提前一年完成国家下达的工作目标。德阳、南充市成功入选国家黑臭水体治理第二批、第三批示范城市，获7亿元中央资金支持。

【城市"厕所革命"】深入实施《四川省推进"厕所革命"工作三年行动方案（2018—2020年）》，组织召开全省"厕所革命"推进会2次，开展"同创厕所文明，共建美丽四川"主题宣传活动。截至2019年年底，全省新（改）建公厕6385座，完成率105.60%。其中城市、乡镇（街道）公共厕所2763座，完成率107.80%；交通厕所576座，完成率101.10%；景区景点厕所1107座，完成率96%。

村镇规划建设

【小城镇建设】开展第二批100个新增试点镇考核验收，实施"百镇建设行动"阶段性评估。推动小城镇发展质量稳步提升,新增37个省级特色小城镇。全省共有特色小城镇120个,其中20个被列为国家级特色小城镇,数量居中、西部第一。顺利通过住房城乡建设部开展的全国特色小城镇交叉检查。制定完成《做大做强中心镇指导意见》工作方案和编制大纲;开展省内调研和重点小城镇评估,初步形成中心镇认定标准、培育规模和创建模式。

【乡村建设】推进"美丽四川·宜居乡村"建设。成都市郫都区战旗村、青杠树村,蒲江县甘溪镇明月村,德阳市罗江区白马关镇万佛村和鄢家镇星光村成为住房城乡建设部公布的全国首批美好环境与幸福生活共同缔造活动精选试点村。报请省政府印发《关于加强古镇古村落古民居保护工作的意见》,完成《四川省传统村落保护条例》代拟稿起草工作。在理县召开"第二届四川省最美古镇古村落创新发展论坛",评选出第二批30个"四川最美古村落"。

【农房建设】全省选择14个县(市、区)开展农村住房建设试点,推广绿色节能农房建设新产品、新工艺。结合设计下乡,选取7个技术单位,对口14个试点县进行技术帮扶指导。编制《四川省农房风貌指引导则》,对农房风貌提出指导。高质量完成住房城乡建设部委托的"四川省设计师制度促进乡村风貌提升案例与成效研究"课题。

【危房土坯房改造】在西昌市召开"农村危房改造工作现场推进会"。广元市昭化区受国务院通报表扬,并给予500万元激励资金支持。全省21.90万户农村危房改造任务全部开工,竣工18.90万户,竣工率93.30%。在南江县召开"全省农村土坯房改造行动现场会",持续开展农村土坯房改造行动。全省土坯房改造开工61.30万户,竣工57.50万户,超额完成任务。

【人居环境整治】加快补齐乡镇污水垃圾处理设施短板。乡镇污水垃圾细化项目累计完工3280个,完工率82.70%;累计完成投资174.30亿元。制定《乡镇污水处理设施建设技术帮扶工作方案》,邀请11家技术帮扶单位建立"一对一"联系指导机制。全省建制镇污水处理设施覆盖率除甘孜、阿坝和凉山州外达86%,同比增长36个百分点,成都、自贡、泸州、德阳、绵阳、广安、南充、眉山市污水处理设施覆盖率达100%。出台《关于完善农村生活垃圾收运处置体系的指导意见》,指导各地构建统一完整、运转顺畅、闭环高效的农村生活垃圾收转运处置体系,全省90%的行政村生活垃圾得到有效治理。印发《关于进一步加快全省非正规垃圾堆放点整治工作的通知》,全省1618处非正规垃圾堆放点完成整改1438处,整改完成率88.70%,超额完成年度目标任务。

【农村"厕所革命"】全年建设完成农村公共厕所1939座,完成率110.30%;新(改)建农村户厕99万户,完成率113.60%。

标准定额

【标准调研】成立四川省建筑抗震标准及实施情况调研组,开展四川省建筑抗震标准及实施情况调研,17个市州住房城乡建设行政主管部门提交调研报告。会同标办调研成都简阳国际机场预拌流态固化土填筑新技术并纳入2020年四川省工程建设地方标准编制计划。组织专家调研眉山竹元科技有限公司"竹钢"结构研究及使用情况;调研成都新筑路桥有限公司内嵌式中低速磁悬浮轨道交通试验线运行情况,为编制四川省相关地方标准打下基础。

【标准编制】全年拟定编制装配式建筑相关技术标准5项,其中,《四川省装配整体式叠合剪力墙结构技术标准》4月28日批准发布,8月1日开始实施;《四川省装配式装修工程技术标准》、《四川省塔式起重机装配式重力基础技术标准》均通过专家组审查《装配式钢结构城市地下综合管廊工程技术标准》《四川省干法连接装配式多层房屋技术标准》2项标准处于编制中。

【标准供给】进一步加大标准供给力度,提升绿色建筑及建筑节能水平。2019年立项编制标准21项,完成标准审查31项,发布36项。

工程质量安全监督

【基本情况】2019年,全省建设工程15369个,其中市政工程2704个(2019年在建城市轨道交通工程线路15条、里程389.80千米),房建工程面积约5.55万平方米,报监工程项目监督到位率100%,未发生较大及以上质量事故。据省应急厅数据统计,全省发生生产安全事故197起,死亡187人,同比事故起数减少19起、下降8.80%,死亡人数减少23人、下降10.95%。其中,发生较大安全事故2起、死亡6人。

【隐患排查】开展建筑施工安全隐患排查整治,排查深基坑、高支模、起重机械等危大工程和大型机械设备等,严防雨水倒灌;排查工地宿舍、工棚、仓库等重点位置,严防洪水、滑坡、泥石流、火灾等灾害。开展"安全生产月"大讲堂、"咨询日"、现场观摩会、"安康杯"等活动近百场,发放识险、排险、避险安全宣传资料3万余册。开展"防风险保安全迎大庆"安全隐患排查治理,保障大庆期间安全稳定。6月、11月,集中开展建筑施工安全生产综合检查,督导市、县主管部门123个(次),抽查项目336个(次),发现隐患894个,责令停工整改和下发执法建议书67个。建立隐患排查台账,跟踪整改落实。全年累计安全监督执法检查6064次,检查项目28102个次,发现安全隐患48236项,整改47126项,整改率为97.70%,责令停工和问责曝光1124家,联合惩戒失信企业142家。

【专项治理】印发《关于开展建筑起重机械安全管理专项排查治理的通知》,全面排查在建工地建筑起重机械,上半年集中排查15829台(次),发现隐患5310个,责令停工和实施处罚173起。联合省市场监督管理局制定《关于开展建筑起重机械安全专项整治两年行动的通知》,联手整治"两工地"建筑起重机械制造、租赁、使用、安拆、检测等环节的违法违规行为,推进建筑起重机械实名制信息化管理。推进建筑施工安全专项治理两年行动,突出危大工程管控和整治。全省各级主管部门累计派出检查组3516个(次),检查工程11645个(次),排查出各类隐患26356个,其中涉及危大工程隐患10127个,完成整改25916个(次),整改率98.30%。市、县通过购买第三方技术服务方式,引入检测机构对建筑工地建筑起重机械进行动态检测。

【责任追究】针对住房城乡建设部等督查反馈意见和6月全省事故上升势头,组织对事故多发、隐患问题较多的市(州)进行集中约谈,共约谈市、县主管部门12个,责任企业60余家。对较大事故责任单位按照"四不放过"原则严厉查处。检查发现的问题,及时印发情况通报,列出详细问题清单,督促立即整改。

建筑市场

【行业发展】全省建筑业完成总产值17592.53亿元,同比增长21%,增速较2018年回落1.10个百分点。全国建筑业总产值248445亿元,四川占比5.90%,较2018年提升0.40个百分点,全国排名第五位。全省建筑业完成竣工产值7395.90亿元,同比增长17.30%,竣工率42%,较2018年回落1.40个百分点。全年实现建筑业增加值4123.50亿元,按可比价格同比增长6.10%,占全省GDP的8.80%,占比较上年度提高0.90个百分点,为近年来新高。经济贡献率达6.50%,较2018年提高2.30个百分点。建筑业签订合同额38601.20亿元,同比增长32.70%,其中2018年结转合同额16606.70亿元,2019年新签合同额21994.50亿元,较2018年同期分别增长27%和37.30%。2019年全国建筑业劳动生产率39.97万元/人,四川建筑业劳动生产率35.20万元/人,同比增长10.80%,增速较全国平均高出3.70个百分点

【区域发展】成都经济区建筑业完成总产值8569.50亿元,同比增长12.70%,占全省的48.70%,占比下降3.60个百分点;川南经济区建筑业完成总产值3718.20亿元,同比增长36.20%,占全省的21.10%,占比上升2.30个百分点;川东北经济区建筑业完成总产值4556.50亿元,同比增长27.30%,占全省25.90%,占比上升1.30个百分点;攀西经济区建筑业完成总产值647.70亿元,同比增长15.40%,占全省的3.70%,占比下降0.20个百分点;川西北经济区建筑业完成总产值100.70亿元,同比增长64.30%,占全省的0.60%,占比上升0.20个百分点。成都市建筑业完成总产值6502.40亿元,稳居全省第一且领先幅度较大;泸州(1709.70亿元)、南充(1574.70亿元)分别排名省内第二、第三位。绵阳(906.40亿元)、巴中(822.60亿元)、宜宾(759.60亿元)、达州(694.40亿元)、广安(633.30亿元)、遂宁(568.90亿元)和自贡(535.60亿元)市建筑业完成总产值在500亿元以上。除雅安(77.70亿元)、阿坝(65.10亿元)、甘孜(35.60亿元)外,其余市(州)建筑业完成总产值均在250亿元以上。从增速看,全省21个市(州)中有19个地区建筑业总产值增速达两位数,阿坝(72.20%)、宜宾(57.30%)、甘孜(51.10%)、南充(49.70%)、内江(36.20%)、泸州(35.60%)、雅安(35.60%)、达州(34.70%)、遂宁(30.20%)和自贡(30.20%)市均超过30%增速。巴中(1.60%)、资阳(−14.60%)增速较低。

【民营企业发展】出台《关于促进民营建筑企业健康发展的实施意见》,着力解决民营建筑企业经营发展中存在的公平竞争市场环境、企业负担过重、"走出去"发展信心不足等困难和问题,为企业发展创造良好营商环境。加强政策衔接与协调,召开民营建筑企业座谈会,征求企业对《实施意见》落实情况的意见、建议。与省发改委联合举办"四川省民营企业'诚信百千工程'评选活动",提振民营企业发展信心。

【市场开拓】省内市场。全年固定资产投资较2018年增长10.20%,其中国有及国有经济控股投

资增长11.90%、港澳台投资增长3.20%、外商投资增长10.60%、民间投资增长8.60%，民间投资占全部投资比重的48.70%，较2018年降低0.70个百分点。分类型看，项目投资较2018年增长9.40%，房地产开发投资同比增长15.40%。棚户区改造新开工20.38万套、基本建成16.51万套，分别为年度目标任务的103%、165.30%；公共租赁住房基本建成4569套，完成年度目标任务的167%；城镇住房保障家庭租赁补贴发放6.51万户，完成年度目标任务的120.70%。

省外市场。四川建筑业企业省外完成产值3385.20亿元，同比增长20.60%，占总产值的19.20%，外向度较2018年下降0.10个百分点，比全国平均值（33.60%）低14.40个百分点，差距较2018年缩小1.20个百分点。

分区域看，天津、广西、江西、陕西、安徽、湖北、河南、浙江和云南的四川建筑业完成总产值增长较快，增速均超过30%；青海、辽宁、新疆、黑龙江、河北和西藏的四川建筑业则出现不同程度下降。贵州、重庆、云南和广东是仍然是全省企业省外完成产值前4名省份，均超过300亿元，西藏、浙江、山东、陕西、河南、江苏、河北、新疆和广西的四川省外建筑业产值超过百亿元。全省198个县（市、区）中，建筑业产值超过50亿元的县（市、区）由2018年的83个增加至2019年的86个，超过100亿元的县（市、区）由2018年的47个增加至2019年的59个。成都市金牛区（1463.60亿元）和青羊区（1014.1亿元）建筑业总产值超过千亿，成都市锦江区、武侯区、高新区和泸州市泸县建筑业总产值超过500亿元。

境外市场。四川对外承包工程完成营业额63.70亿美元，同比增长4%；对外承包工程新签合同额185.10亿美元，同比增长80%。

【装配式建筑】持续推进装配式建筑发展三年行动计划，促进建筑业结构调整和转型升级。新开工装配式建筑4100万平方米，占全年新建建筑的15.60%。住房城乡建设厅和经信厅等5部门联合印发《关于推进四川省装配式建筑工业化部品部件产业高质量发展的指导意见》，召开"四川省装配式建筑工业化部品部件产业高质量发展现场推进活动"，提升装配式建筑部品、部件工业化水平和有效供给能力。制定《四川省钢结构装配式住宅建设试点工作实施方案》，探索推进全省钢结构装配式住宅建设路子，举办全省装配式钢结构发展论坛，成立四川装配式建筑产业技术研究院、四川省装配式建筑产业联盟和四川省钢结构装配式住宅产业联盟。按照《四川省装配式建筑产业基地管理办法》，全年累计认定装配式建筑产业基地13家，成都城投远大建筑科技有限公司等3家企业通过四川省装配式建筑部品、部件生产质量保障能力评估。

【技术创新】引导企业建立自主创新工作机制，支持企业编制施工工法。全年受理省级工法申请1096项，评审通过776项，通过率70.80%。推广《建筑业10项新技术（2017版）》应用，按照《建设部建筑业新技术应用示范工程管理办法》，鼓励企业申报"四川省建筑业新技术应用示范工程"，全年评审并立项四川省建筑业新技术应用示范项目90项，完成成果验收20项。

【工程质量安全监督】工程获奖：2019年，四川建筑企业获国家"鲁班奖"6项、"国家优质工程奖"16项、省级安全生产文明施工标准化工地142个、"天府杯奖"106个。质量保障：起草《四川省工程质量安全手册实施细则》，切实落实各方主体质量责任。出台《四川省建设工程质量检测机构检测人员信用管理暂行办法》对72家检测单位进行检查并下发执法建议书33份，严厉打击虚假检测报告和数据，提升全省工程质量保障水平。安全监管：全省房建和市政工程项目报监工程监督到位率100%，行业安全事故起数和死亡人数同比分别下降9.30%、10.90%。加强行业安全监督执法，开展安全检查1.80万余次，检查项目4万余个（次），排查整改安全隐患4.70万项，责令停工和曝光企业1124家，联合惩戒失信企业142家。城镇燃气、供水排水、道路桥梁等设施安全运行。

【人才培养】注册人员：全省报考一级注册建造师105348，合格10086人；报考二级注册建造师255480人，合格40940人。截至12月底，全省注册建造师共235457人，其中一级注册建造师30448人、二级建造师205009人。勘察设计注册工程师新增1082人，共8881人；注册监理工程师新增1451人，共14328人；注册造价工程师新增3998人，共10714人。职业技能培训：建筑工人职业培训考核机构培训合格并发放全国统一编码《住房城乡建设行业技能人员职业培训合格证》18.59万本，增长36.60%；建设行业国家鉴定所（站）共鉴定合格并颁发两厅鉴印《国家职业资格证书》0.65万本。产业工人培育试点：与省市场监督管理部门联合印发《关于开展建筑专业作业企业试点工作的通知》，支持具有一定管理能力的班组长与建筑工人合伙出资设立专业作业企业。落实《四川省培育新时期建筑产业工人队伍试点工作方案》，在叙永、通江、南江、资中、三台和筠连 6 个县开展试点工作。

【市场监管】招投标管理。制定《四川省房屋建筑和市政工程招投标领域突出问题专项整治工作方案》，开展工程建设招投标环节突出问题专项整治。全省共排查 13061 个招投标项目（标段），涉及企业 19304 家（次），发出责令招标文件改正监督意见 534 份，投诉处理行政决定书 127 份，作出行政处罚决定书 103 份。完成对房屋建筑和市政工程 11 个招投标地方性政府规章、规范性文件及其他政策文件清理工作。

造价管理。制订《关于重新调整〈建筑业营业税改征增值税四川省建设工程计价依据调整办法〉的通知》，确保增值税税率调整工作平稳、有序推进。出台《关于调增工程施工扬尘污染防治费等安全文明施工费计取标准的通知》，调增工程扬尘污染防治费并增加建筑工人实名制管理措施费。全年办理《施工企业规费计取标准》证书 11747 家。

违法违规行为整治。印发《四川省建筑市场违法违规行为专项整治两年行动工作方案》《四川省工程建设领域专业技术人员职业资格"挂证"等违法违规行为专项整治方案》《关于开展全省建设工程质量检测、监理行业乱点乱象专项整治的通知》，启动为期 2 年的建筑市场违法违规专项整治行动。全年排查在建工程项目 20520 个（次），涉及建设单位和施工单位 29522 家（次），排查出乱点、乱象问题 1903 个，有 174 家建设单位、711 家建筑企业受到处罚。记录建筑市场责任主体不良行为 922 次，涉及 535 家建筑业企业和 305 名从业人员。有 14 余万执业人员"挂证"行为受到整改。

根治拖欠农民工工资行为。建立全省建筑工人管理服务平台，在线记录 180 万建筑工人基本信息，并与四川省农民工服务平台实现对接。制定《建筑市政工程领域保障农民工工资支付工作整改方案》，印发《建筑市政工程领域开展根治欠薪冬季攻坚行动工作方案》，建立完善根治欠薪核心制度。2019 年，全省住房城乡建设系统受理解决拖欠工资案件 766 件，为 3.55 万名建筑工人解决拖欠工资 9.10 亿元。

建筑节能与科技

【提升建筑节能标准】在国家建筑节能要求 50% 的基础上，编制出台《四川省居住建筑节能 65% 设计标准》，5 月在全省全面执行。

【智慧城市试点】针对乐山、广安、峨眉山市和兴文、汶川县 5 个未完成智慧城市试点任务的城市加大工作力度，12 月底完成 5 个智慧城市试点核验工作。

【BIM 技术应用】加快推进建筑信息模型（BIM）技术在勘察、设计等全过程的集成应用，推进勘察设计文件数字化交付、审查和存档。2019 年全省应用建筑信息模型（BIM）技术工程项目 56 个。

【木材替代行动】按照《关于实施川西北民生项目木材替代行动的指导意见》要求，完成高寒高海拔地区夯土建筑适宜性研究和试点建设。

人事教育

【机构改革】认真落实《四川省机构改革方案》。完成职责划转与新职责承接工作。与省自然资源厅、省农业农村厅、省林业和草原局等相关涉改单位沟通对接，完成职责划转以及人、财、物交接工作。与消防部门和应急管理部门联系沟通，完成建设工程消防设计审查验收职责的承接工作。

【干部管理】选人用人工作认真落实《党政领导干部选拔任用工作条例》，制定干部任用工作原则，进一步优化住房城乡建设厅干部队伍结构。坚持严管和厚爱相结合，推进干部监督管理工作。完成厅级领导干部配偶、子女及配偶经商、办企业专项整治工作。在厅机关、直属单位开展监察对象持有因私出国（境）证照清查专项工作。对机关在职非备案人员护照实行统一管理。拟定《厅内部审计暂行办法》（征求意见稿），规范内审工作行为，提升内部审计质量。组织开展 6 名领导干部离任经济责任审计，做到应审尽审。完善干部激励评价考核机制，强化对年度考核结果的运用。

【人才培养】加强干部培训，组织 23 名干部参加省委党校（省行政学院）培训。组织 53 名干部参加住房和城乡建设系统领导干部致力于绿色发展的城乡建设专业能力提升培训。组织参加省委组织部举办的"干部大讲堂""星空讲坛"培训 12 期，参训人员 72 人。完成第 33 期县（市、区）住房城乡建设局长培训，57 名新任局长（科长）参加。加强专业技术人员培养，完善四川省建设工程专业技术人才评价标准。建立以品德、能力、业绩为导向的人才评价体系，形成《四川省建设工程技术人员职称申报评审基本条件（试行）》（送审稿）。组织开展 2019 年度职称评审工作。受理初中级职称 618 人、高级职称 1170 人，评审通过初中级职称 426 人、高级职称 825 人。实施《深度贫困地区人才振兴》战略，完成甘孜、阿坝、凉山和乐山等市州的 45 个深度贫困县人才培训 340 人。实施《2019 年度四川省住房和城乡建设厅机关及直属单位短期培训计划》，完成培训项目17个。

【社团管理】 推进行业协会脱钩和注销工作。2019年，厅属25家行业协会注销3家，转隶2家，完成脱钩3家，纳入2020年全省脱钩改革9家。开展行业协会兼职再清理，对厅退休干部在厅管社团兼职存在的"三超"现象进行再梳理、再整改，行业协会得到规范管理。

大事记

1月

11日 四川省住房城乡建设工作会议在成都召开。

22日 四川省农村土坯房改造行动现场会在巴中举行。

28日 省委副书记、省长尹力主持召开省政府第22次常务会议，传达学习习近平总书记在省部级主要领导干部专题研讨班开班式上的重要讲话精神和近期国务院重要会议精神，研究部署城镇住房发展和"放管服"改革等工作。

2月

18日 攀枝花市仁和区住建局部分房地产项目现场安装建筑工人实名制管理系统。

3月

4—6日 杨洪波副省长赴资阳、遂宁、南充、达州调研综合交通、城市建设和生态保护工作。

13日 住房和城乡建设部工程质量安全监管司副司长陈波一行来川调研安置房和保障性住房建设管理相关工作，住房城乡建设厅副厅长樊晟参加调研。

15日 全省住房公积金工作座谈会在成都召开。

21日 省委副书记、省长尹力主持召开省"8·8"九寨沟地震灾后恢复重建委员会第三次会议。

25日 四川省城市建设工作推进会在成都召开。

4月

3日 为开展"建立两张清单 优化两类配置 健全两个机制"完善住房保障体系试点工作，住房城乡建设厅在成都召开试点工作动员大会。

11日 四川省住房和城乡建设厅在成都召开全省住房城乡建设系统法治工作会。

12日 四川省住房公积金制度改革座谈会在成都召开。

16日 四川省城市管理执法工作会议在成都召开。

23—25日 住房城乡建设厅党组书记、厅长张正红率队赴广西考察城乡垃圾处理、农房风貌及传统村落保护工作。

5月

7日 四川省农村住房建设试点工作推进会暨技术支持对接会召开。确定成都市郫都区等14个县（市、区）开展农村住房建设试点。

7日 住房城乡建设厅党组书记、厅长张正红率工作组赴四川省消防救援总队，就建设工程消防设计审查验收移交承接工作进行座谈。

8日 四川省铁路沿线环境治理工作会议在成都召开。

17日 2019年四川住房城乡建设博览会在成都开幕。

30日 住房城乡建设厅党组成员、副厅长樊晟赴阿坝州理县调研最美古镇古村落工作情况。

6月

6日 2019年住建领域安全生产月启动仪式暨安全质量现场观摩会在成都高新区中建天府公馆项目现场召开。

10日 联合国教科文组织"历史村镇的未来"国际会议在眉山开幕。

11日 联合国教科文组织"历史村镇的未来"国际会议上，《文化2030：城乡发展中国一览眉山经验》正式发布。

17—20日 宜宾市长宁县6.0级地震发生后，四川省住房和城乡建设厅连夜启动住房城乡建设系统地震应急Ⅱ级响应，召开紧急会议，研究部署抗震救灾应急工作。对长宁县6.0级地震灾区36个镇（乡）394个村（社）展开应急评估。

20日 四川省人民政府办公厅印发《关于表扬2018年度全省政务服务工作先进集体和省直部门政务服务效能考核先进集体的通报》，住房城乡建设厅等5个厅荣获2018年度省直部门（单位）政务服务效能考核先进集体一等奖。

27—28日 住房城乡建设厅党组书记、厅长张正红受省委常委、宣传部长、大渡河省级河长甘霖委托，率督导组在甘孜州、雅安市调研督导大渡河河长制湖长制工作推进情况。

7月

3日 住房城乡建设厅党组书记、厅长张正红率领检查督导组，对成都市建筑施工危大工程管控、城市运行安全和消防安全管理、脱贫攻坚农房建设、汛期应急准备等工作进行检查督导。

17日 四川省政府召开全省推进"厕所革命"工作领导小组2019年第一次全体会议。

8月

28日　四川省农房建设统筹管理联席会议2019年第三次会议在成都召开。

28日　成都天府国际机场T2航站楼主体封顶。

30日　四川省住房保障工作会在成都市召开。

9月

5—6日　住房城乡建设厅党组书记、厅长张正红在内江市、南充市调研市政基础设施防汛排涝、"三推方案"、城市黑臭水体治理工作等推进情况。

23—25日　住房城乡建设部副部长倪虹一行来川调研农村危房改造工作。

24日　四川省工程建设项目审批制度改革领导小组办公室召开全省改革推进工作电视电话会议。

27日下午　四川省住建系统安全生产工作视频会议在成都召开。

10月

24日　四川省建设建材工会第三届委员会第一次全体会议在成都召开。

25日　第二届四川最美古镇古村落创新发展论坛在阿坝州理县举行。发布第二批"四川最美古村落"评选名单以及《四川桃坪·古镇古村落保护发展宣言》。全国首个四川古镇古村落数字博物馆正式面向公众开放。

31日　四川省城镇老旧小区改造工作视频会议在成都召开。

11月

1日　四川省加快推进新型城镇化工作领导小组联席会议在成都召开。

11—12日　住房城乡建设厅召开全省城镇棚改项目工作会。

18日　省住房城乡建设厅印发《四川省城镇住房发展规划（2018—2022年）》。

21—22日　四川省城市黑臭水体治理工作现场推进会在广元市召开。

12月

10日　四川省高铁沿线环境安全治理工作电视电话会议召开。

10日　召开住房城乡建设事业发展"十四五"规划编制工作会，听取住房城乡建设事业发展"十四五"规划编制前期工作开展、五个专项规划纲要编制和相关处室工作进展情况汇报。

12—13日　深化川渝建筑业协调发展战略合作工作推进会召开，全面贯彻落实川渝合作"2＋16"协议中《深化建筑业协调发展战略合作协议》内容。

30日　研究加快推进高铁沿线环境安全问题整治工作专题会召开。

（四川省住房和城乡建设厅）

贵 州 省

概况

2019年，全省住房城乡建设系统高举习近平新时代中国特色社会主义思想伟大旗帜，全面贯彻党的十九大和习近平总书记对贵州工作、对住房城乡建设工作重要指示批示精神，树牢"四个意识"，坚定"四个自信"，做到"两个维护"，以脱贫攻坚为统揽，落实高质量发展要求，圆满完成各项目标任务。

【全力攻坚农村住房安全有保障】 完成4.86万户农村危房改造、30.6万户农村老旧住房透风漏雨整治、7.12万户农村人畜混居整治，对192万户建档立卡贫困户住房安全进行全覆盖现场核实，对所有县区进行整县验收，农村危房改造和住房保障圆满收官。

【坚决打好污染防治攻坚战】 扎实推进中央环保督察"回头看"及长江流域生态环境问题专项督察反馈问题整改，责任单位的2项问题，已落实相关工作措施，并长期持续推进；督导单位的8项问题，已整改完成4项并销号。印发《贵州省城市污水处理设施运营管理办法》《贵州省城镇生活垃圾收运处理设施运营管理办法》，编制实施"一厂一策"，加快推进长江经济带城镇污水垃圾收集处理设施建设和城市污水处理提质增效，建制镇生活污水处理设施、生活垃圾处理设施分别建成526个和641个。印发《贵州省城市黑臭水体治理攻坚战实施方案》细化分解方案，六盘水市、安顺市成功申报全国城市黑臭水体治理示范城市，分别获中央补助资金4亿元，争取到中央预算内投资资金1亿元。全省49个城市黑臭水体已基本消除黑臭45个。印发《城镇建筑施工和道路扬尘治理工作方案》，全省城镇建成区道路平均机械化清扫率达86.18%。推进磷石膏建材应用，严把设计审查和竣工验收环节，组织实施试点示范项目95个。发布《磷石膏建筑材料应用统一技术规程》以及设计图集1部、施工工法3部。

【持续深化完善城镇住房体系】全省棚改已开工7.61万户，已基本建成10.9万套，争取中央补助资金93.17亿元，完成投资818.5亿元。完成房地产开发投资2989亿元，同比增长27.3%，商品房销售面积5323万平方米，同比增长2.7%。加快公租房竣工和分配，全省累计分配74.45万套，分配率达94.1%。试点推动公租房"新租贷"，已获批62.81亿元，已投放40.88亿元。规范住房租赁补贴发放，全年发放租赁补贴4.72万户。全面启动城镇老旧小区改造工作，制定贵州省老旧小区改造工作方案和认定标准，年度计划改造78683户，获国家补助资金15.9亿元，试点推进10个老旧小区改造。完成住房公积金信息披露，组织各公积金管理中心接入全国住房公积金数据平台，贵阳、遵义和黔东南等中心住房公积金综合服务平台建设工作通过部、省联合验收。

【全面着力抓好城镇建设管理】选取遵义、安顺作为省级历史建筑保护利用试点。组织贵州省"城市双修"国家试点城市遵义、安顺完成国家调研总结工作。深入推进海绵城市"4个100示范工程"建设，全年建成海绵型示范项目130个，累计建成97.4平方公里。全省在建地下综合管廊48.89公里，建成26.34公里，累计建成178.84公里。建成地下管网3750公里、城市社会公共停车位3.4万个，新建改造城镇公共厕所350座。黔西县成功创建"省园林县城"，毕节市、仁怀市、安顺西秀区旧州镇"省园林城市、城镇"通过创园评审。提升城市管理水平，完成城管执法制式服装和标志标识统一配备，全面推行行政执法"三项制度"，完成"强基础、转作风、树形象"专项行动制度化法治化建设年工作目标。大力推进小城镇建设，成功召开第八届全省小城镇建设发展大会，印发《关于加快推动特色小镇和小城镇高质量发展的实施意见》，贵州小城镇建设做法及成效在全国交流推广。印发新型城镇化建设工作要点，第二批国家新型城镇化综合试点取得积极成效，湄潭、玉屏等地6条试点经验得到国家认可并向全国推广。

【有效有力推进建筑业转型升级】推动建筑业发展壮大，加快推进担保、保险、工程总承包、全过程咨询服务改革试点，扶持建筑业企业做大做强，完成建筑业总产值3714.89亿元，总产值增速11.6%，增加值增速12.2%，占地区生产总值比重提高到9个百分点。推进建筑绿色发展。深入开展建筑市场扫黑除恶乱象治理工作，强力推进建筑领域扫黑除恶、乱象整治。大力整治工程建设领域专业技术人员职业资格"挂证"行为，累计注销人数30000余人次，整改12000余人次，标注异常11500余人，合计整改53500余人，整改率超过95%。印发《关于加快绿色建筑发展的十条措施》，全年新增绿色生态小区项目9个，建筑面积790.79万平方米，建筑节能强制性标准执行率达100%。加快推进装配式建筑试点示范，全省在建和拟建装配式建筑约400万平方米。

【全面推进工程建设项目审批制度改革】贵州省全面开展工程建设项目审批制度改革工作实施方案印发实施，出台贵州省工程建设项目并联审批管理办法（试行）等35个配套政策。形成贵州省工程建设项目审批事项清单目录（试行），审批事项由155项精简至84项，清理减少约46%。审批流程得以明显优化。省、市两级审批管理系统建成上线，全省入库项目2922个。综合窗口设置基本完成。各市（州）、贵安新区工程建设项目审批制度改革综合窗口相继设置完成，实现线上线下服务一体化。指导贵阳市深化试点，创新实施电子签章支撑网上申报材料、"一张蓝图"统筹项目实施、"一个窗口"异地受理报件等工作亮点，在全省起到示范带动作用，在全国引起广泛关注。

法规建设

【深化住建领域营商环境改革】依程序将"超限高层建筑工程抗震设防审查"行政许可事项下放各市（州）住房城乡建设行政主管部门实施，取消"省外房地产类企业入黔备案"事项。推进"证照分离"改革，全面实行城市生活垃圾经营性服务许可告知承诺制。开展"放管服"改革优化营商环境调研暗访，调度优化营商环境工作17次，排查问题并完成整改35项。

【规范性文件清理】开展涉及机构改革、民营经济发展和不符合"放管服"改革精神的地方性法规和政府规章清理，对《贵州省消防条例》《贵州省城镇房地产开发经营管理条例》《贵州省消防设施管理规定》等6项地方性法规规章提出修改意见。对15件规范性文件进行前置合法性审核。落实省政府办公厅对部门自行下放权力事项的整改要求,对8件涉及自行下放权力事项文件予以废止。

房地产业

【房地产开发】 房地产开发完成投资2939.41亿元,比上年增长10.4%,其中住宅开发投资比上年增长33.4%;办公楼开发投资比上年增长10.2%;商业营业用房开发投资比上年增长6.9%。房屋施工面积27775.07万平方米,比上年增长26.5%。房屋竣工面积954.85万平方米,比上年增长-25.4%。商品房销售面积5323.31万平方米,比上年增长2.7%。商品房销售额3183.57亿元,比上年增长9%。

【加强房地产市场调控】 印发《关于进一步规范商品房销售现场公示内容的通知》,对商品房销售现场公示内容进行规范,重点规范开发企业在销售现场明码标价、一房一价,杜绝捂盘惜售、哄抬房价等行为。印发《关于进一步规范商品房销售管理工作的通知》,进一步规范商品房销售管理有关事项。印发《省住房城乡建设厅关于做好防范化解房地产领域重大风险的通知》,落实地方主体责任,按照因城施策、一城一策原则,夯实城市主体责任,把稳地价、稳房价、稳预期责任落到实处。印发《省住房城乡建设厅关于鼓励推行装修商品房的指导意见》,积极推行装修商品住宅开发建设。

【大力发展住房租赁市场】 积极贯彻《国土资源部 住房城乡建设部关于印发〈利用集体建设用地建设租赁住房试点方案〉的通知》等精神,督促指导贵阳市加快推进项目建设,开展利用集体建设用地建设租赁住房试点工作。根据《自然资源部 住房城乡建设部关于开展利用集体建设用地建设租赁住房试点中期评估工作的函》要求,编制贵阳市利用集体建设用地建设租赁住房中期评估报告。

【开展住房租赁中介机构等房地产乱象专项整治行动】 省住房城乡建设厅与省市场监管局等六家单位联合印发《省住房城乡建设厅等七部门关于印发〈在"不忘初心、牢记使命"主题教育中开展专项整治住房租赁中介机构等房地产乱象实施方案〉的通知》,建立省级联席会议制度,成立省住房租赁中介机构乱象专项整治工作专班,截至2019年年底,共排查全省房地产租赁中介机构7842个,查处1837个,曝光204个,通报147个,取缔103个,专项整治行动取得了阶段性成效。

住房保障

【城镇保障性安居工程建设】 2019年,全省棚户区改造开工7.61万套,开工率100.2%;已基本建成10.9万套,完成率130.1%;已发放城镇住房保障家庭租赁补贴4.72万户,完成率101.37%;全省累计分配公租房74.45万套,分配率94.1%;年度完成投资818.5亿元,占年度投资计划的102.31%。2019年5月,国务院办公厅印发《关于对2018年落实重大政策措施真抓实干成效明显地方予以督查激励的通报》(国办发〔2019〕20号),对包括我省黔西南州在内的12个城市作为棚户区改造工作积极主动、成效明显的地方予以激励,获中央预算内投资奖励资金9.98亿元,占国家总奖励资金35亿元的28.51%,数量位居全国第一。

【农村危房改造工作取得阶段性成效】 基本完成农村危房改造、农村老旧住房透风漏雨整治、农村人畜混居整治任务。脱贫攻坚农村危房改造绩效评价连续三年蝉联全国第一,国务院扶贫办印发的第一期简报专题介绍贵州省农村危房改造经验做法,新华社、国务院网站等中央媒体多次对贵州省农村危房改造进行宣传报道。

【率先开展农村老旧住房透风漏雨整治】 贵州省在全国率先实施农村老旧住房透风漏雨整治,对2018年全省摸底排查的30.6万户建立到户整治台账,充分利用新时代学习大讲堂平台,就农村老旧住房透风漏雨整治开展专题培训,组织专家组先后到9个市(州)开展集中轮训,直接培训乡镇干部。至2019年年底,全省30.6万户农村老旧住房透风漏雨整治任务全面完成。2019年1月,国务院扶贫办《扶贫信息》(2019年第1期),充分肯定贵州省农村老旧住房整治做法,并在全国推广。

【全面开展农村人畜混居整治】 全面开展农村人畜混居整治,突出政策设计,组织编制《贵州省农村人畜混居整治技术手册》,指导各地采取新建独立圈舍、原址整治、实施集中圈养等方式印发《贵州省农村人畜混居整治工作实施意见》,明确各级政府和相关部门具体责任以及实施重点和资金筹集等。突出精准实施,通过全面摸底排查,形成7.12万户人畜混居整治到户台账,制定月进度计划,并会同省农业农村厅、省生态移民局实行月调度、月通报,销号管理,整治一户、销号一户。截至2019年年底,基本消除贵州省农村人畜混居问题。突出专题培训,组织专家到任务量较大的从江县等县区开展集中培训,以案例形式直接培训到乡镇管理人员,累计培训相关工作人员近1500余人。

住房公积金管理

【住房公积金运行】 截至2019年年底,全省住房公积金缴存总额2469.33亿元，个人提取总额1327.74亿元，缴存余额1141.59亿元；累计向73.98万户职工家庭发放个人住房贷款1733.18亿元，贷款余额1111.54亿元，个人住房贷款率97.37%；逾期贷款2364.06万元，逾期率0.213%；试点项目贷款余额5238万元。2019年，全省住房公积金共归集414.21亿元，比去年同期增长15.36%；个人提取267.45亿元，比去年同期增长15.75%；向7.54万户职工家庭发放个人住房贷款271.31亿元，比去年同期增长18.72%；实现增值收益15.06亿元。整体运行情况良好。

【住房公积金监管】强化决策监督，对各地拟出台政策或政策调整进行合规性审查，对存在问题进行反馈或书面回复；开展全国住房公积金数据平台接入工作，全省各地均于4月底前接入数据平台；开展住房公积金电子稽查工作和督查工作，每月对各地住房公积金管理和运行情况进行电子稽查，并实地督查遵义、贵安、六盘水、安顺和黔南等公积金管理中心；加大宣传工作力度，在完成年度信息披露工作基础上，通过媒体通气会等方式解读住房公积金年度报告；大力推进住房公积金信息化建设，加快建设住房公积金综合服务平台，贵阳、遵义和黔东南等中心的住房公积金综合服务平台建设工作通过部、省联合验收；积极开展培训工作，举办了"贵州省住房公积金系统干部综合素质能力提升专题培训班"。

城市规划设计

【历史文化保护】全省确定公布历史建筑911处，挂牌保护729处；开展第二批历史建筑普查工作，经普查各地新增历史建筑潜在资源156处；印发《贵州省历史建筑测绘建档工作三年行动计划（2019—2021年）》《贵州省省级历史建筑保护利用试点工作方案》，选取遵义、安顺作为省级历史建筑保护利用试点。全省核定公布遵义老城、思南安化等7条历史文化街区；安顺老城、镇远府城等5条历史文化街区已上报省人民政府，待核定公布。完成雷山西江、从江岜沙、黎平地扪等5个名镇名村保护规划审查工作。组织开展全省国家级历史文化名城名镇名村保护体系研究调研和安顺市历史文化名城名镇名村体检评估工作。

【"多规合一"改革】明确机构改革期间"多规融合"工作任务，制定完成《贵州省空间规划体制机制改革课题研究》。国家试点贵阳市完成78项城市设计成果，并于2019年11月参加住房城乡建设部组织召开的试点工作总结大会。

【"城市双修"】组织贵州省"城市双修"国家试点城市遵义、安顺完成国家调研总结工作，安顺实施"城市双修"项目78个，完成投资约67亿元；遵义实施"城市双修"项目35个，完成投资约64亿元；试点工作得到住房城乡建设部肯定。

城市建设管理

【城市建设】2019年完成城建投资2275.84亿元。新建公共停车位3.4万个，累计建成城市地下综合管廊178.84公里。

全省城市（县城）建成区面积1783.40平方公里，用水普及率94.62%，燃气普及率76.88%，污水处理率94.64%，垃圾无害化处理率93.09%，人均城市道路面积13.69平方米，2019年全省新增绿地5533.95公顷、绿道604.45公里、绿廊1241.13公顷，新建改造完成城镇公厕350座，城市建成区道路平均机械化清扫率达86.18%。

【城管执法工作】制定贵州省城市管理（综合行政执法）义务监督员制度、文明执法承诺制度和满意度调查制度等"三项制度"，聘请义务监督员677人，签订"文明执法承诺书"9586份，发放满意度调查问卷14765份，开展网络调查15485份，城市管理执法工作评价较好。加强人员培训，提升队伍整体素质能力，开展省级培训2600余人，各地培训24756人次。全年开展法律法规政策宣传3820次，建立（完善）574项制度。全年各地城市管理（综合行政执法）部门行政案件立案58230件，办结56481件，行政处罚金额约2亿元。

【园林绿化工作】以创建"园林城市（县城、城镇）"为抓手，加快推动城市园林绿化建设，印发《贵州省住房和城乡建设厅关于加快推进园林城市（县城、城镇）创建工作的通知》，黔西县成功创建"省园林县城"，毕节市、仁怀市、安顺西秀区旧州镇申报"省园林城市、城镇"通过创园评审。完成《贵州省园林绿化管护规范》等3部规范标准报批。委托北京林业大学林学院举办2019年全省园林绿化干部能力提升培训班，培训市州（县、区）及贵安新区园林绿化干部50人次。

【市容环卫工作】启动"净化"城市人行道工作，以点带面开展市容环境"顽疾"大整治；开展户外广告综合整治，大力提升城市形象品位。制定印发《关于加强城市建筑垃圾治理工作的通知》《贵州省城市户外广告设施安全风险隐患大排查大整治工作方案》《关于开展"市容环境大扫除，干干净净迎国庆"活动的通知》《贵州省2019年城镇建筑施工和城镇道路扬尘治理工作方案的通知》，全省共清扫垃圾40.9万吨，清理城市家具6.3万处，清理乱贴广告23.1万处，整治户外广告1.9万处，整治占道经营13.0万处，营造干净、整洁、有序的城市宜居环境。

【老旧小区改造】 全面启动城镇老旧小区改造工作，制定《贵州省老旧小区改造工作方案》和认定标准，完成全省2000年前建成的城镇老旧小区摸底排查。2019年度计划改造78683户，涉及381个小区，获国家补助资金15.9亿元，试点推进10个老旧小区改造。

村镇规划建设

【完成整县推进小城镇试点工作】 经过三年试点工作，推动试点县小城镇连片发展，20个试点县的小城镇全部实现总体规划优化提升，建成"8＋X"项目6300个，有效提高试点县小城镇综合承载能力，有力推动城乡融合发展，形成《整县推进小城镇建设发展试点评估报告》。

【召开第八届全省小城镇建设发展大会】 会议以"高质量发展小城镇、建筑业，助力脱贫攻坚、乡村振兴，开创百姓富、生态美的多彩贵州新未来"为主题，采取现场观摩和召开大会方式。吴强副省长出席会议并作讲话，会议全面总结近年来我省小城镇建设发展经验和做法，会议要求要认真贯彻落实《加快推动特色小镇和小城镇高质量发展的实施意见》，围绕高质量发展要求，高起点定位、高标准建设、高水平运营，努力推动全省特色小镇和小城镇高质量发展，大会取得圆满成功。

【推进小城镇污水垃圾处理设施建设工作】 将建制镇生活污水垃圾处理设施建设纳入2019年省政府民生实事，建立全省小城镇污水垃圾处理设施台账表，并按月开展调度和督导检查。截至12月底，开工建设110个建制镇生活污水处理设施，181个建制镇生活垃圾处理（收转运）设施，圆满完成2019年目标任务。

【改善农村人居环境】 2019年2月11日，省政府常务会议明确农村生活垃圾治理由省住房城乡建设厅牵头，农业农村厅、生态环境厅、财政厅等单位共同推进。经省人民政府同意，省住房城乡建设厅会同省农业农村厅、省生态环境厅、省财政厅印发《贵州省农村人居环境整治生活垃圾治理专项行动方案》，将构建村庄保洁长效机制、完善农村生活垃圾收运处置体系、探索建立生活垃圾回收利用体系、开展非正规垃圾堆放点排查整治作为重点任务推进贵州省农村生活垃圾治理。会同省农业农村厅、省生态环境厅、省财政厅印发《关于进一步做好农村生活垃圾治理整县验收工作的通知》，按照"成熟一个、验收一个，成熟一批、验收一批"的方式，2019年重点实施开阳、湄潭等50个县整县推进农村生活垃圾收运处置设施建设，其他县区拟在2020年实施。印发《贵州省农村生活垃圾治理技术导则（试行）》，指导各地因地制宜开展农村生活垃圾治理。建设省级农村生活垃圾收运体系数字化监控平台，推行系统数字化建设，数据共享，对农村生活垃圾收运车辆实施自动定位监测，实现全省农村生活垃圾收运监管数据省市县"一张图"管理。会同省生态环境厅印发《关于做好非正规垃圾堆放点整治验收销号工作的通知》，按照完成一处、销号一处的要求，明确非正规垃圾堆放点整治验收销号工作目标、组织验收、销号管理、长效管护、监督检查等。组织各地对饮用水源地、自然保护区、风景名胜区、世界遗产地、历史文化名村、传统村落等生态红线保护范围农村生活垃圾收运处置设施建设情况进行全面排查，对未配置收集设施、清运车辆的村庄建立问题台账，限期整改。截至2019年年底，根据贵州省农村生活垃圾收运体系数字化监控平台监测数据显示，全省农村生活垃圾收运处置体系行政村覆盖率77.3％，超额完成年度60％目标任务。根据全国非正规垃圾堆放点排查整治信息系统显示，全省716个非正规垃圾堆放点整治任务累计完成640个，占比89.4％。

【传统村落保护】 截至目前，全省724个村寨列入前五批中国传统村落名录，数量跃居全国第一。黔东南州传统村落累计409个，居全国市（州、地、盟）第一。整合部门资源，助力脱贫攻坚，印发《2019年传统村落保护发展工作要点的通知》。加强顶层设计，形成《贵州省传统村落传统建筑保护修缮技术导则（试行）》《贵州省传统村落传统建筑保护修缮工匠手册（试行）》《贵州省传统村落发展分类管理办法（试行）》等成果。开展示范村打造，探索保护发展经验。加强传统村落宣传，拍摄完成宣传片《古村筑梦》，组织31600人注册报名、10万余人次参加《贵州省传统村落保护和发展条例》线上有奖竞答，正在编辑100个小故事、100部村摄影集、100张地方特色名片、征集和评选贵州省传统村落标识。全力推进数字博物馆建设。目前已有126个传统村落入驻贵州省数字博物馆。密切联系群众，全力推进城乡美好环境与幸福生活共同缔造。已在台江县登鲁村等40余个城乡社区推进共同缔造试点工作。

标准定额

2019年，参与全国《市政工程消耗量定额》第一册土石方工程和第十册拆除工程定额编制工作。全年发布《贵州省建设工程造价信息》12期、《贵州省建材信息》4期，开展磷石膏建材产品和预制装配式部品部件信息发布工作。根据"双随机、一公开"监管原则，加强对工程造价咨询企业及从业人员事中事后监管，按照"随机抽查、事项全覆盖"原则，对28家工程造价咨询企业进行专项检查，占全省工程造价咨询企业（含省外入黔企业）10%，并将检查结果通过"贵州省双随机监管平台"向社会公开。累计接待工程造价咨询和纠纷调解1624人次，解答问题约1605条。

工程质量安全监管

【质量监管】 按照住房城乡建设部《工程质量安全提升行动方案》要求，认真组织开展行动，排查治理一批质量安全隐患，工程质量安全意识进一步得到提高，工程质量安全总体受控。进一步落实工程质量终身责任制，2019年新办质量监督手续1352个，签订法人授权委托书1352个，工程质量终身责任承诺书903个；新办竣工备案工程903个，设立永久性标牌903个，建立质量信用档案903个。检查和排除一批质量安全隐患，工程质量安全得到进一步提升，2019年共检查工程项目15439次，检查出质量隐患25101条，已整改23374条，整改率93.12%，限期整改项目5185个，停工整改项目148个，作不良行为记录企业54家，查处典型案例79起；检查出一般安全隐患46188条，已整改42435条，整改率91.87%，重大安全隐患9条，已整改9条，整改率100%，限期整改项目9552个，停工整改项目579个；处罚企业及个人17起，处罚金额31万元。处理一批建筑市场法违规行为，市场进一步规范，2019年共限期整改项目436个，停工整改项目56个；处罚企业及个人20起，罚款金额43万元。及时处理群众诉求，切实维护群众的合法利益，全省2019年共接受和处理质量安全信访投诉602起。

【安全监管】 深入推进建筑工程安全监管，印发《2019年贵州省房屋建筑和市政基础设施工程质量安全市场监督执法检查工作方案》，成立检查领导小组，按照上半年检查督查、下半年交叉检查及两次"回头看"的方式认真组织全年四次大检查。制定《省住房城乡建设厅关于开展房屋建筑和市政工程安全生产"打非治违"专项行动深入推进大排查大整治工作的通知》，深入开展打非治违专项行动，依法依规严厉打击房屋建筑施工领域非法违法行为。2019年，全省共发生房建市政工程安全事故10起，死亡19人。其中较大事故1起，死亡8人。与去年同比分别下降50%、27%。全省各级住房城乡建设主管部门结合安全隐患大排查大整治专项行动共检查在建工程19755项目次，限期整改11527项目次，停工整改项目735个次；排查一般安全隐患56915条，已整改52570条；实施处罚18起，罚款金额31万元。

建筑市场

省人民政府办公厅出台《贵州省加快建筑业转型升级高质量发展的若干意见》。深入推进工程建设项目审批制度改革，召开贵州省全面开展工程建设项目审批制度改革工作会议。印发实施《贵州省工程建设项目审批事项清单目录（试行）》《贵州省工程建设项目审批流程图示范文本（试行）》。按照《贵州省工程建设项目审批事项清单目录（试行）》梳理审批事项共84项，比原来155项减少71项，精简幅度45.8%。会同省人社厅、省交通厅、省水利厅等单位出台《关于加快推进全省工程建设领域农民工实名制管理的实施意见》，在全省房屋建筑和市政工程项目全面推行建筑劳务实名制管理，规范用工行为，加强欠薪源头治理，根治工程建设领域农民工工资拖欠问题。2019年，在各级住房城乡建设主管部门查处的78件案件中，74件案件得到妥善解决，结案率94.9%，解决工资金额7831.54万元。通过"百千万"人才培养计划，提升建筑行业整体素质和水平，全省各类人才逐步增多。其中，建筑业施工企业安全生产"三类人员"94636人。施工员等八大员19015人，特种人员75811人，技能工人102204人，为建筑业发展提供了人才支撑。按照《贵州省进一步严厉打击建筑施工转包违法分包等违法行为专项整治行动方案》，开展开展施工转包违法分包专项整治行动，进一步巩固工程质量治理两年行动成果，强化工程质量安全提升行动阶段性成效，遏制全省范围内在建建筑工程施工转包等违法行为，建立健全打击建筑工程施工转包等违法行为的长效机制，维护全省建筑工程市场秩序。按照住房城乡建设部《建筑市场信用体系管理暂行办法》，探索建筑市场主体"黑名单"制度。依托贵州省建筑市场监管和公共改革服务平台，对严重失信主体在资质、招标投标、施工许可核发等方面实施限制，营造"一处失信，处处受限"的市场环境。按照新数据标准完善建筑市场公共服务平台，不断提高建筑市场监管信息化水平。

建筑节能与科技

【绿色建筑】省住房城乡建设厅会同省发展改革委、省财政厅等四部门联合印发《加快绿色建筑发展的十条措施》。继续开展绿色建筑评价标识工作，新增绿色建筑面积2497.80万平方米，其中获得绿色评价标识项目1707.01万平方米，绿色生态小区在建项目790.79万平方米。全省共申报获得绿色建筑评价标识项目342个，总建筑面积5917.68万平方米。为推进贵州省装配式建筑的健康发展，保障装配式建筑工程的质量和安全，制定《贵州省装配式建筑工程质量安全暂行管理办法》，并于2019年3月6日正式印发。编制发布《贵州省装配式建筑工程计价定额》（2018年版），并于2019年6月1日起施行，安排500万专项资金支持装配式建筑发展，推荐我省5家优秀企业，参加国家级装配式产业基地评选。

【磷石膏建材推广应用】印发《关于进一步加强磷石膏建材推广应用工作的通知》《关于开展磷石膏建材推广应用量统计工作的通知》《关于上报在建项目磷石膏建材应用清单和计划的通知》等一系列文件，初步建立在建项目磷石膏建材应用清单和计划上报制度。加快编制标准，强化技术支撑力度。发布一部地方标准《贵州省磷石膏建材工程应用统一技术规范》，一本图集《冷弯薄壁型钢磷石膏基轻质砂浆喷筑复合墙体内隔墙构造》，一部补充定额，三部施工工法，按月发布磷石膏造价信息。加速试点示范，带动推广政策全面落实。印发《关于开展贵州省磷石膏建材应用试点示范工作的通知》，95个项目作为示范项目。

【新型墙体材料革新】围绕提升建筑工程质量，强化质量监管。会同省质监局等部门开展2019年新型墙体材料质量专项抽检工作，对全省经认定的77家新型墙体材料企业的79批次产品以及9个市（州）、贵安新区55个在建工地使用的73个批次新型墙体材料进行抽查，严把生产关、严把使用关，促进新型墙体材料产品质量进一步提升。围绕脱贫攻坚，继续开展农村老旧房整治。确定7个县（区）7个农村新型墙体材料试点工程项目，从省级墙革基金中列支695万元用于支持农村推广新型墙体材料。围绕生态优先绿色发展，不断提高资源综合利用水平。根据《关于开展2019年度贵州省磷石膏新型墙体材料应用示范项目申报评选工作的通知》，从省级新型墙体材料专项基金中列支55万元对3个项目给予奖励性补贴。全省新增资源综合利用新型墙体材料认定企业12家15个产品，其中2家企业利用磷石膏生产砌块和墙板。开展新型墙体材料业务知识培训。6月中旬和11月中旬，在浙江大学组织完成两期共100人的新型墙体材料业务能力提升培训工作。调试启动贵州省互联网＋新型墙体材料革新信息化管理系统。完善墙体材料行业运行监测体系，建立新型墙体材料诚信体系，推进网上申报认定等工作。

人事教育

【机构变化情况】根据工作实际对职责进行调整优化，撤销小城镇规划建设处、村庄规划建设处，将城镇化处及相关职能划转省发改委；新设村镇建设处、综合处、信息化处和建设工程消防设计审查验收处。设16个内设机构和离退休干部处、机关党委，有下属事业单位15个，其中，副厅级事业单位1个，正处级事业单位14个（参公管理单位3个，全额拨款事业单位6个，自收自支事业单位5个）。

【人才和教育培训工作】围绕全省脱贫攻坚工作大局和住房城乡事业高质量发展，抓好人才和教育培训工作。2019年，组织开展"新时代学习大讲堂"4期业务知识专题讲座。举办4期全省住建系统"不忘初心感恩奋进"大讲堂。制定《贵州省住房和城乡建设厅2019年教育培训计划》，举办系列培训班，培训近10000人。举办"不忘初心、牢记使命"主题教育处级干部轮训班，为推动新时代贵州住建事业发展打造一支高素质专业化住房城乡建设干部队伍。向住房城乡建设部推荐科学技术委员会城市安全与防灾减灾委员会委员2人，向住房城乡建设部推荐科学技术委员会建筑设计专业委员会候选人2人，向省农业农村厅推荐农田建设专家2人，向省人才办推荐"西部之光访问学者"1人。拥有国务院特殊津贴专家2人、省政府特殊津贴专家1人。组织开展工程系列建筑专业副高级专业技术职务任职资格评审工作，共有468人申报，政策性审查通过459人，评审合格379人。截至2019年底，全省执业资格注册人员总数52385人。其中，一级建造师7662人，二级建造师36731人，造价工程师2279人，监理工程师2484人，一级建筑师225人，二级建筑师174人，勘察设计工程师1488人，规划师299人，估价师1043人。

大事记

1月

3日 《贵州省停车场管理办法》贵州省人民政府第22次常务会议通过，自2019年3月1日起施行。

12日 贵州省农村危房改造工程领导小组办公室印发《贵州省脱贫攻坚农村危房改造和住房保障工作领域整治形式主义官僚主义二十条红线》的通知。

16日 省住房城乡建设厅参加省委农村工作会议暨全省扶贫开发、农村人居环境整治工作会议。

30日 省住房城乡建设厅 省生态环境厅联合印发《贵州省城镇生活垃圾收运处理设施运营管理办法（试行）的通知》

2月

14日 省住房城乡建设厅、省人社厅、省交通厅、省水利厅、省通信管理局联合印发《开展工程建设领域专业技术人员职业资格"挂证"等违法违规行为专项整治行动方案的通知》（黔建建通〔2019〕25号）。

15日 省住房城乡建设厅召开全省住房城乡建设工作会。

15日 省住房城乡建设厅、省生态环境厅联合印发《贵州省城市污水处理设施运营管理办法（试行）》的通知。

26日 印发《开展在建安置住房和保障性住房质量专项排查的通知》。

27日 印发《关于开展"厅长包片、处长包县"及全体干部职工下基层工作的通知》。

3月

4日 省住房城乡建设厅、省财政厅、省扶贫办 省民政厅联合印发《贵州省2019年脱贫攻坚农村危房改造和住房保障实施方案》。

5日 印发《2019年贵州省房屋建筑和市政基础设施工程质量安全市场监督执法检查工作方案的通知》。

6日 印发《贵州省装配式建筑工程质量安全暂行管理办法》。

13日 省住房城乡建设厅、省扶贫办、省民政厅 省残联联合印发《关于核实报送建档立卡贫困户等重点对象危房存量台账的通知》。

15日 印发《贵州省2019年汛期建筑施工安全生产隐患排查整治工作方案》。

15日 印发《贵州省2019年城镇建筑施工和城镇道路扬尘治理工作方案》。

22日 省住房城乡建设厅召开全省生活垃圾分类工作推进会。住房城乡建设部城建司副司长刘李峰出席会议并就生活垃圾分类工作提要求。

27日 省住房城乡建设厅召开全省住房城乡建设领域扫黑除恶专项斗争推进会暨提醒谈话会。

4月

2日 下达《贵州省绿色生态小区验收导则》和《贵州省绿色生态小区评价标准》2项工程建设地方标准编制任务。

3日 省新型城镇化工作领导小组办公室主任会议召开。

4日 印发《2019年贵州省住房城乡建设领域安全生产大排查大整治工作方案》。

10日 省住房城乡建设厅召开厅迎接中央扫黑除恶专项督导工作部署会，传达学习中央扫黑除恶第19督导组督导贵州省工作动员会精神和省扫黑办相关会议精神，安排部署我厅迎检工作。

15日 印发《于加强建设工程材料价格风险控制的指导意见》（黔建建字〔2019〕150号）。

25日 副省长吴强主持召开研究建设工程消防设计审查验收职责移交承接有关事宜会议。

29日 贵州省保障性住房信息系统推进会在都匀市召开。

5月

7日 印发《推荐考察贵州省住房和城乡建设厅总工程师、贵州省城乡规划设计研究院副院长人选工作方案》（黔建党组通〔2019〕48号）。

10日 省住房城乡建设厅召开全省建筑工程质量安全、消防、扬尘治理现场观摩会议暨2018年度建筑施工质量安全表彰会议。

16日 省住房城乡建设厅举行贵州省城市管理（综合行政执法）培训班，厅党组书记、厅长宋晓路出席开班仪式并讲话，厅党组成员、副厅长陈维明主持开班仪式。

28日 全省脱贫攻坚农村危房改造和住房保障工作推进会暨支持毕节试验区和深度贫困县脱贫攻坚专题会在威宁县召开。

6月

10日 省住房城乡建设厅 省应急管理厅联合印发《关于深刻汲取"6.5"、"6.9"坍塌事故教训进一步做好建筑施工安全生产工作的紧急通知》。

12日至14日 省住房城乡建设厅和省发展改革委组织开展贵阳市国家节水型城市的复查工作。

22日 印发《贵州省住房和城乡建设领域安全生产风险隐患大排查大整治工作方案的通知》（黔建

建字〔2019〕248号）。

24日　省住房城乡建设厅召开扫黑除恶推进会暨经济运行调度会。厅党组成员、副厅长杨跃光主持会议。

26—28日，省住房城乡建设厅政策法规处、村镇建设处负责人陪同住房城乡建设部法规司副司长刘昕一行到贵州省黔东南州榕江、从江、黎平县调研考察传统村落保护公益诉讼。

7月

2日　印发《贵州省农村危房改造质量安全专项督查工作方案》的通知（黔建建字〔2019〕261号）。

19日　省住房城乡建设厅　省生态环境厅　省发展改革委关于贯彻落实《城镇污水处理提质增效三年行动方案（2019—2021年）》的通知。

24日　由国务院国资委规划发展局副局长武建成带队的中央和国家机关调研组到贵州调研城镇老旧小区改造工作并召开座谈会。

25日　省财政厅、省住房城乡建设厅联合下发《关于下达2019年农村住房保障省级补助资金的通知》。

8月

1日　全省工程建设项目审批制度改革政策培训视频会议召开。

2日　印发《关于2019年房屋建筑和市政基础设施工程质量安全市场监督执法检查遵义市仁怀市回头看巡查情况的通知》。

22日　贵州省全面开展工程建设项目审批制度改革工作领导小组办公室印发《关于印发贵州省工程建设项目审批事项清单目录及审批流程图示范文本的通知》。

9月

3日　印发《开展省直非财政拨款单位2019年职工住房公积金基数调整的通知》。

5日　印发《2019年度省级工程建设工法的通知》。

6日　省住房城乡建设厅召开全省住房城乡建设系统专项整治漠视侵害群众利益问题工作会议。

18日　省住房城乡建设厅召开全省以县为单位全面建成小康社会"城镇污水处理率"和"城乡生活垃圾无害化处理率"指标统计监测工作推进会。

27日　《贵州省城镇燃气管理条例》已于2019年9月27日经贵州省第十三届人民代表大会常务委员会第十二次会议通过，自2020年1月1日起施行。

10月

23日　省住房城乡建设厅承办第八届全省小城镇建设发展大会新闻发布会。

28日　省住房城乡建设厅省发展改革委省财政厅省自然资源厅联合印发《关于进一步规范发展公租房的实施意见》。

11月

4日　中央扫黑除恶第19督导组副组长李伟率组到省住房城乡建设厅开展扫黑除恶督导"回头看"工作。

7日　省住房城乡建设厅省通信管理局省大数据局联合印发《贵州省建筑物信息基础设施建设规范的通知》。

18日　全省住房城乡建设系统对黄赌毒和黑恶势力听之任之、失职失责甚至包庇纵容、充当"保护伞"问题专项整治工作推进会召开。

22日　省人民政府副省长吴强主持召开全省保障性安居工程工作专题会，听取保障性安居工程工作情况汇报，分析研究当前工作（主要为棚改工作）推进中存在的问题，安排部署下步工作，确保完成全年保障性安居工程建设目标任务。

12月

9日　全省住房城乡建设领域安全生产集中整治工作动员部署电视电话会议召开。

11日　印发《于开展城镇燃气安全生产集中整治的通知》。

17日　贵州省住房租赁中介机构等房地产乱象专项整治省级联席会议召开。

（贵州省住房和城乡建设厅）

云 南 省

概况

2019年，完成39.31万户4类重点对象和28.63万户非4类重点对象无力改造户存量危房改造；对达到"安全稳固、遮风避雨"要求的221.37万户房屋贴挂"房屋安全等级认定牌"，对非4类重点对象中不符合政策扶持范围的5类人员18.5万户危房贴挂"不属于农危改政策扶持户"的标识牌。完成城市基础设施建设投资632.6亿元，新开工建设海绵城市72.80平方公里、地下综合管廊25公里，新建城市燃气管网529公里；全省城市公共供水普及率95.47%，城镇污水处理率92.75%，生活垃圾处理率98.29%，燃气普及率68.82%。改建城市公厕1001座，乡镇镇区公厕提升改造3005座，城镇建成区旱厕全面消除，行政村村委会所在地公厕改造提升4226座，农村无害化户厕改造102.22万座。完成房地产开发投资4151.41亿元，同比增长27.8%；完成建筑业总产值6122.09亿元，建筑业增加值完成2664.64亿元左右；房地产业、建筑业税收超过600亿元，超过全省税收的16%；实施城镇保障性安居工程，下达中央及省级补助资金64.3亿元，成功发行棚改专项债券189亿元，全省棚户区改造项目开工10.6万套，基本建成7.55万套，发放租赁补贴6.24万户，完成投资306.86亿元；房地产业、棚户区改造、城市基础设施建设等方面投资超过4500亿元，占全省固定资产投资的20%以上。全省摸底排查涉及改造小区7161个，启动实施改造小区506个，改造完工小区10个，完成投资2.03亿元。持续提升城乡人居环境，参与完成全省首批"美丽县城"创建评选，遴选推荐首批4个星级康养小镇报请省人民政府命名。全面开展工程建设项目审批制度改革，审批时间由原来平均259天缩减至政府投资项目不超过120天，社会投资项目不超过90天，最短40天。

法规建设

【**推进立法**】推进住房城乡建设领域重点工作立法，报送《云南省燃气管理办法》（修订）、《云南省生活垃圾分类实施办法》（制订）两件立法项目。对涉及云南省住房和城乡建设厅工作的91件法律法规规章规范性文件提出修改意见。

【**普法宣传教育**】编制《2019年度普法责任清单》《2019年度普法工作计划》，明确普法内容、责任处室、普法重点和工作要求。围绕国家宪法日、全民国家安全教育日和《行政复议法》实施20周年等时间节点，深入开展普法宣传活动。印发《法规工作文件汇编》600余本，指导全省各州（市）县（区）住房城乡建设部门开展工作。

【**依法行政**】2019年5月14日印发《云南省住房和城乡建设厅关于开展行政执法案卷评查工作的通知》。督促业务处室开展行政执法案卷自查工作。2019年7月31日，召开各自查业务处室参加的自查检查及抽查布置工作会，截至7月30日，涉及行政执法的7个处室合计评查行政执法案卷1873件，其中行政许可案卷1866件，行政处罚案卷7件。自查结果均达到优秀等级。9月26日组织6名厅特聘律师进行集中评查，共评查行政执法案卷37卷，其中行政许可32卷，行政处罚5卷。评查分值均在90分以上，全部达到优秀等级。

【**行政复议**】2019年共受理8件行政复议案件，除1件申请人撤诉终止审理、1件中止审理外，其余6件均在法定期限内办结。

【**规范性文件**】出台《云南省住房和城乡建设厅关于印发〈云南省物业服务企业信用评价管理办法（试行）〉的通知》等3件规范性文件。印发《云南省住房和城乡建设厅关于宣布失效部分文件的决定》，对12件规范性文件和3件其他文件宣布失效。

【**建议提案办理**】办理人大代表建议38件，政协提案46件，其中主办（含独办、分办）17件建议和23件提案，办理协商率、满意率均达100%。云南省人大《选举联络工作简报》第100期、省政府办公厅《情况简报》第49期介绍省住房城乡建设厅建议提案办理经验做法，并在11月8日召开的云南省委政协工作会议上受邀交流云南省住房和城乡建设厅提案办理经验做法。

房地产业

【房地产业概况】截至年底，云南省房地产开发企业2941家，其中：一级资质15家，二级资质206家，三级资质222家，四级资质1232家，暂定资质1266家。物业管理企业3145家。房地产估价机构199家，其中：一级3家，二级71家，三级92家，三级暂定20家。一级分支机构13家。房地产行业从业人员近40万人。

【房地产开发投资】2019年，云南省房地产开发投资保持较快增长，累计完成4151.41亿元，同比增长27.8%；增速高于全国17.9个百分点，高于西部地区11.7个百分点，开发投资总量在全国和西部地区分别排第14位和第3位。其中，住宅投资3028.96亿元，同比增长43.2%。全省16个州（市）房地产开发投资均实现同比增长，增速较快的州（市）为德宏州（106.5%）、文山州（77.2%）、楚雄州（64.5%）、昭通市（58.9%）。

【商品房销售】2019年，云南省商品房销售面积4835.41万平方米，同比增长6.7%，增速高于全国6.8个百分点，高于西部地区2.3个百分点，销售面积总量在全国和西部地区分别排在第16位和第5位。云南省商品房销售额3846.19亿元，同比增长12.9%，增速高于全国6.4个百分点，高于西部地区2.1个百分点，销售额总量在全国和西部地区分别排第17位和第5位。全省商品房销售面积方面除大理州、怒江州同比下降外，其余州（市）均同比增长，增速较快的州（市）为保山市（52.4%）、昭通市（37.5%）、德宏州（23.6%）；全省商品房销售额除丽江市、西双版纳州、大理州同比下降外，其余州（市）均同比增长，增速较快的州（市）为昭通市（82.5%）、德宏州（70.0%）、玉溪市（34.5%）。

【商品房存量】截至12月底，云南省商品房累计可售面积7517.43万平方米，同比增长35.8%；商品住宅累计可售面积3356.48万平方米，同比增长40.2%。

【房地产用地供应】2019年，云南省供应房地产用地6860宗，涉及用地面积7.37万亩，供应量较去年同期（7.9万亩）减少6.7%。其中，昆明市2.22万亩，同比增长30.6%。云南省土地出让收入1196.4亿元，平均成交单价182.03万元/亩，较去年同期分别增长14.5%、6.4%，其中，昆明市平均成交单价455.26万元/亩。

【房地产信贷】截至12月底，云南省银行业金融机构房地产贷款余额7687.76亿元，比年初增加1130.86亿元，同比增长17.25%；云南省房地产不良贷款余额75.68亿元，较年初减少0.36亿元；不良贷款率0.98%，较年初下降0.17个百分点，低于同期各项贷款不良率1.22个百分点。

【房地产税收】2019年，云南省税务部门共组织房地产业税收369.65亿元，同比增长19.3%，增收59.89亿元。房地产业税收占全省税收收入（不含海关代征）的10.7%，对云南省税收增长贡献率为24.8%。

【规范房屋网签备案】印发《云南省住房和城乡建设厅关于开展房屋网签备案系统联网工作的通知》，对全省房屋网签备案系统联网工作总体目标、联网模式、联网时间、联网流程、进度安排、工作要求进行明确，所有州市按时完成与省级、住房城乡建设部联网，建成房地产市场监测"一张网"。

【创新物业管理模式】印发《云南省物业服务导则（试行）》《云南省物业服务企业信用评价管理办法（试行）》，分别于2019年7月1日和8月1日在云南省范围内施行，并组织专家对云南省16州市2679家物业服务企业2977名从业人员（管理人员）进行培训。

【规范房地产中介行业市场秩序】2019年9月，云南省住房和城乡建设厅印发《云南省住房租赁中介机构乱象专项整治工作的实施方案》，在全省范围内深入开展住房租赁中介机构乱象专项整治。2019年6—12月，全省排查住房租赁中介机构数量1973个，查处违法违规住房租赁中介机构数量143个，通报曝光违法违规案例类型数量97起，其中住房城乡建设部通报住房租赁中介机构违法违规典型案例1起。

【规范国有土地上房屋征收】依法加强对房屋征收与补偿实施工作的指导，全省共作出征收决定项目121个，涉及31615户，房屋建筑面积4361487.07平方米；完成征收项目82个，涉及24652户，房屋建筑面积3677774.75平方米；作出补偿决定52个，涉及8891户，房屋建筑面积693863.62平方米。

住房保障

【脱贫攻坚农村危房改造】2019年，组织完成39.31万户4类重点对象和28.63万户非4类重点对象无力改造户存量危房改造，下达中央补助资金87.21亿元，省级补助资金40.5亿元。按照"一户一方案"要求，农村危房改造中加固改造比例

54.42%，拆除重建比例 45.58%，避免"大拆大建"、贫困户因建房过度负债返贫或加重致贫等问题。

【高位推动农村危房改造】2019年4月22日，在曲靖市师宗县召开全省脱贫攻坚农村危房改造现场推进会，交流农村危房改造与人居环境提升相结合的经验及做法，通报云南省农村危房改造进展情况，云南省副省长及省委、省政府副秘书长出席会议，省住房城乡建设厅、省农业农村厅、省民政厅、省审计厅、省扶贫办和省残联分管负责同志及各州（市）政府分管负责同志等参加会议；5月23日，召开云南省脱贫攻坚4类重点对象住房安全有保障工作电视电话会议，传达5月19日全国农村危房改造脱贫攻坚工作推进会精神，云南省政府副秘书长出席会议，云南省住房和城乡建设厅、省民政厅、省扶贫办和省残联分管领导及相关业务处室负责人参加会议。

【挂联督导帮扶】聚焦云南省40个未脱贫县，以农危改任务重、进度滞后、问题相对突出等为重点，建立云南省住房和城乡建设厅领导一对一挂钩联系督导11个州（市）和12重点（市、区）制度。

【省级送技术下乡和核查帮扶督导】2019年初，针对40个未脱贫县"贫困程度深、危房存量多、技术力量缺乏"等情况，组织60名云南省级建设行业技术专家下乡，帮助查找和解决技术问题；自5月起，帮扶指导工作组扩充至11个组220余人，每月1次2周，查找问题并督促整改，针对存在问题多、任务重的县，开展驻县乡进村到户帮扶指导，共实地帮扶指导922个乡（镇）2459个村2.23万户。

【4类重点对象住房安全大排查】组织云南省各地全面排查2014年以来4类重点对象房屋安全等级认定情况，对4类重点对象安全房屋和通过改造达到"安全稳固、遮风避雨"要求的房屋贴挂"房屋安全等级认定牌"，对非4类重点对象中不符合政策扶持范围的5类人员危房贴挂"不属于农危改政策扶持户"的标识牌。全年云南省贴挂"房屋安全等级认定牌"221.37万户。

【农村危房改造培训】2019年初，分别在昭通市、红河州、文山州、怒江州及部分任务重、困难大、问题多的县（区），再次组织农危改政策、技术培训，对州市、县、乡镇政府分管领导，市、县住房和城乡建设局相关领导和县乡农危改业务骨干2500人进行专题培训。

【农村危房改造宣传交流】2019年5月19日，住房城乡建设部、国务院扶贫办在河南信阳召开全国脱贫攻坚农村危房改造推进会，云南省住房和城乡建设厅在会上作交流发言；7月5日，丽江市永胜县荣获国务院激励表彰，被评为"农村危房改造工作积极主动、成效明显的地方"之一。12月23日，云南省住房和城乡建设厅作为全国住房城乡建设工作会上唯一一个脱贫攻坚农村危房改造工作省级交流单位进行交流发言。

【棚户区改造】2019年国家下达10.09万套棚户区改造开工任务，全年共开工10.60万套，占计划数105%；城镇保障性安居工程基本建成7.55万套，比计划数4.60万套超额完成2.95万套，全面超额完成全年目标任务。城镇保障性安居工程完成投资312亿元（其中棚改完成投资达到306亿元）。全年共争取中央补助资金51.24亿元，其中：国家财政部27.63亿元、国家发展改革委31.61亿元；省级补助资金5.05亿元；发行棚改专项债券189亿元，共筹措下达各类城镇保障性安居工程建设资金253.3亿元。

【公共租赁住房分配管理】截至12月底，云南省累计建设公租房91.01万套，已分配入住公租房86.92万套。其中2019年新增分配入住公租房1.78万套。当年发放租赁补贴6.24万户，超额完成国家下达发放城镇住房保障家庭租赁补贴4.52万户的任务。

【公共租赁住房运营管理】云南省为全国8个试点省份之一，按照《住房和城乡建设部 财政部关于印发推行政府购买公租房运营管理服务试点方案的通知》要求，确定昆明市、文山市、南涧县作为国家级试点城市，对标国家推行政府购买公租房运营管理服务试点方案，开展政府购买公租房运营管理服务试点工作。

【公共租赁住房信息化建设】按照"省级负总责，市县抓落实"原则，分类实施、分步推进全国公租房信息系统建设"贯标"工作。昆明、丽江、大理3个先行城市完成公租房数据接入全国公租房信息系统。为实现租金收缴便民快捷，启动公租房租金收缴上线云南省"一部手机办事通"APP试点工作，首批昆明市、玉溪市、文山市3个试点城市实现公租房租金线上缴功能开发及业务测试。

住房公积金管理

【经济指标】截至2019年年底，云南省住房公积金归集总额3992.29亿元，同比增长15.85%；归集余额1539.32亿元，同比增长8.54%；个人住房贷款总额2562.19亿元，同比增长11.43%；个人住房贷款余额1279.72亿元,同比增长5.53%;住房公积金个人提取总额2452.96亿元,同比增长20.96%;住房公积金个人住房贷款率83.14%,同比下降2.38个百分点。2019年缴存住房公积金546.22亿元,同比增长9.53%;提取住房公积金425.07亿元,同比增长12.49%;发放住房公积金个人住房贷款262.78亿元,同比下降9.09%。

【建立健全综合服务平台】按照云南省政府要求,积极做好"一部手机办事通—我的住房公积金"主题事项上线开通相关配合协调工作。2019年1月,召开"一部手机办事通"工作部署会,统一上线标准,拟开通查询事项、办理事项、便民服务3个大项,21个小项。17家中心已完成查询事项上线工作。昆明、省直、普洱、曲靖、楚雄、保山、德宏中心已上线办理事项,为职工提供安全高效便捷的信息化服务。云南省各州(市)住房公积金管理中心于2019年6月底前接入全国住房公积金数据平台,为职工个人所得税专项附加扣除住房公积金贷款利息提供依据。

【严格执行业务标准】严格对照国家住房公积金归集、提取、贷款、资金管理、基础数据等业务标准,充分利用电子稽查工具,开展政策合规性清查。及时全面清理住房公积金历史数据,避免出现一人多账户、多人一账户、账户记载信息不全、信息错误等问题。对个贷率较高或较低的公积金中心,督促其出台调控措施,确保其资金流动性合理稳定。对逾期率较高的公积金中心,督促其尽快调整内部管理机构和人员配置,加强贷后管理,建立风险防控机制,实现岗位制约,降低贷款逾期率。

【住房公积金制度覆盖面扩大】2019年,云南省住房和城乡建设厅下发《2019年云南省住房公积金工作要点》,继续强调扩大住房公积金制度覆盖面,重点做好大学生村干部和稳定就业务工人员公积金归集工作,维护职工合法权益,为新市民谋幸福,将"房子是用来住的,不是用来炒的"目标落到实处。2019年底,云南省实缴职工278.67万人,比上年净增9.13万人。

【廉政风险防控】按照住房城乡建设部要求,继续加强对全省住房公积金管理工作情况的全面检查,云南省各地公积金中心成立主要领导牵头的内部稽核审计组,定期对管理部、各科室落实规章制度情况进行监督检查,督促业务经办人员按制度规范办理各项住房公积金业务,并主动接受审计监督。

【开展电子稽查】按照住房城乡建设部要求,云南省住房和城乡建设厅先后印发《关于住房公积金电子化检查结果的通报》和《关于全面开展住房公积金电子稽查工作的通知》,每月通报云南省各公积金中心得分排名,对电子稽查得分较低的公积金中心要求其及时整改,保障资金安全。同时要求各中心分析扣分原因,逐月提高电子稽查得分,全省公积金中心业务质量、服务效率、风险防控水平得到大幅提高。

城市建设

【市政道路交通建设】2019年,云南省建成区道路总长11015.03公里,道路面积21349.42万平方米,拥有公共停车场停车位数114966个,配建停车场停车位数886525个,路内停车场279688个;昆明地铁在建1号线西北延、2号线二期、4号线、5号线、6号线(二期)5条线路,在建里程97.8公里,文山市有轨电车累计完成CFG桩地基处理96.5公里。

【城市防汛排涝】会同省发展改革委申报城市排水防涝项目23个,共计17亿元资金需求计划纳入中央预算内投资排水防涝专项;按照《排水防涝工作手册》开展排水系统维护、河道清淤、护岸加固、内涝隐患排查治理等,昆明市易涝点整治完成进度71%,其他城市易涝点较去年统计下降17.3%,未发生较重城市内涝问题,昆明市78个易涝点整治项目完工率86%。

【污水处理提质增效】编制《云南省城镇污水处理提质增效三年行动实施方案(2019—2021年)》,报经省政府审定同意印发实施并向社会公布。新建、改建污水配套管网554公里,完成率110.8%,全省累计建成城镇污水处理厂156座,处理能力415.9万吨/日,污水配套管网10810公里,实现全省129个县(市、区)城镇污水处理设施全覆盖,城镇污水处理率达92.75%。2019年7月11日、11月26日,云南省住房和城乡建设厅联合省财政厅等相关厅局召开2019年、2020年城镇污水提质增效实施(中央资金补助)项目专家审查会,明确14个城市城镇污水提质增效三年绩效目标,并下达中央补助资金5.31亿元,截至2019年年底,云南省24个设市城市全面开展城镇污水提质增效工作,16个城市制定城市污水提质增效三年实施方案,15个城市完成项目可行性研究和初步设计编制工作(批复),2019年开工实施项目10个,完成投资2.8亿元。

【海绵城市建设】下发《云南省住房和城乡建设厅关于印发2019年城市市政基础设施建设目标任务的通知》。2019年,新开工建设海绵城市53.68平方公里（年初计划52.26平方公里），开工率102.72%。按照《关于开展中央财政支持海绵城市建设试点绩效评价的通知》要求，12月22日至24日，住房城乡建设部、财政部、水利部复核工作组到玉溪市开展第二批国家海绵城市绩效评价现场复核，探索出一条属于高原坡地型城市特有的海绵城市建设路径，总结出"共建＋组织＋宣传"三措并举的玉溪海绵实施模式，构建"立法＋规章＋标准"三管齐下的全域推进保障体系，形成立足高原干热性气候特征的海绵本地化基础数据库，突破城市尺度、借助竖向优势，打造全域"绿屏蓝网"大海绵系统。

【老旧小区改造】云南省129个县（市、区）摸底排查涉及改造小区7161个、楼栋89243栋、居民727605户、建筑面积6264.87万平方米；2019年向国家申报计划改造老旧小区1582个、楼栋27909栋、户数150649户、建筑面积1968.33万平方米、计划总投资162.57亿元；会同省发展改革委、省财政厅联合印发《关于加快推进城镇老旧小区改造工作的指导意见》，印发《云南省老旧小区改造技术导则（试行）》；委托系统公司建立城镇老旧小区改造项目信息监管系统，并组织各州（市）、各县（市、区）进行培训；分别会同省发展改革委、省财政厅下达2019年城镇老旧小区改造中央财政专项资金共计27.22亿元。截至12月底，云南省改造完成老旧小区10个、1022栋、1868户共计8.8万平方米，累计完成改造投资1.23亿元，新启动实施改造小区213个、988栋、14526户、181.52万平方米。

【城市燃气发展利用】新建燃气管网529.1公里。配合省发展改革委推进城镇燃气储气设施建设，组织开展城市燃气安全隐患排查，持续开展全省行政标准化工作，规范全省燃气经营许可审批，启动《云南省燃气管理办法》修订工作；开展"燃气下乡、美丽云南"试点，推进城镇天然气管网、液化气站等设施建设。

【地下综合管廊建设】科学有序推进城市地下综合管廊建设，国家综合管廊试点城市保山市在2019年国家绩效考核终评验收中获住房城乡建设部、财政部及专家的高度肯定和赞誉。

【园林城市建设】因地制宜开展城市增绿提质，提升城市园林景观品质和城乡人居环境。截至2019年年底，云南省城市（县城）建成区面积1902.11平方公里，建成区绿地面积67086.77公顷，建成区绿地率34.22%，绿化覆盖率38%，公园绿地面积17937.05公顷，人均公园绿地面积11.15平方米，公园绿地服务半径覆盖率72.85%。

【黑臭水体整治】2019年6月公布《地级城市黑臭水体治理攻坚战实施方案》；配套制定《云南省城市黑臭水体治理攻坚战实施方案年度实施计划与省级部门责任清单》，于2019年6月印发实施；云南省进入全国黑臭水体整治监管平台33条，严格按照国家《水污染防治行动计划》《云南省城市黑臭水体治理攻坚战实施方案》实施科学整治，指导制定"长制久清"方案，建立完善长效机制。截至2019年12月底，33条黑臭水体整治工程全部完工，达到不黑不臭；按照《财政部办公厅 住房和城乡建设部办公厅 生态环境部办公厅关于组织申报城市黑臭水体整治示范城市的通知》精神，组织昆明市（第二批）、保山市（第三批）进行黑臭水体整治示范城市申报评审，昆明市成功获批，争取中央财政专项资金4亿元。

【城市生活垃圾分类】按照《云南省城镇生活垃圾无害化处理设施建设"十三五"规划》，昆明市五华垃圾焚烧发电异地重建项目（总投资9.5亿、设计处理能力2250吨/日）建成并投入试运行；昭通市推进建设昭通中心城市生活垃圾焚烧发电厂（投资预算5.4亿、设计处理能力800吨/日、一期400吨/日）、配套飞灰填埋库建设完工并临时接收处理主城区部分生活垃圾；大理州启动建设大理市第二（海东）垃圾焚烧发电项目二期（投资预算2.57亿、设计处理能力600吨/日），完成工程初步设计方案审查；玉溪市国家建筑垃圾整治试点城市工作取得初步成效，在红塔区原华盛钢铁厂旧址规划建设建筑垃圾资源化利用示范项目1座（年处理规模50万吨、日处理规模1500吨），已取得环评批复。根据住房城乡建设部城乡建设统计2019年快报，云南省城镇生活垃圾无害化处理能力21889.76吨/日，生活垃圾无害化处理量734.21万吨，生活垃圾无害化处理率98.49%。云南省住房和城乡建设厅牵头省级15家单位起草编制了《云南省加快推进城市生活垃圾分类工作的实施方案》。

【"厕所革命"】2019年4月，在玉溪市澄江县召开全省"厕所革命"现场推进会，提出2019年"六大目标任务"；6月，开发并启用"云南省城镇公厕信息系统"，全面准确掌握工程形象进度；印发《云南省扎实推进"厕所革命"工作实施方案》《云南省城镇公共厕所改造提升技术指引（试行）》，配合完成城市公共厕所省级补助资金1.24亿元的拨付工作；11月，在红河州建水县召开云南省城镇公共厕所建设管理现场推进会，对2020年工作进行部署。

2019年，城市公厕新建、改建1001座，乡镇镇区公厕改造提升3005座，城镇建成区旱厕全面消除。

【园林城市创建】 2019年6月24日，云南省人民政府印发《云南省人民政府关于命名第九批省级园林城市园林县城的通知》，命名保山市、香格里拉市、寻甸县、陆良县、施甸县、龙陵县、牟定县、南华县、景东县、西盟县、巍山县、永平县、鹤庆县、凤庆县共2市12县为第九批省级园林城市（县城）。

村镇规划建设

【农村生活垃圾治理】 因地制宜采取"村收集、镇转运、县处理"城乡一体化和"就近处置"模式，加快推进农村生活垃圾治理。截至2019年年底，云南省乡镇镇区、村庄生活垃圾收运处置设施覆盖率分别为91%、92%，完成529个非正规垃圾堆放点整治销号，销号率91%，村庄环境卫生得到明显提升。

【美好环境与幸福生活共同缔造活动村庄试点】 根据《住房和城乡建设部关于在农村人居环境整治和建设中开展美好环境与幸福生活共同缔造试点的通知》要求，云南省开展美好环境与幸福生活共同缔造活动试点工作，并于4月5日将审查通过后的56个试点村庄名单报住房城乡建设部村镇建设司。

【省人居办工作职责调整完善】 印发《云南省提升城乡人居环境行动领导小组办公室关于调整完善领导小组办公室工作职责及成员单位职责分工等事项的通知》，对2016年8月印发的云南省提升城乡人居环境行动领导小组办公室工作职责、工作制度等进行调整。

【成立提升城乡人居环境行动专家组】 2019年7月26日，云南省提升城乡人居环境行动领导小组办公室成立云南省提升城乡人居环境行动专家组，专家组由76名成员组成。同时印发《云南省提升城乡人居环境行动专家组管理办法》。

【建立农村生活垃圾收集、转运和处置体系】 云南省住房和城乡建设厅依托省提升城乡人居环境月报信息系统建立工作台账，全面掌握各地乡镇村庄生活垃圾收集、转运和处置体系建设及运行情况；根据《住房和城乡建设部关于建立健全农村生活垃圾收集、转运和处置体系的指导意见》要求，11月21日，指导并督促各州（市）制定所辖县（市、区）收运处置体系建设和运行管理工作方案，逐步提高设施建设和运行管理水平。

【大滇西旅游环线城镇人居环境整治提升规划编制】 2019年12月11日，云南省住房和城乡建设厅召开大滇西旅游环线城镇人居环境整治提升规划编制工作推进会，安排专项规划编制相关事项。

【推进城乡人居环境行动提升】 2019年12月19日，云南省人居办召开领导小组成员单位联席会议，通报2019年工作推进情况，并研究讨论2020年工作重点。

【农村危房改造及农村环境卫生整治】 2019年2月19日至3月1日，云南省住房和城乡建设厅按16个州（市）分成5个片区成立工作组，对2019年、2020年计划脱贫摘帽县和23个农村人居环境整治示范县开展脱贫攻坚农村危房改造及农村环境卫生整治有关工作督查检查。

【传统村落保护发展】 2019年6月6日，住房城乡建设部、财政部等国家六部委局公布第五批中国传统村落名录，云南省共有93个村落列入。截至2019年年底，云南省共有708个村落列入中国传统村落名录，数量居全国第二，129个县（市、区）中109个有传统村落，传统村落县级覆盖率为84.5%。

【传统村落调研】 2019年3月14至17日，根据《国家文物局办公室关于开展避免传统村落"乱打造"问题联合调研的通知》要求，云南省住房和城乡建设厅配合国家文物局、住房城乡建设部、农业农村部，联合省文物局、省发改委、省农业农村厅共同对普洱市孟连县和澜沧县传统村落进行调研，明确"普洱市传统村落并未存在'乱打造'现象"；10月至11月，积极配合住房城乡建设部作为第三方到泸西县、孟连县、大理市、剑川县、沧源县开展《中国传统建筑的智慧》纪录片拍摄工作。

【争取中央财政资金支持】 2019年共完成94个中国传统村落保护发展规划编制工作，其中，93个为第五批中国传统村落，1个为第四批中国传统村落；6月12日，财政部下达云南省23个传统村落获中央财政资金支持6900万元。

【中国传统村落数字化建设】 按照《住房和城乡建设部办公厅关于做好中国传统村落数字博物馆优秀村落建馆工作的通知》要求，指导各地开展中国传统村落数字博物馆建馆工作，并审查各地上报云南省住房和城乡建设厅的150个村落；组织各州（市）完成云南省708个传统村落基础信息录入工作。

【历史文化名镇名村列级】 2019年1月21日，根据《住房和城乡建设部 国家文物局关于公布第七批中国历史文化名镇名村的通知》，命名通海县河西镇、凤庆县鲁史镇、姚安县光禄镇、文山市平坝镇为第七批中国历史文化名镇，命名沧源县勐角乡翁丁村、泸西县永宁乡城子村为第七批中国历史文化名村。

【传统村落申报认定】2019年6月6日，住房城乡建设部印发《住房和城乡建设部等部门关于公布第五批列入中国传统村落名录的村落名单的通知》，云南省共有93个村落列入中国传统村落名录，云南省中国传统村落总数增至708个，位居全国第二位。

标准定额

【标准定额】2019年，审查通过《云南省工程建设材料及设备价格信息数据采集及应用标准》等18部工程建设地方标准立项，完成《建筑基坑工程监测技术规程》等6部工程建设地方标准复审工作，发布《云南省民用建筑施工信息模型建模标准》等4部工程建设地方标准。向云南省政府上报与缅甸合作协议事项中涉及的工程建设标准国际化工作，协助建成老挝建设工程质量检验检测中心。《老挝混凝土结构工程建设规范（送审稿）》完成老文版编制并提交至老挝科技部标准计量司。启动编制《云南省2019版建设工程造价计价标准》，印发《〈云南省建设工程造价计价标准〉一次性补充计价子目编制工作的通知》《进一步规范云南省建设工程造价计价标准解释与造价争议协调工作的通知》《进一步加强建筑安装材料价格风险管控的通知》。完成文山州文山市、怒江州泸水市、西双版纳州景洪市、楚雄州姚安县、红河州蒙自市、普洱市等6市无障碍环境市县村镇创建申报工作。

【工程造价】截至年底，云南省共有注册造价工程师3696人，工程造价咨询企业260家（其中甲级94家、乙级166家），省外入滇备案项目登记1411项，设立分支机构53家，工程造价咨询营业收入约19亿元。

工程质量安全监督

【质量安全概况】2019年，云南省新开工项目3707项，建筑面积9241万平方米，质量安全监督覆盖率100％。云南省共评选省优质工程奖47项、安全生产标准化工地119个，获国家优质工程奖5项、鲁班奖4项、全国安全生产标准化交流项目8个。截至2019年年底，云南省住房和城乡建设主管部门监管范围内的工程项目共发生生产安全事故26起，死亡28人，全年未发生较大及以上质量和生产安全事故。

【工程质量安全】制定下发《云南省住房和城乡建设厅关于进一步加强贯彻执行〈工程质量安全手册〉的通知》《云南省房屋建筑和市政基础设施工程监理报告制度工作方案（试行）》，制定印发5万余册《云南省危险性较大的分部分项工程安全管理指南》和3万余册《云南省易地扶贫搬迁项目质量控制手册》。建成覆盖"建筑施工企业、施工人员、起重机械、施工项目、施工质量安全事故、质量安全监管机构及人员"等六位一体的"云南省建设工程质量安全监督管理信息系统"，初步实现"数据一个库、监管一张网、管理一条线"工程安全质量监管目标。2019年，使用"云南省建设工程质量安全监督管理信息系统"的企业达7283家，监管项目8593个、起重机械1.04万台，安全生产许可证办件量1009件，专职安全生产管理人员办件量4.53万件，特种作业人员（塔式起重机司机、司索信号工）办件量6770件。持续开展安全文明标准化工地创建活动，全年共创建省级安全文明标准化工地119个。下发《云南省住房和城乡建设厅关于开展2019年度省级工程质量管理标准化示范项目和安全生产标准化工地创建工作的通知》，组织创建省级工程质量管理标准化示范项目50个。云南省新建工程签署质量终身责任承诺书覆盖率100％，竣工工程设立永久性标牌覆盖率99％。全年抽查在建工程项目144个，下发执法建议书26份、隐患整改通知书64份，及时消除安全隐患2万余条，确保云南省房屋市政工程质量和安全。

建筑市场

【建筑业概况】2019年，云南省完成建筑业总产值6122.09亿元，同比增长12.2％；完成建筑业增加值2664.64亿元，不变价增长10％；占全省GDP比重11.5％，对GDP增长贡献率13.6％，拉动GDP增长1.1个百分点；贡献税收310亿元，同比增长24％。

【勘察设计】截至12月底，云南省共有勘察设计企业888家，其中勘察甲级27家，设计甲级89家。共有全国一级注册建筑师466人、二级注册建筑师547人；勘察设计工程师1723人、二级注册结构工程师225人。完成初步设计审查70项。完成施工图审查5724个项目，建筑面积14015.27万平方米。完成绿色建筑审查2186项，建筑面积7160.7万平方米；太阳能应用审查集热面积188.49万平方米。云南省建筑设计能力与全省经济社会和建筑业发展需求基本相适应。

【施工图审查多审合一】自2019年4月1日起，在云南省内实现消防、人防等专项设计审查并入房屋建筑和市政基础设施工程施工图设计文件审查。截至2019年12月底，以"多审合一"方式完成施工图审查项目4360个，建筑面积11212.63万平方米。

【勘察设计清理挂证】2018年12月1日至2019年12月底，清理挂证规范行业市场秩序。勘察设计建筑师和工程师一级注销注册267人，变更注册557人；二级注销注册98人，变更注册87人。

【勘察质量信息化监管】按照住房城乡建设部勘察质量信息化管理试点工作要求，完成云南省土工试验和勘察钻探信息化监管工作，当年采集土工试验数据项目8098个（土样487137个、水样11193个、岩样34716个），现场钻探项目5768个，钻孔239495个，行业管理能力明显提升。

【建设工程消防】2019年7月成立建设工程消防处，指导建设工程消防设计审查、消防验收及消防备案、抽查工作。截至2019年12月，云南省有6个州（市）级新增行政编制专职人员7名、事业编制30名。云南省共受理建设工程消防设计审查项目4184个，办结4184个，办结率100%；受理建设工程消防验收项目1909个，办结1479个，办结率77.5%；受理建设工程消防备案项目536个，办结464个，办结率86.6%，社会面零投诉。

【招投标监管】截至2019年12月31日，2019年云南省级共办理房屋建筑和市政基础设施工程报建112个，总投资608.53亿元，其中政府投资199.08亿元；总建设规模9883.77万平方米。办理招标备案549个，其中公开招标524个，公开招标率95.4%；办理招标文件备案606个，发布招标公告、中标候选人公示559个，招投标情况报告书备案513个，合同备案442个，中标金额331.91亿元。

【施工许可管理】深化"放管服"改革，施工许可证核发的法定行政审批时限从15个工作日修改为7个工作日，承诺时限缩减至3个工作日。截至12月31日，2019年省级共发放施工许可证46个，合同总价46.04亿元，总许可面积162.15万平方米。

【建筑企业和从业人员管理】2019年，云南省新增特级资质企业1家，住房城乡建设部核发资质20项（总承包一级资质14项、专业承包一级资质3项、机场类资质3项）；省级审批施工企业资质1285家次，入滇登记企业2933家次，工法评审114项；直接从事建筑业活动的从业人员平均人数181.4万余人，同比增长约3.8%。截至2019年年底，全省建筑施工企业8773家，包括特级10家（12项）、一级494家、二级2732家；监理企业185家、检测企业209家、勘察设计企业870家。首次承接并顺利完成2019年度云南省二级建造师执业资格考试，全省共有注册建造师4.5万人，各类培训、注册、变更8万人次，完成"挂证"人员整改3.2万人次。

【建筑企业省外发展】2019年，云南省建筑企业在省外完成产值527.5亿元，同比增长36.5%；境外承包工程新签合同18份，合同额15.32亿美元，同比增长7.5%。

【农民工工资】2019年协调处理拖欠农民工工资事件118件，涉及人员3295人，解决农民工工资2.14亿元；积极推动农民工工资保证金试点工作。

【招投标从业人管培】严格评标专家考评，2019年新入库99人，退库24人，共有专家2159人。加大招投标相关人员培训力度，依托招投标行业协会举办从业人员培训4期共1200余人、举办评标专家培训1期共106人；《全过程工程咨询指导意见》解读及招投标管理培训187人。

【推行保证保险】截至2019年四季度，云南省工程投标保证金保险业务总计28382笔，承保项目2343个，为2832家企业提供总保额73.69亿元的投标保证金担保；工程履约保证金保险业务566笔，承保项目543个，为395家建筑企业提供总保额17.84亿元的履约保证金担保，共为企业节约财务成本约1.92亿元。

建筑节能与科技

【节能建筑】2019年，云南省新建建筑全面执行节能强制性标准，设计、施工执行率均达100%。按照国家建筑能效提升工作要求，启动修订《云南省民用建筑节能设计标准》。印发《云南省推进既有建筑节能改造的指导意见》，编制《云南省既有居住建筑节能改造指南》，依托城市老旧小区改造同步实施既有居住建筑节能改造。启动编制《云南省太阳能（热水系统）一体化建筑优秀示范工程案例集》、《云南省太阳能一体化建筑评价标准》及技术导则。

【绿色建筑】2019年，将云南省州（市）政府所在地全面执行绿色建筑标准纳入《云南省打赢蓝天保卫战三年行动实施方案》和《云南省打赢蓝天保卫战三年行动实施方案重点攻坚任务完成情况考评标准》。截至2019年12月底，全省16个州（市）均已出台进一步加强绿色建筑工作的文件，全省设计阶段绿色建筑占新建建筑面积比重达51.5%。玉溪市、普洱市、楚雄市和大理市4个城市成功申报2019年住房和城乡建设部科学技术计划项目——绿色城市。启动编制《云南省绿色建筑适用技术推广目录》和《云南省绿色装配式建筑"四新"与建材推广目录》。2019年9月，组织召开2019年度云南省住房和城乡建设领域能耗"双控"工作业务培训会议，各州（市）住房和城乡建设局和滇中新区规划建设管理部以及州（市）政府所在地住房和城乡建设局共120人参加培训。

【绿色建材】2019年全省新增绿色建材评价标识证书20张（全省累计38张，其中预拌混凝土36张、砌体材料2张）；绿色预拌混凝土产量1166.50万立方米，云南省获绿色建材评价标识的预拌混凝土产量占预拌混凝土总产量比重超过20%。

【装配式建筑】2019年，云南省住房和城乡建设厅批准省级装配式建筑科技计划项目7个（累计23个），建立可推广应用的装配式混凝土建筑技术体系，在编《云南省装配式混凝土剪力墙住宅建筑技术体系及操作指南》。批准省级装配式建筑产业基地7个（累计22个），组织申报第二批国家级装配式建筑示范城市和产业基地。联合省发展改革委等七部门印发《云南省绿色装配式建筑及产业发展规划（2019—2025年）》，2019年新开工装配式建筑面积465万平方米。2019年1月和8月，先后两次举办省级装配式建筑示范工程现场观摩会，各州（市）住房和城乡建设局以及建设、设计、生产、施工、监理等相关单位近600人参与观摩。2019年11月，指导主办单位云南省建筑节能协会成功举办"云南省第一届装配式建筑职业技能竞赛"，选拔优秀队伍代表云南参加2019年中国技能大赛——"碧桂园杯"第二届全国装配式建筑职业技能竞赛。

【建设科技】组织云南省住房城乡建设系统申报2019年住房城乡建设部科技计划项目，共推荐上报31个项目，有16个项目列入了住房城乡建设部2019年科学技术计划。组织开发云南省绿色装配式建筑"四新"与建材推广目录信息系统和云南省绿色装配式建筑评价认定审核信息系统，云南省建筑节能信息服务平台提升获省级财政节能降耗专项资金支持。受住房城乡建设部委托，组织完成"云南滇中新区智慧管廊一期工程"等4个科技计划项目验收。

防震减灾与恢复重建

【推进城市抗震防灾专项规划编制实施】编制印发《云南省城市抗震防灾规划编制技术导则（试行）》，争取省财政补助资金920万元，组织推进昆明市、嵩明县等49个位于抗震设防烈度8度及地震重点危险区范围内城市、县城编制城市抗震防灾规划，推动构建良好防灾功能城镇布局。

【建筑工程抗震设防管理】2019年云南省受理审批抗震设防专项审查1163个项目、1617个单体，其中省级受理审批65个项目、156个单体，按时办结率100%，受理投诉为零。11月在昆明组织举办城市抗震防灾规划编制实施及抗震设防管理培训班，16个州、市住房和城乡建设局抗震防震科（办）负责人，工程质量监督站负责人，建筑工程抗震设防专项审查专家委员会专家代表，东川、澜沧等位于高烈度设防区（8度及以上）、地震重点危险区的74县（市、区）住房和城乡建设局抗震防震股（办）负责人及第二批城市抗震防灾规划编制单位项目技术负责人等180余人参加培训。

【隔震减震技术研发应用】完成"装配式建筑隔震减震技术研究"课题研究及成果转化应用；"装配式隔震节点和装配式消能子框架抗震性能研究""高烈度区复杂超高层连体结构减震措施试验研究"2个课题列入住房城乡建设部2019年科学技术计划立项。组织编制《建筑消能减震技术应用规程》《抗震支吊架性能检验、施工及验收标准》《隔震构造详图标准图集》。2019年云南省应用减隔技术项目（设计阶段）719项、1012个单体、821万平方米（其中隔震建筑339个项目、464个单体、347万平方米，减震建筑380个项目、548个单体、474万平方米），居全国首位。

【地震应急管理】2019年5月，在大理市举办2019年度云南省住房城乡建设系统抗震救灾应急演练。修订《云南省住房城乡建设系统地震应急预案》，编制地震应急处置工作手册，推进应急指挥平台建设等地震应急处置准备工作。

【"11·03"金沙江干流白格堰塞湖灾后恢复重建】截至2019年年底，共下达中央和省级补助资金16.44亿元（省级6.37亿元，中央10.07亿元），灾区1254户民房恢复重建全面完成，水毁农田复垦34445亩，农业生产全面恢复，基础设施提升项目有序推进，受灾群众居住条件明显改善，人居环境大幅提升，电力通信、水利交通等基础设施水平持续提升。

人事教育

【机构编制管理】2019年1月，根据云编办〔2019〕2号文件，撤销省住房城乡建设厅机关科技处和标准定额处，设立"科技与标准定额处"和"名城处"。2019年7月，根据云编办〔2019〕66号文件，设立建设工程消防处，为正处级内设机构，核增处级领导职数 2 名（1 正 1 副）；核增行政编制 1 名。

【干部培养】报经省委组织部批准，2019 年选拔任用处级领导干部 37 名，选派 3 名干部到省外挂职锻炼、3 名干部到省委和省政府机关跟班学习、2 名同志参加省委下派脱贫攻坚工作队；完成 63 名干部晋职晋级工作，完成 38 名干部轮岗交流，接收 4 名选调生、3 名军转干部、1 名退役士兵。选派 10 名同志到挂包帮扶贫点进行锻炼。

【教育培训】认真贯彻《干部教育培训工作条例》，依托省委党校、行政干部学院、省级机关党校、住房城乡建设部干部学院（全国市长研修学院）等培训平台，采取走出去、请进来、网络培训等方式。做好干部教育培训工作。全年厅级领导干部参加云南省领导干部学习贯彻习近平新时代中国特色社会主义思想和党的十九大精神研讨班 2 人次。142 名干部参加干部在线学习。选派 6 名干部参加全省正处级公务员任职培训班、全省副处级公务员任职培训班等调训；选派 3 名干部参加 2019 年度厅级领导出省培训，选派 30 名同志参加干部专题研修。

【职称评审】组织开展建筑工程系列职称评审工作。2019 年圆满完成 3 批次共计 7498 人职称评审工作。

【劳动保障管理】确定新录用人员工资及职务变动人员、工作调动人员晋升工资事宜；完成厅机关及厅属事业单位接收军队转业干部和退役士兵 4 人、新录用 10 人、转正定级 2 人、职务（岗位）变动 78 人、调入（出）14 人、退休 8 人、死亡 6 人的工资确定、转移及养老金、一次性丧葬抚恤金的核定等工作。

大事记

1 月

21 日　省住房城乡建设厅召开 2019 年贫困退出摘帽县农村危房改造工作座谈会及政策技术培训会。厅党组书记、厅长马永福全面总结 2018 年度农危改工作，安排部署下一步工作。

29 日　在云南省两会首次开辟的"厅局长通道"上，省住房城乡建设厅党组书记、厅长马永福回应昆明、大理、西双版纳房价持续上涨等热点问题，并介绍住房保障体系建设，通过加强棚户区改造工程、老旧小区改造、建设保障性安居工程、发放住房补贴等措施解决中低收入人群基本住房等问题。

2 月

14 日　省党风廉政建设责任制第二检查考核组副组长、省委第三巡视组副组长杨春华，第二检查考核组副组长、省纪委省监委第三纪检监察监督室主任师红梅一行到省住房城乡建设厅进行 2018 年度落实党风廉政建设责任制情况实地检查考核。省住房城乡建设厅党组书记、厅长马永福主持检查考核汇报会并报告工作情况。

15 日　云南省 2019 年度住房城乡建设工作会议暨党风廉政建设会议在昆明召开，共 106 人参加会议。厅党组书记、厅长马永福出席会议并作了工作报告，厅党组成员、副厅长赵志勇主持会议。

3 月

6—7 日　省住房城乡建设厅党组书记、厅长马永福到定点扶贫点普洱市江城县调研脱贫攻坚工作。

20 日　省住房城乡建设厅召开干部大会，通报本部门坚决贯彻落实中央及省委关于深化党和国家机构改革工作和相关干部人事调整情况。厅党组书记、厅长马永福出席会议作情况通报并讲授专题党课。

4 月

12 日　省住房城乡建设厅举办学习 2019 年全国"两会"精神"微党课""微讲堂"（简称"双微"）竞赛，由 7 个党支部进行"双微"分享展示。厅党组书记、厅长马永福出席会议。

16 日　副省长张国华召开办公会，专题研究云南省开展工程建设项目审批制度改革工作，省住房城乡建设厅厅长马永福汇报工作，副厅长蔡葵、省政府办公厅副主任、省政务服务管理局局长尹燕祥分别补充汇报。

18 日上午、22 日下午　省政府办公厅组织参加全国工程建设项目审批制度改革视频培训。

22 日　云南省脱贫攻坚农村危房改造现场推进会在曲靖市师宗县召开。副省长张国华出席会议并讲话，省住房城乡建设厅厅长马永福通报了全省农村危房改造工作推进情况。

24 日　云南省"厕所革命"现场推进会在玉溪市澄江县召开。副省长张国华出席会议并讲话，省住房城乡建设厅厅长马永福通报了全省厕所革命工作推进情况。

5 月

8 日下午　省住房城乡建设厅党组书记、厅长马永福带领调研组赴安宁市就"两污"设施建设、市容市貌整治、"厕所革命"、旧城改造等工作进行调研。

31 日　省住房城乡建设厅召开党组理论学习中心组第 3 次专题学习（研讨）会议，深入学习习近平总书记关于新时代好干部标准的重要论述，专题研讨新修订的《党政领导干部选拔任用工作条例》。厅党组书记、厅长马永福主持会议并讲话。

6月

11日　省住房城乡建设厅召开厅党组2019年度第27次（扩大）会议，审议通过《中共云南省住房和城乡建设厅党组关于开展"不忘初心、牢记使命"主题教育的实施方案》，提出全厅贯彻落实意见。随后，召开省住房城乡建设厅"不忘初心、牢记使命"主题教育工作会议。

24日　云南省人民政府召开全省工程建设项目审批制度改革工作电视电话会议，副省长张国华就贯彻落实全国工程建设项目审批制度改革工作电视电话会议精神，抓好全省工程建设项目审批制度改革作讲话。省住房城乡建设厅厅长马永福、省自然资源厅厅长刘佳晨、省政府办公厅副主任兼省政务服务管理局局长尹燕祥在主会场汇报改革工作进展情况。各州市、县（市、区）设立分会场，全省共计6328人参会。

7月

1日　省住房城乡建设厅举办"不忘初心、牢记使命"主题教育第二次集中学习读书班专题研讨暨厅党组理论学习中心组2019年第4次专题学习。厅党组书记、厅长、厅主题教育领导小组组长马永福主持会议并讲话。省委主题教育第八巡回指导组组长张海翔、成员湛方栋到会指导。

12日　省住房城乡建设厅党组班子聚焦建筑业和房地产业，组织开展"不忘初心、牢记使命"主题教育集中调研。厅党组书记、厅长、厅主题教育领导小组组长马永福带队赴云南建投集团承建的碧桂映象北城一期项目施工现场、昆明万科房地产开发有限公司开发建设的万科500里项目调研。

12日　省住房城乡建设厅与建设银行云南省分行签订《全面战略合作协议》。

23—24日　省住房城乡建设厅党组书记、厅长马永福到西双版纳州磨憨—磨丁经济合作区、勐腊县、景洪市勐罕镇曼远村等基层一线，围绕"全面提升城乡人居环境，补齐城市基础设施建设'短板'"的主题开展为期2天的专题调查研究。

22—27日　省住房城乡建设厅会同省发展改革委，配合国家委派专家组织专家复查组，对昆明市、丽江市节水工作进行现场复查考核。

8月

1日　副省长张国华赴昆明市盘龙区、官渡区、西山区、呈贡区等地，围绕生活垃圾分类、老旧小区改造、"厕所革命"等城市精细化管理工作，开展"不忘初心、牢记使命"主题教育活动调研，省人民政府副秘书长蒋兴明、省住房城乡建设厅厅长马永福等领导陪同调研。

12日　省人民政府党组成员、副省长张国华到省住房城乡建设厅检查指导工作，围绕"不忘初心、牢记使命，努力为云南各族人民谋幸福而不懈奋斗"主题，为全厅党员干部讲授专题党课。厅党组书记、厅长马永福主持会议。

21日　省住房城乡建设厅召开2019年建筑工程、建材工程高级专业技术职务评委全会。

9月

26日　省住房城乡建设厅党组召开"不忘初心、牢记使命"主题教育总结会。厅党组书记、厅长、主题教育领导小组组长马永福主持会议并讲话。

27日　省住房城乡建设厅与华夏银行昆明分行全面战略合作会商暨协议签约仪式在昆明举行。

10月

11日　副省长、省工程建设项目审批制度改革工作领导小组副组长张国华主持召开云南省工程建设项目审批制度改革工作领导小组会议。

12日　厅党组书记、厅长马永福主持召开省住房城乡建设厅2019年第38次党组（扩大）会议，传达学习习近平总书记在庆祝中华人民共和国成立70周年大会和在中央政治局第十七次集体学习时的重要讲话精神，传达学习近期省委常委会（扩大）会议、省政府党组（扩大）会议和省委有关文件精神，研究部署有关工作。

23日　省政协副主席喻顶成带领省政协提案办理第二视察组到省住房城乡建设厅开展提案办理工作视察。厅党组书记、厅长马永福汇报了省政协十二届二次会议提案办理情况，介绍全省住房城乡建设重点工作开展情况。

29日　云南省人民政府新闻办举行省工程建设项目审批制度改革推进情况新闻发布会。

11月

12日　省住房城乡建设厅在厅机关与迪庆州人民政府举行交流座谈。就城市基础设施建设，棚户区、老旧小区和农村危房改造，城乡人居环境提升，历史文化名城创建等工作进行交流。

25日下午　省住房城乡建设厅邀请省人大、省政府、省政协有关部门，部分省人大代表、省政协委员、九三学社云南省委、民建云南省委、农工党云南省委、民进云南省委等民主党派举行专题座谈，从10个方面通报了全省住房城乡建设工作开展情况，明确了2020年重点推进的11项重点工作。

22日　省住房城乡建设厅召开全省城乡特色风貌提升及传统村落工作专题会议，厅党组书记、厅长马永福主持会议并讲话。

12月

4日　省住房城乡建设厅召开综治维稳工作领导小组会议，厅党组书记、厅长、综治维稳工作领导小组组长马永福主持会议。

4日　省住房城乡建设厅扶贫工作领导小组组长、厅党组书记、厅长马永福主持召开定点扶贫工作专题会议。

5日　厅党组书记、厅长马永福主持召开省住房城乡建设厅2019年第6次厅务会议。会议听取了22个厅机关处室和3个厅属单位关于2019年工作完成情况和2020年工作计划的汇报，分管厅领导对口进行点评。

24日　省第二检查考核组组长、省委组织部副部长、省人力资源和社会保障厅党组书记、厅长杨榆坚带领第二检查考核组对省住房城乡建设厅对党风廉政建设责任制及领导班子和领导干部进行年度考核。省住房城乡建设厅党组书记、厅长马永福主持检查考核汇报会并报告工作情况。

（云南省住房和城乡建设厅）

西 藏 自 治 区

概况

西藏自治区始终坚持以习近平新时代中国特色社会主义思想为指导，贯彻落实习近平总书记治边稳藏重要论述和对住房城乡建设工作的重要指示精神，坚决贯彻落实党中央和区党委决策部署，坚持把改善民生、凝聚人心作为一切工作的出发点和落脚点，以正确处理好"十三对关系"为根本方法，沉着应对风险挑战。全区住房城乡建设领域完成投资超200亿元，为年初计划投资的1.45倍；完成建筑业增加值503.9亿元，较上一年增长7.5%。如期完成建档立卡等4类重点对象危房改造，全面落实住房安全保障要求，垃圾污水治理取得新成效，边境小康村建设加快推进，有力服务经济发展、生态文明建设、民生改善和边防巩固等工作大局，用住建事业新发展践行"两个维护"。

城乡建设与规划

【加强顶层规划设计】根据自治区部署，突出城乡协调发展、"三大攻坚战"、乡村振兴、巩固边防等，着力完善城乡基础设施和住房保障体系建设，促进城乡融合发展及农牧区清洁能源推广利用，研究谋划"十四五"住房城乡建设规划，全面梳理"十四五"重大项目和重大政策，申报3247亿元重大项目盘子，编制《西藏城乡融合高质量发展项目建议书》《西藏自治区农牧区清洁能源推广利用项目建设方案》等。牢牢把握有利发展机遇，厅主要领导带队赴住房城乡建设部汇报，积极争取支持，努力补足自治区住房城乡建设发展短板。

【不断完善城镇基础设施】2019年城镇基础设施完成投资32.9亿元。其中，市政道路桥梁完成投资6.51亿元，供水及排水防涝完成投资1.54亿元，地下综合管廊完成投资1.7亿元，城镇供暖完成投资5.55亿元，县城基础设施整体推进项目完成投资3.94亿元，公园绿化完成投资1.35亿元，城镇污水垃圾处理设施完成投资11.97亿元，乡镇基础设施完成投资0.34亿元。全区共建成79座自来水厂，设市城市公共供水普及率达94.75%，县城及以上城镇公共供水普及率达87.63%；拉萨、那曲、阿里、林芝（一期试点）4个地市所在地、13个县城、68个乡镇大院实现供暖，全区供暖总面积达3000余万平方米；加快完善城镇路网系统，累计新建市政道路196公里、新建市政桥梁4座；共建成36.54公里地下综合管廊、153个公园，城市建成区绿地率达35.33%；已建成55个应急疏散场所，总面积93万平方米。城镇综合承载力和辐射带动作用不断增强，全区城镇化率达31.5%，城镇人口超过110万人，建成区面积达323平方公里。

【推进城镇垃圾污水处理设施建设】2019年开工建设31个生活垃圾处理设施项目，完成投资1.85亿元，县城以上生活垃圾处理设施基本实现全覆盖，县城及以上城镇生活垃圾无害化处理率达96.76%。

2019年开工建设56个污水处理设施,完成投资10.06亿元。印发《西藏自治区城镇污水处理提质增效三年行动方案（2019—2021）》,安排3929万元用于拉萨市娘热乡、夺底乡污水管网建设。全区共建成运行18座污水处理厂,建成试运行14座污水处理厂,日污水处理能力达35.65万吨,县城及以上城镇污水集中处理率达75.4%。

【积极开展工艺研究论证】 落实资金900万元,用于墨竹工卡等县开展"预处理+人工湿地"污水处理试点项目和小型生活垃圾低温裂解焚烧试点项目；在10个县城供暖项目采用清洁能源,山南市浪卡子县太阳能集中供暖试点已建成投入运行。编制《西藏自治区民用供氧工程设计标准》《高寒高海拔地区城镇给水工程设计规范》等,指导自治区城镇供水、供暖等工程建设。

【启动生活垃圾分类工作】 印发《关于在全区地级市全面启动生活垃圾分类工作的通知》,在党政机关、事业单位等公共机构推行生活垃圾分类试点。积极协调财政和发展改革等部门落实资金1.12亿元支持拉萨市建设生活垃圾分类处理配套设施及日喀则市生活垃圾填埋场的扩建和餐厨垃圾处理设施项目建设。

【深入推进"厕所革命"】 引入免水可冲、微生物降解等工艺技术,结合当地自然条件科学施工,1938座厕所已全部开工建设,完工1909座,投用1441座。

【促进绿色建筑发展】 出台《西藏自治区高原装配式建筑发展专项规划（2018—2025年）》《西藏自治区高原装配式钢结构建筑技术标准》等。在边境地区小康村建设、高海拔生态搬迁安置等项目中推广采用装配式钢结构建筑。编制《西藏自治区建筑石材应用技术导则》,印发《西藏自治区住房和城乡建设厅关于推进我区建筑石材开发利用的通知》,促进本地建材推广应用。2019年全区绿色建筑面积达810万平方米,绿色建筑面积占城镇新建建筑面积55.26%,同比增长20%。

【加快环保督察整改】 严格落实"党政同责、一岗双责",狠抓中央环保督察整改落实工作。目前已完成所有短期整改任务,长期整改任务均达到时序进度要求。

房地产开发经营

全区共有房地产企业656家。2019年,全区房地产行业完成投资125亿元,较2018年同期增长27.29%。在建房地产开发项目187个,建设规模达1242万平方米,自治区房地产市场运行总体平稳。2019年,建筑业增加值503.9亿元,较上一年增加7.5%。区内共有建设类企业2648家、农牧民施工队1474家。120家央企和区外大型建筑企业设立独立法人子公司办理资质,落户西藏。

保障性住房建设

2019年,全区基本建成保障性住房2.95万套,完成投资35.45亿元。发放租赁补贴0.73万户、1.08万人。2500名环卫工人、公交司机等得到保障,城镇低收入住房困难家庭实现应保尽保。拉萨、林芝、昌都试点上线西藏公共租赁住房管理信息系统,实现精准配置、科学管理。深入整治违规占用周转住房,制定印发清理整治方案,组织开展自查与核查,全区共清退违规占用周转房3708套,进一步规范周转房管理。

建筑市场管理、工程质量和安全生产监督

【扫黑除恶专项斗争取得阶段性成果】 认真贯彻落实中央和区党委关于扫黑除恶部署要求,深入开展住房城乡建设领域扫黑除恶专项斗争,主动认领中央扫黑除恶第13督导组反馈问题,制定《西藏自治区住房和城乡建设厅落实中央扫黑除恶第13督导组第一阶段反馈问题整改方案》《关于进一步摸排全区住房城乡建设领域涉黑涉恶线索的工作方案》和《西藏自治区关于工程建设领域强买强卖砂石等建材和行业乱象问题专项整治工作方案》等方案,并贯彻落实。共收到中央督导组转办线索19件,已全部办理完毕。

【深入开展综合督查检查】 制定《自治区住房和城乡建设厅组织开展2019年度督查检查考核工作方案》,围绕推进重点项目建设、拖欠农牧民工工资、农村危房改造等开展督导检查,督促落实各地市住房城乡建设部门、施工单位等五方主体责任,强化建筑施工企业安全生产监管,整治建筑施工领域突出问题。共下发整改通知15份,执法建议书6份,对7家施工企业、监理企业信息进行锁定。各级住房城乡建设部门共开展房屋建筑和市政基础设施监督执法检查2535次,检查工程1710项,下发监督执法检查整改单632份。住房城乡建设领域安全生产事故起数、死亡人数连续3年呈下降趋势。

抗震减灾工程

2019年全区施工图审查机构共审查项目1976个,其中房屋建筑1828个,建设规模为8047009.74

平方米，设计概算投资 2642204.54 万元；市政工程项目 148 个，设计概算投资 384282.18 万元。根据《住房城乡建设领域督查检查考核工作方案》要求，于 2019 年 9 月 12—22 日，开展对全区施工图审查机构监督检查工作，为完善下一步灾后评估及抗震等工作积累经验。出台《西藏自治区农牧民居住建筑抗震技术导则（试行）》《西藏自治区农牧区住房设计图集》等，指导各地市加强农房设计与抗震加固。

维护稳定及化解风险

【加强行业维稳反恐工作】区住房城乡建设厅全面落实区党委关于维护社会稳定、保一方平安的各项部署，树牢总体国家安全观，坚决扛起维护稳定这一硬任务和第一责任，严格落实维稳措施，抓好全国"两会"、中央重要会议和重大活动等关键时段、敏感节点维稳各项工作，推动"平安单位"创建工作。深入贯彻落实《住房和城乡建设部 2019 年反恐怖工作要点》《关于切实做好 2019 年春节、藏历新年期间全区住房城乡建设系统维稳反恐和安全生产相关工作的通知》《关于印发〈西藏自治区住房城乡建设厅系统 2019 年"三月敏感期"维稳反恐工作方案〉的通知》，指导督促各地市城管部门严格执行《城市供水行业反恐怖防范工作标准》《城镇燃气行业反恐怖防范工作标准》《城镇供热行业反恐怖防范工作标准》，加强制度建设，落实主体责任，保障供水、供气、供热等设施安全运行。督促各物业服务企业加强对各小区公共设施管理，加强安全防范措施。充分发挥城市管理数字化平台作用，加强对人员密集、问题多发的重点场所、区域的监控，提高巡查频率，及时消除安全隐患，营造安全、稳定、和谐的城市发展环境。

【防范化解住房城乡建设领域重大风险】坚持"房住不炒"的定位，督促地方政府落实房地产监管主体责任，因城施策落实中央和自治区稳地价、稳房价、稳预期的长效管理调控机制，促进房地产业健康平稳发展。加大建筑领域安全生产和工程质量安全监管力度，督促落实建筑工程五方主体责任，确保房屋市政工程质量安全。加强行业应急管理工作，防范洪涝地质灾害。认真贯彻落实《中国共产党信访工作条例》，坚持和发展新时代"枫桥经验"，按照重点问题要防、难点问题要盯、热点问题要疏、一般问题要复的原则，认真排查住房城乡建设领域矛盾纠纷隐患，依法按政策主动化解拖欠农民工工资、企业账款等涉及群众切身利益、社会和谐稳定的信访突出问题。

乡村振兴与边境建设

【加强边境小康村建设】深入贯彻落实习近平总书记给隆子县玉麦乡群众回信精神，指导山南市完成玉麦小康乡规划编制建设等工作，玉麦边境小康乡已竣工，56 户农牧民迁入新居。认真梳理边境城镇污水垃圾处理及供水设施建设项目 432 个，按照分批推进、有序实施原则，完成先期启动的 73 个污水垃圾处理和供水设施项目可研报告编制与技术评审工作。组织专家完成 623 个边境村庄规划技术审查。边境小康村新建住房面积 87.33 万平方米，改扩建住房面积 180.32 万平方米；开工建设村内道路 420 公里，蓄水池 218 座，给排水管网 742 公里，防洪堤 88 公里，当地农牧民群众居住条件得到改善。

【推进农牧区人居环境综合整治】落实政府专项债券和中央财政专项资金 11 亿元，实施 20 县（区）14 个乡镇的污水处理设施和 1 个地市、3 个县城、11 个乡镇垃圾处理设施建设。制定印发《西藏自治区村庄建设规划技术导则（试行）》《西藏自治区村庄综合整治技术导则（试行）》等，进一步规范和指导村庄建设规划。

【推进特色小城镇建设】2016 年启动 26 个特色小城镇示范点建设，截至 2019 年年底，全区已有 25 个特色小城镇示范点初见成效，完成投资达 89 余亿元，形成房屋、市政道路、垃圾、污水等配套设施齐全的特色小城镇。发挥城镇集聚带动作用，为城乡融合发展积累经验。

【推动历史文化建筑传统村落保护】2019 年，定结县陈塘镇、贡嘎县杰德秀镇、札达县托林镇三个城镇获批国家历史文化名镇。截至 2019 年年底，全区共有国家级历史文化名城 3 座，历史文化名镇 5 座，历史文化名村 4 个。安排专项经费 38.28 万元，组织各地市开展全区历史街区划定和历史建筑确定工作，全区共申报 5 个历史街区和 291 座历史建筑。16 个村落列入中国传统村落名录。

住房公积金管理

【公积金各项业务指标】缴存：2019 年，新开户单位 653 家，实缴单位 4792 家，净增单位 436 家；新开户职工 4.23 万人，实缴职工 35.37 万人，净增职工 3.45 万人；缴存额 98.91 亿元，同比增长 7.73%。2019 年末，缴存总额 598.06 亿元，较上年末增加 19.82%；缴存余额 300.83 亿元，较上年末增加 18.33%。

提取：2019 年，提取额 52.32 亿元，同比增长

10.14%；占当年缴存额52.9%，较上年增加（减少）10个百分点。2019年末，提取总额297.23亿元，较上年末增加21.37%。

个人住房贷款：2019年，发放个人住房贷款1.06万笔65.74亿元，同比增长4.95%、16.19%。回收个人住房贷款28.29亿元。2019年末，累计发放个人住房贷款9.16万笔348.90亿元，贷款余额209.08亿元，分别较上年末增加13.11%、23.22%、21.83%。个人住房贷款余额占缴存余额69.51%，较上年末增加2个百分点。

增值收益：2019年，增值收益13585.43万元，同比下降3.25%；增值收益率0.20%，较上年减少0.40个百分点。

【资金运营管理】业务收入：2019年，业务收入57859.74万元，同比增长13.08%。其中，存款利息20372.46万元，委托贷款利息37366.65万元，其他120.63万元。

业务支出：2019年，业务支出44767.26万元，同比增长20.59%。其中，支付职工住房公积金利息43009.85万元，委托贷款手续费1755.09万元，其他2.32万元。

管理费用支出：2019年，管理费用支出1074.84万元，同比增长80.85%。其中，人员经费157.64万元，公用经费76.47万元，专项经费840.46万元。

【资产风险状况】2019年末，个人住房贷款逾期额7361.73万元，逾期率3.52‰。2019年，提取个人贷款风险准备金8151.26万元，使用个人贷款风险准备金核销呆坏账0元。2019年末，个人贷款风险准备金余额48347.75万元，占个人贷款余额2.30%，个人贷款逾期额与个人贷款风险准备金余额比率为15.23%。

【信息化建设】按照加快推进"互联网＋政务服务"的要求，积极推进"互联网＋公积金"服务，全区一体的西藏住房公积金综合服务平台于2019年10月上线，缴存单位和职工可通过微信公众号、手机APP、网站等渠道办理公积金缴存、提取、贷款、查询等业务。提取住房公积金贷款上一年度还款本息高频事项和离退休、终止劳动关系提取"零材料"实现不见面办结；购房提取、贷款网上申报见一次面办结。实现住房公积金管理使用"更便捷"、服务"更智能"、运行"更安全"的目标，为自治区缴存职工特别是县（乡）职工提供高效便利服务。

（西藏自治区住房和城乡建设厅）

陕 西 省

概况

2019年，陕西省住房城乡建设厅持续完善住房保障和住房市场体系，房地产市场保持平稳运行；着力补齐城市发展短板和弱项，提升城市建设管理水平；继续推进小城镇建设，助推乡村振兴，农村危房改造成效显著；深化建筑业改革发展，促进建筑业转型升级，推进技术创新应用和绿色发展；严格落实中央决策部署，全面完成机构改革各项任务，脱贫攻坚、管理执法体制改革成效显著。陕西省住房城乡建设厅被省委、省政府表彰为"2019年度目标责任考核优秀单位"；被省委办公厅、省政府办公厅通报为2019年脱贫攻坚工作成效考核"综合评价好的部门"；被省政府办公厅通报为2019年度全省政务公开工作第三方评估优秀单位行列。

法规建设

【"放管服"改革】印发《关于贯彻落实全国放管服改革电视电话会议重点任务分工的通知》，与14个四类功能区签订省级行政管理事项委托书。自贸试验区全面推行"证照分离"改革全覆盖试点。转发省政府办公厅《关于印发优化提升营商环境2019年工作要点的通知》。对与《外商投资法》不相符地方性法规、政府规章和行政规范性文件进行清理。完善《市场准入负面清单（2019年版）》、"互联网＋监管"清单、投资审批管理事项清单、涉秦岭区域产业准入清单和墙改中心权责清单。

【法治政府建设】印发《陕西省住房和城乡建设厅2019年法治政府建设工作要点》，召开法治政府建设专题推进会，制定《省住建厅全面推行行政执法公示制度执法全过程记录制度重大执法决定法制审核制度的实施方案》，对现行有效的涉及民营经济发展和政府投资的省政府规章和规范性文件进行清理，对2件规范性文件进行合法性审查并及时报备，对行政处罚案件处罚程序问题进行合法性审查。全年累计合法性审查31起，废止规范性文件5份。受理行政复议案件19起，办结17起。专题向住房城乡建设部和省政府提请《关于明确设区市城市管理综合执法部门行使非住房城乡建设部门职责引发行政复议机关的请示》。开展行政执法案卷评查活动。

【行业立法】推进《陕西省物业管理条例（修订）》（以下简称《条例》）立法。完成《条例》调研及省人大常委会第一次审议，配合举办《条例》修订启动仪式，发放宣传单，网上开设APP征集意见，多次参加修订座谈调研。与省人大法工委共同召开《陕西省城市管理综合条例》新闻发布会，对住房和城乡建设法规体系涉及的109个法律法规和规章制度进行调研。8次参加省委省人大省政府组织的《陕西省秦岭生态环境保护条例》专题修订座谈会，8次提出书面修改意见。对住房城乡建设法规体系涉及的109个法律法规和规章制度进行调研，完成住房城乡建设领域地方性法规、地方政府规章目录汇编工作。对住房城乡建设行业涉及机构改革的地方性法规和政府规章进行专项清理，对43部法律法规草案和文件提出修改意见。

【法制宣传教育】转发《2019年住房和城乡建设系统普法依法治理工作要点》和《关于做好全国、全省"七五"普法中期先进集体和先进个人评选表彰工作的通知》，"12·4"国家宪法日开展宪法宣传活动。利用行政复议应诉案件诉讼机制进行普法知识宣传，对副处级以上领导干部学法用法考试，综合服务中心大厅和省住房资金管理中心大厅安装4台智慧普法媒体机。省住房城乡建设厅《加强普法宣传服务行业发展》一文在《中国建设报》上发表。

【扫黑除恶】建立完善扫黑除恶专项斗争工作制度和机制，印发文件部署全省住房城乡建设系统扫黑除恶专项斗争工作。对举报线索按程序做到收集、登记、汇总、分流、交办、督办、反馈。与省扫黑办、省公安厅联合下发《全省住房和城乡建设领域扫黑除恶专项整治行动方案》，在建筑工程、房地产开发等重点领域扎实开展乱象整治行动。制作《扫黑除恶专项斗争—住房城乡建设在行动》海报和《扫黑除恶专项斗争应知应会手册》，印发应知应会手册8万余册、张贴海报近30万张，利用电子屏等进行宣传。举办各设区市住房城乡建设部门负责人、部分房地产、建筑业和物业服务管理企业代表等共300余人扫黑除恶专项斗争宣讲报告会。对各市（区）住房城乡建设部门扫黑除恶专项斗争开展情况和行业乱象整治情况进行调研督导，传导压力，有力推动任务落实。省住房城乡建设厅扫黑除恶专项斗争被全国扫黑除恶领导小组评为先进单位，厅执法监督局被省扫黑除恶领导小组表彰为"先进集体"。

房地产业

【概况】2019年，陕西省累计完成房地产开发投资3903.65亿元，同比增长10.4%；商品房累计销售4952.82万平方米，同比下降1.13%。全省房地产市场呈现开发投资保持增长，商品房成交略有下降，住房价格保持平稳的运行态势，实现"稳地价、稳房价、稳预期"目标。

【政策措施】印发《关于做好2019年全省房地产市场调控工作的通知》《陕西省房地产开发企业资质管理办法》，提请陕西省政府两次召开全省房地产市场形势分析座谈会，召集调控小组成员单位，针对西安、榆林两市房地产市场异动情况，分析研判、综合施策、防范市场风险。赴西安、榆林、铜川三市开展房地产市场监测机制、预警机制、分析研判机制、舆情引导和信息发布机制等"四项机制"情况督导调研，夯实城市政府主体责任，确保市场平稳。陕西省房地产市场调控工作协调小组办公室制定《关于全面落实房屋网签备案制度做好房地产市场调控基础工作实施方案》，构建以房屋网签备案制度为基础的房地产交易管理体系。西安市印发《关于印发〈加快建立房地产市场调控"四个闭环"和"五化"管理体系的工作方案（试行）〉的通知》，促进西安市房地产市场健康有序发展。9月，全省召开房地产市场监测系统联网工作会议，督导各地加快实现网签备案系统全覆盖。截至2019年年底，全省各市、县已基本实现与国家联网。

【市场整顿】印发《关于进一步加强商品房预售管理工作的通知》，严格商品房预售许可审批、执行商品房预售许可的公开公示制度，加强事中事后监管，开展辖区内商品房在售项目全面检查，规范商品房预售管理和企业销售行为。全年通报86家房地产开发企业、32家经纪机构、33家物业服务企业、9家住房租赁中介机构违法违规行为，并记入全省企业不良信用档案。赴榆林、汉中、咸阳、杨凌等地开展省市联合执法检查，对无证销售、预交诚意金、虚假广告宣传等违规行为，下发21份执法建议书，责令限期整改。联合省网信办、省市场监管局、省公安厅印发《坚决整治住房租赁中介机构乱象相关问题整改方案》《关于进一步加强住房租赁中介机构乱象专项整治工作的通知》，以全面摸底排查等方式在全省范围整治住房租赁中介机构乱象，查处违法违规住房租赁中介机构92家，通报曝光违法违规案件类型262个，受理投诉举报件4885件，调查处理4788件。对查处的违法违规行为，及时向社会通报，曝光典型案例。

【信用体系建设】印发《陕西省房地产开发企业信用信息管理暂行办法》，依托陕西省房地产市场诚信评价监管平台，对开发企业经营行为实行记分管理，构建守信激励、失信惩戒的市场监管机制。11—12月，分6个片区组织对12个市（区）房地产行政主管部门、4000多家房地产企业有关负责人开展《陕西省房地产开发企业信用信息管理暂行办法》政策宣贯及《陕西省房地产市场诚信评价监管平台》系统操作业务培训。

【风险防范】4月开始，每月将全省房地产市场运行情况通报各协调小组成员单位，主动与自然资源部门对接，研究防范房地产供需不平稳风险，每月向其通报各市县商品住房库存情况，对涉及商品住房价格环比、去化周期、价格指数三项指标异常波动的8个地市（西安、榆林、汉中、延安、安康、商洛、杨凌、韩城）分别两次发出预警通报，要求针对本地区苗头性倾向性问题及时采取措施，防止出现大起大落。8月，陕西省召开房地产市场矛盾排查化解处置座谈会，安排部署房地产市场矛盾化解重点工作。全省大力开展房地产领域风险隐患排查，各市（区）排查涉及房地产领域及征地拆迁的矛盾问题共计39件，化解稳控率89.7%。联合人民银行西安分行下发《关于规范购房融资和加强房地产领域反洗钱工作的指导意见》，从制度层面明确房地产行业履行反洗钱核心义务的各项要求。

【居民用电户表改造】联合陕西省发展改革委员会、国电集团、陕西地电集团等部门强力推进居民用电户表改造工作。截至2019年年底，全省改造398.25万户13300个合表小区。

【物业管理】配合陕西省人大加快推进《陕西省物业管理条例》立法工作。联合省发改委、省市场监管局下发《关于印发〈陕西省物业服务收费管理办法〉的通知》下发《关于开展房地产领域矛盾纠纷及物业小区安全排查整治工作的紧急通知》，重点检查指导物业服务企业对消防、房屋安全及小区市政设施的管理工作。9月9—30日，全省开展住房城乡建设领域安全生产督导检查，抽调物业服务企业安全生产方面专家，抽查物业项目72个，督促物业服务企业及时整改。

【房地产调研】指导西安市出台《关于进一步加强住房市场调控管理的通知》，采取严格控制购房资格，实行价格备案联审机制等措施，严防价格过快上涨。全年形成《陕西省房地产开发企业信用体系研究》《陕西省房地产市场风险识别与预警》等7份房地产市场专题研究报告，其中《陕西省房地产市场健康发展模型研究》，以城市为研究单位，对西安市房地产情况进行深入研究，建立陕西省房地产调控的模型，逐步建立完善房地产市场平稳健康发展长效机制。

住房保障

【概况】2019年，全省保障性安居工程完成投资408.4亿元，棚户区改造新开工10.77万套，基本建成7.97万套，发放租赁补贴5.89万户。

【政策措施】构建多主体供给、多渠道保障、租购并举的住房保障制度。召开全省保障性住房管理工作会议，安排布置2019年保障性住房工作，表彰先进集体和个人。督促各设区市落实2019年度棚户区改造目标任务，开展政府购买公租房运营管理服务试点。实施督导约谈，加快续建棚户区改造项目回迁步伐，做好公租房分配扫尾行动。坚持每月巡检、每季度通报，同步跟进现行保障房政策发展。

【资金土地保障】争取中央资金68.9115亿元，其中中央预算内投资42.2495亿元，中央财政专项资金26.662亿元；安排省级配套资金8亿元；安排棚户区改造专项债162亿元；经省政府批准，联合省自然资源厅下达2019年全省用地指标0.58万亩。

【公租房管理】推进政府购买公租房运营管理服务试点。西安、宝鸡、安康市市本级和西安市高新区、扶风县、富平县、汉阴县等7个市、县（区）开展政府购买公租房运营管理服务试点工作。5月，全国公租房工作座谈会在宝鸡市召开。

【督查考核】按季度认真开展保障性安居工程调研工作，调研组与各市（区）进行交流座谈，对公租房分配、棚户区开工情况进行实地检查，确保各市（区）按时完成目标任务。通过厅主要领导向市主要负责同志致信、厅领导带队实地督查、提请省政府领导约谈等方式督促进展较慢的地市认真梳理问题。

【和谐社区·幸福家园创建】制定《关于进一步做好"和谐社区·幸福家园"达标工作的通知》等相关标准。组成督导调研组，现场督促指导13个城市从软硬件同时入手,严格审查验收。截至2019年年底,154个小区通过市级验收,58个小区进入省级验收范围,33个小区初步通过省级评定。

公积金管理

【概况】2019年,陕西省实缴单位62769家,其中新开户单位10183家;实缴职工404.55万人,其中新开户职工48.21万人;缴存额547.77亿元,同比增长18.32%。年末,缴存总额3787.94亿元,同比增加16.91%;缴存余额1590.34亿元,同比增加19.05%。提取额293.34亿元,同比增长6.49%;发放个人住房贷款8.21万笔345.44亿元,同比增长0.01%、19.25%。年末累计发放个人住房贷款79.27万笔1915.13亿元,贷款余额1278.81亿元,分别同比增加11.57%、22.01%、20.77%。个人住房贷款余额占缴存余额的80.41%,同比增加1.15个百分点。住房公积金支持保障性住房建设项目贷款,截至2019年年底,全省有住房公积金试点城市4个,试点项目27个,贷款额度83.10亿元,建筑面积585.01万平方米,可解决66542户中低收入职工家庭的住房问题。

【扩大缴存覆盖面】指导各地重点督促非公企业为职工缴存公积金,尤其是将进城务工农民、自由职业者、新市民等中低收入群体纳入住房公积金制度。全省非公单位缴存人数119.96万人,占缴存总人数29.65%。

【住房消费支持】支持缴存职工装修个人住房、支付租赁住房租金提取公积金;出台差别化个人住房公积金贷款政策,优先保障首套房贷款需求,支持改善性住房贷款需求;化解房屋价格高与公积金贷款限额的矛盾,开展公积金与银行组合住房贷款业务;支持职工异地购房,累计发放异地贷款7.90万笔、274.02亿元。截至2019年年底,发放个人住房贷款增长152.89%,个贷提高32.07%,提取增长102.82%,资金使用率达91.73%,公积金支持住房消费力度明显增强。

【监督检查】完善"三重一大"事项特别是大额资金存储、调拨、购买国债等使用集体决策制度,全省当年报备65份;9月2日,对个贷率低、逾期率高和信息化建设滞后的6个中心主要负责人进行约谈;加强贷后管理,杨凌、宝鸡、渭南3个城市公积金贷款零逾期;全面建成省级监管平台,实现对14个公积金管理中心(分中心)全部实时监管;每月利用电子化工具开展公积金电子稽查。

【服务改进】全面落实并深化"放管服"要求,将个贷审批由"四级"调整为"三级",审批时限压缩至10个工作日内,切实提升服务效率。

【信息化建设】全省14个公积金中心(分中心)均开通公积金网上营业厅、支付宝、手机APP、微信等8项服务功能,西安、宝鸡、咸阳、榆林、安康等8个公积金中心综合服务平台通过住房城乡建设部验收。全省已实现与税务部门公积金贷款数据共享,落实贷款职工应享受的个税抵扣政策。推进"一张网"便捷服务功能,加快与房产、人社、公安、工商、人民银行等部门互联互通衔接;委托西安中心完成公积金"12329"短信服务平台开发建设。

城市建设与管理

【概况】2019年,全省设西安、铜川、宝鸡、咸阳、渭南、延安、汉中、榆林、安康、商洛10个省辖市和西咸新区、杨凌农业高新技术产业示范区以及兴平、华阴、韩城、彬州、神木5个县级市。城区面积2431.31平方公里,城区人口1249.6万人(含城区暂住人口90.3万人),建成区面积1357.51平方公里,供水普及率96.84%,燃气普及率97.8%,建成区供水管道9927.88公里,人均城市道路面积16.84平方米,建成区排水管道9599公里,人均公园绿地面积11.62平方米,建成区绿化覆盖率39.22%,建成区绿地率35.71%。推进全省城市出入口景观建设排查整治、脱离实际造景造湖专项治理等专项治理工作和节水型城市创建、历史文化名城保护、县城建设、老旧小区改造等。规范城市管理执法,印发《陕西省城市生活垃圾分类规划(2019—2025年)》,出台《陕西省城市生活垃圾分类工作评估办法(试行)》,持续加强供热、供气、供水等市政公用设施安全运行管理,建成运行县级以上污水处理厂126座,污泥无害化处理率达到90%以上,全省城镇污水、生活垃圾处理率分别达到86.1%、91.2%。城市机械化清扫率达到75%以上。国家园林县城3个,省级生态县城3个、省级园林县城2个。

【县城建设】会同省财政厅印发《全省县城建设考核评价办法》和《考核细则》,将考核结果作为县城建设先进县主要评选依据。配合省发展改革委制定《县域经济发展和城镇建设三年行动计划(2020—2022)》。协调省发展改革委将县城地下综合管沟建设、雨污分流管网改造等12个建设领域纳入计划,示范引领城镇建设。配合做好全省县域经济发展和县城建设试点县筛选工作。

【海绵城市、地下综合管廊建设】印发《关于对海绵城市成效进行自评的通知》，指导督促各市（区）对本地区海绵城市建情况进行自评。会同省财政厅下达2019年省级资金7000万，加强海绵城市、综合管廊建设。截至2019年年底，全省海绵城市已建成159.6平方公里，占城市建成区面积平均比例16.49%，在建57.62平方公里。综合管廊已建成157.766公里，投入运营91.546公里，在建56.04公里。

【老旧小区改造】会同省发改委、省财政厅下发《关于推进陕西省城镇老旧小区改造工作实施意见》，推进全省城镇老旧小区改造工作。将全省2000年以前的9351个城镇老旧小区，重点从小区面貌改观、房屋功能改善、基础设施改造及居住环境改优4个方面入手，原则上坚持"一区一策""一楼一策"，结合老旧小区实际情况进行改造。全年争取中央城镇老旧小区改造资金23.71亿元，支持全省457个城镇老旧小区及165个城镇老旧小区配套基础设施改造项目，惠及13.97万户居民。下达2020年第一批中央财政城镇老旧小区改造专项资金共计11.68亿元。

【城市双修】开展省级试点工作，将大荔县、宁陕县、王益区三县区列为全省第一批城市设计、"城市双修"县级试点。给延安、渭南、铜川分别下达城市设计补助资金100万元支持开展工作。印发《陕西省城市设计标准》，进一步提升城市规划建设标准和管理水平。8月，全国生态修复城市修补现场会暨试点总结会在延安市召开，住房城乡建设部黄艳副部长出席会议并讲话。

【历史文化名城保护】会同省文物局印发《关于加强历史文化名城名镇名村保护工作的通知》和《2019年全省历史文化名城名镇名村保护工作实施方案》。完善《陕西省历史文化名镇名村评选办法》和《陕西省历史文化街区认定办法》，印发《关于进一步加强历史文化街区划定保护管理工作的通知》。对西安市《关于报请审批西安市历史文化名城保护规划的请示》和城固县省级历史文化名城保护规划进行技术审查和调研。完成"历史建筑统计表"和"历史建筑详表"的填报。组织专家历时79天，对全省历史文化名城、名镇、名村进行调研。省政府授予榆林佳县木头峪镇等13个镇第一批"陕西省历史文化名镇"称号；授予延安延川县文安驿镇梁家河村等11个村第一批"陕西省历史文化名村"称号；授予渭南潼关县古城水坡巷等3个街区第一批"陕西省历史文化街区"称号。

【碧水保卫战】印发《碧水保卫战2019年工作实施方案》《碧水保卫战工作评估办法》，明确住房城乡建设领域碧水保卫战工作计划、考核标准、评分细则，会同省财政厅评审筛选全省建设项目，在管网改造、雨污分流、污水处理厂提标改造等项目上重点投入，协调下达2019中央污水处理提质增效专项资金12818万。联合发展改革、财政、环保、水利、工业和信息化等部门对全省各地市碧水保卫战工作开展情况进行全面的调研和考核验收。

【节水型城市创建】会同省发展改革委印发《关于加快推进节水型城市创建工作的通知》《2019年全省节水型城市创建工作实施方案》，修订印发《陕西省节水型城市申报与考核办法》和《陕西省节水型城市考核标准》。举办全省节水型城市创建专业技术培训班。截至2019年年底，西安、咸阳、铜川、渭南、榆林、汉中、安康、商洛、杨凌9个市区创建成为省级节水型城市；全省417家企业、单位、居民小区被授予省级节水型企业、单位、居民小区。

【城市景观治理】1—4月，扎实开展城市出入口景观建设排查整治工作。牵头组织省发展改革委、自然资源厅等9部门，认真督导韩城市做好韩城西禹高速出入口景观工程整改工作。2—3月，会同省自然资源厅、财政厅、交通运输厅联合下发《陕西省城市景观建设项目排查整治工作方案》，联合督导组，对全省55个县区124个出入口景观建设项目进行实地核查督查，较好地完成住房城乡建设部要求的整治任务。4月19日，在"秦东水乡"专项治理的基础上，省政府成立全省脱离实际造景造湖专班，4月23日，全省召开脱离实际造景造湖专项治理工作电视电话会，在全省范围内深入开展脱离实际造景造湖专项治理，切实防止形象工程、政绩工程。8月28日，全省召开脱离实际造景造湖专项治理整治动员工作会，副省长魏增军出席会议并提出具体要求。3个月全省排查造景造湖项目1912个，其中核查问题项目49个〔市（区）自查认定24个，省级核查发现25个〕。印发《关于防止脱离实际造景造湖推进城市高质量发展的意见》，推动全省城市建设高质量发展。

【西安地铁】6月12日，国家发展改革委员会正式批复《西安市轨道交通第三期建设规划》。9月26日，西安地铁1号线二期正式开通运营，全长6.093公里。12月14日，西安地铁5号线一期工程全线车站全部实现封顶。10月31日，西安地铁2号线二期、8号线开工。12月31日，西安地铁6号线一期全线实现"洞通"。

【城市执法】召开全省城管执法会议,出台《陕西省城市管理综合执法文书示范文本》。会同省人大法工委到安康、铜川、汉中、商洛等地对城管执法人员进行《陕西省城市管理综合执法条例》宣贯培训,培训人员2000余人。全省21名城管干部参加住房城乡建设部城市管理执法处级以上干部培训班和城市管理执法师资和党建工作培训班。厅机关39名行政执法人员进行法律知识培训和考试,行政人员执法持证上岗。全年累计受理案件603件,其中,办理网上举报案件529件,办结483件,46件正在逐件核查办理,办结率91%;办理举报信函7件,办结7件,办结率100%;办理住房城乡建设部转查办案件66件,查办案件办结率100%。

【执法机构】新设立城市执法监督局和城市管理处,宝鸡、咸阳、铜川、渭南、延安、汉中等6市、49个县实现住房城乡建设领域行政处罚权集中行使,10个设区市实现城市管理执法人员统一着装,省市县三级城市管理架构基本形成,管理体制进一步理顺。

【秦岭生态环境保护】印发《青山保卫战2019年实施方案》,指导督促涉秦岭六市对照秦岭生态环境突出问题整治工作台账,结合各自职责着力解决乱搭乱建问题,有序推动秦岭"乱搭乱建"整治任务落实。

【污水垃圾处理】坚持每月对各市污水垃圾处理设施运行情况进行考核通报。陕西省住房城乡建设厅联合省生态环保厅、省发展改革委印发《陕西省城镇污水处理提质增效三年行动实施方案(2019—2021年)》,在全省开展城镇污水处理提质增效三年行动,分别召开座谈会和培训会进行安排部署,邀请住房城乡建设部城建司专家授课。

【园林城市创建】印发《全省园林城市创建工作方案》,认真组织园林城市创建工作。对8家单位进行技术调研,对5个县进行考核验收,对20个园林城市(县城)进行复查,一对一反馈整改通报。富平县、留坝县、岚皋县被住房城乡建设部授予国家园林县城,蒲城县、勉县、镇坪县被省政府住房城乡建设省级生态园林县城,甘泉县、子洲县被住房城乡建设省级园林县城。省住房城乡建设厅被住房城乡建设部授予先进单位。

【市政公用设施】开展市政公用行业大排查大检查大整治,召开全省城镇燃气百日攻坚行动会,开展城市桥梁安排隐患排查整改和安全风险评估。制定供水水质检测工作总体方案和年度计划,加强水质监测,保障用水安全。制定印发排水防涝工作方案,建立城市排水防涝安全和易涝点整治责任人清单,向社会公布。印发《燃气安全隐患排查整治工作方案》,开展瓶装液化气安全专项整治,对全省10年以上的燃气管网进行安全评估。召开全省供热工作推进会,编制全省供热地图。

【生活垃圾分类】6月,陕西省住房城乡建设厅等9部门联合印发通知,启动全省地级及以上城市全面开展生活垃圾分类工作。8月,出台《陕西省城市生活垃圾分类工作评估办法》,加快推进全省地级及以上城市生活垃圾分类工作。同时,制定印发《垃圾分类公共机构建设导则》《垃圾分类示范区标准》《垃圾分类示范片区标准》,制作全省垃圾分类展板和宣传视频、海报,在全省各地利用多种形式开展宣传。编制《陕西省城市生活垃圾分类规划》,在北京召开的评审会上,住房城乡建设部城建司领导和专家给予国内领先的评价。到10月,全省8个市区制定本地区工作方案,全面推动生活垃圾分类工作。西安、咸阳作为住房城乡建设部确定的先行实施生活垃圾强制分类的重点城市,西安市通过以点带面和引领示范,促进城区范围各小区、单位、学校生活垃圾分类工作的整体推进。

【城市黑臭水体整治】经省政府同意印发《陕西省城市黑臭水体治理攻坚战实施方案》,对全省26处黑臭水体逐一制定整治方案。联合省生态环境厅扎实开展督查评估和专项行动,及时下发督办函。会同财政等部门积极争取榆林市和铜川市入选国家示范城市,争取财政补助资金7亿元。

【表彰奖励】中国市政工程协会表彰"2019年度全国市政工程建设QC小组活动优秀企业和优秀推进者"名单中,陕西有5个企业和4名个人获奖。公布的"2019年度全国市政工程建设优秀QC小组获奖名单"中,陕西有9个QC小组获奖,其中QC小组成果一等奖7个、二等奖11个、三等奖4个、优秀奖17个。中国市政工程协会表彰城市照明专业委员会成立40周年先进集体和先进个人及2019年全国市政道路照明金杯示范工程的决定中,西安市城市照明管护中心被表彰为"中国城市照明卓越管理单位";西安市城市照明管护中心退休人员郑东来被表彰为"中国城市照明杰出贡献奖";西安市城市照明管护中心舒艳被表彰为"中国城市照明优秀协会工作者";西安市城市照明管护中心安远、郭少勇被表彰为"中国城市照明优秀科技工作者"。

村镇规划建设

【概况】2019年,陕西省共有乡镇998个,其中建制镇977个、乡21个，行政村16230个，镇域户籍人口2392.63万人，乡域户籍人口23.18万人，村庄户籍人口2143.24万人。35个省级重点示范镇、31个文化旅游名镇分别完成投资119.59亿元、44.13亿元。全省42个村落列入第五批中国传统村落名录，106个村落列入第三批省级传统村落名录。持续改善农村人居环境，137个村为陕西省美丽宜居示范村。

【两镇建设】会同省财政厅下达2019年度小城镇建设补助资金5.05亿元，2018年度小城镇建设先进镇0.8亿元。召开全省保障性安居工程和小城镇建设半年讲评推进会。12月6日，全国小城镇建设工作现场会上陕西省做经验交流。《中国建设报》《陕西日报》刊发小城镇建设专题报道12篇。

【跟踪指导】20个省上跟踪指导考核的市级重点镇完成投资35.3亿元，镇均投资1.77亿元。下发《关于做好2019年省上跟踪指导考核市级重点镇建设工作的通知》，确定20个省上跟踪指导考核的市级重点镇，要求参照省级重点示范镇建设考核办法开展工作。考核结果经省政府同意后向社会公布10个跟踪指导考核的市级重点镇先进镇，给予土地、资金奖励。

【传统村落保护】印发《陕西省传统村落保护发展规划》。推荐2个深度贫困地区传统村落列入中央财政资金支持范围，争取中央资金600万元。42个村落列入第五批中国传统村落名录，总数达到113个；106个村落列入第三批省级传统村落名录，总数达到429个。

【农村危房改造】研发陕西省农村危房改造农户档案信息检索系统，实现农村危房改造对象精准认定、精准帮扶、精准脱贫、精准管理；建立省市两级农村危房改造质量安全技术专家组，组建建筑勘察设计施工企业技术帮扶团，加强技术培训，切实提高基层危房改造技术能力；建立实行"省包市、市包县、县包镇村户"的三级住房城乡建设领导包抓机制，并组成10个督查组，开展督查暗访，建立"四清一责"工作机制，落实房屋鉴定、危改对象认定、改造质量竣工验收责任制度，切实提升危房改造质量。8200户建档立卡贫困户完成危房改造任务，146万户建档立卡贫困户住房安全回头看，住房安全鉴定及改造工作进展顺利。10月17日，陕西省2019年脱贫攻坚奖表彰大会暨先进事迹报告会在西安举行，省住房城乡建设厅农村危房改造脱贫办公室荣获脱贫攻坚奖组织创新奖。2019年陕西省农村危房改造在住房城乡建设部、财政部的绩效评价中位居全国第二，被国务院办公厅列为"落实重大政策措施，真抓实干成效显著"的省份之一。

【农村人居环境】制定《在城乡人居环境建设和整治中开展美好环境与幸福生活共同缔造活动实施方案》，全省101个涉农县区选择100个村，组建100支帮扶团队开展"百村示范、百团帮扶"共同缔造试点示范活动。蓝田县、杨陵区等2个县（区）和董岭村、王上村、袁家村、梁家河村等4个村被列为全国"美好环境与幸福生活共同缔造活动"第一批试点县（区）和试点村。住房城乡建设部下发《关于印发设计下乡和村庄建设规划工作经验与试点示范案例的函》转发陕西省"设计下乡和村庄建设规划探索与实践"经验。

【农村垃圾整治】成立全省农村生活垃圾治理工作专项推进办公室，省委省政府印发《陕西省农村生活垃圾治理推进方案》。省住房城乡建设厅会同省农业农村厅和省生态环境厅制定《陕西省农村生活垃圾治理技术导则》，会同省市场监管局出台《农村人居环境生活垃圾管理要求》，召开全省农村生活垃圾治理现场观摩培训会。会同省生态环境厅印发《陕西省农村生活垃圾非正规堆放点整治工作实施方案》，将非正规垃圾堆放点整治纳入省级环境保护督察范畴。截至2019年年底，全省共排查出农村生活垃圾非正规堆放点2041处，已全部完成整治，89.21%的村庄生活垃圾得到有效治理。

【《陕西省农房设计图集》】持续加大《陕西省农房设计图集》推广力度，印发《关于进一步提升农村建筑风貌的通知》，报送住房城乡建设部的6个试点县（区）农房建设工作全面启动，已在16个示范点3290农户开展农村建筑风貌塑造。截至2019年年底，101个示范点11042户参照图集进行建设。住房城乡建设部官网"行业动态"刊登陕西"探索塑造农村建筑风貌推动建设宜居示范农房"工作经验和农房建设成效图集。

【美丽宜居示范村】按照《关于开展"陕西省美丽宜居示范村"创建工作的通知》要求，在各设区市（区）审核初评的基础上，经省住房城乡建设厅、省生态环境厅、省财政厅、省农业农村厅四部门组织专家对上报村庄申报资料审查，进行逐项打分公示。全年创建省级美丽宜居示范村137个，市县级美丽宜居示范村1090个。累计创建中省市县四级美丽宜居示范村4098个。

勘察设计和标准定额

【概况】2019年，14家勘察设计单位列入全过程咨询试点；17家特级施工总包获得建筑设计甲级资质；全省勘察设计总产值达690亿元，同比增长18%；全省勘察设计行业各类注册人员达5959人。

【行业监管】对全省544家勘察设计单位3060人违法"挂证"行为进行查纠。指导全省1123家勘察设计企业完成2014—2018年工程业绩入库补录工作；开展全省勘察设计质量"双随机、一公开"监督检查，检查项目50个，指出103条违反规范强制性内容条款。

【工程建设标准】围绕城市基础设施建设、建筑抗震、装配式建筑、5G设施建设等重点领域，发布标准16项，公布71项立项计划。采取现场教学、集中培训模式，组织对《停车场（库）设置及交通设计技术规范》《停车场路面结构设计》等工程建设标准宣贯培训。启动《工程建设地方标准化工作管理办法》修订，编制完成《全省中小学校旱厕改造技术指南》。

【施工图审查】建立完善施工图审查机构管理信息系统，开展施工图综合审查机构换证，对全省30家施工图审查机构600余人次专业技术人员进行施工图人防审查专题培训。

【建设工程抗震】下发《关于进一步规范超限高层建筑工程抗震设防管理工作的通知》。组织对西安泛太平洋大厦等23项工程进行超限高层建筑工程抗震设防专项审查。对宁强、略阳等7度以上抗震设防重点区域进行建筑抗震标准及实施情况调研，调研成果作为国家修编抗震规范的依据。

【消防设计审查验收移交】省住房城乡建设厅组建以厅领导为组长的建设工程消防审查设计验收职责承接工作领导小组，同时成立消防筹备处，积极推进移交承接工作。8—9月，分别成立建设工程消防监管处和陕西建设工程消防技术服务中心，全省消防审验工作全面展开。会同省应急管理厅、省消防救援总队印发《关于做好移交承接建设工程消防设计审查验收职责的通知》《陕西省建设工程消防设计审查验收过渡期工作方案》，指导各市做好承接期消防设计审查验收工作。截至2019年年底，全省累计受理消防设计审查671件，办结553件；受理验收（备案、抽查）3090件，办结2454件。

【表彰奖励】中国勘察设计协会表彰2019年度工程勘察、建筑设计行业和市政公用工程优秀勘察设计奖，陕西获得一等奖5项，二等奖13项，三等奖16项。陕西省2019年度工程勘察设计发布优秀质量小组成果63项，其中一等奖19项，二等奖20项，三等奖24项。全国勘察设计行业庆祝中华人民共和国成立70周年系列活动成果中，陕西获得优秀勘察设计项目25项，优秀勘察设计企业12家，优秀企业家13名，科技创新带头人6名，杰出人物4名，优秀协会工作者2名，陕西省勘察设计协会获得优秀协会表彰。

工程质量安全监督

【概况】2019年，全省住房城乡建设系统坚持以工程质量提升为主线，以建筑施工安全生产为底线，持续开展工程质量安全提升行动和安全生产攻坚行动，不断提升安全生产标准化水平；加强住房城乡建设领域安全生产大排查、大检查、大整治，全省建筑施工质量和安全生产状况总体平稳。获国家建设工程鲁班奖9项，获国家优质工程11项。评选陕西省建设工程长安杯奖50项，省级文明工地325个，省级工法161项。

【政策措施】印发《陕西省工程质量安全手册实施细则（试行）》《陕西省房屋建筑和市政基础设施工程危险性较大的分部分项工程安全管理实施细则》，对房屋和市政基础设施施工现场质量安全管理进行明确要求，对危险性较大的分部分项工程的管理进行细化。4月，召开全省城乡建设领域安全生产视频会议，成立厅大排查大检查大整治工作领导小组，下发《建筑施工领域安全生产大排查大检查大整治整治方案》《关于进一步加强安全帽等特种劳动防护用品监督管理工作的通知》。

【专项攻坚行动】印发《建筑施工安全攻坚行动实施方案》，开展建筑工程安全攻坚行动。5次对各地建筑施工安全生产情况进行全面督导检查，抽查在建房屋建筑与市政基础设施项目189个，下发执法建议书69份。全省各级住房城乡建设部门不断加大日常检查检查和执法检查力度，全省各级住房城乡建设部门共开展监督执法检查7735次，检查工程16692项（次），下发监督执法检查整改单8217份，下发行政处罚书383份，曝光违法违规典型案例20起。

【安全生产标准化】召开考评工作推进会。截至2019年年底，对1987家建筑施工企业实施安全生产许可证延期考评。对525个项目实施竣工考评。

【安全生产月】下发《关于开展2019年住房城乡建设系统"安全生产月"活动的通知》，全面部署全省住房城乡建设系统开展"安全生产月"活动。6月16日，全省"安全生产宣传日"活动，印制发放《安全生产法》《工程项目施工人员安全指导手册》等10余种宣传宣传资料15000余册（份）。各设区市开展安全承诺、签名、演讲等宣传教育活动，组织企业宣传安全生产法律法规和应急救援等科普知识，营造浓厚的安全生产氛围。全省共发放宣传资料和宣传册92000余份，展出安全生产宣传牌1600余块。

【扬尘污染防治】印发《关于修订"禁土令"并强化建筑工地施工扬尘管控的通知》，对"禁土令"做部分修订。分别于1、3、7月份，按照"双随机一公开"要求，严密组织施工扬尘防治工作专项督查，先后4次组织施工扬尘防治工作专项督查。截至2019年年底，全省共建立工程台账25973个，各级建设主管部门累计检查108778次，责令整改6681起，行政处罚961起，共处罚金3348.87万元。严肃整改生态环境部对陕西省关中地区开展26轮次大气污染防治强化督查反馈涉及住房城乡建设领域的184个问题，及中央第二生态环境保护督察组对陕西省开展"回头看"及大气污染防治专项督察反馈意见中指出住房城乡建设领域大气污染防治工作存在的4个突出问题。

【文明工地】印发《关于加强省级文明工地管理工作的通知》，发布新版"省级文明工地"评选标准，进一步加强有关管理工作。召开文明工地暨施工扬尘防治现场观摩会，授予325个项目省级文明工地。

【创优评先】2018—2019年度第二批中国建设工程鲁班奖（国家优质工程）获奖项目9项。2018—2019年度第二批国家优质工程奖获奖项目11项。中国建筑业协会公布的2019年度全国建筑业AAA级信用企业，陕西10个总承包企业名列其中。

建筑市场

【概况】2019年，全省完成建筑业总产值7883.88亿元，同比增长10.7%；实现增加值2483亿元，同比增长11.2%，占全省GDP 9.6%。全年对外承包工程新签合同额38.19亿美元，增长10.2%；完成营业额30.38亿美元，下降25.1%。特级资质企业达到31家，吸引外省9家龙头企业落户陕西。

【政策措施】出台《进一步促进建筑业企业"稳增长、扩投资、促发展"十条措施》，印发《进一步促进住建领域民营企业发展的实施意见》《推进和完善陕西省工程担保制度加强工程担保管理的实施方案》，开展工程总承包和全过程工程咨询试点，促进建筑业转型升级。召开全省住房城乡建设领域民营企业座谈会、建筑业风险点防控座谈会。会同省财政厅印发《关于申报陕西省支持鼓励建筑企业对外市场拓展奖励措施的通知》，对135家省级优势建筑业企业给予重点扶持，对12家优势境外市场拓展建筑企业给予3568.9万元奖励，两家企业成功晋升特级资质。出台《关于加强全省建筑专业作业企业管理的实施意见》，规范建筑劳务市场用工秩序，推进全省建筑专业作业企业健康有序发展。推行建筑工人实名制管理，实行住房城乡建设领域企业资质电子证书。

【资质审批】全省范围内审批的建筑工程和市政工程总承包企业二级资质，实行告知承诺制。全面推行建设行业企业和个人职业资格证书电子化，支持在全省注册的甲级设计企业。一级总承包以上外省优势企业整体迁入陕西或在陕成立全资子公司，可直接申报建筑、市政、电力、机电、公路、水利二级资质总承包和省厅许可的最高级别专业承包资质。

【工程建设项目审批改革】出台《关于进一步深化工程建设项目审批制度改革实施方案》《工程建设项目审批流程图示范文本》《工程建设项目主要审批服务事项清单》等48项配套政策。制定5类项目流程图，梳理规范73个工程建设项目审批服务事项。厅领导多次带队对各市区改革进展情况开展实地督导，定期以《工改工作简报》等方式对各地改革情况进行全省通报。渭南、延安、西安出台60项以上配套制度，其他地市出台20项以上配套制度，省级和12个设区市建成审批管理系统，并与相关系统平台进行数据对接，全省工程建设项目审批时限平均已压缩至107个工作日。22类534个行政审批服务事项进驻服务大厅，依托"陕西政务服务网"，实现581个省级事项的"网上可办"。

【整治拖欠农民工工资】会同省人社厅召开全省住建领域根治拖欠农民工工资工作电视电话会议。下发《关于在住建领域施工现场设立农民工维权信息告示牌的通知》，会同水利、交通部门印发《关于加快推进工程建设项目全面落实保障农民工工资支付制度的通知》，扎实做好根治欠薪工作。通过广播电视、报纸等新闻媒体宣传根治欠薪行动84次。

【市场整顿】下发《关于进一步规范建筑工程建设程序强化施工许可管理的通知》《关于开展全省建筑市场秩序专项整治工作的通知》《关于开展工程建设领域专业技术人员职业资格"挂证"等违法违规行为专项整治的通知》强制注销"挂证"人员264人，先后受理咨询、投诉、申诉累计15100余件次。

【招标投标】取消房屋建筑工程方案设计招标的备案和建设工程合同备案和社会投资的房屋建筑工

程招投标备案,建设单位可自主决定发包方式,自行组织招标或直接发包具备相应资格的承包人,不再将申报招投标备案作为必经环节。选择进入公共资源交易平台进行房屋建筑工程招标的,无须在公共资源交易平台进行项目备案。在依法依规保证招标投标工作质量前提下,允许项目单位依据建设规划设计方案审查意见或核准的招标方案办理招标手续,在资格预审完成后,招标人与投标人协商确定相应的开标时间。对使用国有企事业单位资金、施工总承包单项合同估算额3000万元以下的房屋建筑工程,项目招标进场条件备案、资格预审文件备案、招标文件备案和招投标情况书面报告全部简化为告知性备案。投标保证金采用银行汇票、银行电汇、支票、银行保函以及工程担保的形式提交,减少企业资金占用负担。

【建设监理】陕西省被住房城乡建设部选为开展工程监理企业资质告知承诺制审批试点省份。下发《关于开展工程监理企业资质告知承诺制审批试点的通知》,2019年10月1日起,在陕西登记注册的建设工程企业申请房屋建筑工程监理甲级资质、市政公用工程监理甲级资质,采用告知承诺制审批,引导监理企业树立诚信守法理念。

【工程造价】印发《关于调整我省建设工程计价依据的通知》,实时跟踪劳务市场价格信息,新增造价员初始登记301人,省内变更371人;坚持每周二、四咨询日,现场对市场主体计价争议和纠纷进行调解,共接待各专业人员咨询、调解造价纠纷1490余次。12月,对各地市建筑业工程造价计价行为进行抽查,下发《关于开展工程造价数据监测工作的通知》,开展全省工程造价数据监测工作。

【劳保统筹】印发《关于推行建筑业劳保费用收缴告知承诺制的指导意见》,进一步完善收缴新机制。对全省12个市(区)会计电算化软件进行升级、安装,针对《新政府会计制度》和新软件开展全系统财务人员培训。严格执行"项目返还为主,调剂补贴为辅"拨付制度,及时将劳保费足额拨付至企业。截至年底,全省共收缴劳保费64.06亿元,同比增长11.4%。

建筑节能与科技

【概况】2019年,创建省级绿色施工科技项目36项,大型公共建筑等工程全面推行绿色建筑标准,新增绿色建筑项目308个、3373.68万平方米,绿色小区7个。支持西安及5家企业创建国家装配式建筑示范基地,全省建设装配式建筑项目1091.55万平方米;新墙材建筑开工面积4235万平方米,竣工面积1889万平方米,推广应用比例达90%。

【绿色建筑】印发《关于加强绿色生态居住小区建设的通知》。对2016版标准执行时限进行规定。截至2019年年底,新增绿色建筑项目308个、3373.68万平方米,绿色建筑占新建建筑的比例达43%,绿色小区7个。

【装配式建筑】下发《关于进一步规范和加强装配式建筑工作的通知》。每季度对装配式建筑发展情况进行通报督导。召开全省装配式建筑联席会议和装配式技术交流观摩会,编制全省装配式建筑优秀项目案例集。全省10个设区城市、杨凌示范区、韩城市全部制定出台了本地区装配式建筑发展政策。全省建设装配式建筑项目1091.55万平方米,申报第二批国家装配式建筑示范城市1个、装配式建筑产业基地5个。

【技术创新】组织行业企业及科研院所申报住房城乡建设部科学技术计划项目30个,立项20个。确定建设科技计划项目64个,其中软科学类项目3个,科研开发类项目25个、绿色施工科技示范工程类项目36个。加强建筑业10项新技术(2017版)的推广应用和绿色施工技术的创新。组织完成绿色施工科技示范工程创建项目15个。

【建筑节能】下发《关于印发关中地区农村既有居住建筑节能改造实施方案(2019—2021年)的通知》《关于印发关中地区农村既有居住建筑节能改造技术指标方案的通知》,对关中地区农村既有居住建筑节能改造进行督导。制订发展地热能建筑供热的工作举措和工作计划,将西咸新区沣西新城列为中深层地热能建筑供暖试点示范区,西安市中煤科工集团西安研究院高新区等4个项目列为中深层地热能建筑供暖试点示范项目,宝鸡市、铜川市、渭南市、杨凌示范区制定《北方清洁采暖试点示范城市建设方案》。与住房城乡建设部共同建设咸阳市礼泉县白村低能耗建筑试点示范工程。截至2019年年底,全省农村居住建筑节能改造6614户,关中地区新建地热能供热658.03万平方米。

【新型墙体材料】全省新墙材建筑开工面积4235万平方米,竣工面积1889万平方米,新墙材生产比例达82%,推广应用比例达90%。认定61个新型墙体材料产品,新墙材企业发展到387家,年产量保持100多亿块标砖。其中砖类新墙材企业239家,年产量超过50亿块标砖;砌块类企业80多家,年产量超过40亿块标砖。板材类企业43家,年产量超过10亿块标砖。

【获奖项目】 全省住房城乡建设系统获"2019年陕西省科学技术奖"6项,其中由西安建筑科技大学完成的"西部乡村绿色建筑研究与应用"项目获2019年度陕西省科学技术进步一等奖;由西安建筑科技大学等3个单位完成的"铁锰复合氧化物催化氧化同步去除水中氨氮/锰关键技术"项目获2019年度陕西省技术发明二等奖;由西安建筑科技大学等单位完成的"绿色装配式复合结构居住建筑体系关键技术与产业化应用""大型公共混凝土结构连续倒塌破坏机制与性能提升技术""西北地区低能耗建筑适宜性技术研究与应用"获2019年度陕西省科学技术进步二等奖;由陕西建工机械施工集团有限公司完成的"高层钢结构施工关键技术研究"项目获2019年度陕西省科学技术进步三等奖。全年获2019年度华夏建设科学技术奖5项,其中一等奖3项、三等奖2项。

人事教育

【机构改革】 新设立城市管理处、建设工程消防监管处;撤销稽查办公室,设立城市执法监督局;增加行政编制16名、处级领导职数6名。新设立陕西省建设工程消防技术服务中心,为正处级全额拨款事业单位,增加全额拨款事业编制20名、处级领导职数3名。厅属事业单位行政职能已划归机关,省墙材中心重新获批参照公务员法管理。

【干部队伍】 贯彻落实新修订《党政领导干部选拔任用工作条例》和省委"三项机制"要求,全年推荐选拔厅级干部1名、处级领导干部26名,推荐1名厅级干部到省政府任职、1名处级干部到省纪委驻省住房城乡建设厅纪检组任职,选调2名厅直单位干部到机关任职,招录、遴选和从基层选调公务员12名。102名公务员首轮套改和78名公务员职级晋升,对39名干部进行岗位交流任职,选派4名干部到住房城乡建设部挂职锻炼、5名干部到贫困县挂职,抽调28人(次)参加省委省政府重点任务工作专班或全省重点任务。

【干部培训】 制定年度干部教育培训计划和脱贫攻坚培训计划,选派26名干部参加各类调训,7名干部初任培训,400余名干部参加住房城乡建设系统业务培训和省"三秦大讲堂""院士大讲堂""公务员大讲堂"等讲座。举办6期建设类专业技术人员继续教育培训班,培训1006人;农村危房改造技术、加快推进县域城镇建设等培训班9期,培训1258人;农村社区美好环境与幸福生活共同缔造培训班1期,培训216人。完成202名专业技术人员职称评审工作。

【建筑工人培训】 开展全省建筑工人培训考核机构动态管理工作,会同各地市住房城乡建设局对培训机构的组织机构、办学条件、培训管理、办学效果等12个大类21个子项进行检查督导,2家机构因存在问题,被责令限期整改。中国建筑工业出版社和省住房城乡建设厅向全省建筑工人捐赠教材4万余册,价值100多万元。指导各地开展建筑工人职业培训工作,全年培训考核建筑工人13.5万余人。

【精准扶贫】 完成驻村扶贫第一书记轮换。投入扶贫资金40万元,帮助成立村农机、种植、养殖3个分社,促进村集体经济发展,全年帮助7户贫困户实现如期脱贫。先后3次召开扶贫团成员联席会议,推进驻村脱贫工作。

大事记

1月

4日 陕西省住房城乡建设厅召开全省住房城乡建设系统扫黑除恶电视电话会议。

4日 省住房城乡建设厅印发《关于加强重污染天气红色预警期间扬尘控制的通知》,要求各市(区)建设行政主管部门及时启动重污染天气Ⅰ级预警响应。

7日 省住房城乡建设厅、省人力资源和社会保障厅、省交通运输厅、省水利厅、省通信管理局联合下发《关于开展工程建设领域专业技术人员职业资格"挂证"等违法违规行为专项整治的通知》。

17日 省住房城乡建设厅召开全省住房城乡建设领域民营企业座谈会,贯彻落实省委、省政府《关于推动民营经济高质量发展的若干意见》。

18日 省政府办公厅印发《关于表彰2018年度全省政务信息政务督查工作先进单位和先进个人的通报》,省住房城乡建设厅荣获"全省政务督查工作先进单位",省住房城乡建设厅办公室李海峰同志被评为"全省政务信息工作先进个人"。

18日 省住房城乡建设厅发出《关于推进扫黑除恶专项斗争致全省住房城乡建设相关企业的一封公开信》。

22日 省住房城乡建设厅印发修改后《陕西省房地产开发企业资质管理办法》。

22日 全省政府系统建议提案交办会上,省住房城乡建设厅获2019年度代表建议办理工作先进单位。

23日 陕西省住房城乡建设工作会议在西安召开。

2月

11日 省住房城乡建设厅出台《关于进一步促进住房城乡建设领域民营企业发展的实施意见》。

20日 省住房城乡建设厅印发《陕西省2019年农村危房改造春季攻势方案》。

28日 住房城乡建设部"农村危房改造脱贫攻坚三年行动农户档案信息检索系统"现场培训会在西安召开，全国29个省市自治区住房城乡建设主管部门相关工作负责人参加会议。

3月

1日 《陕西省城市管理综合执法条例》正式实施。

6日 省住房城乡建设厅召开全省中央脱贫攻坚专项巡视反馈问题整改暨农村危房改造"春季攻势"行动电视电话会。

7日 住房城乡建设部与西安建筑科技大学共同发起的中国城乡建设与文化传承研究院在北京宣布成立。住房城乡建设部党组书记、部长王蒙徽，西安建筑科技大学党委书记苏三庆共同为研究院揭牌。住房城乡建设部副部长黄艳与西安建筑科技大学校长刘晓君签署共建研究院合作协议。

8日 省住房城乡建设厅召集部分设区市召开保障房小区生活垃圾分类试点工作座谈会。

11日 海南省住房城乡建设厅副厅长许毅一行27人来陕交流考察农村危房改造相关经验做法。

13日 省保障性安居工程、省重点示范镇和文化旅游名镇（街区）建设工作领导小组联组会议在西安召开，副省长赵刚出席会议并讲话。

18日 省发改委、省住房城乡建设厅和省市场监督管理局联合起草的《陕西省物业服务收费管理办法》（征求意见稿），公开征求社会各界意见。

19日 全省召开农村生活垃圾非正规堆放点整治暨村镇建设工作座谈会。

20日 全省召开保障性住房工作会议。

20日 省住房城乡建设厅召开全省住建系统扫黑除恶专项会议。

23日 省政府办公厅印发《陕西省蓝天保卫战2019年工作方案》，明确省住房城乡建设厅牵头负责5项工作。

26日 省住房城乡建设厅公布陕西省第二批全过程工程咨询试点企业名单，西安航天建设监理有限公司等70家企业被列入其中。

4月

3日 全省生活垃圾分类暨环卫作业管理培训会在西安召开。

4日 省住房城乡建设厅会同省发展改革委修订印发《陕西省节水型城市申报与考核办法》《陕西省节水型城市考核标准》和《陕西省节水型企业、单位、居民小区创建申报与考核办法》。

4日 省住房城乡建设厅召开全省住房城乡建设系统安全生产工作电视电话会议。

4日 省住房城乡建设厅会同省文物局印发《2019年全省历史文化名城名镇名村保护工作实施方案》，启动国家和省级规划期限为2035年的历史文化名城、名镇、名村、街区保护规划编制工作。

18日 全省召开建筑工人实名制管理办法宣贯暨培训观摩会。

19日 全省住房公积金管理中心主任座谈会在宝鸡召开，省住房城乡建设厅任勇副厅长出席会议并讲话。

19日 全省深度贫困地区农村危房改造工作现场推进会在安康市召开。

25—26日 由住房城乡建设部村镇建设司主办、全国市长研修学院（住房和城乡建设部干部学院）和省住房城乡建设厅共同承办的第三期农村美好环境与幸福生活共同缔造活动试点培训班在蓝田县举办。

28日 省住房城乡建设厅会同省财政厅、人民银行西安分行，联合发布《陕西省住房公积金2018年年度报告》。

5月

7日 全省节水型城市创建专业技术培训班在西安开班。

8日 国务院办公厅印发通报，延安市入选棚户区改造工作积极主动、成效明显的地方；丹凤县入选农村危房改造工作积极主动、成效明显的地方。

9日 全国市长研修学院（住房和城乡建设部干部学院）举办的数字化城市管理智慧化升级暨国家标准培训班在西安开班。

9日 全国公租房工作座谈会在宝鸡市召开。

16日 省住房城乡建设厅印发《陕西省房屋建筑和市政基础设施工程危险性较大的分部分项工程安全管理实施细则》。

21日 省住房资金管理中心二手房业务专柜进驻交易大厅揭牌仪式在西安市房管局举行。

25—26日 全省2019年度二级建造师执业资格考试在西安、咸阳和杨凌三个市区共35个举行。153753人参加考试，为历年最高。

30日 省住房城乡建设厅印发《关于开展2019年安全生产月活动的通知》和《全省住房城乡建设

系统2019年"安全生产月"活动实施方案》，对相关工作提出具体要求。

30日　省住房城乡建设厅印发《关于做好2019年省上跟踪指导考核的市级重点镇建设工作通知》。

31日　省住房城乡建设厅印发《关于进一步加强商品房预售管理工作的通知》。

6月

6日　省住房城乡建设厅印发《关于开展住房城乡建设领域安全生产隐患大排查的紧急通知》。

6日　住房和城乡建设部、文化和旅游部、国家文物局、财政部、自然资源部、农业农村部联合公布第五批列入中国传统村落名录的村落名单，陕西省咸阳市礼泉县烽火镇烽火村等42个村落榜上有名。

13日　全省住房城乡建设系统扫黑除恶专项斗争宣讲报告会在西安召开。

14日　《中国建设报》头版"壮丽70年·奋斗新时代（厅长访谈）"专栏刊发《陕西省住房和城乡建设厅党组书记、厅长韩一兵——百姓安居就是我们的初心》。

16—18日　全省移交承接建设工程消防设计审查验收工作培训班在西安举办，厅党组成员、副厅长茹广生出席开班仪式并讲话。

26日　全省市容市貌整治工作座谈会在西安召开。

27日　省政府出台《陕西省进一步深化工程建设项目审批制度改革的实施方案》。

7月

4日　省住房城乡建设厅公布2019年度陕西省建设工程长安杯奖（省优质工程）评选结果。

4日　陕西省工程建设项目审批制度改革工作推进暨培训会在延安市召开。

5日　全省建设工程安全攻坚行动推进电视电话会召开。

17日　省住房城乡建设厅等9部门联合印发通知，在全省地级以上城市全面开展生活垃圾分类工作。

19日　省政府印发通知，公布全省第一批历史文化名镇名村街区。

23日　省司法厅、省住房城乡建设厅在西安市未央区金域华府小区，举办陕西省"智慧立法"暨《陕西省物业管理条例》修订启动仪式。

26日　中国建筑出版传媒有限公司和省住房城乡建设厅在陕建五建集团陕西省地质科技综合楼项目现场，共同举办向全省建设行业建筑工人捐赠职业技能培训教材活动。住建部人事司副巡视员陈付出席活动。中国建筑出版传媒有限公司向全省培训机构和建筑工人捐赠职业技能培训教材4万余册，总价值100余万元。

26日　省住房城乡建设厅牵头编制的《陕西省传统村落保护发展规划》正式出台。

26日　省工程建设项目审批制度改革领导小组办公室印发《关于推行工程建设项目审批告知承诺制的指导意见（试行）》，明确工程建设项目审批告知承诺制，实行政府定标准、企业作承诺、过程强监管、信用有奖惩的审批管理模式。

29日　省住房城乡建设厅召开全省垃圾分类规划编制工作座谈会，征求对全省垃圾分类规划大纲、部门职责分工以及对做好规划编制工作的意见建议。

29日　省住房城乡建设厅召开全省农村危房改造脱贫攻坚工作推进电视电话会，对全面做好"住房安全有保障"突出问题和中央脱贫攻坚反馈问题整改工作进行再安排、再部署。

8月

1日　省工程建设项目审批制度改革领导小组办公室近日印发《关于推行工程建设项目审批"一窗受理"的指导意见（试行）》。

7日　省住房城乡建设厅发布《陕西省工程质量安全手册实施细则（试行）》，推进全省质量安全标准化管理，构建监管长效机制，全面提高工程质量和安全管理水平。

9日　省住房城乡建设厅在西安市长安区组织召开全省农村生活垃圾收集转运处置现场观摩培训会，进一步加快推进全省农村生活垃圾治理工作。

14日　省政府发布《关于对2018年受国务院督查激励市县和部门表扬奖励的通报》中，省住房城乡建设厅棚户区改造、农村危房改造工作受表扬。

15—16日　住房城乡建设部"生态修复城市修补"试点现场会在延安市召开。

21日　《陕西省城市管理综合执法条例》宣贯暨城市管理执法培训会在西安召开。就做好条例宣贯及城市管理执法工作进行安排部署。

26日　副省长徐大彤到省住房城乡建设厅调研，听取重点工作情况汇报，与班子成员座谈。厅长韩一兵汇报全省住房城乡建设工作及下一步工作打算。

9月

5日　省住房城乡建设厅举办全省建设行业行政许可工作业务培训会，学习交流业务典型经验，听取意见建议，安排部署下阶段工作。

6日　陕西省召开建设工程安全攻坚行动推进电

视电话会。就陕西省建设工程安全攻坚行动及住建行业建筑工程安全专项攻坚行动作安排部署。

6日　陕西省房地产市场监测系统联网工作会议在咸阳市召开，安排部署全省房地产市场监测系统联网工作。

9日　省住房城乡建设厅和省财政厅召开垃圾分类建设财政保障座谈会。

10日　省住房城乡建设厅印发《建筑施工领域安全生产大排查大检查大整治方案》。

17日　省住房城乡建设厅印发通知，即日起取消二级建造师临时执业证书，停止办理有关二级建造师临时执业证书各项注册业务。所持有二级建造师临时执业证书和执业印章自动作废。

19日　陕西省召开城市排水防涝、黑臭水体治理工作座谈会。

27日　省住房城乡建设厅出台《关于进一步促进建筑业企业稳增长、扩投资、促发展的十条措施》。

10月

9日　省住房城乡建设厅、省生态环境厅在西安联合举办全省城市黑臭水体整治专项行动培训会。

11日　省住房城乡建设厅印发通知，自发文之日起在全省推行住房城乡建设领域企业电子资质证书。

11日　陕西省工程建设项目审批管理系统培训暨座谈会在西安召开。

12日　省住房城乡建设厅、省发展和改革委员会、省财政厅联合出台《关于推进全省城镇老旧小区改造工作的实施意见》和《城镇老旧小区改造中央补助资金申报指南》。

15日　陕西省加快推进县域城镇建设专题培训班在西安建筑科技大学华清学院干部培训基地举办。

16日　省住房城乡建设厅、省人社厅联合召开全省住房城乡建设领域根治拖欠农民工工资工作电视电话会，省住建厅二级巡视员王光荣主持会议。

18日　住房城乡建设部党组成员、副部长姜万荣、城市管理监督局局长朱长喜组成的调研组，现场观摩西安市莲湖区智慧城管信息化指挥平台运行情况，召开省市城市管理工作座谈会。

21日　省住房城乡建设厅、省生态环境厅、省发展和改革委员会联合印发《陕西省城镇污水处理提质增效三年行动实施方案（2019—2021年）》。

25日　省住房城乡建设厅转发《陕西省应急管理厅、陕西省工业和信息化厅、陕西省人民政府国有资产监督管理委员会关于印发陕西省企业安全生产承诺制度（试行）的通知》，要求各地住房城乡建设主管部门和各建筑施工企业，加强政策宣贯，结合安全生产责任制抓好相关工作落实。

29日　中国城市报、中国城市网西部之窗频道主编李鹏一行到省住房城乡建设厅走访调研。

30日　陕西省海绵城市建设地方标准制定启动会暨第一次工作会在西咸新区沣西新城管委会召开。

30日　省政府新闻办公室举办新闻发布会，省住房城乡建设厅总工程师付涛介绍全省农村危房改造工作的进展情况，现场回答省内外媒体提问。

11月

4日　西安市蓝田生活垃圾焚烧发电厂正式点火，标志着陕西省生活垃圾无害化处理正式由卫生填埋向无害化焚烧转变。

6日　省住房城乡建设厅、省财政厅联合印发《陕西省县城建设考核评价办法（试行）》，对排名前10名的县（市）全省通报表彰，给予每县（市）500万元奖励。

6—8日　陕西省城乡规划设计研究院风景园林分院完成的"榆阳河生态保护治理工程"项目荣获中国风景园林学会园林工程分会2019年会"中国风景园林学会科学技术奖"规划设计二等奖。

7日　全省住房城乡建设系统扫黑除恶和行业乱象整治工作推进会在宝鸡召开。

8日　陕西省促进装配式建筑发展联席会议在西安召开。

12日　陕西省文明工地暨施工扬尘防治现场观摩会在西咸新区召开。

20日　陕西省农村危房改造"四清一责任"工作推进会在咸阳召开。

21日　住房城乡建设部在西安市召开全国建设工程消防设计审查验收工作座谈会。

25日　省住房城乡建设厅邀请住房城乡建设部村镇建设司农房建设处处长陈伟，就开展美好环境与幸福生活共同缔造，相关工作进行专题辅导授课。

12月

3日　住房城乡建设部印发《关于公布美好环境与幸福生活共同缔造活动第一批精选试点村、连片推进村和试点县名单的通知》，全国42个精选试点村、12个连片推进村和15个试点县入选第一批名单；其中，陕西省4村2县（区）榜上有名。

4日　省住房城乡建设厅党组书记、厅长韩一兵与到访的咸阳市委常委、副市长王飞一行开展座谈，就保障房、老旧小区改造、垃圾分类以及农村危房改造等工作进行深入调研。

9日 省住房城乡建设厅、省生态环境厅、省财政厅和省农业农村厅联合印发通知，公布137个村为2019年陕西省美丽宜居示范村。

12日 省住房城乡建设厅、省发展改革委、省自然资源厅联合举办陕西省建筑科学研究院协办的装配式建筑技术交流观摩会在西咸新区召开。

12日 省住房城乡建设厅等7部门印发《关于加强城市停车设施规划建设管理工作的实施意见》。

12日 省住房城乡建设厅、省机关事务服务中心组织召开陕西省公共机构生活垃圾分类工作推进会。

13日 省住房城乡建设厅公布2019年度陕西省工程建设工法161项。

20日 省住房城乡建设厅、省发展和改革委员会、省财政厅等9部门联合印发《推进和完善陕西省工程担保制度加强工程担保管理的实施方案》。

25日 陕西省贯彻落实"三个经济"鼓励建筑企业对外市场拓展座谈会在西安召开。

27日 省住房城乡建设厅、省人民防空办公室联合印发《关于公布陕西省施工图综合审查机构换证工作结果的通知》，公布28家陕西省施工图综合审查机构名单以及重新规范的审查合格书样式。

（陕西省住房和城乡建设厅）

甘 肃 省

概况

2019年，甘肃省住房城乡建设系统深入学习贯彻习近平新时代中国特色社会主义思想及习近平总书记对甘肃重要讲话和指示精神，围绕持续打赢"三大攻坚战"、加快补齐全面小康短板、着力保障和改善民生、推动经济高质量发展等重大部署，全力推进脱贫攻坚农村危房改造、城乡环境治理、房地产市场平稳健康发展、民生实事落实、建筑业转型升级、"放管服"改革等工作，努力以党的建设推动住房城乡建设事业高质量发展，对全省稳增长、促改革、调结构、惠民生、防风险、保稳定发挥了重要作用。

法规建设

【住建立法】完成《甘肃省建设工程勘察设计管理条例》和《甘肃省城市市容和环境卫生管理办法》《甘肃省民用建筑节能管理办法》的修订。对211件部门规范性文件进行清理，废止27件、失效46件。

【住建普法】印发普法责任制清单。在《建设手机报》开设"七五"普法专栏，发布普法内容70余期。开展宪法宣传周活动。编印《宪法法律进乡村知识问答手册》等普法资料，制作《建筑质量依法保障》法制宣传片。

【依法行政】制定印发"三项制度"（行政执法公示、执法全过程记录、重大行政执法决定法制审核）的实施细则和办法，对所有行政许可和行政处罚决定实行"双公示"。严格执行执法人员持证上岗制度，完成168个执法证的换证工作。

【"放管服"改革】设立政务服务处。落实权责清单动态管理要求，梳理确定甘肃省住房和城乡建设厅权力事项156项，编制全省住房城乡建设系统政务服务事项目录清单74项。全面落实《甘肃省优化建设领域营商环境实施方案》工作措施，企业资质核准、安全生产许可证核发等事项办理时限平均压缩39%，申报材料平均精简58%。对省级政务服务事项办理涉及的证明事项进行全面清理，取消证明事项26项，保留证明事项25项。简化市政公用设施报装流程，供水新增、扩容改装的报装时间分别压缩在20、15个工作日以内，燃气报装时间压缩在16个工作日以内。实现14类住房城乡建设领域企业资质和人员资格证照电子化管理。通过电子招投标大数据系统实现全省房屋建筑和市政基础设施工程招投标的电子化。实现建筑业、房地产、监理企业资质等15项内容在甘肃共享网站平台的订阅共享。

【行政复议】办理行政复议11件。

【双随机一公开】全面推行"双随机、一公开"监管和"互联网+监管"，更新完善"一单两库一细则"，梳理住建系统监管事项目录清单78项。开展抽查检查13批次，抽查市场主体326户、非市场主体478户。

房地产业

【概况】2019年，全省房地产开发投资1257.85

亿元，同比增长 12.7%，高于全国增速 2.8 个百分点。房地产开发施工面积 10977.33 万 m^2，同比增长 16.4%，高于全国增速 7.7 个百分点。新开工面积 3307.26 万 m^2，同比增长 35.4%，高于全国增速 26.9 个百分点。竣工面积 674.14 万 m^2，同比下降 10.4%，低于全国增速 13 个百分点。商品房销售面积 1705.31 万 m^2，同比增长 6.87%，高于全国增速 6.97 个百分点。

【市场调控和监管】积极推动加快建立房地产市场监测系统，全省 14 个市州本级和 67 个县区房屋交易网签备案数据已实现全国联网。代拟起草《中共甘肃省委办公厅、甘肃省人民政府办公厅关于建立完善房地产市场调控监测评价考核机制的通知》。开展全省房地产行业突出问题专项整治工作，截至 2019 年年底，全省共排查住房租赁中介机构 1781 家，查处违法违规住房租赁中介机构 84 家，通报曝光违法违规中介机构 42 家，共受理投诉举报件 131 件。

【物业管理】对全省 2579 家物业服务企业和服务项目进行排查，各市州住建、发改、市场监管部门共受理物业服务突出问题投诉 1258 件。

住房保障

2019 年，全省棚户区改造新开工 18.27 万套（开工率 100%），棚户区改造基本建成 12.35 万套（完成率 233.5%），发放住房保障家庭租赁补贴 4.66 万户（完成率 102%）。全省共争取各类资金 476.27 亿元，其中中央财政资金 54.96 亿元、中央预算内投资 26 亿元、省级配套资金 8.73 亿元、棚改专项债券 175 亿元、国开行和农发行棚改贷款资金 211.58 亿元、棚户区改造和保障性住房建设完成投资 401.39 亿元。全省历年累计建设公租房 43.3 万套，完成分配 42.49 万套（分配率 98.1%），其中政府投资公租房 36.34 万套，完成分配 36.01 万套（分配率 99.1%）。兰州市作为甘肃省唯一列入国家支持新建筹集公租房的城市，2019 年共申报公租房新筹集计划 688 套，下达中央补助 3637 万元、省级补助 601 万元，已全部开工建设。

层层落实目标责任制，省、市、县逐级签订《2019 年住房保障工作目标责任书》，印发 2019 年住房保障工作要点和保障性安居工程建设任务分解计划。会同省财政厅、发展改革委、自然资源厅等部门对新开工项目、历年续建项目工程建设进度、资金投入、分配入住等进行检查考核，有力地推动棚改项目开工建设，并提请省政府办公厅对住房保障工作成效显著的市州、县市区以及先进个人进行通报表扬。积极配合财政完成 175 亿元棚改专项债券的申报和发行工作。加大审计整改力度，省保障性安居工程及住房公积金监管领导小组办公室印发《关于认真落实 2019 年保障性安居工程跟踪审计问题整改的通知》，要求被审计市、州建立整改台账，靠实责任单位，明确整改时限，严格落实对账销号和月报制度，确保审计发现的问题及时整改到位。加强政策宣传和培训，6 月初举办"全省推进棚户区改造与保障改善民生专题研讨班"，邀请国家住房城乡建设部、财政厅、国家发展和改革委员会以及相关兄弟省市的专家对当前棚改和公租房工作中的热点难点问题进行专题解读。加快全省公租房信息系统建设，举办 3 期公租房信息系统培训班，截至 11 月底，全省 14 个市州的公租房信息系统全部实现上线运行，超额完成住建部下达的年度工作任务。加大全省棚改工作宣传力度，5 月 20 日央视一套"晚间新闻"栏目对甘肃省棚改工作进行专题报道。

公积金管理

【概况】2019 年，全省新增缴存额 300.85 亿元，同比增长 12.45%；新增提取额 208.38 亿元，同比增长 9.19%；发放个人贷款 194.46 亿元，同比下降 0.73%；业务收入 32.06 亿元，同比增长 8.38%，业务支出 17.96 亿元，同比增长 8.72%；实现增值收益 14.10 亿元，同比增长 7.96%；实缴职工净增 8.42 万人。

全省缴存总额 2252.78 亿元，同比增加 299.02 亿元；缴存余额 1051.32 亿元，同比增加 92.45 亿元；贷款余额 814.35 亿元，同比增加 66.52 亿元；个贷率 77.46%，个人贷款逾期额 4289.15 万元，逾期率 0.5‰。

【公积金监管】组织签订《2019 年住房公积金目标责任书》召开全省住房公积金管理工作会议、住房公积金电子稽查培训会议和全省住房公积金重点工作推进会统筹进行工作部署，全省住房公积金新增缴存额、贷款发放额等目标任务在年内均超额完成，并保持较快增长态势。

指导各地梳理完善缴存、提取、贷款政策，规范优化业务流程，简化受理要件、提高服务效率；因城因地建立住房公积金贷款政策调整机制，实施差别化贷款政策，加大对中低收入家庭购买首套住房的支持力度；指导各地出台住房公积金阶段性降比及缓缴政策，减轻企业负担，支持企业平稳健康发展；加强宣传，指导各地通过多种渠道进行住房公积金政策宣传，并及时向社会披露住房公积金年度报告。

全省22个公积金中心全部按期完成全国住房公积金数据平台接入上线运行工作，在全国范围率先实现电子稽查全省全覆盖；各地按期建成住房公积金综合服务平台，并通过部省两级联合专家组检查验收；设区城市中心已全部完成核心业务系统与全国住房公积金异地转移接续平台直连工作，全年通过异地转移接续平台共发生转移接续业务1.2万笔，涉及资金3.95亿元；接入甘肃省政务服务网，实现全省住房公积金查询功能；积极推进住房公积金领域政务服务"一网通办"工作，全年实现住房公积金四项高频事项"一网通办"办结量14.67万笔；积极配合政务服务平台"企业开办（注销）一网通办"工作，应用企业注册信息数据共享资源，实现设立企业同步进行公积金单位登记和开户，兰州住房公积金管理中心已全面进入数据测试阶段。

2019年，全省共发生信息查询类业务2630余万次，信息发布类业务2000余万次，在线业务申请及办理500余万次，缴存、提取、贷款类业务在线办结量分别为44.98万笔、10.58万笔、0.39万笔；通过综合服务平台住房公积金12329热线及短信渠道，共发生热线呼叫量144.1万次，同比增长11.7%，成功推送短信1199.52万条，同比增长170%。

城市建设

【基础设施建设】 2019年，全省17个设市城市污水处理率、生活垃圾无害化处理率、供水普及率、燃气普及率分别达到96%、99%、97.90%、90.91%，较2018年年底，污水处理率及生活垃圾无害化处理率分别增长2个、5个百分点，供水普及率及燃气普及率持平。64个县城污水处理率、生活垃圾无害化处理率、供水普及率、燃气普及率分别达到90%、98%、93.63%、64.99%，较2018年年底，分别上升1个、4个、2.19个、3.55个百分点。

【市政公用行业管理】 制定印发《甘肃省城市生活垃圾分类工作实施方案》（甘政办发〔2019〕101号）；印发《甘肃省城市生活垃圾处理管理办法》《甘肃省城市餐厨废弃物处理管理办法》《甘肃省城市建筑垃圾处理管理办法》；12月5日，甘肃省政府召开全省城市生活垃圾分类工作领导小组第一次会议暨现场观摩培训推进会国家首批示范城市兰州市按照国家要求时序推进垃圾分类工作，兰州市分类投放、收集、运输、处理体系初步形成，片区覆盖率达到70%以上，居民户数覆盖率达到62.78%，生活垃圾资源化利用率达到30.1%。开展城市黑臭水体整治环境保护专项行动，全省18条黑臭水体完成整治17条。3月，印发《关于进一步加强城市（县城）污水处理设施建设与运营监管工作的通知》；6月，印发《甘肃省城市（县城）污水处理提质增效三年行动实施方案（2019—2021年）》向兰州市等8个市州下达污水处理提质增效专项资金6614万元；全省城市（县城）累计建成污水处理厂91座，污水处理能力约201.63万吨/日，新增一级A提标改造污水处理厂23座，36.95万吨/日。新建及改造污水管网1062.72公里（其中，新增778.04公里，改造老旧管网230.67公里，改造雨污合流管网58.01公里）。陆续下发《关于进一步加强污水处理厂提标改造监管工作的通知》《关于进一步加强城市（县城）污水处理设施建设与运营监管工作的通知》等，规范各地污水处理设施提标改造工作；对渭河、泾河等重点流域县级及以上污水处理设施提标改造进行部署；已经完成提标改造工程的有15座，正在实施提标改造工程的有11座，开展前期工作的有9座。3月，组织全省各城市（县城）供水厂进行规范化管理考核及城市供水水质督察工作；5月，组织各地开展以"建设节水城市，推进绿色发展"为的主题节水宣传周活动；6月，开展年度供水水质督察工作。指导各地推行道路机械化等低尘作业方式，提高道路机械化清扫率，全省城市机械化清扫率已达到77.7%，县城为50.5%，超额完成《甘肃省打赢蓝天保卫战2019年实施方案》要求的城市（县城）机械化清扫率。庆阳市海绵城市试点开工项目225项，投资30.78亿元；12月中旬住房城乡建设部、财政部、水利部三部委组织对庆阳市海绵城市试点建设进行终期考核，评价比较好。防范化解城市供排水、燃气、供热、道路桥梁、城市公园、绿地等重点设施安全风险；召开城市基础设施安全运行现场推进会；9月11—26日，全省开展了城市市政公用设施安全运行大排查大整治大提升专项行动，督导组共抽查供水企业（水厂）15家，燃气企业22家，其中：液化石油气瓶装加气站6家。对存在安全隐患的企业下发《市政设施安全运行问题整改通知书》，并对督导检查情况进行了通报，要求各地开展"回头看"。12月3日，联合印发《在主题教育中上下联动集中整治城市建设管理突出问题实施方案》，要求各市州组织对辖区内城市排污排水管网和道路严重积水点（易涝点）开展摸排，各地共摸排出道路积水点160处，通过整治，各地完成124处积水点的整治工作。

【老旧小区改造】印发《关于推进城镇老旧小区改造工作的实施意见（暂行）》。10月、12月两次召开全省的工作推进会。2019年全省老旧小区改造计划7.92万户资金争取方面，共争取到中央预算内资金4.87亿元，覆盖居民4.1万户；争取到中央财政补助7.28亿元，覆盖全部7.92万户；已开工在建2.34万户，尚在开展前期5.58万户，累计完成投资2.3亿元。

【历史文化名城名镇名村保护】在2018年印发《兰州市历史文化名城保护规划》审查意见的基础上，将修改完善后的保护规划报省政府批复。会同省文物局组织专家对《夏河县省级历史文化名城保护规划》和《敦煌市北台历史文化街区保护规划》进行了审查，报请省政府批复《夏河县历史文化名城保护规划》。

全省共划定历史文化街区26片，均由省政府发文公布；共确定历史建筑113处，其中110处在住房城乡建设部历史文化街区和历史建筑数据信息平台上完成填报，其中设市城市及国家名城县确定72处，非国家名城县确定41处；部分城市历史建筑完成了挂牌工作。将天水市列为省级历史建筑保护利用试点城市，制定并上报《甘肃省省级历史建筑保护利用试点工作方案》；参加住房城乡建设部历史建筑保护与利用培训班。对全省已经完成的国家历史文化名城、中国历史文化名镇、名村和历史文化街区保护规划报住房城乡建设部备案。

村镇建设

【农村危房改造】全省计划实施2.65万户4类重点对象危改任务、固强补弱及冲刺清零新筛查的1.27万户危改任务，其中，深度贫困地区纳入国家计划四类重点对象危房改造20851户（"两州一县"3488户、省定深度贫困县17363户），固强补弱及冲刺清零新筛查9034户（"两州一县"2909户、省定深度贫困县6125户），已全部竣工，实现了存量危房全部清零。下达危房改造补助资金12.83亿元（中央10.12亿元、省级2.71亿元），倾斜下达深度贫困地区补助资金9.77亿元，占全省资金的76.1%（"两州一县"2.49亿元，18个省定深度贫困县7.29亿元）。

【全域无垃圾专项治理】2019年组织省联席会议各成员单位开展全省全域无垃圾上半年督查工作，联合省电视台开展明察暗访23次，对全省14个市（州）、86个县（市、区）、331个乡镇（街道）、723个村社（社区）垃圾治理工作进行了督导检查，实现全省86个县市区督查全覆盖，对存在问题严重的部门（单位）、市（州）、县（市、区）约谈4次，向市州反馈督查限期整改通报23次，反馈问题192个，对反馈的问题整改落实情况进行"回头看"18次；在甘肃省电视台《净美甘肃》宣传专栏，已播出17期，播出红黑榜298条，其中：播放红榜162条、黑榜曝光136条；截至11月30日，全省配备专职、兼职村庄保洁人员11.76万名，配备各式农村垃圾保洁、收集、运输车32463辆，城乡统筹建有无害化垃圾处理设施303座，对垃圾进行收集、运输的行政村数量15217个，占比95%，对生活垃圾进行处理的行政村数量12834个，占比80%；截至12月27日，各地累计清理整治无人机航拍和卫星遥感排查出的各类垃圾"顽疾""死角"44700处，清理整治城乡垃圾1375万吨；按照住房城乡建设部等4个部门非正规垃圾堆放点整治任务要求，共排查出非正规垃圾堆放点625处，各地已整治清理589处，整治销号率94.2%，完成住房城乡建设部等部门确定的"2019年底非正规垃圾堆放点整治销号率达到70%"的年度目标任务。

【重点镇污水处理设施建设】2019年，目标完成39个全国重点镇的污水处理设施建设任务并投入运营，完成37个全国重点镇的污水处理设施建设任务。截至2019年12月底，全省全国重点镇142个（其中城关镇48个，其他建制镇94个），已完成污水处理设施建设的有112个，正在建设11个，正在进行前期阶段的18个，未启动前期工作的1个。

【传统村落保护】对列入甘肃省第五批中国传统村落名录的18个村落下达中央财政补助资金3000万元，指导列入本年度中央财政支持范围的8个村落所在市县制定保护项目实施方案，按照规范程序推进保护项目实施。组织传统村落保护发展培训，提高全省传统村落保护发展的管理水平。指导甘肃省列入中国传统村落名录的54个村落录入基础信息、建立数据库，做好传统村落数字博物馆建馆工作，2019年度甘肃省白银市靖远县平堡村和定西市通渭县文丰村2个传统村落顺利完成数字化，入驻中国传统村落数字博物馆。

标准定额

【工程建设标准管理】对《热处理带肋高强钢筋混凝土结构技术规程》《建筑施工质量安全标准化管理规程》《建筑工程质量安全智慧管理应用技术标准》《既有建筑物安全监测数据物联网技术标准》《超低能耗建筑评价标准》《超低能耗建筑技术规程》

《农村生活垃圾分类处理标准》《农村雨水集蓄利用工程技术标准》《既有居住建筑新增电梯技术导则》《庆阳市海绵城市建设标准图集》《既有居住建筑新增电梯构造》《寒旱区被动式绿色建筑设计图集》等42个工程建设地方标准及标准设计编制项目进行立项。完成工程建设地方标准及标准设计图集编制、修编共计25项（含2019年以前的计划项目）。完成编制的工程建设地方标准有《装配式钢骨增强微孔混凝土复合外墙大板技术规程》《建筑机电工程抗震支吊架技术标准》《双向螺旋挤土灌注桩技术规程》《强夯法处理黄土地基技术规程》《高延性混凝土应用技术标准》等20项。完成的标准设计有《高延性混凝土加固砌体结构构造》《EPS模块现浇混凝土低能耗建筑构造》《IMS注塑夹芯复合保温砌块墙体建筑构造》等5项。对《促进医养结合事业快速发展专项行动计划（2020—2022年）》《甘肃省养老服务条例》和《关于推进城乡社区和居家养老服务发展的指导意见》提出修改意见。推进残疾人、老年人、母婴群体等无障碍工程建设标准服务工作，严格把关《无障碍设计规范》《老年人居住建筑设计标准》等工程建设标准。建设甘肃省工程建设地方标准信息化服务平台。

【工程造价监管】完成《甘肃省市政工程预算定额》共10册的审定和发布。完成《甘肃省建筑与装饰工程预算定额地区基价》《甘肃省市政工程预算定额地区基价》《甘肃省安装工程预算定额地区基价》修编工作。完成《甘肃省城市地下综合管廊工程预算定额》编制大纲制定工作。完成《甘肃省装配式建筑工程预算定额》初稿。颁布《甘肃省建设工程施工机械台班费用定额》《甘肃省建设工程施工仪器仪表台班费用定额》及其配套的地区基价（含税、不含税）。完成中国建设工程造价管理协会《工程造价信息化发展研究》课题组的编制。完成《甘肃省建设工程造价管理条例》修订初稿修订工作。完成对全国各省市或行业协会有关工程造价信息化的问卷调查及网络问卷调查。完成《甘肃建设工程造价管理》期刊共6期。完成2018年度全省204家工程造价咨询企业统计报表审核报送工作。参与编制住房和城乡建设部《工程造价咨询企业年报制度研究报告》。印发《甘肃省住房和城乡建设厅关于印发2019年度工程结算中有关问题的处理意见的通知》。印发《甘肃省住房和城乡建设厅关于重新调整甘肃省建设工程计价依据增值税税率有关规定的通知》，增值税税率由10%调整为9%，并调整相关费率。制定《甘肃省住房和城乡建设厅关于调整甘肃省市政工程有关费用计取标准的通知》。对工程造价咨询企业和注册造价工程师实行业绩监管，逐步消除僵尸企业、证书挂靠等现象，逐步提高工程造价咨询企业执业质量和注册造价工程师执业水平。简化行政审批程序，落实"双随机、一公开"各项制度。咨询企业晋升甲级2家，甲级资质延续共9家，完成审核十一批共66家造价咨询企业资料。

【工程招标投标管理】由省招标办监管进入省公共资源交易平台招标工程项目182标段/次。对《甘肃省房屋建筑和市政基础设施工程电子化招标投标管理办法》等3个规范性文件重新修订，废除《关于推行工程量清单计价招标投标和计算机辅助评标的通知》。出台《甘肃省住房和城乡建设厅关于进一步加强工程建设领域招标投标管理工作的通知》（甘建〔2019〕158号）。向各市州转发《关于印发〈甘肃省工程项目招投标领域营商环境专项整治实施方案〉的通知》（甘发改法规〔2019〕661号）。全年共受理招投标投诉9起，全部妥善处理并及时予以回复。

工程质量安全监管

【概况】2019年全省各级质量安全监督机构累计监督房屋市政工程12007项，建筑面积25864.7万平方米；监督工程总造价5896.2亿元，其中，房屋建筑工程总造价4919亿元，市政工程总造价776亿元。全省全年共发生房屋市政工程施工安全事故16起、死亡23人，与2018年（27起、死亡29人）相比事故起数下降41%，死亡人数下降21%；未发生一般以上工程质量事故。2019年全省共有1项工程获"中国建设工程鲁班奖"，2项工程获"国家优质工程奖"。

【制度建设】结合"放管服"及项目审批制度改革，印发《甘肃省房屋建筑和市政基础设施工程竣工联合验收实施办法》《甘肃省工程建设项目并联审批办理实施办法》《关于加强装配式建筑工程质量管理的实施意见》《甘肃省危险性较大的分部分项工程安全管理规定实施细则》《关于房屋建筑和市政基础设施工程消防验收工作的指导意见》《甘肃省建设工程质量检测管理规定》等规范性文件，提供制度支撑，规范和指导住房城乡建设领域的质量安全管理。

【质量发展】编制《甘肃省房屋建筑和市政基础设施质量常见问题治理手册》。贯彻落实住房城乡建设部《工程质量安全手册》《关于完善质量保障体系提升建筑工程品质指导意见》，推行建筑施工安全标准化及工程质量管理标准化建设工作，开展各类宣贯培训工作。

【安全监管】 针对关键时段、关键领域进行安全管控，分析研判和安排部署阶段安全工作，组织开展联合监督执法检查；针对重大活动、重要节假日、停工复工、冬季汛期、危大工程等阶段风险特点，制定专题工作文件，提出具体管控措施要求。组织事故应急演练和质量标准化观摩会，改进完善质量安全监管信息系统。依法依规核发建筑施工安全生产许可证、安管人员考核证和特种作业人员操作资格证。

【督查检查】 组织开展全省房屋市政工程质量安全专项督查4次，施工安全专项执法检查4次，省级住房城乡建设部门抽查项目113项，市县两级住建部门检查项目5581项，省市县三级住房城乡建设主管部门共下发质量安全隐患和问题清单87份、整改通知书1443份、执法建议书33份，下发停工整改通知书90份、执法建议书71份、罚款2701万余元，并对相关企业的不良行为进行信用惩戒。组织开展全省建筑塔式起重机专项检查、建筑起重机械设备和建筑施工特种作业人员考核设备专项检查，防止和遏制建筑起重机械伤害事故发生；组织开展住房城乡建设系统涉及危险化学品安全综合治理工作，建立健全危险化学品档案及重大危险源数据库，加强重大危险源管控。

【事故查处】 对建筑施工安全事故进行动态曝光，全年共实施行政处罚27起，暂扣安全生产许可证14家，暂扣安全生产考核合格证书30人，暂停注册监理工程师执业11人。针对庆阳市连续发生2起建筑施工较大事故的严峻形势，召开专题约谈会，有针对性地进行专项督查，共抽查10个工程项目，下发整改通知书10份，执法建议书4份，并在全省范围进行通报批评和曝光。

【污染防治】 印发《关于进一步加强建筑施工扬尘防治工作的通知》《甘肃省房屋市政工程施工扬尘防治提升行动方案》，提出落实"六个百分百"防治污染的措施办法，明确主体及监管责任，建立月度评价、分级督查、月度报告分析等措施制度。组织开展全省打击建筑施工现场环境违法犯罪专项行动、施工现场扬尘管控及施工现场围挡专项治理工作，省级住房城乡建设部门开展专项督查2次，抽查工程22项，下发整改通知书9份、执法建议书2份，实施罚款17万元，市县两级住房城乡建设部门开展专项检查4129次，下发问题清单及整改通知书1975份，实施行政处罚124起，罚款215.1万元。

【行业乱象整顿】 开展住房城乡建设领域未竣工验收擅自投入使用等行业乱象摸排治理，纠正工程违法违规行为，保证人民群众合法权益，治理行动开展期间全省共排查出未竣工验收擅自投入使用项目1083项，已督促整改527项，占总项数的48.7%。

建筑市场

【建筑市场监管】 自2019年3月起，共受理建设工程企业和房地产开发企业资质申请业务1540项；登记省外进甘肃省建设工程企业信息545家，登记人员信息27400余人；登记省外勘察设计企业申报项目2511项，全部已按时限办结；协助29家企业向住房城乡建设部申报企业资质升级，已公告通过9家，其中甘肃省通信产业工程监理有限公司取得甘肃省唯一的通信工程监理甲级资质。全省各级质量安全监督机构累计监督房屋市政工程12007项；监督工程总造价5896.2亿元。其中，房屋建筑工程总造价4919亿元；市政工程总造价776亿元；房屋建筑面积25864.67万平方米。按照"放管服"改革要求，所有政务服务事项全部进驻政务大厅，取消证明事项13项。企业资质和人员资格证照电子化系统已正式上线。起草《甘肃省建筑市场信用管理办法（试行）》。制定《甘肃省建筑工程施工发包与承包等违法违规行为专项整治行动工作方案》，查处并曝光一批典型案例，有效遏制违法发包、转包、违法分包和挂靠等违法违规行为。联合一人社、交通、水利、通信、铁路6个主管部门制定印发《关于贯彻落实〈住房城乡建设部办公厅等关于开展工程建设领域专业技术人员职业资格"挂证"等违法违规行为专项整治的通知〉的意见》，按照自查自纠、全面排查和指导监督3个阶段，开发建设领域专业技术人员"挂证"专项整治工作。制定下发《甘肃省住房和城乡建设厅关于支持民营建筑企业发展的实施意见》，清理地方性法规、地方政府规章及规范性文件，搭建企业与金融机构合作平台，扶持民营建筑企业做大做强，支持民营建筑企业专业技术人才队伍建设。印发《关于进一步做好房屋建筑和市政基础设施工程领域清理拖欠民营企业中小企业账款有关工作的通知》，积极推广工程担保制度，严格工程建设的全过程监管。深化"放管服"改革，适应行业发展需要，对《甘肃省建筑市场管理条例》部分条款提出了修改意见，提交《甘肃省建筑市场管理条例》修正案。拟定《关于进一步加强和调整建筑市场监管工作有关事项的通知》，对建筑市场监管系统企业信息库建设、招投标管理、项目管理机构人员锁定和省外进甘企业监管等方面相关文件和工作进行全面梳理，进一步完善监管机制，营造统一开放、竞争有序的建筑市场环境。印发《关于推行建筑工人实名制管理工作的指导意见》和《甘肃省住房和城乡建设厅关于加快推进建筑工人实名制管理平台应用工作的通知》。截至2019年年底，平台已上传在建项目327个，实名制在场工人36512人，项目在册人员48626人。截至2019年年底，全省各地建设主管部门共查处建筑市政工程建设领域拖欠农民工工资案件309起，解决279起，涉案金额6404.58元，已清欠5024.94元；协助人力资源社会保障等部门查处案件242起，已解决224起，涉案金额7988.74万元，已清欠7563.13万元。

建筑节能与科技

【绿色建筑与建筑节能】完成绿色建筑工程施工验收评价系统研究，完成绿色建筑验收软件开发并测试，正在筹备验收。在全省住房城乡建设领域质量和安全生产大检查中，强化建筑节能和绿色建筑工作检查。召开国家近零能耗技术标准甘肃地区技术交流会、西北地区绿色建筑发展公益讲座，邀请国内知名院士及专家对省内相关技术人员讲解绿色建筑的技术要点和发展方向。"十三五"全省既有居住节能改造目标任务1000万平方米，向各市州下达任务共计1260万平方米，截至2019年年底，各地已实施完成1068万平方米，占下达任务的84.76%。8月，组织各地对建筑节能标准执行情况开展自查，督促各市州做好新建建筑节能数据统计和填报，全省城镇新建建筑全面执行国家建筑节能强制性标准。督促兰州市开展公共建筑能效提升重点城市工作。印发《关于落实〈甘肃省打赢蓝天保卫战2019年实施方案〉推进替代燃煤取暖的通知》确保群众温暖过冬。完成中央环保督察、2018年能源消耗总量和强度"双控"考核、2018年控制温室气体排放目标责任等督查考核工作。组织开展节能宣传周活动，推进可再生能源建筑应用。

【建设科技】组织完成年度建设科技项目申报和评审立项工作，共55项列入年度科技计划。筛选推荐的3个项目列入省科技厅授奖公示名单，其中：两个项目拟授二等奖，一个项目拟授三等奖。推荐6个项目申报住房城乡建设部科技计划项目，4个项目获得立项。组织国家专利奖、省专利奖、国家科技进步奖的推荐工作。全年共完成36个项目的验收。对逾期的191个科研项目进行集中清理（155个项目闭合、32个项目终止执行、4个项目延期），并对相应的项目单位和项目负责人在后续的建设科技项目申报中采取了限制措施。

勘察设计

2019年全省共完成房屋和市政基础设施建设项目施工图审查4315项，完成项目总投资3741.2亿元，其中完成建筑工程3788项，总建筑面积8149.6万㎡，总投资3378.6亿元；完成市政工程927项，总投资362.7亿元。截至2019年9月18日，甘肃省全面实现了工程建设项目审批制度改革施工图审查"多审合一"的要求，将结构、抗震、消防、人防、气象、技防、节能等纳入施工图综合性审查。通过强化施工图审查在线监管，甘肃省基本上做到了大型项目15个工作日内、中型及以下项目10个工作日内完成审查。施工图多审合一数字化联合审查系统，已全面进入试运行阶段。印发《关于公布甘肃省施工图审查机构及审查人员名单的通知》（甘建设〔2019〕28号）和《关于公布甘肃省施工图审查机构及审查人员名录的补充通知》，重新认定全省施工图审查机构及审查人员；每季度对全省施工图审查完成情况进行通报，对违反强条和规范条文较多的勘察设计企业及其人员进行处理。

取消勘察设计资质动态集中核查，加强勘察设计资质动态监管，对勘察设计单位的市场行为等方面加强监督检查，并将检查和处理结果向社会公开。7月9—19日，按照"双随机、一公开"的检查方式，组织相关专家分4个督查组对各市州和部分县区建设工程勘察设计及消防设计审查进行专项检查。检查出问题项目46个，督促整改问题122条，下发《建设行政执法建议书》1份。调整超限高层建筑工程抗震设防审查方式，超限高层建筑工程抗震设防技术审查由企业付费调整为政府付费。

各市州全面完成全省500部城市老旧住宅加装电梯工作。组织修订《甘肃省建设工程勘察设计管理条例（修订案）》，经省十三届人大常委会第十一次会议修订通过，2019年10月1日起实施。组织编制完成《"彩钢板农房"安全性评定技术指导意见（试行）》。

"9·16"张掖市甘州区5.0级地震和10.28夏河县5.7级地震后，组成专家组，赶赴灾区一线开展震害调查及维修加固技术指导工作；指导当地住房城乡建设部门，协调相关单位开展应急房屋鉴定等相关工作；根据省委省政府办公厅《关于全面加强自然灾害防治能力建设的意见的通知》文件要求，实施"地震易发区房屋设施加固工程"；起草印发《甘肃省地震易发区房屋设施加固工程实施方案》；

组织完成16个超限高层建筑的抗震设防专项审查工作；新修订完善《甘肃省住房和城乡建设系统地震应急预案》；开展省级抗震加固项目申报工作并协调省财政厅下达2019年省级抗震加固项目补助资金190万元；指导各地住房建设行政主管部门开展了5.12减灾日防灾减灾宣传教育、灾害事故应急演练等活动。

印发《甘肃省住房和城乡建设厅关于开展房屋建筑和市政基础设施工程消防设计审查工作的通知（暂行）》《甘肃省住房和城乡建设厅关于进一步明确房屋建筑和市政基础设施工程消防设计审查工作相关问题的补充通知（暂行）》，明确将特殊建设工程消防设计审查并入施工图设计审查并进行消防设计专项审查；印发《甘肃省住房和城乡建设厅关于公开征集甘肃省建设工程消防技术专家库成员的通知》，组织筹建甘肃省消防专家库；开展消防设计审查抽查工作，每季度对施工图审查机构审查通过的施工图设计文件中有关消防安全性内容进行抽查，重点对设计单位、施工图审查机构执行消防强制性标准情况进行检查。

城市管理执法监督

【城市执法体制改革】 印发《关于进一步规范全省城市管理执法执勤用车标识涂装管理工作的通知》，推进执法执勤用车标识涂装和编号的统一。印发《关于改进城市街区商户门头牌匾设置管理工作方式的意见》，改进城市管理工作方式。印发《甘肃省城市户外广告设施设置审批事项管理措施》，规范户外广告设施设置审批。3月14日，召开全省城市建设管理工作会议，通报城市执法体制改革工作情况，对重点工作任务进行安排。贯彻落实《中共中央 国务院关于深入推进城市执法体制改革改进城市管理工作的指导意见》中"所有市、县都要整合形成数字化城市管理平台"的改革要求，4月23日、10月15日先后两次组织全省市县数字化城市管理平台建设推进会议，推进市县数字化城市管理平台建设。推进城市管理执法队伍"强基础、转作风、树形象"三年行动；组织全省城市管理执法机构填报《全国城市管理统计信息平台》，摸底全省城市管理执法队伍状况；举行城市管理文化宣传活动，落实行政处罚公示制度，建立健全城市管理执法队伍管理制度，宣传先进典型，评选优秀单位和个人。开展城市流浪犬捕捉、收容活动。治理共享单车乱停乱放问题。2019年2月20日，印发《关于做好配合开展整治"保健"市场乱象百日行动的通知》，指导各地住房城乡建设部门和城市管理执法机构切实履行工作职责。结合机构改革，全省11个市（州）住房和城乡建设局加挂市（州）城市管理执法局的牌子，兰州市设立城市管理委员会，嘉峪关市将原综合执法局更名为城市管理执法局，张掖市明确市住房城乡建设局承担城市管理执法职能。全省各县（区、市）完成城市管理执法机构设置，其中17个市辖区和5个县级市城市管理执法机构本次机构改革时纳入政府机构序列。省级城市管理执法机构已实现住房城乡建设领域行政处罚权集中行使；除兰州市、嘉峪关市在住房城乡建设部门实现住建领域行政处罚权集中行使外，其他市（州）城市管理执法机构实现住房城乡建设领域行政处罚权集中行使；32个县级城市管理执法机构实现集中行使住房城乡建设领域行政处罚权。全省城市管理一线执法人员完成统一制式服装工作，城市管理执法车辆完成车辆编号和标志标识喷涂工作。兰州等9市在市级层面建立数字化城市管理平台，建设完成率为64%；庆阳市西峰区、陇南市武都区等39个县（市、区）建立了数字化城市管理平台，建设完成率为46%。

【违法建设治理】 2019年全省累计治理城市建成区存量违法建设面积1237.98万平方米，完成总量1363.49万平方米的90.79%。累计治理新增城市违法建设面积87.73万平方米，其中，共治理存量城市违法建设面积721.18万平方米，并治理新增城市违法建设面积11.03万平方米。武威、金昌市已提前完成全部治理任务，兰州等10个市（州）按期完成2019年查处违法建设比例不低于90%的目标任务。共受理住房城乡建设部转办、厅转举报事项9件，其中，房地产领域3件、工程质量安全领域1件、建筑市场领域5件。2019年办结8件，1件正在核查处理过程中。按照《甘肃省建设厅集中行使行政处罚权规程》执行行政处罚决定18件，依法对6家单位、12名个人实施行政处罚，罚没金额31.09万元。全省住房城乡建设系统受理举报事项10764件，立案核查处理8623件，结案7843件，行政处罚企业1232家次，行政处罚个人6185人次，罚没金额12041万元。

人事教育

共受理各类执业资格人员各项注册业务申报46977人次，其中：勘察设计、规划等1575人次，造价工程师2407人次，二级建造师38759人次，监理工程师4236人次。房地产估价师审核通过554人，勘察设计类注册工程师审核通过4108人，二级建造师受理审核考生94511人，审核通过86709人。共核发各类执业资格证书、注册证书共计41940人次，其中一级建造师3546人次，勘察设计、规划等490人次，造价工程师1960人次，二级建造师32000人次，监理工程师3900人次，房地产估价师44人次。完成9850人员继续教育数据收集入库工作，其中二级建造师8589人员，监理工程师1261人员。共培训技术工人21754人，累积培训技术工人170142人。自2018年12月1日至2019年12月31日已完成各类注册人员注销17665人。受理各类注销投诉（网站、现场、电话）1900余人次。将建设类执业资格"挂证"注册人员286人在注册中心网站进行公示并列为状态异常人员，其中231人已整改到位。

大事记

1月

7日 甘肃省全域无垃圾专项治理行动2018年度考核暨第四季度督查工作安排部署会议召开。

25日 使用无人机航拍取证技术开展甘肃省全域无垃圾明察暗访排查工作座谈会召开。

2月

12日 甘肃省住房城乡建设厅组织召开全域无垃圾专项治理暗访发现问题反馈会。

14日 甘肃省住房城乡建设工作会议召开。

3月

7日 甘肃省物业服务管理工作座谈会召开。

4月

23日 开展甘肃省市县数字化城市管理平台建设推进培训。

5月

9日 甘肃省住房和城乡建设系统扫黑除恶专项斗争推进会召开。

13日 甘肃省住房公积金管理暨住房公积金统计分析和电子化检查培训会议召开。

6月

12日 住房公积金党建联盟启动仪式在甘肃省住房资金管理中心举行。

21日 甘肃省住房公积金重点工作推进座谈会在武威市召开。

7月

25日 甘肃省住房保障工作座谈会在兰州召开。

8月

30日 甘肃省城市违法建设治理工作推进会在兰州市召开。

30日 甘肃省住房和城乡建设系统贯彻落实中央扫黑除恶督导反馈意见整改工作推进会在兰州召开。

9月

10日 工程建设项目审批管理系统施工图审查数字化推进会召开。

11日 甘肃省建设工程消防设计审查验收工作推进会召开。

10月

15日 甘肃省数字化城市管理平台整合建设推进调度会议在张掖召开。

11月

29日 甘肃省建筑业增加值调度推进会召开。

12月

5日 甘肃省城市生活垃圾分类工作领导小组第一次会议暨现场观摩培训推进会在兰州召开。

18日 《甘肃省建筑市场信用管理办法（试行）》（审议稿）合法性专家论证会。

（甘肃省住房和城乡建设厅）

青 海 省

概况

2019年，在青海省委、青海省人民政府的正确领导和住房城乡建设部支持帮助下，青海省住房城乡建设系统广大干部职工认真贯彻落实中央经济工作、中央城市工作会议和全国住房城乡建设工作会议和青海省"两会"精神，以习近平新时代中国特色社会主义思想为指引，坚定践行新发展理念，牢牢把握稳中求进工作总基调，深入实施"五四战略"，奋力推进"一优两高"，紧扣住房城乡建设高质量发展的目标定位，观大势、谋全局、破难题，保持了全省住房城乡建设事业平稳健康发展态势。

青海省住房和城乡建设厅制定印发《贯彻落实习近平总书记重要指示批示精神的工作方案》及2020年工作要点。全年办理领导批示共计160件。2019年，青海省住房城乡建设行业完成年度重点项目及房地产开发投资任务486.5亿元。共争取国家部委专项资金22.69亿元，完成总签约投资金额8亿元，项目履约率100%，开工率100%，落实到位资金3.02亿元。青海省住房和城乡建设厅先后被评为省级"精神文明建设标兵单位"和青海省政协提案承办先进单位。

政策法规

起草《青海省国有土地上房屋征收与补偿条例》草案。会同省司法厅开展贯彻落实《青海省物业管理条例》《青海省促进绿色建筑发展办法》情况监督检查。印发《2019年法治政府建设工作要点及任务台账》及依法行政、普法依法治理、政务公开等年度工作要点，持续推进全面履行政府职能。制定《青海省全面开展工程建设项目审批制度改革实施方案》，督促指导和备核完成市州改革实施方案，制定印发《省工程建设项目审批制度改革领导小组工作规则》《青海省工程建设项目审批事项清单及流程图（指导版）》，完成审批事项梳理工作。制定区域评估实施意见4个审批阶段办事指南，完成省级监管平台测试版与西宁市审批监管平台、国家监管平台的对接测试和数据报送工作。办理行政复议案件2件，经严格依法依规审查，分别作出维持海西州住房和城乡建设局处理决定的复议决定，申请人均未提出异议。代理民事诉讼案件1件。印发《关于进一步规范行政规范性文件制定报备工作的通知》，严格实行规范性文件电子报备制度，全年报备行政规范性文件6件、党内规范性文件7件。根据机构改革和部门职能调整情况，及时调整权责清单和流程图并上传至青海政务服务事项平台，方便企业查询。制定《2019年政务公开工作要点》。印发《青海省住房和城乡建设厅关于印发"双随机、一公开"工作实施细则（试行）》，防止行政执法随意。根据部门职能和权责清单，梳理形成住房城乡建设厅随机抽查事项清单（12项）、市场主体名录库（5433家）和执法人员名录库（105名）。制定印发了《2019年普法依法治理工作要点》，结合工程建设项目审批制度改革工作，开展执法培训，全省住房城乡建设系统共计150余人参加了培训。开展建筑节能科技、物业服务等行业专项执法检查。开展地方性法规、政府规章及行政规范性文件的清理工作，全面完成2000年以来制度文件清理规范工作，保留地方性法规5部、政府规章3部、制度文件共计198件，废止55件。会同省司法厅抽查评议厅机关57件、市州（县区）122件行政执法案卷。2019年6月荣获"法治政府建设示范创建单位"荣誉称号。

城镇设计与建设

【城市设计管理】住房和城乡建设部与青海省人民政府签署《住房和城乡建设部 青海省人民政府共建高原美丽城镇示范省合作框架协议》，提出7方面具体合作内容，全面启动高原美丽城镇示范省建设。持续推进新型城镇化工作，形成《我省柴达木开放型城市建设研究报告》《我省特色化、生态型城镇建设调研报告》。西宁市扎实推进"城市体检"国家试点工作，编制完成《西宁市城市体检评估实施方案》，探索转型发展道路。完成《门源县和祁连县"城市双修"总体规划》《门源县城总体城市设计》及技术成果审查工作，西宁、格尔木市"城市双修"、德令哈市"城市设计"国家试点通过验收，门源、天峻、祁连县省级"城市双修"稳步推进。积极推进历史文化保护，指导湟源县制定《湟源县申报国家历史文化名城工作方案》，编制《丹葛尔古城保护规划》。印发《关于推进非国家历史文化名城的县历史建筑确定工作的通知》，启动开展非国家历史文化名城的县历史建筑确定工作，全省共划定历史文化街区4处，历史建筑83处。认真排查城镇规划区内"别墅"项目施工手续办理情况、"别墅类"商品房开发手续办理情况，先后组织相关部门深入现场督导3次，督导西宁市核查确定10个违建别墅问题，并完成项目整改工作。

【城镇基础设施建设】青海省政府办公厅印发《青海省美丽城镇（乡）建设工作方案（2019－2025年）》，在50个道路沿线、景区周边、承载力较强的镇（乡）启动第二轮美丽城镇建设。省住房城乡建设厅、省发展改革委、省财政厅安排省级美丽城镇专项资金5亿元，在西宁市湟源县日月乡、海东市民和县巴州镇等10个乡镇实施2019年度美丽城镇建设。全省累计开工地下综合管廊48条，形成廊体81.37公里。西宁市累计完成海绵城市建设面积19.38平方公里，形成"治山、理水、润城"建设模式，初步通过国家终期绩效考评。城镇生活污水提质增效三年行动顺利启动。青海省住房城乡建设厅会同青海省发展改革委、青海省生态环境厅印发《青海省城镇污水处理提质增效三年行动方案（2019－2021）》，争取并下达中央专项补助资金1.6亿元，用于6个设市城市的污水管网改造。截至2019年年底,青海省城市县城公共供水普及率达到97.72%、污水处理率达到89.46%、生活垃圾无害化处理率达到92.56%,分别较2018年提高1.04、1.76、3.45个百分点。建成区路网密度达到6.08公里/平方公里,较2018年提高1.35公里/平方公里。

【城镇人居环境改善】青海省住房城乡建设厅、青海省生态环境厅印发《青海省城市黑臭水体治理攻坚战实施方案》,地级以上城市黑臭水体整治率达到100%。生活垃圾分类积极推进。西宁市生活垃圾分类小区覆盖率达到30%,日处理能力3000吨的西宁市生活垃圾焚烧发电项目完成立项选址。果洛州启动全域无垃圾示范。青海省住房城乡建设厅调研形成《青海省城市生活垃圾分类及处理研究报告》,完成《青海省城市生活垃圾分类实施方案(征求意见)》。城镇节水工作取得新成效。开展以"建设节水城市,推进绿色发展"为主题的节约用水宣传周活动。指导西宁、海东两市积极推进节水型城市创建活动,西宁市通过省级节水型城市评估,成为青海省首个节水型城市。生态环保督察任务有效落实。持续强化现场检查和技术指导,全力推进第一轮中央生态环境保护督察反馈意见整改工作,涉及住房城乡建设行业的4项整改任务全部达到序时进度。积极主动配合中央第六生态环境保护督察组完成第二轮环保督察工作,逐项对照初步反馈意见,制定上报第二轮环保督察整改措施和整改方案。

【城镇保障性安居工程】2019年,青海省确定棚户区改造目标任务10000套,基本建成任务17208套、入住任务11886套;实施3万套老旧住宅小区综合整治项目;发放住房租赁补贴9894户。截至12月底,青海省棚户区改造实际开工10000套、基本建成22358套、入住12554套,分别完成年度目标任务的100%、129.93%和105.62%;3万套老旧小区改造项目全部开工实施;发放住房租赁补贴10048户,完成年度目标任务的101.56%。2019年青海省共争取保障性安居工程中央补助资金12.54亿元(保障性安居工程专项资金3.55亿元,配套基础设施建设资金8.9亿元),成功发行棚改专项债券80.3亿元;下达城镇老旧小区改造项目中央和省级补助资金4.5亿元(中央专项补助资金3亿元,省级财政补助1.5亿元)。2019年超额完成年度投资40亿元目标任务。

对全省住房保障体系建设情况进行全面调研,形成《青海省城镇住房保障体系建设的调研报告》。报请青海省政府办公厅印发《关于全省老旧住宅小区综合整治工作的实施意见》组织修订《青海省保障性住房准入分配退出和运营管理实施细则》。

住房公积金管理

2019年,青海省住房公积金缴存总额880.73亿元,提取总额550.96亿元,缴存余额329.77亿元,贷款总额526.38亿元,贷款余额247.79亿元,个贷率75.14%。其中,2019年1—12月,青海省住房公积金缴存额117.77亿元,同比增长10.43%,提取额99.06亿元,同比增长16.86%,发放个人贷款70.59亿元。报请青海省政府办公厅出台《关于扩大住房公积金制度覆盖面的指导意见》。组织各住房公积金管理中心按照时间节点及时、全面、准确地向社会披露了2018年年报信息,完成住房公积金数据年度披露工作。指导各住房公积金管理中心顺利接入全国住房公积金数据平台。青海省住房城乡建设厅组成检查验收组,完成对海东市住房公积金管理中心住房公积金基础数据标准贯标和结算应用系统接入工作的检查验收。组织青海省各地住房公积金管理中心开展违规提取住房公积金行动。西宁住房公积金管理中心上线运行住房公积金管理"云平台"系统,网上渠道办理内容覆盖住房公积金绝大部分业务,青海省直中心、海南州、玉树州住房公积金管理中心开通网上办理提取物业费、退休提取、提取公积金偿还本中心贷款3项业务。组织青海省住房公积金管理中心相关人员赴外省开展住房公积金提取业务、服务效能、电子稽查、资金管理等培训工作。

房地产市场管理

青海省房地产开发完成投资406.30亿元,同比增长15.48%,增速较2018年同期扩大29.37个百分点。其中,商品住房投资294.07亿元,占房地产总投资的72.38%,同比增长36.22%,增速较2018年同期扩大35.08个百分点。青海省商品房施工面积2922.59万平方米,同比增长14.64%,增幅同比上升27.83个百分点。其中,商品住房施工面积1931.11万平方米,同比增长22.03%;商业营业用房施工面积500.33万平方米,同比下降4.62%;办公用房施工面积87.57万平方米,同比下降15.77%;其他房屋施工面积403.30万平方米,同比增长19.27%。青海省房屋新开工面积865.94万平方米,同比增长68.52%。其中,商品住房640.42万平方米,同比增长92.99%;商业营业用房新开工面积109.18万平方米,同比增长18.73%;办公楼新开工面积7.99万平方米,同比增长6.76%。青海省商品房竣工面积 133.28 万平方米，同比下降 58.34%。其中，住宅竣工面积 86.29 万平方米，同比下降 53.95%。全省房地产开发企业土地购置面积为 200.80 万平方米，同比增长 198.19%；待开发土地面积 170.01 万平方米，同比增长 75.78%。房地产开发企业到位资金 445.65 亿元，同比增长 32.91%。其中，银行贷款 29.80 亿元，占比 6.69%，同比下降 20.93%；非银行贷款 13.89 亿元，占比 3.12%，同比增长 76.89%；个人按揭贷款 47.65 亿元，占比 10.69%，同比增长 10.42%；自筹资金 206.92 亿元，占比 46.43%，同比增长 62.44%；定金及预收款 127.98 亿元，占比 28.72%，同比增长 27.80%；其他到位资金 0.45 亿元，占比 0.10%，同比增长 1.86%。发放青海省"农牧民安家贷"1702 户，金额 32074 万元。截至 2019 年 12 月底，青海省省商品房库存面积 635.77 万平方米，去化周期 11.2 个月，较 11 月末（646.06 万平方米，去化周期 11.4 个月）减少 0.2 个月，其中，商品住房库存面积 198.44 万平方米，去化周期 4 个月，较上 2018 年末（174.44 万平方米，去化周期 3.9 个月）增加 0.1 个月；商业办公用房库存面积 437.33 万平方米，去化周期 57.4 个月，较 2018 年末（416.58 万平方米，去化周期 48.7 个月）增加 8.7 个月。

指导西宁市出台住宅物业服务收费管理办法及住宅物业服务星级标准，制定出台《青海省物业承接查验实施细则（试行）》。2019 年，分 250 批次查核上报 13312 人次的领导干部房产信息。按月、季度、年度分别完成《青海省房地产市场分析报告》。建设完成全省统一的房屋交易服务平台和监测平台，印发《青海省既有多层住宅加装电梯技术要点》，结合各地申报情况，确定各地 2019 年加装电梯任务量。积极与省财政厅沟通协调，会同省财政厅出台《青海省既有多层住宅加装电梯奖补资金管理办法》，加强资金管理，全省已完成 15 部加装电梯工作，正在实施 74 部。制定出台《青海省房地产领域扫黑除恶乱点乱象专项整治工作方案》。会同有关部门印发《关于在第二批"不忘初心、牢记使命"主题教育中开展房地产中介机构乱象专项整治工作的实施方案》。分两组对中央扫黑除恶第 18 督导组转办的涉及西宁、海东市房地产领域乱点乱象进行现场督查督办。同时，组织召开物业行业座谈会，向社会通报一批全省违法违规物业服务企业典型案例，按时办结中央扫黑除恶督导组转办的 80 余件信访案件。会同省发展改革委等 11 个省级联席会议成员单位联合召开 2017—2018 年度青海省房地产企业信用评价大会，发布 607 家房地产开发企业、790 家物业服务企业、43 家房地产评估机构的信用等级。结合 2017—2018 年度信用等级评定结果，分别注销 8 家、降级 28 家信用 B 级房地产开发企业资质。同时，部署开展 2019 年度新设立企业信用评价工作。

村镇建设

2019 年，青海省安排 132 个单位结合各自优势，结对共建 300 个高原美丽乡村建设，其中，西宁 81 个、海东市 120 个、海南州 33 个、海北州 14 个、海西州 5 个、黄南州 22 个、果洛州 10 个、玉树州 13 个、省三江集团公司 1 个、省监狱管理局 1 个。通过省级财政专项补助资金 4 亿元，村均补助 130 万元，全力推进高原美丽乡村建设实现"道路硬化、卫生净化、村庄绿化、路灯亮化、环境美化"。截至 2019 年年底，全省 300 个高原美丽乡村建设全部开工建设，通过省级财政投入、地方配套、整合涉农项目资金、结对共建、群众自筹等方式，共整合各类项目 907 个，筹集建设资金 11.99 亿元，完成投资 11.27 亿元。

2019 年青海省完成农牧民危旧房改造 1.5 万户，西宁市 1399 户、海东市 7081 户、海南州 874 户、海西州 227 户、海北州 360 户、黄南州 1423 户、果洛州 2229 户、玉树州 1407 户。截至 2019 年年底，全省各市州开工率、竣工率均为 100%，如期实现青海省农牧民危房全覆盖改造，建档立卡贫困户等 4 类重点对象存量危房"清零"任务。2019 年共整合中央和省级财政资金、地方配套资金 4.1 亿元，群众自筹资金 8 亿元，完成投资 12.1 亿元。

2019 年青海省实施 3 万户农牧民居住条件改善工程，其中，西宁市 10000 户、海东市 10000 户、海西州 2000 户、海南州 2000 户、海北州 2000 户、黄南州 2000 户、玉树州 1000 户、果洛州 1000 户。截至 12 月底，青海省 3 万户农牧民居住条件改善工程任务全部开工，竣工 4208 户，竣工率 14%。

根据《关于省级部门农村人居环境整治工作分工方案的通知》安排，报请青海省政府制定印发《果洛州全域无垃圾专项治理行动实施方案（2019—2020 年）》，在果洛州率先开展全域无垃圾创建，落实财政专项治理经费 7000 万元，补齐果洛州 6 县垃圾处理及转运设施不足的短板，提升三江源地区生活垃圾治理水平。完成 175 处非正规垃圾堆放点的清理整治，占整治总任务（195 处）的 89.7%。推动农村生活污水治理，督促指导各地加快推进2016—2018年125个村农牧区生活污水治理试点项目建设。已建成的有67个、正在建设的37个、未开工建设21个。结合高原美丽乡村建设、农村人居环境整治等项目推进农村牧区公共厕所建设，新开工建设农村公共厕所874座，完工820座，完工率93.8%。

积极申报第五批中国传统村落，44个村庄被列入第五批中国传统村落名录，青海省累计有123个村庄成为"国字号"传统村落。组织开展拟列入2019年中央财政支持范围传统村落推荐工作，经住房城乡建设部等部委审核，青海省29个村庄列入2019年中央财政补助资金范围，拨付专项资金8700万。

建筑科技

加快行业绿色发展。积极推进装配式建筑产业示范基地建设，加快推进装配式钢结构住宅建设试点，在建试点面积49万平方米。建立健全绿色建筑发展制度体系，推进绿色建筑发展，52个项目获得绿色建筑评价标识。城镇绿色建筑占新建建筑比重达54.8%，提前完成"十三五"规划目标。

开展以西宁市、海东市为装配式建筑重点推进区域的产业布局及规划，编制《青海省装配式建筑发展规划》，确定近期和中长期发展目标。支持青海宝恒绿色建筑产业股份有限公司建成我省首家混凝土预制构件研发、生产、装配施工等全产业链生产基地。积极申报国家科技计划项目，引导企业进行施工技术创新，开展建筑业10项新技术示范项目申报立项、验收工作。

行业标准

发布《青海省公共建筑能耗监测系统工程技术规范》《青海省建筑结构监测技术规范》《青海省城镇公共场所建设标准》《公共建筑能源审计导则》《青海省建筑工程资料管理规程》《青海省非膨胀自防护高性能混凝土技术规程》《建筑太阳能光热系统应用技术规程》《建筑太阳能光伏系统应用技术规程》《既有公共建筑节能改造技术规程》。

人事教育

认真贯彻落实党的干部工作路线方针政策，专题研学新修订的《党政领导干部选拔任用工作条例》，切实把《条例》作为选人用人的总章程。干部选拔任用方面。全年共完成28名处级干部、5名科级干部的选拔任用工作，对6名正处级干部进行了轮岗交流，配合省委组织部完成2名厅级干部的选拔任用工作。按照干部管理权限，对7名处级干部进行了试用期满考核，配合住房城乡建设部完成1名厅级援青干部挂职期满考核工作。根据工作需要和岗位空缺情况，补充有生力量，严格按照选聘程序，完成1名国内重点高校选调生、2名军队转业干部接收和3名事业单位工作人员统一公开招聘工作。

公务员职务职级并行方面。全年完成103名非领导职务公务员职级套转，75名公务员首次职级晋升，35名公务员二次职级晋升工作。

干部监督管理方面。组织开展厅系统干部在企业兼职情况排查工作，对7名兼职干部在企业兼职领取的薪酬，按要求全部退还完成。按照主题教育专项整治工作要求，组织全厅74名处级及以上干部填报了本人、配偶、子女及其配偶经商办企业情况。根据省委组织部统一安排，组织厅系统副处级以上干部和新提拔处级干部认真填报个人事项报告，按期完成61名处级干部、35名拟提任干部个人有关事项报告填报、录入、校核、汇总、上报、比对工作，无一漏报、瞒报行为。

干部教育培训方面，确定16项年度培训计划，并全部完成培训任务。根据省委组织部和住房城乡建设部统一安排，选派6名厅级干部（10人次）、14名处级干部（22人次）、28名科级干部（29人次）参加城镇化建设管理、中青年干部、公务员任职、深化改革等各类培训班。

从业人员培训方面，全年完成安全三类6392人、特种作业1160人、建设工程质量检测456人、技术工人4890人的培训发证工作。

职业资格注册方面。开发上线新的二级建造师注册管理系统，实现在线申报审批和注册证书电子化，取消非必要注册申报审核材料提供和归集，开设注册业务专用办公共场所，实行专人专柜专线。全年办理各类注册业务4000余人次，发放证书2500余册。积极配合开展行业"挂证"等违规行为专项整治，完成"挂证"注销2000余人次，受理举报50余件。

职称评审方面。印发《青海省建设工程系列专业技术职务任职资格评审条件（试行）》。按照全省职称评审工作统一安排，完成2019年度建设工程系列职称评审工作，经资料审核、专家评审、结果公示，377名申报人员中257人通过相应层级职称评审。

大事记

1月

3日 青海省住房城乡建设厅、青海省生态环境厅联合印发《青海省城市黑臭水体治理攻坚战实施方案》。

10日 青海省住房和城乡建设厅、青海省市场监督管理局发布《青海省传统村落保护发展规划编制导则》，该标准于2019年4月1日起实施。

17日 青海省住房城乡建设工作会议召开，会议总结2018年全省住房城乡建设工作，安排部署2019年重点工作任务。

20日 青海省住房和城乡建设厅联合青海省人力资源和社会保障厅、青海省交通运输厅、青海省水利厅、青海省通信管理局在全省开展工程建设领域专业技术人员职业资格"挂证"等违法违规行为专项整治行动。

28日 青海省住房和城乡建设厅召开住房公积金2018年度报告信息披露数据审核会议，对各地年度报告进行了集中会审。

2月

21日 青海省住房和城乡建设厅印发《全省城镇住房领域"大走访、大排查、大调研"工作方案》，内容涵盖棚户区改造、公租房建设与分配、房地产开发等方面。

3月

5日 向住房城乡建设部及中国残联上报《创建"十三五"全国无障碍环境市县村镇名单》，确定海东市平安区、海西州都兰县、海南州共和县三个无障碍环境县。

8日 《青海省人民政府办公厅转发省住房和城乡建设厅省财政厅关于全省老旧住宅小区综合整治工作实施意见的通知》印发，进一步明确全省城镇老旧小区改造范围标准，规范改造内容。

18日 印发《青海省住房和城乡建设厅关于开展2019年度建筑工程春季开复工检查的通知》，对青海省行政区域内新建、在建的房屋建筑和市政基础设施工程开展2019年度建筑工程春季开复工检查。

21日 青海省住房和城乡建设厅、青海省财政厅、青海省人力资源和社会保障厅、中国银行保险监督管理委员会青海监管局、青海省政务服务监督管理局联合印发《关于印发〈青海省房屋建筑和市政基础设施项目建设工程保证保险实施方案〉的通知》。

22日 青海省住房和城乡建设厅印发《青海省住房和城乡建设厅关于公布青海省工程总承包试点企业名单（第一批）的通知》，青海建研建筑勘察设计有限公司等25家企业成为青海省第一批工程总承包试点企业。

25日 青海省住房和城乡建设厅会同青海省财政厅下达2019年城镇老旧住宅小区综合整治项目计划。

28日 青海省住房和城乡建设厅向住房和城乡建设部上报《青海省公共建筑节能改造项目验收总结的函》，青海省西宁市265万平方米公共建筑节能改造重点城市任务顺利完成。

28日 青海省城乡住房建设领导小组办公室组织在原工程机械厂棚改二期项目工地举行青海省2019年保障性安居工程建设项目集中开复工仪式。

28日 制定印发《推进全省农牧民居住条件改善工程实施方案》的通知，安排实施3万户农牧民居住条件改善工程。

4月

1日 组织举办全省村镇建设工作培训班，各市（州）住房城乡建设部门及新农办共计60余人参加培训。

4日 印发《青海省住房和城乡建设厅关于重新调整青海省建设工程计价依据增值税税率的通知》（青建工〔2019〕116号），在将增值税税率从11%降为9%的同时，调增相关调整规定中材料费机械费调整系数。

4日 青海省住房和城乡建设厅印发《青海省住房和城乡建设厅关于开展建筑施工领域扫黑除恶专项斗争督导工作的通知》，开展建筑施工领域扫黑除恶专项斗争督导工作。

11日 省人民政府办公厅印发《青海省美丽城镇（乡）建设工作方案（2019—2025年）》。

12日 青海省住房和城乡建设厅编制印发《青海省城市地下综合管廊工程消耗量定额与基价》及《青海省建筑工程概算定额》《青海省通用安装工程概算定额》三部定额交底资料。并组织开展《青海省城市地下综合管廊工程消耗量定额与基价》及《青海省建筑工程概算定额》《青海省通用安装概算定额》三部计价定额宣贯工作，共有230余人参加培训。

12日 青海省住房和城乡建设厅对海东市住房公积金管理中心基础数据标准和接入结算数据应用系统接口标准贯彻落实工作完成验收，全省"双贯标"工作全面完成。

16日 青海省住房和城乡建设厅、青海省高级人民法院、青海省发展和改革委员会、青海省人力资源和社会保障厅和青海省应急管理厅等十部门联合印发《青海省住房和城乡建设厅等十部门关于修订青海省建筑市场信用管理办法的通知》，对《青海省建筑市场信用管理办法》部分条款进行修订。

22—24日 由国管局、住房城乡建设部、公安部和教育部四部门组成的第五调研组来青海省就城镇老旧小区改造基本情况、对象范围及界定依据、主要改造内容、改造成本、改造效果以及下一步改造工作意见建议等情况进行实地调研。

24日 青海省住房和城乡建设厅、青海省财政厅、中国人民银行西宁中心支行联合向社会公布《青海省住房公积金2018年年度报告》，并在青海省政府网站、青海省住房公积金网站、12329微信公众号进行了披露。

28日 印发《青海省住房和城乡建设厅关于建筑业企业申请安全生产许可证有关事项的通知》，进一步规范安全生产许可证监督管理工作。

5月

7日 针对藏区在彩钢板房建设和房屋鉴定标准不健全的问题，在组织专家充分研讨的基础上委托科研单位研究制定《青海省农村危房加固改造技术指南》《青海省农牧区轻型钢结构彩钢夹芯板房屋危险性鉴定技术指南》《农牧区轻型钢结构彩钢夹芯板房屋技术指南》。

9日 全面完成《青海省农牧区危旧房改造"十三五"规划》任务，结合工作实际，制定印发《2019年全省农牧民危旧房改造实施方案》的通知，确定全年农牧民危旧房改造任务1.5万户。

9日 制定印发《2019年全省推进高原美丽乡村建设工作实施方案》的通知，安排实施300个高原美丽乡村建设。

15日 印发《青海省住房和城乡建设厅关于印发〈"防风险保平安迎大庆"消防安全执法检查专项行动实施方案〉的通知》，决定从即日起至10月在全省住房城乡建设系统开展"防风险保平安迎大庆"消防安全执法检查专项行动。

16日 青海省住房和城乡建设厅、青海省政务服务监督管理局联合印发《关于进一步规范房屋建筑和市政基础设施项目招标投标监管的通知》，加强招标投标监督管理工作。

27日 印发《青海省住房和城乡建设厅关于印发〈房屋市政工程建筑起重机械安全专项检查实施方案〉的通知》，决定开展房屋市政工程建筑起重机械安全专项检查，针对建筑起重机械市场的重点问题，进行系统性摸底清查和打击整治。

31日 依据《青海省扫黑除恶专项斗争领导小组办公室关于对扫黑除恶专项斗争中暴露出的社会治理短板开展集中整治和综合治理的通知》，印发《青海省住房和城乡建设厅关于印发〈青海省房屋建筑和市政工程项目招投标专项整治方案〉的通知》，2019年6月—12月对房屋建筑和市政工程招投标市场开展专项治理。

6月

13日 依据《青海省扫黑除恶专项斗争领导小组办公室关于对扫黑除恶专项斗争中暴露出的社会治理短板开展集中整治和综合治理的通知》，印发《青海省住房和城乡建设厅关于印发〈青海省房屋建筑和市政基础设施工程发包承包等违法行为专项整治行动工作方案〉的通知》。

14日 青海省住房和城乡建设厅、青海省市场监督管理局发布《青海省建筑工程资料管理规程》、《青海省非膨胀自防护高性能混凝土技术规程》、《青海省公共建筑能耗监测系统工程技术规范》，3项标准。

18日 青海省住房和城乡建设厅转发《住房城乡建设部办公厅关于全面开展住房公积金电子稽查工作的通知》，全面深入开展电子化稽查工作。

20日 青海省住房和城乡建设厅下发《关于进一步加强住房公积金管理工作的通知》，要求各住房公积金管理中心进一步健全内部管理制度，落实规范标准，防范风险隐患，确保住房公积金健康平稳运行。

7月

12日 省住房城乡建设厅党组印发《中共青海省住房和城乡建设厅党组关于中央第六生态环境保护督察组在青期间协调工作方案》。同时，全力推进第一轮中央生态环境保护督察反馈问题整改，涉及住房城乡建设行业的四项整改任务到达时序进度。

18日 印发《青海省住房和城乡建设厅关于开展根治欠薪夏季行动的通知》，在青海省范围内联合开展根治欠薪夏季专项行动。

22日 印发《青海省城乡住房建设领导小组关于分解下达2019年农牧民居住条件改善工程任务的通知》，下达2019年建设任务3万户，其中，西宁市7662户、海东市8233户、海西州1395户、海南州6168户、海北州1550户、黄南州2000户、果洛州1012户、玉树州1980户。

24日—25日 由中国建设教育协会主办、青海建筑职业技术学院承办的第十一届全国建设类高职院校书记、院长论坛在西宁开幕。

29日　省住房城乡建设厅会同省发改委、省财政厅印发《2019年度青海省美丽城镇（乡）建设实施方案》，确定2019年安排省级美丽城镇专项资金5亿元，在西宁市10个乡镇实施美丽城镇建设。

29日　省住房城乡建设厅、省发展改革委、省生态环境厅印发《青海省城镇污水处理提质增效三年行动方案（2019—2021）》，启动了设市城市污水处理提质增效三年行动。

8月

6日　结合实际情况制定印发《青海省农牧民危旧房改造"清零"行动方案》的通知，确保2019年底如期实现农牧民住房安全有保障目标。

13日　印发《青海省住房和城乡建设厅关于印发〈青海省推进装配式钢结构住宅建设试点方案〉的通知》，在青海省开展装配式钢结构住宅建设试点工作。

14日　从全省住建系统抽调业务骨干到果洛州5县和玉树州4县，分9个帮扶工作小组奔赴各县开展农牧民危旧房改造帮扶指导工作，建立了问题清单和整改清单，指导果洛州、玉树州各县住房城乡建设部门和乡镇有针对性的补齐农牧民危旧房改造工作"短板"。

19日　青海省住房和城乡建设厅、青海省市场监督管理局发布《青海省建筑结构监测技术规范》。

26日　青海省住房和城乡建设厅授予"海南州第五民族高级中学建设项目"等5个建筑施工项目"省级建筑施工安全标准化示范工地"称号。

30日　青海省住房和城乡建设厅、青海省市场监督管理局发布了《青海省城镇公共厕所建设标准》。

9月

1—3日　省住房城乡建设厅牵头在北京市延庆区"世园会"园区开展了以"大美青海 绿色家园"为主题"青海日"活动，举办多场文艺演出、巡馆巡园、旅游推介、商贸洽谈活动。

26日　印发《青海省住房和城乡建设厅关于调整2016年〈青海省建筑安装工程费用项目组成及计算规则〉工伤保险等费用的通知》，将工伤保险费率从1%提高到1.5%，建筑企业缴纳社会保险费从29.40%降为24.5%。

26日　青海省住房城乡建设厅在西宁市大通县组织召开青海省农牧民居住条件改善工程暨"美好环境与幸福生活共同缔造"示范现场观摩会。

30日　依据《青海省住房和城乡建设厅等十部门关于修订青海省建筑市场信用管理办法的通知》规定，青海省住房和城乡建设厅对13家施工企业依法进行信用扣分，3家企业信用等级依法降为D级。

30日　下发《关于调整2019年全省农牧民危旧房改造计划任务的通知》。在总任务15000户不变的基础上，调整全省4类重点对象"清零"目标为2551户（其中建档立卡贫困户1332户，低保户348户，分散供养特困人员297户，贫困残疾人家庭574户），一般户12449户。

10月

10日　制定印发《青海省住房和城乡建设厅关于开展2019年度建筑市场和工程质量安全双随机检查的通知》，开展2019年度建筑市场和工程质量安全双随机检查，对工程建设领域黑恶势力进行系统性摸底清查和打击整治。

11月

18日　住房城乡建设部和青海省政府签订共建高原美丽城镇示范省合作框架协议，全面启动高原美丽城镇示范省建设。

18日　青海省住房和城乡建设厅等5个部门联合印发《关于印发〈青海省房屋建筑和市政基础设施工程竣工联合验收管理办法（试行）〉的通知》。

19日　青海省住房和城乡建设厅印发《青海省住房和城乡建设厅关于开展根治欠薪冬季攻坚行动的通知》，联合开展根治欠薪冬季攻坚行动，开展房屋建筑和市政基础设施工程项目根治欠薪冬季攻坚行动。

20日　青海省住房和城乡建设厅、青海省发展和改革委、青海省自然资源厅下发《关于进一步推动绿色建筑发展的通知》。

25日　青海省住房和城乡建设厅、青海省市场监督管理局发布《青海省城镇公共厕所管理与服务规范》。

26日　青海省住房和城乡建设厅印发《关于印发〈青海省房屋建筑和市政基础设施工程监理招标投标管理办法〉的通知》。

12月

2—4日　住房和城乡建设部组织专家来青海省开展城镇老旧小区改造工程建设项目审批验收和建设工程消防设计审查验收专题调研。

6日　青海省住房和城乡建设厅印发《青海省住房和城乡建设厅关于调整青海省建设工程预算定额人工费单价的通知》。

6日　印发《青海省海绵城市建设工程消耗量定额与基价》，此定额为全国首部海绵城市建设工程计价定额，填补了海绵城市建设计价空白，为推动青海省海绵城市的建设提供有力的技术支撑。

19—20日 省住房城乡建设厅、省发展改革委对西宁市创建国家节水型城市进行省级评估考核（暨省级节水型城市评估考核），达到省级节水型城市标准和申报国家节水型城市标准，成为青海省首个省级节水型城市。

27日 青海省建设工程造价站积极推动工程造价数据动态监测工作有序开展，发布《2019年青海省西宁市建设工程造价形势分析报告》（青建价〔2019〕22号）。

（青海省住房和城乡建设厅）

宁夏回族自治区

概况

住房和城乡建设厅是自治区政府工作部门，主要负责全区城镇化建设、城市建设管理、住房保障、建筑业、房地产业发展及市场监管，建设工程质量和施工安全管理、建筑节能减排、市政公用事业、建筑科技、勘察设计、造价咨询、标准定额、住房公积金管理、消防设计审查验收等工作。

2019年，在自治区党委和政府的坚强领导下，在住房城乡建设部的大力支持下，全区住房城乡建设系统深入学习贯彻习近平新时代中国特色社会主义思想和党的十九大精神，围绕自治区第十二次党代会工作部署，统筹抓好住房城乡建设领域稳增长、促改革、调结构、惠民生、防风险各项工作，取得扎实成效。

【防范化解房地产市场风险】 强化房地产市场调控。全区房地产投资403.1亿元，同比下降10.3%；商品房销售面积1009.6万平方米，同比下降1.7%；商品房待售面积957.6万平方米，同比增长2.0%，全区商品房和住宅库存去化周期分别为11.4个月和4.7个月。开展房地产市场专项治理。对75家开发企业和118家房地产中介机构下发限期整改通知书，查处未落实整改或涉嫌严重违法违规的企业和中介机构16家。积极化解房地产市场风险。制定《市县化解房地产风险考核细则》，印发《关于进一步做好房地产市场秩序整顿和风险防控工作的通知》等文件。各市县排查的逾期交房、"烂尾楼"项目中，有40个得到初步化解或恢复施工、计划复工，其余14个正在积极化解。

【完善住房保障体系】 科学推进棚户区改造。会同有关部门争取中央各类资金69247万元，自治区配套28499万元，套均补助资金达到历年最高标准13万元，分解专项债券46.71亿元。全区开工改造城镇棚户区住房7507套，占年度任务的100%；基本建成6884套，占年度计划的172.1%。组织开展公租房建设分配调查摸底，督促各地加快公租房建设进度，优化住房保障审核审批流程加大分配入住力度。推行公租房实物保障与租赁补贴保障并行方式，将租赁补贴保障范围扩大到所有公租房保障对象，发放租赁补贴8980户。加大不再符合保障条件家庭的清退力度，2019年以来清退保障对象1717户。强化住房公积金管理。在全国率先编制《住房公积金业务操作规范》。全区累计发放个人住房贷款28.31万笔、585.16亿元，个贷率达81.73%，使用率达93.32%。拉动商品住宅销售152.44万平方米，占比达到27.67%。

【提升城市功能品质】 加快城市更新改造。会同有关部门争取中央各类资金43871万元，支持各地改造完成老旧小区52个，涉及户数10419户。续推进固原市海绵城市建设国家试点，累计开工建设项目116个，试点面积达到23平方公里，完成投资25.84亿元。科学推进城市地下综合管廊建设和入廊工作，各地累计开工建设管廊项目62.3公里，形成廊体60.07公里，完成投资76.26亿元。加强城市生态建设，建设一批公园、街头绿地、小微游园等园林绿化设施，2019年城市建成区绿地率提高到38%左右。实施污水处理提质增效三年行动，储备项目206个，争取中央资金1.81亿元，支持各地建设一批城镇污水收集和处理设施。开展城市黑臭水体整治专项行动，13条黑臭水体整治任务全部完成，第三方机构评估公众满意率均为90%以上，吴忠市、银川市分别获得中央补助资金4亿元和3亿元。起草《关于全面开展生活垃圾分类工作的实施意见》，编制《宁夏生活垃圾分类及其评价标准》。开展供热领域突出问题专项治理、访民问暖活动和供热质量综合评价，积极推广空气源热泵、移动热源等新技术。

启动宁夏回族自治区智慧住房城乡建设综合监管平台建设，20个县（市、区）建成智慧城市管理系统，城市治理能力得到有效提升。建立"机械深度洗扫+人工即时保洁"环卫新机制，开展"城乡环境大整治，干干净净迎国庆"活动，全区环卫机械化清扫率达到70%以上。印发《关于加快推进全区城市步行和自行车交通系统建设的实施意见》。全面取消城镇落户限制，探索采取差别化精准化落户政策，推进居住证办理，落实城镇流动人口社会基本公共服务。截至7月底，全区户籍人口城镇化率达到45.68%，提前完成2020年全国平均45%的目标要求。

【实施乡村振兴战略】加快美丽乡村建设。全区开工建设美丽村庄132个，完成投资5.06亿元；美丽小城镇20个，完成投资3.57亿元；特色小镇12个，完成固定资产投资18亿元。改造农村危窑危房。制定《宁夏农村危窑危房改造脱贫攻坚三年行动方案》，聚焦贫困地区和"4类重点对象"，加快危窑危房改造攻坚步伐。全区开工改造农村危窑危房开工37633户，竣工37544，完成固定资产投资23.98亿元。联合9部门印发《关于构建以源头分类减量和资源化利用为导向的农村生活垃圾治理体系的实施意见》，推动建立"两次六分、四级联动"新的农村生活垃圾治理模式，组织22个县（市、区）修订完善县域农村生活垃圾治理专项规划及年度治理计划，开工建设改造垃圾填埋场30多座、乡村中转站54个，清运治理农村生活垃圾、沟渠路边积存垃圾和柴草杂物近100万吨，整治非正规垃圾堆放点822个。

【推动建筑业转型发展】发挥建筑业支柱作用。自治区内企业完成建筑总产值368.9亿元，同比增长4.6%。编制发布《绿色建筑设计标准》等5项地方标准，全区开工（含续建）建筑工程项目2474个、2673.84万平方米，其中新开工建筑节能项目757万平方米、绿色建筑289万平方米，建成自治区级建筑产业化基地1家。强化质量安全监管。严格落实项目参建各方主体责任和属地部门监管责任，继续严格实行"记分"管理制度，推广"人脸识别"考勤制度，实施建筑工地标准化建设。组织建筑工人职业技能大赛，深化校企合作、产教结合、订单培养等方式，完成各类人员培训1万余人次。印发建筑业突出问题专项整治工作方案，实施"双随机、一公开"检查制度，结合扫黑除恶专项斗争部署，严厉打击行业领域违法违规问题。

【重大改革任务】认真落实中央和自治区关于优化营商环境的决策部署，提请自治区政府审定印发《宁夏工程建设项目审批制度改革实施方案》，协调各部门出台26项配套政策措施，审批时限从237个工作日压缩到120个，建成并上线运行覆盖区市县三级、与国家及自治区各专业系联通的全区工程建设项目审批管理系统。成立5个技术指导组分片驻市蹲点，督促指导各地全面落实改革政策措施。坚持"属地管理""服务下沉"，对住房城乡建设领域事项逐一进行梳理修订，编印《宁夏回族自治区住建政务服务事项目录清单及工作指南》，先后压减、下放市、县政务服务事项52项，区本级保留的21项政务服务事项全部进驻政务服务大厅集中办理，区本级行政许可审批事项办理时限由平均14.3个工作日减为4.6个工作日。率先开展"一窗受理、集成服务"，区本级建筑业、房地产业企业等10大类涉及资质许可类事项全部纳入改革范围。厅审批办连续44个季度获得自治区政务中心"红旗窗口"，被全国总工会授予"青年文明号"。修改住房城乡建设部门区本级158项权力清单指导目录以及责任清单。明确85项行政处罚事项，确保行政权责统一、高效执法；及时上报自治区党委编办将建设项目选址意见书核发、文物保护单位建设控制地带内建设工程设计方案审批等11项权力清单划转有关部门。

法规建设

【概况】2019年，住房和城乡建设厅全面贯彻落实中央、自治区关于法治政府建设决策部署，强化法治思维，积极创新突破，推动行业立法普法执法工作取得新的成效。荣获全区"七五"普法中期工作先进集体、全区法治政府建设示范创建优秀单位。

【严格落实权责清单】全面梳理住房城乡建设部门159部法律法规规章，修订自治区本级158项权责清单，制定住房城乡建设系统494项权力清单指导目录。及时对行政权责进行清理调整，将城乡规划编制审批等33项权力事项划转至自然资源和林业草原部门，将建设工程消防设计审核及验收等4项权力事项由公安消防部门划入住建部门，确保行政权责法定和有序衔接。

【强化规范性文件审查】严格落实规范性文件"三统一"及合法性审核制度，规范性文件报备率、报备及时率、报备规范率三项均为100%。及时清理规范已有政策文件，对7件规范性文件、22件涉及市场主体经济活动的涉法文件和13件信息公开、32件信访回复进行合法性、公平竞争性审查，有效保障依法决策、依法行政。

【行政复议和行政诉讼】全年收到行政复议申请

8件，全部调解处理；办理行政应诉案件3件，出庭应诉3次，法院均判决驳回原告诉讼请求。《中国建设报》宪法日特刊刊载住房城乡建设厅《创新复议方式、提升复议水平，打造执法为民良好形象》一文。

【法制培训和法制宣传】组织基层住建和城管部门52名人员参加全区住房城乡建设系统法治政府建设暨行政执法专题培训班。广泛开展送法进企业、法制专家讲座、旁听庭审直播、参与宪法知识有奖竞猜等多种形式法治宣传活动。获区直部门国家安全知识竞赛三等奖。

【扫黑除恶专项斗争】截至2019年12月31日，全区住房城乡建设系统共收集摸排有效线索521条，核查办结479条，办结率92%。中央督导交办自治区本级有效线索14条，核查办结14条，办结率100%；转办各市县区一般线索1076条，核查办结1043条，办结率97%。

房地产业与市场

【概况】认真贯彻落实国家、自治区有关房地产市场调控的各项政策，坚持"房子是用来住的，不是用炒的"定位。根据自治区统计局数据显示，2019年1—12月，全区房地产投资403.1亿元，同比下降10.3%；商品房销售面积1009.6万平方米，同比下降1.7%；商品房待售面积957.6万平方米，同比增长2.0%，全区商品房和住宅库存去化周期分别为11.4个月和4.7个月，均持续处于合理区间，宁夏回族自治区房地产市场呈现良好运行态势。

【规范房地产市场秩序】印发《2019年整顿规范房地产市场秩序方案》，共计检查房地产开发企业和中介机构975余家，解决各类物业矛盾纠纷300多件，下发房地产开发企业限期整改通知书337份。其中，整改完毕的242家，对存在82家严重违法违规行为和限期整改不到位的房地产开发企业、房地产中介机构，移交综合执法、市场监管等有关部门依法予以行政处罚。

【房地产市场风险防控】印发《关于进一步加强房地产市场监管和风险隐患防控工作的通知》等文件，督促各市县严格落实属地管理主体责任。指导各市县住房城乡建设部门主动与自然资源、市场监督、人社、税务、信访、司法、公安、银行等部门联动协作，共同破解逾期交房和"烂尾楼"等难题，加快化解逾期交房、"烂尾楼"等问题，有效防范和化解房地产市场风险。

【推进房地产市场高质量发展】联合自治区财政厅印发《宁夏回族自治区商品住宅全装修项目评审办法》，鼓励房地产开发企业从绿色、节能、科技、装配式、全装修、配套设施、优质物业服务等方面提升房屋供给质量，满足市场多层次住房需求。

【加强房屋网签备案】认真贯彻落实住房城乡建设部《关于进一步规范和加强房屋网签备案工作的指导意见》等文件要求，指导各市县建立和完善房地产市场运行数据统计和市场监测预警指标体系，督促各地级市与住房城乡建设部实现联网，同时，搭建宁夏互联网＋智慧房产平台，基本实现房屋交易网签备案全区联网工作。

【物业服务管理】主动应对新形势下的新情况，及时印发《关于进一步加强物业服务管理工作的通知》。银川市委、政府印发《关于加强物业服务行业党的建设推动基层社会治理创新的实施办法》，以社区党建引领物业服务水平的提高，将社区物业服务管理工作纳入社会治理体系内容。

住房保障

【概况】2019年，全区计划改造城镇棚户区住房7507套，发放城镇住房保障家庭租赁补贴8304户，保障性安居工程基本建成4000套。各市、县（区）棚户区改造3月底开工率高于去年同期12年百分点。4月份开工率位居全国前3名。截至12月底，全区争取到位中央财政保障性安居工程专项资金3.7864亿元、保障性安居工程中央预算内配套基础设施补助资金4.275亿元，自治区财政落实配套棚改补助资金2.8499亿元，共开工改造城镇棚户区住房7507套，占全年计划的100%，完成投资11.37亿元，占年度计划的162.4%；发放城镇住房保障家庭租赁补贴8980户，占年度计划的108.1%；基本建成6884套，占年度计划的172.1%，住房保障工作圆满收官。

【保障性安居工程】2019年，全区争取到位中央财政保障性安居工程专项资金3.79亿元、保障性安居工程中央预算内配套基础设施补助资金4.3亿元，落实自治区财政配套棚改补助资金2.9亿元，分解下达各市、县（区）棚改专项债券46.71亿元。棚户区改造住房套均资金补助达13万元，为历年最高水平。

【城镇住房困难家庭实现"应保尽保"】截至2019年年底，全区16.97万户城镇中低偏下收入住房困难家庭实现"应保尽保"，其中：保障公交、环卫职工1458套，青年教师、青年医生2743套，退役军人982套，外来务工人员31823套，城镇低收入家庭132689套。计划年度发放租赁补贴任务8304户，实际发放8827户，完成率达106.3%。经聘请的第三方对各市、县（区）保障性安居工程进行综合评估，总评97.94分。

住房公积金管理

【概况】2019年全区归集住房公积金106.79亿元，同比增长9.90%，提取住房公积金73.04亿元，同比增长5.82%，发放住房公积金个人贷款1.74万笔，同比下降8.4%、发放住房公积金个人贷款67.60亿元，同比增长1.08%，支持职工购房217.10万平方米，为职工节约利息支出约8.79亿元。截至2019年年底，全区住房公积金实缴人数达65.63万人，累计归集892.93亿元，累计提取566.47亿元，累计发放个人住房贷款28.31万笔、585.16亿元，个贷率达81.73%，使用率达93.32%。

【住房公积金使用】组织编制《宁夏回族自治区住房公积金业务操作规范（试行）》，对全区住房公积金业务事项名称、要件、流程、时限、表单及监督考核等作出统一规范和优化，涵盖归集、提取、贷款、资金管理、电子稽查和综合服务平台服务等六大业务板块。

【监督检查】印发《关于进一步深化治理违规提取住房公积金问题线索排查的通知》《关于进一步做好住房公积金缴存职工购房贷款权益维护工作的通知》等两个指导性文件。扎实开展违规提取住房公积金专项治理，深入推进住房公积金行业开展扫黑除恶专项斗争。

【信息化建设】实现与自治区公安、民政、市场监管、机构编制、统计等部门信息共享协查，指导各中心不断强化综合服务平台运营监督管理，各项业务线上办理率超过50%，并指导全区6个中心全部接入全国住房公积金数据交换平台。全区新增代办网点8个，探索跨城市住房公积金一体化应用，指导银川中心和区中心推进跨中心按月对冲业务线上办理，依托区中心推进与税务、不动产等部门开展"一网通办"试点探索，不断深化"协同办"。

城镇化建设和城市管理

【概况】2019年，围绕自治区新型城镇化"十三五"规划和加快推进新型城镇化建设行动方案目标任务，编制印发《2019年自治区新型城镇化建设重点任务工作》。2019年，宁夏常住人口城镇化率为59.86%，比2018年提高0.98个百分点；户籍人口城镇化率为46.39%，比2018年提高1.43个百分点。不断推进城市基础设施建设，加强城市运行管理，全区人均城市道路面积达到24.46平方米，设市城市污水处理率达到95.85%，县城污水处理率达到95.83%，公共供水普及率达到97.13%，城市生活垃圾无害化处理率达到99.60%，燃气普及率达到90.90%。

【城镇化试点】将城镇化试点与推进全区城镇化工作有机衔接，下达城镇化试点奖补资金1800万元，支持城镇化重点项目建设。第三批试点任务有序推进。银川市随迁子女入学率、农业转移人口就业指标全面完成。重点推动"城市设计""城市双修"工作。统筹实施火车站综合客运枢纽、西线供水等一批新型城镇化重大项目。继续深化医疗保险制度改革，扩大社保覆盖面。盐池县构建"一城三镇多点"发展格局，大力发展滩羊、黄花、小杂粮等传统产业和乡村旅游、工贸服务等新兴产业。红果子镇加快发展脱水菜产业，吸纳农村劳动力2千人，辐射带动农户1万余户。相继与天津科技大学、上海中医药大学、中国药科大学等高校开展研发合作。

【历史文化名城和历史建筑保护】贯彻落实《中共中央 国务院关于进一步加强城市规划建设管理工作的若干意见》和《住房城乡建设部历史文化街区划定和历史建筑确定工作方案》，制定《宁夏回族自治区历史建筑确定标准》。截至2019年年底，全区共确定挂牌公布历史建筑37处，其中银川市20处，石嘴山市11处，吴忠市1处，固原市4处，灵武市1处。完成历史建筑潜在对象基础资料的建档工作，启动历史建筑测绘和保护图则制定工作。

【地下综合管廊建设】督促银川市、石嘴山市、吴忠市、宁东管委会共开工建设城市地下综合管廊62.30公里。截至2019年年底，累计形成廊体61.49公里，累计完成投资77.17亿元。其中，银川市开工建设43.62公里，累计形成廊体43.6公里，累计完成投资62.442亿元。

【海绵城市建设】根据《住房和城乡建设部办公厅关于开展海绵城市建设试评估工作的通知》（建办城函〔2019〕445号）要求，住房城乡建设部、财政部、水利部对固原市海绵城市建设试点进行年度绩效评价现场复核，固原市通过了国家海绵城市建设试点验收。

【城镇水污染防治】认真贯彻落实国务院"水十条"要求，扎实推进全区城市黑臭水体整治工作，全区13条黑臭水体整治任务全部完成，公众满意率均达到90%以上。吴忠市、银川市成功申报国家第二批、第三批黑臭水体治理示范城市,分别争取国家补助资金4亿元、3亿元。完成全区35座城市生活污水处理厂提标改造工作,出水达到一级A标准。全区污水排放总量为34754.26万立方米,污水处理总量为33311.57万立方米,设市城市污水处理率达到95.95%,县城污水处理率达到95.83%,再生水回用率平均达到12.86%。

【改善人居环境】制定印发《自治区住房和城乡建设厅贯彻落实中央环境保护督察"回头看"及水环境专项督察反馈意见整改方案》《自治区住房和城乡建设领域打赢蓝天保卫战三年行动计划(2018—2020年)》。建设改造一批小微游园、街头绿地。指导泾源县创建成为国家园林县城,开展国家园林城市(县城)自查,配合住房和城乡建设部对石嘴山市国家园林城市进行抽检。全年全区新增建成区绿地面积984.77公顷,全区城市建成区城市绿地率达到38.04%。

【城市执法体制改革】全区自治区级、27个市、县(区)和宁东能源化基地管理委员会均完成城市管理执法机构综合设置。2019年,结合国家机构改革,自治区级城市管理综合执法监督机构由事业单位变为厅机关内设机构,银川市、石嘴山市、吴忠市、固原市均为独立政府组成部门;中卫市由原来的独立政府组成部门变为挂牌单位(在住房城乡建设部门加挂城市管理综合执法监督局牌子)。住房城乡建设领域行政处罚权过渡行使。5个地级市及灵武市、贺兰县、永宁县等11个县(市)整合完成数字化平台建设。逐步建立与司法部门信息共享、案情通报、案件移交等制度。深入推进"强转树"专项行动,完成全区所有处级以上干部轮训和1000余人一线执法人员培训,执法人员持证上岗率达到80%。全区执法制式服装全部换发到位,共配备各类执法车辆689辆,无人机8架,执法记录仪1601套,对讲机1232部,照相机100部,摄像机35部,极大提高基层执法人员业务水平。

【行政执法】严格落实《城市管理执法行为规范》《全区城市管理执法人员"十条禁令"》等有关规定,创新工作方法,规范执法行为,不断加强城管队伍建设。推行"法律顾问"和"律师驻队"制度。2019年,全区各级住房城乡建设主管部门对违法违规行为共立案502件,结案492件,结案率为98%。查处违法用地面积41.752182万平方米,查处违法建筑面积50.094724万平方米,拆除违法建筑面积33.089774万平方米。

村镇建设

【概况】2019年,认真贯彻习近平总书记乡村振兴"产业兴旺、生态宜居、乡风文明、治理有效、生活富裕"总要求和"建设美丽新宁夏、共圆伟大中国梦"题词精神,高质量推动美丽乡村建设发展持续推进美丽乡村建设。全年开工建设美丽小城镇20个,美丽村庄132个,持续培育建设特色小镇12个,生活垃圾得到治理的村庄达到65%以上。

【美丽乡村建设】按照《宁夏美丽乡村建设实施方案》要求,制定《宁夏美丽乡村建设重点支持和禁止建设项目清单》,高质量建设20个美丽小城镇,完成固定资产投资4.53亿元;建设美丽村庄132个,完成固定资产投资6.2亿元。精心选择22个不同类型的村庄开展美好环境与幸福生活共同缔造试点活动,广泛调动群众参与美丽乡村建设。加大传统村落保护,彭阳县长城村入选全国传统村落保护名录。

【特色小(城)镇】认真落实12个国家级和自治区级特色小(城)镇第三年培育创建计划,结合《关于大力推进以特色产业为支撑的小城镇建设的建议》,协调开展特色小城镇建设绩效第三方评估,推动特色小城镇建设走上正确轨道,圆满完成特色小城镇培育建设任务。自治区财政3年共奖补专项资金5.47亿元,整合和吸引社会投资107.88亿元,策划实施各类项目348个,其中产业项目113个,建设产业园区12个,培育引进企业273家,建立研发机构团队12个,吸纳就业3.3万人,完成地区生产总值421.15亿元。

【农村危窑危房改造】深入贯彻落实习近平总书记在解决"两不愁三保障"突出问题座谈会上重要讲话精神,聚焦贫困地区和"4类重点对象",坚持设置"上下圈梁、构造柱、三七墙号"地震8度设防强制标准,传承"红墙、红瓦、挑檐"农房传统风貌,落实"人畜分离、卧室、厨房和卫生间独立设置"功能布局要求的住房,连续第6年抽调自治区有关部门和企业14名专业技术人员进驻各县(区)常年开展技术指导服务。出台《关于解决危窑危房改造脱贫攻坚特殊问题的指导意见》。全年危窑危房改造开工37633户,竣工37544户,占年度计划任务的146.9%,完成固定资产投资30亿元,宁夏回族自治区危窑危房改造被国家脱贫攻坚督查组誉为"美丽宁夏的一道美丽风景线"。

【农村人居环境整治】全面实施农村人居环境整治三年行动方案,与9部门联合制定下发《关于建立农村生活垃圾分类治理体系的指导意见》,组织22

个县（市、区）修订完善县域农村生活垃圾治理专项规划和2019年、2020年、"十四五"设施设备配建计划，划定2019年农村生活垃圾得到治理的65%村庄名单，制定农村生活垃圾治理5个方面19项基础指标、8项示范指标验收评价体系。全区各地今年共投入垃圾治理设施设备配建和日常运维经费达5.2亿元，开工建设改造垃圾填埋场6座、乡村中转站54座，新配户用垃圾箱（桶）1.1万多个、小型电动收集车2100多辆、大中小型压缩转运车160多辆、新招聘保洁员和清运车辆司机1900多人，永宁、泾源、青铜峡等县（区）垃圾分类试点成效显著，11个县（区）采取政府购买服务方式委托第三机构开展垃圾专业化治理、市场化运营。与农业农村厅等部门密切配合，清理农村生活垃圾、沟渠道边积存垃圾和村庄巷道柴草杂物近100万吨。

标准定额

【建设标准制定】 完成《海绵城市建设工程技术规程》《预制钢筋混凝土加筋塑膜电缆管道应用技术规程》《城市综合管廊工程技术标准》《回弹法检测高强混凝土抗压强度技术规程》《岩土工程勘察标准》5项地方标准的报批与发布。

【建设法规修订】 完成《宁夏回族自治区建设工程造价管理条例》的立法、调研和修订工作。

【建设定额修编】 组织编制了《宁夏回族自治区建设工程计价依据（2019）》；包括：房建、安装、市政、园林绿化、修缮、费用、配合比及机械台班定额和工料机标准数据库8个专业，28个分册，约45万字。

【建设定额管理】 组织完成宁夏回族自治区智慧工地措施费费率测算工作；印发《关于调整我区建设工程计价依据增值税税率的通知》，将宁夏回族自治区工程造价计价依据中增值税税率由10%调整为9%。

【造价信息发布】 印发《关于发布全区工程材料及人工价格信息的通知》；编制6期《宁夏工程造价》（双月刊）；完成《宁夏安装工程材料价格信息》编制发布工作；开发建设宁夏回族自治区工程材料及人工价格信息采编审系统。

建筑业与质量安全

【概况】 2019年，全区共监管建筑工程项目1603个、单体项目2803个，总面积2363万平方米。新开工建设项目1649个。完成建筑业总产值618.41亿元，同比上升9.55%，占全区GDP比重达15.67%。宁夏回族自治区共有在册建筑施工企业2566家（其中特级资质企业1家，一级企业208家，二级企业1092家）。外省进宁建筑施工企业2475家（其中特级217家，一级1541家）。监理企业58家，工程招标代理机构68家，工程质量检测机构16家，工程造价咨询企业31家，园林绿化企业141家。

【安全文明标准化工地】 2019年，评选自治区级工法56项。全面开展企业标准化考评工作。对全区284家建筑施工企业安全质量行为进行标准化考评，考评合格264家，考评不合格20家。对全区530项工程项目进行建筑施工项目安全文明标准化考评，考评达标525项，后期对安全考评达到优秀等级的119项，质量考评达到优秀等级的68项项目分别认定为自治区级安全、质量标准化示范工地称号。7项工程获得全国AAA安全文明标准化示范工地。

【安全生产】 狠抓房屋建筑、市场工程安全生产，确保建设领域安全生产形势总体稳定受控。2019年，全区共发生建筑施工生产安全事故14起，死亡14人，无较大及以上生产安全事故发生，安全生产形势总体稳定受控。

【建筑市场规范】 制定自治区促进建筑业持续健康发展实施意见等一系列配套政策，加快建筑业转型发展；印发《建设工程监理报告实施细则》和《培育龙头骨干企业》等政策；坚持市场决定价格机制，改革支付体系，推广保险和银行保函替代保证金，切实减轻企业负担；制定《关于开展全区房屋建筑和市政基础设施工程招投标领域串通投标等违法行为专项整治工作的方案》，重点查处违反基本建设程序、串通投标等违法违规行为；发布《关于房屋建筑和市政基础设施建设项目招标投标有关事项的通知》。联合人力资源社会保障厅、金融监管局、银保监会印发《关于在全区房屋建筑和市政基础设施领域开展建设工程保证保险银行保函工程担保工作的通知》，建立农民工工资支付保证工作机制。印发《宁夏建筑工人实名制管理实施细则（试行）》《自治区住房和城乡建设厅关于加强建筑施工现场关键岗位人员到岗履职工作的通知》。

【建设工程招投标管理】 加强制度建设，会同发改、公共资源部门修订《宁夏招标投标管理办法》。联合多部门下发《关于自治区房屋建筑和市政基础设施工程推行电子化招标投标的通知》，实现"文件电子化、标书在线传、保证金线上缴、开标不见面、交易结果网上查"交易模式。改革投标保证金缴纳方式，推进投标保证金采用"现金形式、保险保单、银行保函、担保保函"缴纳方式，进一步为投标企业减负。完善项目经理（建造师）招投标全程网上锁定、变更及解锁制度，为企业提供优质服务。制定《招标代理机构良好行为和不良行为记录认定标准》。

【建设工程消防设计审查验收】2019年6月30日，全区建设工程消防设计、审查、验收、备案抽查等监督管理职能正式由消防救援机构划转住房城乡建设部门。2019年8月26日，制定印发《宁夏回族自治区施工图设计文件联合审查管理办法（试行）》。2019年9月24日，中共宁夏区委机构编制委员会正式发文同意增设自治区住房城乡建设厅建设工程消防监管处。

建筑节能与科技

【概况】全区新建建筑65%节能标准执行率达到100%，完成既有居住建筑节能改造56万平方米，实施绿色建筑779万平方米。采取第三方机构评价的方式，开展绿色建筑和绿色建材评价标识工作。出台5项地方标准，开展可再生能源和绿色建筑试点示范工作，批准示范项目15个，下达补助资金2989万元。制定5项地方标准，整合精简20项强制性地方标准，组建宁夏工程建设标准化专家库，开展全区工程建设标准工作落实及标准强制性条文实施情况专项检查，采取多种形式宣传落实《自治区工程建设标准化管理办法》。完成《宁夏回族自治区建设工程造价管理条例》的立法、调研和修订，编制《宁夏回族自治区建设工程计价依据》（2019）。

【建筑节能】开展全区建筑节能、绿色建筑、装配式建筑实施情况专项检查，督促指导各地严格执行建筑节能、绿色建筑等工程建设标准，全区新建建筑节能整体水平进一步提高，节能标准执行率达到100%。各地完成既有居住建筑节能改造共56万平方米。

【绿色建筑】使用国有资金投资或者融资的大型公共建筑，按照二星级以上绿色建筑标准进行规划、设计、建设，积极开展既有建筑节能改造。采取第三方机构评价的方式，年内新增绿色建筑779万平方米，获得绿色建筑评价标识项目6项，获得绿色建材评价标识产品9项。开展绿色建筑和绿色建材评价标识工作。

【建筑产业现代化】认真落实自治区关于深化创新驱动的决策部署，积极开展建设工法关键技术、新技术新产品推广应用、建筑业10项新技术应用示范工程评审鉴定工作；加强装配式建筑产业基地建设，培育专业化企业，提高建筑工程全产业链装配化能力。建成3家自治区建筑产业化基地项目，培育的有5家企业，技术与产品涵盖装配式钢结构、混凝土结构、墙体复合板材等领域。积极推动不同类型试点示范建筑项目建设，总建筑面积达50多万平方米。

【建筑科技】开展"预制装配式建筑框架和框剪结构技术体系及应用研究""钢筋插套筒连接结构关键技术研究""一种用于建筑物、桥梁、构筑物减隔震的支撑装置技术体系""农村地区太阳能与空气源热泵综合应用供暖"等课题研究和技术攻关。组织新技术新产品鉴定5项；新技术新产品推广认证12项，延期换证38项；受理申报99项自治区级工法关键技术鉴定，其中70项通过了鉴定。

人事教育

【干部教育培训】制定印发《2019年全区住房城乡建设系统教育培训计划》，全年共安排培训项目19个，培训人员5500余人，争取培训资金100万元。印发《关于开展2019年厅系统干部网络培训的通知》，对厅系统84名学员网络学习情况及时进行督学。选派厅系统14名干部参加自治区党校春季学期教育培训班。选派全区住房城乡建设系统29名干部参加"全国住房城乡建设系统领导干部致力于绿色发展的城乡建设专业能力提升系列培训班"，为住建事业创新发展提供智力支撑。

【高层次人才培养】组织力量完成厅系统高层次人才信息统计录入工作，共采集厅系统38人信息，基本建成了统一标准、统一模式、统一内容的高层次人才数据库。在全区选派10名总建筑师、总工程师参加住房城乡建设部组织的"十三五"万名总师培训。推荐2名同志为自治区青年拔尖人才培养工程人选。

【建筑行业人员培训】组织注册建造师、造价工程师、监理工程师3类4493人开展继续教育培训；组织各类从业人员教育培训24860人，其中："三类人员"8407人、"八大员"2326人、特作人员5584人、"实验员"946人、建筑工人10869人，组织岗位人员参加考试13870人，通过考试11429人，考试通过率82.4%。组织相关人员赴相关省区走访调研住房和城乡建设领域施工现场专业人员职业培训工作，研究制定并向住房城乡建设部呈报《住房和城乡建设领域施工现场专业人员职业培训试点工作方案》，邀请银川市住房城乡建设局相关人员召开协调会，确定银川市作为宁夏住房和城乡建设领域施工现场专业人员职业培训试点单位。

（宁夏回族自治区住房和城乡建设厅）

新疆维吾尔自治区

概况

【脱贫攻坚住房安全有保障任务】成立巡视整改工作领导小组，抽调业务骨干组建整改专班，召开党组专题会议11次、全系统视频调度会议9次，深入深度贫困地区开展实地调研5轮，建立完善整改长效机制，中央第六巡视组反馈的8项整改任务，举一反三、主动认领的中央脱贫攻坚专项巡视指出的26个问题，2018年国家脱贫攻坚成效考核反馈的7个问题，自治区党委第五巡视组反馈的32个问题，均已按要求完成整改。坚持精准扶贫精准脱贫基本方略，完善相关规范、标准，剩余9355户农村建档立卡贫困户实现住房安全有保障，彻底结束新疆维吾尔自治区贫困人口住危房的历史。

【城乡绿色发展】提请自治区党委、政府印发《在地级城市全面开展生活垃圾分类工作的实施意见》《关于加强餐厨剩余物监管的工作方案》，构建全过程垃圾分类体系。印发《自治区住房和城乡建设领域全面加强生态环境保护 坚决打好污染防治攻坚战工作方案》《自治区城镇污水处理提质增效三年行动方案》《自治区城市黑臭水体排查治理攻坚作战方案》《关于加强城镇污水再生利用工作的指导意见》，全区累计建成投运城镇生活污水处理厂111座。自2019年10月1日起，新疆维吾尔自治区新建居住建筑全面执行75%节能标准，编制了建筑结构保温一体化技术标准。推动绿色建筑全覆盖，14个项目（323.21万平方米）获得二、三星级绿色建筑评价标识。推广清洁能源应用、绿色建材等各类新技术23项。印发《关于进一步做好自治区村容村貌改善、农村生活垃圾治理工作的通知》，截至2019年年底，全区累计7345个行政村实现垃圾收运处置体系全覆盖，整治农村非正规垃圾堆放点154处，整治率95.06%。

【房地产市场发展】推进试点城市租赁平台系统应用工作，住房租赁平台累计发布房源34.5万套，累计注册实名认证用户2.05万户。发挥住房公积金支持住房消费作用，2019年全区住房公积金住房类消费提取108.39亿元，同比增长49%，发放贷款250.92亿元，新开户24.67万人。

【城乡建设发展】建立自治区城镇基础设施补短板储备项目库（559个），开工建设市政基础设施项目46个，城市（县城）供水普及率98%，污水处理率94.5%，水质检测合格率98.6%，生活垃圾无害化处理率91.45%，燃气普及率96.19%，绿化覆盖率39%，集中供热面积5.1亿平方米。2019年下半年启动实施城镇老旧小区改造，已开工改造4.44万户。

【行业营商环境】全面推进工程建设项目审批制度改革，研究制定22项配套制度，建成审批制度框架体系，实行"一家牵头、并联审批、限时办结"，完成自治区本级及14个地州市审批管理系统建设，与国家系统成功对接，14个地州市的148个项目实现线上审批。深化"放管服"改革，取消调整下放建筑、房地产等行业审批事项13项，简化用水用气报装，推行审批告知承诺制、电子证照和"一网通办"，住房城乡建设领域资质资格审批全面实现网上办理，19项审批备案事项入驻自治区政务服务大厅。持续深化"智慧住房公积金"建设，在全国率先建成省级集中的基于云平台，集业务运行、综合服务、数据共享、监管管理为一体的"智慧住房公积金"平台，开展"互联网＋住房公积金"服务，服务效能和管理水平显著提高。

【重点民生工程】开工建设农村安居工程20.02万户、竣工19.72万户，近百万各族农牧民群众实现住有安居。保质保量完成南疆煤改电居民电供暖改造工程年度任务，31.63万户各族群众用上了干净环保、安全便捷的电供暖。开工改造城镇棚户区14.69万套，开工建设公租房5.097万套，圆满完成城镇保障性安居工程年度任务。加强公租房制度建设，出台《自治区公租房管理办法（试行）》。

【建筑业发展】推广新型建造方式，报请自治区人民政府转发《关于加快推进全区装配式建筑发展的通知》，全年新增产业基地4个，新建装配式建筑60万平方米。规范建筑市场秩序，严厉打击违法发包、转包、分包及挂靠、串标投标等行为，全面推行电子招投标，区本级与和田地区实现远程异地评标，推动优质专家资源跨地区共享。加强工程质量安全监管，深入开展工程质量安全提升行动，全面开展隐患排查和监督检查。全力承接消防设计审查验收工作，组织开展建筑领域消防设计审查验收问题专项整治。健全行业应急保障体系，完善各类应急预案，开展住房城乡建设领域风险隐患排查整治，行业应急保障能力进一步提升。

【行业投资】农村安居工程完成投资约107亿元，南疆煤改电居民电供暖改造工程完成投资约12亿元，城镇保障性安居工程完成投资345.73亿元，城镇老旧小区改造完成投资1.96亿元，农村生活垃圾收运处置体系建设运行完成投资10.42亿元。全区房地产开发投资1074.04亿元，同比增长3.9%；全区建筑业企业完成总产值2209.2亿元，同比增长6.5%。

【行业法治化标准化建设】修订完善城市绿化管理办法等法规政策文件，全面推行行政执法三项制度，开展"双随机、一公开"执法检查，住房城乡建设厅本级查处违法案件19件。编制完成全国首个《自治区住房和城乡建设管理标准体系框架》，按照现行、在编、拟编全面梳理标准2118个（其中新疆维吾尔自治区地方标准119个），全年组织编制（批准）发布工程建设标准及非标准类技术规定32个。研究起草《新疆城市精细化管理行动方案（试行）》《新疆城市精细化管理技术导则（试行）》《新疆城市管理标准体系（试行）》等政策文件。大力推进全区城市综合管理服务平台建设，提升市容市貌品质。开展党建引领物业管理试点工作，联合自治区党委组织部等9部门印发指导意见。

法规建设

【概况】按照建设法治政府的要求，以法治建设为抓手，以改革创新为动力，以群众满意为目标，坚持法治宣传教育与依法治理并举，全面推进法治政府建设，全面推进科学立法、民主立法、依法立法，严格规范、倡导公正执法、文明执法，深入推进"放管服"改革，促进全区住房城乡建设系统和谐健康发展。

【行政执法】按照规范、统一、有效的思路，制定厅系统执法检查计划，整合执法力量，组织开展建筑市场综合执法检查，开展房地产开发、工程造价专项执法检查。办理行政复议案件6件，行政应诉案件3件，胜诉率100%。

【执法体制改革】制定《自治区住房和城乡建设厅全面推行行政执法公示制度执法全过程记录制度重大执法决定法制审核制度工作方案》，促进严格规范公正文明执法。制定《自治区城市管理执法装备配备标准》，明确车辆标识的涂装、执法装备配备等内容，实现全区城市管理执法装备和人员着装统一。采购300台高清4G执法记录仪配发至全区城市管理执法部门，推进行政执法信息化建设。

【"放管服"改革】成立住房和城乡建设厅"放管服"改革领导小组，深入推进"放管服"改革工作。取消住房和城乡建设厅机关本级14项行政审批，全面梳理政务服务事项，完成住房和城乡建设厅机关245项权责清单的报送和调整。持续开展"减证便民"专项行动，积极推进一网通办和电子证照制度。清理规范投资项目报建审批，将16项报建审批整合归并为9项。将252项行政职权移交新疆生产建设兵团行使，将14项行政许可权授予霍尔果斯经济开发区和喀什经济开发区行使。对部分地州设置市场准入门槛、限制外地企业承揽业务等问题予以纠正。将4项备案事项纳入"多证合一"改革。

【信访举报】2019年，共受理信访复查案件1件，办结1件，结案率100%；办理国家投诉办交办案件12件、自治区信访局转送案件55件，办结率90%。

【政策法规】2019年提请自治区人民政府修订《新疆维吾尔自治区实施〈城市绿化条例〉若干规定》。全面清理地方性法规、政府规章和规范性文件，向立法机关提请废止规章2件、修订地方性法规和政府规章5件。建立规范性文件定期清理制度，对63件政府文件进行清理，废止文件40件，组织开展对厅发698件规范性文件进行清理，废止文件171件，公布废止文件目录及有效文件目录。2019年根据机构改革职能划转要求，将三部地方性法规和一部政府规章移交自然资源部门和林业草原部门。自治区住房城乡建设领域现行有效地方性法规6部，政府规章9部。

房地产业

【概况】全区完成房地产开发投资1074.04亿元，同比增长3.9%。其中：住宅投资724.13亿元，同比增长12.7%。

【房地产政策法规建设】印发《关于进一步做好自治区房地产市场调控工作的通知》指导各地加快推进住房租赁市场建设、加强房地产市场监管、提升物业服务水平。

【住房市场体系建设】印发《关于进一步规范和加强房屋网签备案工作的实施意见》。截至2019年年底,全区 14 个地、州、市的 51 个县市已开展网签联网上线工作。全区 14 个地州市已全部上线使用建行住房租赁管理平台,乌鲁木齐市监管系统实现全国首家四级网格化住房租赁监管服务体系。住房租赁平台上发布房源:企业租赁发布 1866 套,已出租 356 套;共享(个人)租赁发布房源 661 套,已出租 290 套;平台累计注册用户 20495 户,线上发布房源 345465 套,在线交易 242 笔,首家"CCB 建融家园"成功挂牌。

【房地产开发与销售监管】2019 年全区累计房地产施工面积 12970.30 万平方米,同比增长 12.1%。其中:商品(住宅)施工面积累计 8162.30 万平方米,同比增长 18.6%。房地产新开工面积累计 3032.66 万平方米,同比上涨 29.6%,房地产竣工面积 1116.66 万平方米,同比下降 5.6%。商品(住宅)新开工面积累计 2174.49 万平方米,同比上涨 36.9%。其中:商品(住宅)竣工面积累计 762.03 万平方米,同比上涨 12.6%。2019 年全区商品房累计销售面积 1724.18 万平方米,同比上涨 15.77%,其中:商品房(住宅)累计销售 1511.75 万平方米,同比增长 26.5%。全区商品住宅交易均价 4205.1 元/平方米,同比增长 3.7%。

【物业服务与监管】制定《自治区物业服务企业信用管理办法》《前期物业服务合同(示范文本)》《物业服务合同(示范文本)》。印发《关于贯彻落实〈自治区物业管理条例〉开展物业管理试点工作的意见》,将乌鲁木齐市、克拉玛依市、哈密市、昌吉市、库尔勒市、奎屯市列为试点城市。印发《关于强化党建引领物业管理提升物业服务质量的实施方案》,11 月召开现场会,进一步推动工作。制作物业宣传手册,发放各地州。

【房屋征收与评估】规范全区国有土地上房屋征收与补偿活动,组织开展专家委员会鉴定房地产评估报告工作,2019 年受理各地申请专家鉴定评估报告 27 份。对房地产评估机构进行清理,保留评估机构 64 家,其中 42 家注册地在乌鲁木齐市的机构备案权限下放乌鲁木齐市。开展评估报告专项检查,2019 年房地产估价报告合格率为 84%,较 2018 年提高 2.6%。规范房地产评估机构从业行业,开展注册房地产估价师清理工作,清理"挂证"注册房地产估价师 129 名并发布注销公告。印发《自治区房地产中介市场专项整治工作方案》,召开厅局联席专题会议,建立联合惩戒机制。厅主要领导和分管领导带队开展调研工作,对工作不力的 12 个地州市下发督办函。全区共排查中介机构 2099 家,中介人员 5446 人,查处违法违规机构 360 家,作出处罚 163 家(其中停业整顿 87 家,清出市场 55 家),受理投诉举报 303 件,办结 250 件,曝光 5 批共 25 起违法违规典型案例。召开自治区房地产中介市场专项整治工作视频推进会,对全区工作进展情况进行了通报。对违法违规企业在新疆建设网公开曝光,制作中介机构整治宣传手册,发放各地州。

住房保障

【概况】2019 年,国家保障性安居工程协调小组与新疆维吾尔自治区人民政府签订棚户区改造目标任务 146898 套。截至 2019 年 12 月底,全区实施各类棚户区改造 146898 套,完成投资 345.73 亿元。2019 年,全区开工公租房 51140 套,南疆四地州计划开工建设公租房 50970 套,完成年度开工任务的 102%,完成投资 19.86 亿元。

【城镇棚户区改造】各地各部门加大投入、精心组织、全力推进,城镇棚户区改造取得了显著成效,城镇中低收入困难群众和棚户区居民住房条件得到明显改善,棚户区住房困难群众彻底告别了低矮破旧、环境恶劣、配套不全甚至存在安全隐患的住房,实现"出棚进楼"的目标。棚改安居的持续推进,在稳增长、促改革、调结构、惠民生等方面发挥"一举多得"作用。

【制度改革与创新】自治区住房和城乡建设厅加强与自治区发改、财政、金融等部门协作,争取落实中央、自治区棚改补助资金和专项债券资金 426.5 亿元(其中:中央财政专项补助资金 63.23 亿元,中央预算内投资补助 49.26 亿元,棚改专项债券 312.1 亿元,自治区专项补助资金 1.91 亿元)。指导各地州(市、区)落实《财政部住房城乡建设部关于印发〈试点发行地方政府棚户区改造专项债券管理办法〉的通知》要求。

【工作机制与监督管理】严格落实城镇保障性安居工程月通报制度,在全区范围内按月通报各地州市、各行业部门棚改开工情况,督促指导进展缓慢的地州市、行业部门加快推进棚改项目实施。按照《自治区纪委监委关于开展民生领域专项整治工作的实施方案》,印发关于《自治区城镇保障性住房领域公租房管理专项整治工作方案》,开展城镇保障性住房领域公租房管理专项整治工作。

【信息化建设与管理】按照住房城乡建设部《住房和城乡建设部办公厅关于做好全国公租房信息系统建设的函》,2019 年 11 月会同国家建设银行新疆分行对各地州市开展公租房信息系统录入工作相关培训。截至2019年10月,全区14个地州市已实现上线率100%。

【专项整治】截至2019年年底,全区棚户区改造共开工137.99万套。各地共开工建设公租房96.5万套,已分配80.56万套、待分配或滞租7.06万套,在建8.88万套。另外,充分利用公租房政策,为乡镇干部、教师、医务人员、引进人才和"访惠聚"驻村工作队建设周转型宿舍10.8万套。按照《自治区纪委监委关于开展民生领域专项整治工作的实施方案》,截至11月15日,各地在公租房管理专项整治共自查出问题304条,已整改完毕;清理腾退公租房5741套,再分配4561套,重新与保障对象签订租赁协议5989份,追缴拖欠租金9588.83万元,处理违规分配人员13人,为纪委提供问题线索10条,解决群众反映的合理诉求466起。

【主要做法及成效】督促项目开工建设,层层确定任务、落实工作责任,督促指导各地坚持规划先行,认真编制实施方案,合理确定改造方式,严格征收补偿程序;及时召开形势分析会,研究棚改工作形势、存在的问题及下一步工作措施,指导各地科学编制棚改规划,加强资金监管。召开棚户区改造工作电视电话会议;在全区范围内按月通报各地州市、各行业部门棚改开工情况。整理下发《城镇保障性安居工程政策问答65例》;修订《自治区公租房管理办法(试行)》;会同自治区财政厅联合拟定《关于进一步加强自治区城镇住房租赁补贴工作的意见》。2019年第一季度,自治区审计厅统一组织全区14个地(州、市)审计机关对29个县(市、区)的历年保障性安居工程进行了抽审,共查出问题207条。截至2019年11月20日,已整改188条,问题整改率为90.8%。开展集中联审和现场调研,梳理区直机关93家单位,123个项目基本情况,逐一建立项目档案和整改台账。对区直机关单位集资建房手续办理进行分类指导,提出具体完善措施,共形成会议纪要49期。提请自治区人民政府下发《督办函》、提示函和集中约谈等方式,推进工作落实。截至2019年11月15日,16家单位,19个项目,2898户成功办理了"商品房"分户不动产权证书,并发放给干部职工个人,已办结首登不动产证书46家单位,61个项目,18710户;人员资格审查方面:房委办共受理55家单位,10936人,审核通过9499人,占86.85%。

住房公积金监管

【概况】截至2019年年底,全区住房公积金实缴职工217.43万人,缴存总额3145.07亿元,同比增长15.47%;累计办理提取1914.12亿元,占缴存总额的60.86%;累计为93.28万家庭发放个人住房贷款1708.53亿元,同比增长17.21%。

【政策落实】2019年,严格执行住房和城乡建设部住房公积金《归集业务标准》《提取业务标准》《个人住房贷款业务规范》《资金管理业务标准》《基础数据标准》五项国家标准。建立"租购并举"住房制度为目标,优先支持租房提取,重点支持购买首套普通自住住房,积极支持新市民住房刚性需求,严禁发放第三次住房公积金贷款,严控使用住房公积金用于投机性炒房。编印《住房公积金管理文件汇编》。自治区住房和城乡建设厅会同财政厅、审计厅、中国人民银行乌鲁木齐中心支行、新疆银保监局等部门依法依规,有效推进新疆维吾尔自治区石油行业住房公积金"四统一"工作。经住房和城乡建设部批准,在乌鲁木齐市启动既有住宅加装电梯使用住房公积金试点工作。成立新市民缴存住房公积金课题组,研究建立住房公积金自愿缴存机制。

【信息化建设情况】在全国第八家完成接入全国住房公积金数据平台工作;在全国首批完成"支付宝小程序"查询住房公积金试点工作。聘请第三方专业机构对业务系统和综合服务平台进行软件功能测试;开展网络安全攻防演练和信息安全等级保护测评工作,提高抵御信息安全风险的能力。制定《自治区住房公积金监管系统基础数据标准》,率先建设省级监管平台,实现"智慧监管、掌上监管"。各中心报送的数据报表减少80%以上。

【监督检查情况】建立风险防控检查体系。充分发挥住房和城乡建设部电子稽查工具作用,每月对业务运行情况进行扫描,发现问题第一时间进行处置。组织开展全区交叉互查工作。自治区住房和城乡建设厅与住房和城乡建设部干部学院共同举办培训班。组织专家对塔里木油田、吐哈油田分中心进行专项检查。

【宣传工作】2019年,与《中国建设报》、《新疆日报》、新疆广播电视台等新闻媒体共同建立住房公积金全媒体宣传渠道。《中国建设报》在头版及主要版面刊发新疆住房公积金消息5篇;《住房公积金研究》杂志、《新疆日报》、新疆广播电视台、自治区政府网、天山网等省级媒体刊报宣传稿20余篇。其中,《住房公积金研究》专题刊发了自治区住房公积金信息化建设、管理服务工作情况、制度建设成果等。2019年末,"新疆住房公积金"微信公众号累计推送67期375篇文章,累计阅读量420.7万次,朋友圈转发15.4万次，关注人数超过93万。

【住房公积金服务改进情况】截至2019年年底，全区住房公积金综合业务离柜率达74%，全区住房公积金综合服务平台网站群访问量突破2244万次；开通网上业务大厅的实缴单位3.39万家，占3.44万家实缴单位的98.55%；注册使用"手机公积金"APP人数123.5万，占217.43万实缴职工的56.80%；12329服务热线提供咨询服务616.7万次，用户满意度为99.68%。

【住房公积金信息披露情况】2019年3月，组织全区住房公积金年度报告披露暨互审培训会，首次采取"分组互审""专家复审""披露与培训相结合"的方式，对各中心2018年的报表、报告等披露信息进行审核。3月25日按照住房和城乡建设部要求高质量完成地州级披露工作，成为全国首个完成全部市级中心年度信息披露工作的省区。4月29日汇总发布了2018年度全疆住房公积金年度报告。

城市建设

【概况】深入贯彻中央和自治区城市工作会议精神，探索建立城市高质量发展评价体系、城市工作考核评价监督问责机制、自治区宜居城市指标体系和自治区宜居城市指标体系，开展"一年一评估，两年一考核"工作制度。加强老旧小区改造提升，强化城镇供水水质安全保障及节约用水，认真完成中央环保督察反馈意见整改，开展城市城镇生活污水治理、城市黑臭水体排查整治和城市生活垃圾综合治理工作，着力提升城市建设高质量发展。印发《关于请加快海绵城市建设专项规划编制及审批工作的通知》；完成自治区城镇污水处理及再生利用、生活垃圾无害化处理设施"十三五"规划中期评估；开展自治区城镇基础设施补短板项目对接确认工作，完成《自治区城镇基础设施补短板项目汇总报告》，建立项目库。全区城镇基础设施补短板储备项目共计559个，计划总投资约408.78亿元，配合自治区发改、财政部门制定自治区城镇基础设施补短板、城市排水防涝、黑臭水体排查治理项目中央预算内资金分配方案，配合下达5.53亿中央补助资金。举办城镇基础设施补短板项目投融资专题培训及项目推介会，培训人员160余人。配合自治区财政厅研究制定2019年度城市维护费资金分配方案，完成了800万元城市维护费资金分配下达工作。配合自治区发改、财政部门督促各地完成2019年度申请地方债券基础设施项目申报工作。配合自治区发改委完成申请2020年中央预算内投资补助资金城镇污水、垃圾处理项目申报工作，共38个项目，项目总投资32亿元，申请中央预算内投资4.94亿元。

【城市供水】2019年年末，城市供水综合生产能力达到521.36万立方米/日，其中公共供水能力458.66万立方米/日。供水管道长度9907.65千米，同比增加771.19千米。2019年，年供水总量94653.71万立方米，其中，生产运营用水22415.16万立方米，公共服务用水14950.15万立方米，居民家庭用水31232.99万立方米。用水人口746.33万人，人均日生活用水量170.72升，用水普及率99.47%。

【城市燃气】2019年，天然气供气总量505089.65万立方米，液化石油气供气总量71790.07吨，分别比上年减少4.51%和7.13%。天然气供气管道长度14212.3千米，液化石油气供气管道长度1.75千米。燃气普及率99.39%，比2018年增加1.38个百分点。

【城市集中供热】2019年年末，城市供热能力（热水）34339.5万兆瓦，供热管道12438.58万千米，比2018年增长369.33万千米，城市建成区集中供热面积36060.14万平方米，比2018年增长685.61万平方米。

【城市道路桥梁】2019年年末，城市道路长度10468.55千米，道路面积17472.84万平方米，比2018年增长13.38%，其中人行道面积2524.55万平方米。人均城市道路面积10.17平方米，比2018年增加0.83平方米。

【城市排水与污水处理】2019年年末，全区城市共有污水处理厂36座，污水厂日处理能力238.7万立方米，排水管道长度7870千米，比2018年增长245.3千米。城市年污水处理总量64980万立方米，城市污水处理率97.75%，比2018年增加2.28个百分点，其中污水处理厂集中处理率97.54%，比2018年增加2.19个百分点。城市再生水日生产能力93.4万立方米，再生水利用量9167万立方米。

【城市园林绿化】2019年年末，城市建成区绿化覆盖面积49041.05公顷，比2018年增长4312.81公顷，建成区绿化覆盖率40.54%，比2018年增加0.51个百分点；建成区绿地面积44208.4公顷，比2018年增长3539.17公顷，建成区绿地率36.55%，比2018年增加0.06个百分点；公园绿地面积10464.18公顷，比2018年增长1475.64公顷，人均公园绿地面积13.95平方米，比2018年增加0.68平方米。

【城市市容环境卫生】2019年年末，全区城市道路清扫保洁面积16231.85万平方米，其中机械清扫面积9537.53万平方米，机械清扫率58.76。全年生活垃圾清运量344.95万吨，生活垃圾无害化处理量334.37万吨，城市生活垃圾无害化处理率96.93%，比2018年增加4.59个百分点。

【县城建设】 县城供水：2019年年末，县城供水综合生产能力达到159.74万立方米/日，比2018年增加6.22万立方米/日，其中公共供水能力155.91万立方米/日，比2018年增加11.1万立方米/日。供水管道长度8221.13千米，比2018年增加645.99千米。2019年，全社会供水总量31208.21万立方米，其中生产运营用水4449.52万立方米，公共服务用水5103.66万立方米，居民家庭用水14623.68万立方米。用水人口383.38万人，用水普及率98.41%，比2018年减少0.63个百分点，人均日生活用水量142.93升。

县城燃气：2019年，天然气供气总量140441.28万立方米，液化石油气供气总量29147.47吨，分别比2018年增长18.9%、减少0.47%。天然气供气管道长度5215.87千米，液化石油气供气管道长度46.74千米。用气人口362.76万人，燃气普及率93.11%，比上年增加0.88百分点。

县城集中供热：2019年年末，县城供热能力（热水）12767.84兆瓦，供热管道4935.05千米，比2018年增长297.97千米，集中供热面积12839.91万平方米，比2018年增长1039.25万平方米。

县城道路桥梁：2019年年末，县城道路长度4502.47千米，比2018年增加-1.84%，道路面积7946.32万平方米，比2018年增长1.57%，其中人行道面积1707.71万平方米。

县城排水与污水处理：2019年年末，全区县城共有污水处理厂69座，比2018年增加1座，污水厂日处理能力245.3万立方米，比2018年增长165万立方米，排水管道长度7870千米，比2018年增长2890.16千米。县城全年污水处理总量65020万立方米，污水处理率93.83%，比2018年增加3.67个百分点，其中污水处理厂集中处理率93.82%，比2018年增加3.66个百分点。

县城园林绿化：2019年年末，县城建成区绿化覆盖面积25868.25公顷，比2018年增长1818.49公顷，建成区绿化覆盖率37.57%，比2018年增加2.13个百分点；建成区绿地面积22649.51公顷，建成区绿地率32.9%；比2018年增长1.35个百分点，公园绿地面积5637.18公顷，比2018年增长622.2公顷，人均公园绿地面积14.47平方米，比2018年增加1.17平方米。

县城市容环境卫生：2019年年末，全区县城道路清扫保洁面积8055.68万平方米，其中机械清扫面积4069.87万平方米，机械清扫率50.52%。全年生活垃圾清运量186.07万吨，生活垃圾无害化处理量132.93万吨，县城生活垃圾无害化处理率71.44%，比上年增加14.13个百分点。

说明："城乡建设统计"是指经国家统计局批准的《城市（县城）和村镇建设统计报表制度》中涉及的市政公用设施建设统计，包括供水、节水、燃气、集中供热、轨道交通、道路桥梁、排水和污水处理、园林绿化和市容环境卫生建设等情况。

各项统计数据统计范围的划分规定：城市（城区）包括市本级街道办事处所辖地域；城市公共设施、居住设施和市政公用设施等连接到的其他镇（乡）地域；常住人口在3000人以上独立的工矿区、开发区、科研单位、大专院校等特殊区域；县城包括县政府驻地的镇、乡（城关镇）或街道办事处地域；县城公共设施、居住设施等连接到的其他镇（乡）地域；县域内常住人口在3000人以上独立的工矿区、开发区、科研单位、大专院校等特殊区域。

除人均住宅建筑面积、人均日生活用水量外，所有人均指标、普及率指标均以户籍人口与暂住人口合计为分母计算。

乌鲁木齐县、和田县因与所在城市市县同城，县城部分不含上述县城数据，数据含在其所在城市中。

【指标体系】 提请自治区人民政府印发《自治区城市工作重点任务推进落实方案》。制定《自治区城市建设管理工作考核方案》和《自治区城市规划建设管理工作考核细则（送审稿）》《自治区城市建设管理评估指标体系》以及考核、评估方案等。起草《自治区城市病治理导则（试行）》（征求意见稿）。起草《自治区15分钟城市活动圈建设导则（送审稿）》，编制《自治区城市双修技术导则》。

【城镇供水水质安全保障及节约用水】 编制《二次供水工程技术规范》。会同自治区发改委、卫健委分别制定印发《关于规范自治区城镇居民二次供水设施运行维护费收付指导意见（试行）》《关于进一步做好城镇居民二次供水卫生监督管理工作的通知》。印发《自治区城镇供水规范化管理考核及二次供水管理专项检查的通报》。完成《自治区城市供水供气供热管理办法》《自治区城市供水实施办法》的修订及报送自治区司法厅工作。印发《关于2019年度开展自治区城镇供水水质督察工作的通知》及

《水质督察实施方案》，开展督察及供水规范化管理考核工作，完成水质督察报告。2019年自治区城镇水质检测合格率为98.6%，较2018年的97.2%提高了1.4个百分点。完成自治区14个地、州、市城市公共供水老旧管网改造、管网压力优化调控、分区计量等管网漏损控制项目储备调查汇总和上报住房城乡建设部工作。全区供水管网储备项目共计244个，计划总投资50.06亿元。完成《自治区住房城乡建设厅关于加强城镇供水安全保障工作的报告》。组织专家完成乌鲁木齐市国家节水型城市复验和吐鲁番市、哈密市创建自治区节水型企业（单位）、居民小区申报材料专家评审及实地技术指导工作。组织开展自治区2019年节水宣传周活动。完成住房和城乡建设部对新疆城市供水应急救援中心场地考核验收，争取到7辆应急救援车辆。完成国家水质监测网乌鲁木齐市水质监测站检测项目扩项考核验收及上报住房城乡建设部工作。

【城市黑臭水体排查整治】印发《新疆黑臭水体污染防治攻坚战作战方案》。会同自治区环保厅对四个地级市开展了黑臭水体排查治理专项督导检查。

【城镇生活污水治理】提请自治区人民政府印发《自治区城镇污水处理提质增效三年行动实施方案》，制定《自治区城镇污水处理规范化管理考核办法（试行）》。印发《关于2018年第四季度自治区城镇污水处理设施建设和运行情况的通报》。印发《自治区住房和城乡建设流域博斯腾湖三年整治行动方案》《关于对艾比湖、乌伦古湖流域城镇污水、生活垃圾处理设施建设和运营管理情况开展全面排查的通知》。全面梳理核实"全国城镇污水处理管理信息系统"项目信息，更新设施台账。

【城市生活垃圾综合治理】对乌鲁木齐市、克拉玛依市等6个自治区垃圾分类试点城市，采取督查、通报、下达整改通知书、重点督办、约谈、向地方政府反馈问题方式加强督促指导。举办自治区生活垃圾分类及无害化处理设施运营管理专题培训及现场观摩学习，共培训240人次。制定《在自治区地级市全面开展生活垃圾分类工作的实施意见》报请自治区人民政府批准。起草《自治区城镇生活垃圾管理办法》《自治区城镇餐厨垃圾管理办法》（征求意见稿）。完成《自治区实施〈城市市容和环境卫生管理条例〉行政处罚办法》的修订工作。

【老旧小区改造】完成《自治区老旧小区改造规划（一期）》（征求意见稿）《自治区城镇老旧小区改造提升改造导则》（征求意见稿）。完成全区2000年以前和2000年以后建设城镇老旧小区摸底调查统计及2019年度改造计划申报工作，报请自治区人民政府批准，将新疆维吾尔自治区13个地、州、市的802个住宅小区申请纳入2019年中央财政资金补助支持计划，并上报住房和城乡建设部、国家发改委、财政部。会同自治区财政厅完成2019年度城镇老旧小区改造11.8亿元中央财政补助资金的分配下达工作。完成2020年老旧小区改造计划摸底调查及统计汇总工作，全区共申报2020年改造计划为29.87万户（其中2000年以前建成小区19.3万户，2000年以后建成小区10.57万户）。配合国家调研组完成乌鲁木齐市、喀什市、莎车县、库车县实地调研；完成历史文化名城、街区老旧小区改造调查统计、核查确认工作。

【公园绿地建设】完成《自治区实施城市绿化条例若干规定》修订工作。研究制定《自治区关于加强公园建设管理的指导意见》（征求意见稿）。研究制定《自治区园林城市系列标准及申报评审办法》。指导昌吉市、木垒县开展生态园林城市和国家级园林县城创建工作。

【地下综合管廊建设】组织开展城市地下管线普查、信息系统建设及数据动态更新工作。乌鲁木齐市推动高铁片区、城北新区等片区和轨道交通沿线综合管廊建设。向住房和城乡建设部上报2019年新疆维吾尔自治区综合管廊建设报告。

【城市市政设施安全管理】开展市政行业安全生产检查。开展城市桥梁安全防护设施隐患排查专项行动，全区153座存在安全隐患桥梁，已完成整改97座。在全区组织开展城镇燃气安全生产隐患治理专项行动。会同城市管理监督执法局对35家城镇燃气经营企业进行现场检查，下发整改通知书30份，下发停业整顿通知书3份。

【城镇供热行业监管】组织召开视频会议、印发通知、开展实地调研、调度等方式，指导各地提前做好供热燃料储备，开展巡检巡查。会同相关部门研究制定《燃气锅炉间壁式烟气余热回收利用技术规范》《燃气锅炉烟气再循环降氮技术规范》，组织举办宣贯培训。

【城市照明监督管理】提请自治区人民政府印发《自治区进一步加强城市景观照明管理的实施意见》。

【中央环保督察反馈意见整改】组织召开2019年自治区住房和城乡建设厅生态环境保护工作领导小组第一、二次会议。各地纳入"十二五"规划和国家、自治区和地方政府投资建设计划的19个项目中，已完成建设项目17个。截至2019年年底，全区87座城镇生活垃圾填埋场中，58座达到自治区Ⅱ级以上无害化等级评定,较中央环保督察反馈意见整改工作以来新增20座。库尔勒市城市生活垃圾焚烧发电厂运行正常,乌鲁木齐市米东固废综合处理厂焚烧区附属建筑及配套设施已完成建设总量的85%;设备采购完成97.5%;土建工程(主要厂房建设)完成77%,设备安装完成约40%。组织自治区行业专家前往克拉玛依、吐鲁番、哈密、巴州、伊犁州、阿克苏地区、克州、喀什地区、塔城地区、博州等开展自治区住房和城乡建设领域水、大气、土壤污染防治暨中央环保督察反馈意见整改2019年现场技术指导服务。

村镇建设

【概况】紧扣脱贫攻坚住房安全有保障工作目标,大力推进农村安居工程建设。拟订村镇建设政策并指导实施;指导农村房屋建设,组织实施农村安居工程工作;指导农村生活垃圾治理及乡村建筑风貌指引工作;指导小城镇建设和中国传统村落申报创建工作。

【脱贫攻坚】自治区住房和城乡建设厅会同自治区扶贫办等部门实地指导南疆四地州建立建房"实名制"台账;印发《关于进一步规范脱贫攻坚住房安全有保障农村安居工程建设管理的若干意见》《自治区农村安居工程建设标准》等文件20余项;先后6次对22个深度贫困县、43个非贫困县及其他县市开展实地服务指导,累计深入150余个乡镇、近300个村庄,下发工作建议书近60份,组织业务培训3次,累计培训基层人员2000余名;编印《农村安居工程建造示意图》《自治区脱贫攻坚农村安居工程建设宣传手册》各6万余份,免费发放到农村建档立卡贫困户等4类重点对象建房户手中。

2019年累计投入中央补助资金21.1亿元和地方债券资金29.5亿元,完成20.02万户农村安居工程,特别是剩余9355户建档立卡贫困户安居房全部竣工。

【农村生活垃圾治理】开展《自治区农村生活垃圾处理设施建设规划(2015—2020年)》执行情况中期评估,下发《关于进一步做好自治区农村生活垃圾治理工作的通知》,修订《自治区农村生活垃圾分类、收运和处理项目建设标准》。开展督导调研、行业综合督查和农村人居环境整治大检查3次,累计深入7个地州(市)、12个县市(区)、20余个乡镇、40余个村庄。截至2019年年底,全区共有7345个行政村实现垃圾收运处置体系全覆盖,整治农村非正规垃圾堆放点138处,整治率95.17%。

【村容村貌整治】下发《关于进一步做好自治区村容村貌改善工作的通知》《关于进一步做好农村危房拆除工作的通知》,研究编制《自治区农村村容村貌整治技术导则》。截至2019年年底,全区共拆除危房433411套。

【传统村落保护发展】截至2019年年底,新疆列入国家级传统村落名录的村落有18个,其中列入历史文化名村12个,列入特色景观旅游名区11个,列入少数民族特色村寨试点示范9个。2019年,吐鲁番市鲁克沁镇赛尔克甫村入选中央财政支持范围的中国传统村落名单,获得中央财政补助资金77.5万元。

【小城镇建设】供水设施:截至2019年年底,新疆已实现集中供水的小城镇达285个,占小城镇的96.61%;供水管道长度达10748.13千米,用水人口达104.4万人,年供水量为7061.22万立方米。排水及污水处理设施:截至2019年年底,新疆能够对生活污水进行处理的小城镇有83个,占全区小城镇总数的28.14%;小城镇污水处理厂有30个,处理能力为3.32万立方米/日;年污水处理总量为1465.27万立方米,其中集中处理量为794.82万立方米;镇区排水管道达1259.32千米,排水暗渠达447.69千米。道路及绿化:截至2019年年底,新疆小城镇道路总长达6108.71千米,安装路灯的道路长度达1214.78千米,道路面积3370.35万平方米;新疆小城镇绿化覆盖面积6688.10公顷,绿地面积为4178.32公顷。供热、燃气设施:截至2019年年底,新疆小城镇集中供热面积达76650.80万平方米,使用燃气人口达24.02万人。环境卫生设施:截至2019年年底,新疆小城镇年生活垃圾清运量为32.37万吨,年生活垃圾处理量为23.34万吨,建设生活垃圾中转站210座,拥有环卫专用车辆1064辆;小城镇生活垃圾处理率为73.43%,无害化处理率为36.77%;其中,重点独立建制镇生活垃圾处理率为83.38%,无害化处理率为34.75%。

标准定额

【概况】2019年,工程建设标准化工作紧紧围绕"六项行动、五个突破"工作部署,积极开展补齐标准短板,加强标准引领和支撑作用,同时加强工程造价行业监管,营造一个公平公正的市场竞争环境。

【住房和城乡建设标准规范管理】2019年,新疆维吾尔自治区住房和城乡建设厅共批准发布标准化成果32项,包括24项工程建设标准和8项非标准类技术规定。组织编制2019—2022年《新疆维吾尔自治区住房和城乡建设管理标准体系框架》，共收录现行、在编、拟编工程建设国家标准、行业标准、地方标准 2118 个。

【住房和城乡建设工程建设造价管理】组织各地、州、市住房和城乡建设行政主管部门开展工程造价领域专业技术人员职业资格"挂证"等违法违规行为专项治理行动；优化造价师及造价咨询企业相关业务流程，全面实现注册造价师相关业务和造价咨询企业行政许可业务网上无纸化受理；加大对违规跨省承接业务行为的查处力度，对 41 家不合规定的企业分支机构进疆备案予以撤销。

【实施指导监督工作】组织专家对乌鲁木齐市、克拉玛依市、昌吉州、吐鲁番市进行了建筑和结构设计专业工程建设强制性标准执行情况执法检查。举办自治区工程建设标准宣贯暨无障碍环境建设推进培训班。

【无障碍、养老设施建设工作】已上报住房城乡建设部、中国残联确定伊宁市、昌吉市、库尔勒市、阿克苏市、塔城市为新疆维吾尔自治区"十三五"期间无障碍环境创建市县。会同自治区残联开展对伊宁市、昌吉市、库尔勒市、阿克苏市、塔城市 5 个创建城市无障碍设施建设实地调研指导，对《无障碍设计规范》《无障碍市县村镇创建标准》等进行培训。

【各类工程造价计价实施情况】修订发布《新疆维吾尔自治区建设工程造价信息管理办法》。完成《自治区房屋建筑与装饰工程消耗量定额》《自治区市政工程消耗量定额》专家评审稿，完成自治区建筑安装工程费用定额、市政工程费用定额项目划分征求意见稿，以及《自治区装配式建筑工程消耗量定额》初稿。发布《关于调整我区建设工程计价依据增值税税率的通知》。测算编制 2018—2019 年度全区建设工程主要材料价格分析报告。完成 2018 年下半年、2019 年上半年保障性住房技术经济指标编制发布工作。完成 2018 年下半年及 2019 年上半年农村安居工程（建档立卡贫困户等 4 类重点人员）经济指标；12 个地、州、市完成 2 期本地各县城农村安居工程指标编制。

工程质量安全监管

【概况】2019 年，自治区工程质量安全工作以推进质量安全领域改革发展、深化质量安全治理提升行动为主线，突出落实主体责任、强化现场管控、严格监督检查、严厉处理处罚、完善基础机制"五项重点"，稳中求进、改革创新、担当作为，持续完善自治区工程质量安全保障体系，深入开展新疆维吾尔自治区建筑工程质量提升行动和建筑施工安全专项治理，多措并举提升工程质量水平，标本兼治遏制施工安全事故。

【工程质量监管】2019 年，各地（州、市）和县（市、区）质量监督机构累计监督房屋建筑工程 11783 项，面积合计 8694.8 万平方米，监督工程造价 1350 亿元；累计监督市政工程 1493 项，监督工程造价 488.3 亿元。截至 2019 年年底，全区共受理质量投诉 998 起，结案 848 起，结案率 85%。各级质量监督机构共抽查在建房屋建筑工程 8926 项，下发整改通知书 5316 份，行政处罚 380.43 万元。对 14 个地州市级质量监督机构、105 个县市区级质量监督机构、在编 965 名监督人员以函调的形式，进行全面摸排。开展第四届自治区人民政府质量奖评选推荐工作，推荐勘察、设计、施工、监理、检测等建筑业企业 11 家；开展国家 AAA 级信用企业参评推荐工作，自治区建筑科学研究院等 4 家企业获得殊荣。对哈密市、吐鲁番市建设工程质量安全监督机构及工程质量检测机构开展调研服务指导，考核质量监督机构 4 个，抽查在建工程项目 12 个，检测机构 8 家，下发整改通知书 24 份，提出整改意见 237 条，针对检测机构存在的问题下发执法建议书 3 份，进行行政处罚 7.5 万元。印发《关于进一步加强自治区建设工程质量检测机构视频监控管理工作的通知》。截至 2019 年年底，全区 185 家检测机构中，已完成视频安装并投入使用的有 167 家，占比 90.3%；正在安装调试过程中的检测机构 18 家，占比 9.7%。2019 年，处理服务对象业务咨询 337 条，服务企业 87 家，组织开展工程试验检测人员继续教育和新入职人员培训共计 6 个培训班次，培训 1400 余人。

【"数字化"工地建设】2019 年 9 月在乌鲁木齐市组织开展自治区建设工程质量安全标准化现场暨"质量月"观摩活动。各地州市、县市区住房城乡建设主管部门、建设、施工、监理、房地产开发等单位代表总计 3561 人参加了观摩。2019 年，基本实现全区建设工程项目网上报监、工程质量检测监管网上管理功能。

【农村住房安全】制定《自治区农村安居工程质量控制和认定实施意见》《自治区农村危房改造基本安全技术指南》《关于做好农村危房鉴定和住房安全性认定工作的通知》等规范性文件，2019 年，对和田地区、喀什地区、克州的 11 个县市开展服务调研。对阿克苏地区乌什县、柯坪县共计 300 户农村安居工程、哈密市伊州区、巴里坤县，吐鲁番市鄯善县、高昌区共计110户农村安居工程进行了质量安全服务指导工作。

【建筑施工安全监管】 2019年全区房屋建筑及市政工程生产安全事故19起，死亡19人。同比事故起数和死亡人数减少1起、1人，下降5%。其中疆内企业发生生产安全事故14起，占到事故总数的73.68%，疆外企业发生生产安全事故5起，占到事故总数的26.32%，安全生产形势总体平稳。2019年，全区建筑系统打击严重违法违规行为73起，问责曝光工作不力的单位和个人6人次。根据《住房和城乡建设部办公厅关于组织开展住房和城乡建设领域安全生产隐患大排查的紧急通知》要求，全区住房城乡建设系统共成立检查组390个，检查治理企业3539家/次，查出一般安全隐患10415项，整改10124项，整改率达到97.21%；对检查项目和施工企业实施停工整顿141家，处罚金额378万元，排查治理一般隐患10415项，已整治10124项，整改率97.21%，打击严重违法违规行为73起，暂扣6家企业安全生产许可证，阶段总结通报94次，媒体宣传19起，曝光案例5起。

【安全生产专项治理】 制定《2019年自治区建筑施工安全专项整治方案》，成立检查组390个，检查治理企业3539家次，对检查项目和施工企业实施停工整顿141家，处罚金额378万元，排查治理一般隐患10415项，已整治10124项，整改率97.21%，排查重大隐患201项，整改201项，整改率100%，下达执法文书1524份。组织开展建筑施工企业"三类人员"安全继续教育培训9054余人次，发证7179人次；特种作业人员新取（复审、换证）证共12267人；安全生产许可证新申请和延期1196项。

【建筑工地扬尘污染治理】 制定《自治区建筑工地施工现场扬尘治理工作实施方案》，开展建筑工地扬尘治理工作。向伊犁、乌鲁木齐、昌吉、塔城、克拉玛依等地住房城乡建设主管部门下发《关于建筑工地施工扬尘污染治理的提醒函》。

【勘察设计质量监管与行业技术进步】 2019年，共审查施工图审查项目36510项，审查超限高层建筑3项。

【城乡建设抗震防灾】 自治区住房和城乡建设厅编制《新疆建筑抗震标准及实施情况调研工作报告》，并上报住房和城乡建设部标准定额司。

【应急管理】 2019年，新疆境内发生地震194次，其中3级以上187次，4级以上29次，5级以上3次。地震发生后，自治区住房和城乡建设厅根据《新疆维吾尔自治区住房和城乡建设厅地震应急预案》，启动应急响应，第一时间要求震发区住房和城乡建设局对房屋建筑及市政生命线工程进行摸排核查，及时上报相关信息。及时派出专家组、指导地方开展震后房屋建筑安全应急评估、抢险抢修等工作。

【建设工程消防设计审查验收】 自治区住房和城乡建设厅于2019年5月11日印发《关于做好建设工程消防设计审查验收职责交接工作的通知》。截至2019年12月底，全区已受理消防设计审查7183项，办结5284项；已受理消防验收3744项，办结2762项。

【城建档案】 2019年，全区共收集建设工程竣工档案1.5万余卷，地下管线工程档案400余千米，档案数字化加工12万余卷，收集各类声像档案1.5万余张；乌鲁木齐市、克拉玛依市、塔城市、托里县等10个县（市）城建档案馆（室）已参与开展联合验收试点工作；各地开展了城建档案管理专题培训，培训人数近300人；2019年，乌鲁木齐市城乡建设档案馆编制《民用建筑信息模型实施管理标准》。

【获奖工程】 2019年，安宁渠镇北大路村农民安置小区四期等14项工程获国家建设工程安全生产标准化工地。乌鲁木齐京剧院等151项工程获自治区建设工程安全生产标准化工地。

建筑市场监管

【概况】 2019年，全区建筑业企业完成建筑业总产值2209.2亿元（含自治区内企业在自治区外完成建筑业总产值369.4亿元）；建筑业企业合同额4866.2亿元，其中：新签合同额2606.2亿元；实现税收81.8亿元。全面实行电子证照，简化审批流程，提高审批效率。截至2019年底，全区143649名建筑工人已实名录入系统。2019年6月至9月，会同自治区建设行政执法局，对全区13个地州市的92个房屋建筑和市政工程项目进行"双随机一公开"执法检查。2019年全区工程建设领域共清理出违规设立及超标准收取的各类保证金共计82952.85万元，整改清退82952.85万元，整改率100%。2019年各级住房和城乡建设主管部门共清理拖欠民营企业中小企业账款32.67亿元，查处拖欠农民工工资案件369起，清理拖欠农民工工资21024.87万元，涉及农民工7472人。加大工程建设领域专业技术人员职业资格"挂证"等违法违规行为专项整治力度，2019年共完成整改50407人次。

【建筑工程领域扫黑除恶】 印发《自治区建筑工程领域扫黑除恶专项行动工作方案》《关于进一步加

强建筑工程领域扫黑除恶专项斗争法治宣传教育的通知》等文件。2019年以来共办结住房和城乡建设厅扫黑办移交、公安厅移交及群众投诉举报案件50余起。

【南疆四地州深度贫困地区就业扶贫】按照自治区南疆四地州深度贫困地区有组织转移就业工作领导小组办公室下达的全区住房和城乡建设系统转移就业任务指标，全面完成2019年1300个转移就业岗位的开发工作。

【"放管服"改革】2019年5月印发《关于明确二级注册建造师实行电子证书过渡期间有关工作的通知》，2019年9500余名注册建造师通过网上办理了初始、增项、变更、注销、延续建造师业务。持续开展"减证便民"专项行动，取消调整下放审批事项11项，实现13项资质资格审批网上办理。清理规范投资项目报建审批，将16项报建审批整合归并为9项。加快推进证书数字化管理工作，全面启用建设领域现场专业人员电子证书，停发同名资质证书。印发《转发住房和城乡建设部办公厅关于实行建筑业企业资质审批告知承诺制的通知》《关于对资质审批实行告知承诺制的通知》，从2019年6月20日起在各地州实行资质告知承诺制审批试点，2019年10月1日起在全疆全面实行。

【装配式建筑】2019年10月提请自治区人民政府印发《关于加快推进全区装配式建筑发展的通知》。2019年全区共新建装配式建筑132.44余万平方米，新增装配式建筑产业基地4个，建设示范项目76个。发布《自治区装配式建筑评价标准》。

【建筑业企业】截至2019年年底，全区共有建筑业企业4240家。其中特级企业9家，总承包一级企业116家，总承包二级企业906家，专业承包一级企业117家，专业承包二级企业677家；实现年产值100亿元以上建筑业企业1家，100亿元以下、50亿元以上建筑业企业4家；注册建造师47359人，其中：一级建造师5972人，二级建造师41387人。

【工程担保制度】2019年全区工程建设领域共缴纳保证金92.69亿元，其中以银行保函形式缴纳2.67亿元，占比为2.9%。

【建设工程招标投标】2019年5月，印发《新疆维吾尔自治区房屋建筑和市政基础设施工程串通投标和弄虚作假行为认定查处办法（试行）》和《新疆维吾尔自治区房屋建筑和市政基础设施工程招标投标"打招呼"登记报告制度》。草拟了《新疆维吾尔自治区房屋建筑和市政基础设施工程建设项目招标代理机构信用评价暂行办法》。完成《新疆维吾尔自治区房屋建筑和市政基础设施工程施工监理招标投标若干规定》《新疆维吾尔自治区房屋建筑和市政工程招标文件示范文本（2015版电子评标综合评估法）》《新疆维吾尔自治区房屋建筑和市政基础设施工程招标投标管理办法》的修订工作。2019年，全区共完成建设工程项目8394个，中标总金额916.58亿元，其中自治区本级完成165个，中标总金额63.33亿元。2019年2月起，在电子辅助评标系统中加入对投标人电子标书的检测，2019年区本级发现涉嫌围串标活动5起，终止场内干预评标活动1起，核查并上报投标企业投标资料弄虚作假活动2起，2019年10月28日起，在建设工程招投标监管系统中取消了投标报名环节。采取面向社会公开选聘的方式充实专家库，实现自治区专家库资源与部分地州（和田、喀什、克州）的共享共用，推动优质专家资源跨地区共享。2019年10月8日起，自治区区本级与和田地区首次实现了房屋建筑和市政基础设施工程远程异地评标。2019年，共查处办结招投标违规行为案件19起。

【市政公用服务】清理社保基金专户中企业未申请基本社保费项目，截至2019年年底，已受理500家建筑企业申请，共审核1313个项目资料，涉及资金52144.74万元。做好清理欠缴建筑工程社会保险费相关工作，2019年共清理欠缴统筹费约6.7亿元。配合自治区财政厅拟定国库社保基金专户中积累调剂补助费处置方案，规范调剂补助费的使用管理。完成全区28个统筹站固定资产清查工作，整理1331件资产发票、记账凭证等资料，涉及资金1124.75万元。明确市政公用事业服务中心职能调整后的主要业务工作，参与环保督察反馈意见整改现场技术指导服务，制作垃圾分类宣传资料，整理全区114座城镇污水处理厂、87个垃圾填埋场的电子档案资料。

【信用体系建设】研究起草《自治区建筑市场信用管理办法（暂行）》。

【信息化建设】推进数据入库工作，截至2019年年底，疆内外21229家建筑业企业，各类从业人员993924人，86514个工程建设项目信息已入库。

建筑节能与科技

【新建建筑节能】自治区住房和城乡建设厅印发《关于在我区全面执行〈严寒和寒冷地区居住建筑节能75%设计标准〉JGJ 26—2018的公告》标志着新疆维吾尔自治区新建居住建筑将全面执行75%建筑节能强制性标准。

2019年，新增节能建筑3000万平方米，累计节能建筑约3.8亿平方米。2019年完成既有建筑节能改造任务184万平方米，累计完成11184万平方米。

【绿色建筑】印发《关于全面执行绿色建筑有关标准的公告》要求自2020年1月1日起，各地申报施工图审查的新建民用建筑全面执行"新评价标准"。积极推动建设高星级绿色建筑，2019年新增绿色建筑2620万平方米，占新建筑比例85%，截至2019年年底全区绿色建筑总规模达到7040万平方米。

2019年新疆维吾尔自治区共有14个建筑项目取得绿色建筑评价标识，总建筑面积为323.21万平方米。其中二星级项目12个，建筑面积为221.05万平方米；三星级项目2个，建筑面积为102.16万平方米。截至2019年底，新疆维吾尔自治区累计获得绿色建筑标识项目85个、建筑面积1481.56万平方米。1个项目获得住房城乡建设部2017年度全国绿色建筑创新奖。

【建筑节能标准编制】完成了"建筑结构保温一体化"系统4个技术标准、《钢塑共挤门窗》《保温装饰一体板应用技术标准》的编制工作。修订完善了《严寒和寒冷地区居住建筑节能设计标准实施细则》。编制印发了《农村居住建筑节能设计标准（试行）》。

【绿色建材】2019年，开展了自治区绿色建材评价机构备案审查工作。目前，共4家机构可在新疆维吾尔自治区开展绿色建筑评价工作，4家机构分别是新疆建筑科学研究院有限责任公司、新疆建筑材料研究院、乌鲁木齐市建筑建材科学研究院有限责任公司、新疆土木建筑学会。

【清洁能源电供暖】2019年，组织实施南疆四地州31.62万户居民煤改电（电供暖）工程，可形成节煤32万吨，减排二氧化碳285.12万吨、二氧化硫7680吨、氮氧化物2240吨的能力。完成了《喀什地区、和田地区农村居住建筑电供暖系统应用示范项目经济性分析研究报告》，先后印发了《关于做好2019年南疆煤改电工程居民供暖设施改造工程有关事宜的通知》《关于积极开展南疆四地州煤改电工程（一期）居民供暖设施改造工程试点项目有关工作的通知》《关于进一步规范南疆四地州煤改电工程（一期）居民供暖设施改造工程招投标工作的通知》等政策文件，会同发改、工信等部门研究印发《关于实施南疆四地州煤改电工程（一期）居民供暖改造工程的意见》，制定了《南疆煤改电居民供暖设施改造工程（电气）验收指南》《农村居住建筑节能设计标准（试行）》《南疆四地州煤改电工程（一期）居民供暖设施改造工程实施和安装使用指导手册》《南疆四地州煤改电居民供暖设施改造工程参考图集》等地方标准和技术手册。组织完成相关技术标准的宣贯动员、大篷车巡展、技术培训等方式，发放宣传手册和使用说明等材料7000余份，培训相关管理、技术人员1.5万余人，现场宣传讲解覆盖约2万余人。

【节能试点示范】编制《自保温砌块应用技术标准》《现浇混凝土复合外保温模板应用技术标准》《现浇混凝土大模内置保温系统应用技术规程》3个地方标准。组织开展建筑结构保温一体化试点，试点工程建筑面积共计4.62万平方米。

【建设领域大气污染防治】印发了《关于贯彻落实〈自治区应对气候变化2019年工作要点〉的通知》《关于贯彻落实〈治区打赢蓝天保卫战三年行动计划2018—2020年〉的通知》。召开自治区住房和城乡建设领域水、气、土污染防治及中央环保督察反馈意见整改工作视频调度会，对住房和城乡建设领域大气污染防治方面和推进落实"乌—昌—石""奎—独—乌"大气污染工作情况进行了通报及部署。

【建设科技成果推广】2019年，认定新型墙体材料企业共95家，涉及108个砖、板、块、窗、砂浆等产品。先后推广建筑节能、节水、可再生能源、清洁能源应用、绿色建材、新型墙材、信息化等各类新技术23项。

【新技术应用示范项目】截至2019年年底，组织对11家单位申报的15项"自治区建筑业10项新技术应用示范工程"进行了验收。

【建筑领域教育培训管理】印发《2019年自治区住房和城乡建设厅教育培训计划》《自治区住房城乡建设行业培训机构备案办法》和《关于成立自治区住房和城乡建设行业教育培训专家委员会的通知》。并向社会公布了2019年住房城乡建设行业培训机构备案名单共26家。指导新疆建筑设计研究院开展了2019年建筑工程、房地产经纪专业职称继续教育培训工作，共计培训1111人。其中高级职称693人、中级职称304人、初级职称114人。

城市管理监督

【城管执法政策法规】印发《关于加快城市管理执法机构设置意见的函》及《关于进一步做好城市管理工作的通知》。印发《关于开展城市市容市貌整治工作的通知》。修订《新疆维吾尔自治区城市综合管理服务平台项目建议书》，编写《新疆维吾尔自治区12319热线建设可行性分析》，起草《新疆维吾尔自治区城市综合管理服务平台建设导则》。

【城市管理指导】组织开展"服务基层专家下基层"活动。赴伊犁州、克拉玛依市、和田地区和喀什地区等9市5县（区）开展城市精细化管理服务指导工作。在乌鲁木齐市、奎屯市举办城市管理行政执法培训，参加人员410余人。2019年，共组织召开厅专题会议1次，汇报会3次，研讨座谈会8次，听取国内多家软件开发公司就建立自治区城市管理综合服务平台的意见和建议。

【全区城管执法指导】自治区城市管理执法监督局（建设行政执法局）组织开展对乌鲁木齐市、伊犁州、喀什地区等14个地州市36个县（市区）"双随机一公开"执法检查，共抽查项目314个，涉及535家企业，下发停工停业、整改整顿通知书244份、执法建议书25份，立案7件。

【全区城管执法指导】委托专业机构对从各地抽取的58份行政处罚案卷进行评查并出具《行政处罚案卷问题反馈意见》，完成《自治区住房和城乡建设领域行政处罚工作分析报告》。

【全区城管执法指导】2019年，向自治区扫黑办移交案件线索10条，已完成中央督导反馈问题（线索）核查、整改32项，住建系统自检自查问题95条，系统自查线索206条，公安厅提供线索14条。

【住房城乡建设领域重大案件组织查处】本级立案19件，办结9件，下达行政处罚决定书32份，处罚金额935万余元，下达行政处罚没收违法所得1782.69万元，已收缴违法所得11.06万元，年度收缴国库共946.06万元。2019年，共受理群众投诉举报、上级部门或业务处室转来的各类案件118件，转办案件55件，转交相关处室处理26件，帮助协调处理6件，不予受理30件，自治区城市管理执法监督局（建设行政执法局）自行立案1件，当年办结90件。

人事教育

【机构调整】根据《关于建设工程消防设计审查验收职责划转核增行政编制的通知》精神，将原自治区公安消防部门建设工程消防设计审查验收相关职责划归自治区、地（州、市）住房城乡建设部门，核增自治区住房和城乡建设厅及地（州、市）住房城乡建设部门行政编制15名。根据《关于自治区住房和城乡建设厅所属事业单位机构编制调整的通知》（新党编委〔2019〕29号）精神，撤销自治区散装水泥办公室（自治区墙体材料革新与建筑节能办公室），将自治区城乡规划服务中心更名为"自治区城市和建筑设计服务中心"，自治区建设工程招标投标监督管理办公室更名为"自治区建设工程招标投标服务中心"，自治区建设工程安全监督总站更名为"自治区建设工程安全总站"，自治区建设工程质量监督总站更名为"自治区建设工程质量总站"，自治区工程造价管理总站更名为"自治区工程造价总站"，自治区建筑工程社会保险费统筹管理总站更名为"自治区市政公用事业服务中心"。根据《关于印发〈新疆维吾尔自治区政务服务和公共资源交易中心职能配置、内设机构和人员编制规定〉的通知》精神，自治区住房和城乡建设厅所属"自治区建设工程交易中心"划入自治区政务服务和公共资源交易中心。

【建设职工教育培训】2019年，制作"建筑施工现场作业人员危险源辨识安全教育警示短视频"7个，制作市政行业的沼气中毒和燃气闪爆2个安全教育警示短视频。共举办"建设工程消防设计审查验收培训班"4期，培训428人。组织开展农民建筑工匠电工、水暖工两期培训班，培训住房和城乡建设厅帮扶的12个深度贫困村240人次。开展自治区建设行业职业技能鉴定试点工作。打造伽师县克孜勒苏乡为"建筑之乡"。在伽师县克孜勒苏乡塔格艾日克（17）村建立培训实操基地。2019年底已完成培训实操基地的建设，2019年12月1日起开展了第一批50名农民电焊工的培训。

【干部教育培训】选派46名干部参加住房和城乡建设系统领导干部致力于绿色发展的城乡建设专业能力提升系列培训、北戴河环境技术交流中心上台环境专题培训、质量强区发展专题研修、香港高级公务员研修、领导干部应急管理专题培训等学习。组织99名县处级以上干部参加网络培训。88名干部参加实践锻炼，其中69名干部参加"访惠聚"驻村和深度扶贫工作，20名干部参加南疆学前双语支教工作，1名干部参加内地服务工作。

【"访惠聚"驻村工作】2019年，自治区住房和城乡建设厅派驻伽师县克孜勒苏乡7个村45名驻村干部、12名深度贫困村第一书记、12名扶贫专干和20名支教干部。各工作队累计巡查2600余次、4200余点（户）。组织宣传活动115场次、举办专题讲座36场次、制作宣传作品89个、刊发宣传信息26篇、发放宣传资料4856册、张贴悬挂横幅61条、组织法律咨询服务215人次。建立《关心关爱人员包联家庭台账》，对7个工作队的654户关心关爱家庭建立

"一户一策"档案，包联帮扶全覆盖。

各工作队组织后备干部培训20期35人、入党积极分子培训班18次280余人次，通过举办村级夜校、双语课堂，强化村干部"双语"能力。

280余家建筑、监理、房地产等企业结对帮扶7个"访惠聚"驻村工作队和12个深度贫困村，与各村签订认领项目41个，涉及资金1000余万元。从新疆建设职业技术学院选派12名双语实习学生到12个深度贫困村，充实脱贫攻坚工作力量。先后组织3期6个班次的农民建筑工匠培训班，为7个工作队所驻村和12个深度贫困村培训电工、水暖工370余人。制定《2019年包村定点扶贫工作方案》，发挥好牵头作用，先后4次组织13个联系单位召开协调会，合力推进脱贫攻坚工作。2019年，各工作队组织村干部、小队长、农民党员、农户代表近350余人，前往周边县市、乡镇观摩学习设施农业、特色种植养殖、农户庭院改造等方面的好经验、好做法。累计完成扶贫就业2583人，2个第一书记所驻深度贫困村实现整村脱贫退出。

自治区住房和城乡建设厅党组研究制定《关于"访惠聚"驻村工作"队员当代表、单位作后盾、一把手负总责"实施方案》，先后8次召开会议研究驻村工作，全力做好经费、项目、体检、慰问、解困等各项保障。

【南疆学前双语教育干部支教】2019年，自治区住房和城乡建设厅新选派南疆学前双语教育支教干部20人，其中厅机关和事业单位干部18人、新录用公务员2人。2019年5月，在对2018－2019年度支教干部专项考核中，1人获自治区优秀共产党员称号、2人被评为自治区级优秀支教干部、1人被评为喀什地区优秀支教干部。

【"民族团结一家亲"活动】2019年，厅机关处室、各直属事业单位共计246人参加"民族团结一家亲"和民族团结联谊活动，开展"民族团结一家亲——结亲周"活动5轮20批次，累计参加人数1230人次，捐款捐物折算约24.6万元，为群众现场解决困难诉求或办理实事好事289件；组织开展"民族团结一家亲"联谊活动283场次，累计覆盖人数六千余人次；新疆建设职业技术学院全体干部职工结合"三进两联一交友"活动，与在读的南疆籍学生及家长开展"民族团结一家亲"和民族团结联谊活动，开展"民族团结一家亲"活动一轮一批次，共结对认亲311户，参与干部职工316人次，捐款捐物折算约一万元，举办各类联谊活动18场次。

大事记

1月

1日 修订《自治区公租房管理办法（试行）》。

2日 会同自治区财政厅联合印发《关于进一步加强自治区城镇住房租赁补贴工作的意见》。

7日 自治区住房和城乡建设厅印发《关于切实做好自治区2019年春节前房屋建筑和市政工程建设领域农民工工资支付工作的通知》。

10日 自治区下发《关于自治区农村安居工程领导小组和城镇保障性安居工程领导小组合并为自治区保障性安居工程领导小组的通知》。

同日 印发《新疆维吾尔自治区关于开展律师参与城市管理执法工作总结》。

13日 完成新疆维吾尔自治区2020年城镇保障性安居工程计划任务梳理，向自治区人民政府报送《关于自治区2020年城镇保障性安居工程计划任务的请示》。

17日 向自治区人民政府上报《关于自治区2020年城镇保障性安居工程计划任务的请示》。

18日 印发《转发住房城乡建设部办公厅等关于开展工程建设领域专业技术人员执业资格"挂证"等违法违规行为专项整治的通知》。

19日 向厅党组汇报《2019年自治区公租房管理专项整治工作情况报告》。

同日 上报《新疆维吾尔自治区续建项目棚改专项债需求情况》和《关于棚户区改造专项债券需求分析》。

25日 自治区住房和城乡建设厅转发《住房城乡建设部办公厅关于印发建筑工程施工发包与承包违法行为认定查处管理办法的通知》。

29日 印发《关于开展自治区住房城乡建设系统行政执法案卷评查工作的通知》《关于2018年自治区住房城乡建设系统转办案件办理情况通报》。

2月

22日 印发《关于进一步做好城市管理工作的通知》。

28日 印发《关于做好2019年南疆四地州深度贫困地区就业扶贫工作的通知》。2019年转移就业1300人的任务指标已全部落实到位。

3月

1日 自治区住房和城乡建设厅发布实施《二次供水工程技术标准》。

10日 印发《关于进一步规范脱贫攻坚住房安全有保障农村安居工程建设管理的若干意见》的

通知。

15日　配合自治区审计厅进行2019年度保障性安居工程的审计工作，提出补充建议。

19日　完成自治区机关单位集资建房手续办理工作第五次联席会议的相关材料准备工作，提请自治区人民政府3月24日召开自治区区直机关单位集资建房第五次例会。

20日　自治区住房城乡建设厅印发《自治区农村安居工程质量控制和认定实施意见的通知》。

27日　《自治区住房和城乡建设厅、生态环境保护厅关于印发自治区城市黑臭水体排查治理攻坚作战方案的通知》。

28日　自治区住房和城乡建设厅印发《关于进一步做好清理拖欠民营企业中小企业账款工作的通知》和《关于进一步做好自治区住房城乡建设领域清理拖欠民营企业中小企业账款报表填报工作的紧急通知》，全区住房城乡建设部门共清理拖欠民营企业中小企业账款23亿元。

同日　批准发布《自治区农村安居工程建设标准》。

3月—5月　自治区住房和城乡建设厅组织开展评标专家选聘及培训工作，累计参加培训694人，511人通过考核入选评标专家库。

4月

1日　报送《自治区区直机关集资建房单位督办清单》。

4日　印发《关于印发自治区农村安居工程三项制度的通知》。

同日　印发《关于实施南疆四地州煤改电工程（一期）居民供暖设施改造工程的意见》，全面启动煤改电（一期）工程。

5日　印发《自治区住房和城乡建设厅优化营商环境简化城市供水用气报装的通知》。

9日　自治区住房和城乡建设厅印发《自治区建筑工程领域扫黑除恶专项行动工作方案》。

10日　印发《自治区住房和城乡建设系统扫黑除恶专项斗争线索核查工作办法》。

12日　下发《2020年审计问题整改清单》。自治区住房城乡建设厅印发《关于进一步做好建筑施工安全事故查处工作的通知》《自治区建筑施工安全专项治理行动方案》。

17日　自治区住房和城乡建设厅转发《住房城乡建设部办公厅关于实行建筑业企业资质审批告知承诺制的通知》。

20日　向住房城乡建设部上报《关于加大新疆城镇保障性安居工程资金支持的报告》，加大新疆维吾尔自治区城镇保障性安居工程专项债券（2020年棚改专项债券需求310亿元）和政策支持。

同日　自治区人民政府办公厅下发《关于印发〈自治区城市工作重点任务推进落实方案〉的通知》。

22日　印发《关于在自治区房地产领域开展扫黑除恶专项斗争的实施方案》。

23日　自治区住房和城乡建设厅关于印发《自治区住房和城乡建设厅落实中央环境保护督察反馈意见2019—2020年整改方案》的通知。

24日　向涉及审计整改反馈问题的11个地州下发《关于审计发现问题整改督办函》。

25日　自治区住房和城乡建设厅、自治区发展和改革委员会联合印发《自治区城镇污水处理及再生利用设施建设"十三五"规划中期评估报告》。

5月

7日　自治区住房城乡建设厅印发《自治区建筑工地施工现场扬尘治理工作实施方案》。

8日　印发《关于调整自治区住房和城乡建设厅城市管理执法体制改革工作领导小组的通知》。

9日　印发《自治区住房和城乡建设厅扫黑除恶专项斗争线索双向移交反馈制度》。

13日　自治区住房和城乡建设厅印发《关于明确二级注册建造师实行电子证书过渡期间有关工作的通知》。

15日　自治区住房和城乡建设厅印发《关于〈自治区住房和城乡建设领域关于落实全面加强生态环境保护　坚决打好污染防治攻坚战工作方案〉的通知》。

16日　自治区住房和城乡建设厅组织召开自治区建筑领域扫黑除恶专项行动推进大会暨建筑市场专项整治政策宣贯会。

18日　自治区住房和城乡建设厅将2020年棚户区改造专项债券需求报送住房和城乡建设部。

19日　自治区住房和城乡建设厅组织对区直机关干部职工周转住房现状和需求情况进行调研，梳理乌鲁木齐市公租房房源，进行资金测算。形成《关于自治区区直机关事业单位无房职工住房问题有关情况的汇报》，并提请自治区人民政府召开自治区区直机关事业单位无房职工住房问题专题会议。

21日　组织第一批南疆服务指导组先后奔赴和田、克州、喀什、阿克苏、巴州地区11个县（市、区），对2019年新建项目开工进度缓慢、审计整改工作落后、公租房信息系统录入工作滞后的县、（市、区），开展专项服务指导。

22日 印发《关于做好农村危房鉴定和住房安全性认定工作的通知》《自治区住房和城乡建设领域博斯腾湖三年整治工作方案的通知》。

27日 联合自治区市场监督管理局印发《前期物业服务合同（示范文本）》《物业服务合同（示范文本）》。

30日 印发《关于开展建筑业企业资质申报业绩核查的通知》。

5月—9月自治区城市管理执法监督局（建设行政执法局）组成三个督查组对全区14个地州市36个县（市区）开展"双随机一公开"执法检查并对各地行政执法工作中存在的问题进行现场指导服务。

6月

1日 印发《新疆维吾尔自治区物业服务企业信用管理办法》。

3—4日 自治区住房和城乡建设厅组织召开自治区建筑行业和监理行业脱贫攻坚工作推进大会。

4日 印发《自治区农村住房安全鉴定工作指南（试行）》《新疆维吾尔自治区城乡建设行业培训机构备案办法》《自治区农村危房改造基本安全技术指南（试行）》。

6日 昌吉回族自治州奇台县大泉塔塔尔族乡大泉湖村被列入中国第五批传统村落名录。

10日 印发《自治区住房和城乡建设厅关于开展城市市容市貌整治工作的通知》。

6月29日—7月4日 组织开展2期城市管理执法和城市管理暨市容市貌整治人员培训，对全区各级城市管理执法主管部门的负责领导、科室负责人及业务骨干约410人进行培训。

7月

8日 自治区住房和城乡建设厅批准发布《现浇混凝土复合外保温模板应用技术标准》。

12日 梳理区直机关93家单位123个项目手续办理工作进展情况，汇总《区直机关单位集资建房手续办理进度调查统计表》台账，向自治区人民政府报送《关于解决自治区区直机关单位集资建房历史遗留有关问题的报告》。

24日 印发《关于举办自治区城市管理暨市容市貌整治培训班的通知》。

8月

2日 印发《关于贯彻落实〈自治区物业管理条例〉开展物业管理试点工作的指导意见》的通知。

8日 印发《自治区关于加强餐厨剩余物监督管理工作方案》。

10日 委托专业机构对从全区住建执法机构抽取的58份行政处罚案卷进行评查并形成《自治区住房和城乡建设领域行政处罚工作分析报告》。

15日 自治区住房和城乡建设厅批准发布《现浇混凝土大模内置保温系统应用技术标准》《自保温砌块应用技术标准》。

19日 印发《关于在我区全面执行〈严寒和寒冷地区居住建筑节能设计标准〉JGJ 26—2018的公告》（2019年第142号），标志着新疆维吾尔自治区新建居住建筑全面执行75%建筑节能强制性标准。

20日 印发《自治区房地产中介市场专项整治工作方案》。

22日 印发《自治区住房和城乡建设厅 发展和改革委员会关于命名乌鲁木齐市第三批自治区节水型小区的通知》。

26日 印发《关于做好2019年度城镇保障性安居工程审计发现问题整改专项办理工作方案》。

30日 印发《关于强化党建引领物业管理提升物业服务质量的实施方案》。

9月

2日 发布《进一步规范和加强房屋网签备案工作的实施意见的通知》。

4日 参加全区六大工程复工复产工作推进视频会议。

8日 印发《新疆维吾尔自治区住房和城乡建设厅行政处罚案卷评查分析报告》。

20日 报送《2019年城镇保障性安居工程审计问题整改报告》。

23日 自治区住房和城乡建设厅与自治区发展和改革委员会联合印发《关于命名第五批自治区节水型企业（单位）和居民小区的公告》。

26日 自治区住房和城乡建设厅在乌鲁木齐市召开工程质量安全标准化现场暨"质量月"观摩开放日活动，厅党组副书记、厅长李宏斌，厅一级巡视员徐彬出席活动。

28日 下发《关于做好2021年城镇保障性安居工程项目申报的通知》。

30日 自治区住房和城乡建设厅印发《关于〈新疆维吾尔自治区城镇污水处理提质增效三年行动实施方案（2019—2021年）〉的通知》。

10月

8日 自治区区本级与和田地区首次实现房屋建筑和市政基础设施工程远程异地评标工作。

10日 向自治区人民政府报送《关于自治区解决区直机关单位集资建房历史遗留有关问题的报告》。

12日 印发《关于做好住房和城乡建设领域打赢自治区蓝天保卫战三年行动的通知》。

同日 提请自治区人民政府办公厅印发《关于加快推进全区装配式建筑发展的通知》。

24日 印发《住房和城乡建设领域开展人防系统腐败问题专项治理方案》。

25日 开展2019年自治区住房和城乡建设行业综合督查工作。

28日 全区在建设工程招投标监管系统中取消投标报名环节。

29日 向国家住房城乡建设部报送《关于国务院大督查发现典型问题核查处理情况的函》。

31日 印发《新疆维吾尔自治区住房和城乡建设管理标准体系框架》，下发《关于完成2020年城镇保障性安居工程工作的函》。

11月

2日 自治区住房和城乡建设厅、自治区发展和改革委联合印发《关于命名第六批自治区节水型企业（单位）和居民小区的公告》。

7日 向自治区党委政法委报送《自治区城市执法体制改革试点工作开展情况汇报》。

16—17日 在塔城地区和布克赛尔县赛尔召开自治区提升物业管理服务现场会。

21日 自治区人民政府组织2019年自治区地震应急演练。

22日 印发《自治区脱贫攻坚住房安全有保障大排查工作方案》。

25日 自治区住房和城乡建设厅批准发布《自治区装配式建筑评价标准》。

24—26日 在乌鲁木齐举办自治区物业管理和房地产中介机构专项整治培训。

29日 自治区住房和城乡建设厅会同自治区宣传部、发改、教育、商务、机关事务管理局等15个相关部门发布《关于印发〈在自治区地级城市全面开展生活垃圾分类工作的实施意见〉的通知》。

12月

3日 在自治区住房和城乡建设厅网站发布关于《自治区园林城市系列标准及申报评审管理办法（试行）》的公告。

4日 印发《自治区脱贫攻坚住房安全有保障工作"冬季攻势"实施方案》。

5日 自治区住房和城乡建设厅组织召开全区工程建设领域根治拖欠农民工工资工作电视电话会议。

9日 自治区住房和城乡建设厅组织举办自治区工程建设标准宣贯暨无障碍环境建设推进培训班。

12日 自治区人民政府印发《关于加强城镇污水再生利用工作的指导意见》。

13日 自治区住房和城乡建设厅、自治区发展和改革委员会联合印发《关于组织开展自治区节水型城市考核工作的通知》。

20日 发布《住宅物业服务标准》。

26日 自治区住房和城乡建设厅制作生活垃圾分类的公益广告、宣传册、宣传挂图3000套，分别发送自治区640个党政机关、企事业单位，邮寄至14个地、州、市住房和城乡建设系统。

12月 自治区人民政府成立自治区房屋建筑和市政公用设施抗震防灾工作领导小组，领导小组办公室设立在自治区住房和城乡建设厅。

12月 印发《关于印发自治区建筑工程消防设计审查验收问题专项整治工作方案的通知》，召开全区安排部署电视电话会议。

（新疆维吾尔自治区住房和城乡建设厅）

新疆生产建设兵团

人防建设

【建设规模】 历年来，兵团范围内共建人防工程186个，合计建设人防工程面积88.5万平方米，其中：第八师石河子市58万平方米，占比65%；第十二师在乌鲁木齐市行政区域内建设25.1万平方米，占比28%，其他各师市建设规模较小，共计5.4万平方米，占比7%，各师市人防工程建设存在不均衡的情况。

城乡建设

【城市管理】 2019年，兵团全面推进城市管理执法体制改革提高城市管理水平，各级城市管理执法机构改革基本到位。十四个师（除十一师）按照大部制改革的要求,将相关部门的市政公用、市容环卫、园林绿化等管理职责整合,成立正处级城市管理部门,均下设城市管理综合行政执法支队,为副处级公益一类事业单位,以师(市)城市管理行政执法局的名义行使权责清单内的行政处罚权以及与之相关的行政检查、行政强制权,核定各师市城市管理综合行政执法支队事业编制共526个。

【小城镇建设】2019年,兵团城镇道路、污水、垃圾、园林绿化等建设改造为重点,加快完善城镇基础设施和功能,全年新增城镇基础设施投资38.17亿元。其中,建设改造城镇道路面积200万平方米;新增污水处理能力8.844万立方米/日,污水集中处理率比上年提高0.9个百分点,达到84%;新增城镇生活垃圾无害化收运处理能力281吨/日,生活垃圾无害化处理率提高4.9个百分点,达到66%(其中城市生活垃圾无害化处理率91%);城镇新增绿地面积534公顷,建成区绿化覆盖率提高2个百分点,达到38%。

【连队(农村)建设】2019年,兵团实施连队居住区人居环境整治,研究制定《兵团团场连队居住区生活垃圾整治专项行动方案》,开展了连队生活垃圾治理工作,城镇向连队延伸生活垃圾收集处理服务,健全连队居住区收集转运处理设施和工作机制,连队生活垃圾处置规范化。

建筑业

截至2019年,兵团现有建筑业企业403家,其中建筑施工企业355家,特级资质企业3家,一级29家,二级85家;监理企业23家,综合资质企业2家,甲级9家,乙级8家;勘察设计企业25家,甲级8家,乙级12家;审图机构11家。

2019年,兵团等级以上建筑业法人企业完成建筑业总产值924.8亿元,与去年同期910.1亿元相比,增长1.6%。等级以上建筑业法人企业签订合同额1615.5亿元,同比增长2.6%,其中,是年新签订合同额933.2亿元,同比下降7.6%。等级以上建筑施工企业房屋建筑施工面积2773.4万平方米,同比下降9.0%。

第十一师298.1亿元,第七师119亿元,第六师98亿元排名在兵团各师建筑业产值前三位;新疆北新路桥集团股份有限公司106亿元;新疆北方建设集团有限公司62.6亿元;新疆宏远建设集团有限公司50亿元在兵团各施工企业建筑产值排名前三。

安居工程与房地产

【抗震安居】2018年12月兵团出台《关于兵团连队新建抗震安居住房的指导意见》,2019年初兵团住房城乡建设局成立兵团连队新建抗震安居住房建设领导小组。兵团住房城乡建设局组织编印《兵团抗震安居工程标准图集》,采用统一的技术导则和标准图集,指导师团推进抗震安居住房建设。2019年兵团共新建连队抗震安居住房12528套。

【房地产业】2019年兵团房地产开发企业共计345家,其中壹级资质房地产企业5家,贰级资质房地产企业23家,叁级资质房地产企业30家,肆级资质房地产企业106家,暂定资质房地产企业181家,行业从业人员约2.25万人。2019年兵团房地产开发投资144.88亿元,比上年增长7.4%;房地产开发企业房屋施工面积2441.72万平方米,比上年增长10.5%;其中住宅施工面积1523.29,比上年增长15.7%;商品房销售面积352.23万平方米,比上年增长1.8%,其中住宅销售面积273.65万平方米,比上年增长2.4%。

工程质量与安全

【文明工地创建】2019年,兵团施工项目有6项荣获国家"AAA安全文明标准化工地"称号,80个单体工程获兵团安全文明工地称号。

【优质工程创建】2019年,兵团施工项目有10项单体工程获自治区"天山杯"优质工程,32项单体工程获兵团"昆仑杯"优质工程。

【安全生产标准化】2019年,新疆阿拉尔南口建司着眼于建立安全生产长效机制,推进安全管理行为的标准化建设,持续开展安全生产标准化工作。十三师建设局积极探索实践"洁净工地"创建活动,提高质量安全管理标准化程度,并取得一定的社会经济效益。

【安全分级管控和隐患排查治理】2019年,兵团住房城乡建设局扎实推进隐患排查和专项治理工作。在建筑施工企业和项目部,积极构建安全分级管控和隐患排查治理预防工作机制,推动安全生产标准化建设。要求施工企业建立起安全分级管控制度,隐患排查制度,隐患整改销号制度,建立全员参与、全岗位覆盖、全过程衔接的闭环管理隐患排查治理体系。初步建立起风险隐患自辨自控自查自治自改自报机制,有力推进房屋市政工程施工安全生产趋稳向好。

【建筑施工生产安全事故】2019年,兵团等级以上施工企业房屋市政工程发生一般生产安全事故3起,死亡3人。

【建筑工程质量安全监督】2019年,兵团办理质量安全监督工程总数 1984 项，签署授权书、承诺书的工程 100%；竣工验收工程 1635 项，其中设立永久性标牌的工程 679 项，建立质量信用档案的工程 1519 项。

住房公积金管理

【住房公积金业务运行情况】 截至年底，累计归集额为 296.54 亿元，当年归集额为 45.67 亿元，同比增长 19.93%；累计提取额为 158.31 亿元，当年提取额为 32.84 亿元，同比增长 29.66%；累计发放住房公积金个人贷款 6.06 万户 116.12 亿元，当年发放住房公积金个人贷款额 29.30 亿元，同比增长 84.55%。当年实现增值收益 2.64 亿元。

【住房公积金信息化建设】 2019 年兵团住房公积金管理中心开通门户网站、网上服务大厅、微信公众号、手机 APP、增加 12329 服务热线座席、接入 12329 住房公积金服务热线短信平台等服务渠道，部分柜台业务转为网上办结，提高离柜率。实现新闻实时发布、信息实时查询、业务实时办理等功能。

（新疆生产建设兵团建设局）

大 连 市

概况

2019 年，大连市住房和城乡建设系统坚持以习近平新时代中国特色社会主义思想为指导，全面贯彻党的十九大精神，深入贯彻落实中共大连市委、大连市人民政府"重强抓"专项行动工作部署，高质量完成各项工作任务。房地产市场平稳健康发展，全年完成房地产开发投资 711 亿元，商品房销售 658.9 万平方米、788.8 亿元，商品房销售价格指数总体呈下降趋势。县城房地产去库存工作成效显著，整体库存去化周期约 18 个月。加强市场监管，开展住房租赁中介市场专项整治。抓好住房保障，低保、最低收入困难家庭实现应保尽保，新增货币补贴家庭 5058 户、完成棚户区改造 719 套，新增租赁住房 10758 套。推进天然气入连工程建设，完成 132 个小区共 10 万户通气。改造老旧供热管网 205.5 公里。狠抓供热质量，省民心网综合排名全省第一。推进清洁取暖，泰山热电厂、北海热电厂、香海热电厂完成超低排放改造。完成 103 万平方米既有建筑节能改造和 230 万平方米失修失管老旧小区下水管网改造，惠及居民 5.7 万余户。颁布实施大连市物业行业首部地方性法规《大连市物业管理条例》。推进社区足球场建设，建成社区足球场地 122 块，超额完成预定任务。农村生活垃圾处置体系覆盖 95% 的行政村，920 个行政村全部实现生活垃圾分类；为 8 个涉农地区拨付保洁经费，配备保洁员 8427 人；完成 82 处非正规垃圾堆放点整治。改造农村危房 932 户。政府投资类项目审批时间压缩至 80 个工作日以内，社会投资类项目审批时间压缩至 65 个工作日以内。大连湾海底隧道和光明路延伸工程、渤海大道一期工程、旅顺中部通道工程、大连北站综合交通枢纽工程、地铁 2 号线二期北段工程、地铁 5 号线工程和金州至普兰店湾城际铁路工程（地铁 13 号线一期工程）、海绵城市等项目按计划加紧施工。预制构件年设计产能达到 80 万立方米，被评为辽宁省唯一的装配式建筑示范城市。开展工程建设领域"挂证"行为专项整治、招投标事中事后监管、打击转包挂靠专项行动、扫黑除恶专项工作、建筑工人实名制管理。

法规建设

【地方性法规文件】 《大连市物业管理条例》自 2019 年 6 月 1 日起施行。

【市政府文件】 《大连市人民政府关于印发大连市职工采暖费补贴办法的通知》，《大连市人民政府关于印发大连市困难居民家庭采暖费补贴办法的通知》。

【市政府办公室文件】 《大连市人民政府办公厅关于既有住宅加装电梯工作的实施意见》。《大连市人民政府办公室关于表扬在 2018 年天然气入连工程建设中做出贡献单位和个人的通报》，《大连市人民政府办公室关于表扬 2018—2019 供热期供热先进单位的通报》，《大连市人民政府办公室关于进一步加强农民工工资支付工作的意见》，《大连市人民政府办公室关于加强房地产市场调控工作的通知》《大连市人民政府办公室关于印发大连市深化工程建设项目审批制度改革实施方案的通知》。

房地产业

【概况】2019年,大连市认真贯彻党中央国务院决策部署,坚持"房子是用来住的,不是用来炒的"定位。全年房屋施工3855.6万平方米,比2018年下降8.6%,其中新开工面积669万平方米,增长15.2%;全市商品房销售面积658.9万平方米,销售额788.8亿元,分别比上年下降15.1%、12%;二手住房销售面积778.1万平方米,同比增长16.2%,销售额521.9亿元,同比下降8.9%。至2019年年末,商品房待售面积640.8万平方米,比上年下降5%,静态去化周期约11.7个月。

【房地产市场调控】2019年,大连市。印发《大连市人民政府办公室关于加强房地产市场调控工作的通知》,对中山区、西岗区、沙河口区、甘井子区、高新园区、旅顺口区、金普新区、普兰店区等8个重点区域商品住房预售价格进行指导。加强房地产市场秩序管理,印发《关于开展大连市房地产市场秩序专项整治工作的通知》《大连市专项整治住房租赁中介机构乱象工作方案》。

【春季房屋交易大会】2019年4月22—25日,大连春季房屋交易大会(第六十二届大连房屋交易大会暨海外置业投资展览会)在大连世界博览广场举办。45家企业、56个楼盘参展,展会期间现场意向成交3141套,与2018年秋季房交会基本持平,其中限制区域意向成交354套。

【秋季房屋交易大会】2019年9月15—17日,大连秋季房屋交易大会(第六十三届大连房屋交易大会暨配套产品展览会)在大连世界博览广场举办。63家企业、73个楼盘参展。展会期间,成交及意向成交房屋3028套,成交及意向成交建筑面积28.5万平方米,成交及意向成交金额45亿元,较当年春季房交会分别下降3.6%、4%、2.7%。

住房保障

【概况】2019年,大连市全力推进城镇住房保障。全市实施棚户区改造719套(户),全部在庄河市,均为棚改货币化安置。全市新增住房保障17996户(套),其中棚户区改造719套、公共租赁住房货币补贴5058户、高校毕业生类人才家庭住房补贴12219户。为符合条件的2.8万余户公共租赁住房保障家庭发放补贴1.27亿元、1.6万户高校毕业生类人才家庭发放住房补贴0.53亿元。在9个新建商品住房项目中配建租赁住房1090套,配建面积7.5万平方米。大连市住房城乡建设事务服务中心继续推进经济适用住房上市交易办理,为11226户经济适用住房保障家庭办理完善产权。

【人才住房保障深入开展】2019年,中共大连市委办公室、大连市人民政府办公室印发《关于落实"5+22"人才政策的几个具体问题及31个配套实施细则的通知》,对高层次人才、紧缺人才和高校毕业生的安家费或补贴金额均大幅提高。2019年全年共为15969名引进人才发放住房补贴5327万元。其中,按2015年政策执行的情况为:高层次人才4名,发放安家费390万元(含用人单位承担的30万元);产业发展急需紧缺人才754名,发放租房补贴1037.3万元;高校毕业生8457名,发放住房补贴1328.3万元。按2019年政策执行的情况为:高层次人才3名,发放安家费330万元;城市发展紧缺人才65名,发放租房补贴19.5万元;高校毕业生6686名,发放住房补贴2222万元。

【房改审批备案】2019年,大连市住房和城乡建设局为大连理工大学等9家企事业单位办理公房出售备案手续,备案可出售公有住房1308套,建筑面积7万平方米;为大连医科大学附属第二医院等7家企事业的981名职工按照住房补贴的政策履行备案手续,补贴资金总额1593.3万元。

公积金管理

【概况】2019年,大连市归集住房公积金217.7亿元,比2018年增长7.1%;归集住房货币补贴资金38.5亿元,归集售房资金8876.3万元,归集住房补贴资金4825.8万元;提取住房公积金189.2亿元,发放个人住房公积金贷款3.3万户、116.7亿元,分别占全市个人住房贷款(含商业银行贷款)总量的26.4%和14.6%;回收保障性住房建设项目贷款10.6亿元。至2019年年末,全市累计归集住房公积金2123亿元,余额659.4亿元;累计提取使用住房公积金1463.7亿元;累计发放个人住房公积金贷款49.8万户、1306.9亿元,户数、金额分别占全省27.5%和31.3%,贷款余额687.2亿元;累计发放保障性住房建设项目贷款31.7亿元,全部回收。

【住房公积金缴存管理】2019年,全市新增住房公积金开户单位7565户、职工11.3万人,新增归集额5.3亿元。7月,将住房公积金缴存基数调整为职工2018年月平均工资额,月缴存基数上限调整至21897(即全市城镇非私营单位在岗职工2018年平均工资的3倍);下限为市政府公布的最低工资标准,当年,全市有1.98万家单位、77.1万人次调整住房公积金缴存基数，增加住房公积金归集额11.7亿元。至2019年年末，全市住房公积金实缴单位3.99万家，实缴职工133.6万人，缴存额217.7亿元。

【住房公积金贷款管理】2019年4月印发《关于调整个人住房公积金贷款有关政策的通知》2019年，大连市住房公积金个贷市场占有率26.4%，位居全国副省级城市之首；住房贡献率127.4%，在全国副省级城市中位列第二。当年为3.3万户家庭提供116.7亿元公积金低息贷款，支持职工购建房289.5万平方米，为职工节约利息支出18.3亿元，户均购房成本降低5.6万元。

【住房公积金服务】2019年，大连市住房公积金管理中心在完善网站、网厅、12329热线、短信、自助终端、手机APP、微博、微信订阅号等服务渠道的基础上，开通住房公积金微信服务号，将9个方便快捷、优质高效的线上服务渠道，与1个线下窗口服务渠道共同构建成全方位、多元化的"9+1"服务体系。至2019年末，微信服务号关注人数达26.5万，占全市正常缴存职工人数的22.5%；各线上渠道办理业务16.2万笔，占全年业务总量的41%；12329热线接入电话154.7万次，其中人工接听40.3万次。将住房公积金手机APP功能与建行手机银行实现深度融合，实现公积金业务"就近"办理，服务"触手可及"。取消个人账户开户检查、简化个人部分免缴业务审批流程、全面放开自由职业者开户业务及个人提取（销户）业务受理机构限制。压缩审批时间，将提取业务、贷款业务审批时限分别由3个工作日和15个工作日压缩至当日办结。建立覆盖所有办事窗口、网站及客服热线的政务服务评价体系，全方位掌握服务对象意见，精准提升服务效能。各网点全面实现办事等候时间不超过15分钟，各办事渠道反馈群众好评度99.9%。

【住房公积金管理】2019年，大连市住房公积金管理中心深化业务调优，切实完成2019年综合业务系统新业务模块开发项目；强化内控管理，快速落实内控平台资产折旧功能研发项目；持续优化营商环境，全面完成"一网通办""好差评"、自助终端页面优化等建设任务；助力"数字大连"建设，积极接入全市一体化在线政务服务平台，对接便民服务APP"辽事通"，对接政务资源共享平台等；展示科技水平，积极参与第十七届数交会"数字大连"主题展区项目展示；加强数据有序共享，顺利接入"全国住房公积金数据平台"，成为辽宁省首家接入单位；探索技术创新，持续拓展银行端数据交互平台业务范围；强化信息安全，构建防控风险体系。

【住房公积金风险管控】2019年，大连市住房公积金管理中心加强对业务操作、贷款回收、资金管理、信息安全、经费收支等方面的监管，充分利用住房城乡建设部电子化稽查工具开展常态化检查，提高业务监管的针对性、有效性，确保资金安全运行。修订《内部审计工作规定》，充分发挥内部审计在促进业务管理、推进制度落实及防控风险方面的积极作用。加强贷款回收，有效保持资产质量。积极推进保障性住房项目贷款清收，累计发放的31.7亿元项目贷款全部回收。严控个贷逾期，建立个贷资产质量分析报告制度，修订《风险资产诉讼管理办法》，成立风险资产管理委员会，制定《个贷催收工作管理规定》，加大个贷不良资产诉讼力度，提高个贷资产质量，保持个贷逾期率持续降低，从2018年的1‰控制到2019年年末的0.791‰，剔除长兴岛的逾期因素，逾期率低至0.19‰，远低于全国及省内平均水平。抓好网络信息运行管理和安全保障，切实提升网络信息安全保障能力和防护水平，成功通过辽宁省公安厅2019年护网行动专项演练。

【住房公积金行政执法】2019年，大连市住房公积金管理中心进一步规范行政执法工作。对住房公积金行政执法人员身份信息、行政执法事项清单、监管事项清单、随机抽查事项清单、服务指南、重大行政执法决定法制审核清单等内容进行全面公示，对执法记录的归档、保存以及执法记录仪等音视频设备使用管理作出明确规定，强化对重大行政执法行为的法制监督力度，强化行政执法规范化建设，促进公正文明执法。修订印发《大连市住房公积金行政执法管理办法》，对投诉举报案件受理、审核材料要点、执法流程等进一步完善，对公积金中心行政执法机构职责、案件审批程序等进一步细化。2019年，全市受理住房公积金投诉举报1028起，检查单位住房公积金缴存情况492家，立案处理违法案件568起；申请法院强制执行违法单位62家，执行回款3882万元，清收欠缴住房公积金2.6亿元。

【住房公积金经济、社会效益】2019年，大连市住房公积金管理中心与三家代办银行积极协调争取，将住房公积金协定存款利率上浮30%，资金收益率进一步提高。实现住房公积金业务收入22.1亿元，发生业务支出11亿元，实现增值收益11.1亿元，增值收益率为1.7%，在全国15个副省级城市中位列第二；上缴市财政廉租住房建设补充资金8.2亿元。至2019年年末，大连市住房公积金管理中心累计实现住房公积金增值收益102.9亿元，累计提取廉租住房建设补充资金66.4亿元。

城市规划设计

2019年7月大连市人民政府印发《大连市国土空间总体规划编制工作方案》。建立"五个一"的国土空间总体规划项目管理机制。结合大连实际，编制《〈大连市国土空间总体规划〉工作实施方案及预算编制》，确定大连市国土空间总体规划。2019年5月10日召开大连市国土空间总体规划编制工作动员大会，要求全面启动国土空间总体规划编制工作。2019年9月23日召开全市国土空间规划工作会议。2019年12月，召开大连市国土空间规划编制相关工作培训会议

城市建设

【概况】2019年，大连市列入市政府投资清单计划的基本建设类项目188项，2019年市政府计划投资32.7亿元。

【轨道交通建设】2019年，地铁2号线二期北段建设持续推进。地铁5号线全线18座车站已有17座车站开工，其中10座车站主体结构已封顶。金普城际铁路11座车站主体结构全部完成，全线路基完成77.7%，桥梁总长24.46公里已全部完成，铺轨单线已完成43公里。地铁7号线等线路工程前期工作按计划推进。

【城市道路桥梁建设、维修与管理】实施道路桥梁交通基础设施建设工程8项。全年通过日常养护维修和道路维修工程累计维修城市道路104.5万平方米，其中维修车行道68.6万平方米，维修人行方砖步道约35.9万平方米，维修边石约34公里，调整检查井1827座；累计对530条道路增设盲道及无障碍路口，增设盲道总长度164.2公里，增设无障碍路口4461处。

【停车场建设】重点推进9个停车场建设。至2019年末，甘井子区金三角大市场粮食厅等6个停车场建成并投入使用。

【老旧小区改造工程】2019年组织完成103万平方米市内四区既有居住建筑节能改造工程和230万平方米失修失管下水管网改造工程。开展市内四区老旧小区调查摸底，对不需要拆除重建的市内四区多层老旧小区摸清底数。组织开展2019年老旧小区改造中央补助资金申请工作，获得国家关于老旧小区补助资金836万元。

【城市供气】2019年，大连市有城镇燃气企业（场站）206家，其中市内四区24家，其余各区市县（先导区）182家。全市共有各类燃气用户约187.9万户。其中，人工煤气用户约64.6万户，天然气用户约90.9万户，液化石油气用户约32.4万户。按年用气量区分，人工煤气年用气量约2.01亿标准立方米，天然气年用气量约4.7亿标准立方米，液化石油气用气量约10.5万吨。

【天然气入连建设工程】2019年，大连华润燃气有限公司共完成新建市政燃气管网工程74.3公里，完成铸铁管改造100.7公里。主城区共完成新通管道燃气小区151个，通气覆盖10.8万户，完成人工煤气置换天然气小区116个，复气16.6万户。

【城市供热】2019年，大连市市内四区及高新技术产业园区有供热单位84家；供热建筑面积15660万平方米，其中住宅供热面积11180万平方米、非住宅供热面积4480万平方米。城市集中供热面积15530万平方米，其中热电联产供热面积7560万平方米、区域锅炉房供热面积7970万平方米；其他供热面积130万平方米。全市有供热厂（站）979座，其中热电厂6座、区域锅炉房86座、二次换热站887座。城市集中供热普及率99%，城市住宅供热普及率99.9%。

【城市供热准备】2019年，大连市投入城市供热设施维修改造资金6.9亿元，改造供热管网205.5公里。大连市住房和城乡建设局督导供热企业10月25日前完成供热设施维修改造，做好供热准备，进行冷、热态系统调试。11月5日，大连市进入供热期，按时供热率达到100%。

【供热质量管理】2019年，大连市住房和城乡建设局开展城市供热专项检查，检查锅炉房1327个、换热站1529个。根据天气情况进驻市内热电厂和锅炉房，监督、指导工作，发布预警调度令11次。利用供热在线监测平台实时查看供热运行参数，提高管理效率。

村镇规划建设

【村镇规划】大连市有47个乡镇（33个镇，14个乡）和880个村庄。大连市域涉及乡镇的区域有瓦房店市、庄河市、长海县。国土空间规划体系建立后，乡镇级国土空间总体规划作为五级国土空间总体规划的最后一级，属于实施层面的规划，主要负责落实市、县级国土空间总体规划的各项指标，乡镇级国土空间规划涵盖以前的乡镇总体规划和土地利用规划等，实现多规合一。起草《中共大连市委 大连市人民政府关于建立国土空间规划体系并监督实施的实施意见》。启动编制乡镇级国土空间规划

编制实施方案，待实施方案通过后，两市一县将开展乡镇级国土空间总体规划编制工作。组织编制《大连市（县）域乡村建设规划编制指导意见》。

【农村危房改造】2019年，大连市普兰店区、瓦房店市、庄河市、花园口经济区改造农村危房932户，其中C级危房352户、D级危房580户。使用中央财政农村危房补助资金1143万元、市级财政配套补助资金2107万元、县级财政配套补助资金696万元。

标准定额

2019年大连市有工程造价咨询企业51家，其中甲级36家、乙级15家；全年完成营业收入50,075.1万元，比2018年增长14%，其中工程造价咨询营业收入41183.2万元，比2018年增长6.6%，涉及工程造价总额13952240.5万元。38家工程造价咨询企业参加辽宁省2019年度工程造价咨询企业信用评价，其中25家获评AAA级企业，11家获评AA级企业，2家获评A级企业。完成对7家造价咨询企业2019年执法检查情况反馈意见的整改工作，并将情况上报至省住房城乡建设厅。加强工程造价信息管理，向省住房城乡建设厅上报工程造价信息2.6万余条。

工程质量安全监督

【建设工程质量监督管理】2019年，大连市住房和城乡建设局监督在建房屋建筑单位工程5644项，建筑面积3116.3万平方米；共组织联合验收244项，388项次，建筑面积1053.2万平方米。监督在建地铁单位工程150项，其中车站28项，面积42.5万平方米；区间段29项，长度31.6千米；附属配套工程16项，面积11.7万平方米，长度2.8千米；风水电安装工程38项；轨道铺装工程3项；设备系统及安装工程18项；车站装修工程18项。监督在建市政燃气管道及附属设施61.8千米。大连市住房和城乡建设局、大连市建设工程质量与安全监督服务中心组织开展全市工程质量安全提升行动督导检查暨开（复）工工程质量安全专项检查、2018年—2019年冬期施工工程质量第二阶段专项检查，共检查单位工程541项，建筑面积491.9万平方米，下发责令改正通知书9份。开展全市质量安全提升行动督导检查暨建设工程结构（含钢结构）质量专项检查，共检查单位工程1299项，建筑面积843.3万平方米，下发责令改正通知书51份。开展2019年至2020年冬期施工工程质量第一阶段专项检查，全市共检查单位工程668项，建筑面积499.8万平方米，下发责令改正通知书29份。开展全市幕墙工程质量专项检查，共检查在建工程71项，下发责令改正通知书2份。开展住宅工程质量常见问题防治专项检查，共检查在建工程1139项，建筑面积763.2万平方米，下发责令改正通知书27份。

【建设工程监理行业管理】2019年，大连市有建设工程监理企业51家，其中综合资质企业1家，拥有各类建设工程监理资质按专业分类，房屋建筑工程甲级34家、乙级11家、丙级3家；市政公用工程甲级24家、乙级20家、丙级3家；机电安装工程甲级2家、乙级3家；公路工程甲级1家；电力工程甲级3家、乙级11家；化工石油工程甲级3家、乙级2家；水利水电工程乙级3家；港口与航道工程甲级2家、乙级4家；冶炼工程甲级2家；矿山工程甲级1家；通信工程乙级1家。企业从业人数6426人，国家注册监理工程师1113人。

【建设工程质量检测管理】2019年，大连市有建设工程质量对外检测机构46家，检测资质183个；对内检测试验室95家，检测资质134个。大连市住房和城乡建设局组织开展全市检测机构（试验室）专项检查，共检查检测机构（实验室）102家，下发责令整改通知书14份，下发责令停工整改通知书2份，下发督办整改通知书1份。

【房屋建筑工程竣工验收备案管理】2019年，大连市住房和城乡建设局完成房屋建筑工程竣工验收备案264项，建筑面积2546.8万平方米。

【建筑施工安全监督】2019年，大连市住房和城乡建设局建立安全生产责任体系，每季度召开全市房屋建筑和市政基础设施工程安全生产工作会议，压实安全生产责任。会同大连市建设工程质量与安全监督服务中心组织开展各类专项安全生产大检查。全年检查覆盖全市各区市县、先导区，共抽查房屋建筑工程施工项目200余个，受检建筑面积累计1000余万平方米，排查各类安全隐患900余条，形成技术抽查记录单170余份。抽查市政工程施工现场6个，排查安全隐患27条，下达整改通知书5份。地铁工程检查施工现场30个，排查安全隐患226条，下达安全隐患抽查记录单21份。燃气工程检查6个标段，排查安全隐患42条，下达整改通知书13份。会同大连市建设工程质量与安全监督服务中心对全市各区市县、先导区工程项目及所属企业进行信用信息评价，对全市现阶段建筑施工安全管理情况进行综合性、系统性摸底抽查。会同大连市建设工程质量与安全监督服务中心、大连地铁集团等单位针对大连市环境空气重污染应急响应实施方案在地铁五号线04标段进行现场演练。开展"安全生产月"系列活动，举办"安全生产法律法规及事故案例教育培训"，累计教育培训企业一线安全管理人员500余人次。召开大连市建筑行业2019年"安全生产月"及"安全生产辽沈行"活动启动仪式现场会，全市各区市县、先导区建设主管部门、相关企业300余人参加此次现场会。在"安全生产月"活动期间，联合开展大连市轨道交通工程穿海大盾构施工突发事件综合应急演练，促进建筑安全生产形势的持续稳定。

建筑市场

【概况】2019年，大连市有建筑业企业2552家，其中特级企业5家，一级企业225家，二级企业1105家，三级及其以下企业1217家。资质以上建筑业总产值736.4亿元，比2018年上升1.3%。房屋建筑施工面积3267.9万平方米，房屋建筑新开工面积1478.3万平方米，建筑业就业人员21.2万人。大连市住房城乡建设局受理行政审批3.4万件。中国建筑第八工程局东北分公司承建的大连金石滩鲁能希尔顿度假酒店工程被中国施工企业管理协会评为2018—2019年度第二批国家优质工程，大连金广建设集团有限公司等单位完成的"住宅除霾新风系统施工工法"等47项工法被确定为辽宁省工程建设工法。大连实达建工集团有限公司承建的金鹏·英伦河山三期等6项工程荣获中建协安全交流活动3A级文明工地。2019年大连市优质工程"星海杯"单体58项、市政7项、小区1项、群体3项。辽宁省优质工程"世纪杯"单体18项、市政2项、小区1项、群体1项。

【建设市场监管机制改革】2019年，大连市住房和城乡建设局编制印发《大连市深化工程建设项目审批制度改革实施方案》，到2019年底，实现政府投资类项目审批时间压缩至80个工作日以内，社会投资类项目审批时间压缩至65个工作日以内的目标。共取消审批事项9项，下放4项，合并22项，转变管理方式10项，调整时序5项，实行告知承诺制7项。调整后，项目前期策划生成机制（政府内部协调）事项共计36项，项目审批阶段事项共计56项。进一步优化工程建设项目审批流程，精简审批环节和审批事项，根据项目类型、投资类别、规模大小等，细化为5类12个主题流程，制定印发《大连市深化工程建设项目审批制度改革事项清单和流程图》。推进大连市工程建设项目并联审批平台建设，深化一口申请、统一受理、并联审批、跟踪督办、限时办结、建设监管的网上共享平台。推进全数据网上互联互通，实现审批信息统一推送、审定结果统一核准、申请资料网上验证，保障信息流通的及时性、可靠性。通过辽宁省项目审批管理系统对接住房和城乡建设部项目审批管理系统，链接区、县、乡镇（街道）管理平台，覆盖全域空间管控。推进施工许可阶段工程建设项目审批，取消中型及以下财政投融资项目建设工程初步设计审批，取消小型房屋建筑工程、装饰装修工程以及市政道路工程施工图设计文件审查（消防、人防和防雷装置设计审查有特殊要求的除外），取消房屋建筑工程和市政基础设施工程质量安全监督手续办理，取消施工许可核发前现场踏勘，取消建筑面积小于500平方米不需要办理消防设计审查且其主体已经消防验收合格的租赁装修改造或用途变更的项目办理施工许可证。在施工许可阶段内，组织协调相关部门，"一家牵头、并联审批、限时办结、互联互审"，实现审批事项内部流转，信息共享。

【建设工程消防设计审查验收】2019年6月28日，根据大连市编委《关于建设工程消防设计审查验收职责划转核增人员编制的通知》（大编发[2019]3号）要求，设立了建设工程消防处，正式承接建设工程消防审验业务。2019年，共办结消防业务373项，完成了恒力石化30万吨原油码头泊位、大化集团松木岛化工基地、万达大连足球青训基地等一批重点工程的消防审验工作。

【依法行政】2019年，印发《2019年依法行政（法治住建）工作要点》《重大行政决策程序规定》《重大行政决策社会稳定风险评估办法》《重大行政决策公示听证办法》和《法律顾问工作规则》。完善公平竞争审查制度，制定并印发《大连市住房和城乡建设局关于在建设市场体系建设中建立公平竞争审查制度的实施意见》。扎实做好权责清单调整工作，共取消30项、增加8项、变更5项。积极推进证明事项告知承诺制，印发《证明事项告知承诺制实施细则》，编制告知承诺书样本，对建筑工程施工许可证核发、建筑业企业资质办理和商品房预售许可的证明事项实行告知承诺制。加强立法工作，申报修订《大连市建筑市场管理条例》和制定《大连市海绵城市管理条例》两个立法论证项目，完成《大连市建筑市场管理条例》（草案初稿）。开展地方性法规、规章、规范性文件清理，共清理地方性法规5件，政府规章12件，市政府规范性文件27件，住建局规范性文件65件，印发《关于公布市住建局继续有效、修改和废止规范性文件的通知》。做好行政诉讼复议及法制审核工作，全年应诉诉讼案件34件，办理行政复议案件16件，出具重大行政处罚法制审核意见127件。印发《推行行政执法"三项制度"实施方案》，编制了《行政执法公示办法》《行政执法全过程记录实施办法》《重大执法决定法制审核实施办法》等七项制度，列明6个清单，并将上述制度和清单汇编成册。建立行政裁量制度，编制行政许可、行政处罚、行政检查、行政强制裁量制度，确定裁量的范围、种类和幅度。推进"双随机—公开"，制定《"双随机—公开"实施方案》，建立《随机抽查事项清单》《执法检查人员名录库》和《市场主体名录库》。推进"一网通办"，完成行政许可、行政给付、行政确认、其他行政权力等10+1类政务服务事项目录及办事指南的调整完善工作。推进简政放权，印发《优化营商环境工作规则》，制定14项规则，并且明确了问责处罚制度、监督考核制度和投诉举报制度3项惩戒措施。推行证明事项告知承诺制，印发《证明事项告知承诺实施细则》，对建筑工程施工许可证核发、建筑业企业资质办理和商品房预售许可的证明事项实行告知承诺制。推进信用体系建设，印发《社会信用体系建设工作方案》《大连市建设市场各方主体信用信息管理暂行办法》《大连市房屋建筑工程施工企业信用信息管理实施细则》和《关于对工程建设领域严重失信行为开展联合惩戒的实施细则》。开展以"诚信住建"为主题的信用宣传月活动，刊发新闻宣传稿件近60篇。完成大连市工程建设项目联合审批平台、住房保障业务管理系统、维修基金管理系统、房屋租赁备案系统、物业管理系统与大连市数据交换平台的对接工作，通过数据交换平台实现与市一体化在线政务服务平台、投资项目在线审批监管平台等各个平台系统的对接。在行政审批中开展容缺受理并依法依规设置审批时限。根据《大连市建设市场各方主体信用信息管理暂行办法》对施工企业信用情况进行动态评价。

【建设市场管理】下发《大连市整治建筑工程施工发包与承包违法行为专项行动方案》和《关于对整治建筑施工发包与承包违法行为专项行动开展情况进行抽查的通知》，成立了整治建筑工程施工发包与承包违法行为专项行动领导小组。市住房城乡建设局联合市城市管理局组成联合检查组于5月23日至7月4日对全市建筑工程施工发包与承包情况进行实地抽查。

【建设工程招投标管理】2019年，大连市建筑工程领域完成建设工程招标项目1207个，比2018年下降40.9%；招标总额100.7亿元，比2018年下降57.3%。全市完成电子化招投标项目718项，全市网上招标项目备案958项，发布招标公告1155条，招标文件备案1374项，发布中标候选人公示1305条，中标结果公示1346项，招标人发出中标通知书1317项。截至2019年年末，大连市建设工程招标代理机构共有152家。2019年3月1日，《进一步规范大连市房屋建筑和市政基础设施工程招投标工作的有关规定（试行）》正式实施；印发《关于公示中标候选人业绩的通知》；印发《关于进一步推进投标人诚信库管理工作的通知》，对投标人入库信息实行公示制；印发《关于推行建设工程招投标电子档案的通知》。2019年2月，大连市建设工程招投标活动开始使用"辽宁省建设工程信息网"，并于6月完成与"大连建设工程信息网"的过渡。

建筑节能与科技

【建筑节能】2019年，大连市居住建筑开始执行《严寒和寒冷地区居住建筑节能设计标准》，公共建筑节能设计继续执行辽宁省《公共建筑节能设计标准》。继续实施既有居住建筑节能改造工程，总投资2.88亿元，全年完成改造面积103万平方米，共改造338栋建筑，惠及居民16969户。推进装配式建筑发展，印发《关于加强我市装配式建筑设计及施工图审查管理的通知》，对全市设计及施工图审查机构进行装配式建筑相关政策和技术培训150人次；印发《大连市装配式建筑发展2018—2025发展规划》，大连市被评为辽宁省唯一装配式建筑示范城市，5家企业被评为辽宁省装配式建筑产业化示范基地。

【绿色建筑】2019年，大连市住房和城乡建设局印发《大连市2019年度绿色建筑工作绩效考评办法》；印发《关于我市建筑工地全面实行绿色施工的通知》，全面推进大连市绿色建筑工作深入开展。印发《大连市住房城乡建设局贯彻落实辽宁省绿色建筑条例工作方案》，代市政府办公室起草《关于贯彻落实辽宁省绿色建筑条例的实施意见》。开展全市绿色建筑专项检查，推进绿色建筑建设相关工作。全市获绿色建筑评价标识的建设项目达到44个，总建筑面积477.8万平方米。2019年新增绿色建筑面积302万平方米，占新建建筑面积比例100%，超额完成省政府提出的90%考核指标。

【建设科技项目推广利用】2019年，大连市共9个工程项目参加10项新技术应用示范工程申报并通过初审。

人事教育

深入学习新时代中国特色社会主义思想以及习近平总书记、中央、省、市关于党的建设和住房城乡建设工作的批示、指示精神,扎实开展了"不忘初心、牢记使命"主题教育,坚持集体学习和个人学习相结合,引导党员干部形成良好学习习惯,做到工作学习两不误,努力做到学以致用、知行合一,全面提升理论素养和工作能力,以更加开阔的视野、更加科学的方法、更加有效的举措、更加多样的途径创造性开展工作。顺利完成机构改革,保证了各项工作有效衔接及顺畅运行。加强干部队伍建设,严格按照新修订的《党政领导干部选拔任用工作条例》和中共辽宁省委组织部干部管理"4+10"文件要求,开展机关及事业单位领导干部选拔任用。

大事记

1月

4日　骆东升副市长调度全市房地产工作。

7日　出台关于既有住宅加装电梯工作的实施意见。

7日　卢林常务副市长听取市财力投资计划安排情况汇报。

10日　召开全市建筑、燃气行业安全生产工作会议。

18日　骆东升副市长召开高压管网工作会议。

21日　原大连市城乡建设委员会划入房地产管理职能和城市建设职能,组建大连市住房和城乡建设局。

21日　骆东升副市长视察天然气置换点火情况现场。

22日　骆东升副市长研究光明路延伸工程。

28日　召开全市管道燃气入户安检和安全宣传专项行动动员大会。

30日　骆东升副市长现场调研庄河市及相关乡镇工作。

2月

1日　谭市长慰问虎滩供暖企业员工。

20日　召开全市房地产开发投资调度会议。

3月

13日　召开全市建设项目审批制度改革和有关涉农工作会议。

21日　召开大连新机场总体规划及配套交通规划研讨会。

24日　出台大连市职工采暖费补贴办法、大连市困难居民家庭采暖费补贴办法。

4月

29日　召开建筑工程和市政基础设施工程安全生产工作会议。

5月

13日　骆东升副市长调研农村环境整治、设施农业工作。

14日　骆东升副市长听取新机场推进情况。

15日　全市农村人居环境整治工作推进会议召开,马成恩局长参加。

20日　组织研究弃管小区用电、高压管道旅大线建设、回迁难工作。

6月

1日　《大连市物业管理条例》正式施行。

1日　大连市住房和城乡建设局开始承接消防审验职能。

4日　召开"一网通"审批工作专题会议。

12日　马成恩局长参加世界城市日中国主场活动承办城市选评审会。

7月

8日　马成恩局长参加全市农村人居环境整治工作现场会。

8月

23日　骆东升副市长研究海绵城市建设推进工作。

9月

22日　印发大连市深化工程建设项目审批制度改革实施方案。

23日　骆东升副市长研究退还企业投标保证金工作。

23日　骆东升副市长研究重点项目投资工作。

24日　骆东升副市长调研审批制度改革工作。

10月

16日　骆东升副市长研究新机场建设有关工作。

11月

4日　专题研究新增人口住房政策、共享住宅政策问题。

27日　骆东升副市长研究国有土地拆迁遗留问题、燃气工程问题工作。

29日　骆东升副市长听取2019年住建领域投资计划和财力使用情况。

12月

4日　骆东升副市长研究直管公房、海绵城市检查相关工作。

16日　骆东升副市长组织研究2020年房地产研

判、违建别墅整治、城市微更新工作。

17日 谭作钧书记、骆东升副市长对2020年房地产工作进行研判，马成恩局长汇报。

23日 骆东升副市长组织研究共享住房政策、保障房改共享房选址事宜。

25日 骆东升副市长到住房城乡建设局调研房地产市场情况。

26日 召开大连市落实中央城市工作会议精神推进会暨住房建设系统年度工作会议。

（大连市住房和城乡建设局）

青 岛 市

概况

青岛市住房和城乡建设局坚持以习近平新时代中国特色社会主义思想为指导，认真落实中央重大决策部署和省、市工作要求，把各项工作放在全市发展大局中谋划定位、推进展开，迅速发起七大战役，坚决稳住三大阵地，扎实推动全市住房和城乡建设事业高质量发展。全年完成城乡建设投资2322.25亿元，同比增长17.8%；住房城乡建设行业实现税收481亿元，占全市税收总收入的27.27%。4项工程获评鲁班奖，9项工程获评国家优质工程奖，获奖数量全国副省级城市第一。成功争取全国老旧小区改造试点，海绵城市建设、综合管廊等国家级试点深入推进，既有住宅节能保暖改造走在全国前列，为全国住房城乡建设事业发展大局贡献青岛智慧和力量。

房地产业与建筑业

【房地产业】2019年，按照中央对房地产调控决策部署，青岛市作为试点城市之一，制定《青岛市建立和完善房地产市场平稳健康发展长效机制工作方案》，推进房地产市场平稳健康发展。各类房屋新开工面积3473.5万平方米，同比增长23.9%，其中住房2277.7万平方米，同比增长23.2%；新建商品住房批准预售15.95万套，同比增长19.95%，面积1909.95万平方米，同比增长17.7%。网签数据显示，新建商品住房销售12.65万套，同比减少7.8%；面积1490万平方米，同比减少6.3%；成交金额1711.09亿元，同比增长1.83%。新建商品住房价格11576元/平方米，同比增长13.47%。二手住房销售5.2万套，同比减少16.62%；面积458.74万平方米，同比减少12.83%；成交金额570.76亿元，同比增长0.71%；二手住房价格12442元/平方米，同比增长15.53%。截至2019年末，青岛市新建商品住房库存15万套，同比增长31.5%；面积1819.5万平方米，同比增加37%。按近12个月的销售速度计算，库存去化周期为14.7个月。新建商品住房库存从2018年7月开始止降转升，去化周期不断增长。2019年，全市房地产贷款余额6601亿元，同比增加958.67亿元，增速较去年同期下降1个百分点，占金融机构人民币各项贷款余额的比重为38.09%；全市房地产贷款余额新增958.67亿元，同比增加94.95亿元，占金融机构人民币各项贷款余额新增的比重为45.72%，所占比重与2018年基本持平，较2017年和2016年分别下降14.19%和40.24%，下降趋势明显。2019年，全市房地产业实现税收收入386.4亿元，同比减少1.1%，占全市税收比重为21.7%，所占比重较2018年减少1个百分点。2019年以来，受一、二手房市场交易量减少影响，房地产税收略有下降。

【建筑业】2019年全年完成建筑业总产值2809.9亿元，同比增长22%；实现建筑业增加值1042.24亿元，同比增长13.8%。截至2019年年底，青岛市共有建筑业总承包特级企业13家、一级企业97家。全市在监建筑工程9181个，建筑面积12807.94万平方米，新开工工程4275个，建筑面积6608.41万平方米，竣工验收2739个，建筑面积3389.89万平方米。统筹推进《山东省人民政府办公厅关于进一步促进建筑业改革发展的十六条意见》确定的各项目标任务。自2018年10月起，在青岛市启动建筑业保证保险试点工作，开展建设工程质量缺陷保修、建设工程业主支付、建设工程投标、建设工程合同履约和农民工工资支付5类保证保险业务，以保险的方式替代各类保证金。截至2019年年底，全市已开展各类保证保险业务9336单，盘活企业资金约56亿元。全年共办理社会投资项目承发包交易81个，交易额82.2亿元。全面推进农民工实名制管理、农民工工资专用账户管理、分包企业委托总承包企业代发工资和农民工工资按月足额支付等4项制度和省农民工工资支付监管平台建设推广工作，规范在建工程项目维权公示牌设置，开展劳务用工和工资发放规范检查，整治拖欠农民工工资行为。2019年共受理建筑业农民工工资拖欠投诉791起，涉及农民工4043人次、工资金额4976万元。2019年累计调解解决拖欠经济纠纷22起，涉及金额138.5万元。扶持青岛城阳城建集团有限公司等7家企业晋升施工总承包一级资质，49家企业资质增项。落实惠企利民政策，对新纳统的39家企业进行财政奖励。青建等9家企业入选山东省建筑业30强，入选企业数量位居山东省首位，青建等16家建筑业企业入选2019年青岛市民营企业100强名单。截至2019年年底，青岛市共有建筑业总承包特级企业13家、一级企业97家。发挥"青岛国际工程发展联盟"作用，参与"一带一路"沿线国家工程建设。2019年2家企业入选"中国对外承包完成营业额和新签合同额双百强"，青建集团ENR（全球最大250家国际承包商）排名升至56位，居非"中字头"企业首位。

2019年，共立案查处违法违规行为5起，罚款金额201.95万元。开展住房城乡建设系统非法阻挠施工问题专项治工作，组织各方面力量对全部在建工程项目逐一排查，对全市房建、市政、公用工程及有关企业排查问题线索，共收集到14条疑似线索。2019年共考核鉴定技术工人13299名，培训高级工229名。同时注重对高素质技能人才的培养，5名建筑工人荣获"全国技术能手"称号，1名工人被评为"新中国成立70周年建筑工匠"，指导成立李先杰、杨维方"工匠创新工作室"，发挥示范引领作用。2019年，全市建筑工程未发生一般及以上质量事故，竣工验收一次合格率100%，建筑工程质量全面受控。共荣获鲁班奖4项，国家优质工程奖9项，山东省建筑工程质量"泰山杯"奖29项，山东省建设工程优质结构奖57项，精品工程创建数量全省领先。2019年，市南区、市北区、李沧区315个在建工程已全部签署法人委托书和质量终身责任承诺书，竣工验收148个工程全部设置永久性标牌。强化对屋面和外墙外窗渗漏等12种人民群众关注的焦点问题的监督检查。对履行质量责任不到位或工程存在质量问题的，严格按照相关规定给予行政处罚和信用惩戒。2019年度共组织全市建筑工程质量巡查6次，累计巡查在建建筑工程项目300余个，下达整改150余份，提出整改意见900余条。印发《住宅工程渗漏、开裂专项治理两大行动实施方案》，"两大行动"开展以来，2019年投诉总量同比下降10.03%，其中有效质量投诉同比下降44.44%。36个项目获评山东省建筑施工安全文明标准化工地，6个项目获评国家建设工程项目安全生产标准化工地。建立塔机运行安全监控平台，推进远程视频监控系统建设，对全市建筑工地进行实时动态管理。从主管部门、企业主要负责人、项目安全责任人员、一线施工人员四个维度开展安全生产培训教育。开展三类人员继续教育，全年培训人员近4000人。修订完善《青岛市在建房屋建筑工程质量安全突发事件应急预案》，定期对18家应急救援队伍人员物资设备进行调度，并组织一次实战化应急演练。

住房保障

2019年，住房保障工作连续十三年列入市办实事，计划实施住房保障6000套（户），其中货币补贴5000户，实物保障1000套。全年共完成住房保障6832套（户），其中租赁补贴5632户，完成任务目标的112.6%；实物配租1200套，完成任务目标的120%，均列山东省首位。完成剩余经济适用住房公开销售工作，对万科桃花源、魅力新城等十四个经济适用住房项目，共计1904套经济适用住房进行公开销售。重新启动公共租赁住房建设1000套。制定出台《关于调整公共租赁住房租赁补贴申请条件的通知》，将申请公共租赁住房租赁补贴保障的收入条件由现行的家庭人均月收入不超过1810元（含）调整为家庭人均月收入不超过2936元（含），降低租赁补贴准入门槛，统一公共租赁住房实物配租和租赁补贴申请标准。

【人才住房建设】2019年计划开工建设人才住房2万套、建成可分配人才住房9000套。全年青岛市共新开工建设人才住房建设项目68个、建筑面积211.85万平方米、房源2.04万套，完成目标任务的102%；建成可分配项目12个、建筑面积93.94万平方米、房源1.04万套，完成目标任务的116%。2019年8月，衡阳路租赁型住房集中建设项目举行奠基仪式，该项目是青岛市2019年度"双招双引"工作和"城市品质改善提升攻势"重点工程项目，项目建成后将面向人才和新市民群体进行分配。

【棚户区改造】2019年青岛市计划启动棚户区改造2.8万套（户），全年共启动棚改29245套（户），占年计划的104.5%，超额完成目标任务。全年发行棚改债券73亿元，争取中央财政补助资金5.4亿元，为加快项目建设提供了资金保障。

【老旧小区整治】 2019年全市实施整治改造项目25个、88.25万平方米，涉及居民1.1万户。成功申报为全国城镇老旧小区改造工作试点城市，成立老旧小区改造工作领导小组；起草了《青岛市城镇老旧小区改造试点工作方案》和《青岛市推进城镇老旧小区改造工作的实施意见》，编制《青岛市城镇老旧小区改造技术导则》。

【居住建筑节能保暖】 2019年青岛市采用"先干后奖"的市场化运作机制。共完成节能保暖工程657万平方米，改造面积位于全国前列，完成年度任务目标的149.7%，惠及居民9.3万户，实现节能量标煤3.8万吨，减少碳排放10万吨。9月10日，由中国建筑节能协会主办、C40城市气候领导联盟支持的"城市绿色转型与能效提升—C40中国城市项目会议"在青岛市召开，对我市开展"C40中国建筑项目"——节能保暖工程的实施情况和工作成效予以肯定。

【自管公房管理】 共受理已购自管公房维修基金申请38件，审批使用维修基金约71万元，涉及40个居委会，960多户业主。共审批单位"两证不全"自管公房出售，公房出售改错、售房款支取、异地证明等房改业务100余件。共审核机关企事业单位住房补贴发放约100个单位，涉及2000余名职工。

【协调解决办证难问题】 对市政府交办的24个回迁办证难项目的基本情况、问题症结等情况进行了摸底，逐一建立台账，形成督办清单。多次组织市北、李沧、铁路等办证难存量大户座谈，对项目逐一研究，帮助提出解决问题的路径或努力方向。2019年年底，已有中泰信上景、湖山美地三期等19个项目具备办证条件，共为8000多户居民解决了办证难问题。

村镇建设

2019年，村镇建设工作深入贯彻落实乡村振兴战略，按照产业兴旺、生态宜居、乡风文明、治理有效、生活富裕的总要求，重点开展农村基础设施提档升级工程。7个区市4254个村庄（社区）开展农村生活垃圾分类工作，占全市村庄（社区）总数的78.7%。全市300户以上自然村建有公厕的442个，300户以上自然村公厕普及率36.50%，各区市300户以上自然村公厕普及率均达到30%以上。改造完成"四类"重点对象危房489户，完工率占年计划的100%。全市共有10个村庄入选美丽村居建设省级试点。全市农村地区清洁取暖计划开工47194户，实际完工55779户，完工率118%。

【农村生活垃圾分类】 制定下发《青岛市农村生活垃圾分类工作行动方案》，率先在全省全面推广农村生活垃圾分类，7个区市4254个村庄（社区）开展分类工作，占全市村庄（社区）总数的78.7%。2019年2月26日，山东省人居环境整治现场会在胶州市召开，现场观摩了胶州市农村生活垃圾分类示范点。

【农村"厕所革命"】 争取农村改厕中央奖补资金1435万元，争取市级财政2020年列入农村改厕奖补资金800万元、农村公厕建设奖补资金500万元，用于支持农村改厕后续管护和农村公厕建设。出台《青岛市健全完善农村改厕规范升级和后续管护长效机制工作方案》，全市已启动建设农村改厕服务站116个，3个区市已启动实施厕所粪污资源化利用项目。全市300户以上自然村建有公厕的442个，300户以上自然村公厕普及率36.50%，各区市300户以上自然村公厕普及率均达到30%以上。

【农村危房改造】 2019年，继续做好农村建档立卡贫困户、低保户、分散供养特困人群、贫困残疾人家庭"四类"重点对象危房改造工作。精准掌握农村困难群众住房情况，2019年改造完成"四类"重点对象危房489户，完工率占年计划的100%，切实保障农村困难群众住房安全。

【美丽村居】 出台《青岛市美丽村居建设实施方案》，精心打造10个村庄入选第一批、第二批美丽村居建设省级试点，启动市级美丽村居建设推进工作，初步形成"鲁派民居"青岛样板。

【特色小镇建设】 委托专业第三方机构，对青岛市市级特色小镇进行年度监测评估，进一步推进青岛市特色小镇高质量发展。崂山区北宅智谷虚拟现实小镇充分发挥区位优势，实现总投资121亿元；平度市新河编艺小镇孕育传统产业聚集和转型升级新方式，产业年产值达20余亿元；胶州市洋河生态乐游小镇等4个生态文旅型特色小镇，充分利用生态资源优势，强化了科学发展的生态底色。

【农村地区清洁取暖】 2019年全市农村地区清洁取暖计划开工47194户，实际完工55779户，完工率118%。编制《青岛市清洁取暖专项规划》《青岛市农村地区清洁取暖气代煤工程技术导则》《青岛市农村地区清洁取暖电代煤工程技术导则》，印发《青岛市农村地区清洁取暖建设奖补资金管理办法（试行）》《青岛市农村地区清洁取暖工作考评奖励办法（试行）》等文件，为清洁取暖工作开展提供制度保障。组织召开青岛市农村地区清洁取暖技术交流大会，详细解读国家清洁取暖方针政策，研究探讨清洁取暖技术路径；积极推动青岛市人民政府与中国燃气控股有限公司战略合作落地，为青岛市清洁取暖"气代煤"建设项目搭建平台。

新型城镇化建设

2019年，青岛市新型城镇化工作紧紧围绕构建生态绿色安全新格局、培育产业转型升级新动能、完善全域智慧便捷新交通、提升城市宜居宜业新品质、建设城乡融合发展新载体、健全区域协调发展新机制6个关键环节持续发力，到2019年年底，青岛市城镇常住人口704.12万人，常住人口城镇化率达到74.12%，居全省首位。省城镇化办印发《第一批省级新型城镇化综合试点典型经验》，胶州市李哥庄镇创新城镇化融资机制等经验做法入选。第四届北京国际新型城镇化产业博览会暨"一带一路"项目合作峰会大会组委会授予泊里镇2019全国新型城镇化示范城市奖。

城市基础设施建设

【城市道路建设】快速路建设高效推进。新机场高速连接线（双埠—夏庄段）工程，积极创新前期手续办理流程，实现项目概算分多阶段批复、概算和预算合并审查、土地预审结束即办理规划许可等5项"首次"，较常规建设手续办理程序压缩时间约5个月。主次干道增容提效。开展未贯通道路打通攻坚行动，统筹全市打通银川东路（科大支路—滨海大道）、宁海路等40条未贯通道路。启动太原路东延段工程跨铁路桥梁建设，实施山东路—敦化路、山东路—延吉路等路口渠化改造139处，启动胶宁高架东山路下桥辅路改造工程建设，进一步提升道路通行能力，优化市民群众交通出行环境。关键节点贯通有序推进。新冠高架渤海路匝道圆满通车，破除青岛港和铁路线对周边区域交通的阻隔，解决周边居民绕行远、出行难等问题。

【停车设施建设】完成市南软件园停车设施、青岛中大集团立体停车设施等22个项目，中心城区新增公共停车泊位8165个，完成总量居省内第一。完善市级智能停车一体化平台和"宜行青岛"APP，实现停车场信息管理、电子缴费、智能诱导等功能，静态数据信息全接入，动态数据接入2.5万个泊位，涉及停车场50个。在全市推广道路泊位POS机代替人工收费应用，探索道路泊位"POS机+地磁感应"新型收费模式，并在城阳区试点应用，试点期间线上支付率达到96.5%。

【海绵城市和地下管廊国家"双试点"建设】2019年年底，住房城乡建设部、财政部、水利部派出两个专家组对青岛市"双试点"分别进行现场验收，全市以优异成绩实现"双试点"圆满收官。海绵城市建设试点。李沧区25.24平方公里海绵城市试点区全面达标，圆满完成各项试点任务，建立长效的海绵城市建设推进机制，形成系统的规划顶层设计体系，构建完善的政策标准体系，探索市场化建设运维模式，实现试点示范和全域建设"双推进"。2019年12月中旬顺利通过试点验收，考评成绩位列14个试点城市第2名，将再获中央财政试点奖励资金1.2亿元。综合管廊建设试点。全面完成49公里综合管廊试点项目建设，实现各类管线入廊约520公里，全市累计投入运营的干线、支线综合管廊达到110公里，总量位居全国之首。圆满完成各项试点任务，建立高效的综合管廊建设协调推进机制，形成完善的政策和标准体系，探索出市场化建设和统一运维监管模式，建成全国规模最大的综合管廊网络，试点验收考评成绩位列同批试点城市前列。

【市级重点公共服务项目建设】2019年，建成青岛市社会福利院改造扩建项目和青岛市创业就业实训基地项目，启动山东大学青岛校区博物馆展陈工程施工。主城区和浮山新区范围内开工建设配套教育设施开工4所、竣工13所，助力提升城市公共服务承载力、保障力。

【市政公用设施建设】供热燃气建设。加快集中供热配套建设，新增城市集中供热配套面积410万平方米，完成年度计划136%，惠及居民4万余户。完成工业余热和新能源供暖328万平方米，占省下达目标任务的128%，节约燃煤约5万吨。累计完成新建天然气管网258公里，占年度计划129%。推进储气设施建设，全市新建储气设施储气能力160万立方米。环卫设施建设。建成并运行生活垃圾焚烧项目，完成西海岸新区静脉产业园生活垃圾焚烧发电厂（设计处理能力2250吨/日）、莱西焚烧发电厂（设计处理能力900吨/日）建设并运行，全市生活垃圾焚烧能力达到8400吨/日，生活垃圾资源化利用率提高50%以上。修订印发《青岛市城市公共厕所建设技术导则》，加强对公厕规划、设计、建设等的技术指导，完成市办实事"六区城区新增、改造公厕120座"的目标。路灯设施管理。2019年，路灯设施维护管理被市政府列入群众关注的10个领域重点整治问题。排查并整改各类问题路灯9239起，各区市共新建路灯设施5447盏（基），更换维修

24467盏（基）。市政公用建设行业管理。加强资质企业批后监管，修订《市政公用建设资质行政处罚自由裁量基准》。组织开展"双随机一公开"企业资质动态核查，对全市市政公用工程施工总承包资质、城市及道路照明工程专业承包资质共487家企业信息进行核查。累计审核企业在全省一体化平台补录的1700余项业绩。新增市政公用工程施工总承包一级资质企业4家、二级资质企业10家、三级资质企业113家。

重点项目

【新机场高速连接线（双埠—夏庄段）工程】新机场高速连接线（双埠—夏庄段）全线以高架桥梁为主，长约9.8公里，总投资约74亿元。工程线位涉及穿越既有铁路、机场限高区、水源地、风景名胜区、地铁等各类复杂因素，是青岛市有史以来沿线条件最复杂、实施难度最大、工艺和技术要求最高的市政道路项目。工程主线采用封闭双向4车道＋应急停车带，设计速度100公里/小时。南流路东侧至双流高架连接匝道段设置高架辅路，单向2车道，设计速度80公里/小时。同步实施青银高速互通立交1座，双流高架连接匝道、重庆路西侧临时接地匝道和南流路东侧3对匝道。工程设计采取国内最大跨径耐候钢转体桥、预制装配式桥梁、仿石混凝土路缘石等"十大创新亮点"，按照"鲁班奖"的技术标准打造精品工程。项目先期实施工程（管线迁改、调流道路、电力隧道）及主线工程分别于2019年8月份、11月份开工建设，力争2020年底实现主线通车。

【新冠高架渤海路匝道工程】2019年上半年，新冠高架渤海路匝道打通工作圆满完成。打通新冠高架渤海路匝道过程中，市住房城乡建设局创新工作思路，对被征迁房屋实施拆除，串联起青岛港区、邮轮港区、海关等组团与新冠高架、杭鞍高架等快速路系统的沟通联系，打通组团出行通道。有效解决晓港名城、海逸景园、普吉新区等大型居住小区1万余户市民长期出行难、绕行远的难题，缩短绕行距离近6公里。

【青岛市社会福利院改造扩建项目】项目概算总投资42216.4万元，新建5个单体，建筑面积79653.7平方米，改造原有综合楼、活动中心、德国楼等，改造面积4510.2平方米。规划设计总床位1876张（含保留床位341张），车位468个（地上339个，地下129个）。2015年3月，项目可行性研究报告批复，2016年5月正式开工建设，2019年底项目完工。

【青岛市创业就业实训基地项目】项目建筑面积59789平方米，投资30168.7万元，主要建设内容包括新建一栋综合楼，改造两栋既有建筑。项目于2019年6月竣工验收，2019年12月移交并投入使用。项目紧密结合青岛市经济社会发展和产业结构调整升级对高端紧缺人才和实用型技能人才的需求，坚持以创业就业为导向，成为综合性的公共创业就业实训平台。

【康复大学项目】项目选址于青岛市高新区南部滨海地块，规划用地面积约1050亩，总建筑面积53万平方米，总投资59亿元，建设内容主要包括校园建筑物工程、室外工程、公用设备购置及安装等。2019年6月，康复大学在博鳌亚洲论坛——全球健康论坛大会上成功揭牌。

【山东大学青岛校区博物馆展陈工程】工程位于蓝色硅谷核心区，施工面积约6400平方米，工程预算6042.55万元，主要包括校史馆、临时展厅、文物展厅等建设内容。其中，校史馆主要讲述山大故事，展现山大与青岛的历史渊源；临时展厅则以高端、灵活、适应面宽广的设计理念，充分满足将来临时布展需求；文物展厅以时间为轴，再现海岱地区历史发展脉络及人文景观。展陈工程于2019年9月份开始施工，目前正进行场景部分（含雕塑、多媒体及展示画面等）施工工作，计划2020年内完工。

勘察设计

2019年，全市工程勘察设计行业共完成营业收入186.46亿元，同比增长25.28%，工程勘察设计行业新签合同数7107项，新签合同额483.86亿元。全市工程勘察设计行业拥有各类资质勘察设计企业272家，其中甲级资质企业108家，乙级资质企业130家，丙级资质企业34家。设计施工一体化企业2家，其中一级资质1家，二级资质1家；勘察设计从业人员28047人。

【人才培养和工程质量提升】高水平搭建平台，持续组织或指导举办"走进大师""为青岛而设计"等系列论坛、交流、讲座活动。2019年，青岛市有4人被评为省勘察设计大师，3人被评为省杰出青年工程勘察设计师。青岛市获2019年度山东省工程勘察设计成果竞赛优胜项目一等奖6项，二等奖19项，三等奖50项；获泰山奖·美丽村居建筑设计大赛优胜项目一等奖1项，二等奖6项，三等奖10项。

【施工图审查改革】印发《青岛市数字化审图推

广工作实施方案》,全面推行数字化审查,原则上不再接收纸质的报审材料。

【勘察作业监管】在全市推广应用青岛市工程勘察监管云平台信息化系统,基本实现勘察项目外业和土工试验室动态实时监管,有效解决工程现场作业和试验室试验操作不规范、编造数据、弄虚作假等问题,推动工程勘察管理手段升级和工程勘察质量有效提升。

物业管理

2019年,青岛市物业覆盖面积达2.96亿平方米,物业管理项目3924个。全市具有物业管理项目的物业企业1207家,物业从业人员约11.1万人。

【物业管理】市住房城乡建设局会同市城市管理局、市市场监督管理局、市公安局等8个部门联合印发《青岛市物业管理整治提升攻坚行动作战方案》,全力发起7项攻势、建立五项机制,全市共督导物业管理项目801个,解决整改物业管理问题1168件。在全市深入推行"三公开"制度,将物业企业执行"三公开"情况纳入政府各级管理部门监督和物业企业信用管理体系。全面推行"三会"制度,建立街道办事处牵头,各方参与的物业纠纷调处机制。全年,共化解各类物业管理矛盾纠纷649件。

【物业服务行业】2019年8月19日,青岛市物业服务行业党委正式成立,各区(市)物业服务行业党组织陆续成立,实现市、区(市)两级物业行业党组织全覆盖,行业党组织成立数量占全省1/3。截至2019年年底,青岛市有150个物业企业成立了党组织,物业企业党员总数1892名。发挥社区党委在基层各类组织中的领导作用,建立社区党委领导下的居民委员会、业主委员会、物业企业,"四位一体"党建工作机制。此外,作为物业行业党建工作与业务融合创新试点,在全市首期物业管理知识大讲堂开展党建大课堂,邀请市委组织部有关专家为全市物业项目经理等管理人员上党课,并成立物业管理知识大讲堂临时党支部,组建青岛市第一支物业行业党建工作队,创新建立全行业上下联动的党建工作模式。

【物业行业制度建设】加强物业服务标准化体系建设,印发《青岛市普通住宅物业服务标准》,建立物业服务质量五级体系,制定物业管理部门和企业责任分工,明确界定专业经营企业、各区(市)政府、区(市)物业行政主管部门、街道办事处、社区居委会等应发挥的作用。开展业主委员会建设专项行动,针对业主大会召开"难"、业主委员会选举"乱"、换届和改选"慢"等难点问题,通过辖区街道办事处、居委会加强对业主委员会的指导监督,全市具备条件的住宅小区业主委员会成立比率不断增加。

【行业宣传、培训】截至年底,共办理解决群众反映问题1800余件,群众参与各类访谈3万余人次。围绕物业管理法规政策、物业企业信用"红黑榜"、行业党建等方面,累计在各类新闻媒体、门户网站等渠道发布报道40余篇。对全市2000多人次中小型物业企业项目经理以上管理人员进行免费培训。积极参加省住房城乡建设厅组织的全省物业服务行业竞赛大比武,荣获个人第五名、团体第四名和垃圾分类组"最佳宣传奖第一名"的成绩。

【公布物业"红黑榜"】2019年8月,通过政府网站和新闻媒体向社会公示青岛市2019年第一批物业服务企业信用得分"红黑榜",同时将物业企业信用档案信息查询端口全面开通,接受社会监督。借助信用惩戒机制全面加强对物业企业履行物业服务合同过程中违法违规行为的监管,进一步提升物业行业服务管理水平。

(青岛市住房和城乡建设局)

宁 波 市

概况

2019年是中华人民共和国成立70周年,是高水平全面建成小康社会的关键之年。一年来,宁波市住建系统深入践行习近平总书记对住房城乡建设工作的指示精神,以"不忘初心、牢记使命"主题教育为引领，以"六争攻坚、三年攀高"攻坚行动为主线，倍道兼程、破浪前行，住房城乡建设事业发展迈出坚实新步伐，主要体现为"六字六新"。

【紧扣"统"字，打开城建统筹新局面】全面启动住房城乡建设"十四五"规划编制，系统开展宁波新型城市化建设发展研究。力推区域开发、项目建设、城乡一体等"三大统筹"。区域开发统筹与"拥江"板块开发、城乡接合部改造同步研究推进，城建计划统筹和投资管理机制加快建立完善，市六区城建计划、项目管理"1+X"政策体系陆续制定出台，市区两级联动约束机制和政策先行处理机制基本构建，全市"建设一盘棋"改革在落实落地上迈出重要步伐。建立地上地下"五结合四同步"建设统筹机制，实现轨道交通建设、道路综合整治和城市有机更新的协调联建，推动地铁3号线一期和中兴路整治工程同步投用。建立安置房建设管理统筹机制，致力破解长期存在的房源分散供需不均等突出问题。新增的市政工程监管、轨道工程管理、造价管理、工程消防审验等职能，均顺利承接运行。

【紧扣"争"字，收获城乡争优新成果】完成公共设施管理业投资超300亿元。实行重大城建项目倒计时公示牌和"一项目一方案"任务清单制度。全年完成城建投资超过260亿元，其中市本级72亿元，同比增长13.5%。宁奉城际铁路首通段、地铁3号线一期建成通车，轨道交通总运营里程近100公里，2号线二期、5号线一期等在建总里程达97.5公里。完成《市区地下综合管廊专项规划（2018—2035年）》编制，广元大道、余姚高铁新城综合管廊开工建设，杭州湾大道、金源大道综合管廊竣工验收，通途路综合管廊完成区间贯通，全市累计建成综合管廊已达20.9公里，在建22.4公里。

【紧扣"融"字，彰显城乡融合新风貌】姚江东路滨江道路（机场路—姚江府段）建成完工，姚江南岸滨江休闲带（机场路—青林渡路）工程扎实推进，滨江大道原庆丰热电厂地块、三江口杉杉公园、中信国际大酒店滨江休闲工程断点顺利打通，书城南侧地块，实现全面"清零"。新建成城乡绿道165公里，累计已超1200公里，东部新城生态绿道入选省十佳最美绿道。海绵城市试点区168个试点项目全部完工，并顺利通过国家终期考核，镇海区、象山县获评首批省海绵城市建设优秀区县（市）。小城镇环境综合整治行动圆满收官，112个乡镇（街道）全部通过考核验收，奉化大堰镇、鄞州东吴镇、慈溪天元镇等39个乡镇（街道）获评省级样板。新创建省级美丽宜居示范村8个、市级58个，宁海县启动全市首个装配式农房试点项目。完工农村公厕改造2705座，完成农污设施标准化运维验收224个，超省定任务287.2%。探索实施"即时限时"救助制度，助力400户农村困难家庭危房治理改造提前完成。

【紧扣"治"字，取得行业治理新进展】房产市场平稳健康。推进房地产调控"一城一策"试点，建立房地产市场联席会议制度和"房价地价联动"机制，大力培育住房租赁市场，房地产市场稳定健康长效机制基本形成。全年完成房地产开发投资1703.6亿元，同比增长7.3%；销售商品房1714.6万平方米，同比增长5.6%（全省同比下降3.9%）。物业管理持续强化。启动物业管理条例修订立法调研，编制党建引领住宅小区物业管理实施意见，发布住宅小区37项行政执法清单和92项物业管理责任清单，物业企业信用管理、质量评价和招投标管理办法陆续出台。海曙安丰社区等71个老旧小区完成物业管理费提价；鄞州孔雀小区试点物业专项维修资金"即交即用即补"办法，完成建账近800户，已达总户数的85%；江北包家社区建立全市首个社区环境和物管委员会；象山县建立全市首家物管企业红色党建联盟；余姚市社区物业智管平台获得国家地理信息产业优秀工程铜奖。完成建筑业总产值约2962亿元，可比增速为8.8%，其中完成省内建筑业总产值约2190亿元，可比增速为21.2%；新开工装配式建筑1315万平方米，同比增长63%，新型建筑工业化连续四年被评为全省优秀，建筑业转型步伐明显加速。荣获中国建设工程"鲁班奖"1项、国家优质工程奖5项。绿色建筑加快发展。新建绿色建筑2700万平方米，城镇新建工程项目绿色建筑标准实现全覆盖，高星级绿色建筑面积占比已达48%。建筑垃圾资源化利用试点、建筑节能试点示范工作扎实推进，新建住宅家庭屋顶光伏行动全面启动，宁波市住房城乡建设局获评市直部门唯一国家级节约型公共机构。安全生产形势稳定。执法监管扎实有力，扫黑除恶深入实施，全市住建领域"平安宁波"和"法治宁波"建设纵深推进，全年未发生较大及以上生产安全事故。城镇房屋安全监管制度全面落实，住宅全装修监管体系基本形成。深入开展安全生产和消防安全百日会战等8个专项行动，建立并发布5批建筑工程扬尘"红黑榜"，在全国率先推行建设工程起重机械"保险+服务"模式。

【紧扣"惠"字，迈上住房惠民新台阶】全年归集住房公积金267.5亿元，同比增长14.9%，应家2649套保障房建设销售顺利推进，新增保障住房困难家庭9010户，城乡一体化住房保障体系基本构建，有关做法被新华社和中央电视台《新闻联播》刊播推介。大力推进城乡危旧房治理改造，完成棚户区改造88.7万平方米、新开工安置房（货币化安置）10520套，分别完成全年任务177%和145%，完成投资126亿元。新启动老旧小区改造项目71个、254.6万平方米（42个列入市十大民生实事工程）；完成改造老旧小区61个、235万平方米（含住房城乡建设部确定的8个试点小区），加装投用电梯52部。全国城镇老旧小区改造及垃圾分类培训会在宁波召开，老旧小区改造"宁波经验"得到住房城乡建设部高度肯定，并成功入选全国城镇老旧小区改造试点城市。

【紧扣"实"字，培树创业实干新风尚】全市住房城乡建设系统"上下一股劲、系统一股绳"的大局观进一步树立，合力显著增强。王勇同志被评为市"六争攻坚"好干部，樊丽渊同志荣获省"劳动模范"和"浙江最美建设人"称号。选派一批干部赴"六争攻坚"等一线挂职锻炼，提升担当有为的干劲和攻坚破难的本领。大力推进优化营商环境专项行动和"最多跑一次"改革，连续三年荣获"市行政服务中心示范进驻单位"称号，区县（市）房产交易专网整合完成，公积金服务事项和住房保障实现"一证通办"，国家工程建设项目审批制度改革、国家智慧汽车基础设施和机制建设两大试点取得扎实成效，"政府数字化转型"各项工作走在全市前列。

法规建设

【法治保障】根据宁波市住房城乡建设局制定的《宁波市住房城乡建设系统法治宣传教育第七个五年规划》，下发普法教育责任清单并上网公布。做好《宪法》、法律和上级各项法律文件的宣传贯彻，开展有关最新颁布的法律法规教育宣传学习活动，印制有关公积金、房屋安全、老小区整治等宣传册到现场发放，制作物业管理系列剧通过移动媒介进行宣传。

【法律政策体系完善】截至目前宁波市住房城乡建设局共出台行政规范性文件8个，并对21份外来的法律文件反馈了意见。对185个行政规范性文件进行全面审查，清理一批不符合"最多跑一次"改革、违反公平竞争原则的文件，拟废止14个，拟修改7个。

【规范行政执法】积极部署对局属单位的行政执法委托工作；继续提高行政机关行政执法证持有率，全面开展行政执法证的培训、考试、申领工作；组织开展"双随机"抽查监管工作，积极推进"浙江省双随机抽查系统"建设；出台关于全面推行行政执法公示制度、执法全过程记录制度、重大执法决定法制审核制度的工作实施方案并起草汇编相关配套文件；组织督查组对宁波市住房和城乡建设系统进行法治政府建设实地督查和行政执法案卷评查工作，抽取近120份文件、行政执法案卷、行政应诉（复议）案卷进行评查，并提出整改要求。

【化解行政争议】2019年局本级发生行政应诉案件53件，同比去年增长165%；被申请行政复议案件共11件同比去年增长37.5%；依申请信息公开事项35件，与去年同期相比依申请公开数量减少34%，均已按期办理完毕。

【平安综治信访】出台《关于推进平安建设工作的实施方案》《关于平安宁波建设宣传工作的实施意见》《关于全市住建系统信访突出问题排查化解工作的通知》等。2019年市本级共办理来信624件，接待群众来访400批次874人，浙江省统一政务咨询投诉举报平台处理信访3164件，受理来电投诉咨询6750件次；浙江省统一平台平均办理时长3.68日，按期答复率100%；不满意件共计69件，均已回访核实，回访核实率100%。

房地产业

【稳步推进长效机制建设】宁波市开展房地产调控"一城一策"试点工作，编制试点工作方案，并于8月5日经住房和城乡建设部批复实施。建立房地产市场平稳健康发展联席会议制度，市长为召集人，常务副市长和分管副市长为副召集人，确定20家市级相关部门和区县（市）主要领导为成员联席会议办公室已于9月、10月召开了两次联席会议，部署相关工作。制定《宁波市区房价地价联动机制操作规程（试行）》。

【加强房地产市场调控】根据统计数据，2019年1—9月全市完成房地产开发投资1330.5亿元，同比增长6.7%（全省为同比增长8.1%）；全市销售商品房1303万m^2，同比增长6.8%（全省为同比下降5.1%）；根据网签数据，1—9月全市二手房成交1111.9万m^2，同比下降3.6%。截至9月底，全市商品住宅已预售许可未销售面积为657.63万m^2，其中市五区为208.8万m^2。根据国家统计局公布的70个大中城市住宅价格指数，2019年，宁波市新建商品住房价格月环比指数均为正，1—9月价格指数累计环比连乘已达7.4%。

【规范房地产市场秩序】起草《商品房质量保修管理办法》《宁波市房地产开发企业不良行为记录公示办法》《宁波市商品住房交付管理暂行办法》地产领域突出问题专项整治文件。印发《关于加强商品房销售代理机构管理的通知》《关于进一步做好商品房买卖合同变更管理的通知》《关于进一步规范商品房销售行为有关事项的通知》等文件修订《宁波市房地产经纪机构备案管理办法》，降低和简化了经纪机构备案要求。在房地产经纪人证和房地产经纪人协理证之外，允许参加宁波市房协统一培训并通过考试后取得的宁波市房地产经纪从业人员服务卡申请备案，最大限度地将中介机构纳入监管范围。截至2019年年底，宁波市已备案的经纪机构2775家，已备案的经纪人员18122人。8月，下发《关于开展房地产市场专项整治工作的通知》，组织各区县（市）管理部门对房地产中介机构及从业人员的15类违法违规行为进行整治。同时，开展互联网房源发布检查。会同市网信办、市网安支队等部门对58同城、房天下、乐居、贝壳等主要互联网平台进行整治。

【防范房地产市场风险】宁波市停工楼盘由2015年的27个项目减少为目前的9个，均为商业办公。商品房方面，出台《宁波市商品房预售资金监管实施细则（试行）》《宁波市存量房交易资金监管办法（试行）》。

【培育和发展住房租赁市场】起草《关于培育和发展住房租赁市场的实施意见》，目前正征求意见。根据住房和城乡建设部、财政部要求，初步编制《宁波市申请中央财政支持住房租赁市场发展试点实施方案》。杭州湾新区探索的"混合社区"致力改善产业工人居住条件、缓解潮汐式交通压力、吸引优质企业入驻。该新区规划总建设用地约500公顷，其中居住用地约150公顷，建筑面积约为200万平方米，配套建设小学、幼儿园12所，可容纳12.5万产业工人过渡居住。

【加强监管服务平台建设】开发商品房销售机构备案、信息应用和商品房现房交付清单功能，并启动房产交易服务和大数据分析综合平台项目。上线运行商品房预售资金监管系统，并通过政府端和金融端信息联动和业务协作，实现买卖双方交易资金监管和贷款预审批。推进不动产窗口"一窗受理"应用业务的接口对接和流程联动，实现与不动产业务"一窗受理"整合；网上购房资格核查申请与监管服务平台的整合联动，实现房产交易业务网上办；完成"八统一"相关事项的细化梳理。目前，12项政务服务事项实现100%"跑零次"、100%"网上办"、在"浙里办"APP上实现100%可办及收件材料电子化。2月，完成房产监管服务平台与住房和城乡建设部联网工作。同时，开展与公安部门租赁数据联网，向公安提供房屋租赁登记所需产权信息，共享双方房屋租赁数据。

住房保障

【住房保障工作水平稳步提升】宁波市已按期完成27632条公租房历史数据补录工作，在浙江省属较早完成的地市。如期完成贯彻住房和城乡建设部《公租房信息基础数据标准》工作。积极推进住房保障"一证通办"和公租房申请"一件事"，住房保障申请办理更简捷优化。针对30余项涉及群众申报信息尚未完全实现共享的实际情况，专题开会商讨政策优化和申报流程简化工作，连续2次召集有关部门集中技术攻关。根据《浙江省人民政府办公厅关于推进公共资源配置领域政府信息公开工作的实施意见》要求，在1个月内配合各区县（市）住房保障部门做好住房保障领域内关于项目建设、住房分配2个大项15个子项的信息录入和公开工作。同时，更新上报了全市住房保障信息公开网站网址。

【住房保障惠及民生工作扎实推进】推进住房保障城乡一体化。目前，除个别区（县）外均已开展城乡一体化保障工作，将住房保障范围从城镇扩大到了城乡。促进解决新就业无房职工和在城镇稳定就业外来务工人员。截至目前，全市已新增保障1605名符合条件的非户籍外来务工人员。指导应家保障房销售工作。会同市住房保障中心开展应家保障房销售政策拟定及销售方案编制、实施工作。有力推动2600余套限价稳步销售。

【住房保障制度化监管工作有序规范】会同宁波市财政局完成2018年中央财政保障性安居工程专项补助资金（用于14个棚改项目1.7363亿元）使用情况及相关绩效评价报告和2019年中央专项补助资金申报工作，2019年已争取到位中央财政保障性安居工程专项补助资金6681万元；会同市财政局、发改委发文调整海曙区公共租赁住房租金补贴标准。督促落实审计发现问题整改工作。牵头构建整改联系工作网络，落实每月15日、30日上报整改进展情况的制度，通过专题会议指导、约谈督办等方式紧抓整改进度。目前，所有审计发现问题已全部整改到位。

公积金管理

【业务指标】公积金制度扩面：1—9月，全市净增6.2万人，完成省考核指标7万人的89.11%，缴存人数达到153.69万人；其中，市本级净增1.07万人，缴存人数达到77.19万人。住房公积金归集资金：1—9月，宁波市归集住房公积金198.16亿元，同比增长14.51%，完成年度计划的86.16%；截至9月底，历年累计归集1827.63亿元，归集余额为551.07亿元。住房公积金提取：1—9月，全市提取额达到155.96亿元，同比增长11.53%，完成年度计划的87.52%，历年累计提取1276.56亿元。住房公积金个贷规模：1—9月，全市共发放普通住房公积金贷款84.46亿元，同比增长4.26%，完成年度计划的88.44%，公转商贴息贷款发放3.51亿元；住房公积金存贷比93.32%，个贷逾期率为0.0067%；截至9月底，累计放贷963.13亿元。住房公积金增值收益：1—9月，全市增值收益5.42亿元，完成年度计划99.22%。历年累计增值收益68.28亿元。其中，市本级增值收益2.55亿元，完成年度计划96.24%。历年累计增值收益31.28亿元。

【"最多跑一次"改革】打通"信息孤岛"，推进数据共享。协调相关业务部门，做好省公安厅居民户口簿电子证照、公证书证照、市乡村建设规划许可证、合同成果信息、新商品房合同（存量房合同）、低保救助信息以及全国婚姻登记信息的数据共享调用及业务改造工作，应用于住房公积金贷款、提取等各项业务。同时，打通关联部门数据衔接通道，实现证件信息的数据交换、共享和交叉应用，目前16个公积金提取、贷款等事项实现"一证通办"。于4月底成功接入住房和城乡建设部全国住房公积金数据平台，完成与税务总局之间数据互联的"大通道"建设。10月中旬宁波市与浙江省厅完成公积金专网割接任务。借助"人脸识别"，助推"零跑腿"。截至9月底，宁波市线上办理提取业务3.9万人次，金额8.65亿元。其中市本级1.98万人次，金额4.75亿元。开展"减证便民"工作，实现即时办结。住房公积金26项办事事项实现即时办结，截至目前，全市共精简退休证明、偿还购房贷款证明、收入证明等证明类材料48万件。

【创新举措】住房公积金业务系统的"企业员工招聘一件事"和"退休一件事"正式上线，住房公积金个人账户设立事项和退休职工住房公积金账户封存、提取事项实现了与人社相关业务的"一事联办"。5月，与工商银行、建设银行、宁波万科合作推出"买房贷款同时办"业务，以住房公积金贷款业务承办银行入驻集中签约中心的方式让购房人签完购房合同即办贷款。实现资金实时到账。截至9月底，全市线上办理租房提取1.08万人次，金额0.71亿元。其中市本级0.63万人次，金额0.43亿元。2019年，宁波甬樾湾保障房项目完成启动并对外预售，推出阶段性、专项服务"夜市"，实行预约办理、集中受理、快速审批、及时放款。完成"好差评"系统开发上线和数据上报工作，实现评价信息与办件信息、事项信息、用户信息全关联，并实时推送评价结果到省好差评系统。

【风险防控】开展市本级住房公积金增值收益账户和住房公积金定期存款竞争性存放的招标工作。主动接受市审计局的审计；向市住房公积金管委会汇报上一年度住房公积金归集使用情况和计划安排；通过《宁波晚报》、门户网站等渠道披露全市住房公积金年度报告，有效建立了上级监督、积极开展"按月巡检"工作，针对相关疑点数据进行整改。根据电子化检查报告，全面梳理电子化检查报告中缴存、提取、贷款疑点问题，制定整改措施。同时，根据住房和城乡建设部要求，做好电子化检查工作相关疑点的分类和评估工作。完成市本级42848个账户、分中心20296个账户的合并工作。完成1024名延迟退休职工身份确认及证明文件的收集工作。

城市建设

【概况】根据《宁波市国民经济社会发展"十三五"规划》和《中心城区城市基础设施建设"十三五"专项规划》，2019年，宁波市中心城区共安排续建、新建城建项目97个（续建52个，新开工45个），前期储备项目55个，年度计划投资约119亿元（市本级安排资金38亿元）。安排市本级项目35个（续建22个，新开工13个），年度计划投资约92亿元（市本级安排资金37.2亿元）。截至2019年10月，年度累计完成投资约76.28亿元，占年度投资计划的77%。

【重大城建项目推进情况】快速路连网工程："三路"快速化改造，环城南路东段建成通车，东外环路和北环东路均顺利实现主线高架贯通，全面进入桥面附属设施施工。环城南路西延启动段提前建成通车，二期工程加快推进，完成工程总量的31%。机场快速路南延完成工程总量的55%。世纪大道快速路（百丈东路—沙河互通）开工建设，同步推进房屋征拆和管线迁改工作。南延（东苑立交—姜山北互通）完成方案深化设计。鄞州大道—福庆路快速路（东钱湖段）一期工程完成初步设计调整，各项前期准备工作加快推进。跨江桥梁工程：三官堂大桥及接线正开展主桥中跨钢桁梁大节段施工，已完成工程总量的86％。中兴大桥及接线完成大桥主体结构，南引桥完成至80％，北引桥完成除部队区域外桥梁结构施工。西洪大桥及接线全面开工建设，主桥水上作业进场施工。主干道建设工程：薛家路环城南路至蓝天路段提前开放交通，已完成总工程量的51％。启运路完成全线管线施工，完成工程总量的72％。鄞奉路基本完成管线和路基施工，完成工程总量的63％。环城北路改建工程西段基本完成地道主体结构，完成工程总量的45％。主干道综合整治方面，中兴路道路交通部分与轨道3号线同步建成通车，正开展绿化景观施工。兴宁路综合整治工程开工建设，正开展管线施工，已完成总工程量的31％。"三江六岸"滨江休闲带工程：姚江东路工程机场路至姚江府段已建成，姚江府至青林渡路段完成南半幅水稳层施工，完成总工程量的70％。青林渡至育才路段已完成招标工作。姚江南岸滨江休闲带工程机场路至青林渡路段完成总工程量的65％。"三江六岸"核心段中，已完成总工程量的30％。

【工作创新】探索建立城建项目"一项目一方案"任务清单制：从2019年开始，宁波市住房和城乡建设局对2019年度续建、新开工开展建立城建项目"一项目一方案"任务清单制。根据项目目标完成时间倒推工作安排，细化工作目标，分解工作职责。主动开展在建项目倒计时公示牌制度：宁波市住房和城乡建设局自2018年年底以来，对市本级出资（含市本级补助）建设的城建项目试行倒计时公示制度。为应对渣土外运困难和塘渣价格上涨过快等问题，在西洪大桥项目和机场快速路南延项目上分别开展了固化土技术的实践应用。为降低高架桥梁养护管理成本，采用全寿命周期角度开展技术方案研究，在钢桥面铺装选用、高架花箱比选、透水铺装探索等方面进行大量深入的研究和实践，降低工程后期总体养护管理成本。统筹做好轨道站点周边道路综合整治：住房和城乡建设局统筹开展轨道交通与沿线道路综合整治工程，通过与轨道建设单位一并摸索实践，按照"五结合四同步"实施策略，实现轨道交通与沿线市政道路、综合管廊、景观绿化、立面整治等项目协同建设，同步完成，实现城市轨道交通建设、道路综合整治和城市有机更新的统筹协调。做好城建计划统筹工作：主动对接"拥江揽湖滨海"发展战略，结合宁波前湾新区、甬江科创大走廊和国际会议、会展中心选址等重大项目安排，按照"区域连通、空间优化、功能协同、轴线衔接"基本思路，在项目实施、资金安排等方面做好统筹谋划，开展2020年度城建计划和"十四五"城市基础设施建设规划研究。

村镇建设

【小城镇整治】宁波市112个小城镇全面通过省里考核验收，其中获评省级样板39个、市级样板28个。9月6日，全省美丽城镇建设工作会议在建德召开。制定宁波市《关于高水平推进美丽城镇建设的实施意见》（送审稿），目前已经市政府常务会议审议通过。对接宁波市委组织部，将原小城镇整治办人员整体转入美丽城镇办，并尽可能对应省里内部机构设置，充实有关人员，实行集中办公、实体化运作。筹划召开全市现场会，督促指导各地统筹制定县域行动计划。协调市级相关部门，加快研究制定出台资金保障、用地倾斜、人才引进等方面的政策措施，以及在县域层面推行首席设计师制度。

【农污设施运维管理】截至10月底，宁波市共建有农污设施的行政村1858个，已移交运维管理行政村1455个；建设设施数3276个，移交运维设施数为2468个（含纳厂1047个），总受益户数702919户。截至目前，已完成208个设施的标准化运维验收，占省下达任务的266.7％。推进农污治理专项规划编制，目前各地均已完成初稿。9月，奉化区的农村生活污水运维体系入选住房和城乡建设部《县域统筹推进农村生活污水治理案例》，成为浙江省2个入选案例之一。

【农村住房建设管理】印发《宁波市高水平推进农村住房建设试点工作打造"浙东民居"新范例实施方案》；制定《宁波市农村住房建设管理暂行办法（初稿）》。

【美丽宜居示范村建设】2019年共通过省级美丽宜居示范村验收8个（目标任务为7个），共完成村庄设计方案评审34个，其中省级21个。截至目前，宁波市已累计创建成功省级美丽宜居示范村112个，其中国家级7个。

【镇级污水管网建设】截至目前，已完成镇级污水管网建设284公里，超额完成年度新建改造目标任务。推进全市镇级污水管网数据入库工作，并依托信息化手段，强化建设管理，合理确定未来建设需求。

【农村公厕改造】截至10月底，已开工2748座，开工率为151％；已完工2352座，完工率为129％，超额完成年度目标任务。制定出台《宁波市农村公厕改造标准》。

工程质量安全监督

【概况】 2019年度建设工程质量安全监管工作紧紧围绕年初确定的工作目标，认真贯彻落实国家法律法规、规范及相关建设管理文件精神，狠抓各方主体责任落实，强化企业质量创优和安全责任意识，进一步加大巡查、稽查和监督检查的频次和力度，立足开拓创新，完善管理制度，改进监管措施，切实加强工程质量和安全生产的监管工作，杜绝较大及以上生产安全事故的发生，安全生产形势呈可控状态，工程质量安全管理水平稳步提升。

【安全生产情况】 年初与各地住房和城乡建设部门签订安全生产责任书；近期明确局安委会成员单位和职责落实行业重点监管，第一、二、三季度共将70家施工、监理企业列入全市重点监管并信用扣分。按照"四不放过"原则严格事故查处，对5家企业暂扣安全生产许可证，暂扣安全员C证11个。开展深基坑工程、起重机械、预防高处坠落、危险化学品等安全生产大检查，督促企业有效落实主体自查，实现安全隐患排查治理全覆盖。截至8月30日，全市累计有1316个工程项目参与投保，建筑起重机械累计投保6132台，全面推进风险管控机制，制定印发《宁波市建筑施工企业安全生产风险管控细则》。

【工程质量管理】 印发《全市房地产领域突出问题专项整治行动方案》，梳理汇总60个问题项目及其责任清单。7月2日宁波市住房和城乡建设局在北仑万科未来之光项目召开全市住宅全装修质量管理现场观摩会。发布《宁波市住宅全装修工程质量管理规定（试行）》《关于加强住宅全装修样板房管理的通知》《全装修住宅设计技术细则》《住宅工程分户质量检验实施细则》《全装修住宅质量通病处理要点》《宁波市建筑市场房屋建筑工程建设单位信用评价管理办法（试行）》《关于进一步完善住宅全装修质量购房人监督机制的通知》等相关政策办法和技术标准。对重点质量投诉项目进行监管，印发《海曙区银亿朗境项目加强质量监管工作方案》。在全市范围内开展两次住宅工程质量专项治理提升工作，进一步压实住宅工程各方参建单位主体责任，规范各方主体建设质量行为。

截至2019年10月底，省市标准化工地申报项目有174个，申请现场考评的项目有77个。经评审确定为2019年度市标准化工地的项目有145个，其中房屋建筑工程项目93个，市政工程项目34个，轨道交通工程项目18个。2019年度共有16个房屋建筑工程、4个市政基础设施工程获得浙江省建设工程"钱江杯"奖，8个市政基础设施工程获得浙江省市政（优质工程）金奖示范工程，1个房屋建筑工程已申报"中国建设工程鲁班奖"创历史最好成绩。

2019年6月与10月，宁波市住房和城乡建设局开展建筑市场和工程质量安全监督执法检查，两次检查共计抽查在建项目45个，下发整改督办通知书40份，停工整改通知书5份，实施或建议属地住建部门实施行政处罚单位12家，严重隐患挂牌督办2家。

【施工管理】 深入推进施工环境综合整治。市区两级环境整治办已完成283个项目、共计314条围挡问题即查即改。同时开展"建而不快"项目专项整治，印发《关于开展宁波市建设工程施工进度专项整治督查行动的通知》，分两批共对52个工程项目进行通报，督促各地及项目参建主体加快项目建设进程。市区两级共检查房建工程项目662个（次）、市政工程项目78个、轨道交通项目41个，签发75份整改通知单。制定《宁波市中心城区推进建筑渣土源头减量实施方案》，推动建设、施工等单位从6月30日起落实建筑渣土源头减量。着力开展建设工程扬尘专项治理。下发《关于进一步提升全市房屋建筑工程和市政基础设施工程文明施工扬尘治理工作的通知》和《关于开展2019年度扬尘常态化治理工作的通知》。建立扬尘"红黑榜"通报制度，开展扬尘治理常态化巡查，实行问题项目整改销号，全面加强建筑施工扬尘治理。截至目前，共对80个工程项目及其参建主体列入红榜表扬进行信用加分，对195个工程项目及其参建主体列入黑榜予以批评进行信用扣分。

建筑市场

【概况】 截至9月底，宁波市建筑业完成建筑业总产值1979亿元，建筑业总产值可比增速为9.5%，高于全省平均（1.5%）8个百分点；其中完成省内建筑业总产值1463.6亿元，同比下降6.8%，比全省平均（下降8.7%）小1.9个百分点，但可比增速达23%，高于全省平均（7.6%）15.4个百分点。前三季度，全市实现建筑业增加值387亿元，同比增长1.1%，建筑业增加值占全市GDP的比重为4.7%。1—10月，全市新开工装配式建筑达1025万平方米，同比增长64.3%，其中装配式住宅和公共建筑（不含场馆建筑）达到778万平方米，同比增长83.9%。

【建筑业改革创新】 组织草拟新一轮扶持政策，

筹备召开全市建筑业大会。宁波市浙江开天工程技术有限公司在2018年度国家科学技术奖励大会上获得国家科技进步一等奖。完善工程建设组织模式，会同市发展和改革委员会组织草拟《推进全过程工程咨询服务发展的实施意见》，草拟《推进工程总承包发展若干意见》。组织开展建筑信息模型（BIM）技术应用竞赛，组织举办宁波市首届BIM技术应用成果交流会，并在第九届智博会信息技术馆展示BIM技术应用。2019年，共引进交通、水利工程二级以上资质企业14家。组织召开建筑业企业座谈会，并开展"三服务"活动。根据《关于进一步推进宁波市建设工程综合保险工作的通知》，通过公开招标方式选择2家建设工程综合保险首席承保人，加快推进建设工程综合保险。截至9月底，建设工程综合保险为1806家企业出具保单13200张，释放保证金40.74亿元，为企业减负2.58亿元。积极开展"三服务"活动，深入6家建筑业企业开展调研。

【装配式建筑】制定印发《宁波市推进钢结构装配式住宅试点工作实施方案》，开展装配式钢结构住宅试点工作；开展《宁波市装配式建筑装配率与预制率计算细则》政策宣贯，并组织召开企业座谈会，推进预制构件标准化在工程建设领域的应用。协助发布《关于调整宁波市建设工程文件进馆范围的通知》。组织开展全市装配式建筑实施情况专项检查，下发通报，并分批对检查中存在问题的35家企业进行集中约谈。完成2018年度省建筑工业化工作考核，宁波市连续第四年被评为优秀；完成2018年度各区县（市）装配式建筑推进情况考核企业、基地和项目实施情况的评估工作；下达2019年度宁波市建筑工业化发展工作目标任务。完成浙江省建筑工业化示范城市实施情况的自评和总结工作，组织开展本市区域内省建筑工业化示范试点工作推进情况。开展"装配式建筑管理及技术人员培训"，组织350余家相关企业的950多个人员参加培训；开展装配式建筑技术首届创意竞赛，有12家单位参赛，共征集39项创意作品。

【建筑市场监管】印发《全市建筑工程施工发包与承包违法行为专项整治行动方案》，全市住建部门共检查了463个项目，涉及774家单位和企业，对存在违法违规行为的15家单位进行了查处，共处罚款230.8万元。组织开展工程建设领域专业技术人员职业资格"挂证"等违法违规行为专项整治，对自查自纠结束后仍涉嫌存在"挂证"行为的86家企业和121名专业技术人员进行公告，责令限期整改。对宁波市开展8个省无欠薪创建区（县、市）的初评初审工作。印发《关于全市建筑业务工人员实名制管理工作进展情况的通报》，督促各地推进实名制管理。目前全市实名制平台数据传输量合计135133条。印发《关于调整部分建筑业企业人工工资支付担保额度的通知》，对412家企业进行人工工资支付担保额度调整。印发《关于修改部分建设工程工资专用账户管理实施细则的通知》。印发《关于进一步做好建筑市场信用信息和项目信息管理工作的通知》。

建筑节能与科技

【住房和城乡建设部绿色建筑分户检验试点】根据住房和城乡建设部的统一部署和《宁波市提升绿色住宅工程质量购房者监督机制试点工作方案》要求，会同相关处室统筹推进各区县（市）绿色住宅工程购房者监督机制，基本完成方案确定的各项工作内容，做好试点完成后的经验总结。

【"五大专项行动"】按照市住房和城乡建设局会同宁波市能源局等4部门联合印发的《宁波市民用建筑能效提升三年行动计划》工作要求，深入推进或配合开展"五大行动"。新建绿色建筑能效测评行动：统筹推动新建建筑能效测评和能耗监测平台建设，做好《绿色建筑评价标准（2019版）》在宁波市施行前的各项准备工作。家庭屋顶光伏行动：修订《宁波市民用建筑节能管理办法》政府规章，统筹推进太阳能热水、太阳能光伏、地源、空气源等可再生能源应用。建筑能耗执法监察行动：配合宁波市能源局及所属的市能源执法监察大队，持续开展高能耗建筑能源审计与执法监察，推动能源执法监察常态化。既有建筑能效提升行动：组织对2019年能源审计的高能耗建筑开展节能改造对接，推动各区县（市）和市级有关高能耗行业主管部门联动，加大力度推进既有建筑节能改造，确保住房和城乡建设部确定的"十三五"期间副省级城市完成240万既有建筑节能改造目标任务。绿色建材生产和应用行动：按照市场监管总局、住房和城乡建设部、工业和信息化部2019年10月底印发的《关于发布绿色建材产品认证实施方案的通知》，启动绿色建材生产应用和标识认证行动。

【建筑垃圾资源化利用】在《关于推进建筑垃圾资源化减量化控制的若干意见》（征求意见稿）的基础上，尽快修改完善，并制定出台。

【行业标准规范建设】全面清理2019年年底之前住房城乡建设领域公布的地方标准或细则。编制完成《未来社区评价标准》《房屋建筑和市政基础设施5G设计标准》等一批高质量的标准。

人事教育

【机构改革,职能转变】宁波市住房和城乡建设局从市综合行政执法局、市发改委转隶接收人员共71名,其中机关3名,未参公事业单位68名。在机构限额内,按照优化协同高效和简化工作流程的原则,设置15个内设机构及机关党委。为顺利做好消防设计审查和验收职责的移交工作,经编办批复,同意增设内设处室工程消防管理处,增加人员编制1名,下属事业单位市建设工程安全质量管理服务总站新增建设工程消防设计审查、验收和备案抽查相关管理服务职责,增加内设科室1个、事业编制5名。

【队伍建设】全面落实党管干部原则,严格落实新修订的《干部任用条例》《党组工作条例》,选优配齐局管干部队伍,优化干部结构。2019年,共选拔处级领导干部21人,其中:正处7人、副处14人。40岁以下年轻干部由调整前的1人增加至调整后的7人,比率占处级领导干部总数的9%。另外,非领导职务晋升5人,其中:机关2人、局属事业单位3人。加大干部交流力度,共交流干部13名,其中:机关内部处室交流6名,机关与局属事业单位交流3名,事业单位之间交流4名。稳妥推进公务员职务与职级并行制度实施,提出《市住建局公务员职务与职级并行制度实施方案》。

【增强干部担当履职能力】突出"一线锻炼,重大工程、重要任务、重点区域挂职锻炼"的干部培养原则,组织各级干部到"六争攻坚"、扶贫协作、涉稳涉访、基层治理等重要岗位挂职锻炼,通过一线建功、一线压担等方式,推动干部在攻坚一线锤炼政治能力、业务本领、优良作风。推荐3名优秀干部赴"六争攻坚"挂职。选派4名干部挂职前湾新区指挥部、甬江科创大走廊指挥部和国际会展中心项目指挥部,选派2名干部挂职市城中村改造领导小组办公室,选派1名干部挂职消防安全委员会,选派2名干部挂职道路交通安全整治办,选派1名干部赴住房和城乡建设部挂职。继续做好农村指导员、科技特派员和援疆挂职工作,继续选派干部赴五水共治、垃圾分类、交通治堵等领导小组办公室挂职,另外,选派1名干部赴市委巡察组挂职。

【聚力年轻干部培养,构建合理干部梯队】积极配合浙江省委组织部调研,推荐宁波市住房和城乡建设局优秀年轻干部,共推荐副局级干部1名、正处级干部7名。积极参加"浙江省担当作为好干部"和宁波市"六争攻坚"好干部的评选,1名正处级干部获评宁波市"六争攻坚"好干部。参加"人民满意公务员"评选,推荐"城乡争优"行动中表现突出的1名处级干部参加评选。2019年,组织部统一安排局机关选调生1名。分两批组织实施优秀毕业生招聘工作,6家事业单位共招聘11名优秀人才。

【人才培育和引进】完成宁波市人才安居实施办法的制定工作,出台《关于落实高层次人才购房有关政策的通知》,有效破解高层次人才购房难问题。草拟《宁波市住房和城乡建设人才队伍发展要点》,以中高级人才为引领,做大做强行业规模和质量。进一步调整优化中级职称评审工作。开展城市有机更新及精细化管理培训班,赴上海同济大学开展培训。牵头组织因公出国学习调研,及时完成调研报告。

【政治体检和政治监督】对干部违规入编、干部选拔情况进行全面梳理排查。对因私出国(境)人员备报情况、证件集中管理情况进行全面整治。开展个人有关事项报告和随机抽查工作。宁波市住房和城乡建设2019年领导干部个人有关事项集中报告工作和自查工作已全部完成,应报告119人,实际报告119人,报告率为100%,所有个人事项报告全部扫描归档,并按10%比例随机抽查13人。全面开展对局管干部的档案检查工作,严格按照中组部《关于进一步从严管理干部档案的通知》,严格审核"三龄两历一身份"。加强对新提任领导干部的反腐倡廉教育,对新提任的26名处级干部开展廉政"五个一"教育。

【规范管理】加强组织人事纪律和机构编制纪律,进一步梳理局属单位人员和工作职责配置情况,确保人事管理科学化、规范化。

大事记

1月

2日 全市扩大有效投资重大项目集中开工活动在杭州湾新区智能终端产业园举行。

4日 宁波市委全委会传达学习《宁波市机构改革方案》;宁波市委、市政府召开全市机构改革动员大会。改革后,宁波市住房和城乡建设委员会更名为宁波市住房和城乡建设局。

同日 全市老旧住宅小区民生"顽疾"治理经验交流会召开。

16日 宁波市召开推进"六争攻坚、三年攀高"行动新闻发布会,发布"项目争速"行动推进有关情况。

21日 2018年度小城镇环境综合整治省级考核

验收工作完成，宁波有 22 个小城镇被列为年度第二批省级样板。

同日　西塘河水环境综合治理及生态提升工程获评浙江省"民生获得感示范工程"。

22 日　宁波市召开推进"六争攻坚、三年攀高"行动新闻发布会，发布"城乡争优"行动推进有关情况。

23 日　宁波市住房和城乡建设局组织召开全市住房城乡建设领域扫黑除恶专项斗争工作推进会。

25 日　浙江省建设厅对 2018 年宣传工作中涌现的一批好做法、好典型进行表彰，宁波市城市建设系统 2 名个人、2 个单位、1 项主题宣传，以及"宁波住建"微信公众号入选。

26 日　宁波市住房城乡建设局印发《宁波市住房和城乡建设局关于进一步落实〈浙江省绿色建筑条例〉提升绿色建筑运营能效水平的通知》。

28 日　浙江省城乡环境整治工作领导小组确定了宁波市等 11 个设区市、宁海县、镇海区、奉化区、北仑区等 43 个县（市、区）为 2018 年度浙江省小城镇环境综合整治工作优秀单位，鄞州区横溪镇等 251 个小城镇考核达标（宁波 22 个），萧山区新街街道等 237 个小城镇为省级样板。

29 日　宁波市 18 个区县（市）、功能区圆满完成工程建设项目审批制度改革业务专题培训工作。

2 月

1 日　宁波市住房城乡建设局，组织编写了《宁波市建筑泥浆固化处置暂行标准》、《宁波市建筑渣土资源化利用技术导则（暂行）》，自 2019 年 2 月 1 日起执行。

同日　公布《宁波市住建系统打赢蓝天保卫战两年行动方案》。

14 日　宁波市住房城乡建设局印发《宁波市建筑垃圾资源化利用扶持暂行办法》。同时，印发《宁波市培育建筑垃圾资源化利用工作指导意见》。

同日　宁波市域 3 个房建工程、1 个市政工程荣获鲁班奖；市属企业进军省外参建项目荣获鲁班奖。

15 日　市政协十五届三次会议第四次会议确定《关于加快推进我市中心城区城乡接合部建设的建议》提案。

16 日　2019 年宁波市老旧小区改造项目入选十件民生实事项目。

同日　市十五届人大四次会议表决通过《宁波市生活垃圾分类管理条例》。

18 日　宁波市城市展览馆开始试运行，正式向公众定期免费开放。

20 日　宁波市住房城乡建设局被授予"重点工程先进奖"；宁波市市政工程前期办公室被授予"重点工程立功竞赛模范集体"称号；宁波市市政工程前期办公室蔡建明被评为"重点工程立功竞赛建设功臣"。

26 日　宁波市农村生活污水处理设施标准化运维现场推进会在余姚市举行。

28 日　"宁波第一高楼"城市之光 450 米超高层在东部新城正式开始工程桩施工。

同日　举行浙江省扩大有效投资重大项目集中开工活动，宁波市 63 个重大项目参加集中开工，总投资 1069.5 亿元，其中 6 个与城中村改造相关。

3 月

6 日　宁波市住房城乡建设对重大城建项目实施"一项目一方案"的任务分解制度，实行项目进程"一月一报"。

9 日　浙江省委副书记、宁波市委书记郑栅洁赴江北区调研慈城古县城保护开发情况。

12 日　首次发布《宁波市住宅小区物业服务调查报告》。

同日　全市首个建筑垃圾堆放箱体在高新区试点落地并进行第一次建筑垃圾清运。

13 日　宁波市召开全市住房城乡建设工作会议。

19 日　宁波市工程建设项目审批制度改革试点工作领导小组办公室召开工程建设项目审批管理系统区县（市）建设单位操作培训会议。

22 日　宁波 2649 套应家限价房正式对外销售，这是宁波目前推出的单体面积最大的限价房项目。

同日　宁波市住房城乡建设局、市财政局、市民政局、市残联 4 部门发布《关于印发切实做好农村困难家庭危房改造即时限时救助工作的通知》。

28 日　宁波市召开全市工程建设项目审批制度改革工作电视电话会议，市长裘东耀出席会议并讲话。

4 月

8 日　根据浙江省政府印发《浙江省未来社区建设试点工作方案》，宁波开展未来社区建设试点申报工作。

9 日　市长裘东耀主持召开市政府第 53 次常务会议，审议并原则通过《宁波市城市精细化管理行动方案》。

11 日　公布《宁波市中心城区停车设施专项规划》。

15 日　宁奉城际铁路方桥站完成最后一段承轨层施工，机场快速路南延工程与宁奉城际铁路共建段取得重大进展。

16日　42个老旧小区初步列入2019年宁波市民生实事工程改造名单。

18日、22日　宁波市设立全国工程建设项目审批制度改革工作视频培训市本级分会场及若干区县（市）、功能区分会场，逾1300名有关负责人员参加会议。

5月

5日　宁波市房屋征收房地产价格评估专家委员会发布《宁波市国有土地上房屋征收评估技术规程补充规定》。

14日　市重大片区、重大项目指挥部运行动员大会召开。

17日　宁波市召开城建交通系统文明城市创建暨环境整治提升工作推进会。

28日　宁波市区首座双层特大桥——西洪大桥正式开工。

6月

5日　宁波市住房城乡建设局转发全文由市建设工程安全质量管理服务总站制定的《宁波市全装修住宅工程质量监督要点（试行）》《宁波市全装修住宅工程分户质量检验实施细则（试行）》。

6日　宁波市住房城乡建设局在全市范围开展房屋建筑、市政基础设施工程和国有土地征收项目扬尘综合整治专项行动。

10日　《宁波市立体绿化导则（修订版）》发布，于2019年7月1日起实施。

12日　宁波市住房城乡建设局先后印发《宁波市住房和城乡建设局关于加强商品房销售机构管理的通知》《宁波市住房和城乡建设局关于进一步做好商品房买卖合同变更管理的通知》。

14日　第三期"六争攻坚"先锋榜发布。

24日　《宁波市全装修住宅设计技术细则》编制完成。

27日　浙江省首批未来社区试点创建建议名单公示，宁波鄞州划船社区与白鹤社区列入建议名单。

30日　中兴路实现道路全线贯通，与轨道交通3号线一期工程实现"地上地下"同步建成，这是宁波市首个实现"五结合四同步"的城建项目。

7月

4日　以"城市更新与城市设计"为主题的2019宁波发展论坛（夏季会）举行。

5日　宁波市住房城乡建设局和市财政局制定《宁波市老旧小区物业服务费提价奖补资金管理办法（试行）》。

11日　浙江省人民政府同意设立宁波前湾新区。

16日　宁波多家工程造价咨询企业荣登2018年造价咨询产值排名全国百强榜单，部分企业荣登专业工程百强排名榜单。

17日　宁波市海曙、江北、鄞州、镇海、北仑等地今年第二批棚改专项债券成功发行54亿元，全年共有21个棚改项目获得74亿元棚改专项债券。

24日　宁波市住房城乡建设局拓广建筑渣土资源化利用产品现场会在奉化召开。

8月

2日　市住房城乡建设局在全市范围开展房屋建筑、市政基础设施工程和国有土地征收项目扬尘综合整治专项行动，140个项目被列入第二批扬尘治理"红黑榜"。

5—7日　宁波市国家海绵城市试点区迎来国家部委专家组绩效考核，中国城镇供水排水协会秘书长兼组长章林伟7名专家，对宁波市试点区8个汇水分区进行全面检查指导，共抽检38个海绵项目。

23日　宁波市住房城乡建设局召开住宅工程质量突出问题治理集中约谈会议。

27日　宁波市住房城乡建设局近日制定并发布《宁波市住房和城乡建设局关于进一步完善住宅全装修质量购房人监督机制的通知》。

28日　宁波市住房城乡建设局日前制定并发布《宁波市建筑市场房屋建筑工程建设单位信用评价管理办法（试行）》。

同日　市住房城乡建设局召开全市老旧小区环境整治暨物业服务企业大会。

9月

3日　浙江省发展和改革委员会正式公布全省24个社区入选首批未来社区试点创建名单，其中宁波市划船社区和白鹤社区入选。

7日　宁波市首届BIM技术应用成果交流会在宁波市城市展览馆举行。

12日　第三批扬尘治理"红黑榜"公布，24个"红榜"项目予以表扬并信用加分，50个"黑榜"项目予以批评并信用扣分。

20日　中山路综合整治项目景观绿化提升工程（绿化种植工程）荣获2019年度省"优秀园林工程"奖金奖。

10月

9日　宁波市住房和城乡建设局、中国人民银行宁波市中心支行、宁波银保监局、宁波市住房公积金管理委员会办公室联合制定《宁波市商品房预售资金监管实施细则（试行）》和《宁波市存量房交易资金监管办法（试行）》。

11—12日　宁波市住房城乡建设局举办全市城镇老旧小区改造政策培训班。

17日　宁波市等"两省七市"被住房城乡建设部列为新一轮全国城镇老旧小区改造试点省和试点城市。

21日　宁波市多家建筑业企业人员共32人入选宁波市领军拔尖人才培养工程。

31日　宁波市住房城乡建设局组织召开全市住宅工程质量专项整治"回头看"工作推进会。

11月

1日　由第二十四届中国宁波国际住宅产品博览会在宁波国际会展中心开幕。

4日　"宁波市澄浪桥及接线工程"入选2018—2019年度第二批国家优质工程奖。

5日　宁波市政府召开全市城镇老旧小区改造暨"基本无违建市"创建推进会。

7日　城市建设和电力发展战略合作协议顺利完成签约。

13日—14日　住房城乡建设部工程建设项目审改办调研组思金梁组长一行5人来宁波市调研督导工程建设项目审批制度改革工作，并召开座谈会。

15—16日　宁波市勘察设计协会组织部分会员单位，开展扶贫帮扶活动，并与图们市政府签订了乡村振兴扶贫帮扶合作框架协议。

18日　市住房城乡建设局先后制定出台《行政审批窗口首问负责制》《行政审批窗口限时办结制》《行政审批窗口一次性告知制》和《行政审批窗口服务预告》等相关制度。

27日　市政府办公厅印发《关于深化工程建设项目审批制度改革的若干意见》。

12月

10日　宁波建设集团总承包施工的宁波银行总部大厦项目荣获2018—2019年度中国建设工程鲁班奖（国家优质工程）。

11日　"2019年宁波市住房保障、房改和住房公积金管理干部综合素能提升培训班"圆满结业。

16日—18日　财政部、住房城乡建设部、水利部组织的专家组莅临宁波，开展全国海绵城市建设试点终期绩效评价现场核实工作。

20日　浙江省住房和城乡建设厅召开2019年度"最美建设人"学习促进会。宁波市住房保障管理中心住房管理部副部长樊丽渊获评2019年度"最美建设人"，浙江新中源建设有限公司东苑立交快速化改造一期工程Ⅰ标段项目部获评2019年度"最美建设集体"。

26日　宁波第五批建设工程扬尘治理"红黑榜"公布。

29日　宁波市住房城乡建设局召开住宅工程质量问题及建筑市场欠薪问题集中约谈会议。

30日　宁波市住房城乡建设局发布《宁波市住房和城乡建设局关于建设工程根治欠薪冬季行动联合督查的通报》。

31日　宁波市出台《关于实施装配式建筑承诺制相关事项的通知》。

（宁波市住房和城乡建设局）

厦 门 市

概况

2019年，厦门市建设局坚持以习近平新时代中国特色社会主义思想为指导，深入学习党的十九大和十九届二中、三中、四中全会精神，紧紧围绕市委、市政府决策部署，以党建为统领，在改善城乡环境、扩大有效投资、补齐民生短板、促进行业发展等方面取得了新的成效。

【城乡环境建设】老旧小区改造"厦门模式"全国推广，2019年，计划投资8000万元，实际完成老旧小区改造94个、完成投资11018万元，完成投资计划的137.73%。城市颜值持续提升，完成投资11910万元，完成整治提升236栋、27.07万平方米，拆除乱建乱搭1.1万平方米，实施平改坡2760平方米。城市夜景连续三年在央视直播。农房及铁路沿线整治成效显著，完成农房平改坡1757栋、裸房整治1212栋。铁路及高速公路沿线环境整治完成投资约5.13亿元。

【有效投资】重点项目完成投资额连续五年破千亿，2019年，全年364个市重点项目计划投资

1193.70亿元，实际完成投资1430.18亿元，完成年度计划119.81%。建筑业产值持续高速增长，注册地在厦建筑业企业完成产值2475.24亿元，同比增长14.3%。按时完成金鸡奖场馆建设。

【民生建设】10万套保障房建设已累计完成9万套，2019年开工7个保障性住房项目2.1万套，建设投资额连续两年超百亿。完善公共停车设施建设，全市新增路外公共停车泊位11344个。物业行业管理服务水平再提升，出台《厦门市住宅小区物业服务质量星级评定管理办法》《厦门市住宅业主大会和业主委员会工作指导规则》及示范文本。

【行业监管】取消建设行业职业技能鉴定审核转报、建筑节能材料认定等9项审批事项；持续推进房屋建筑和市政基础设施工程审批制度改革；逐步探索缩小施工图审查范围，全面推行施工图电子化审查和政府购买服务。立足"双随机"执法，突出"差异化"监管，对履职较差企业加大监管频次与处罚力度；利用"标准化"引路，通过示范项目的标杆效应，推广文明施工图集，提升文明施工水平，2019年，全市未发生较大及以上质量安全事故，3个项目获评国家优质工程奖。完善招投标监管措施，全面推行施工电子招投标评标，查处一批电子投标文件雷同案，出台《厦门市影响干涉建设工程招标投标活动行为报告登记处置暂行规定》；深化信用体系建设，引导建筑业企业诚信经营，培育建筑市场诚信氛围；优化治欠保支机制，成立局清欠工作领导小组及办公室，畅通投诉渠道，加强部门联动。推动两岸建筑企业安全生产管理人员实行证书互认。建设技术服务保障显成效，推动64万平方米装配式建筑试点项目落地，完成建筑产业现代化工程包装配式建筑项目建设投资25亿元，超年度计划2倍。

政策法规

【立法工作】2019年，厦门市建设局起草并形成政府报市人大常委会审议的《厦门经济特区建筑外立面装饰装修管理若干规定》议案。完成《厦门市物业管理若干规定（修订）》调研报告和草案。

【规范性文件合法性审查和清理】厦门市建设局修订规范性文件管理办法，做好4份局规范性文件的内部审查、报审和政策解读工作。进行三批次的清理，对市建设局牵头起草、为主实施或起草发布的6部相关地方性法规、11部市政府规章、20件市政府规范性文件、77件局规范性文件，共计114件文件进行了清理。

【制度保障】梳理出市建设局行政执法依据77件，执法事项293项，受委托执法的组织5个。向社会公布行政执法人员名单，接受社会监督。根据近年来法律法规立改废最新情况，结合工程建设管理实际，对行政处罚自由裁量权适用规则及标准进行了全面修订，从54部建设行业法律法规规章中共梳理、汇总504项处罚事项。做好局系统行政执法公示、执法全过程记录、重大执法决定法制审核三项制度落实工作，促进建设系统严格规范公正文明执法。

城市建设

【概况】2019年，厦门市建设局紧紧围绕加快建设"高素质高颜值现代化国际化城市"牵头组织协调推动城市街区立面综合整治提升，累计完成236栋建筑，27.07万平方米，拆除乱建乱搭1.1万平方米，实施平改坡2760平方米。推进夜景照明提升，落实重大活动及重要接待的亮灯保障，先后完成招商大会、海峡论坛、厦洽会、金鸡百花电影节等重大活动的亮灯保障以及庆祝中华人民共和国成立70周年中央电视台直播保障。开展公共停车设施建设，新增路外公共停车泊位11344个。安排重点在建项目364个，总投资8957.6亿元，年度计划投资1193.7亿元，实际完成投资1430.2亿元，完成年度计划119.8%。

【街区立面综合整治】2019年，完成《厦门经济特区建筑外立面管理若干规定》起草工作，并报市人大常委会审议。开展东坪山路与东浦路交叉口—文兴隧道沿线立面整治提升和厦门北站至厦门站铁路沿线环境整治，完成东浦路立面、嘉福花园立面改造项目，提升厦门火车站进出重要景观通廊和厦门大桥"桥头堡"的建筑景观，累计完成236栋建筑，27.07万平方米的立面整治提升，拆除乱建乱搭1.1万平方米，实施平改坡2760平方米。启动山海健康步道沿线影响景观建筑外立面整治工作。

【推进夜景照明提升】抓补缺提升项目建设，督促完成火车站站房、南广场停车楼和公交站楼等火车站节点夜景补缺提升项目建设。推动区级夜景监控平台项目落实。完成《厦门市夜景照明管理办法》修订完善和审查等工作，并报市政府研究。

【公共停车场建设管理】2019年，牵头组织各区和相关单位制定年度公共停车设施建设计划，开展公共停车设施项目建设，紧抓项目建设序时进度，完成公共停车设施项目53个，新增路外公共停车泊位11344个。

【重点项目建设】2019年，厦门市安排重点在建项目364个，总投资8957.6亿元，年度计划投资1193.7亿元。全年开工项目71个，竣工项目69个，实际完成投资1430.2亿元，完成年度计划的119.8%，连续5年完成投资突破千亿。新城基地建设全面铺开，全面加快岛外新城和重大片区开发建设，新城片区成为全市扩大有效投资"主战场"。

【城乡民生基础设施建设】2019年，省级项目557个，计划投资337.4亿元，完成投资417.1亿元，占年度计划的123.62%；市级项目211个（含工程包），计划投资101.43亿元，完成投资136.25亿元，占年度计划的134.33%。

村镇建设

【概况】机构改革后，厦门市建设局主要牵头铁路高速公路沿线环境综合整治、落实农村人居环境整治中的既有农房整治工作。其中，铁路、高速公路沿线环境整治成效获得省政府的充分肯定；农房整治示范效应突显，翔安区农房平改坡做法在《中国城市报》《福建日报》进行了专题报道。

【铁路、高速公路沿线环境综合整治】根据省市保障世遗大会的相关工作要求，对铁路、高速沿线景观存在的薄弱环节进行补缺补漏再提升。房屋整治方面，拆除乱建乱搭约16.6万平方米，完成农房平改坡890栋，完成裸房整治824栋；绿化美化方面，新建绿地和绿化带50.9万平方米，修复治理已毁山体和青山挂白5处；卫生治理方面，清理垃圾堆放点202处，治理畜禽渔业养殖场2处，整治沿线工地40处；安全保障方面，取缔不符合规定的危险化学物品、易燃易爆物品等11处，整治违法施工行为1起，规整电杆线路261处，治理桥下停放车辆、堆砂84处。

【既有农房整治】厦门市按照"以奖代补、共同缔造"的方式推进农房整治，政府通过宣传发动鼓励村民自己实施，同时配套做好技术导则和通用图集、专题培训等技术服务，让村民从"被动执行"到"主动参与"，改善既有农房平屋顶隔热、防水和风貌差的问题，增强村民的获得感和幸福感。2019年，完成农房平改坡1818栋、裸房整治1229栋，农房整治示范效应突显。翔安区农房整治做法，相关经验列入《福建省农房屋顶平改坡设计建造一体化导则》，作为全省范本进行推广。9月，全省农房设计建造一体化导则培训在翔安区举行，全省各级建设部门共200多人参加培训。

保障性安居工程

【统筹推进项目建设】2019年全年新开工各类保障性住房2.1万套，累计已开工约9.02万套。夯实建设总量，进一步完善《厦门市保障性住房布局专项规划（2018—2035年）》。细化年度目标，对推进过程中的关键线路、重要节点进行重点跟踪、专门协调，确保开工项目按期落地，在建项目循序推进，完工项目如期交房。引入知名专家，按照代建优化、专家把关、政府审定的机制，从源头确保项目品质。抓推进力度，加快项目建设。加强目标管理，细化各项目年度目标，明确开竣工等重要时间节点。强化问题协调，积极利用市住房保障工作领导小组办公室、市保障房地铁社区建设领导小组办公室、市重点办等平台协调推进，及时解决征拆、规划、用地、配套等问题。抓项目监管，提升工程质量。加强行为监管，落实参建单位责任，预防出现转包挂靠、违法分包等行为，同时与市质安站开展保障房地铁社区质量月点评，确保建设质量。加强现场巡查，不定期监督各参建单位人员到岗履职。

【新建保障性商品房、租赁房项目】2019年，新开工建设4个市本级保障性商品房、租赁房项目。其中：祥平保障房地铁社区二期工程总建筑面积约53.4万平方米，建设保障性住房4902套；洋唐居住区三期工程总用地面积9.97万平方米，总建筑面积48.99万平方米，建设保障性住房4646套；马銮湾保障房地铁社区二期工程，A01-07地块总建设用地面积约10.5万平方米，总建筑面积约35.9万平方米，共建设保障性住房3030套；珩边居住区保障性安居工程一期项目总用地面积14.7万平方米，总建筑面积59.3万平方米，建设保障性住房约4888套。

【新建公共租赁住房项目】2019年，新开工建设3个市级公共租赁住房项目。其中：林边公寓用地面积约0.46万平方米，总建筑面积约2.8万平方米，建设公共租赁住房696套。龙秋公寓总用地面积约3.1万平方米，总建筑面积约15.2万平方米，建设公共租赁住房2700套；洪茂居住区一期总用地面积6.79万平方米，总建筑面积31.2万平方米，建设公共租赁住房5744套。

建筑业

【概况】2019年，厦门市新成立建筑业企业568家，其中总承包187家，专业承包268家，劳务分包113家。截至年末注册地在本市的建筑业企业1767家，其中施工总承包企业736家（其中特级企业3家，一级企业113家），专业承包企业724家，劳务分包307家。建筑业企业由总承包二级升一级的有5家企业5项资质。2019年注册地在厦门的企业完成建筑业总产值2475.24亿元，比2018年增长14.3%。

【促进建筑业发展】发展建筑业总部经济，2019年当年引进39家建筑业企业（含施工总承包一级企业3家）。扶持企业发展，减轻企业负担。贯彻落实《厦门市人民政府关于促进建筑业加快发展的若干意见》精神，对2018年度资质晋升、产值提升显著以及获得国家级QC成果奖、发明专利等企业进行奖励，共申请财政扶持奖励资金2772万元；出台《关于完善实施建设工程保证机制的指导意见》。

【信用体系建设】完成2019年建筑施工企业信用综合评价和补充评价工作，共有812家企业参与施工总承包系列信用评价，其中133家企业获评A等级，311家企业获评BB＋等级；共有321家企业参评施工专业承包系列信用评价，其中53家企业获评A等级，128家企业获评BB＋等级。完善"黑名单"管理工作。2019年，联合市交通局等7个部门对厦门市建筑市场黑名单管理办法进行修订并印发实施，明确规定列入"黑名单"管理的情形和期限，监管对象涵盖建设、代建、施工、勘察、设计、监理、审图等11类企业及从业人员。

【建筑市场管理】定期开展建设工程施工合同履约监督检查；开展围标串标专项整治，印发《厦门市工程建设项目招标代理专项检查实施办法（试行）》《厦门市建设局关于印发厦门市建设工程造价计价行为监督检查实施办法的通知》《厦门市建设局关于印发厦门市建筑市场主体信用监管行为认定范围和档次操作标准（2019年修订）的通知》《厦门市影响干涉建设工程招标投标活动行为报告登记处置暂行规定》，重新修订《厦门市建筑施工企业信用监管行为采集范围和档次操作标准（招标投标管理部分）》）。

【建设工程招投标管理】2019年共受理报建工程775项，总投资43716.43亿元。制定《关于房建市政工程招标备案审查扣分有关事项的意见》《"特殊工程"建设项目备案监督工作规程》《关于进一步完善厦门市重点工程、非本市国有企业投资建设项目招投标工作的若干意见》《关于基坑工程单独发包的意见》《土石方工程最低价招标方案的意见》等。2019年已完成了119家投标单位的行政处罚前期的询问笔录工作并对4家情节严重的投标单位启动立案程序。健全招投标投诉工作"四有"处理机制，受理有审批、咨询有专家、决定有集体、过程有记录，确保投诉处理工作规范、有序开展。

【建设工程造价管理】2019年全年完成合同履约检查项目数293个，发整改通知书236份，记企业信用纪录106起；组织开展2次工程造价咨询单位及招标代理机构咨询成果质量检查，共检查68家中介咨询机构，68个项目。发布《厦门市建设工程造价计价行为监督检查实施办法》。全年完成经评审最低价中标项目招标控制价备案433项，送审造价354.17亿元，备案造价259.63亿元；简易评标法项目218项，送审造价11.55亿元，备案造价10.31亿元；综合评分法104项，送审造价286.68亿元，备案造价259.38亿元。从2019年9月起，开展保障性安居工程二类费用审核工作，审核27个工程，涉及总额7412.88万元，核减143.47万元。

【物业行业管理】2019年，厦门市建设局出台《厦门市住宅小区物业服务质量星级评定管理办法》《厦门市物业服务企业及项目经理信用综合评价办法》；市建设局组织对区级物业主管部门履职情况的联合检查，开展住宅小区消防安全、垃圾分类等专项检查抽查。

【老旧小区改造】至2019年底，全市已累计完成412个老旧小区改造，涉及建筑面积约310万平方米，房屋1236栋，惠及35844户居民。2019年老旧小区改造内容结合海绵城市、治安防控、无障碍设施的建设要求，重点改造小区市政配套设施、小区环境、服务设施等公共部分。2019年5月，发布老旧小区弱电既有缆线迁改费用奖补标准的通知。

建设工程管理

【概况】2019年，厦门市有3个项目获得"国家优质工程奖"；3个项目获得2019年"中国钢结构金奖"；4个项目评为全国建设工程项目施工安全生产标准化工地（原全国AAA级安全文明标准化工地）；有14项25个单位工程评为"闽江杯奖"；219个单位工程评为"市结构优质工程"；53项工程评为"市建设工程鼓浪杯奖（优质工程）"。全年工程质量安全生产平稳，没有发生较大及以上等级安全生产事故。

【工程质量安全】坚持建设工程质量安全"双随机"检查、监管警示和约谈制度，巩固并推广质量安全巡查模式，按照"全覆盖、零容忍、严执法、重实效"的要求，深入开展各类质量安全生产专项整治活动。全年召开4次全市建设工程质量安全生产形势分析会议，部署各阶段建设系统质量安全生产主要工作，累计巡查工程项目1278个，发现一般事故隐患12588条（一般安全隐患均已整改到位），发出责令整改通知书2023份，发出局部停工通知57

份，发出全面停工通知12份，通报批评单位44家，记录信用监管行为P类单位365家，约谈468家（次）责任主体，对9家施工单位做出暂扣安全生产许可证的行政处罚，暂停10家施工单位在厦门市承接工程施工相关业务。

【专项检查】检查12家监理企业及其12个在建工程，发出责令整改通知书3份，对2家企业分别记入信用监管行为P5、P6档次各一次。检查6家检测企业，将3家检测企业列为差异化监管对象。检查10家建机一体化企业及其11个在建工程项目，发出责令整改通知单12份，约谈1家建机一体化企业，对4家建机一体化企业各记入信用监管行为P6档次一次。2019年，全年累计监督检查69家次预拌商品混凝土企业，累计对全市263个在建项目进行钢筋材料检测、对340个项目进行结构实体监督检查。

【消防验收】厦门市建设局自6月20日起承接建设工程消防验收职能。市建设局积极编制《建设工程消防验收服务指南》《建设工程消防验收备案服务指南》两份服务指南，出台《装饰装修工程审批流程及施工许可证办事指南审查标准》。市建设工程质量安全站共开展196次消防工程验收、9次消防工程双随机。同时，逐步完善工作机制、健全工作制度，制定了《消防验收管理工作流程（试行）》。

【安全基础和应急保障】开展岗位培训教育，采取专题讲座和集中培训等方式，宣传贯彻建筑安全生产方面的相关文件、标准规范和法律法规。结合建筑施工"安全生产月"活动，开展建筑起重机械安全管理公益讲座、消防工程监督及验收业务宣贯、事故防范工作经验交流研讨会，1000多名从业人员参加。开展应急演练，与应急、消防等部门共同举办轨道交通工程突发事故综合应急演练、消防救援演练、预防高处坠落演练。提升应急保障能力，组织修订《建设工程重大事故灾难应急预案》，指导建筑工程台风洪涝汛情等自然灾害应急处置工作。重新组建49支建设系统应急抢险队伍，各抢险队伍强化救援能力建设，储备相关应急物资。

【建筑废土处置监管】2019年，共办理建筑废土处置外运许可证401件，申报外运量约3200万立方米；非工程类消纳场9件，土方量约1250万立方米；备案工程类消纳场43件，土方量约687万立方米。

建筑节能与科技

【概况】厦门市完成公共建筑节能改造重点城市工作任务并顺利通过住房城乡建设部验收。执行《福建省绿色建筑工程验收标准》。发布《关于取消新技术推广应用认定等七个事项的公告》，取消新技术推广应用认定和建筑节能材料认定事项。发布《厦门市建设局关于取消建筑节能专项验收备案的通知》，取消建筑节能专项验收备案事项。

【建筑材料管理】2019年组织四批建筑节能产品认定，建筑节能产品43种。已办结返退墙改项目163件，办理墙改基金返退总金额7401.13万元。除2个环保型新建站外，全市其余28个既有预拌混凝土搅拌站均通过质量管理体系、环境管理体系和职业健康安全管理体系等三体系认证，全市绿色混凝土星级达标率100%，成为全省唯一实现混凝土绿色生产管理全覆盖的城市，位居全国前列。继续开展绿色建材评价，至2019年累计完成28项绿色建材评价标识，其中一星级1项、二星级1项、三星级26项。

【深入推广绿色建筑】2019年，厦门市竣工绿色建筑面积429.09万平方米。积极开展绿色建筑评价标识，实施绿色建筑第三方评价，全年有23个项目获得绿色建筑评价标识，建筑面积292.91万平方米。

【持续开展节能改造】2019年3月，厦门市完成公共建筑节能改造重点城市工作任务并顺利通过住房城乡建设部验收，累计实施完成公共建筑节能改造示范项目48个，建筑面积326.5万平方米。

技术综合管理

【概况】2019年，厦门市在技术创新管理、装配式建筑发展、建筑信息模型（BIM）技术应用等方面均取得一定成绩。

【装配式建筑】2019年，厦门市建设局开展装配式建筑标准体系建设。推荐厦门市设计、施工、构件生产等62人入选第二批福建省建筑产业现代化专家库。推动电子城二期、中海2019JP01地块项目二期、厦钨材料产业化装配式建筑等试点项目落地，总建筑面积63.61万平方米；2019年完成建筑产业现代化工程包装配式建筑项目建设投资25亿元。

【建筑信息模型技术】2019年，厦门市建设局积极配合开展住房城乡建设部BIM报建试点工作，并成功举办"2019建筑信息模型（BIM）技术应用试点项目成果评审交流会"等应用推广促进活动。选取厦门市轨道1号线、马銮湾医院、海沧新阳居住区保障性安居工程三期、市档案馆及城建档案馆技术业务用房等一批项目，开展建筑信息化全过程BIM技术应用试点工作。总结全国各地市建筑信息化模型（BIM）技术应用经验，开展建筑信息化模型

(BIM)技术相关课题研究。

行政审批

【概况】 2019年，厦门市建设局机关驻市行政服务中心审批服务事项共办结47070件。进一步深化工程建设项目审批制度改革，推进"放管服"改革，打造一流营商环境。

【深化工程建设项目审批制度改革】 施工许可证核发事项与质量安全监督申报事项合并办理，实现全流程网办，无纸化审批；明确项目总投资额在3000万以下的装饰装修项目不强制要求进行工程监理；进一步优化装饰装修工程审批流程，简化为施工许可和竣工验收两个环节，公布装饰装修工程施工许可办事指南和审查标准。制定厦门市房屋建筑与市政基础设施工程联合验收实施方案补充意见，优化申报方式，明确各部门加强技术指导，竣工验收备案事项改为即来即办。

【"放管服"改革】 取消建设行业职业技能鉴定审核转报、农村建筑工（含园林古建筑）培训考核发证、建筑节能材料认定、市级优质工程确认公布、建筑施工企业专业管理人员岗位培训考核及证书发放、新技术推广应用认定、科技示范工程推荐申报等7项公共服务或其他行政权力事项。

【推行"一趟不用跑"】 市建设局权责清单中行政许可、公共服务、其他行政权力事项共计44项。其中，"最多跑一趟"事项为16项，占比36.4%，"一趟不用跑"事项为27项，占比61.4%。有条件的事项通过全程网办，并与邮政部门签署协议，利用EMS邮政速递平台，为企业、群众提供线上、线下全方位的速递服务。

人事管理与教育

【职称、执业资格考试及岗位证考核】 2019年，组织做好2018年度第二十一届全市土木建筑企业中级职称评审工作，1816人获得参评资格，1389名参评人员晋升工程师任职资格。各类建设行业执业资格（不含二级建造师）考试报名2200人。组织做好2019年度全国二级建造师执业资格考试考务工作，考试报名17732人，考试9368人。办理建设类岗位证考核取证5820人；办理各类岗位人员证书延期13691人次；组织开展各类岗位人员取证考试22场次，共有7378人次参加考试。各机构、企业完成建筑技术工人职业技能考核合格人数3675人。

【机构改革】 高质量完成涉改革机构职能及人员的划转。原市住房保障管理中心承担的社会保障性住房建设相关职责划入市建设工程招标投标管理办公室，加挂厦门市社会保障性住房建设中心牌子，并增加社会保障性住房建设相关职责。及时召开座谈会，确保市建设局机构改革工作平稳有序推进。

【职务与职级并行工作】 根据厦门市《公务员职务与职级并行制度实施方案》的要求，严格按照2019年6月的时间节点，完成公务员职级设置和职级套改工作，共完成机关49人职级套转，参公单位32人职级套转。

大事记

1月

10日　厦门市建设局在特房建工装配式建筑培训考核基地举办装配式建筑工种实操讲座及现场观摩会。

14日　厦门市建设局开展轨道交通工程岁末年初安全质量专项检查。

16日　厦门市重点建设项目办公室、厦门市发展和改革委员会、厦门市机关效能建设和督查工作领导小组办公室联合印发《关于协力推进省市重大重点项目落地见效的若干措施》。

2月

1日　厦门市委书记胡昌升调研推进马銮湾新城建设和高新技术产业发展工作。

11日　厦门市市长庄稼汉调研马銮湾新城及环东海域新城体育会展新城建设。

3月

14日　厦门市委书记胡昌升调研总部经济基层党建和社区治理工作。

26日　厦门市完成公共建筑节能改造重点城市工作任务并顺利通过住房城乡建设部验收。

4月

12日　全国城建培训中心来厦门调研老旧小区改造项目。

26日　印发《关于做好社会主体申请建设停车设施项目相关工作的通知（2019修订版）》。

29日　厦门市建设局印发《2019年建筑渣土处置领域专项整治工作方案的通知》。

5月

10日　厦门市市长庄稼汉调研健康步道现场察看东渡油轮广场及节点建设进展情况。

同日　厦门市建设局关于修订并发布台湾地区建筑企业进驻厦门市备案服务指南。

12日　厦门市建设局开展建筑工地2019年防灾减灾日有关活动。

14日 厦门市建设局发布《厦门市施工图审查机构综合考核评价管理办法》。

21日 住房城乡建设部司来厦门开展工程造价管理改革调研。

31日 厦门市建设局部署2019年厦门市建设系统"安全生产月"活动。

6月

4日 中央电视台《焦点访谈》栏目组前往保障性住房仁和公寓项目开展宣传报道工作。

11日 厦门市建设局印发《建设项目代建合同示范文本》及《建设项目代建招标文件示范文本》。

7月

4日 住房和城乡建设部建筑市场监管司来厦开展工程监理行业专题调研。

25日 厦门市建设局印发《厦门市建设局关于项目总投资额在3000万以下的装饰装修项目不强制要求进行工程监理的通知》。

28日 住房和城乡建设部副部长黄艳一行来厦门调研城镇老旧小区改造。

8月

9日 厦门市建设局与市政财政局、厦门市发展和改革委员会联合印发《关于进一步完善市级财政投资建设项目管理的若干措施》。

21日 厦门市市长庄稼汉调研重点企业和项目。

29日 全国人大宪法和法律委员会来厦门调研生活垃圾分类管理。

9月

9日 住房和城乡建设部信息中心副主任于静一行来厦门考察城市信息模型（CIM）工作进展及工作成效。

16日 厦门市建设局发布《关于取消新技术推广应用认定等七个事项的公告》。

26日 以《金沙雅秀，璀璨厦门》为主题的楼体艺术灯光秀，在观音山上演。中央电视台新闻频道《东方时空》栏目对灯光秀进行直播，时长约8分钟，厦门为中华人民共和国成立70周年华诞献上了祝福。

10月

24日 厦门市市长庄稼汉调研新机场建设工作。

11月

14日 住房和城乡建设部房地产司物业处来厦门调研社区物业党建工作。

21日 厦门市委书记胡昌升调研马銮湾新城建设。

25日 厦门市建设局、厦门市行政审批管理局联合发布落实非财政性投融资项目政府购买施工图审查服务的指导意见。

12月

3日 厦门市委书记胡昌升调研东部体育会展新城和机场片区建设。

6日 厦门市建设局召开"厦门市2020年'两节'期间房屋建筑和市政设施工程建设领域根治欠薪工资会议暨建筑市场整顿工资会议"。

13日 住房城乡建设部《关于复制推广第一批工程建设项目审批制度改革经验的函》宣传推广厦门市完善"多规合一"业务协同机制。

24日 住房和城乡建设部科技与产业化发展中心来厦门调研公共建筑节能改造及能效提升等工作。

26日 厦门市建设局、厦门市重点建设项目领导小组办公室印发《关于"轻骑兵"一线协调服务建设项目工作方案的通知》。

（厦门市住房和城乡建设局）

深 圳 市

概况

2019年8月，中共中央、国务院明确支持深圳建设中国特色社会主义先行示范区。全市面积1997.47平方千米，建成区面积927.96平方千米，常住人口1343.88万人。2019年，全市本地生产总值26927.09亿元，同比增长6.7%。全年固定资产投资比上年增长18.8%。其中，房地产开发投资增长15.9%；非房地产开发投资增长21.0%。基础设施投资增长33.6%，占固定资产投资的25.8%。全市建筑业总产值达4361.44亿元，增加值达930.01亿元。全市有10个建设项目分获"鲁班奖""詹天佑奖"和国家优质工程奖。全年建设筹集公共住房9.14万套，供应3.53万套。在全国率先单独面向先进制造业职工、公交司机、环卫工人、残疾人等群体供应公共租赁住房5620套。建设公共住房基础信息平台，在全国率先实现保障性住房租赁合同网上签署。大气质量持续提升，自有监测数据以来首次达到世界卫生组织第二阶段标准，创历史最好水平。

与此同时，深圳住房和城乡建设工作仍存在一定不足，主要表现在：一是住房供需矛盾突出，房地产市场调控压力较大。二是住房租赁市场管理制度需进一步完善，管理方式有待改进。三是住房保障覆盖率仍然较低，公共住房缺口较大。四是与国际先进城市相比，城市规划建设品质有待提升。

法规建设

积极推动《深圳市公共租赁住房建设和管理暂行办法》《深圳市安居型商品房建设和管理暂行办法》《深圳市人才住房建设和管理暂行办法》三个政府规章（以下简称"三个政府规章"）出台，构建"1+3+N"的住房新政体系，实现立法和改革创新相衔接，为新一轮住房制度改革提供法治保障，做到重大改革于法有据。深化工程建设项目审批制度改革，积极推动优化营商环境改革工作，制定《深圳市进一步深化工程建设项目审批制度改革工作实施方案》，于2019年8月30日获住房城乡建设部备案，2019年9月26日以市政府名义印发实施。起草的《深圳市房屋安全管理办法》（深圳市人民政府令第319号）于2019年5月1日起施行，填补了深圳市房屋安全管理的立法空白，弥补了深圳市房屋安全管理制度的不足，改善了深圳市房屋安全管理无法可依、无章可循的现状。2019年9月3日，市人大常委会审议通过新修订的《深圳经济特区物业管理条例》，确立了业主大会组织的市场主体地位，进一步理顺了各方主体之间的法律关系。加快推动《深圳市房地产市场监管办法》《深圳经济特区建筑节能和绿色建筑促进条例》《深圳经济特区燃气管理条例》等修订工作。认真开展规范性文件审核和清理工作，共审查规范性文件21部，正式印发5部，政策解读5部。清理完成深圳市住房和城乡建设局涉及机构改革及优化营商环境改革的法规13部、规章16部、市政府规范性文件9部、局规范性文件61部。

房地产业

【**房地产调控**】制定《深圳市构建房地产市场健康发展长效机制工作方案》，提出了土地、金融、税收等25项具体措施并获深圳部备案（经国务院授权），同时制定实施深圳市长效机制任务分工方案；取消商务公寓"只租不售"政策；享受优惠政策的普通住房标准调整为"同时满足住宅小区建筑容积率在1.0以上，单套建筑面积144平方米以下或套内面积120平方米以下"。

【**房地产市场监管**】修订《深圳市房地产市场监管办法》，通过法制化手段完善房地产行业管理；完善住房价格引导机制，规范价格备案流程；开展房地产市场秩序整治，规范房地产开发企业、中介机构经营行为；实时开展房地产市场动态监测、分析和研判，加强舆情引导，稳定市场预期，促进房地产市场供需平稳、价格稳定。

【**房地产开发经营**】2019年，全市房地产完成开发投资3059.94亿元，同比增长15.88%；其中，住宅完成开发投资1518.88亿元，同比增长16.54%。商品房新开工面积1455.54万平方米，同比下降4.84%；其中，住宅新开工面积772.89万平方米，同比下降2.75%。商品房批准预售面积769.08万平方米，同比增长9.85%；其中，商品住宅批准预售460.02万平方米，同比增长20.95%。新建商品房成交面积541.72万平方米，同比增长18.15%；其中，新建商品住宅成交371.79万平方米，同比增长28.20%。二手房成交面积709.89万平方米，同比增长14.58%；其中，二手住宅成交652.12万平方米，同比增长20.04%。

【**行业发展**】2019年，全市共有房地产开发企业1372家，新增167家；其中一级资质20家，二级资质41家，三级资质455家、四级资质446家，暂定资质410家。全市备案房地产经纪机构共2056家，新增705家；备案分支机构（地铺）3444间，新增195间。全市备案房地产估价机构共57家，新增1家；其中一级房地产估价机构43家、二级房地产估价机构6家、三级房地产估价机构7家，分支机构（省内）1家。

【**物业管理**】2019年，全市纳入统计的物业服务企业1565家，在管全国物业项目21387个，建筑面积27.46亿平方米。在中物协发布的《2019物业服务企业发展指数测评报告》中，深圳市共有6家企业跻身前十，有64家物业企业进入综合实力500强，位居"重点城市500强企业数量分布"榜首。新修订的《深圳经济特区物业管理条例》明确了社区党组织领导社区物业管理的法律地位和具体方式；明确了业主共有物业的范围，规定利用业主共有物业进行经营活动的，其收益归业主共有；明确了业主大会的市场主体地位，在全国首个推行业主大会统一社会信用代码制度。2019年，发布了《物业管理基础术语》《住宅物业服务内容与质量规范》《物业服务行业安全管理检查评价规范》等12个物业管理标准，初步建成物业服务领域标准体系。2019年，出台《深圳市建筑节能发展专项资金管理办法》《绿色物业管理导则》和《绿色物业管理项目评价标准》等文件，基本形成绿色物业政策体系。截至2019年年底，全市共有340多个物业项目开展了绿色物业管理试点，51个物业项目获得了"深圳市绿色物业管理星级标识"，为首批5个绿色物业示范项目提供财政资助。

住房保障

【安居工程】 2019年，计划建设筹集安居工程8万套，实际建设筹集183个项目9.14万套，完成年度目标的114.25%。其中：公共租赁住房项目8个0.18万套；人才住房项目59个4.31万套；安居型商品房项目4个0.19万套；配套宿舍项目59个1.64万套；混合建设项目12个1.1万套；其他类型项目41个1.73万套。2019年，基本建成（含竣工）安居工程项目54个3.58万套。其中，公共租赁住房项目25个1.91万套；人才住房项目7个0.39万套；安居型商品房项目4个0.37万套；配套宿舍项目7个0.13万套；混合建设项目6个0.65万套；其他类型项目5个0.13万套。面向全市1053户低保、低保边缘家庭及低收入家庭发放住房租赁补贴1220.92万元，超额完成923户目标任务，完成率达114%。其中：低保及低保边缘家庭住房租赁补贴1018户，约1198.9775万元；低收入住房困难家庭租赁补贴35户，约21.9446万元。

【人才安居工程】 2019年，市级共向432名领军人才发放货币补贴共约2351.36万元；区级面向883名区级高层次人才发放货币补贴约2548.18万元，面向1413家重点单位发放租房补贴约5.78亿元。全市面向人才及重点单位供应住房约2.4万套。市级发放人才安居货币补贴（包括市级高、中初级人才租房补贴和领军人才住房补贴）约18.63亿元；区级发放人才安居货币补贴25.02亿元。

【住房保障制度改革】 按照《深圳市人民政府关于深化住房制度改革加快建立多主体供给多渠道保障租购并举的住房供应与保障体系的意见》提出的改革总体设计，牵头制订《深圳市公共租赁住房建设和管理暂行办法》《深圳市安居型商品房建设和管理暂行办法》《深圳市人才住房建设和管理暂行办法》三个政府规章，于2019年4月29日至5月28日面向社会公开征求意见。同步开展《深圳市住房保障家庭租赁补贴实施暂行办法》等"N"个实施细则及技术规范等文件制（修）订工作，并与"三个政府规章"形成完善配套的政策实施体系。按照住房和城乡建设部要求，启动政策性租赁住房试点工作，推动试点项目建设。按照深圳建设中国特色社会主义先行示范区综合授权改革试点工作的统一部署，"支持建立深圳住房政策性金融机构""对住房REITs试行税收优惠，避免重复征税"纳入全市首批申请中央综合授权改革事项。

公积金管理

2019年，深圳新增住房公积金开户单位（不含尚未缴存）3.28万户、新增开户个人（不含尚未缴存）115.83万户、新增归集资金717.88亿元、提取资金461.28亿元、新增发放住房公积金贷款343.39亿元。截至2019年年底，深圳市住房公积金累计缴存额3830.12亿元，累计提取额1974.86亿元，累计共为24.81万户家庭提供低息贷款1512.92亿元。通过大力推进"互联网＋公积金服务"，在"粤省事"微信平台新增零额销户、对冲还贷等7项业务自助办理功能；在"i深圳"App新增4项提取、5项贷后变更等业务功能，实现9项"无感申办"服务；在支付宝城市服务新增租房、退休销户等4项自助提取业务功能。

城市建设

【工程建设】 全年市、区住房城乡建设部门监管的房屋市政工程共2175项，总建筑面积1.1亿平方米，总造价9100亿；在建城市轨道交通工程共12条线路，118个工区，411个工点，总里程数达282公里。2019年，全市建设工程共获得鲁班奖3个、国家优质工程奖6个，詹天佑奖1个，广东省建设工程优质奖24个（其中金匠奖20个），市优质工程奖48个（其中金牛奖10个）。

【燃气供应】 针对现有次高压天然气管网难以满足下游用气需求的问题，编制《深圳市天然气管网和场站系统规划》（2018年—2035年，次高压系统）。推进老旧住宅区普及管道天然气工作，按照"以奖代补"操作规程，对各区（新区）2018年度普及管道天然气工作进行考核评估，完成293个城中村复核验收工作，加大各区城中村管道气改造工作力度。要求使用瓶装气的城中村所在社区至少设置一处瓶装燃气供应站或配送服务部，推动实现正规瓶装燃气全覆盖，打通液化石油气供应的"最后一公里"。编制《深圳市液化石油气储备站系统规划》（2018—2035年），合理布局、优化储配站系统。推动深圳市燃气储备与调峰库建设，保障粤港澳大湾区的能源保障能源供应安全。深圳市燃气应急储备库容将从现有的2万立方米提升至10万立方米，城市燃气应急保障能力也将从原来的2天提升至7天以上。持续优化用气营商环境，通过"简环节、降成本、多让利、线上办"等举措，提升企业用气报装便捷度、满意度，深圳市"获得用气"等指标排名继续保持全国前列。建立气瓶安全溯源制度，全面推行气瓶信息化管理，实现全流程可追溯，装码率接近100%。

【行业维稳】开展扫黑除恶专项工作。全市住建系统摸排线索215条，承办线索227条，办结线索409条，移交线索41条，办理公安机关《关于对"黑物业"、"黑保安"涉黑恶违法犯罪加强综合整治的建议函》等建议函5件。通过官方网站、微信公众号、微博等新媒体平台，发布主题内容共计80条，总阅读量达35万人次。2019年，共出动检查人员6088余人次，检查项目及企业3655家，发出责令改正通知书1043份，立案调查68宗，行政处罚52宗，处以罚金283.5万元，涉及108个责任主体；联合市有关监管部门共查处违法违规售卖"黑煤气"窝点1520家，没收"黑煤气"钢瓶21155个；引导3341家企业签署行业廉洁从业自律公约，形成太子广场幕墙明招暗定、家利物业从业人员包庇业主违建等9宗典型案例；制定《关于规范住房租赁市场稳定住房租赁价格的意见》等长效长治政策法规21部。

标准定额

加强工程建设标准供给侧改革，全年新批准立项标准43部，新发布19部，累计发布各类标准126部。推进工程建设标准国际化，开展标准管理体制机制和标准分类框架体系国际对标，发布国内首部系统对标英标、欧标的绿色预拌混凝土和预拌砂浆技术标准。将工程计价定额纳入工程建设标准体系，打造工程建设领域"深圳标准"体系。深圳市被列入国家首批工程标准国际对标试点城市完善工程计价定额，并率先将其纳入工程建设标准体系。修编装饰工程、安装工程、环卫工程、市政维修工程等4部定额，启动编制城市地下综合管廊消耗量定额。2019年10月，以地方性工程建设标准形式发布了《深圳市环卫工程消耗量定额》，成为城建行业首个地方性工程建设计价标准。

工程质量安全监督

【工程质量监管】认真贯彻深入落实深圳市出台的《关于提升建设工程质量水平打造城市建设精品的若干措施》，提升工程质量水平；开展建筑材料监督抽检、工程结构质量专项检查，严把桩基验收关，严控商品混凝土生产质量，承接结建式人防工程监管职责，强化工程质量过程管控，保障工程质量水平总体良好可控。深入推进"深圳市建设工程质量安全监管平台"建设及应用，将全市在监房屋市政工程及部分交通、水务工程共2026个项目纳入平台管理，实现监督执法和隐患排查治理信息化，以及视频监控、智能监测预警、电子远程执法等功能，提升建筑工程施工信息化和监管成效。"基于GIS的建筑物质量安全监管平台"项目荣获"2019年中国地理信息产业优秀工程银奖"。

【安全生产监管】紧抓重大风险源安全管控。对深基坑、地下暗挖等危大工程实施分级分类台账化管理和重点监管；完成全市2573台建筑起重机械全覆盖第三方检测。严抓主体责任和监管责任落实。定期主持召开形势分析会议、专题会议；建立纠察巡查工作体系，强化企业主体自查自纠能力；建立安全管理指数体系，委托第三方机构每季度对各区住建部门、市区监督机构检查排名通报，督促监管责任落实；保持监管高压态势，市区住建部门共发出责令停工2922份，责令整改1.88万份，排查整改隐患6万余项；发出红色警示143份（禁止参与投标，提高违法成本），处罚罚款3153万元（位居全省首位）；实施"红黑榜"工地定期公示制度，在特区报等主流媒体曝光黑榜工地365个（包括建设、施工、监理单位名称等信息），执法数据同比全面上升。推进小散工程安全纳管。全市累计备案小散工程17万项，整改隐患11万项，修订发布小散工程6个指引，小散工程领域实现事故起数和死亡人数双下降。强化应急管理能力。组建建筑施工领域7个应急救援点，建设5支一梯队、2支二梯队应急救援队伍。建成市住建局应急指挥中心，形成与各区住建局、各应急队伍驻地可视化快速协调的响应体系。

【工程建设标准化】全面实施安全文明施工标准化管理，落实安全文明标准"一规定、一标准"，在招标、合同示范文本补充完善有关要求和条款，20家重点企业制定并落实企业标准。统一全市施工围挡标准，提升安全性、功能性、美观性。全市工地围挡均按照要求刊载公益广告，宣传内容包括社会主义核心价值观、创建文明城市、讲文明树新风等九大公益广告主题,成为城市公益广告宣传重要阵地。出台《深圳市建筑起重机械防台风安全技术规程》,强化拆除工程备案和安全监管,出台《深圳市拆除工程技术指引》。牵头制定并联合市交通部门出台《关于加强道路挖掘管理提升市政工程安全文明标准化施工水平的若干措施(试行)》,从11个方面提出加强道路挖掘管理提升市政工程安全文明标准化施工水平的工作措施。

建筑市场

【建筑企业概况】 截至2019年年底,在市住房城乡建设局登记的具备参与招投标以及申请施工许可资格的建筑企业共计5820家。在深圳市注册独立法人建筑企业中,具有总包特级资质7家(其中1家为房建和市政总包双特级资质)。2019年深圳市建筑业总产值为4361.43亿元(包含交通、水务工程纳统建筑业企业的产值),同比增速25.7%。全市建筑业增加值为930亿元,同比增长28.4%。建筑业增加值占全市GDP的比重为3.5%。

推进建筑业企业应统纳统,多措并举留住产值与税收,市统计局数据库增加建筑企业100余家。中建四局土木工程有限公司等15家大型建筑企业在深圳市法人、资质"双落地"。"特区建工集团"成立,市属建设国企整合力度加大。制定《深圳市现代产业工人队伍行动计划》,探索建立政府指导、龙头企业、行业协会、培训机构共建共享的产业工人培育模式,向市地铁集团等10个产业工人培训基地授牌,新建市建筑工人实训基地暨中国电建深圳建筑产业工人技能学校。持续推进实名制安全教育培训工作,1539个建设项目进行实名制安全教育登记,全年18.3万名从业人员完成培训。

【建筑市场监管】 针对深圳市建筑市场领域围标串标、转包挂靠、违法分包、申请资质弄虚作假、人员"挂证"等突出问题,坚持边扫边治边建,综合施策,标本兼治,共开展专项行动5批次,累计出动检查人员971余人次、检查124家企业、135个项目,共发出责令整改通知书159份,立案40宗,其中包括违法分包、转包挂靠18宗、串通投标3宗、注册人员"挂证"8宗、企业资质申报弄虚作假6宗、违规"重组分立"3宗、未落实安全教育2宗,共涉及108个责任主体,取得了阶段性成果。

【建设工程招标投标情况】 2019年深圳市建设工程招投标交易总金额2741.48亿元,同比增长26.04%;交易量5809个(以标段为单位),同比减少11.89%;总节约资金240.37亿元。

【招标投标制度改革】 为全面贯彻落实中共中央国务院关于支持深圳建设中国特色社会主义先行示范区的意见,进一步推进招标投标改革,完善招标投标制度,促进城市高质量建设,市住房建设局制定《关于进一步完善建设工程招标投标制度的若干措施》,围绕"体现高质量发展理念、对标国际通用商务规则、落实廉政风险防控要求、规范招标投标过程管理"四个方面,提出47条措施,旨在构建一整套科学完备、机制灵活、运作规范,与国际通行商务规则充分接轨的招标投标制度体系,营造公平公正、良性竞争、廉洁高效的市场环境,努力打造城市建设高质量发展高地。"深圳评定分离模式"实施以来,获得了国家及市场各方主体的认可,对全国招投标改革起到了引领和示范作用,住房城乡建设部最新发布的招投标改革政策文件中,已吸纳深圳市改革成果,在全国探索推进评定分离方法。

【招标投标电子化建设】 深圳市作为全国首个电子招标投标创新城市,已实现招投标全流程全专业网上办理,招投标电子化程度居国内领先水平,获得国家发展改革委和住房城乡建设部的认可。在此基础上,坚持融合创新,开放共享,不断深化BIM、大数据,以及人工智能等技术在招投标中的应用。完成全国首个BIM电子招标投标系统建设,编制全国首部房屋建筑工程招标投标BIM技术应用的标准,BIM招投标应用荣获了2019年度华夏建设科学技术奖三等奖。

建筑节能与科技

【绿色建筑发展】 2019年,全市新增绿色建筑面积1680万平方米,总面积突破1.1亿平方米。节能建筑面积累计近2亿平方米,累计完成既有建筑节能改造逾2000万平方米。深入实施国家公共建筑能效提升重点城市建设;积极承接国家绿色住宅工程质量使用者监督机制试点,探索建立绿色住宅工程质量可控、使用者可监督、政府可保障的途径和方法,进一步提升绿色住宅工程质量;成功主办第十五届绿色建筑大会,30余个国际机构,30多个城市,数千名国内外著名专家以及演讲专家、专业人士到场,展会规模和质量创历届之最,获得业界充分肯定;支持粤港澳大湾区9+2城市绿色建筑行业启动产业联盟筹备;成功举办2019年可持续建筑环境(SBE)会议系列地区会议,推动中国特色社会主义先行示范区建设,加快可持续发展议程创新示范区发展。

【装配式建筑】 全市装配式建筑项目呈现快速增长的"井喷"态势，截至2019年12月底，装配式建筑累计总建筑规模已达到2400万平方米，居住建筑、公共建筑、市政工程等建筑类型同步发展，实现全市装配式建筑扩面增量、提质增效。2019年新增省级装配式建筑产业基地16个，获认定的基地数量居全省首位，至此，深圳市已有35家国家、省、市级不同层级的产业基地涵盖工程设计、工程施工、部品生产、科研教培、市政类、装修类、整体厨卫、装配式机电、装配式模板、集成房屋等类型。

人事教育

扎实开展"不忘初心、牢记使命"主题教育，为民服务解难题，落实市领导主题教育专项任务28项，完成调研课题12个，开展专项整治14项，集中治理9项，立行立改105项，限期整改88项，解决历史遗留信访难题125宗，进一步增强了群众的获得感。坚持"第一议题"学习，开展全国道德模范陆建新先进事迹报告会、基层党组织建设专题讲座等，全年局领导班子开展"第一议题"学习27次，成员讲专题党课9场，率队集体宣誓重温入党誓词。积极推进机关文化建设，打造党味浓、宗旨明的党员活动阵地，局职工活动中心、党群活动中心成为市直机关工委系统示范、样板项目。深入贯彻全面从严治党要求，局班子成员与市纪委监督六室、派驻四组"以案促改"座谈，邀请市纪委廉政宣讲团以案说廉，全年开展党规党纪教育、警示教育10次，组织干部职工签订《廉洁自律承诺书》。开展作风建设"找问题、补短板"活动，制定问题、整改、制度"三张清单"。抓实廉政风险防控，深入查找廉政风险防范重点领域和廉政风险点。推出政治引领、组织保障、制度管控、纪律约束、作风纠偏、教育预防六大举措，构建"教育监督并重、惩治预防并举"的廉政风险防控机制。顺利完成房地产市场和行业管理、房屋租赁管理、人防工程建设质量监管、建设工程消防设计审查验收等职责划转工作，新增3个处室和1家事业单位，59名同志转隶到市住房城乡建设局，全局达到18个处室、11个事业单位（含副局级事业单位）。通过优化处室设置，精心组织安排，强化保障服务，顺利完成转隶人员交接、系统接收、业务衔接等工作。

大事记

1月

22—23日 全国首个基于BIM招标投标平台招标的设计项目——前海乐居桂湾人才住房全过程BIM设计国际招标项目顺利在市建设工程交易服务中心完成开标评标工作，标志着深圳市电子招投标有效实现从全流程电子化到可视化、智能化的跨越式突破。

5月

13日 市住房城乡建设局正式承接消防设计审查和验收业务，各项工作开展顺利，实现了"无缝对接、平稳过渡"的工作目标。

7月

深圳市通过竞争性评审以优异成绩入选全国第一批获得中央财政支持住房租赁市场发展的试点城市。

住房城乡建设局住房改革与发展处荣获"第五届广东省人民满意的公务员集体"称号。

31日 发布《关于面向公交司机及环卫工人定向配租公共租赁住房的通告》，为社会提供基本公共服务的公交司机及环卫工人定向配租1200套公共租赁住房，其中公交司机600套、环卫工人600套。

8月

29日 《深圳经济特区物业管理条例》经市第六届人大常委会第三十五次会议修订通过，自2020年3月1日起施行。市住房城乡建设局同步开展24个新条例配套文件制（修）订工作，并于2019年12月集中公开征求社会各界意见。

10月

1日 深圳市住房和建设局局长张学凡同志作为全国住房城乡建设系统的代表，受邀参加中华人民共和国成立70周年庆典，在"春潮滚滚"彩车上接受习近平总书记的检阅。

15日 首个"稳租金"商品房试点项目塘朗城广场西区C座高区248套带装修商务公寓开始认购。

11月

11日 深圳市对普通住房标准进行了调整，规定同时满足住宅小区建筑容积率1.0以上、单套建筑面积144平方米以下的住房为"普通住房"。

（深圳市住房和城乡建设局）

政策法规文件

国务院办公厅印发《关于全面开展工程建设项目审批制度改革的实施意见》

国办发〔2019〕11号

各省、自治区、直辖市人民政府，国务院各部委、各直属机构：

工程建设项目审批制度改革是党中央、国务院在新形势下作出的重大决策，是推进政府职能转变和深化"放管服"改革、优化营商环境的重要内容。2018年5月工程建设项目审批制度改革试点开展以来，试点地区按照国务院部署，对工程建设项目审批制度实施了全流程、全覆盖改革，基本形成统一的审批流程、统一的信息数据平台、统一的审批管理体系和统一的监管方式。经国务院同意，现就全面开展工程建设项目审批制度改革提出以下意见。

一、总体要求

（一）指导思想。以习近平新时代中国特色社会主义思想为指导，深入贯彻党的十九大和十九届二中、三中全会精神，坚持以人民为中心，牢固树立新发展理念，以推进政府治理体系和治理能力现代化为目标，以更好更快方便企业和群众办事为导向，加大转变政府职能和简政放权力度，全面开展工程建设项目审批制度改革，统一审批流程，统一信息数据平台，统一审批管理体系，统一监管方式，实现工程建设项目审批"四统一"。

（二）改革内容。对工程建设项目审批制度实施全流程、全覆盖改革。改革覆盖工程建设项目审批全过程（包括从立项到竣工验收和公共设施接入服务）；主要是房屋建筑和城市基础设施等工程，不包括特殊工程和交通、水利、能源等领域的重大工程；覆盖行政许可等审批事项和技术审查、中介服务、市政公用服务以及备案等其他类型事项，推动流程优化和标准化。

（三）主要目标。2019年上半年，全国工程建设项目审批时间压缩至120个工作日以内，省（自治区）和地级及以上城市初步建成工程建设项目审批制度框架和信息数据平台；到2019年底，工程建设项目审批管理系统与相关系统平台互联互通；试点地区继续深化改革，加大改革创新力度，进一步精简审批环节和事项，减少审批阶段，压减审批时间，加强辅导服务，提高审批效能。到2020年底，基本建成全国统一的工程建设项目审批和管理体系。

二、统一审批流程

（四）精简审批环节。精简审批事项和条件，取消不合法、不合理、不必要的审批事项，减少保留事项的前置条件。下放审批权限，按照方便企业和群众办事的原则，对下级机关有能力承接的审批事项，下放或委托下级机关审批。合并审批事项，对由同一部门实施的管理内容相近或者属于同一办理阶段的多个审批事项，整合为一个审批事项。转变管理方式，对能够用征求相关部门意见方式替代的审批事项，调整为政府内部协作事项。调整审批时序，地震安全性评价在工程设计前完成即可，环境影响评价、节能评价等评估评价和取水许可等事项在开工前完成即可；可以将用地预审意见作为使用土地证明文件申请办理建设工程规划许可证；将供水、供电、燃气、热力、排水、通信等市政公用基础设施报装提前到开工前办理，在工程施工阶段完成相关设施建设，竣工验收后直接办理接入事宜。试点地区要进一步精简审批环节，在加快探索取消施工图审查（或缩小审查范围）、实行告知承诺制和设计人员终身负责制等方面，尽快形成可复制可推广的经验。

（五）规范审批事项。各地要按照国务院统一要求，对本地区工程建设项目审批事项进行全面清理，统一审批事项和法律依据，逐步形成全国统一的审批事项名称、申请材料和审批时限。要本着合法、精简、效能的原则，制定国家、省（自治区）和地级及以上城市工程建设项目审批事项清单，明确各项审批事项的适用范围和前置条件，并实行动态管理。下级政府制定的审批事项清单原则上要与上级政府审批事项清单一致，超出上级政府审批事项清单范围的，要报上级机关备案，并说明理由。

（六）合理划分审批阶段。将工程建设项目审批流程主要划分为立项用地规划许可、工程建设许可、施工许可、竣工验收四个阶段。其中，立项用地规划许可阶段主要包括项目审批核准、选址意见书核发、用地预审、用地规划许可证核发等。工程建设许可阶段主要包括设计方案审查、建设工程规划许可证核发等。施工许可阶段主要包括设计审核确认、施工许可证核发等。竣工验收阶段主要包括规划、土地、消防、人防、档案等验收及竣工验收备案等。其他行政许可、强制性评估、中介服务、市政公用服务以及备案等事项纳入相关阶段办理或与相关阶段并行推进。每个审批阶段确定一家牵头部门，实行"一家牵头、并联审批、限时办结"，由牵头部门组织协调相关部门严格按照限定时间完成审批。

（七）分类制定审批流程。制定全国统一的工程建设项目审批流程图示范文本。地级及以上地方人民政府要根据示范文本，分别制定政府投资、社会投资等不同类型工程的审批流程图；同时可结合实际，根据工程建设项目类型、投资类别、规模大小等，进一步梳理合并审批流程。简化社会投资的中小型工程建设项目审批，对于带方案出让土地的项目，不再对设计方案进行审核，将工程建设许可和施工许可合并为一个阶段。试点地区要进一步加大改革力度，也可以在其他工程建设项目中探索将工程建设许可和施工许可合并为一个阶段。

（八）实行联合审图和联合验收。制定施工图设计文件联合审查和联合竣工验收管理办法。将消防、人防、技防等技术审查并入施工图设计文件审查，相关部门不再进行技术审查。实行规划、土地、消防、人防、档案等事项限时联合验收，统一竣工验收图纸和验收标准，统一出具验收意见。对于验收涉及的测绘工作，实行"一次委托、联合测绘、成果共享"。

（九）推行区域评估。在各类开发区、工业园区、新区和其他有条件的区域，推行由政府统一组织对压覆重要矿产资源、环境影响评价、节能评价、地质灾害危险性评估、地震安全性评价、水资源论证等评估评价事项实行区域评估。实行区域评估的，政府相关部门应在土地出让或划拨前，告知建设单位相关建设要求。

（十）推行告知承诺制。对通过事中事后监管能够纠正不符合审批条件的行为且不会产生严重后果的审批事项，实行告知承诺制。公布实行告知承诺制的工程建设项目审批事项清单及具体要求，申请人按照要求作出书面承诺的，审批部门可以根据申请人信用等情况直接作出审批决定。对已经实施区域评估范围内的工程建设项目，相应的审批事项实行告知承诺制。

三、统一信息数据平台

（十一）建立完善工程建设项目审批管理系统。地级及以上地方人民政府要按照"横向到边、纵向到底"的原则，整合建设覆盖地方各有关部门和区、县的工程建设项目审批管理系统，并与国家工程建设项目审批管理系统对接，实现审批数据实时共享。省级工程建设项目审批管理系统要将省级工程建设项目审批事项纳入系统管理，并与国家和本地区各城市工程建设项目审批管理系统实现审批数据实时共享。研究制定工程建设项目审批管理系统管理办法，通过工程建设项目审批管理系统加强对工程建设项目审批的指导和监督。地方工程建设项目审批管理系统要具备"多规合一"业务协同、在线并联审批、统计分析、监督管理等功能，在"一张蓝图"基础上开展审批，实现统一受理、并联审批、实时流转、跟踪督办。以应用为导向，打破"信息孤岛"，2019年底前实现工程建设项目审批管理系统与全国一体化在线政务服务平台的对接，推进工程建设项目审批管理系统与投资项目在线审批监管平台等相关部门审批信息系统的互联互通。地方人民政府要在工程建设项目审批管理系统整合建设资金安排上给予保障。

四、统一审批管理体系

（十二）"一张蓝图"统筹项目实施。统筹整合各类规划，划定各类控制线，构建"多规合一"的"一张蓝图"。依托工程建设项目审批管理系统，加强"多规合一"业务协同，统筹协调各部门对工程建设项目提出建设条件以及需要开展的评估评价事项等要求，为项目建设单位落实建设条件、相关部门加强监督管理提供依据，加速项目前期策划生成，简化项目审批或核准手续。

（十三）"一个窗口"提供综合服务。县级及以上城市人民政府要加强政务大厅建设，发挥服务企业群众、监督协调审批的作用。整合各部门和各市政公用单位分散设立的服务窗口，设立工程建设项目审批综合服务窗口。建立完善"前台受理、后台审核"机制，综合服务窗口统一收件、出件，实现"一个窗口"服务和管理。省级人民政府要统一制定本地区"一窗受理"的工作规程。鼓励为申请人提供工程建设项目审批咨询、指导、协调和代办等服务，帮助企业了解审批要求，提供相关工程建设项目的申请材料清单，提高申报通过率。

（十四）"一张表单"整合申报材料。各审批阶段均实行"一份办事指南，一张申请表单，一套申报材料，完成多项审批"的运作模式，牵头部门制定统一的办事指南和申报表格，每个审批阶段申请人只需提交一套申报材料。建立完善审批清单服务机制，主动为申请人提供项目需要审批的事项清单。不同审批阶段的审批部门应当共享申报材料，不得要求申请人重复提交。

（十五）"一套机制"规范审批运行。建立健全工程建设项目审批配套制度，明确部门职责，明晰工作规程，规范审批行为，确保审批各阶段、各环节无缝衔接。建立审批协调机制，协调解决部门意见分歧。建立跟踪督办制度，实时跟踪审批办理情况，对全过程实施督办。各级政府部门要主动加强与人大及司法机构的沟通协调配合，加快法律法规、规范性文件和标准规范的立改废释工作，修改或废止与工程建设项目审批制度改革要求不相符的相关制度，建立依法推进改革的长效机制。

五、统一监管方式

（十六）加强事中事后监管。进一步转变监管理念，完善事中事后监管体系，统一规范事中事后监管模式，建立以"双随机、一公开"监管为基本手段，以重点监管为补充，以信用监管为基础的新型监管机制，严肃查处违法违规行为。对于实行告知承诺制的审批事项，审批部门应当在规定时间内对承诺人履行承诺的情况进行检查，承诺人未履行承诺的，审批部门要依法撤销行政审批决定并追究承诺人的相应责任。

（十七）加强信用体系建设。建立工程建设项目审批信用信息平台，完善申请人信用记录，建立红黑名单制度，实行信用分级分类管理，出台工程建设项目审批守信联合激励和失信联合惩戒合作备忘录，对失信企业和从业人员进行严格监管。将企业和从业人员违法违规、不履行承诺的失信行为纳入工程建设项目审批管理系统，并与全国信用信息共享平台互联互通，加强信用信息共享，构建"一处失信、处处受限"的联合惩戒机制。

（十八）规范中介和市政公用服务。建立健全中介服务和市政公用服务管理制度，实行服务承诺制，明确服务标准和办事流程，规范服务收费。依托工程建设项目审批管理系统建立中介服务网上交易平台，对中介服务行为实施全过程监管。供水、供电、燃气、热力、排水、通信等市政公用服务要全部入驻政务服务大厅，实施统一规范管理，为建设单位提供"一站式"服务。

六、加强组织实施

（十九）强化组织领导。住房城乡建设部要切实担负起工程建设项目审批制度改革工作的组织协调和督促指导责任；各部门要密切协调配合，加强工程建设项目审批制度改革、投资审批制度改革等"放管服"各项改革任务的协同联动，形成改革合力。各省级人民政府要按照本实施意见要求，全面领导本地区工程建设项目审批制度改革工作，加强统筹协调、指导和督促，为改革工作提供组织和经费保障，积极推动各项改革措施落地。各省级人民政府要在本实施意见印发后1个月内制定具体实施方案，并报住房城乡建设部备案。各地方人民政府要高度重视工程建设项目审批制度改革工作，承担改革主体责任，成立以主要负责同志为组长的领导小组，明确责任部门，制定时间表、路线图，确保按时保质完成任务。

（二十）加强沟通反馈和培训。住房城乡建设部要建立上下联动的沟通反馈机制，及时了解地方工程建设项目审批制度改革工作情况，督促指导地方研究解决改革中遇到的问题。各地要针对重点、难点问题，采用集中培训、网络培训和专题培训等方式，加强对各级领导干部、工作人员和申请人的业务培训，对相关政策进行全面解读和辅导，提高改革能力和业务水平。

（二十一）严格督促落实。住房城乡建设部要会同相关部门建立工程建设项目审批制度改革评估评价机制，重点评估评价各地全流程、全覆盖改革和统一审批流程、统一信息数据平台、统一审批管理体系、统一监管方式等情况，并将有关情况报国务院。地方各级人民政府要加大对地方有关部门工作的督导力度，跟踪改革任务落实情况。各省级人民政府要定期向住房城乡建设部报送工作进展情况。对于工作推进不力、影响工程建设项目审批制度改革进程，特别是未按时完成阶段性工作目标的，要依法依规严肃问责。

（二十二）做好宣传引导。各地要通过多种形式及时宣传报道相关工作措施和取得的成效，加强舆论引导，增进社会公众对工程建设项目审批制度改革工作的了解和支持，及时回应群众关切，为顺利推进改革营造良好的舆论环境。

国务院办公厅
2019年3月13日

住房和城乡建设部关于修改部分部门规章的决定

中华人民共和国住房和城乡建设部令第 47 号

《住房和城乡建设部关于修改部分部门规章的决定》已经 2019 年 2 月 15 日第 6 次部常务会议审议通过，现予发布，自发布之日起施行。

住房和城乡建设部部长　王蒙徽

2019 年 3 月 13 日

住房和城乡建设部关于修改部分部门规章的决定

为深入推进工程建设项目审批制度改革，住房和城乡建设部决定修改下列部门规章：

一、删去《房屋建筑和市政基础设施工程施工分包管理办法》（建设部令第 124 号，根据住房和城乡建设部令第 19 号修改）第十条第二款"分包工程发包人应当在订立分包合同后 7 个工作日内，将合同送工程所在地县级以上地方人民政府住房城乡建设主管部门备案。分包合同发生重大变更的，分包工程发包人应当自变更后 7 个工作日内，将变更协议送原备案机关备案"。

二、将《房屋建筑和市政基础设施工程施工招标投标管理办法》（建设部令第 89 号，根据住房和城乡建设部令第 43 号修改）第十八条中的"招标人应当在招标文件发出的同时，将招标文件报工程所在地的县级以上地方人民政府建设行政主管部门备案"修改为"招标人应当在招标文件发出的同时，将招标文件报工程所在地的县级以上地方人民政府建设行政主管部门备案，但实施电子招标投标的项目除外"。

将第十九条中的"并同时报工程所在地的县级以上地方人民政府建设行政主管部门备案"修改为"并同时报工程所在地的县级以上地方人民政府建设行政主管部门备案，但实施电子招标投标的项目除外"。

三、将《危险性较大的分部分项工程安全管理规定》（住房和城乡建设部令第 37 号）第九条"建设单位在申请办理安全监督手续时，应当提交危大工程清单及其安全管理措施等资料"修改为"建设单位在申请办理施工许可手续时，应当提交危大工程清单及其安全管理措施等资料"。

四、将《城市建设档案管理规定》（建设部令第 61 号，根据建设部令第 90 号、住房和城乡建设部令第 9 号修改）第八条"列入城建档案馆档案接收范围的工程，建设单位在组织竣工验收前，应当提请城建档案管理机构对工程档案进行预验收。预验收合格后，由城建档案管理机构出具工程档案认可文件"修改为"列入城建档案馆档案接收范围的工程，城建档案管理机构按照建设工程竣工联合验收的规定对工程档案进行验收"。

删去第九条"建设单位在取得工程档案认可文件后，方可组织工程竣工验收。建设行政主管部门在办理竣工验收备案时，应当查验工程档案认可文件"。

五、将《城市地下管线工程档案管理办法》（建设部令第 136 号，根据住房和城乡建设部令第 9 号修改）第九条"地下管线工程竣工验收前，建设单位应当提请城建档案管理机构对地下管线工程档案进行专项预验收"修改为"城建档案管理机构应当按照建设工程竣工联合验收的规定对地下管线工程档案进行验收"。

本决定自发布之日起施行。以上 5 部部门规章根据本决定作相应的修正，重新发布。

住房和城乡建设部关于废止部分规章的决定

中华人民共和国住房和城乡建设部令【第 48 号】

《住房和城乡建设部关于废止部分规章的决定》已经 2019 年 8 月 22 日第 12 次部常务会议审议通过,现予公布,自公布之日起施行。

住房和城乡建设部部长　王蒙徽
2019 年 9 月 6 日

住房和城乡建设部关于废止部分规章的决定

住房和城乡建设部决定废止《燃气燃烧器具安装维修管理规定》(建设部令第 73 号)、《房屋登记办法》(建设部令第 168 号)。

本决定自公布之日起施行。

国家发展改革委联合住房城乡建设部印发《关于推进全过程工程咨询服务发展的指导意见》

发改投资规〔2019〕515 号

近日,国家发展改革委、住房城乡建设部联合印发《关于推进全过程工程咨询服务发展的指导意见》(发改投资规〔2019〕515 号,以下简称《指导意见》),在房屋建筑和市政基础设施领域推进全过程工程咨询服务发展,提升固定资产投资决策科学化水平,进一步完善工程建设组织模式,推动高质量发展。

《指导意见》指出,改革开放以来,我国工程咨询服务市场化、专业化快速发展,形成了投资咨询、招标代理、勘察、设计、监理、造价、项目管理等咨询服务业态。随着我国固定资产投资项目建设水平逐步提高,为更好地实现投资建设意图,投资者或建设单位在固定资产投资项目决策、工程建设、项目运营过程中,对综合性、跨阶段、一体化的咨询服务需求日益增强。这种需求与现行制度造成的单项服务供给模式之间的矛盾日益突出。因此,有必要创新咨询服务组织实施方式,大力发展以市场需求为导向、满足委托方多样化需求的全过程工程咨询服务模式。

《指导意见》从鼓励发展多种形式全过程工程咨询、重点培育全过程工程咨询模式、优化市场环境、强化保障措施等方面提出一系列政策措施。

一是明确了培育发展全过程工程咨询的两个着力点。《指导意见》坚持市场培育和政府引导相结合的原则,鼓励咨询单位根据市场需求,从投资决策、工程建设、运营等项目全生命周期角度,开展跨阶段咨询服务组合或同一阶段内不同类型咨询服务组合,发展多种形式的全过程工程咨询服务模式。同时,结合投资高质量发展和工程质量提升需求,立足关键环节,《指导意见》针对项目决策和建设实施两个阶段,重点培育发展投资决策综合性咨询和工程建设全过程咨询,为推进全过程工程咨询指明了发展方向和实施路径。

二是明确了投资决策综合性咨询的内容和方式。《指导意见》要求投资决策综合性咨询要统筹考虑影响项目可行性的各种因素,将各专项评价评估一并纳入可行性研究统筹论证,提高决策科学化水平。投资决策综合性咨询服务可由工程咨询单位采取市场合作、委托专业服务等方式牵头提供，或由其会同具备相应资格的服务机构联合提供。《指导意见》鼓励纳入有关行业自律管理体系的工程咨询单位开展综合性咨询服务，鼓励咨询工程师（投资）作为综合性咨询项目负责人。

三是明确了工程建设全过程咨询的内容和条件。《指导意见》鼓励实施工程建设全过程咨询，由咨询单位提供招标代理、勘察、设计、监理、造价、项目管理等全过程咨询服务。《指导意见》规定，工程建设全过程咨询单位提供勘察、设计、监理或造价咨询服务时，应当具有与工程规模及委托内容相适应的资质条件。这样的企业资质要求符合法律法规及相关政策规定。《指导意见》对工程建设全过程咨询项目负责人的资格提出较高要求：应当取得工程建设类注册执业资格且具有工程类、工程经济类高级职称，并具有类似工程经验。对于工程建设全过程咨询服务中承担工程勘察、设计、监理或造价咨询业务的负责人，应具有法律法规规定的相应执业资格。

四是明确了全过程工程咨询服务酬金计取方式。《指导意见》规定全过程工程咨询服务酬金可在项目投资中列支，也可根据所包含的专项服务（投资咨询、招标代理、勘察、设计、监理、项目管理等）在项目投资中列支的费用进行支付。全过程工程咨询服务酬金既可按各专项服务费用叠加后再增加相应统筹管理费用计取，也可按人工成本加酬金方式计取。鼓励投资者或建设单位根据咨询服务节约的投资额对咨询单位予以奖励。

此外，《指导意见》明确了推进全过程工程咨询服务发展的部门职责分工，以及加强政府监管和行业自律的措施，确保全过程工程咨询服务持续健康发展。

国家发展改革委关于印发《2019年新型城镇化建设重点任务》的通知

发改规划〔2019〕617号

为深入贯彻落实中央经济工作会议精神，特制定《2019年新型城镇化建设重点任务》，经推进新型城镇化工作部际联席会议审议通过，现印发你们，请认真贯彻执行。

国家发展改革委
2019年3月31日

2019年新型城镇化建设重点任务

城镇化是现代化的必由之路，也是乡村振兴和区域协调发展的有力支撑。2019年是新中国成立70周年，是全面建成小康社会关键之年。为深入贯彻落实中央经济工作会议精神，现提出2019年新型城镇化建设重点任务。

一、总体要求

以习近平新时代中国特色社会主义思想为指导，全面贯彻党的十九大和十九届二中、三中全会以及中央经济工作会议精神，紧紧围绕统筹推进"五位一体"总体布局和协调推进"四个全面"战略布局，坚持和加强党的全面领导，坚持以人民为中心的发展思想，坚持稳中求进工作总基调，坚持新发展理念，坚持推进高质量发展，加快实施以促进人的城镇化为核心、提高质量为导向的新型城镇化战略，突出抓好在城镇就业的农业转移人口落户工作，推动1亿非户籍人口在城市落户目标取得决定性进展，培育发展现代化都市圈，推进大城市精细化管理，支持特色小镇有序发展，加快推动城乡融合发展，实现常住人口和户籍人口城镇化率均提高1个百分点以上，为保持经济持续健康发展和社会大局稳定提供有力支撑，为决胜全面建成小康社会提供有力保障。

二、加快农业转移人口市民化

按照尊重意愿、自主选择原则，以农业转移人口为重点，兼顾高校和职业院校（技工院校）毕业生、城市间转移就业人员，加大非户籍人口在城市落户推进力度，推动未落户城镇的常住人口平等享有基本公共服务。

（一）积极推动已在城镇就业的农业转移人口落户。继续加大户籍制度改革力度，在此前城区常住人口100万以下的中小城市和小城镇已陆续取消落户限制的基础上，城区常住人口100万～300万的Ⅱ型大城市要全面取消落户限制；城区常住人口300万～500万的Ⅰ型大城市要全面放开放宽落户条件，并全面取消重点群体落户限制。超大特大城市要调整完善积分落户政策，大幅增加落户规模、精简积分项目，确保社保缴纳年限和居住年限分数占主要比例。城市政府要探索采取差别化精准化落户政策，积极推进建档立卡农村贫困人口落户。允许租赁房屋的常住人口在城市公共户口落户。压实地方政府主体责任，强化督促和监测评估。（公安部、各省级有关部门负责）

（二）推进常住人口基本公共服务全覆盖。确保有意愿的未落户常住人口全部持有居住证，鼓励各地区逐步扩大居住证附加的公共服务和便利项目。2019年底所有义务教育学校达到基本办学条件"20条底线"要求，在随迁子女较多城市加大教育资源供给，实现公办学校普遍向随迁子女开放，完善随迁子女在流入地参加高考的政策。全面推进建立统一的城乡居民医保制度，提高跨省异地就医住院费用线上结算率，推进远程医疗和社区医院高质量发展。推进城乡居民养老保险参保扩面，指导各地区全面建立城乡居民基本养老保险待遇确定和基础养老金正常调整机制。强化全方位公共就业服务，推进农民工职业技能培训扩面提质。持续深化利用集体建设用地建设租赁住房试点，扩大公租房和住房公积金制度向常住人口覆盖范围。合理发展城镇婴幼儿照护服务机构，充分考虑婴幼儿随迁子女的照护服务需求。打通各地区各部门数据壁垒，提高公共服务供给便利性。城市政府要向已在城镇稳定就业生活但未落户的农村贫困人口，优先提供职业技能培训等基本公共服务，并加大与农村贫困人口较多地区的劳务对接力度。（公安部、发展改革委、教育部、财政部、人力资源社会保障部、自然资源部、住房城乡建设部、卫生健康委、医保局、各省级有关部门负责）

（三）深化"人地钱挂钩"等配套政策。深化落实支持农业转移人口市民化的财政政策，在安排中央和省级财政转移支付时更多考虑农业转移人口落户数量，2019年继续安排中央财政奖励资金支持落户较多地区。全面落实城镇建设用地增加规模与吸纳农业转移人口落户数量挂钩政策，在安排各地区城镇新增建设用地规模时，进一步增加上年度农业转移人口落户数量的权重，探索落户城镇的农村贫困人口在原籍宅基地复垦腾退的建设用地指标由输入地使用。落实中央基建投资安排向吸纳农业转移人口落户数量较多城镇倾斜政策，完善财政性建设资金对吸纳贫困人口较多城市基础设施投资的补助机制。改进城市人口统计工作，逐年统计发布各城市的行政区常住人口及户籍人口、行政区城镇户籍人口、城区户籍人口数据，开展各城市的行政区城镇常住人口、城区常住人口统计前期工作。（财政部、自然资源部、发展改革委、公安部、统计局、各省级有关部门负责）

三、优化城镇化布局形态

按照统筹规划、合理布局、分工协作、以大带小的原则，立足资源环境承载能力，推动城市群和都市圈健康发展，构建大中小城市和小城镇协调发展的城镇化空间格局。

（四）深入推进城市群发展。有序实施城市群发展规划。加快京津冀协同发展、长江三角洲区域一体化发展、粤港澳大湾区建设。扎实开展成渝城市群发展规划实施情况跟踪评估，研究提出支持成渝城市群高质量发展的政策举措，培育形成新的重要增长极。有序推动哈长、长江中游、北部湾、中原、关中平原、兰州—西宁、呼包鄂榆等城市群发展规划实施，建立健全城市群协调协商机制。加快出台实施天山北坡、滇中两个边疆城市群发展规划。指导省内城市群有序发展，提高一体化建设水平。坚持以中心城市引领城市群发展，推动一些中心城市地区加快工业化城镇化，增强中心城市辐射带动力，形成高质量发展的重要助推力。（发展改革委、各省级有关部门负责）

（五）培育发展现代化都市圈。实施《关于培育发展现代化都市圈的指导意见》，落实重点任务部门分工。指导有关地方编制实施都市圈发展规划或重点领域专项规划。探索建立中心城市牵头的都市圈发展协调推进机制。加快推进都市圈交通基础设施一体化规划建设。支持建设一体化发展和承接产业转移示范区。推动构建都市圈互利共赢的税收分享机制和征管协调机制。鼓励社会资本参与都市圈建设与运营。在符合土地用途管制前提下，允许都市圈内城乡建设用地增减挂钩节余指标跨地区调剂。

健全都市圈商品房供应体系，强化城市间房地产市场调控政策协同。（发展改革委、自然资源部、住房城乡建设部、交通运输部、各省级有关部门负责）

（六）推动大中小城市协调发展。超大特大城市要立足城市功能定位，防止无序蔓延，合理疏解中心城区非核心功能，推动产业和人口向一小时交通圈地区扩散。大城市要提高精细化管理水平，增强要素集聚、高端服务和科技创新能力，发挥规模效应和辐射带动作用。中小城市发展要分类施策，都市圈内和潜力型中小城市要提高产业支撑能力、公共服务品质，促进人口就地就近城镇化；收缩型中小城市要瘦身强体，转变惯性的增量规划思维，严控增量、盘活存量，引导人口和公共资源向城区集中；强化边境城市稳边戍边作用，推动公共资源倾斜性配置和对口支援；稳步增设一批中小城市，落实非县级政府驻地特大镇设市。稳妥有序调整城市市辖区规模和结构。推动经济发达镇行政管理体制改革扩面提质增效，解决法律授权、财政体制、人员编制统筹使用等问题。强化小城镇基础设施和公共服务补短板，提高服务镇区居民和周边农村的能力。指导各地区制定设镇设街道标准，规范调整乡镇行政区划。（发展改革委、中央编办、民政部、财政部、自然资源部、住房城乡建设部、各省级有关部门负责）

（七）支持特色小镇有序发展。建立典型引路机制，坚持特色兴镇、产业建镇，坚持政府引导、企业主体、市场化运作，逐年挖掘精品特色小镇，总结推广典型经验，发挥示范引领作用；完善政银企对接服务平台，为特色产业发展及设施建设提供融资支持，为打造更多精品特色小镇提供制度土壤。建立规范纠偏机制，逐年开展监测评估，淘汰错用概念的行政建制镇、滥用概念的虚假小镇、缺失投资主体的虚拟小镇。组织制定特色小镇标准体系，适时健全支持特色小镇有序发展的体制机制和政策措施。全面开展特色小城镇建设情况调查评估。省级发展改革委要组织特色小镇和小城镇相关部门协调推进，避免政出多门、产生乱象。（发展改革委、自然资源部、住房城乡建设部、农业农村部、商务部、文化和旅游部、体育总局、林草局、各省级有关部门负责）

（八）强化交通运输网络支撑。综合考虑人口规模结构和流动变化趋势，构建有前瞻性的综合交通运输网络。依托国家"十纵十横"综合运输大通道，合理建设完善西部和东北地区对外交通骨干网络，发挥优化城镇布局、承接跨区域产业转移的先导作用，带动交通沿线城市产业发展和人口集聚。在城市群和都市圈构建以轨道交通、高速公路为骨架的多层次快速交通网，推进干线铁路、城际铁路、市域（郊）铁路、城市轨道交通融合发展，促进公路与城市道路有效衔接，更好服务于城市间产业专业化分工协作。加强中小城市与交通干线、交通枢纽城市的连接，加快建设边境地区交通通道，提高公路技术等级、通行能力和铁路覆盖率，切实改善交通条件，降低交易成本及物流成本。（发展改革委、交通运输部、自然资源部、铁路总公司、各省级有关部门负责）

四、推动城市高质量发展

统筹优化城市国土空间规划、产业布局和人口分布，提升城市可持续发展能力，建设宜业宜居、富有特色、充满活力的现代城市。

（九）分类引导城市产业布局。以提升城市产业竞争力和人口吸引力为导向，健全有利于区域间制造业协同发展的体制机制，引导城市政府科学确定产业定位和城际经济合作模式，避免同质化竞争。引导大城市产业高端化发展，发挥在产业选择和人才引进上的优势，提升经济密度、强化创新驱动、做优产业集群，形成以高端制造业、生产性服务业为主的产业结构。引导中小城市夯实制造业基础，发挥要素成本低的优势，增强承接产业转移能力，推动制造业特色化差异化发展，形成以先进制造业为主的产业结构。提升国家新型工业化产业示范基地发展质量，推动向先进制造业集群转型升级。鼓励城市政府全面优化营商环境，加强指导、优化服务、精简审批、开放资源。（发展改革委、工业和信息化部、自然资源部、商务部、市场监管总局、各省级有关部门负责）

（十）优化城市空间布局。全面推进城市国土空间规划编制，强化"三区三线"管控，推进"多规合一"，促进城市精明增长。基于资源环境承载能力和国土空间开发适宜性评价，在国土空间规划中统筹划定落实生态保护红线、永久基本农田、城镇开发边界三条控制线，制定相应管控规则。科学编制详细规划，促进城市工业区、商务区、文教区、生活区、行政区、交通枢纽区科学衔接与混合嵌套，实现城市产城融合、职住平衡。加快建设国土空间基础信息平台和国土空间规划监测评估预警管理系统，为城市空间精细化治理提供智能化手段。指导各地区在编制城市国土空间规划中，统筹考虑城市开敞空间、大气输送廊道、改变局地扩散条件等因

素，协同推进大气污染防治工作。（自然资源部、发展改革委、生态环境部、住房城乡建设部、各省级有关部门负责）

（十一）加强城市基础设施建设。优化城市交通网络体系，构建级配合理的城市路网系统，强化城市轨道交通线网规划指导，完善非机动车、行人交通系统及行人过街设施，鼓励有条件城市建设自行车专用道。落实公交优先发展政策，优先在中心城区及交通密集区形成连续、成网的公交专用道，推动轨道交通、公共汽电车等的融合衔接和便利换乘。在地铁、机场等公共场所为网络部署预留足够资源。指导各地区因地制宜建设地下综合管廊，扎实推进城市排水防涝设施补短板。持续推进节水型城市建设，推进实施海绵城市建设。继续开展城市黑臭水体整治环境保护专项行动，启动城镇污水处理提质增效三年行动。督促北方地区加快推进清洁供暖。以推进老旧小区改造、完善社区及周边区域活动和综合服务设施、开展生活垃圾分类等为着力点，办好群众关注的"民生小事"。城市政府要努力改善城乡结合部、城中村等农村贫困人口居住相对集中地区的配套设施。（住房城乡建设部、发展改革委、财政部、民政部、自然资源部、生态环境部、交通运输部、各省级有关部门负责）

（十二）改进城市公共资源配置。在优化大城市公共资源布局的同时，立足实际在中小城市适度增加公共资源供给。鼓励各地区优化潜力型中小城市建设用地结构布局，合理增加公共服务设施等用地规模。调整优化教育医疗资源布局，新设立和搬迁转移职业院校原则上优先布局在中小城市，将更多三级医院布局在中小城市，支持大城市知名三级医院在中小城市设立分支机构，支持大城市知名中小学对中小城市学校进行对口帮扶支教。（财政部、自然资源部、发展改革委、教育部、卫生健康委、各省级有关部门负责）

（十三）提升城市品质和魅力。推动城市绿色发展，塑造城市生态风貌，推广生态修复城市修补试点经验，鼓励有条件地区打造特色山城水城。提升城市人文魅力，保护传承非物质文化遗产，推动中华优秀传统文化创造性保护、创新性发展。优化提升新型智慧城市建设评价工作，指导地级以上城市整合建成数字化城市管理平台，增强城市管理综合统筹能力，提高城市科学化、精细化、智能化管理水平。鼓励城市建筑设计传承创新，彰显中国建筑文化特色。（中央网信办、住房城乡建设部、发展改革委、自然资源部、文化和旅游部、各省级有关部门负责）

（十四）健全城市投融资机制。平衡好防风险与稳增长关系，在有效防范地方政府债务风险前提下，推动有效投资稳定增长。统筹安排财政资金投入、政府投资、地方政府债券发行，加大对符合规划和产业政策的城市补短板项目的支持力度。大力盘活存量优质资产，回收资金补充地方财力。在坚决遏制地方政府隐性债务增量前提下综合运用多种货币政策工具，引导开发性政策性金融机构结合各自职能定位和业务范围加大支持力度，鼓励商业性金融机构适度扩大信贷投放，引导保险资金发挥长期投资优势，支持符合条件的企业发行债券进行项目融资，积极助力新型城镇化建设。支持发行有利于住房租赁产业发展的房地产投资信托基金等金融产品。筛选具备投资回报预期的优质项目并建立吸引民间投资项目库，集中向民间资本推介。全面推进地方融资平台公司市场化转型，打造竞争力强的地方基础设施和公共服务投资运营主体。（发展改革委、财政部、住房城乡建设部、人民银行、银保监会、开发银行、农业发展银行、各省级有关部门负责）

五、加快推进城乡融合发展

以协调推进乡村振兴战略和新型城镇化战略为抓手，以缩小城乡发展差距和居民生活水平差距为目标，建立健全城乡融合发展体制机制和政策体系，切实推进城乡要素自由流动、平等交换和公共资源合理配置，重塑新型城乡关系。

（十五）推进城乡要素合理配置。吸引各类城市人才返乡下乡创业，允许农村集体经济组织探索人才加入机制。按照国家统一部署，在符合空间规划、用途管制和依法取得前提下，允许农村集体经营性建设用地入市，允许就地入市或异地调整入市。鼓励各级财政支持城乡融合发展及载体平台建设，撬动更多社会资金投入。完善乡村金融服务体系，依法合规开展农村各类资产抵押融资，做好农地抵押贷款业务全国推广工作，允许有条件地区继续探索宅基地使用权抵押。强化法律规划政策指导和诚信建设，引导工商资本下乡创业兴业。健全涉农技术创新市场导向机制和产学研用合作机制，引导科研人员按规定到乡村兼职和离岗创业。做好实用性村庄规划，合理引导要素流动。（发展改革委、科技部、财政部、自然资源部、农业农村部、人力资源社会保障部、人民银行、银保监会、各省级有关部门负责）

（十六）缩小城乡基本公共服务差距。鼓励省级政府建立统筹规划、统一选拔的乡村教师补充机制，通过稳步提高待遇等措施增强乡村教师岗位吸引力。增加基层医务人员岗位吸引力，鼓励县医院与乡镇卫生院建立县域医共体，鼓励城市大医院与县医院建立对口帮扶、巡回医疗和远程医疗机制。建立公共文化服务群众需求征集和评价反馈机制，推动服务项目与居民需求有效对接。推进城乡低保制度统筹发展，健全低保标准动态调整机制，确保动态管理下应保尽保。提高城市、县城、小城镇、中心村公共服务联动性。（发展改革委、教育部、民政部、财政部、文化和旅游部、卫生健康委、人力资源社会保障部、各省级有关部门负责）

（十七）提高城乡基础设施建管能力。以市县域为整体，统筹规划城乡基础设施，统筹布局道路、供水、供电、信息、物流、防洪和垃圾污水处理等设施，2019年完成新改建农村公路20万公里。明确乡村基础设施的公共产品定位，构建事权清晰、权责一致、中央支持、省级统筹、市县负责的城乡基础设施一体化建设机制，健全分级分类投入机制。对城乡道路和普通公路等公益性设施管护和运行投入，一般公共财政预算按规定予以支持。明确乡村基础设施产权归属，由产权所有者建立管护制度，落实管护责任。（发展改革委、财政部、住房城乡建设部、交通运输部、农业农村部、水利部、各省级有关部门负责）

（十八）促进乡村经济多元化发展。建立新产业新业态培育机制，构建农村一二三产业融合发展体系，实现城乡生产与消费多层次对接。探索建立政府主导、企业和各界参与、市场化运作、可持续的城乡生态产品价值实现机制。加强优秀农耕文化遗产保护与合理适度利用，推动农村地区传统工艺振兴，发展特色文化产业和工艺产品。培育发展城乡产业协同发展先行区，创建一批城乡融合典型项目，鼓励经营性与公益性项目综合体立项，促进资金平衡、金融支持和市场化运作，推进城乡要素跨界配置和产业有机融合。（发展改革委、财政部、农业农村部、商务部、文化和旅游部、各省级有关部门负责）

（十九）促进农民收入持续增长。推动形成平等竞争、规范有序、城乡统一的人力资源市场，统筹推进农村劳动力转移就业和就地创业就业。完善财政、信贷、保险、用地等政策，建立农产品优质优价正向激励机制。2019年底基本完成农村集体资产清产核资工作，加快推进经营性资产股份合作制改革，完善农村集体产权权能，创新农村集体经济运行机制，确保集体资产保值增值和农民收益。履行好政府再分配调节职能，完善对农民直接补贴政策，健全生产者补贴制度。（发展改革委、财政部、农业农村部、人力资源社会保障部、各省级有关部门负责）

六、组织实施

本通知由各地区各有关部门组织实施。各地区各有关部门要高度重视、扎实推进，确保2019年新型城镇化建设重点任务如期完成，推动新型城镇化高质量发展取得新进展。

（二十）强化部际协调。完善推进新型城镇化工作部际联席会议制度，进一步加强对新型城镇化重大事项的会商沟通。国家发展改革委将强化统筹协调，督促落实本通知的重点任务。各有关部门要按照本通知的重点任务和责任分工，细化实化体制机制改革和政策措施，调动并督促各省级有关部门扎实推进。

（二十一）压实地方责任。地方各级有关部门要切实增强主体责任意识，由省负总责、市县抓落实，根据本通知的重点任务，结合本地实际制定务实管用的措施，以钉钉子精神抓好落实，推动各项任务落地生效。

（二十二）深化宣传引导。各地区各有关部门要加强引导指导、创新宣传方式，发挥示范带动效应。国家发展改革委将总结推广第二、三批国家新型城镇化综合试点典型经验，挖掘推广城市高质量发展、特色小镇健康发展等先进做法。引导有关媒体持续报道，营造良好的舆论氛围。

住房和城乡建设部关于修改有关文件的通知

建法规〔2019〕3号

各省、自治区住房和城乡建设厅，直辖市住房和城乡建设（管）委及有关部门，计划单列市住房和城乡建设局，新疆生产建设兵团住房和城乡建设局：

为推进工程建设项目审批制度改革，决定对部分文件予以修改，现通知如下：

一、修改《建筑工程方案设计招标投标管理办法》（建市〔2008〕63号）

删除第十八条中"招标人和招标代理机构应将加盖单位公章的招标公告或投标邀请函及招标文件，报项目所在地建设主管部门备案"。

二、修改《住房城乡建设部关于进一步加强建筑市场监管工作的意见》（建市〔2011〕86号）

删除"（八）推行合同备案制度。合同双方要按照有关规定，将合同报项目所在地建设主管部门备案。工程项目的规模标准、使用功能、结构形式、基础处理等方面发生重大变更的，合同双方要及时签订变更协议并报送原备案机关备案。在解决合同争议时，应当以备案合同为依据"。

三、修改《住房城乡建设部关于印发〈房屋建筑和市政基础设施工程施工安全监督规定〉的通知》（建质〔2014〕153号）

（一）将第七条"县级以上地方人民政府住房城乡建设主管部门或其所属的施工安全监督机构（以下合称监督机构）应当对本行政区域内已办理施工安全监督手续并取得施工许可证的工程项目实施施工安全监督"修改为"县级以上地方人民政府住房城乡建设主管部门或其所属的施工安全监督机构（以下合称监督机构）应当对本行政区域内已取得施工许可证的工程项目实施施工安全监督"。

（二）将第九条"（一）受理建设单位申请并办理工程项目安全监督手续"修改为"（一）建设单位申请办理工程项目施工许可证"。

四、修改《房屋建筑和市政基础设施工程施工安全监督工作规程》（建质〔2014〕154号）

（一）将第四条"工程项目施工前，建设单位应当申请办理施工安全监督手续，并提交以下资料：（一）工程概况；（二）建设、勘察、设计、施工、监理等单位及项目负责人等主要管理人员一览表；（三）危险性较大分部分项工程清单；（四）施工合同中约定的安全防护、文明施工措施费用支付计划；（五）建设、施工、监理单位法定代表人及项目负责人安全生产承诺书；（六）省级住房城乡建设主管部门规定的其他保障安全施工具体措施的资料。监督机构收到建设单位提交的资料后进行查验，必要时进行现场踏勘，对符合要求的，在5个工作日内向建设单位发放《施工安全监督告知书》"修改为"工程项目施工前，建设单位应当申请办理施工许可证。住房城乡建设主管部门可以将建设单位提交的保证安全施工具体措施的资料（包括工程项目及参建单位基本信息）委托监督机构进行查验，必要时可以进行现场踏勘，对不符合施工许可条件的，不得颁发施工许可证"。

（二）将第六条中"已办理施工安全监督手续并取得施工许可证的工程项目"修改为"已取得施工许可证的工程项目"。

本通知自印发之日起施行。

中华人民共和国住房和城乡建设部
2019年3月18日

住房和城乡建设部关于印发建筑工程施工发包与承包违法行为认定查处管理办法的通知

建市规〔2019〕1号

各省、自治区住房和城乡建设厅，直辖市住房和城乡建设（管）委，新疆生产建设兵团住房和城乡建设局：

为规范建筑工程施工发包与承包活动，保证工程质量和施工安全，有效遏制违法发包、转包、违法分包及挂靠等违法行为，维护建筑市场秩序和建设工程主要参与方的合法权益，我部制定了《建筑工程施工发包与承包违法行为认定查处管理办法》，现印发给你们，请遵照执行。在执行中遇到的问题，请及时函告我部建筑市场监管司。

中华人民共和国住房和城乡建设部
2019年1月3日

建筑工程施工发包与承包违法行为认定查处管理办法

第一条 为规范建筑工程施工发包与承包活动中违法行为的认定、查处和管理，保证工程质量和施工安全，有效遏制发包与承包活动中的违法行为，维护建筑市场秩序和建筑工程主要参与方的合法权益，根据《中华人民共和国建筑法》《中华人民共和国招标投标法》《中华人民共和国合同法》《建设工程质量管理条例》《建设工程安全生产管理条例》《中华人民共和国招标投标法实施条例》等法律法规，以及《全国人大法工委关于对建筑施工企业母公司承接工程后交由子公司实施是否属于转包以及行政处罚两年追溯期认定法律适用问题的意见》（法工办发〔2017〕223号），结合建筑活动实践，制定本办法。

第二条 本办法所称建筑工程，是指房屋建筑和市政基础设施工程及其附属设施和与其配套的线路、管道、设备安装工程。

第三条 住房和城乡建设部对全国建筑工程施工发包与承包违法行为的认定查处工作实施统一监督管理。

县级以上地方人民政府住房和城乡建设主管部门在其职责范围内具体负责本行政区域内建筑工程施工发包与承包违法行为的认定查处工作。

本办法所称的发包与承包违法行为具体是指违法发包、转包、违法分包及挂靠等违法行为。

第四条 建设单位与承包单位应严格依法签订合同，明确双方权利、义务、责任，严禁违法发包、转包、违法分包和挂靠，确保工程质量和施工安全。

第五条 本办法所称违法发包，是指建设单位将工程发包给个人或不具有相应资质的单位、肢解发包、违反法定程序发包及其他违反法律法规规定发包的行为。

第六条 存在下列情形之一的，属于违法发包：

（一）建设单位将工程发包给个人的；

（二）建设单位将工程发包给不具有相应资质的单位的；

（三）依法应当招标未招标或未按照法定招标程序发包的；

（四）建设单位设置不合理的招标投标条件，限制、排斥潜在投标人或者投标人的；

（五）建设单位将一个单位工程的施工分解成若干部分发包给不同的施工总承包或专业承包单位的。

第七条 本办法所称转包，是指承包单位承包工程后，不履行合同约定的责任和义务，将其承包的全部工程或者将其承包的全部工程肢解后以分包的名义分别转给其他单位或个人施工的行为。

第八条 存在下列情形之一的，应当认定为转包，但有证据证明属于挂靠或者其他违法行为的除外：

（一）承包单位将其承包的全部工程转给其他单位（包括母公司承接建筑工程后将所承接工程交由具有独立法人资格的子公司施工的情形）或个人施工的；

（二）承包单位将其承包的全部工程肢解以后，以分包的名义分别转给其他单位或个人施工的；

（三）施工总承包单位或专业承包单位未派驻项目负责人、技术负责人、质量管理负责人、安全管理负责人等主要管理人员，或派驻的项目负责人、技术负责人、质量管理负责人、安全管理负责人中一人及以上与施工单位没有订立劳动合同且没有建立劳动工资和社会养老保险关系，或派驻的项目负责人未对该工程的施工活动进行组织管理，又不能进行合理解释并提供相应证明的；

（四）合同约定由承包单位负责采购的主要建筑材料、构配件及工程设备或租赁的施工机械设备，由其他单位或个人采购、租赁，或施工单位不能提供有关采购、租赁合同及发票等证明，又不能进行合理解释并提供相应证明的；

（五）专业作业承包人承包的范围是承包单位承包的全部工程，专业作业承包人计取的是除上缴给承包单位"管理费"之外的全部工程价款的；

（六）承包单位通过采取合作、联营、个人承包等形式或名义，直接或变相将其承包的全部工程转给其他单位或个人施工的；

（七）专业工程的发包单位不是该工程的施工总承包或专业承包单位的，但建设单位依约作为发包单位的除外；

（八）专业作业的发包单位不是该工程承包单位的；

（九）施工合同主体之间没有工程款收付关系，或者承包单位收到款项后又将款项转拨给其他单位和个人，又不能进行合理解释并提供材料证明的。

两个以上的单位组成联合体承包工程，在联合体分工协议中约定或者在项目实际实施过程中，联合体一方不进行施工也未对施工活动进行组织管理的，并且向联合体其他方收取管理费或者其他类似费用的，视为联合体一方将承包的工程转包给联合体其他方。

第九条 本办法所称挂靠，是指单位或个人以其他有资质的施工单位的名义承揽工程的行为。

前款所称承揽工程，包括参与投标、订立合同、办理有关施工手续、从事施工等活动。

第十条 存在下列情形之一的，属于挂靠：

（一）没有资质的单位或个人借用其他施工单位的资质承揽工程的；

（二）有资质的施工单位相互借用资质承揽工程的，包括资质等级低的借用资质等级高的，资质等级高的借用资质等级低的，相同资质等级相互借用的；

（三）本办法第八条第一款第（三）至（九）项规定的情形，有证据证明属于挂靠的。

第十一条 本办法所称违法分包，是指承包单位承包工程后违反法律法规规定，把单位工程或分部分项工程分包给其他单位或个人施工的行为。

第十二条 存在下列情形之一的，属于违法分包：

（一）承包单位将其承包的工程分包给个人的；

（二）施工总承包单位或专业承包单位将工程分包给不具备相应资质单位的；

（三）施工总承包单位将施工总承包合同范围内工程主体结构的施工分包给其他单位的，钢结构工程除外；

（四）专业分包单位将其承包的专业工程中非劳务作业部分再分包的；

（五）专业作业承包人将其承包的劳务再分包的；

（六）专业作业承包人除计取劳务作业费用外，还计取主要建筑材料款和大中型施工机械设备、主要周转材料费用的。

第十三条 任何单位和个人发现违法发包、转包、违法分包及挂靠等违法行为的，均可向工程所在地县级以上人民政府住房和城乡建设主管部门进行举报。

接到举报的住房和城乡建设主管部门应当依法受理、调查、认定和处理，除无法告知举报人的情况外，应当及时将查处结果告知举报人。

第十四条 县级以上地方人民政府住房和城乡建设主管部门如接到人民法院、检察机关、仲裁机构、审计机关、纪检监察等部门转交或移送的涉及本行政区域内建筑工程发包与承包违法行为的建议或相关案件的线索或证据，应当依法受理、调查、认定和处理，并把处理结果及时反馈给转交或移送机构。

第十五条 县级以上人民政府住房和城乡建设主管部门对本行政区域内发现的违法发包、转包、违法分包及挂靠等违法行为，应当依法进行调查，按照本办法进行认定，并依法予以行政处罚。

（一）对建设单位存在本办法第五条规定的违法发包情形的处罚：

1. 依据本办法第六条（一）、（二）项规定认定的，依据《中华人民共和国建筑法》第六十五条、《建设工程质量管理条例》第五十四条规定进行处罚；

2. 依据本办法第六条（三）项规定认定的，依据《中华人民共和国招标投标法》第四十九条、《中华人民共和国招标投标法实施条例》第六十四条规定进行处罚；

3. 依据本办法第六条（四）项规定认定的，依据《中华人民共和国招标投标法》第五十一条、《中华人民共和国招标投标法实施条例》第六十三条规定进行处罚。

4. 依据本办法第六条（五）项规定认定的，依据《中华人民共和国建筑法》第六十五条、《建设工程质量管理条例》第五十五条规定进行处罚。

5. 建设单位违法发包，拒不整改或者整改后仍达不到要求的，视为没有依法确定施工企业，将其违法行为记入诚信档案，实行联合惩戒。对全部或部分使用国有资金的项目，同时将建设单位违法发包的行为告知其上级主管部门及纪检监察部门，并建议对建设单位直接负责的主管人员和其他直接责任人员给予相应的行政处分。

（二）对认定有转包、违法分包违法行为的施工单位，依据《中华人民共和国建筑法》第六十七条、《建设工程质量管理条例》第六十二条规定进行处罚。

（三）对认定有挂靠行为的施工单位或个人，依据《中华人民共和国招标投标法》第五十四条、《中华人民共和国建筑法》第六十五条和《建设工程质量管理条例》第六十条规定进行处罚。

（四）对认定有转让、出借资质证书或者以其他方式允许他人以本单位的名义承揽工程的施工单位，依据《中华人民共和国建筑法》第六十六条、《建设工程质量管理条例》第六十一条规定进行处罚。

（五）对建设单位、施工单位给予单位罚款处罚的，依据《建设工程质量管理条例》第七十三条、《中华人民共和国招标投标法》第四十九条、《中华人民共和国招标投标法实施条例》第六十四条规定，对单位直接负责的主管人员和其他直接责任人员进行处罚。

（六）对认定有转包、违法分包、挂靠、转让出借资质证书或者以其他方式允许他人以本单位的名义承揽工程等违法行为的施工单位，可依法限制其参加工程投标活动、承揽新的工程项目，并对其企业资质是否满足资质标准条件进行核查，对达不到资质标准要求的限期整改，整改后仍达不到要求的，资质审批机关撤回其资质证书。

对2年内发生2次及以上转包、违法分包、挂靠、转让出借资质证书或者以其他方式允许他人以本单位的名义承揽工程的施工单位，应当依法按照情节严重情形给予处罚。

（七）因违法发包、转包、违法分包、挂靠等违法行为导致发生质量安全事故的，应当依法按照情节严重情形给予处罚。

第十六条 对于违法发包、转包、违法分包、挂靠等违法行为的行政处罚追溯期限，应当按照法工办发〔2017〕223号文件的规定，从存在违法发包、转包、违法分包、挂靠的建筑工程竣工验收之日起计算；合同工程量未全部完成而解除或终止履行合同的，自合同解除或终止之日起计算。

第十七条 县级以上人民政府住房和城乡建设主管部门应将查处的违法发包、转包、违法分包、挂靠等违法行为和处罚结果记入相关单位或个人信用档案，同时向社会公示，并逐级上报至住房和城乡建设部，在全国建筑市场监管公共服务平台公示。

第十八条 房屋建筑和市政基础设施工程以外的专业工程可参照本办法执行。省级人民政府住房和城乡建设主管部门可结合本地实际，依据本办法制定相应实施细则。

第十九条 本办法中施工总承包单位、专业承包单位均指直接承接建设单位发包的工程的单位；专业分包单位是指承接施工总承包或专业承包企业分包专业工程的单位；承包单位包括施工总承包单位、专业承包单位和专业分包单位。

第二十条 本办法由住房和城乡建设部负责解释。

第二十一条 本办法自2019年1月1日起施行。2014年10月1日起施行的《建筑工程施工转包违法分包等违法行为认定查处管理办法（试行）》（建市〔2014〕118号）同时废止。

住房和城乡建设部关于做好住房和城乡建设行业职业技能鉴定工作的通知

建人〔2019〕5号

各省、自治区住房和城乡建设厅，直辖市住房和城乡建设（管）委及有关部门，新疆生产建设兵团住房和城乡建设局，部执业资格注册中心：

为全面提升住房和城乡建设行业从业人员技能水平和职业道德水平，保障工程质量安全，促进住房和城乡建设行业健康发展，按照《中共中央办公厅 国务院办公厅印发〈关于分类推进人才评价机制改革的指导意见〉的通知》、《国务院关于推行终身职业技能培训制度的意见》（国发〔2018〕11号）、《人力资源社会保障部关于公布国家职业资格目录的通知》（人社部发〔2017〕68号）精神，现就做好住房和城乡建设行业职业技能鉴定工作通知如下：

一、总体要求

按照行业技能人才"培养、评价、使用、激励、保障"相互衔接、系统推进的总体目标，做好住房和城乡建设行业从业人员职业技能培训、鉴定工作，为住房和城乡建设行业培育高素质产业工人队伍提供有力支撑。对从事《国家职业资格目录》中住房和城乡建设行业相关职业（工种）人员，按照国家技术技能人才评价政策要求和行业发展需要，开展职业技能鉴定工作。对《国家职业资格目录》以外从事住房和城乡建设行业相关职业（工种）人员，按照职业技能标准开展培训，推动建立技能人才多元化评价机制。职业技能鉴定坚持理论知识与实际操作相结合，分级分类开展评价。按照国务院关于"放管服"改革、职业资格清理规范的新要求，积极探索建立规范化、信息化、高效能的职业技能鉴定体系。

二、建立健全住房和城乡建设行业职业技能鉴定工作体系

（一）依据国务院职业资格清理规范和职业技能鉴定相关政策，住房和城乡建设部成立职业技能培训鉴定工作领导小组，负责住房和城乡建设行业职业技能培训鉴定的总体实施和监督管理，指导住房和城乡建设行业职业技能培训鉴定工作。

住房和城乡建设部执业资格注册中心作为住房和城乡建设行业职业技能鉴定组织实施承接机构，按照人力资源社会保障部、住房和城乡建设部要求统筹管理行业职业技能鉴定工作；制定完善相关规章制度，建立维护职业技能鉴定管理信息系统，并与人力资源社会保障部职业技能鉴定信息系统对接；按照财政部、国家发展改革委等部门要求，配合做好住房和城乡建设行业职业技能鉴定相关收费立项等工作；加强职业资格证书归口管理，指导监督省级住房和城乡建设行业职业技能鉴定实施机构开展相关工作。

（二）省级住房和城乡建设主管部门要建立相应职业技能培训鉴定工作领导小组，负责本行政区域住房和城乡建设行业职业技能培训鉴定组织实施和监督管理，确定省级住房和城乡建设行业职业技能鉴定实施机构，制定配套实施细则。

省级住房和城乡建设行业职业技能鉴定实施机构要按照地方财政、物价等部门规定，办理开展职业技能鉴定工作所需必要手续。按照住房和城乡建设行业职业技能鉴定站点认定标准，做好本地区内拟从事职业技能鉴定工作的机构申报、认定工作。结合本地区实际，合理布局，依托大型企业、职业院校、培训机构等，发展一批职业技能鉴定站点。

各省级住房和城乡建设主管部门要建立住房和城乡建设行业职业技能鉴定站点和考评人员目录，实施动态管理和诚信评价。加大检查力度，对于质量不达标、整改不合格的职业技能鉴定站点和人员，采取公开信用信息、暂停相关工作直至清出目录清单等措施。

三、有序推进住房和城乡建设行业职业技能鉴定工作

（一）建立完善职业技能鉴定相关制度。住房和

城乡建设部执业资格注册中心要根据职业技能鉴定有关要求，制定发布职业技能鉴定站点、考评员、督导员等相关标准和配套工作制度，加强考评员、督导员培训，建立全国统一的住房和城乡建设行业职业技能鉴定信息服务平台。大力推广"互联网＋政务"在职业技能鉴定领域的应用，为相关人员参加职业技能鉴定提供便利服务。各省级住房和城乡建设主管部门要制定推进职业技能鉴定工作实施方案，明确阶段性工作目标，推动工作扎实开展。

（二）积极争取相关经费和补贴。各省级住房和城乡建设主管部门要加强与人力资源社会保障、财政部门沟通协调，积极争取财政资金补助，按照相关要求申请职业技能培训、鉴定补贴，推动完善经费补贴流程，简化程序，提高效率。

（三）提升职业技能鉴定站点建设水平。鼓励依托技能交流传承基地、技能大师工作室等高技能人才培养基地，设立职业技能鉴定站点。加大资金、人才等方面投入，提高职业技能鉴定组织管理水平和鉴定质量，降低材料消耗等成本，探索符合行业特点的职业技能鉴定方式。

（四）发挥职业技能鉴定引领作用。大力弘扬工匠精神，通过职业资格评价等多种形式，畅通职业技能提升渠道。各级住房和城乡建设部门要加强与人力资源社会保障、教育等部门联系，形成工作合力，落实好中央和地方人才培养、人才激励政策，促进住房和城乡建设行业形成培育技能人才的良好环境，推动住房和城乡建设事业高质量发展。

（五）坚持试点先行。住房和城乡建设部将选取2~3个职业技能鉴定站点开展试点，各省（区、市）住房和城乡建设主管部门要按照本通知精神和相关文件要求，选取本地区1~2个职业技能鉴定站点开展试点。通过试点，总结形成可复制可推广经验，力争2019年第三季度在试点的基础上全面推开职业技能鉴定工作。2019年12月底前，住房和城乡建设部通报各地职业技能鉴定工作有关情况。

中华人民共和国住房和城乡建设部
2019年1月7日

住房和城乡建设部关于改进住房和城乡建设领域施工现场专业人员职业培训工作的指导意见

建人〔2019〕9号

各省、自治区住房和城乡建设厅，直辖市住房和城乡建设（管）委及有关部门，新疆生产建设兵团住房和城乡建设局，国务院国资委管理的有关建筑业企业：

住房和城乡建设领域施工现场专业人员（以下简称施工现场专业人员）是工程建设项目现场技术和管理关键岗位从业人员，人数多，责任大。为进一步提高施工现场专业人员技术水平和综合素质，保证工程质量安全，现就改进施工现场专业人员职业培训工作提出以下意见。

一、指导思想和工作目标

贯彻落实《中共中央印发〈关于深化人才发展体制机制改革的意见〉的通知》《中共中央办公厅 国务院办公厅印发〈关于分类推进人才评价机制改革的指导意见〉的通知》精神，坚持以人为本、服务行业发展、贴近岗位需求、突出专业素养，不断加强和改进施工现场专业人员职业培训工作。落实企业对施工现场专业人员职业培训主体责任，发挥企业和行业组织、职业院校等各类培训机构优势，不断完善施工现场专业人员职业教育培训机制，培育高素质技术技能人才和产业发展后备人才。发挥住房和城乡建设主管部门政策指导、监管服务重要作用，促进施工现场专业人员职业培训规范健康发展。

二、完善职业培训体系

按照"谁主管，谁负责""谁用人，谁负责"原则，坚持统一标准、分类指导和属地管理，构建企业、行业组织、职业院校和社会力量共同参与的施工现场专业人员职业教育培训体系。充分调动企业职业培训工作积极性，鼓励龙头骨干企业建立培训机构，按照职业标准和岗位要求组织开展施工现场专业人员培训。鼓励社会培训机构、职业院校和行业组织按照市场化要求,发挥优势和特色,提供施工现场专业人员培训服务。各培训机构对参训人员的培训结果负责。

三、提升职业培训质量

省级住房和城乡建设主管部门要结合实际,制定本地区施工现场专业人员职业培训工作管理办法,确定施工现场专业人员职业培训机构应当具备的基本条件,及时公布符合条件的培训机构名单,供参训人员自主选择。要将职业培训考核要求与企业岗位用人统一起来,督促指导企业使用具备相应专业知识水平的施工现场专业人员。要加强培训质量管控,完善培训机构评价体系、诚信体系,引导培训机构严格遵循职业标准,按纲施训,促进职业培训质量不断提升。

四、创新考核评价方式

我部将依据职业标准、培训考核评价大纲,结合工程建设项目施工现场实际需求,建立全国统一测试题库,供各地培训机构免费使用。培训机构按照要求完成培训内容后,应组织参训人员进行培训考核,对考核合格者颁发培训合格证书,作为施工现场专业人员培训后具备相应专业知识水平的证明。培训考核信息须按照要求上传住房和城乡建设行业从业人员培训管理信息系统以备查验。

五、加强继续教育

不断完善施工现场专业人员职业标准,研究建立知识更新大纲,强化职业道德、安全生产、工程实践以及新技术、新工艺、新材料、新设备等内容培训,增强职业培训工作的针对性、时效性。探索更加务实高效的继续教育组织形式,积极推广网络教育、远程教育等方式。各省级住房和城乡建设主管部门要落实有关继续教育规定,充分发挥各类人才培养基地、继续教育基地、培训机构作用,开展形式多样的施工现场专业人员继续教育,促进从业人员专业能力提升。

六、优化培训管理服务

各省级住房和城乡建设主管部门要充分利用住房和城乡建设行业从业人员培训管理信息系统,为企业、培训机构和参训人员提供便利服务,规范培训合格证书发放和管理,实现各省(自治区、直辖市)施工现场专业人员培训数据在全国范围内互联互通。要加强指导监督,做好施工现场专业人员培训信息记录、汇总、上传。要全面推行培训合格证书电子化,结合施工现场实名制管理,提高证书管理和使用效率。

七、加强监督检查

各省级住房和城乡建设主管部门要加强对施工现场专业人员职业培训工作的事中事后监管,按照"双随机、一公开"原则,对相关培训机构实行动态管理。加强对开展职业培训的企业和培训机构师资、实训等软件硬件条件、培训内容等监督指导,及时公开信息。加强诚信体系建设,逐步将企业、培训机构守信和失信行为信息记入诚信档案。充分发挥社会监督作用,建立举报和责任追究制度,对培训弄虚作假等违法违纪行为,严肃追究相关责任人责任。

中华人民共和国住房和城乡建设部
2019年1月19日

住房和城乡建设部关于落实《国务院关于支持自由贸易试验区深化改革创新若干措施的通知》有关事项的通知

建外〔2019〕10号

辽宁、浙江、福建、河南、湖北、广东、海南、四川、陕西省住房和城乡建设厅,天津、上海、重庆市住房和城乡建设(管)委:

为贯彻落实《国务院关于支持自由贸易试验区

深化改革创新若干措施的通知》（国发〔2018〕38号）要求，支持自由贸易试验区（以下简称自贸试验区）深化改革创新，进一步提高建设质量，现将有关事项通知如下：

一、放开建设工程设计领域外资准入限制

请各自贸试验区所在地省级住房和城乡建设主管部门按照《住房城乡建设部 商务部关于废止〈外商投资建设工程设计企业管理规定〉等部门规章的决定》（住房和城乡建设部、商务部令第44号），取消外商投资建设工程设计企业外籍技术人员的比例要求，取消外商投资工程设计企业首次申请资质时对投资者工程设计业绩的要求。

二、调整有关行政审批事项的审批权限和审批方式

请各自贸试验区所在地省级住房和城乡建设主管部门按照下列要求，调整有关行政审批事项的审批权限和审批方式：

（一）将建筑工程施工许可、建筑施工企业安全生产许可等工程审批类权限下放至自贸试验区。

（二）省级及以下机关实施的建筑企业资质申请、升级、增项许可，自贸试验区可实行告知承诺制试点。

（三）将外商投资设立建筑业（包括设计、施工、监理、检测、造价咨询等所有工程建设相关主体）资质许可的省级及以下审批权限下放至自贸试验区。

三、放宽有关建筑业企业承揽业务范围限制

请各自贸试验区所在地省级住房和城乡建设主管部门按照下列要求对有关建筑业企业承揽业务范围的监督管理进行调整：

（一）自贸试验区内的外商独资建筑业企业承揽本省（市）的中外联合建设项目时，不受建设项目的中外方投资比例限制。

（二）在《内地与香港关于建立更紧密经贸关系的安排》《内地与澳门关于建立更紧密经贸关系的安排》《海峡两岸经济合作框架协议》下，对自贸试验区内的港澳台资建筑业企业，不再执行《外商投资建筑业企业管理规定》中关于工程承包范围的限制性规定。

四、进一步推进粤港澳有关领域服务贸易自由化

请广东省住房和城乡建设厅会同相关部门授权广东自贸试验区制定港澳相关专业人才执业管理办法（国家法律法规暂不允许的除外），允许具有港澳执业资格的建筑、规划等领域专业人才，经相关部门或机构备案后，按规定范围为自贸试验区内企业提供专业服务。制定的相关管理办法请报我部备案。

各自贸试验区所在地省级住房和城乡建设主管部门要认真贯彻落实国发〔2018〕38号文件有关工作部署，按照本通知要求，尽快制定完善相关配套政策，加强对自贸试验区的支持指导，做好工作衔接，确保平稳有序过渡。相关工作开展情况及遇到的问题和建议意见请及时向我部报告。

中华人民共和国住房和城乡建设部
2019年1月19日

住房和城乡建设部办公厅关于开展住房和城乡建设行业职业技能鉴定试点工作的通知

建办人函〔2019〕491号

各省、自治区住房和城乡建设厅，直辖市住房和城乡建设（管）委及有关部门，新疆生产建设兵团住房和城乡建设局，住房和城乡建设部执业资格注册中心，各有关单位：

为贯彻落实《中共中央办公厅 国务院办公厅关于分类推进人才评价机制改革的指导意见》《国务院办公厅关于印发职业技能提升行动方案（2019—2021）的通知》（国办发〔2019〕24号）及《住房和城乡建设部关于做好住房和城乡建设行业职业技能鉴定工作的通知》（建人〔2019〕5号）精神，做好

住房和城乡建设行业产业工人培育工作，加快建设知识型、技能型、创新型产业工人大军，我部决定选取部分培训鉴定单位（机构）（附件1）开展住房和城乡建设行业职业技能鉴定试点工作，现就有关事项通知如下：

一、试点目标

按照行业技能人才"培养、评价、使用、激励、保障"相互衔接、系统推进的总体目标，建立行业、企业、院校、社会力量共同参与的住房和城乡建设行业职业技能鉴定体系。通过试点探索建立住房和城乡建设行业从业人员职业技能鉴定工作制度，推进职业技能鉴定管理信息系统建设，创新考核培训模式，解决工学矛盾，提高职业技能鉴定实效，总结形成可复制可推广经验，为住房和城乡建设行业培育高素质产业工人队伍提供有力支撑。按照国务院深化"放管服"改革精神和国家拟建立的职业技能等级制度，适时将职业技能鉴定调整为职业技能等级制度。

二、试点任务

（一）职业（工种）范围。筑路工、桥隧工、防水工、砌筑工、混凝土工、钢筋工、架子工、水生产处理工、手工木工、智能楼宇管理员、中央空调系统运行操作员等11个职业（工种）。

（二）任务分工。住房和城乡建设部执业资格注册中心（以下简称部注册中心）作为住房和城乡建设行业职业技能鉴定组织实施机构，按照人力资源社会保障部和我部要求统筹试点工作；研究制定相关规章制度，建立维护职业技能鉴定管理信息系统；指导监督职业技能鉴定试点单位（机构）开展相关工作；整理总结试点工作经验和问题。

省级住房和城乡建设主管部门、中央企业人事劳动保障工作机构制定所辖试点单位（机构）整体工作方案，报部注册中心备案；配合部注册中心建立符合行业特点、具有可推广性的职业技能鉴定管理工作机制；协助部注册中心推进职业技能鉴定管理信息系统建设；协调职业技能鉴定试点过程中的有关事务。

试点单位（机构）遵循职业技能鉴定有关法规、规章，制定工作方案，报部注册中心备案后开展职业技能鉴定试点工作。试点单位（机构）应坚持职业能力考核与职业素养评价相结合，重点考察劳动者执行操作规程、开展安全生产、解决生产问题和完成工作任务的能力；整理总结相关职业（工种）技能标准和评价规范，职业技能鉴定站（点）、考评员、督导员等标准，完善工作制度；通过职业技能鉴定管理信息系统，对鉴定合格人员进行备案。

三、工作机制

（一）定期督导。由部注册中心、试点单位（机构）相关工作人员成立试点工作组，定期到试点地区开展蹲点调研，了解试点工作进展和存在问题，及时向相关部门反映情况，探索解决问题的思路和措施，试点工作结束后，形成工作报告，报住房城乡建设行业职业技能培训鉴定工作领导小组。

（二）综合评估。职业技能鉴定试点工作实行绩效评估制度，试点评估验收工作由部注册中心组织实施。试点验收阶段，部注册中心按照《住房和城乡建设行业职业技能鉴定试点评估表（试行）》（附件2）对试点单位（机构）进行评估，对通过评估的机构公示、备案，对违规失信、恶意竞争、管理失序的试点单位（机构）取消试点资格。

四、工作步骤

试点工作按实施、验收和总结3个阶段进行，试点工作具体安排如下：

（一）启动实施（2019年8月—11月）。部注册中心、省级住房和城乡建设主管部门、中央企业人事劳动保障工作机构、试点单位（机构）按照工作内容开展职业技能鉴定工作，试点工作组协调工作进度，组织蹲点调研，进行工作督导。

（二）评估验收（2019年11月—12月）。试点单位（机构）按照《住房和城乡建设行业职业技能鉴定试点评估表（试行）》相关评估标准进行自查，自查合格后提出评估申请，由部注册中心组织评估验收。

（三）总结推广（2019年12月）。全面总结试点工作成功经验，梳理职业技能鉴定制度体系，为职业技能鉴定工作提供经验借鉴，推进住房和城乡建设行业职业技能鉴定工作。

各省级住房和城乡建设主管部门要按照建人〔2019〕5号文件精神，参照本通知要求开展本地区职业技能鉴定试点工作，并将试点工作方案及实施情况报部注册中心。

附件：1. 住房和城乡建设行业职业技能鉴定工作试点单位（机构）名单

2. 住房和城乡建设行业职业技能鉴定试点评估表（试行）

中华人民共和国住房和城乡建设部办公厅
2019年8月27日

住房和城乡建设部 国家发展改革委 公安部 市场监管总局 银保监会国家网信办关于整顿规范住房租赁市场秩序的意见

建房规〔2019〕10号

各省、自治区、直辖市及新疆生产建设兵团住房和城乡建设厅（住房和城乡建设委、住房和城乡建设管委、住房和城乡建设局）、发展改革委、公安厅（局）、市场监管局（厅、委）、银保监局、网信办：

租赁住房是解决新进城务工人员、新就业大学生等新市民住房问题的重要途径。近年来，我国住房租赁市场快速发展，为解决新市民住房问题发挥了重要作用。但住房租赁市场秩序混乱，房地产经纪机构、住房租赁企业和网络信息平台发布虚假房源信息、恶意克扣押金租金、违规使用住房租金贷款、强制驱逐承租人等违法违规问题突出，侵害租房群众合法权益，影响社会和谐稳定。按照党中央对"不忘初心、牢记使命"主题教育的总体要求、中央纪委国家监委关于专项整治漠视侵害群众利益问题的统一部署，2019年6月以来，在全国范围内开展整治住房租赁中介机构乱象工作，并取得了初步成效。为巩固专项整治成果，将整治工作制度化、常态化，现提出以下意见。

一、严格登记备案管理

从事住房租赁活动的房地产经纪机构、住房租赁企业和网络信息平台，以及转租住房10套（间）以上的单位或个人，应当依法办理市场主体登记。从事住房租赁经纪服务的机构经营范围应当注明"房地产经纪"，从事住房租赁经营的企业经营范围应当注明"住房租赁"。住房和城乡建设、市场监管部门要加强协作，及时通过相关政务信息共享交换平台共享登记注册信息。房地产经纪机构开展业务前，应当向所在直辖市、市、县住房和城乡建设部门备案。住房租赁企业开展业务前，通过住房租赁管理服务平台向所在城市住房和城乡建设部门推送开业信息。直辖市、市、县住房和城乡建设部门应当通过门户网站等渠道公开已备案或者开业报告的房地产经纪机构、住房租赁企业及其从业人员名单并实时更新。

二、真实发布房源信息

已备案的房地产经纪机构和已开业报告的住房租赁企业及从业人员对外发布房源信息的，应当对房源信息真实性、有效性负责。所发布的房源信息应当实名并注明所在机构及门店信息，并应当包含房源位置、用途、面积、图片、价格等内容，满足真实委托、真实状况、真实价格的要求。同一机构的同一房源在同一网络信息平台仅可发布一次，在不同渠道发布的房源信息应当一致，已成交或撤销委托的房源信息应在5个工作日内从各种渠道上撤销。

三、落实网络平台责任

网络信息平台应当核验房源信息发布主体资格和房源必要信息。对机构及从业人员发布房源信息的，应当对机构身份和人员真实从业信息进行核验，不得允许不具备发布主体资格、被列入经营异常名录或严重违法失信名单等机构及从业人员发布房源信息。对房屋权利人自行发布房源信息的，应对发布者身份和房源真实性进行核验。对发布10套（间）以上转租房源信息的单位或个人，应当核实发布主体经营资格。网络信息平台要加快实现对同一房源信息合并展示，及时撤销超过30个工作日未维护的房源信息。住房和城乡建设、市场监管等部门要求网络信息平台提供有关住房租赁数据的，网络信息平台应当配合。

四、动态监管房源发布

对违规发布房源信息的机构及从业人员，住房和城乡建设、网信等部门应当要求发布主体和网络信息平台删除相关房源信息，网络信息平台应当限制或取消其发布权限。网络信息平台未履行核验发布主体和房源信息责任的，网信部门可根据住房和城乡建设等部门的意见，对其依法采取暂停相关业务、停业整顿等措施。网络信息平台发现违规发布房源信息的，应当立即处置并保存相关记录。住房和城乡建设部门应当建立机构及从业人员数据库，有条件的可建立房源核验基础数据库，通过提供数据接口、房源核验码等方式，向房地产经纪机构、住房租赁企业、网络信息平台提供核验服务。

五、规范住房租赁合同

经由房地产经纪机构、住房租赁企业成交的住房租赁合同，应当即时办理网签备案。网签备案应当使用住房和城乡建设、市场监管部门制定的住房租赁合同示范文本。尚未出台合同示范文本的城市，应当加快制定住房租赁合同示范文本。合同示范文本应当遵循公平原则确定双方权利义务。住房和城乡建设部门应当提供住房租赁管理服务平台数据接口，推进与相关企业业务系统联网，实现住房租赁合同即时网签备案。

六、规范租赁服务收费

房地产经纪机构、住房租赁企业应当实行明码标价。收费前应当出具收费清单，列明全部服务项目、收费标准、收费金额等内容，并由当事人签字确认。房地产经纪机构不得赚取住房出租差价，住房租赁合同期满承租人和出租人续约的，不得再次收取佣金。住房租赁合同期限届满时，除冲抵合同约定的费用外，剩余租金、押金等应当及时退还承租人。

七、保障租赁房屋安全

住房和城乡建设部门应当制定闲置商业办公用房、工业厂房等非住宅依法依规改造为租赁住房的政策。改造房屋用于租赁住房的，应当符合建筑、消防等方面的要求。住房租赁企业应当编制房屋使用说明书，告知承租人房屋及配套设施的使用方式，提示消防、用电、燃气等使用事项。住房租赁企业对出租房屋进行改造或者装修的，应当取得产权人书面同意，使用的材料和设备符合国家和地方标准，装修后空气质量应当符合国家有关标准，不得危及承租人安全和健康。

八、管控租赁金融业务

住房租赁企业可依据相关法律法规以应收账款为质押申请银行贷款。金融监管部门应当加强住房租赁金融业务的监管。开展住房租金贷款业务，应当以经网签备案的住房租赁合同为依据，按照住房租赁合同期限、租金缴交期限与住房租金贷款期限相匹配的原则，贷款期限不得超过住房租赁合同期限，发放贷款的频率应与借款人支付租金的频率匹配。做好贷前调查，认真评估借款人的还款能力，确定融资额度。加强贷后管理，严格审查贷款用途，防止住房租赁企业形成资金池、加杠杆。住房租赁企业不得以隐瞒、欺骗、强迫等方式要求承租人使用住房租金消费贷款，不得以租金分期、租金优惠等名义诱导承租人使用住房租金消费贷款。住房和城乡建设部门应当通过提供数据接口等方式，向金融机构提供住房租赁合同网签备案信息查询服务。加强住房和城乡建设部门与金融监管部门有关住房租赁合同网签备案、住房租金贷款的信息共享。

九、加强租赁企业监管

住房和城乡建设等部门加强对采取"高进低出"（支付房屋权利人的租金高于收取承租人的租金）、"长收短付"（收取承租人租金周期长于给付房屋权利人租金周期）经营模式的住房租赁企业的监管，指导住房租赁企业在银行设立租赁资金监管账户，将租金、押金等纳入监管账户。住房租赁企业租金收入中，住房租金贷款金额占比不得超过30%，超过比例的应当于2022年底前调整到位。对不具备持续经营能力、扩张规模过快的住房租赁企业，可采取约谈告诫、暂停网签备案、发布风险提示、依法依规查处等方式，防范化解风险。涉及违规建立资金池等影响金融秩序的，各相关监管部门按照职责，加强日常监测和违法违规行为查处；涉及无照经营、实施价格违法行为、实施垄断协议和滥用市场支配地位行为的，由市场监管部门依法查处；涉及违反治安管理和犯罪的，由公安机关依法查处。

十、建设租赁服务平台

直辖市、省会城市、计划单列市以及其他租赁需求旺盛的城市应当于2020年底前建设完成住房租赁管理服务平台。平台应当具备机构备案和开业报告、房源核验、信息发布、网签备案等功能。建立房地产经纪机构、住房租赁企业及从业人员和租赁房源数据库，加强市场监测。逐步实现住房租赁管理服务平台与综合治理等系统对接。

十一、建立纠纷调处机制

房地产经纪机构、住房租赁企业、网络信息平台要建立投诉处理机制，对租赁纠纷承担首要调处职责。相关行业组织要积极受理住房租赁投诉，引导当事人妥善化解纠纷。住房和城乡建设等部门应当畅通投诉举报渠道，通过门户网站开设专栏，并加强与12345市长热线协同，及时调查处理投诉举报。各地要将住房租赁管理纳入社会综合治理的范围，实行住房租赁网格化管理，发挥街道、社区等基层组织作用，化解租赁矛盾纠纷。

十二、加强部门协同联动

城市政府对整顿规范住房租赁市场秩序负主体责任。住房和城乡建设、发展改革、公安、市场监管、金融监管、网信等部门要建立协同联动机制，定期分析研判租赁市场发展态势，推动部门信息共享，形成监管合力。按照职责分工，加大整治规范租赁市场工作力度。建立部、省、市联动机制，按年定期报送整顿规范住房租赁市场工作进展情况。

十三、强化行业自律管理

各地住房和城乡建设部门要充分发挥住房租赁、房地产经纪行业协会（学会）作用，支持行业协会（学会）制定执业规范、职业道德准则和争议处理规则，定期开展职业培训和继续教育，加强风险提示。房地产经纪机构、住房租赁企业及从业人员要自觉接受行业自律管理。

十四、发挥舆论引导作用

各地要充分运用网络、电视、报刊、新媒体等渠道，加强宣传报道，营造遵纪守法、诚信经营的市场环境。发挥正反典型的导向作用，及时总结推广经验，定期曝光典型案例，发布风险提示，营造住房租赁市场良好舆论环境。

中华人民共和国住房和城乡建设部
中华人民共和国国家发展和改革委员会
中华人民共和国公安部
国家市场监督管理总局
中国银行保险监督管理委员会
国家互联网信息办公室
2019年12月13日

住房和城乡建设部关于进一步加强房屋建筑和市政基础设施工程招标投标监管的指导意见

建市规〔2019〕11号

各省、自治区住房和城乡建设厅，直辖市住房和城乡建设（管）委，新疆生产建设兵团住房和城乡建设局：

工程招标投标制度在维护国家利益和社会公共利益、规范建筑市场行为、提高投资效益、促进廉政建设等方面发挥了重要作用。但是，当前工程招标投标活动中招标人主体责任缺失，串通投标、弄虚作假违法违规问题依然突出。为深入贯彻落实《国务院办公厅关于促进建筑业持续健康发展的意见》（国办发〔2017〕19号）、《国务院办公厅转发住房城乡建设部关于完善质量保障体系提升建筑工程品质指导意见的通知》（国办函〔2019〕92号），积极推进房屋建筑和市政基础设施工程招标投标制度改革，加强相关工程招标投标活动监管，严厉打击招标投标环节违法违规问题，维护建筑市场秩序，现提出如下意见。

一、夯实招标人的权责

（一）落实招标人首要责任。工程招标投标活动依法应由招标人负责，招标人自主决定发起招标，自主选择工程建设项目招标代理机构、资格审查方式、招标人代表和评标方法。夯实招标投标活动中各方主体责任，党员干部严禁利用职权或者职务上的影响干预招标投标活动。

（二）政府投资工程鼓励集中建设管理方式。实施相对集中专业化管理，采用组建集中建设机构或竞争选择企业实行代建的模式，严格控制工程项目投资，科学确定并严格执行合理的工程建设周期，保障工程质量安全，竣工验收后移交使用单位，提高政府投资工程的专业化管理水平。

二、优化招标投标方法

（三）缩小招标范围。社会投资的房屋建筑工程，建设单位自主决定发包方式，社会投资的市政基础设施工程依法决定发包方式。政府投资工程鼓励采用全过程工程咨询、工程总承包方式，减少招标投标层级，依据合同约定或经招标人同意，由总承包单位自主决定专业分包，招标人不得指定分包或肢解工程。

（四）探索推进评定分离方法。招标人应科学制定评标定标方法，组建评标委员会，通过资格审查强化对投标人的信用状况和履约能力审查，围绕高质量发展要求优先考虑创新、绿色等评审因素。评标委员会对投标文件的技术、质量、安全、工期的控制能力等因素提供技术咨询建议，向招标人推荐合格的中标候选人。由招标人按照科学、民主决策原则，建立健全内部控制程序和决策约束机制，根据报价情况和技术咨询建议，择优确定中标人，实现招标投标过程的规范透明，结果的合法公正，依法依规接受监督。

（五）全面推行电子招标投标。全面推行招标投标交易全过程电子化和异地远程评标，实现招标投标活动信息公开。积极创新电子化行政监督，招标投标交易平台应当与本地建筑市场监管平台实现数据对接，加快推动交易、监管数据互联共享，加大全国建筑市场监管公共服务平台工程项目数据信息的归集和共享力度。

（六）推动市场形成价格机制。实施工程造价供给侧结构性改革，鼓励地方建立工程造价数据库和发布市场化的造价指标指数，促进通过市场竞争形成合同价。对标国际，建立工程计量计价体系，完善工程材料、机械、人工等各类价格市场化信息发布机制。改进最高投标限价编制方式，强化招标人工程造价管控责任，推行全过程工程造价咨询。严格合同履约管理和工程变更，强化工程进度款支付和工程结算管理，招标人不得将未完成审计作为延期工程结算、拖欠工程款的理由。

三、加强招标投标过程监管

（七）加强招标投标活动监管。各级住房和城乡建设主管部门应按照"双随机、一公开"的要求，加大招标投标事中事后查处力度，严厉打击串通投标、弄虚作假等违法违规行为，维护建筑市场秩序。对围标串标等情节严重的，应纳入失信联合惩戒范围，直至清出市场。

（八）加强评标专家监管。各级住房和城乡建设主管部门要结合实际健全完善评标专家动态监管和抽取监督的管理制度，严格履行对评标专家的监管职责。建立评标专家考核和退出机制，对存在违法违规行为的评标专家，应取消其评标专家资格，依法依规严肃查处。

（九）强化招标代理机构市场行为监管。实行招标代理机构信息自愿报送和年度业绩公示制度，完善全过程工程咨询机构从事招标投标活动的监管。加强招标代理机构从业人员考核、评价，严格依法查处从业人员违法违规行为，信用评价信息向社会公开，实行招标代理机构"黑名单"制度，构建守信激励、失信惩戒机制。

（十）强化合同履约监管。加强建筑市场和施工现场"两场"联动，将履约行为纳入信用评价，中标人应严格按照投标承诺的技术力量和技术方案履约，对中标人拒不履行合同约定义务的，作为不良行为记入信用记录。

四、优化招标投标市场环境

（十一）加快推行工程担保制度。推行银行保函制度，在有条件的地区推行工程担保公司保函和工程保证保险。招标人要求中标人提供履约担保的，招标人应当同时向中标人提供工程款支付担保。对采用最低价中标的探索实行高保额履约担保。

（十二）加大信息公开力度。公开招标的项目信息，包括资格预审公告、招标公告、评审委员会评审信息、资格审查不合格名单、评标结果、中标候选人、定标方法、受理投诉的联系方式等内容，应在招标公告发布的公共服务平台、交易平台向社会公开，接受社会公众的监督。

（十三）完善建筑市场信用评价机制。积极开展建筑市场信用评价，健全招标人、投标人、招标代理机构及从业人员等市场主体信用档案，完善信用信息的分级管理制度，对存在严重失信行为的市场主体予以惩戒，推动建筑市场信用评价结果在招标投标活动中规范应用，严禁假借信用评价实行地方保护。

（十四）畅通投诉渠道，规范投诉行为。招标投标监管部门要建立健全公平、高效的投诉处理机制，及时受理并依法处理招标投标投诉，加大查处力度。要规范投诉行为，投诉书应包括投诉人和被投诉人的名称地址及有效联系方式、投诉的基本事实、相关请求及主张、有效线索和相关证明材料、已提出异议的证明文件。属于恶意投诉的，应追究其相应责任。

五、强化保障措施

（十五）强化组织领导。各地住房和城乡建设主管部门要高度重视建筑市场交易活动，创新工程招标投标监管机制，完善相关配套政策，加强对建筑市场交易活动的引导和支持，加强与发展改革、财政、审计等有关部门的沟通协调，切实解决招标投标活动中的实际问题。

（十六）推动示范引领。各地住房和城乡建设主管部门要积极推动工程建设项目招标投标改革，选择部分地区开展试点，及时总结试点做法，形成可复制、可推广的经验。试点中的问题和建议及时告住房和城乡建设部。

（十七）做好宣传引导。各地住房和城乡建设主管部门要通过多种形式及时宣传报道招标投标改革工作措施和取得的成效，加强舆论引导，争取社会公众和市场主体的支持，及时回应舆论关切，为顺利推进招标投标改革工作营造良好的舆论环境。

中华人民共和国住房和城乡建设部
2019 年 12 月 19 日

住房和城乡建设部 国家发展改革委关于印发房屋建筑和市政基础设施项目工程总承包管理办法的通知

建市规〔2019〕12 号

各省、自治区住房和城乡建设厅、发展改革委，直辖市住房和城乡建设（管）委、发展改革委，北京市规划和自然资源委，新疆生产建设兵团住房和城乡建设局、发展改革委，计划单列市住房和城乡建设局、发展改革委：

为贯彻落实《中共中央国务院关于进一步加强城市规划建设管理工作的若干意见》和《国务院办公厅关于促进建筑业持续健康发展的意见》（国办发〔2017〕19 号），住房和城乡建设部、国家发展改革委制定了《房屋建筑和市政基础设施项目工程总承包管理办法》。现印发给你们，请结合本地区实际，认真贯彻执行。

中华人民共和国住房和城乡建设部
中华人民共和国国家发展和改革委员会
2019 年 12 月 23 日

房屋建筑和市政基础设施项目工程总承包管理办法

第一章 总 则

第一条 为规范房屋建筑和市政基础设施项目工程总承包活动，提升工程建设质量和效益，根据相关法律法规，制定本办法。

第二条 从事房屋建筑和市政基础设施项目工程总承包活动，实施对房屋建筑和市政基础设施项目工程总承包活动的监督管理，适用本办法。

第三条 本办法所称工程总承包，是指承包单位按照与建设单位签订的合同，对工程设计、采购、施工或者设计、施工等阶段实行总承包，并对工程的质量、安全、工期和造价等全面负责的工程建设组织实施方式。

第四条 工程总承包活动应当遵循合法、公平、诚实守信的原则，合理分担风险，保证工程质量和安全，节约能源，保护生态环境，不得损害社会公共利益和他人的合法权益。

第五条 国务院住房和城乡建设主管部门对全国房屋建筑和市政基础设施项目工程总承包活动实施监督管理。国务院发展改革部门依据固定资产投资建设管理的相关法律法规履行相应的管理职责。

县级以上地方人民政府住房和城乡建设主管部门负责本行政区域内房屋建筑和市政基础设施项目

工程总承包（以下简称工程总承包）活动的监督管理。县级以上地方人民政府发展改革部门依据固定资产投资建设管理的相关法律法规在本行政区域内履行相应的管理职责。

第二章 工程总承包项目的发包和承包

第六条 建设单位应当根据项目情况和自身管理能力等，合理选择工程建设组织实施方式。

建设内容明确、技术方案成熟的项目，适宜采用工程总承包方式。

第七条 建设单位应当在发包前完成项目审批、核准或者备案程序。采用工程总承包方式的企业投资项目，应当在核准或者备案后进行工程总承包项目发包。采用工程总承包方式的政府投资项目，原则上应当在初步设计审批完成后进行工程总承包项目发包；其中，按照国家有关规定简化报批文件和审批程序的政府投资项目，应当在完成相应的投资决策审批后进行工程总承包项目发包。

第八条 建设单位依法采用招标或者直接发包等方式选择工程总承包单位。

工程总承包项目范围内的设计、采购或者施工中，有任一项属于依法必须进行招标的项目范围且达到国家规定规模标准的，应当采用招标的方式选择工程总承包单位。

第九条 建设单位应当根据招标项目的特点和需要编制工程总承包项目招标文件，主要包括以下内容：

（一）投标人须知；

（二）评标办法和标准；

（三）拟签订合同的主要条款；

（四）发包人要求，列明项目的目标、范围、设计和其他技术标准，包括对项目的内容、范围、规模、标准、功能、质量、安全、节约能源、生态环境保护、工期、验收等的明确要求；

（五）建设单位提供的资料和条件，包括发包前完成的水文地质、工程地质、地形等勘察资料，以及可行性研究报告、方案设计文件或者初步设计文件等；

（六）投标文件格式；

（七）要求投标人提交的其他材料。

建设单位可以在招标文件中提出对履约担保的要求，依法要求投标文件载明拟分包的内容；对于设有最高投标限价的，应当明确最高投标限价或者最高投标限价的计算方法。

推荐使用由住房和城乡建设部会同有关部门制定的工程总承包合同示范文本。

第十条 工程总承包单位应当同时具有与工程规模相适应的工程设计资质和施工资质，或者由具有相应资质的设计单位和施工单位组成联合体。工程总承包单位应当具有相应的项目管理体系和项目管理能力、财务和风险承担能力，以及与发包工程相类似的设计、施工或者工程总承包业绩。

设计单位和施工单位组成联合体的，应当根据项目的特点和复杂程度，合理确定牵头单位，并在联合体协议中明确联合体成员单位的责任和权利。联合体各方应当共同与建设单位签订工程总承包合同，就工程总承包项目承担连带责任。

第十一条 工程总承包单位不得是工程总承包项目的代建单位、项目管理单位、监理单位、造价咨询单位、招标代理单位。

政府投资项目的项目建议书、可行性研究报告、初步设计文件编制单位及其评估单位，一般不得成为该项目的工程总承包单位。政府投资项目招标人公开已经完成的项目建议书、可行性研究报告、初步设计文件的，上述单位可以参与该工程总承包项目的投标，经依法评标、定标，成为工程总承包单位。

第十二条 鼓励设计单位申请取得施工资质，已取得工程设计综合资质、行业甲级资质、建筑工程专业甲级资质的单位，可以直接申请相应类别施工总承包一级资质。鼓励施工单位申请取得工程设计资质，具有一级及以上施工总承包资质的单位可以直接申请相应类别的工程设计甲级资质。完成的相应规模工程总承包业绩可以作为设计、施工业绩申报。

第十三条 建设单位应当依法确定投标人编制工程总承包项目投标文件所需要的合理时间。

第十四条 评标委员会应当依照法律规定和项目特点，由建设单位代表、具有工程总承包项目管理经验的专家，以及从事设计、施工、造价等方面的专家组成。

第十五条 建设单位和工程总承包单位应当加强风险管理，合理分担风险。

建设单位承担的风险主要包括：

（一）主要工程材料、设备、人工价格与招标时基期价相比，波动幅度超过合同约定幅度的部分；

（二）因国家法律法规政策变化引起的合同价格的变化；

（三）不可预见的地质条件造成的工程费用和工

期的变化；

（四）因建设单位原因产生的工程费用和工期的变化；

（五）不可抗力造成的工程费用和工期的变化。

具体风险分担内容由双方在合同中约定。

鼓励建设单位和工程总承包单位运用保险手段增强防范风险能力。

第十六条 企业投资项目的工程总承包宜采用总价合同，政府投资项目的工程总承包应当合理确定合同价格形式。采用总价合同的，除合同约定可以调整的情形外，合同总价一般不予调整。

建设单位和工程总承包单位可以在合同中约定工程总承包计量规则和计价方法。

依法必须进行招标的项目，合同价格应当在充分竞争的基础上合理确定。

第三章　工程总承包项目实施

第十七条 建设单位根据自身资源和能力，可以自行对工程总承包项目进行管理，也可以委托勘察设计单位、代建单位等项目管理单位，赋予相应权利，依照合同对工程总承包项目进行管理。

第十八条 工程总承包单位应当建立与工程总承包相适应的组织机构和管理制度，形成项目设计、采购、施工、试运行管理以及质量、安全、工期、造价、节约能源和生态环境保护管理等工程总承包综合管理能力。

第十九条 工程总承包单位应当设立项目管理机构，设置项目经理，配备相应管理人员，加强设计、采购与施工的协调，完善和优化设计，改进施工方案，实现对工程总承包项目的有效管理控制。

第二十条 工程总承包项目经理应当具备下列条件：

（一）取得相应工程建设类注册执业资格，包括注册建筑师、勘察设计注册工程师、注册建造师或者注册监理工程师等；未实施注册执业资格的，取得高级专业技术职称；

（二）担任过与拟建项目相类似的工程总承包项目经理、设计项目负责人、施工项目负责人或者项目总监理工程师；

（三）熟悉工程技术和工程总承包项目管理知识以及相关法律法规、标准规范；

（四）具有较强的组织协调能力和良好的职业道德。

工程总承包项目经理不得同时在两个或者两个以上工程项目担任工程总承包项目经理、施工项目负责人。

第二十一条 工程总承包单位可以采用直接发包的方式进行分包。但以暂估价形式包括在总承包范围内的工程、货物、服务分包时，属于依法必须进行招标的项目范围且达到国家规定规模标准的，应当依法招标。

第二十二条 建设单位不得迫使工程总承包单位以低于成本的价格竞标，不得明示或者暗示工程总承包单位违反工程建设强制性标准、降低建设工程质量，不得明示或者暗示工程总承包单位使用不合格的建筑材料、建筑构配件和设备。

工程总承包单位应当对其承包的全部建设工程质量负责，分包单位对其分包工程的质量负责，分包不免除工程总承包单位对其承包的全部建设工程所负的质量责任。

工程总承包单位、工程总承包项目经理依法承担质量终身责任。

第二十三条 建设单位不得对工程总承包单位提出不符合建设工程安全生产法律、法规和强制性标准规定的要求，不得明示或者暗示工程总承包单位购买、租赁、使用不符合安全施工要求的安全防护用具、机械设备、施工机具及配件、消防设施和器材。

工程总承包单位对承包范围内工程的安全生产负总责。分包单位应当服从工程总承包单位的安全生产管理，分包单位不服从管理导致生产安全事故的，由分包单位承担主要责任，分包不免除工程总承包单位的安全责任。

第二十四条 建设单位不得设置不合理工期，不得任意压缩合理工期。

工程总承包单位应当依据合同对工期全面负责，对项目总进度和各阶段的进度进行控制管理，确保工程按期竣工。

第二十五条 工程保修书由建设单位与工程总承包单位签署，保修期内工程总承包单位应当根据法律法规规定以及合同约定承担保修责任，工程总承包单位不得以其与分包单位之间保修责任划分而拒绝履行保修责任。

第二十六条 建设单位和工程总承包单位应当加强设计、施工等环节管理，确保建设地点、建设规模、建设内容等符合项目审批、核准、备案要求。

政府投资项目所需资金应当按照国家有关规定确保落实到位，不得由工程总承包单位或者分包单位垫资建设。政府投资项目建设投资原则上不得超过经核定的投资概算。

第二十七条 工程总承包单位和工程总承包项目经理在设计、施工活动中有转包违法分包等违法违规行为或者造成工程质量安全事故的，按照法律法规对设计、施工单位及其项目负责人相同违法违规行为的规定追究责任。

第四章 附 则

第二十八条 本办法自2020年3月1日起施行。

住房和城乡建设部 财政部关于印发农村危房改造激励措施实施办法的通知

建村〔2019〕15号

各省、自治区、直辖市住房和城乡建设厅（住房和城乡建设委、住房和城乡建设管委）、财政厅（局），新疆生产建设兵团住房和城乡建设局、财政局：

为贯彻落实《国务院办公厅关于对真抓实干成效明显地方进一步加大激励支持力度的通知》（国办发〔2018〕117号）要求，加大对农村危房改造工作积极主动、成效明显地区的激励支持，我们对《农村危房改造激励措施实施办法（试行）》进行了修订，现印发给你们，请遵照执行。执行过程中有何问题和建议，请及时反馈住房和城乡建设部。

中华人民共和国住房和城乡建设部
中华人民共和国财政部
2019年2月1日

农村危房改造激励措施实施办法

第一条 为贯彻落实中央打赢脱贫攻坚战决策部署，实现贫困户住房安全有保障目标任务，进一步健全正向激励机制，充分激励各地从实际出发推进农村危房改造，根据《国务院办公厅关于对真抓实干成效明显地方进一步加大激励支持力度的通知》（国办发〔2018〕117号），制定本办法。

第二条 农村危房改造激励对象是指经特定程序评定的农村危房改造工作积极主动、成效明显的县（市、区、旗）。

第三条 农村危房改造工作积极主动、成效明显的评定条件为：

（一）落实贫困户住房安全有保障工作有力。按期完成中央安排农村危房改造任务，当年农村危房改造任务开工率100%，竣工率较高，往年农村危房改造任务竣工率100%。

（二）补助资金到位。省级补助资金占农村危房改造总投入的比例较高，补助资金管理规范，资金拨付及时。

（三）住房基本安全有保障。实施有效的质量安全管理制度，改造后房屋质量安全可靠并符合基本安全技术导则要求。

（四）监管措施有力。农户档案信息系统数据录入及时，审核管理有效，录入率及准确率高，涉及农村危房改造事项的信访、举报、投诉少，审计、纪检等发现问题轻微，未造成重大负面影响。

第四条 住房和城乡建设部、财政部通过统计分析农户档案信息系统数据、查阅文件材料以及实地抽查核实等方式，对各省（区、市）农村危房改造工作情况进行评判。同时，综合考虑各省（区、市）当年财政困难程度系数等发展差异情况，适当向中西部地区、特别是"三区三州"等深度贫困地区倾斜，评定出农村危房改造工作积极主动、成效明显的省（区、市）。

第五条 住房和城乡建设部、财政部根据评定出的农村危房改造工作积极主动、成效明显省（区、市）农村危房改造任务、县级行政区划数量、所处地区等因素，确定相关省（区、市）农村危房改造激励对象数量。

第六条 相关省（区、市）按照优中选优、能够起到示范带动作用、经得起检验的原则，并参考国务院大督查和有关专项督查表扬和通报批评情况，提出农村危房改造激励对象名单。确定名单前应进行公示，经省（区、市）人民政府审核后报住房和城乡建设部、财政部。

第七条 住房和城乡建设部、财政部汇总农村危房改造激励对象名单并公示后，于每年2月底前报送国务院办公厅。全国农村危房改造激励对象数量控制在20个左右。

第八条 中央财政在分配农村危房改造补助资金时，将对农村危房改造激励对象所在省（区、市）予以倾斜，由相关省（区、市）给予农村危房改造激励对象资金奖励。

第九条 各省（区、市）可根据实际情况，参照本办法制定本地区农村危房改造激励措施实施细则，明确激励对象名单确定的严格程序和标准。

第十条 本办法自印发之日起施行，由住房和城乡建设部、财政部负责解释。原《农村危房改造激励措施实施办法（试行）》（建村〔2016〕289号）停止执行。

住房和城乡建设部　人力资源社会保障部关于印发建筑工人实名制管理办法（试行）的通知

建市〔2019〕18号

各省、自治区住房和城乡建设厅、人力资源社会保障厅，直辖市住房和城乡建设（管）委、人力资源社会保障局，新疆生产建设兵团住房和城乡建设局、人力资源社会保障局：

为贯彻落实《国务院办公厅关于全面治理拖欠农民工工资问题的意见》（国办发〔2016〕1号）、《国务院办公厅关于促进建筑业持续健康发展的意见》（国办发〔2017〕19号）要求，住房和城乡建设部、人力资源社会保障部制定了《建筑工人实名制管理办法（试行）》。现印发给你们，请结合本地区实际，认真贯彻执行。

中华人民共和国住房和城乡建设部
中华人民共和国人力资源和社会保障部
2019年2月17日

建筑工人实名制管理办法（试行）

第一条 为规范建筑市场秩序，加强建筑工人管理，维护建筑工人和建筑企业合法权益，保障工程质量和安全生产，培育专业型、技能型建筑产业工人队伍，促进建筑业持续健康发展，依据建筑法、劳动合同法、《国务院办公厅关于全面治理拖欠农民工工资问题的意见》（国办发〔2016〕1号）和《国务院办公厅关于促进建筑业持续健康发展的意见》（国办发〔2017〕19号）等法律法规及规范性文件，制定本办法。

第二条 本办法所称建筑工人实名制是指对建筑企业所招用建筑工人的从业、培训、技能和权益保障等以真实身份信息认证方式进行综合管理的制度。

第三条 本办法适用于房屋建筑和市政基础设施工程。

第四条 住房和城乡建设部、人力资源社会保障部负责制定全国建筑工人实名制管理规定，对各地实施建筑工人实名制管理工作进行指导和监督；负责组织实施全国建筑工人管理服务信息平台的规划、建设和管理，制定全国建筑工人管理服务信息平台数据标准。

第五条 省（自治区、直辖市）级以下住房和城乡建设部门、人力资源社会保障部门负责本行政区域建筑工人实名制管理工作，制定建筑工人实名制管理制度，督促建筑企业在施工现场全面落实建筑工人实名制管理工作的各项要求；负责建立完善本行政区域建筑工人实名制管理平台，确保各项数据的完整、及时、准确，实现与全国建筑工人管理服务信息平台联通、共享。

第六条 建设单位应与建筑企业约定实施建筑工人实名制管理的相关内容，督促建筑企业落实建筑工人实名制管理的各项措施，为建筑企业实行建筑工人实名制管理创造条件，按照工程进度将建筑工人工资按时足额付至建筑企业在银行开设的工资专用账户。

第七条 建筑企业应承担施工现场建筑工人实名制管理职责，制定本企业建筑工人实名制管理制度，配备专（兼）职建筑工人实名制管理人员，通过信息化手段将相关数据实时、准确、完整上传至相关部门的建筑工人实名制管理平台。

总承包企业（包括施工总承包、工程总承包以及依法与建设单位直接签订合同的专业承包企业，下同）对所承接工程项目的建筑工人实名制管理负总责，分包企业对其招用的建筑工人实名制管理负直接责任，配合总承包企业做好相关工作。

第八条 全面实行建筑业农民工实名制管理制度，坚持建筑企业与农民工先签订劳动合同后进场施工。建筑企业应与招用的建筑工人依法签订劳动合同，对其进行基本安全培训，并在相关建筑工人实名制管理平台上登记，方可允许其进入施工现场从事与建筑作业相关的活动。

第九条 项目负责人、技术负责人、质量负责人、安全负责人、劳务负责人等项目管理人员应承担所承接项目的建筑工人实名制管理相应责任。进入施工现场的建设单位、承包单位、监理单位的项目管理人员及建筑工人均纳入建筑工人实名制管理范畴。

第十条 建筑工人应配合有关部门和所在建筑企业的实名制管理工作，进场作业前须依法签订劳动合同并接受基本安全培训。

第十一条 建筑工人实名制信息由基本信息、从业信息、诚信信息等内容组成。

基本信息应包括建筑工人和项目管理人员的身份证信息、文化程度、工种（专业）、技能（职称或岗位证书）等级和基本安全培训等信息。

从业信息应包括工作岗位、劳动合同签订、考勤、工资支付和从业记录等信息。

诚信信息应包括诚信评价、举报投诉、良好及不良行为记录等信息。

第十二条 总承包企业应以真实身份信息为基础，采集进入施工现场的建筑工人和项目管理人员的基本信息，并及时核实、实时更新；真实完整记录建筑工人工作岗位、劳动合同签订情况、考勤、工资支付等从业信息，建立建筑工人实名制管理台账；按项目所在地建筑工人实名制管理要求，将采集的建筑工人信息及时上传相关部门。

已录入全国建筑工人管理服务信息平台的建筑工人，1年以上（含1年）无数据更新的，再次从事建筑作业时，建筑企业应对其重新进行基本安全培训，记录相关信息，否则不得进入施工现场上岗作业。

第十三条 建筑企业应配备实现建筑工人实名制管理所必须的硬件设施设备，施工现场原则上实施封闭式管理，设立进出场门禁系统，采用人脸、指纹、虹膜等生物识别技术进行电子打卡；不具备封闭式管理条件的工程项目，应采用移动定位、电子围栏等技术实施考勤管理。相关电子考勤和图像、影像等电子档案保存期限不少于2年。

实施建筑工人实名制管理所需费用可列入安全文明施工费和管理费。

第十四条 建筑企业应依法按劳动合同约定，通过农民工工资专用账户按月足额将工资直接发放给建筑工人，并按规定在施工现场显著位置设置"建筑工人维权告示牌"，公开相关信息。

第十五条 各级住房和城乡建设部门、人力资源社会保障部门、建筑企业、系统平台开发应用等单位应制定制度，采取措施，确保建筑工人实名制管理相关数据信息安全，以及建筑工人实名制信息的真实性、完整性，不得漏报、瞒报。

第十六条 各级住房和城乡建设部门、人力资源社会保障部门应加强与相关部门的数据共享，通过数据运用分析，利用新媒体和信息化技术渠道，建立建筑工人权益保障预警机制，切实保障建筑工人合法权益，提高服务建筑工人的能力。

第十七条 各级住房和城乡建设部门、人力资源社会保障部门应对下级部门落实建筑工人实名制管理情况进行监督检查，对于发现的问题要责令限期整改；拒不整改或整改不到位的，要约谈相关责任人；约谈后仍拒不整改或整改不到位的，列入重点监管范围并提请有关部门进行问责。

第十八条 各级住房和城乡建设部门应按照"双随机、一公开"的要求，加强对本行政区域施工现场建筑工人实名制管理制度落实情况的日常检查，对涉及建筑工人实名制管理相关投诉举报事项进行调查处理。对涉及不依法签订劳动合同、欠薪等侵害建筑工人劳动保障权益的，由人力资源社会保障部门会同住房和城乡建设部门依法处理；对涉及其他部门职能的违法问题或案件线索，应按职责分工及时移送处理。

第十九条　各级住房和城乡建设部门可将建筑工人实名制管理列入标准化工地考核内容。建筑工人实名制信息可作为有关部门处理建筑工人劳动纠纷的依据。各有关部门应制定激励办法，对切实落实建筑工人实名制管理的建筑企业给予支持，一定时期内未发生工资拖欠的，可减免农民工工资保证金。

第二十条　各级住房和城乡建设部门对在监督检查中发现的企业及个人弄虚作假、漏报瞒报等违规行为，应予以纠正、限期整改，录入建筑工人实名制管理平台并及时上传相关部门。拒不整改或整改不到位的，可通过曝光、核查企业资质等方式进行处理，存在工资拖欠的，可提高农民工工资保证金缴纳比例，并将相关不良行为记入企业或个人信用档案，通过全国建筑市场监管公共服务平台向社会公布。

第二十一条　严禁各级住房和城乡建设部门、人力资源社会保障部门借推行建筑工人实名制管理的名义，指定建筑企业采购相关产品；不得巧立名目乱收费，增加企业额外负担。对违规要求建筑企业强制使用某款产品或乱收费用的，要立即予以纠正；情节严重的依法提请有关部门进行问责，构成犯罪的，依法追究刑事责任。

第二十二条　各级住房和城乡建设部门、人力资源社会保障部门应结合本地实际情况，制定本办法实施细则。

第二十三条　本办法由住房和城乡建设部、人力资源社会保障部负责解释。

第二十四条　本办法自2019年3月1日起施行。

住房和城乡建设部关于在城乡人居环境建设和整治中开展美好环境与幸福生活共同缔造活动的指导意见

建村〔2019〕19号

各省、自治区住房和城乡建设厅，直辖市规划和自然资源委（局）、住房和城乡建设（管）委，新疆生产建设兵团住房和城乡建设局：

为深入学习贯彻习近平新时代中国特色社会主义思想和党的十九大精神，顺应人民群众对美好环境与幸福生活的新期待，不断改善城乡人居环境，提升人民群众的获得感、幸福感、安全感，打造共建共治共享的社会治理格局，现就在城乡人居环境建设和整治中开展美好环境与幸福生活共同缔造活动（以下简称"共同缔造"活动）提出如下意见。

一、充分认识"共同缔造"活动的重大意义

党的十九大强调，坚持以人民为中心，必须坚持人民主体地位，践行全心全意为人民服务的根本宗旨，把党的群众路线贯彻到治国理政全部活动之中，把人民对美好生活的向往作为奋斗目标。随着新时代社会主要矛盾的转化，人民群众的美好生活需要日益广泛，不仅对物质文化生活提出了更高要求，对美好人居环境的要求也日益增长。当前我国城乡人居环境状况很不平衡，一些地区环境脏乱差问题仍然比较突出，人民群众对房前屋后的环境问题不太满意，与全面建成小康社会的要求还有差距。

近年来，福建、广东、辽宁、湖北、青海等省的部分市（县）陆续开展了"共同缔造"活动，基本做法是以城乡社区为基本单元，以改善群众身边、房前屋后人居环境的实事、小事为切入点，以建立和完善全覆盖的社区基层党组织为核心，以构建"纵向到底、横向到边、协商共治"的城乡治理体系、打造共建共治共享的社会治理格局为路径，发动群众"共谋、共建、共管、共评、共享"，最大限度地激发了人民群众的积极性、主动性、创造性，改善了人居环境，凝聚了社区共识，塑造了共同精神，提升了人民群众的获得感、幸福感、安全感。

各级住房和城乡建设主管部门要切实提高政治站位，增强责任感、使命感、紧迫感，顺应人民群众对美好环境与幸福生活的向往，以更大的决心、更明确的目标、更有力的举措补短板、强弱项，努力改善城乡人居环境，不断满足人民日益增长的美好生活需要，让发展成果更多更公平地惠及全体人民。

二、总体要求

（一）指导思想。以习近平新时代中国特色社会主义思想为指导，全面贯彻党的十九大和十九届二中、三中全会精神，坚持以人民为中心的发展思想，坚持新发展理念，以群众身边、房前屋后的人居环境建设和整治为切入点，广泛深入开展"共同缔造"活动，建设"整洁、舒适、安全、美丽"的城乡人居环境，打造共建共治共享的社会治理格局，使人民获得感、幸福感、安全感更加具体、更加充实、更可持续。

（二）基本原则

——坚持社区为基础。把城乡社区作为人居环境建设和整治基本空间单元，着力完善社区配套基础设施和公共服务设施，打造宜居的社区空间环境，营造持久稳定的社区归属感、认同感，增强社区凝聚力。

——坚持群众为主体。践行"一切为了群众、一切依靠群众，从群众中来、到群众中去"的群众路线，注重发挥群众的首创精神，尊重群众意愿，从群众关心的事情做起，从让群众满意的事情做起，激发群众参与，凝聚群众共识。

——坚持共建共治共享。通过决策共谋、发展共建、建设共管、效果共评、成果共享，推进人居环境建设和整治由政府为主向社会多方参与转变，打造新时代共建共治共享的社会治理新格局。

（三）工作目标。到2020年，城乡社区人居环境得到明显改善，人民群众的获得感、幸福感、安全感显著增强。到2022年，基本实现城乡社区人居环境"整洁、舒适、安全、美丽"目标，初步建立"共同缔造"的长效机制。

三、在城乡人居环境建设和整治中精心组织开展"共同缔造"活动

（四）因地制宜确定实施载体。以城市社区和农村自然村为基本空间单元，充分发挥社区居民的主体作用，根据不同类型社区人居环境中存在的突出问题，因地制宜确定人居环境建设和整治的重点。在城市社区，可在正在开展的老旧小区改造、生活垃圾分类等工作的基础上，解决改善小区绿化和道路环境、房前屋后环境整治、增加公共活动空间、完善配套基础设施和公共服务设施、老旧小区加装电梯和增加停车设施、建筑节能改造等问题。在农村自然村，可结合正在推进的农村人居环境整治工作，从危房改造、改水、改厨、改厕、改圈、美化村容村貌等房前屋后的实事、小事做起。

（五）决策共谋。充分利用现代信息技术，拓宽政府与社区居民交流的渠道，搭建社区居民沟通平台。通过座谈走访、入户调研、工作坊等方式，了解居民需求，发动群众广泛参与。开展多种形式的基层协商，充分发挥社区居民的主体作用，共同确定社区需要解决的人居环境突出问题，共同研究解决方案，激发社区居民参与人居环境建设和整治工作的热情，使社区居民从"要我干"转变为"我要干"，使基层政府和相关部门从传统的决策者、包办者转变为引导者、辅导者和激励者。

（六）发展共建。充分激发社区居民的"主人翁"意识，发动社区居民积极投工投劳整治房前屋后的环境，主动参与老旧小区改造、生活垃圾分类、农村人居环境整治及公共空间的建设和改造，主动配合配套基础设施和公共服务设施建设，珍惜用心用力共建的劳动成果，持续保持社区美好环境。组织协调各方面力量共同参与人居环境建设和整治工作，鼓励党政机关、群团组织、社会组织、社区志愿者队伍、驻区企事业单位、专业社工机构提供人力、物力、智力和财力支持，大力推动规划师、建筑师、工程师进社区，组织在职党员开展共产党员社区奉献日、在职党员义务服务周等活动，共同为人居环境建设贡献力量。

（七）建设共管。鼓励社区居民针对社区环境卫生、公共空间管理、停车管理、生活垃圾分类等内容，通过社区居（村）委会或居民自治组织，共同商议拟订居民公约并监督执行，加强对人居环境建设和整治成果的管理。建立健全绿地认领、公共空间认领、公共设施等维护认领的"爱心积分机制"及志愿者积分机制，以积分评比奖励的形式，激励社区居民、企业、社会组织积极参与人居环境建设成果的维护管理。

（八）效果共评。建立健全城乡人居环境建设和整治项目及"共同缔造"活动开展情况的评价标准和评价机制，组织社区居民对活动实效进行评价和反馈，持续推动各项工作改进。组织评选"共同缔造"典范社区、先进组织和先进个人，激发各方参与"共同缔造"活动的积极性。建立"以奖代补"机制，对社区居民与社区组织参与面广、效果好的人居环境建设和整治项目，通过奖励的形式予以补贴，推动"共同缔造"活动不断向纵深发展。

（九）成果共享。通过发动群众共谋共建共管共评，实现城乡人居环境建设和整治工作人人参与、人人尽力、人人享有，建设"整洁、舒适、安全、

美丽"的社区环境，形成和睦的邻里关系和融洽的社区氛围，积极塑造"勤勉自律、互信互助、开放包容、共建共享"的共同精神，让社区居民有更多的获得感、幸福感和安全感，实现政府治理和社会调节、居民自治的良性互动，打造共建共治共享的社会治理格局。

四、加强组织协调，确保"共同缔造"活动取得实效

（十）加强组织领导。各省级住房和城乡建设主管部门要在同级党委和政府的领导下，成立由住房和城乡建设主管部门组织协调、相关部门参与的"共同缔造"活动领导小组，负责研究制定年度工作计划，指导行政区域内市（县、区）建立党委统一领导、党政齐抓共管、住房和城乡建设主管部门协调、有关部门各负其责、全社会积极参与的"共同缔造"活动领导体制和工作机制。每年3月底前，各省级住房和城乡建设主管部门要将年度工作计划报我部备案。

（十一）形成部门合力。地方各级住房和城乡建设主管部门要加强与同级组织、民政、财政等部门的沟通，积极争取支持，切实把党的基层组织建设和领导作用落实到城乡社区，将政府的公共服务、社会管理资源和平台下沉到城乡社区，使党和政府工作落到基层、深入群众，同时加强与工会、共青团、妇联、残联等群团组织的合作，形成开展"共同缔造"活动的合力，共同构建"纵向到底、横向到边、协商共治"的城乡治理体系。

（十二）开展试点示范。从2019年3月起，各省（区、市）在行政区域内每个地级及以上城市选择3—5个不同类型的城乡社区开展"共同缔造"活动试点，因地制宜确定城乡人居环境建设和整治的具体切入点，探索创新理念思路、体制机制和方式方法。2020年，在总结试点经验的基础上，全面推广、系统推进"共同缔造"活动，不断完善体制机制，探索建立长效机制。

（十三）加大培训力度。各省级住房和城乡建设主管部门要加强对住房和城乡建设系统及城乡社区党员干部的培训，帮助他们尽快掌握、灵活运用"共同缔造"的理念和方法，着力在城乡社区党员、乡贤、致富能手、老工人、老教师、老模范、老干部等群体中发掘和培养一批"共同缔造"工作骨干，努力打造一支素质高、能力强、多元化的工作队伍。

（十四）做好宣传引导。地方各级住房和城乡建设主管部门要会同有关部门采取群众喜闻乐见的形式，加大对"共同缔造"活动的宣传力度，及时发现、总结和宣传"共同缔造"活动中涌现出来的鲜活经验以及社区党组织、党员干部和带头人的典型，让"共同缔造"的理念思路深入人心，形成全民关心、支持和参与活动的氛围。

（十五）强化督促指导。各省（区、市）"共同缔造"活动领导小组要切实加强对市（县、区）活动开展情况的跟踪指导和督促检查，确保各项工作落到实处。我部将以活动覆盖面、各方参与度、群众满意度等为重点，对各省（区、市）"共同缔造"活动开展情况进行评估评价，并向党中央、国务院报告。

中华人民共和国住房和城乡建设部
2019年2月22日

财政部　住房城乡建设部关于下达2019年中央财政农村危房改造补助资金预算的通知

财社〔2019〕44号

各省、自治区、直辖市财政厅（局）、住房城乡建设厅（农委、建委）：

按照党中央、国务院关于加快推进农村危房改造、统筹做好农房抗震改造和打赢脱贫攻坚战的有关要求以及《住房城乡建设部　财政部　国务院扶贫办关于加强建档立卡贫困户等重点对象危房改造工作的指导意见》（建村〔2016〕251号）、《住房城乡建设部　财政部关于印发农村危房改造脱贫攻坚三年行动方案的通知》（建村〔2018〕115号）等规定，结合各省、自治区、直辖市四类重点对象（即：低保户、农村分散供养特困人员、贫困残疾人家庭和建档立卡贫困户）危房改造和地震高烈度设防地区农房抗震改造需求、财力情况、工作绩效、政策支持等因素，现下达2019年农村危房改造补助资金预算（项目名称：农村危房改造补助资金，项目代码：Z135080000029），由各省、自治区、直辖市用于完成四类重点对象危房改造和地震高烈度设防地区农房抗震改造任务（含新疆农村安居工程安居房建设任务，指标金额和任务数详见附件1）。现将有关事项通知如下：

一、2019年中央财政补助资金由各省、自治区、直辖市按照"两不愁、三保障"的脱贫攻坚任务目标要求，用于完成四类重点对象存量危房改造任务，并支持在抗震设防烈度8度及以上地区开展农房抗震改造试点，对该地区范围内抗震设防不达标的农房实施抗震改造。该预算收入请列入2019年政府收支分类科目第1100258项"住房保障共同财政事权转移支付收入"科目，支出请列入2019年政府收支分类科目第221类"住房保障支出"科目。

二、各省、自治区、直辖市要综合考虑各县的实际需求、建设管理能力、地方财力、工作绩效等因素，合理分配补助资金和相关改造任务，指导各县细化落实措施，确保中央安排的危房改造和农房抗震改造任务于2019年底前全部开工，2020年6月底前全部竣工。其中，分配给贫困县的资金增幅不低于该项资金平均增幅，一律采取"切块下达"，资金项目审批权限完全下放到县，不得指定具体项目或提出与脱贫攻坚无关的任务要求；下达"三区三州"等深度贫困地区的资金金额不低于附件1所列金额。需要说明的是，中央财政在测算安排农村危房改造补助资金时，已将对"三区三州"等深度贫困地区四类重点对象危房改造任务的补助标准在全国户均14000元的基础上、每户单独提高2000元，并将"三区三州"等深度贫困地区其他农户的存量危房按照户均10000元的补助标准一并纳入支持范围。据此增加安排"三区三州"等深度贫困地区的补助资金，符合条件的贫困县可按照《国务院办公厅关于支持贫困县开展统筹整合使用财政涉农资金试点的意见》（国办发〔2016〕22号）规定统筹整合使用，非贫困县应在利用中央财政补助资金做好四类重点对象危房改造工作的前提下，积极筹措资金，对其他农户的危房改造作出统筹安排。

三、各省、自治区、直辖市要创新改造方式和补助政策，通过控制面积、因地制宜推广适宜改造方式和技术、建设农村集体公租房、利用闲置农房和集体公房置换等方式，努力做到政策托底，切实保障特困农户的基本住房安全。有关省、自治区要综合采取措施，优先解决好边境地区农村居民的住房安全问题。

四、根据《国务院办公厅关于对真抓实干成效明显地方进一步加大激励支持力度的通知》（国办发〔2018〕117号）和《住房和城乡建设部 财政部关于印发农村危房改造激励措施实施办法的通知》（建村〔2019〕15号）规定，中央财政按照每个激励对象500万元的标准增加安排其所在省（自治区、直辖市）的补助资金，相关省、自治区、直辖市应对激励对象给予相应奖励，支持其优先完成四类重点对象危房改造。

五、为进一步加强预算绩效管理，切实提高财政资金使用效益，按照《中共中央 国务院关于全面实施预算绩效管理的意见》要求，请在组织预算执行中对照各省、自治区、直辖市区域绩效目标（详见附件2）做好绩效监控，确保年度绩效目标如期实现。同时，请参照中央做法，将本省（自治区、直辖市）绩效目标及时对下分解，做好省内预算绩效管理工作。

六、各地财政、住房城乡建设部门要密切合作，按照《财政部住房城乡建设部关于印发〈中央财政农村危房改造补助资金管理办法〉的通知》（财社〔2016〕216号）要求，加强对农村危房改造补助资金的使用管理，加快预算执行进度，提高资金使用效益。

七、如果相关转移支付办法有所调整或变化，将再行清算。

附件：1. 2019年中央财政农村危房改造补助资金和改造任务分配表
2. 中央对地方转移支付区域绩效目标表

中华人民共和国财政部
中华人民共和国住房和城乡建设部
2019年4月14日

住房和城乡建设部 生态环境部 发展改革委关于印发城镇污水处理提质增效三年行动方案（2019—2021年）的通知

建城〔2019〕52号

各省、自治区、直辖市人民政府，国务院有关部委、直属机构：

经国务院同意，现将《城镇污水处理提质增效三年行动方案（2019—2021年）》印发给你们，请认真贯彻落实。

中华人民共和国住房和城乡建设部
中华人民共和国生态环境部
中华人民共和国国家发展和改革委员会
2019年4月29日

城镇污水处理提质增效三年行动方案（2019—2021年）

为全面贯彻落实全国生态环境保护大会、中央经济工作会议精神和《政府工作报告》部署要求，加快补齐城镇污水收集和处理设施短板，尽快实现污水管网全覆盖、全收集、全处理，制定本方案。

一、总体要求

（一）指导思想。

以习近平新时代中国特色社会主义思想为指导，全面贯彻党的十九大和十九届二中、三中全会精神，将解决突出生态环境问题作为民生优先领域，坚持雷厉风行与久久为功相结合，抓住主要矛盾和薄弱环节集中攻坚，重点强化体制机制建设和创新，加快补齐污水管网等设施短板，为尽快实现污水管网全覆盖、全收集、全处理目标打下坚实基础。

（二）基本原则。

立足民生，攻坚克难。把污水处理提质增效作为关系民生的重大问题和扩大内需的重点领域，全面提升城市生活污水收集处理能力和水平，提升优质生态产品供给能力，优先解决人民群众关注的生活污水直排等热点问题，不断满足人民群众日益增长的优美生态环境需要。

落实责任，强化担当。地方各级人民政府要建立上下联动、部门协作、多措并举、高效有力的协调推进机制。要强化城市人民政府主体责任，做好统筹协调，完善体制机制，分解落实任务，加强资金保障，确保三年行动取得显著成效。住房和城乡建设部、生态环境部、发展改革委要会同有关部门协同联动，强化指导督促。

系统谋划，近远结合。在分析污水收集处理系统现状基础上，统筹协调，谋划长远，做好顶层设计，强化系统性，压茬推进；三年行动要实事求是，既量力而行也尽力而为，定出硬目标，敢啃"硬骨头"，扎实推进，全力攻坚，为持续推进污水处理提质增效打好坚实基础。

问题导向，突出重点。坚持问题导向，以系统提升城市生活污水收集效能为重点，优先补齐城中村、老旧城区和城乡结合部管网等设施短板，消除空白，坚持因地制宜，系统识别问题，抓住薄弱环节，重点突破。

重在机制，政策引领。抓好长效机制建设，力争用3年时间，形成与推进实现污水管网全覆盖、全收集、全处理目标相适应的工作机制。强化政策引导，优化费价机制，落实政府责任，调动企业和公众各方主体参与积极性，实现生态效益、经济效益和社会效益共赢。

（三）主要目标。

经过3年努力，地级及以上城市建成区基本无生活污水直排口，基本消除城中村、老旧城区和城乡结合部生活污水收集处理设施空白区，基本消除黑臭水体，城市生活污水集中收集效能显著提高。

二、推进生活污水收集处理设施改造和建设

（一）建立污水管网排查和周期性检测制度。按照设施权属及运行维护职责分工，全面排查污水管网等设施功能状况、错接混接等基本情况及用户接入情况。依法建立市政排水管网地理信息系统（GIS），实现管网信息化、账册化管理。落实排水管网周期性检测评估制度，建立和完善基于GIS系统的动态更新机制，逐步建立以5—10年为一个排查周期的长效机制和费用保障机制。对于排查发现的市政无主污水管段或设施，稳步推进确权和权属移交工作。居民小区、公共建筑及企事业单位内部等非市政污水管网排查工作，由设施权属单位或物业代管单位及有关主管部门建立排查机制，逐步完成建筑用地红线内管网混接错接排查与改造。（上述工作由住房和城乡建设部牵头，生态环境部等部门参与，城市人民政府负责落实。以下均需城市人民政府落实，不再列出。）

（二）加快推进生活污水收集处理设施改造和建设。城市建设要科学确定生活污水收集处理设施总体规模和布局，生活污水收集和处理能力要与服务片区人口、经济社会发展、水环境质量改善要求相匹配。新区污水管网规划建设应当与城市开发同步推进，除干旱地区外均实行雨污分流。明确城中村、老旧城区、城乡结合部污水管网建设路由、用地和处理设施建设规模，加快设施建设，消除管网空白区。对人口密度过大的区域、城中村等，要严格控制人口和企事业单位入驻，避免因排水量激增导致现有污水收集处理设施超负荷。实施管网混错接改造、管网更新、破损修复改造等工程，实施清污分流，全面提升现有设施效能。城市污水处理厂进水生化需氧量（BOD）浓度低于100mg/L的，要围绕服务片区管网制定"一厂一策"系统化整治方案，明确整治目标和措施。推进污泥处理处置及污水再生利用设施建设。人口少、相对分散或市政管网未覆盖的地区，因地制宜建设分散污水处理设施。（住房和城乡建设部牵头，发展改革委、生态环境部等部门参与）

（三）健全管网建设质量管控机制。加强管材市场监管，严厉打击假冒伪劣管材产品；各级工程质量监督机构要加强排水设施工程质量监督；工程设计、建设单位应严格执行相关标准规范，确保工程质量；严格排水管道养护、检测与修复质量管理。按照质量终身责任追究要求，强化设计、施工、监理等行业信用体系建设，推行建筑市场主体黑名单制度。（住房和城乡建设部、市场监管总局按照职责分工负责）

三、健全排水管理长效机制

（一）健全污水接入服务和管理制度。建立健全生活污水应接尽接制度。市政污水管网覆盖范围内的生活污水应当依法规范接入管网，严禁雨污混接错接；严禁小区或单位内部雨污混接或错接到市政排水管网，严禁污水直排。新建居民小区或公共建筑排水未规范接入市政排水管网的，不得交付使用；市政污水管网未覆盖的，应当依法建设污水处理设施达标排放。建立健全"小散乱"规范管理制度。整治沿街经营性单位和个体工商户污水乱排直排，结合市场整顿和经营许可、卫生许可管理建立联合执法监督机制，督促整改。建立健全市政管网私搭乱接溯源执法制度。严禁在市政排水管网上私搭乱接，杜绝工业企业通过雨水口、雨水管网违法排污，地方各级人民政府排水（城管）、生态环境部门要会同相关部门强化溯源追查和执法，建立常态化工作机制。（住房和城乡建设部、生态环境部牵头，市场监管总局、卫生健康委等部门参与）

（二）规范工业企业排水管理。经济技术开发区、高新技术产业开发区、出口加工区等工业集聚区应当按规定建设污水集中处理设施。地方各级人民政府或工业园区管理机构要组织对进入市政污水收集设施的工业企业进行排查，地方各级人民政府应当组织有关部门和单位开展评估，经评估认定污染物不能被城镇污水处理厂有效处理或可能影响城镇污水处理厂出水稳定达标的，要限期退出；经评估可继续接入污水管网的，工业企业应当依法取得排污许可。工业企业排污许可内容、污水接入市政管网的位置、排水方式、主要排放污染物类型等信息应当向社会公示，接受公众、污水处理厂运行维护单位和相关部门监督。各地要建立完善生态环境、排水（城管）等部门执法联动机制，加强对接入市政管网的工业企业以及餐饮、洗车等生产经营性单位的监管，依法处罚超排、偷排等违法行为。（生态环境部、住房和城乡建设部牵头，发展改革委、工

业和信息化部、科技部、商务部参与）

（三）完善河湖水位与市政排口协调制度。合理控制河湖水体水位，妥善处理河湖水位与市政排水的关系，防止河湖水倒灌进入市政排水系统。施工降水或基坑排水排入市政管网的，应纳入污水排入排水管网许可管理，明确排水接口位置和去向，避免排入城镇污水处理厂。（水利部、住房和城乡建设部按职责分工负责）

（四）健全管网专业运行维护管理机制。排水管网运行维护主体要严格按照相关标准定额实施运行维护，根据管网特点、规模、服务范围等因素确定人员配置和资金保障。积极推行污水处理厂、管网与河湖水体联动"厂—网—河（湖）"一体化、专业化运行维护，保障污水收集处理设施的系统性和完整性。鼓励居住小区将内部管网养护工作委托市政排水管网运行维护单位实施，配套建立责权明晰的工作制度，建立政府和居民共担的费用保障机制。加强设施建设和运营过程中的安全监督管理。（住房和城乡建设部牵头，财政部参与）

四、完善激励支持政策

（一）加大资金投入，多渠道筹措资金。加大财政投入力度，已安排的污水管网建设资金要与三年行动相衔接，确保资金投入与三年行动任务相匹配。鼓励金融机构依法依规为污水处理提质增效项目提供融资支持。研究探索规范项目收益权、特许经营权等质押融资担保。营造良好市场环境，吸引社会资本参与设施投资、建设和运营。（财政部、发展改革委、人民银行、银保监会按职责分工负责）

（二）完善污水处理收费政策，建立动态调整机制。地方各级人民政府要尽快将污水处理费收费标准调整到位，原则上应当补偿污水处理和污泥处理处置设施正常运营成本并合理盈利；要提升自备水污水处理费征缴率。统筹使用污水处理费与财政补贴资金，通过政府购买服务方式向提供服务单位支付服务费，充分保障管网等收集设施运行维护资金。（发展改革委、财政部、住房和城乡建设部、水利部按职责分工负责）

（三）完善生活污水收集处理设施建设工程保障。城中村、老旧城区、城乡结合部生活污水收集处理设施建设涉及拆迁、征收和违章建筑拆除的，要妥善做好相关工作。结合工程建设项目行政审批制度改革，优化生活污水收集处理设施建设项目审批流程，精简审批环节，完善审批体系，压减审批时间，主动服务，严格实行限时办结。（住房和城乡建设部牵头，相关部门参与）

（四）鼓励公众参与，发挥社会监督作用。借助网站、新媒体、微信公众号等平台，为公众参与创造条件，保障公众知情权。加大宣传力度，引导公众自觉维护雨水、污水管网等设施，不向水体、雨水口排污，不私搭乱接管网，鼓励公众监督治理成效、发现和反馈问题。鼓励城市污水处理厂向公众开放。（住房和城乡建设部、生态环境部按照职责分工负责）

五、强化责任落实

（一）加强组织领导。城市人民政府对污水处理提质增效工作负总责，完善组织领导机制，充分发挥河长、湖长作用，切实强化责任落实。各省、自治区、直辖市人民政府要按照本方案要求，因地制宜确定本地区各城市生活污水集中收集率、污水处理厂进水生化需氧量（BOD）浓度等工作目标，稳步推进县城污水处理提质增效工作。要根据三年行动目标要求，形成建设和改造等工作任务清单，优化和完善体制机制，落实各项保障措施和安全防范措施，确保城镇污水处理提质增效工作有序推进，三年行动取得实效。各省、自治区、直辖市人民政府要将本地区三年行动细化的工作目标于2019年5月底前向社会公布并报住房和城乡建设部、生态环境部、发展改革委备案。（住房和城乡建设部、生态环境部、发展改革委负责指导和督促各地开展）

（二）强化督促指导。省级住房和城乡建设、生态环境、发展改革部门要通过组织专题培训、典型示范等方式，加强对本行政区域城镇污水处理提质增效三年行动的实施指导。自2020年起，各省、自治区、直辖市要于每年2月底前向住房和城乡建设部、生态环境部、发展改革委报送上年度城镇污水处理提质增效三年行动实施进展情况。（住房和城乡建设部、生态环境部、发展改革委按照职责分工负责）

住房和城乡建设部　国家发展改革委　财政部　自然资源部关于进一步规范发展公租房的意见

建保〔2019〕55号

各省、自治区住房和城乡建设厅、发展改革委、财政厅、自然资源厅，直辖市住房和城乡建设（管）委、发展改革委、财政局、规划和自然资源局（委），新疆生产建设兵团住房和城乡建设局、发展改革委、财政局、自然资源局：

近年来，各地区、各有关部门认真落实党中央、国务院决策部署，积极发展公租房，取得了明显成效。截至2018年底，3700多万困难群众住进公租房，累计近2200万困难群众领取公租房租赁补贴。公租房保障为维护社会和谐稳定，推进新型城镇化和农业转移人口市民化，增强困难群众获得感、幸福感、安全感发挥了积极作用。但是，公租房发展不平衡不充分的问题仍很突出，部分大中城市公租房保障需求量大，但保障覆盖面较低，尤其是对住房困难的新就业无房职工、稳定就业外来务工人员的保障门槛较高、力度不够。习近平总书记明确要求，要完善住房市场体系和住房保障体系，解决城镇中低收入居民和新市民住房问题。为更好发挥住房保障在解决群众住房问题中的"补位"作用，现就进一步规范发展公租房，提出如下意见：

一、总体要求和基本原则

（一）总体要求。以习近平新时代中国特色社会主义思想为指导，认真贯彻党的十九大和十九届二中、三中全会精神，坚持以人民为中心的发展思想，牢固树立"四个意识"，坚定"四个自信"，坚决做到"两个维护"，切实提高政治站位，加快完善主要由配租型的公租房和配售型的共有产权住房构成的城镇住房保障体系，多渠道满足住房困难群众的基本住房需要；进一步规范发展公租房，努力实现本地区低保、低收入住房困难家庭应保尽保，城镇中等偏下收入住房困难家庭在合理的轮候期内得到保障，促进解决新就业无房职工和在城镇稳定就业外来务工人员等新市民的住房困难，不断增强困难群众对住房保障的获得感、幸福感和安全感。

（二）基本原则。

1. 以政府为主提供基本保障。要将规范发展公租房列入重要议事日程，坚持既尽力而为又量力而行，在国家统一政策目标指导下，因地制宜加大公租房发展力度。同时，要防止保障与市场出现错位，既不能把公租房违规转为商品住房，也不能将对公租房的支持政策用于发展商品住房。

2. 分类合理确定准入门槛。要针对不同困难群体，合理设置相应准入条件，采取适当的保障方式和保障标准，统筹做好城镇中等偏下及以下收入住房困难家庭和新市民的公租房保障工作，加大对符合条件新市民的保障力度。

3. 坚持实物保障与租赁补贴并举。要继续做好公租房实物保障工作。同时，积极发展公租房租赁补贴，满足困难群众多样化的居住需求。

二、继续做好城镇中等偏下及以下收入住房困难家庭的保障工作

（一）保障范围和目标。各地要全面梳理低收入特别是低保家庭、分散供养特困人员的住房状况，凡申请并符合条件的要实现应保尽保。持续做好城镇中等偏下收入住房困难家庭的保障工作，明确合理的轮候期，在轮候期内给予保障。城镇中等偏下及以下收入住房困难家庭的收入、住房困难等具体准入条件由直辖市、市县人民政府住房保障主管部门合理确定，报经本级人民政府批准后，向社会公布实施，并及时进行动态调整。

（二）保障方式和标准。对低保、低收入住房困难家庭和分散供养特困人员，可以实物配租为主、租赁补贴为辅；对中等偏下收入住房困难家庭，可以租赁补贴为主、实物配租为辅。具体保障方式可

结合保障对象意愿和公租房供给因地制宜确定。严格保障标准，实物配租公租房单套建筑面积原则上控制在60平方米以内。合理确定租赁补贴标准，建立动态调整机制，并根据保障对象的收入水平实行分档补贴，支持保障对象租赁到适宜的住房。

（三）多渠道筹集房源。有新增公租房实物供给需求的，可立足当地实际，制定在商品住房项目中配建公租房的政策，明确配建比例。利用集体建设用地建设租赁住房的试点城市，可将集体建设用地建设的租赁住房长期租赁作为公租房，租赁期限一般不低于5年。鼓励政府将持有的存量住房用作公租房。新筹集的公租房要做到布局合理、设计科学、质量可靠、配套完善。

（四）准入、使用、退出管理。各地要建立常态化申请受理机制，强化部门协同和信息共享，加强资格审核，确保保障对象符合相应的准入条件。完善公租房配租方式，根据保障对象的住房、收入和财产以及申请时间等因素，可通过综合评分、随机摇号等方式确定排序。定期检查公租房使用情况，确保公租房房源依法合规使用。定期复核保障对象家庭人口、住房和经济状况变化情况，及时调整保障方式、保障标准等。健全公租房退出管理机制，对违规使用公租房或不再符合保障条件的承租人，综合运用租金上调、门禁管控、信用约束、司法追究等多种方式，提升退出管理效率。

三、加大对新就业无房职工、城镇稳定就业外来务工人员的保障力度

（一）保障范围和目标。各地要坚持既尽力而为又量力而行，根据财政承受能力，重点保障环卫、公交等公共服务行业以及重点发展产业符合条件的青年职工和外来务工人员，具体准入条件由直辖市、市县人民政府住房保障主管部门合理确定，报经本级人民政府批准后，向社会公布实施，并及时进行动态调整。可设立最长保障期限，重在解决阶段性住房困难。住房保障主管部门要与用人单位精准对接，搞清需求，合理确定公租房供给数量、租金标准等。

（二）保障方式和标准。实物保障以配租集体宿舍为主，以小户型住宅为辅。新就业无房职工和外来务工人员较为集中的开发区和产业园区，根据用工数量，在产业园区配套建设行政办公及生活服务设施的用地中，可通过集中建设或长期租赁、配建等方式，增加集体宿舍形式的公租房供应，面向用工单位或园区就业人员出租。按照国务院规定开展试点的城市，企业（单位）依法取得使用权的土地，在符合规划、权属不变的前提下，可建设公租房，面向本单位职工出租，促进职住平衡。租赁补贴发放范围、补贴标准等由各地因地制宜确定。

（三）准入、使用、退出管理。对新就业无房职工和城镇稳定就业外来务工人员，政府筹集的公租房主要面向其用人单位定向供应，职工向用人单位提交申请。用人单位依照当地有关规定，协助住房保障等部门对职工保障资格进行审核，对定向供应的公租房进行分配，切实履行对入住职工的管理责任，并督促不再符合条件的人员退出保障，确保公租房合规使用。研究制定面向用人单位定向供应公租房的管理办法，并指导用人单位制定本单位的实施细则，加强对用人单位的监督管理。

四、加强公租房建设运营管理

（一）加强公租房建设管理。各地要强化对招投标、设计、施工、竣工验收等建设全过程的监督管理，严格落实各参建主体质量安全责任，强化建设单位首要责任，全面落实质量终身责任制。对偷工减料等违法违规行为严肃追责，督促参建主体对易产生质量常见问题的部位和环节采取针对性防治措施，切实保证公租房建设质量安全。

（二）积极实施政府购买公租房运营管理服务。有条件的地方要逐步推广政府购买公租房运营管理服务，吸引企业和其他机构参与公租房运营管理。明确购买主体，合理确定购买内容，将适合通过政府购买服务方式提供的公租房运营管理服务事项纳入政府购买服务指导性目录。公开择优确定承接主体，规范服务标准，全面实施绩效管理，切实提升公租房运营管理专业化、规范化水平，增强群众满意度。

（三）加快推进住房保障领域信用体系建设。各地要结合实际制定住房保障领域信用体系建设实施方案，建立健全信用信息归集和应用制度，建立完善守信联合激励和失信联合惩戒机制。对公租房申请、使用、退出等环节失信主体实行分级分类管理，存在严重失信行为的列入失信联合惩戒对象名单予以联合惩戒；发生较重失信行为或多次发生轻微失信行为但尚未达到严重失信行为标准的，列入重点关注对象名单，依法实施与其失信程度相适应的惩戒措施。

（四）完善公租房配套基础设施和公共服务。各地要充分考虑保障对象日常生活、出行等需要，加快完善公租房小区的基础设施及公共服务设施，使

群众享有更好的居住环境。将公租房小区及时纳入街道和社区管理，积极发展各项便民利民服务和社区志愿服务，推进信息化、智能化技术成果的应用，切实提升公租房社区居住品质。

五、落实各项支持政策

各地对列入市县年度计划的公租房项目，要落实好土地、资金、税费等各项支持政策，确保公租房工作顺利实施。

（一）确保用地供应。新建公租房的地方，要依据公租房发展规划和年度建设计划，科学编制土地供应计划，公租房用地应保尽保。储备土地和收回使用权的国有土地，优先安排保障性住房建设。

（二）加强资金保障。各地要根据财政承受能力，合理制定公租房建设规划，统筹各项资金用于公租房房源筹集、租赁补贴发放。政府投资公租房租金收入专项用于偿还公租房贷款本息及维修养护、管理等，维修养护费用主要通过公租房租金收入及配套商业服务设施租金收入解决，不足部分由财政预算安排解决。

（三）落实税费减免政策。对公租房建设筹集、经营管理所涉及的土地使用税、印花税、契税、土地增值税、房产税、增值税、个人所得税等，以及城市基础设施配套费等政府性基金、行政事业性收费，继续按规定落实优惠政策。

六、加强组织领导

（一）落实工作责任。地方各级住房和城乡建设、发展改革、财政、自然资源等有关部门要按照各自职责负责相关工作。市县要结合实际，认真组织落实，积极推进公租房工作。2019年底前，各省级住房和城乡建设部门要将本地区公租房发展情况报住房和城乡建设部。

（二）加强监督检查。各省级住房和城乡建设部门要会同有关部门建立有效的监督检查制度，对市县公租房工作加强督促指导，确保各项工作任务和政策措施落到实处。

（三）总结推广经验。各省级住房和城乡建设部门要及时总结规范发展公租房工作中的经验和问题，并报住房和城乡建设部。对地方的先进经验，住房和城乡建设部将及时进行宣传推广。

中华人民共和国住房和城乡建设部
中华人民共和国国家发展和改革委员会
中华人民共和国财政部
中华人民共和国自然资源部
2019年5月7日

住房和城乡建设部等部门关于在全国地级及以上城市全面开展生活垃圾分类工作的通知

建城〔2019〕56号

各省（自治区）住房和城乡建设厅、发展改革委、生态环境厅、商务厅、教育厅、文明办、团委、妇联、机关事务管理局，直辖市城市管理委（城市管理局、绿化市容局）、发展改革委、生态环境局、商务委、教委、文明办、团委、妇联、机关事务管理局，新疆生产建设兵团住房和城乡建设局、发展改革委、环境保护局、商务局、教育局、文明办、团委、妇联、机关事务管理局：

为深入贯彻习近平总书记关于生活垃圾分类工作的系列重要批示指示精神，落实《中共中央国务院关于全面加强生态环境保护坚决打好污染防治攻坚战的意见》《国务院办公厅关于转发国家发展改革委住房城乡建设部生活垃圾分类制度实施方案的通知》（国办发〔2017〕26号），在各直辖市、省会城市、计划单列市等46个重点城市（以下简称46个重点城市）先行先试基础上，决定自2019年起在全国地级及以上城市全面启动生活垃圾分类工作。有关事项通知如下：

一、总体要求

（一）指导思想。以习近平新时代中国特色社会主义思想为指导，全面贯彻习近平生态文明思想，切实落实党中央、国务院关于生活垃圾分类工作的决策部署，坚持党建引领，坚持以社区为着力点，坚持以人民群众为主体，坚持共建共治共享，加快推进以法治为基础、政府推动、全民参与、城乡统筹、因地制宜的生活垃圾分类制度，加快建立分类投放、分类收集、分类运输、分类处理的生活垃圾处理系统，努力提高生活垃圾分类覆盖面，把生活垃圾分类作为开展"美好环境与幸福生活共同缔造"活动的重要内容，加快改善人居环境，不断提升城市品质。

（二）工作目标。到2020年，46个重点城市基本建成生活垃圾分类处理系统。其他地级城市实现公共机构生活垃圾分类全覆盖，至少有1个街道基本建成生活垃圾分类示范片区。到2022年，各地级城市至少有1个区实现生活垃圾分类全覆盖，其他各区至少有1个街道基本建成生活垃圾分类示范片区。到2025年，全国地级及以上城市基本建成生活垃圾分类处理系统。

二、在地级及以上城市全面启动生活垃圾分类工作

（三）做好顶层设计。各地级城市应于2019年底前，编制完成生活垃圾分类实施方案，明确生活垃圾分类标准，以及推动生活垃圾分类的目标任务、重点项目、配套政策、具体措施。46个重点城市要完善既有实施方案，持续抓好落实，确保如期完成既定目标任务。国家生态文明试验区、各地新城新区要对标国际先进水平，制定更高标准、更加严格的实施方案及配套措施，更大力度实施生活垃圾分类制度。长江经济带沿江省市要率先实施生活垃圾分类制度。各地要按照属地化管理原则，通过军地协作，共同推进军队营区生活垃圾分类工作。

（四）公共机构率先示范。各地级及以上城市机关事务管理等主管部门要组织党政机关和学校、科研、文化、出版、广播电视等事业单位，协会、学会、联合会等社团组织，车站、机场、码头、体育场馆、演出场馆等公共场所管理单位，率先实行公共机构生活垃圾分类。指导各国有企业和宾馆、饭店、购物中心、超市、专业市场、农贸市场、农产品批发市场、商铺、商用写字楼等经营场所，比照党政机关积极落实生活垃圾分类要求。

（五）夯实学校教育基础。各地级及以上城市教育等主管部门要依托课堂教学、校园文化、社会实践等平台，切实加强各级各类学校的生活垃圾分类教育。要深入开展垃圾分类进校园、进教材、进课堂等活动，切实以生活垃圾分类为载体，培养一代人良好的文明习惯、公共意识和公民意识。

（六）开展青年志愿活动。各地级及以上城市团委等部门要创造条件，鼓励和引导青少年积极参与生活垃圾分类，树立生态文明价值观，带头践行绿色生活方式，让绿色、低碳、公益成为更多青少年的时尚追求。培育志愿者队伍，引导青少年志愿者深入基层社区，与群众面对面开展生活垃圾分类宣传、引导和服务等实践活动，不断提升志愿活动的专业性，使广大青少年在生活垃圾分类工作中发挥生力军和突击队作用。

（七）动员家庭积极参与。各地级及以上城市妇联等部门，要通过开展形式多样的社会宣传、主题实践等活动，面向广大家庭大力传播生态文明思想和理念，倡导绿色生活方式，普及生活垃圾分类常识，引导家庭成员从自身做起，从点滴做起，自觉成为生活垃圾分类的参与者、践行者、推动者。

（八）开展示范片区建设。各地级及以上城市要以街道为单元，开展生活垃圾分类示范片区建设，实现生活垃圾分类管理主体全覆盖，生活垃圾类别全覆盖，生活垃圾分类投放、收集、运输、处理系统全覆盖。以生活垃圾分类示范片区为基础，发挥示范引领作用，以点带面，逐步将生活垃圾分类工作扩大到全市。

三、加快生活垃圾分类系统建设

（九）采取简便易行的分类投放方式。各地级及以上城市要以"有害垃圾、干垃圾、湿垃圾和可回收物"为生活垃圾分类基本类型，确保有害垃圾单独投放，逐步做到干、湿垃圾分开，努力提高可回收物的单独投放比例。鼓励居民在家庭滤出湿垃圾水分，采用专用容器盛放湿垃圾，减少塑料袋使用，逐步实现湿垃圾"无玻璃陶瓷、无金属杂物、无塑料橡胶"。鼓励有条件的地方开展社区生活垃圾定时定点投放。要依靠街道社区党组织，统筹社区居委会、业主委员会、物业公司力量，发动社区党员骨干、热心市民、志愿者等共同参与，宣传和现场引导、监督生活垃圾分类。启动生活垃圾分类的社区，要安排现场引导员，做好生活垃圾分类投放的现场宣传和引导，纠正不规范的投放行为，做好台账记录。

（十）设置环境友好的分类收集站点。实施生活垃圾分类的单位、社区要优化布局，合理设置垃圾箱房、垃圾桶站等生活垃圾分类收集站点。生活垃圾分类收集容器、箱房、桶站应喷涂统一、规范、

清晰的标志和标识，功能完善，干净无味。有关单位、社区应同步公示生活垃圾分类收集点的分布、开放时间，以及各类生活垃圾的收集、运输、处置责任单位、收运频率、收运时间和处置去向等信息。

（十一）分类运输环节防止"先分后混"。分类后的生活垃圾必须实行分类运输，各地级及以上城市要以确保全程分类为目标，建立和完善分类后各类生活垃圾的分类运输系统。要按照区域内各类生活垃圾的产生量，合理确定收运频次、收运时间和运输线路，配足、配齐分类运输车辆。对生活垃圾分类运输车辆，应喷涂统一、规范、清晰的标志和标识，明示所承运的生活垃圾种类。有中转需要的，中转站点应满足分类运输、暂存条件，符合密闭、环保、高效的要求。要加大运输环节管理力度，有物业管理的小区，做好物业部门和环境卫生部门的衔接，防止生活垃圾"先分后混""混装混运"。要加强有害垃圾运输过程的污染控制，确保环境安全。

（十二）加快提高与前端分类相匹配的处理能力。要加快建立与生活垃圾分类投放、分类收集、分类运输相匹配的分类处理系统，加强生活垃圾处理设施的规划建设，满足生活垃圾分类处理需求。分类收集后的有害垃圾，属于危险废物的，应按照危险废物进行管理，确保环境安全。根据分类后的干垃圾产生量及其趋势，"宜烧则烧""宜埋则埋"，加快以焚烧为主的生活垃圾处理设施建设，切实做好垃圾焚烧飞灰处理处置工作。采取长期布局和过渡安排相结合的方式，加快湿垃圾处理设施建设和改造，统筹解决餐厨垃圾、农贸市场垃圾等易腐垃圾处理问题，严禁餐厨垃圾直接饲喂生猪。加快生活垃圾清运和再生资源回收利用体系建设，推动再生资源规范化、专业化处理，促进循环利用。鼓励生活垃圾处理产业园区建设，优化技术工艺，统筹各类生活垃圾处理。

四、建立健全工作机制，确保取得实效

（十三）强化省级统筹。各省级住房和城乡建设（环境卫生）、发展改革、生态环境等有关部门要在同级党委和政府的领导下，统筹推进本地区生活垃圾分类工作，督促指导各地级及以上城市落实生活垃圾分类工作主体责任。各省级住房和城乡建设（环境卫生）部门要定期汇总、分析本辖区内各地级及以上城市垃圾分类工作进展情况，及时解决生活垃圾分类推进过程中出现的问题，并于每年1月15日、7月15日向住房和城乡建设部报送半年工作报告。

（十四）全面系统推进。各地级及以上城市住房和城乡建设（环境卫生）、发展改革、生态环境等有关部门，要积极争取同级党委和政府的支持，建立党委统一领导、党政齐抓共管、全社会积极参与的生活垃圾分类领导体制和工作机制。要探索建立"以块为主、条块结合"的市、区、街道、社区四级联动的生活垃圾分类工作体系，加快形成统一完整、能力适应、协同高效的生活垃圾分类全过程运行系统。要结合实际，适时做好生活垃圾分类管理或生活垃圾全过程管理地方性法规、规章的立法、修订工作。依法依规通过教育、处罚、拒运和纳入社会诚信体系等方式进行约束，逐步提高生活垃圾分类准确率。

（十五）强化宣传发动。各地级及以上城市要加大对生活垃圾分类意义的宣传，普及生活垃圾分类知识。要做好生活垃圾分类的入户宣传和现场引导，切实提高广大人民群众对生活垃圾分类的认识，自觉参与到生活垃圾分类工作中，养成生活垃圾分类习惯。

（十六）强化督促指导。各省级住房和城乡建设（环境卫生）、发展改革、生态环境等有关部门要积极争取同级党委和政府的支持，建立健全生活垃圾分类工作激励、奖惩机制，将生活垃圾分类工作纳入相关考核内容。住房和城乡建设部将汇总各省（区、市）城市生活垃圾分类工作进展情况，定期向党中央、国务院报告。

附件：相关用语含义

中华人民共和国住房和城乡建设部
中华人民共和国国家发展和改革委员会
中华人民共和国生态环境部
中华人民共和国教育部
中华人民共和国商务部
中央精神文明建设指导委员会办公室
中国共产主义青年团中央委员会
中华全国妇女联合会
国家机关事务管理局
2019年4月26日

附件

相 关 用 语 含 义

一、有害垃圾。是指生活垃圾中的有毒有害物质，主要包括：废电池（镉镍电池、氧化汞电池、铅蓄电池等），废荧光灯管（日光灯管、节能灯等），废温度计，废血压计，废药品及其包装物，废油漆、溶剂及其包装物，废杀虫剂、消毒剂及其包装物，废胶片及废相纸等。

二、可回收物。主要包括：废纸，废塑料，废金属，废玻璃，废包装物，废旧纺织物，废弃电器电子产品，废纸塑铝复合包装等。

三、干垃圾。即其他垃圾。由个人在单位和家庭日常生活中产生，除有害垃圾、可回收物、厨余垃圾（或餐厨垃圾）等的生活废弃物。

四、湿垃圾。即厨余垃圾。居民家庭日常生活过程中产生的菜帮、菜叶、瓜果皮壳、剩菜剩饭、废弃食物等易腐性垃圾。

五、餐厨垃圾。相关企业和公共机构在食品加工、饮食服务、单位供餐等活动中，产生的食物残渣、食品加工废料和废弃食用油脂。

六、易腐垃圾。主要包括：餐厨垃圾；厨余垃圾；农贸市场、农产品批发市场产生的蔬菜瓜果垃圾、腐肉、肉碎骨、蛋壳、畜禽产品内脏等。

七、生活垃圾回收利用率。未进入生活垃圾焚烧和填埋设施进行处理的可回收物、易腐垃圾的数量，占生活垃圾总量的比例。

住房和城乡建设部关于建立健全住房公积金综合服务平台的通知

建金〔2019〕57号

各省、自治区住房和城乡建设厅，直辖市、新疆生产建设兵团住房公积金管理委员会、住房公积金管理中心：

《住房城乡建设部关于加快建设住房公积金综合服务平台的通知》（建金〔2016〕14号）和《住房公积金综合服务平台建设导则》印发以来，各省、自治区住房和城乡建设厅和各地住房公积金管理中心（以下简称管理中心）认真贯彻落实，积极开展住房公积金综合服务平台（以下简称服务平台）建设，提升了住房公积金服务效率。但仍有部分管理中心存在思想认识不到位、服务平台建设滞后、综合管理系统不健全、线上业务种类少、风险防控能力弱、推广使用力度小等问题，服务平台作用未得到充分发挥。为进一步贯彻国务院"放管服"改革要求，切实提升住房公积金服务效能，规范服务平台建设和使用，现就有关要求通知如下：

一、充分认识建设服务平台重要意义

服务平台建设是落实国务院"放管服"改革要求，全面提升住房公积金服务水平的基础性工作，对满足缴存职工多样化需求，充分发挥住房公积金制度作用具有重要意义。各地要切实转变观念，提高服务意识，增强紧迫感，以"互联网＋"为导向，充分利用大数据、云计算等信息技术，加快服务平台建设，完善服务平台功能，丰富线上业务办理种类，有效提高离柜率，切实提高住房公积金服务便捷度。

二、全面加强组织领导

服务平台建设涉及面广，政策性强，技术要求高，管理中心要成立服务平台建设工作领导小组，由一把手牵头负责，集中技术部门和业务部门骨干力量，制定工作方案，明确工作任务、关键环节和完成时限。根据线上服务特点，优化内部组织架构，组建专门的运营管理部门。重点抓好梳理服务事项、优化服务流程、建设综合管理系统和建立安全保障机制等关键环节。对服务平台承建单位明确提出建设需求、工作要求，跟踪考核工作进度和质量，严格项目评审。服务平台建设效果不符合《住房公积金综合服务平台建设导则》要求的,管理中心应督促承建单位及时改进。

三、合理确定资金投入

要坚持以缴存职工需求为中心、以服务工作中存在的问题为导向,按照经济适用原则,充分运用成熟、稳定、安全的技术手段,立足现有信息化设施,推进服务平台建设。综合考虑服务对象规模、管理运作的资金量、日常服务量等因素,在广泛调研、论证比较的基础上,合理确定建设费用,实现节约集约化建设。独立运作的分中心和管理部,原则上要接入和使用所在设区城市管理中心服务平台,减少重复投资,降低建设和运行维护成本。有条件的省、自治区,可集中组织建设部分服务渠道。各省、自治区住房和城乡建设厅和各地管理中心要积极与财政部门沟通,将服务平台建设、运行维护和信息安全评测等费用列入专项经费预算。

四、严格规范线上服务

管理中心要按照线上业务特点,梳理确定服务事项清单,制订住房公积金服务指南、服务平台操作手册,明确线上业务审核规则和评价指标。进一步优化线上服务流程,精简服务环节与要件,缩短办理时限。加强与相关部门沟通协调,不断扩大数据共享范围。充分利用管理中心自有数据和外部共享数据,加快实现后台自动审核比对,满足在线快速审批要求,提升在线服务效率。明晰服务工作相关岗位职责,严格设置服务平台管理和业务审核权限,规范线上操作行为。强化服务进度查询、办结时限监控和线上服务评价等功能,精准把握缴存职工诉求,及时化解服务工作中的堵点和痛点,主动接受社会监督。

五、统一管控各类渠道

管理中心要严格按照《住房公积金综合服务平台建设导则》要求,建设服务平台综合管理系统,有效管控各服务渠道,及时掌握服务情况。通过综合管理系统,确保各服务渠道协同一致,实现服务对象一个渠道注册,全渠道登录。综合管理系统应有效调节各电子渠道服务量,在线上服务并发高峰期,及时引导服务申请在不同渠道间合理分流。强化综合管理系统运行绩效分析功能,深度分析渠道运行、业务办理、用户信息、咨询投诉热点等指标,为持续改进服务提供数据支撑。

六、妥善对接政务平台

省、自治区或城市人民政府要求将服务平台纳入当地政务平台统一管理的,管理中心要积极做好对接工作,梳理拟纳入政务平台的服务事项,与政务平台管理部门明确管理、服务和安全运行维护等职责。通过与政务平台对接,更好地利用部门共享数据,开展业务信息联网核查,提升线上服务效率。通过政务平台受理的住房公积金服务事项,纳入服务平台统一管理。管理中心要以服务平台作为住房公积金线上服务主渠道,不得以政务平台替代服务平台建设,不得取消已建成并被缴存职工广泛使用的电子服务渠道。按照国办公开办函〔2018〕89号文件要求,住房公积金12329服务热线可与城市政务服务热线实现并行接听、联动服务,但不得取消。

七、强化安全保障机制

管理中心要严格执行国家信息系统安全规范,落实物理环境安全、网络安全和数据保护安全等各项措施,加强服务平台运行监测和风险分析,借助第三方安全测评机构定期进行信息安全评测,及时排除风险隐患。管理中心要与承建单位和运营服务商签署协议,明确各方在平台建设、维护和安全等方面的责任。切实加强数据管理和使用工作,做好数据备份,定期校验备份数据有效性、完整性。建立健全电子档案,完善相关制度标准,加强线上线下各类业务票据、数据、资料管理。通过访问控制、数据脱敏、操作日志和系统留痕等措施,做到防泄漏、防窃取、防篡改,确保数据安全。除法律法规有明确规定外,管理中心原则上不得向第三方提供原始数据信息。用户登录服务平台各渠道时,应提醒其不得将用户名和密码等信息提供给非官方的第三方机构。管理中心与相关部门实现数据共享时,要签订安全协议,明确数据安全责任。基于缴存职工信息与第三方合作提供增值服务的,必须经缴存职工本人授权,明确法律责任。综合管理系统应采用松耦合的方式与管理中心业务系统对接,确保安全稳定。

八、加大监督指导力度

各省、自治区住房和城乡建设厅要加强对本行政区域各管理中心服务平台建设工作的督促指导,加大与省级相关部门协调力度,积极推进信息共享。对省级统建的服务平台或服务渠道,加强管理和运行维护。通过召开服务推进会、组织验收、举办人员培训等方式，推进服务平台建设。对服务平台已建成的管理中心，组织开展自评和验收。对已验收的管理中心，督促其按照验收意见及时整改，并做好推广、使用工作。重点督导未完成服务平台建设的管理中心加快工作进度。督促管理中心认真填报服务平台建设使用情况报表，严格审核填报数据的及时性、完整性和准确性。填报情况将作为我部评价各地服务平台建设使用情况的主要依据。对服务平台建设滞后的地方，我部将定期予以通报。

附件：建立健全住房公积金综合服务平台工作指引

中华人民共和国住房和城乡建设部
2019年5月9日

附件

建立健全住房公积金综合服务平台工作指引

一、建设准备阶段

（一）梳理服务事项。

1. 对住房公积金服务事项全面梳理，规范查询、缴存、提取、贷款等服务事项的表单、数据项、申请要件等，形成服务事项清单，通过网络、媒体等渠道对外公布。依据服务事项清单，编制服务事项知识库，为线上服务提供支撑。

2. 制订线上服务规范、服务平台操作规程、监督考核办法等一系列服务相关制度，建立线上投诉、服务平台应急事件等快速处理机制。

3. 完善缴存单位和缴存职工基本信息。通过前台核对、单位专管员协查、部门信息比对等方式，确保缴存单位情况、职工姓名、身份证号、手机号、银行账号等信息准确无误。

（二）优化服务流程。

4. 梳理业务审核环节、流程和要件，根据线上服务特点，明确需精简的环节和要件，重新确定办理时限。通过系统自动审核比对，实现汇（补）缴和提取等业务的实时办理。

5. 制订并完善服务平台使用手册，规范管理、操作与运行维护。管理中心应建立完善的工单处理机制，咨询、建议和投诉类服务通过服务平台即时受理，及时处理。

（三）明确岗位职责。

6. 根据优化后的流程，重新明确内设机构和相关岗位在线上服务方面的职责。明确负责服务工作的部门或机构，规范管理线上线下服务，对服务质量实施监督考核，统筹改进服务工作。

7. 设定业务审核与平台管理人员权限，对信息发布、参数修改、服务渠道启停、服务事项增删等操作建立严格的审核机制。

（四）提出建设需求。

8. 基于明晰的线上服务事项和流程，研究提出平台建设需求，包括平台功能、服务平台与业务系统对接方式、数据存储和传输方式、操作界面等内容。

9. 由业务、技术、服务等相关人员组成专门工作组，会同软件开发公司，深入研读导则，明确目标要求，对服务工作现状进行分析，设定线上服务场景，形成建设方案。

二、平台建设阶段

（五）建设电子服务渠道。

10. 重点建设移动互联服务渠道，可根据业务需要选择建设手机APP、微信公众号，对接政务服务APP，选用其他可信度高、受众广的第三方服务渠道。建设网上业务大厅并完善功能，实现单位业务和绝大部分个人业务均通过网上办理。打造12329服务热线，建立专业的热线服务团队并加强考核，充分利用新媒体，建设可集中管理的多功能互联网座席。自助终端可由管理中心自建，也可在政务服务自助终端或受委托银行自助终端机中加载住房公积金服务模块。在各渠道建设中，拓展人工智能技术应用。

11. 12329短信平台由各省、自治区住房和城乡建设厅负责统一建设，各地管理中心应接入并使用。各省、自治区住房和城乡建设厅协调运营商，降低短信资费。

（六）建设综合管理系统。

12. 健全服务平台综合管理系统对电子渠道的管控功能，对各电子渠道服务活动进行统一管控，包括电子渠道和服务事项的启停，对服务量的监控与分流等。

13. 建立渠道协同机制，实现接口部署和运行、服务内容整合、渠道接入控制、用户签约登录等功能的统一管理。

14. 设置服务平台用户注册管理功能，实现一个渠道注册，全渠道登录。缴存单位和职工自主注册平台用户，管理中心加强对平台用户的规范管理。

15. 强化服务平台运行绩效分析功能，通过服务平台收集和掌握线上服务响应速度、办结率和群众满意度等情况，作为改进服务工作的重要依据。

（七）建立安全保障机制。

16. 执行国家信息系统安全规范，逐项落实保障渠道设施、终端设备、通信线路和服务平台安全的措施，建立服务日志管理和留痕追溯机制。

17. 建立可靠的身份认证机制。对单位用户，采用第三方数字证书（如网银盾）、短信验证码等认证方式。对个人用户，采取身份证号码、银行卡校验、生物识别、短信验证码等多因素交叉核验措施，全面实施网上身份实名认证，逐步实现实人认证。

18. 按照法律法规有关规定，通过开发和改造服务平台接口，向政务平台或业务相关部门提供住房公积金数据信息服务。加强数据共享风险评估和安全审查，建立数据容灾备份、安全应急处置等机制。健全防泄漏、防窃取、防篡改措施，防止无权限机构非法获取数据。

（八）部署线上服务事项。

19. 打通管理中心内部数据，将查询、咨询、投诉及其他基于管理中心内部数据即可办结的服务事项，先行实现线上办理。对暂时无法实现信息共享的服务事项，可通过容缺受理、承诺声明等方式，结合失信惩戒机制，先行实现业务受理或部分业务环节的线上办理。

20. 梳理线上服务所需部门共享数据项，加强部门沟通协调。在实现与公安、房产交易、不动产登记、人民银行征信系统、民政等相关部门或政务平台对接的基础上，逐步开通所有线上服务事项，最终实现 7×24 小时不间断服务。

住房和城乡建设部关于废止部分文件的决定

建法〔2019〕58号

各省、自治区住房和城乡建设厅，直辖市住房和城乡建设（管）委，新疆生产建设兵团住房和城乡建设局：

为贯彻落实党中央、国务院有关法规文件清理的工作部署，经清理，我部决定废止部分文件，现将废止的文件目录予以公布。本决定自印发之日起施行。

附件：住房和城乡建设部决定废止的文件目录

中华人民共和国住房和城乡建设部

2019年5月15日

附件

住房和城乡建设部决定废止的文件目录

序号	文号	文件名称
1	建科〔2004〕174号	关于加强民用建筑工程项目建筑节能审查工作的通知
2	建科〔2010〕90号	关于切实加强政府办公和大型公共建筑节能管理工作的通知
3	建科〔2011〕194号	关于印发住房城乡建设部关于落实《国务院关于印发"十二五"节能减排综合性工作方案的通知》的实施方案的通知

续表

序号	文号	文件名称
4	建办科〔2012〕47号	关于加强绿色建筑评价标识管理和备案工作的通知
5	建办法函〔2002〕342号	关于对城市出租汽车管理有关问题的复函
6	建法〔2005〕144号	关于印发《建设部机关政务公开工作规程》的通知
7	建法函〔2009〕122号	关于对《房屋登记办法》有关条款适用问题的复函
8	建法函〔2013〕33号	住房城乡建设部关于《房屋登记办法》有关条款适用问题的函
9	建法函〔2012〕102号	关于无证房产依据协助执行文书办理产权登记有关问题的函
10	建房〔1997〕18号	关于军队房改售房权属登记发证有关问题的通知
11	建城公字〔2000〕第5号	关于印发《改善中国城市交通与环境问题的建议书》的通知
12	建城交字〔1998〕06号	关于城市公共客运交通经营权有偿出让和转让有关问题的函
13	〔98〕建城交字第31号	关于对城市出租汽车经营权有偿出让转让问题的复函
14	建城电〔2003〕14号	关于确保城市公共交通正常营运的紧急通知
15	建城函〔2006〕143号	建设部关于城市公共交通管理工作有关问题的复函
16	建办城〔2007〕34号	关于进一步做好规范出租汽车行业管理专项治理工作的通知

住房和城乡建设部等部门关于加快推进房屋建筑和市政基础设施工程实行工程担保制度的指导意见

建市〔2019〕68号

各省、自治区住房和城乡建设厅、发展改革委、财政厅、人力资源社会保障厅，直辖市住房和城乡建设（管）委、发展改革委、财政局、人力资源社会保障局，计划单列市发展改革委，新疆生产建设兵团住房和城乡建设局、发展改革委、财政局、人力资源社会保障局，中国人民银行上海总部，各分行、营业管理部，省会（首府）城市中心支行，副省级城市中心支行，各银保监局：

工程担保是转移、分担、防范和化解工程风险的重要措施，是市场信用体系的主要支撑，是保障工程质量安全的有效手段。当前建筑市场存在着工程防风险能力不强，履约纠纷频发，工程欠款、欠薪屡禁不止等问题，亟需通过完善工程担保应用机制加以解决。为贯彻落实《国务院办公厅关于清理规范工程建设领域保证金的通知》（国办发〔2016〕49号）、《国务院办公厅关于促进建筑业持续健康发展的意见》（国办发〔2017〕19号）、《国务院办公厅关于全面开展工程建设项目审批制度改革的实施意见》（国办发〔2019〕11号），进一步优化营商环境，强化事中事后监管，保障工程建设各方主体合法权益，现就加快推进房屋建筑和市政基础设施工程实行工程担保制度提出如下意见。

一、总体要求

以习近平新时代中国特色社会主义思想为指导，深入贯彻党的十九大和十九届二中、三中全会精神，落实党中央、国务院关于防范应对各类风险、优化营商环境、减轻企业负担的工作部署，通过加快推进实施工程担保制度,推进建筑业供给侧结构性改革,激发市场主体活力,创新建筑市场监管方式,适应建筑业"走出去"发展需求。

二、工作目标

加快推行投标担保、履约担保、工程质量保证担保和农民工工资支付担保。支持银行业金融机构、工程担保公司、保险机构作为工程担保保证人开展工程担保业务。到2020年,各类保证金的保函替代率明显提升;工程担保保证人的风险识别、风险控制能力显著增强;银行信用额度约束力、建设单位及建筑业企业履约能力全面提升。

三、分类实施工程担保制度

(一)推行工程保函替代保证金。加快推行银行保函制度,在有条件的地区推行工程担保公司保函和工程保证保险。严格落实国务院清理规范工程建设领域保证金的工作要求,对于投标保证金、履约保证金、工程质量保证金、农民工工资保证金,建筑业企业可以保函的方式缴纳。严禁任何单位和部门将现金保证金挪作他用,保证金到期应当及时予以退还。

(二)大力推行投标担保。对于投标人在投标有效期内撤销投标文件、中标后在规定期限内不签订合同或未在规定的期限内提交履约担保等行为,鼓励将其纳入投标保函的保证范围进行索赔。招标人到期不按规定退还投标保证金及银行同期存款利息或投标保函的,应作为不良行为记入信用记录。

(三)着力推行履约担保。招标文件要求中标人提交履约担保的,中标人应当按照招标文件的要求提交。招标人要求中标人提供履约担保的,应当同时向中标人提供工程款支付担保。建设单位和建筑业企业应当加强工程风险防控能力建设。工程担保保证人应当不断提高专业化承保能力,增强风险识别能力,认真开展保中、保后管理,及时做好预警预案,并在违约发生后按保函约定及时代为履行或承担损失赔付责任。

(四)强化工程质量保证银行保函应用。以银行保函替代工程质量保证金的,银行保函金额不得超过工程价款结算总额的3%。在工程项目竣工前,已经缴纳履约保证金的,建设单位不得同时预留工程质量保证金。建设单位到期未退还保证金的,应作为不良行为记入信用记录。

(五)推进农民工工资支付担保应用。农民工工资支付保函全部采用具有见索即付性质的独立保函,并实行差别化管理。对被纳入拖欠农民工工资"黑名单"的施工企业,实施失信联合惩戒。工程担保保证人应不断提升专业能力,提前预控农民工工资支付风险。各地住房和城乡建设主管部门要会同人力资源社会保障部门加快应用建筑工人实名制平台,加强对农民工合法权益保障力度,推进建筑工人产业化进程。

四、促进工程担保市场健康发展

(六)加强风险控制能力建设。支持工程担保保证人与全过程工程咨询、工程监理单位开展深度合作,创新工程监管和化解工程风险模式。工程担保保证人的工作人员应当具有第三方风险控制能力和工程领域的专业技术能力。

(七)创新监督管理方式。修订保函示范文本,修改完善工程招标文件和合同示范文本,推进工程担保应用;积极发展电子保函,鼓励以工程再担保体系增强对担保机构的信用管理,推进"互联网+"工程担保市场监管。

(八)完善风险防控机制。推进工程担保保证人不断完善内控管理制度,积极开展风险管理服务,有效防范和控制风险。保证人应不断规范工程担保行为,加强风险防控机制建设,发展保后风险跟踪和风险预警服务能力,增强处理合同纠纷、认定赔付责任等能力。全面提升工程担保保证人风险评估、风险防控能力,切实发挥工程担保作用。鼓励工程担保保证人遵守相关监管要求,积极为民营、中小建筑业企业开展保函业务。

(九)加强建筑市场监管。建设单位在办理施工许可时,应当有满足施工需要的资金安排。政府投资项目所需资金应当按照国家有关规定确保落实到位,不得由施工单位垫资建设。对于未履行工程款支付责任的建设单位,将其不良行为记入信用记录。

(十)加大信息公开力度。加大建筑市场信息公开力度,全面公开企业资质、人员资格、工程业绩、信用信息以及工程担保相关信息,方便与保函相关的人员及机构查询。

(十一)推进信用体系建设。引导各方市场主体树立信用意识,加强内部信用管理,不断提高履约能力,积累企业信用。积极探索建筑市场信用评价结果直接应用于工程担保的办法,为信用状况良好的企业提供便利,降低担保费用、简化担保程序;对恶意索赔等严重失信企业纳入建筑市场主体"黑名单"管理,实施联合惩戒,构建"一处失信、处处受制"的市场环境。

五、加强统筹推进

（十二）加强组织领导。各地有关部门要高度重视工程担保工作，依据职责明确分工，明晰工作目标，健全工作机制，完善配套政策，落实工作责任。加大对工程担保保证人的动态监管，不断提升保证人专业能力，防范化解工程风险。

（十三）做好宣传引导。各地有关部门要通过多种形式积极做好工程担保的宣传工作，加强舆论引导，促进建筑市场主体对工程担保的了解和应用，切实发挥工程担保防范和化解工程风险的作用。

中华人民共和国住房和城乡建设部
中华人民共和国国家发展和改革委员会
中华人民共和国财政部
中华人民共和国人力资源和社会保障部
中国人民银行
中国银行保险监督管理委员会
2019年6月20日

住房和城乡建设部关于印发中国国际园林博览会管理办法的通知

建城〔2019〕79号

各省、自治区住房和城乡建设厅，直辖市住房和城乡建设（管）委，园林绿化主管部门，新疆生产建设兵团住房和城乡建设局：

为进一步规范中国国际园林博览会申办、组织实施及园博园维护管理，我部组织修订了《中国国际园林博览会管理办法》（建城〔2015〕89号）。现将修订后的《中国国际园林博览会管理办法》印发给你们，请遵照执行。

中华人民共和国住房和城乡建设部
2019年7月18日

中国国际园林博览会管理办法

第一章 总 则

第一条 为做好中国国际园林博览会（以下简称园博会）的组织管理工作，规范园博会申办、组织实施及中国国际园林博览会展园（以下简称园博园）运营维护管理，保障园博会各项活动正常有序开展，特制定本办法。

第二条 园博会是以习近平新时代中国特色社会主义思想为指导，贯彻落实新发展理念和以人民为中心的发展思想，推动形成绿色发展方式和生活方式，综合展示国内外城市建设和城市发展新理念、新技术、新成果的国际性展会。

第三条 园博会以园博园为主要展示场地。

园博园建设应因地制宜，改善提升城市生态环境，保护自然风貌和山水格局，彰显地域特色和时代特征，传承中国历史文化和营城理念。

充分利用新理念、新方式、新技术、新材料展现城市现代化建设成果。鼓励承办城市通过生态修复方式建设园博园。

园博园展馆设计应遵循"适用、经济、绿色、美观"的建筑方针，采用智慧建筑、装配式建筑、绿色环保材料等新型建造方式，展示城市建筑水平和宜居生活环境。

第四条 园博会以展览、展示活动为主，重点展示城市创新、协调、绿色、开放、共享发展的成果，展示新时代城市转型发展和城市美好生活，展示人居环境建设和城乡社区治理的经验做法，展示美丽宜居、绿色生态、文化传承、智慧创新、安全有序新型城市建设的示范案例。

第五条 展会期间可结合展会主题开展多元参与的高层论坛、新技术新产品新标准发布、学术交流、技能竞赛、技艺展演等活动。

园博会国际高层论坛应汇集国内外及社会各界智慧，聚焦历史文脉传承、生态保护修复、人居环境改善，以创新引领未来城市发展。

第二章 组织和职责

第六条 园博会由住房和城乡建设部、承办城市所在省（自治区、直辖市）人民政府共同主办。

园博会由承办城市人民政府、所在省（自治区）住房和城乡建设主管部门共同承办。直辖市承办时，其住房和城乡建设部和园林绿化主管部门为具体承办单位。

住房和城乡建设部可邀请国务院相关部门、国内外有关组织、有关行业学会协会参与主办或协办。

第七条 住房和城乡建设部是园博会第一主办单位，主要职责包括：

（一）组织社会各界参与园博会，推动园博会创新发展并不断增强国际影响力；

（二）组建园博会组委会、指导委员会，授权并监督指导委员会开展工作；

（三）监督指导园博园后续利用和保护管理。

第八条 承办城市所在省（自治区、直辖市）人民政府是园博会的第二主办单位，主要职责包括：

（一）对承办单位提供相关指导服务，督促承办单位兑现申办承诺书中的承诺，按期完成筹办和运营各项工作；

（二）协调与园博会相关的各有关部门之间的关系。

直辖市人民政府主办时，应主动兑现申办承诺。

第九条 承办单位在主办单位领导下开展工作，主要职责包括：

（一）组织制定园博会总体方案，园博园选址、设计方案，展后园博园运行维护、保护管理及发展利用方案，园博会开闭幕式、展览展示、高层论坛等活动方案，报组委会审定后实施；

（二）成立专门的筹办机构，具体负责园博会筹办和组织实施工作，组织实施园博园相关建设工程管理，保障工程质量安全；

（三）开展园博会宣传推介，组织园博会展览展示、高层论坛等活动；

（四）负责保障园博会筹办和园博园运营维护管理经费，积极配合组委会开展各项工作，提供满足园博会需要的交通、市政基础设施和其他公共服务设施，负责园博会举办期间安全保障工作；

（五）协调参展方参展工作，督促工作进度并监督质量，为参展方提供必要的服务和后勤保障；

（六）做好园博园的后续利用和保护管理。

第十条 协办单位主要职责包括：

（一）协助组织园博会展览展示、高层论坛等活动；

（二）协助组织园博会宣传推介；

（三）协助组织园博会技能竞赛活动；

（四）协助邀请相关国际组织和专家参加园博会等。

第十一条 园博会组委会由主办单位、承办单位相关负责同志组成，下设办公室作为日常办事机构。园博会组委会主要职责包括：

（一）统筹领导园博会筹办和组织实施工作；

（二）审定园博会总体方案，园博园规划设计方案，展后园博园运行维护、保护管理及发展利用方案；

（三）审定园博会开闭幕式、展览展示、高层论坛等活动方案；

（四）组织召开园博会新闻发布会、开展技能竞赛活动；

（五）听取园博会筹办期间各项工作进展情况报告，及时协调解决筹办过程中的重大问题。

园博会指导委员会由有关专家和单位组成，主要职责是对园博会的筹办和组织实施以及重点工作开展技术指导、咨询服务和评估，协助做好园博园相关规划和设计方案的审查、论证。

第十二条 园博会举办时间由承办城市人民政府商所在省（自治区）人民政府、住房和城乡建设部确定。直辖市承办时，由直辖市人民政府商住房和城乡建设部确定。

会期一般为3至6个月。

第三章 申办和筹备

第十三条 园博会采取自愿申办原则。住房和城乡建设部于每届园博会开幕前2年组织申办工作。申办城市应具备举办大型国际性综合展会的经验及组织和经费保障能力，能够根据展会需求统筹建设园博园、主要展馆及相应配套设施。

在城市绿色发展、生态修复、特色风貌保护、智能化建设等方面具有典型示范作用，积极参与往届园博园展园建设的城市予以优先考虑。

第十四条 符合申办条件的城市人民政府，经省（自治区）人民政府同意，在规定期限内由省级住房和城乡建设主管部门向住房和城乡建设部提出申请。直辖市申办时，由直辖市人民政府向住房和城乡建设部提出申请。

申办园博会应提交城市人民政府承诺书、申办报告并附省（自治区）人民政府意见。

第十五条 申办期限截止后，住房和城乡建设部组织遴选并确定承办城市及预备城市。

遴选采取专家评议和实地调研等方式综合开展。

承办城市于开幕式前 1 年不能开工建设园博园，或承办条件发生重大变化，不再适合承办的，改由预备城市承办。

本届未替补承办园博会的预备城市，如继续申办下一届园博会将给予加分，并在同等条件下优先考虑。

第十六条　园博会实行开放办展。遵守园博会举办宗旨和办会原则的国内外城市、团体、企事业单位、个人按自愿原则依法参加园博会各项活动。

参展方的权利义务由参展方与承办单位协议约定。参展经费原则上由参展方自行承担。

参展方应将参展方案报组委会审定，并严格按照组委会审定的参展方案组织实施，保质、保量、按时完成。

第四章　管理和利用

第十七条　承办单位应加强园博会筹办和运营期间安全保障工作，完善相关设施设备，制定相关应急预案并进行演练，确保展会安全有序举办。

第十八条　园博园作为城市公园绿地保留的部分不能少于 50 公顷，并划定城市绿线，纳入城市绿地系统管理。园博会闭幕后园博园内展园、展品的处置，由参展方与承办单位协议约定。

第十九条　承办城市人民政府应严格执行展后园博园运行维护、保护管理及发展利用方案，不得随意变更申办报告和政府承诺书内的重大内容。确需变更的，展会期间须报组委会审议，展会结束后须经所在省（自治区）住房和城乡建设主管部门提出意见报住房和城乡建设部批准。直辖市承办时，由直辖市人民政府向住房和城乡建设部报批。

第二十条　住房和城乡建设部对在园博会建设、运营期间有突出贡献的单位和个人进行表扬。

第二十一条　住房和城乡建设部对园博园的后续利用和保护管理进行监督。对存在违反有关规定和申办承诺的问题，限期整改。对整改不到位的，给予通报批评，并暂停所在省（自治区、直辖市）园博会申办工作。

第五章　附　则

第二十二条　加强知识产权保护，做好园博会标志等产品的开发使用。园博会会徽为"花"字的变体，其黄、红、蓝三部分分别为 C、Y、B 三个字母，是"CHINA"及"园博"汉语拼音字母的缩写。园博会会旗是以园博会会徽为图案的白色旗帜。园博会会歌为《七彩的梦》。园博会吉祥物由承办单位负责征集和初审，报组委会审定后公布。园博会文化创意产品由承办单位引入市场机制开发经营。

第二十三条　本办法由住房和城乡建设部负责解释。

第二十四条　本办法自印发之日起施行。2015 年 6 月 24 日住房和城乡建设部印发的《中国国际园林博览会管理办法》（建城〔2015〕89 号）同时废止。

附件：1. 第××届中国国际园林博览会申办城市人民政府承诺书（样本）
　　　2. 园博会申办报告要点
　　　3. 中国国际园林博览会承办城市遴选标准

附件 1

第××届中国国际园林博览会申办城市人民政府承诺书
（样本）

住房和城乡建设部：

经认真研究，并经　　省（自治区）人民政府同意，我市正式向住房和城乡建设部提出申办第　　届中国国际园林博览会（以下简称园博会）。如能获得园博会承办权，我市将履行以下承诺：

一、严格遵守《中国国际园林博览会管理办法》，以习近平新时代中国特色社会主义思想为指导，贯彻落实新发展理念，坚持以人民为中心的发展思想，综合展示国内外城市高质量发展新理念、新技术、新成果，做好园博会筹办和园博园建设管理工作。

二、成立专门的园博会筹办组织机构，下设办公室，接受住房和城乡建设部派出的指导委员会指导，严格按照园博会申办报告组织实施各项筹办工作，保证园博会按期、圆满举办。

三、园博园选址位于　　　，用地面积　　公顷，其土地、规划和建设符合国家法律法规规定，并能够满足园博会的各项要求，不随意变更选址；展会结束后园博园范围内作为城市公园绿地保留的面积不少于50公顷，并划定城市绿线，将其纳入城市绿地系统，严格管理。

四、为园博会举办、园博园建设及展后运营管理提供资金保障和技术管理人员。

五、落实《第　　届中国国际园林博览会申办报告》中的参展优惠政策，为参展城市、单位和个人提供相关便利条件、配套服务及后勤保障。

六、建立园博会突发公共安全事件应急机制，维护展会良好秩序，防止发生各类事故。

七、做好园博会全过程宣传推介工作，扩大园博会影响力。

八、贯彻落实中央八项规定及其实施细则精神，节俭办会，不使用财政资金邀请明星、名人参与活动。

九、其他承诺事项：

我市将致力于通过园博会的举办，全面提升城市建设管理水平，改善人居环境，促进城市高质量发展，推动经济、文化、社会和环境协调与可持续发展。

附件：第　　届中国国际园林博览会申办报告

市人民政府（盖章）

年　月　日

附件2

园博会申办报告要点

一、申办城市基本情况。

二、园博会总体方案，主要包括指导思想、展会主题、内容和形式、举办时间、主要活动安排、展览展示和论坛活动方案、园博园和有关展园展馆筹建计划、特色与创新点、组织领导、工作机构及主要人员情况、经费预算、资金筹措、保障措施以及工作计划和进度安排等。

三、园博园和有关展园展馆选址现状分析报告，主要介绍用地性质、地理位置、面积、距主城区距离及现状条件等（附选址的城市区位图、用地现状图、土地利用规划图，图纸比例应不低于1∶5000）。

四、园博园和有关展园展馆概念性规划方案（附中心城区范围图、园博园选址范围及小区位图的纸质及电子文件。其中，电子文件采用dwg格式，且比例尺不低于1∶2500）。

五、园博会招展方案，主要包括招展计划、实施方案、保障措施等。

六、园博会闭幕后园博园的运行维护、保护管理及发展利用方案等。

附件3

中国国际园林博览会承办城市遴选标准
（　　市）

序号	申办条件	分数
1	展会要以习近平新时代中国特色社会主义思想为指导，注重贯彻落实新发展理念和以人民为中心的发展思想，推动形成绿色发展方式和生活方式，综合展示国内外城市建设和城市发展新理念、新技术、新成果。（20分）	
2	园博园选址、设计方案体现因地制宜，改善提升城市生态环境，保护自然风貌和山水格局，彰显地域特色和时代特征，传承中国历史文化和营城理念。 ——规划设计理念先进，与上位规划充分协调，其土地、规划和建设符合国家法律法规规定，符合申办城市建设和发展方向。 ——建设方案充分利用新理念、新方式、新技术、新材料，能展现城市现代化建设成果。 ——展馆设计遵循"适用、经济、绿色、美观"的建筑方针，采用智慧建筑、装配式建筑、绿色环保材料等新型建造方式，展示新时代建筑水平。 ——园博园选址在城市建成区范围内，能满足人民群众日常娱乐、健身、休闲等美好生活需求。 （20分）	

续表

序号	申办条件	分数
3	展会展览、展示活动方案具有特色与创新点，重点展示城市创新、协调、绿色、开放、共享发展的成果；能够结合展会主题开展多元参与的高层论坛、新技术新产品新标准发布、学术交流、技能竞赛、技艺展演等活动。 ——体现新时代城市转型发展和城市美好生活。 ——聚焦人居环境建设和城乡社区治理的经验做法。 ——展示美丽宜居、绿色生态、文化传承、智慧创新、安全有序新型城市建设的示范案例较丰富。 （20分）	
4	申办城市符合举办园博会的必要条件。 ——提供申办报告、承诺书等文件。非直辖市申办时，还需提供所在省（自治区）人民政府同意意见、省级住房和城乡建设主管部门推荐函。 ——具有较强的举办大型国际活动的设施、经验及组织保障水平。 ——具备必要的经费保障；国际及国内交通便利。 ——在城市绿色发展、生态修复、特色风貌保护、智能化建设等方面有典型示范作用。 ——参与过往届园博会展园建设，并因表现突出获得我部通报表扬。 （20分）	
5	注重园博会可持续健康发展；园博会组织实施方案周密细致，可操作性强。 ——成立专门的园博会筹办机构。承诺接受园博会指导委员会指导，严格按照要求组织实施各项筹办工作，保证园博会按期、圆满举办。 ——园博园可持续发展与运营管理方案立意高，前瞻性强，极具可操作性。 ——尊重市民对园博园建设的知情权、参与权、监督权，鼓励居民参与城市共建共治共享。 （20分）	
综合评价意见		总分：

评分人（签名）：　　　　　　　　时间：

住房和城乡建设部　财政部　国务院扶贫办关于决战决胜脱贫攻坚进一步做好农村危房改造工作的通知

建村〔2019〕83号

各省、自治区、直辖市住房和城乡建设厅（委）、财政厅、扶贫办（局），新疆生产建设兵团住房和城乡建设局、财政局、扶贫办：

为贯彻落实习近平总书记在解决"两不愁、三保障"突出问题座谈会上的重要讲话精神，落实《国务院扶贫开发领导小组印发〈关于解决"两不愁三保障"突出问题的指导意见〉的通知》（国开发〔2019〕15号）要求，进一步做好建档立卡贫困户、低保户、农村分散供养特困人员和贫困残疾人家庭等4类重点对象（以下简称4类重点对象）农村危房改造工作，推动各地如期实现贫困户住房安全有保障的目标任务，现就有关事项通知如下。

一、进一步增强脱贫攻坚工作责任感和使命感

要把学习习近平总书记在解决"两不愁、三保障"突出问题座谈会上的重要讲话精神与学习习近平总书记关于扶贫工作重要论述结合起来，充分认识做好4类重点对象农村危房改造对于实现中央脱贫攻坚"两不愁、三保障"总体目标中贫困人口住房安全有保障目标任务的重要作用，切实增强工作责任感、使命感、紧迫感，进一步增强树牢"四个意识"、坚定"四个自信"、践行"两个维护"的政治自觉、思想自觉和行动自觉，以实际行动坚决完成脱贫攻坚住房安全有保障任务。

二、夯实锁定危房改造任务

经各地住房和城乡建设部门会同扶贫、民政、残联部门联合确认，全国现有4类重点对象危房存量135.2万户，其中建档立卡贫困户64.3万户。上述危房存量已全部纳入2019年中央农村危房改造任务和补助资金范围，须于2019年底前全部开工，2020年6月底前全部竣工。各地要组织力量进村入户，现场抽查核实农户身份证明材料和房屋危险性鉴定结果，确保危房改造对象认定精准。逐户制定改造措施，明确拟采取的改造方式、补助资金标准、计划改造时间等内容，实施精准管理，改造一户、销档一户。

三、严格执行现行建设标准

贫困人口住房安全有保障，主要是指对于现居住在C级和D级危房的4类重点对象，通过进行危房改造或其他有效措施，保障其不住危房。坚持尽力而行、量力而为的原则，落实基本安全技术导则要求并制定本地区细化标准，对不达标的要整改到位；对明显超标的要予以纠正，对未明显超标的注意保持政策稳定性、连续性。各地可根据当地民族习俗、气候特点等实际情况制定细化建设标准，南方地区要满足隔热通风要求，北方地区要满足节能保温要求。因地制宜选择适宜改造方式和技术，根据危房现状、农户意愿等实际情况采取拆除重建或维修加固等改造方式，鼓励通过统建农村集体公租房、修缮加固现有闲置公房、置换或长期租赁村内闲置农房等方式灵活解决特困群体基本住房安全，避免农户因建房而返贫。

四、加大对深度贫困地区的倾斜支持力度

要把解决深度贫困地区住房安全作为能否打赢脱贫攻坚战的关键，加大倾斜支持力度。中央财政2019年按照对4类重点对象在全国户均1.4万元的基础上每户提高2000元、对其他危房户户均补助1万元的标准，单列"三区三州"等深度贫困地区农村危房改造补助资金。各地要充分考虑"三区三州"等深度贫困地区农户贫困程度深、建房成本高的实际情况，统筹安排好地方财政补助资金，科学制定分类补助标准，给予重点倾斜支持。对于深度贫困地区技术能力不足、建房能力弱的难题要组织技术力量予以帮扶。引导金融支持、社会力量资助和村民互助，构建多渠道的资金投入机制。贫困县要依据当地脱贫攻坚规划，统筹整合使用财政涉农资金。

五、加强危房鉴定和竣工验收技术指导

开展建档立卡贫困户房屋危险等级鉴定"回头看"，县级住房和城乡建设部门要依据扶贫部门提供的现有建档立卡贫困户名单，逐户开展房屋危险等级鉴定，确保建档立卡贫困户住房鉴定全覆盖。采取挂牌等形式，逐户标明房屋危险性等级、鉴定时间及鉴定单位等信息。加强技术力量培训，组织省内技术力量调度支援深度贫困地区开展技术帮扶，指导并协助当地落实危房鉴定相关技术要求，确保危房鉴定准确，不错不漏。建档立卡贫困户脱贫退出时对住房安全有保障的认定应核实房屋安全认定材料。加强施工现场巡查与指导监督，及时发现问题并督促整改，指导做好竣工验收，确保改造后房屋基本安全。

六、做好农房抗震改造试点工作

自2019年起，中央财政通过农村危房改造补助资金，支持抗震烈度8度及以上的地震高烈度设防地区开展农房抗震改造试点。农房抗震改造试点对象是只有一套住房并经鉴定不能满足当地抗震设防目标要求的农户。已列入农村危房改造计划的农户不得列入农房抗震改造试点范围。有能力、有意愿按照抗震设防标准新建住房的农户可纳入农房抗震改造试点范围。农房抗震改造对象确定坚持公开、公平、公正原则，执行农户自愿申请、农房抗震鉴定、乡镇汇总上报、县级审批的程序。农户提交申请后，县级住房和城乡建设部门须组织专业技术人员依据相关技术导则提供抗震鉴定服务，明确房屋抗震薄弱环节，对拟实施加固改造的提出技术方案并指导实施。

各省（区、市）应加大资金投入，统筹安排中央财政和地方各级财政补助资金，逐步构建农民自筹为主、政府补助引导、银行信贷和社会捐助支持的多渠道农房抗震改造资金投入机制，并依据改造方式、成本需求等不同情况合理确定不同地区、不同类型、不同档次的省级分类补助标准。农房抗震改造试点要严格质量安全管理和竣工验收，在经验收合格后方可足额拨付补助资金。2019年中央任务原则上于年底前全部开工，各地可根据工作实际调整，2020年6月底前应全部竣工。农房抗震改造试点的改造建设方式、质量安全管理、补助资金管理、农户档案信息及进度等管理规定参照农村危房改造相关政策执行。各地可依据地方实际探索和完善具体管理要求，通过试点探索总结推动农房抗震改造

的做法与经验，不断提高地震高烈度设防地区农房抗震能力。

七、持续深入开展作风专项治理

要坚持以人民为中心的发展思想，树立正确的政绩观，力戒形式主义、官僚主义。不准在农村危房改造中搞"形象工程""政绩工程"。按照关于开展农村危房改造领域作风问题专项治理的要求，持续深入开展作风专项治理，重点治理"四个意识"不强、责任落实不到位、工作措施不精准等问题。积极配合审计、纪检监察等部门开展专项检查，对发现问题及时调查处理。要充分发挥群众监督作用，畅通反映问题渠道，及时调查处理群众反映问题，不准倨傲漠视、简单粗暴，损害群众利益。加大警示教育宣传力度，定期通报有关问题及处理结果。通过持续不断的努力，推动农村危房改造领域作风明显改善。

八、加强补助资金使用管理

要严格执行《中央财政农村危房改造补助资金管理办法》（财社〔2016〕216号）相关规定，落实扶贫资金监管要求，规范农村危房改造补助资金管理和使用，按规定及时足额将补助资金支付到农户"一卡通"账户。利用好中央财政提前下达资金，支持贫困农户提前备工备料。加强对补助资金的绩效管理，建立全过程预算绩效管理链条，强化绩效目标管理，做好绩效运行监控，定期开展农村危房改造项目绩效评价，将评价结果作为安排下一年度农村危房改造任务及资金的重要依据。健全资金监管机制，加强对补助资金使用管理情况的检查力度，及时发现和纠正挤占挪用、截留滞留、套取骗取、重复申领补助资金等有关问题。对于相关责任人按规定追究责任，对涉嫌违纪违法的问题线索及时移送有关部门。

九、强化责任落实

要按照中央统筹、省负总责、市县抓落实的要求，坚持一级抓一级，层层抓落实，压实地方特别是县级有关部门主体责任。落实中央脱贫攻坚决策部署，严格执行农村危房改造脱贫攻坚相关政策要求，因地制宜制定实施方案，合理安排工作计划，明确时间表、路线图。积极推进工程实施，统筹做好项目、资金、人力调配，逐村逐户对账销号。国务院办公厅公布的农村危房改造工作积极主动、成效明显的地方要在本省（区、市）范围内发挥示范带动作用，调动更多地方对标中央要求，扎实推进工作。

要加强政策宣传和舆论引导，利用多种方式宣传危房改造补助对象及标准、申请程序等相关政策，提高农户对危房改造政策的知晓程度。广泛宣传农村危房改造工作成效以及各地好的经验做法，营造积极的舆论氛围。

中华人民共和国住房和城乡建设部
中华人民共和国财政部
国务院扶贫开发领导小组办公室
2019年7月29日

住房和城乡建设部 国家发展改革委关于批准发布《高等职业学校建设标准》的通知

建标〔2019〕86号

各省、自治区住房和城乡建设厅、发展改革委，海南省自然资源和规划厅，直辖市住房和城乡建设（管）委、规划和自然资源局（委）、发展改革委，新疆生产建设兵团住房和城乡建设局、发展改革委，国务院有关部门：

根据住房和城乡建设部《关于印发2011年建设标准编制项目计划的通知》（建标〔2011〕184号）要求，由教育部组织编制的《高等职业学校建设标准》已经有关部门会审，现批准发布，自2019年12月1日起施行。

在高等职业学校工程项目的审批、核准、设计和建设过程中，要严格遵守国家相关规定，认真执行本建设标准，坚决控制工程造价。

本建设标准的管理由住房和城乡建设部、国家发展改革委负责，具体解释工作由教育部负责。

中华人民共和国住房和城乡建设部
中华人民共和国国家发展和改革委员会
2019年8月13日

住房和城乡建设部　工业和信息化部　国家广播电视总局　国家能源局关于进一步加强城市地下管线建设管理有关工作的通知

建城〔2019〕100号

各省、自治区住房和城乡建设厅、通信管理局、广播电视局，直辖市住房和城乡建设（管）委、通信管理局、广播电视局，北京市城市管理委、交通委、水务局，上海市交通委、水务局，天津市城市管理委、水务局，重庆市城市管理局、文化和旅游发展委，海南省水务厅，新疆生产建设兵团住房和城乡建设局、文化体育广电和旅游局；各省、自治区、直辖市及新疆生产建设兵团发展改革委（能源局）、经信委（工信委、工信厅），国家能源局各派出监管机构：

党的十八大以来，各地认真贯彻中央城市工作会议精神，深入落实党中央、国务院关于加强城市地下管线建设管理、推进地下综合管廊建设的决策部署，针对"马路拉链"、管线事故频发等问题，加大统筹治理力度，取得积极进展。但地下管线建设管理统筹协调机制不健全、管线信息共享不到位、管线建设与道路建设不同步等问题依然存在。为进一步加强城市地下管线建设管理，保障城市地下管线运营安全，改善城市人居环境，推进城市地下管线集约高效建设和使用，促进城市绿色发展，现将有关事项通知如下：

一、健全城市地下管线综合管理协调机制

（一）加强部门联动配合。各地有关部门要严格按照《中共中央　国务院关于进一步加强城市规划建设管理工作的若干意见》《国务院办公厅关于加强城市地下管线建设管理的指导意见》（国办发〔2014〕27号）和《国务院办公厅关于推进城市地下综合管廊建设的指导意见》（国办发〔2015〕61号）要求，共同研究建立健全以城市道路为核心、地上和地下统筹协调的城市地下管线综合管理协调机制。管线综合管理牵头部门要加强与有关部门和单位的联动协调，形成权责清晰、分工明确、高效有力的工作机制。结合实际情况研究制定地下管线综合管理办法，进一步强化城市基础设施建设的整体性、系统性，努力提高城市综合治理水平。中央直属企业、省属企业要按照当地政府的统一部署，积极配合做好所属管线的普查、入地入廊和安全维护等建设管理工作。

（二）统筹协调落实年度建设计划。城市道路是城市交通系统、通信设施系统、广播电视传输设施系统、能源供应系统、给排水系统、环境系统和防灾系统等城市基础设施的共同载体。凡依附城市道路建设的各类管线及附属建筑物、构筑物，应与城市道路同步规划、同步设计、同步建设、同步验收，鼓励有条件的地区以综合管廊方式建设。各地管线综合管理牵头部门要协调城市道路建设改造计划与各专业管线年度建设改造计划，统筹安排各专业管线工程建设，力争一次敷设到位，并适当预留管线位置，路口应预留管线过路通道。城市道路建设单位要及时将道路年度建设计划告知相关管线单位，牵头组织开展道路方案设计、初步设计等阶段的管线综合相关工作。

二、推进城市地下管线普查

（三）加强城市地下管线普查。各地管线行业主管部门要落实国务院有关文件要求，制定工作方案，完善工作机制和相关规范，组织好地下管线普查，摸清底数，找准短板。管线单位是管线普查的责任主体，要加快实现城市地下管线普查的全覆盖、周期化、规范化，全面查清城市范围内地下管线现状，准确掌握地下管线的基础信息，并对所属管线信息的准确性、完整性和时效性负责。管线行业主管部门要督促、指导管线单位认真履行主体责任，积极做好所属管线普查摸底工作，全面深入摸排管线存在的安全隐患和危险源，对发现的安全隐患要及时采取措施予以消除，积极配合做好管线普查信息共享工作。

（四）建设管线综合管理信息系统。各地管线行业主管部门和管线单位要在管线普查基础上，建立完善专业管线信息系统。管线综合管理牵头部门要推进地下管线综合管理信息系统建设，在管线建设计划安排、管线运行维护、隐患排查、应急抢险及安全防范等方面全面应用地下管线信息集成数据，提高管线综合管理信息化、科学化水平。积极探索建立地下管线综合管理信息系统与专业管线信息系统共享数据同步更新机制，加强地下管线信息数据标准化建设，在各类管线信息数据共享、动态更新上取得新突破，确保科学有效地实现管线信息共享和利用。

三、规范城市地下管线建设和维护

（五）规范优化管线工程审批。各地有关部门要按照国务院"放管服"改革要求，进一步优化城市地下管线工程建设审批服务流程，将城市供水、排水、供热、燃气、电力、通信、广播电视等各类管线工程建设项目纳入工程建设项目审批管理系统，实施统一高效管理。推行城市道路占用挖掘联合审批，研究建立管线应急抢险快速审批机制，实施严格的施工掘路总量控制，从源头上减少挖掘城市道路行为。严格落实施工图设计文件审查、施工许可、工程质量安全监督、工程监理、竣工验收以及档案移交等规定。严肃查处未经审批挖掘城市道路和以管线应急抢修为由随意挖掘城市道路的行为，逐步将未经审批或未按规定补办批准手续的掘路行为纳入管线单位和施工单位信用档案，并对情节严重或社会影响较大的予以联合惩戒。加强执法联动和审后监管，完善信息共享、案件移送制度，提高执法效能。

（六）强化管线工程建设和维护。建设单位要严格执行城市地下管线建设、维护、管理信息化相关工程建设规范和标准，提升管线建设管理水平。按标准确定管线使用年限，结合运行环境要求科学合理选择管线材料，加强施工质量安全管理，实行质量安全追溯制度，确保投入使用的管线工程达到管线设计使用年限要求。加强管线建设、迁移、改造前的技术方案论证和评估，以及实施过程中的沟通协调。鼓励有利于缩短工期、减少开挖量、降低环境影响、提高管线安全的新技术和新材料在地下管线建设维护中的应用。加强地下管线工程覆土前质量管理，在管线铺设和窨井砌筑前，严格检查验收沟槽和基坑，对不符合要求的限期整改，整改合格后方可进行后续施工；在管线工程覆土前，对管线高程和管位是否符合规划和设计要求进行检查，并及时报送相关资料记录，更新管线信息。管线单位要加强对管线的日常巡查和维护，定期进行检测维修，对管线运行状况进行监控预警，使管线始终处于安全受控状态。

（七）推动管线建设管理方式创新。各地有关部门要把集约、共享、安全等理念贯穿于地下管线建设管理全过程，创新建设管理方式，推动地下管线高质量发展。加快推进老旧管网和架空线入地改造，消除管线事故隐患，提升服务效率和运行保障能力，推进地上地下集约建设。有序推进综合管廊系统建设，结合城市发展阶段和城市建设实际需要，科学编制综合管廊建设规划，合理布局干线、支线和缆线管廊有机衔接的管廊系统，因地制宜确定管廊断面类型、建设规模和建设时序，统筹各类管线敷设。中小城市和老城区要重点加强布局紧凑、经济合理的缆线管廊建设。鼓励应用物联网、云计算、5G网络、大数据等技术，积极推进地下管线系统智能化改造，为工程规划、建设施工、运营维护、应急防灾、公共服务提供基础支撑，构建安全可靠、智能高效的地下管线管理平台。

各地有关部门要系统总结近年来在城市地下管线综合管理和综合管廊建设方面的经验，从系统治理、源头治理、依法治理、科学治理等方面统筹发力，统筹运用各项政策措施加强地下管线建设管理，大力推进"马路拉链"治理，建立健全占道挖掘审批和计划管理、地下综合管廊有偿使用等相关配套政策，强化监督引导，确保各项政策措施落到实处。

中华人民共和国住房和城乡建设部
中华人民共和国工业和信息化部
国家广播电视总局
国家能源局
2019年11月25日

住房和城乡建设部 财政部关于做好农房抗震改造试点工作的补充通知

建村〔2019〕101号

有关省、自治区住房和城乡建设厅、财政厅，北京、天津市住房和城乡建设委、财政局：

《住房和城乡建设部 财政部 国务院扶贫办关于决战决胜脱贫攻坚进一步做好农村危房改造工作的通知》（建村〔2019〕83号）和《财政部 住房城乡建设部关于下达2019年中央财政农村危房改造补助资金预算的通知》（财社〔2019〕44号）印发后，各地认真贯彻落实，积极推进农房抗震改造试点，各项工作取得积极进展。同时，部分地方也存在抗震设防烈度8度及以上地区农户改造意愿不强、年底前难以完成中央年度任务等问题。为进一步做好农房抗震改造试点工作，现将有关事项补充通知如下：

一、明确农房抗震改造支持对象

中央农房抗震改造试点优先支持抗震设防烈度8度及以上地区住房不满足当地抗震设防要求的农户改造农房，在此基础上，可根据各地实际将中央农房抗震改造试点支持对象适当扩大到7度抗震设防烈度地区住房不满足当地抗震设防要求的农户。

二、选择合理抗震改造方式

各地要积极探索符合当地实际的农房抗震改造方式，引导农户因地制宜选择拆除重建、加固改造等抗震改造方式。农房抗震改造以农户自建为主，农户自建确有困难且有统建意愿的，各地要发挥组织、协调作用，支持农户选择有资质的施工队伍统建。

三、科学推进农房抗震鉴定和加固改造

各地要在试点过程中结合地方实际探索完善农房抗震鉴定和改造的技术标准及管理办法。省级住房和城乡建设部门要根据农房抗震鉴定与加固相关技术标准，因地制宜制定本省（区、市）的高烈度区农房抗震鉴定与加固技术导则。县级住房和城乡建设部门要细化实施办法，加强农房抗震技术力量培训，协调社会专业机构提供农房抗震鉴定和加固改造服务，同时加强对技术服务收费标准的管理。

四、合理安排使用年度任务资金

省级住房和城乡建设、财政等部门要根据本地实际情况，组织编制年度农房抗震改造试点实施方案，确定改造任务、政策措施、工程进度计划、资金安排和监管要求。要综合考虑高烈度设防地区各市县的实际需求、建设管理能力、地方财力、工作能力等因素，合理分配改造任务。对于年内完成2019年中央下达任务有困难的，可将部分任务资金结转下一年安排使用。尚未分解下达中央财政补助资金的省（区、市），须在接到本通知30日内，将中央财政补助资金分解下达本行政区域市县级政府财政部门。各省（区、市）应于2019年12月底前将2019年农房抗震改造试点实施方案及拟结转2020年使用的资金情况报住房和城乡建设部、财政部备案。

对2019年度安排的农房抗震改造试点任务，要抓紧推进，2020年底前全部竣工，各地可根据实际情况对任务完成时间进行微调，延迟时间不超过1年。

中华人民共和国住房和城乡建设部
中华人民共和国财政部
2019年12月6日

住房和城乡建设部 财政部关于印发《脱贫攻坚农村危房改造绩效评价与激励实施办法》的通知

建村〔2019〕103号

各省、自治区、直辖市住房和城乡建设厅（住房和城乡建设委、住房和城乡建设管委）、财政厅（局），新疆生产建设兵团住房和城乡建设局、财政局：

为落实《国务院办公厅关于对真抓实干成效明显地方进一步加大激励支持力度的通知》（国办发〔2018〕117号）有关要求，进一步做好对各省（区、市）农村危房改造工作绩效评价和对工作积极主动、成效明显地区激励支持工作，住房和城乡建设部、财政部对《农村危房改造绩效评价办法（试行）》（建村〔2013〕196号）进行了修订，形成《脱贫攻坚农村危房改造绩效评价与激励实施办法》，现印发给你们，请遵照执行。

执行过程中遇到的问题，请及时报住房和城乡建设部。

中华人民共和国住房和城乡建设部
中华人民共和国财政部
2019年12月12日

脱贫攻坚农村危房改造绩效评价与激励实施办法

第一条　为贯彻落实中央关于打赢脱贫攻坚战的决策部署，做好对各省（区、市）农村危房改造工作绩效评价和对工作积极主动、成效明显地区激励支持工作，督促各地如期实现贫困户住房安全有保障目标任务，根据《国务院办公厅关于对真抓实干成效明显地方进一步加大激励支持力度的通知》（国办发〔2018〕117号），制定本办法。

第二条　本办法所称农村危房改造绩效评价（以下简称绩效评价）是指住房和城乡建设部、财政部对各省（区、市）2019、2020年落实农村危房改造政策及中央下达农村危房改造任务情况进行的评价。

第三条　绩效评价的依据包括农村危房改造政策文件、下达资金与任务文件以及有关技术与管理文件。

第四条　绩效评价坚持客观、公正、科学的原则。

第五条　绩效评价的内容：

1. 农村危房改造资金安排和政策措施制定等情况，包括省级补助资金投入、分类补助标准制定等；

2. 农村危房改造工程实施、监督管理等情况，包括质量安全检查和技术培训、补助资金使用监管等；

3. 农村危房改造工程进度和质量安全等情况，包括开竣工率、改造后效果等。

具体绩效评价指标由住房和城乡建设部商财政部确定。

第六条　按照《中共中央办公厅关于统筹规范督查检查考核工作的通知》，住房和城乡建设部、财政部创新督查检查考核方式，通过查阅各省（区、市）上报文件、统计分析农户档案信息系统数据、梳理日常工作管理记录、视情况对部分省（区、市）现场抽查等方式，获取绩效评价所需信息。在综合考虑各省（区、市）年度农村危房改造任务情况的基础上，采用适当方式进行评审，得出绩效评价结果。

第七条　绩效评价结果列为住房和城乡建设部、财政部分配下一年度各省（区、市）农村危房改造补助资金的重要参考，并用于评定当年农村危房改造工作积极主动、成效明显省（区、市）及确定农村危房改造激励对象工作。

第八条　本办法自印发之日起实施，由住房和城乡建设部、财政部负责解释。原《农村危房改造绩效评价办法（试行）》（建村〔2013〕196号）停止执行。

财政部 民政部 住房城乡建设部 中国残联关于修改中央财政困难群众救助等补助资金管理办法的通知

财社〔2019〕114 号

各省、自治区、直辖市财政厅（局）、民政厅（局）、住房城乡建设厅（建委）、残联，各计划单列市财政局、民政局，新疆生产建设兵团财政局、民政局、住房城乡建设局、残联：

为进一步加强中央财政困难群众救助、农村危房改造、残疾人事业发展等补助资金管理，明确资金实施期限和分配因素权重，强化预算绩效管理，现将《财政部 民政部关于印发〈中央财政困难群众救助补助资金管理办法〉的通知》（财社〔2017〕58号）、《财政部 住房城乡建设部关于印发〈中央财政农村危房改造补助资金管理办法〉的通知》（财社〔2016〕216号）、《财政部 中国残联关于印发〈中央财政残疾人事业发展补助资金管理办法〉的通知》（财社〔2016〕114号）有关规定修改如下：

一、关于财社〔2017〕58 号文件

（一）将第二条修改为："本办法所称补助资金，是指在最低生活保障（以下简称低保）、特困人员救助供养、临时救助、流浪乞讨人员救助、孤儿基本生活保障等困难群众救助和保障制度存续期间，中央财政安排用于补助各省、自治区、直辖市、计划单列市开展低保、特困人员救助供养、临时救助、流浪乞讨人员救助、孤儿和艾滋病病毒感染儿童基本生活保障工作的资金。

补助资金实施期限暂至 2023 年 12 月 31 日。期满后财政部会同民政部根据法律、行政法规和国务院有关规定及工作需要评估确定后续期限。"

（二）将第四条修改为："财政部负责会同民政部对补助资金实施全过程预算绩效管理。按照预算管理规定，省级民政部门商同级财政部门设定补助资金区域绩效目标，明确资金与工作预期达到的效果，报民政部审核。民政部在完成绩效目标审核后提出补助资金的分配建议及当年全国整体绩效目标和分区域绩效目标函报财政部，并负责提供相关测算因素数据，对其准确性、及时性负责；财政部根据规定的因素测算资金分配方案，于每年全国人民代表大会批准预算后 30 日内，会同民政部下达补助资金，同步下达区域绩效目标，抄送民政部和财政部各地监管局。年度执行中，民政部会同财政部指导省级民政部门、财政部门对绩效目标实现情况进行监控，确保绩效目标如期实现。"

（三）将第五条修改为："补助资金按因素法分配，主要参考各地救助需求因素、财力因素和绩效因素等，重点向保障任务重、贫困程度深、工作绩效好的地区倾斜。测算公式为：

$$某地应拨付资金 = 资金总额 \times \frac{该地分配系数}{\Sigma 分配系数}$$

其中：某地分配系数＝该地需求因素×（该地财力因素×60%＋该地绩效因素×40%）。"

（四）将第十四条修改为："省级财政部门应会同同级民政部门组织市县做好补助资金绩效目标自评工作，将区域绩效自评结果报送财政部、民政部并抄送财政部当地监管局。年度执行结束后，财政部、民政部根据需要组织开展补助资金重点绩效评价，评价结果作为调整政策、督促指导地方改进工作、分配中央财政补助资金的重要依据。"

（五）将第十五条修改为："各级财政、民政部门及其工作人员在补助资金的分配审核、使用管理等工作中，存在违反本办法规定的行为，以及其他滥用职权、玩忽职守、徇私舞弊等违法违纪行为的，按照《中华人民共和国预算法》《中华人民共和国公务员法》《中华人民共和国监察法》《财政违法行为处罚处分条例》等国家有关规定追究相应责任。涉嫌犯罪的，依法移送司法机关处理。"

（六）将第六条、第八条中的"当地专员办"全部修改为"财政部当地监管局"，将第十二条中的"财政部驻各地财政监察专员办事处"修改为"财政部各地监管局"。

二、关于财社〔2016〕216号文件

（一）将第二条修改为："本办法所称补助资金，是指在农村危房改造政策实施期内，中央财政设立用于支持地方开展农村危房改造工作的转移支付资金。

补助资金实施期限暂至2023年12月31日。期满后财政部会同住房城乡建设部根据法律、行政法规和国务院有关规定及工作需要评估确定后续期限。"

（二）将第五条修改为："按照预算管理规定，省级住房城乡建设部门商同级财政部门设定补助资金区域绩效目标，明确资金与工作预期达到的效果，报住房城乡建设部审核后送财政部复审备案并抄送财政部当地监管局。住房城乡建设部在完成绩效目标审核后提出补助资金的分配建议送财政部，并负责提供相关测算因素数据，对其准确性、及时性负责；财政部根据规定的因素测算资金分配方案，会同住房城乡建设部在全国人民代表大会批准预算后30日内下达补助资金，并同步下达区域绩效目标。省级财政部门组织做好区域绩效目标分解下达及绩效目标自评工作。住房城乡建设部指导省级住房城乡建设部门对绩效目标实现情况进行监控，确保绩效目标如期实现。"

（三）将第六条修改为："补助资金按因素法分配，重点向改造任务重、贫困程度深、工作绩效好的地区倾斜。分配因素主要采用各地农村危房改造工作需求因素、财力因素、绩效因素和支持政策等因素，测算公式为：

$$某地应拨付资金 = 资金总额 \times \frac{该地分配系数}{\Sigma 分配系数}$$

其中：某地分配系数=该地需求因素×（该地财力因素×25％+该地绩效因素×40％+该地政策等因素×35％）。"

（四）将第十一条修改为："预算执行结束后，各地住房城乡建设部门要会同财政部门对本地区农村危房改造任务落实、政策执行、资金使用情况逐级开展年度绩效评价。住房城乡建设部会同财政部对各省（自治区、直辖市）农村危房改造工作情况进行评判，财政部根据需要组织开展重点绩效评价，相关结果作为预算分配、政策调整的依据。"

（五）将第十三条修改为："各级财政、住房城乡建设部门应严格按规定使用补助资金，不得擅自扩大支出范围，不得以任何形式挤占、挪用、截留和滞留，不得向补助对象收取任何管理费用。

各级财政、住房城乡建设部门及其工作人员在补助资金的分配审核、使用管理等工作中，存在违反本办法规定的行为，以及其他滥用职权、玩忽职守、徇私舞弊等行为的，按照《中华人民共和国预算法》《中华人民共和国公务员法》《中华人民共和国监察法》《财政违法行为处罚处分条例》等国家有关规定追究相应责任。涉嫌犯罪的，依法移送司法机关处理。"

（六）将第七条中的"财政部驻当地财政监察专员办事处"修改为"财政部当地监管局"，将第十四条中的"财政部驻各地财政监察专员办事处"修改为"财政部各地监管局"。

三、关于财社〔2016〕114号文件

（一）将第二条修改为："本办法所称补助资金，是指在残疾人康复、教育、就业、扶贫、社会保障、托养、宣传、文化、体育、无障碍改造等扶残助残工作实施期内，中央财政通过一般公共预算和中央专项彩票公益金安排，用于支持各省、自治区、直辖市残疾人事业发展的资金。

补助资金实施期限暂至2023年12月31日。期满后财政部会同中国残联根据法律、行政法规和国务院有关规定及工作需要评估确定后续期限。"

（二）将第四条修改为："按照预算管理规定时限，中国残联每年提出补助资金整体绩效目标和分配建议报送财政部，并负责提供相关测算因素数据，对其准确性、及时性负责；财政部根据规定的因素测算资金分配方案，在全国人民代表大会批准预算后30日内下达补助资金。"

（三）将第五条修改为："补助资金按因素法进行分配，分配因素包括各地需求因素和支持因素；其中，支持因素主要参考地方财力和绩效等情况，重点向工作任务重、贫困程度深、工作绩效好的地区倾斜。测算公式为：

$$某地应拨付资金 = 资金总额 \times \frac{该地分配系数}{\Sigma 分配系数}$$

其中：某地分配系数=该地需求因素×该地支持因素。

残疾人机动轮椅车燃油补贴等测算办法另有规定的，从其规定。"

（四）将第六条修改为："省级财政部门收到补助资金后，应将其与省本级财政安排的资金统筹使用，及时商同级残联制定补助资金分配方案，于30日内将资金正式分解下达本级有关部门和本行政区域县级以上各级政府财政部门，将资金分配结果报财政部备案并抄送财政部当地监管局。同时，应对照补助资金整体绩效目标，制定区域绩效目标上报中国残联并抄送财政部当地监管局，由中国残联初审后报财政部审核备案。"

（五）将第七条修改为："财政部应当在每年10月31日前，按当年补助资金实际下达数的一定比例，将下一年度补助资金预计数提前下达省级财政部门，并抄送中国残联和财政部有关监管局。"

（六）将第十四条修改为："省级财政部门应当按照《中共中央 国务院关于全面实施预算绩效管理的意见》要求，组织做好区域绩效目标分解下达及绩效目标自评工作。中国残联指导地方各级残联对绩效目标实现情况进行监控，确保区域绩效目标如期实现。财政部根据需要组织开展重点绩效评价，并将评价结果作为预算分配、政策调整的依据。"

（七）将第十五条修改为："地方各级财政部门、残联应当建立健全资金监管和绩效评价机制，切实加强补助资金的预算执行和监督管理工作，任何单位和个人不得虚报冒领、挤占挪用补助资金。财政部各地监管局在规定的职权范围内，依法对补助资金的使用管理情况进行监督。

各级财政、残联部门及其工作人员在补助资金的分配审核、使用管理等工作中，存在违反本办法规定的行为，以及其他滥用职权、玩忽职守、徇私舞弊等行为的，按照《中华人民共和国预算法》《中华人民共和国公务员法》《中华人民共和国监察法》《财政违法行为处罚处分条例》等国家有关规定追究相应责任。涉嫌犯罪的，依法移送司法机关处理。"

四、其他

本通知自2019年9月1日起施行。《财政部 中国残联关于〈中央财政残疾人事业发展补助资金管理办法〉的补充通知》（财社〔2016〕221号）同时废止。

中华人民共和国财政部
中华人民共和国民政部
中华人民共和国住房和城乡建设部
中国残疾人联合会
2019年7月29日

住房和城乡建设部关于修改燃气经营许可管理办法的通知

建城规〔2019〕2号

各省、自治区住房和城乡建设厅，北京市城市管理委员会，天津市城市管理委员会，上海市住房和城乡建设管理委员会，重庆市经济和信息化委员会、商务委员会，新疆生产建设兵团住房和城乡建设局：

为贯彻落实《国务院关于在全国推开"证照分离"改革的通知》（国发〔2018〕35号）、《国务院办公厅关于做好证明事项清理工作的通知》（国办发〔2018〕47号）精神，进一步做好燃气安全管理工作，决定修改《燃气经营许可管理办法》（建城〔2014〕167号）部分条款，现通知如下：

一、将第二条第二款修改为"城镇燃气经营许可的申请、受理、审查批准、证件核发以及相关的监督管理等行为，适用本办法"。

二、在第四条中增加一款作为第二款，内容为："发证部门应当公示审批程序、受理条件和办理标准，公开办理进度，并推广网上业务办理"。

三、将第五条第（一）项第二款修改为"燃气经营区域、燃气种类、供应方式和规模、燃气设施布局和建设时序等符合依法批准的燃气发展规划"；将第（二）项第1条修改为"1. 应与气源生产供应企业签订供用气合同"；将第（五）项第三款修改为"经营方案主要包括：企业章程、发展规划、工程建设计划，用户发展业务流程、故障报修、投诉处置、质量保障和安全用气服务制度等"；第（六）项第二款第1条修改为"1. 主要负责人。是指企业法定代表人和未担任法定代表人的董事长（执行董事）、经理。以上人员均应经专业培训并考核合格"；第（六）项第二款第2条修改为"2. 安全生产管理人员。是指企业分管安全生产的负责人，企业生产、安全管理部门负责人，企业生产和销售分支机构的负责人以及企业专职安全员等相关管理人员。以上人员均应经专业培训并考核合格"；第（六）项第二款第3条"燃气用户检修工"后增加"瓶装燃气送气工"。

四、删除第六条第（二）、（三）、（四）、（五）、（六）项；将第（七）项修改为"（二）燃气气质检测报告；与气源供应企业签订的供用气合同书"；增加"（三）申请人对燃气设施建设工程竣工验收合格情况，主要负责人、安全生产管理人员以及运行、维护和抢修等人员的专业培训考核合格情况，固定的经营场所（包括办公场所、经营和服务站点等）的产权或租赁情况，企业工商登记和资本结构情况的说明"；将第（八）项序号修改为"（四）"；将第（九）项修改为"（五）法律、法规规定的其他材料"。

五、将第八条第一款修改为"发证部门应当自受理申请之日起十二个工作日内作出是否准予许可的决定。十二个工作日内不能作出许可决定的，经发证部门负责人批准，可以延长十个工作日，并应当将延长期限的理由告知申请人。发证部门作出准予许可决定的，应向申请人出具《准予许可通知书》，告知申请人领取燃气经营许可证"。

六、将第十四条第（二）项修改为"（二）燃气经营企业主体资格依法终止的"。

七、将第十五条第（四）项修改为"（四）法律、法规、规章规定的与注销燃气经营许可证相关的材料"。

八、将第十六条修改为"燃气经营企业遗失燃气经营许可证的，应向发证部门申请补办，由发证部门在其官方网站上免费发布遗失公告，并在五个工作日内核实补办燃气经营许可证。

燃气经营许可证表面发生脏污、破损或其他原因造成燃气经营许可证内容无法辨识的，燃气经营企业应向发证部门申请补办，发证部门应收回原经营许可证正、副本，并在五个工作日内核实补办燃气经营许可证"。

九、在第十八条后增加一条作为第十九条，此后序号顺延："第十九条 发证部门要协同有关部门实施'双随机、一公开'监管机制，通过信息公示、抽查、抽检等方式，综合运用提醒、约谈、告诫等手段，强化对燃气经营的事中监管。针对违法违规燃气经营行为强化事后监管，依法及时认定违法违规行为种类和性质并予以处置。建立健全联合惩戒机制，对于违法燃气经营企业和有关人员依法实施吊销、注销、撤销燃气经营许可证，列入经营异常名录和黑名单等惩戒措施"。

十、在第二十条第一款段尾增加"推进部门间信息共享应用，按照要求将形成的燃气经营许可管理有关文件交由城建档案部门统一保管"。

十一、在第二十一条增加一款作为第一款，内容为："农村燃气经营许可管理，参照本办法执行"。

十二、将第三条、第十条、第二十一条中"住房城乡建设部"修改为"住房和城乡建设部"。

本通知自印发之日起施行。

现将修改后的《燃气经营许可管理办法》予以印发。

中华人民共和国住房和城乡建设部
2019年3月11日
（此件主动公开）

燃气经营许可管理办法

第一条 为规范燃气经营许可行为，加强燃气经营许可管理，根据《城镇燃气管理条例》，制定本办法。

第二条 从事燃气经营活动的，应当依法取得燃气经营许可，并在许可事项规定的范围内经营。

城镇燃气经营许可的申请、受理、审查批准、证件核发以及相关的监督管理等行为，适用本办法。

第三条 住房和城乡建设部指导全国燃气经营许可管理工作。县级以上地方人民政府燃气管理部门负责本行政区域内的燃气经营许可管理工作。

第四条 燃气经营许可证由县级以上地方人民政府燃气管理部门核发，具体发证部门根据省级地方性法规、省级人民政府规章或决定确定。

发证部门应当公示审批程序、受理条件和办理标准，公开办理进度，并推广网上业务办理。

第五条 申请燃气经营许可的，应当具备下列条件：

（一）符合燃气发展规划要求。

燃气经营区域、燃气种类、供应方式和规模、燃气设施布局和建设时序等符合依法批准的燃气发展规划。

（二）有符合国家标准的燃气气源。

1.应与气源生产供应企业签订供用气合同。

2.燃气气源应符合国家城镇燃气气质有关标准。

（三）有符合国家标准的燃气设施。

1.有符合国家标准的燃气生产、储气、输配、供应、计量、安全等设施设备。

2.燃气设施工程建设符合法定程序，竣工验收合格并依法备案。

（四）有固定的经营场所。

有固定办公场所、经营和服务站点等。

（五）有完善的安全管理制度和健全的经营方案。

安全管理制度主要包括：安全生产责任制度，设施设备（含用户设施）安全巡检、检测制度，燃气质量检测制度，岗位操作规程，燃气突发事件应急预案，燃气安全宣传制度等。

经营方案主要包括：企业章程、发展规划、工程建设计划，用户发展业务流程、故障报修、投诉处置、质量保障和安全用气服务制度等。

（六）企业的主要负责人、安全生产管理人员以及运行、维护和抢修人员经专业培训并经燃气管理部门考核合格。专业培训考核具体办法另行制定。

经专业培训并考核合格的人员及数量，应与企业经营规模相适应，最低人数应符合以下要求：

1. 主要负责人。是指企业法定代表人和未担任法定代表人的董事长（执行董事）、经理。以上人员均应经专业培训并考核合格。

2. 安全生产管理人员。是指企业分管安全生产的负责人，企业生产、安全管理部门负责人，企业生产和销售分支机构的负责人以及企业专职安全员等相关管理人员。以上人员均应经专业培训并考核合格。

3. 运行、维护和抢修人员。是指负责燃气设施设备运行、维护和事故抢险抢修的操作人员，包括但不仅限于燃气输配场站工、液化石油气库站工、压缩天然气场站工、液化天然气储运工、汽车加气站操作工、燃气管网工、燃气用户检修工、瓶装燃气送气工。最低人数应满足：

管道燃气经营企业，燃气用户10万户以下的，每2500户不少于1人；10万户以上的，每增加2500户增加1人；

瓶装燃气经营企业，燃气用户1000户及以下的不少于3人；1000户以上不到1万户，每800户1人；1—5万户，每增加1万户增加10人；5—10万户，每增加1万户增加8人；10万户以上每增加1万户增加5人；

燃气汽车加气站等其他类型燃气经营企业人员及数量配备以及其他运行、维护和抢修类人员，由省级人民政府燃气管理部门根据具体情况确定。

（七）法律、法规规定的其他条件。

第六条 申请燃气经营许可的，应当向发证部门提交下列申请材料，并对其真实性、合法性、有效性负责：

（一）燃气经营许可申请书；

（二）燃气气质检测报告；与气源供应企业签订的供用气合同书；

（三）申请人对燃气设施建设工程竣工验收合格情况，主要负责人、安全生产管理人员以及运行、维护和抢修等人员的专业培训考核合格情况，固定的经营场所（包括办公场所、经营和服务站点等）的产权或租赁情况，企业工商登记和资本结构情况的说明；

（四）本办法第五条第（五）项要求的完善的安全管理制度和健全的经营方案材料；

（五）法律、法规规定的其他材料。

第七条 发证部门通过材料审查和现场核查的方式对申请人的申请材料进行审查。

第八条 发证部门应当自受理申请之日起十二个工作日内作出是否准予许可的决定。十二个工作日内不能作出许可决定的，经发证部门负责人批准，可以延长十个工作日，并应当将延长期限的理由告知申请人。发证部门作出准予许可决定的，应向申请人出具《准予许可通知书》，告知申请人领取燃气经营许可证。

发证部门作出不予许可决定的，应当出具《不予许可决定书》，说明不予许可的理由，并告知申请人依法享有申请行政复议或者提起行政诉讼的权利。

第九条 发证部门作出的准予许可决定的，应当予以公开，公众有权查询。

公开的内容包括：准予许可的燃气经营企业名称、燃气经营许可证编号、企业注册登记地址、企业法定代表人、经营类别、经营区域、发证部门名称、发证日期和许可证有效期限等。

第十条 燃气经营许可证的格式、内容、有效期限、编号方式等按照住房和城乡建设部《关于印发〈燃气经营许可证〉格式的通知》（建城〔2011〕174号）执行。

第十一条 已取得燃气经营许可证的燃气经营企业需要变更企业名称、登记注册地址、法定代表人的，应向原发证部门申请变更燃气经营许可，其中变更法定代表人的，新法定代表人应具有燃气从业人员专业培训考核合格证书。未经许可，不得擅自改变许可事项。

第十二条 已取得燃气经营许可证的燃气经营企业，有下列情形的，应重新申请经营许可。

（一）燃气经营企业的经营类别、经营区域、供应方式等发生变化的；

（二）燃气经营企业发生分立、合并的。

第十三条 有下列情形之一的，出具《准予许可通知书》的发证部门或者其上级行政机关，可以撤销已作出的燃气经营许可：

（一）许可机关工作人员滥用职权，玩忽职守，给不符合条件的申请人发放燃气经营许可证的；

（二）许可机关工作人员超越法定权限发放燃气经营许可证的；

（三）许可机关工作人员违反法定程序发放燃气经营许可证的；

（四）对不具备申请资格或者不符合法定条件的申请人出具《准予许可通知书》；

（五）依法可以撤销燃气经营许可证的其他情形。

燃气经营企业以欺骗、贿赂等不正当手段取得燃气经营许可，应当予以撤销。

第十四条 有下列情形之一的，发证部门应当依法办理燃气经营许可的注销手续：

（一）燃气经营许可证有效期届满且燃气经营企业未申请延续的；

（二）燃气经营企业主体资格依法终止的；

（三）燃气经营许可依法被撤销、撤回，或者燃气经营许可证被依法吊销的；

（四）因不可抗力导致燃气经营许可事项无法实施的；

（五）依法应当注销燃气经营许可的其他情形。

第十五条 燃气经营企业申请注销燃气经营许可的，应当向原许可机关提交下列申请材料：

（一）燃气经营许可注销申请书；

（二）燃气经营企业对原有用户安置和设施处置等相关方案；

（三）燃气经营许可证正、副本；

（四）法律、法规、规章规定的与注销燃气经营许可证相关的材料。

发证部门受理注销申请后，经审核依法注销燃气经营许可证。

第十六条 燃气经营企业遗失燃气经营许可证的，应向发证部门申请补办，由发证部门在其官方网站上免费发布遗失公告，并在五个工作日内核实补办燃气经营许可证。

燃气经营许可证表面发生脏污、破损或其他原因造成燃气经营许可证内容无法辨识的，燃气经营企业应向发证部门申请补办，发证部门应收回原经营许可证正、副本，并在五个工作日内核实补办燃气经营许可证。

第十七条 已取得燃气经营许可证的燃气经营企业，应当于每年1月1日至3月31日，向发证部门报送上一年度企业年度报告。当年设立登记的企业，自下一年起报送企业年度报告。

燃气经营企业的出资比例、股权结构等重大事项发生变化的，应当在事项变化结束后十五个工作日内，向发证部门报告并提供相关材料，由发证部门记载在燃气经营许可证副本中。

第十八条 企业年度报告内容主要包括：

（一）企业章程和企业资本结构及其变化情况；

（二）企业的主要负责人、安全生产管理人员以及运行、维护和抢修等人员变更和培训情况；

（三）企业建设改造燃气设施具体情况；

（四）企业运行情况（包括供应规模、用户发展、安全运行等）；

（五）其他需要报告的内容。

具体报告内容和要求由省级人民政府燃气管理部门确定。

第十九条 发证部门要协同有关部门实施"双随机、一公开"监管机制，通过信息公示、抽查、抽检等方式，综合运用提醒、约谈、告诫等手段，强化对燃气经营的事中监管。针对违法违规燃气经营行为强化事后监管，依法及时认定违法违规行为种类和性质并予以处置。建立健全联合惩戒机制，对于违法燃气经营企业和有关人员依法实施吊销、注销、撤销燃气经营许可证，列入经营异常名录和黑名单等惩戒措施。

第二十条 发证部门应当按照国家统一要求建立本行政区域燃气经营许可管理信息系统，内容包括燃气许可证发证、变更、撤回、撤销、注销、吊销等，燃气经营企业从业人员信息、燃气经营出资比例和股权结构、燃气事故统计、处罚情况、诚信记录、年度报告等事项。推进部门间信息共享应用，按照要求将形成的燃气经营许可管理有关文件交由城建档案部门统一保管。

省级人民政府燃气管理部门应当建立本行政区域燃气经营许可管理信息系统，对本行政区域内发证部门的燃气经营许可管理信息系统监督指导。

第二十一条 农村燃气经营许可管理，参照本办法执行。

省级人民政府燃气管理部门可以根据本地实际情况，制定具体实施办法，报住房和城乡建设部备案。

住房和城乡建设部关于印发房屋交易合同网签备案业务规范（试行）的通知

建房规〔2019〕5号

各省、自治区住房和城乡建设厅，直辖市住房和城乡建设（管）委，新疆生产建设兵团住房和城乡建设局：

《房屋交易合同网签备案业务规范（试行）》已经2019年7月16日召开的第11次部常务会议审议通过，现印发给你们，请认真贯彻执行。

中华人民共和国住房和城乡建设部
2019年8月1日

房屋交易合同网签备案业务规范
（试行）

为贯彻落实经国务院同意印发的《住房城乡建设部关于进一步规范和加强房屋网签备案工作的指导意见》（建房〔2018〕128号），规范房屋交易合同网上签约备案（以下简称房屋网签备案）工作，制定以下规范。

一、明确房屋网签备案适用范围

在城市规划区国有土地范围内开展房屋转让、租赁和抵押等交易活动，实行房屋网签备案，实现新建商品房和存量房买卖合同、房屋租赁合同、房屋抵押合同网签备案全覆盖。

二、完善房屋网签备案系统

各地房地产主管部门应按照房地产市场监测指标体系和数据标准，建立和完善房屋网签备案系统。

直辖市、设区的市房屋网签备案系统，应包含所辖全部行政区（县）房屋网签备案信息，包括新建商品房买卖、存量房买卖、房屋租赁和房屋抵押等业务模块，具备交易资金监管功能。

开展房屋网签备案，应使用统一的交易合同示范文本。

三、强化房屋网签备案数据基础

各地应按照《房屋交易与产权管理工作导则》（建办房〔2015〕45号）要求建立和完善楼盘表，并作为实行房屋网签备案的业务基础。

新建房屋楼盘表，通过预（实）测绘等获取房屋物理状态信息，经预售许可或现房销售备案的，标注为可销售房屋；存量房屋楼盘表，以实测绘建立的楼盘表为基础，通过各项交易业务获取并实时更新房屋相关信息。

未建立楼盘表的，可通过一次性集中补录、随同房屋网签备案等业务补录方式补建楼盘表。

四、实行房屋网签备案系统用户管理

房地产开发企业、房地产经纪机构、住房租赁企业、银行业金融机构、交易当事人等办理房屋网签备案的，应当进行房屋网签备案系统用户注册，取得新建商品房买卖、存量房买卖、房屋租赁、房屋抵押等相应的房屋网签备案系统操作资格。

五、明确房屋网签备案条件

（一）办理房屋网签备案的房屋交易当事人，应具备相应的交易主体资格。以下情形不得进行房屋网签备案：买受人属于失信被执行人的；买受人和出卖人不具备购房、售房条件的。

（二）办理房屋网签备案的房屋，应具备相应的交易条件。以下情形不得进行房屋网签备案：新建商品房未取得预售许可或者现售备案的；存在查封等限制交易情形的；政策性住房未满足上市交易条件的；按政策限制转让的；租赁房屋存在禁止出租情形的；属于禁止抵押范围的。

房屋网签备案系统应通过与自然资源、公安、财政、民政、人力资源社会保障、金融、税务、市场监管、统计等部门联网，通过人脸识别、信息共享等手段，自动核验交易当事人和房屋是否具备房屋网签备案条件。

六、规范房屋网签备案基本流程

（一）开展房屋网签备案，应符合及时、准确、全覆盖的原则，遵循先房屋网签备案再登记的基本要求。

（二）房屋网签备案基本流程包括：

1. 房屋网签备案系统用户注册；
2. 提交房屋网签备案所需资料；
3. 核验交易当事人和房屋是否具备交易条件；
4. 网上录入房屋交易合同；
5. 主管部门备案赋码。

各地房地产主管部门可结合实际，依据上述基本流程建立和完善符合本地实际的房屋网签备案程序。

（三）各地房地产主管部门应明确可变更和注销的情形，规定相应的变更、注销程序和时限，防止利用房屋网签备案恶意占用房源。

七、提高房屋网签备案服务水平

（一）各地房地产主管部门应简化房屋网签备案办理程序，优化房屋网签备案系统，配置自助办理设备，引入人脸识别、电子签章等技术手段，实现自助终端设备办理和业务窗口办理并行，提高办理效率，逐步纳入政务服务"一网通办"。

（二）各地房地产主管部门应延伸窗口服务，在房地产开发企业、房地产经纪机构、住房租赁企业、银行业金融机构等场所设立服务点，方便当事人就近办理房屋网签备案。对办理房屋网签备案确有困难的特殊群体，可提供上门服务。

（三）积极推进"互联网大厅"模式，利用"互联网+"、大数据、人脸识别、手机应用软件（APP）、电子签名等手段，实现房屋网签备案"掌上办理、不见面办理"。

附件：1. 新建商品房买卖合同网签备案业务流程
2. 存量房买卖合同网签备案业务流程
3. 租赁合同网签备案业务流程
4. 抵押合同网签备案业务流程

附件 1

新建商品房买卖合同网签备案业务流程

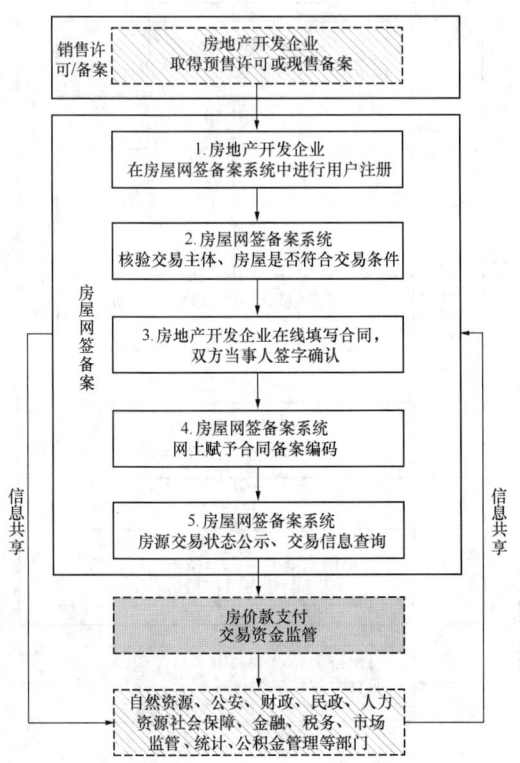

附件 2

存量房买卖合同网签备案业务流程

（一）通过经纪机构成交

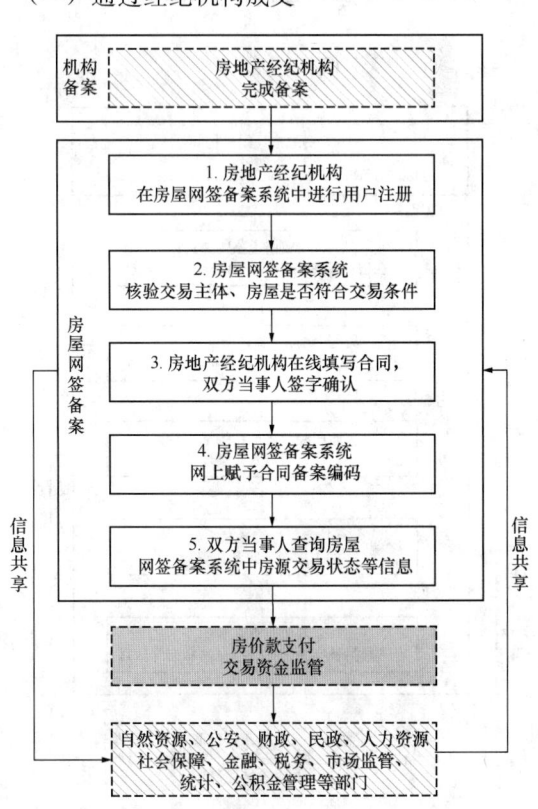

（二）自行成交（鼓励引入人脸识别、电子签名等技术手段，通过APP、互联网端等方式办理，也可通过窗口办理）

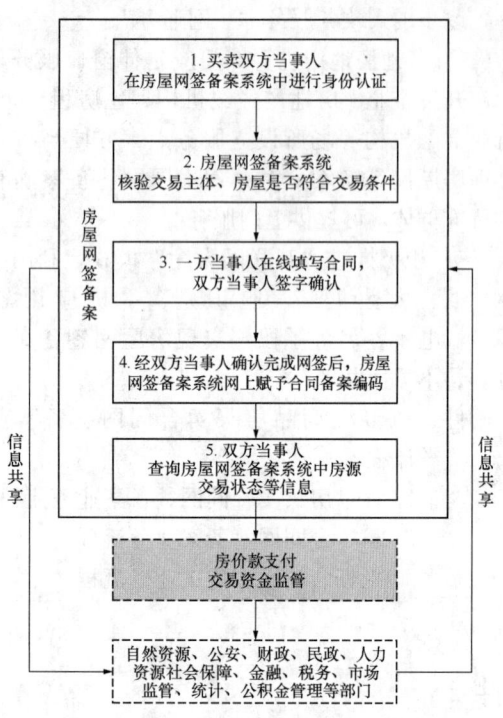

（二）自行成交（鼓励引入人脸识别、电子签名等技术手段，通过APP、互联网端等方式办理，也可通过窗口办理）

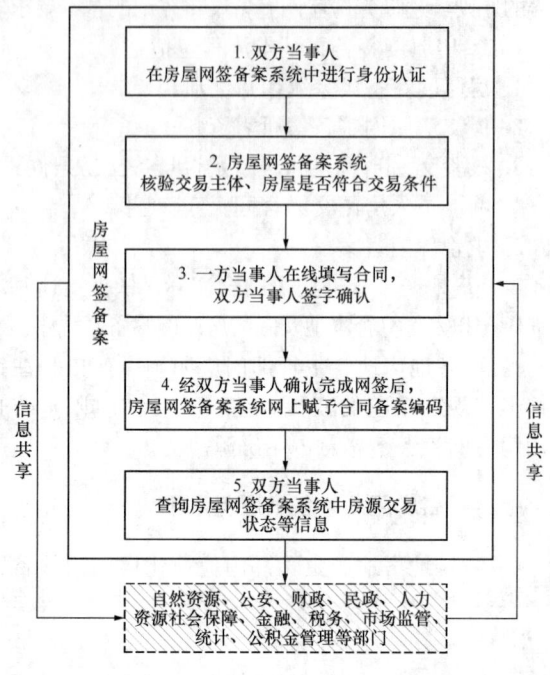

附件3

租赁合同网签备案业务流程

（一）通过经纪机构成交

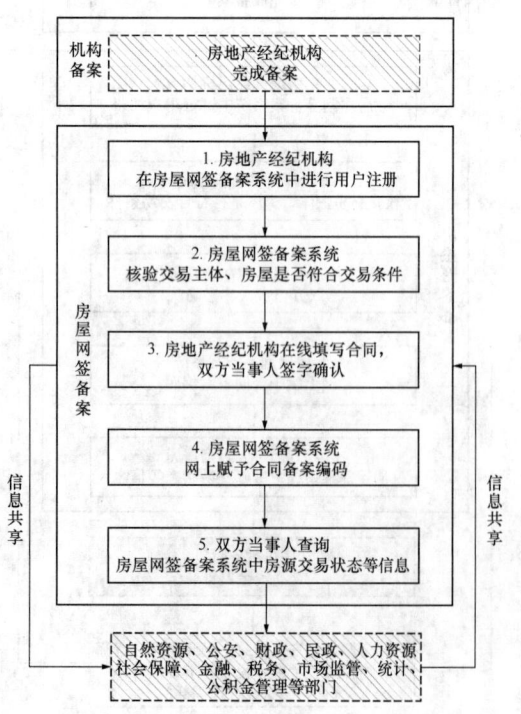

（三）通过住房租赁企业成交（含自持）

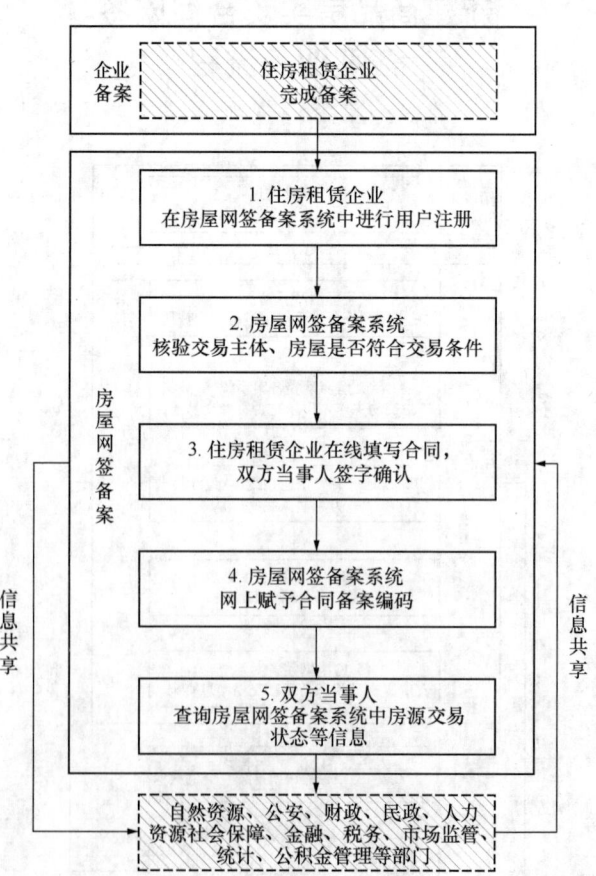

附件 4

抵押合同网签备案业务流程

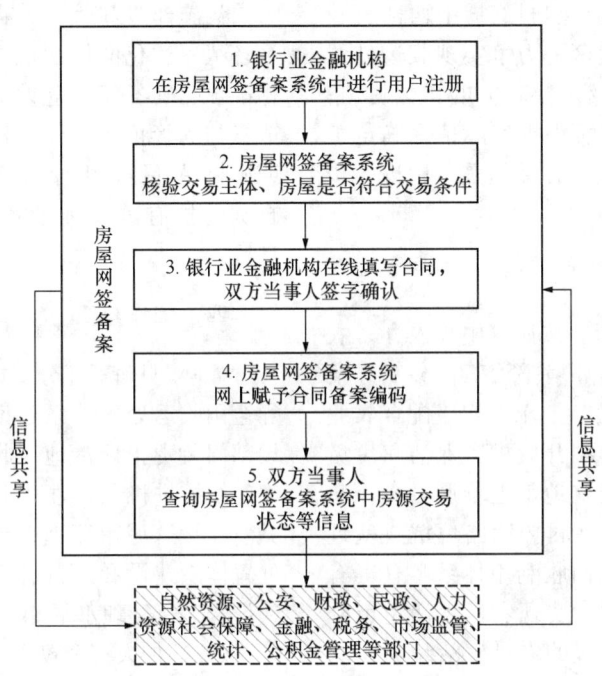

住房和城乡建设部关于建立健全农村生活垃圾收集、转运和处置体系的指导意见

建村规〔2019〕8 号

各省、自治区住房和城乡建设厅,北京市住房和城乡建设委、城市管理委,天津市住房和城乡建设委、城市管理委,上海市住房和城乡建设管委、绿化和市容管理局,重庆市住房和城乡建设委、城市管理局,新疆生产建设兵团住房和城乡建设局:

农村生活垃圾收集、转运和处置体系(以下简称"收运处置体系")是指从村庄垃圾收集房(点、站)将生活垃圾收集、中转运输、最终处置所配置的设施、车辆、运行服务队伍和建立的管理制度。近年来,各地积极推动农村生活垃圾治理,村庄环境卫生明显改善,但一些地区收运处置体系建设滞后,制约农村生活垃圾有效治理。为进一步建立健全收运处置体系,推动农村环境卫生改善,现提出如下意见:

一、总体要求

以习近平新时代中国特色社会主义思想为指导,深入贯彻党的十九大和十九届二中、三中全会精神,全面贯彻落实习近平生态文明思想和习近平总书记关于垃圾分类工作系列重要指示批示要求,以补足设施短板、构建长效机制为重点,落实地方政府主体责任,强化日常管理,广泛动员群众,统筹县(市、区、旗)、乡镇、村三级设施和服务,建立健全收运处置体系,推动农村地区环境卫生水平提升,为农村地区全面建成小康社会、实现乡村全面振兴提供良好的环境支撑。

二、工作目标

到2020年底，东部地区以及中西部城市近郊区等有基础、有条件的地区，基本实现收运处置体系覆盖所有行政村、90%以上自然村组；中西部有较好基础、基本具备条件的地区，力争实现收运处置体系覆盖90%以上行政村及规模较大的自然村组；地处偏远、经济欠发达地区可根据实际情况确定工作目标。到2022年，收运处置体系覆盖范围进一步提高，并实现稳定运行。

三、主要任务

（一）推动分类减量先行。按照《中央农办 农业农村部关于印送农村人居环境整治工作分工方案的函》（农社函〔2018〕3号）要求，积极配合农业农村部门在收运处置体系前端开展村庄保洁和垃圾分类，配合推动易腐烂垃圾就地就近堆肥处理，灰渣土、碎砖旧瓦等惰性垃圾在村内铺路填坑或就近掩埋，可回收垃圾纳入资源回收利用体系，有毒有害垃圾单独收集、妥善处置，实现农村生活垃圾分类减量，有效减少需外运处置的农村生活垃圾量和外运频次。

（二）优化收运处置设施布局。根据当地经济条件、终端处置设施能力等因素，统筹县（市、区、旗）、乡镇、村三级设施和服务，合理选择收集、转运和处置模式。按照交通便利、便于作业的原则建设或配置村庄垃圾收集房（点、站）、乡镇垃圾转运站及各类运输车辆，优化运输路线，提高运输效率，减少运输频次。合理安排终端处置设施，鼓励相邻县（市、区、旗）终端处置设施共建共享，人口规模较大、运输距离较远的乡镇可建设区域性终端处置设施。

（三）加强收运处置设施建设。按照实现自然村组全覆盖的目标，建设或配置村庄垃圾收集房（点、站），配置收集车辆，尽量做到密闭、卫生。新建或改建乡镇垃圾转运站，有条件的要建设压缩式转运站，普及密闭运输车辆，每个乡镇均应具备转运农村生活垃圾的能力。补齐终端处置设施短板，不断提高无害化处理水平，每个县（市、区、旗）均应具备农村生活垃圾无害化处置设施或能力。选择符合环保要求、成熟可靠的处置工艺，不得使用没有稳定达标运行实绩的工艺。禁止露天焚烧或利用耕地、山谷、河塘沟渠等直接堆放或填埋农村生活垃圾，坚决防止生活垃圾污染"大转移"。

（四）健全运行管护制度。建立运行管护队伍，鼓励采用政府和社会资本合作等方式引导社会资本参与设施建设和管护，有条件的地区可探索建立城乡环卫一体化的体制机制。制定收运处置设施管护标准，明确各环节管护责任主体，建立农民群众普遍参与的管护效果评价机制。通过村规民约等形式明确村民责任，引导和规范村民正确投放生活垃圾，自觉爱护有关设施设备，自觉参与维护村庄公共环境。

四、工作组织

（一）明确责任分工。住房和城乡建设部负责指导全国收运处置体系建设工作。省级住房和城乡建设部门负责指导本地区收运处置体系建设工作，建立组织推进机制，强化监督考核。市、县级住房和城乡建设（城市管理、环境卫生）部门要制定收运处置体系建设和运行管理工作方案，逐步提高设施建设和运行管理水平。

（二）加大资金投入。省级住房和城乡建设部门要积极推动省市县政府加大收运处置体系建设与运行资金投入。县级住房和城乡建设（城市管理、环境卫生）部门要推动建立稳定的经费投入机制。

（三）建立工作台账。省级住房和城乡建设部门要定期汇总市（州、盟）、县（市、区、旗）收运处置体系建设与运行情况，填写本地区工作台账（见附件），每半年报我部村镇建设司。我部将根据各省（区、市）上报的工作台账，结合全国村镇建设统计、第三方机构现场核实数据，评估各地工作情况。

（四）加强督促落实。省级住房和城乡建设部门要建立收运处置体系建设与运行工作的督促落实机制。市、县级住房和城乡建设（城市管理、环境卫生）部门要采取不定期暗访、异地交叉互评等措施督促本地区工作落实，对随意倾倒、堆放、露天焚烧、在运输过程中沿途丢弃遗撒农村生活垃圾以及违法违规形成新的非正规垃圾堆放点等行为，依法依规严肃追究责任并给予处罚。

附件：____省（自治区、直辖市）农村生活垃圾收集、转运和处置体系工作台账

中华人民共和国住房和城乡建设部
2019年10月19日

附件

_____省（自治区、直辖市）农村生活垃圾收集、转运和处置体系工作台账

	涉农乡镇个数	半年（年度）收运处置体系建设和运行投入（万元）	行政村总数	自然村组总数	收运处置体系覆盖的行政村个数	收运处置体系覆盖的自然村组个数
××市（州、盟）						
××县（市、区、旗）						
××县（市、区、旗）						
……						
小计						
××市（州、盟）						
××县（市、区、旗）						
……						
小计						
合计						

联系人：住房和城乡建设部村镇建设司　胡建坤　　电话：010-58934706　　邮箱：hujk@mohurd.gov.cn

住房和城乡建设部　应急管理部关于加强建筑施工安全事故责任企业人员处罚的意见

建质规〔2019〕9号

各省、自治区、直辖市及新疆生产建设兵团住房和城乡建设厅（委、局）、应急管理厅（局）：

为严格落实建筑施工企业主要负责人、项目负责人和专职安全生产管理人员等安全生产责任，有效防范安全生产风险，坚决遏制较大及以上生产安全事故，根据《中华人民共和国建筑法》《中华人民共和国安全生产法》《建设工程安全生产管理条例》等法律法规及有关文件规定，现就加强建筑施工安全事故责任企业人员处罚提出以下意见：

一、推行安全生产承诺制

建筑施工企业承担安全生产主体责任，必须遵守安全生产法律、法规，建立、健全安全生产责任制和安全生产规章制度。地方各级住房和城乡建设主管部门要督促建筑施工企业法定代表人和项目负责人分别代表企业和项目向社会公开承诺：严格执行安全生产各项法律法规和标准规范，严格落实安全生产责任制度，自觉接受政府部门依法检查；因违法违规行为导致生产安全事故发生的，承担相应法律责任，接受政府部门依法实施的处罚。

二、吊销责任人员从业资格

建筑施工企业主要负责人、项目负责人和专职安全生产管理人员等必须具备相应的安全生产知识

和管理能力。对没有履行安全生产职责、造成生产安全事故特别是较大及以上事故发生的建筑施工企业有关责任人员，住房和城乡建设主管部门要依法暂停或撤销其与安全生产相关执业资格、岗位证书，并依法实施职业禁入；构成犯罪的，依法追究刑事责任。对负有事故责任的勘察、设计、监理等单位有关注册执业人员，也要依法责令停止执业直至吊销相关注册证书，不准从事相关建筑活动。

三、依法加大责任人员问责力度

建筑施工企业应当建立完善安全生产管理制度，逐级建立健全安全生产责任制，建立安全生产考核和奖惩机制，严格安全生产业绩考核。对没有履行安全生产职责、造成事故特别是较大及以上生产安全事故发生的企业责任人员，地方各级住房和城乡建设主管部门要严格按照《建设工程安全生产管理条例》和地方政府事故调查结论进行处罚，对发现负有监管职责的工作人员有滥用职权、玩忽职守、徇私舞弊行为的，依法给予处分。

四、依法强化责任人员刑事责任追究

建筑施工企业主要负责人、项目负责人和专职安全生产管理人员等应当依法履行安全生产义务。对在事故调查中发现建筑施工企业有关人员涉嫌犯罪的，应当按照《安全生产行政执法与刑事司法衔接工作办法》，及时将有关材料或者其复印件移交有管辖权的公安机关依法处理。地方各级住房和城乡建设主管部门、应急管理主管部门要积极配合司法机关依照刑法有关规定对负有重大责任、构成犯罪的企业有关人员追究刑事责任。

五、强化责任人员失信惩戒

地方各级住房和城乡建设主管部门、应急管理主管部门要积极推进建筑施工领域安全生产诚信体系建设，依托各相关领域信用信息共享平台，建立完善建筑施工领域安全生产不良信用记录和诚信"黑名单"制度。按规定将不履行安全生产职责、造成事故特别是较大及以上生产安全事故发生的企业主要负责人、项目负责人和专职安全生产管理人员等，纳入建筑施工领域安全生产不良信用记录和安全生产诚信"黑名单"。进一步加强联合失信惩戒，依照《关于印发〈关于对安全生产领域失信生产经营单位及其有关人员开展联合惩戒的合作备忘录〉的通知》（发改财金〔2016〕1001号）等相关规定，对生产安全事故责任人员予以惩戒。

中华人民共和国住房和城乡建设部
中华人民共和国应急管理部
2019年11月20日

住房和城乡建设部 国家发展改革委 公安部 市场监管总局 银保监会 国家网信办关于整顿规范住房租赁市场秩序的意见

建房规〔2019〕10号

各省、自治区、直辖市及新疆生产建设兵团住房和城乡建设厅（住房和城乡建设委、住房和城乡建设管委、住房和城乡建设局）、发展改革委、公安厅（局）、市场监管局（厅、委）、银保监局、网信办：

租赁住房是解决进城务工人员、新就业大学生等新市民住房问题的重要途径。近年来，我国住房租赁市场快速发展，为解决新市民住房问题发挥了重要作用。但住房租赁市场秩序混乱，房地产经纪机构、住房租赁企业和网络信息平台发布虚假房源信息、恶意克扣押金租金、违规使用住房租金贷款、强制驱逐承租人等违法违规问题突出，侵害租房群众合法权益，影响社会和谐稳定。按照党中央对"不忘初心、牢记使命"主题教育的总体要求，中央纪委国家监委关于专项整治漠视侵害群众利益问题的统一部署，2019年6月以来，在全国范围内开展整治住房租赁中介机构乱象工作，并取得了初步成效。为巩固专项整治成果，将整治工作制度化、常态化，现提出以下意见。

一、严格登记备案管理

从事住房租赁活动的房地产经纪机构、住房租赁企业和网络信息平台,以及转租住房10套(间)以上的单位或个人,应当依法办理市场主体登记。从事住房租赁经纪服务的机构经营范围应当注明"房地产经纪",从事住房租赁经营的企业经营范围应当注明"住房租赁"。住房和城乡建设、市场监管部门要加强协作,及时通过相关政务信息共享交换平台共享登记注册信息。房地产经纪机构开展业务前,应当向所在直辖市、市、县住房和城乡建设部门备案。住房租赁企业开展业务前,通过住房租赁管理服务平台向所在城市住房和城乡建设部门推送开业信息。直辖市、市、县住房和城乡建设部门应当通过门户网站等渠道公开已备案或者开业报告的房地产经纪机构、住房租赁企业及其从业人员名单并实时更新。

二、真实发布房源信息

已备案的房地产经纪机构和已开业报告的住房租赁企业及从业人员对外发布房源信息的,应当对房源信息真实性、有效性负责。所发布的房源信息应当实名并注明所在机构及门店信息,并应当包含房源位置、用途、面积、图片、价格等内容,满足真实委托、真实状况、真实价格的要求。同一机构的同一房源在同一网络信息平台仅可发布一次,在不同渠道发布的房源信息应当一致,已成交或撤销委托的房源信息应在5个工作日内从各种渠道上撤销。

三、落实网络平台责任

网络信息平台应当核验房源信息发布主体资格和房源必要信息。对机构及从业人员发布房源信息的,应当对机构身份和人员真实从业信息进行核验,不得允许不具备发布主体资格、被列入经营异常名录或严重违法失信名单等机构及从业人员发布房源信息。对房屋权利人自行发布房源信息的,应对发布者身份和房源真实性进行核验。对发布10套(间)以上转租房源信息的单位或个人,应当核实发布主体经营资格。网络信息平台要加快实现对同一房源信息合并展示,及时撤销超过30个工作日未维护的房源信息。住房和城乡建设、市场监管等部门要求网络信息平台提供有关住房租赁数据的,网络信息平台应当配合。

四、动态监管房源发布

对违规发布房源信息的机构及从业人员,住房和城乡建设、网信等部门应当要求发布主体和网络信息平台删除相关房源信息,网络信息平台应当限制或取消其发布权限。网络信息平台未履行核验发布主体和房源信息责任的,网信部门可根据住房和城乡建设等部门的意见,对其依法采取暂停相关业务、停业整顿等措施。网络信息平台发现违规发布房源信息的,应当立即处置并保存相关记录。住房和城乡建设部门应当建立机构及从业人员数据库,有条件的可建立房源核验基础数据库,通过提供数据接口、房源核验码等方式,向房地产经纪机构、住房租赁企业、网络信息平台提供核验服务。

五、规范住房租赁合同

经由房地产经纪机构、住房租赁企业成交的住房租赁合同,应当即时办理网签备案。网签备案应当使用住房和城乡建设、市场监管部门制定的住房租赁合同示范文本。尚未出台合同示范文本的城市,应当加快制定住房租赁合同示范文本。合同示范文本应当遵循公平原则确定双方权利义务。住房和城乡建设部门应当提供住房租赁管理服务平台数据接口,推进与相关企业业务系统联网,实现住房租赁合同即时网签备案。

六、规范租赁服务收费

房地产经纪机构、住房租赁企业应当实行明码标价。收费前应当出具收费清单,列明全部服务项目、收费标准、收费金额等内容,并由当事人签字确认。房地产经纪机构不得赚取住房出租差价,住房租赁合同期满承租人和出租人续约的,不得再次收取佣金。住房租赁合同期限届满时,除冲抵合同约定的费用外,剩余租金、押金等应当及时退还承租人。

七、保障租赁房屋安全

住房和城乡建设部门应当制定闲置商业办公用房、工业厂房等非住宅依法依规改造为租赁住房的政策。改造房屋用于租赁住房的,应当符合建筑、消防等方面的要求。住房租赁企业应当编制房屋使用说明书,告知承租人房屋及配套设施的使用方式,提示消防、用电、燃气等使用事项。住房租赁企业对出租房屋进行改造或者装修的,应当取得产权人书面同意,使用的材料和设备符合国家和地方标准,装修后空气质量应当符合国家有关标准,不得危及承租人安全和健康。

八、管控租赁金融业务

住房租赁企业可依据相关法律法规以应收账款为质押申请银行贷款。金融监管部门应当加强住房租赁金融业务的监管。开展住房租金贷款业务，应当以经网签备案的住房租赁合同为依据，按照住房租赁合同期限、租金趸交期限与住房租金贷款期限相匹配的原则，贷款期限不得超过住房租赁合同期限，发放贷款的频率应与借款人支付租金的频率匹配。做好贷前调查，认真评估借款人的还款能力，确定融资额度。加强贷后管理，严格审查贷款用途，防止住房租赁企业形成资金池、加杠杆。住房租赁企业不得以隐瞒、欺骗、强迫等方式要求承租人使用住房租金消费贷款，不得以租金分期、租金优惠等名义诱导承租人使用住房租金消费贷款。住房和城乡建设部门应当通过提供数据接口等方式，向金融机构提供住房租赁合同网签备案信息查询服务。加强住房和城乡建设部门与金融监管部门有关住房租赁合同网签备案、住房租金贷款的信息共享。

九、加强租赁企业监管

住房和城乡建设等部门加强对采取"高进低出"（支付房屋权利人的租金高于收取承租人的租金）、"长收短付"（收取承租人租金周期长于给付房屋权利人租金周期）经营模式的住房租赁企业的监管，指导住房租赁企业在银行设立租赁资金监管账户，将租金、押金等纳入监管账户。住房租赁企业租金收入中，住房租金贷款金额占比不得超过30%，超过比例的应当于2022年底前调整到位。对不具备持续经营能力、扩张规模过快的住房租赁企业，可采取约谈告诫、暂停网签备案、发布风险提示、依法依规查处等方式，防范化解风险。涉及违规建立资金池等影响金融秩序的，各相关监管部门按照职责，加强日常监测和违法违规行为查处；涉及无照经营、实施价格违法行为、实施垄断协议和滥用市场支配地位行为的，由市场监管部门依法查处；涉及违反治安管理和犯罪的，由公安机关依法查处。

十、建设租赁服务平台

直辖市、省会城市、计划单列市以及其他租赁需求旺盛的城市应当于2020年底前建设完成住房租赁管理服务平台。平台应当具备机构备案和开业报告、房源核验、信息发布、网签备案等功能。建立房地产经纪机构、住房租赁企业及从业人员和租赁房源数据库，加强市场监测。逐步实现住房租赁管理服务平台与综合治理等系统对接。

十一、建立纠纷调处机制

房地产经纪机构、住房租赁企业、网络信息平台要建立投诉处理机制，对租赁纠纷承担首要调处职责。相关行业组织要积极受理住房租赁投诉，引导当事人妥善化解纠纷。住房和城乡建设等部门应当畅通投诉举报渠道，通过门户网站开设专栏，并加强与12345市长热线协同，及时调查处理投诉举报。各地要将住房租赁管理纳入社会综合治理的范围，实行住房租赁网格化管理，发挥街道、社区等基层组织作用，化解租赁矛盾纠纷。

十二、加强部门协同联动

城市政府对整顿规范住房租赁市场秩序负主体责任。住房和城乡建设、发展改革、公安、市场监管、金融监管、网信等部门要建立协同联动机制，定期分析研判租赁市场发展态势，推动部门信息共享，形成监管合力。按照职责分工，加大整治规范租赁市场工作力度。建立部、省、市联动机制，按年定期报送整顿规范住房租赁市场工作进展情况。

十三、强化行业自律管理

各地住房和城乡建设部门要充分发挥住房租赁、房地产经纪行业协会（学会）作用，支持行业协会（学会）制定执业规范、职业道德准则和争议处理规则，定期开展职业培训和继续教育，加强风险提示。房地产经纪机构、住房租赁企业及从业人员要自觉接受行业自律管理。

十四、发挥舆论引导作用

各地要充分运用网络、电视、报刊、新媒体等渠道，加强宣传报道，营造遵纪守法、诚信经营的市场环境。发挥正反典型的导向作用，及时总结推广经验，定期曝光典型案例，发布风险提示，营造住房租赁市场良好舆论环境。

中华人民共和国住房和城乡建设部
中华人民共和国国家发展和改革委员会
中华人民共和国公安部
国家市场监督管理总局
中国银行保险监督管理委员会
国家互联网信息办公室
2019年12月13日
（此件主动公开）

住房和城乡建设部 应急管理部关于做好移交承接建设工程消防设计审查验收职责的通知

建科函〔2019〕52号

各省、自治区住房和城乡建设厅、应急管理厅，海南省自然资源和规划厅，直辖市住房和城乡建设（管）委、规划和自然资源委（局）、应急管理局，新疆生产建设兵团住房和城乡建设局、应急管理局：

为贯彻落实《中共中央办公厅国务院办公厅关于调整住房和城乡建设部职责机构编制的通知》和《中央编办关于建设工程消防设计审查验收职责划转核增行政编制的通知》（中央编办发〔2018〕169号）要求，切实做好消防救援机构向住房和城乡建设主管部门移交建设工程消防设计审查验收职责工作，确保工作无缝衔接。现就有关事项通知如下：

一、移交承接的范围为各级消防救援机构依据《中华人民共和国消防法》《建设工程消防监督管理规定》（公安部令第106号、第119号令修改）承担的建设工程消防设计审核、消防验收、备案和抽查职责。

二、2019年4月1日至6月30日为建设工程消防设计审查验收职责移交承接期，各地应于6月30日前全部完成移交承接工作。

三、自2019年4月1日起，已明确建设工程消防设计审查验收职责承接机构的地方，由承接机构受理并负责建设工程消防设计审查验收工作，当地消防救援机构可以派员协助；未明确承接机构的，由当地人民政府指定的机构受理并负责建设工程消防设计审查验收工作。

四、建设工程消防设计审查验收职责移交完成后，各地住房和城乡建设主管部门或者其他负责建设工程消防设计审查验收工作的部门应当与消防救援机构共享建筑总平面、建筑平面、消防设施系统图等与消防安全检查和灭火救援有关的图纸、资料，以及消防验收结果等信息。

五、移交承接建设工程消防设计审查验收职责时，要按照中央要求和财政部有关规定，妥善做好移交经费管理职能、及时足额划转各类资金，以及预算调剂、划转等工作。

联系人及电话：

住房和城乡建设部建筑节能和科技司　张晓军
010-58933815　010-58933437（兼传真）
应急管理部消防救援局　刘激扬
010-83932681

中华人民共和国住房和城乡建设部
中华人民共和国应急管理部
2019年3月27日

住房和城乡建设部关于印发全面推行行政执法公示制度执法全过程记录制度重大执法决定法制审核制度实施方案的通知

建法函〔2019〕53号

各省、自治区住房和城乡建设厅，直辖市住房和城乡建设（管）委及有关部门，新疆生产建设兵团住

房和城乡建设局,部机关各单位:

现将《住房和城乡建设部关于全面推行行政执法公示制度执法全过程记录制度重大执法决定法制审核制度的实施方案》印发给你们,请认真贯彻执行。

中华人民共和国住房和城乡建设部
2019年4月1日

住房和城乡建设部关于全面推行行政执法公示制度执法全过程记录制度重大执法决定法制审核制度的实施方案

为贯彻落实《国务院办公厅关于全面推行行政执法公示制度执法全过程记录制度重大执法决定法制审核制度的指导意见》(国办发〔2018〕118号),在住房和城乡建设系统全面推行行政执法公示制度、执法全过程记录制度、重大执法决定法制审核制度(以下统称"三项制度"),规范行政处罚、行政强制、行政检查、行政征收、行政许可等执法行为,促进严格规范公正文明执法,制定本方案。

在住房和城乡建设系统全面推行"三项制度"要以习近平新时代中国特色社会主义思想为指导,全面贯彻党的十九大和十九届二中、三中全会精神,深入学习贯彻习近平总书记对住房和城乡建设工作的重要指示批示精神,着力推进行政执法透明、规范、合法、公正,推动形成权责统一、权威高效的行政执法体系和职责明确、依法行政的政府治理体系,确保行政机关依法履行法定职责,切实维护人民群众合法权益,为落实全面依法治国基本方略、推进法治政府建设奠定坚实基础。

一、全面推行行政执法公示制度,保障行政相对人和社会公众知情权、参与权、表达权和监督权

(一)健全公示机制。按照"谁执法谁公示"的原则,明确公示内容采集、传递、审核、发布工作流程和责任机构,对行政处罚、行政强制、行政检查、行政征收、行政许可等执法行为的基本信息、结果信息进行公示,规范信息公示内容的标准、格式。涉及国家秘密、商业秘密、个人隐私等不宜公开的信息,依法确需公开的,要作适当处理后公开。发现公开的行政执法信息不准确的,要及时予以更正。

(二)完善公示平台。住房和城乡建设部相关行政执法信息统一在部门户网站"办事大厅"栏目公示。地方各级住房和城乡建设主管部门(含城市管理、城市管理执法部门,下同)通过政府门户网站及政务新媒体、办事大厅公示栏、服务窗口等平台公示行政执法信息。

(三)强化事前公开。统筹推进行政执法事前公开、政府信息公开、权责清单公布和"双随机、一公开"监管。全面准确及时主动公开行政执法主体、人员、职责、权限、依据、程序、救济渠道和随机抽查事项清单等信息。根据有关法律法规,结合自身职责,分执法行为类别编制并公开本机关服务指南、执法流程图,明确执法事项名称、受理机构、审批机构、受理条件、办理时限等内容。住房和城乡建设部研究制定城市综合执法领域基层政务公开指引,规范基层综合执法事项公开。

(四)规范事中公示。行政执法人员在进行监督检查、调查取证、采取强制措施和强制执行、送达执法文书等执法活动时,必须主动出示执法证件,向当事人和相关人员表明身份,鼓励采取佩戴执法证件的方式,执法全程公示执法身份;要出具行政执法文书,主动告知当事人执法事由、执法依据、权利义务等内容。严格执行《城市管理执法行为规范》和《城市管理执法制式服装和标志标识供应管理办法》,从事一线城市管理执法工作的在编在职人员,执法时必须按规定穿着统一制式服装,佩戴统一标志标识。政务服务窗口设置岗位信息公示牌,明示岗位职责、申请材料示范文本、办理进度查询方式、咨询服务、投诉举报渠道等信息。

(五)加强事后公开。各级住房和城乡建设主管部门在执法决定作出之日起20个工作日内,向社会公布执法机关、执法对象、执法类别、执法结论等信息,接受社会监督,行政许可、行政处罚的执法决定信息要在执法决定作出之日起7个工作日内公开,法律、行政法规另有规定的除外。建立健全执法决定信息公开发布、撤销和更新机制。已公开的行政执法决定被依法撤销、确认违法或者要求重新作出的,应当及时从信息公示平台撤下原行政执法决定信息。推动建立行政执法统计年报制度,住房和城乡建设部制定统一的行政执法总体情况统计指标；地方各级住房和城乡建设主管部门根据统计指标，于每年1月31日前公开本机关上年度行政执法总体情况有关数据，并报本级人民政府和上级主管部门；省级住房和城乡建设主管部门将本机关和下级机关有关数据汇总后，于每年第一季度报送住房和城乡建设部。

二、全面推行执法全过程记录制度，逐步实现执法全过程留痕和可回溯管理

（一）完善文字记录。研究制定住房和城乡建设系统行政执法规范用语、调查取证工作指南和执法文书制作指引，规范行政执法的重要事项和关键环节，做到文字记录合法规范、客观全面、及时准确。住房和城乡建设部参照司法部制定的行政执法文书基本格式标准，结合本系统执法实际，研究制定统一适用的行政执法文书格式文本。

（二）规范音像记录。省级住房和城乡建设主管部门制定音像记录事项清单和相关管理制度，根据行政执法行为的不同类别、阶段、环节和执法活动场所，明确记录主体、设备配备、记录形式、记录要素、公开属性、储存期限和方式、监督管理等要求。做好音像记录与文字记录的衔接，对文字记录能够全面有效记录执法行为的，可以不进行音像记录；对查封扣押财产、强制拆除等直接涉及公民生命健康、重大财产权益的现场执法活动和执法办案场所，推行全程音像记录；对现场执法、调查取证、举行听证、留置送达和公告送达等容易引发争议的行政执法过程，根据实际情况进行音像记录；受送达人拒绝接受行政执法文书的，可以将执法文书留在受送达人的住所，并采用拍照、录像等方式记录送达过程。按照工作必须、厉行节约、性能适度、安全稳定、适量够用的原则，结合本地区经济发展水平和本部门执法具体情况，确定音像记录设备配备标准，统筹推进询问室和听证室等设施建设。

（三）严格记录归档。按照有关法律法规和档案管理规定，加强对执法台账、法律文书、全过程记录资料的制作、使用、管理和归档保存，确保所有行政执法行为有据可查。严格执行涉及国家秘密、工作秘密、商业秘密、个人隐私记录资料归档有关规定。推进住房和城乡建设系统案卷评查工作，将行政执法全过程记录的真实性、完整性、准确性作为案卷评查的重要内容。

（四）有效运用记录。充分发挥全过程记录信息对案卷评查、执法监督、评议考核、舆情应对、行政决策和健全社会信用体系等工作的积极作用。对记录信息进行统计分析，总结典型案例，发现和改进行政执法薄弱环节，依法公正维护执法人员和行政相对人的合法权益。建立健全记录信息调阅监督制度。

三、全面推行重大执法决定法制审核制度，确保重大执法决定合法有效

（一）明确审核机构。住房和城乡建设部法规司是部机关重大执法决定法制审核工作机构，地方各级住房和城乡建设主管部门应当明确具体负责本单位重大执法决定法制审核的工作机构，确保法制审核工作有机构承担、有专人负责。法制审核岗位人员应当政治素质高，业务能力强，具有法律专业背景条件，原则上各级住房和城乡建设主管部门的法制审核人员不少于本单位执法人员总数的5%。建立法律顾问、公职律师参与法制审核工作机制。

（二）明确审核范围。凡涉及重大公共利益，可能造成重大社会影响或引发社会风险，直接关系行政相对人或第三人重大权益，经过听证程序作出行政执法决定，以及案件情况疑难复杂、涉及多个法律关系的，应当进行法制审核。各级住房和城乡建设主管部门结合本机关行政执法行为的类别、执法层级、所属领域、涉案金额等因素，制定重大执法决定法制审核目录清单。省级住房和城乡建设主管部门要加强对市、县级住房和城乡建设主管部门法制审核目录清单制定工作的指导，明确重大执法决定事项的标准。

（三）明确审核内容。严格审核行政执法主体是否合法，行政执法人员是否具备执法资格；行政执法程序是否合法；案件事实是否清楚，证据是否合法充分；适用法律、法规、规章是否准确，裁量基准运用是否适当；执法是否超越执法机关法定权限；行政执法文书是否完备、规范；违法行为是否涉嫌犯罪、需要移送司法机关等。法制审核机构在完成审核后提出同意或者存在问题的书面审核意见。行政执法承办机构要对法制审核机构提出存在问题的审核意见进行研究，作出相应处理后再次报送法制审核。

（四）明确审核责任。结合实际制定法制审核工作规则，明确送审材料报送要求和审核的方式、时限、责任，规范审核意见格式，建立健全法制审核机构与行政执法承办机构对审核意见不一致时的协调机制。行政执法承办机构应当将行政执法文书、相关证据、当事人陈述申辩材料、执法过程记录资料等一并送法制审核机构，对送审材料的真实性、

准确性、完整性，以及执法的事实、证据、法律适用、程序的合法性负责；法制审核机构对重大执法决定的法制审核意见负责，可以根据工作需要，依托法律顾问、公职律师、行业专家，建立重大执法决定法制审核专家委员会，对重大执法决定法制审核提供咨询意见。严格开展重大行政处罚合法性审核，未经法制审核或者审核未通过的，不得作出行政处罚决定，不得以会签行政处罚决定书代替合法性审核。因行政执法承办机构的承办人员、负责法制审核的人员和审批行政执法决定的负责人滥用职权、玩忽职守、徇私枉法等，导致行政执法决定错误，要依纪依法追究相关人员责任。

四、全面推进行政执法信息化建设，为"三项制度"提供有力支持

（一）加强信息化平台建设。依托大数据、云计算等信息技术手段，推进对行政执法活动的即时性、过程性、系统性管理。加快推行建筑业企业资质电子化申报，实行网上受理、网上审批，让数据多跑路、群众少跑腿。加快住房和城乡建设部信用信息共享平台建设，将信用信息查询使用嵌入审批、监管工作流程，确保"应查必查、奖惩到位"。加快数字化城市管理平台建设，推动城市管理信息全国联网。加快工程建设项目审批管理系统建设，实现全国地级以上城市工程建设项目审批管理系统与国家工程建设项目审批管理系统对接。

（二）推进信息共享。落实全国行政执法数据汇集和信息共享机制，按照全国执法数据标准，采集、整合执法数据。探索对行政执法和信用信息大数据的关联分析、智能应用，提前预警、监测、研判住房和城乡建设领域新情况、新问题，提升行政立法、行政决策和风险防范水平。

五、保障措施

（一）加强组织领导。各级住房和城乡建设主管部门主要负责人是本部门全面推行"三项制度"工作的第一责任人，要提高政治站位，树立系统思维，坚持统筹推进，做好组织实施。上级部门要切实做到率先推行，以上带下，分类指导，充分发挥在行业系统中的带动引领作用，指导督促下级部门严格规范实施"三项制度"。

（二）强化队伍建设。认真开展行政执法人员和法制审核人员岗前培训和岗位培训，开展"三项制度"专题业务培训和交流，切实打造政治坚定、作风优良、纪律严明、廉洁务实的执法队伍。鼓励和支持行政执法人员和法制审核人员参加国家统一法律职业资格考试。建立科学的考核评价体系和人员激励机制，提高执法人员履职积极性和执法队伍稳定性。

（三）争取经费保障。省级住房和城乡建设主管部门要认真研究本地区执法装备配备标准、装备配备规划、设施建设规划和年度实施计划的建议，适时向省级人民政府报告。地方各级住房和城乡建设主管部门要结合执法实际，将执法装备需求报本级人民政府列入财政预算。

（四）有序推进实施。地方各级住房和城乡建设主管部门要结合实际，抓紧制定推行"三项制度"的具体工作安排并做好动员部署，逐步完善相关文件，开展督导，总结形成可复制可推广经验。请各省级住房和城乡建设主管部门于2019年5月底前将具体工作安排情况报住房和城乡建设部。

住房和城乡建设部 国家文物局关于历史文化名城名镇名村保护工作评估检查情况的通报

建科函〔2019〕95号

各省、自治区住房和城乡建设厅、文物局（文化和旅游厅），海南省自然资源和规划厅，北京市规划和自然资源委员会、文物局，上海市规划和自然资源局、住房和城乡建设管理委员会、文物局，天津市规划和自然资源局、文物局，重庆市规划和自然资源局、文物局，新疆生产建设兵团住房和城乡建设局、文体新广局：

2017年10月至2018年6月，住房和城乡建设部和国家文物局组织开展了国家历史文化名城和中国历史文化名镇名村保护工作评估检查，并对成都、广州、武汉、青岛、太原、洛阳、荆州、佛山、赣州、咸阳、聊城、敦煌、武威、阆中等14个城市进行了重点抽查。现将评估检查情况通报如下：

一、历史文化名城名镇名村保护工作取得显著成效

（一）保护内容不断丰富，大量城乡历史文化遗产得以保留。改革开放以来，各地区各部门高度重视历史文化遗产保护工作，众多历史文化名城名镇名村被抢救和保存下来。截至目前，国务院已公布134座国家历史文化名城。住房和城乡建设部和国家文物局已公布799个中国历史文化名镇名村，其中，历史文化名镇312个，历史文化名村487个。全国已划定历史文化街区875片，确定历史建筑2.47万处。各地还探索将工业建筑、文化景观、文化线路等各种文化遗产类型纳入保护体系。

（二）保护机制不断完善，为城乡历史文化保护提供制度保障。各地以文物保护法、城乡规划法、非物质文化遗产保护法、历史文化名城名镇名村保护条例和文物保护法实施条例等法律法规为基础，积极制定地方性历史文化名城名镇名村保护法规。截至目前，有12个省（区、市）公布省级历史文化名城保护法规，5个省（区、市）启动省级历史文化名城保护法规立法程序；109座国家历史文化名城制定保护法规，不少城市的首部立法就是历史文化名城保护专项立法。所有国家历史文化名城均成立专门的管理机构，有75座国家历史文化名城设置名城保护委员会等市级领导机构。北京市成立以市委书记为名誉主任，市长为主任的北京历史文化名城保护委员会；福州市专门成立历史文化名城管理委员会作为市政府派出机构，加大系统规划和综合协调力度，提高了政府统筹历史文化名城保护利用的能力和效率。

（三）保护利用方法不断创新，形成一批可推广、可复制的经验。在协调保护与发展关系方面，苏州市整体保护老城，有序开发新城，形成"老城和新城协调共生"经验；正定县下大力气开展文物保护修缮和古城环境整治，有效改善文物保护状况，弘扬优秀历史文化，提升城市品质；阆中市通过严格控制古城周边建设活动，完整保留山水格局，实现"古城与山水环境整体保护"目标。在完善公共设施改善民生方面，扬州市坚持小规模渐进式保护，以"一水一电一消防"为重点提升基础设施；拉萨市坚持20多年持续整治八廓街环境，提升基础设施和公共服务设施水平，实现"保护古城、改善民生"双赢。在发挥遗产价值提升城市功能方面，厦门市鼓浪屿历史文化街区利用历史建筑建设唱片博物馆，修缮古戏院作为文化传承场所和社区活动中心；广州市通过建设历史文化步道串联散落的历史遗存，彰显城市文脉特色，形成"遗产融入城市功能，让生活更美好"经验。在挖掘遗产价值推动转型发展方面，杭州市利用老工业园区和工业建筑，发展文化创意产业，建设科技孵化器和众创空间，形成"文化引领城市转型"经验。在鼓励公众参与创新社会治理方面，北京市在杨梅竹斜街、史家胡同保护中坚持政府引导、群众参与、社区共建；安徽省黄山市西递宏村通过合理的利益分配，调动村民参与保护的积极性，形成"共保共建共享"经验。

（四）保护成效不断显现，为全球历史文化遗产保护提供更多中国素材。历史文化名城名镇名村保护工作使一大批古城、古镇、古村落的遗产价值得到真实、完整保护，向世界讲述了中国故事，传播了中华文化。其中，云南丽江古城、山西平遥古城、安徽皖南古村落、福建土楼建筑群、广东开平碉楼、杭州西湖文化景观、厦门鼓浪屿国际历史社区、澳门历史城区等已成功列入世界遗产名录。古泉州（刺桐）史迹申报世界遗产工作正在有序推进。北京中轴线、江南水乡古镇等已列入中国世界遗产预备名单。

二、历史文化名城名镇名村保护存在的主要问题

（一）保护认识有待全面提高。一些城市对加强历史文化保护工作的重要意义认识不够，责任感和使命感不强，没有切实把思想和认识统一到习近平总书记"保护文化遗产，保持民族文化的传承，是各级党委、政府义不容辞的历史责任""城市规划和建设要高度重视历史文化保护"等重要指示精神上来。有的城市没有站在文化自信高度认识历史文化名城名镇名村保护工作，没有充分认识历史文化资源的不可再生性，对历史文化名城名镇名村保护工作缺乏足够耐心和历史责任感，导致大拆大建、急功近利的情况时有发生。部分城市没有充分认识到历史文化名城名镇名村保护工作是一项涉及民生、安全、环境品质、社会治理等的复杂系统工程，造成保护工作缺乏统筹，人力、物力投入严重不足。

（二）保护实践仍存在一些问题。一是大拆大建造成建设性破坏。一些城市简单套用大拆快建的新城建设方法，通过搬空古城内大部分居民、拆平历

史文化街区进行房地产开发。有的城市为拓宽道路，简单粗暴地拆除历史文化街区和历史建筑。二是历史欠账多、长期投入不足。部分城市重前期申报、轻后期维护，对于历史文化街区和历史建筑长期不管不顾，甚至弃之不管任其衰败，既危及群众生命安全，又造成历史遗存不断消失。三是造假古董破坏真实历史信息。部分城市在缺乏历史档案的情况下，真假不分，花巨资大量复建城墙，在古城内建假古街，造仿古楼，用假古董破坏真古董，毁掉珍贵的文物和历史建筑。四是缺乏整体保护的意识和手段。部分城市只重视单体建筑保护，忽略对建筑周边环境保护，文物古迹成了"盆景"；有的城市只重视街区保护，忽略对老城整体格局、风貌保护；一些城市只重视对重要价值遗存保护，忽略对一般价值建筑、构筑物的保留利用。

（三）展示利用存在一些误区。一是存在重物质轻人文倾向。一些城市为开发旅游业搬空原住民，使得原有的人文环境不复存在。部分城市在展示利用工作中没有充分尊重群众意愿，未能充分调动群众参与历史文化名城名镇名村保护利用积极性。二是利用不足与过度利用并存。一些城市的大量历史遗存尚未得到很好利用，有些长期闲置，已经开展利用的也多以简单展示功能为主。部分城市在利用过程中，存在过度商业化倾向，脱离了原有文化价值。三是缺乏展示历史文化信息的有效手段。一些城市缺乏串联历史信息、讲述城市故事的能力，群众难以在日常生活中感知城市的文化底蕴和历史记忆。

（四）监督实施机制需进一步健全。一是监督管理有待加强。部分城市未编制保护规划，以各类非法定规划代替法定保护规划；有的城市虽然编制了保护规划，但保护规划的刚性管控作用发挥不够。一些城市对违法行为的监督问责力度不够，破坏性建设行为屡禁不止。二是实施保障力度不够。部分城市名城保护专业技术力量薄弱，管理机构缺乏专业型管理。有的城市存在保护利用主体不明确、部门联动不顺畅、管理制度不配套、资金投入可持续性差等问题，用地性质调整和建筑功能转变困难，消防审核、经营许可和工商注册等审批手续办理难。一些城市近年来投入了一定的历史文化保护工作资金，但由于经费数量有限，远不能满足保护工作的实际需求。

三、下一步工作要求

各省级住房城乡建设主管部门、文物主管部门要进一步加大监管和指导力度，督促各地切实做好历史文化名城名镇名村保护利用工作。

（一）加强宣传培训。认真组织学习贯彻习近平总书记关于历史文化保护工作的系列重要讲话和指示批示精神，开展历史文化保护专题培训和宣传活动，提高领导干部认识水平，提高全社会保护意识。建立干部、专业工作者和社区培训制度，对街道、镇、社区、村管理人员进行历史文化名城名镇名村保护专项培训，加强典型案例和成功经验交流学习，提高历史文化保护社会参与度。

（二）夯实工作基础。尽快启动规划期至2035年的历史文化名城名镇名村保护专项规划编制工作。完善历史文化名城名镇名村保护的地方性法规、规章和规范性文件。做好文物保护单位"四有"工作和登记不可移动文物挂牌、建档保护工作。有序开展历史城区、历史文化街区划定、历史建筑确定及后续挂牌、测绘、建档工作，推动历史城区复兴、历史文化街区保护和历史建筑修缮工作。

（三）创新工作方法。积极探索建立历史文化名城名镇名村总设计师制度，采用多种方式促进文物建筑和历史建筑活化利用。研究出台破解制约历史建筑保护利用突出问题的政策措施，探索制定历史文化名城名镇名村的消防、基础设施建设等地方性技术标准。

（四）加强监督管理。按照"一年一体检、五年一评估"的工作思路，研究制定反映各历史文化名城名镇名村保护状况的量化评价指标，开展体检评估工作，并以适当方式向社会公开体检情况，主动接受社会监督。

住房和城乡建设部将会同国家文物局建立历史文化名城名镇名村保护约谈制度，对保护工作不力的地方政府进行约谈，并根据破坏情况采取通报批评、列入濒危名录、撤销称号等处罚措施。

中华人民共和国住房和城乡建设部
国家文物局
2019年5月13日

住房和城乡建设部关于开展规范城市户外广告设施管理工作试点的函

建督函〔2019〕101号

长春市、武汉市、成都市、厦门市、青岛市、深圳市、无锡市、株洲市、如皋市人民政府：

为深入贯彻习近平总书记关于住房和城乡建设工作的重要批示精神，落实全国住房和城乡建设工作会议部署，按照城市品质提升的总体要求，经协商一致，决定在长春、武汉、成都、厦门、青岛、深圳、无锡、株洲、如皋等9个城市开展规范城市户外广告设施管理工作试点。

一、试点目的

以"安全、美观"为目标，以解决城市户外广告设施数量多、设置乱、品质低等突出问题为切入点，清除违法违规城市户外广告设施，建立长效管控机制，提高城市户外广告设施管理工作水平，促进城市品质提升。通过工作试点，总结形成一批可复制可推广的经验，并在此基础上研究出台指导全国规范城市户外广告设施管理工作的规范性文件。

二、试点时间

试点工作自2019年6月开始，时间1年。

三、试点任务

试点城市要结合实际，选择2—3条道路和1—2个区域开展试点，重点围绕以下任务开展工作：

（一）坚持规划引领。试点城市要坚持"先规划、后治理"的原则，依规划清理整治、依规划实施许可。依法编制城市户外广告设置规划（以下简称广告设置规划），明确总体布局、控制目标和广告类型。广告设置规划要因地制宜，符合城市实际，突出人文内涵和地域风貌，有机融合历史、文化、时代特征、民族特色等，避免"千城一面"。试点道路和区域要依据广告设置规划编制路段和区域城市户外广告设置的详细规划（以下简称详细规划）。

（二）完善政策措施。试点城市要抓紧推动出台或完善城市户外广告设施管理地方性法规、政府规章。加强政策配套衔接，建立健全行政许可、技术规范、安全管理、风险防控、监督检查和考核奖惩等一系列配套制度，优化管理体制，明确管理职责，加强部门协同，增强城市户外广告设施管理的系统性、整体性、协同性，保障试点工作依法依规、稳妥有序推进。

（三）开展整治提升。试点城市要全面摸清试点路段和区域城市户外广告设施的设置情况，分类逐一建立台账。在广泛征求权属单位、居民和专家意见的基础上，依据广告设置规划和详细规划制定城市户外广告设施整治提升方案，明确分类处置办法，清除一批、规范一批、提升一批。对未经许可擅自设置的、不符合广告设置规划和详细规划的、违反相关标准规范的、存在安全隐患的以及严重影响市容市貌的城市户外广告设施，依法予以拆除。

（四）建立长效机制。试点城市要建立健全城市户外广告设施长效管控机制，落实日常监管责任，加强监督检查，坚决遏制违法新设城市户外广告设施，巩固整治提升成果，促进管理常态化、长效化。强化社会信用管理，推动建立对失信责任主体的联合惩戒机制，促进行业自律。有条件的试点城市可探索建立城市户外广告设施管理信息平台，提高管理效率。

四、工作要求

（一）加强组织领导。试点城市要加强组织领导，强化部门协作，将规范城市户外广告设施管理工作纳入重要议事日程。抓紧编制试点方案，落实工作责任，确保试点取得实效。

（二）坚持依法规范。试点城市要坚持疏堵结合，稳妥有序推进试点工作。严格遵守安全生产相关法律法规，坚持严格规范公正文明执法，坚决杜绝简单任性和违规执法，保障群众合法权益。

（三）注重宣传引导。试点城市要通过报刊、广播、电视、网络等多种渠道，加强对规范城市户外广告设施管理工作的舆论宣传，为顺利推进试点工作营造良好的社会氛围。

（四）坚持共同缔造。试点城市要充分调动市民、商户等社会力量的积极性，坚持共谋、共建、共管、共评、共享，在编制广告设置规划和详细规划、制定整治提升方案阶段充分听取并吸收群众意见，工作成果及时向社会公开，接受群众监督。

有关省住房和城乡建设厅要加大对试点城市的支持力度，指导试点城市制定试点方案并督促落实。我部将适时组织专题调研。

请试点城市于2019年7月31日前报送试点方案，每月5日之前报送工作进展。

联系人：崔晶

联系电话：010-58934421

010-58934019（传真）

中华人民共和国住房和城乡建设部

2019年6月17日

住房和城乡建设部关于印发《农村住房安全性鉴定技术导则》的通知

建村函〔2019〕200号

各省、自治区住房和城乡建设厅，直辖市住房和城乡建设（管）委，新疆生产建设兵团住房和城乡建设局：

为贯彻落实《中共中央 国务院关于打赢脱贫攻坚战三年行动的指导意见》，进一步提升农村住房安全性鉴定的效率和准确性，加快推进农村危房改造工作，我部对《农村危险房屋鉴定技术导则（试行）》（建村函〔2009〕69号）进行了修订，形成《农村住房安全性鉴定技术导则》（以下简称《技术导则》），现印发给你们，请参照执行。

各省级住房和城乡建设部门要按照能看懂、易操作的原则，指导地市级住房和城乡建设部门因地制宜细化农村住房安全性鉴定技术导则，县级住房和城乡建设部门要结合本地实际优化农村住房安全性鉴定程序和方法，加强基层技术人员培训和技术帮扶，确保上岗人员能看懂、会操作。

《技术导则》执行过程中有关问题和建议，请及时报我部村镇建设司。

中华人民共和国住房和城乡建设部

2019年11月28日

农村住房安全性鉴定技术导则

一、总则

第一条 为规范农村住房安全性鉴定程序和方法，为农村危房改造提供可靠依据，对《农村危险房屋鉴定技术导则（试行）》修订后形成本导则。

第二条 本导则适用于一、二层既有农村住房的安全性鉴定，主要包括房屋危险程度鉴定及防灾措施鉴定。

三层及以上农村住房，可参照现行国家标准《民用建筑可靠性鉴定标准》（GB 50292）、《建筑抗震鉴定标准》（GB 50023）进行鉴定。

第三条 农村住房的安全性鉴定，以定性判断为主。根据房屋主要构件的危险程度和影响范围评定其危险程度等级，结合防灾措施鉴定对房屋的基本安全作出评估。鉴定以现场检查为主，并结合入户访谈、走访建筑工匠等方式了解建造和使用情况。

第四条 危险房屋（以下简称危房）指部分承重构件被鉴定为危险构件，或结构已严重损坏、处于危险状态，局部或整体不能满足安全使用要求的房屋；危房以幢为鉴定单位，通常为主要居住房屋。

第五条 农村住房安全性鉴定应由具有专业知识或经培训合格，并有一定工作经验的技术人员进行。

二、基本规定

第六条 农村住房安全性鉴定应按下列程序进行：

1. 场地安全性鉴定：核查场地是否为地质灾害易发区，结合场地周边环境调查情况，进行安全性鉴定，鉴定结果分为危险和基本安全两个等级。

2. 房屋基本情况调查：结合现场查勘，收集农户基本信息和房屋信息。

3. 房屋组成部分危险程度鉴定：对房屋各组成部分现状进行现场调查、查勘和检测，包括地基基础、上部承重结构和围护结构，分别鉴定其危险性，鉴定结果分为a、b、c、d四个等级。

4. 房屋整体危险程度鉴定：对房屋各组成部分危险程度鉴定分级情况进行汇总，确定房屋整体危险性，鉴定结果分为A、B、C、D四个等级。

5. 防灾措施鉴定：检查房屋是否采取防灾措施，并对防灾措施完备情况进行调查，鉴定结果分为具备防灾措施、部分具备防灾措施和完全不具备防灾措施3个等级。

6. 处理建议：对被鉴定的房屋，根据房屋整体危险程度鉴定和防灾措施鉴定结果，综合考虑安全性提升加固改造措施，提出原则性的处理建议。

7. 出具鉴定报告：农村住房安全性鉴定报告内容应包括农户和房屋基本信息，房屋组成部分危险程度鉴定情况，房屋整体危险程度鉴定和防灾措施鉴定情况，并根据鉴定结果提出处理建议，附房屋简图和现场照片。

8. 争议处理：当农村住房安全性鉴定结论存在争议时，应委托专业机构进行仲裁鉴定。

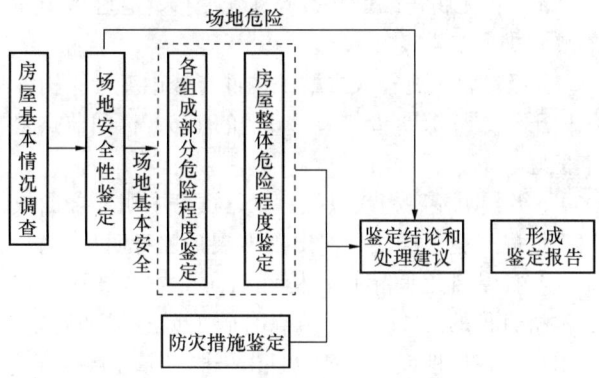

图1 农村住房安全性鉴定程序

第七条 对房屋组成部分进行危险程度鉴定，应按下列等级划分：

a级：无危险点。
b级：有危险点。
c级：局部危险。
d级：整体危险。

第八条 在房屋组成部分危险程度鉴定基础上，对房屋整体危险程度进行鉴定，按下列等级划分：

A级：结构能满足安全使用要求，承重构件未发现危险点，房屋结构安全。

B级：结构基本满足安全使用要求，个别承重构件处于危险状态，但不影响主体结构安全。

C级：部分承重结构不能满足安全使用要求，局部出现险情，构成局部危房。

D级：承重结构已不能满足安全使用要求，房屋整体出现险情，构成整幢危房。

第九条 农村住房安全性鉴定分两阶段进行，第一阶段为场地安全性鉴定，第二阶段为房屋组成部分危险程度鉴定、房屋整体危险程度鉴定和防灾措施鉴定。当既有房屋建设场地被判定为危险时，可直接鉴定为D级，提出迁址重建议。

第十条 房屋安全性鉴定应按照先房屋外部、后房屋内部，先宏观判别、后详细评定的顺序进行。房屋外观破坏程度严重或濒于倒塌的房屋，可不再对房屋内部进行检查，直接鉴定为D级。

第十一条 房屋外部检查重点为：

1. 房屋周边环境情况。
2. 房屋的层数、高度、平立面布置、主要建筑材料、楼（屋）盖形式等。
3. 地基基础的稳定和变形情况。
4. 房屋是否有整体倾斜、变形。
5. 房屋外观损伤和破坏情况。

第十二条 房屋内部检查时，应首先结合外部检查确定房屋结构体系，然后对主要构件进行外观缺陷、损伤及破坏情况的检查。对各类构件的检查要点如下：

1. 承重墙体、柱、梁、楼板、屋盖构件的材质、规格尺寸，有无受力或变形裂缝及程度等。
2. 各承重构件之间的连接构造节点做法及现状，有无拉脱、松动、变形等。
3. 木构架承重房屋的刚性围护墙及其与承重木构架的连接。
4. 判定墙体裂缝性质时，应注意区分抹灰层等装饰层的损坏与构件本身的损坏，必要时应剔除其装饰层进行核查。

第十三条 现场鉴定人员应有可靠的安全防护措施。

三、场地安全性鉴定

第十四条 场地是否存在重大安全隐患，以自然资源部门出具的评估结果和建议为准，避免造成严重后果；同时现场调查房屋所处周边环境是否存在危险因素。当场地存在下列情况之一时，应判定为危险场地：

1. 可能发生滑坡、崩塌、地陷、地裂等。

2. 洪水主流区、山洪、泥石流易发地段。

3. 岩溶、土洞强烈发育地段。

4. 已出现明显变形下陷趋势的采空区。

四、房屋组成部分危险程度鉴定

第十五条 房屋由地基基础、承重构件、围护（分隔）构件、木屋架和楼（屋）盖等组成，各组成部分包括多个构件，危险程度鉴定时以危险程度最高的构件来判定组成部分的危险等级。应因地制宜，根据房屋结构体系确定主要构件并进行危险程度鉴定。

第十六条 地基基础鉴定以现状鉴定为主，着重检查外露基础现状情况，上部结构有无因不均匀沉降引起的裂缝、沉降等，按下列等级进行划分：

a级：上部结构无不均匀沉降裂缝和倾斜，外露基础完好；地基、基础稳定。

b级：上部结构有轻微不均匀沉降裂缝，外露基础基本完好；地基、基础基本稳定。

c级：上部结构出现明显不均匀沉降裂缝，或外露基础明显腐蚀、酥碱、松散和剥落。

d级：上部结构不均匀沉降裂缝严重，且继续发展尚未稳定，或已出现明显倾斜；基础局部或整体塌陷。

第十七条 砌体墙鉴定主要检查砌筑质量、外观现状等，按下列等级进行划分：

a级：砌筑质量良好，无裂缝、剥蚀、歪斜；纵横墙交接处咬槎砌筑。

b级：砌筑质量一般，部分墙体有轻微开裂或剥蚀；纵横墙交接处无明显通缝。

c级：砌筑质量差，墙体普遍开裂，剥蚀严重；纵横墙体脱闪；个别墙体歪斜；承重墙体厚度≤120mm。

d级：墙体严重开裂，部分墙体严重歪斜；局部倒塌或有倒塌危险。

当小型混凝土空心砌块墙未按要求设置芯柱时，结合质量现状，应判定为c级或d级。

第十八条 石砌墙体鉴定主要检查砌筑质量、砌筑方式、外观现状等，按下列等级进行划分：

a级：石料规整，砌筑质量良好；无空鼓、歪斜；纵横墙交接处咬槎砌筑。

b级：石料基本规整，砌筑质量一般；墙体有轻微开裂或空鼓；纵横墙交接处无明显通缝。

c级：石料规整性差，砌筑质量差；墙体普遍开裂，明显空鼓，部分石料松动；纵横墙体脱闪，个别墙体歪斜。

d级：墙体严重开裂；部分墙体严重歪斜；局部倒塌或有倒塌危险。

当墙体采用乱毛石、鹅卵石砌筑，或砌筑砂浆为泥浆或无浆干砌时，应判定为c级或d级。

第十九条 生土墙体鉴定主要检查砌筑（夯筑）质量、砌筑方式、外观现状等，按下列等级进行划分：

a级：土坯墙块体规整、砌筑质量良好，夯土墙夯筑质量好，干缩裂缝较少。墙面无剥蚀、空鼓；纵横墙交接处咬槎砌筑；

b级：土坯墙砌筑质量或夯土墙夯筑质量一般，干缩裂缝较多但不严重；受力裂缝轻微；墙面轻微剥蚀或空鼓；纵横墙交接处无明显通缝。

c级：墙体砌筑或夯筑质量差，干缩裂缝严重并出现明显受力裂缝；墙面明显剥蚀，空鼓严重；纵横墙体脱闪，个别墙体歪斜。

d级：墙体严重开裂；部分墙体严重歪斜，局部倒塌或有倒塌危险。

处于长期受潮状态或周边排水不畅的生土墙体，应判定为c级或d级。

第二十条 承重木构架鉴定主要检查木柱、梁、檩等各构件的现状及榫卯节点连接情况，按下列等级进行划分：

a级：无腐朽或虫蛀；构件无变形；有轻微干缩裂缝；榫卯节点良好。

b级：轻微腐朽或虫蛀；构件有轻微变形；构件纵向干缩裂缝深度超过木材直径的1/6；榫卯节点基本良好。

c级：明显腐朽或虫蛀；梁、檩跨中明显挠曲或出现横向裂缝，梁檩端部出现劈裂；柱身明显歪斜；木柱与柱基础之间错位；构件纵向干缩裂缝深度超过木材直径的1/4；榫卯节点有破损或有拔榫迹象；承重柱存在接柱或转换情况且未采取可靠连接措施。

d级：严重腐朽或虫蛀；梁、檩跨中出现严重横向裂缝；柱身严重歪斜；木柱与柱基础之间严重错位；构件纵向干缩裂缝深度超过木材直径的1/3；榫卯节点失效或多处拔榫。

第二十一条 梁、板、柱等混凝土构件的鉴定主要检查质量现状，按下列等级进行划分：

a级：表面平整，或仅有少量微小开裂或个别部位剥落；钢筋无明显露筋、锈蚀；预制板端部支承稳固，采取加强连接措施。

b级：表面轻微开裂或局部剥落；个别部位钢筋露筋、锈蚀；预制板端部支承基本稳固。

c级：保护层剥落严重；钢筋露筋、锈蚀，出现明显锈胀裂缝；梁、板出现明显受力裂缝和变形；预制板端部支承长度不足。

d级：保护层剥落非常严重；部分钢筋外露；梁、板出现严重受力裂缝和变形；预制板端部支承长度严重不足，有坠落危险。

第二十二条 围护墙体鉴定主要检查刚性围护墙及其与承重木构架连接现状，围护墙体质量鉴定根据墙体类别参见以上各条要求，按下列等级进行划分：

a级：围护墙与承重木柱间有拉结措施；山墙、山尖墙与木构架或屋架有墙缆拉结；内隔墙顶与梁或屋架下弦有拉结。

b级：采取部分拉结措施；围护墙与承重木柱之间未出现明显通缝。

c级：无拉结措施；贴砌山墙、山尖墙与屋架分离；围护墙体与承重木柱之间出现明显竖向通缝。

d级：无拉结措施；贴砌山墙、山尖墙与屋架分离且有明显外闪；围护墙体与承重木柱之间脱闪。

第二十三条 木屋架鉴定主要检查各构件的现状以及节点连接情况，按下列等级进行划分：

a级：无腐朽或虫蛀；无变形；自身稳定性良好，没有平面内变形和平面外偏斜；榫卯节点良好。

b级：轻微腐朽或虫蛀；有轻微变形；自身稳定性尚可，有轻微平面内变形或平面外偏斜；榫卯节点基本良好。

c级：明显腐朽或虫蛀；下弦跨中出现横纹裂缝；端部支座移位或松动；出现明显平面内变形或平面外歪斜；榫卯节点有破损、松动或有拔榫迹象。

d级：严重腐朽或虫蛀；下弦跨中出现严重横纹裂缝；端部支座失效；出现平面内严重变形或平面外严重歪斜；榫卯节点多处拔榫。

第二十四条 楼（屋）盖鉴定主要检查构件现状，按下列等级进行划分：

a级：楼（屋）面板无明显受力裂缝和变形；椽、瓦完好；屋面无渗水现象。

b级：楼（屋）面板有轻微裂缝但无明显变形；瓦屋面局部轻微沉陷，椽、瓦小范围损坏；屋面小范围渗水。

c级：楼（屋）面板明显开裂和变形；瓦屋面出现较大范围沉陷，椽、瓦较大范围损坏；屋面较大范围渗水。

d级：楼（屋）面板开裂严重，部分塌落；瓦屋面大范围沉陷，椽、瓦大范围严重损坏；屋面大范围渗水漏雨。

五、房屋整体危险程度鉴定

第二十五条 在各组成部分危险程度鉴定结果基础上，结合房屋宏观情况进行综合判定，确定其整体危险程度等级：

A级：房屋各组成部分各项均为a级，即房屋没有损坏，整体现状基本完好。

B级：房屋各组成部分至少一项为b级，即房屋出现轻微破损，存在轻度危险。

C级：房屋各组成部分至少一项为c级，即房屋出现中度破损，存在中度危险。

D级：房屋各组成部分至少一项为d级，即房屋出现严重破损，存在严重危险。

生土墙体承重、砖土混合承重房屋，泥浆砌筑的砖木、石木结构房屋，即使观感完好，但存在潜在原始缺陷，不应评为A级。

六、防灾措施鉴定

第二十六条 在进行房屋危险程度鉴定的同时，应进行防灾措施鉴定，鉴定结果分为具备防灾措施、部分具备防灾措施、完全不具备防灾措施3个等级。应因地制宜根据主要灾种提出防灾措施鉴定要求。8度及以上高地震烈度区应对抗震构造措施着重进行鉴定。

第二十七条 抗震构造措施鉴定主要检查以下项目是否符合，进行综合判断并分级：

1. 墙体承重房屋基础埋置深度不宜小于500mm，8度及以上设防地区应设置钢筋混凝土地圈梁。

2. 8度及以上设防地区，砌体墙承重房屋四角应设置钢筋混凝土构造柱。

3. 8度及以上设防地区的房屋，承重墙顶或檐口高度处应设置钢筋混凝土圈梁；6度、7度设防地区的房屋，宜根据墙体类别设置钢筋混凝土圈梁、配筋砂浆带圈梁或钢筋砖圈梁；现浇钢筋混凝土楼板可兼做圈梁。

4. 8度及以上设防地区，端开间及中间隔开间木构（屋）架间应设置竖向剪刀撑，檐口高度应设置纵向水平系杆。

5. 承重窗间墙最小宽度及承重外墙尽端至门窗洞边的最小距离不应小于900mm。

6. 承重墙体最小厚度，砌体墙不应小于180mm，料石墙不应小于200mm，生土墙不应小于240mm。

7. 后砌砖、砌块等刚性隔墙与承重结构应有可靠拉结措施。

生土承重结构、砖木混杂结构等应鉴定为"部分具备防灾措施"或"完全不具备防灾措施"。

七、鉴定结论与处理建议

第二十八条 农村住房安全性鉴定报告应包括下列内容，可采用表格形式或文字报告形式。

1. 农户基本信息：包括户主姓名、身份证号码、联系电话、贫困户类型、家庭人口等。
2. 房屋基本信息：包括所在地址、建造年代、建筑面积、层数、开间、抗震设防烈度、结构形式、承重构件种类、围护墙体材料、楼（屋）面类型及材料等，使用历史和维修情况。
3. 鉴定机构，鉴定人员及鉴定日期。
4. 房屋危险程度鉴定等级，包括各组成部分（构件）、房屋整体危险程度鉴定等级。
5. 防灾措施鉴定结果。
6. 鉴定结论及处理建议。
7. 调查记录、房屋简图及照片等附件，调查记录应有现场调查人员、农户签字，通过走访建筑工匠了解房屋建造情况时应有工匠签字。

第二十九条 经鉴定为局部危房或整幢危房时，应按下列方式进行处理：

1. 经鉴定为C级危房的农村住房，鼓励因地制宜进行加固维修，解除危险。
2. 经鉴定为D级危房，确定已无修缮价值的农村住房，应拆除、置换或重建。
3. 经鉴定为D级危房，短期内不便拆除又不危及相邻建筑和影响他人安全时，应暂时停止使用，或在采取相应的临时安全措施后，改变用途不再居住，观察使用。
4. 有保护价值的D级传统民居及有历史文化价值的建筑等，应专门研究后确定处理方案。
5. 确定加固维修方案时，应将消除房屋局部危险与抗震构造措施加固综合考虑。
6. 当条件允许时，加固维修宜结合房屋宜居性改造和节能改造同步进行。

住房和城乡建设部办公厅关于开展农村住房建设试点工作的通知

建办村〔2019〕11号

各省、自治区住房和城乡建设厅，直辖市住房和城乡建设（管）委，新疆生产建设兵团住房和城乡建设局：

按照全国住房和城乡建设工作会议部署，我部决定开展农村住房建设试点工作，现将有关事项通知如下：

一、总体要求

（一）指导思想。以习近平新时代中国特色社会主义思想为指导，认真贯彻中央经济工作会议精神，全面落实全国住房和城乡建设工作会议部署，坚持以人民为中心的发展思想，坚持共建共治共享的理念和方法，坚持政府引导、村民主体的基本原则，在尊重农民安居需求和农房建设实际的基础上，通过农村住房建设试点工作，提升农房建设设计和服务管理水平，建设一批功能现代、风貌乡土、成本经济、结构安全、绿色环保的宜居型示范农房，改善农民居住条件和居住环境，提升乡村风貌。

（二）任务目标。到2020年，各省（区、市）试点县（市、区、旗）建成一批可复制可推广的示范农房，农房设计服务、工匠培训管理等农房建设管理体系初步建立，形成可复制可推广的农房设计和建设管理经验。条件较好的省（区、市）争取在2019年底前建成一批示范农房。到2022年，多数县（市、区、旗）建成示范农房，试点经验得到推广应用，农房设计服务、工匠培训管理等农房建设管理机制初步健全。到2035年，农房建设普遍有管理，农民居住条件和乡村风貌普遍改善，农民基本住上适应新的生活方式的宜居型农房。

二、明确试点内容

（一）探索支持农民建设宜居型农房机制。大力开展农村住房建设试点，积极探索如何支持群众建设一批农民喜闻乐见且功能现代、风貌乡土、成本经济、结构安全、绿色环保的宜居型示范农房，按照宜点则点、宜面则面的原则建设宜居型示范农房和示范农房组团，形成可复制、可推广的示范经验，通过示范引领，推动提高农房设计和建设水平。

（二）探索组织农房设计力量下乡服务机制。试点县（市、区、旗）要组织调研农房建设现状，了解农民安居需求，依据当地气候变化、地域风貌、民俗风情、文化传承、功能需求，研究提炼地域传统建筑文化元素和空间结构，提出农房建设基本标准和技术导则，组织建筑师、规划师等专家以及从农村走出去的懂建设、爱农村的技术人员和专家开展农房设计下乡服务。

（三）探索建立农村建筑工匠培养和管理制度。联合大专院校、学术团体，加强农村建筑工匠队伍建设，积极组织开展相关培训，并探索建立符合农村实际的农村建筑工匠培训制度和管理制度，提高农村工程施工人员能力素质。探索建立村级农房建设协管员机制，吸收下乡服务的专家和大学生村官兼职村级农房建设协管员，有条件的地方可推动将村级农房建设协管员纳入公益性岗位指导目录。

三、做好试点组织实施

（一）选好试点县（市、区、旗）。选取当地政府重视且农房建设管理工作有基础的县级地区开展试点，原则上每省（区、市）选择3—5个试点县（市、区、旗）。各省（区、市）住房和城乡建设部门要于2019年2月底前将试点县（市、区、旗）名单和试点工作方案报我部村镇建设司。

（二）建立设计师下乡长效机制。各省（区、市）住房和城乡建设部门要组织制定符合区域实际的农房设计和建设标准规范、技术导则，加强对农房设计和建设的技术指导。组织引导建筑师、规划师等专家和技术骨干参与农房设计和建设的实施指导。要联合各级建筑学会、规划学会等相关学协会，加强农房设计和建设队伍建设，积极开展相关培训，组织发动学协会会员下乡服务。鼓励高校开设相应专业课程，鼓励科研单位、学协会开展农房设计和建设研究，培养乡村设计师队伍。

（三）推行政府、专家、农民"共同缔造"的农房建设理念。按照"从群众中来，到群众中去"工作原则，加强对农房设计和建设人员的组织和培训，宣传推行"美好环境与幸福生活共同缔造"的工作理念和方法，充分尊重农户意愿，实践决策共谋、发展共建、建设共管、效果共评、成果共享的陪伴式服务，确保村民熟知并参与农房设计和建设过程。

设计人员要根据与村民共谋的结果，帮助农户设计或由农户自己选择适宜农房设计方案。地方各级住房和城乡建设部门要将村民参与情况、满意程度作为宜居型示范农房建设和项目验收的重要依据。

（四）科学设计农房功能空间布局。要把握乡村振兴要求和城乡一体发展趋势，尊重农村生产生活演变规律，适应农民追求品质生活、发展现代农业、承接城市功能等美好生活的需求，合理设计农房居住空间、储物空间和生产空间等建筑功能空间。

（五）推广应用农房现代建造方式。要结合当地的气候条件、传统习俗等因素，综合考虑农房建筑结构安全和农户经济承受能力等方面，因地制宜推广农房现代建造方式。要应用绿色节能的新技术、新产品、新工艺，探索装配式建筑、被动式阳光房等建筑应用技术，注重绿色节能技术设施与农房的一体化设计；加强对传统建造方式的传承和创新，注重采用乡土材料、乡土工艺，实现在传统基础上应用好现代建造方式。

（六）以农房建设促进村容村貌提升。农房设计要充分研究分析所在区域的地域特征和文化特色，积极探索村庄整体风貌下的单体设计。农房设计要处理好传统与现代、继承与发展的关系，既深入挖掘历史文化资源，又充分体现时代气息，既注重农房单体的个性特色，更注重村居整体的错落有致，有序构建村庄院落、农房组团等空间，着力探索形成具有地方特色的新时代民居范式，以点带面促进村容村貌提升。

（七）组织试点验收。各地要因地制宜制定试点工作要求和验收标准，组织专家对宜居型示范农房进行验收，原则上应于2019年10月底前完成建设和验收。验收合格的，有条件的地方应以奖代补给予一定的资金支持，我部将协商财政部门争取采取以奖代补方式给予资金支持。

（八）总结推广经验。各地要通过电视、广播、报刊、互联网等渠道，广泛开展农房设计和宜居示范型农房等宣传，推进示范引导，普及农房设计和建设相关知识。农房设计通用图集和宜居示范农房应在各省（区、市）的设计服务平台中公布，供农户查阅咨询和下载使用。各试点县（市、区、旗）要适时组织开展现场会推广试点经验，组织农户就近参观学习宜居型示范农房。我部将择时召开农房建设试点工作现场会。

中华人民共和国住房和城乡建设部办公厅

2019年2月2日

住房和城乡建设部办公厅关于进一步推进住房和城乡建设系统涉及危险化学品安全综合治理工作的通知

建办质〔2019〕13号

各省、自治区住房和城乡建设厅，直辖市住房和城乡建设（管）委、城市管理委员会（局）、水务局，北京市园林绿化局，上海市绿化和市容管理局，重庆市经济和信息化委员会、商务委员会，海南省水务厅，新疆生产建设兵团住房和城乡建设局：

2018年末，接连发生河北省张家口市"11.28"重大燃爆事故和北京交通大学"12.26"较大事故，造成重大人员伤亡，教训极其惨痛。为深入贯彻落实党中央、国务院关于加强安全生产工作的一系列重要决策部署，深刻吸取事故教训，进一步推进住房和城乡建设系统涉及危险化学品安全综合治理，现将有关工作通知如下：

一、工作目标

贯彻落实《国务院办公厅关于印发危险化学品安全综合治理方案的通知》（国办发〔2016〕88号）要求，通过综合治理，住房和城乡建设系统涉及危险化学品安全风险和重大危险源进一步摸清并得到有效管控，企业安全生产主体责任得到有效落实，城镇燃气使用环节安全隐患和建筑业、房地产业、供水、污水处理、公共设施管理等方面涉及危险化学品安全隐患得到有效治理，安全保障水平进一步提升，应急处置能力进一步提高，坚决杜绝危险化学品重特大事故。

二、工作要求和重点内容

按照《国务院安全生产委员会关于印发〈涉及危险化学品安全风险的行业品种目录〉的通知》（安委〔2016〕7号）要求，我部梳理了《住房和城乡建设系统涉及危险化学品安全风险的行业品种目录》（附件1，以下简称《目录》），重点按照以下要求和内容开展工作。

（一）工作要求。

1. 全面摸排危险化学品安全风险。逐条对照《目录》所涉内容，全面深入摸排涉及城镇燃气使用、建筑业、房地产业、供水、污水处理、公共设施管理等方面的危险化学品，并建立本地区本部门城镇燃气使用环节和危险化学品安全风险分布档案，实施动态管理。

2. 加强重大危险源管控。认真组织开展重大危险源排查，建立城镇燃气使用环节和危险化学品重大危险源数据库，排查整治存在的各类安全隐患。加强重大危险源安全管控，严格落实安全管理责任，督促有关企业、单位落实安全生产主体责任和属地监管责任，强化全过程管控。

3. 强化资质管理。严格落实《建设工程勘察设计管理条例》《建设工程质量管理条例》等法规要求，加强从事危险化学品建设工程设计、施工、监理单位的资质审批管理。依法严肃追究因设计、施工质量导致生产安全事故相关单位的责任。

4. 完善建设标准。结合工程建设标准化改革和标准复审工作，不断完善涉及危险化学品相关工程建设标准，鼓励社会团体和企业制定符合行业需求的团体标准和企业标准，对技术落后或不适用的标准适时开展修订。

（二）重点内容。

1. 深入推进城镇燃气使用环节安全治理。按照《城镇燃气管理条例》等法规以及燃气相关标准规范要求，督促燃气经营企业建立完善城镇燃气使用环节问题整改和重大危险源等台账，确保城镇燃气安全管理制度落实到位。

2. 加强公用设施运营危险化学品安全管理。指导各地区进一步督促城镇供水、污水处理企业加强安全生产制度的建立和落实、加氯间的安防监控、危险化学品的储存管理等。严格按照《住房城乡建设部办公厅关于加强城镇排水、污水处理等设施维护作业安全管理工作的通知》（建办城函〔2017〕

443号）要求，规范化粪池清掏作业，落实安全作业基本要求，配备安全防护设备和用品，严格化粪池检查和清淤作业。督促市政设施养护维修单位在市政设施抢修等工作中，按照危险化学品安全管理有关规定，做好所使用的乙炔、氧气等危险化学品采购、运输、储存和使用等环节安全管理工作。

3. 加强园林绿化危险化学品安全管理。强化城市绿化使用肥料和农药的安全管理，提倡使用低毒低残留农药和无危害肥料，确需使用硝酸铵和氧乐果等危险化学品，须按实际需求通过正规渠道购置，不得超量囤积。做好危险化学品采购、运输、储存、使用等环节的记录和监管，严防泄露、爆炸、中毒等安全事故发生。禁止在人员密集场所使用高毒和剧毒的农药。

4. 强化建筑业和房地产业危险化学品安全管控。进一步加大监督检查力度，督促工程参建单位认真落实安全生产主体责任，重点排查乙炔等易燃易爆品，以及油漆、涂料等有毒有害材料在储存、使用、废弃处置等过程中的安全风险和隐患，采取有效措施，防范火灾、爆炸、中毒等安全事故发生。

三、保障措施

（一）加强组织领导。充分认识住房和城乡建设系统涉及危险化学品安全综合治理工作的重要意义，科学制定危险化学品安全综合治理具体目标和实施方案，认真部署，精心组织，确保取得实效。

（二）强化责任落实。严格落实企业安全生产主体责任，加大安全投入，对重大危险源实施重点管控，建立健全监测监控体系，提升本质安全。完善城镇燃气使用环节和危险化学品应急处置专项预案，提高应急救援能力。

（三）加大宣传教育。加强正面主动引导，开展多种形式的危险化学品宣传普及活动，不断提高从业人员安全意识和认知水平，加强危险化学品基本常识、辨别和应急处置的教育培训，确保管理和操作人员达到岗位技能要求。

请各省级住房和城乡建设主管部门于2019年3月15日、6月15日、9月15日前，向我部报送危险化学品安全综合治理阶段性进展情况（书面报告及附件2，电子版一并报送），11月5日前报送总结报告；确定1名联络员，负责日常工作协调和联系，并于3月15日前报送联络员信息。

联系人：李文刚

联系电话：010-58933041

传真电话：010-58934464

电子邮箱：liwg@mohurd.gov.cn

附件：1. 住房和城乡建设系统涉及危险化学品安全风险的行业品种目录
2. 住房和城乡建设系统涉及危险化学品安全综合治理工作情况表
3. 住房和城乡建设系统涉及危险化学品安全综合治理工作联络员表

中华人民共和国住房和城乡建设部办公厅

2019年2月22日

附件1

住房和城乡建设系统涉及危险化学品安全风险的行业品种目录

大类	类别名称	涉及的典型危险化学品	主要安全风险
45	燃气生产和供应业	燃气生产涉及液化石油气、天然气、煤气等易燃气体，液氨、硫化氢等有毒气体，原料涉及石油化工产品等易燃气体和易燃液体、盐酸、氢氧化钠等	爆炸、火灾、中毒、腐蚀
46	水的生产和供应业	（1）消毒使用液氯、次氯酸钠等	中毒、腐蚀
		（2）污水处理使用盐酸、氢氧化钠、双氧水等	腐蚀
		（3）污水中含有的汽油等易燃液体和硫化氢等有毒物质	火灾、爆炸、中毒
47	房屋建筑业	焊接使用乙炔、氧气	火灾、爆炸
48	土木工程建筑业	（1）焊接使用乙炔、氧气	火灾、爆炸
		（2）油漆稀释剂涉及丙酮、乙醇等	火灾、爆炸、中毒

续表

大类	类别名称	涉及的典型危险化学品	主要安全风险
50	建筑装饰和其他建筑业	油漆稀释剂涉及丙酮、乙醇等	火灾、爆炸、中毒
70	房地产业	（1）使用溶剂油、丙酮作为胶粘剂的稀释剂	火灾、爆炸、中毒
		（2）涂料涉及溶剂油等	火灾、爆炸、中毒
		（3）焊接使用乙炔、氧气	火灾、爆炸
78	公共设施管理业	（1）化粪池等场所涉及沼气、硫化氢、盐酸等	火灾、爆炸、中毒、腐蚀
		（2）绿化使用硝酸铵肥料和氧乐果等农药	爆炸、中毒
		（3）市政设施抢修使用乙炔、氧气等	火灾、爆炸

备注：第45大类"燃气生产和供应业"中涉及住房和城乡建设系统的内容为"人工煤气的生产"。

附件2

住房和城乡建设系统涉及危险化学品安全综合治理工作情况表

单位名称（盖章）：　　　　　　　　　　　　　　　填报日期：　　年　　月　　日

序号	工作内容	落实结果	具体情况和原因说明（可另附）
1	是否制定具体实施方案		
2	是否召开安全生产领导小组会议或安全生产委员会议，并作出有针对性的周密部署安排		
3	建立危险化学品档案情况		
4	组织开展排查住房和城乡建设生产经营单位数（个）		
5	其中：占本地区单位总数的比例（%）		
6	涉及危险化学品多少（种）		
7	其中：重大危险源（处）		
8	排查出的问题和隐患（个）		
9	是否建立本地区本单位重大危险源数据库		
10	落实住房和城乡建设生产经营单位安全责任人（个）		
11	完善储存、使用、运输、废弃、处置等制度（个）		
12	健全城镇燃气使用环节和危险化学品事故应急预案（个）		
13	开展培训演练（人/次）		

附件3

住房和城乡建设系统涉及危险化学品安全综合治理工作联络员表

单位名称（盖章）：　　　　　　　　　　　　　　　填报日期：　　年　　月　　日

序号	姓名	单位及职务	联系电话

住房和城乡建设部办公厅关于深入开展建筑施工安全专项治理行动的通知

建办质〔2019〕18号

各省、自治区住房和城乡建设厅，直辖市住房和城乡建设（管）委，新疆生产建设兵团住房和城乡建设局：

2019年是新中国成立70周年，全力做好保安全、保稳定工作意义重大。为认真贯彻落实党中央、国务院有关安全生产重大决策部署，防范化解重大安全风险，坚持守土有责、守土尽责，切实维护人民群众生命财产安全，现就深入开展建筑施工安全专项治理行动有关事项通知如下：

一、总体要求

坚持以习近平新时代中国特色社会主义思想为指导，全面贯彻落实党的十九大和十九届二中、三中全会精神，认真贯彻落实习近平总书记关于安全生产的重要论述精神，稳中求进、改革创新、担当作为，持续促进建筑施工企业安全管理能力提升，不断提高安全监管信息化、标准化、规范化水平，进一步降低事故总量，坚决遏制重特大事故发生，推动全国建筑施工安全形势稳定好转，为住房和城乡建设事业高质量发展做出应有贡献，以优异成绩迎接新中国成立70周年。

二、主要任务

（一）着力防范重大安全风险。

1. 认真执行《危险性较大的分部分项工程安全管理规定》。制定完善配套制度，督促工程项目各方主体建立健全危险性较大的分部分项工程安全管控体系，编制专项施工方案，组织专家论证方案，严格按照方案施工。加大危险性较大的分部分项工程监督执法力度，对发现问题责令限期整改并依法实施处罚。

2. 突出强化起重机械、高支模、深基坑和城市轨道交通工程等重点领域和重要环节安全管控工作。积极采取有效措施，加强对起重机械安装拆卸、使用运行的监管，加强对高支模钢管扣件使用、专项施工方案编制及实施的监管，加强对深基坑变形监测、周边堆物的监管，加强对城市轨道交通工程关键节点施工条件核实、盾构施工的监管。

3. 推进实施安全风险管控和隐患排查治理双重预防机制。督促工程项目各方主体建立安全风险管控清单和隐患排查治理台账，构建全员参与、各岗位覆盖和全过程衔接的责任体系，明确管理措施，从源头治起、从细处抓起、从短板补起，筑牢防线，守住底线，严防风险演变、隐患升级导致安全事故发生。

（二）加大事故查处问责力度。

1. 严格做好事故查处工作。我部负责督办较大及以上事故查处工作，省级住房和城乡建设主管部门承担较大事故查处主体责任，并督促下级住房和城乡建设主管部门加大对一般事故的查处力度。事故发生后，各地要及时印发通报并上网公开，督促建筑施工企业深刻吸取事故教训，举一反三、排查隐患，坚决防范类似事故发生。

2. 发挥事故警示教育作用。各地要组织对本地区发生事故进行全面分析研究，通过现场勘查、调查取证、检测鉴定、查阅资料、现场试验和专家论证等方式，查明事故发生经过和原因，提出改进工作建议，形成包含图片、影像等资料的事故完整档案。

3. 严肃查处事故责任企业和人员。依法依规第一时间实施暂扣或吊销安全生产许可证、收回安全生产考核合格证书和特种作业人员操作资格证书等处罚，抓紧提出企业资质和人员资格处罚意见。做好跨地区处罚协调联动，及时将处罚建议转送发证机关处理。对事故多发及查处工作薄弱地区实施约谈，及时研究改进工作。

（三）改革完善安全监管制度。

1. 贯彻落实《中共中央 国务院关于推进安全生产领域改革发展的意见》，研究出台建筑施工安全改革发展的政策措施。按照"放管服"总体要求，推进企业安全生产许可证管理制度改革，对发生事故企业精准处罚。创新安全监管检查方式，推行"双随机、一公开"制度。

2. 加快建设并发挥全国建筑施工安全监管信息系统作用。推动施工安全实现"互联网＋"监管，用信息化促进监管业务协同、信息共享，实现业务流程优化。加强监管数据综合利用，积极发挥大数据在研判形势、评估政策、监测预警等方面作用。

3. 加强监管机构和人员队伍建设。推动出台依法履行法定职责规定，健全完善激励约束机制，督促广大干部忠于职守、履职尽责、担当作为。提高监管业务规范化水平，定期对监管人员进行教育培训，建立工作考核制度，提高监管人员专业能力和综合素质。

（四）提升安全综合治理能力。

1. 全面实施工程质量安全手册制度。落实企业施工安全主体责任，提高从业人员安全素质，提升施工现场安全管理能力。健全施工安全诚信体系，建立守信激励和失信惩戒机制，对严重失信行为实施部门联合惩戒，增强企业及主要负责人施工安全工作主动性。

2. 严格落实部门安全监管责任。按照"党政同责、一岗双责、齐抓共管、失职追责"原则，开展施工安全监管工作评估，并加强评估结果使用。规范并不断提高施工安全监督执法检查的效能，实行差别化监管，做到对违法者"利剑高悬"，对守法者"无事不扰"。

3. 坚持系统治理原则，组织动员社会力量积极参与施工安全工作，推动共建共治共享。发挥高校、科研院所等研究机构智力支撑和政策咨询的重要作用，促进施工安全工作创新发展。发挥社会公众及媒体监督作用，宣传先进典型，曝光违法行为，形成良好舆论氛围。

三、有关要求

省级住房和城乡建设主管部门要充分认识深入开展建筑施工安全专项治理行动的重要意义，在2018年工作基础上，及时总结经验，再部署再动员，细化任务分工，层层压实责任，确保各项工作有力有序推进。要加强对下级住房和城乡建设主管部门的指导协调，督促各项工作落实到位。

中华人民共和国住房和城乡建设部办公厅

2019年3月13日

住房和城乡建设部办公厅关于进一步加强施工工地和道路扬尘管控工作的通知

建办质〔2019〕23号

各省、自治区住房和城乡建设厅，直辖市住房和城乡建设（管）委、城市管理委、城市管理局、绿化市容局，新疆生产建设兵团住房和城乡建设局：

为深入贯彻习近平生态文明思想，严格按照《中共中央 国务院关于全面加强生态环境保护坚决打好污染防治攻坚战的意见》《国务院关于印发打赢蓝天保卫战三年行动计划的通知》（国发〔2018〕22号）要求，进一步加强城市范围内房屋市政工程施工工地和道路扬尘管控工作，现就有关事项通知如下：

一、充分认识施工工地和道路扬尘管控工作重要性

良好生态环境是实现中华民族永续发展的内在要求，是增进民生福祉的优先领域。加强生态环境保护、坚决打好污染防治攻坚战、打赢蓝天保卫战是党和国家的重大决策部署，事关满足人民日益增长的美好生活需要，事关全面建成小康社会，事关经济高质量发展和美丽中国建设。地方各级住房和城乡建设主管部门及有关部门要深入贯彻习近平生态文明思想，履职尽责、担当作为，进一步加强施工工地和道路扬尘管控工作，为明显减少重污染天数、明显改善环境空气质量、明显增强人民的蓝天幸福感作出贡献。

二、严格落实施工工地扬尘管控责任

地方各级住房和城乡建设主管部门及有关部门要按照大气污染防治法的规定，依法依规强化监管，严格督促建设单位和施工单位落实施工工地扬尘管控责任。

（一）建设单位的责任。建设单位应将防治扬尘污染的费用列入工程造价，并在施工承包合同中明确施工单位扬尘污染防治责任。暂时不能开工的施工工地，建设单位应当对裸露地面进行覆盖；超过三个月的，应当进行绿化、铺装或者遮盖。

（二）施工单位的责任。施工单位应制定具体的施工扬尘污染防治实施方案，在施工工地公示扬尘污染防治措施、负责人、扬尘监督管理主管部门等信息。施工单位应当采取有效防尘降尘措施，减少施工作业过程扬尘污染，并做好扬尘污染防治工作。

（三）监管部门的责任。根据当地人民政府确定的职责，地方各级住房和城乡建设主管部门及有关部门要严格施工扬尘监管，加强对施工工地的监督检查，发现建设单位和施工单位的违法违规行为，依照规定责令改正并处以罚款；拒不改正的，责令停工整治。根据当地人民政府重污染天气应急预案的要求，采取停止工地土石方作业和建筑物拆除施工的应急措施。

三、积极采取施工工地防尘降尘措施

地方各级住房和城乡建设主管部门及有关部门要严格按照《建筑施工安全检查标准》《建设工程施工现场环境与卫生标准》的规定，加强对施工工地的巡查抽查，督促建设单位和施工单位积极采取有效防尘降尘措施，提高文明施工和绿色施工水平。

（一）对施工现场实行封闭管理。城市范围内主要路段的施工工地应设置高度不小于2.5m的封闭围挡，一般路段的施工工地应设置高度不小于1.8m的封闭围挡。施工工地的封闭围挡应坚固、稳定、整洁、美观。

（二）加强物料管理。施工现场的建筑材料、构件、料具应按总平面布局进行码放。在规定区域内的施工现场应使用预拌混凝土及预拌砂浆；采用现场搅拌混凝土或砂浆的场所应采取封闭、降尘、降噪措施；水泥和其他易飞扬的细颗粒建筑材料应密闭存放或采取覆盖等措施。

（三）注重降尘作业。施工现场土方作业应采取防止扬尘措施，主要道路应定期清扫、洒水。拆除建筑物或构筑物时，应采用隔离、洒水等降噪、降尘措施，并应及时清理废弃物。施工进行铣刨、切割等作业时，应采取有效防扬尘措施；灰土和无机料应采用预拌进场，碾压过程中应洒水降尘。

（四）硬化路面和清洗车辆。施工现场的主要道路及材料加工区地面应进行硬化处理，道路应畅通，路面应平整坚实。裸露的场地和堆放的土方应采取覆盖、固化或绿化等措施。施工现场出入口应设置车辆冲洗设施，并对驶出车辆进行清洗。

（五）清运建筑垃圾。土方和建筑垃圾的运输应采用封闭式运输车辆或采取覆盖措施。建筑物内施工垃圾的清运，应采用器具或管道运输，严禁随意抛掷。施工现场严禁焚烧各类废弃物。

（六）加强监测监控。鼓励施工工地安装在线监测和视频监控设备，并与当地有关主管部门联网。当环境空气质量指数达到中度及以上污染时，施工现场应增加洒水频次，加强覆盖措施，减少易造成大气污染的施工作业。

四、积极推进道路扬尘管控

地方各级住房和城乡建设（环境卫生）主管部门应加强城市道路扬尘管控工作，采取有效的降尘及防尘措施，降低道路扬尘。

（一）推行机械化作业。推行城市道路清扫保洁机械化作业方式，推动道路机械化清扫率稳步提高。到2020年底前，地级及以上城市建成区道路机械化清扫率达到70%以上，县城达到60%以上，京津冀及周边地区、长三角地区、汾渭平原等重点区域要显著提高。

（二）优化清扫保洁工艺。合理配备人机作业比例，规范清扫保洁作业程序，综合使用冲、刷、吸、扫等手段，提高城市道路保洁质量和效率，有效控制道路扬尘污染。

（三）加快环卫车辆更新。推进城市建成区新增和更新的环卫车辆使用新能源或清洁能源汽车，重点区域使用比例达到80%。有条件的地区可以使用新型除尘环卫车辆。

（四）加强日常作业管理。定期对道路清扫保洁作业人员进行具体作业及安全意识培训。加强对城市道路清扫保洁的监督管理，综合使用信息化等手段，保障城市道路清扫保洁质量。

五、切实强化保障措施

地方各级住房和城乡建设主管部门及有关部门要提高政治站位，高度重视施工工地和道路扬尘管控工作，系统谋划、统筹部署，健全保障举措，增强整体性和协同性，有力提升施工工地和道路扬尘污染治理能力。

（一）加强组织领导。建立施工工地和道路扬尘管控责任制度，制定年度工作计划和措施，细化任务分工，认真组织实施，层层压实责任，确保各项工作有力有序完成。严格考核问责，对工作不力、责任不实、问题突出的单位和干部依规进行问责，对工作中涌现出的先进典型予以表扬奖励。

(二)加强监督执法。依靠法治加强施工工地扬尘管控工作,增强建设单位和施工单位生态环境保护法治意识。对违反大气污染防治法的行为,依法依规严惩重罚。建立施工工地管理清单,将扬尘管理工作不到位的不良信息纳入建筑市场信用管理体系,情节严重的,列入建筑市场主体"黑名单"。

(三)加强科技支撑。紧密围绕施工工地扬尘管控工作需求,以目标和问题为导向,汇聚科研资源,组织优秀科研团队,开展重点项目科技攻坚,加强科技成果应用。强化企业施工工地扬尘管控主体责任,推动企业科技创新能力培育和发展。加强绿色建造研究,积极推广新型建造方式,加快发展装配式建筑。

(四)加强宣传教育。积极开展多种形式的行业宣传教育,增强全行业生态环境保护意识。普及施工工地和道路扬尘管控知识,将相关规定纳入从业人员教育培训内容。充分发挥媒体引导作用和社会公众监督作用,营造舆论氛围,凝聚社会共识。积极宣传法律法规、政策文件、工作动态和经验做法等,及时回应群众关心的热点、难点问题。

中华人民共和国住房和城乡建设部办公厅
2019年4月9日

市场监管总局办公厅 住房和城乡建设部办公厅 应急管理部办公厅关于进一步加强安全帽等特种劳动防护用品监督管理工作的通知

市监质监〔2019〕35号

各省、自治区、直辖市及新疆生产建设兵团市场监管局(委、厅)、住房和城乡建设厅(委、局)、应急管理厅(局):

安全帽、安全带及防护绝缘鞋、防护手套、自吸过滤式防毒面具等特种劳动防护用品是维护公共安全和生产安全的重要防线,是守护劳动者生命安全和职业健康的重要保障。为加强特种劳动防护用品监督管理,杜绝不符合国家标准或行业标准的产品流入市场、进入企业,切实保障劳动者职业安全和健康,现就有关事项通知如下:

一、总体要求

以习近平新时代中国特色社会主义思想为指导,牢固树立安全发展理念,坚持源头防范、系统治理、依法监管的原则,在生产、销售、使用环节加强特种劳动防护用品监管,确保劳动者人身安全和企业生产安全,为决胜全面建成小康社会创造良好环境。

二、主要内容

(一)加强生产流通领域质量安全监管。

1. 全面落实企业主体责任。各级市场监管部门要加大对特种劳动防护用品的监管力度,督促企业全面落实产品质量主体责任,通过建立完善原料进厂查验、过程质量控制、成品出厂检验以及产品质量追溯等制度,切实履行法律法规规定的产品质量安全责任与义务,提高质量保障能力,促进行业健康发展。

2. 强化产品质量监督抽查。各级市场监管部门要结合本地区行业状况,统筹做好生产和流通领域特种劳动防护用品的质量监督抽查。要以建材市场、批发零售市场、工地周边、城乡结合部劳保商店以及电商平台等为重点场所,以防护性能等涉及安全的指标为重点项目,加大对流通领域的监督抽查力度,提高抽查比重,扩大抽查范围。对抽查不合格的生产、销售企业,要依法严肃处理。

3. 严厉打击质量违法行为。各级市场监管部门对制假"黑窝点",要报请当地政府予以取缔;对违反产品标识规定、伪造冒用质量标志、偷工减料、以次充好、以不合格产品冒充合格产品等行为,要依法查处。要加强对电商平台的监督管理,督促其落实法定责任,规范网络交易行为。

(二)加强使用环节监督管理。

1. 加强采购进场监管。各级住房和城乡建设、应急管理部门要督促建筑施工企业、相关工矿企业等特种劳动防护用品使用单位采购持有营业执照和出厂检验合格报告的生产厂家生产的产品；要求使用单位严格控制进场验收程序，建立特种劳动防护用品收货验收制度，并留存生产企业的产品合格证和检验检测报告，所配发的劳动防护用品安全防护性能要符合国家或行业标准，禁止质量不合格、资料不齐全或假冒伪劣产品进入现场。

2. 加强现场使用监管。各级住房和城乡建设、应急管理部门要督促使用单位按照国家规定，免费发放和管理特种劳动防护用品，并建立验货、保管、发放、使用、更换、报废等管理制度，及时形成管理档案；对存有疑义或发现与检测报告不符的，要将该批产品退出现场，重新购置质量达标的产品并进行见证取样送检。要落实施工总承包单位的管理责任，鼓励实行统一采购配发的管理制度。

3. 加强日常检查管理。各级住房和城乡建设、应急管理部门要督促使用单位切实加强对作业现场特种劳动防护用品质量和使用情况的日常监督管理，并形成检查台账。对不符合质量要求及破损的劳动防护用品要及时处理更换；对到报废期的劳动防护用品，要立即进行报废处理；已损坏的，不得擅自修补使用。

（三）构建监管长效机制。

1. 实施失信企业联合惩戒。各级主管部门对生产、销售和使用特种劳动防护用品过程中的违法行为作出的行政处罚，应及时归集至国家企业信用信息公示系统并依法向社会公示。要加强安全信用建设，建立守信激励和失信惩戒机制，将信用情况作为招投标、资质资格、施工许可等市场准入管理的重要依据。对于严重失信行为，要依法依规列入"黑名单"，与有关部门实施联合惩戒。

2. 实施质量安全手册制度。要落实企业安全生产主体责任，提高从业人员安全素质，提升现场安全管理能力。

3. 加强劳动防护知识普及。开展各种形式的宣传教育和培训活动，普及劳动防护知识，提高企业安全生产管理水平和职工自我保护意识。

4. 加强质量监管信息联动。各级主管部门要加强与辖区内特种劳动防护用品使用单位的信息联动，鼓励使用单位及个人积极反馈质量问题，及时获取不合格产品及生产销售企业的相关情况。对不在本辖区的生产企业，要及时向企业所在地监管部门通报。要建立不合格特种劳动防护用品信息公示制度，为企业购买产品提供信息服务。

三、保障措施

（一）加强组织领导。各级市场监管、住房和城乡建设、应急管理部门要以对劳动者生命安全和职业健康高度负责的态度，充分认识加强特种劳动防护用品监管工作的重要意义，加强领导、精心组织、认真部署、明确责任，层层督促落实。

（二）强化督促检查。各级市场监管、住房和城乡建设、应急管理部门要加强对特种劳动防护用品生产、销售和使用单位的监督检查，对发现的问题要严格依照相关法律法规处罚，对问题突出的生产、销售、使用单位要进行约谈，并公开曝光。

（三）加强部门联动。各级住房和城乡建设、应急管理部门要将在日常监督检查中发现的特种劳动防护用品质量问题线索，及时向同级市场监管部门通报，市场监管部门要根据线索倒查市场流通和生产环节，努力从源头消除问题和隐患。

（四）严格追责问责。对未使用符合国家或行业标准的特种劳动防护用品，特种劳动防护用品进入现场前未经查验或查验不合格即投入使用，因特种劳动防护用品管理混乱给作业人员带来事故伤害及职业危害的责任单位和责任人，依法追究相关责任。

国家市场监督管理总局办公厅
中华人民共和国住房和城乡建设部办公厅
应急管理部办公厅
2019 年 7 月 4 日

住房和城乡建设部办公厅关于印发 2019 年安全生产工作要点的通知

建办质函〔2019〕140 号

各省、自治区住房和城乡建设厅，直辖市住房和城乡建设（管）委、城市管理委（局）、水务局，北京市园林绿化局，上海市绿化和市容管理局，重庆市经济和信息化委员会、商务委员会，海南省水务厅，新疆生产建设兵团住房和城乡建设局：

现将《住房和城乡建设部 2019 年安全生产工作要点》印发给你们，请结合本地实际，加强组织领导，认真履行职责，层层压实责任，确保住房和城乡建设系统安全生产工作落到实处。

中华人民共和国住房和城乡建设部办公厅
2019 年 3 月 1 日

住房和城乡建设部 2019 年安全生产工作要点

2019 年是新中国成立 70 周年，是全面建成小康社会、实现第一个百年奋斗目标的关键之年。各级住房和城乡建设主管部门和有关单位要坚持以习近平新时代中国特色社会主义思想为指导，全面贯彻落实党的十九大及十九届二中、三中全会精神，认真贯彻落实《中共中央 国务院关于推进安全生产领域改革发展的意见》《中共中央办公厅国务院办公厅印发〈关于推进城市安全发展的意见〉的通知》精神，坚持以人民为中心的发展思想，稳中求进，改革创新，担当作为，按照《国务院安委会 2019 年工作要点》要求，坚决遏制重特大事故，严格防控较大事故，有效减少事故总量，促进住房和城乡建设系统安全生产形势稳定好转。

一、加强建筑施工安全管理

1. 深入开展建筑施工安全专项治理行动。突出起重机械、高支模、深基坑等危险性较大分部分项工程，督促落实施工现场常态化安全隐患排查责任。依法依规严肃查处事故责任企业和责任人，注重精准执法，重点督办较大及以上事故查处工作。对事故多发及查处工作滞后地区省级住房和城乡建设主管部门实施约谈。

2. 着力构建城市轨道交通工程双重预防机制。总结城市轨道交通工程安全风险管控和隐患排查治理双重预防机制试点经验，制定管理办法。落实城市轨道交通工程关键节点施工前安全核查制度，强化盾构施工安全风险防控。开展城市轨道交通工程安全标准化管理技术研究。

3. 创新安全监管模式。研究出台建筑施工安全改革发展的政策措施，按照"放管服"改革要求简化企业安全生产许可，推行"双随机，一公开"监管制度。加快建设全国建筑施工安全监管信息系统，积极推进"互联网＋"安全监管。加强数据综合利用，发挥数据在研判形势、评估政策、监测预警方面的作用。

二、加强市政公用设施运行安全管理

4. 加强城镇燃气安全管理。督促指导各地做好燃气管网设施特别是用户端燃气设施安全隐患整治。实施修订后的《燃气经营许可管理办法》，加强城镇燃气经营许可及事中事后监管。继续做好《农村管道天然气工程技术导则》培训工作，加强农村燃气质量安全管理，提高用气安全管理水平。

5. 加强供水、排水、桥梁、供热安全管理。督促城镇供水、污水处理企业建立健全安全生产制度，强化重点部位安防监控。认真落实《住房城乡建设部办公厅关于开展城市桥梁安全防护设施隐患排查整治工作的通知》（建办城电〔2018〕46 号），推进城市桥梁防护设施隐患排查治理工作。加强城镇供热保障、采暖用气安全以及供热管网设施检修维护工作，确保正常运行。

6. 做好环卫、园林绿化安全管理。加强垃圾填埋场、焚烧厂、建筑垃圾堆体风险排查治理，及时消除安全隐患。强化道路清扫保洁安全作业教育和

技能培训，完善作业人员安全防护措施。落实《住房和城乡建设部办公厅关于进一步加强城市公园安全管理工作的通知》（建办城函〔2018〕223号），开展风险排查和隐患治理，做好节假日期间游客疏导，防止踩踏和动物逃逸、伤人、疫情等突发事件发生，营造安全有序的游园环境。

三、加强城镇房屋安全管理

7. 加强房屋使用安全管理。指导房屋产权人和管理单位加强对房屋公共通道、公共活动场所、地下室等重点部位的管理，督促受委托的专业服务机构加强对消防、电梯等专业设施设备的维修养护，及时消除安全隐患。

8. 规范维修资金管理。认真落实《住房城乡建设部办公厅财政部办公厅关于进一步发挥住宅专项维修资金在老旧小区和电梯更新改造中支持作用的通知》（建办房〔2015〕52号），充分发挥维修资金对保障房屋住用安全的积极作用。

四、加强农房建设质量安全管理

9. 做好农村危房改造安全管理。督促各地核实建档立卡贫困户等4类重点对象危房存量，加快危房改造实施进度。落实《住房城乡建设部关于加强农村危房改造质量安全管理工作的通知》（建村〔2017〕47号）要求，按照危房改造技术安全导则规定，确保完成脱贫攻坚住房安全任务。

10. 推进农房建设质量安全管理试点。指导地方开展农村住房建设试点工作，将质量安全作为试点重要内容，总结农房质量安全管理经验，为建立符合农村实际、行之有效的质量安全监管制度奠定基础。把质量安全列入村镇建设管理人员培训内容，提高管理水平。

11. 推动建立农房建设质量安全管理长效机制。推动《村庄和集镇规划建设管理条例》修订，明确地方政府质量安全监管职责、村委会检查责任和村民义务，引导乡镇政府健全农房建设管理机构。抓好农村建筑工匠安全培训和管理，提升安全意识，规范施工行为。

五、加强城市管理监督

12. 加强统筹协调。按照十九届三中全会的新部署新要求，健全城市管理统筹协调机制，加强部门协作联动，加快城市综合管理服务平台建设，提高城市管理的科学化、精细化、智能化水平。

13. 强化日常巡查。指导各地强化城市管理日常巡查工作，充分发挥城市管理平台的作用，在节假日、重大活动期间，对人员密集、问题易发的重点场所、区域提高巡查频次，强化安全生产管理，及早发现并消除安全生产风险隐患，保障城市运行安全。

六、加强城市安全和综合防灾管理

14. 加强建设工程消防安全管理。承接好建设工程消防设计审查验收职责，及时修订建设工程消防设计审查验收的法律法规和标准规范，落实建设工程项目审批制度改革相关要求，合理确定需要进行建设工程消防设计审查的特殊建设工程范围，以及需要申请消防验收的建设工程范围，理顺工作机制。

15. 打好城市安全和综合防灾基础。推动城市安全全生命周期管理，注重源头防控，加强人居环境设计、建设、使用、维护、更新等各环节安全管理。研究编制城市安全和综合防灾工作发展规划纲要，开展城市安全和综合防灾规划体系研究工作。

七、抓好危险化学品安全综合治理

16. 全面排查危险化学品。贯彻落实《住房和城乡建设部办公厅关于进一步推进住房和城乡建设系统涉及危险化学品安全综合治理工作的通知》（建办质〔2019〕13号），深入摸排住房和城乡建设系统涉及的危险化学品，建立安全风险分布档案。加强重大危险源管控，建立重大危险源数据库。

17. 加强资质和标准管理。加强从事危险化学品建设工程设计、施工、监理单位的资质审批管理。依法严肃追究因设计、施工质量问题导致生产安全事故的相关单位责任。结合工程建设标准化改革和标准复审工作，修订涉及危险化学品相关工程建设标准。

18. 加强重点领域危险化学品治理。深入开展城镇燃气使用环节的安全风险摸排和隐患治理工作。督促城镇供水、污水处理企业加强安全生产制度的建立和落实。督促市政设施养护维修单位做好乙炔、氧气等危险化学品安全管理。加强园林绿化危险化学品安全管理。

八、认真落实保障措施

19. 加强组织领导。科学制定安全生产工作目标和实施方案，认真部署，精心组织。严格落实企业安全生产主体责任，加大安全投入，对重大危险源实施重点管控，建立健全监测监控体系，提升本质安全。完善应急处置专项预案，提高应急救援能力。

20. 完善法规标准。研究落实《中共中央 国务院关于推进安全生产领域改革发展的意见》的配套文件，抓好《住房城乡建设部办公厅关于印发贯彻落实城市安全发展意见实施方案的通知》（建办质〔2018〕58号）落实，完善城市桥梁隧道、房屋建筑、城镇燃气等领域涉及安全生产的工程建设国家标准。

21. 做好宣传工作。深入贯彻《国务院安委会办公室关于印发〈安全生产宣传教育"七进"活动基本规范〉的通知》（安委办〔2017〕35号），推动安全宣传教育进企业、进机关、进社区、进农村等，营造安全生产良好氛围。充分利用住房和城乡建设领域"安全生产月"宣传活动，强化企业安全文化建设。

住房和城乡建设部办公厅关于取消一级建造师临时执业证书的通知

建办市〔2019〕50号

各省、自治区住房和城乡建设厅，直辖市住房和城乡建设（管）委，新疆生产建设兵团住房和城乡建设局，国务院有关部门建设司（局）：

为深入推进建筑领域"放管服"改革，按照《国家职业资格目录》之外一律不得许可和认定职业资格的要求，规范行政审批事项，现将一级建造师临时执业证书有关事项通知如下：

一、自本通知印发之日起，取消一级建造师临时执业证书。

二、持有一级建造师临时执业证书正在担任施工单位项目负责人的，在2019年12月31日前，暂可继续担任该项目的项目负责人；其聘用单位应尽快按照有关要求更换项目负责人。

三、符合《建造师执业资格考试实施办法》（国人部发〔2004〕16号）第七条规定的，参加一级建造师考试可免试《建设工程经济》和《建设工程项目管理》2个科目。

四、各省（自治区、直辖市）住房和城乡建设主管部门可参照本通知精神，做好取消二级建造师临时执业证书有关工作。

中华人民共和国住房和城乡建设部办公厅
2019年7月19日

住房和城乡建设部办公厅关于加强贫困地区传统村落保护工作的通知

建办村〔2019〕61号

各省、自治区住房和城乡建设厅，北京市农委，上海市规划和自然资源局，天津、重庆市住房和城乡建设委：

为贯彻落实《中共中央 国务院关于打赢脱贫攻坚战三年行动的指导意见》精神，加强贫困地区中国传统村落（以下简称贫困地区传统村落）保护发展，助力贫困村精准脱贫，现将有关事项通知如下：

一、加大贫困地区传统村落保护力度。建立贫困地区传统村落保护动态监测管理机制，保持贫困地区传统村落的完整性、真实性和延续性，对保护价值受到严重破坏或失去保护价值的传统村落给予警告或退出处理。抓紧制定和实施贫困地区传统村落保护发展规划，开展对贫困地区自然衰败严重传统村落的抢救性保护，积极推进贫困地区传统村落建筑及历史环境要素测绘、挂牌保护试点和数字博物馆建设。

二、统筹推进贫困地区传统村落保护利用。科学把握贫困地区传统村落保护利用、活态传承与创新发展的关系，坚持保护优先、民生为本，合理利用贫困地区传统村落文化资源，发展旅游经济，助力脱贫攻坚。积极推进贫困地区传统村落保护利用与发展技术标准研究，推动传统村落保护利用和建设管理规范化。探索建立贫困地区传统建筑认领保护等制度，引导社会力量通过捐资捐赠、投资、入股、租赁等方式参与贫困地区传统村落保护发展。

三、加快改善贫困地区传统村落人居环境。加强贫困地区传统村落历史环境要素修复和公共环境整治，着力完善供水、垃圾处理、污水处理、防灾减灾等设施，提升人居环境水平。不断加大投入力度，加强各级补助资金的使用管理与监督，切实用好各类支持资金，提高资金使用效益。

四、加强对贫困地区传统村落保护发展的指导和技术帮扶。建立健全决策共谋、发展共建、建设共管、效果共评、成果共享的传统村落保护协同机制，引导村民发挥传统村落保护发展的主体作用。按照《住房城乡建设部关于开展引导和支持设计下乡工作的通知》（建村〔2018〕88号）要求，引导科研院校、设计单位积极为贫困地区传统村落提供设计服务，鼓励优秀设计人才、团队参与设计下乡服务，支持设计师和热爱乡村的有识之士以个人名义参与帮扶工作。加快培育本地传统建筑工匠队伍，保持和提升传统建造技术水平。

中华人民共和国住房和城乡建设部办公厅
2019年9月12日

住房和城乡建设部办公厅关于印发保障性住房等基层政务公开标准目录的通知

建办厅〔2019〕71号

各省、自治区住房和城乡建设厅，直辖市住房和城乡建设（管）委及有关部门，新疆生产建设兵团住房和城乡建设局，海南省水务厅：

按照《国务院办公厅关于印发开展基层政务公开标准化规范化试点工作方案的通知》《关于做好各试点领域基层政务公开标准指引制定等有关工作的通知》要求，为进一步推进住房和城乡建设领域基层政务公开标准化规范化，提升基层政务公开和政务服务水平，我们编制了《保障性住房领域基层政务公开标准目录》《国有土地上房屋征收与补偿领域基层政务公开标准目录》《市政服务领域基层政务公开标准目录》《农村危房改造领域基层政务公开标准目录》《城市综合执法领域基层政务公开标准目录》。现印发给你们，请参照执行。

中华人民共和国住房和城乡建设部办公厅
2019年11月4日

住房和城乡建设部办公厅关于推广使用房屋市政工程安全生产标准化指导图册的通知

建办质函〔2019〕90号

各省、自治区住房和城乡建设厅，直辖市住房和城乡建设（管）委，新疆生产建设兵团住房和城乡建设局：

按照《工程质量安全手册（试行）》实施要求，我部组织编写了《房屋市政工程安全生产标准化指导图册》（电子版可登录我部门户网站下载，下载路径为：首页—工程质量安全监管—政策发布）。请各地结合实际，认真做好《房屋市政工程安全生产标准化指导图册》推广使用工作，督促工程建设各方主体落实安全生产责任。

各地在使用过程中遇到的问题，请及时反馈我部工程质量安全监管司。

中华人民共和国住房和城乡建设部办公厅

2019年2月1日

住房和城乡建设部办公厅关于重新调整建设工程计价依据增值税税率的通知

建办标函〔2019〕193号

各省、自治区住房和城乡建设厅，直辖市住房和城乡建设（管）委，新疆生产建设兵团住房和城乡建设局，国务院有关部门：

按照《财政部 税务总局 海关总署关于深化增值税改革有关政策的公告》（财政部 税务总局 海关总署公告2019年第39号）规定，现将《住房城乡建设部办公厅关于调整建设工程计价依据增值税税率的通知》（建办标〔2018〕20号）规定的工程造价计价依据中增值税税率由10%调整为9%。

请各地区、各部门按照本通知要求，组织有关单位于2019年3月底前完成建设工程造价计价依据和相关计价软件的调整工作。

中华人民共和国住房和城乡建设部办公厅

2019年3月26日

住房和城乡建设部办公厅关于印发2018年住房和城乡建设部政务公开工作报告的通知

建办厅函〔2019〕204号

各省、自治区住房和城乡建设厅，直辖市住房和城乡建设（管）委及有关部门，海南省水务厅，新疆生产建设兵团住房和城乡建设局：

《2018年住房和城乡建设部政务公开工作报告》已经部领导审定同意，现予公开发布。

中华人民共和国住房和城乡建设部办公厅

2019年3月29日

2018年住房和城乡建设部政务公开工作报告

2018年，住房和城乡建设部以习近平新时代中国特色社会主义思想为指导，认真贯彻党的十九大和十九届二中、三中全会精神，按照《中华人民共和国政府信息公开条例》（以下简称《条例》）、《中共中央办公厅 国务院办公厅关于全面推进政务公开工作的意见》（以下简称《意见》）有关部署和要求，围绕住房和城乡建设管理重大决策和群众关心事项，将政务公开工作与业务工作统筹考虑、统一部署、同步推进，努力增强政务公开工作的主动性、时效性，政务公开工作取得新进展。

一、政府信息主动公开工作

（一）进一步完善工作机制。将"五公开"要求落实到公文办理和会议办理全过程，进一步强化主动公开力度，促进政务公开常态化、规范化、制度化。坚持做好政府信息公开属性源头认定工作，要求公文拟制时即明确公开属性，拟不公开的，应依法依规说明理由，实现公开属性与公文同步拟定、同步审批。切实履行政府信息公开保密审查程序，落实保密审查主体责任。认真做好会议公开，不断完善利益相关方、专家、媒体列席有关会议制度。在开展重大改革制度研究时，广泛听取主管部门、社会团体、专家学者和群众代表意见，适时公开有关情况。持续推进规范性文件清理工作，及时在门户网站标注规范性文件废改释情况。坚持政府信息公开情况通报制度，定期统计分析政府信息公开情况，为行政决策、行政管理、应对热点难点等提供参考。

（二）积极推进基层政务公开。按照国务院办公厅统一部署，配合在保障性住房、国有土地上房屋征收与补偿、市政服务、农村危房改造、城市综合执法等领域开展基层政务公开试点工作。深入相关试点市县开展调研，通过召开座谈会等多种方式广泛听取意见建议，了解基层政务公开推进难点。积极推动基层政务公开标准指引起草工作，明确政务公开目录、事项、流程和公开方式等，提高科学性和可操作性。

（三）不断拓展公开渠道。对门户网站功能进行升级，提升搜索功能，规范栏目设置，方便公众查阅。推进网上办事服务公开，完善网站"建设工程企业资质行政审批专栏"，及时公布建设工程企业资质行政许可准予、延续等信息。通过《中国建设报》《住房和城乡建设部文告》《中国建设年鉴》等载体及时公布政策制定、宣传解读等情况，指导各地充分利用"互联网+"技术、服务热线、短信、微信、微博、手机APP、网上服务大厅、自助服务终端等方式，创新政务公开形式，及时公开和解读住房和城乡建设领域政策信息。

（四）积极推动行业监管信息公开。一是落实建筑施工生产安全事故通报制度。及时通报全国房屋市政工程生产安全事故情况、较大以上事故查处情况，全年共发布安全事故情况通报、事故查处督办通知书近60条。二是加强建筑施工安全监管信息化建设。稳步推进全国建筑施工安全监管信息系统建设，基本完成企业安全生产许可、"安管人员"安全生产考核、特种作业人员操作资格等信息的归集并开放共享查询，有效提升监管效能。三是不断完善住房保障领域信息公开制度。印发《关于进一步加强住房保障领域信息公开工作的通知》《住房城乡建设部 财政部关于印发推行政府购买公租房运营管理服务试点方案的通知》，要求进一步加强住房保障信息公开，做好社会调查、绩效评价及群众满意度测评，畅通群众意见表达和反馈的渠道。四是加大建筑市场不良行为信息公开力度。2018年，共发布建筑市场各方主体不良行为信息210条。其中，建筑市场主体黑名单信息39条，均在全国建筑市场监管公共服务平台对外公开。五是完善全国建筑市场监管公共服务平台。印发《全国建筑市场监管公共服务平台工程项目信息数据标准》，完善全国建筑市场监管公共服务平台数据内容和格式，加大信息公开力度，截至2018年12月底，平台共发布33万余家企业信息，332万余条执业注册人员信息，146万余条工程项目信息，平台访问量突破2亿次。

（五）做好"放管服"改革信息公开。一是及时公开"放管服"政策文件"废改立"信息。按照优化营商环境的要求，修改《房屋建筑和市政基础设施工程施工图设计文件审查管理办法》《建筑业企业资质管理规定》《房屋建筑和市政基础设施工程施工招标投标管理办法》《建筑工程施工许可管理办法》，废止《工程建设项目招标代理机构资格认定办法》《物业服务企业资质管理办法》《城市轨道交通运营管理办法》等部门规章，并及时公开相关改革举措，方便企业群众办事。二是积极推进工程建设项目审批制度改革信息公开。《国务院办公厅关于开展工程建设项目审批制度改革试点的通知》印发后，及时在门户网站设立"工程建设项目审批制度改革工作"专栏，公开审批制度改革政策文件、推进措施、工作进度等信息，总结推广试点经验，适时召开新闻发布会回应审批制度改革方面群众关心的热点问题。

（六）做好财政资金和统计信息公开工作。一是及时在门户网站公开2018年部门预算、2017年部门决算，并细化说明2017年因公出国（境）团组数及人数，公务用车购置情况及保有量，国内公务接待的批次和人数，以及"三公经费"增减变化原因等。二是及时公开《全国工程勘察设计统计公报》《工程招标代理机构统计公报》《建设工程监理统计公报》《工程造价咨询统计公报》等统计信息，公布《民用建筑能源资源消耗统计报表制度》《工程造价咨询统计报表制度》等统计制度，方便公众查阅、填报，接受社会监督。

（七）做好住房公积金监管信息公开。督促342个设区城市于2018年3月底前、27个省（自治区）

于4月底前向社会披露2017年住房公积金年度报告，切实做好住房公积金年度报告工作。5月底，联合财政部、人民银行印发《全国住房公积金2017年年度报告》，重点对机构概况、业务运行情况、业务收支及增值收益情况、资产风险情况、社会经济效益及其他重要事项等6个方面进行披露，对社会各界客观了解住房公积金管理运行情况、营造良好的舆论氛围起到积极作用。公开出版发行《2017年全国住房公积金年度报告汇编》，方便公众查询。

二、政府信息依申请公开工作

进一步完善政府信息公开申请受理、审查、登记、处理、告知、寄送、归档等程序，严格按照办理时限和要求规范答复申请人，不断提高答复质量和水平。2018年共受理政府信息公开申请9883件，较2017年增加近4000件，申请内容主要涉及历史遗留问题、行政许可申请及审批材料、房屋征收拆迁、房地产政策等，均在规定时限内依法办结；涉及政府信息公开行政复议18件、行政诉讼38件，较2017年分别减少10件、9件。政府信息公开未收取检索、复制、邮寄等任何费用。

三、政策解读回应工作

围绕工程建设项目审批制度改革、棚户区改造、垃圾分类、推动城市建设高质量发展等工作，组织开展专题宣传活动40余次，参加国务院政策例行吹风会2次，召开新闻通气会、媒体吹风会20次。及时组织专家做好重要政策解读，回应群众关心的民生问题。在门户网站设置政务咨询专栏，定期回复门户网站公众咨询，畅通网上意见表达渠道。

四、存在的主要问题及下一步打算

2018年，住房和城乡建设部政务公开工作在公开内容上仍需拓展，公开方式相对单一，公开能力和水平有待提高。

2019年，住房和城乡建设部将以习近平新时代中国特色社会主义思想为指导，不断完善政务公开工作机制，提高政务公开工作水平。一是进一步创新工作方式方法，建立健全新媒体管理工作制度，不断拓展公开渠道。二是积极稳妥推进工程建设项目审批制度改革、住房公积金、住房保障等领域政务公开，加快建设住房和城乡建设部文告数据库，助力打造公开透明的营商环境。三是加强政策解读和宣传引导，突出做好涉及群众切身利益的政务公开，着力提升政策解读的权威性和针对性，切实增强传播力和影响力。

住房和城乡建设部办公厅 国家发展改革委办公厅 财政部办公厅关于做好2019年老旧小区改造工作的通知

建办城函〔2019〕243号

各省、自治区住房和城乡建设厅、发展改革委、财政厅，直辖市住房和城乡建设（管）委、发展改革委、财政局，新疆生产建设兵团住房和城乡建设局、发展改革委、财政局：

2017年12月住房和城乡建设部部署开展老旧小区改造试点以来，15个试点城市充分运用"美好环境与幸福生活共同缔造"理念，将开展老旧小区改造与加强基层党建、创新社会治理等结合起来，有效改善了老旧小区居民居住条件，促进了基层党建工作创新，密切了党群干群关系，增强了群众获得感、幸福感和安全感。为落实2019年《政府工作报告》有关部署，大力进行老旧小区改造提升，进一步改善群众居住条件，决定自2019年起将老旧小区改造纳入城镇保障性安居工程，给予中央补助资金支持。现将有关事项通知如下：

一、认真做好老旧小区调查摸底

（一）明确老旧小区认定标准。老旧小区应为城市、县城（城关镇）建成于2000年以前、公共设施落后影响居民基本生活、居民改造意愿强烈的住宅小区。各省（区、市）老旧小区认定标准，由省级住房和城乡建设部门会同发展改革、财政部门在此政策框架内，因地制宜制定，并报住房和城乡建设部备案。已纳入城镇棚户区改造计划、拟通过拆除新建（改建、扩建、翻建）实施改造的棚户区（居民住房），以及以居民自建住房为主的区域和城中村等，不属于老旧小区范畴。

（二）做好调查摸底。要按照属地原则，对老旧小区进行全面调查摸底，摸清符合认定标准的老旧小区数量及相应的户数、建筑面积、产权性质、建成时间等基本情况，并登记造册，为总体谋划推进老旧小区改造奠定基础。市、县住房和城乡建设、发展改革、财政部门要协商制定调查方案，明确职责分工，建立健全部门协调配合、齐抓共管的工作机制，认真组织做好调查摸底工作。省级住房和城乡建设、发展改革、财政部门要加强对市、县调查工作的指导，确保调查范围内的老旧小区不重不漏，调查数据真实、完整、可靠，并做好数据汇总、审核和分析工作。省级住房和城乡建设部门要会同发展改革、财政部门汇总填写本地区《2000年以前建成的老旧小区统计表》（见附件1），于2019年5月31日前分别报住房和城乡建设部、国家发展改革委、财政部，同时提交电子版。

二、准确把握老旧小区改造内容和标准

（三）明确老旧小区改造内容。小区内道路、供排水、供电、供气、供热、绿化、照明、围墙等基础设施的更新改造，小区内配套养老抚幼、无障碍设施、便民市场等服务设施的建设、改造；小区内房屋公共区域修缮、建筑节能改造，有条件的居住建筑加装电梯等；与小区直接相关的城市、县城（城关镇）道路和公共交通、通信、供电、供排水、供气、供热、停车库（场）、污水与垃圾处理等基础设施的改造提升。

纳入中央补助支持老旧小区改造计划的项目，改造内容须包括对水、电、路、气4项设施中至少2项进行更新；或者虽未对水、电、路、气设施更新，但包括加装电梯。

（四）合理确定老旧小区改造标准。各省级住房和城乡建设部门会同发展改革、财政部门统一编制本地区老旧小区改造内容清单、制定相应改造标准，也可由省级住房和城乡建设部门会同发展改革、财政部门授权市、县相关部门制定。市、县编制老旧小区改造内容清单、制定改造标准的，应经同级人民政府同意，报上级住房和城乡建设部门备案。

三、科学制定老旧小区改造计划

（五）合理安排老旧小区改造年度计划和任务。各省级住房和城乡建设部门要会同发展改革、财政部门指导市、县从实际出发，根据调查摸底情况，按照实施一批、谋划一批、储备一批的原则，区分轻重缓急，统筹安排符合条件老旧小区的改造时序，科学编制本市、县年度老旧小区改造计划，合理确定年度改造任务，防止一哄而起。优先安排各类基础设施缺失或失养失修严重，特别是水、电、路、气等必要基础设施亟需更新的老旧小区实施改造，防止搞形象工程、政绩工程。坚持既尽力而为、又量力而行原则，切实评估论证本地区财政承受能力，不搞一刀切、不层层下指标、不盲目举债铺摊子，坚决遏制地方政府隐性债务增量。市、县提出老旧小区改造年度计划和任务时，应提交本地区财政承受能力论证评估报告，证明所提计划、任务在其财政承受能力范围之内。

（六）尽快上报2019年中央补助支持老旧小区改造计划。各省级住房和城乡建设部门会同发展改革、财政部门要督促市、县尽快编制并上报2019年申请纳入中央补助支持老旧小区改造计划，以及相应项目清单；组织对市、县上报的老旧小区改造计划和项目进行联合审核，确保市、县的改造计划与其财政承受能力匹配，确保项目改造范围、内容、标准符合有关要求，防止将不符合条件的小区及无关建设内容"搭车"申报、套取中央补助资金。已纳入城镇棚户区改造计划或其他财政支持计划的项目以及已完成改造的项目，不得重复申报中央补助支持。对审核合格的项目，纳入本地区2019年中央补助支持老旧小区改造计划。各省（区、市）2019年中央补助支持老旧小区改造计划表（见附件2）报请省级人民政府同意后，于2019年4月30日前分别报住房和城乡建设部、国家发展改革委、财政部，同时提交电子版。

四、抓好老旧小区改造计划的实施

（七）坚持"美好环境与幸福生活共同缔造"。在推进老旧小区改造中，要坚持以居民为主体，在尊重群众意愿前提下，激发居民支持改造、参与改造的热情；坚持因势利导，鼓励社会力量积极参与，特别是要调动小区相关联单位的积极性，形成各方力量共同参与老旧小区改造的良好氛围，实现决策共谋、发展共建、建设共管、效果共评、成果共享。结合老旧小区改造，推动提升基层治理能力，创新

小区治理模式，健全管理机制，促进构建"纵向到底、横向到边、协商共治"的城市治理体系，打造共建共治共享社会治理格局。

（八）做好改造工作组织实施。老旧小区改造坚持"省级负总责、市县负主体责任"原则，省级住房和城乡建设部门要会同发展改革、财政等相关部门加强统筹协调，对纳入中央补助支持老旧小区改造计划的项目，要切实掌握项目详情，有针对性督促指导本地地市、县大力推进老旧小区改造工作。市、县住房和城乡建设部门要会同发展改革、财政等相关部门，在同级党委和政府的领导下，加强协作配合，建立健全多元筹资、组织实施、项目推进等工作机制；切实履行职责，深入细致做好群众工作；参照住房保障档案管理有关要求，做好老旧小区改造项目档案管理；强化项目监管，严格执行工程项目建设有关法律法规和标准规范，落实相关单位责任，杜绝安全隐患，确保工程质量。

（九）拓宽资金筹集渠道。要按照"谁受益、谁出资"原则，结合实际合理确定改造费用分摊规则，完善居民合理分担、单位投资、市场运作、财政奖补等多渠道资金筹措机制。明确居民出资责任，居民出资部分可通过住宅专项维修资金、公共收益等渠道落实，鼓励居民个人捐资、捐物参与老旧小区改造。督促管线单位落实责任，通过直接投资、落实资产权益等方式参与老旧小区改造。引导水、电、气、通信运营企业开展小区内以及小区相关的供水、供电、供气、通信等基础设施的改造提升。积极探索通过政府采购、新增设施有偿使用等方式，引入专业机构、社会资本参与老旧小区改造。

（十）确保老旧小区改造进度。纳入2019年中央补助支持老旧小区改造计划的项目，必须确保于2019年12月底前开工。省级住房和城乡建设部门要会同发展改革、财政部门，指导市、县尽快编制纳入2019年中央补助支持老旧小区改造计划的项目基本情况表（见附件3）；对项目实行台账管理，对照改造内容，及时掌握改造进展。

省级住房和城乡建设部门要尽快明确老旧小区改造工作联系人，于2019年4月19日前将联系人及联系方式报住房和城乡建设部城市建设司。

联系人及联系方式：
住房和城乡建设部城市建设司
邱绪建　010-58933014　58934664（传真）
邮　箱：fus@mohurd.gov.cn
发展改革委固定资产投资司
谭成文　010-68501047　68502480（传真）
邮　箱：tzs_cjc@ndrc.gov.cn
财政部综合司
高　峰　010-68551469 68551419（传真）
邮　箱：baosongshuju@163.com

附件：1. 2000年以前建成的老旧小区统计表
2. 2019年中央补助支持老旧小区改造计划表
3. 纳入2019年中央补助支持老旧小区改造计划的项目基本情况表

住房和城乡建设部办公厅
国家发展改革委办公厅
财政部办公厅
2019年4月15日

附件1

2000年以前建成的老旧小区统计表

省（区、市）：　　　　　　　　　　　　　　　　　　　　　　　　　联系人及电话：

			涉及户数（户）	涉及楼栋数（栋）	涉及建筑面积（万平方米）	涉及小区数（个）
	市（县）：					
其中：	1. 城市（建成区）老旧小区	公房小区				
		已房改公房小区				
		经适房等保障房小区				
		普通商品房小区				
		其他				
		合计：				
	2. 县城（城关镇）老旧小区	公房小区				
		已房改公房小区				
		经适房等保障房小区				
		普通商品房小区				
		其他				
		合计：				
	……					
合计：	城市（建成区）老旧小区					
	县城（城关镇）老旧小区					

　　省级住房和城乡建设部门印章　　　　省级发展改革部门印章　　　　省级财政部门印章

附件2

2019年中央补助支持老旧小区改造计划表

省（区、市）：　　　　　　　　　　　　　　　　　　　　　　　　　联系人及电话：

	涉及户数（户）	涉及楼栋数（栋）	涉及建筑面积（万平方米）	涉及小区数（个）	预计投资额（万元）
市（县）：					
其中：1. 城市（建成区）老旧小区					
2. 县城（城关镇）老旧小区					
市（县）：					
其中：1. 城市（建成区）老旧小区					
2. 县城（城关镇）老旧小区					
市（县）：					
其中：1. 城市（建成区）老旧小区					
2. 县城（城关镇）老旧小区					
……					
合计： 城市（建成区）老旧小区					
县城（城关镇）老旧小区					

　　省级住房和城乡建设部门印章　　　　省级发展改革部门印章　　　　省级财政部门印章

附件3

纳入2019年中央补助支持老旧小区改造计划的项目基本情况表

省（区、市）：　　　　市（县）　　　　　　　　　　　　　　联系人及电话：

序号	所在城市	所在城区	所在街道及社区	小区名称	涉及户数（户）	小区内楼栋数（栋）	总建筑面积（万平方米）	建成时间	房屋性质	计划改造内容	预计投资额（万元）	实际改造内容	实际投资额（万元）

住房和城乡建设部办公厅关于印发城市轨道交通工程创新技术指南的通知

建办质函〔2019〕274号

各省、自治区住房和城乡建设厅，直辖市住房和城乡建设（管）委，新疆生产建设兵团住房和城乡建设局，山东省交通运输厅，上海市交通委员会：

为发挥创新引领作用，我部编制了《城市轨道交通工程创新技术指南》（电子版可登录我部门户网站下载，下载路径为：首页-工程质量安全监管-政策发布），现印发给你们，请结合实际做好推广应用工作。

中华人民共和国住房和城乡建设部办公厅
2019年4月28日

住房和城乡建设部办公厅等关于公布2019年列入中央财政支持范围中国传统村落名单的通知

建办村函〔2019〕360号

各省、自治区、直辖市住房和城乡建设厅（住房和城乡建设委、住房和城乡建设管委）、文化和旅游厅（局）、文物局、财政厅（局）、自然资源主管部门、农业农村（农牧、农村经济）厅（局、委）：

按照《住房城乡建设部　文化部　国家文物局　财政部关于切实加强中国传统村落保护的指导意见》（建村〔2014〕61号）要求，经组织专家审查，决定将河北省石家庄市井陉县天长镇东关村等600个中国传统村落列入2019年中央财政支持范围。现予以公布。

各省（区、市）有关部门要严格按照建村〔2014〕61号文件和《住房城乡建设部　文化部　国

家文物局 财政部关于做好中国传统村落保护项目实施工作的意见》（建村〔2014〕135号）要求，认真做好中央财政支持的中国传统村落各类保护项目组织实施工作，加强监督检查，督促相关传统村落在使用中央财政资金前将项目实施信息录入中国传统村落保护项目管理信息系统（http://project.dmctv.cn），并于每年2月底前，将本省（区、市）上年度传统村落保护项目实施情况报告送住房和城乡建设部和财政部。

住房城乡建设部办公厅
文化和旅游部办公厅
国家文物局办公室
财政部办公厅
自然资源部办公厅
农业农村部办公厅

住房和城乡建设部办公厅关于推进住房和城乡建设领域施工现场专业人员职业培训工作的通知

建办人函〔2019〕384号

各省、自治区住房和城乡建设厅，直辖市住房和城乡建设（管）委及有关部门，新疆生产建设兵团住房和城乡建设局，国务院国资委管理的有关建筑业企业：

为贯彻落实《住房和城乡建设部关于改进住房和城乡建设领域施工现场专业人员职业培训工作的指导意见》（建人〔2019〕9号），规范推进住房和城乡建设领域施工现场专业人员（以下简称施工现场专业人员）职业培训工作，现将有关事项通知如下：

一、完善培训体系，统一标准要求

企业、职业院校和职业培训机构（以下统称培训机构）按照"谁培训、谁负责"的原则，对施工现场专业人员开展培训、考核、发证。为保证培训质量，推动各地培训互认，培训机构应依据统一的职业标准、统一的培训大纲组织开展培训，完成相应培训后，须通过统一测试题库对参训人员进行测试。住房和城乡建设行业从业人员培训管理信息系统按照统一编码规则（见附件1）为测试合格人员生成电子培训合格证（见附件2），培训机构或者测试合格人员可自行下载、打印。培训合格证作为施工现场专业人员具备相应专业知识水平的证明，在全国住房和城乡建设领域予以认可。地方各级住房和城乡建设主管部门对本地区从事施工现场专业人员职业培训的培训机构进行监督指导。我部根据行业发展需求，适时组织编修职业标准、培训大纲及继续教育大纲，建立并更新全国统一测试题库，供各地免费使用。已开发建立题库的省级住房和城乡建设主管部门，可按要求申请将地方题库纳入全国统一测试题库作为本地区培训测试的补充。

二、规范工作流程，提高管理水平

各省级住房和城乡建设主管部门要制定本地区施工现场专业人员职业培训工作实施细则，明确地方各级住房和城乡建设主管部门职责，指导、监督本地区培训工作；依据培训机构有关要求（见附件3），制定本地区培训机构具体条件，指导下级住房和城乡建设主管部门依据职责对提出培训申请的各类培训机构进行招募、遴选。符合条件的培训机构将在住房和城乡建设行业从业人员培训管理信息系统中公示，供有需求的企业和人员自主选择。培训机构对施工现场专业人员实施培训后，按要求向相应住房和城乡建设主管部门提交测试申请，符合培训要求的，登录住房和城乡建设行业从业人员培训管理信息系统抽取试题、组织测试。地方各级住房和城乡建设主管部门要及时将培训数据上传至住房和城乡建设行业从业人员培训管理信息系统，确保数据准确有效。

三、加强监督指导，提高培训质量

地方各级住房和城乡建设主管部门要对申请开展施工现场专业人员职业培训的培训机构严格审核把关，确保培训机构具备开展相应岗位职业培训的能力。要加强培训过程监督指导，组织开展不定期实地抽查，对问题突出的培训机构要重点监督检查和甄别处理。积极探索利用人脸识别、打卡登录、视频监控等信息化手段，加大培训关键环节监督指导力度，推动培训机构公开培训信息。对在培训、测试环节中违规操作、弄虚作假的培训机构要予以通报，责令整改，情节严重的应清出培训机构名单，积极营造良好的行业职业教育培训生态环境。培训机构应健全培训制度，提高管理水平，加强师资力量，完善培训课程，做好培训签到表、课堂视频、照片等资料留存备查，自觉接受住房和城乡建设主管部门监督管理，保证培训质量和效果。

四、落实继续教育，适应岗位需求

按照人力资源社会保障部关于专业技术人员开展继续教育的总体要求，结合住房和城乡建设行业实际，依据继续教育大纲，以知识更新、学以致用为原则，对施工现场专业人员进行继续教育，提升其专业能力素质和职业道德素养，促进安全生产和工程质量提升。从取得培训合格证次年起，施工现场专业人员每年应参加一定学时的继续教育，并计入个人培训信息记录。2年累计不满64学时或未从事相应岗位工作的人员，应重新参加施工现场专业人员职业培训学习。省级住房和城乡建设主管部门要制定继续教育具体办法，做好学时认定等监督指导工作。施工现场专业人员参加企业等培训机构组织的技术培训、学术交流等可计入继续教育学时。在住房和城乡建设行业从业人员教育培训资源库中选学的课程计入学时。鼓励各地探索务实高效的继续教育组织形式，积极推广"互联网＋培训"模式，为施工现场专业人员提供多渠道、多类型的继续教育资源。

五、开展培训试点，稳步推进工作

住房和城乡建设部将选取有代表性的龙头骨干企业、职业院校、建筑产业工人培育示范基地等开展施工现场专业人员职业培训工作试点。各省级住房和城乡建设主管部门要按照相关文件精神和本通知要求，选取本地区有代表性的企业、院校等培训机构开展试点，并将试点方案和试点培训机构报送我部人事司。参与试点的培训机构应具备相应培训条件，不断加强师资队伍建设，加大培训投入。各地要坚持积极稳妥原则，在试点取得成效的基础上，总结归纳符合实际的培训机构基本条件和职业培训工作方法，形成可复制、可推广经验，稳步推进施工现场专业人员职业培训工作。试点有关情况请及时报送我部人事司。

附件：1. 住房和城乡建设领域施工现场专业人员职业培训合格证编码规则

2. 住房和城乡建设领域施工现场专业人员职业培训合格证样式

3. 住房和城乡建设领域施工现场专业人员职业培训机构有关要求

中华人民共和国住房和城乡建设部办公厅

2019年6月25日

住房和城乡建设部办公厅关于印发2019年政务公开工作要点的通知

建办厅函〔2019〕431号

部机关各司局，直属有关单位：

《住房和城乡建设部2019年政务公开工作要点》已经部领导审定同意，现印发你们，请结合实际认真贯彻落实。

中华人民共和国住房和城乡建设部办公厅

2019年7月19日

住房和城乡建设部 2019 年政务公开工作要点

做好 2019 年政务公开工作，要以习近平新时代中国特色社会主义思想为指导，全面贯彻党的十九大和十九届二中、三中全会精神，认真落实党中央、国务院关于全面推进政务公开工作的系列部署，按照《国务院办公厅关于印发 2019 年政务公开工作要点的通知》（国办发〔2019〕14 号）要求，紧紧围绕住房和城乡建设领域中心工作及群众关注关切，加强政策解读和政务舆情回应，完善政务公开制度规范，切实增强人民群众满意度、获得感，为促进住房和城乡建设事业持续健康发展发挥积极作用。

一、加强政策解读和回应关切

（一）加强政策解读。贯彻落实党中央、国务院决策部署，坚持稳中求进工作总基调，全面公开、精准解读相关政策措施。一是坚持房子是用来住的、不是用来炒的定位，及时准确解读市场形势和调控政策措施，及时澄清房地产市场各类不实传言，积极释放正面信号，引导市场理性发展，稳妥实施房地产市场平稳健康发展调控长效机制方案。二是切实做好工程建设项目审批制度改革公开，通过多种形式宣传报道相关工作措施和取得的成效，增进公众对工程建设项目审批制度改革工作的了解和支持。三是建立健全建档立卡贫困户等重点对象农村危房改造公示制度，落实县级农村危房改造信息公开主体责任，严格执行危房改造任务分配结果和改造任务完成情况镇村两级公开，方便群众了解农村危房改造政策。四是广泛开展农村生活垃圾治理宣传，通过党员大会、村民代表会议、村民小组会议等多种形式宣讲农村生活垃圾收运处置和治理技术标准政策，加大乱堆乱放、随意倾倒生活垃圾行为曝光力度，充分发挥新闻媒体舆论监督作用。

（二）完善解读回应机制。按照"谁起草谁解读"原则，切实做到政策性文件与解读方案、解读材料同步组织、同步审签、同步部署。涉及群众切身利益的重大政策出台前，要组织专家团队通过重点走访、会商分析等多种方式，科学研判评估政策发布前舆情风险，完善应急处置机制。牵头起草司局主要负责同志切实履行好重大政策"第一解读人和责任人"职责，在重要政策出台、重点工作推进、重大事件发生时，带头宣讲政策，及时准确传递权威信息和政策意图。对专业性强、涉及面广、社会关注度高的法规政策和重大措施，要注重发挥专家学者作用，必要时通过举办新闻发布会、接受专访、专家解读等方式多角度、全方位、有序有效阐释政策，主动快速引导、释放权威信号、正面回应疑虑，提升解读的准确性、权威性、贴近性。

二、深入推进决策和执行公开

（一）推进决策和执行公开。一是做好立法过程信息公开。通过听证座谈、网络征集、咨询协商等多种形式广泛听取公众意见，不断增强立法决策透明度。二是建立政策起草和调整公开机制。加强政策文件、标准规范起草调研，及时总结地方经验做法，建立健全企业家参与涉企政策制定机制，主动向有代表性的企业和行业协会学会以及专家、公众征求意见，使政策更符合客观实际，更接地气、更合民意。三是完善重大决策公开机制。对涉及公共利益和公众权益的重大决策，除依法应当保密的外，主动向社会公布决策草案、决策依据等，通过听证座谈、网络征集等多种形式广泛听取意见；文件印发后，应及时跟踪决策实施情况，建立意见和建议反馈机制，适时开展决策执行效果评估。

（二）推进行政执法信息公开。全面推行行政执法公示制度，按照"谁执法谁公示"的原则，明确公示内容采集、传递、审核、发布工作流程和责任机构，对行政处罚、行政检查、行政许可等执法行为的基本信息、结果信息进行公示，规范信息公示内容的标准、格式。统筹推进行政执法事前公开等工作。

三、深化重要领域信息公开

（一）加强城市品质提升信息公开。一是及时公布地级以上城市黑臭水体治理情况，督促地方限期办理群众举报投诉的城市黑臭水体问题，提高黑臭水体治理重大决策和建设项目的群众参与度。二是及时公布城市生活垃圾分类处置工作推进情况，普及垃圾分类方法，使"垃圾分类、从我做起"成为居民的行动自觉。三是督促各地公开城镇污水处理提质增效三年行动工作目标，鼓励公众通过网站、新媒体、微信公众号等平台监督并反馈问题。鼓励城市污水处理厂向公众开放。

（二）深化建筑市场和工程质量监管信息公开。一是及时在全国建筑市场监管公共服务平台发布工程项目信息和市场主体信用信息，不断提高基础数据质量。二是及时通报房屋市政工程重大及以上事故情况，督促省级住房和城乡建设主管部门加强较大事故情况通报。三是及时公布全国建筑市场和工程质量监督执法检查情况，并对下发执法建议书项目的整改和处罚情况进行督办。及时公布专业技术人员职业资格"挂证"等违法违规行为及行政处罚情况。

（三）推进住房保障和房地产市场监管信息公开。一是及时公开住房保障政策信息，指导各地进一步完善住房保障信息公开内容和渠道。二是指导各地持续整顿和规范房地产市场秩序，及时公布房地产行业违法违规行为查处情况。三是加快国有土地上房屋征收信息系统建设，进一步推进房屋征收信息公开和共享。

（四）做好住房公积金监管和财政预决算信息公开。一是按时公开全国住房公积金2018年年度报告，全面披露住房公积金运行情况，提升住房公积金管理透明度。二是及时公开经批准的预决算报表，按照财政部统一部署，逐步拓展项目的公开数量、公开内容等。

（五）推进"放管服"改革信息公开。一是及时梳理编制并公开审批服务事项、办事指南、办事流程等，进一步优化资质审批流程，精简申报资料，方便群众办事。二是加大各类证明事项清理减并力度，对确需保留的证明事项实行清单管理并向社会公开。三是建立部门规章和规范性文件公开台账，建立完善部门规章和规范性文件库，确保公开的政府信息底数清晰。

四、加强信息公开平台建设

（一）进一步加强门户网站建设。加强门户网站内容建设和信息发布审核，把好政治关、政策关、文字关。不断拓展网站功能，持续提升网上办事和服务水平，加快办事大厅线上线下融合发展。推动政务热线与门户网站政务咨询栏目互联互通、共享共用政策业务咨询问答知识库。

（二）推进政府公报创新发展。办好住房和城乡建设部文告电子版，实现电子版与纸质版同步发行。建立住房和城乡建设部文告网上数据库，加快推进历史公报入库管理，并向社会有序开放。

五、完善公开制度规范

（一）强化对政务公开工作的组织领导。结合实际情况，调整部政务公开领导小组，适时组织研究政务公开重大问题，听取政务公开情况汇报。研究建立部机关政务公开考核机制。

（二）推进基层政务公开标准化建设。在总结地方试点成果基础上，按照推进决策、执行、管理、服务、结果公开要求，全面梳理公开事项，细化公开内容，组织编制保障性住房、国有土地上房屋征收、市政服务、农村危房改造、城市综合执法基层政务公开标准指引，全面、准确、高效地做好基层政务公开工作，不断提升基层政务公开标准化、规范化水平。

（三）抓好政府信息公开条例的贯彻落实。及时组织开展政府信息公开条例（国务院令第711号）专项培训，切实增强公开意识和能力。加大政府信息主动公开力度，切实做好依申请公开工作，保障公众依法行使知情权、参与权、表达权、监督权。及时修订《住房和城乡建设部政府信息公开实施办法》，确保有序衔接、平稳过渡。适时公布政府信息公开典型案例，引导公众有序参与，为贯彻落实条例营造良好氛围。

住房和城乡建设部办公厅关于部分建设工程企业资质延续审批实行告知承诺制的通知

建办市函〔2019〕438号

各省、自治区住房和城乡建设厅，直辖市住房和城乡建设（管）委，北京市规划和自然资源委，新疆生产建设兵团住房和城乡建设局，有关中央企业：

为贯彻落实《国务院办公厅关于促进建筑业持续健康发展的意见》（国办发〔2017〕19号），深入推进建筑业"放管服"改革，决定对部分建设工程企业资质延续审批实行告知承诺制。现将有关事项通知如下。

一、自2019年9月1日起，我部负责的工程勘察、工程设计、建筑业企业、工程监理企业资质延续审批实行告知承诺制，不再委托各省级住房和城乡建设主管部门实施资质延续审查工作。

公路、铁路、水运、水利、信息产业、民航、航空航天等专业建设工程企业资质（名单见附件）延续审批仍按《住房城乡建设部办公厅关于建设工程企业资质统一实行电子化申报和审批的通知》（建办市函〔2018〕493号）规定办理。

二、按照告知承诺制申请资质延续的企业登录我部门户网站（网址：www.mohurd.gov.cn）"办事大厅-在线申报"栏目，按现行的相关资质标准，在线填报申报信息，对本企业符合延续资质标准条件的情况作出承诺，完成资质延续申请。

三、建设工程企业应对承诺内容真实性、合法性负责，并承担全部法律责任。发现申请企业承诺内容与实际情况不相符的，我部将依法撤销其相应资质，3年内不得申请该项资质，并列入建筑市场主体"黑名单"。

四、各省级住房和城乡建设主管部门应健全完善省级建筑市场监管一体化工作平台与全国建筑市场监管公共服务平台企业和项目信息数据共享机制，确保共享信息及时、完整、准确。要加强建设工程企业资质延续告知承诺制审批宣传工作，及时回应社会关切。

附件：公路、铁路、水运、水利、信息产业、民航、航空航天等专业建设工程企业资质清单

中华人民共和国住房和城乡建设部办公厅

2019年7月25日

住房和城乡建设部办公厅关于开展住房和城乡建设行业职业技能鉴定试点工作的通知

建办人函〔2019〕491号

各省、自治区住房和城乡建设厅，直辖市住房和城乡建设（管）委及有关部门，新疆生产建设兵团住房和城乡建设局，住房和城乡建设部执业资格注册中心，各有关单位：

为贯彻落实《中共中央办公厅国务院办公厅关于分类推进人才评价机制改革的指导意见》《国务院办公厅关于印发职业技能提升行动方案（2019—2021）的通知》（国办发〔2019〕24号）及《住房和城乡建设部关于做好住房和城乡建设行业职业技能鉴定工作的通知》（建人〔2019〕5号）精神，做好住房和城乡建设行业产业工人培育工作，加快建设知识型、技能型、创新型产业工人大军，我部决定选取部分培训鉴定单位（机构）（附件1）开展住房和城乡建设行业职业技能鉴定试点工作，现就有关事项通知如下：

一、试点目标

按照行业技能人才"培养、评价、使用、激励、保障"相互衔接、系统推进的总体目标，建立行业、企业、院校、社会力量共同参与的住房和城乡建设行业职业技能鉴定体系。通过试点探索建立住房和城乡建设行业从业人员职业技能鉴定工作制度，推进职业技能鉴定管理信息系统建设，创新考核培训模式，解决工学矛盾，提高职业技能鉴定实效，总结形成可复制可推广经验，为住房和城乡建设行业培育高素质产业工人队伍提供有力支撑。按照国务院深化"放管服"改革精神和国家拟建立的职业技能等级制度，适时将职业技能鉴定调整为职业技能等级制度。

二、试点任务

（一）职业（工种）范围。筑路工、桥隧工、防水工、砌筑工、混凝土工、钢筋工、架子工、水生产处理工、手工木工、智能楼宇管理员、中央空调系统运行操作员等11个职业（工种）。

（二）任务分工。住房和城乡建设部执业资格注册中心（以下简称部注册中心）作为住房和城乡建设行业职业技能鉴定组织实施机构，按照人力资源

社会保障部和我部要求统筹试点工作；研究制定相关规章制度，建立维护职业技能鉴定管理信息系统；指导监督职业技能鉴定试点单位（机构）开展相关工作；整理总结试点工作经验和问题。

省级住房和城乡建设主管部门、中央企业人事劳动保障工作机构制定所辖试点单位（机构）整体工作方案，报部注册中心备案；配合部注册中心建立符合行业特点、具有可推广性的职业技能鉴定管理工作机制；协助部注册中心推进职业技能鉴定管理信息系统建设；协调职业技能鉴定试点过程中的有关事务。

试点单位（机构）遵循职业技能鉴定有关法规、规章，制定工作方案，报部注册中心备案后开展职业技能鉴定试点工作。试点单位（机构）应坚持职业能力考核与职业素养评价相结合，重点考察劳动者执行操作规程、开展安全生产、解决生产问题和完成工作任务的能力；整理总结相关职业（工种）技能标准和评价规范，职业技能鉴定站（点）、考评员、督导员等标准，完善工作制度；通过职业技能鉴定管理信息系统，对鉴定合格人员进行备案。

三、工作机制

（一）定期督导。由部注册中心、试点单位（机构）相关工作人员成立试点工作组，定期到试点地区开展蹲点调研，了解试点工作进展和存在问题，及时向相关部门反映情况，探索解决问题的思路和措施，试点工作结束后，形成工作报告，报住房城乡建设行业职业技能培训鉴定工作领导小组。

（二）综合评估。职业技能鉴定试点工作实行绩效评估制度，试点评估验收工作由部注册中心组织实施。试点验收阶段，部注册中心按照《住房和城乡建设行业职业技能鉴定试点评估表（试行）》（附件2）对试点单位（机构）进行评估，对通过评估的机构公示、备案，对违规失信、恶意竞争、管理失序的试点单位（机构）取消试点资格。

四、工作步骤

试点工作按实施、验收和总结3个阶段进行，试点工作具体安排如下：

（一）启动实施（2019年8月—11月）。部注册中心、省级住房和城乡建设主管部门、中央企业人事劳动保障工作机构、试点单位（机构）按照工作内容开展职业技能鉴定工作，试点工作组协调工作进度，组织蹲点调研，进行工作督导。

（二）评估验收（2019年11月—12月）。试点单位（机构）按照《住房和城乡建设行业职业技能鉴定试点评估表（试行）》相关评估标准进行自查，自查合格后提出评估申请，由部注册中心组织评估验收。

（三）总结推广（2019年12月）。全面总结试点工作成功经验，梳理职业技能鉴定制度体系，为职业技能鉴定工作提供经验借鉴，推进住房和城乡建设行业职业技能鉴定工作。

各省级住房和城乡建设主管部门要按照建人〔2019〕5号文件精神，参照本通知要求开展本地区职业技能鉴定试点工作，并将试点工作方案及实施情况报部注册中心。

附件：1. 住房和城乡建设行业职业技能鉴定工作试点单位（机构）名单

2. 住房和城乡建设行业职业技能鉴定试点评估表（试行）

中华人民共和国住房和城乡建设部办公厅

2019年8月27日

数据统计分析

2019年城乡建设统计分析

2019年城市（城区）建设

【概况】2019年年末，全国设市城市684个，比上年增加12个，其中，直辖市4个，地级市293个，县级市387个。城市城区户籍人口4.35亿人，暂住人口0.89亿人，建成区面积6.03万平方公里。

［说明］

城市（城区）包括：市本级（1）街道办事处所辖地域；（2）城市公共设施、居住设施和市政公用设施等连接到的其他镇（乡）地域；（3）常住人口在3000人以上独立的工矿区、开发区、科研单位、大专院校等特殊区域。

各项统计数据均不包括香港特别行政区、澳门特别行政区、台湾省。

城市、县、建制镇、乡、村庄的年末实有数均来自民政部，人口数据来源于各地区公安部门，部分地区如北京、上海为统计部门常住人口数据。

【城市市政公用设施固定资产投资】2019年完成城市市政公用设施固定资产投资20126.30亿元，比上年增长0.02%，占同期全社会固定资产投资总额的3.59%。其中，道路桥梁、轨道交通、园林绿化投资分别占城市市政公用设施固定资产投资的38.04%、29.09%和9.17%。2019年全国城市市政公用设施建设固定资产投资的具体行业分布如图1所示。

［说明］

市政公用设施固定资产投资统计口径为计划总投资在5万元以上的市政公用设施项目，不含住宅及其他方面的投资。

全国城市市政公用设施投资新增固定资产14442.27亿元，固定资产投资交付使用率71.76%。主要新增生产能力（或效益）是：供水管道长度5.51万公里，道路长度2.71万公里，排水管道长度6.04万公里，城市污水处理厂日处理能力982.0万立方米，城市生活垃圾无害化日处理能力10.37万吨。

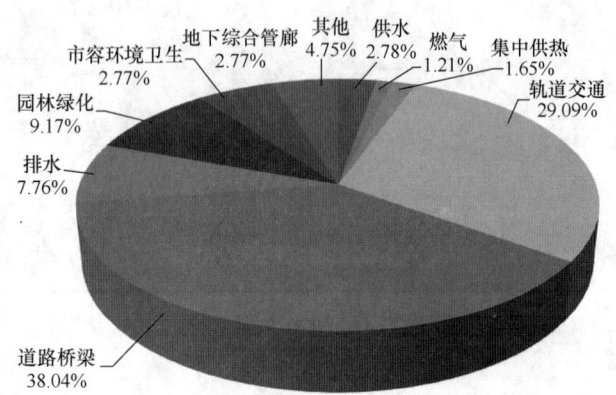

图1 2019年全国城市市政公用设施建设固定资产投资的行业分布

2019年按资金来源分城市市政公用设施建设固定资产投资合计20438.79亿元，比上年增加1354.04亿元。其中，本年资金来源18870.69亿元，上年末结余资金1568.10亿元。本年资金来源的具体构成，如图2所示。

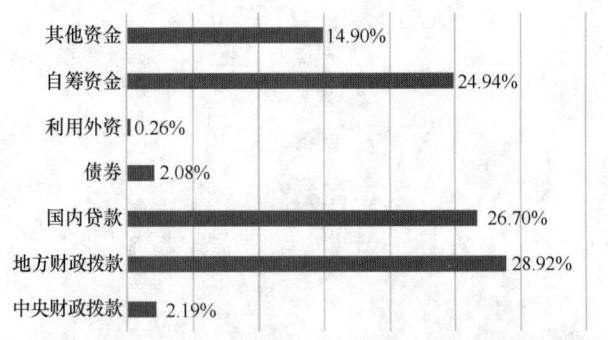

图2 2019年城市市政设施建设固定资产投资本年资金来源的具体构成

【城市供水和节水】2019年年末，城市供水综合生产能力为3.09亿立方米/日，比上年下降1.01%，其中，公共供水能力2.59亿立方米/日，比上年增长4.02%。供水管道长度92.0万公里，比上年增长6.37%。2019年，年供水总量628.30亿立方米，其中，生产运营用水161.56亿立方米，公共服务用水

89.60亿立方米，居民家庭用水249.39亿立方米。用水人口5.18亿人，人均日生活用水量180.0升，用水普及率98.78%，比上年提高0.42个百分点。2019年，城市节约用水49.99亿立方米，节水措施总投资58.28亿元。

［说明］除人均住宅建筑面积、人均日生活用水量外，所有人均指标、普及率指标均以户籍人口与暂住人口合计为分母计算。

【城市燃气】2019年，人工煤气供气总量27.68亿立方米，天然气供气总量1608.56亿立方米，液化石油气供气总量1048.81万吨，分别比上年下降7.07%、增长11.40%、增长2.51%。人工煤气供气管道长度1.09万公里，天然气供气管道长度76.79万公里，液化石油气供气管道长度0.45万公里，分别比上年减少16.83%、增长10.01%、减少8.05%。用气人口5.10亿人，燃气普及率97.29%，比上年增加0.60个百分点。

【城市集中供热】2019年年末，城市供热能力（蒸汽）10.09万吨/小时，比上年增加9.34%，供热能力（热水）55.05万兆瓦，比上年减少4.79%，供热管道39.29万公里，比上年增长5.87%，集中供热面积92.51亿平方米，比上年增长5.36%。

【城市轨道交通】2019年年末，全国建成轨道交通的城市41个，比上年增加7个；建成轨道交通线路长度6058.90公里，比上年增加917.85公里；正在建设轨道交通的城市49个，比上年减少1个；正在建设轨道交通线路长度5594.08公里，比上年增加193.83公里。

［说明］截至2019年年底，在国务院已批复轨道交通建设规划的43个城市中，除包头市开工后停建外，其余城市已经全部开始建设或建成轨道交通线路。未含在43个城市名单中的珠海市、德令哈市、句容市、温州市、海宁市、金华市、三亚市、都江堰市、蒙自市、天水市和长白山保护开发区管理委员会9个地区的珠海现代有轨电车1号线首期、新能源有轨电车项目、南京至句容城际轨道交通工程、温州市域铁路S1线和S2线、杭海城际铁路、金华—义乌—东阳市域轨道交通工程、三亚市有轨电车示范线、万达文化旅游城交通配套项目、滇南中心城市群现代有轨电车示范线项目、天水市有轨电车示范线工程（一期）和漫山观光小火车按城市轨道交通统计在内。

【城市道路桥梁】2019年年末，城市道路长度45.93万公里，比上年增长8.65%，道路面积90.98亿平方米，比上年增长6.50%，其中人行道面积19.43亿平方米。人均城市道路面积17.36平方米，比上年增加0.66平方米。2019年，全国城市地下综合管廊长度4679.58公里，其中新建地下综合管廊长度2226.14公里。

【城市排水与污水处理】2019年年末，全国城市共有污水处理厂2471座，比上年增加150座，污水厂日处理能力17863万立方米，比上年增长5.82%，排水管道长度74.39万公里，比上年增长8.85%。城市年污水处理总量525.85亿立方米，城市污水处理率96.81%，比上年增加1.32个百分点，其中污水处理厂集中处理率94.81%，比上年增加1.46个百分点。城市再生水日生产能力4428.9万立方米，再生水利用量116.08亿立方米。

【城市园林绿化】2019年年末，城市建成区绿化覆盖面积252.29万公顷，比上年增长4.26%，建成区绿化覆盖率41.51%，比上年增加0.40个百分点；建成区绿地面积228.52万公顷，比上年增长4.01%，建成区绿地率37.63%，比上年增加0.28个百分点；公园绿地面积75.64万公顷，比上年增长4.52%，人均公园绿地面积14.36平方米，比上年增加0.25平方米。

【城市市容环境卫生】2019年年末，全国城市道路清扫保洁面积92.21亿平方米，其中机械清扫面积66.80亿平方米，机械清扫率77.45%。全年清运生活垃圾、粪便2.42亿吨，比上年增长6.16%。全国城市共有生活垃圾无害化处理场（厂）1183座，比上年增加92座，日处理能力86.98万吨，处理量2.40亿吨，城市生活垃圾无害化处理率99.60%，比上年增加0.64个百分点。

【2013—2019年全国城市建设的基本情况】2013—2019年全国城市建设的基本情况见表1。

2013—2019年全国城市建设的基本情况　　　　表1

类别	指标	年份						
		2013	2014	2015	2016	2017	2018	2019
概况	城市数（个）	658	65	656	657	661	673	679
	#直辖市（个）	4	4	4	4	4	4	4
	#地级市（个）	286	288	291	293	294	302	301

续表

类别	指标		年份						
			2013	2014	2015	2016	2017	2018	2019
概况	#县级市（个）		368	361	361	360	363	371	381
	城区人口（亿人）		3.77	3.86	3.94	4.03	4.10	4.27	4.35
	城区暂住人口（亿人）		0.56	0.60	0.66	0.74	0.82	0.84	0.89
	建成区面积（平方公里）		47855.3	49772.6	52102.3	54331.5	56225.4	58455.7	60312.5
	城市建设用地面积（平方公里）		47108.5	49982.7	51584.1	52761.3	55155.5	56075.9	58307.7
投资	市政公用设施固定资产年投资总额（亿元）		16349.8	16245.0	16204.4	17460.0	19327.6	20123.2	20126.3
城市供水和节水	年供水总量（亿立方米）		537.3	546.7	560.5	580.7	593.8	614.6	628.30
	供水管道长度（万公里）		64.6	67.7	71.0	75.7	79.7	86.5	92.0
	用水普及率（%）		97.56	97.64	98.07	98.42	98.30	98.36	98.78
城市燃气	人工煤气年供应量（亿立方米）		62.8	56.0	47.1	44.1	27.1	29.8	27.7
	天然气年供应量（亿立方米）		901.0	964.4	1040.8	1171.1	1263.8	1444.0	1608.6
	液化石油气年供应量（万吨）		1109.7	1082.8	1039.2	1078.8	998.8	1015.3	1048.8
	供气管道长度（万公里）		43.2	47.5	52.8	57.8	64.1	71.6	78.3
	燃气普及率（%）		94.25	94.57	95.30	95.75	96.26	96.70	97.29
城市集中供热	供热能力	蒸汽（万吨/小时）	8.43	8.47	8.07	7.83	9.83	9.23	10.09
		热水（万兆瓦）	40.35	44.71	47.26	49.33	64.78	57.82	55.05
	管道长度（万公里）	蒸汽	1.23	1.25	1.17	1.22	27.63	37.11	39.29
		热水	16.59	17.47	19.27	20.14			
	集中供热面积（亿平方米）		57.17	61.12	67.22	73.87	83.09	87.81	92.51
城市轨道交通	建成轨道交通的城市个数（个）		16	22	24	30	32	34	41
	建成轨道交通线路长度（公里）		2213.28	2714.79	3069.23	3586.34	4594.26	5141.05	6058.90
	正在建设轨道交通的城市个数（个）		35	36	38	39	50	50	49
	正在建设轨道交通线路长度（公里）		2760.38	3004.37	3994.15	4870.18	4913.56	5400.25	5594.08
城市道路桥梁	城市道路长度（万公里）		33.63	35.23	36.49	38.25	39.78	43.22	45.93
	城市道路面积（亿平方米）		64.42	68.30	71.77	75.38	78.89	85.43	90.98
	城市桥梁（座）		59530	61863	64512	67737	69816	73432	76157
	人均道路面积（平方米）		14.87	15.34	15.60	15.80	16.05	16.70	17.36
城市排水与污水处理	污水年排放量（亿立方米）		427.45	445.34	466.62	480.30	492.39	521.12	525.85
	排水管道长度（万公里）		46.49	51.12	53.96	57.66	63.03	68.35	74.39
	城市污水处理厂座数（座）		1736	1807	1944	2039	2209	2321	2471
	城市污水处理厂处理能力（万立方米/日）		12454	13087	14038	14910	15743	16881	17863
	城市污水日处理能力（万立方米）		14652.7	15123.5	16065.4	16779.2	17036.7	18145.2	19171.0
	城市污水处理率（%）		89.34	90.18	91.90	93.44	94.54	95.49	96.81
	再生水日生产能力（万立方米）		1761	2065	2317	2762	3588	3578	4428.9
	再生水利用量（亿立方米）		35.4	36.3	44.5	45.3	71.3	85.5	116.08

续表

类别	指标	2013	2014	2015	2016	2017	2018	2019
城市园林绿化	建成区绿化覆盖面积（万公顷）	190.75	201.73	210.51	220.40	231.44	241.99	252.29
	建成区绿地面积（万公顷）	171.93	182.00	190.79	199.26	209.91	219.71	228.52
	建成区绿化覆盖率（%）	39.7	40.22	40.12	40.30	40.91	41.11	41.51
	建成区绿地率（%）	35.78	36.29	36.36	36.43	37.11	37.34	37.63
	人均公园绿地面积（平方米）	12.64	13.08	13.35	13.70	14.01	14.11	14.36
	公园个数（个）	12401	13074	13834	15370	15633	16735	18038
	公园面积（万公顷）	32.98	36.79	38.38	41.69	44.46	49.42	50.24
城市市容环境卫生	清扫保洁面积（万平方米）	646014	676093	730333	794923	842048	869329	922124
	生活垃圾清运量（万吨）	17238	17860	19142	20362	21521	22802	24206
	每万人拥有公厕（座）	2.83	2.79	2.75	2.72	2.77	2.88	2.93

（住房和城乡建设部计划财务与外事司、哈尔滨工业大学）

2019年县城建设

【概况】 2019年年末，全国共有县1516个，比上年减少3个。县城户籍人口1.41亿人，暂住人口0.18亿人，建成区面积2.07万平方公里。

[说明]

县城包括：(1) 县政府驻地的镇、乡（城关镇）或街道办事处地域；(2) 县城公共设施、居住设施等连接到的其他镇（乡）地域；(3) 县域内常住人口在3000人以上独立的工矿区、开发区、科研单位、大专院校等特殊区域。

县包括县、自治县、旗、自治旗、特区、林区。

【县城市政公用设施固定资产投资】 2019年，完成县城市政公用设施固定资产投资3076.7亿元，比上年增长1.68%。其中：道路桥梁、园林绿化、排水分别占县城市政公用设施固定资产投资的42.65%、15.68%和11.92%。2019年全国县城市政公用设施建设固定资产投资的具体行业分布如图3所示。

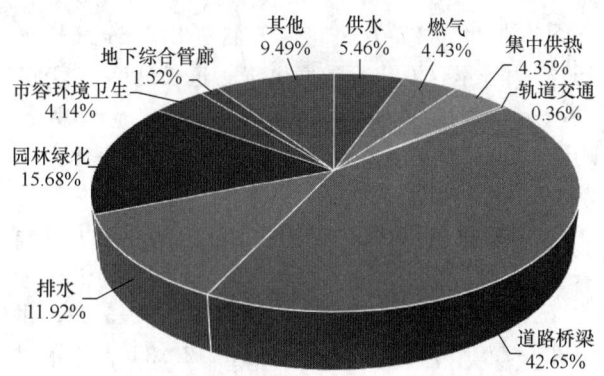

图3 2019年全国县城市政公用设施建设固定资产投资的行业分布

[说明]

县城的市政公用设施固定资产投资统计口径为计划总投资在5万元以上的市政公用设施项目，不含住宅及其他方面的投资。

2019年按资金来源分县城市政公用设施建设固定资产投资合计3900.48亿元，比上年增长21.05%。其中，本年资金来源3752.52亿元，上年末结余资金147.96亿元。本年资金来源的具体构成，如图4所示。

2019年，全国县城市政公用设施投资新增固定

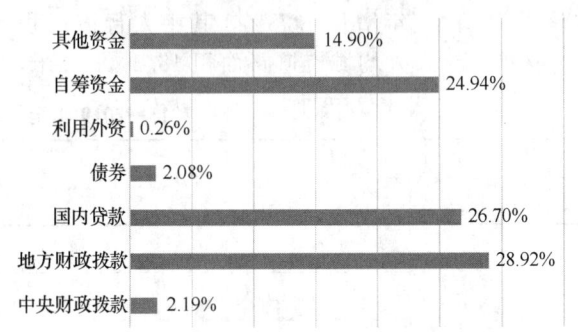

图4 2019年全国县城市政公用设施建设固定资产投资本年资金来源的分布

资产2827.71亿元，固定资产投资交付使用率为91.91%。主要新增生产能力（或效益）是：供水管道长度1.61万公里，集中供热蒸汽能力676吨/小时，热水能力13387兆瓦，道路长度0.68万公里，排水管道长度1.36万公里，污水处理厂日处理能力

220万立方米，生活垃圾无害化日处理2.57万吨。

【县城供水和节水】2019年年末，县城供水综合生产能力为0.63亿立方米/日，比上年减少14.98%，其中，公共供水能力0.53亿立方米/日，比上年减少18.46%。供水管道长度25.86万公里，比上年增加6.62%。2019年，全年供水总量119.09亿立方米，其中生产运营用水27.81亿立方米，公共服务用水11.67亿立方米，居民家庭用水57.43亿立方米。用水人口1.51亿人，供水普及率95.06%，比上年增加1.26个百分点，人均日生活用水量126.7升。2019年，县城节约用水2.86亿立方米，节水措施总投资3.59亿元。

【县城燃气】2019年，人工煤气供应总量3.62亿立方米，天然气供气总量201.87亿立方米，液化石油气供气总量217.10万吨，分别比上年减少41.77%、增长18.03%、增长1.42%。人工煤气供气管道长度0.27万公里，天然气供气管道长度16.77万公里，液化石油气供气管道长度0.19万公里，分别比上年增长42.91%、16.17%和1.97%。用气人口1.37亿人，燃气普及率86.47%，比上年增加2.62个百分点。

【县城集中供热】2019年年末，供热能力（蒸汽）1.75万吨/小时，比上年增长4.03%，供热能力（热水）15.33万兆瓦，比上年增长9.57%，供热管道7.51万公里，比上年增长12.33%，集中供热面积17.48亿平方米，比上年增长8.03%。

【县城道路桥梁】2019年年末，县城道路长度15.16万公里，比上年增长4.70%，道路面积29.01亿平方米，比上年增长4.28%，其中人行道面积7.24亿平方米，人均城市道路面积18.29平方米，比上年增加0.56平方米。2019年，全国县城新建地下综合管廊376.84公里，地下综合管廊长度858.78公里。

【县城排水与污水处理】2019年年末，全国县城共有污水处理厂1669座，比上年增加71座，污水厂日处理能力3587万立方米，比上年增长6.53%，排水管道长度21.34万公里，比上年增长6.81%。县城全年污水处理总量95.01亿立方米，污水处理率93.55%，比上年增加2.39个百分点，其中污水处理厂集中处理率92.87%，比上年增加2.97个百分点。

【县城园林绿化】2019年年末，县城建成区绿化覆盖面积75.75万公顷，比上年增长6.44%，建成区绿化覆盖率36.64%，比上年增加1.48个百分点；建成区绿地面积67.27万公顷，比上年增长6.51%，建成区绿地率32.54%，比上年增加1.33个百分点；公园绿地面积20.79万公顷，比上年增长8.28%，人均公园绿地面积12.21平方米，比上年增加0.35平方米。

【县城市容环境卫生】2019年年末，全国县城道路清扫保洁面积27.51亿平方米，其中机械清扫面积19.03亿平方米，机械清扫率69.19%。全年清运生活垃圾、粪便0.69亿吨，比上年增加3.17%。全国县城共有生活垃圾无害化处理场（厂）1378座，比上年增加54座，日处理能力24.67万吨，处理量0.66亿吨，县城生活垃圾无害化处理率97.36%，比上年增加4.09个百分点；每万人拥有公厕3.28座，比上年增加0.15座。

【2013—2019年全国县城建设的基本情况】2013—2019年全国县城建设的基本情况见表2。

2013—2019年全国县城建设的基本情况　　　　表2

类别	指标	年份						
		2013	2014	2015	2016	2017	2018	2019
概况	县数（个）	1613	1596	1568	1537	1526	1519	1516
	县城人口（万人）	13701	14038	14017	13858	13923	13973	14111
	县城暂住人口（万人）	1566	1615	1598	1583	1701	1722	1755
	建成区面积（平方公里）	19503	20111	20043	19467	19854	20238	20672
投资	市政公用设施固定资产年投资总额（亿元）	3833.7	3572.9	3099.8	3394.5	3634.2	3026.0	3076.7
县城供水和节水	供水总量（亿立方米）	103.9	106.3	106.9	106.5	112.8	114.5	119.09
	#生活用水量（亿立方米）	47.0	48.3	49.1	48.9	51.3	53.8	57.43
	供水管道长度（万公里）	19.4	20.4	21.5	21.1	23.4	24.3	25.86
	供水普及率（%）	88.14	88.89	89.96	90.50	92.87	93.80	95.06

续表

类别	指标	2013	2014	2015	2016	2017	2018	2019
县城燃气	人工煤气供应总量（亿立方米）	7.7	8.5	8.2	7.2	7.4	6.2	3.62
	天然气供应总量（亿立方米）	81.6	92.6	102.6	105.7	138.0	171.0	201.87
	液化石油气供应总量（万吨）	241.1	235.3	230.0	219.2	215.5	214.1	217.1
	供气管道长度（万公里）	8.07	9.29	10.99	10.89	12.93	14.80	17.23
	燃气普及率（%）	70.91	73.24	75.90	78.19	81.35	83.35	86.47
县城集中供热	供热面积（亿平方米）	10.33	11.42	12.31	13.12	14.63	16.18	17.48
	蒸汽供热能力（万吨/小时）	1.33	1.30	1.37	1.02	1.49	1.68	1.75
	热水供热能力（万兆瓦）	10.75	12.94	12.58	13.04	13.72	13.99	15.33
	蒸汽管道长度（万公里）	0.29	0.27	0.33	0.33	6.08	6.68	7.51
	热水管道长度（万公里）	3.72	4.12	4.30	4.30			
县城道路桥梁	道路长度（万公里）	12.52	13.04	13.35	13.16	14.08	14.48	15.16
	道路面积（亿平方米）	22.69	24.08	24.95	25.35	26.84	27.82	29.01
	人均道路面积（平方米）	14.86	15.39	15.98	16.41	17.18	17.73	18.29
县城排水与污水处理	污水排放量（亿立方米）	88.1	90.47	92.65	92.72	95.07	99.43	102.30
	污水处理厂座数（座）	1504	1555	1599	1513	1572	1598	1669
	污水处理厂处理能力（万立方米/日）	2691	2882	2999	3036	3218	3367	3587
	污水处理率（%）	78.47	82.12	85.22	87.38	90.21	91.16	93.55
	排水管道长度（万公里）	14.9	16.03	16.79	17.19	18.98	19.98	21.34
县城园林绿化	建成区绿化覆盖面积（万公顷）	56.7	59.93	61.70	63.33	68.69	77.17	75.75
	建成区园林绿地面积（万公顷）	48.3	52.05	54.22	55.95	61.03	63.16	6727
	建成区绿化覆盖率（%）	29.06	29.80	30.78	32.53	34.60	35.17	36.64
	建成区绿地率（%）	24.76	25.88	27.05	28.74	30.74	31.32	32.54
	人均公园绿地面积（平方米）	9.47	9.91	10.47	11.05	11.86	12.21	13.10
16 县城市容环境卫生	生活垃圾年清运量（万吨）	6505	6657	6655	6666	6747	6660	6871
	每万人拥有公厕（座）	2.77	2.76	2.78	2.82	2.93	3.13	3.28

（住房和城乡建设部计划财务与外事司　哈尔滨工业大学）

2019 年村镇建设

【概况】2019 年年末，全国建制镇统计个数 1.87 万个，乡统计个数 0.95 万个，镇乡级特殊区域个数 462 个，村庄统计个数 251.3 万个。村镇户籍总人口 9.68 亿。其中，建制镇建成区 1.65 亿，占村镇总人口的 17.05%；乡建成区 0.24 亿，占村镇总人口的 2.48%；镇乡级特殊区域建成区 0.026 亿，占村镇总人口的 0.27%；村庄 7.76 亿，占村镇总人口的 80.20%。

[说明]

村镇数据不包括香港特别行政区、澳门特别行政区、台湾省；也未包括西藏自治区。

村镇包括：(1) 城区（县城）范围外的建制镇、乡以及具有乡镇政府职能的特殊区域（农场、林场、牧场、渔场、团场、工矿区等）的建成区；(2) 全国的村庄。

乡包括乡、民族乡、苏木、民族苏木。

2019年年末，全国建制镇建成区面积422.9万公顷，平均每个建制镇建成区占地226公顷；乡建成区62.95万公顷，平均每个乡建成区占地66.26公顷；镇乡级特殊区域建成区8.15万公顷，平均每个镇乡级特殊区域建成区占地176.40公顷。

【规划管理】2019年年末，全国已编制总体规划的建制镇16876个，占所统计建制镇总数的90.00%，其中本年编制1109个；已编制总体规划的乡7000个，占所统计乡总数的73.86%，其中本年编制402个；已编制总体规划的镇乡级特殊区域325个，占所统计镇乡级特殊区域总数的70.34%，其中本年编制15个；2019年全国村镇规划编制投资（不包括村庄）达44.88亿元，其中建制镇投入36.90亿元，乡投入7.58亿元，镇乡级特殊区域投入0.40亿元。

【建设投资】2019年，全国村镇建设总投资19384.37亿元。按地域分，建制镇建成区8357.27亿元，乡建成区664.60亿元，镇乡级特殊区域建成区195.01亿元，村庄10167.50亿元，分别占总投资的43.11%、3.43%、1.01%、52.45%。按用途分，房屋建设投资14267.20亿元，市政公用设施建设投资5117.18亿元，分别占总投资的73.60%、26.40%。2019年全国村镇建设固定资产投资结构如图5所示。

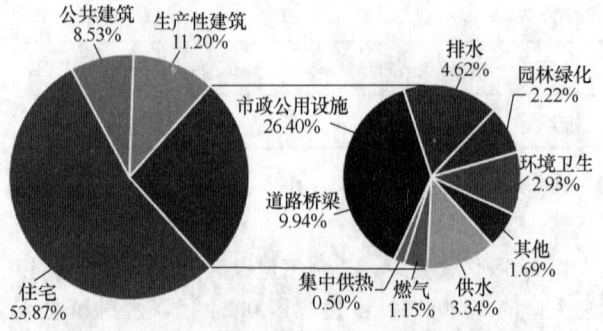

图5 2019年全国村镇建设固定资产投资结构

在房屋建设投资中，住宅建设投资10441.90亿元，公共建筑投资1653.59亿元，生产性建筑投资2171.70亿元，分别占房屋建设投资的73.19%、11.59%、15.22%。

在市政公用设施建设投资中，道路桥梁投资1926.40亿元，排水投资896.41亿元，供水投资647.84亿元，环境卫生投资567.80亿元，分别占市政公用设施建设总投资的37.65%、17.52%、12.66%和11.10%。

【房屋建设】2019年，全国村镇房屋竣工建筑面积14.06亿平方米，其中住宅10.34亿平方米，公共建筑1.53亿平方米，生产性建筑2.19亿平方米。2019年年末，全国村镇实有房屋建筑面积400.41亿平方米，其中住宅325.16亿平方米，公共建筑31.80亿平方米，生产性建筑43.45亿平方米，分别占81.21%、7.94%、10.85%。

2019年年末，全国建制镇建成区人均住宅建筑面积36.55平方米，乡建成区人均住宅建筑面积33.87平方米，镇乡级特殊区域建成区人均住宅建筑面积43.30平方米，村庄人均住宅建筑面积32.90平方米。

【公用设施建设】2019年年末，在建制镇、乡和镇乡级特殊区域建成区内，供水管道长度75.39万公里，排水管道长度21.93万公里，排水暗渠长度12.90万公里，道路长度50.49万公里，道路面积33.26亿平方米，公共厕所17.05万座。

2019年年末，建制镇建成区用水普及率89%，人均日生活用水量103.9升，燃气普及率54.45%，人均道路面积15.23平方米，排水管道暗渠密度6.95公里/平方公里，人均公园绿地面积2.71平方米。

2019年年末，乡建成区用水普及率80.5%，人均日生活用水量93.29升，燃气普及率26.81%，人均道路面积20.16平方米，排水管道暗渠密度7.41公里/平方公里，人均公园绿地面积1.59平方米。

2019年年末，镇乡级特殊区域建成区用水普及率95.05%，人均日生活用水量110.60升，燃气普及率72.37%，人均道路面积19.86平方米，排水管道暗渠密度9.51公里/平方公里，人均公园绿地面积5.14平方米。

2019年年末，全国78.29%的行政村有集中供水，用水普及率80.98%，人均日生活用水量91.19升，燃气普及率31.36%。

【2013—2019年全国村镇建设的基本情况】2013—2019年全国村镇建设的基本情况见表3。

2013—2019年全国村镇建设的基本情况　　　　　　　　　　表3

类别	指标		年份						
			2013	2014	2015	2016	2017	2018	2019
概况	村镇户籍人口（亿人）	总人口	9.48	9.52	9.57	9.58	9.41	9.61	9.68
		建制镇建成区	1.52	1.56	1.60	1.62	1.55	1.61	1.65
		乡建成区	0.31	0.30	0.29	0.28	0.25	0.25	0.24
		镇乡级特殊区域建成区	0.03	0.03	0.03	0.04	0.05	0.04	0.03
		村庄	7.62	7.63	7.65	7.63	7.56	7.71	7.76
	村镇建成区面积和村庄现状用地面积（万公顷）	建制镇建成区	369.0	379.5	390.8	397.0	392.6	405.3	422.9
		乡建成区	73.7	72.2	70.0	67.3	63.4	65.4	62.95
		镇乡级特殊区域建成区	10.7	10.5	9.4	13.6	13.7	13.4	8.15
		村庄现状用地	1394.3	1394.1	1401.3	1392.2	1346.1	1292.3	1289.05
房屋建设	年末实有房屋建筑面积（亿平方米）		373.7	378.1	381.0	383.0	376.6	392.16	400.41
	其中：住宅		313.3	317.8	320.7	323.2	309.8	320.18	325.16
	本年竣工房屋建筑面积（亿平方米）		11.8	11.6	11.4	10.6	16.9	15.1	14.06
	其中：住宅		8.6	8.5	8.6	8.0	13.3	11.6	10.34

（住房和城乡建设部计划财务与外事司　哈尔滨工业大学）

2019年城乡建设统计分省数据

2019年城市（城区）建设分省数据

【2019年城市市政公用设施水平分省数据】

2019年城市市政公用设施水平分省数据见表4。

2019年城市市政公用设施水平分省数据　　表4

地区名称	人口密度 （人/平方公里）	人均日生活用水量（升）	供水普及率（％）	燃气普及率（％）	建成区供水管道密度（公里/平方公里）	人均城市道路面积（平方米）	建成区排水管道密度（公里/平方公里）
上年	2546	179.74	98.36	96.70	11.77	16.70	6.32
全国	2613	179.97	98.78	97.29	12.66	17.36	10.50
北京	1137	168.52	99.06	100.00	7.48	7.68	6.66
天津	4939	111.25	100.00	100.00	17.41	12.98	18.82
河北	3063	120.72	99.98	99.46	8.83	19.95	8.78
山西	3804	121.63	99.28	96.43	9.47	17.22	7.07
内蒙古	1820	104.91	99.27	95.80	8.93	23.32	9.38
辽宁	1807	148.65	99.16	97.95	12.68	15.06	7.25
吉林	1885	120.90	94.70	91.80	7.89	14.13	6.10
黑龙江	5498	126.83	98.79	91.09	9.72	15.22	6.76
上海	3830	207.51	100.00	100.00	31.40	4.72	17.57
江苏	2221	217.15	100.00	99.77	16.79	25.41	14.08
浙江	2064	217.72	100.00	100.00	17.80	19.02	13.97
安徽	2663	194.49	99.36	98.70	14.13	23.76	13.35
福建	3193	208.76	99.86	98.42	17.70	21.37	10.12
江西	4226	174.58	98.45	97.87	13.29	19.93	10.28
山东	1665	125.54	99.73	99.14	9.79	25.28	11.81
河南	4850	133.88	97.38	97.05	8.76	15.19	8.73
湖北	2846	190.76	99.16	97.92	9.23	17.45	9.99
湖南	3265	216.56	97.71	96.65	16.48	17.69	9.38
广东	3859	240.82	99.06	97.94	13.71	13.60	10.46
广西	2097	269.26	98.88	98.84	13.65	21.92	10.97
海南	2352	296.09	98.47	97.73	22.98	18.24	14.26
重庆	2012	167.94	97.89	97.36	11.19	14.38	12.96
四川	3045	208.24	95.89	94.95	14.92	16.38	10.92
贵州	2222	175.88	98.33	91.80	10.97	14.53	8.07
云南	3133	149.78	97.08	77.92	10.63	15.00	11.14
西藏	1671	303.14	95.03	60.11	10.30	15.75	3.33
陕西	5140	150.65	96.84	97.80	7.31	16.84	7.07
甘肃	3260	138.40	98.04	92.66	7.19	19.31	7.40
青海	2958	132.77	99.24	93.83	12.30	18.44	14.58
宁夏	3059	154.10	98.39	96.65	5.96	26.20	4.32
新疆	4187	170.72	99.47	99.39	8.12	23.29	6.08
新疆生产建设兵团	1763	220.03	92.84	90.88	9.22	27.04	4.23

数 据 统 计 分 析

续表

地区名称	污水处理率（%）	污水处理厂集中处理率	人均公园绿地面积（平方米）	建成区绿化覆盖率（%）	建成区绿地率（%）	生活垃圾处理率（%）	生活垃圾无害化处理率
上年	**95.49**	**93.35**	**14.11**	**41.11**	**37.34**	**99.49**	**98.96**
全国	**96.81**	**94.81**	**14.36**	**41.51**	**37.63**	**99.60**	**99.20**
北京	99.31	97.00	16.40	48.46	46.98	99.98	99.98
天津	95.97	95.30	9.21	37.48	34.29	100.00	100.00
河北	98.34	98.28	14.29	42.28	38.58	99.98	99.43
山西	95.78	95.78	12.63	42.29	38.07	100.00	100.00
内蒙古	97.41	97.41	18.71	40.52	37.41	99.81	99.81
辽宁	96.20	96.00	11.97	40.76	38.30	99.89	99.42
吉林	95.19	95.19	12.54	39.18	34.56	98.14	90.24
黑龙江	92.78	90.34	12.43	36.39	32.82	97.86	95.49
上海	96.27	93.65	8.73	36.84	35.31	100.00	100.00
江苏	96.14	89.54	14.98	43.38	39.94	100.00	100.00
浙江	96.95	93.50	14.03	41.46	37.36	100.00	100.00
安徽	97.06	93.41	14.80	42.72	39.10	100.00	100.00
福建	95.25	92.84	15.03	44.53	40.78	99.95	99.95
江西	95.39	94.27	14.53	45.55	42.53	100.00	100.00
山东	97.99	97.48	17.57	41.80	37.69	99.94	99.94
河南	97.72	97.71	13.59	41.03	36.15	99.86	99.65
湖北	100.26	95.67	11.96	38.88	34.69	99.98	99.98
湖南	97.09	95.27	11.81	41.24	36.46	99.98	99.98
广东	96.72	96.51	18.13	43.31	38.18	99.95	99.95
广西	97.47	88.64	13.52	40.76	35.38	100.00	100.00
海南	93.71	92.87	10.57	41.75	37.05	100.00	100.00
重庆	97.19	97.01	16.61	41.82	39.03	92.49	88.82
四川	95.29	91.71	14.03	41.85	36.91	99.82	99.82
贵州	96.84	96.84	16.38	39.42	36.63	96.59	96.59
云南	95.73	95.06	11.88	39.73	35.77	99.77	99.77
西藏	94.94	94.94	9.80	37.61	35.33	98.34	98.34
陕西	95.54	95.54	11.62	39.32	35.71	99.86	99.71
甘肃	97.11	97.11	14.28	36.03	32.11	100.00	100.00
青海	95.15	95.15	11.93	35.21	33.05	96.28	96.28
宁夏	95.85	95.85	21.05	41.34	39.04	99.89	99.89
新疆	97.81	97.60	13.95	40.54	36.55	99.24	96.93
新疆生产建设兵团	98.46	98.46	22.99	36.22	32.52	97.00	87.66

【2019年城市人口和建设用地分省数据】2019 年城市人口和建设用地分省数据见表5。

2019年城市人口和建设用地分省数据　　　　　表 5

面积单位：平方公里
人口单位：万人

地区名称	市区面积	市区人口	市区暂住人口	城区面积	城区人口	城区暂住人口	建成区面积	本年征用土地面积	耕地
上年	2230935.02	79526.00	12306.86	200896.50	42730.01	8421.71	58455.66	2003.66	904.63
全国	2281508	80008	12437	200569.51	43503.66	8911.94	60312.45	2684.81	1189.27
北京	16410	2154		16410.00	1865.00		1469.05	29.90	6.12
天津	11760	1562		2639.78	1303.84		1151.05	13.46	5.64
河北	48656	3634	211	6309.33	1783.36	149.04	2182.09	106.54	67.19
山西	35128	1747	228	3164.34	1051.56	152.31	1222.75	500.93	165.95
内蒙古	148649	998	257	5081.98	678.97	246.09	1269.74	50.28	7.01
辽宁	75461	3101	323	12894.60	2076.41	253.40	2720.06	27.38	21.11
吉林	109274	1932	205	6482.77	1035.47	186.54	1555.13	47.08	29.32
黑龙江	205252	2265	144	2528.10	1258.80	131.11	1770.89	36.09	23.11
上海	6341	2428		6340.50	2428.14		1237.85	16.96	8.97
江苏	69964	5863	1188	15536.38	2994.99	455.73	4648.33	217.58	113.11
浙江	55049	3570	1723	12421.76	1723.16	841.24	3021.89	142.64	72.72
安徽	45649	2803	567	6355.30	1275.50	416.66	2241.50	193.89	110.09
福建	45734	2206	815	4138.17	996.11	325.32	1620.74	65.18	15.16
江西	42954	2127	200	2940.88	1092.79	149.90	1607.80	84.95	30.51
山东	92490	6469		23206.32	3284.90	578.23	5412.68	140.83	68.09
河南	47286	4516	505	5364.36	2172.74	428.88	2944.30	48.98	26.66
湖北	94420	4076	535	8186.15	1889.27	440.40	2660.99	96.63	46.20
湖南	51430	2893	282	5102.94	1457.92	208.28	1855.94	60.71	15.62
广东	97733	8161	2689	16079.29	4251.87	1953.58	6397.65	214.53	130.21
广西	70298	2418	312	5814.43	930.87	288.39	1542.78	121.51	37.58
海南	17064	577	205	1478.79	217.96	129.85	382.89	18.21	2.15
重庆	43264	2567	478	7659.78	1185.60	355.28	1515.41	97.24	47.92
四川	85091	4172	551	8609.50	2214.03	407.73	3054.31	183.20	78.31
贵州	36218	1460	155	3650.88	681.49	129.80	1085.52	19.04	5.79
云南	87344	1720	173	3203.56	890.89	112.64	1217.60	43.72	17.89
西藏	47979	91	43	632.17	62.82	42.81	164.42	8.06	0.80
陕西	53040	1988	132	2431.31	1159.30	90.30	1357.51	43.48	16.71
甘肃	88539	910	136	1977.76	535.73	109.10	875.72	24.20	9.58
青海	197505	233	19	696.03	180.19	25.72	215.19	1.98	0.30
宁夏	22202	345	70	951.50	223.96	67.13	489.05	7.83	4.32
新疆	220619	900	271	1792.15	533.07	217.27	1209.56	18.77	3.99
新疆生产建设兵团	12706	122	20	488.70	66.95	19.21	212.06	3.03	1.14

续表

地区名称	城市建设用地面积								
	合计	居住用地	公共管理与公共服务设施用地	商业服务业设施用地	工业用地	物流仓储用地	道路交通设施用地	公共设施用地	绿地与广场用地
上年	56075.90	17151.57	5132.28	3901.76	11026.77	1629.84	8739.22	1902.64	6591.82
全国	58307.71	18102.07	5221.26	4039.15	11478.80	1650.53	9328.65	1823.09	2684.81
北京	1471.75	427.92	173.14	137.26	263.09	50.88	271.62	31.60	29.90
天津	998.15	263.32	75.82	79.51	237.71	55.22	151.92	20.16	13.46
河北	1899.89	614.67	150.06	121.26	257.55	54.62	314.55	57.71	106.54
山西	1326.40	447.90	147.45	88.10	168.61	51.08	245.02	42.29	500.93
内蒙古	1170.37	362.73	104.05	99.23	147.33	51.28	215.04	39.65	50.28
辽宁	2768.13	910.52	164.53	185.51	707.14	84.16	405.94	68.77	27.38
吉林	1490.61	515.70	111.81	92.62	300.43	49.94	222.22	55.41	47.08
黑龙江	1773.73	628.56	159.37	90.72	357.89	68.64	260.03	49.85	36.09
上海	1944.96	549.77	153.19	124.66	537.74	52.31	139.05	247.48	16.96
江苏	4529.05	1310.64	334.50	337.79	964.45	108.08	742.47	110.85	217.58
浙江	2935.19	884.79	252.47	201.60	678.49	60.33	510.30	66.56	142.64
安徽	2165.47	672.11	166.87	157.49	437.53	47.76	351.92	60.48	193.89
福建	1511.41	504.58	142.90	101.83	289.23	31.77	238.09	42.65	65.18
江西	1530.80	462.21	159.77	107.70	286.55	31.47	240.68	44.60	84.95
山东	5129.91	1521.82	514.46	375.25	1113.38	153.21	727.16	138.57	140.83
河南	2785.03	841.48	295.19	143.49	352.80	76.16	446.55	101.82	48.98
湖北	2646.26	801.03	242.51	157.79	624.58	72.90	429.38	91.80	96.63
湖南	1758.08	643.16	199.29	115.51	276.42	40.56	238.52	74.72	60.71
广东	5896.26	1860.67	442.95	396.52	1554.60	110.68	1084.14	101.06	214.53
广西	1493.78	435.16	143.21	92.25	206.46	46.65	266.01	55.43	121.51
海南	319.07	118.90	44.65	17.67	17.75	2.00	65.89	3.75	18.21
重庆	1319.16	412.48	118.11	83.79	262.63	31.46	250.62	33.40	97.24
四川	2865.85	899.21	250.45	220.38	482.39	76.17	487.85	68.73	183.20
贵州	1007.75	315.09	106.77	81.21	162.32	37.78	169.47	29.74	19.04
云南	1194.04	412.77	134.36	100.95	126.72	35.57	178.69	36.06	43.72
西藏	153.14	34.82	21.91	14.19	14.61	4.28	23.28	8.79	8.06
陕西	1331.45	422.41	132.52	103.71	174.56	33.27	210.45	26.46	43.48
甘肃	897.91	229.43	80.89	66.38	200.47	41.56	130.14	35.45	24.20
青海	202.43	61.01	15.68	10.31	14.49	16.79	36.69	7.72	1.98
宁夏	445.83	134.23	56.44	20.17	45.43	13.87	76.81	16.77	7.83
新疆	1169.03	353.85	106.13	97.48	188.51	55.50	170.81	49.64	18.77
新疆生产建设兵团	176.82	49.13	19.81	16.82	26.94	4.58	27.34	5.12	3.03

【2019年城市市政公用设施建设固定资产投资分省数据】 2019年城市市政公用设施建设固定资产投资分省数据见表6。

2019年城市市政公用设施建设固定资产投资分省数据　　　　表6

计量单位：万元

地区名称	本年投资完成合计	供水	燃气	集中供热	轨道交通	道路桥梁	地下综合管廊
上年	201231835	5430426	2951313	4200376	60469191	69223945	6192404
全国	201263041	5600744	2426995	3329712	58556287	76553456	5581094
北京	12451203	229793	154399	274904	3464541	2408804	564183
天津	3716352	27242	4704	47709	2176268	550976	103223
河北	4336395	109567	148871	326922	719488	1324243	138453
山西	3090314	148332	39887	395194		1363278	1200
内蒙古	3432269	104274	17868	277118	606600	1823086	102968
辽宁	1863930	171978	94741	235919	771341	375102	280
吉林	1889898	68605	39334	95429	440709	704086	165135
黑龙江	1755839	117253	57662	208359	526860	554148	
上海	4937185	75428	257383		2067600	1075072	
江苏	19684223	464541	263614	600	7186516	7910407	458101
浙江	17170521	613809	166616		8596321	5049728	181029
安徽	7407386	297619	141155	32698	1405751	2968890	94987
福建	8965227	414529	80148		3195314	3232222	213700
江西	6986550	191982	50666		838984	2766892	349824
山东	12890364	399971	240432	626262	3251101	4833690	721608
河南	8989313	160816	87222	380555	1238691	3994769	180757
湖北	14047981	171721	32467			8941351	180285
湖南	4763631	366044	39441			2927824	144693
广东	16131893	356480	131052		7390493	4295874	655964
广西	4929528	143674	56656		989090	2279923	193588
海南	1131119	33196			45900	784863	14836
重庆	8033701	185509	48602		3099960	3183058	76224
四川	15105502	314321	66327		6232592	5740528	151072
贵州	3644873	100918	3361	3300	340877	2673169	50923
云南	4204933	72797	37829		1640821	1398861	228850
西藏	21599					12099	
陕西	4015803	97759	76292	141180	1650710	906593	85161
甘肃	1666686	38781	20518	121877	278271	528921	45123
青海	1153508	34181	5049		95000	778296	167143
宁夏	368348	3296	4086	20315	74	136932	90716
新疆	2219385	67977	58320	133722	306416	942165	171067
新疆生产建设兵团	257581	18355	2296	7650		87607	50000

续表

地区名称	排水	污水处理	污泥处置	再生水利用	园林绿化	市容环境卫生	垃圾处理	其他	本年新增固定资产
上年	15298638	7604788	364607	421317	18547101	4704654	2985167	14213788	120129118
全国	15623608	7556335	581239	480574	18448477	5573593	4068464	9569074	144422734
北京	1163097	604318	12111	141509	3504425	524052	58782	163005	5278385
天津	297405	126843	1318	3149	203007	185541	175873	120277	414085
河北	424824	116473	7850	22128	925096	201897	161951	17035	3396165
山西	136675	99065	13387	12370	732212	102412	96717	171125	2879699
内蒙古	178518	56253	8561	30251	196018	43816	34160	82003	2960664
辽宁	75762	40737			25274	101707	98823	11828	904581
吉林	218050	115088		1833	53218	6261	5431	99071	1281907
黑龙江	117516	49647		1460	46482	65782	55462	61777	8834475
上海	989428	644428	345000		99647	158630	154172	213997	1959489
江苏	1198960	477448	43350	600	1767956	411858	274127	21670	13478309
浙江	465509	265289	282	7716	1153270	338664	295980	605574	11981659
安徽	731867	285503	11980	11700	864855	276745	221517	592820	4796971
福建	578316	277329		24786	491815	145542	104171	613641	4573995
江西	914137	424794	6713	11690	818810	496570	413604	558685	3955693
山东	980179	416260	29027	10414	1106892	280935	228779	449297	10659898
河南	533103	194112	1270	12706	1806483	331184	248945	275734	8760359
湖北	1685443	434206	1132		651489	313847	35920	2071379	12828687
湖南	294524	161969	5177		136151	49928	28563	805026	3918631
广东	1942458	1510359	22453	133212	187335	844674	837516	327564	6592707
广西	308811	45198	2141		241265	125972	98559	590550	4364429
海南	149777	136538	12203		17985	22579	22579	61984	273527
重庆	478709	145808	11000		802423	38806	16250	120411	8638968
四川	893907	570570	20155		988335	259789	205061	458631	10447784
贵州	77324	27354			75320	19431	26479	300250	963963
云南	199834	85713	102	7355	489582	27624	19915	108733	2569575
西藏	200				5000	4300			480296
陕西	257425	121917	3085	3540	475465	125274	114574	199944	2671384
甘肃	102339	58783	42	8302	206160	14822	10692	309875	1626055
青海	22021	3034	1900		33413	15405	985	3000	1031411
宁夏	54979	5421		2000	39264	1839	1499	16847	219278
新疆	149728	54475	21000	33853	284558	29008	21378	76426	1596596
新疆生产建设兵团	2785	1400			19273	8700		60915	83107

【2019年城市市政公用设施建设固定资产投资资金来源分省数据】2019年城市市政公用设施建设固定资产投资资金来源分省数据见表7。

2019年城市市政公用设施建设

地区名称	本年实际到位资金合计	上年末结余资金	小计	国家预算资金	中央预算资金	国内贷款
上年	190847560	12454519	178393041	48075472	2552439	45089651
全国	204387933	15680990	188706943	58694461	4125895	50393068
北京	12198440	2127223	10071217	4374201	74634	3303391
天津	5063305	982654	4080651	741566	106885	1870042
河北	5023930	104776	4919154	3310240	105335	315161
山西	3219719	12866	3206853	1072290	188188	310266
内蒙古	3184119	42138	3141982	762181	162324	95298
辽宁	2094914	499176	1595737	359482	111819	502634
吉林	2064764	385160	1679604	479776	77736	444653
黑龙江	1643243	19143	1624101	576264	108471	51866
上海	4985442	340481	4644962	2149357	41000	163538
江苏	19694898	1504190	18190708	5503886	36200	3856583
浙江	17334146	1930325	15403821	3295708	325800	5413856
安徽	8044015	589280	7454736	3247753	180394	713712
福建	9870058	1736089	8133970	3774798	33454	2206425
江西	7107800	310969	6796832	3727609	675382	252808
山东	11690031	691990	10998041	4160561	89508	2074546
河南	9999778	407159	9592619	4059290	73428	1572804
湖北	14370264	123246	14247019	959085	155919	11011677
湖南	5184451	61992	5122458	631258	121822	960551
广东	16184538	980335	15204203	3772552	31691	3612460
广西	4599942	314167	4285775	1292355	192935	1585890
海南	1061616	128258	933358	398587	105545	75486
重庆	7928364	898396	7029968	3878358	117461	2015087
四川	14825265	494694	14330571	2304259	170994	4783998
贵州	2697514	173445	2524069	721645	30026	528194
云南	3736269	35360	3700910	350519	66213	563142
西藏	56805		56805	31288	3690	
陕西	4012585	116552	3896033	1169985	65974	696404
甘肃	1702082	176326	1525757	296028	55290	457319
青海	1197551	18449	1179102	787656	245374	65948
宁夏	560830	50591	510239	103512	55735	225385
新疆	2746248	396852	2349396	227527	172281	638392
新疆生产建设兵团	305005	28710	276295	174885	144388	25553

数据统计分析

固定资产投资资金来源分省数据　　　　　　　　　　　　　　　　　　　　　　　　　　表7

计量单位：万元

金来源

债券	利用外资	外商直接投资	自筹资金	单位自有资金	其他资金	各项应付款
1172330	**468799**	**197867**	**51051841**	**10992164**	**32534948**	**26992296**
3922254	**499090**	**161236**	**47072635**	**11296879**	**28125434**	**33453605**
17665			924773		1451187	2090620
628126	8379		634389	427401	198148	231547
84393	2751		1055676	452475	150933	136099
30727			761933	433473	1031637	856914
121095			1934965	57898	228443	798705
12376	8177	5910	579614	303205	133454	216927
169802	15290		436321	100936	133761	386151
188594			350611	93148	456767	375538
			2304068	1039	27999	572660
226477	15459	9271	5777853	1279230	2810450	3655513
	577		4716001	843642	1977678	1946434
74190	31443	10984	2471401	505836	916236	852562
17153			1242601	645084	892993	977591
4458	73307		1995310	647074	743340	742866
219457	71210	20851	2880158	647289	1592110	3052761
19370	26000		1153243	381685	2761912	877635
99975	62434	25630	1297120	492963	816727	383658
47060	62566	62566	3017804	488914	403219	769659
691595	1867	1500	875252	411650	6250478	2508027
138164	4285		987661	251127	277420	1120408
240327			70231	29073	148727	110466
99682	4159		609620	197813	423062	1588297
371778	16470	16470	4203117	1265448	2650950	3966159
27737			1233356	24340	13138	1945194
30770	8810	7055	2089419	260852	658249	929161
10000			15517	4760		5683
100000	37557		1666124	586281	225964	1077382
37605	10889		374491	125861	349425	331678
			314568	17150	10930	117372
31264			98790	77586	51288	89717
167537	37461	1000	985606	243645	292874	641137
14879			15041		45937	99084

2019年县城建设分省数据

【2019年县城市政公用设施水平分省数据】 2019年县城市政公用设施水平分省数据见表8。

2019年县城市政公用设施水平分省数据　　　　表8

地区名称	人口密度（人/平方公里）	人均日生活用水量（升）	用水普及率（%）	燃气普及率（%）	建成区供水管道密度（公里/平方公里）	人均城市道路面积（平方米）	建成区路网密度（公里/平方公里）	建成区道路面积率（%）
上年	2231	122.91	93.80	83.85	10.56	17.73	6.41	12.31
全国	2086	126.65	95.06	86.47	11.24	18.29	6.58	12.73
河北	2751	110.54	99.46	97.21	11.20	24.59	8.68	17.39
山西	3386	98.37	95.97	82.48	11.38	16.59	7.23	13.82
内蒙古	894	94.81	97.92	88.60	11.56	30.11	6.54	13.85
辽宁	1608	110.30	92.70	78.94	10.98	14.08	4.53	7.50
吉林	2663	103.32	88.73	77.43	11.34	13.15	5.64	9.79
黑龙江	2790	92.97	90.11	56.36	9.90	13.01	6.42	7.66
江苏	2052	149.38	99.96	99.92	13.94	20.59	6.68	13.57
浙江	900	199.86	100.00	99.85	22.02	22.97	8.68	14.98
安徽	1711	133.78	97.12	93.20	12.66	23.27	6.20	14.14
福建	2411	174.33	98.97	97.55	15.16	18.46	8.59	14.09
江西	5061	123.68	97.26	93.25	13.49	20.20	7.81	14.56
山东	1345	115.32	98.98	97.12	7.51	21.70	6.16	13.57
河南	2657	107.86	88.98	80.88	7.31	18.01	5.73	13.14
湖北	3010	142.18	95.24	93.56	11.13	17.99	6.65	13.97
湖南	3411	157.08	95.13	88.96	14.11	14.74	6.44	12.31
广东	1596	166.65	89.22	89.37	14.54	14.45	6.29	10.48
广西	2581	160.41	98.77	96.62	11.91	19.55	7.90	14.53
海南	2852	219.06	95.25	92.97	10.14	26.90	4.79	9.56
重庆	2743	111.92	97.03	95.19	12.76	9.79	6.86	12.02
四川	1106	126.17	90.71	84.19	10.45	12.12	5.20	10.11
贵州	2290	106.82	91.68	68.43	8.65	14.55	5.37	9.89
云南	4109	118.48	93.91	53.94	12.63	15.94	6.81	12.90
西藏	2386	152.81	88.72	64.15	7.45	18.06	4.54	5.72
陕西	3768	94.85	93.21	87.40	7.22	14.97	6.80	11.87
甘肃	4797	81.55	94.89	72.19	8.94	13.48	5.63	9.67
青海	1886	91.28	96.59	62.67	10.39	19.72	7.27	12.12
宁夏	3140	120.02	98.16	74.67	7.63	27.09	7.36	14.18
新疆	3188	142.93	98.41	93.11	10.78	20.40	5.74	10.16

数据统计分析

续表

地区名称	建成区排水管道密度（公里/平方公里）	污水处理率（%）	污水处理厂集中处理率	人均公园绿地面积（平方米）	建成区绿化覆盖率（%）	建成区绿地率（%）	生活垃圾处理率（%）	生活垃圾无害化处理率
上年	**8.82**	**91.16**	**89.90**	**12.21**	**35.17**	**31.21**	**97.16**	**93.29**
全国	**9.27**	**93.55**	**92.87**	**13.10**	**36.64**	**32.54**	**98.80**	**96.19**
河北	9.23	98.13	97.93	13.34	41.35	37.10	99.79	98.23
山西	10.27	94.67	94.67	10.87	39.39	34.73	97.33	95.89
内蒙古	7.56	96.12	96.12	20.33	36.18	33.41	99.09	97.77
辽宁	5.83	96.58	96.49	10.44	19.40	14.69	99.06	76.58
吉林	8.42	94.68	94.68	11.84	32.31	28.48	99.97	99.97
黑龙江	5.86	91.98	91.98	11.90	25.25	21.84	97.65	92.66
江苏	12.07	89.85	89.11	13.85	42.17	39.72	100.00	100.00
浙江	15.37	96.51	96.19	15.00	42.31	38.26	100.00	100.00
安徽	11.20	95.29	94.79	14.07	37.72	33.63	100.00	98.56
福建	12.77	93.85	93.77	15.07	42.93	39.22	99.73	99.73
江西	11.39	90.23	90.20	15.54	42.66	38.25	100.00	100.00
山东	9.86	97.20	97.16	16.34	40.35	35.75	99.91	99.91
河南	8.92	96.40	96.40	10.92	34.63	30.21	98.47	89.91
湖北	8.60	91.41	91.41	11.83	34.92	30.24	99.98	99.98
湖南	9.16	96.17	95.34	11.17	38.48	33.86	98.89	98.89
广东	5.39	91.36	91.35	15.53	34.03	31.30	100.00	100.00
广西	10.99	92.59	84.44	13.11	36.63	31.98	99.90	99.90
海南	5.15	72.63	72.63	6.54	42.79	33.46	99.69	85.78
重庆	15.62	98.24	98.24	12.91	41.04	37.48	100.00	100.00
四川	8.44	86.65	83.87	13.65	36.72	32.30	99.15	97.49
贵州	5.08	88.64	88.64	12.73	33.60	31.14	87.86	87.86
云南	12.00	92.70	92.69	10.82	37.84	33.16	99.48	98.43
西藏	5.93	28.55	25.10	1.30	6.23	3.85	95.93	92.92
陕西	7.66	93.48	93.47	10.69	35.08	30.55	97.53	96.03
甘肃	8.28	93.95	93.95	10.06	23.71	20.37	99.35	99.35
青海	8.26	86.56	86.56	6.65	22.75	18.77	96.26	89.89
宁夏	9.61	95.83	95.83	17.08	38.71	35.37	98.82	98.82
新疆	6.69	93.83	93.82	14.47	37.57	32.90	97.87	71.44

注：本表各项人均指标除人均日生活用水量外，均以城区人口和城区暂住人口合计为分母计算。

【2019年县城人口和建设用地分省数据】 2019年县城人口和建设用地分省数据见表9。

2019年县城人口和建设用地分省数据　　　　　　　　　　　　　　　表9

面积单位：平方公里
人口单位：万人

地区名称	县域面积	县域人口	县域暂住人口	县城面积	县城人口	县城暂住人口	建成区面积	本年征用土地面积	耕地
上年	7411615	66161	3097	70356.94	13972.69	1722.49	20237.91	1329.53	756.39
全国	7350542	65556	3048	76044.14	14110.50	1754.61	20672.03	951.54	378.30
河北	136981	4106	156	3803.05	946.86	99.17	1393.25	39.84	26.18
山西	126649	2071	82	1881.97	588.54	48.74	720.71	6.10	3.15
内蒙古	1050508	1538	125	5624.22	436.27	66.30	988.91	26.10	2.84
辽宁	74817	1055	25	1444.48	221.91	10.42	371.09	2.19	1.47
吉林	85748	745	18	695.19	173.46	11.69	231.49	6.69	0.52
黑龙江	231704	1424	37	1405.30	369.47	22.56	626.76	13.72	4.79
江苏	33077	2003	62	2591.09	492.84	38.91	677.67	45.82	29.23
浙江	49899	1475	271	4950.81	343.93	101.67	604.72	45.34	19.44
安徽	93793	4337	158	5231.69	792.37	102.96	1279.58	100.32	46.34
福建	78092	1775	132	1893.97	400.23	56.48	542.47	31.84	8.88
江西	125483	2974	97	1716.06	799.53	68.94	1035.70	78.83	27.10
山东	65592	3601		7705.83	984.39	52.18	1542.14	54.09	23.06
河南	119053	7124	237	5604.55	1357.99	131.38	1837.68	54.36	26.50
湖北	95655	2149	99	1557.96	425.24	43.69	574.30	26.35	13.84
湖南	160893	4686	331	3597.60	1013.86	213.24	1380.65	67.11	18.39
广东	77307	2233	82	3276.55	471.53	51.27	608.86	26.84	6.13
广西	166536	3290	80	2163.41	505.54	52.78	732.01	44.63	18.01
海南	17420	320	22	237.79	58.03	9.78	153.66	2.47	0.47
重庆	39137	938	90	763.96	171.11	38.46	165.11	14.77	8.81
四川	406258	4940	305	10744.83	1013.33	175.43	1318.67	59.64	36.06
贵州	140705	3086	120	2935.73	601.14	71.21	828.69	37.87	12.75
云南	301118	3263	144	1506.20	540.18	78.70	717.12	118.56	27.81
西藏	1161978	269	43	296.79	51.95	18.87	161.57	5.80	2.37
陕西	152585	2134	87	1410.96	474.18	57.52	630.34	17.26	5.02
甘肃	369345	1882	87	831.51	348.82	50.02	482.94	10.90	5.74
青海	487524	415	32	622.13	100.39	16.92	192.53	2.17	1.05
宁夏	38395	340	19	328.49	91.21	11.93	184.90	4.40	1.31
新疆	1464292	1382	109	1222.02	336.20	53.39	688.51	7.53	1.04

数 据 统 计 分 析

续表

地区名称	城市建设用地面积								
	合计	居住用地	公共管理与公共服务设施用地	商业服务业设施用地	工业用地	物流仓储用地	道路交通设施用地	公共设施用地	绿地与广场用地
上年	19071.05	6227.11	1718.30	1329.16	2548.38	555.15	2852.45	825.21	3015.29
全国	19427.46	6352.70	1733.20	1320.45	2545.37	539.93	2964.71	811.10	3160.00
河北	1357.00	445.18	98.62	82.53	121.13	25.38	241.96	32.35	309.85
山西	665.58	246.45	56.86	34.94	46.71	11.88	114.18	21.92	132.64
内蒙古	912.89	290.29	93.70	62.36	81.40	17.20	165.35	35.04	167.55
辽宁	355.35	148.93	22.30	23.12	64.87	9.12	36.95	21.93	28.13
吉林	223.51	83.25	15.38	13.56	30.27	10.71	29.53	8.18	32.63
黑龙江	570.26	245.25	47.71	32.93	81.74	23.56	69.49	19.36	50.22
江苏	666.85	210.72	51.07	43.69	133.05	12.59	95.26	18.37	102.10
浙江	623.71	191.52	53.50	40.45	143.00	9.83	82.79	24.78	77.84
安徽	1256.45	359.52	95.32	86.40	226.18	43.76	212.45	58.56	174.26
福建	520.42	174.03	43.45	36.09	64.94	11.68	84.97	19.25	86.01
江西	992.04	293.43	90.36	69.67	151.45	27.84	164.68	39.81	154.80
山东	1466.84	465.10	123.61	102.75	287.35	36.83	189.77	50.64	210.79
河南	1723.21	538.34	146.13	107.51	204.03	47.20	294.86	73.49	311.65
湖北	544.82	171.14	56.34	41.42	73.44	14.01	85.36	23.58	79.53
湖南	1257.69	412.08	132.93	110.30	175.85	62.05	142.64	75.22	146.62
广东	558.02	191.75	55.93	44.14	82.08	15.04	63.19	27.55	78.34
广西	684.68	217.37	54.24	35.96	85.77	17.82	115.52	21.42	136.58
海南	130.89	35.02	9.69	7.18	27.15	4.49	24.93	2.23	20.20
重庆	147.89	51.08	11.45	7.90	15.34	2.06	23.49	6.30	30.27
四川	1184.02	388.22	111.20	73.58	169.63	35.14	166.32	53.87	186.06
贵州	752.25	269.37	77.23	60.29	73.24	22.62	103.11	42.97	103.42
云南	677.42	209.88	70.83	49.52	49.18	16.20	121.41	31.36	129.04
西藏	139.20	44.74	20.41	15.20	7.32	4.44	27.20	9.23	10.66
陕西	590.90	182.52	49.19	37.86	39.99	12.87	91.73	28.32	148.42
甘肃	442.58	156.12	49.12	32.09	31.67	12.75	64.64	24.73	71.46
青海	166.00	52.66	20.20	11.01	15.84	4.57	26.08	11.08	24.56
宁夏	175.92	56.19	16.86	16.85	14.44	5.05	29.75	6.05	30.73
新疆	641.07	222.55	59.57	41.15	48.31	23.24	97.10	23.51	125.64

【2019年县城市政公用设施建设固定资产投资分省数据】 2019年县城市政公用设施建设固定资产投资分省数据见表10。

2019年城市市政公用设施建设固定资产投资分省数据　　　　表10

计量单位：万元

地区名称	本年投资完成合计	供水	燃气	集中供热	轨道交通	道路桥梁	地下综合管廊
上年	30259611	1440656	1034545	1585574		11850363	452085
全国	30767269	1681120	1361500	1337715	111215	13121744	469070
河北	1634132	63615	74417	236664		499593	63724
山西	1758030	49100	571399	292896	81847	452034	30920
内蒙古	601357	50116	6407	108889		204595	1593
辽宁	38866	1573	2202	7293		23214	
吉林	120998	2110	2088	29561		34186	
黑龙江	301520	42268	16058	74775		88319	
江苏	798237	140298	28290	1240		280640	
浙江	1335409	54954	26740			653028	20260
安徽	2703633	315473	125179	7500		1282686	19800
福建	1765319	92089	40032			908245	42622
江西	2864195	123408	63838		4103	975593	12500
山东	1556257	30592	48276	164336		544778	16463
河南	2656312	77776	109910	121273	10805	980259	
湖北	802997	39474	14939		334	380851	
湖南	1676122	99306	37094		250	750161	42020
广东	137096	14232	1405			82702	50
广西	1210129	84146	21463			784937	1000
海南	162086	2504	8112			77092	4358
重庆	825507	16502	10663			522537	49733
四川	2224785	108144	47064	8000		1000044	92197
贵州	2059264	99189	16237			1302041	8336
云南	1418045	47020	28843			687542	21702
西藏	105228	12861		37347	805	17562	22887
陕西	839676	17485	33897	49998		250201	2503
甘肃	488654	32445	19980	100927	8772	182562	16400
青海	171315	8045	900	9058		60975	
宁夏	54329	2509	811	23743		12247	
新疆	457771	53885	5254	64216	4300	83120	

数据统计分析

续表

地区名称	排水	污水处理	污泥处置	再生水利用	园林绿化	市容环境卫生	垃圾处理	其他	本年新增固定资产
上年	3676575	1627159	55602	52632	5587384	1346050	722352	3123435	24179552
全国	3666305	1732545	46421	27703	4824989	1272825	832520	2920787	28277125
河北	228701	90206	3265	3200	364117	60407	26905	42894	1471889
山西	132055	103519		1954	81354	8576	5887	57849	656792
内蒙古	65583	39572	76	5656	100683	16667	12539	46824	358579
辽宁	1266	32	28		1917	537		865	33907
吉林	33571	19511	2047		752	2020		16711	97319
黑龙江	54643	37812			15464	6629	2810	3362	284059
江苏	55984	20720	200		203286	36688	6253	51812	764161
浙江	120577	70296	14		223584	128226	68928	108040	1235648
安徽	378898	159562	1499	1459	413435	76811	62866	83850	2408604
福建	141349	71752	6600		172818	87064	78454	281099	1563551
江西	362425	234890	4519	40	444245	149166	91824	728916	2564617
山东	243658	66986	740	65	338271	151192	98405	18690	1536364
河南	299952	89559	500	2318	859440	101742	49407	95155	2717378
湖北	91971	58831	2200		67074	33015	15427	175340	747277
湖南	235770	124955	10952		97187	51296	37575	363039	1016078
广东	10675	493			20535	4130	3755	3368	118377
广西	156564	6808	662		125856	14690	10081	21474	1096427
海南	30964	21977			4669	33155	7533	1233	6987
重庆	90629	34014	1743		110290	22024	19205	3128	602844
四川	341955	174055	800	60	307254	96521	79121	223606	1936897
贵州	141403	69074	6820	3520	307637	104478	97822	79943	3447125
云南	106420	51629	125	1369	257069	38822	28218	230627	1603060
西藏	11044	9944			809	120	20	1793	108620
陕西	118904	30910	853	100	164729	11051	6872	190909	796576
甘肃	75528	40395	2763	3137	21677	14668	8683	15695	414253
青海	33953	22858			19527	9917	2900	28940	176246
宁夏	3385	320		300	9927	1130		578	77155
新疆	98478	81866	16	4525	91386	12085	11030	45047	436334

【2019年县城市政公用设施建设固定资产投资资金来源分省数据】2019年县城市政公用设施建设固定资产投资资金来源分省数据见表11。

2019年县城市政公用设施建设固定

地区名称	合计	上年末结余资金	本年资			
			小计	国家预算资金	中央预算资金	国内贷款
上年	32222520	1026420	31196101	9290580	1320353	1715489
全国	39004751	1479576	37525175	10619142	1693464	1746000
河北	1619561	153133	1466427	748923	33150	22483
山西	4605000	35475	4569525	262331	8203	129211
内蒙古	627121	10393	616728	116207	24777	5005
辽宁	40212	6000	34212	10282	5267	
吉林	160510	6741	153769	20209	19286	10023
黑龙江	358949	9516	349433	134879	31347	27217
江苏	906714	1598	905117	328322	12413	19000
浙江	1659058	68924	1590134	372103	3643	41000
安徽	2704939	41822	2663117	1419880	28394	113432
福建	1813082	69742	1743340	511948	25794	109565
江西	3270281	169801	3100479	614714	113484	108355
山东	1424619	44057	1380562	600277	32980	6028
河南	2735645	45541	2690104	1405431	66399	44354
湖北	898618	20860	877758	267027	69278	9260
湖南	1872443	25845	1846598	175525	93041	82517
广东	179775	8120	171655	61749	16160	15500
广西	1226067	38113	1187953	655935	178552	199275
海南	155849	71048	84800	48915	2068	6345
重庆	809761	3212	806549	488666	77346	276348
四川	2270906	76380	2194526	614850	139916	204889
贵州	5295432	296633	4998799	314388	33317	150943
云南	1780682	57554	1723128	361388	165757	91899
西藏	233561	28438	205123	191509	79790	7100
陕西	915214	127254	787960	315835	48323	12740
甘肃	570044	34214	535830	239648	130537	47720
青海	284969	12453	272516	219310	160934	2064
宁夏	70066	1610	68456	13842	8223	
新疆	515674	15096	500578	105050	85086	3727

资产投资资金来源分省数据

表 11
计量单位：万元

金来源 债券	利用外资	外商直接投资	自筹资金	单位自有资金	其他资金	各项应付款
384335	**167739**	**89317**	**13074083**	**1589666**	**6563873**	**6816197**
920773	**320423**	**160985**	**14577474**	**4926076**	**9341364**	**7576563**
131471			544137	148445	19413	153987
16500			3816489	3072804	344994	357891
21203	8500	4500	349804	17305	116009	183492
	680	680	11316	2783	11934	8618
77504			44514	3787	1519	41849
29748			82879	26545	74710	67251
64900			265602	110061	227292	348090
9989			782543	311227	384499	115307
31434	15239	11289	616825	46855	466307	478756
42275			468084	61468	611467	885830
27800	58140	19200	1248163	86707	1043308	804103
32253	11530	320	356676	175555	373798	381275
92584	6600	6600	655855	170068	485280	364863
39645	58400	2700	235979	26755	267448	313114
25000	91230	85330	1010365	156936	461961	546315
18500			58865	6308	17041	75491
19232	6454	3066	226649	15833	80407	96270
8265			6811	181	14465	29868
5440			33393	24330	2702	58357
36381	34076	16100	799068	170939	505262	360325
500			2028439	141367	2504528	1086838
49432	14323	200	331115	22075	874971	375648
900			4858		756	15266
	11000	11000	275958	64422	172428	132660
16655			169254	40251	62553	113013
14649			21773	3435	14721	10106
23599			21061	6976	9954	28530
84913	4252		111001	12660	191636	143449

2019 年村镇建设分省数据

【2019 年建制镇市政公用设施水平分省数据】

2019 年建制镇市政公用设施水平分省数据见表 12。

2019 年建制镇市政公用设施水平分省数据   表 12

地区名称	人口密度（人/平方公里）	人均日生活用水量（升）	供水普及率（%）	燃气普及率（%）	人均道路面积（平方米）	排水管道暗渠密度（公里/平方公里）
上年	4345	104.05	88.11	52.39	14.36	6.77
全国	4322	103.93	88.98	54.45	15.23	6.95
北京	4329	124.71	86.73	58.79	11.40	6.06
天津	4349	86.87	84.81	74.45	13.53	5.34
河北	3842	82.73	90.34	51.79	11.10	3.47
山西	4086	81.75	89.13	31.13	14.09	5.41
内蒙古	2543	82.50	72.89	19.75	16.95	2.76
辽宁	3401	118.09	76.86	28.82	15.21	5.06
吉林	3166	83.94	84.39	24.02	15.62	2.99
黑龙江	3024	82.29	88.96	16.24	17.04	3.46
上海	5469	124.25	91.18	74.20	9.64	5.81
江苏	5198	96.79	98.70	93.53	19.36	10.93
浙江	4581	124.93	87.60	58.61	15.82	9.17
安徽	4046	99.97	86.32	44.84	15.90	7.22
福建	4838	115.48	92.67	69.53	15.44	7.41
江西	4006	98.44	80.53	40.43	15.10	7.26
山东	4187	84.77	93.84	71.87	15.08	7.05
河南	4534	136.70	80.82	24.46	17.39	7.50
湖北	3865	110.31	89.02	47.06	16.84	7.56
湖南	4203	105.42	78.82	39.15	13.30	6.02
广东	4553	138.71	94.21	80.30	16.73	7.66
广西	5487	101.63	90.96	77.04	16.28	8.86
海南	3764	101.95	86.90	79.54	17.80	6.49
重庆	5615	88.38	95.94	72.95	8.21	8.15
四川	4928	87.05	88.23	66.17	11.31	7.12
贵州	3851	97.78	87.81	13.13	17.19	7.05
云南	5028	94.19	94.41	11.92	13.83	7.29
西藏	4251	126.89	48.79	4.34	22.30	3.16
陕西	4403	76.55	88.53	23.78	14.26	6.82
甘肃	3650	73.32	89.46	11.03	17.02	4.93
青海	3902	99.45	88.55	25.82	13.80	4.71
宁夏	3400	82.89	97.14	40.62	16.11	7.24
新疆	2953	84.31	91.49	22.48	28.38	4.32

数据统计分析

续表

地区名称	污水处理率（%）	污水处理厂集中处理率	人均公园绿地面积（平方米）	绿化覆盖率（%）	绿地率（%）	生活垃圾处理率（%）	无害化处理率
上年	53.18	42.97	2.83	16.65	10.68	87.70	60.64
全国	54.43	45.26	2.71	16.97	10.74	88.09	65.45
北京	60.96	53.42	2.72	22.01	14.74	98.00	96.50
天津	55.23	51.75	1.89	16.31	8.00	90.42	54.32
河北	23.07	16.48	0.95	12.84	7.01	71.07	28.11
山西	15.93	12.13	1.73	19.32	9.91	48.69	12.31
内蒙古	19.26	10.55	1.79	12.75	7.45	32.27	3.80
辽宁	41.89	35.88	1.03	15.05	7.36	62.48	17.41
吉林	23.11	17.89	1.01	9.79	5.02	66.11	26.83
黑龙江	14.98	12.80	1.38	7.11	4.39	18.07	9.09
上海	74.84	72.85	1.40	16.61	10.48	89.76	74.63
江苏	83.19	78.47	7.33	30.24	24.78	99.56	94.44
浙江	73.62	60.27	3.33	18.49	12.67	95.35	82.09
安徽	47.48	40.57	2.02	17.72	10.52	97.95	95.34
福建	68.57	46.96	6.41	24.57	18.22	97.35	93.14
江西	30.74	20.94	1.76	11.48	8.26	86.38	49.56
山东	71.11	55.23	4.93	24.38	16.24	99.01	96.06
河南	29.79	15.32	1.63	18.45	6.16	78.88	31.69
湖北	44.71	34.71	1.84	16.52	9.42	90.16	58.36
湖南	31.85	20.49	2.29	22.05	14.48	86.34	45.69
广东	58.59	53.35	2.97	14.49	9.23	97.87	89.03
广西	42.71	34.45	3.06	13.03	6.76	93.55	40.37
海南	8.58	5.19	0.36	18.05	11.96	92.86	24.59
重庆	76.49	68.34	0.72	11.60	7.04	94.43	70.54
四川	61.15	51.64	1.13	8.99	6.72	95.45	73.57
贵州	43.75	36.24	1.49	12.65	7.41	86.57	44.62
云南	16.36	13.75	0.54	8.23	5.32	75.32	20.11
西藏	26.89	11.71	0.17	7.60	3.86	89.51	33.15
陕西	32.28	25.87	1.11	8.22	5.45	65.26	21.67
甘肃	27.19	20.81	0.98	11.81	6.13	58.96	41.62
青海	14.79	10.52	0.32	10.94	7.89	56.80	11.69
宁夏	69.82	50.73	2.18	13.41	7.50	88.14	29.76
新疆	31.45	17.51	0.97	15.72	9.82	84.73	41.88

【2019年建制镇基本情况分省数据】2019年建制镇基本情况分省数据见表13。

2019年建制镇基本

地区名称	建制镇个数（个）	建成区面积（公顷）	建成区户籍人口（万人）	建成区常住人口（万人）
上年	18337	4052884.07	16058.77	17609.85
全国	18746	4228625.87	16538.81	18275.04
北京	114	28058.09	78.21	121.46
天津	113	35677.06	115.48	155.17
河北	970	169848.15	596.43	652.51
山西	469	64533.50	241.86	263.69
内蒙古	437	100019.99	250.06	254.39
辽宁	607	94052.87	296.12	319.83
吉林	388	82862.54	266.10	262.36
黑龙江	465	83043.50	275.31	251.09
上海	96	123860.51	309.22	677.35
江苏	671	271811.10	1221.85	1412.81
浙江	570	220570.63	725.64	1010.35
安徽	884	259318.22	1011.14	1049.19
福建	555	141249.87	618.25	683.37
江西	723	147512.87	602.27	590.93
山东	1075	398778.75	1530.94	1669.63
河南	1026	272034.46	1205.42	1233.40
湖北	693	219639.90	866.63	848.88
湖南	1028	250170.04	1038.89	1051.52
广东	1012	347036.30	1251.46	1580.20
广西	702	95205.86	550.69	522.38
海南	158	26862.19	95.28	101.12
重庆	586	78230.38	431.61	439.26
四川	1798	238114.36	1027.35	1173.41
贵州	768	136735.40	539.75	526.61
云南	593	78862.37	388.49	396.52
西藏	69	1929.63	6.70	8.20
陕西	928	122436.22	534.44	539.07
甘肃	774	69477.09	243.49	253.61
青海	103	10798.97	42.06	42.14
宁夏	74	17201.79	55.41	58.49
新疆	297	42693.26	122.27	126.09

情况分省数据 表13

		规划建设管理			
设有村镇建设管理机构的个数（个）	村镇建设管理人员（人）	专职人员	有总体规划的建制镇个数（个）	本年编制	本年规划编制投入（万元）
17058	**85200**	**54541**	**16468**	**1225**	**353890.17**
17447	**88583**	**56740**	**16876**	**1109**	**368975.94**
106	1193	590	98	3	11411.67
110	687	398	83	12	2133.30
874	3374	2129	725	51	15504.29
344	695	346	358	10	2995.01
399	1430	954	395	19	477.00
602	1640	1132	533	17	939.91
383	1171	834	281	17	2955.25
450	1035	657	379	30	725.82
95	1099	693	80	7	6609.13
668	7494	5160	660	55	31143.36
548	5166	3305	545	42	26401.95
814	3902	2654	824	68	14521.73
544	1981	1330	524	12	8792.75
709	2813	1788	702	49	7672.62
1074	7880	5159	1037	81	32925.00
1005	6858	4363	909	51	25575.34
668	4600	2831	645	37	15298.53
971	5203	3274	951	78	17102.13
962	8440	5034	902	55	53334.15
699	3740	2410	682	19	2313.99
155	477	303	155	2	2184.49
582	2460	1760	555	65	4904.78
1553	4978	3317	1569	93	25659.75
763	2496	1726	728	88	18942.53
586	2726	1666	560	23	3362.90
10	39	3	47	10	806.30
810	2325	1338	822	60	15640.03
584	1713	1016	681	36	12666.32
83	128	71	95	7	277.50
68	198	111	69	5	1554.29
228	642	388	282	7	4144.12

【2019年建制镇建设投资分省数据】 2019年建制镇建设投资分省数据见表14。

2019年建制镇建设投资分省数据

表14

计量单位：万元

地区名称	合计	房屋				
		小计	房地产开发	住宅	公共建筑	生产性建筑
上年	75622460	57743384	25309743	38561904	8603741	10577740
全国	83572708	65725483	29201035.18	45250185	8236808.74	12238489.14
北京	818171	675352	456093.94	442854.62	147649.91	84847.05
天津	1532417	1259325	893990.40	1067940.71	95350.82	96033.69
河北	1480301	1193264	302345.71	809495.23	208477.81	175291.16
山西	1099161	907311	36944.60	790419.56	44446.82	72444.54
内蒙古	284458	197867	11554.22	49917.01	43765.43	104184.10
辽宁	326396	220573	111648.60	138308.75	21692.60	60571.90
吉林	1017755	786253	606086.36	689797.63	40684.14	55771.50
黑龙江	153664	47751	6600.00	26344.28	10272.04	11134.80
上海	6225560	5510855	2905103.94	4178465.89	662326.55	670062.62
江苏	9139460	7314671	2829989.68	4310483.87	773975.27	2230212.09
浙江	8862422	7056959	3178687.81	4331304.80	774499.43	1951155.10
安徽	4142369	3013138	1283706.14	2074564.51	349068.09	589505.55
福建	2505217	1919725	900291.65	1394677.94	224098.37	300948.72
江西	1638068	1121694	241910.69	631412.26	205482.45	284798.88
山东	8563724	6615762	1966035.50	3593024.57	1091154.91	1931582.76
河南	4296848	3518443	2140368.88	2646737.71	346914.32	524790.54
湖北	2914278	1979443	597435.81	1077222.74	311351.77	590868.19
湖南	2349125	1748854	339188.34	1253769.48	280444.68	214640.40
广东	11430239	9900848	6964397.87	7670973.87	923443.73	1306430.80
广西	1629696	1190575	263720.55	917590.79	168420.04	104564.28
海南	866632	741666	526731.00	702084.12	33041.29	6540.76
重庆	891005	609186	283925.53	460723.50	83334.23	65128.15
四川	4124579	2961704	1161718.62	2259335.35	433463.08	268905.96
贵州	2825170	1962638	365956.20	1379210.68	343258.58	240168.69
云南	1476440	1122165	299710.13	847573.71	184346.33	90245.18
西藏	142299	116488	19006.00	62843.51	31504.89	22140.00
陕西	1501707	978761	223040.07	660688.92	201950.53	116121.14
甘肃	619441	481670	155357.15	341942.89	93816.62	45910.59
青海	94760	73122	15070.34	45217.64	24709.75	3195.00
宁夏	230130	175149	53896.50	158460.98	11627.78	5060.64
新疆	391214	324269	60522.95	236797.66	72236.48	15234.36

续表

数据统计分析

地区名称	市政公用投资										其他
	小计	供水	燃气	集中供热	道路桥梁	排水	污水处理	园林绿化	环境卫生	垃圾处理	
上年	17879076	1511443	695731	583410	6274940	3531005	2358267	1900323	1919965	971862	1462258
全国	17847226	1561085	755875	477595	5789763	3869727	2713064	1997658	2006093	1040539	1389431
北京	142820	10264	10431	20013	26392	22696	15535	26181	21122	9477	5721
天津	273092	12303	47601	44738	48512	22382	12881	68853	15634	6562	13069
河北	287037	28252	55664	31640	56199	54536	38190	25749	32432	19765	2566
山西	191850	8610	12617	39506	46431	46537	33084	15507	18858	8785	3784
内蒙古	86591	7237	621	6844	26389	13655	7389	19953	9320	5606	2573
辽宁	105823	7936	1061	26897	22094	10314	6127	7837	16438	9740	13246
吉林	231502	6922	7228	13367	71112	103618	77560	6799	16444	10099	6012
黑龙江	105913	15377	711	18629	21384	17039	10695	7833	11270	3646	13669
上海	714705	36805	29882	1137	228104	157848	108119	108855	120285	46621	31790
江苏	1824789	114921	63460	11110	605802	354771	229537	304816	224945	112820	144964
浙江	1805462	112103	60580	16500	581266	367239	233712	263753	217567	98105	186455
安徽	1129231	97166	31274		380546	237244	142406	161472	127275	68672	94256
福建	585492	58936	12686		196361	138504	96878	60932	86062	54450	32012
江西	516374	54541	11228	715	226535	81120	38384	47493	50191	27284	44551
山东	1947962	168151	152215	167942	583305	228327	143971	257481	225250	109207	165289
河南	778406	74291	72731	15585	294666	114242	58955	91130	85679	40526	30082
湖北	934836	88534	23576	743	159243	447578	392023	49187	61638	38936	104336
湖南	600271	87767	16473	331	146469	156741	117678	50487	81296	49694	60709
广东	1529391	132725	26431	12	472009	507814	409281	87375	218943	112323	84081
广西	439121	51445	23162		206918	71816	53524	38735	37189	28569	9857
海南	124966	8097	1624	206	17491	32111	27730	47195	14779	8538	3462
重庆	281819	22829	10436		91002	76824	59607	28179	32651	18287	19899
四川	1162875	80931	45761		446851	293243	225987	78905	99757	52303	117428
贵州	862532	107198	4310	4060	458774	115291	69943	36137	62477	36947	74284
云南	354275	91793	1502		134144	51459	27020	28310	28001	18494	19065
西藏	25811	6076			15296	930	310	120	999	497	2390
陕西	522946	43043	28041	20962	140704	90011	45878	51600	54045	24422	94539
甘肃	137771	12650	2144	19480	51364	21372	9127	9706	15458	9669	5597
青海	21638	1572	238	151	9947	3920	2818	2686	2906	1640	218
宁夏	54981	2016	821	11346	7842	13487	7341	9045	9003	5659	1421
新疆	66945	10593	1365	5682	16613	17059	11376	5346	8181	3197	2106

【2019年乡市政公用设施水平分省数据】2019年乡市政公用设施水平分省数据见表15。

2019年乡市政公用设施水平分省数据　　　　　　　表15

地区名称	人口密度（人/平方公里）	人均日生活用水量（升）	供水普及率（%）	燃气普及率（%）	人均道路面积（平方米）	排水管道暗渠密度（公里/平方公里）
上年	3807	91.88	79.23	25.61	18.03	6.46
全国	3813	93.29	80.50	26.81	20.16	7.41
北京	4232	146.00	97.75	39.08	15.76	8.93
天津	2638	70.08	78.89	70.57	18.52	5.66
河北	3225	86.59	81.29	36.51	14.68	3.42
山西	3244	78.54	78.49	17.56	16.14	4.23
内蒙古	2116	80.97	60.36	15.25	22.55	2.87
辽宁	3588	92.23	50.72	15.33	21.89	20.79
吉林	2762	82.45	72.48	10.03	20.83	3.76
黑龙江	2397	78.52	86.32	7.63	22.62	3.57
上海	3449	101.28	97.70	15.97	27.93	15.25
江苏	5708	89.10	99.45	95.47	22.04	15.20
浙江	4065	114.68	84.43	44.93	20.13	13.72
安徽	3760	109.80	83.54	35.99	21.95	8.40
福建	5921	109.51	78.01	56.93	15.46	9.94
江西	4366	98.69	80.69	36.84	18.74	9.19
山东	3662	82.78	91.80	50.73	18.37	8.22
河南	4432	94.80	74.01	13.79	20.82	6.49
湖北	2662	113.92	88.98	38.93	25.45	7.23
湖南	3872	106.78	70.25	27.59	19.02	9.94
广东	2537	86.98	90.25	81.24	16.78	10.21
广西	6235	98.46	90.62	57.60	19.60	8.95
海南	2444	91.93	87.68	80.79	26.29	5.10
重庆	4878	86.42	92.84	40.73	15.47	11.21
四川	4552	86.09	85.61	36.22	16.26	7.79
贵州	3921	98.04	78.75	8.99	26.12	7.46
云南	4477	91.08	93.95	8.67	20.14	10.48
西藏	4667	108.78	30.87	5.48	31.24	1.75
陕西	3584	88.53	78.04	15.05	20.57	7.47
甘肃	3354	68.88	91.66	8.76	16.91	6.33
青海	4170	88.62	63.40	0.41	16.14	4.49
宁夏	3165	84.03	93.38	10.82	24.99	6.09
新疆	3211	79.86	93.97	9.76	32.67	10.82

数据统计分析

续表

地区名称	污水处理率（%）	污水处理厂集中处理率	人均公园绿地面积（平方米）	绿化覆盖率（%）	绿地率（%）	生活垃圾处理率（%）	无害化处理率
上年	**18.75**	**11.12**	**1.50**	**13.43**	**7.54**	**73.18**	**32.18**
全国	**18.21**	**12.27**	**1.59**	**14.71**	**8.12**	**73.87**	**38.27**
北京	23.12	22.17	3.21	30.66	20.85	95.76	92.01
天津	20.21	20.21	2.31	21.03	1.55	24.24	
河北	3.03	1.21	0.82	12.99	7.32	57.11	23.93
山西	3.45	1.28	1.45	22.09	10.31	49.45	13.22
内蒙古	1.15	0.28	0.77	10.62	6.24	26.77	3.59
辽宁	1.73	1.18	0.38	14.30	6.15	43.37	7.70
吉林	1.54	0.78	1.17	10.27	7.15	53.67	13.04
黑龙江	0.76	0.56	0.66	6.58	4.03	9.15	3.43
上海	58.89	36.55	2.04	32.87	20.57	94.21	94.21
江苏	70.15	58.32	5.39	29.52	22.99	99.90	89.84
浙江	43.46	16.44	1.84	13.90	7.44	90.70	63.09
安徽	44.18	34.40	3.07	19.78	11.26	97.78	92.70
福建	74.41	46.75	6.18	24.81	17.12	98.20	95.76
江西	23.39	13.48	1.36	12.13	7.87	84.97	43.91
山东	29.74	13.16	2.52	21.19	12.00	99.87	97.73
河南	12.52	9.89	1.87	18.78	6.49	82.36	27.84
湖北	30.36	19.63	2.26	9.83	5.00	89.63	67.89
湖南	5.67	2.18	1.50	21.41	12.27	75.74	31.42
广东	17.83	15.19	3.01	22.02	11.61	93.57	64.40
广西	7.88	7.01	2.48	15.09	9.79	95.36	42.18
海南			2.10	21.13	14.22	89.33	5.09
重庆	67.87	55.15	0.41	11.69	7.64	89.08	46.63
四川	33.15	27.60	0.66	8.09	5.44	81.36	46.95
贵州	20.25	13.67	1.54	11.03	6.85	77.89	36.09
云南	11.45	8.24	0.47	7.75	4.76	68.42	15.88
西藏	0.27		0.11	8.39	5.44	78.79	8.82
陕西	31.13	28.82	0.35	5.80	3.87	81.70	34.54
甘肃	12.43	6.83	0.47	10.86	6.24	56.67	40.35
青海	0.02	0.02	0.00	7.31	4.01	59.57	17.91
宁夏	28.68	17.24	0.50	11.56	7.52	76.23	19.91
新疆	3.42	2.45	0.87	18.71	13.78	56.73	24.37

【2019年乡基本情况分省数据】2019年乡基本情况分省数据见表16。

2019年乡基本

地区名称	乡个数（个）	建成区面积（公顷）	建成区户籍人口（万人）	建成区常住人口（万人）
上年	10210	653947.25	2531.23	2489.7979
全国	9478	629472.59	2438.30	2400.3309
北京	15	507.50	2.1118	2.1477
天津	3	327.78	0.7696	0.8648
河北	730	60348.64	199.8266	194.6239
山西	612	41042.66	124.9328	133.1427
内蒙古	257	21922.64	47.1978	46.3912
辽宁	190	11107.62	39.3253	39.8535
吉林	164	13256.36	35.863	36.6094
黑龙江	337	26457.89	74.2305	63.4216
上海	2	136.38	0.5549	0.4704
江苏	38	6126.86	34.2665	34.9714
浙江	238	12322.69	53.3322	50.095
安徽	262	30064.16	116.1986	113.0269
福建	260	15619.57	86.6476	92.4836
江西	554	41691.13	189.2948	182.0263
山东	67	8520.19	31.8229	31.2013
河南	562	87560.98	415.7023	388.1044
湖北	161	33858.74	82.8874	90.145
湖南	376	35944.96	138.9777	139.1723
广东	14	1023.50	3.7115	2.5971
广西	307	11935.91	78.4671	74.4245
海南	21	876.81	1.7955	2.1425
重庆	177	6200.37	32.2022	30.243
四川	1608	41668.12	188.345	189.6699
贵州	294	22916.62	91.0041	89.8557
云南	539	31144.70	134.7281	139.4467
西藏	534	6931.35	31.0023	32.351
陕西	21	1254.31	5.2488	4.4954
甘肃	354	13074.64	45.1981	43.8571
青海	225	6498.95	27.3132	27.1015
宁夏	88	5272.55	19.3636	16.6854
新疆	468	33858.01	105.9762	108.7097

情况分省数据

表 16

			规划建设管理		
设有村镇建设管理机构的个数（个）	村镇建设管理人员（人）	专职人员	有总体规划的乡个数（个）	本年编制	本年规划编制投入（万元）
7694	**20987**	**13401**	**7528**	**485**	**84918.62**
7192	**19671**	**12476**	**7000**	**402**	**75822.02**
15	67	32	13	0	940.00
3	18	11	2	0	150.00
595	1702	1205	455	41	1401.68
403	819	416	310	7	1943.20
205	487	302	201	7	548.12
188	271	230	158	4	890.40
159	417	299	88	6	628.80
313	438	325	243	17	159.30
2	27	21	2	0	200.00
38	224	166	38	3	435.00
193	502	328	207	14	4099.70
217	684	433	224	17	3127.10
244	521	352	249	11	2011.40
536	1475	935	538	39	3990.80
65	253	172	61	8	591.00
546	2637	1763	467	17	25006.95
156	677	441	137	4	3482.00
320	946	529	285	14	4787.10
11	51	19	13	0	532.00
304	713	497	285	4	595.40
21	37	25	21	0	244.67
172	459	339	168	13	663.60
836	1557	883	817	35	10688.91
286	617	395	267	31	2721.98
500	1747	1066	492	33	2405.70
78	391	205	290	48	2257.70
16	31	19	12	1	168.00
232	585	331	278	5	450.80
135	149	89	160	11	28.00
81	154	86	81	7	238.50
322	1015	562	438	5	434.21

【2019年乡建设投资分省数据】 2019年乡建设投资分省数据见表17。

2019年乡建设投资分省数据

表17

计量单位：万元

地区名称	合计	房屋				生产性建筑
		小计	房地产开发	住宅	公共建筑	
上年	6208605	4455936	415571	3035526	995215	425195
全国	6645971	4867207	641521	2996893	1007145	863169
北京	12594	8880	6640	8830	50	
天津	1907	450			450	
河北	454627	408125	50915	220220	44304	143600
山西	194377	134570	8794	84085	21939	28547
内蒙古	45574	27380	1078	14880	7653	4847
辽宁	32542	19684	10095	16223	3123	338
吉林	46233	29989	311	10056	18528	1405
黑龙江	27428	10354	118	8074	840	1440
上海	966	580	80	360	220	
江苏	115857	85019	21341	67321	7664	10034
浙江	211247	111823	9404	68306	31163	12355
安徽	314406	192183	30394	116962	42001	33219
福建	423046	223954	92022	158745	39988	25222
江西	491111	372409	15676	248959	78499	44951
山东	176347	143320	15433	91960	20717	30644
河南	856004	691155	228126	424089	49000	218066
湖北	294304	166513	12327	87525	54087	24901
湖南	343329	271662	15946	174725	58550	38386
广东	14422	9365	1383	6601	2251	514
广西	170994	108513	3642	78445	18772	11297
海南	3159	1856		1432	374	50
重庆	60556	35179	3536	25100	9146	933
四川	607416	499109	56350	299588	170222	29299
贵州	359861	235281	13168	162521	54432	18327
云南	566474	445186	28409	307359	89331	48497
西藏	226197	174631		60744	72103	41784
陕西	16720	13067	60	12058	768	241
甘肃	99453	75045	2403	44572	17631	12842
青海	66103	38508		24890	11717	1902
宁夏	111640	85857		65893	13668	6296
新疆	301079	247559	13871	106373	67954	73232

续表

地区名称	市政公用投资										其他
	小计	供水	燃气	集中供热	道路桥梁	排水	污水处理	园林绿化	环境卫生	垃圾处理	
上年	1752669	212430	32809	49403	618273	328116	214758	192921	200581	105919	118137
全国	1778764	219531	44306	48980	570410	407958	297732	173838	209812	115494	103931
北京	3714	191	305	914	14	96	80	238	1371	396	585
天津	1457		800	20		400	400		237	57	
河北	46502	3727	7266	2521	12343	5493	1460	4367	9212	4889	1574
山西	59806	4577	5800	20107	7090	6449	2429	7430	6246	2779	2107
内蒙古	18193	2176	50	1030	6457	1728	754	2872	2687	1695	1193
辽宁	12858	1416	24	1186	3649	3357	3204	1328	1631	938	268
吉林	16244	800	40	422	8368	2146	645	958	2640	1706	870
黑龙江	17074	1229	1	40	6491	4122	628	748	2903	558	1541
上海	386	80			150	40	40	50	66	66	
江苏	30838	2462	242		8702	4698	2665	5075	4872	2291	4787
浙江	99424	9662	278		30780	14232	8913	17328	12346	5267	14798
安徽	122224	19154	1024		39747	30923	21580	7880	14352	8379	9143
福建	199091	9572	221		36435	125909	123035	8639	14171	9604	4145
江西	118702	13678	972		44320	20022	9673	14065	15966	8640	9679
山东	33027	2744	3193	1418	8819	3098	1739	5094	3925	1347	4736
河南	164849	19551	7626	12318	34531	17438	7913	43483	20862	9529	9039
湖北	127791	12542	2559		32321	57496	46176	5935	11301	7885	5637
湖南	71667	11547	1655	10	18769	16981	12178	4718	12036	7365	5951
广东	5057	194			2728	1026	750	446	486	247	176
广西	62481	6710	130		33672	7348	2642	4561	7769	4239	2290
海南	1303	106	15		209	460	392	419	84	30	10
重庆	25377	1838	2220		7960	4752	3367	2975	4029	2077	1604
四川	108307	12651	8732		30390	31323	23980	5450	14299	10054	5461
贵州	124580	20910	277	102	67362	10822	4302	11754	7908	4670	5445
云南	121288	28883	3	20	48066	17065	9253	8121	13621	9694	5508
西藏	51566	2400		2315	39903	2670	1180	2281	1943	1732	55
陕西	3653	193	85	102	561	951	722	232	974	588	555
甘肃	24407	3537	134	1118	6127	5929	3312	1591	4288	2578	1684
青海	27594	10427		2191	9730	759	53	938	3299	1635	250
宁夏	25783	9006	7	446	6912	3817	1363	1240	2443	726	1913
新疆	53520	7566	648	2700	17805	6408	2904	3621	11845	3832	2927

【2019年镇乡级特殊区域市政公用设施水平分省数据】2019年镇乡级特殊区域市政公用设施水平分省数据见表18。

2019年镇乡级特殊区域市政公用设施水平分省数据　　　　　表18

地区名称	人口密度（人/平方公里）	人均日生活用水量（升）	供水普及率（%）	燃气普及率（%）	人均道路面积（平方米）	排水管道暗渠密度（公里/平方公里）
上年	3816	105.91	94.76	60.92	17.57	6.57
全国	3617	110.60	95.05	72.37	19.86	9.51
北京	3274	57.76	100.00	48.65	9.46	3.54
河北	2798	90.31	89.26	55.45	25.49	5.22
山西	4098	114.68	68.48		107.35	7.38
内蒙古	1575	78.97	65.31	3.35	22.18	2.45
辽宁	4100	75.80	78.16	40.35	13.92	4.17
吉林	5013	80.88	100.00		23.98	10.95
黑龙江	479	84.77	70.54	16.23	73.44	1.43
上海	2306	85.09	100.00	62.66	14.04	1.72
江苏	6534	96.19	99.84	98.45	17.82	10.46
安徽	7311	99.04	78.71	42.74	15.30	17.60
福建	3959	101.23	89.35	86.70	27.40	9.36
江西	3083	94.56	94.89	67.47	17.83	5.33
山东	1771	75.26	89.23	64.15	22.11	6.06
河南	2495	117.66	41.30	11.10	64.26	7.73
湖北	2953	136.17	95.64	64.72	38.76	10.25
湖南	5113	90.90	60.84	24.89	12.98	4.73
广东	2288	127.77	70.27	48.18	28.21	6.96
广西	2040	105.54	47.90	41.02	15.05	2.94
海南	5433	175.86	90.87	16.74	14.44	9.77
云南	4997	97.84	99.87	6.71	18.67	8.11
甘肃	3879	80.27	100.00		20.31	9.24
宁夏	4223	93.98	91.04	49.15	16.71	6.45
新疆	2803	102.55	98.00	29.55	36.63	127.18
新疆生产建设兵团	3561	119.55	98.08	77.37	17.89	6.75

数据统计分析

续表

地区名称	污水处理率（%）	污水处理厂集中处理率	人均公园绿地面积（平方米）	绿化覆盖率（%）	绿地率（%）	生活垃圾处理率（%）	无害化处理率
上年	51.35	45.45	5.45	24.43	17.49	69.39	39.86
全国	62.97	55.91	5.14	21.00	15.46	89.62	57.90
北京				10.33	10.33	100.00	100.00
河北	39.92	37.00	1.00	14.39	9.38	55.39	42.02
山西			5.39	4.63	2.28	34.64	34.64
内蒙古			0.03	14.52	5.00	16.06	5.96
辽宁			0.55	11.53	7.86	75.35	
吉林			1.94	13.16	3.94	6.79	
黑龙江			8.14	14.56	3.79		
上海	34.58	34.58	2.68	21.85	30.73	100.00	51.09
江苏	79.18	65.73	8.77	27.42	23.88	99.96	94.85
安徽	8.83	8.83	2.94	22.89	13.06	100.00	100.00
福建	76.95	9.08	5.47	22.97	19.05	98.15	98.02
江西	20.58	13.86	0.32	8.76	6.29	89.58	47.18
山东	14.64	11.72	6.97	16.55	13.54	99.29	99.29
河南	4.00	2.87	8.95	27.76	9.27	57.89	
湖北	45.51	40.12	4.01	25.31	14.31	93.95	76.97
湖南	3.65		0.80	24.51	18.96	57.57	21.29
广东	9.34	8.40	0.61	16.22	8.24	99.87	27.17
广西	76.13	76.13		23.73	10.19	100.00	96.71
海南	69.43	69.43	1.01	9.07	6.47	99.97	8.67
云南	1.19		0.51	7.92	5.75	61.19	
甘肃	100.00	100.00	11.72	33.33	30.30	100.00	100.00
宁夏	15.40	6.98	0.87	16.70	12.61	75.11	35.83
新疆	2.50	2.50	0.72	18.77	10.09	61.40	31.22
新疆生产建设兵团	74.56	69.71	5.15	22.48	16.78	89.83	44.92

【2019年镇乡级特殊区域基本情况分省数据】 2019年镇乡级特殊区域基本情况分省数据见表19。

2019年镇乡级特殊区域

地区名称	镇乡级特殊区域个数（个）	建成区面积（公顷）	建成区户籍人口（万人）	建成区常住人口（万人）
上年	601	123828.61	421.62	472.52
全国	462	81494.70	255.12	294.79
北京	1	113.00	0.41	0.37
河北	29	2623.91	7.62	7.34
山西	6	135.70	0.98	0.56
内蒙古	31	2614.77	3.80	4.12
辽宁	24	1354.99	5.42	5.56
吉林	5	112.30	0.62	0.56
黑龙江	39	3948.71	3.39	1.89
上海	2	2645.54	2.21	6.10
江苏	20	10359.05	66.65	67.68
安徽	13	734.45	4.69	5.37
福建	8	756.00	2.66	2.99
江西	21	2057.56	8.36	6.34
山东	6	2801.00	5.50	4.96
河南	4	870.00	1.97	2.17
湖北	25	3373.85	10.65	9.96
湖南	13	270.58	1.24	1.38
广东	9	570.30	1.48	1.30
广西	3	1148.63	0.76	2.34
海南	6	1758.99	2.37	9.56
云南	15	589.19	2.84	2.94
甘肃	1	6.60	0.03	0.03
宁夏	15	1172.22	4.85	4.95
新疆	29	1830.44	4.82	5.13
新疆生产建设兵团	137	39646.92	111.79	141.17

基本情况分省数据

表 19

设有村镇建设管理机构的个数（个）	村镇建设管理人员（人）	规划建设管理 专职人员	有总体规划的镇乡级特殊区域个数（个）	本年编制	本年规划编制投入（万元）
501	**2879**	**1771**	**464**	**21**	**3026.20**
369	**2502**	**1380**	**325**	**15**	**4005.23**
1	6		1	0	99.00
22	50	43	16	1	104.00
3	3	1	0	0	
26	92	79	23	0	6.00
23	33	26	15	0	1.60
4	5	5	2	0	0.00
18	25	13	6	0	0.00
2	19	19	2	0	0.00
16	139	102	18	0	1565.00
10	197	123	9	0	0.00
6	13	8	8	0	24.00
20	108	46	19	1	101.50
6	16	16	6	1	153.00
4	10	7	2	0	70.00
23	146	71	23	1	77.00
8	12	10	4	0	
7	9	6	6	0	47.00
3	148	43	1	0	
4	51	22	2	0	0.00
13	24	11	8	0	75.13
1	1	1	1	0	
14	31	21	12	1	11.00
21	34	19	22	0	8.00
114	1330	688	119	10	1663.00

【2019年镇乡级特殊区域建设投资分省数据】 2019年镇乡级特殊区域建设投资分省数据见表20。

2019年镇乡级特殊区域建设投资分省数据

表20

计量单位：万元

地区名称	合计	房屋				
		小计	房地产开发	住宅	公共建筑	生产性建筑
上年	1876783	1322035	749146	835074	278028	208933
全国	1950117	1406530	694629	877276	234978	294276
北京	130					
河北	43828	16784	269	1527	568	14690
山西	1361	1360		760	500	100
内蒙古	2155	625		435	110	80
辽宁	2563	213		213		
吉林	4					
黑龙江	838	479		479		
上海	460519	450089	301274	301274	20000	128815
江苏	294077	210693	62760	160748	28130	21815
安徽	13008	7137		6450	237	450
福建	33487	24111	9600	16255	2036	5820
江西	20532	17727		11321	3613	2793
山东	78323	55365	19812	20042	4411	30912
河南	286	80			80	
湖北	57494	40804	25000	32008	5331	3466
湖南	2418	1276		870	355	52
广东	575	111		32	79	
广西	2426	684			684	
海南	297693	82918	13327	2477	14886	65555
云南	3171	1593		1412	181	
甘肃	449	258			258	
宁夏	5918	862		616	168	78
新疆	4420	1211		1064	147	
新疆生产建设兵团	624443	492149	262587	319773	152726	19649

数据统计分析

续表

地区名称	市政公用投资										
	小计	供水	燃气	集中供热	道路桥梁	排水	污水处理	园林绿化	环境卫生	垃圾处理	其他
上年	**554748**	**21333**	**4960**	**44449**	**170005**	**72277**	**34013**	**99171**	**35095**	**20862**	**107456**
全国	**543588**	**17562**	**5955**	**30027**	**257243**	**72434**	**48727**	**40349**	**30809**	**16810**	**89208**
北京	130	110							20	10	
河北	27044	1189	655	3957	16453	2708	2708	1105	881	471	96
山西	1					1					
内蒙古	1530	12	570	383	253	44	5	44	165	101	60
辽宁	2350	159	6	1274	321	60		72	374	265	84
吉林	4					1	1	1	2	2	
黑龙江	359	17			200			20	118	15	5
上海	10430				3850			6500	80	50	
江苏	83384	1847	985		15755	23339	11630	8496	14886	9049	18077
安徽	5870	706	27		2632	1481	73	852	140	30	31
福建	9376	92	50		2170	6348	6310	299	349	280	68
江西	2805	296			447	465	197	350	413	259	834
山东	22958	275	330	2200	10304	535	230	6860	1784	894	670
河南	206	60				26		40	60		20
湖北	16690	723	307		2256	9018	7833	1020	2169	1363	1197
湖南	1142	85			416	247	7	125	200	105	69
广东	464				26	80	80	29	200	125	129
广西	1742	39			1104	302	302	145	146	114	6
海南	214775				154908	4759	4759	20	130	120	54958
云南	1578	15			972	92	10	165	303	159	31
甘肃	191					168	168				23
宁夏	5056	337		170	199	4132	3927	10	186	62	22
新疆	3209	300	224	319	545	181	25	291	1335	267	15
新疆生产建设兵团	132294	11301	2802	21723	44433	18448	10463	13905	6869	3070	12813

【2019年村庄基本情况分省数据】 2019年村庄基本情况分省数据见表21。

2019年村庄基本

地区名称	村庄建设用地面积（公顷）	村庄户籍人口（万人）	村庄常住人口（万人）	行政村个数（个）
全国	12923175.37	526826	86790	138826
北京	89592.72	3589	1079	1205
天津	60032.31	2954	785	1041
河北	882040.57	44122	10026	14933
山西	409423.56	26261	10581	8199
内蒙古	272026.87	11057	2682	3767
辽宁	427123.67	10821	377	1420
吉林	349818.37	9135	1357	2242
黑龙江	470102.56	9667	1489	2139
上海	65220.67	1532	132	217
江苏	672246.21	14035	392	1537
浙江	317635.30	20282	3768	6203
安徽	599214.02	15027	837	2027
福建	254466.26	13297	1340	3509
江西	432776.33	17235	1924	3716
山东	1043557.81	66497	19958	24529
河南	951533.83	42426	3770	10506
湖北	585814.28	23063	1976	6237
湖南	714010.63	23502	1413	3962
广东	707489.83	18191	932	2521
广西	520029.82	14149	469	1596
海南	117800.29	2919	334	580
重庆	207583.58	8371	342	1151
四川	762127.39	45643	7544	13482
贵州	378305.83	14477	978	2771
云南	498194.31	13770	966	1802
西藏	38289.66	5391	3513	1401
陕西	339005.82	16480	1273	4852
甘肃	324169.49	15982	2445	6003
青海	57149.56	4140	1420	1636
宁夏	67688.64	2315	187	449
新疆	283346.47	8801	1513	2667
新疆生产建设兵团	23282.73	1643	988	526

数据统计分析

情况分省数据   表21

自然村个数（个）	已编制村庄规划的行政村个数（个）	本年编制	占全部行政村比例（％）
301210	**2451945**	**77132.71**	**1684.40**
1305	4597	327.19	1081.50
1128	2958	238.65	1679.98
19163	65296	4599.12	1194.22
7481	46614	1956.98	1412.94
4608	43553	1333.57	447.24
9024	47054	1729.43	3452.77
5536	37903	1313.40	2094.80
6039	35784	1739.31	3783.07
1183	20271	306.59	1699.75
12106	127483	3471.14	2606.42
10311	82674	2076.09	4926.10
12163	183867	4460.42	6068.19
8448	64013	1951.91	2764.02
11595	158215	3055.16	3270.69
22010	90680	5236.64	4081.40
28150	179229	6469.64	3807.00
14850	115076	3288.22	521.08
18127	105427	4098.92	1341.36
14738	146149	4625.51	4796.21
12084	174006	4082.75	2311.45
2005	18877	553.36	3256.23
6878	57237	1926.57	225.96
24617	230373	5944.32	1924.16
10728	75616	2767.44	1705.30
11002	130561	3412.73	356.53
477	18534	235.21	343.78
10355	69007	2127.84	1058.35
7534	82245	1856.57	62.86
1084	8494	369.34	1684.40
1679	12759	390.04	1081.50
4621	15228	1096.04	1679.98
129	1788	76.55	1194.22

【2019年村庄建设投资分省数据】 2019年村庄建设投资分省数据见表22。

2019年村庄建设投资分省数据

表 22

计量单位：万元

地区名称	合计	房屋				
		小计	房地产开发	住宅	公共建筑	生产性建筑
上年	98297078	67771853	5579816	53552513	7237201	6982140
全国	101674952	70672743	7232984	55294616	7057018	8321108
北京	1040873	488339	9016	380479	93614	14247
天津	570296	186789	7028	49864	92886	44039
河北	3508429	2440089	171057	1581688	295664	562737
山西	1826604	1199995	161057	956286	128949	114759
内蒙古	623658	446661	24360	350363	39054	57244
辽宁	854044	445183	38564	256962	30707	157514
吉林	797158	389920	2579	298182	52555	39184
黑龙江	561592	313176	417	293681	3925	15570
上海	587664	61642	120	27878	12790	20974
江苏	5503795	3548093	342584	2373520	352758	821815
浙江	6412507	4170958	952670	2948347	488679	733932
安徽	5095552	3446415	464605	2708400	409013	329002
福建	3856371	2849448	780253	2201089	259668	388691
江西	4313343	3354707	118248	2793130	365780	195796
山东	9018267	6224631	1167855	4554134	699464	971033
河南	4788219	3246201	338140	2406500	284776	554924
湖北	3750626	2367326	108010	1748370	330240	288715
湖南	4527938	3611610	306722	2775449	364719	471443
广东	7296793	5535298	1354724	4408454	456993	669851
广西	4072967	2826258	71516	2466618	214932	144708
海南	1000560	786384	4800	680634	86609	19141
重庆	1817826	985426	26825	869807	63944	51675
四川	8028608	6176826	169482	5383831	418782	374213
贵州	5152283	2910854	93690	2377763	282783	250308
云南	8747111	7182389	224123	6254398	478408	449582
西藏	538271	361411	2044	153534	179673	28204
陕西	2010186	1281418	60200	951516	169124	160778
甘肃	1796858	1345361	143306	1100497	127906	116958
青海	310097	236265	1099	191405	34707	10153
宁夏	586773	404413	4096	280020	33682	90711
新疆	2282907	1641757	79894	1334048	167175	140534
新疆生产建设兵团	396776	207497	3900	137767	37060	32670

数据统计分析

续表

地区名称	市政公用设施										其他
	小计	供水	燃气	集中供热	道路桥梁	排水	污水处理	园林绿化	环境卫生	垃圾处理	
上年	30525225	3680256	1446674	241102	12967250	3880435	2262182	2195947	4466982	2893703	1646578
全国	31002210	4680225	1422571	413491	12646593	4613981	2756859	2094851	3431290	1731137	1699207
北京	552533	34463	12015	14316	69348	98259	70426	208049	104171	28068	11912
天津	383507	72316	57342	60154	47302	92726	41665	17366	28426	12251	7874
河北	1068339	60754	298580	41155	394357	72562	31197	52565	133170	81094	15197
山西	626609	35561	82134	162597	124220	50014	23570	86314	70922	30785	14848
内蒙古	176997	27620	952	1842	67589	9758	7284	26055	35011	21687	8170
辽宁	408861	39372	5481	7610	234038	28144	19367	14329	60688	33617	19198
吉林	407238	72054	23	5627	197899	42979	15971	11987	63536	29682	13134
黑龙江	248416	41208	663	504	117248	7914	1354	14216	39028	12547	27635
上海	526022	4098	3204	0	59901	314359	227951	45105	63674	18688	35681
江苏	1955702	155550	38584	0	640843	472447	357112	185951	318319	135065	144009
浙江	2241549	227481	44287	303	829282	450414	226536	204427	246989	125997	238366
安徽	1649137	218261	20496	0	833460	196653	89280	108472	199476	106467	72318
福建	1006923	75803	10633	2	373317	309644	248563	65828	124185	81566	47511
江西	958636	107247	9896	70	440742	132424	55225	63928	116656	66737	87673
山东	2793637	221192	327603	71594	1043221	218388	94775	288619	424920	208491	198100
河南	1542018	264506	163987	2731	526390	183846	96026	156452	185025	88915	59080
湖北	1383301	226356	90258	5823	549988	195741	104404	97427	122040	73099	95669
湖南	916328	161258	8759	87	392798	116671	51510	51219	120919	71058	64618
广东	1761494	258275	20428	385	458823	662956	529223	76045	232748	113765	51834
广西	1246709	153577	1776	42	854081	86600	38217	18768	87250	61644	44616
海南	214176	24185	1225	2	95802	50602	29321	8408	28340	12744	5613
重庆	832400	66174	24182	85	515120	65580	42036	31212	58417	31769	71631
四川	1851781	225482	120163	0	1006366	192672	118589	58475	124765	69341	123859
贵州	2241429	1171315	2062	150	750916	135561	45731	33684	72851	43937	74890
云南	1564722	338814	11599	85	836255	180551	107327	49067	98272	59366	50078
西藏	176861	23793	450	75	132651	7520	1826	7832	2462	1136	2078
陕西	728768	109189	54382	2957	324006	69582	23877	49449	84531	36630	34673
甘肃	451497	83907	1077	15127	193672	48453	18537	18825	61420	34988	29015
青海	73832	10192	1038	15	38562	5604	3540	1859	14064	5145	2498
宁夏	182360	20138	1598	1115	87283	33406	14965	10929	23315	8520	4576
新疆	641150	130978	6972	19004	288836	59303	19152	20844	82763	24449	32450
新疆生产建设兵团	189279	19105	724	34	122278	22647	2302	11148	2936	1888	10406

2019年建筑业发展统计分析

2019年全国建筑业基本情况

2019年，面对国内外复杂的经济环境和各种严峻挑战，在以习近平同志为核心的党中央坚强领导下，建筑业以习近平新时代中国特色社会主义思想为指导，全面贯彻党的十九大和十九届二中、三中、四中全会精神，持续深化供给侧结构性改革，发展质量和效益不断提高。全国建筑业企业（指具有资质等级的总承包和专业承包建筑业企业，不含劳务分包建筑业企业，下同）完成建筑业总产值248445.77亿元，同比增长5.68%；完成竣工产值123834.13亿元，同比增长2.52%；签订合同总额545038.89亿元，同比增长10.24%，其中新签合同额289234.99亿元，同比增长6.00%；完成房屋施工面积144.16亿平方米，同比增长2.32%；完成房屋竣工面积40.24亿平方米，同比下降2.68%；实现利润8381亿元，同比增长9.40%。截至2019年年底，全国有施工活动的建筑业企业103814个，同比增长8.82%；从业人数5427.37万人，同比下降2.44%；按建筑业总产值计算的劳动生产率为399656元/人，同比增长7.09%。

【建筑业增加值增速与国内生产总值增速偏差收窄　支柱产业地位稳固】经初步核算，2019年全年国内生产总值990865亿元，比上年增长6.1%。全年全社会建筑业实现增加值70904亿元，比上年增长5.6%，增速低于国内生产总值增速0.5个百分点（参见图6）。

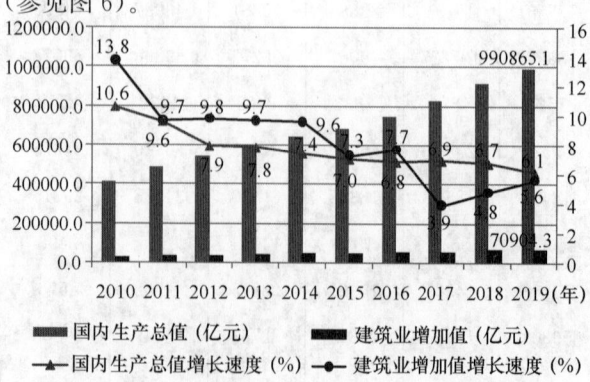

图6　2010—2019年国内生产总值、建筑业增加值及增速

自2010年以来，建筑业增加值占国内生产总值的比例始终保持在6.6%以上。2019年达到了7.16%的近十年最高点，在2015年、2016年连续两年下降后连续三年出现回升（参见图7），建筑业国民经济支柱产业的地位稳固。

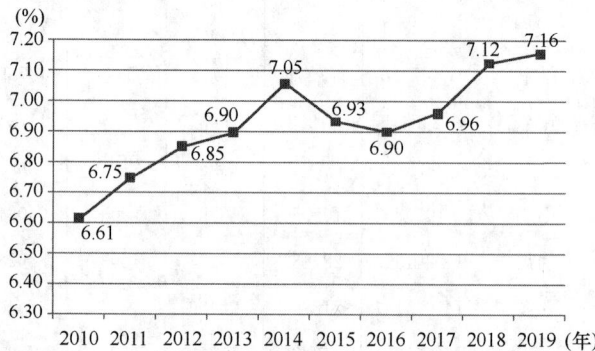

图7　2010—2019年建筑业增加值占国内生产总值比重

【建筑业总产值持续增长　增速连续两年下降】近年来，随着我国建筑业企业生产和经营规模的不断扩大，建筑业总产值持续增长，2019年达到248445.77亿元，比上年增长5.68%。但建筑业总产值增速比上年降低了4.20个百分点，连续两年下降（参见图8）。

图8　2010—2019年全国建筑业总产值及增速

【建筑业从业人数减少但企业数量增加　劳动生产率再创新高】2019年年底，全社会就业人员总数77471万人，其中，建筑业从业人数5427.37万人，比上年末减少135.93万人，减少2.44%。建筑业从

业人数占全社会就业人员总数的7.01%，比上年降低0.16个百分点（参见图9）。建筑业在吸纳农村转移人口就业、推进新型城镇化建设和维护社会稳定等方面继续发挥显著作用。

图9 2010—2019年全社会就业人员总数、建筑业从业人数增长情况

截至2019年年底，全国共有建筑业企业103814个，比上年增加8414个，增速为8.82%，比上年增加了0.50个百分点，增速连续四年增加并达到近十年来最高点（参见图10）。国有及国有控股建筑业企业6927个，比上年增加47个，占建筑业企业总数的6.67%，比上年下降了0.54个百分点。

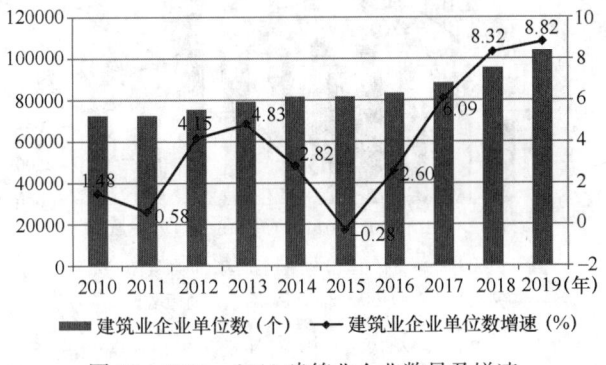

图10 2010—2019建筑业企业数量及增速

2019年，按建筑业总产值计算的劳动生产率为399656元/人，比上年增长7.09%，增速比上年降低0.31个百分点，劳动生产率水平再创新高（参见图11）。

【建筑业企业利润总量持续增长 行业产值利润率略有下降】 2019年，全国建筑业企业实现利润8381亿元，比上年增加406.18亿元，增速为5.09%，增速比上年降低1.35个百分点（参见图12）。

近10年来，建筑业产值利润率（利润总额与总产值之比）一直在3.5%上下徘徊。2019年，建筑业产值利润率为3.37%，比上年降低了0.02个百分点，连续三年下降（参见图13）。

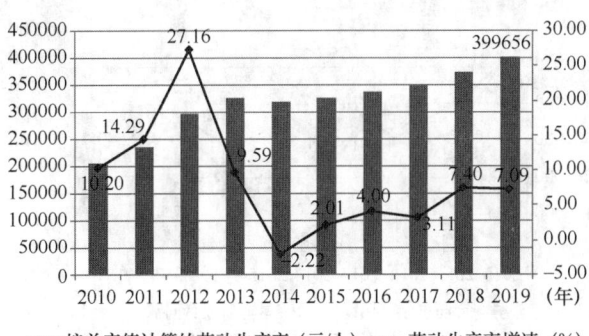

图11 2010—2019年按建筑业总产值计算的建筑业劳动生产率及增速

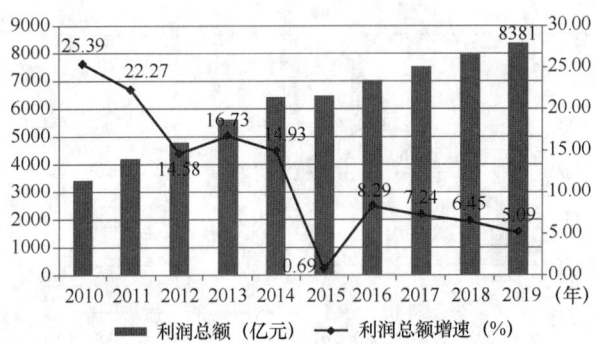

图12 2010—2019年全国建筑业企业利润总额及增速

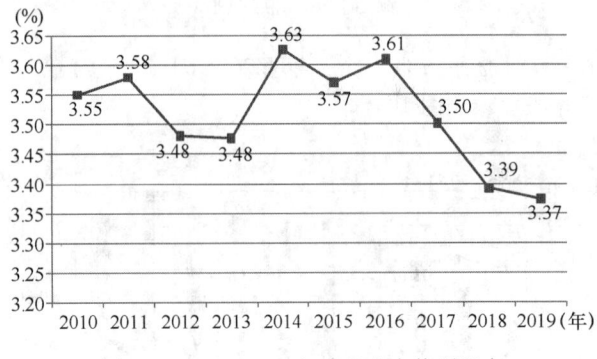

图13 2010—2019年建筑业产值利润率

【建筑业企业签订合同总额、新签合同额总量增长 增速放缓】 2019年，全国建筑业企业签订合同总额545038.89亿元，比上年增长10.24%，增速比上年下降2.25个百分点。其中，本年新签合同额289234.99亿元，比上年增长了6.00%，增速比上年下降1.14个百分点（参见图14）。本年新签合同额占签订合同总额比例为53.07%，比上年降低了2.12个百分点，连续两年下降（参见图15）。

【建筑业企业房屋施工面积增长、竣工面积下降 住宅竣工面积占房屋竣工面积近七成】 2019年，全国建筑业企业房屋施工面积144.16亿平方米，比上年增长2.32%，增速下降4.64个百分点。竣工面

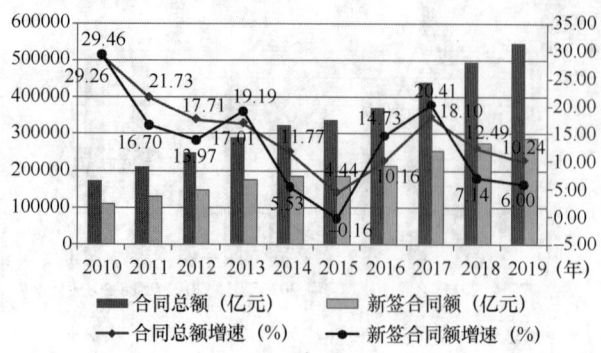

图 14　2010—2019 年全国建筑业企业签订合同总额、新签合同额及增速

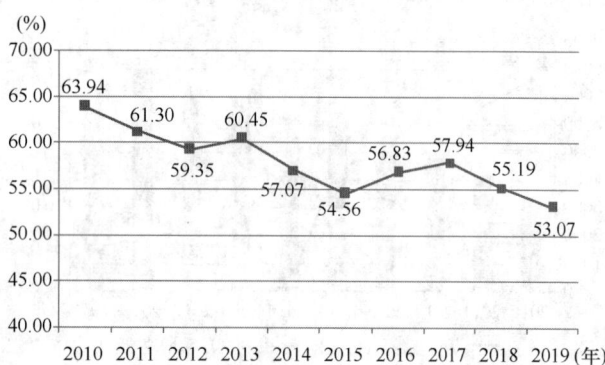

图 15　2010—2019 年全国建筑业企业新签合同额占合同总额比例

积 40.24 亿平方米，比上年下降 2.69%，连续三年负增长（参见图 16）。

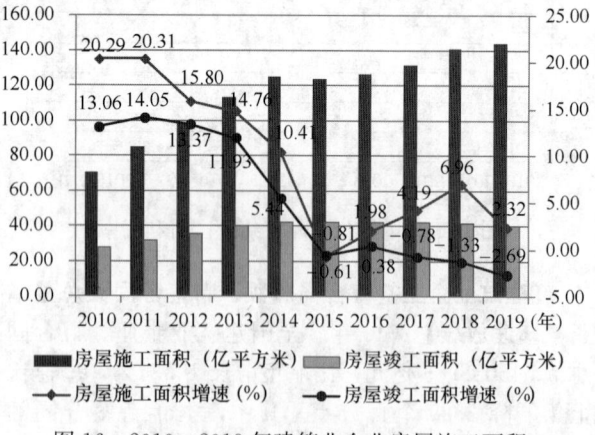

图 16　2010—2019 年建筑业企业房屋施工面积、竣工面积及增速

从全国建筑业企业房屋竣工面积构成情况看，住宅竣工面积占最大比重，为 67.35%；厂房及建筑物竣工面积占 12.20%；商业及服务用房竣工面积占 7.11%；其他种类房屋竣工面积占比均在 5% 以下（参见图 17）。

在城镇保障性安居工程方面，2019 年，全国

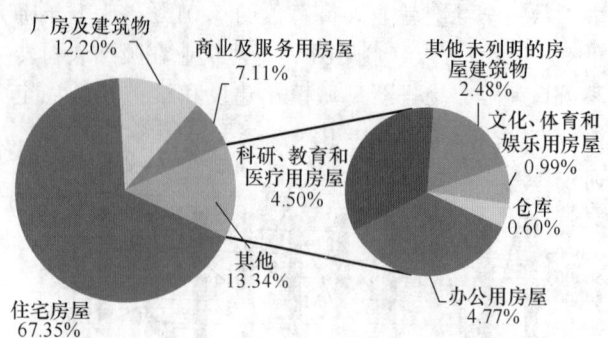

图 17　2019 年全国建筑业企业房屋竣工面积构成

各类棚户区改造开工 316 万套，基本建成 254 万套。全国农村地区建档立卡贫困户危房改造 63.8 万户。

【**对外承包工程完成营业额和新签合同额总量、增速双双增长**】2019 年，我国对外承包工程业务完成营业额 1729 亿美元，比上年增长 2.28%，增速比上年提高 2.01 个百分点。新签合同额 2602.5 亿美元，比上年增长 7.63%，增速比上年增加了 16.48 个百分点（参见图 18）。

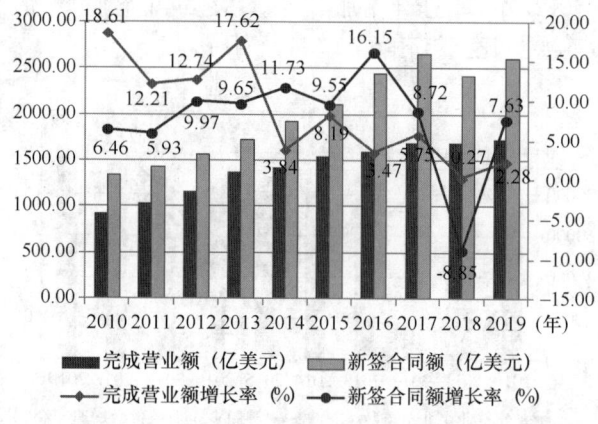

图 18　2010—2019 年我国对外承包工程业务情况

2019 年，我国对外劳务合作派出各类劳务人员 48.7 万人，较上年同期减少 0.5 万人；其中承包工程项下派出 21.1 万人，劳务合作项下派出 27.6 万人。12 月末在外各类劳务人员 99.2 万人，较上年同期减少 0.4 万人。

美国《工程新闻记录》（简称 "ENR"）杂志公布的 2019 年度全球最大 250 家国际承包商共实现海外市场营业收入 4873 亿美元，比上一年度增长了 1.0%。我国内地共有 76 家企业入选 2019 年度全球最大 250 家国际承包商榜单，入选数量比上一年度增加了 7 家。入选企业共实现海外市场营业收入 1190 亿美元，比上年增长了 4.3%，占 250 家国际承包商海外市场营业收入总额的 24.4%，比上年提高

0.7个百分点。

从进入榜单企业的排名分布来看，76家内地企业中，进入前10强的仍为3家，分别是排名第3位的中国交通建设集团有限公司，排名第7位的中国电力建设集团有限公司和排名第9位的中国建筑集团有限公司。进入100强的有27家企业，比上年度再增2家。与上年度排名相比，位次上升的有31家，排名保持不变的有4家，新入榜企业13家。排名升幅最大的是跃升72位排在本年度第83位的东方电气股份有限公司，新入榜企业中，排名最前的是排在第51位的中国中材国际工程股份有限公司（参见表23）。

2019年度ENR全球最大250家国际承包商中的中国内地企业 表23

序号	公司名称	排名 2019年	排名 2018年	海外市场收入（百万美元）
1	中国交通建设集团有限公司	3	3	38041.0
2	中国电力建设集团有限公司	7	10	13775.4
3	中国建筑集团有限公司	9	8	12812.5
4	中国铁道建筑有限公司	14	14	6695.0
5	中国铁路工程集团有限公司	18	17	6181.9
6	中国机械工业集团公司	19	25	5449.3
7	中国能源建设集团有限公司	23	21	5020.0
8	中国化学工程集团有限公司	29	46	4279.4
9	中国石油工程建设（集团）公司	43	33	2870.0
10	中国冶金科工集团有限公司	44	44	2858.9
11	中国中材国际工程股份有限公司	51	**	2346.7
12	中信建设有限责任公司	54	56	2013.9
13	青建集团股份公司	56	**	1923.4
14	中国石化工程建设有限公司	65	55	1555.9
15	中国通用技术（集团）控股有限责任公司	74	102	1222.3
16	中国中原对外工程有限公司	75	89	1217.9
17	中国水利电力对外公司	78	90	1101.2
18	特变电工股份有限公司	80	83	1059.7
19	哈尔滨电气国际工程有限公司	81	65	1040.0
20	东方电气股份有限公司	83	155	1026.4
21	中国有色金属建设股份有限公司	86	85	988.6
22	浙江省建设投资集团有限公司	89	87	961.5
23	威海国际经济技术合作股份有限公司	90	88	940.1
24	中国江西国际经济技术合作公司	93	92	911.0
25	北方国际合作股份有限公司	97	94	833.2
26	江西中煤建设集团有限公司	99	97	827.6
27	中国航空技术国际工程有限公司	100	118	811.7
28	中国电力技术装备有限公司	101	80	801.2
29	中钢设备有限公司	107	157	720.0
30	中国地质工程集团公司	108	120	716.9
31	新疆建设兵团建设工程（集团）有限责任公司	109	110	700.0
32	上海建工集团	111	109	674.5
33	中地海外集团有限公司	115	111	594.9
34	中国河南国际合作集团有限公司	116	145	592.5
35	中原石油工程有限公司	117	125	591.8
36	北京建工集团有限责任公司	120	123	552.9
37	云南建工集团有限公司	121	132	550.1
38	江苏省建筑工程集团有限公司	122	126	548.9

续表

序号	公司名称	排名 2019年	排名 2018年	海外市场收入（百万美元）
39	中国江苏国际经济技术合作公司	130	129	494.8
40	中国武夷实业股份有限公司	132	130	480.1
41	江苏南通三建集团股份有限公司	133	133	477.3
42	烟建集团有限公司	138	140	450.7
43	中国凯盛国际工程有限公司	143	**	424.5
44	中鼎国际工程有限责任公司	144	146	405.1
45	中国成套设备进出口（集团）总公司	145	144	400.0
46	沈阳远大铝业工程有限公司	153	152	360.0
47	北京城建集团	154	148	358.8
48	上海城建（集团）公司	155	162	358.3
49	江西水利水电建设有限公司	158	174	349.2
50	安徽省外经建设（集团）有限公司	166	143	307.7
51	安徽建工集团有限公司	180	192	246.0
52	山东电力工程咨询院有限公司	182	**	244.3
53	山东德建集团有限公司	185	175	228.6
54	烟台国际经济技术合作集团有限公司	192	185	207.6
55	浙江省东阳第三建筑工程有限公司	194	**	193.8
56	重庆对外建设（集团）有限公司	196	207	185.4
57	江联重工集团股份有限公司	198	**	182.0
58	南通建工集团股份有限公司	199	182	179.2
59	山东淄建集团有限公司	200	**	177.2
60	龙信建设集团有限公司	202	**	171.2
61	浙江省交通工程建设集团有限公司	204	215	160.4
62	中矿资源集团股份有限公司	205	**	159.7
63	山东科瑞石油装备有限公司	207	**	153.1
64	中国山东对外经济技术合作集团有限公司	208	204	152.1
65	中铝国际工程股份有限公司	209	186	150.8
66	江苏中南建筑产业集团有限责任公司	212	222	143.3
67	中国甘肃国际经济技术合作总公司	213	216	139.4
68	山西建设投资集团有限公司	214	246	139.1
69	山东省路桥集团有限公司	220	**	134.6
70	中机国能电力工程有限公司	226	**	124.1
71	中国天辰工程有限公司	230	**	100.9
72	湖南路桥建设集团有限责任公司	232	242	95.6
73	中国大连国际经济技术合作集团有限公司	238	219	85.2
74	北京住总集团有限责任公司	240	243	79.6
75	四川公路桥梁建设集团有限公司	246	**	70.3
76	蚌埠市国际经济技术合作有限公司	250	244	61.5

＊＊ 表示未进入2018年度250强排行榜

2019年全国建筑业发展特点

【江苏建筑业总产值领跑全国 藏粤两地增速较大】 2019年,江苏建筑业总产值以绝对优势继续领跑全国,达到33103.64亿元。浙江建筑业总产值仍位居第二,为20390.20亿元,但与上年相比降幅较大,与江苏的差距拉大。两省建筑业总产值共占全国建筑业总产值的21.53%。

除江苏、浙江两省外,总产值超过1万亿元的还有湖北、广东、四川、山东、福建、河南、北京和湖南8个省市,上述10省市完成的建筑业总产值占全国建筑业总产值的66.30%(参见图19)。

从各地建筑业总产值增长情况看,有28个地区的建筑业总产值保持增长,16个地区的增速高于上年。西藏、广东、广西、山西和福建分别以27.48%、21.28%、15.75%、14.29%和13.99%的增速居前五位。3个地区的建筑业总产值出现负增长,其中,浙江出现了-29.09%的较大幅度的负增长(参见图20)。

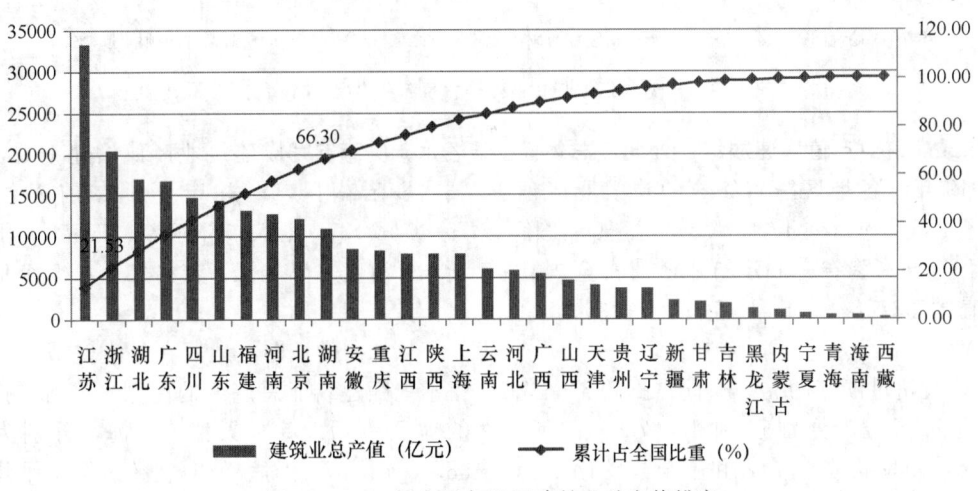

图19 2019年全国各地区建筑业总产值排序

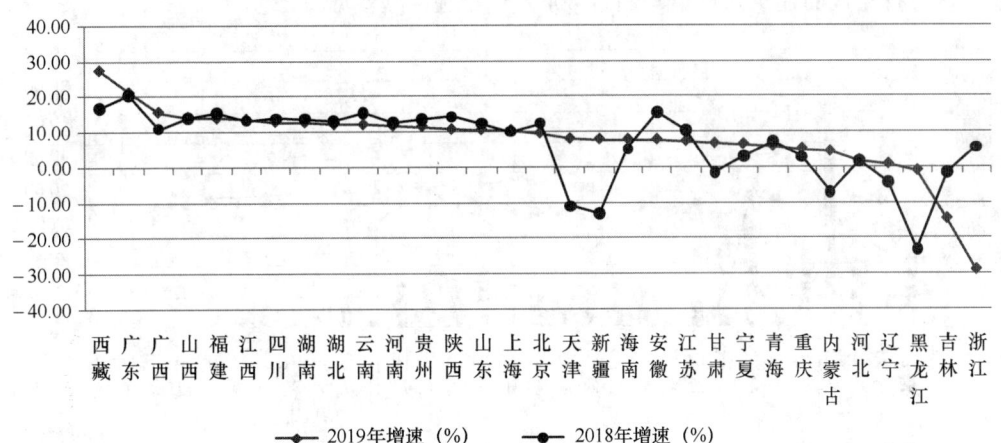

图20 2018—2019年各地区建筑业总产值增速

【新签合同额9地区超过1万亿元 浙江、黑龙江两地出现负增长】 2019年,全国建筑业企业新签合同额289234.99亿元,比上年增长6.00%,增速较上年降低了1.14个百分点。江苏、浙江两省建筑业企业新签合同额继续占据前两位,分别达到29790.46亿元、22440.79亿元,占各自签订合同额总量的55.14%、53.37%,分别比上年降低了3.77%和9.55%。

新签合同额超过1万亿元的还有广东、湖北、四川、北京、山东、河南、福建、湖南、上海9个地区。新签合同额增速超过20%的有甘肃、内蒙古、山西、四川、广西5个地区,分别增长38.50%、28.79%、24.91%、23.26%、21.84%。浙江、黑龙江2个地区新签合同额出现负增长,其中,浙江的负增长高达26.27%(参见图21)。

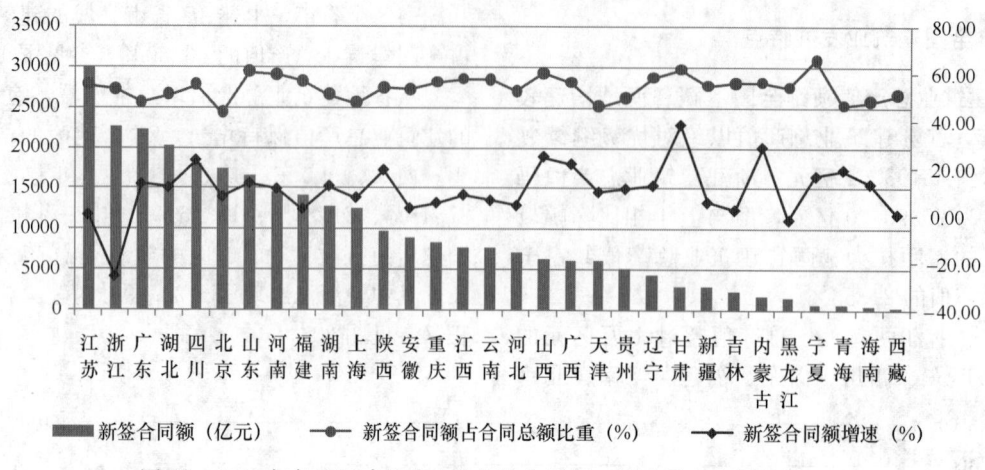

图 21 2019 年各地区建筑业企业新签合同额、增速及占合同总额比重

【跨省完成建筑业产值增速放缓 外向度总体略有下降】 2019年，各地区跨省完成的建筑业产值 83435.15 亿元，比上年增长 1.56%，增速同比降低 8.88 个百分点。跨省完成建筑业产值占全国建筑业总产值的 33.58%，比上年降低 1.36 个百分点。

江苏与首次超过浙江的北京共同占据跨省完成建筑业产值前两位，分别达到 15367.94 亿元、8603.83 亿元，两地跨省产值之和占全国的比重为 28.73%。此外，浙江、湖北、福建、上海、广东、湖南 6 个地区，跨省完成的建筑业产值均超过 3000 亿元。从跨省完成建筑业产值增速上看，西藏、内蒙古、云南、广东和宁夏排在前五位，分别为 79.00%、37.62%、36.66%、27.74% 和 27.27%。浙江、海南、黑龙江、吉林和重庆 5 个地区出现负增长。

从外向度（即本地区在外省完成的建筑业产值占本地区建筑业总产值的比例）来看，排在前三位的地区仍为北京、天津、上海，分别为 71.70%、58.45% 和 57.48%。外向度超过全国平均水平的还有江苏、福建、青海、湖北、浙江、山西、河北 7 个地区（参见图 22）。

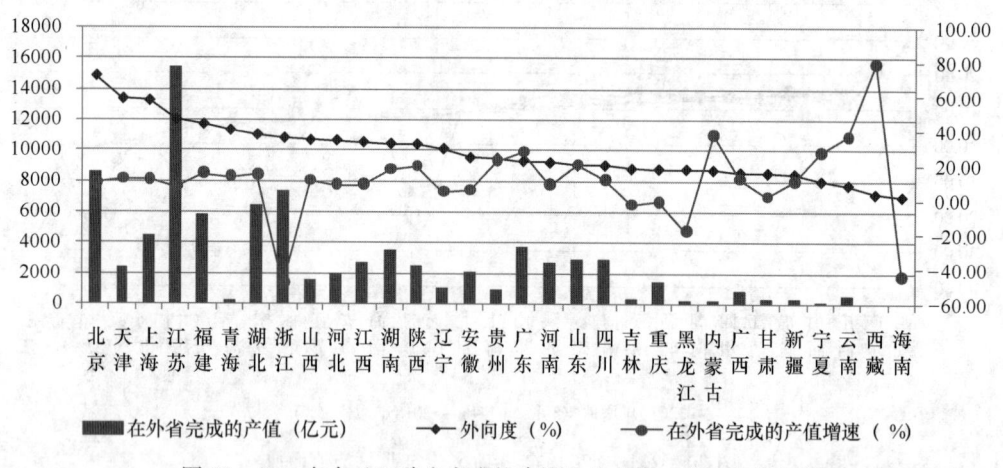

图 22 2019 年各地区跨省完成的建筑业总产值、增速及外向度

【浙江从业人数大幅减少 河北劳动生产率显著提高】 2019年，全国建筑业从业人数超过百万的地区共 15 个，比上年减少 1 个。江苏、浙江依然是从业人数大省，分别达到 801.26 万人、602.27 万人。福建、四川、广东、山东、河南、湖南、湖北、重庆 8 个地区从业人数均超过 200 万人。

与上年相比，17 个地区的从业人数增加，其中，广东、福建增加人数最多，分别为 48.33 万人、23.12 万人；14 个地区的从业人数减少，其中，浙江出现了 192.66 万人的最大降幅。从业人数增速较快的是天津、广东，分别为 26.14%、17.21%；河北、浙江、内蒙古、青海 4 个地区出现超过 15% 的负增长（参见图 23）。

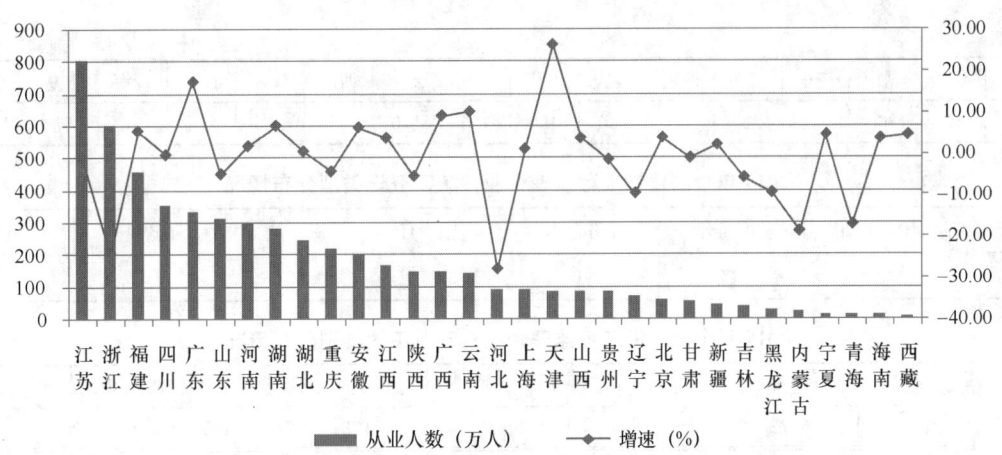

图 23 2019 年各地区建筑业从业人数及其增长情况

2019 年，按建筑业总产值计算的劳动生产率较高的是湖北、上海和首次进入前三名的河北，分别为 675817 元/人、618646 元/人和 602872 元/人，均首次突破 60 万元/人。除浙江外，全国 30 个地区按建筑业总产值计算的劳动生产率均有所提高，17 个地区的劳动生产率高于全国平均水平，22 个地区的增速高于全国增速，其中河北增速为 40.50%（参见图 24）。

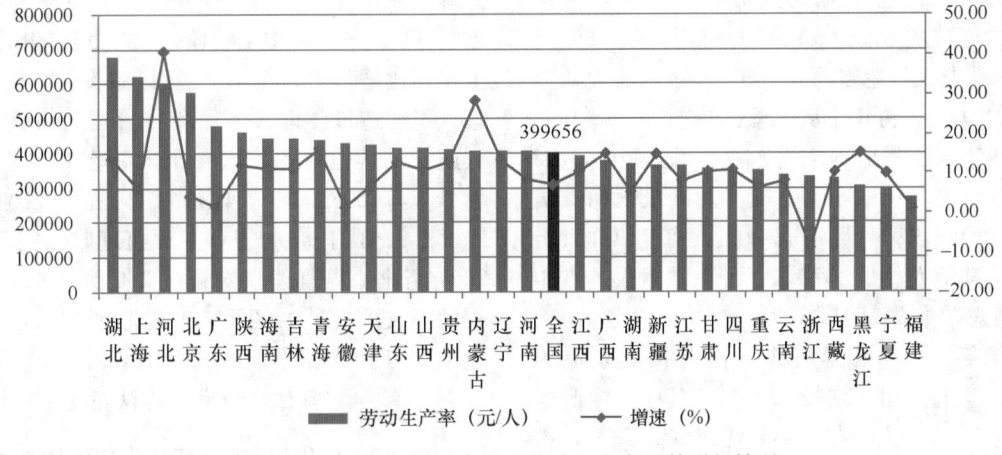

图 24 2019 年各地区建筑业劳动生产率及其增长情况

（中国建筑业协会 哈尔滨工业大学 赵峰 王要武 金玲 李晓东 徐亚军）

2019 年建设工程监理行业基本情况

【建设工程监理企业的分布情况】2019 年全国共有 8469 个建设工程监理企业参加了统计，与上年相比增长 0.91%。其中，综合资质企业 210 个，增长 9.95%；甲级资质企业 3760 个，增长 2.26%；乙级资质企业 3564 个，增长 1.77%；丙级资质企业 933 个，减少 7.9%；事务所资质企业 2 个，减少 80%。具体分布如表 24—表 26 所示。

2019 年全国建设工程监理企业按地区分布情况 表 24

地区名称	北京	天津	河北	山西	内蒙古	辽宁	吉林	黑龙江	上海	江苏	浙江	安徽	福建	江西	山东	河南
企业个数	320	119	294	215	140	277	191	188	220	741	542	416	488	181	565	343

续表

地区名称	湖北	湖南	广东	广西	海南	重庆	四川	贵州	云南	西藏	陕西	甘肃	青海	宁夏	新疆	合计
企业个数	278	266	534	222	66	130	466	175	170	47	386	201	77	67	144	8469

2019年全国建设工程监理企业按工商登记类型分布情况 表25

工商登记类型	国有企业	集体企业	股份合作	有限责任	股份有限	私营企业	其他类型
企业个数	654	47	41	3397	621	3537	172

2019年全国建设工程监理企业按专业工程类别分布情况 表26

资质类别	综合资质	房屋建筑工程	冶炼工程	矿山工程	化工石油工程	水利水电工程	电力工程	农林工程
企业个数	210	6572	24	43	138	105	390	17
资质类别	铁路工程	公路工程	港口与航道工程	航天航空工程	通信工程	市政公用工程	机电安装工程	事务所资质
企业个数	53	63	8	8	49	783	4	2

注：本统计涉及专业资质工程类别的统计数据，均按主营业务划分。

【建设工程监理企业从业人员情况】 2019年年末工程监理企业从业人员1295721人，与上年相比增长10.81%。其中，正式聘用人员875566人，占年末从业人员总数的67.57%；临时聘用人员420155人，占年末从业人员总数的32.43%；工程监理从业人员为802481人，占年末从业总数的61.93%。

2019年年末工程监理企业专业技术人员969723人，与上年相比增长2.86%。其中，高级职称人员153065人，中级职称人员414660人，初级职称人员227326人，其他人员174672人。专业技术人员占年末从业人员总数的74.84%。

2019年年末，工程监理企业注册执业人员为336959人，与上年相比增长8.46%。其中，注册监理工程师为173317人，与上年相比减少2.73%，占总注册人数的51.44%；其他注册执业人员为163642人，占总注册人数的48.56%。

【建设工程监理企业业务承揽情况】 2019年工程监理企业承揽合同额8500.94亿元，与上年相比增长44.02%。其中工程监理合同额1987.47亿元，与上年相比增长3.67%；工程勘察设计、工程招标代理、工程造价咨询、工程项目管理与咨询服务、工程施工及其他业务合同额6513.47亿元，与上年相比增长63.43%。工程监理合同额占总业务量的23.38%。

【建设工程监理企业财务收入情况】 2019年工程监理企业全年营业收入5994.48亿元，与上年相比增长38.94%。其中工程监理收入1486.13亿元，与上年相比增长12.26%；工程勘察设计、工程招标代理、工程造价咨询、工程项目管理与咨询服务、工程施工及其他业务收入4508.35亿元，与上年相比增长50.75%。工程监理收入占总营业收入的24.79%。其中30个企业工程监理收入突破3亿元，72个企业工程监理收入超过2亿元，251个企业工程监理收入超过1亿元，工程监理收入过亿元的企业个数与上年相比增长16.74%。

（住房和城乡建设部建筑市场监管司）

2019年工程建设项目招标代理机构基本情况

【工程招标代理机构的分布情况】 2019年度参加统计的全国工程招标代理机构共8832个，比上年增长14.45%。按照企业登记注册类型划分，国有企业和国有独资公司共327个，股份有限公司和其他有限责任公司共3642个，私营企业4586个，港澳台投资企业1个，外商投资企业1个，其他企业275个。具体分布见如表27所示。

2019年全国工程招标代理机构地区分布情况 表27

地区名称	北京	天津	河北	山西	内蒙古	辽宁	吉林	黑龙江	上海	江苏	浙江	安徽	福建	江西	山东	河南
企业个数	301	162	340	233	252	383	291	138	159	561	343	284	279	200	763	298
地区名称	湖北	湖南	广东	广西	海南	重庆	四川	贵州	云南	西藏	陕西	甘肃	青海	宁夏	新疆	新疆生产建设兵团
企业个数	189	281	546	256	184	65	596	112	430	15	192	318	227	162	262	10

【工程招标代理机构的人员情况】 2019年年末工程招标代理机构从业人员合计627733人，比上年增长1.64%。其中，正式聘用人员568457人，占年末从业人员总数的90.56%；临时工作人员59276人，占年末从业人员总数的9.44%；招标代理人员102654人，占年末从业人员总数的16.35%。

2019年年末工程招标代理机构正式聘用人员中专业技术人员合计474562人，比上年增长2.29%。其中，高级职称人员71164人，中级职称197518人，初级职称106554人，其他人员99326人。专业技术人员占年末正式聘用人员总数的83.48%。

2019年年末工程招标代理机构正式聘用人员中注册执业人员合计177963人，比上年增长26.91%。其中，注册造价工程师55155人，占总注册人数的30.99%；注册建筑师1468人，占总注册人数的0.82%；注册工程师3396人，占总注册人数的1.91%；注册建造师36741人，占总注册人数的20.65%；注册监理工程师62189人，占总注册人数的34.94%；其他注册执业人员19014人，占总注册人数的10.68%。

【工程招标代理机构的业务情况】 2019年度工程招标代理机构工程招标代理中标金额110096.63亿元，比上年减少29.58%。其中，房屋建筑和市政基础设施工程招标代理中标金额82193.64亿元，比上年减少34.29%，占工程招标代理中标金额的74.66%；招标人为政府和国有企事业单位工程招标代理中标金额88180亿元，比上年减少29.35%，占工程招标代理中标总金额的80.09%。

2019年度工程招标代理机构承揽合同约定酬金合计3961.51亿元，比上年增长92.51%。其中，工程招标代理承揽合同约定酬金为347.48亿元，比上年增加30.68%，占总承揽合同约定酬金的8.77%；工程监理承揽合同约定酬金为1874.62亿元，比上年增加216.53%，占总承揽合同约定酬金的47.32%；工程造价咨询承揽合同约定酬金为581.23亿元，比上年减少7.94%，占总承揽合同约定酬金的14.67%；项目管理与咨询服务承揽合同约定酬金为253.46亿元，比上年增加46.2%，占总承揽合同约定酬金的6.4%；其他业务承揽合同约定酬金为904.72亿元，比上年增加129.06%，占总承揽合同约定酬金的22.84%。

【工程招标代理机构的财务情况】 2019年度工程招标代理机构的营业收入总额为4110.44亿元，比上年减少9.07%。其中，工程招标代理收入293.16亿元，比上年减少69.15%，占营业收入总额的7.13%；工程监理收入552.12亿元，比上年增加11.44%，占营业收入总额的13.43%；工程造价咨询收入744.74亿元，比上年增加25.85%，占营业收入总额的18.12%；工程项目管理与咨询服务收入212.36亿元，比上年减少73.19%，占营业收入总额的5.17%；其他收入2308.06亿元，比上年增加36.5%，占营业收入总额的56.15%。

2019年度工程招标代理机构的营业成本合计2443.54亿元，营业税金及附加合计55.97亿元，营业利润合计-89.11亿元，利润总额合计360.93亿元，所得税合计38.64亿元，负债合计4146.25亿元，所有者权益合计1506.81亿元。

（住房和城乡建设部建筑市场监管司）

2019年工程勘察设计企业基本情况

【企业总体情况】 2019年全国共有23739个工程勘察设计企业参加了统计，与上年相比增加了2.4%。其中，工程勘察企业2325个，占企业总数9.8%；工程设计企业21327个，占企业总数89.8%。

【从业人员情况】 2019年具有勘察设计资质的企业年末从业人员463.1万人。其中，勘察人员15.8万人，与上年相比增加了8.0%；设计人员102.5万人，与上年相比增加了10.7%。

2019年年末专业技术人员219.2万人。其中，具有高级职称人员42.8万人，与上年相比增加了6.8%；具有中级职称人员72.0万人，与上年相比增加了6.4%。

【业务完成情况】 2019年具有勘察设计资质的企业工程勘察设计新签合同额合计8074.2亿元，与上年相比增加2.1%。其中，房屋建筑工程设计新签合同额2477.1亿元，市政工程设计新签合同额977.4亿元。

工程总承包新签合同额合计46071.3亿元，与上年相比增加10.8%。其中，房屋建筑工程总承包新签合同额19538.2亿元，市政工程总承包新签合同额6521.1亿元。

其他工程咨询业务新签合同额合计1048.5亿元，与上年相比增加22.0%。

【财务情况】 2019年全国具有勘察设计资质的企业营业收入总计64200.9亿元。其中，工程勘察收入986.9亿元，与上年相比增加了7.9%；工程设计收入5094.9亿元，与上年相比增加了10.5%；工程总承包收入33638.6亿元，与上年相比增加了29.2%；其他工程咨询业务收入796.0亿元，与上年相比增加了21.1%。

具有勘察设计资质的企业全年营业利润2803.0

亿元，与上年相比增加了20.8%；利润总额2721.6亿元，与上年相比增加10.9%；净利润2285.2亿元，与上年相比增加11.7%。

【科技活动状况】2019年全国工程勘察设计行业科技活动费用支出总额为1520.5亿元，与上年相比增加29.1%；企业累计拥有专利24.6万项，与上年相比增加21.8%；企业累计拥有专有技术5.7万项，与上年相比增加21.2%。

（住房和城乡建设部建筑市场监管司）

2019年房屋市政工程生产安全事故情况通报

【总体情况】2019年，全国共发生房屋市政工程生产安全事故773起、死亡904人，比2018年事故起数增加39起、死亡人数增加64人，分别上升5.31%和7.62%（参见图25、图26）。

全国31个省（区、市）和新疆生产建设兵团均有房屋市政工程生产安全事故发生，17个省（区、市）死亡人数同比上升（参见表28）。

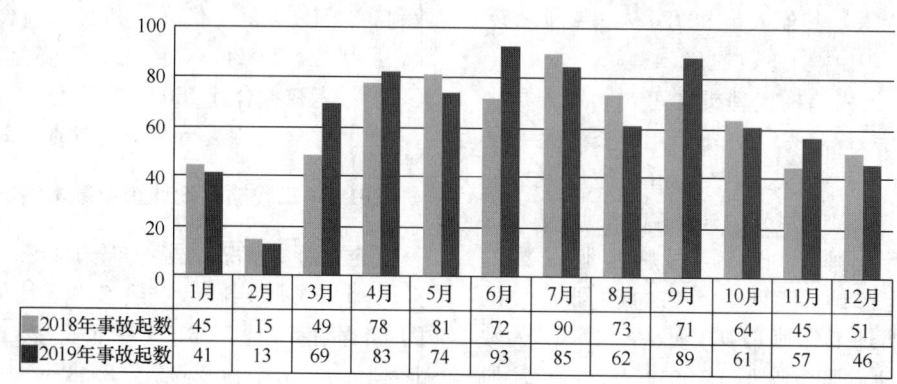

图25　2018—2019年事故起数情况

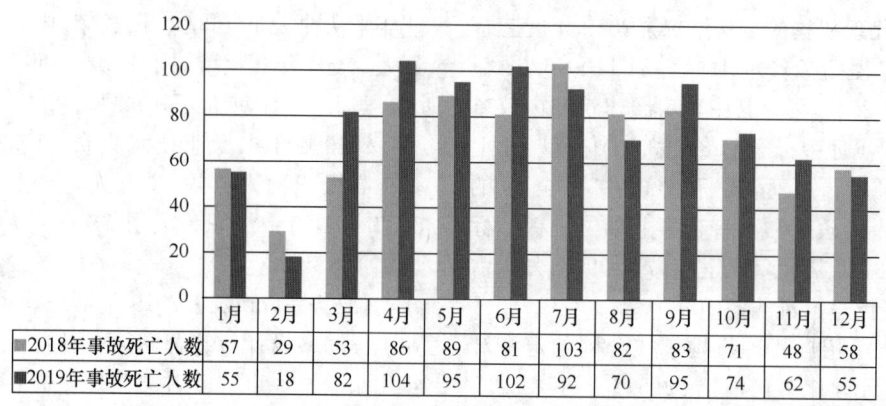

图26　2018—2019年事故死亡人数情况

2019年房屋市政工程生产安全事故情况　　　　　　表28

序号	地区	总体情况							较大及以上事故情况						
		事故起数（起）				死亡人数（人）			事故起数（起）				死亡人数（人）		
		2019	2018	同比		2019	2018	同比	2019	2018	同比		2019	2018	同比
	合计	773	734	39	5.31%	904	840	64	7.62%	23	22	1	4.55%	107	87	20	22.99%
1	四川	117	54	63	116.67%	126	59	67	113.56%	2	1	1	100.00%	6	3	3	100.00%
2	江苏	75	85	-10	-11.76%	88	87	1	1.15%	2	0	2	/	12	0	12	/
3	安徽	60	32	28	87.50%	67	44	23	52.27%	1	2	-1	-50.00%	3	10	-7	-70.00%
4	广东	55	58	-3	-5.17%	61	75	-14	-18.67%	2	3	-1	-33.33%	6	19	-13	-68.42%
5	重庆	59	55	4	7.27%	61	57	4	7.02%								
6	上海	19	23	-4	-17.39%	31	27	4	14.81%	1	2	-1	-50.00%	12	6	6	100.00%

续表

序号	地区	总体情况						较大及以上事故情况					
		事故起数（起）			死亡人数（人）			事故起数（起）			死亡人数（人）		
		2019	2018	同比	2019	2018	同比	2019	2018	同比	2019	2018	同比
7	湖北	28	24	4	16.67%	31	27	4	14.81%	0	1	−1	−100.00%	0	3	−3	−100.00%
8	福建	30	27	3	11.11%	30	28	2	7.14%	0	0	0	/	0	0	0	/
9	山东	21	17	4	23.53%	28	28	0	0	1	2	−1	−50.00%	5	9	−4	−44.44%
10	浙江	19	30	−11	−36.67%	26	32	−6	−18.75%	1	0	1	/	5	0	5	/
11	河南	19	22	−3	−13.64%	26	26	0	0	3	1	2	200.00%	9	4	5	125.00%
12	黑龙江	20	26	−6	−23.08%	25	29	−4	−13.79%	1	0	1	/	4	0	4	/
13	云南	24	22	2	9.09%	25	22	3	13.64%	0	0	0	/	0	0	0	/
14	吉林	20	16	4	25.00%	24	18	6	33.33%	1	0	1	/	5	0	5	/
15	广西	24	18	6	33.33%	24	23	1	4.35%	0	2	−2	−100.00%	0	6	−6	−100.00%
16	甘肃	17	26	−9	−34.62%	24	28	−4	−14.29%	2	0	2	/	7	0	7	/
17	湖南	16	20	−4	−20.00%	21	21	0	0	1	0	1	/	5	0	5	/
18	江西	17	22	−5	−22.73%	21	26	−5	−19.23%	0	1	−1	−100.00%	0	4	−4	−100.00%
19	贵州	10	20	−10	−50.00%	19	26	−7	−26.92%	1	2	−1	−50.00%	8	6	2	33.33%
20	河北	5	9	−4	−44.44%	18	12	6	50.00%	2	1	1	100.00%	14	3	11	366.67%
21	天津	15	14	1	7.14%	17	16	1	6.25%	0	1	−1	−100.00%	0	3	−3	−100.00%
22	内蒙古	12	10	2	20.00%	15	11	4	36.36%	0	0	0	/	0	0	0	/
23	宁夏	15	15	0	0	15	18	−3	−16.67%	0	1	−1	−100.00%	0	4	−4	−100.00%
24	北京	14	22	−8	−36.36%	14	23	−9	−39.13%	0	0	0	/	0	0	0	/
25	青海	13	11	2	18.18%	13	11	2	18.18%	0	0	0	/	0	0	0	/
26	陕西	12	8	4	50.00%	12	11	1	9.09%	0	1	−1	−100.00%	0	3	−3	−100.00%
27	新疆	12	8	4	50.00%	12	8	4	50.00%	0	0	0	/	0	0	0	/
28	辽宁	7	14	−7	−50.00%	9	15	−6	−40.00%	1	0	1	/	3	0	3	/
29	海南	9	15	−6	−40.00%	9	18	−9	−50.00%	0	1	−1	−100.00%	0	4	−4	−100.00%
30	山西	6	7	−1	−14.29%	7	10	−3	−30.00%	0	0	0	/	0	0	0	/
31	西藏	2	0	2	/	4	0	4	/	1	0	1	/	3	0	3	/
32	新疆生产建设兵团	1	4	−3	−75.00%	1	4	−3	−75.00%	0	0	0	/	0	0	0	/

注：按照各地区2019年生产安全事故死亡人数降序排列。

【较大及以上事故情况】 2019年，全国共发生房屋市政工程生产安全较大及以上事故23起、死亡107人，比2018年事故起数增加1起、死亡人数增加20人，分别上升4.55%和22.99%；其中，重大事故2起，死亡23人（参见图27、图28）。

全国有16个省（区、市）发生房屋市政工程生产安全较大及以上事故（见表29）。其中，河北发生重大事故1起、死亡11人，发生较大事故1起、死亡3人；上海发生重大事故1起、死亡12人；江苏发生较大事故2起、死亡12人；河南发生较大事故3起、死亡9人；贵州发生较大事故1起、死亡8人；甘肃发生较大事故2起、死亡7人；广东、四川各发生较大事故2起、死亡6人；湖南、浙江、山东、吉林各发生较大事故1起、死亡5人；黑龙江发生较大事故1起、死亡4人；安徽、辽宁、西藏各发生较大事故1起、死亡3人。

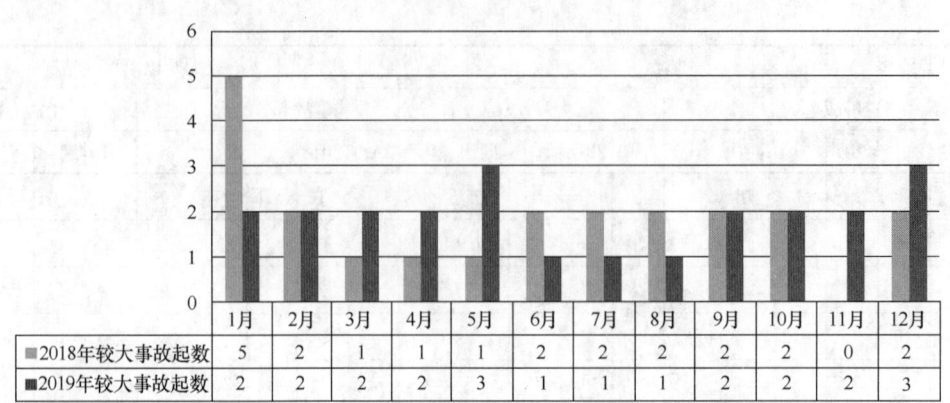

图 27　2018—2019 年较大及以上事故起数情况

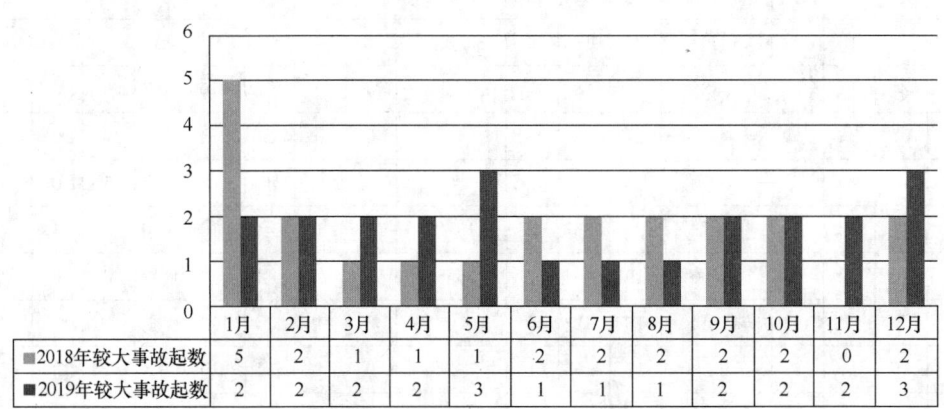

图 28　2018—2019 年较大及以上事故死亡人数情况

2019 年房屋市政工程生产安全较大及以上事故情况　　　　表 29

序号	地区	事故名称	死亡人数	建设单位	施工单位	法定代表人	项目经理	监理单位	法定代表人	项目总监
1	河北	河北衡水"4·25"施工升降机坠落重大事故	11	衡水友和房地产开发有限公司	衡水广厦建筑工程有限公司	车振锋	于桂森	衡水恒远工程项目管理有限公司	王向阳	于建华
2		河北廊坊"6·16"基坑坍塌较大事故	3	廊坊市锦夏房地产开发集团有限公司	河北源海建筑安装有限公司	张桂霞	张志坚	无	无	无
3	上海	上海长宁"5·16"厂房坍塌重大事故	12	上海琛含商业经营管理有限公司	南通隆耀建设工程有限公司	顾莎莎	曹晓亮	无	无	无
4	江苏	江苏扬州"3·21"爬架坍塌较大事故	7	中航宝胜海洋工程电缆有限公司	中国建筑第二工程局有限公司	陈建光	赵宝来	江苏苏维工程管理有限公司	单文东	张立德
5		江苏扬州"4·10"基坑坍塌较大事故	5	扬州曲江生态园林实业有限公司	扬州市第四建筑安装工程有限公司	丁长根	王宏祥	扬州市金泰建设监理有限公司	李福明	刁小勇

续表

序号	地区	事故名称	死亡人数	建设单位	施工单位	法定代表人	项目经理	监理单位	法定代表人	项目总监
6	河南	河南郑州"8·28"塔吊倒塌较大事故	3	河南博鼎实业有限公司	中国建筑第七工程局有限公司	方胜利	蒋志新	河南正兴工程管理有限公司	宋媛彬	王利华
7		河南郑州"11·15"桩基基坑坍塌较大事故	3	郑州金城时代广场建设有限公司	河南省豫岩基础工程有限公司	侯阳	侯阳	无	无	无
8		河南南阳"12·24"土方坍塌较大事故	3	唐河县幸福家园建设工程有限公司	污水管网施工单位：河南省宛东建筑安装工程有限公司 燃气管道施工单位：河南德仁建设工程有限公司	曲良忠 段均德	金海雷 刘涛	污水管网监理单位：河南顺成建设工程管理有限公司 燃气管道监理单位：河南大通石化工程设计有限公司	帖延伟 来建广	屈振伟 尚东
9	贵州	贵州贵阳"10·28"地下室坍塌较大事故	8	贵阳国龙置业有限公司	中建二局第三建筑工程有限公司	张万宾	黄念忠	贵州正业工程咨询顾问有限公司	陈德茂	李陈旭
10	甘肃	甘肃庆阳"5·4"基槽坍塌较大事故	4	庆阳市生态环境局合水分局	庆阳嘉通建业有限公司	李蓁	刘城	庆阳恒宇工程项目管理有限责任公司	巨广龙	梁亨兰
11		甘肃庆阳"11·20"塔吊倒塌较大事故	3	庆阳聚龙房地产开发有限公司	陕西豪胜建筑劳务有限公司	王忠明	无	无	无	何天昭
12	广东	广东深圳"7·8"拆除坍塌较大事故	3	深圳市体育中心运营管理有限公司	深圳市建设(集团)有限公司	汪清波	谢宏松	深圳市合创建设工程顾问有限公司	常运青	郭海平
13		广东广州"12·1"地面塌陷较大事故	3	广州地铁集团有限公司	中铁五局四公司	张习亭	陈玉安	广东重工建设监理有限公司	吏俊沛	陈仁
14	四川	四川珙县"2·24"塔吊倒塌较大事故	3	珙县博正城市建设有限公司	四川盛凌建筑工程有限公司	赵海	杨玲	四川省城市建设工程监理有限公司	杨启厚	肖健
15		四川成都"9·26"基坑坍塌较大事故	3	成都市金牛城市建设投资经营有限公司	中国五冶集团有限公司	程并强	罗先福	四川成化工程项目管理有限公司	付水琳	刘建国
16	湖南	湖南华容"1·23"塔吊倒塌较大事故	5	岳阳中利房地产开发有限公司	湖南泰山工程有限公司	唐树强	张军	湖南联创项目管理有限公司	袁茳	许京
17	浙江	浙江东阳"1·25"支模架坍塌较大事故	5	花园集团有限公司	浙江花园建设集团有限公司	朱建平	许红霞	浙江森威监理有限公司	楼晓	何荣华

续表

序号	地区	事故名称	死亡人数	建设单位	施工单位	法定代表人	项目经理	监理单位	法定代表人	项目总监
18	山东	山东青岛"5·27"隧道坍塌较大事故	5	青岛市地铁四号线有限公司	中铁二十局集团有限公司	邓勇	郭海涛	中铁华铁工程设计集团有限公司	毕征才	李熙
19	吉林	吉林白城"10·14"维修坍塌较大事故	5	白城农村商业银行股份有限公司	白城市森昊建筑工程有限公司	崔丹丹	王立旗	无	无	无
20	黑龙江	黑龙江哈尔滨"12·23"土方坍塌较大事故	4	哈尔滨市阿城区新利街道办事处	黑龙江鲁班建设集团有限公司	李云生	刘琳	黑龙江省云河建筑工程监理有限责任公司	崔林盛	无
21	安徽	安徽铜陵"2·26"塔吊倒塌较大事故	3	铜陵有色铜冠房地产集团公司	安徽国泰建筑有限公司	张四兵	杜军云	铜陵鑫铜建设监理有限责任公司	黄红	易文生
22	辽宁	辽宁沈阳"3·24"高处坠落较大事故	3	沈阳新基环保有限公司	中国能源建设集团广东火电工程有限公司和中国建筑第二工程局有限公司联合体	刘瑞华、陈建光	邓岳林、朱江	沈阳市建设工程项目管理中心	李学志	温惠彬
23	西藏	西藏林芝"9·1"塔吊倒塌较大事故	3	林芝瑞星置业有限公司	西藏万安建设有限公司	刘海滨	刘君远	重庆江河建设监理有限公司	柳作康	刘安武

【事故类型情况】2019年，全国房屋市政工程生产安全事故按照类型划分，高处坠落事故415起，占总数的53.69%；物体打击事故123起，占总数的15.91%；土方、基坑坍塌事故69起，占总数的8.93%；起重机械伤害事故42起，占总数的5.43%；施工机具伤害事故23起，占总数的2.98%；触电事故20起，占总数的2.59%；其他类型事故81起，占总数的10.47%。不同事故类型起数所占比例情况如图29所示。

2019年，全国房屋市政工程生产安全较大及以上事故按照类型划分，土方、基坑坍塌事故9起，占事故总数的39.13%；起重机械伤害事故7起，占总数的30.43%；建筑改建、维修、拆除坍塌事故3起，占总数的13.04%；模板支撑体系坍塌、附着升降脚手架坠落、高处坠落以及其他类型事故各1起、各占总数的4.35%。不同较大事故类型事故起数所占比例情况如图30所示。

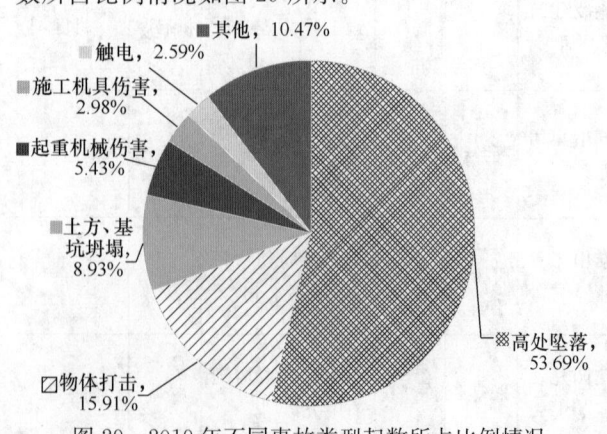

图29 2019年不同事故类型起数所占比例情况

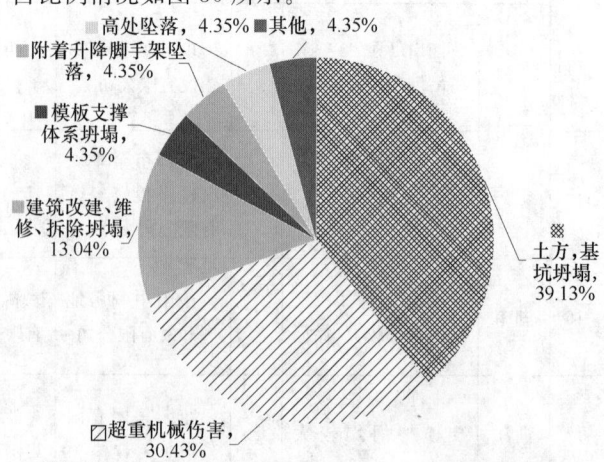

图30 2019年不同较大事故类型事故起数所占比例情况

【形势综述】 2019年全国房屋市政工程生产安全事故起数和死亡人数与2018年相比均有所上升，安全生产形势严峻复杂。一是部分地区事故总量较大，如四川（117起，126人死亡）、江苏（75起，88人死亡）、安徽（60起，67人死亡）、重庆（59起，61人死亡）、广东（55起，61人死亡）。二是部分地区死亡人数同比上升较多，如四川、安徽、河北、新疆等地区死亡人数同比上升均超过50%。三是群死群伤事故未得到有效遏制，特别是发生了河北衡水"4·25"施工升降机坠落（11人死亡）和上海长宁"5·16"厂房坍塌（12人死亡）两起重大安全事故，人员伤亡惨重，影响极为恶劣。

在较大及以上事故方面，以土方和基坑开挖、模板支撑体系、建筑起重机械为代表的危险性较大的分部分项工程事故占总数的82.61%，依然是风险防控的重点和难点；管沟开挖坍塌事故占总数的13.04%，现场管理粗放、安全防护不到位、人员麻痹大意是重要原因；既有房屋建筑改造、维修、拆除施工作业坍塌事故占总数的13.04%，相关领域风险隐患问题日益凸显；市场主体违法违规问题突出，存在违章指挥、违章作业问题的事故约占总数的80%，存在违反法定建设程序问题的事故约占总数的60%，存在关键岗位人员不到岗履职问题的事故约占总数40%。

（住房和城乡建设部质量安全司）

2019年我国对外承包工程业务完成额前100家企业和新签合同额前100家企业

【2019年我国对外承包工程业务完成营业额前100家企业】 根据中华人民共和国商务部的有关统计分析报告，2019年我国对外承包工程业务完成营业额前100家企业如表30所列。

2019年我国对外承包工程业务
完成营业额前100家企业　　表30

序号	企业名称	完成营业额（万美元）
1	中国建筑集团有限公司	1297432
2	华为技术有限公司	1262746
3	中国港湾工程有限责任公司	606768
4	中国水电建设集团国际工程有限公司	603685
5	中国铁建股份有限公司	549093
6	中国交通建设股份有限公司	506920
7	中国路桥工程有限责任公司	391243
8	中国葛洲坝集团股份有限公司	297404
9	中国机械设备工程股份有限公司	274515
10	中国土木工程集团有限公司	271359
11	上海振华重工(集团)股份有限公司	245241
12	中国石油工程建设有限公司	210360
13	山东电力建设第三工程有限公司	175163

续表

序号	企业名称	完成营业额（万美元）
14	青建集团股份公司	174517
15	中国中铁股份有限公司	158931
16	中信建设有限责任公司	155277
17	中国中原对外工程有限公司	152547
18	中国化学工程第七建设有限公司	129153
19	中交第四航务工程局有限公司	121124
20	中国石油管道局工程有限公司	113264
21	中国水利水电第八工程局有限公司	113072
22	中国石油集团长城钻探工程有限公司	102199
23	中国江西国际经济技术合作有限公司	101606
24	江西中煤建设集团有限公司	98777
25	浙江省建设投资集团股份有限公司	97360
26	中兴通讯股份有限公司	94286
27	威海国际经济技术合作有限公司	92296
28	上海电力建设有限责任公司	91738
29	中海油田服务股份有限公司	91165
30	中国石油集团东方地球物理勘探有限责任公司	86730

续表

序号	企业名称	完成营业额（万美元）
31	中铁七局集团有限公司	83814
32	中铁国际集团有限公司	80423
33	中交第二航务工程局有限公司	78631
34	中交第三航务工程局有限公司	77375
35	中交第二公路工程局有限公司	77287
36	中国电建集团华东勘测设计研究院有限公司	75173
37	哈尔滨电气国际工程有限责任公司	75042
38	中国机械进出口(集团)有限公司	74678
39	中国水利电力对外有限公司	73703
40	中国地质工程集团有限公司	72709
41	中交一公局集团有限公司	72564
42	中国电建市政建设集团有限公司	70190
43	中工国际工程股份有限公司	68492
44	上海建工集团股份有限公司	66361
45	中国石化集团国际石油工程有限公司	65442
46	江苏省建筑工程集团有限责任公司	64570
47	中材国际工程股份有限公司	64200
48	中国冶金科工集团有限公司	64039
49	北方国际合作股份有限公司	63802
50	中国水产舟山海洋渔业有限公司	63043
51	大庆石油管理局	62023
52	中国电建集团核电工程有限公司	60411
53	中国建筑第五工程局有限公司	60326
54	云南省建设投资控股集团有限公司	60060
55	中国河南国际合作集团有限公司	59328
56	北京城建集团有限责任公司	58452
57	中国电建集团山东电力建设第一工程有限公司	58446
58	中国水利水电第十工程局有限公司	57892
59	成都建筑材料工业设计研究院有限公司	57565
60	中石化中原石油工程有限公司	57346
61	中国电力技术装备有限公司	57195
62	中建八局第一建设有限公司	56740
63	中国电建集团山东电力建设有限公司	56478
64	中材建设有限公司	56009
65	中国水利水电第七工程局有限公司	53536
66	中国石油集团渤海钻探工程有限公司	52437
67	江苏南通三建集团股份有限公司	51765
68	中交第一航务工程局有限公司	51319
69	东方电气集团国际合作有限公司	51304
70	安徽省外经建设(集团)有限公司	49916
71	中国航空技术国际工程公司	49790
72	上海鼎信投资(集团)有限公司	49705
73	中国化学工程第三建设有限公司	49254
74	中建三局第一建设工程有限责任公司	48292
75	中国水利水电第三工程局有限公司	47604
76	中国有色金属建设股份有限公司	47319
77	中国水利水电第十一工程局有限公司	46924
78	中地海外集团有限公司	45666
79	中国新兴集团有限责任公司	45660
80	中国建筑第四工程局有限公司	43839
81	中国十五冶金建设集团有限公司	43418
82	中石化炼化工程(集团)股份有限公司	42723
83	中国江苏国际经济技术合作集团有限公司	42618
84	中国重型机械有限公司	42592
85	中国电建集团中南勘测设计研究院有限公司	42290
86	中国建材国际工程集团有限公司	42171
87	中铁五局集团有限公司	41852
88	中国技术进出口集团有限公司	40025
89	中国能源建设集团天津电力建设有限公司	39333
90	中铁隧道局集团有限公司	39191
91	中国建筑第八工程局有限公司	39140
92	中国能源建设集团东北电力第一工程有限公司	38855
93	中铁三局集团有限公司	38743
94	中国水利水电第四工程局有限公司	38669
95	安鼎国际工程有限责任公司	38522
96	中国能源建设集团广东火电工程有限公司	38486
97	中铁四局集团有限公司	38364
98	中国成套设备进出口集团有限公司	38250
99	中国水利水电第十四工程局有限公司	38027
100	江西省水利水电建设有限公司	37904

(哈尔滨工业大学)

【2019年我国对外承包工程业务新签合同额前100家企业】 根据中华人民共和国商务部的有关统计分析报告，2019年我国对外承包工程业务新签合同

额前100家企业如表31所列。

2019年我国对外承包工程业务新签合同额前100家企业   表31

序号	企业名称	新签合同额（万美元）
1	中国水电建设集团国际工程有限公司	1909417
2	中国铁建股份有限公司	1909350
3	中国港湾工程有限责任公司	1547877
4	中国建筑集团有限公司	1504147
5	华为技术有限公司	1411178
6	中国化学工程第七建设有限公司	1383161
7	中国葛洲坝集团股份有限公司	1181099
8	中兴通讯股份有限公司	827479
9	中国土木工程集团有限公司	746598
10	中国交通建设股份有限公司	712358
11	中国能源建设集团国际工程有限公司	618365
12	中国路桥工程有限责任公司	401873
13	中铁国际集团有限公司	392624
14	上海电气集团股份有限公司	236397
15	中交一公局集团有限公司	227226
16	中国石油管道局工程有限公司	220499
17	中国石油工程建设有限公司	211746
18	山东电力建设第三工程有限公司	207429
19	上海振华重工（集团）股份有限公司	206777
20	中国电建集团山东电力建设有限公司	203000
21	北方国际合作股份有限公司	199052
22	中工国际工程股份有限公司	189950
23	中铁十局集团有限公司	184732
24	东方电气集团国际合作有限公司	180778
25	中国技术进出口集团有限公司	179561
26	中国冶金科工集团有限公司	173301
27	中国机械进出口（集团）有限公司	162278
28	中国江西国际经济技术合作有限公司	160227
29	龙建路桥股份有限公司	153163
30	哈尔滨电气国际工程有限责任公司	146137
31	中国石油集团长城钻探工程有限公司	145383
32	中国电建集团华东勘测设计研究院有限公司	138401
33	上海建工集团股份有限公司	137716
34	中信建设有限责任公司	129354
35	中国能源建设集团广东火电工程有限公司	125822
36	中铁七局集团有限公司	125771
37	中国二十冶集团有限公司	124701
38	中国机械设备工程股份有限公司	123945
39	上海隧道工程股份有限公司	121351
40	中铁一局集团有限公司	118482
41	中国电力技术装备有限公司	117273
42	威海国际经济技术合作有限公司	116899
43	云南省建设投资控股集团有限公司	116062
44	中国石化集团国际石油工程有限公司	115602
45	江西中煤建设集团有限公司	108630
46	特变电工股份有限公司	100715
47	中地海外集团有限公司	96010
48	华山国际工程公司	91454
49	中海油田服务股份有限公司	91126
50	中国建筑第八工程局有限公司	88012
51	特变电工衡阳变压器有限公司	86430
52	中国地质工程集团有限公司	85556
53	中国能源建设集团东北电力第一工程有限公司	85446
54	青建集团股份公司	85349
55	中国一冶集团有限公司	85018
56	中钢设备有限公司	84277
57	中国电建集团成都勘测设计研究院有限公司	80439
58	大庆石油管理局	78148
59	中国江苏国际经济技术合作集团有限公司	77105
60	中国电力工程顾问集团华北电力设计院有限公司	75930
61	北京城建集团有限责任公司	75821
62	中铁四局集团有限公司	73251
63	中国能源建设集团天津电力建设有限公司	72514
64	浙江省东阳第三建筑工程有限公司	67322
65	武汉烽火国际技术有限责任公司	66426
66	中国华电集团有限公司	66200
67	中国水利水电第十一工程局有限公司	63935
68	中建新疆建工（集团）有限公司	63435
69	中国五环工程有限公司	62910
70	浙江省建设投资集团股份有限公司	60941
71	江苏省建筑工程集团有限公司	60826
72	上海电力建设有限责任公司	58059

续表

序号	企业名称	新签合同额（万美元）
73	中国石油集团东方地球物理勘探有限责任公司	55945
74	山东科瑞石油装备有限公司	52085
75	中国电建市政建设集团有限公司	50934
76	中国电建集团中南勘测设计研究院有限公司	49319
77	中材建设有限公司	49251
78	中国能源建设集团浙江火电建设有限公司	49199
79	中国电建集团航空港建设有限公司	48418
80	中石化中原石油工程有限公司	47685
81	中石化华北石油工程有限公司	47369
82	中铁隧道局集团有限公司	47080
83	中国河南国际合作集团有限公司	46480
84	中铁九局集团有限公司	45945
85	中国石油集团川庆钻探工程有限公司	44450

续表

序号	企业名称	新签合同额（万美元）
86	上海宝冶集团有限公司	43790
87	中国十五冶金建设集团有限公司	43658
88	中交路桥建设有限公司	42928
89	沈阳远大铝业工程有限公司	42491
90	天津水泥工业设计研究院有限公司	42439
91	江苏永鼎泰富工程有限公司	40981
92	西安西电国际工程有限责任公司	40429
93	中国石油集团渤海钻探工程有限公司	40222
94	金诚信矿业管理股份有限公司	38293
95	江苏苏美达成套设备工程有限公司	37596
96	中国天辰工程有限公司	36804
97	中国成套设备进出口集团有限公司	36502
98	江西省建工集团有限责任公司	36090
99	中建钢构有限公司	36080
100	中铁建工集团有限公司	35971

（哈尔滨工业大学）

2019年全国房地产市场运行分析

2019年全国房地产开发情况

【房地产开发投资完成情况】2019年1—12月，全国房地产开发投资132194亿元，比上年增长9.9%，增速比1—11月回落0.3个百分点，比上年加快0.4个百分点。其中，住宅投资97071亿元，增长13.9%，增速比1—11月回落0.5个百分点，比上年加快0.5个百分点。住宅投资占房地产开发投资的比重为73.4%。2019年全国房地产开发投资增速情况如图31所示。

2019年，东部地区房地产开发投资69313亿元，比上年增长7.7%，增速比1—11月回落0.6个百分点；中部地区投资27588亿元，增长9.6%，增速回落0.1个百分点；西部地区投资30186亿元，增长16.1%，增速加快0.8个百分点；东北地区投资5107亿元，增长8.2%，增速回落0.7个百分点。具体如表32所示。

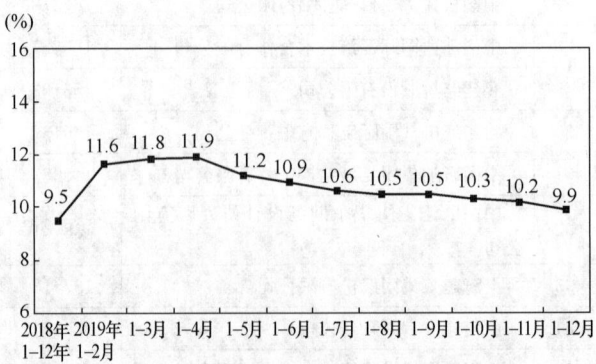

图31　2019年全国房地产开发投资增速

2019年东中西部和东北地区房地产开发投资情况　　表32

地区	投资额(亿元)	住宅	比上年增长(%)	住宅
全国总计	132194	97071	9.9	13.9
东部地区	69313	49839	7.7	9.9
中部地区	27588	21439	9.6	14.0
西部地区	30186	21946	16.1	24.7
东北地区	5107	3847	8.2	12.1

数据来源：国家统计局

注：东部地区包括北京、天津、河北、上海、江苏、浙江、福建、山东、广东、海南10个省（市）；中部地区包括山西、安徽、江西、河南、湖北、湖南6个省；西部地区包括内蒙古、广西、重庆、四川、贵州、云南、西藏、陕西、甘肃、青海、宁夏、新疆12个省（市、自治区）；东北地区包括辽宁、吉林、黑龙江3个省。

【房屋供给情况】 2019年，房地产开发企业房屋施工面积893821万平方米，比上年增长8.7%，增速与1—11月份持平，比上年加快3.5个百分点。其中，住宅施工面积627673万平方米，增长10.1%。房屋新开工面积227154万平方米，增长8.5%，增速比1—11月份回落0.1个百分点，比上年回落8.7个百分点。其中，住宅新开工面积167463万平方米，增长9.2%。房屋竣工面积95942万平方米，增长2.6%，1—11月为下降4.5%，上年为下降7.8%。其中，住宅竣工面积68011万平方米，增长3.0%。

2019年、2018年全国房地产开发企业施工面积、新开工面积和竣工面积逐月情况，如表33所示。

2019年、2018年全国房地产开发企业施工、新开工和竣工面积逐月情况　　表33

月份	2019年						2018年					
	施工面积(亿平方米)	增长(%)	新开工面积(亿平方米)	增长(%)	竣工面积(亿平方米)	增长(%)	施工面积(亿平方米)	增长(%)	新开工面积(亿平方米)	增长(%)	竣工面积(亿平方米)	增长(%)
1—2	674946	6.8	18814	6.0	12500	−11.9	632002	1.5	17746	2.9	14184	−12.1
1—3	699444	8.2	38728	11.9	18474	−10.8	646556	1.5	34615	9.7	20709	−10.1
1—4	722569	8.8	58552	13.1	22564	−10.3	664410	1.6	51779	7.3	25151	−10.7
1—5	745286	8.8	79784	10.5	26707	−12.4	684991	2.0	72190	10.8	30484	−10.1
1—6	772292	8.8	105509	10.1	32426	−12.7	709649	2.5	95817	11.8	37131	−10.6
1—7	794207	9.0	125716	9.5	37331	−11.3	728593	3.0	114781	14.4	42067	−10.5
1—8	813156	8.8	145133	8.9	41610	−10.0	747658	3.6	133293	15.9	46230	−11.6
1—9	834201	8.7	165707	8.6	46748	−8.6	767218	3.9	152583	16.4	51132	−11.4
1—10	854882	9.0	185634	10.0	54211	−5.5	784425	4.3	168754	16.3	57392	−12.5
1—11	874814	8.7	205194	8.6	63846	−4.5	804886	4.7	188895	16.8	66856	−12.3
1—12	893821	8.7	227154	8.5	95942	2.6	822300	5.2	209342	17.2	93550	−7.8

数据来源：国家统计局

2019年，房地产开发企业土地购置面积25822万平方米，比上年下降11.4%，降幅比1—11月收窄2.8个百分点，上年为增长14.2%；土地成交价款14709亿元，下降8.7%，降幅比1—11月收窄4.3个百分点，上年为增长18.0%。

2019年商品房销售和待售情况

2019年，商品房销售面积171558万平方米，比上年下降0.1%，1—11月为增长0.2%，上年为增长1.3%。其中，住宅销售面积增长1.5%，办公楼销售面积下降 14.7%，商业营业用房销售面积下降 15.0%。商品房销售额 159725 亿元，增长 6.5%，增速比 1—11 月回落 0.8 个百分点，比上年回落 5.7 个百分点。其中，住宅销售额增长 10.3%，办公楼销售额下降 15.1%，商业营业用房销售额下降 16.5%。2019 年全国商品房销售面积及销售额增速，如图 32 所示。

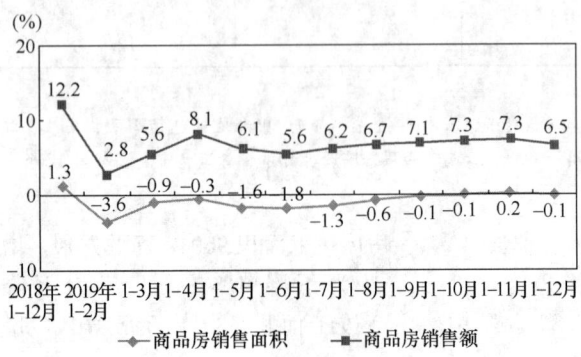

图 32 2019 年全国商品房销售面积及销售额增速

2019 年，东部地区商品房销售面积 66607 万平方米，比上年下降 1.5%，降幅比 1—11 月扩大 0.2 个百分点；销售额 83833 亿元，增长 5.8%，增速回落 1.3 个百分点。中部地区商品房销售面积 50037 万平方米，下降 1.3%，降幅扩大 1.0 个百分点；销售额 35505 亿元，增长 4.9%，增速回落 0.7 个百分点。西部地区商品房销售面积 47410 万平方米，增长 4.4%，增速加快 0.6 个百分点；销售额 34488 亿元，增长 10.8%，增速加快 0.2 个百分点。东北地区商品房销售面积 7503 万平方米，下降 5.3%，降幅扩大 0.8 个百分点；销售额 5899 亿元，增长 2.8%，增速回落 0.6 个百分点。具体如表 34 所示。

2019 年东中西部和东北地区房地产销售情况　表 34

地　区	商品房销售面积		商品房销售额	
	绝对数（万平方米）	比上年增长（%）	绝对数（亿元）	比上年增长（%）
全国总计	171558	−0.1	159725	6.5
东部地区	66607	−1.5	83833	5.8
中部地区	50037	−1.3	35505	4.9
西部地区	47410	4.4	34488	10.8
东北地区	7503	−5.3	5899	2.8

数据来源：国家统计局

2019 年年末，商品房待售面积 49821 万平方米，比 11 月末增加 600 万平方米，比上年末减少 2593 万平方米。其中，住宅待售面积比 11 月末增加 192 万平方米，办公楼待售面积增加 105 万平方米，商业营业用房待售面积增加 84 万平方米。2019 年、2018 年全年商品房销售面积和销售额逐月情况，如表 35 所示。

2019 年、2018 年全国商品房销售面积、销售额　表 35

月份	2019 年				2018 年			
	商品房销售面积（万平方米）	增长（%）	商品房销售额（亿元）	增长（%）	商品房销售面积（万平方米）	增长（%）	商品房销售额（亿元）	增长（%）
1—2	14102	−3.6	12803	2.8	14633	4.1	12454	15.3
1—3	29829	−0.9	27039	5.6	30088	3.6	25597	10.4
1—4	42086	−0.3	39141	8.1	42192	1.3	36222	9.0
1—5	55518	−1.6	51773	6.1	56409	2.9	48778	11.8
1—6	75786	−1.8	70698	5.6	77143	3.3	66945	13.2
1—7	88783	−1.3	83162	6.2	89990	4.2	78300	14.4
1—8	101849	−0.6	95373	6.7	102474	4.0	89396	14.5
1—9	119179	−0.1	111491	7.1	119313	2.9	104132	13.3
1—10	133251	0.1	124417	7.3	133117	2.2	115914	12.5
1—11	148905	0.2	139006	7.3	148604	1.4	129508	12.1
1—12	171558	−0.1	159725	6.5	171654	1.3	149973	12.2

数据来源：国家统计局

2019年全国房地产开发资金来源结构分析

2019年,房地产开发企业到位资金178609亿元,比上年增长7.6%,增速比1—11月加快0.6个百分点,比上年加快1.2个百分点。2019年全国房地产开发企业本年到位资金增速,如图33所示。

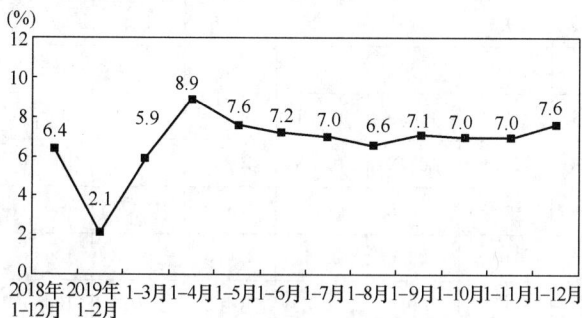

图33 2019年全国房地产开发企业本年到位资金增速

【国内贷款比重小幅下降】 2019年,全国房地产开发企业本年到位资金来源于国内贷款25229亿元,增长5.1%,全年房地产开发国内贷款占全年到位资金总和的14.1%,比上年同期下降了0.4个百分点。

【利用外资金额基本持平】 2019年,全国房地产开发企业本年到位资金来源于外资176亿元,增长63.0%。全年房地产开发利用外资约占全年到位资金的0.1%。

【自筹资金比重有所下降】 2019年,全国房地产开发企业本年到位资金来源于自筹资金55831亿元,增长4.2%。全年房地产开发自筹资金占全年到位资金的31.3%,比上年同期下降了2.3个百分点。

【其他来源资金大幅增加】 2018年,全国房地产开发企业本年到位资金来源于其他资金79124亿元,增长20.1%。全年房地产开发其他资金占全年到位资金的53.2%,比上年同期增加了5.5个百分点。在其他资金中,定金及预收款61359亿元,增长10.7%;个人按揭贷款27281亿元,增长15.1%。

2019年全国房地产开发资金来源结构逐月情况,如表36所示。

2019年全国房地产开发资金来源结构逐月情况(单位:亿元) 表36

月份	房地产开发资金合计	国内贷款	利用外资	自筹资金	其他资金	定金及预付款	个人按揭贷款
1—2	24497	4976	52	7279	10824	7366	3458
1—3	38948	7134	33	11795	17948	12303	5645
1—4	52466	8955	34	15687	25280	17249	8031
1—5	66689	10762	30	20276	32646	22395	10251
1—6	84966	13330	43	26731	41271	28465	12806
1—7	99801	15377	61	31032	49178	33980	15198
1—8	113724	17322	81	36036	55826	38377	17449
1—9	130571	19689	104	42024	63777	43877	19900
1—10	145151	21288	131	46996	71300	49163	22137
1—11	160531	23013	161	52511	78877	54482	24395
1—12	178609	25229	176	58158	88640	61359	27281
2018年	165963	24005	108	55831	79124	55418	23706

数据来源:国家统计局

2019年全国房地产开发景气指数

2019年全国房地产开发景气指数如表37所示。

2019年全国房地产开发景气指数 表37

指数类别	月份										
	2	3	4	5	6	7	8	9	10	11	12
国房景气指数	100.60	100.82	100.95	100.87	100.91	100.90	100.93	101.08	101.14	101.15	101.13
较上月增幅	0.02	0.22	0.13	−0.08	0.04	−0.01	0.03	0.15	0.06	0.01	−0.02

数据来源:国家统计局

70个大中城市商品住宅销售价格变动情况

【新建商品住宅销售价格情况】 根据国家统计局公布的月度数据，2019年全国70个大中城市的新建商品住宅销售价格指数情况分别如表38、表39和表40所列。

2019年70个大中城市新建商品住宅销售价格指数环比数据　　表38

城市	1月	2月	3月	4月	5月	6月	7月	8月	9月	10月	11月	12月
北京	100.6	99.8	100.4	100.5	100.6	99.9	100.6	100.5	100	99.8	101.7	100.4
天津	99.9	100.4	100.3	100.7	100.2	100.4	99.7	100.1	100.2	99.6	100	99.9
石家庄	100.6	101.1	101.3	100.5	101.2	101	100	101.4	100.9	100.5	100	100.7
太原	101	100.8	100.5	100.6	100.4	100.6	100.1	100.9	100.4	100	100.1	99.2
呼和浩特	101.5	100.8	100.3	100.5	100.8	101.8	100.8	102.2	101.3	102.4	101.5	100.9
沈阳	100.4	100.5	100.6	100.7	100.9	101	100.6	100.8	101	101.2	100.6	100.5
大连	99.9	101.8	101	100.7	101.4	101.2	101	100.6	99.7	100.3	100.2	100.3
长春	100.8	100.7	100.3	100.6	100.5	101.3	100.2	100.9	101	101.3	101	100.8
哈尔滨	100.9	100.6	101	100.9	100.7	101.1	101	100.8	100.9	101.4	100.6	100.5
上海	100.1	100.3	99.9	100.3	99.9	100.3	99.9	100.3	100.5	100.4	100.3	100
南京	100.8	100	100.1	100.5	100.8	101	101.2	99.8	100.8	100.2	99.9	100
杭州	100.4	100.5	100.4	101	100.8	101	100.6	100	100.6	99.9	99.9	100.3
宁波	100.7	100.6	101.1	100.6	101.1	100.8	100.7	101.1	100.5	100.3	100	100.4
合肥	100.6	100.8	100.6	100.4	100.1	100.4	100.6	100.8	99.9	99.7	99.7	100.2
福州	100.1	100.1	100.4	100.7	100.9	101	100.6	100.4	100.2	100.1	100.1	99.8
厦门	99.7	100.2	100.6	100.6	100.3	100.8	101.4	100.8	99.7	99.3	99.8	100.6
南昌	100.4	100.1	100.6	100.8	100.5	100.1	100.5	100.4	100.6	99.9	99.4	100.1
济南	100.4	100.6	100.8	101	100.4	100.3	100.3	99.8	99.6	99	99.3	99.2
青岛	100.6	100.3	100.4	100.4	100.2	100.4	100.7	100.5	100.1	99.8	100	100.3
郑州	100.3	100	100.4	100.5	100.5	100.5	100.3	100.3	100.2	100	99.5	99.6
武汉	100.7	101.1	100.7	101	101.2	101	101.1	101.1	101	101	100.8	100.9
长沙	100.5	100.2	100	100.2	100.9	100.7	100.2	100.3	100	100.1	100.4	101
广州	100.9	101.1	100.8	101.1	100.8	100.5	100.3	100.2	100	99.9	99.5	99.7
深圳	99.9	100	99.7	100.4	100.4	100.5	100	100.2	101.2	100.4	100.2	100.7
南宁	101	100.6	100.3	100.9	100.4	100.5	100.5	102.3	102.1	102	100.3	100.6
海口	101.2	100.3	100.5	100.9	101.2	101.1	101	100	100.5	101	99.7	100.3
重庆	100.5	100.7	100.6	101.2	101.8	100.7	101	99.7	100.5	100.2	100.5	100.5
成都	100.8	100.7	100.7	100.5	100.4	101.3	100.7	100.7	101.5	100.8	100.5
贵阳	101.5	101.3	100.8	100.9	100.5	100.8	101.1	100.4	99.7	99.8	99.5	99.6
昆明	100.6	100.8	100.8	101.2	100.7	101.2	101	101.2	101.3	101.5	100.6	99.7
西安	101.5	101.1	101	101.1	102	101.7	101.4	101.4	101	100.9	100.7	100.7
兰州	100.7	100.3	100.1	100.1	100.6	100.3	100.7	99.9	100.3	100.5	101.1	100.4
西宁	100	102.3	100.9	100.5	100.4	100.5	101.1	100.8	101.3	102.8	101.3	101

数 据 统 计 分 析

续表

城市	1月	2月	3月	4月	5月	6月	7月	8月	9月	10月	11月	12月
银川	100.5	100.7	100.7	100.5	100.6	101	100.3	101.8	101.7	100.8	101.9	101.2
乌鲁木齐	100.3	100.6	100.4	100.6	100	100.8	100.2	99.6	100.2	99.8	99.1	100
唐山	100.5	100.5	100.9	100.5	100.9	101.3	100.7	101.9	100.6	101.7	101.9	100.8
秦皇岛	101.7	100.9	101.4	101.8	100.8	101.1	100.7	100.8	100.1	100.9	101	100.4
包头	100.5	100.6	100.8	100.7	100.5	99.7	100.1	101.1	100.6	100.6	100.1	100.8
丹东	100.4	100.6	101.9	100.6	100.5	99.8	100.4	100.6	101	100.8	100.5	100.5
锦州	101.7	99.7	101.5	100.5	100.7	100.2	100.1	99.8	100.6	101	101.6	101.2
吉林	101.8	100.5	100.6	100.6	100.7	100.4	100.6	101.1	101	100.9	100.8	100.7
牡丹江	101.6	100.5	100.2	100.4	100.9	100.2	100.9	100.6	99.8	100.5	99.9	100.3
无锡	100.5	99.7	101	100.1	101.3	100.9	100.8	101.4	100.8	100.5	100.5	
扬州	101	100.4	100.9	100.5	100.5	100.9	101	101.7	101.2	100.6	100.6	101.3
徐州	100.9	101.2	100.4	100.5	101.3	101	101.2	100.9	101.1	100.7	100.4	101.2
温州	100	100.3	100.9	100.1	100.7	100	100	100.4	100.5	100.9	100.3	100
金华	100.8	100.4	100.4	100.9	101.4	100.5	101.3	100.8	100.2	100	100.8	100.4
蚌埠	100	99.7	100.3	100.6	100.6	100.5	100.6	100.1	100.4	100.2	100	99.8
安庆	100.4	100.2	101	100.1	100.6	100.3	100	100	100.6	100.3	99.5	99.8
泉州	99.8	99.6	100.1	100.3	100.1	100.6	100.5	100.2	101	100.1	100.6	
九江	100.7	100.5	100.6	100.7	100.6	100.8	100.5	100.8	100.7	100.8	100.3	100.7
赣州	100.4	100	99.7	99.9	100.2	100	100.9	100	100.8	100.4	100.3	100.5
烟台	100.8	100.5	100.6	100.7	100.8	101.1	101	100.8	101.2	100.8	100.6	100.9
济宁	100.7	101.3	100.5	100.7	101	101.2	100.4	101.2	101.1	100.7	100.5	100.1
洛阳	101.5	100.5	100.2	101	101.7	102.5	100.5	100.6	102	101.6	100.7	100.4
平顶山	100.2	101.1	101.3	100.6	100.6	101	101.6	100.3	100	100.6	100.5	100.5
宜昌	100.8	100.8	100.6	100.6	100.4	99.6	100.3	99.5	99.8	99.7	99.6	99.7
襄阳	100.8	100.7	100.4	100.7	100.6	100.7	100.7	101.3	101	101.2	100.8	100.9
岳阳	99.6	99.6	100.2	100.2	99.9	100.2	100.1	99.9	99.5	99.6	99.7	99.5
常德	100.3	99.9	101.5	100	100.3	100.5	100	100.7	99.7	100.4	99.8	99.9
惠州	99.6	99.8	100.1	100.2	100.4	100.5	100.4	100.6	100.2	100.6	100.5	100.9
湛江	99.8	100.7	100.5	100.4	100.6	100.5	100.4	100.5	99.9	100.7	99.5	100.5
韶关	100.5	99.9	99.7	99.9	101.2	100.4	100.8	99.1	99.9	99.8	99.6	99.6
桂林	101	100.6	100.6	100	100.8	101.2	101.1	100.3	101	100.2	100.3	100.2
北海	100.4	100.6	101.1	101.2	101	100.7	100.7	101	100	100.2	100.1	100.5
三亚	100	100.1	100.3	100.9	100.4	100.8	100.4	100.6	100.3	100.3	100.4	100.7
泸州	100.9	100.4	100.2	100.2	100.1	99.8	100	99.5	99.8	99	99.6	99.6
南充	100.2	100.3	101	100.9	100.7	100.1	99.7	100	100.5	99.8	99.7	99.5
遵义	100.5	101.2	100.5	100.6	100.4	100.4	100	100.5	100.4	99.8	99.5	100.5
大理	102	101.8	101.3	100.5	101.8	101.8	101.5	100.8	100.8	100.7	100.8	100.6

数据来源：国家统计局

2019 年 70 个大中城市新建商品住宅销售价格指数同比数据   表 39

城市	1月	2月	3月	4月	5月	6月	7月	8月	9月	10月	11月	12月
北京	102.8	102.9	103.2	103.5	103.9	103.9	104.3	104.8	104.7	104.3	105.4	104.8
天津	101.1	101.4	101.8	102.4	102.1	102.2	101.9	101.8	101.7	101.3	101.6	101.4
石家庄	115.5	116.6	117.3	117.6	117.5	118.3	116	116.6	116.3	113.1	111.5	109.5
太原	111.7	112.6	112.4	111.6	111.2	111.2	110	108.9	108.3	107.7	106.4	104.6
呼和浩特	122.6	123	122.8	122.3	121.4	122.2	120.3	119.5	117.8	118.7	117.1	115.9
沈阳	112.2	112.3	112.7	112.5	111.7	111.3	110.5	110.1	109.7	109.4	109.3	109.3
大连	112.5	113.3	113.7	113.2	112.9	112.2	112.2	111.7	110.7	110.2	108.9	108.2
长春	111.9	112.7	111.8	111.4	110.6	110.2	109.4	109.5	110.2	110.7	109.8	109.4
哈尔滨	115.3	115.2	115.2	114.6	114	113.7	111.7	111.6	111.2	110.5	110.2	110.1
上海	100.9	101.5	101.2	101.5	101.7	102	101.9	102.2	102.7	103	102.8	102.3
南京	101.7	101.8	102.3	103	104	104.3	105.7	105.4	105.8	105.7	104	104.1
杭州	106	106.6	106.6	107.7	108.5	109.1	108.8	108.2	108.2	106.7	105.8	105
宁波	106.2	106.7	107.6	107.1	107.8	108.4	108.2	107.2	107.5	107.8	107.8	108.3
合肥	104.8	106	106.7	107.4	107.4	107.7	107.8	106.9	105.7	104.8	104.1	103.9
福州	108.7	108.9	109.8	110.6	112.9	110.8	109.9	108.1	107.4	106.6	104.7	104.2
厦门	99.7	100	100.7	101.1	100.4	101.2	102.6	103.6	103.3	102.7	102.9	103.9
南昌	109.9	110.3	110.3	110.9	110.7	109.2	107.8	106.6	106.4	105.9	103.9	103.5
济南	115.7	116.4	117.2	118.2	118.3	114.5	111.6	108.2	106.4	104.6	102.1	100.5
青岛	113.9	114.2	114.3	114.7	113.2	110.8	109.3	108.1	107.8	107	105.1	104.2
郑州	110	109.9	110.5	110.4	108.9	107.5	106.4	105.1	104.8	103.8	102.4	101.7
武汉	111.2	112.5	113.4	114.8	114.8	114.6	114.3	114.9	113.2	112.2	111.8	
长沙	111.3	111.3	111	110.9	110.2	108.8	106.1	104.3	103.8	103.8	103.9	104.5
广州	109.7	111.3	111.9	113.3	112.2	110.5	110.2	109.4	109	108.7	108.1	104.7
深圳	99.9	100.5	100.3	100.7	101.2	101.3	100.9	100.6	102	102.9	103.3	103.6
南宁	110	110.4	110.8	111.5	111.6	110.1	109.7	110.3	112.2	114.1	113.9	112.7
海口	120.7	118.8	116.9	115.7	114.7	111.6	110.1	109.1	109.4	109.8	109.2	108
重庆	111.8	112.2	112.1	112.2	113.3	112.1	111.7	110.3	109.7	109	108.4	108.1
成都	113.4	114.2	114.7	115.4	113.4	113	113.3	112.8	112.8	112.5	111.5	110.6
贵阳	119.4	120.5	120.6	120.1	120.5	120.1	119.4	117.7	115	110.2	107.5	106.5
昆明	115.7	116.2	116.2	116.5	115.7	113.8	112.3	112.5	112.4	111.1		
西安	123.5	124.2	124.4	123.8	124.4	125.2	125.3	122.3	116	115.6	114.7	114.2
兰州	111.2	110.9	110.6	110.2	110.1	109.1	109	107.7	106.7	105.2	105.5	104.9
西宁	111.8	113.5	114.6	115.3	115.7	113.3	114	113.2	112.3	114.3	114.1	113.8
银川	109.3	109.5	109.4	109.4	109.6	109.1	108.5	108.6	109.5	110.1	111.9	112.3
乌鲁木齐	109.7	108.9	108.4	107.9	106.5	106.5	106.4	104.5	104.2	103.7	101.8	101.5
唐山	112.9	113.2	113.3	113.2	113.8	113.9	112.7	111.7	110.8	111.3	111.9	112.9

数据统计分析

续表

城市	1月	2月	3月	4月	5月	6月	7月	8月	9月	10月	11月	12月
秦皇岛	118.4	118.7	118.8	120.1	120.3	120.3	120	117.6	115.5	114.1	113.6	112.2
包头	111	111.1	111.3	111.5	111.2	109.9	108	106.6	106.6	105.8	105.5	106.3
丹东	117.5	118.4	120.2	118.5	113	109.2	109.1	109.3	109.3	109.7	109.2	107.7
锦州	114	112.8	113.5	113.3	113.7	113.4	113	112.1	110.7	110.2	110.1	108.9
吉林	114.1	114.3	114.7	114.7	115	114	113	111.6	111.5	110.8	110.2	110.2
牡丹江	113.1	113.5	113.2	112.8	113.9	111.8	111.1	110.3	108.5	107.2	106.7	106
无锡	106.1	106.1	107.3	107.7	109.3	110.4	109.7	106.9	108	108.3	107.9	108.7
扬州	113.4	113.3	113.7	113.3	113.6	111.7	112.2	112	111.3	110.2	111.1	
徐州	118	118.2	117.8	117.8	117.7	118.2	116.9	114.1	114.1	112.7	111.4	111.6
温州	101.5	101.8	102.8	102.9	103.5	103	102.9	102.6	102.9	103.8	104.5	104.2
金华	105.2	105.6	105.7	105.3	106.2	106.4	106.6	106.3	106.6	106.6	107.7	108.4
蚌埠	107.9	107.6	108.2	108.8	110	109.2	108.6	106.8	105.3	104.8	103.6	102.7
安庆	109	108.9	110	110.4	111.2	110.3	109.7	107.7	106.7	104.7	103.7	102.9
泉州	101.6	101.1	101.1	101.4	101.6	101.3	101.9	101.5	101.7	102.5	102.3	103
九江	110	110	110.1	110.7	110.5	110.7	110.1	109.7	109.3	109.6	108.3	108.1
赣州	107.7	107.8	107.2	106.9	106.7	106	106.3	104.3	104	103.8	103.5	103
烟台	113.3	113.5	113.7	113.1	113.2	113.4	111.4	110.9	111.5	111	110.8	110
济宁	113.2	114.1	114.3	114.4	114.7	114.5	113.4	112.8	113.4	112.1	110.8	109.8
洛阳	112.1	112.7	112.4	112.7	114.1	116.7	116.1	115.9	116.2	116.4	114.7	114
平顶山	107.6	108.2	109.5	108.8	108.5	109.9	110.8	110.4	109	109.3	108.7	108.5
宜昌	112.8	113	112.7	112.9	112.5	110.6	107.8	106	104.4	103.7	102.7	101.3
襄阳	113.7	114.7	115.1	115.2	115.8	115.7	114	112.2	112.6	111.2	110.8	110.2
岳阳	108	107.2	106.6	106.5	105.4	104.9	104	101.6	99.9	98.8	98.2	97.8
常德	110.7	110.8	112.4	112.9	112.4	112.3	112.3	110.1	108.3	106.5	105.2	104
惠州	103.5	102.9	103	103	103.2	103.2	103.2	103.1	103	103	103.2	103.9
湛江	107.4	108	108.2	108.4	108.8	109	108.4	106.9	106	105.1	104.3	104.3
韶关	106.3	105.9	105	104.4	105.1	104.8	105.2	102.8	102.1	101.5	100.5	100.2
桂林	109.5	110.1	110	109.2	109.5	110	110.6	110.3	110.3	109.7	107.6	107.4
北海	112.5	112.8	113.2	113.6	113.4	112.8	113.1	110.8	109.9	108.9	107.8	107.6
三亚	114.6	113.6	113.1	112	109.8	107.2	103.8	104.3	104	104.8	104.8	105.4
泸州	111.9	111.9	111.8	111.6	110.9	109.2	108.7	106.2	103.3	100.6	99.7	99.1
南充	113.8	112.3	112.8	112.7	112	110.9	109.7	107	105.6	103.7	103.2	102.6
遵义	113.1	113.7	113.3	113.1	112.8	112.2	111.1	110	109.3	107.1	104.7	104.5
大理	120.3	121.4	121.9	121	122.2	122.9	122.7	121.5	120.6	118.9	116.7	115.4

数据来源：国家统计局

2019年70个大中城市新建商品住宅销售价格指数定基数据　　　　　表40

城市	1月	2月	3月	4月	5月	6月	7月	8月	9月	10月	11月	12月
北京	138.9	138.6	139.1	139.8	140.7	140.6	141.4	142.1	142	141.8	144.1	144.6
天津	130.7	131.1	131.6	132.5	132.8	133.3	132.9	133.1	133.3	132.8	132.8	132.6
石家庄	143	144.6	146.5	147.2	148.9	150.4	150.5	152.6	154	154.7	154.6	155.7
太原	125.6	126.6	127.3	128.1	128.6	129.3	129.4	130.5	131.1	131	131.2	130.1
呼和浩特	131.8	132.9	133.3	134	135.1	137.4	138.6	141.6	143.5	146.9	149.2	150.6
沈阳	130	130.6	131.7	132.6	133.9	135.2	136	137.1	138.4	140	140.9	141.5
大连	126.2	128.5	129.8	130.7	132.5	134	135.4	136.1	135.7	136	136.3	136.7
长春	126.9	127.7	128	128.8	129.4	131.1	131.3	132.4	133.7	135.4	136.8	137.8
哈尔滨	131.1	131.9	133.2	134.3	135.2	136.6	137.2	138.4	139.6	141.5	142.4	143.1
上海	146.5	147	146.9	147.3	147.2	147.7	147.5	148	148.7	149.2	149.7	149.7
南京	148.6	148.6	148.7	149.5	150.7	150.8	152.5	152.2	153.3	153.6	153.5	153.4
杭州	141	141.6	142.1	143.6	144.7	146.3	147.1	147.1	147.5	147.2	147	147.5
宁波	129.1	129.9	131.4	132.1	133.6	134.7	135.7	137.2	137.9	138.3	138.3	138.8
合肥	155.7	156.9	157.9	158.6	158.8	159.5	160.5	161.7	161.5	161	160.5	160.8
福州	139.3	139.4	140	140.9	142.2	142.6	143.2	144.1	144.7	145	145.2	145
厦门	150.8	151.1	152	153	153.5	154.7	156.9	158.2	157.8	156.6	156.3	157.2
南昌	136.2	136.3	137.2	138.2	139	139.1	139.9	140.4	141.3	141	140.3	140.4
济南	141.4	142.2	143.3	144.8	145.3	145.8	146.2	145.9	145.4	143.8	142.8	141.7
青岛	134.2	134.7	135.3	135.9	136.8	137.1	138	138.7	138.9	138.6	138.6	138.9
郑州	142.7	142.7	143.3	143.9	144.3	145	145.4	145.8	146.1	146.1	145.3	144.7
武汉	145	146.5	147.5	148.9	150.7	152.2	153.8	155.6	156.7	158.3	159.5	160.9
长沙	140.7	141	141	141.3	142.5	143.5	143.8	144.2	144.3	144.4	144.9	146.3
广州	150.6	152.2	153.4	155.1	156.3	156.6	157.3	157.7	157.7	157.5	156.8	156.3
深圳	145.6	145.6	145.2	145.8	146.4	147.1	147.2	147.5	149.3	149.9	150.2	151.2
南宁	135.6	136.4	137.6	138.8	139.3	140	140.7	143.9	146.9	149.9	150.4	151.2
海口	139.2	139.6	140.3	141.6	143.2	144.8	146.2	146.2	147	148.5	148.1	148.5
重庆	132.8	133.6	134.4	135.9	138.4	139.4	140.7	140.3	141.1	141.3	142.1	142.7
成都	140	141	142	143.1	143.7	145.6	147.4	148.5	149.5	151.7	152.9	153.7
贵阳	139.5	141.4	142.5	143.8	145.1	146.3	147.9	148.6	148.1	147.8	147	146.4
昆明	133.4	134.4	135.5	137.1	138.1	139.8	141.2	142.8	144.6	146.8	147.7	147.3
西安	150.7	152.4	153.9	155.6	158.8	161.5	163.8	164.6	165.8	167.4	168.5	169.6
兰州	121.7	122.1	122.2	122.3	123.1	123.4	123.8	124.2	124.2	124.9	126.3	126.8
西宁	119.6	122.4	123.6	124.2	124.7	125.4	126.8	127.8	129.4	133	134.7	136.1
银川	115.2	116	116.7	117.4	118.1	119.2	119.6	121.8	123.8	124.8	127.2	128.7
乌鲁木齐	115.3	116	116.5	117.1	117.2	118.2	118.3	117.8	118	117.8	116.7	116.7

续表

城市	1月	2月	3月	4月	5月	6月	7月	8月	9月	10月	11月	12月
唐山	123.3	123.9	125.1	125.7	126.8	128.5	129.3	131.8	132.5	134.8	137.3	138.4
秦皇岛	134.1	135.3	137.2	139.8	140.9	142.5	143.4	144.6	144.7	146	147.5	148
包头	116.9	117.5	118.4	119.3	120	119.7	119.8	121.1	121.8	122.5	122.6	123.6
丹东	119.6	120.3	122.6	123.3	123.8	123.5	124	124.7	126	127	127.6	128.3
锦州	111.7	111.5	113.1	113.7	114.5	114.8	114.9	114.7	115.3	116.4	118.2	119.6
吉林	124.4	125	125.7	126.5	127.4	127.9	128.7	130.1	131.4	132.6	133.7	134.6
牡丹江	118.4	119	119.3	119.8	120.9	121.1	122.2	122.8	122.6	123.2	123.2	123.6
无锡	141.4	141	142.4	142.6	144.5	145.8	146.9	148.1	150.3	151.4	152.2	153
扬州	137.3	137.9	139.1	139.9	140.6	141.8	143.2	145.6	147.3	148.3	149.2	151.1
徐州	142.4	144	144.6	145.8	147.6	149.1	150.9	152.2	153.9	154.9	155.5	157.4
温州	115.9	116.2	117.3	117.3	118.1	118.2	118.2	118.6	119.3	120.3	120.7	120.7
金华	125	125.6	126	127.2	129.1	129.9	131.4	132.5	132.8	132.8	133.9	134.4
蚌埠	126.4	125.9	126.3	127	127.8	128.5	129.2	129.4	129.9	130.1	130	129.7
安庆	123.4	123.7	125	125.1	125.8	126.2	126.2	126.2	127	127.4	126.8	126.5
泉州	112.2	111.8	111.9	112.3	112.4	112.5	113.1	113.7	113.9	115	115.1	115.7
九江	132.7	133.3	134.2	135.2	135.9	137.1	137.8	138.9	140	141.1	141.5	142.5
赣州	125.4	125.4	125.1	124.9	125.2	125.1	126.2	126.3	127.2	127.8	128.1	128.7
烟台	130.2	130.8	131.5	132.4	133.5	135	136.4	137.5	139.1	140.2	141	142.2
济宁	123.8	125.4	126.1	127	128.2	129.7	130.3	131.8	133.3	134.2	134.9	135
洛阳	128	128.6	128.8	130.2	132.3	135.6	136.3	137.1	139.8	142.1	143.1	143.7
平顶山	120	121.3	122.8	123.5	124.2	125.5	127.5	127.9	127.9	128.7	129.3	129.9
宜昌	129.4	130.4	131.2	132	132.5	132	132.4	131.8	131.5	131.1	130.5	130.1
襄阳	123.8	124.7	125.2	126.1	126.9	127.8	128.7	130.3	131.6	133.1	134.1	135.3
岳阳	122.9	122.4	122.6	122.8	122.7	122.9	123	122.8	122.2	121.7	121.3	120.6
常德	123.4	123.3	125.1	126.2	126.6	127.2	127.2	128.1	127.7	128.3	128	127.9
惠州	135.4	135.1	135.2	135.5	136	136.8	137.3	138.1	138.5	139.3	140	141.2
湛江	125.2	126	126.6	127.1	127.8	128.5	129	129.7	129.6	130.5	129.9	130.9
韶关	123.3	123.2	122.8	122.7	124.1	124.6	125.5	124.4	124.2	124	123.5	123
桂林	122.7	123.4	124.1	124	125	126.4	127.8	128.1	129.4	129.7	130.2	130.5
北海	132	132.8	134.3	135.8	137.2	138.1	139.1	140.5	140.5	140.8	140.9	141.6
三亚	145.3	145.4	145.9	147.1	147.8	148.9	149.6	150.5	150.9	151.5	152	153.1
泸州	123.4	123.9	124.2	124.5	124.6	124.3	124.3	123.7	123.5	122.2	121.7	121.2
南充	125.5	126	127.3	128.5	129.4	129.2	129	129.2	129.9	129.6	129.3	128.7
遵义	123.9	125.4	126.1	126.9	127.4	128	127.9	128.6	129.2	128.9	128.3	128.9
大理	130.8	133.2	135	135.7	138.2	140.6	142.6	143.8	144.9	145.9	147.1	148.1

数据来源：国家统计局

【二手住宅销售价格情况】 根据国家统计局公布的月度数据，2019年全国70个大中城市的二手住宅销售价格指数情况分别如表41、表42和表43所列。

2019年70个大中城市二手住宅销售价格指数环比数据　　　　表41

城市	1月	2月	3月	4月	5月	6月	7月	8月	9月	10月	11月	12月
北京	99.9	100.2	100.4	100.6	100	100	99.7	99.6	99.5	99.4	99.6	100.6
天津	100.3	100.5	100	100.9	100.4	100	99.6	99.5	99.9	99.5	99.9	99.5
石家庄	100.5	100.7	100.5	100.3	100.5	100.2	99.8	100.1	99.5	99.7	99.8	99.7
太原	100.3	100.4	100.1	101.2	100.7	100	101.1	100.3	100.6	99.7	99.6	99.7
呼和浩特	101.3	101.4	100.9	101.5	101.8	101.3	100.7	100.5	100.7	100.5	100	99.7
沈阳	100.7	100.9	100.7	100.8	100.6	100.8	100.6	101.5	100.8	100.5	101.3	100.6
大连	100	100.6	101.1	100	101	100.5	100.2	100.1	100	100	100.1	
长春	100.4	100.2	101.1	101	100.6	100.5	100.5	100.7	100.9	100.4	100.4	100.5
哈尔滨	100.3	100.4	100.4	101	100.8	100.7	100.8	101.2	101.5	101.8	101.5	100.8
上海	100	99.9	100.3	100.5	100.1	99.9	100.4	100	100.6	99.8	100	99.8
南京	100	100.2	100.8	100.2	100.1	100.2	100.9	100.8	101.6	100.3	100.2	100
杭州	100.1	100	100.7	100.9	101.3	100.4	100.1	99.9	99.8	99.9	100	100.2
宁波	99.9	100.1	100.7	100.7	101	100.8	101.4	101.4	100.8	100.6	100.3	100
合肥	100.4	100	100.2	100	100.2	100.2	101	100.4	100.1	100	99.8	100.4
福州	99.6	100.2	100.5	100.5	100.6	99.9	100	99.1	100	101.5	100.8	101
厦门	100.5	100.3	101.6	101.3	100.4	100.3	101.3	100.1	99.9	99.6	99.8	100.8
南昌	99.9	100.4	100	100	100.3	99.7	99.7	100.1	100.2	99.7	99.7	100.6
济南	100.6	100.4	100.5	99.7	99.8	99.8	99.9	99.1	99.7	99.3	99.4	99.7
青岛	100	99.7	99.7	99.8	99.6	99.4	99.4	99.6	99.3	99.4	99.2	99.5
郑州	99.8	99.7	99.8	100.2	100.1	99.6	99.9	99.7	99.6	99.8	99.4	99.3
武汉	100.4	100	100.1	99.8	99.7	99.7	99.7	99.5	99.2	99.7	99.5	99.9
长沙	99.8	100	99.9	100.3	99.8	99.9	99.8	99.9	99.7	99.8	99.9	99.9
广州	99.7	99.8	99.5	99.6	99.7	100	100.4	100	99.7	99.9	99.8	100
深圳	99.7	100.5	100.7	101.1	100	99.9	100.7	100.2	101.3	101	101.4	101
南宁	101.4	101.2	100.9	101.4	101.2	100.7	100.6	100.5	100.7	100.1	100.2	100.4
海口	100.1	100	99.8	100.9	99.7	100	99.9	99.4	99.3	100.2	99.6	99.7
重庆	100.4	100.3	100.1	100.2	100.3	100.6	100.2	100	99.4	99.8	100.5	99.7
成都	100	100.5	99.9	99.8	100.5	100.1	100.8	99.1	99.6	100	99.8	100.4
贵阳	100.4	100.3	99.9	100.2	100.5	99.6	99.8	99.5	99.4	99.6	99.5	99.3
昆明	100.4	100.7	100.3	100.1	100.8	100.7	100.5	101	100.8	100.3	100.6	100.1
西安	99.9	99.8	101.2	100	100.6	100	100.1	100	99.9	99.3	99.2	99.4
兰州	100.2	100.2	101	100.2	101.2	100.5	100.6	100.9	100.6	100.9	100.6	100.5
西宁	100.1	101.1	101.7	102	101.1	100.8	101.2	100.9	101.1	100.8	101	100.4

续表

城市	1月	2月	3月	4月	5月	6月	7月	8月	9月	10月	11月	12月
银川	100.2	100.3	101	100.3	100.3	100.6	100.8	101.5	100.7	100.5	100.9	100.4
乌鲁木齐	100.4	100.8	99.7	101.3	100.7	100.7	99.8	99	100	100.5	99.5	99.7
唐山	100.2	100.2	101.2	101.5	101	101.1	100.6	101.8	102.6	101.3	101.8	101.1
秦皇岛	100.5	100.7	101.2	101.5	100.7	100.9	100.5	101.2	100.6	100.6	100.8	100.2
包头	100	100.6	100.7	100.7	100.5	100.8	101.3	100.4	100.3	99.4	100.5	100.5
丹东	101	100.8	100.6	100.8	101	100.7	100.4	100.5	100.8	100.6	101	100.9
锦州	100	100.2	100.1	100.3	100	99.8	100.9	100.2	101	99.9	100.5	100.1
吉林	100.3	100.3	101.2	100.8	100.4	100.2	99.9	100.6	101.3	101.4	100.6	100.8
牡丹江	100.5	100.8	100	100.4	100	99.9	99.8	99.6	99.4	99.8	99.5	100.3
无锡	99.7	99.9	100.3	100.3	101.1	101.4	101.3	101.7	101.2	101	100.3	100.2
扬州	100.1	100.3	100.2	100.7	100.2	100.8	100.5	100.6	100.3	100.2	100.4	100.5
徐州	100.8	99.9	100.6	100	100.4	100.7	100.2	100.6	100.9	100.6	100.4	99.9
温州	100.1	100.2	100.2	100.4	100.3	99.9	100.6	100.7	100	100.6	99.7	
金华	99.9	99.9	100.2	100.4	100.4	100.7	100.6	100.3	99.6	99.8	99.5	100.1
蚌埠	100	100.1	100.5	100.5	100.4	100.7	100.9	100.8	100.3	99.6	100.3	100.2
安庆	99.8	99.9	100	99.2	99.9	99.7	99.7	99.1	99.6	99.8	99.8	99.7
泉州	99.8	99.9	100.4	100	100.2	100.2	100.5	100.6	99.8	100.2	100.3	100.1
九江	100.1	100.2	100.4	100.6	100.6	100.6	100.4	101	101	100.5	100.9	
赣州	100.6	100.4	100.5	100.4	100.3	100.2	100.4	100.3	100.5	100.4	100.8	100.7
烟台	100.6	100.3	100.9	100.8	101	100.8	100.8	100.6	100.2	99.7	99.6	99.1
济宁	100.6	100.5	100.6	100.9	100.6	100.5	100.7	101.1	101	100.6	100.4	100.6
洛阳	100	100	99.8	101.1	100.8	100.9	101.5	100.6	102	100.5	100.7	100.8
平顶山	100.8	100.7	100.2	100.7	100.5	100.4	100.4	100	100.8	100.7	100.7	101
宜昌	100.2	100.1	100.1	99.9	99.9	99.2	99.7	99	99.6	99.6	99.8	99.7
襄阳	100.6	100.9	100.8	101	100.8	100.6	100.4	100.3	100.1	100.3	99.7	99.9
岳阳	99.8	99.9	100.1	100	100.5	100	100.4	99.4	99.7	99.3	99.4	100
常德	100	100	100.2	99.8	99.8	99.5	100.2	99.9	99.7	99.7	100	99.5
惠州	100	99.9	100.3	100.2	100.1	100.1	100.7	100.8	100.1	99.9	100.3	100.5
湛江	99.5	99.9	100.2	99.8	99.8	99.7	100	100	99.5	99.9	99.6	99.4
韶关	100.5	100.1	100.2	100.3	100.2	100.3	100.7	100.4	99.4	99.6	99.1	100.1
桂林	100.1	100	100.9	100.6	100.5	100.5	100.3	100.6	100.6	100.8	99.8	99.7
北海	99.7	100.5	101	100.6	100.5	99.8	100.4	100.4	99.3	99.9	99.6	99.9
三亚	100.7	100.7	100.9	100.9	100.2	99.3	99.6	99.3	99.5	99.4	99.8	100
泸州	99.8	100	100.1	99.5	100.1	99.5	99.9	100	100.7	99.9	99.8	100.6
南充	100.1	99.9	99.5	100.3	100.7	100.2	100	100.2	99.7	99.6	100	
遵义	100	100.3	100.1	99.9	99.8	99.8	99.4	99.8	99.4	99.5	99.7	99.6
大理	101.6	101.3	101.8	100.8	101.1	100.6	100.8	100.5	101	100.4	100.5	100.6

数据来源：国家统计局

2019年70个大中城市二手住宅销售价格指数同比数据　　　　表42

城市	1月	2月	3月	4月	5月	6月	7月	8月	9月	10月	11月	12月
北京	98.6	99.3	99.9	100.6	100.2	100.1	99.5	99.1	98.8	98.5	98.7	99.5
天津	105.6	105.5	105.4	104.5	103.5	102.1	101.9	100.5	100.5	100.1	100.4	100
石家庄	105.5	105.9	106.4	106.4	105.7	105.1	103.3	102.3	101.5	101.5	101.5	101.3
太原	109.2	109.8	108.2	108.2	107.9	107.6	107.6	107	106.5	106	104.5	104
呼和浩特	119.1	120.3	120.8	122.1	123.3	123.7	121.7	119.4	117.7	116.4	112.8	110.9
沈阳	108.4	109.2	109.2	110.4	110.4	109.8	109	109.7	109.4	109.6	110.1	110.1
大连	107.9	108	108.8	109.1	109.3	108.7	108	107.2	106.4	106.2	105.2	105.1
长春	110	110	110.6	111	110.5	108.9	108.9	108.5	108.7	108	107.4	107.3
哈尔滨	111	111	110.4	110.5	110.5	110.2	108.9	108.6	108.9	110.3	111.4	111.6
上海	97.2	97.5	98.4	99	99.4	99.7	100.2	100.3	101	101.1	101.2	101.3
南京	101.4	101.8	102.2	101.6	101.9	102.2	103.2	103.7	105.1	105.3	105.3	105.5
杭州	104.5	104	104	104.1	104.5	104.1	103	102.4	102.1	102.4	102.9	103
宁波	104.3	104	103.8	103.9	104.2	104	105.1	105.4	105.7	106.7	107.5	107.9
合肥	103.6	103.7	103.8	104.2	104.4	104	104.8	104.2	103.5	103.1	103	103.3
福州	99.5	99.9	100.6	101.2	102.4	102.4	101.4	99.9	99.9	100.9	102.1	103.7
厦门	95.6	96.5	98.4	100.1	100.7	101.1	102.9	103.7	103.6	104.1	104.6	106.1
南昌	110.5	111.2	111.4	111	110.1	108.6	106.3	104.6	104.1	103.1	101.3	101.3
济南	111.2	111.6	111.8	111.3	110.5	109.3	106.5	102.6	101.1	99.9	98.7	98
青岛	111	110.3	108.4	106.8	105.5	104.2	101.3	98.9	97.5	96	94.6	94.6
郑州	101.3	101.1	101.1	101.4	101.5	100.6	99.4	98.2	97.7	97.5	97.4	96.9
武汉	108	107.8	108	107.8	105.6	104.9	103.4	102.6	101.4	100.3	99.2	98.5
长沙	107.7	106.7	106.6	106.2	105	104.6	102.1	100.5	99.9	99.3	99	98.8
广州	102.1	101.6	100.9	100	98.7	98.5	98.6	98	97.6	97.6	97.7	98.1
深圳	103.6	102.9	102.9	103.8	103	102.6	102.6	101.7	103	104.7	106.4	107.8
南宁	108	109.5	110.1	111.7	113	113	113.4	112.2	112.6	112.1	111.6	109.8
海口	111.1	110.3	108.4	108.2	106.6	104.9	101.7	99.1	98.6	99	98.8	98.6
重庆	109.5	109.7	109.4	109.3	108.6	107.8	106.8	104.6	103.1	102.4	102.5	101.7
成都	106.1	106.5	106.8	106.9	106.9	106.7	105.7	103	102.2	101.8	101.1	100.6
贵阳	112.5	112.6	112.1	111.6	111.8	110.3	108.2	105.9	102.5	100.4	99.1	97.9
昆明	115.1	115.4	115.3	115	114.1	114	112	110.9	108.9	107.8	107.8	106.3
西安	114.8	114.8	114.7	113.1	112.1	111	110.1	107.5	104.4	102.1	100.6	100.4
兰州	109.9	109.8	110.7	110.6	111.5	111.4	111.4	110.4	109	108.2	107.4	107.7
西宁	107	108.2	110	112.2	113.5	113.5	114.5	114.1	113.3	113.4	113.7	112.8
银川	105.4	105.8	106.8	106.9	107.2	107	106.9	107.4	106.6	107	107.4	107.6
乌鲁木齐	112.9	112.4	109.7	109.6	108.5	108	108.4	105.6	104.3	103.8	102.8	102
唐山	108.3	108.3	109.3	111	111.7	112	111.3	112.1	114	114.2	114.7	115.2

续表

城市	1月	2月	3月	4月	5月	6月	7月	8月	9月	10月	11月	12月
秦皇岛	110.9	111.1	111.6	112.5	112.7	112.9	112.5	111.4	110.5	110.4	110	109.8
包头	106	106.7	107.3	107.6	107.7	107.9	108.3	107	106.8	106	105.8	106
丹东	107.3	108	108.3	107.7	107.4	107.4	107.4	107.4	107.8	108.5	109	109.5
锦州	107.5	107.6	107.2	107	106.4	105.7	106.3	106.4	105.9	105.4	104.6	102.9
吉林	108.6	108.8	109.7	110.1	109.8	109.2	107.8	107.1	107.4	108.4	107.4	107.9
牡丹江	105.6	106.4	106.3	106.6	106	105.2	104.3	102.9	101.6	100.7	100.1	100.2
无锡	104.6	104.6	104.8	104.9	105.7	106.7	107	106.6	106.3	107.2	108.2	108.6
扬州	109.4	109.5	109.3	109.3	109.1	109.6	108.1	107	105.9	104.7	104.6	105
徐州	109.8	109.1	109.5	108.6	108.3	108.5	107.4	105.9	106	105.6	105.4	105
温州	101	101.4	101.5	102.1	101.9	101.9	101.8	101.8	102.5	102.7	103.7	103.5
金华	104.5	103.8	103.5	103.3	102.9	103.2	102.6	101.7	101.5	101.2	101.1	101.5
蚌埠	107.3	107.2	107.6	107.9	108	108.6	107.8	106.4	105.8	104.6	104.4	104.1
安庆	107.6	106.9	106.9	106.2	106	105	104	100.8	99	97	96.4	96.2
泉州	101.6	101.3	101.5	101.4	101.3	101	100.8	100.8	100.7	100.9	101.5	102
九江	106.8	106.8	107.1	107.6	107.8	107.7	107.3	106.2	106.5	106.8	106.3	107
赣州	108.5	108.4	108.7	108.9	108.6	107.7	107.2	105.8	105.3	105	105.3	105.6
烟台	111.5	111.6	112.3	112.5	112.8	112.7	111.4	109.8	108.6	107.2	106.1	104.5
济宁	117.1	117.4	116.7	116.7	116.1	115.7	113.5	112	111.1	110.2	109.3	108.4
洛阳	110.2	110	109.6	110.1	110.7	111.1	111.1	109.9	110.4	110.4	109.2	109
平顶山	108.6	108.8	108.8	108.6	108.5	108.9	108.2	107.2	106.6	106.7	106.8	107.3
宜昌	110.4	110	109.4	108.8	108	106.7	104.7	101	98.8	97.9	97.3	96.8
襄阳	110	111	111.8	112.1	112.5	112.8	111.4	109.3	108.1	107.9	106.5	105.4
岳阳	106.4	106.1	106	105.6	105.6	104.8	104.6	101.6	100	99	98.4	98.5
常德	107.9	107.8	107.9	107.3	106.7	105.6	105.3	101.9	100.3	99.5	99.2	98.5
惠州	106.6	106.1	105.9	105.7	105.8	105.4	105	104.6	103.9	103.3	102.8	103
湛江	103.6	103.4	103.4	103.1	102.6	101.8	100.8	99.5	98.6	98.3	97.8	97.4
韶关	108.2	108.2	108.4	108.2	107.6	107.1	106.9	105.9	104	103.3	101.4	100.9
桂林	106.6	106.6	107.3	107.7	108.1	107.8	107.5	106.7	106.8	105.3	104.6	104.6
北海	107.7	108.5	109.4	109.6	109.6	108.5	108.4	106.4	103.7	103.2	102.2	101.8
三亚	113.8	114.5	114.5	114.1	112.7	110	106.4	103.5	102.4	101.9	101.6	100.4
泸州	109.8	109.7	109.3	108.5	106.8	105.7	104.2	102.6	101.2	100.3	99.5	99.9
南充	109.5	108.6	107.3	106.4	105.9	105.8	104.2	102.5	101	100.4	99.9	100
遵义	109.8	109.7	109.2	108.7	108.1	106.9	104.6	102.6	101.1	99.9	98.1	97.1
大理	115.6	116.5	118.3	118.6	119.3	119	118.3	116.6	116.4	114.9	112.6	111.7

数据来源：国家统计局

2019 年 70 个大中城市二手住宅销售价格指数定基数据　　　　表 43

城市	1月	2月	3月	4月	5月	6月	7月	8月	9月	10月	11月	12月
北京	145.2	145.4	146	146.9	146.9	146.9	146.5	145.9	145.2	144.3	143.7	144.6
天津	134.6	135.4	135.4	136.6	137.2	137.2	136.6	136	135.8	135.1	135	134.3
石家庄	125.3	126.1	126.8	127.2	127.8	128	127.7	127.9	127.2	126.9	126.6	126.3
太原	124.9	125.4	125.5	127	127.8	128.2	129.6	130.1	130.9	130.5	129.9	129.5
呼和浩特	121.6	123.4	124.5	126.4	128.7	130.3	131.2	131.9	132.7	133.4	133.5	133.1
沈阳	118.4	119.4	120.2	121.2	121.9	122.9	123.7	125.6	126.6	127.2	128.8	129.5
大连	115.9	116.7	118	118.9	120.1	120.7	120.9	121.5	121.6	121.6	121.6	121.8
长春	117.6	117.8	119.1	120.3	121	121.6	122.1	122.9	124.1	124.6	125.1	125.7
哈尔滨	121.2	121.7	122.3	123.4	124.4	125.2	126.2	127.7	129.6	131.1	133.8	134.8
上海	137.5	137.4	137.9	138.5	138.6	138.5	139.1	139	139.8	139.6	139.5	139.3
南京	138.3	138.6	139.8	140	140.2	140.5	141.8	142.9	145.2	145.7	145.9	145.9
杭州	140.4	140.3	141.3	142.5	144.3	145	145.1	144.9	144.6	144.4	144.3	144.6
宁波	123.5	123.6	124.4	125.3	126.4	127.5	129.3	131.1	132.2	133	133.4	133.5
合肥	156.8	156.9	157.2	158.1	158.4	158.7	160.3	160.8	160.9	160.9	160.5	161.2
福州	125	125.2	125.9	126.5	127.3	127.1	127.1	125.9	125.9	127.8	128.8	130.1
厦门	134.5	134.9	137	138.7	139.3	139.7	141.6	141.8	141.7	141.1	140.8	142
南昌	130.7	131.2	131.9	132.5	132.9	132.5	132.1	132.3	132.5	132.1	131.7	132.5
济南	132.7	133.2	133.9	133.4	133.2	132.9	132.8	131.6	131.2	130.4	129.5	129.2
青岛	133.5	133.1	132.7	132.4	131.8	131	130.2	129.6	128.7	127.9	126.9	126.3
郑州	132.2	131.7	131.4	131.6	131.7	131.3	131.1	130.6	130.2	129.9	129.2	128.3
武汉	147.7	147.6	147.8	147.5	147	146.6	146.3	147	145.8	145.4	145.1	145
长沙	135.8	135.8	135.7	136.1	135.9	135.7	135.4	135.3	134.9	134.7	134.6	134.5
广州	149.5	149.2	148.4	147.8	147.4	147.7	148	148.1	147.7	147.4	147.2	147.1
深圳	150.5	151.3	152.4	154	154.1	153.9	154.9	155.2	157.2	158.9	161.1	162.7
南宁	126.1	127.6	128.8	130.6	132.2	133.1	133.9	134.5	135.5	135.7	135.9	136.5
海口	115.2	115.2	115	115.9	115.6	115.6	115.5	114.8	113.9	114.2	113.7	113.5
重庆	126.7	127.1	127.2	128.3	128.6	129.4	129.6	129.1	128.3	128	128.7	128.3
成都	117.2	117.8	117.7	117.5	118.1	118.2	119.2	118.1	117.7	117.7	117.5	118
贵阳	122.3	122.7	122.6	122.8	123.2	122.7	122.4	121.7	121	120.5	119.8	119
昆明	126.1	127.1	127.5	127.6	128.6	129.4	130.1	131.4	132.4	132.8	133.5	133.6
西安	120.7	120.5	121.9	122.7	123.6	124.3	124.5	124.5	123.8	123	122	121.3
兰州	115.9	116.1	117.3	117.5	118.9	119.6	120.1	121.3	122	123.1	123.9	124.6
西宁	109.6	110.9	112.7	114.9	116.2	117.2	118.5	119.5	120.9	121.9	123.1	123.6
银川	106.2	106.5	107.6	108	108.3	108.9	109.7	111.1	112	112.6	113.6	114.1
乌鲁木齐	122.6	123.5	123.1	124.7	125.6	126.5	126.3	124.9	124.9	125.5	124.9	124.5
唐山	114.6	114.7	116.1	117.8	119	120.3	121	123.1	126.4	128	130.3	131.7

数据统计分析

续表

城市	1月	2月	3月	4月	5月	6月	7月	8月	9月	10月	11月	12月
秦皇岛	120.5	121.3	122.7	124.6	125.4	126.5	127.2	128.7	129.4	130.3	131.3	131.6
包头	107.2	107.9	108.7	109.5	110	110.9	112.3	112.7	113	112.4	113	113.5
丹东	108.3	109.1	109.7	110.7	111.8	112.5	113	113.6	114.5	115.2	116.4	117.5
锦州	100.6	100.8	100.9	101.2	101.2	101	101.9	102.1	103.1	103	103.5	103.5
吉林	114.7	115.1	116.4	117.3	117.7	118	117.8	118.5	120.1	121.7	122.5	123.4
牡丹江	109.8	110.6	110.6	111.1	111.1	111	110.8	110.4	109.7	109.5	109	109.4
无锡	135.7	135.6	135.9	136.4	137.9	139.8	141.6	144	145.7	147.1	147.6	147.8
扬州	123.2	123.6	123.8	124.7	125	125.9	126.5	127.3	127.7	128	128.6	129.2
徐州	121.9	121.8	122.6	122.6	123	123.9	124.1	124.9	126	126.7	127.2	127.1
温州	112.6	112.8	113	113.9	114.3	114.7	114.6	115.3	116	116.1	116.8	116.4
金华	118.9	118.8	119	119.5	120	120.9	121.6	122	121.5	121.3	120.7	120.8
蚌埠	120.3	120.4	120.9	121.5	121.9	122.8	123.8	124.8	125.1	124.6	125	125.3
安庆	121.9	121.8	121.7	120.7	120.6	120.3	120	119	118.5	118.3	118	117.6
泉州	114.3	114.1	114.6	114.5	114.7	114.9	115.5	116.2	116	116.2	116.6	116.7
九江	122.2	122.4	122.9	123.6	124.4	124.9	125.7	126.2	127.5	128.8	129.4	130.6
赣州	123.4	123.9	124.5	125	125.4	125.6	126.1	126.5	127.2	127.7	128.6	129.6
烟台	122	122.4	123.6	124.5	125.7	126.7	127.7	128.5	128.7	128.4	127.9	126.8
济宁	127.4	128.1	128.8	130	130.9	131.5	132.6	133.9	135.2	136	136.5	137.3
洛阳	117.4	117.4	117.2	118.5	119.4	120.4	122.2	123	125.5	126.1	127	128
平顶山	115.1	115.8	116.1	116.9	117.5	118	118.5	118.5	119.5	120.3	121.2	122.4
宜昌	122.9	123.1	123.2	123	123	122	121.7	120.4	119.9	119.4	119.1	118.8
襄阳	116.8	117.8	118.7	119.9	120.8	121.6	122	122.4	122.6	122.9	122.5	122.4
岳阳	114.2	114.1	114.1	114.2	114.7	114.8	115.3	114.6	114.3	113.4	112.7	112.7
常德	115.3	115.2	115.5	115.3	115.1	114.6	114.8	114.6	114.3	114	114.1	113.5
惠州	131	130.9	131.3	131.6	131.8	131.8	132.8	133.8	133.9	133.9	134.3	134.9
湛江	113.3	113.2	113.3	113.1	112.9	112.6	112.7	112.6	112.1	112	111.5	110.8
韶关	115.8	115.9	116.2	116.5	116.7	117.1	117.9	118.3	117.7	117.2	116.1	116.3
桂林	107	107	107.9	108.5	109.1	109.6	110	110.6	111.4	112.1	112.1	111.8
北海	120.8	121.4	122.6	123.4	124	123.8	124.2	124.7	123.9	123.8	123.3	123.2
三亚	120.4	121.3	122.4	123.5	123.8	123	122.5	121.6	121	120.3	120	120
泸州	120.1	120.2	120.2	119.7	119.8	119.1	119	119	119.8	119.8	119.5	120.3
南充	120.9	120.8	120.1	119.9	120.3	121.2	121.4	121.4	121.6	121.3	120.8	120.9
遵义	117.6	118	118	117.9	117.7	117.4	116.7	116.4	115.7	115.1	114.7	114.2
大理	118.4	120	122.1	123.1	124.5	125.2	126.1	126.8	128.1	128.6	129.3	130.1

数据来源：国家统计局

（哈尔滨工业大学　王要武　赵蕊）

部属单位、社团

住房和城乡建设部人力资源开发中心

【专业技术职务任职资格评审工作】根据《关于深化职称制度改革的意见》(中办发〔2016〕77号)、《关于深化工程技术人才职称制度改革的指导意见》(人社部发〔2019〕16号)、《职称评审管理暂行规定》(人社部令第40号)精神。结合住房和城乡建设部高级职称评审委员会评审工作的实际,与人力资源和社会保障部专业技术人员管理司职称和职业资格处沟通协调备案的具体内容,完成备案报告上报工作。健全制度体系:进一步修改完善《住房城乡建设部职称评审工作管理办法》《住房城乡建设部职称评审实施办法》《住房城乡建设部职称评审专家管理办法》等;研究确立了注册建筑师等11个职业资格与职称的对应关系;为引进海外高层次人才等开通职称评审绿色通道;解决了申报单位港澳台技术人员参加职称评审渠道。在建筑学、建筑结构、城乡规划3个正高级专业评议组试行现场答辩。规范评审环节。进一步充实专家库,规范评审委员会专家遴选组成;规范职称评审的组织实施,严肃评审工作纪律,建立问责追责机制等。着力优化服务:完善优化职称评审信息平台;统筹安排2019年职称评审申报单位的复审时间,减少排队等候时间。2019年共组织召开31次评审会,提交到职称评审委员会的申报人员共计4032人,评审通过3106人。

【行业企事业单位人力资源服务工作】搭建行业企事业单位沟通交流平台,进一步推进培训、招聘、咨询等人事代理业务建设。组织召开人事代理单位工作会和业务交流会,宣传政策、交流经验,提升行业企事业单位人力资源管理水平;制定培训方案,为行业企业提供人力资源培训服务,助力企业发展;将招聘工作与咨询服务工作融合,针对部属单位的招考岗位,提供招聘信息发布、简历筛选、笔试命题、考务组织和笔试阅卷等"一站式"服务。

【行业职业技能标准编写(编制)工作】正式颁布《建筑门窗安装工职业技能标准》《古建筑工职业技能标准》《模板工职业技能标准》。《城镇燃气行业职业技能标准》等10项工程建设行业标准均召开了编制启动会,其中《智能楼宇管理员职业技能标准》《城镇排水行业职业技能标准》已在互联网征求意见。

【行业培训工作】2019年围绕住房和城乡建设部重点、热点工作,有针对性地举办"城市生活垃圾分类培训班""城乡建设统计培训班"和"城乡建设统计云南定向班",5期培训班共培训学员2002人。

【全国住房和城乡建设职业教育教学指导委员会秘书处工作】推荐、培育住房城乡建设行业内的优秀培训评价组织,为住房城乡建设领域的BIM证书争取到国家首批"1+X"证书试点资格;组织编写土木建筑类建筑动画与模型制作等13个《高等职业学校专业教学标准》并通过教育部审查;组织立项编制《职业学校市政工程技术专业实训教学条件建设标准》;编制《"本科层次职业教育试点"招生专业选考科目要求指引(3+3)模式》《"本科层次职业教育试点"招生专业选考科目要求指引(3+1+2)模式》,完成职业教育本科层次试点专业土木工程和工程造价专业简介工作;举办全国高职院校土木建筑大类第一批专业教学标准宣贯;举办2019年全国职业院校技能大赛建筑装饰技术应用技能赛项和建筑工程识图赛项;完成《高等职业教育创新发展行动计划(2015—2018)》中骨干专业建设等4个项目的认定推荐工作;推荐中国建筑集团有限公司和浙江建工集团有限责任公司为首批全国教师企业实践基地;完成行业技能大师案例征集推荐工作。

(住房和城乡建设部人力资源开发中心)

住房和城乡建设部执业资格注册中心

【执业资格考试情况】组织完成2019年度一级注册建筑师、一级注册结构工程师、注册土木工程师（岩土）、注册土木工程师（港口与航道工程）、注册土木工程师（水利水电工程）、注册公用设备工程师、注册电气工程师、注册化工工程师、注册环保工程师、注册安全工程师（建筑施工安全专业类别）、一级建造师等执业资格全国统一考试的命题及阅卷工作。完成2019年度二级注册建筑师、二级注册结构工程师和二级建造师执业资格考试命题工作。

2019年，全国共有超过180.8万人报名参加了各专业（不含二级建造师）执业资格考试，具体报考情况见表1。

2019年度各专业执业资格考试报考情况统计表　　表1

专业		报考人数
一级注册建筑师		65081
二级注册建筑师		21831
勘察设计注册工程师	一级注册结构工程师	22046
	二级注册结构工程师	10270
	注册土木工程师（岩土）	15410
	注册土木工程师（港口与航道工程）	583
	注册土木工程师（水利水电工程）	2034
	注册公用设备工程师	21726
	注册电气工程师	13493
	注册化工工程师	1583
	注册环保工程师	1969
注册安全工程师（建筑施工安全专业类别）		113536
一级建造师		1518760
合计		1808322

注：2019年二级建造师报考人数约239万人。

【考试管理工作】在做好原有各专业考试工作的基础上，克服自身困难，积极承接注册公用设备工程师、注册电气工程师、注册化工工程师3项专业考试命题工作任务，并认真做好新开展的注册土木工程师（道路工程）和注册安全工程师（建筑施工安全类别）专业的考试工作。创新工作方法，探索新的工作思路，强化考试风险管理，不断提高组织管理能力水平。强化考试命题质量，周密安排计划，协调推进工作，严格落实命题工作规程，做好人防、物防、技防，圆满完成各考试项目的命题、阅卷等工作。坚持底线思维，保持警钟长鸣，严格落实保密责任，严格专家和工作人员保密教育，严守考试保密安全红线，安全平稳完成全年考试工作。

【执业资格注册管理工作】继续开展一级注册建筑师、勘察设计注册工程师、注册监理工程师、一级建造师、中级注册安全工程师等执业资格注册管理相关工作，2019年共完成近94.24万人次的各类注册工作。据统计，截至2019年年底各专业（除二级建造师）有效注册人数近100万人，具体情况见表2。

2019年度各专业执业资格有效注册情况统计表　　表2

专业		至2019年年底有效注册人数
一级注册建筑师		27659
二级注册建筑师		8255
勘察设计注册工程师	一级注册结构工程师	38711
	二级注册结构工程师	5899
	注册土木工程师（岩土）	17775
	注册公用设备工程师	28673
	注册电气工程师	18645
	注册化工工程师	5285
一级建造师		608424
中级注册安全工程师（建筑施工安全类别）		51999
注册监理工程师		187835
合计		999160

执业资格注册管理中，大力推行互联网＋服务，简化注册申报材料，调整提供证明事项材料要求，减少审查环节，提高注册效率，积极优化完善注册系统，增加统计查询、提醒、导引等功能，并积极配合主管部门落实注册管理系统与全国一体化政务服务平台对接，不断提高注册便捷性和时效性。配合主管部门开展工程建设领域专业技术人员职业资

格"挂证"专项整治工作,积极调查处理投诉举报件。从2019年3月起,正式承接了中级注册安全工程师建筑施工安全专业的注册初审工作,并配合应急管理部做好电子化注册系统升级后续事宜。

【建设行业职业技能鉴定工作】深入摸底调研,通过与相关单位座谈、培训鉴定机构现场走访,收集了大量一手资料,切实了解行业企业和产业工人实际情况及培训鉴定诉求。起草试点方案,认真研究相关制度政策,结合住房和城乡建设领域产业工人培育及脱贫攻坚工作任务,向部主管司局提出培训鉴定工作建议。启动试点工作,制定试点工作组工作规则,明确试点期间各职业(工种)的鉴定执行标准及实操考试场地设置标准,指导各试点单位(机构)开展工作。通过蹲点调研、中期评估等,为各试点单位(机构)提供交流平台,引导各试点单位(机构)及时查摆问题,完善规章制度,总结工作经验,推进试点工作。

【国际交流与继续教育工作】组织落实了"第二十二届中日韩注册建筑师组织交流会",本届会议由中方主办,在深圳举行,会议以"务实、合作、高效、节约"为理念,中日韩三方组织在跨境执业、建筑师责任制、城市更新等方面进行了沟通交流,并就装配式建筑在过渡性用房中的应用进行了技术探讨。配合全国注册建筑师管理委员会,研究制定注册建筑师继续教育管理办法。启动新周期注册建筑师继续教育必修课教材编写工作,协调确定教材主编单位,拟定教材编写大纲,制定完成教材编写进度计划等工作。

【其他工作】完成新一届全国注册建筑师管理委员会的换届工作和建筑师管理委员会章程的起草工作,并落实秘书处相关任务,积极参与注册建筑师考试改革、大纲修订和继续教育管理改革等相关工作。完成住房城乡建设部相关司局《建筑设计的法规体系有关资料汇编》课题研究工作。协助推进新一届全国勘察设计注册工程师管理委员会调整工作,按照"放管服"改革精神,对勘察设计工程师制度框架进行研究,并向主管部门提出了相关改革建议。

(住房和城乡建设部执业资格注册中心)

中国建筑出版传媒有限公司(中国城市出版社有限公司)

【坚持把社会效益放在首位,实现社会效益与经济效益的双丰收】2019年是新中国成立70周年,是决胜全面建成小康社会、实现第一个百年奋斗目标的冲刺之年、关键之年,也是中国建筑出版传媒有限公司(原中国建筑工业出版社,以下简称"公司")成立65周年,开启新征程、谱写新篇章的重要一年。在社会效益方面,公司始终坚持和发扬社会效益第一的原则不动摇,不忘初心、牢记使命,再攀高峰:《中国古代门窗》一书获评2019年度"最美的书",并将代表中国参加2020年度"世界最美的书"评选,公司图书连续4年获此殊荣;《世界建筑旅行地图丛书》荣获首届"中国最美旅游图书设计奖"银奖;"中国建筑出版在线"项目成功入围新闻出版署2019年度数字出版精品遴选推荐计划;公司获评"国家知识服务平台建筑分平台";《中国近代建筑史(5卷)》获评第七届中华优秀出版物图书奖。

在经济效益方面生产码洋首次突破10亿元大关,同比增长14.7%;发货码洋也首次突破10亿元大关,同比增长21.4%;销售回款同比增长7.9%;利润总额同比增长16.2%;全年出书品种达4178种。各项主要指标均创历史新高。

【强化政治引领,推动全面从严治党向纵深发展】2019年,中国建筑出版传媒有限公司认真贯彻落实《中共中央关于加强党的政治建设的意见》,严格执行重大事项请示报告制度,坚决贯彻落实党中央决策部署和习近平总书记重要指示批示精神,切实强化责任担当,确保党的政治建设各项要求落到实处,推进公司党建高质量发展。深入开展"不忘初心、牢记使命"主题教育活动,促进企业高质量发展,树立鲜明问题导向,推动主题教育成果转化运用。加强基层组织建设,严格组织生活制度,扎实推进党支部标准化、规范化建设,提升党支部建设整体水平。强化责任担当,完善党建工作机制,确保企业党委"把方向、管大局、保落实"作用。持续加强作风建设,推动全面从严治党向纵深发展,坚持廉政警示教育常态化,加强廉洁风险防控体系建设。

【加强编辑业务建设，提高选题质量，助力精品出版】2019年，公司积极围绕国家大政方针，主动融入并服务住房城乡建设事业发展需要，做好选题规划工作。大力推进《围绕中央城市工作会议与部中心工作图书选题及出版规划》《围绕学习十九大报告选题计划》的出版落实工作，出版《致力于绿色发展的城乡建设》《美好环境与和谐社会共同缔造系列技术指南》《中国传统村落保护与发展系列丛书》等一批重点出版物，为促进建设行业科学发展提供知识服务。突出精品意识，加强主题出版、国家重点出版规划项目等重点出版物的选题策划与出版落实工作。2019年，公司有2种套出版物增补入选"十三五"国家重点出版规划项目，另有获批国家出版基金资助的自主策划选题3项、获批国家科学技术学术著作出版基金资助的选题4项。不断推陈致新，注重转化历史优势资源的再生价值，巩固品牌优势。推动《建筑施工手册（第六版）》《风景园林设计资料集（第二版）》等传统经典出版物的再版工作，推进公司重要出版资源的革故鼎新，使传统重点图书和拳头产品重焕新机。继续实施出版"走出去"战略，国际版权合作效用日益深入，弘扬了我国优秀的建筑文化与建筑科技，同时积极将各国先进建筑理论与技术"引进来"服务我国建设事业发展，全年累计输出、引进版权近百种。严格落实"三审三校"制度，加大对内容质量和编校质量的管理力度，切实全面提高图书出版质量。

【推进供给侧改革，提升生产保障水平】扎实推进供给侧改革编制《按需印刷手册》，规范按需印刷业务流程，推进按需印刷业务的深入发展，全年按需印刷发印图书品种同比增长43.9%，发印册数突破百万册，同比增长29%。进一步完善《图书生产周期表》操作流程，合理规划各类图书的生产秩序。继续做好重点图书的生产保障工作，规范加急图书联动机制。圆满完成建造师、教材及标准规范等重点图书的生产保障工作。

【进一步建设完善现代营销体系，夯实融合渠道发展基础】加强营销销售制度建设，夯实渠道建设基础，规范渠道管理和销售秩序，提升渠道管理水平。拓展线上营销渠道，开展"网店一体化"平台拓品工作，推进公司"网店一体化"平台由单品类销售服务平台向多品类销售服务平台迈进，提升拓展渠道服务保障能力。继续扎实开展教材营销工作，举办教材推广会议、教材巡展、教材出版座谈会、青年教师教学研讨会等专题营销活动，力求点面结合、有所创新，持续推进校园书店建设。积极开展"发扬五四精神，知识强军报国""百家百万册""情系西部建筑工人"等一系列图书公益捐赠活动，共捐赠图书七千余万元，践行国有文化企业的社会责任担当。

【坚持打击盗版侵权力度不松懈，保持对盗版侵权行为的高压态势】继续加大线上线下全覆盖的打盗维权工作力度，严查盗版源头，监控销售平台，惩处销售终端，为维护建工版图书的市场作出重要贡献。在线上，一方面继续对电商平台进行监控，全年投诉并删除盗版链接达万余条；另一方面对各类网络盗版、侵权电子书开展纵深维权，通过努力使主要电商平台上的盗版现象得到基本遏制，有效捍卫公司的合法权益。在线下，全年配合执法机关进行查获盗版非法印刷厂、捣毁较大规模盗版库房、查办物流环节的盗版案件等各项行动，查缴盗版建工版成品图书近十六万册、盗版码洋九百多万元；另一方面继续强化对侵权行为的诉讼威慑，促进公司知识产权隐形保护罩的形成。

【立足新起点，持续推进融合转型向高质量发展】公司在内容、产品、品牌、模式等方面持续探索，深耕自身优势内容资源，打造全媒体融合产品矩阵，开展知识服务布局，打造知识服务品牌，并积极开展智库活动与研究，推动融合创新能力进一步提升。深化融合发展顶层设计。以融合发展实验室和研究院智库为创新模式和顶层设计机构，不断创新数字出版服务模式、产品形态和盈利模式，持续推进公司转型融合向高质量发展。截至2019年，公司已有国家重点实验室2个，新闻出版改革发展项目库入库项目10个，14个项目获得国家财政资助，其中已有8个项目通过验收；"中国建筑出版在线"项目成功入围新闻出版署2019年度数字出版精品遴选推荐计划，"中国传统建筑文化服务平台"项目获国有资本金预算支持700万元。积极探索推动智库创新发展，努力提高智库成果对公司融合发展及建设行业发展的促进作用，建设高水平企业智库。

【推进管理和技术革新，引领复合出版创新发展】着力推进各项管理和技术革新，研究制定智能编校排系统应用路线与实施方案，着力助推项目的持续发展和落地实施，提升内容生产效率和内容传播能力。加大POD按需印刷应用力度，深化以实现全品种供应、降低库存、提升效益为目标的供给侧改革，拓展按需印刷品种，遏制库存过快增长的势头，降低了企业经营风险。上线OA办公自动化系统、完成ERP系统项目的验收。

【加强人才队伍建设，提升人力资源效用】2019

年，中国建筑出版传媒有限公司始终坚持"党管人才"的原则，推行科学规范的干部选拔聘任制度，建设完善《中层干部选拔聘任工作办法》，开展干部选拔聘任、述职与民主测评工作，着力建设一支信念坚定、勤政务实、敢于担当、清正廉洁的高素质干部队伍；另一方面，加强人才引进与培养工作，充实人才队伍，提升人才职业素养，完善人才储备机制，打造企业的持续竞争力。

【完善制度建设、加强资金积累，提高财务管理能力和效率】系统全面修订《财务管理办法》等多项规章制度，提高财务管理的规范性和效率；提高各项资金的使用效益，调整好利润与资金的平衡关系，促进资金的良性循环，确保公司资产的安全性与平衡性；此外，继续积极完善财务管理信息化建设，优化成本核算系统、营销回款系统与用友财务软件系统的对接。

【举办建社 65 周年系列庆祝活动，提升凝聚力共促企业发展新篇章】举办建社 65 周年庆祝大会暨文艺汇演、第十八届图书质量展、员工书画摄影优秀作品展，出版建社 65 周年纪念画册、员工摄影书画作品集等。各项社庆活动的隆重举行，是对建社 65 年来风雨兼程的历史回顾与总结，也是对企业未来发展的希冀与展望，更是以企业文化凝聚人心，集聚智慧、提振信心、坚守初心、逐梦前行，携手共进谱写企业发展新篇章。

【完成公司制改制，谱写全面发展新篇章】2019 年，按照中央文化体制改革和发展工作领导小组部署要求，中国建筑工业出版社稳步推进并完成公司制改制各项工作，正式更名为中国建筑出版传媒有限公司，实现从传统全民所有制向现代公司制的转变，标志着公司向全面构建现代化企业迈出了重要一步，也为公司的长远发展打开了空间。以此为契机，公司将以现代企业管理思路重塑公司经营管理模式，激发企业活力，以促进企业健康稳定高质量发展。

[中国建筑出版传媒有限公司
（中国城市出版社有限公司）]

中国风景园林学会

【服务创新型国家和社会建设】服务党中央雄安新区建设重大战略，在 2018 年开展相关工作的基础上，完善《雄安新区街道树种选择和种植设计导则》，组织专题培训，促进试行和落地等。组织专家参与《雄安新区控制性详细规划》研讨论证。

做好科技扶贫工作。成立以陈重理事长为组长的扶贫工作领导小组，持续开展湖北麻城市科技扶贫工作。依托学会菊花分会，推动科研机构与麻城市合作科研攻关，协助开展人才培训、举办菊花文化活动等，授予麻城市"中国菊花创新发展之城"的称号，助力该市菊花产业持续发展。

推动"公园城市"建设相关工作。组织《公园城市评价标准》团体标准编制和"公园城市"系列图书编写。2019 年 9 月，再次与成都市公园城市建设管理局联合举办"公园城市建设研讨会"。

【学会建设】截至 2019 年 12 月 31 日，完成登记注册的个人会员数量达 11000 人，较 2018 年增 700 人，增长率 6.8%；单位会员数量达 1297 家，较 2018 年增 97 家，增长率 8.1%。进一步优化会员管理系统，提升服务时效性。

1 月，在深圳召开六届三次常务理事会议，传达学习住房和城乡建设部倪虹副部长在第十二届中国（南宁）国际园林博览会园林论坛上的讲话精神和名誉理事长孟兆祯院士对学会工作的意见。审议通过了《学会 2018 年工作总结及 2019 年工作计划》《中国风景园林学会科学技术奖奖励章程》《中国风景园林学会培训办班管理办法》等。10 月，在上海召开第六届第三次理事会议。

纪念风景园林学会成立一级学会三十周年，召开老专家座谈会，学会领导、老专家、新学会工作者等，共同回顾发展历史，总结发展经验，谋划发展思路等。

【学术期刊】2019 年，《中国园林》继续保持"中文核心期刊"，入选"中国科技核心期刊"和"RCCSE 中国核心学术期刊"，全年共编发论文 300 余篇，约 20 万字，出版 12 期。将近十几年发表过的英文论文汇编成书，方便开展国际交流。

【学科发展研究】《中国风景园林学学科史研究》编写工作持续进行，经过多轮修改完善，已基本成熟。继续推进《风景园林设计资料集（第二版）》

《中国风景园林史》和《中国近代园林史（续篇）》等学科基础性图书编写。《风景园林设计资料集（第二版）》完成初稿，进入审稿阶段。《中国风景园林史》大纲已基本确定，编写工作全面展开。《中国近代园林史（续篇）》编写计划进一步落实。

【决策咨询】协助住房城乡建设部城建司征集中长期科技发展规划和"十四五"科技创新规划建议，撰写专题报告。协助住房和城乡建设部开展第十二届中国（南宁）国际园林博览会展园评比和颁奖工作，并开展城市滨水公共空间建设专题调研。

【国际学术会议】与北京林业大学联合主办"世界风景园林师高层论坛"，支持在国内举办"陈植先生诞辰120周年国际研讨会""首届园林工程国际会议""首届长江经济带景观与生态国际青年论坛"等有影响力的国际学术会议。

【国内主要学术会议（含香港、澳门）】为纪念风景园林学会作为一级学会成立三十周年，以"风景园林年"统领全年学术交流工作，突出风景园林的传承和发展，广泛开展各类学术活动，营造浓厚的学术氛围。10月，中国风景园林学会2019年会在上海举办，主题为"风景园林与美丽中国"，会议以习近平总书记的生态文明思想为指导，聚焦美丽中国建设和乡村振兴战略的实施，交流风景园林在优化国土空间格局、保护国家风景名胜资源等方面的创新实践和理论成果。孟兆祯、常青、吴志强三位院士，哈佛大学设计艺术学院学术院长尼尔·柯克伍德（Niall G. Kirkwood），日本福井县立大学校长进士五十八等9位国内外专家做大会报告，为同一届年会中报告院士人数最多的一次。参会人数逾2000人，设11个分论坛，交流报告总数184份。上海市风景园林学会承办本次年会，风景园林学会多家分支机构承办分会场和分论坛，上海10余家单位参与了会议协办。

2019年，先后举办第十二届中国（南宁）国际园林博览会"新时代，新园林"论坛、"戈裕良与江南园林论坛""城市公共空间设计与活力提升研讨会""园艺疗法研究与实践研讨会""中国盆景赏石艺术研讨会"等专题研讨活动。主办"2019青年教育工作者论坛"，支持召开"2019北京风景园林青年论坛""首届长江经济带景观与生态国际青年论坛"等学术会议，促进青年人才的交流和成长。

学会各专业委员会、分会均召开学术年会、专题研讨会和论坛等。规划设计分会召开的第20届中国风景园林规划设计大会，吸引1300人参会，会议规模和交流项目数量均达历史最高。风景名胜专业委员会年会凝聚专家意见，形成针对风景名胜区的改革与发展的《黄山建言》。文化景观专业委员会年会邀请国际知名专家参加，研讨达到国际水准。标准化技术委员会年会与住房和城乡建设部风景园林标准化技术委员会、全国城镇风景园林标准化技术委员会年会合并举行，实现了信息互通、成果共享。教育工作委员会年会将学术交流与教育成果展等活动相结合，内容更加丰富。园林植物与古树名木全年举办学术会议达5次之多，并广泛开展了古树名木调研。

参与中国科学技术协会组织的接待中央人民政府驻香港特别行政区联络办公室来京访问团与内地学会座谈会及相关活动，王磐岩副理事长主持了建筑业界座谈会，并与香港园境师学会相关领导会谈沟通。

【国际交往】9月，陈重理事长带队参加了国际风景园林师联合会（IFLA）第56届世界大会。李雄副理事长、郑晓笛副教授代表学会参加了IFLA理事会。同月，学会与日本风景园林设计咨询协会（CLA）代表在北京召开交流座谈会，就注册风景园林师制度（RLA）、两国行业标准建设、园林设计和施工经验等进行交流。

邀请国际风景园林师联合会（IFLA）主席詹姆斯·海特（JamesHayter）、新西兰风景园林师协会主席等专家参加年会、公园城市建设研讨会等国内学术会议。

【科普活动】命名"中国园林博物馆"等首批10个科普教育基地和刘秀晨等30名风景园林科学传播专家，建立稳定的科普团队和专家队伍。5月，在上海召开科普工作座谈会，交流科普工作经验，部署全年科普工作。依托科普基地，成功开展全国科技周和科普日系列科普活动。应中国科协要求，组建科技志愿者团队。

继续办好"风景园林月"活动，先后在河南农业职业学院和东北林业大学举办两场学术科普报告会，在北京林业大学举办说园沙龙——80后青年风景园林师座谈会。突出"盆景艺术走进公众生活"主题，先后在中国园林博物馆举办"木石舒意，咫尺乾坤——中国盆景赏石艺术展"和在山东临沂举办"景韵琅琊——全国中青年盆景联展"等。

与中国园林博物馆等单位合作，成功举办"只留清气满乾坤——陈俊愉院士园林成就展"，缅怀陈俊愉先生辉煌的学术成就、创新的学术精神、笃实的教育理念。与上海市容和绿化局等单位共同举办"第十三届中国菊花展览会"，支持成都市举办"第二届天府芙蓉花节"等。

【表彰举荐优秀科技工作者】成功推荐胡运骅、施奠东、王向荣三人获2019IFLA亚太区风景园林杰出人物奖。

【学会创新发展】继续推进行业标准化工作。《园林绿化工程施工招标投标管理标准》等3个团体标准编制完成并公开出版，新启动《西北干旱半干旱区城市绿地生态设计导则》等7个团体标准编制。积极推动《园林工程管理规范》（国家标准）的编制。成功举办团体标准编制研修班，提高团体标准编制水平。组织"新颁团体标准发布和国标推介会"和"全国风景园林行业技术标准宣贯及园林工程施工工法编研培训"，推动新颁标准的贯彻实施。

【科技奖励】顺利开展"中国风景园林学会科学技术奖"评选。制定《中国风景园林学会科学技术奖评奖实施细则》，完善评审标准、修订各子奖项申报书等。共评选出获奖项目619项（占申报总量的51%），含一等奖106项、二等奖237项、三等奖276项。"风景园林规划设计奖国际化项目"获得中国科协支持，推动学会评奖向国际化方向迈进。

【党建强会】认真落实"不忘初心、牢记使命"主题教育学习方案，组织党员集中学习《习近平关于"不忘初心、牢记使命"重要论述选编》、党的十九大报告和党章、《习近平新时代中国特色社会主义思想学习纲要》《中共中央关于在全党开展"不忘初心、牢记使命"主题教育的意见》和习近平总书记在"不忘初心、牢记使命"主题教育工作会议上的重要讲话精神，组织专题民主生活会，结合学会具体工作找差距，强化"致力于绿色发展的城乡建设"的初心和使命。

【会员服务】以会员需求为导向，建立会员与非会员差异服务的基础模式，以学会年会为依托，推进建立会员优惠参与机制，进一步增强会员的获得感和归属感。全年为会员免费寄发《中国园林》及学会简讯5000余册。12月，在合肥成功举办第十一届会员日活动，主题为"以古鉴今，传承发展"，近300名会员代表参加活动。

【配合行业管理方式改革，推动建立公平、开放、有序的市场新秩序】编制并公开出版《园林绿化工程施工招标投标管理标准》和《园林绿化施工企业信用信息和评价标准》，推动建立园林绿化市场信用管理平台和风景园林师职业制度，以及在建造师专业系列中增设风景园林专业等，服务行业管理方式由以资质管理为主要内容的事前管理向以人才和企业信用管理为核心的事中、事后监管转变。编制完成《园林绿化工程项目负责人评价标准》。

【做好服务地方行业建设工作，探索支持地方协同创新发展的新模式】应浐灞生态区管委会的邀请，学会组织专业力量，为浐灞生态区的建设提供支持。双方签署协同创新战略合作框架协议。学会领导应邀出席"江苏宜居城市建设高层专家咨询会"，介绍宜居城市建设国内外成功经验案例，为江苏省宜居城市建设下一步工作和机制创新等建言献策。

【送设计下乡，助力乡村环境提升和经济发展】学会依托规划设计分会组织设计师开展"送设计下乡"工作，提出专业性方案，助力乡村地区发展。选取陕西省黄陵县索洛湾村和甘肃省白银市平川区黄河沿岸村庄，先后开展现场调研、成果编制、内部研讨、公开征求意见、成果审查等，截至2019年12月末，两项目均顺利完成首轮汇报。

送设计下乡工作，严格落实住房和城乡建设部共同缔造理念，坚持"共谋、共建、共享"原则，设计过程中深入结合村委会意见和村民需求，及时将设计思路和成果与村民进行交流，坚持语言简单、接地气，让群众听得懂，发挥村民的主观能动性，以问题为导向，实事求是、凝聚共识。

（中国风景园林学会）

全国市长研修学院（住房和城乡建设部干部学院）

【概况】2019年，全国市长研修学院（住房和城乡建设部干部学院）（以下简称"学院"）在住房和城乡建设部党组的坚强领导下，深入学习贯彻习近平新时代中国特色社会主义思想，全面贯彻党的十九大和十九届二中、三中、四中全会精神，配合做好部党组巡视组巡视学院工作，按照全国住房和城乡建设工作会议部署，围绕"致力于绿色发展的城乡建设"系列培训教材，建立健全培训制度体系，共举办各类培训班159期，培训学员22002人次，学院"培训、科研、咨询"三位一体发展取得了新成绩。

【全力做好"致力于绿色发展的城乡建设"系列培训教材编写出版】 为帮助各级党委政府和城乡建设相关部门的工作人员深入学习领会习近平生态文明思想，更好地理解推动"致力于绿色发展的城乡建设"的初心和使命，全国市长研修学院系列培训教材编委会根据部组织专家编写了"致力于绿色发展的城乡建设"为主题的教材。部党组书记、部长王蒙徽亲自担任编委会主任，为系列培训教材作序。

这套教材聚焦城乡建设的12个主要领域，分专题阐述了不同领域推动绿色发展的理念、方法和路径，力争系统地将绿色发展理念贯穿到城乡建设的各方面和全过程，既是一套干部学习培训的教材，又是推动"致力于绿色发展的城乡建设"的顶层设计。

这套教材中的《绿色增长与城乡建设》《城市与自然生态》《区域与城市群竞争力》《城乡协调发展与乡村建设》《城市密度与强度》《城乡基础设施效率与体系化》《绿色建造与转型发展》《美好环境与幸福生活共同缔造》等8本教材已正式出版发行。《明日之绿色城市》《城市文化与城市设计》《统筹规划与规划统筹》《政府调控与市场作用》4本教材正在编写审校中。

【围绕系列培训教材和部中心工作开展宣贯，圆满完成市长、系统领导干部、党校、行业专业技术人员培训任务】 以学习贯彻习近平新时代中国特色社会主义思想和党的十九大精神、习近平总书记关于住房和城乡建设工作重要指示批示精神和中央城市工作会议精神为主线，以系列培训教材为主要内容，共举办各类培训班159期，比上年增加22期，培训学员22002人次，比上年增长36%。其中市长研究班7期，培训学员232人次；系统领导干部培训班22期，培训学员1194人次；党校处级干部进修班2期，培训学员38人次；"十三五"万名总师培训班6期，培训学员1242人次。

王蒙徽部长围绕"贯彻落实新发展理念推动'致力于绿色发展的城乡建设'"多次为学员传授新理念、教授新方法，并对培训工作作出指示，对市长研究班、厅长培训班教学大纲、教学计划亲自把关。易军、倪虹、黄艳、姜万荣副部长多次为学员授课、出席开班式或学员座谈会等。

2019年中共中央组织部委托17个部委举办29期研究班，学院承办其中的7期（国内6期、新加坡1期），发挥在市长培训工作中的主渠道、主阵地作用。培训主题为"城市品质提升""住房制度改革与房地产市场长效机制建设""城市文化与城市设计""绿色建造与建筑业转型发展""美好环境与幸福生活共同缔造""城市安全与基础设施运行""城市绿色发展与品质提升"。"城市品质提升专题研究班"，来自全国各市（地、州、盟）政府主要负责同志，新疆生产建设兵团师市主要负责同志共32人参加了学习，"赴新加坡城市绿色发展与品质提升专题研究班"，来自部分省（区、市）的市委书记、市长，中央和国家机关有关部委司（局）长共25人参加学习。主要学习新加坡宜居城市建设、城市品质提升、城市建设管理等方面的先进理念，重点研究新加坡城市有机更新、城市治理与公共服务、城市基础设施优化、城市承载力和包容度等方面的政策法规和典型案例。

住房和城乡建设系统领导干部培训主渠道、主阵地作用充分发挥。举办22期住房和城乡建设系统领导干部致力于绿色发展的城乡建设专业能力提升系列培训班，其中一把手厅局长班各1期、分管厅（局）长班5期、专题班15期。第一次举办一把手厅长班，各省级住房和城乡建设部门19位主要负责同志参加学习。

努力开创党校工作新局面。举办了春秋季两期党员处级干部进修班，为住房和城乡建设部、中信集团等部委和央企培训学员38人。党校面授率达到23%。

国家级专业技术人员继续教育基地培训形成品牌。按照《住房城乡建设部国家级专业技术人员继续教育基地培训规划（2017—2020）》部署，举办6期"十三五"万名总师（总建筑师、总规划师、总工程师）培训班。承办人力资源和社会保障部、住房和城乡建设部联合举办的"专业技术人才知识更新绿色建筑技术"高级研修班项目。

【承担司局委托培训大幅增加，培训范围不断拓宽】 司局委托培训班46期，比上年增加28期，培训学员7044人次，学员比上年增长129%。利用电视电话视频会，协助举办6期全国工程建设项目审批制度改革宣贯班，培训学员20余万人次。学院中标联合国开发计划署"中国公共建筑能效提升项目"子项目——"公共建筑节能管理部门人员培训方案研究"，这是学院首次参与对外投标并中标的培训项目。

先后为13个省（区、市）的20余个城市举办了46期培训班，培训学员4215人次。开展自主研发培训班30期，培训学员8037人次。

学院培训班培训贫困地区基层领导干部42人次，其中定点帮扶县干部6人次。受住房城乡建设部村镇建设司委托，在英德市、红安县、蓝田县、西宁市，协助举办4期美好环境与幸福生活共同缔造活动试点培训班，培训学员600余人次，其中定点帮扶县干部11人次。受西藏自治区住房和城乡建设厅委托，承办"全区市县长城市建设管理实务培训班"，培训学员90余人次。

【健全培训体系，保障培训质量】学院依托系列培训教材，逐步形成固定的班次、专用教材、课程体系、师资队伍，向学员传授统一的思想。2019年市长研究班、系统领导干部培训班，均以教材为主要培训内容，讲授内容中教材比例均不低于70%，系统领导干部培训班专题班至少选择1本教材作为培训主体内容。协助住房城乡建设部人事司开发了中央城市工作会议导论课课件，在系统领导干部培训班等班次中试讲。

配合住房城乡建设部人事司出台《住房和城乡建设部关于贯彻落实〈2018—2022年全国干部教育培训规划〉的实施意见》。编制《2020—2022年全国市长城乡建设专业能力提升培训规划》《学院住房和城乡建设系统领导干部教育培训规划（2019—2022年）》。编写《学院2019年市长专题研究班教学大纲》《学院2019年住房和城乡建设系统领导干部教育培训教学大纲》。

【创新教学方式方法，提高培训有效性】在兰州、济宁、石河子市委托班上开展"城市把脉"，培训前请专家到实地调研，帮助解决实际问题。在四川省新时代治蜀兴川执政骨干递进培养计划"一把手"提能工程省本级第二期培训——城建规划班上开展行动学习，针对本省实际开展研讨，提出解决方案办法。

增加案例教学比重。一方面将教学地点放在案例城市，实地参观，如绿色建造与建筑业转型发展市长专题研究班在深圳举办、致力于绿色发展的城乡建设专业能力提升专题班（城市管理与城市治理方面）在上海举办，城市双修专题培训班在景德镇举办等；另一方面请典型城市代表到课堂现身说法，如美好环境与幸福生活共同缔造市长专题培训班请杭州拱墅区、青海大通县和湟中县负责人介绍经验做法。

【信息化建设再上新台阶】数字化培训资源平台建设项目和网络机房基本建成。学院办公系统、教务管理系统、人事管理系统、财务管理系统上线运行。全国住房城乡建设系统领导干部在线学习平台（全国住建系统专业技术人员在线学习平台）初步建成。学院举办的财政经费支持班次，实现线上选修、线下培训相结合的培训形式。出台学院网络培训发展三年行动方案。

【推动新型智库建设】通过培训班、论坛活动、案例采编、实地走访，加强调查研究，形成有价值的调研成果。2019年3月，召开"致力于绿色发展的城镇公厕革命"研讨会，"绿色发展、生态厕所"成为与会专家代表交流的重点。2019年6月，召开"习近平关于文化遗产保护重要论述的研究"专家座谈会，围绕学习贯彻习近平总书记关于文化遗产保护重要论述，做好新时期城市文化遗产保护工作进行了座谈交流。出版《新时期城市管理执法人员培训教材》系列丛书，重点总结和贯彻数字城管典型经验，指导各地"建好、用好"数字城管。

出台推动学院科研咨询工作的意见。获批"乡村振兴战略背景下小城镇发展建设研究""国家生态园林城市的植物多样性研究""城市设计管理实施方法建构与实践应用"3项住房城乡建设部科技项目。承担住房城乡建设部城市管理监督局、地方政府部门委托的"城市综合管理服务平台试点建设指南""全国城市管理执法队伍培训大纲"等10余项课题。"城市综合管理服务平台试点建设指南""上海虹口智慧城管精细化执法实践经验研究"等课题，通过专家评审。配合做好《致力于改革开放的城市变迁丛书》编写工作。与兰州、湛江市签署战略合作框架协议。编写市长和住建干部培训简报27期，编辑《党校园地》刊物3期和多期教学辅助教材。

（全国市长研修学院（住房和城乡建设部干部学院））

中国建筑学会

【服务创新型国家和社会建设】 2019年1月，中国建筑学会科技进步奖正式纳入国家科学技术奖励工作办公室《社会科技奖励名录》。修改了《梁思成建筑奖评选办法》《建筑设计奖评选办法》《科技进步奖评选办法》。

3月，配合住房城乡建设部质量司，征集全国工程勘察设计大师评选办法修改意见。

制定并发布中国建筑学会团体标准3项，立项15项，研编22项。

6月，中国建筑学会培训工作被中国科学技术协会党建智库培训列为重点支持项目。分别在北京市、南宁市等地相继举办了"建筑师负责制试点实操研讨班""第二期建设项目全过程工程咨询实务操作高级研修班""建筑文化建设与传播夏季工作营""装配式建筑质量安全控制与检测高级研修班""工业遗存建筑保留利用与更新改造研学营"等实操落地培训研学活动。

【学会建设】 中国建筑学会理事会党委前置审议学会"三重一大"事项，以及二级组织换届、成立和撤销、预防学术不端行为、接收大额捐赠、开展涉外活动等事项。

共有二级组织55家，全年举办二级组织工作会3次。

全年新增个人会员3510名，新增团体会员349家，微信、微博、今日头条共发布信息2021条，累计阅读量800万人次，最高单条阅读量43万人。

建立多样化的信息宣传平台，整合上级单位、建筑专业媒体、二级组织、合作媒体等多家资源，形成中国建筑学会宣传媒体矩阵。全年网站新增文章946篇，全年访问量200万人次。

【学会治理结构和治理方式改革】 中国建筑学会聘任李存东先生为新秘书长，修订《中国建筑学会二级组织工作条例》等各项规章制度。

加强与地方学会的联动发展，在中国建筑学会平台上宣传和推荐地方学会活动。推行会员双籍制，鼓励地方学会参与全国学会的学术活动，享受优惠政策。

【学术期刊】 2019年，中国建筑学会及二级组织公开出版和内部发行的刊物17种，全年累计发行50余万册。其中，CSSCI刊物《建筑学报》全年出版正刊12期，2期学术论文增刊，共编发论文及作品315篇；《建筑结构学报》全年正刊出版11期，总计编发论文326篇，实现中英文出版；《建筑实践》完成创刊工作，成立新的编委会，实现中英双语出版。《亚洲建筑与建筑工程》被SCI和A&HCI同时收录，具有重要的国际影响力，2018年的影响因子达到0.417。中国建筑学会从2018年11月起承担杂志主编和编辑部秘书处工作，为期5年。

受中国科学技术协会委托，召开推动建筑科学领域发布高质量科技期刊分级目录试点工作2次，项目审定委员会由43位专家组成，由中国工程院院士刘加平担任主任委员。

【学科发展研究】 教育评估办公室承担住房和城乡建设部人事司全国高校建筑学专业评估委员会秘书处日常工作，截至2019年5月，通过建筑学专业评估学校共69所。

7月3日，新一届全国注册建筑师管理委员会（2019—2024）在北京成立。我会副理事长崔愷担任主任委员；理事长修龙、副理事长庄惟敏担任副主任委员；副理事长丁建、王建国、赵琦、曹嘉明及秘书长李存东等多位理事担任委员。

参加中国科学技术协会2019年工程能力国际互认项目，组织二级组织参加了工程能力评价候任考官培训和观摩，协助起草了《土木工程类工程能力评价规范》。

【决策咨询】 2月，重庆市委托中国建筑学会协助组织重庆两江四岸风貌提升专家评审会，对来自世界各地的91家知名设计机构及联合体中的12家设计机构的方案进行评议和投票，提出可供决策参考的各标段推荐方案，产生嘉陵江两岸、长江南岸、长江北岸3个标段优秀设计方案。同时，专家组对重庆两江四岸整体天际轮廓线进行了论证研究，助力重庆全面提升城市品质，将"两江四岸"打造成为"山水之城·美丽之地"的城市典范。

3月，呼伦贝尔市委托中国建筑学会组织呼伦贝尔历史博物馆方案征集活动，来自全国各地的7家优秀团队入围，最终同济大学建筑设计院方案被评审为第一名。

3—5月，苏州市人民政府与中国建筑学会共同在苏州主办了首期"苏州古城保护建筑设计工作营"。来自全国各地的近30个设计团队为苏州古城保护提供了专业建议与方案，最终6个团队的优秀方案脱颖而出。优胜方案将被付诸实施。首期工作营结束之际与苏州市政府签署长期合作协议，并发布《苏州倡议》。

7月，应安阳城乡一体化示范区（安东新区）委托，中国建筑学会组织了安东新区高铁、中央水系一期片区深化城市设计（修建性详细规划阶段）方案征集活动。定向邀请清华大学建筑设计研究院、华东建筑设计研究总院等多家设计团队组成设计工作营，12月中旬完成第二轮专家评议，选出优秀设计方案用于当地决策参考使用。

【国际学术会议】6月，申报中国科学技术协会国际组织专项和青年科学家出席国际会议两个经费资助项目，共获得中国科学技术协会对出席堪培拉协议第七次代表大会、出席亚洲建筑师协会第20届论坛、出席国际建筑师协会首届建筑师论坛等4个国际组织专项和袁野、张时聪、刘崇3位青年建筑师的经费资助。

5月21日，中日韩建筑学会共同主办的《亚洲建筑与建筑工程杂志》编委会议在上海同济大学召开，三国编委共计14人参会并颁发编委证书。

6月6—8日举行的美国建筑师学会年会，首次设立中国展区并举办中国建筑学会主题展览。

6月10—11日在阿塞拜疆巴库举行UIA会员代表大会。中国建筑学会派出代表团出席，本次代表大会成功增加汉语作为国际建协官方语言。

8月在韩国举办的"2019年中韩建筑院校学生工作坊"，为两国建筑院校搭建交流平台，促进两国建筑院校教师和学生的交流。

8月，中国建筑学会代表团赴南非出席第七次堪培拉协议代表会议，推动建筑学专业学历国际互认工作。住房和城乡建设部人事司副司长何志方、中国建筑学会副理事长赵琦率团出访。清华大学庄惟敏教授作为协议轮值主席主持会议。

11月，学会秘书长李存东带领我会代表40余人赴孟加拉国达卡参加亚洲建筑师协会第40届理事会及相关活动。亚洲建协英文官方杂志《亚洲建筑》（Architecture Asia Magazine）的编辑部初拟设于同济大学；伍江代表中国建筑学会在理事会中汇报了2020年亚洲建协第19届亚洲建筑师大会筹备情况；李存东和北京市规划和自然资源委员会陶志红副巡视员向亚洲建协理事会介绍了中国建筑学会和北京市申办2026年国际建协第29届世界建筑师大会的情况。

【国内主要学术会议】5月22日，2019中国建筑学会学术年会在江苏省苏州市召开。大会由苏州市人民政府、中国建筑学会、江苏省住房和城乡建设厅主办，苏州市自然资源和规划局承办。本届大会的主题是"新时代本土建筑文化和技艺的融合与创新"，来自国内外的专家学者、院士、大师、建筑师、规划师、高校师生、媒体代表等近3000人参会。8位两院院士、16位全国工程勘察设计大师、22位国际嘉宾出席本次年会。大会设11个主旨报告会、27场专题论坛、1场学术展览，年会学术论文集共收录论文136篇，评选优秀论文51篇，244位嘉宾作了231场学术报告。

9月23日与北京市规划和自然资源委员会、首钢集团联合举办"百年首钢，城市复兴"论坛系列活动，邀请国内外著名建筑师对首钢工业遗产的改造利用建言献策，举办第20届世界建筑师大会与《北京宪章》发布20周年纪念活动。

9月25—28日，第十届中国威海国际建筑设计大奖赛及人居节举行，专家学者围绕建筑设计未来发展方向、城市设计理论体系建设等主题进行研讨，交流前沿技术理念，分享先进建设经验。

10月17日，第二届郑州国际城市设计大会举行，主题为"新区城市设计管控与空间品质塑造"，全国工程勘察设计大师、中科院建筑设计研究院副院长崔彤等14位知名专家学者，围绕衔接性设计的创作思考、城市"有机更新"及其实现路径、现代城市主义等议题进行深入探讨。

CADE建筑设计博览会2019（上海）于2019年11月5—8日在上海新国际博览中心（浦东）举办，展出面积共计2万平方米。

2019年，中国建筑学会及二级组织共举办系列学术活动200多项，其中论坛46项，研讨会30项；交流论文3661篇；出版论文集36项；参会人数6万人。

【两岸交流】组织海峡两岸暨港澳青年建筑师学术交流会，该活动是中国科协青年科学家学术月活动的组成部分，由中国科协委托中国建筑学会主办。9月8—12日交流会在贵州省贵阳市举行。会议主题为"美丽乡村——青年建筑师的梦想与行动"，邀请海峡两岸和港澳地区45岁以下青年建筑师参加，会上还签署了学术交流合作框架协议。

【国际奖项】6月，组织并协助学会会员申报亚洲建筑师协会建筑设计奖，开展亚洲建协2019学生设计竞赛大陆赛区作品征集活动。

11月5日,2019年亚洲建筑师协会建筑奖颁奖典礼在孟加拉国达卡举行。2019年度建筑奖共设六大类10个奖项,33个项目获奖,中国建筑学会会员共摘取17项大奖,其中,李兴钢、章明、魏春雨、宋晔皓、陆轶辰、刘宇扬、崔光海、孟凡浩8人获得金奖。

【国际组织任职】庄惟敏任国际建筑师协会理事、国际建筑师协会职业实践委员会联席主任;张利任国际建筑师协会副理事;伍江、张彤任国际建筑师协会建筑教育委员会委员;何建清、王清勤任国际建筑师协会可持续发展委员会委员;吴晨、张维任国际建筑师协会职业实践委员会委员;孔宇航任国际建筑师协会竞赛委员会委员;张俊杰、唐文胜、鲁安东任国际建筑师协会公共空间改造工作组委员。

伍江任亚洲建筑师协会副主席;孔宇航任亚洲建筑师协会建筑教育委员会委员;吴晨任亚洲建筑师协会青年建筑师委员会委员;张维任亚洲建筑师协会职业实践委员会委员;袁野任亚洲建筑师协会社会责任委员会委员;肖伟任亚洲建筑师协会绿色与可持续发展委员会委员;张百平担任亚洲建筑师协会资深会员委员会委员。

崔愷任APEC建筑师项目中国监督委员会主任,庄惟敏任APEC建筑师项目轮值秘书长、堪培拉协议轮值主席。

【国际交往】中国建筑学会秘书长仲继寿和综合部主任张松峰于1月13—17日赴德国慕尼黑参加2019年德国慕尼黑建材博览会,拜访慕尼黑国际博览集团,讨论11月上海举行的第二届建筑设计博览会事宜。

朝鲜建筑家同盟沈英学委员长一行5人于9月21—28日来华参加第九届梁思成建筑奖颁奖典礼和第十届威海国际人居节,并在威海举办朝鲜图片展。

中国建筑学会副理事长赵琦和监事张百平于12月9—12日赴菲律宾马尼拉,与菲律宾注册建筑师管理委员会进行了APEC建筑师中央理事会秘书处工作的移交。菲方支持北京市申办2026年国际建协世界建筑师大会和世界建筑之都。

【科普活动】截至2019年,中国建筑学会科普教育基地数量已发展至79家。年初启动"科普专项"支持计划,首次计划共支持了15项科普公益项目,包括线上建筑文化公开课、乡建科普教育、儿童建筑科普教育等领域。学术年会及建筑设计博览会期间,举办多场建筑科普主题特色活动,在会场设立建筑师画廊展区,展出建筑师画作144幅。年中发起并启动"山区孩子的艺术空间"建筑科普公益项目。

【表彰举荐优秀科技工作者】第九届梁思成建筑奖获奖者是清华大学建筑学院院长庄惟敏、德国建筑师曼哈德·冯格康。

6月,推荐2位全国工程勘察设计大师候选人。

全年向中国科学技术协会推荐院士候选人3人,光华工程科技奖被提名人3人,女科学家候选人1人,青年科技奖候选人1人。

第十届中国威海国际建筑设计大奖赛、大学生竞赛评选出国际大奖金奖1项,银奖3项,铜奖5项,优秀奖50项;专题奖银奖3项,铜奖5项,优秀奖20项;大学生竞赛金奖1项,银奖2项,铜奖5项,优秀奖20项,"最佳指导老师奖"28项。

29人获得中国建筑学会建筑设计奖—青年工程师荣誉。

35个项目获2017—2018年中国建筑学会科技进步奖,其中特等奖1项、一等奖5项、二等奖10项、三等奖19项。

【学会创新发展】3月,受怒江傈僳族自治州人民政府委托,中国建筑学会在怒江州开展怒江农房设计帮扶工作,组织6家单位分别对怒江州3个县的18个村进行实地调研。经两轮专家评议,9月初完成了3套农房建设技术指南,为怒江州乡村聚落布局、农房建设与改造、技术措施、配套政策等提供参考,并以正负面清单形式对乡村风貌和农房建设提供指导意见。

5月28日,学会申报的"工程结构安全长期监测预警前沿技术及发展应用瓶颈"项目入选2019年度中国科协年会系列活动。

9月,学会的第一个创新驱动助力工程服务站在绍兴正式成立,通过开展技术服务、决策咨询、成果转化等服务。

【党建强会】组织开展"不忘初心,牢记使命"主题教育系列活动:协助组织召开动员会和主题教育学习会议11次,完成学习情况报告9份,自查自检报告2次;组织党日活动3次;启动二级组织功能型党支部组建工作,目前已完成33家;获得中国科协星级党组织荣誉。

【会员服务】利用学会会员和会议系统为会员提供各种会议的注册、缴费、现场签到等服务;举办2019年CCDI新立方文化、主动式学术委员会AH系列以及辽宁省院LDI系列共举办20余场会员之家沙龙,服务会员5000人次;提出会员服务的4个层次：基础服务、福利服务、社群服务、定制服务。

【第九届梁思成建筑奖颁奖典礼】9月24日，由中国建筑学会主办、国际建筑师协会（UIA）支持，第九届梁思成建筑奖颁奖典礼在北京举行。清华大学建筑学院院长、清华大学建筑设计研究院院长庄惟敏教授，德国著名建筑设计师、gmp建筑师事务所创始合伙人曼哈德·冯格康（Meinhard von Gerkan）先生，荣获本届梁思成建筑奖。

中国科学技术协会书记处书记宋军，两院院士吴良镛，住房和城乡建设部副部长黄艳，中国工程院院士关肇邺、马国馨、何镜堂、魏敦山、郑时龄、崔愷，国际建协主席ThomasVonier，亚建协主席RitaSohSiowLan等国际建筑大师，梁思成亲属梁鉴、于葵、于晓东，部分往届获奖者、设计单位人员及高校师生、媒体代表等200多人出席。

【争办建筑界"奥林匹克"盛会】中国建筑学会和北京市政府正在联合申办2026年国际建筑师协会世界建筑师大会和世界建筑之都。中国建筑学会在8月1日、8月5日、8月9日、8月20日、8月23日、9月16日等多次召开和参加北京申办协调会、沟通会、主题咨询会等，联系各参与方，组织和整理申办材料。在9月23日截止日期前向国际建协秘书处发出正式申办文件。

（中国建筑学会）

中国城市规划协会

2019年，中国城市规划协会（以下简称"协会"）认真贯彻党的十九大会议精神，认真落实中央经济工作会议、中央城市工作会议精神及习近平总书记系列讲话中对城市规划工作的具体要求，在住房和城乡建设部的监督指导下，通过组织一系列行业会议、论坛、科研、活动等，广泛联系会员单位，充分发挥协会行业的积极作用，有力推动了规划行业的发展进步，加强了规划行业管理。

【协会建设】2019年，协会会员总数达到1089家，理事数量363家，常务理事数量121家。秘书处根据工作的实际需要完善会员部，独立开展会员登记、会费缴纳、业务咨询等工作。

2019年年底支部完成了换届选举工作。协会党支部定期召开民主生活会，学党章、学先进，开展主题党日活动，认真组织学习部直属机关党委和二党委下发的文件，积极参加住房和城乡建设系统监督检查业务培训班、直属机关党小组长、党支部书记学习各项培训活动。

协会引导和支持各二级专业委员会的工作，通过整合平台资源、加强内部沟通、协同发挥各自优势，逐步形成共性与特性相融合工作机制平台，共同为会员单位做好服务。

协会制定了《中国城市规划协会秘书处员工考核办法》。并对《中国城市规划协会章程》和《中国城市规划协会会费管理办法》进行了修订。

【学术期刊】2019年共出版《城乡规划》杂志6期，共收载文章77篇（沙龙、笔谈等未纳入统计）。其中，特稿6篇，主题文章36篇，超过全年总文章量的一半，达到54.5%。6期杂志的主题栏目分别为"公园城市""海绵城市""走向国土空间规划的新时代""我国特大型城市生态化转型发展""城市规划70年"和"智慧国土空间规划"。

【工作会议】5月16—17日由中国城市规划协会主办、浙江省城乡规划设计研究院承办的"两山理念与美丽乡村、千万工程实践经验交流会——2019年城乡规划系列交流活动（一）"会议，在浙江省湖州市召开。6月23日，中国城市规划协会第四届理事会二次常务理事会议在重庆召开，会议由中国城市规划协会主办，重庆市城市规划设计研究院承办，共77名代表参加。会议通报2019年度会员公示情况，审议并初步同意了《中国城市规划协会会员管理办法（草案）》。研究并讨论了《中国城市规划协会第四届二次会员代表大会工作方案》。

8月16日在深圳召开"第四届理事会二次会长会暨优秀城市规划设计奖评选组织委员会工作会"。同时，布置2019年度全国优秀城乡规划设计奖评选活动。9月17日，根据《优秀城市规划设计奖评选办法》，经第六届优秀城市规划设计奖评选组织委员会第一次工作会议研究,决定开展2019年度优秀城市规划设计奖的评选活动。12月7—8日在上海市召开"中国城市规划协会第四届理事会二次会员代表大会"。本次会议的主题是"新时代、新使命、新担当"。复旦大学党委书记焦扬,政协上海市十二届委员会副主席周太彤,上海市规划和自然资源局局长徐毅松,上海市城市规划行业协会会长杨东援,杨浦区委副书记、区长谢坚钢等嘉宾为大会致辞。唐凯会长向大会作《中国城市规划协会第四届理事会工作报告(2016—2019年度)》。报告指出,城市规划行业正面临复杂、严峻的形势,自身的变革迫在眉睫。国家对行业协会提出了新要求,城市科学的进步对规划管理提出了新挑战。协会要充分发挥桥梁和纽带作用,鼓励二级专业委员会发挥作用,服务国家、服务会员、服务专业、服务社会。吴建平副会长向大会作《中国城市规划协会第四届理事会财务报告》。大会表决通过《中国城市规划协会章程》《中国城市规划协会会费管理办法》、第四届理事会常务理事单位和理事单位增补事项。另外,大会宣布协会高校规划院工作委员会与《城乡规划》杂志联合主办"2019年优秀城乡规划论文竞赛"的评选结果。

【注册城乡规划师注册工作】注册城乡规划师的管理是协会一项重要的业务工作,2019年协会以认真负责的态度做好各项审核和继续教育工作,简化审批流程实现证书电子化,根据政策为鼓励规划师下基层完善管理办法。审核通过注册城乡规划师业务9610项,其中初始注册3212项、变更注册1853项、延续注册3645项、注册类型转换195项、更改补办56项、注销注册执业646条、撤销业务3项;学时审核通过2038项。12月16日正式启用注册城乡规划师电子证书。自启用之日起,协会不再发放注册城乡规划师纸质证书,已发放的纸质证书同时停止使用。截至2019年年底,全国共有55家注册城乡规划师继续教育培训机构在系统中注册。其中29家培训机构在2019年先后举办各类注册城乡规划师培训及会议75次,举办地点覆盖全国22个省市自治区。全年共完成继续教育培训1155学时,其中必修1044学时,选修111学时,累计参加继续教育并计入相应学时的注册城乡规划师18988人次。8月9日,中国城市规划协会商请部分省市行业协会在上海市召开会议,研究相关实践与注册城乡规划师继续教育相结合的实施办法。9月12日,以落实十九大精神、鼓励注册城乡规划师参与基层实践活动会议讨论形成的初步方案为基础,协会将鼓励注册城乡规划师参与基层志愿、扶贫等实践活动与注册城乡规划师继续教育相结合的若干条款,提请注册城乡规划师管理委员会继续教育专家组审阅。9月24日,完善后的方案经第五次注册城乡规划师管理委员会会议审议并通过,相关条款将增加为《注册城乡规划师继续教育办法》第十一条。

【研究课题、调研报告、成果】协会地下管线专业委员会与同济大学联合启动《城市地下管线发展报告-供排水篇》研究课题。8月1日,住房和城乡建设部组织中国城市规划协会、清华大学、中国科学院等研究机构组成第三方城市体检评估团队对试点城市开展综合体检监测,重点聚焦人居环境建设问题。10月14日,城市体检专家指导委员会工作会议在中国城市规划设计研究院召开。城市试点工作通过对11个城市开展的城市自体检、第三方城市体检和社会满意度调查,已经取得阶段性成果。9月19日中国城市规划协会和中国土地学会共同研究制定《国土空间规划编制从业者自律规则》。

【论坛、研讨会、培训教育】1月26日,协会女规划师委员会与湖南省长沙县开慧镇人民政府在杨开慧纪念馆成功,签订战略合作框架协议。协会女规划师委员会联合中国儿童中心和深圳市城市规划设计研究院,在重庆举办的中国城市规划年会上,以"儿童友好中国实践"为主题,组织学术对话。3月14日,"生态文明与规划学科的新机遇"学术沙龙在复旦大学举行。3月30日,由《城乡规划》杂志社协办的"2019复旦'国土空间规划'论坛暨SPSD空间规划与实践委员会成立仪式"在复旦大学逸夫科技楼举行,邀请20位国内外国土空间规划领域的专家、学者,交流国土空间规划理论、方法、技术与实践的最新研究成果。5月7—14日在上海举办了全国城市规划展示(览)馆讲解员培训班。共吸引来自全国38个城市规划关的49名讲解员参加培训。6月15日,由中国城市规划协会指导,协会信息管理工作委员会主办,烟台市自然资源和规划局支持,武汉市国土资源和规划信息中心和广州都市圈网络科技有限公司联合承办的"2019国土空间规划数据治理专题研讨会"在烟台市成功召开。协会规划设计专业委员会6月24日在重庆市召开"2019年全国规划院长工作会议",深入学习领会中共中央、国务院文件精神,共同探讨新时代新形势下国土空间规划工作的思路和方向。6月24—25日由复旦大学、美国波士顿萨佛克大学、《城乡规划》杂志社联合主办的,"第二届国际城市生态安全与可持续发展论坛"在上海复旦大学举行。会议依托"十三五"国家重点研发计划项目"长三角城市群生态安全保障关键技术研究与集成示范",旨在构建一个中美双方学术交流与合作的平台,推进科研院所、政府部门和企业之间的交流与合作。7月13日由中国城市规划协会主办,海口市自然资源和规划局、海南省城市规划协会、《城乡规划》杂志社、《规划师》杂志社协办的"自贸区(港)视野下的海口城市品质"研讨会在海口市民游客中心召开。9月19—20日,由中国城市规划协会指导、长沙市自然资源和规划局支持、协会信息管理工作委员会主办、长沙市规划信息服务中心、武汉市自然资源和规划信息中心、洛阳众智软件科技股份有限公司协办的"智慧规划论坛暨2019中国城市规划协会信息管理工作委员会工作会议"在长沙成功召开。10月26日由上海市社会科学界联合会主办,复旦大学环境科学与工程系、《城乡规划》杂志社、复旦大学城市环境管理研究中心联合承办的上海市社会科学界第十七届(2019)学术年会,庆祝中华人民共和国成立70周年系列论坛——"中华人民共和国70年生态文明建设的逻辑"主题论坛在复旦大学召开。协会高校规划院工作委员会与《城乡规划》编辑部共同承办第一届"2019年度优秀城乡规划论文竞赛"。11月17日评奖工作全部完成,评选出5篇获奖论文,并在"第四届理事会二次会员代表大会"上为获奖论文作者颁奖。10月11—13日,在长春市组织召开2019全国城乡规划编制研究中心年会。11月7日,协会城市勘测专业委员会2019年年会在广州隆重举行。11月20—22日在杭州举办"中国城市规划协会地下管线专业委员会2019年年会"。11月29—30日协会规划展示专业委员会在成都市顺利召开2019年年会。

(中国城市规划协会)

中国勘察设计协会

【概况】2019年中国勘察设计协会通过行业发展战略研究,协助政府完善行业管理体制和政策,优化营商环境,引领行业和企业发展方向;通过紧抓会员诚信自律,确保为客户提供优质产品与服务,提升中国勘察设计协会品牌形象;通过建立行业研讨、示范、分享、培训、协作平台和机制,促进并帮助会员单位深化经营体制机制改革,组织开展管理创新和科技创新,提升行业整体竞争能力,拓展市场空间,重点开拓工程总承包、全过程工程咨询、城市设计、美丽乡村、数字中国、智慧社会以及专业化工程技术产品和服务业务,大力拓展海外市场,做大行业规模,使行业从业人员得到有效激励,实现行业繁荣。

【开展行业高质量发展研究】协会联合上海天强管理咨询公司,开展工程勘察设计行业高质量发展专项研究,编制《工程勘察设计行业高质量发展专项研究报告》,该报告作为《工程勘察设计行业年度发展研究报告(2019)》的专题研究报告发布。参与清华大学统筹执笔的住房和城乡建设部"发挥建筑师作用提升建筑设计品质研究"课题。该课题分析了我国建筑设计发展面临的主要问题和原因,通过与美国、英国、日本等发达国家保障建筑设计水平的做法和相关法规制度的对比研究,提出了发挥建筑师作用提升我国建筑设计水平的政策建议。完成《工程勘察设计行业年度发展研究(2019)》的编制发布工作。此外,建筑分会、民营设计企业分会、建筑电气工程设计分会分别完成《建设设计行业年度发展研究报告(2018—2019)》《中国民营设计2018—2019年度发展报告》和《中国建筑电气节能发展报告(2018)》。

【启动行业发展"十四五"规划重大课题】《工程勘察设计行业发展"十四五"规划》的研编是住房和城乡建设部市场司委托的重大课题研究任务,以分析行业"十三五"发展现状、成就及存在的问题为基础,研究提出行业"十四五"发展的规划目标以及推进目标实现的政策措施。为此,协会组建了行业发展咨询专家委员会,对"十四五"规划的框架和要点进行探讨,编制包括规划重点内容的规划框架,于2019年11月底上报住房和城乡建设部市场司。

【推进咨询服务模式升级】2019年4月,组织开展全过程工程咨询专题调研,分析梳理所回收的21

家试点企业和47家地方代表性企业问卷，总结现状、分析问题、提出建议，编写《工程勘察设计企业全过程工程咨询业务试点情况调研报告》；继续参与国家发改委和住房城乡建设部联合组织的《全过程工程咨询服务技术标准》编制工作，3次组织编制组成员提出详细修改建议；发起并完成《全过程工程咨询服务规程》团体标准的立项工作。建筑设计分会于2019年3月在苏州成立全过程工程咨询研究和推进工作部，并召开全过程工程咨询学术交流会。

【组织开展工程保险方案和指标研究】委托法律事务部研究编制工程项目保险等问题的课题研究计划，组织召开全过程工程咨询保险、工程总承包保险及其他相关保险座谈会。

【举办第三届国际工程发展论坛】2019年10月22—23日，协会与中国国际工程咨询协会、中国石油和化工勘察设计协会在北京联合举办了主题为"合作共赢、打造品牌、持续发展"的第三届国际工程发展论坛，商务部原副部长陈健、国际咨询工程师联合会（FIDIC）副主席安东尼·巴瑞等17位演讲嘉宾作了精彩的主题演讲，王树平副理事长与来自行业企业的200余名代表参加了论坛。

【开展2019年工程项目管理和工程总承包营业额排名活动】2019年是实施《勘察设计企业工程项目管理和工程总承包营业额排名活动管理办法》（以下简称"办法"）的第二年，建设项目管理和工程总承包分会针对参与活动咨询比较集中的问题，在活动通知中将办法要点给予说明，以利申报工作顺利开展。2019年营业额排序名单已于8月28日在协会网站和相关媒体发布。2019年12月编制完成排名结果分析报告。

【征集海外工程标杆企业和海外工程经典项目】经过企业推荐、专家评审，共推出海外工程标杆企业14家，海外工程经典项目10项。组织编制了《海外工程标杆企业启示录》和《海外工程经典项目案例集》。

【积极开展对外交流合作】2019年，协会与国际咨询工程师联合会（FIDIC）高层举行了两次会谈，签署了《合作备忘录》，正式建立合作关系，双方计划在信息交流、活动访问、培训认证等方面开展具体合作。建设项目管理和工程总承包分会受协会委托与中巴工程论坛的中方主办单位——中国设备监理协会进行沟通交流，以了解前两届中巴工程论坛的举办情况，探讨协会参与举办中巴工程论坛，提高论坛影响力的可能性。同时，召开在巴基斯坦开展工程项目的部分中国工程公司座谈会，了解我国勘察设计企业在巴基斯坦开展工程设计和工程总承包情况。

【组织开展扶贫专项行动】中国勘察设计协会于2019年6月20—21日在住房城乡建设部对口扶贫点——湖北麻城召开主题为"创新发展动能，带动产业扶贫"的精准扶贫论坛，定向邀请国内具有相关工作能力和经验的工程勘察设计单位参加，多名专家作了《延伸业务领域，创造边际效益》《工业设计创新带动产业发展》《体制创新推进经营发展》《以创意设计助推城市价值提升》等专题报告，共同探讨如何在贫困地区创新发展动能，推动产业发展，实现脱贫致富。论坛组委会向麻城红安两市县工程勘察设计单位赠送了价值60余万元的国产正版工程设计软件；协会党支部和工会组织职工购买定向扶贫地区的农副产品。

【提供法律和政策法规培训服务】协会法律事务部组织开展工程勘察设计行业法律服务业务调研，编制《加强工程勘察设计企业法律风险防范势在必行——来自中国勘察设计协会部分会员企业的调查与思考》的报告。2019年，举办工程勘察设计企业财税培训班7期、合同管理与市场管理培训班6期、工程质量与安全培训班2期，580多人参加培训。

【推动行业提升质量管理水平】2019年度，经过组织各地方、行业协会推荐，专家评议等一系列流程要求，推荐了代表全国勘察设计行业的优秀质量管理小组，接受中国质量协会、中华全国总工会、中华全国妇女联合会和中国科学技术协会的联合表彰；2019年3月，质量管理工作委员会组织召开质量管理体系分级认证PDCAR评价模型及评价细则的评审会，与会专家对行业质量管理提升工作提出了完善意见和建议。

【组织开展2019年度行业优秀勘察设计奖评选工作】协会重新制定并发布《工程勘察、建筑设计行业和市政公用工程优秀勘察设计奖评选办法》，修订行业优秀勘察设计奖申报细则，成立2019年度行业优秀勘察设计奖评选监察工作小组。2019年度行业优秀勘察设计奖共收到4481个申报项目，有效参评项目4183个，1678个项目获2019年度行业优秀勘察设计奖。此外，高等院校勘察设计分会完成了教育部2019年度优秀勘察设计评选工作。

【打造建筑设计品牌】协会于2019年12月19—20日在福州召开2019年度全国建筑设计创新创优大会，同时举办全国优秀建筑设计展示交流会。本次大会以"弘扬中国建筑文化·打造建筑设计品牌"为主题，以本年度行业优秀勘察设计奖（建筑设计）

获奖作品为主开展建筑设计创新创优学术交流。何镜堂、王建国院士和陈雄等10位大师登台演讲,全国建筑设计单位的代表近千人参加了大会。经过两年的改造和装修建设,位于福州历史文化街区——三坊七巷的全国优秀建筑设计展示馆在会议召开期间正式开馆,展示馆将常年向社会公众免费开放。

【开展首届科学技术奖评选】第一届中国勘察设计协会科学技术奖于2019年12月23日完成终评工作。评审工作严格按照国家科技奖的评审工作流程,分申报资料形式审查、初评(网络评审+会议评审)、终评3个阶段。最终提交奖励委员会审核的评审结果为:一等奖13项,二等奖31项,三等奖45项。

【推进行业信息化建设】协会信息化推进工作委员会开展了丰富的信息技术交流活动,包括三维设计与大数据应用,数字化成果交付,基于大数据的智能化设计及建筑全生命期信息化管理,建筑信息模型(BIM)技术与城市治理,人工智能、AR/VR等,两千人次参加交流活动;联合中国知网举办以"知识管理,智慧发展"为主题的第二届全国勘察设计行业知识管理主题征文活动;成功举办第十届"创新杯"BIM应用大赛,从1228件参赛作品中评选出397部BIM作品分别获得一、二、三等奖,21家单位获得新秀奖,17家单位获最佳企业应用奖;组织行业专家、技术委员会委员研究完成《建筑类(BIM)常用软件情况汇总》。

【推进协会团体标准编制工作】2019年,协会批准发布2018年立项的《模块化微型数据机房建设标准》《无源光局域网工程技术标准》《智能建筑工程设计通则》3项团体标准,并于1月8日发布《关于申报2019年中国勘察设计协会团体标准制订项目计划的通知》(中设协字〔2019〕3号)启动新一轮团体标准的申报工作,共收到46项申报项目。经过审核,下达第一批标准编制计划39项,第二批标准编制计划4项。

【召开全国勘察设计同业协会共庆新中国成立70周年大会】为了深入贯彻落实中共中央办公厅、国务院办公厅《关于隆重庆祝中华人民共和国成立70周年广泛组织开展"我和我的祖国"群众性主题宣传教育活动的通知》的精神,宣传新中国成立70年来全国勘察设计行业为国家经济和社会发展作出的巨大贡献,协会于2019年12月11日在广州召开全国勘察设计同业协会共庆新中国成立70周年大会,来自全国勘察设计同业协会以及勘察设计企业的代表共800余人参加了会议。作为大会的前期基础性工作,协会于2019年5月开始,面向全行业组织开展庆祝新中国成立70周年系列推举活动,大会发布推举活动成果,并举办了"我和我的祖国"群众性主题宣传教育活动,进行"我与祖国共成长"主题感言、"光辉历程、伟大成就"主题宣讲等活动。

【推进脱钩改革相关工作】经住房和城乡建设部研究决定,并报经全国行业协会商会与行政机关脱钩联合工作组同意,协会参加全面推开全国性行业协会商会与行政机关脱钩改革工作。根据中共中央办公厅、国务院办公厅印发的《行业协会商会与行政机关脱钩总体方案》精神和国家发展改革委等十部门《关于全面推开行业协会商会与行政机关脱钩改革的实施意见》以及《关于做好全面推开全国性行业协会商会与行政机关脱钩改革工作的通知》(联组办〔2019〕2号)的要求,协会制定脱钩实施方案,并报住房城乡建设部批准实施。

【加强专家库建设】协会发布《中国勘察设计协会行业发展咨询专家委员会管理办法》,完成行业发展咨询专家委员会的组建。专家委员会成员涵盖了岩土、建筑、市政、园林、公路、铁路、水运、航空、航天、煤炭、石化、电力、水利、钢铁、有色、军工、机械、核工业、电子、通信、轻工、建材等22个行业,为各行业领军企业或代表性的企业家,并兼顾了国企、民企、上市企业以及代表性分支机构依托单位等多种类别,是一个高层次、高水平、全覆盖的行业发展咨询智库。协会于10月15日在北京召开成立大会,同时召开行业发展"十四五"规划专题座谈会;与此同时,人民防空与地下空间分会完成分会技术专家库的组建,建设项目管理和工程总承包分会开展勘察设计行业工程项目管理专家推荐工作,建筑产业化分会进一步加强专家库建设并组织专家开展相关工作,水系统工程与技术分会筹备组建水系统技术专家委员会,行业专家队伍不断壮大。

(中国勘察设计协会)

中国市长协会

概况

2019年，中国市长协会本着"为城市发展服务，为市长工作服务"的宗旨，把学习贯彻习近平新时代中国特色社会主义思想和党的十九大精神作为首要政治任务，针对城市和市长关心的热点、难点问题，开展了一系列工作，完成了预定的工作计划。

论坛和专题研讨会

【中国—东盟市长论坛】由中国市长协会与南宁市人民政府、广西市长协会合作举办的第五届中国—东盟市长论坛于9月18日在广西南宁举行，这是中国—东盟博览会框架内的一项重要活动，是中国和东盟国家城市领导者的交流平台。论坛主题为：抓住"一带一路"机遇，促进中国—东盟城市旅游合作。来自中国和东盟多国近百个城市的市长和嘉宾参加了会议。

【世界城市日市长论坛】受住房城乡建设部委托，由中国市长协会承办的"世界城市日市长论坛"于10月31日在唐山市举行。论坛旨在加强中外城市在坚持绿色发展理念、建设生态宜居城市等领域的交流，推动解决全球城市发展中面临的共性问题。中外市长和嘉宾就加强生态修复、提升城市基础设施质量以及改善城市人居环境等议题进行深入的讨论。

【中国健康城市论坛】由中国市长协会、上海市崇明区人民政府、世界城市日事务协调中心和上海市健康产业发展促进协会联合主办的"2019中国健康城市论坛"于10月27—28日在上海举行。百余位与会市长、专家和企业家围绕"城市转型、创新发展"的主题进行深入的对话与交流。会后，与会人员还实地考察了崇明生态岛建设项目。

市长培训和国际交往

【赴德国转变城市发展方式高级研究班】9月，中国市长协会与天津市委组织部合作举办了赴德国转变城市发展方式高级研究班。来自市级职能部门和区、县的负责人共25人参加了培训。本次培训的课程包括经济结构转型、科技创新、可再生能源、城市发展规划和海绵城市等。

【赴丹麦新型城镇化和可持续发展专题研究班】在习近平主席与丹麦女王见证下，中国市长协会与丹麦地方政府协会于2014年签署合作备忘录，由此，中国市长协会联合清华大学、丹麦科技大学共同发起这个培训项目。在此框架下，中国市长协会与湖北省委组织部于10月合作举办了"新型城镇化和可持续发展专题研究班"，共26位市长和省级职能部门的负责人参加了培训。培训的课程包括：城市发展与建筑节能、大气PM2.5的环境影响与污染防治、城市水资源保护和海绵城市建设。

城市咨询

应安徽省亳州市人民政府邀请，中国市长协会城市咨询委员会于4月23—25日邀请厉有为、甘宇平等富有城市工作经验的老市长为亳州市开展了调研咨询。咨询重点针对亳州的城市规划、建设、管理以及城乡社会事业和政府服务。通过咨询座谈会，老市长们为亳州的城市发展提出了中肯的建议。

《中国市长》会刊

中国市长协会会刊《中国市长》重点报道"习近平领航中国高质量发展""粤港澳大湾区对话启示录""中欧合作为世界注入'暖流'""多位老市长为亳州市发展把脉问诊"等11个专题，先后刊登市长经验交流文章23篇，完成多篇城市案例的深度报道。

城市问题研究

【《中国城市发展报告（2018/2019）》】由中国市长协会主办、国际欧亚科学院中国科学中心承办的《中国城市发展报告》自2002年起开始出版，共出版17卷。《中国城市发展报告（2018/2019）》（以下简称《报告》）在改革开放40周年和新中国成立70周年两大背景下，以"5G、人工智能、智慧城市"为主题，共组织编写28篇回顾我国改革发展历程、记录城市最新进展、反映社会热点问题的文章。本卷《报告》延续综论篇、论坛篇、观察篇、专题篇、案例篇、附录篇6个篇章。《报告》坚持"中国城市编年史"的基本定位，通过客观地记载、分析全国各类城市的年度最新发展，为城市决策者、管理者和研究者提供参考。

【《中国城市状况报告（2018/2019)》】《中国城市状况报告》由中国市长协会与欧亚国际科学院中国科学中心、中国城市规划学会和联合国人居署共同编写，每两年一卷，系统介绍中国城市发展状况，宣传中国城市的建设成就，分析中国城市存在的问题和困难，提出未来一段时间的行动建议。本报告是联合国系列国别报告之一，是国际社会客观全面了解中国城市的窗口，可在联合国网站上免费下载。

社会公益

由中国市长协会与美国斯达克听力基金会联合北京爱尔公益基金会共同主办的斯达克"世界从此欢声笑语"中国项目于8月在内蒙古自治区呼和浩特市、呼伦贝尔市举行。在国际听力专家和中方工作团队、志愿者们的共同努力下，共为6101名贫困听障人士，免费适配了11988台助听器，助力他们重返有声世界。该项目自2012年实施以来，已走过中国9个省、18个市，累计捐赠81367台助听器，惠及41936名贫困听障人士。

5月，中国市长协会女市长分会与北京白求恩公益基金会、波科国际医疗公司共同举办"助力基层医疗建设"公益项目，先后在四川省达州市、广安市、西昌市，开展患者义诊、学术讲座、手术带教等活动，以推动城市基层医疗卫生机构完善服务功能，提高医疗服务能力，提升群众对基层医疗卫生机构的利用率和获得感，助力城市医疗服务体系建设。

8月，中国市长协会联合北京爱尔公益基金会对接住房和城乡建设部对口的青海省西宁市大通县与湟中县开展公益活动，为213名贫困听障人士捐赠了助听器。

联络工作

【年度联络工作会议】2018年12月，中国市长协会在佛山召开了2018年度联络工作会议。通报了《中国市长协会2018年度工作情况和2019年工作要点》以及《关于表彰2018年度中国市长协会优秀联络员的决定》。

【联络员沙龙】4月10日，以人工智能发展为主题的联络员春季学习沙龙在北京邮电大学举办。来自全国近80个城市的约150位驻京办领导参加了沙龙活动。

6月18日，以"乡村振兴"为主题的联络员夏季学习沙龙在北京举办。来自全国28个省近90个城市的驻京办主任等150人参加。

协会党组织建设

【主题教育活动】按照住房城乡建设部的统一安排和协会党支部的学习计划，协会开展了"不忘初心、牢记使命"主题教育活动，深入学习贯彻习近平新时代中国特色社会主义思想。活动聚焦"不忘初心、牢记使命"这一主题，突出力戒形式主义、官僚主义这一重要内容，围绕理论学习有收获、思想政治受洗礼、干事创业敢担当、为民服务解难题、清正廉洁作表率的目标，特别是习近平总书记关于"四个对照，四个找一找"的要求，结合协会"为城市工作服务，为市长工作服务"的宗旨，盘点收获、检视问题、深刻剖析，开展了批评和自我批评。

秘书处内部建设

为适应城市发展的需要，秘书处将继续建设学习型社团作为中国市长协会提高内部管理的工作重点，将着力打造一支政治过硬、理论水平高、服务意识强、有奉献精神的工作团队。秘书处一方面注重抓各项内部制度的修订和落实，在科学管理上下功夫；另一方面，注重从提高工作人员综合素质，组织学习中央有关文件和会议精神，积极组织党员和职工开展多种形式的业务学习。通过这些活动，进一步提高了职工的政治素养和政策水平，为继续创建学习型社团起到了积极的作用。

（中国市长协会）

中国建筑业协会

2019年，中国建筑业协会（以下简称"中建协"）在住房城乡建设部的指导下，在广大会员的大力支持下，在全体职工的共同努力下，尽职履责、开拓进取，圆满地完成了各项工作任务，为推动行业转变发展方式作出了积极贡献。

【召开建筑行业协会助力企业改革发展研讨会暨全国建筑行业协会秘书长工作会】会议于5月8日在北京召开，中建协会长王铁宏、副会长吴慧娟、副会长兼秘书长刘锦章、副会长韩平出席会议。各地区建筑业协会和有关行业建设协会、解放军工程建设协会、中建协各分支机构负责人参会。王铁宏会长总结了2018年中建协完成的主要工作，并通报了2019年协会工作思路。

【召开建筑业企业扶贫攻坚大会】5月8日上午，中建协在北京召开建筑业企业扶贫攻坚推进大会。各地区和有关行业的建筑业（建设）协会负责人、大型骨干建筑业企业的代表、挂职扶贫干部、媒体记者等400余人参加了会议。会上，412家建筑业企业共同倡议，充分发扬中华民族扶危济困的传统美德，尽锐出战，精准施策，众志成城打赢这场脱贫攻坚战。

【召开六届六次会长会议】11月18日，中建协在北京召开六届六次会长会议，吴慧娟副会长主持会议。中建协会长王铁宏，副会长刘锦章、马春生、尤京、孙波、刘耀华、李宝元、杨镜璞、吴建军、沈德法、张兆祥、陈文山、陈世华、陈贵林、林秋美、赵时运、徐征、高兴文、耿裕华、韩平、雷毅、楼永良、戴和根出席会议。会议还特别邀请住房和城乡建设部建筑市场监管司司长张毅出席会议。会议听取2018—2019年度第二批鲁班奖评审工作报告，审定鲁班奖评审结果。

【召开建筑业科技创新暨2018—2019年度中国建设工程鲁班奖（国家优质工程）表彰大会】12月10日，中建协在北京召开建筑业科技创新暨2018—2019年度中国建设工程鲁班奖（国家优质工程）表彰大会，交流建筑业科技创新成果，表彰241项鲁班奖工程。住房和城乡建设部党组成员、副部长易军代表王蒙徽部长向获得鲁班奖的建设者们表示热烈祝贺。他勉励获奖企业，担当起行业领军企业、优秀企业的责任和使命，大力推动建筑工程品质提升，打造中国建造品牌，实现行业更高质量的发展。王铁宏会长代表中建协致辞。住房和城乡建设部建筑市场监管司、工程质量安全监管司、建筑节能与科技司，住房和城乡建设部科技与产业化发展中心，水利部水利工程建设司，山东省住房和城乡建设厅负责同志，中建协副会长吴慧娟、马春生、尤京、庄尚标、孙洪水、刘起涛、刘耀华、吴建军、张起翔、陈代华、林秋美、韩平、楼永良，中建协副会长单位、中国建筑集团公司总经理郑学选，中建协副会长单位、中国中铁股份有限公司副总裁刘宝龙出席会议。会议特邀4位院士就建筑业前沿技术作主旨演讲，来自各地区和有关行业的获奖企业代表共1600余人参会。会议期间还举办了"建筑业智能建造、机械设备、材料、信息技术展览"。

【深入开展行业调研与统计分析】2019年，受住房和城乡建设部委托，中建协承接了"数字化建造提升工程质量管理水平模式研究""建筑业高质量发展指标体系研究""我国建筑防水应用技术中心发展报告""建筑产业工人权益保障机制研究""工程担保对建筑企业降本增效研究"等多项课题工作。完成了国家重点研发计划子课题"既有居住建筑宜居改造与功能提升政策和推进机制研究"中期编制工作。承接了国家发改委等部门委托的"新形势下建筑行业'走出去'重大问题研究""电力系统质量监督机构尽职免责、失职追责机制研究""关于深化增值税改革运行情况调研"等课题工作。

2019年，受住房和城乡建设部委托，中建协开展特、一级建筑业企业主要指标月度快速调查工作。7月，完成修订《建筑业企业主要指标月度快速调查统计报表制度》征求意见工作，并报住房和城乡建设部计划财务与外事司。撰写发布了《2018年建筑业统计分析报告》《2019年上半年建筑业统计分析报告》，为行业管理部门提供及时可靠的统计分析资料。6月和9月，分别在西安、嘉兴举办两期建筑业统计培训班，参加培训学员 300 余人。

【积极反映行业诉求】4 月 19 日，由中建协主办、中国中铁承办的央企有效应对建材价格大幅上涨问题研讨会在京召开。与会央企领导和代表分别从市场定价机制、环保政策要求、地材市场供求关系、地材质量标准、材料调价机制等方面就地材价格对企业成本的影响做了分析和阐述，并介绍了应对地材价格上涨好的经验和做法，提出解决问题的建议。形成《关于当前建材价格大幅上涨企业成本增加问题的情况反映》，并向住房城乡建设部报送了《关于增加总包单位环保措施费收费的建议》。

2019 年，中建协受国家发改委委托，按月报送建筑业运行形势分析，并就改善营商环境、破除行业壁垒等问题提出建议，报送对《市场准入负面清单（2019 年版）》和《招标投标法》修订工作的意见。组织企业参加国家发改委召开的专题会议，反映地方建筑业信用评分不科学、不统一的问题。向财政部报送建筑业发展形势，接待财政部副部长许宏才一行来协会开展建筑业减税降费专题调研。向司法部提出《审计法》修订意见，建议增加"不得以审计结果作为工程竣工结算依据"。向住房城乡建设部提出《关于促进建筑业健康可持续发展的建议》。接待中纪委第十四巡视组来协会调研，就建筑市场同质化竞争问题提供专题报告。

2019 年，中建协及其分支机构完成课题调研和反映诉求报告近 30 份。

【工程质量安全水平提升】2019 年，中建协修订《鲁班奖复查细则》，使评选工作更加科学规范。开展 2018—2019 年度第二批鲁班奖和 2019 年度境外鲁班奖工程评选工作。编写出版《创鲁班奖工程过程精品指南》，推广先进施工经验。分别在杭州、成都和沈阳召开 3 次提升工程质量经验交流会，来自全国各地区和有关行业建筑业（建设）协会及建筑业企业有关人员 1700 余人参会，组织企业及协会学习观摩鲁班奖典型工程。9 月 17—20 日，中建协携手广西、湖北两地住房城乡建设厅，分别在百色和麻城举办 2019 年质量月"革命老区专家行"活动。9 月 18 日在百色与广西住房城乡建设厅共同举办"第十一届广西建设工程质量论坛暨质量管理标准化样板观摩会"。

2019 年，中建协分支机构举办工程建设质量管理小组成果交流、建设质量信得过班组建设活动成果交流、工程质量监督工作座谈、建筑施工安全生产标准化建设学习交流等活动。

【科技推广与管理创新】2019 年，中建协在国家科学技术奖励工作办公室同意设立建设工程技术创新奖后，开展了网络评审工作。组织举办 BIM 大赛，召开建设工程 BIM 技术应用成果经验交流会。组织举办"数字建造推动高质量发展"暨杭州北大桥项目现场观摩交流会、"装配筑未来·互融求发展"经验交流会、"5G＋智慧场馆"技术研讨会暨西安丝路会议会展中心现场观摩交流会、深基础工程发展论坛等。

积极开展行业标准规范编制工作。从 2018 年开展团体标准管理工作以来，已完成三批共 82 项团体标准立项，完成并发布 14 项，其中，中建协主编 5 项。中建协分支机构开展了《建筑与市政工程防水通用规范》《房屋建筑和市政基础设施工程质量检测技术管理规范》等国家标准规范的制订和修订工作。

进一步加强专家委员会管理工作。修订《中国建筑业协会建筑工程技术专家委员会管理办法》，对专家进行重新登记，开展专家培训，组织专家为企业提供咨询指导服务。

【推进行业信用体系建设】2019 年，中建协开展"建筑业信用体系建设研究"课题工作。完成 2019 年度全国建筑业 AAA 级信用企业评价工作，对 2017、2018 年度信用企业进行信用等级复审，召开信用企业发布暨助力建筑业中小企业发展推进会。组织召开建筑之乡评审会，授予江苏省常熟市、沛县和安徽省和县"中国建筑之乡"称号。

【行业培训】2019 年，中建协按照培训计划，围绕住房城乡建设部核心工作和行业热点难点问题，为企业管理人员、专业技术人员举办各类培训班 18 期，共计 4450 人参加培训。完成第一批英国皇家特许建造师面试与认证工作。受住房城乡建设部人事司委托，中建协和住房城乡建设部人力资源中心共同编写《模板工职业技能标准》和配套培训教材。有关分支机构也编写了一系列技能培训教材。供应链与劳务管理分会受住房城乡建设部委托负责全国建筑工人实名制管理信息平台运维工作，截至 2019 年年底，各省、自治区、直辖市已实现与全国平台中央数据库的互连共享，上线 800 余万人。该分会还召开 2019 中国建筑业供应链与劳务管理高峰论坛，成立智慧建筑供应链云平台。建筑安全与机械分会举办全国工程建设行业吊装职业技能竞赛，绿色建造与智能建筑分会举办全国装配式——智能楼宇管理员职业技能竞赛。

【积极参与脱贫攻坚】2019 年，中建协被住房城乡建设部扶贫办列入红安县定点扶贫帮扶小组成员，同时协助部建筑市场监管司对红安、麻城、大通和湟中四县（市）进行产业扶贫。为此，中建协成立精准扶贫领导小组，组织召开建筑业企业扶贫攻坚推进大会，倪虹副部长和国务院扶贫办有关负责同志出席会议并讲话，400多家建筑业企业共同向全行业发出扶贫倡议。中建协提出符合建筑业行业特点的"一人就业、全家脱贫"的精准脱贫策略，引起国家扶贫办重视。中建协先后在红安县和西宁市召开扶贫对接洽谈会，组织大型建筑业企业与四县（市）中小企业签订20项帮扶协议，在专业和劳务分包、人才培养、技术交流指导等方面开展合作。10月、11月中建协与住房城乡建设部建筑市场监管司领导赴两地对协议项目进行督促指导。在甘肃省临夏回族自治州举办质量管理公益培训。中建协为定点贫困县建档贫困学生捐助3.1万元，向大通县捐款10万元，联合中建三局向红安县贫困学生捐助7.2万元。中建协还通过邀请贫困地区从业人员免费参加交流会、在建设系统扶贫馆平台购买农副产品、在协会媒体平台大力宣传动员等方式积极开展扶贫工作。

此外，在第69个"六一"国际儿童节前夕，中建协委托四川省建筑业协会、广元市住房城乡建设局、广元市建筑业协会、利州区教育局等有关单位的负责同志，到荣山三小花园小学看望慰问老师和同学，并向每个贫困学生发放了1200元的慰问金。花园村小学由中建协于2008年5月12日汶川大地震灾后援建，也是四川省建协的定点帮扶助学对象。2018年以来，已累计向学校捐物数十万元，资助学生100多人次。

【推进行业法制建设】2019年，中建协召开以最高人民法院施工合同新司法解释维护企业合法权益研讨会、中国民营建筑企业权益保护工作交流会。成立中国建筑业协会法律服务工作委员会，并联合中国海事仲裁委员会成立建设工程争议仲裁中心，开展法律宣传、法律咨询和工程建设领域合约纠纷调解仲裁业务，并为建筑业劳务人员提供免费法律咨询。

【媒体信息宣传工作】2019年，中建协编辑出版12期会刊《中国建筑业》；编印《2018年中国建筑业协会年报》；中建协建筑史志与企业文化分会出版《中国建筑业年鉴（2018卷）》截至2019年年底，中建协微信公众号关注人数达15568人，浏览次数达35028次。协会网站共发布协会文件、重要通知、各类动态、消息等2500余条。截至2019年年底，完成2800余家新老会员的网上更新工作。完成网站的改版、备案工作。

2019年，中建协继续开展第五届建筑业企业信息化建设案例征集活动，编印出版《建筑业企业信息化建设案例选编》一书；与建筑史志和企业文化分会、中建三局联合承办并召开第四届全国建筑业企业文化建设经验交流会暨2019年建筑业信息宣传工作会议。

【境外交流】接待香港建造业议会代表团一行，双方交流两地建筑业的发展情况，介绍两会推动行业发展开展的工作，并就今后合作等事宜进行商谈；接待新加坡建设局代表团，双方就中新两国建筑行业在行业深化改革、转型升级、科技跨越，尤其是BIM技术在项目全周期的推广应用，以及两国建筑业企业在"一带一路"沿线国家和地区开展合作进行了深入的交流；接待德国巴伐利亚州建筑业协会来访，双方围绕BIM技术和装配式建筑的发展和应用进行深入交流；举办第18届中国国际工程项目管理峰会暨全国建筑业企业项目管理经验交流会。

【自身建设】一是着力加强党的建设，提高政治站位。通过开展"不忘初心、牢记使命"主题教育，将主题教育成果运用到协会各项实际工作中，加强了为人民服务宗旨意识和廉洁自律意识。二是勇于进行协会机构改革。中建协秘书处由原7部1室8个部门变为3部1室4个部门，加2个直属机构（研究院和培训中心）。原23个分支机构经过整合调整为16个。完成咨询公司前期筹备、注册等工作，已与10余家企业达成咨询服务意向。三是着力加强业务建设。规范鲁班奖评选、AAA级信用企业评价、技术创新奖、"建筑之乡"授牌等活动，创新开展会展、工程咨询、培训、调解仲裁、互联网供应链平台建设等业务。四是加强和完善制度建设。印发实施《中国建筑业协会网站信息发布管理办法》《中国建筑业协会网站管理办法》，起草一系列分支机构管理规定，基本完成分支机构的银行账户、税务及账务撤并工作。五是有序推进脱钩工作。按照民政部、中央和国家机关工委、住房城乡建设部关于行业协会脱钩工作要求，制定脱钩计划与方案。中建协迁入神舟大厦办公。

【重要会议与活动】1月19日，中建协在京举办以最高人民法院施工合同新司法解释维护企业合法权益研讨会。3月14日，中建协在厦门召开建筑业企业智慧建造案例交流暨现场观摩会。4月11日，中建协发布《2018年建筑业发展统计分析》。4月19日，由中建协主办、中国中铁承办的央企有效应对建材价格大幅上涨问题研讨会在京召开，5家央企24名代表参会。4月24—26日，中建协在杭州召开全国建筑业企业提升工程质量经验交流会。4月29日，中建协在红安县组织召开建筑产业扶贫对接洽谈会。5月8日上午，中建协在京召开建筑业企业扶贫攻坚推进大会。5月8日下午，中建协在京召开建筑行业协会助力企业改革发展研讨会暨全国建筑行业协会秘书长工作会。5月17日，中建协在京召开第三批团体标准立项审议会议。5月29—30日，中建协在成都召开全国建筑业企业提升工程质量经验交流会。5月30日，中建协在西宁市组织召开建筑产业扶贫对接洽谈会，6家大型企业与大通、湟中两县的中小企业签订了8项合作协议。6月12日，财政部副部长许宏才一行到中建协进行建筑业减税降费专题调研。6月12—13日，中建协在沈阳召开全国建筑业企业提升工程质量经验交流会。6月22日，中建协扶贫工作组参加红安县定点扶贫部县联席会议及扶贫调研。住房和城乡建设部副部长倪虹出席并讲话。6月25日，中建协在京召开"不忘初心、牢记使命"主题教育动员大会。6月28—29日，第四届全国建筑业企业文化建设经验交流会暨2019年建筑业信息宣传工作会议在武汉召开。7月3—5日，中建协质量管理分会在呼和浩特举办了工程建设质量管理小组活动成果交流会。7月8日，中建协发文，确定调整后的秘书处部门和分支机构名称，并任命有关人员。至此，历时半年的协会第一阶段机构改革顺利完成。7月30日，中建协召开2019年上半年工作总结会，同时研究部署下半年工作。8月2日，"数字引领绿色驱动"全国装配式建筑与智慧建造现场观摩交流会在深圳召开。8月5日，中建协与新加坡建设局在京举行会谈。8月19日，中建协在京召开2018—2019年度第二批中国建设工程鲁班奖（国家优质工程）现场复查启动会。9月10日，2019中国建筑业供应链与劳务管理高峰论坛在重庆召开。

9月17—20日，中建协组织专家赴百色市和麻城市开展"质量月"专家行活动。9月18日，质量管理小组活动基础知识公益培训在甘肃省临夏市举办，近300人参加培训。9月，中建协接待中纪委中央第十四巡视组调研，并于9月19日就建筑市场同质化竞争问题提供专题报告，报告引起了中央重视。9月20日，"中国建筑之乡"评审会在京召开。9月25日，2019年度全国建筑业AAA级信用企业评审会在京召开。10月12日，中组部副局长王奉朝一行到中建协调研。10月16—18日，2019年工程建设质量信得过班组建设活动成果交流会在杭州召开。10月29日，中建协秘书处职工赴香山革命纪念地开展主题教育活动。10月31日，全国建筑业2019年度AAA级信用企业发布会在合肥召开。11月4日，中建协与德国巴伐利亚州建筑业协会在京举行座谈。11月18日，中建协在京召开六届六次会长会议，会议审定2018—2019年度第二批中国建设工程鲁班奖（国家优质工程）入选工程，审议中建协工作总结和计划。11月26日，中建协联合湖北省质安总站、中建三局、汉阳市政集团开展爱心扶贫活动。11月29日，《建筑业高质量发展指标体系研究》课题评审会在京召开。12月3—4日，第18届中国国际工程项目管理峰会暨全国建筑业企业项目管理经验交流会在武汉市召开。12月10日，建筑业科技创新暨2018—2019年度中国建设工程鲁班奖（国家优质工程）表彰大会在京隆重召开。12月10日，中建协成立法律服务工作委员会，并联合中国海事仲裁委员会成立建设工程争议仲裁中心，开展法律宣传、法律咨询和合约纠纷调解仲裁业务。12月27—28日，中建协在深圳召开建设工程BIM技术成果经验交流会。

（中国建筑业协会）

中 国 安 装 协 会

2019年，中国安装协会深入学习贯彻习近平新时代中国特色社会主义思想和党的十九大精神，紧紧围绕党和国家的中心工作，紧密结合安装行业发展特点，坚持服务政府、服务企业，加强自身建设，提高协会在促进行业技术进步、引领行业发展、反映企业诉求、提出政策建议等方面的服务能力和服务水平，协会的影响力和凝聚力不断增强。

【注重协会组织建设，坚持民主办会】2019年4月，协会召开第六届七次理事（扩大）会议，审议通过了秘书处工作报告，报告从加强协会组织建设、坚持民主办会等8个方面对2018年协会工作做了全面总结，并就2019年工作进行安排部署。会议审议通过了"关于修订《中国安装工程优质奖（中国安装之星）评选办法》的提案""关于修订《中国安装协会科学技术进步奖评选办法》的提案"，批准了97家企业的入会申请。

2019年8月，协会召开秘书长、联络员、通讯员联席会议，通报了2019年上半年工作，对办好《安装》杂志提出了希望及建议。会议表彰2018—2019年度协会优秀工作者17名、优秀联络员77名、优秀通讯员51名，颁发荣誉证书。

【做好两个奖项的评选工作，推动行业工程质量水平提高和科技进步】2019年4月，协会第六届七次理事会会议期间举行了颁奖大会，向荣获2017—2018年度中国安装工程优质奖（中国安装之星）的获奖单位及突出贡献个人颁发奖杯、奖牌、证书，并发出《关于开展2019—2020年度（第一批）中国安装之星评选活动的通知》和《关于印发〈中国安装工程优质奖（中国安装之星）评选办法〉的通知》，启动了2019—2020年度中国安装工程优质奖（中国安装之星）第一批评选活动。2019年5月，协会在西安召开"2019年全国创精品机电工程研讨会"。

2019年，经过网上审核，由180家会员单位申报的219项工程（其中2项为境外工程）通过初审进入复查。10月，28个复查组对通过初审的219项工程进行现场复查。12月，协会召开评审会，217项工程（其中2项为境外工程）入选2019—2020年度第一批中国安装工程优质奖（中国安装之星）。

2018年6月，协会发出《关于做好"2018—2019年度中国安装协会科学技术进步奖"申报和推荐工作的通知》，2018年7—10月份，申报单位在线填写申报资料并提交纸质资料，共受理了来自全国116家企业近200项科技成果申报资料，其中165项推荐成果通过初审。2018年11月—2019年1月，分成几个专家组，对通过初审的成果进行网上审核和召开专业会议审查，提出一、二等奖项目推荐名单。2019年3月，协会在山西太原召开评审会议，对通过专业审查的项目进行最终评审并公示。4月，协会发出《关于公布2018—2019年度中国安装协会科学技术进步奖评选结果的通知》，共122项成果入选，其中一等奖18项、二等奖36项、三等奖68项。

【发挥典型示范作用，开展行业技术交流和政策解读活动】围绕行业热点，开展多项技术交流研讨活动。2019年，协会在每次大型会议或活动后，组织工程观摩活动，搭建学习先进，交流经验的平台。2019年1月，2018—2019年度中国安装协会科学技术进步奖专业审查期间，组织与会代表观摩了江苏溧阳抽水蓄能电站项目。2019年3月，协会召开机电工程装配式施工技术经验交流研讨会暨现场观摩会，解读国家有关装配式建筑政策，交流冶金、石化、机电工程装配式施工技术应用与实践的经验。组织与会代表观摩山西省工业设备安装集团有限公司承建的山西金能铜铟镓硒薄膜太阳能项目装配式模块化能源站设备房、山西建筑产业现代园区装配生产线及山西建设·双创基地。4月，协会召开第六届七次理事（扩大）会议暨工程创优经验交流会，并组织与会代表观摩了珠海长隆海洋科学馆项目。5月，协会召开2019年全国创精品机电工程研讨会，组织与会代表观摩西安丝路国际会展中心机电工程。6月，安装行业BIM应用与智慧建造经验交流会期间，组织与会代表观摩了中建八局第一建设有限公司承建的文林工业园区工业污水处理厂项目一期一区（EPC总承包）工程。7月，协会举办北京大兴国际机场技术交流暨观摩会，围绕先进施工关键技术和管理经验进行分享和交流。9月，协会召开机电工程项目管理与施工技术交流研讨会，组织代表观摩了上海机电安装"双创"（质量创优·管理创新）工程。12月，2019年安装行业BIM技术应用成果交流会暨现场观摩会期间，组织代表观摩中建三局集团有限公司承建的天津市第一中心医院新址扩建机电安装工程和镒辰集团-天津奥特浦斯机电设备有限公司的装配式加工基地。此外，协会秘书处赴北京城市副中心、冬奥会国家雪车雪橇中心、速滑馆等项目进行观摩学习。

结合企业需求，做好政策解读。2019年6月，协会召开建筑工人实名制管理办法解读及实操交流会，会议解读了《建筑工人实名制管理办法（试行）》。

2019年6月，安装行业BIM应用与智慧建造经验交流会紧密结合BIM技术应用与智慧建造主题，对BIM技术在超高层、大型公共建筑、工业安装和钢结构安装项目中的典型应用进行交流和探讨。

2019年7月，协会开展2019年安装行业BIM技术应用成果评价活动。24项成果入选2019年安装行业BIM技术应用国内领先（Ⅰ类）成果。12月，协会召开2019年安装行业BIM技术应用成果交流会，交流分享最新的BIM技术实施应用成果和优秀经验。

【评选优秀论文，编辑书籍，促进管理成果、科技成果的转化与应用】评选优秀论文。《安装》杂志对 2015—2018 年在《安装》杂志发表过的 700 多篇论文进行了评审。评选出 168 篇优秀论文，同时推荐评选出 6 个优秀科技专题奖、9 个优秀组织奖、3 个优秀作者奖。通过评选活动，激励了安装科技工作者的创作热情，促进安装行业及相关领域优秀研究成果的传播，提高期刊的论文质量和学术水平。

编辑书籍。协会于 2018 年 5 月启动编写《机电工程新技术（2019 版）》一书。2019 年 8 月，协会召开《机电工程新技术（2019 版）》编写工作会。会议确定该书的基本架构由 5 章组成，推荐入编新技术共 140 项。11 月，协会召开《机电工程新技术（2019 版）》审定会，按照建筑市政、一般工业、石油化工、电力、冶金专业分 5 个审定小组，对书稿进行审定并一致通过，经修改完善后提交中国建筑出版传媒有限公司印制。

【加强行业调查研究，掌握行业发展趋势】协会参加了住房城乡建设部 2019 年 5 月召开的中国建筑业改革与发展及典型案例研究座谈会，向会议提交了 2018 年安装行业改革发展情况及企业转型升级情况，介绍了 2018 年中国安装协会在促进安装行业改革发展方面的主要举措、成效和经验。2019 年，先后走访了中建一局集团安装工程有限公司、北京设备安装工程集团有限公司、上海宝冶集团有限公司、中建安装集团有限公司、兴润建设集团有限公司、江苏中亿丰建设集团、苏州邓尉工业设备安装有限公司，了解企业发展状况、转型升级情况，以及企业关心的问题、面临的挑战等。

【建立健全团体标准管理制度，加大团体标准编制力度】根据住房城乡建设部《关于培育和发展工程建设团体标准的意见》，协会制定《中国安装协会团体标准管理办法》，明确标准编制程序、经费管理、技术审查、咨询解释、培训服务、实施评估等相关要求。2019 年 1 月，中国安装协会标准工作委员会年会讨论了标准委提出的 2019 年中国安装协会拟编制各项团体标准的立项提案，根据编制团体标准立项提案，5 月，标准委组织专家召开《民用建筑机电安装工程综合支吊架计算书内容及评价》及《装配式机电安装技术标准》（暂定名）两项团体标准立项专家评审会通过立项进入编制程序。

【继续做好机电工程专业建造师相关工作】协会一直承担着住房城乡建设部委托的一、二级建造师相关工作。2019 年 6 月，协会召开全国注册一、二级建造师执业资格考试用书《机电工程管理与实务》2020 年版修编会议，进行修编工作。协会作为全国一、二级建造师执业资格考试牵头单位，向住房城乡建设部注册中心推荐一、二级机电工程专业建造师执业资格考试命题、阅卷专家，参与考试命题和阅卷工作。

【按照章程，做好协会换届相关工作】2019 年第 37 次中央和国家机关工委会议（2019 年 12 月 9 日召开）审议通过协会提交的换届资料，中央和国家机关行业协会商会工作局下发《关于中国安装协会第七届理事会负责人候选人的通知》，同意新一届理事会负责人候选人。12 月 19 日，协会完成了第七届理事会负责人候选人的公示工作。

【加强协会信息化建设，做好协会信息宣传工作】协会主要的信息发布渠道有《安装》杂志、《协会简报》，以及协会网站、协会微信公众号和《安装》杂志社微信公众号等，优化信息服务对提高协会服务质量、推动协会工作开展有着积极的促进作用。

【积极发展会员，加强协会自身建设】2019 年，协会通过开展的各项活动积极发展会员，共吸纳 106 家企业入会。不断改进完善工作模式和活动方式，通过每一次调研的结果校准工作目标、明确自身定位，通过每一次会议后的经验总结优化会员单位的活动体验，提高服务质量，吸引更多会员单位参与协会活动。

【加强协会党建工作，发挥党支部战斗堡垒作用】2018 年脱钩以来，在中央和国家机关工委和住房城乡建设联合党委的领导下，协会党支部坚持"围绕中心、服务大局"指导思想，扎实加强协会党建工作，为各项工作的开展提供了有力的政治保证。

（中国安装协会）

中国建筑金属结构协会

【重要发文】 1月6日向住房城乡建设部报送《2018年钢结构技术体系梳理研究报告》。

4月16日授予广东贝克洛幕墙门窗系统有限公司为"中国建筑门窗幕墙科技产业化应用基地"。18日授予凤凰岛·凤凰之舟、武汉大学大学生体育活动中心等项目为第十三届"中国钢结构金奖"。

6月25日报送住房城乡建设部《关于选择部分企业开展钢结构住宅试点的报告》。

7月15日同意授予江阴海达橡塑股份有限公司为"中国建筑门窗配套件科技产业化基地"。

9月10日发布团体标准《集成打包箱式房屋》《平滑自动门机组》公告,两项标准自发布之日起实施。

【捐赠情况】 组织会员企业支援云南省宁蒗彝族自治县学校的基础建设:厦门海源泵业有限公司捐赠5万元;安徽欣叶安康门窗幕墙股份有限公司捐赠2万元;爱康企业集团(上海)有限公司等9家捐赠1万元;协会捐赠39万元;共筹55万元。

【理事会】 中国建筑金属结构协会第十届理事会六次会议于2019年5月15日在北京召开,会议由会长郝际平主持,秘书长刘哲作第十届理事会工作报告。会议审议通过了增设职能机构:"信用标准管理中心""团体标准管理中心";增设分支机构:检测认证分会、舒适家居分会、清洁供热分会、钢结构桥梁分会、铝结构分会、装配式建筑分会、集成房屋分会、检测鉴定加固改造分会、国防系统机电设计分会、建筑机电抗震分会、净化与新风委员会、阀门委员会、给水热水设备委员会、排水和排水利用委员会、管道委员会。分支机构更名:"铝门窗幕墙委员会"更名为"铝门窗幕墙分会";"塑料门窗委员会"更名为塑料门窗及建筑装饰制品分会。宋为民当选为第十届理事会新任副会长兼秘书长。

中国建筑金属结构协会第十一次会员代表大会暨第十一届理事会一次会议于2019年12月2日在北京召开。会议投票选举产生第十一届理事会理事、常务理事,会长、副会长、秘书长及监事会。郝际平当选为会长,马俊清等24人当选为副会长,宋为民当选为副会长兼秘书长,宋波当选为第一届监事会监事长。会议审议通过《第十届理事会工作报告》《第十届理事会财务报告》《章程修改案》等。大会表彰了"改革开放四十周年行业突出贡献企业""改革开放四十周年行业功勋人物""(2014—2019)年度行业新锐人物""精准扶贫爱心奉献单位"和"第十届理事会协会功臣"。

【标准编制】 在编标准:《辐射供暖用混水装置应用技术规程》《壁挂炉地暖系统技术规程》《定制门窗工程技术规程》《居住建筑新风系统应用技术导则》《倒流防止器》《铸铝门》《建筑用铜门》《紧急疏散平滑门》《平开门》《旋转门》《门用传感器》《城市钢桥设计标准》《城市钢桥制造及安装规范》《复杂卷边冷弯型钢应用技术规程》《装配式钢结构住宅型钢构件标准》《钢结构住宅设计规范》《箱板钢结构装配式住宅技术标准》《建筑金属屋(墙)面围护系统技术标准》《集成打包箱式房屋》《光伏幕墙应用指南》《建筑光伏技术经济选用条件》《建筑光伏应用技术评价标准》。

新立项标准:《防火自动门》《智能幕墙应用技术要求》《建筑幕墙BIM运维标准》《铝合金阳光房工程技术规范》《绿色产品认证标准——建筑门窗及配件》《绿色产品认证标准——建筑幕墙》。

新申报标准:《碳素钢丝骨架PE排水管》《建筑用塑料门窗》《建筑门窗五金件开窗器》《陕西省居住建筑通风系统应用技术标准》《山东省居住建筑新风系统应用技术标准》《钢管混凝土拱桥管内混凝土施工技术规程》《波形钢腹板制造技术》《钢结构既有项目改造拆除技术标准》《近零能耗建筑用光伏一体化技术规程》。

新启动标准:《叠压供水技术规程》《建筑遮阳行业企业信用等级评价指标》《明装散热器供暖系统设计与运行技术导则》。

完成标准:《建筑用纱门窗技术条件》《塑料门窗应用技术导则》《减压型倒流防止器》《电动门窗通用技术要求》《卷帘门窗》《安全电压开门机》《户外电动门安全要求》《给水用不锈钢管及管件》《管

网叠压供水设备》《给水排水产品系列标准乡村建设应用实施指南》《高性能平板型太阳能集热器》《装配式钢结构住宅建筑技术标准》。

参加编制标准：《系统门窗通用技术条件》《建筑门窗和幕墙产品及制品基本技术要求》《建筑门窗附框技术要求》《建筑用系统门窗认证实施指南》《被动式超低能耗建筑用门窗评价要求》《低屈服点钢应用技术规程》《钢结构大承载力端板连接节点技术规程》《方钢管-T型钢组合截面异形柱结构技术规程》《矩形钢管柱端板式连接钢结构技术规程》《承插式预制钢板混凝土组合剪力墙建筑技术规程》《火灾后钢结构损伤评估技术规程》《钢管脚手架扣件》《导架爬升式工作平台》《建筑施工易发事故防治安全标准》《铝合金门窗生产技术规程》《绿色产品认证标准——建筑密封胶》《建筑幕墙抗风检测标准》《绿色建材评价标准建筑加固胶》《装配式建筑用密封胶》《既有石材幕墙检测评价标准》《低压流体钢塑复合管材及管件》。

【为政府服务】建筑钢结构分会，4月，配合住房城乡建设部开展的钢结构住宅试点，行业标准《装配式钢结构住宅型钢构件标准》编制启动，分会作为主要参编单位，配合住房城乡建设部标准定额司召开了3次专家研讨会并形成编制大纲。同月，参加河北省政府专家咨询委员会召开的钢结构住宅应用研讨会。4月和7月，分会参与对武汉蔡甸区、杭州萧山区的钢结构住宅示范工程的调研。5月，推荐多名钢结构专家，参加了对全国工程质量、安全生产、绿色建筑和装配式建筑的大检查活动，对装配式钢结构建筑推广情况进行汇报。8月，受辽阳市国资委邀请，协助召开装配式钢结构住宅技术体系和示范工程的论证会议，对东北地区钢结构建筑提供咨询服务。11月，协助河北住房城乡建设厅开展了"装配式钢结构建筑标准体系研究"课题的评审工作。

塑料门窗装饰制品分会配合住房和城乡建设部科技与产业化发展中心在门窗行业开展"工业化建筑标准化部品和构配件产品推广目录"相关申报、评审等工作。9月，组织行业企业申报，10月配合主办方邀请专家开展第一次评审，评选出第一批18个门窗及相关配套产品。12月组织部分专家对待公示的产品目录相关内容进行修改。

建筑扣件委员会配合国家质检总局许可证审查中心落实扣件产品许可证制度取消的各项程序工作，完善许可证取消后的各项管理政策的制定和改进工作。受住房城乡建设部标准管理部门的委派，派员参加了共计5项国家及行业标准审查工作。

质量部配合住房城乡建设部完成装配式住宅职业岗位标准设置的调研、方案。完成住房城乡建设部工程建设行业标准《建筑门窗安装工职业技能标准》的编制、出版、发行工作。继续跟进商务部对外援助成套项目主要设备材料产品目录推荐工作的后续工作。

【服务会员企业】建筑钢结构分会组织会员企业参与住房城乡建设部第二批"国家装配式建筑产业基地"申报工作，对一批重点钢结构企业申报提供指导，服务企业均通过了初审。3月，协会组织行业技术能手推荐工作，协会组织推荐的马战波等24名选手荣获全国住房和城乡建设行业技术能手称号。同月，根据天津中投集团要求，钢结构分会组织行业研发单位专家35人参加联合国海外采购轻钢集成房屋技术体系研讨，提出30余条产品优化建议。

6月，建筑钢结构分会，与住房城乡建设部科技与产业化促进中心，在上海召开装配式钢结构住宅技术体系应用交流会议。7月宋为民秘书长赴河北圣春、天津马丁康华、唐山大通进行实地调研企业经营发展状况，听取企业对行业发展的合理化建议。9月参加中国建筑学会装配式建筑学术委员会2019年杭州年会。

给排水设备分会分别于8月、10月组织行业专家对青岛三利中德美水设备有限公司生产的"SL-BW—P无负压智能变速泵给水设备（不锈钢型）"用于生活供水系统，安徽皖水水务发展有限公司"皖水®罐式叠压（无负压）给水设备""皖水®箱式无负压供水设备"、青岛智润环保设备有限公司生产的"智润牌ZRW型无负压增压稳流给水设备"进行技术论证。经专家认真审查，一致通过。

清洁供热行业峰会暨太阳雨集团清洁能源采暖系统发布会于8月30日在广东顺德举行，参会代表100名。

10月24日，钢结构桥梁分会组织桥梁专家参加四川眉山中车紧固件科技有限公司完成的"钢结构桥梁用高强铆钉（环槽铆钉）的应用研究"技术成果鉴定会。

12月在北京与相关协会共同主办的"2019中国供暖大会"上，森德、御马、派捷、昂彼特堡、艾芬达、努奥罗、太阳花等20余家企业荣获2019中国供暖行业"民族品牌100强"。

铝门窗幕墙分会专家组专家参编、参评标准100余次；大型建筑门窗、幕墙工程主持设计、施工、检测、咨询、材料应用等210余次；发表文章23篇，专利57项。

【行业年会】 2月26日建筑遮阳分会年会在上海召开，同期举办建筑节能一体化与遮阳产业发展论坛，参会代表200人。

第25届全国铝门窗幕墙行业年会暨中国建筑经济峰会于3月3日在广州召开，会上，对优质的年度幕墙工程、优秀的领军企业进行表彰。董红主任做工作报告，会议发表论文64篇。参会代表700人。同期举办新产品博览会。

全国自动门电动门行业年会于3月7日在北京召开，秘书长刘哲出席并作讲话，分会会长潘冠军做工作报告。

第24届全国塑料门窗行业年会于4月11日在天津召开，来自全国各地代表500人参加了会议，丛敬梅做工作报告。会上发表论文42篇。同期举办低能耗定制塑料门窗及相关品牌产品展示会。

2019年全国建筑钢结构行业大会于5月底在湖南长沙召开，来自全国行业设计、生产、施工、科研单位近1000人参加会议，创历年年会人数新高。期间，举办新技术交流、院士论坛、军民协作、先进表彰等"1+6"的专题活动；同期，举办装配式钢结构建筑及建筑工业化产品与设备展。发表论文101篇。

7月10日舒适家居分会联合多家学会、协会在武汉共同主办"万和杯"2019中国舒适家居大会。舒适家居、南方供暖、新风、净水等行业的协会领导、行业专家、企业代表以及行业媒体等1000余人参会，协会副会长兼秘书长宋为民到会讲话。

第12届世界水务大会于9月11日在澳大利亚举办，来自全球各地的500多名代表出席会议。我会给水排水设备分会会长秦永新当选为新一届理事，并介绍了3月在厦门召开的世界建筑给排水日相关活动情况。会员企业深圳雅昌科技有限公司在大会作了精彩发言。同期举办的展会云集了全球给排水领域诸多优秀厂商，展出的内容涉及阀门、管道、排水、热水等诸多产品和技术。

【宣传报道】 协会网站：根据工业和信息化部和域名注册局新的域名管理相关规定，2月19日将官方网站变更为新域名。

2019年，编辑出版《中国建筑金属结构》杂志12期，《中国建筑金属结构协会年鉴（2019年卷）》，《时代骄子＆企业风采》。协会杂志共发表文章242篇，发布行业信息600多条。微信的读者从2018年的5900人增加到6538人。协会官网点击率达14024次。

2019年铝门窗幕墙分会出版《建筑幕墙创新与发展》论文集；联合中国幕墙网出版《中国门窗幕墙行业主流技术及市场热点分析报告》。

【联盟活动】 铝门窗幕墙分会于6月在苏州组织召开"全国建筑幕墙顾问行业联盟学术交流及观摩活动"，参观苏州中心、东方之门和苏州现代传媒广场等，对超大、超高、超复杂的工程进行实地观摩和技术交流，参加活动76人。9月与相关协会共同组建"全国建筑门窗幕墙行业青年企业家联盟"，成立大会在杭州召开，参会代表62人。10月在东莞举办"全国建筑幕墙顾问行业联盟换届大会暨2019年顾问联盟年度工作会议"。

4月"第24届全国塑料门窗行业年会"期间，召开"定制塑料门窗产业技术联盟"成立大会。

5月，净化与新风委员会与北京奥维云网联合成立"好空气产业技术创新联盟"，希望借助协会与联盟的优势，共同围绕居室好空气的一体化、集成化、智能化来开展相关工作。

【培训班】 塑料门窗及建筑装饰制品分会于1月协助陕西省建筑设备与门窗协会在西安举办建筑门窗系统技术培训班，来自陕西门窗行业160名学员参加培训。4月派员到济南工程职业技术学院，给门窗专业的学生提供行业启蒙教育。12月，联合相关委员会在安徽共同举办低能耗暨定制门窗系统技术及门窗相关标准宣贯培训班，来自全国门窗行业39家企业近80位技术人员参加培训。

自动门电动门分会于3月在淄博"全国旋转门制造示范基地"举办第四届全国旋转门安装技能培训，参加学员280人。

建筑遮阳分会于3月在绍兴遮阳城举办"建筑遮阳产品系统集成企业行业资格等级培训班"，参加学员20人。

采暖散热器委员会3月在天津举办《钢管散热器》《钢制板型散热器》《铝制柱翼型散热器》标准宣贯培训班，参加学员70人。

铝门窗幕墙分会6月在江西省举办建筑门窗技术培训班，参加学员69人。7月，在广州举办"全国建筑铝门窗技术培训班"，参加学员160人。

建筑钢结构分会8在京举办"焊接、钢结构施工、典型工程解读"培训班，培训学员350人。9月在山东举办第一期《装配式钢结构住宅建筑技术标准》宣贯培训班，有180人参加培训。11月在昆明举办第二期《装配式钢结构住宅建筑技术标准》宣贯培训班，培训学员300人。

喷泉水景委员会9月在上海举办喷泉安全员培

训班，参加培训52人。

【促科技进步】建筑机电抗震分会从4月底在京启动"关于加强房屋建筑和市政基础设施机电工程抗震施工质量的研究"课题，于12月8日在京顺利通过。

检测鉴定加固改造分会联合多个团体单位合作完成建筑结构全寿命安全性诊治服务体系研究与应用，建立复杂结构仿真计算、全寿命健康监控、建筑结构安全健康可视化、工程诊断评估、既有建筑抗震加固技术五大系统，搭建形成社会化咨询服务平台，并荣获2019年"中冶集团科学技术奖"一等奖。

模板脚手架委员会开展建设工程铝模板企业产品认证、绿标认证和信用评价工作。联合相关部门，完成《建设工程模板行业管理认证办法》《铝合金模板产品认证技术规范》《铝合金模板产品工厂质量保证能力要求》等产品认证技术文件的编制。

中国采暖暨舒适家居大讲堂于6—10月在全国8个省份开展技术推广及培训，足迹遍布西安、太原、合肥、乌鲁木齐、呼和浩特、无锡，累计参加1800余人。侧重推广行业技术，推动规范施工发展。

OA系统（钉钉），从7月份开始在钢木门窗委员会等部门率先使用，截至2020年1月，协会所有部门正式启用钉钉系统进行线上审批流程。

建筑钢结构分会8月召开2019年钢结构专家委员会主任扩大会议，明确将加强标准建设、行业品牌建设、技术与产品认证作为专家工作重点。

12月7日，钢木门窗委员会被全国建筑幕墙门窗标准化技术委员会（SAC/TC448）授予先进标准化委员单位，自动门电动门分会荣获SAC/TC448颁发的标准化助力奖。

【行业展会】第25届全国铝门窗幕墙新产品博览会于3月4—6日在广州举办。展会共设6大展馆7大展区，参展企业634家，其中境外38家，展出面积达10万平方米，参观观众13万人次，其中境外2891人次。

2019年中国（北京）国际自动门电动门及高性能门窗展览会于3月8—11日举办。展出面积3万平方米，参展商360家，其中境外10家，观众40000人次。同时举办全国自动门电动门行业年会、《建筑门窗和幕墙产品及制品基本技术要求》研讨会等活动。

ISH China & CIHE 中国国际供热通风空调、卫浴及舒适家居系统展览会于5月6日落下帷幕。展会中汇聚1353家暖通优质品牌（2018年：1300家），共迎接72432名专业观众（2018年：70202名）莅临现场参观，总展出面积达116800平方米，汇聚来自英国、法国、德国、意大利等海外领军企业，展示了国际先进技术、知名品牌供暖系统的解决方案。

钢结构分会于5月在长沙年会期间举办装配式钢结构建筑及建筑工业化产品与设备展，布展面积1000平方米，参展商36家，参观观众1000人次。

光电建筑构件应用委员会于5月6日在雄县举办"2019雄安新区光电建筑应用展览会"。

第十届（永康）国际门博会于5月26—28日，在永康国际会展中心举办。展出面积11万平方米，参展企业949家，其中境外3家，本届参观客商达到11万人次，境外5000人次。同期举办"第二届中国防盗门防火门创新发展论坛"。

ISH Shanghai & CIHE 上海国际供热通风空调及舒适家居系统展览于9月3—5日在上海新国际博览中心举行。参展企业国内178家、国外19家，观众18398人次，国外观众928人次。喷泉水景企业23家，展出面积336平方米。

9月20日"中国城镇建筑水展"在上海圆满落幕。展出面积11000平方米，展商数量达200多家，吸引了来自35个国家及地区的20476名专业观众到场参观，同比去年增长10.8%；境外及港澳台专业观众及买家共计3777人，同比增长8.57%。

建筑遮阳分会9月在上海与相关协会合作举办第一届上海室内住宅装节能产品交易会，布展面积20000平方米。

第十七届中国国际门窗幕墙博览会于11月5—8日在上海举办。本届博览会共有630家企业参展。其中，国内参展商490家，国际展商140家。展会总面积10万平方米。有来自全球80个国家及地区的12万人次，61000位专业观众。同期举办了"FDC高级研讨会"等活动。

【研讨会】光电建筑构件应用委员会3月16日在衡水组织召开近零能耗太阳能房屋技术研讨会。

9月18日给水排水设备分会2019会员大会暨给水排水应用技术与管理研讨会在上海召开。

10月，建筑钢结构分会在四川眉山中车紧固件科技有限公司召开"钢结构桥梁用高强铆钉（环槽铆钉）的应用研究"技术成果鉴定会。

11月在上海举办2019年FDC研讨会。主题是"未来＋共筑门窗幕墙绿色创新与发展"，从"聚焦——建筑标准助推门窗幕墙行业发展""未来——国际化视角下门窗幕墙新趋势""门窗防火与建筑安全""既有建筑幕墙改造及功能提升""建筑幕墙施工技术难点解析"五大板块入手，邀请32位来自国内、国际的行业知名专家及重量级企业技术负责人围绕主题进行探讨。

【论坛】2019世界建筑给排水日暨中国建筑给排水高峰论坛于3月11日在厦门召开。本次论坛，共同探讨建筑给排水新技术：二次叠压供水、智慧水务、装配式管道系统、海绵城市、节水节能、直饮水系统、生活污水回用及水景艺术等。参会代表270人。辐射供暖供冷委员会和舒适家家居分会于3月—10月在全国巡回推广活动中国地暖万里行暨舒适家居两联供专场论坛，先后在武汉、成都、贵阳、郑州、合肥、宁波、徐州、福州等8个城市举办。太阳能采暖论坛于5月6日在北京举办。5月15日，塑料门窗及建筑装饰制品分会和相关门部在北京召开门窗幕墙出口检测及认证技术交流会，共160余人参加了交流会。会议介绍了国内康居认证、BMT门窗幕墙五金检测、北美CSA认证、澳大利亚SAI认证、欧盟CE认证等地门窗相关的认证内容和欧美澳门窗幕墙检测技术及要求等内容。第二届全国防盗门防火门创新发展论坛于5月26日在永康举办。来自行业的350人参加会议。会上还对钢质门行业十年"专利优胜企业""标准化先进单位"和"门博会优秀参展商"进行了表彰。第七届中国南方采暖论坛暨中国舒适家居大会于7月9—11日在武汉举办。1000余人参会。第六届中国供暖财富论坛暨舒适家居行业盛会于7月28日在扬州召开，会后，参观了瑞特格全自动智能化钢制板型散热器生产线。给水排水设备分会于8月初在北京召开"新时代"新旧动能创新转换供水论坛。有500多人参加了会议。光电建筑构件应用委员会于9月5日在杭州举办绿色建筑与光伏应用发展论坛。11月，建筑钢结构分会举办第18届中国住博会期间唯一的一场钢结构建筑技术体系创新论坛。

2018年12月底在北京组织第一届钢结构桥梁发展与新技术高端论坛。2019年9月在北京组织第二届钢结构桥梁发展与新技术高端论坛。

第十五届中国国际地暖产业论坛于12月18—20日在北京举办。

中国两联供舒适家居设计施工大赛启动暨冠军工艺宣讲会于12月12日在南京举办。

【协会间的交流活动】10月，协会与香港建筑金属结构协会、澳门建筑业协会联合举办港澳地区工程创优研讨会，内地和港澳地区专家、学者、企业家120余人参加。

铝门窗幕墙分会，2019年与各地方协会、学会合作的活动10余次，走访企业100余次。

12月，排水和排水利用委员会受邀参加由晋城市铸造协会和晋城市中小企业局共同举办的中原经济区铸造产业交流融合发展论坛暨2019年晋城铸造行业年会。

辐射供暖供冷委员会12月18日在北京与舒适家居分会、中国土木工程学会燃气供热专业委员会、中国节能协会热泵专业委员会等单位共同主办了"2019年中国供暖大会"。

（中国建筑金属结构协会）

中国建设监理协会

2019年，中国建设监理协会（以下简称协会）以习近平新时代中国特色社会主义思想为指导，全面贯彻党的十九大和十九届二中、三中、四中全会精神，认真落实中央经济工作会议精神，贯彻落实住房城乡建设部的工作部署，坚持新发展理念，按照高质量发展要求，以供给侧结构性改革为主线，围绕改革发展和协会工作，经过全行业的共同努力，圆满完成各项工作。

【协会建设】加强协会党建工作。协会党支部坚持"三会一课"制度，开展"两学一做"学习教育活动，实行每周五集中学习制度。组织开展"不忘初心、牢记使命"主题教育活动，参观西柏坡中共中央旧址和西柏坡纪念馆，突出政治教育和党性锻炼。

积极开展精准扶贫工作。协会按照住房城乡建设部关于扶贫工作的总体部署，积极开展脱贫帮扶工作，分别向青海省湟中县、大通回族土族自治县捐赠助学款各3万元。

组织召开协会理事会、常务理事会。2019年1月,协会召开六届二次理事会,222名理事参加了会议,同时召开了会长工作会议。2019年7月,协会召开六届三次常务理事会,对相关审议事项进行表决。

组织召开专家委员会六届二次会议。2019年2月,协会召开六届理事会专家委员会第二次会议,87名专家参加会议,对2019年课题研究工作进行布置。

组织召开全国监理协会秘书长工作会议。2019年3月和7月,协会两次召开"全国建设监理协会秘书长工作会议",就秘书处工作交流经验。

召开中国建设监理协会会长会议。2019年8月,协会召开会长会议,审议《中国建设监理协会脱钩方案》和监理改革进展情况。

【会员管理】2019年协会发展单位会员87家,个人会员10956人。

根据《中国建设监理协会章程》和《中国建设监理协会个人会员管理办法(试行)》的有关规定,经中国建设监理协会六届二次理事会审议通过,协会按照规定程序组织开展了对长期不履行会员义务和被相关部门处罚的会员予以清退工作,共清退单位会员164家,个人会员4374人。2019年9月,协会召开会员管理联络员会议,研究如何更好地开展会员管理与服务等工作,对个人会员管理系统的流程进行了演示。对《个人会员管理服务合作协议书》的签订及个人会员咨询服务费支付等事项作了说明。根据《关于加强个人会员会费使用管理的通知》(中建监协〔2017〕10号)的要求,严格执行个人会员咨询服务费的使用管理。

【会员服务】2019年,协会在山东济南、四川成都、山西太原、浙江杭州举办四期"监理行业转型升级创新发展业务辅导活动",共有1200余名个人会员参加了培训。

协会与住房城乡建设部干部学院共同举办2019年"十三五"万名总师大型工程建设监理企业总工程师培训班,有280余人参加了培训。

2019年协会在个人会员服务平台增设"学习园地"栏目,会员可根据自身需要随时学习、测试,测试合格可打印业务学习证明。会员网络学习课件库新增"监理行业先进技术和成功案例"和"业务辅导专题讲座"相关内容。2019年,协会发布实施《中国建设监理协会会员信用管理办法(试行)》和《中国建设监理协会会员信用管理办法(试行)实施意见》。同时,还积极筹建"会员信用信息管理平台"。2019年5月,协会举办监理企业开展全过程工程咨询创新发展交流活动。2019年11月,协会在南宁组织召开工程监理与工程咨询经验交流会,来自全国300余名会员代表参加会议。

【课题研究】2019年协会开展的研究课题有7个。分别是"深化改革完善工程监理制度""监理行业标准编制导则""中国建设监理协会会员信用评估标准""房屋建筑工程监理工作标准""BIM技术在监理工作中的应用""监理工器具配置标准""《住房城乡建设部关于促进工程监理行业转型升级创新发展的意见》(建市〔2017〕145号)实施情况评估"。

7个课题已于2019年12月底全部完成结题验收,下一步将推进部分课题转化为团体标准。

【行业宣传】2019年,在团体会员和单位会员的支持下《中国建设监理与咨询》共征订3800余册,相较2018年增长2.7%。总印数5000余册,赠送团体会员、单位会员、编委通讯员1000余册。2019年共有97家地方、行业协会、企业以协办方式参加办刊。协会与中国建筑工业出版社签署《战略合作协议书》。联合中国建设报社等媒体开展监理行业宣传工作。2019年,协会开展了庆祝中华人民共和国成立七十周年主题征文活动,此次主题征文活动共收到353篇文章。

【促进行业发展】根据行业主管部门要求,协会多次组织专题座谈会,组织征求相关意见。一是组织召开工程监理行业调研工作座谈会,通过行业调研论证,促进行业改革发展。二是组织召开完善工程监理制度调研座谈会。三是组织工程监理改革工作座谈会。四是组织部分省协会、专家在北京召开工程监理改革试点工作座谈会。五是根据住房城乡建设部人事司要求,完成对《关于加强专业技术人员职业资格考试命题质量管理工作的通知》(征求意见稿)的征求意见(中建监协〔2019〕16号),反馈住房城乡建设部人事司。六是根据住房城乡建设部建筑市场监管司要求,收集行业对《监理工程师职业资格制度规定(征求意见稿)》及《监理工程师职业资格考试实施办法》(征求意见稿)的意见,反馈住房和城乡建设部建筑市场监管司。2019年4月协会在杭州组织行业专家,就中国工程建设标准化协会立项的《建设工程监理工作标准化评价标准》课题进行了座谈。2019年6月,中国建设监理协会与中国工程建设标准化协会在北京签署《工程建设团体标准战略合作协议》,旨在进一步推动行业标准化发展。2019年,协会印发了《建设工程监理工作标准体系》,为推进工程监理工作标准化,促进工程监理行业持续健康发展提供参考。协会2019年4月组织专家完成2019年监理工程师考试命题审题工作；6月组织专家完成主观题阅卷工作。2019年，协会组织修订《全国监理工程师培训考试用书》（第五版）。2019年，协会分别到北京、江苏、山东、湖南、四川、重庆、上海、浙江、广西、内蒙古、吉林、安徽等地对全过程工程咨询试点工作及监理行业现状、政府购买服务等进行调研，引导行业健康发展。

【秘书处内部建设】协会秘书处增设工程监理改革办公室，继续深入开展作风建设年活动，坚持每周五集中学习制度，提升秘书处人员的服务意识和工作能力。协会定期组织召开分支机构工作会议，对各分支机构上年度工作总结和下年度工作计划及费用预算等提出相关要求，规范了对分支机构的管理。在住房城乡建设部机关工会的指导下，协会工会举办多项活动，服务协会工作。

【国际交流合作】2019年12月，王学军秘书长率队赴俄罗斯调研俄罗斯工程项目管理实施状况及中方监理企业参与海外工程建设的情况与模式，与俄罗斯全国建筑工程咨询工程师协会进行交流，实地考察圣彼得堡波罗的海明珠项目。

（中国建设监理协会）

中国建筑装饰协会

行业发展情况

2019年，建筑装饰行业在宏观经济下行压力加大，不确定、不稳定因素增加，市场发生重大变化的大背景下，全行业共同努力，克服发展中遇到的前所未有的困境，实现6.3%的增长，向社会展示了相对亮丽的表现。

【行业规模】2019年，全国建筑装饰行业完成工程总产值4.486万亿元，约占整个国民经济的4.8%，行业总产值比2018年增加了2660亿元，增长6.3%，增长的绝对量比2018年减少140亿元，增速比2018年回落了0.7个百分点，比宏观经济增速高出0.2个百分点。

在行业工程总产值中，公共建筑装修装饰工程全年完成工程总产值2.33万亿元，比2018年增加1500亿元，增长速度为7%，增幅比2018年下降0.5个百分点，增长的绝对量比2018年减少40亿元；住宅装修装饰全年完成2.15万亿元，比2018年增加1200亿元，增长幅度6.1%，增幅比2018年下降0.2个百分点，增长的绝对量与2018年基本持平。

在公共建筑装修装饰工程总产值中，建筑幕墙全年完成工程总产值为3700亿元，比2018年增加50亿元，增长1.4%左右，增幅与2018年持平，增长绝对量也与2018年持平；改造性装修装饰工程总产值1.11万亿元，比2018年增加600亿元，增长5.7%左右，增幅比2018年减少4.8个百分点，增长的绝对量比2018年减少400亿元；境外工程产值1100亿元，比2018年增加30亿元，增长2.8%，增幅比2018年下降9.6个百分点，增长的绝对量比2018年减少90亿元。

住宅装修装饰工程总产值中，精装修成品房全年完成总产值为9100亿元，比2018年增加600亿元，增长7.06%，增幅比2018年下降4.8个百分点，增长的绝对量比2018年减少400亿元；新建毛坯房住宅装修装饰工程总产值为4700亿元，比2018年减少200亿元，总量下降4.1个百分点；改造性住宅装修装饰工程总产值7700亿元，比2018年增加800亿元，增长11.6%，增幅比2018年下降3.4个百分点，增加的绝对量减少100亿元。

2019年，建筑装修装饰行业实现建筑业增加值2.25万亿元左右，比2018年增加1300亿元，增幅在6.1%左右，增幅比2018年提高0.1个百分点，增长的绝对量比2018年增加100亿元。其中上缴税费约为5400亿元，比2018年增加600亿元，增长12.5%，增幅比2018年下降7.5%，增长的绝对量比2018减少200亿元；从业者收入约为1.18万亿元，比2018年增加500亿元，增长1.8%，增幅比2018年下降0.9个百分点，增长的绝对量比2018提高0.1个百分点。

【从业者队伍】2019年全行业从业者队伍规模约

为1665万人，比2018年增加5万人，增长约为0.3%，增幅比2018年下降0.3个百分点，增加的绝对量比2018年减少约5万人。其中新接收大专以上学历教育背景的毕业生约30万人，与2018持平。截至2019年年底，全行业受过高等教育的人数约370万人，占全体从业者的22.22%，比2018年提高1.7个百分点。

2019年行业内在管理层就业的人数约为510万人，与2018年持平，其中有专业技术职称的约为230万人，比2018年增加10万人左右，增幅为4.5%，有职称人员数量占管理人员总数的45.1%，比2018年提高0.5个百分点。在管理层中，设计人员约为192万人，比2018年增加5万人，占管理层人员总数的37.6%，比2018年提高0.7个百分点；技术研发人员总数约为94万人，比2018年增加约4万人，增长4.4%，研发人员占管理人员总数的18.4%，比2018年提高1个百分点。

2019年在施工现场的工作人员约为525万人，占从业人员总数的31.5%，比2018年下降0.2个百分点。施工现场作业人员中，45岁以上的约为342万人，占现场作业人员的65%，比2018年增加25万人，增长6.5%，其中55岁以上的约为150万人，占现场作业人员的28.6%，比2018年增加15万，增长9.1%。

2019年在场外从事加工制作的从业者约为630万人，占从业人员总数的37.8%，比2018年提高0.4个百分比。新增人员绝对量约为5万人，比2018年下降约2万人，下降幅度约为41%，新增人员中，具有大专以上学历者约为2万人，占新增人员的40%。

【企业现状】截至2019年年底，全行业约有企业11万家，比2018年减少1.5万家，减少的绝对量比2018年增加1万家，减少幅度13.64%，比2018加快近10个百分点。行业有资质的企业数量约为10万家，比2018年减少0.5万家，下降5%。当前，行业内有资质的企业占企业总数的90.0%，比2018年提高6个百分点，反映出行业市场管理的力度加大和竞争激烈。

2019年，全行业企业平均年工程产值4078万元，比2018年提高702万元，增长幅度达到0.8%，增长速度比2018年提高84.1%左右。

2019年全行业没有新的登陆资本市场的企业。

协会工作

【协会党的建设】2019年，中国建筑装饰协会（以下简称"中装协"）党总支部坚持以习近平新时代中国特色社会主义思想为指导，增强"四个意识"，坚定"四个自信"，做到"两个维护"，紧紧把握"不忘初心、牢记使命"这一主题，围绕经济建设中心全方位开展工作。按照上级部署参加了中央第二批"不忘初心、牢记使命"主题教育，组织参观《改革开放四十年成就展》、北京大兴国际机场、《庆祝中华人民共和国成立70周年大型成就展》等活动。在中央和国家机关工委组织的"壮丽70年，阔步新时代"征文活动中协会有16人参加投稿15篇，被工委旗帜网选用4篇。

【优化创新，做好协会"四大品牌"工作】2019年中国建筑工程装饰奖的复查工作完成，一个比较突出的现象是土建总包单位申报装饰奖逐年增多，这说明装饰奖在行业的影响力越来越大，也表明了行业的竞争未来将更加激烈。

开展行业数据统计，2019年是"行业百强"转型调整为行业数据统计工作的第二年，协会除了发布数据统计结果，还将对相关行业数据进行多维度分析，为企业经营发展和战略决策等需求提供数据信息服务。

行业信息评价工作。2019年7月16日，国务院办公厅印发《关于加快推进社会信用体系建设构建以信用为基础的新型监管机制的指导意见》，根据意见精神，协会向住房城乡建设部办公厅提出参与企业信用修复工作的请示，协会将根据住房城乡建设部的指导意见，为会员企业开展信用修复服务工作。

建筑装饰行业科学技术奖。2019年经国家奖励工作办公室批准设立的"建筑装饰行业科学技术奖"，是协会贯彻国家科技发展战略、推动行业转型升级、增强企业核心竞争力、加强行业科技人才队伍建设的一项活动。协会经过广泛调研听取省市协会、企业对科技奖申报和评价的意见建议，拟定建筑装饰行业科学技术奖评价管理办法，确保科技奖的含金量。

【认真组织开展各项常规性业务工作】CBDA标准编制工作。2019年协会批准立项和发布标准各10项，5年累计批准立项83项，批准发布34项，逐步形成了以安全、施组、测量等通用性标准为基础，设计制图、住宅验收、幕墙验收为主干，轨道交通、医疗卫生、文化教育等专业领域为分支，以及BIM、装配式、全装修为引领的标准体系。2019年协会在总结5年标准编制工作经验的基础上，修订发布新的CBDA标准管理办法，目的是推动编制一批具有创新性、引领性、实用性的CBDA标准，为行业高质量发展奠定坚实的基础。绿色施工分会、中华建筑报社组织开展的精品工程观摩交流会、太湖论道、科技创新大会，深入剖析行业发展趋势、聚焦项目管理难点，把控项目管理节点，在引导会员企业转型升级、推动行业高质量发展方面起到了积极的促进作用，历次会议企业参与踊跃，场场爆满，已成为协会的品牌会议。

随着"营改增"的不断深入，如何建立企业新型"数字风控体系"，及时管控企业和项目部的运营风险，协会邀请著名经济学家分别于北京、郑州、苏州组织召开数字装饰中国行——装饰企业数字风控管理观摩会，为企业提供培训和指导。

协会开展的中国设计品牌大会、设计年度人物大会、CBDA建筑装饰设计艺术展、幕墙设计师大会、家装产业供需链大会、中国建筑装饰精品工程展播、绿色发展大会、《中国建筑装饰蓝皮书》、高新技术企业税收减免培训等活动都已顺利完成，对相关专业领域发展都起到了积极推动作用。

2019年11月12日，中国建筑装饰协会组织召开了八届四次会长工作会，协会32位副会长以及17个省市地方协会出席会议，并以"当前市场状态下建筑装饰企业如何实现可持续发展"为主题，深入分析当前行业的发展态势，再次明确了行业"资源永续、业态常青"的发展定位，分享各会长单位在转型升级、资金管理、风险防控、企业管理、质量提升、专业化发展方面的经验和成果，就当前严重制约企业经营和行业发展的"拖欠工程款、工程总承包、营改增、行业诚信自律"等问题进行深入的研讨。根据此次会长会研讨成果，协会将积极向相关政府主管部门反映呼吁，帮助企业升级转型提供支持帮助，推进建筑装饰行业健康持续发展。

(中国建筑装饰协会)

中国工程建设标准化协会

【概况】2019年是中国工程建设标准化协会（以下简称"协会"）成立40周年，是全面建成小康社会、实施"十三五"规划的关键之年。协会秘书处以习近平新时代中国特色社会主义思想为指导，坚持围绕中心、服务大局，以提高协会整体能力和综合实力为主题，以加强协会自身建设为主线，以办好工程建设标准化学术年会为抓手，各项工作取得新的进展，为推动工程建设标准化事业的可持续发展作出了积极努力。

【成功举办2019年中国工程建设标准化学术年会暨成立40周年纪念大会】10月24日，协会在杭州市举办以"标准科技创新，建设质量强国"为主题的2019年学术年会暨成立40周年纪念大会。住房城乡建设部副部长易军为大会发来贺信；住房城乡建设部原副部长、中国市长协会副会长齐骥等出席并作主题报告；浙江省住房城乡建设厅副厅长应柏平，原建设部总经济师、中国工程建设标准化协会第五届理事长徐义屏、第八届理事长王俊等出席并致辞；建设部原副部长、党组成员宋春华，住房城乡建设部标准定额司副司长王玮，住房城乡建设部标准定额研究所所长曾宪新，中国工程建设标准化协会第六届、第七届理事长王德楼等出席。

大会采取主旨报告、专题论坛与成果展示相结合的形式。其中，五位行业领袖围绕标准科技创新、标准引领质量提升、标准联通等业内热门话题进行了深入交流与探讨：齐骥作了题为《标准科技创新，建设质量强国》的主题报告，中国工程建设标准化协会副理事长、交通运输部公路科学研究院院长张劲泉，中国标准化研究院副院长、总工程师李爱仙，全国勘察设计大师、中国工程建设标准化协会监事长、中国建筑标准设计研究院有限公司副总经理郁银泉，中国工程建设标准化协会绿色建筑与生态城区分会会长、中国建筑科学研究院有限公司副总经理王清勤，分别以《标准助推交通强国建设，标准引领质量提升发展》《标准联通共建"一带一路"》《钢结构发展与标准化》《绿色建筑评价标准修订助力建筑高质量发展》为题作了主题报告。

大会设置了无障碍环境与养老服务设施建设、标准化国际研究、工程结构与抗震、建筑工业化标准与实践、建筑环境等12个分论坛，分别围绕"新时代下中国工程建设标准国际化走向""工程结构与抗震新趋势""标准先行，引领我国建筑工业化全面发展"等主题，对业内相关热点问题进行了交流。会议期间，还举办中国工程建设标准化协会标准管理平台及协会标准集中发布仪式。

【编写制作《砥砺奋进扬帆远航》专题片，征集汇编两本纪念文集】中国工程建设标准化协会成立40周年纪念专题视频共分"改革春风至，协会应运生""与改革同行，创辉煌事业""扬匠心精神，铸标准品牌""追梦新时代，领跑新团标"4个篇章，全面回顾了协会40周年发展历程、重要节点及所取得的成果。

《中国工程建设标准化协会成立40周年纪念文集》分9个篇章，客观反映了协会及各分支机构、各地方标准化机构在促进工程建设标准化改革与发展历程中的重要事件和重要会议、重要文献资料，中国工程建设标准化协会颁布的全部标准目录。

《中国工程建设标准化协会成立40周年"我与协会"主题征文集》共收录稿件94篇，分为使命篇、回忆篇、情怀篇、追梦篇、诗歌篇、寄语篇6个篇章。作者们分别结合自身经历，记述了参与协会工作和活动的回忆与感受、经验与成果，体现了不忘初心、执着探索工程建设标准化工作的敬业精神，表达了与协会共同成长、共同发展的真实情感。

中国工程院院士、建设部原副部长、科技部副部长黄卫为"两书"撰写署名文章，祝贺中国工程建设标准化协会成立40周年。在协会成立40周年大会上，播放了专题片，同期举办两书发布仪式。

【组织评选发布2019年度"标准科技创新奖"】协会于2018年设立"标准科技创新奖"并开展首次评选工作。2019年增设组织奖和人才奖，其中人才奖包括标准大师奖、领军人才奖和青年人才奖。按照标准科技创新奖评选管理办法，《民用建筑热工设计规范》等40个标准项目荣获"标准科技创新奖"项目奖；中国建筑科学研究院有限公司等10个单位荣获组织奖；王清勤、张大群、张劲泉、郁银泉、倪光斌5人获得标准大师荣誉称号，吴体等11人获得领军人才荣誉称号，王书晓等8人获青年人才荣誉称号。

【积极推进协会标准改革，努力做好协会标准制定工作】一是进一步优化协会标准供给结构。组织立项了多项技术导则和指南类标准，并根据市场需求进一步探索新的标准化服务形式，以完善协会的体系架构，同时，积极组织开展一批英文版协会标准的立项编制。二是结合国家标准化改革，年初启动"工程建设标准体系研究"工作，面向全社会征集课题承担单位，已确定34个专业体系、18个行业体系和5个专项体系的研究项目。三是持续加强协会标准制修订管理。2019年，共下达项目计划590项。于2019年初建立标准审查专家库，并发布《中国工程建设标准化协会专家库管理办法》，首批入库专家596位，全年共200多人次的专家参与协会标准审查工作。2019年协会组织研发建立协会标准管理平台，平台涵盖标准编制、标准管理、标准实施服务功能，实现从标准申报立项、开题启动、征求意见、项目审查、项目报批、标准发布、宣贯培训、标准复审整个标准编制生命周期的综合管理。全年共发布协会标准182部。四是逐步推进协会标准国际化。围绕超高层建筑、轨道交通、大型桥梁等优势领域，编制或翻译与国际惯例接轨的、国际化程度较高的协会核心标准，并在标准内容结构、要素指标和相关术语等方面与国际标准对接，以团体标准带动我国标准走出去。协会2019年参与住房城乡建设部标准定额司、标准定额研究所课题"国际标准化协会管理模式研究""国际工程标准英文版清单""英国建筑技术法规研究""'一带一路'工程建设标准化政策研究"的相关工作及"'一带一路'相关国家和地区基础设施与城乡规划建设法律法规汇编""中外建筑工程技术法规及技术标准对比研究"等。

【加强"一刊一网两平台"建设，提升协会信息化服务水平】《工程建设标准化》杂志是工程建设标准化领域唯一的全国性公开发行的学术刊物。2019年加大对杂志理事单位、协会分支机构的宣传，同时也邀请了一些工程建设领域具有重要影响力的龙头企业、权威机构共商期刊发展。协会进一步整合内部资源，加快推进传统媒体与新媒体的相互融合，进一步发挥协会网站、微信公众号与《工程建设标准化》杂志的宣传窗口作用。目前，《工程建设标准化》杂志公众微信号关注人数已近4万人，协会公众号关注人数1.6万余人，网站每天点击量在2500—3000次。

【加强协会自身建设，提高服务能力和管理水平】2019年，协会秘书处：开展了对分支机构内设机构的清查。协会办公室分别对北京、上海、成都的部分分支机构进行调研，了解分支机构工作进展，听取分支机构意见。铁道分会、建筑材料分会、湿陷性黄土专委会、城市给水排水专委会、绿色建筑与生态城区分会、钢结构专委会等完成了换届；同时还有抗震专委会等十几家分支已提出换届申请。批准成立医疗建筑与设施专业委员会、标准国际化研究工作委员会、军事设施建设工作委员会、预应力工程专业委员会、工业固废资源化与生态修复专业委员会5个分支。

【加强会员管理和服务工作】 协会秘书处重新梳理会员库，对所有会员单位的信息进行更新与完善；新发展一批包括研究机构、企业在内的会员单位，扩大了会员队伍；利用学术年会、标准编制交流会等形式，为会员单位提供交流合作平台。

【加强党建指导，积极组织开展"不忘初心、牢记使命"主题教育活动】 2019年9—11月，开展"不忘初心、牢记使命"主题教育，并以主题教育为契机，集中学习研讨、深入会员单位开展调研，同时查找问题、分析问题根源，并提出下一步工作努力的方向。

（中国工程建设标准化协会）

中国建设工程造价管理协会

2019年，中国建设工程造价管理协会（以下简称"中价协"）在中央和国家机关工委、民政部、住房和城乡建设部指导下，围绕服务政府、服务行业、服务会员，充分发挥行业引领作用，不断凝聚发展合力，努力开创工程造价行业发展的新局面。

【行业发展概况】 2019年，工程造价咨询企业数量和营业收入持续上涨，特别是全过程工程造价咨询业务收入，较上年大幅增长，占全部营业收入的近1/3，工程造价行业结构不断优化，业务范围持续拓展，在推动建筑业高质量发展方面取得显著成效。根据2019年工程造价咨询统计公报，工程造价咨询企业的营业收入达到1836.66亿元，年均增长6.7%。工程造价咨询企业数量8194家，其中甲级4557家，乙级3637家。工程造价咨询企业从业人员586617人，其中，注册造价工程师94417人。在工程造价咨询业务构成上，前期决策阶段咨询业务收入76.43亿元；实施阶段咨询业务收入184.07亿元；竣工结（决）算阶段咨询业务收入340.67亿元；全过程工程造价咨询业务收入248.96亿元；工程造价经济纠纷的鉴定和仲裁的咨询业务收入22.33亿元；其他工程造价咨询业务收入合计20.01亿元。

【党建工作】 将党的政治建设贯穿到协会工作的各个方面，以党建工作引领业务发展，实现党建和业务的联动推进，良性互促。开展"不忘初心、牢记使命"主题教育。组织参观"庆祝中华人民共和国成立70周年成就展""复兴之路"基本陈列展等实践活动，并联合湖北建设工程造价咨询协会举办"不忘初心跟党走、牢记使命谱新篇"文艺展演，展现广大工程造价从业人员在党的领导下始终牢记使命，继续奋勇前行、干事创业的激情与决心。

【服务政府】 参与工程造价改革发展研讨和调研工作，反映企业诉求，完成行业调查研究报告，组织召开国际工程造价管理经验交流会和工程造价管理改革措施起草会。按照"放管服"改革要求，提出《工程造价咨询企业管理办法》《注册造价工程师管理办法》的修订建议，重点针对现行企业资质标准存在的问题，以及对一级造价工程师和二级造价工程师注册、执业范围等进行深入研究，并将修改建议报送住房城乡建设部标准定额司。按照国家发展改革委、住房城乡建设部关于征求《招标投标法》《建筑法》修订意见的要求，广泛征求地方协会、专委会的意见，汇总意见反馈相关部门。

完成工程造价咨询行业统计及研究工作。受住房城乡建设部标准定额司委托，组织完成《2018年工程造价咨询统计公报》《2018年工程造价咨询统计资料汇编》，并出版发行了《中国工程造价咨询行业发展报告（2019版）》，为行业内外了解行业发展趋势提供数据和渠道。按照《中华人民共和国统计法》相关规定，配合住房城乡建设部标准定额司完成《工程造价咨询统计调查制度》（2019年版）修订工作，落实国务院"放管服"改革要求，并与现行造价工程师职业资格制度相适应。

完成政府部门委托的造价工程师考试有关工作。编制完成造价工程师考试大纲，并修订一级造价工程师考试培训教材，编制二级造价工程师考试培训教材。组织专家完成2019年一级造价工程师考试命题审题工作及阅卷工作，2019年共有40多万人报考一级造价工程师职业资格考试。

【服务行业】 提高工程造价咨询服务水平。编辑出版以投资控制为主线的《全过程工程咨询典型案例（2019版）》，为工程造价咨询企业开展全过程工程咨询业务提供参考。组织编制完成《工程造价咨询企业服务清单》，规范工程造价咨询企业服务行为，建立健全服务内容和服务标准。

【标准制订】参与国家标准的编制工作。贯彻住房城乡建设部关于工程量计算规范体现绿色和环保的发展理念，组织专家研讨，修订完成《矿山工程工程量计算规范》和《构筑物工程工程量计算规范》两本国家标准送审稿。为做好工程造价标准化改革顶层设计，完成"工程造价标准体系及与国外标准体系对比研究"课题。

推动团体标准建设。按照国家鼓励社会组织制定团体标准的精神，根据《团体标准管理规定》（国标委联〔2019〕1号）相关规定，编制《团体标准管理办法》，并在"全国团体标准信息平台"注册。

【诚信体系建设】在充分征集意见的基础上，调动地方协会、专委会和企业的积极性，修订完善《工程造价咨询企业信用评价管理办法》。信用评价工作由一年一次评价改为随时申报、及时评价，实时反映企业信用状态。2019年度共有1244家工程造价咨询企业取得信用等级，工程造价行业信用评价工作已覆盖31个省（自治区、直辖市）。评价结果及相关信息通过"信用中国"、中国建设报以及协会网站等多渠道宣传。

【人才培养】完善行业人才培养体系。开展"工程造价专业人才培养体系研究"，指导行业有针对性和系统地培养专业人才。为促进高校加强工程造价学科建设，配合政府部门深入研究工程造价专业院校评估认证工作的方式方法；为进一步加强职业教育服务体系建设，配合主管部门完善造价工程师继续教育规划。

结合新形势、新政策与新技术，开展有针对性培训活动。组织财务管理及税务筹划主题研讨会，引导企业正确认识财税改革政策，及时规划和完善经营管理模式。组织策划项目经理专题培训，从项目经理入手，提升工程造价行业关键岗位人才的业务素质。优化网络教育服务机制，为专业人员提供便捷高效优质的课程服务。

推进人才培养工作协同。组织召开"工程造价专业人才培养工作专题研讨会"，研究各级协会和专业委员会开展相关教育培训工作的内容及方式。联合东北三省、山东、广东等协会举办多次工程造价咨询企业骨干人才培训，各地方协会、专业委员会也开展内容丰富、形式多样的人才培养工作。2019年工程造价行业共组织近20万人次的培训活动。

【信息化建设】开展信息化课题研究。组织开展行业内手算、机算对比测算，完成"工程造价软件测评与监管机制研究"。组织开展"工程造价行业信息化发展研究""BIM等新技术下工程造价确定与控制方法研究"等课题，提出工程造价信息化整体需求体系、工程造价信息化标准体系和工程造价信息服务体系框架。

调研工程造价信息发布情况。深入地方协会调研，梳理工程造价信息发布现状、问题及新技术应用等情况，从体制和机制层面入手，研究信息化协同发展机制，推动行业信息化建设。研究政府、协会、企业在工程造价信息服务中的角色定位，鼓励专业化、市场化的运行模式，构建完善、可持续的工程造价信息服务体系。

【行业风险防范】开展纠纷调解工作。按照简化程序、灵活便捷、提高效率、方便当事人的原则，中价协工程造价纠纷调解工作委员会在成功调解第一件工程造价纠纷案件的基础上，调解案件数量稳步提升，有效化解了矛盾争议。组织召开专题培训，帮助会员及时学习《最高人民法院关于审理建设工程施工合同纠纷案件适用法律若干问题的解释（二）》的新规定，提升行业从业人员解决造价业务中面临法律问题的能力。

推行职业责任保险。研究起草《关于推动工程造价咨询企业职业责任保险的工作方案》，会同保险公司共同赴广东、北京等地开展工程造价咨询职业责任保险调研，听取行业对造价企业职业保险的意见和建议。9月19日，与中国太平洋财产保险公司签署战略合作协议，共同推进工程造价咨询企业职业责任保险。印发《关于开展工程造价咨询企业职业责任保险试点的通知》，在北京市、天津市、上海市、重庆市、广东省、浙江省、江苏省、四川省、湖北省、湖南省及铁路、建设银行工程造价咨询企业开展试点。

【国际交流】6月，组织会员赴美国参加"2019年AACE全球峰会"及"全寿命期工程造价管理"调研活动。8月，组织会员赴马来西亚参加"第23届泛太平洋工料测量师协会（PAQS）理事会暨国际专业峰会"。

编制《国际工程造价行业动态简报》并向会员发布，展示国际建筑业及工程造价咨询行业的发展情况。开展"我国西南周边'一带一路'沿线工程造价管控思路与方法研究"以及《国际工程项目造价管理案例集》编制工作，借鉴国际先进工程造价管理经验，为工程造价咨询企业及专业人士提供

"走出去"实践参考。

【服务会员】在会员服务系统中添加求职与招聘、优秀成果分享、会议通知与报名、资深会员申报与评审等专栏,为会员提供动态、高效的服务。按照财政部要求,完成会费发票由纸质票向电子票的升级,提高工作效率。修订《资深会员管理办法》,完善推荐方式、推荐流程、权利义务等内容。开展两批资深会员申报与评审工作,全年发展资深会员739人。

通过交流会、调研等多种形式加强与地方协会、专委会的沟通联络,先后赴东北、华中、西北12个省级协会进行深入交流,共谋服务会员新路。在陕西和四川举办两期企业开放日活动,为会员间业务交流和经验分享搭建平台。

与中国投资协会共同举办"2019政府基础设施投资研讨会",会议以"高质量、可持续、稳增长"为主题,政府相关部门、研究机构、金融机构、基础设施投资商、工程造价咨询企业的代表和中价协资深会员等近500人参加了会议。与贵州省住房城乡建设厅联合承办2019中国国际大数据产业博览会"数字造价·引领未来——建设工程数字经济论坛",全国各地的450名行业内外嘉宾参加了会议;同时,大会还发布了《数字造价管理》白皮书。举办第七届企业家高端论坛,论坛以"守正出新,集智远行——共建良好的工程造价生态圈"为主题,分析当前行业所面临的经济形势、探讨数字化发展趋势。

【协会建设】1月18日,中价协在北京召开全国建设工程造价管理协会负责人联席会议,来自31个省(自治区、直辖市)、16个专业(行业)协会的80余名负责同志参加会议。会议报告2018年中价协的工作情况,并提出2019年工作设想。北京、四川、中价协铁路工作委员会等11家地方及行业协会负责人就2018年度重点工作的思路、做法和成效进行经验分享。

3月28日,中价协在云南省召开第七届第二次理事会暨第三次常务理事会议,副理事长、常务理事、理事共计98人出席会议。会议听取理事会一年以来重点工作情况的汇报;审议并通过年度工作报告和工作计划;听取关于理事代表调整的说明;选举增补6位常务理事;听取关于2018年度财务情况的报告。

完善制度建设和培训体系。按照依法自治的现代社会组织体制要求,结合协会工作实际,起草和完善协会工会经费管理办法等6项管理制度。为提高员工知识储备、提升协会综合竞争力,全年共组织内部培训9次,共计20个课题的学习。

《工程造价管理》期刊改革。筹建期刊第四届编委会,充实专家资源;调整期刊栏目结构,改进组稿方式;设立"行业风采"栏目,宣传企业在技术进步、经营管理等方面的典型做法;改进封面、装帧等设计。期刊的收稿量较去年同期提高20%以上。

开展公益活动。响应国家脱贫攻坚战略,对云南福贡县15个异地扶贫搬迁安置点的9所幼儿园开展精准扶贫工作,为9所幼儿园捐赠教学设备设施。走进北京交通大学、北京建筑大学校园,深入教学实地开展交流学习和志愿服务活动,并向学生捐赠专业相关图书。

(中国建设工程造价管理协会)

附 录

第五批列入中国传统村落名录的村落名单

一、北京市（1个）
房山区佛子庄乡黑龙关村
二、天津市（1个）
宝坻区八门城镇陈塘庄村
三、河北省（61个）
石家庄市井陉矿区贾庄镇贾庄村
石家庄市井陉矿区凤山镇南凤山村
石家庄市井陉县天长镇河东村
石家庄市井陉县南峪镇南峪村
石家庄市井陉县南峪镇台头村
石家庄市井陉县威州镇北平望村
石家庄市井陉县南障城镇小梁江村
石家庄市井陉县南障城镇大王帮村
石家庄市井陉县苍岩山镇固兰村
石家庄市井陉县北正乡赵村铺村
石家庄市井陉县于家乡高家坡村
石家庄市井陉县于家乡水窑洼村
石家庄市井陉县于家乡当泉村
石家庄市井陉县孙庄乡孙庄村
石家庄市井陉县辛庄乡桃王庄村
唐山市遵化市马兰峪镇马兰关一村
邯郸市峰峰矿区义井镇王三村
邯郸市峰峰矿区义井镇北侯村
邯郸市峰峰矿区彭城镇张家楼村
邯郸市涉县井店镇禅房村
邯郸市涉县更乐镇南漫驼村
邯郸市涉县关防乡后岩村
邯郸市磁县陶泉乡西花园村
邯郸市磁县陶泉乡齐家岭村
邯郸市磁县北贾璧乡双和村
邯郸市磁县北贾璧乡西苗庄村
邯郸市武安市午汲镇大贺庄村
邯郸市武安市北安庄乡黄粟山村
邯郸市武安市石洞乡什里店村
邢台市邢台县南石门镇崔路村
邢台市邢台县南石门镇姚坪村
邢台市邢台县南石门镇大贾乡村
邢台市邢台县皇寺镇皇寺村
邢台市邢台县路罗镇桃树坪村
邢台市邢台县路罗镇鱼林沟村
邢台市邢台县路罗镇茶旧沟村
邢台市邢台县将军墓镇内阳村
邢台市邢台县太子井乡龙化村
邢台市邢台县太子井乡石坡头村
邢台市邢台县北小庄乡东石善村
邢台市邢台县北小庄乡白杨庄村
邢台市邢台县北小庄乡龙门村
邢台市临城县郝庄镇郝庄村
邢台市内丘县獐么乡黄岔村
邢台市内丘县侯家庄乡小西村
邢台市沙河市綦村镇西南沟村
邢台市沙河市册井乡白庄村
邢台市沙河市册井乡通元井村
邢台市沙河市柴关乡马峪村
邢台市沙河市柴关乡陈硇村
邢台市沙河市柴关乡杜硇村
保定市阜平县龙泉关镇骆驼湾村
保定市阜平县天生桥镇朱家庵村
保定市唐县军城镇和家庄村
保定市唐县齐家佐乡史家佐村
保定市顺平县台鱼乡北康关村
张家口市蔚县下宫村乡苏贾堡村
张家口市蔚县涌泉庄乡闫家寨村
张家口市蔚县涌泉庄乡西陈家涧村
张家口市怀来县瑞云观乡镇边城村
张家口市怀来县王家楼回族乡麻峪口村
四、山西省（271个）
太原市晋源区晋祠镇赤桥村
大同市云冈区高山镇高山村
大同市天镇县谷前堡镇白羊口村
大同市天镇县马家皂乡安家皂村
大同市广灵县壶泉镇涧西村
大同市灵丘县独峪乡花塔村
大同市云州区峰峪乡徐疃村
阳泉市郊区荫营镇三都村
阳泉市郊区西南舁乡大洼村
阳泉市平定县锁簧镇东锁簧村
阳泉市平定县张庄镇张庄村
阳泉市平定县张庄镇土岭头村
阳泉市平定县张庄镇下马郡头村

阳泉市平定县张庄镇宁艾村
阳泉市平定县东回镇马山村
阳泉市平定县东回镇七亘村
阳泉市平定县东回镇南峪村
阳泉市平定县柏井镇柏井四村
阳泉市平定县柏井镇柏井一村
阳泉市平定县柏井镇白灰村
阳泉市平定县娘子关镇河北村
阳泉市平定县娘子关镇旧关村
阳泉市平定县巨城镇会里村
阳泉市平定县巨城镇西岭村
阳泉市平定县石门口乡大石门村
阳泉市盂县梁家寨乡骆驼道村
阳泉市盂县梁家寨乡石家塔村
阳泉市盂县梁家寨乡黄树岩村
长治市上党区荫城镇桑梓一村
长治市上党区荫城镇桑梓二村
长治市上党区西火镇西队村
长治市上党区西火镇东火村
长治市上党区西火镇平家庄村
长治市上党区八义镇张家沟村
长治市上党区南宋乡太义掌村
长治市上党区南宋乡赵村
长治市平顺县石城镇青草凹村
长治市平顺县石城镇窑上村
长治市平顺县石城镇恭水村
长治市平顺县石城镇遮峪村
长治市平顺县石城镇牛岭村
长治市平顺县石城镇老申峧村
长治市平顺县石城镇豆口村
长治市平顺县石城镇苇水村
长治市平顺县石城镇流吉村
长治市平顺县虹梯关乡龙柏庵村
长治市平顺县阳高乡南庄村
长治市平顺县阳高乡侯壁村
长治市平顺县阳高乡车当村
长治市平顺县阳高乡榔树园村
长治市平顺县北耽车乡安乐村
长治市平顺县北耽车乡实会村
长治市黎城县东阳关镇长宁村
长治市黎城县西井镇新庄村
长治市黎城县西井镇仟仵村
长治市黎城县洪井乡孔家峧村
长治市壶关县晋庄镇东七里村
长治市壶关县树掌镇河东村

长治市壶关县树掌镇树掌村
长治市壶关县树掌镇大会村
长治市武乡县韩北乡王家峪村
长治市沁县南里乡唐村
长治市沁源县灵空山镇下兴居村
长治市沁源县王和镇大栅村
长治市潞城区翟店镇寨上村
晋城市沁水县中村镇蒲泓村
晋城市沁水县中村镇张马村
晋城市沁水县端氏镇坪上村
晋城市沁水县土沃乡塘坪村
晋城市沁水县土沃乡南阳村
晋城市沁水县土沃乡交口村
晋城市阳城县北留镇大桥村
晋城市阳城县北留镇章训村
晋城市阳城县北留镇石苑村
晋城市阳城县北留镇史山村
晋城市阳城县润城镇北音村
晋城市阳城县润城镇王村
晋城市阳城县润城镇下庄村
晋城市阳城县横河镇中寺村
晋城市阳城县横河镇受益村
晋城市阳城县河北镇下交村
晋城市阳城县东冶镇西冶村
晋城市阳城县东冶镇月院村
晋城市阳城县白桑乡洪上村
晋城市阳城县白桑乡通义村
晋城市阳城县固隆乡府底村
晋城市阳城县固隆乡泽城村
晋城市阳城县固隆乡固隆村
晋城市陵川县附城镇西瑶泉村
晋城市陵川县西河底镇张仰村
晋城市陵川县西河底镇现岭村
晋城市泽州县下村镇上村村
晋城市泽州县大东沟镇峪南村
晋城市泽州县大东沟镇贾泉村
晋城市泽州县大东沟镇辛壁村
晋城市泽州县大东沟镇黑泉沟村
晋城市泽州县大东沟镇西洼村
晋城市泽州县周村镇杨山村
晋城市泽州县犁川镇西沟村
晋城市泽州县犁川镇马寨村
晋城市泽州县晋庙铺镇黑石岭村
晋城市泽州县晋庙铺镇小口村
晋城市泽州县金村镇水北村

晋城市泽州县高都镇岭上村
晋城市泽州县高都镇薛庄村
晋城市泽州县巴公镇渠头村
晋城市泽州县大阳镇一分街村
晋城市泽州县大阳镇四分街村
晋城市泽州县大阳镇李家庄村
晋城市泽州县大阳镇都家山村
晋城市泽州县大箕镇南河底村
晋城市泽州县大箕镇两谷坨村
晋城市泽州县大箕镇南峪村
晋城市泽州县柳树口镇南庄村
晋城市泽州县川底乡董山村
晋城市泽州县南岭乡李沟村
晋城市泽州县南岭乡陈河村
晋城市泽州县南岭乡白背村
晋城市泽州县南岭乡黄砂底村
晋城市泽州县南岭乡宋泉村
晋城市泽州县南岭乡漏道底村
晋城市泽州县南岭乡阎庄村
晋城市泽州县南岭乡裴凹村
晋城市高平市东城街道店上村
晋城市高平市南城街道北陈村
晋城市高平市南城街道上韩庄村
晋城市高平市南城街道上庄村
晋城市高平市米山镇孝义村
晋城市高平市三甲镇北庄村
晋城市高平市三甲镇赤祥村
晋城市高平市三甲镇邢村
晋城市高平市三甲镇赵家山村
晋城市高平市神农镇邱村
晋城市高平市神农镇故关村
晋城市高平市神农镇团东村
晋城市高平市神农镇团西村
晋城市高平市神农镇中庙村
晋城市高平市陈区镇铁炉村
晋城市高平市北诗镇丹水村
晋城市高平市北诗镇东吴庄村
晋城市高平市北诗镇龙尾村
晋城市高平市河西镇回山村
晋城市高平市河西镇河西村
晋城市高平市河西镇下庄村
晋城市高平市河西镇焦河村
晋城市高平市河西镇牛村
晋城市高平市马村镇陈村
晋城市高平市马村镇东崛山村

晋城市高平市马村镇东宅村
晋城市高平市马村镇古寨村
晋城市高平市马村镇马村
晋城市高平市马村镇唐东村
晋城市高平市野川镇杜寨村
晋城市高平市寺庄镇长平村
晋城市高平市寺庄镇釜山村
晋城市高平市寺庄镇高良村
晋城市高平市寺庄镇寺庄村
晋城市高平市寺庄镇王报村
晋城市高平市建宁乡郭庄村
晋城市高平市建宁乡建南村
晋城市高平市建宁乡李家河村
晋城市高平市石末乡瓮庄村
朔州市朔城区北旺庄街道新安庄村
朔州市山阴县北周庄镇燕庄村
朔州市山阴县马营庄乡故驿村
朔州市应县南河种镇小石口村
朔州市应县大临河乡北楼口村
朔州市怀仁市云中镇中街村
朔州市怀仁市河头乡王皓疃村
晋中市榆社县云簇镇桃阳村
晋中市昔阳县乐平镇李家沟村
晋中市昔阳县乐平镇北掌城村
晋中市昔阳县界都乡前车掌村
晋中市寿阳县宗艾镇神武村尖山村
晋中市寿阳县宗艾镇荣生村周家垴村
晋中市寿阳县西洛镇纂木村
晋中市寿阳县尹灵芝镇尹灵芝村
晋中市寿阳县尹灵芝镇郭王庄村
晋中市寿阳县羊头崖乡西草庄村
晋中市太谷县范村镇上安村
晋中市太谷县侯城乡范家庄村
晋中市太谷县水秀乡北郭村
晋中市祁县贾令镇沙堡村
晋中市祁县城赵镇修善村
晋中市祁县来远镇盘陀村
晋中市平遥县东泉镇东泉村
晋中市平遥县东泉镇彭坡头村
晋中市平遥县卜宜乡梁家滩村
晋中市平遥县朱坑乡六河村
晋中市介休市张兰镇新堡村
晋中市介休市张兰镇史村
晋中市介休市张兰镇下李候村
晋中市介休市张兰镇旧堡村

晋中市介休市洪山镇洪山村
晋中市介休市绵山镇大靳村
晋中市介休市义棠镇田村
运城市闻喜县郭家庄镇陈家庄村
运城市稷山县翟店镇西位村
运城市绛县古绛镇柴家坡村
运城市绛县古绛镇南城村
运城市绛县古绛镇尧寓村
运城市绛县大交镇续鲁峪村北坂村
运城市垣曲县历山镇同善村
运城市垣曲县蒲掌乡西阳村
运城市平陆县坡底乡郭原村
运城市河津市樊村镇樊村堡村
忻州市定襄县宏道镇西社村
忻州市五台县豆村镇闫家寨村
忻州市宁武县东寨镇二马营村
忻州市宁武县迭台寺乡西沟村
忻州市保德县东关镇陈家梁村
忻州市原平市东社镇王东社村
忻州市原平市中阳乡大阳村
忻州市原平市王家庄乡南怀化村
临汾市曲沃县乐昌镇安吉村
临汾市曲沃县曲村镇曲村
临汾市曲沃县里村镇石滩村
临汾市曲沃县北董乡南林交村
临汾市翼城县唐兴镇城内村
临汾市翼城县隆化镇史伯村
临汾市翼城县隆化镇南撖村
临汾市翼城县隆化镇尧都村
临汾市翼城县隆化镇下石门村
临汾市翼城县桥上镇撖庄村
临汾市翼城县西阎镇西阎村
临汾市翼城县西阎镇兴石村
临汾市翼城县西阎镇堡子村
临汾市翼城县西阎镇十河村
临汾市翼城县西阎镇古十银村
临汾市翼城县西阎镇大河村
临汾市翼城县浇底乡青城村
临汾市襄汾县新城镇伯玉村
临汾市襄汾县古城镇京安村
临汾市襄汾县襄陵镇黄崖村
临汾市洪洞县曲亭镇上寨村
临汾市洪洞县万安镇韩家庄村
临汾市洪洞县万安镇万安村
临汾市乡宁县关王庙乡前庄村

临汾市乡宁县枣岭乡石鼻村
临汾市霍州市退沙街道退沙村
临汾市霍州市大张镇贾村
临汾市霍州市三教乡库拔村
吕梁市离石区交口街道杜家山村
吕梁市文水县凤城镇南徐村
吕梁市文水县孝义镇上贤村
吕梁市文水县马西乡神堂村
吕梁市交城县天宁镇磁窑村
吕梁市交城县夏家营镇段村
吕梁市临县招贤镇小塔则村
吕梁市临县碛口镇尧昌里村
吕梁市临县碛口镇白家山村
吕梁市临县碛口镇垣上村
吕梁市临县曲峪镇白道峪村
吕梁市柳林县柳林镇于家沟村
吕梁市柳林县穆村镇穆村第二村
吕梁市柳林县薛村镇军渡村
吕梁市柳林县三交镇下塔村
吕梁市柳林县成家庄镇王家坡村
吕梁市柳林县孟门镇西坡村
吕梁市柳林县贾家垣乡冯家垣村康家垣村
吕梁市柳林县陈家湾乡闫家湾村
吕梁市柳林县西王家沟乡大庄村
吕梁市石楼县义牒镇留村
吕梁市中阳县武家庄镇刘家圪垯村
吕梁市孝义市高阳镇高阳村
吕梁市孝义市高阳镇小垣村
吕梁市汾阳市三泉镇巩村
吕梁市汾阳市三泉镇南马庄村
吕梁市汾阳市三泉镇任家堡村
吕梁市汾阳市三泉镇东赵村
吕梁市汾阳市峪道河镇下张家庄村

五、内蒙古自治区（2个）
包头市固阳县下湿壕镇电报局村大英图村
赤峰市阿鲁科尔沁旗巴拉奇如德苏木达兰花嘎查

六、辽宁省（13个）
沈阳市沈北新区石佛寺街道石佛一村
沈阳市沈北新区石佛寺街道石佛寺二村
沈阳市法库县叶茂台镇叶茂台村
沈阳市法库县四家子蒙古族乡公主陵村
鞍山市岫岩满族自治县石庙子镇丁字峪村
朝阳市朝阳县西五家子乡新地村
朝阳市喀喇沁左翼蒙古族自治县南哨街道白音

爱里村
　　朝阳市北票市大板镇金岭寺村
　　朝阳市北票市大板镇波台沟村
　　朝阳市北票市上园镇三巨兴村
　　朝阳市凌源市四官营子镇小窝铺村
　　朝阳市凌源市乌兰白镇十二官营子村
　　葫芦岛市绥中县加碑岩乡王家店村
　七、吉林省（2个）
　　白山市临江市桦树镇西小山村转头山屯
　　白山市临江市六道沟镇火绒沟村
　八、黑龙江省（8个）
　　齐齐哈尔市讷河市兴旺鄂温克族乡百路村
　　大庆市杜尔伯特蒙古族自治县胡吉吐莫镇东吐莫村
　　伊春市嘉荫县乌拉嘎镇胜利村
　　伊春市嘉荫县常胜乡桦树林子村
　　佳木斯市同江市街津口乡街津口村
　　牡丹江市海林市横道河子镇顺桥村
　　黑河市爱辉区瑷珲镇瑷珲村
　　黑河市爱辉区坤河乡坤河村
　九、江苏省（5个）
　　扬州市仪征市新城镇蒲薪村
　　扬州市高邮市界首镇甓湖社区
　　镇江市丹徒区辛丰镇黄墟村
　　泰州市靖江市季市镇季东村
　　常州市溧阳市昆仑街道沙涨村
　十、浙江省（235个）
　　杭州市桐庐县桐君街道梅蓉村
　　杭州市桐庐县莪山畲族乡莪山民族村
　　杭州市淳安县威坪镇洞源村
　　杭州市淳安县梓桐镇练溪村
　　杭州市淳安县汾口镇赤川口村
　　杭州市淳安县中洲镇札溪村
　　杭州市淳安县中洲镇泂溪村
　　杭州市淳安县枫树岭镇上江村
　　杭州市淳安县左口乡龙源庄村
　　杭州市淳安县王阜乡龙头村
　　杭州市淳安县王阜乡金家岙村
　　杭州市建德市寿昌镇石泉村
　　杭州市建德市寿昌镇乌石村
　　杭州市建德市大慈岩镇檀村村湖塘村
　　杭州市临安区高虹镇石门村
　　杭州市临安区湍口镇塘秀村塘里村
　　宁波市鄞州区塘溪镇童夏家村
　　宁波市象山县墙头镇墙头村
　　宁波市宁海县强蛟镇峡山社区峡山村
　　宁波市慈溪市龙山镇方家河头村
　　宁波市奉化区大堰镇大堰村
　　宁波市奉化区大堰镇董家村
　　温州市瓯海区泽雅镇水碓坑村
　　温州市永嘉县岩坦镇黄南林坑村
　　温州市永嘉县岩坦镇岩龙村
　　温州市苍南县桥墩镇矴步头村
　　温州市苍南县马站镇龙门村
　　温州市泰顺县罗阳镇上交垟村
　　温州市泰顺县司前畲族镇台边村
　　温州市泰顺县筱村镇东垟村
　　温州市乐清市乐成街道黄檀硐村
　　嘉兴市南湖区凤桥镇新民村
　　嘉兴市海宁市斜桥镇路仲村
　　嘉兴市桐乡市乌镇镇民合村
　　湖州市长兴县煤山镇仰峰村
　　绍兴市越城区东浦街道东浦村
　　绍兴市柯桥区夏履镇双叶村
　　绍兴市上虞区岭南乡梁宅村
　　绍兴市新昌县南明街道班竹村
　　绍兴市新昌县梅渚镇梅渚村
　　绍兴市新昌县镜岭镇西坑村
　　绍兴市新昌县镜岭镇外婆坑村
　　绍兴市新昌县儒岙镇南山村
　　绍兴市嵊州市甘霖镇黄胜堂村
　　绍兴市嵊州市长乐镇小昆村
　　绍兴市嵊州市崇仁镇七八村
　　绍兴市嵊州市通源乡松明培村
　　金华市婺城区汤溪镇上境村
　　金华市婺城区汤溪镇上堰头村
　　金华市婺城区汤溪镇下伊村
　　金华市婺城区汤溪镇鸽坞塔村
　　金华市婺城区塔石乡岱上村
　　金华市金东区孝顺镇中柔村
　　金华市金东区傅村镇畈田蒋村
　　金华市金东区澧浦镇琐园村
　　金华市金东区澧浦镇蒲塘村
　　金华市金东区澧浦镇郑店村
　　金华市金东区岭下镇岭五村
　　金华市金东区岭下镇后溪村
　　金华市金东区赤松镇仙桥村
　　金华市武义县柳城畲族镇乌漱村
　　金华市武义县柳城畲族镇新塘村
　　金华市武义县柳城畲族镇云溪村

金华市武义县白姆乡水阁村
金华市武义县坦洪乡上坦村
金华市武义县坦洪乡上周村
金华市武义县大溪口乡桥头村
金华市磐安县安文街道墨林村
金华市磐安县九和乡三水潭村
金华市兰溪市兰江街道上戴村
金华市兰溪市永昌街道下孟塘村
金华市兰溪市游埠镇潦溪桥村
金华市兰溪市诸葛镇厚伦方村
金华市兰溪市黄店镇三泉村
金华市兰溪市黄店镇上包村
金华市兰溪市黄店镇上唐村
金华市兰溪市黄店镇刘家村
金华市兰溪市黄店镇桐山后金村
金华市兰溪市梅江镇聚仁村
金华市义乌市廿三里街道何宅村
金华市义乌市佛堂镇倍磊村
金华市义乌市佛堂镇寺前街村
金华市义乌市赤岸镇乔亭村
金华市义乌市赤岸镇雅端村
金华市义乌市赤岸镇雅治街村
金华市义乌市赤岸镇东朱村
金华市义乌市义亭镇陇头朱村
金华市义乌市义亭镇何店村
金华市义乌市大陈镇红峰村
金华市东阳市六石街道北后周村
金华市东阳市六石街道吴良村
金华市东阳市巍山镇古渊头村
金华市东阳市虎鹿镇葛宅村
金华市东阳市湖溪镇郭宅村
金华市东阳市三单乡前田村
金华市永康市前仓镇大陈村
金华市永康市舟山镇舟二村
金华市永康市芝英镇芝英一村
衢州市柯城区石梁镇双溪村
衢州市柯城区航埠镇墩头村
衢州市柯城区九华乡妙源村
衢州市柯城区九华乡新宅村
衢州市柯城区九华乡源口村
衢州市柯城区沟溪乡沟溪村
衢州市柯城区华墅乡园林村
衢州市衢江区湖南镇山尖岙村大丘田村
衢州市衢江区云溪乡车塘村
衢州市衢江区岭洋乡赖家村
衢州市常山县招贤镇五里村
衢州市常山县青石镇江家村
衢州市常山县球川镇球川村
衢州市常山县辉埠镇大埂村
衢州市常山县芳村镇芳村村
衢州市常山县同弓乡彤弓山村
衢州市常山县东案乡金源村
衢州市开化县马金镇霞田村
衢州市开化县何田乡陆联村
衢州市开化县音坑乡儒山村读经源村
衢州市龙游县溪口镇灵山村
衢州市龙游县石佛乡西金源村
衢州市龙游县大街乡方旦村祝家村
衢州市龙游县沐尘畲族乡社里村
衢州市江山市清湖街道清湖一村
衢州市江山市清湖街道清湖三村
衢州市江山市石门镇江郎山村
舟山市普陀区东极镇东极社区庙子湖村
台州市椒江区下陈街道横河陈村
台州市黄岩区北洋镇潮济村
台州市黄岩区宁溪镇乌岩头村
台州市黄岩区茅畲乡下街村
台州市玉环县干江镇炮台村
台州市仙居县白塔镇厚仁中街村
台州市仙居县上张乡滕山村
台州市仙居县上张乡西片村滕庄村
台州市仙居县上张乡上张村马安山村
台州市三门县横渡镇岩下村
丽水市莲都区碧湖镇联济村联济村
丽水市莲都区老竹镇梁村村
丽水市莲都区仙渡乡梅田村
丽水市莲都区峰源乡庞山村西坑村
丽水市缙云县新碧街道黄碧村村
丽水市缙云县壶镇镇岩背村
丽水市缙云县壶镇镇金竹村
丽水市缙云县胡源乡胡村村
丽水市遂昌县妙高街道仙岩村汤山头村、阴坑村
丽水市遂昌县北界镇苏村村
丽水市遂昌县大柘镇车前村
丽水市遂昌县石练镇柳村村
丽水市遂昌县黄沙腰镇大洞源村
丽水市遂昌县黄沙腰镇黄沙腰村
丽水市遂昌县濂竹乡大竹小岱村小岱村
丽水市遂昌县濂竹乡横坑村

丽水市遂昌县濂竹乡千义坑村
丽水市遂昌县濂竹乡治岭头村
丽水市遂昌县高坪乡茶树坪村
丽水市遂昌县高坪乡淡竹村
丽水市遂昌县湖山乡三归村大畈村
丽水市遂昌县湖山乡奕山村
丽水市遂昌县蔡源乡蔡和村
丽水市遂昌县西畈乡举淤口村
丽水市遂昌县垵口乡徐村村
丽水市松阳县大东坝镇七村
丽水市松阳县三都乡里庄村
丽水市松阳县三都乡上源村
丽水市松阳县裕溪乡凤弄源村
丽水市云和县崇头镇叶山头村
丽水市云和县崇头镇坑下村
丽水市云和县安溪乡黄处村
丽水市庆元县贤良镇黄淤村黄坛村
丽水市庆元县张村乡呑头村
丽水市庆元县江根乡坝头村
丽水市庆元县江根乡箬坑村
丽水市庆元县龙溪乡转水村
丽水市庆元县龙溪乡鱼川村
丽水市庆元县龙溪乡冯家山村
丽水市庆元县龙溪乡呑里村
丽水市景宁县红星街道岗石村
丽水市景宁县红星街道金包山村
丽水市景宁县鹤溪街道鹤溪村
丽水市景宁县渤海镇安亭村
丽水市景宁县东坑镇深垟村
丽水市景宁县东坑镇徐砦村
丽水市景宁县东坑镇章坑村
丽水市景宁县东坑镇大张坑村
丽水市景宁县东坑镇茗源村
丽水市景宁县英川镇英川村
丽水市景宁县英川镇董川村
丽水市景宁县英川镇黄谢圩村
丽水市景宁县英川镇梅溇村
丽水市景宁县英川镇王宅村
丽水市景宁县英川镇跃垟村
丽水市景宁县沙湾镇七里村
丽水市景宁县沙湾镇道化村
丽水市景宁县沙湾镇何处村
丽水市景宁县沙湾镇季庄村
丽水市景宁县沙湾镇李处村
丽水市景宁县沙湾镇小地村
丽水市景宁县沙湾镇叶桥村
丽水市景宁县沙湾镇张庄村
丽水市景宁县大均乡大均村
丽水市景宁县大均乡李宝村
丽水市景宁县澄照乡金丘村
丽水市景宁县澄照乡漈头村
丽水市景宁县大漈乡小佐村
丽水市景宁县景南乡东垟村
丽水市景宁县雁溪乡雁溪村
丽水市景宁县鸬鹚乡鸬鹚村
丽水市景宁县鸬鹚乡仁字坑村
丽水市景宁县鸬鹚乡山下村
丽水市景宁县鸬鹚乡印章村
丽水市景宁县鸬鹚乡驮戬村
丽水市景宁县鸬鹚乡徐崇村
丽水市景宁县标溪乡标溪村
丽水市景宁县标溪乡叶谢村
丽水市景宁县毛垟乡毛垟村
丽水市景宁县毛垟乡陈坪村
丽水市景宁县毛垟乡炉西村
丽水市景宁县毛垟乡上沙湾村
丽水市景宁县秋炉乡秋炉村
丽水市景宁县秋炉乡新塘垟村
丽水市景宁县大地乡驮垟村
丽水市景宁县大地乡张坑村
丽水市景宁县九龙乡高沈村
丽水市龙泉市剑池街道周际村
丽水市龙泉市住龙镇西井村
丽水市龙泉市屏南镇库租坑村
丽水市龙泉市屏南镇上畲村
丽水市龙泉市屏南镇地畲村
丽水市龙泉市屏南镇南垟村
丽水市龙泉市竹垟畲族乡盖竹村
丽水市龙泉市道太乡外翁村
丽水市龙泉市道太乡荷上畈村
丽水市龙泉市城北乡内双溪村
丽水市龙泉市龙南乡龙井村
丽水市龙泉市龙南乡兴源村

十一、安徽省（237个）

合肥市巢湖市柘皋镇北闸老街
合肥市巢湖市烔炀镇烔炀老街
合肥市巢湖市黄麓镇张疃村
淮南市寿县隐贤镇隐贤老街
铜陵市郊区铜山镇南泉村岭上吴村
铜陵市枞阳县陈瑶湖镇水圩村

附 录

铜陵市义安区天门镇板桥村江村
安庆市潜山市黄泥镇黄泥村
安庆市潜山市龙潭乡万涧村
安庆市潜山市龙潭乡龙潭村
安庆市岳西县五河镇李凹村
安庆市岳西县青天乡青天村
安庆市桐城市唐湾镇唐湾村
黄山市黄山区甘棠镇庄里村
黄山市黄山区仙源镇水东村
黄山市黄山区汤口镇芳村
黄山市黄山区三口镇联中村
黄山市黄山区乌石镇长芦村
黄山市徽州区岩寺镇洪坑村
黄山市徽州区富溪乡光明村
黄山市徽州区富溪乡碣石村
黄山市歙县徽城镇就田村
黄山市歙县深渡镇外河坑村
黄山市歙县深渡镇棉溪村
黄山市歙县深渡镇洪济村
黄山市歙县深渡镇三源村
黄山市歙县深渡镇定潭村
黄山市歙县深渡镇绵潭村
黄山市歙县深渡镇九砂村
黄山市歙县深渡镇琶坑村
黄山市歙县深渡镇安梅村
黄山市歙县深渡镇下产村
黄山市歙县北岸镇显村
黄山市歙县北岸镇五渡村
黄山市歙县北岸镇大阜村
黄山市歙县北岸镇长坑村
黄山市歙县北岸镇槐棠村
黄山市歙县北岸镇高山村
黄山市歙县北岸镇留村
黄山市歙县北岸镇堨田村
黄山市歙县富堨镇三田村
黄山市歙县富堨镇高金村
黄山市歙县富堨镇富堨村
黄山市歙县富堨镇仁里村
黄山市歙县郑村镇稠墅村
黄山市歙县郑村镇郑村
黄山市歙县郑村镇潭渡村
黄山市歙县桂林镇西坑村
黄山市歙县桂林镇双河村
黄山市歙县许村镇箬岭村
黄山市歙县许村镇环泉村

黄山市歙县许村镇金村
黄山市歙县许村镇沙堨村
黄山市歙县许村镇姚家村
黄山市歙县许村镇东山村
黄山市歙县溪头镇汪岔村
黄山市歙县溪头镇金锅岭村
黄山市歙县溪头镇竹园村
黄山市歙县溪头镇竦坑村
黄山市歙县溪头镇桃岭村
黄山市歙县溪头镇晔岔村
黄山市歙县溪头镇蓝田村
黄山市歙县溪头镇汪满田村
黄山市歙县杞梓里镇铜山村
黄山市歙县杞梓里镇大备坑村
黄山市歙县杞梓里镇上坑村
黄山市歙县杞梓里镇齐武村
黄山市歙县杞梓里镇外磻村
黄山市歙县杞梓里镇车田村
黄山市歙县杞梓里镇唐里村
黄山市歙县杞梓里镇磻溪村
黄山市歙县杞梓里镇坡山村
黄山市歙县杞梓里镇金竹村
黄山市歙县杞梓里镇水竹坑村
黄山市歙县杞梓里镇英坑村
黄山市歙县霞坑镇鸿飞村
黄山市歙县霞坑镇洪琴村
黄山市歙县霞坑镇里方村
黄山市歙县霞坑镇北山村
黄山市歙县霞坑镇士川村
黄山市歙县霞坑镇村头村
黄山市歙县霞坑镇察坑村
黄山市歙县霞坑镇科村
黄山市歙县霞坑镇水川村
黄山市歙县霞坑镇溪上村
黄山市歙县岔口镇茶园坪村
黄山市歙县岔口镇庙前村
黄山市歙县岔口镇岭里村
黄山市歙县岔口镇井潭村
黄山市歙县岔口镇金村
黄山市歙县岔口镇益州村
黄山市歙县岔口镇岔口村
黄山市歙县岔口镇高演村
黄山市歙县街口镇街口村
黄山市歙县坑口乡汪村
黄山市歙县坑口乡瀹坑村

黄山市歙县坑口乡瀹潭村
黄山市歙县坑口乡瀹岭坞村
黄山市歙县雄村镇义成村
黄山市歙县雄村镇浦口村
黄山市歙县雄村镇航步村
黄山市歙县雄村镇庄源村
黄山市歙县上丰乡上丰村
黄山市歙县上丰乡屯田村
黄山市歙县上丰乡赵村
黄山市歙县上丰乡里溪村
黄山市歙县上丰乡杨家坦村
黄山市歙县昌溪乡万二村
黄山市歙县昌溪乡昌溪村
黄山市歙县昌溪乡关山村
黄山市歙县武阳乡武阳村
黄山市歙县武阳乡梅川村
黄山市歙县武阳乡约里村
黄山市歙县武阳乡峰山村
黄山市歙县三阳镇三阳村
黄山市歙县三阳镇崇山村
黄山市歙县三阳镇竹铺村
黄山市歙县三阳镇竹源村
黄山市歙县三阳镇岭脚村
黄山市歙县三阳镇中村
黄山市歙县三阳镇荷花形村
黄山市歙县三阳镇外南庄村
黄山市歙县三阳镇英川村
黄山市歙县三阳镇慈坑村
黄山市歙县金川乡金川村
黄山市歙县金川乡柏川村
黄山市歙县金川乡山郭村
黄山市歙县小川乡田庄村
黄山市歙县小川乡盘苏村
黄山市歙县小川乡西坡村
黄山市歙县新溪口乡太平村
黄山市歙县璜田乡六联村
黄山市歙县璜田乡璜田村
黄山市歙县璜田乡蜈蚣岭村
黄山市歙县璜田乡源头村
黄山市歙县璜田乡天堂村
黄山市歙县森村乡绍村
黄山市歙县森村乡渔岸村
黄山市歙县森村乡满田村
黄山市歙县森村乡鸡川村
黄山市歙县森村乡皋径村

黄山市歙县森村乡隐里村
黄山市歙县绍濂乡坑口村
黄山市歙县石门乡青峰村
黄山市休宁县五城镇月潭村
黄山市休宁县五城镇五城村
黄山市休宁县蓝田镇前川村
黄山市休宁县蓝田镇秋洪川村
黄山市休宁县溪口镇小坑村
黄山市休宁县溪口镇源头村
黄山市休宁县流口镇茗洲村
黄山市休宁县流口镇泉坑村
黄山市休宁县汪村镇左源村
黄山市休宁县汪村镇广源村
黄山市休宁县汪村镇麻田村
黄山市休宁县汪村镇大连村
黄山市休宁县商山镇双桥村
黄山市休宁县山斗乡金源村
黄山市休宁县板桥乡杨林湾村
黄山市休宁县板桥乡梓坞村
黄山市休宁县鹤城乡高坑村
黄山市休宁县榆村乡富溪村
黄山市黟县碧阳镇光村
黄山市黟县碧阳镇南门村
黄山市黟县碧阳镇郭门村
黄山市黟县碧阳镇西街村
黄山市黟县宏村镇万村
黄山市黟县宏村镇蜀里村
黄山市黟县宏村镇蓬厦村
黄山市黟县宏村镇历舍村
黄山市黟县西递镇燕川村
黄山市黟县柯村镇东坑村
黄山市黟县宏潭乡佘溪上村
黄山市黟县宏潭乡宏潭村
黄山市黟县洪星乡奕村
黄山市祁门县祁山镇六都村
黄山市祁门县历口镇彭龙村
黄山市祁门县历口镇许村村
黄山市祁门县历口镇武陵村
黄山市祁门县闪里镇文堂村
黄山市祁门县闪里镇桃源村
黄山市祁门县安凌镇广联村
黄山市祁门县新安镇高塘村
黄山市祁门县新安镇炼丹石村
黄山市祁门县柏溪乡柏溪村
黄山市祁门县祁红乡塘坑头村

黄山市祁门县芦溪乡奇口村
黄山市祁门县芦溪乡查湾村
黄山市祁门县古溪乡黄龙口村
黄山市祁门县箬坑乡伦坑村
黄山市祁门县箬坑乡下汪村
黄山市祁门县箬坑乡马山村
六安市金安区毛坦厂镇浸堰村
六安市金寨县天堂寨镇前畈村
池州市贵池区墩上街道茅坦村
池州市贵池区梅街镇刘街村
池州市东至县尧渡镇尚合村阳山村
池州市东至县尧渡镇高岭村胡村
池州市东至县木塔乡木塔村木塔口村
池州市石台县仙寓镇奇峰村
池州市青阳县陵阳镇陵阳村
宣城市郎溪县飞鲤镇裴村
宣城市广德县四合乡宏霞村遐嵩林村
宣城市广德县四合乡耿村村大耿村
宣城市泾县茂林镇茂林村
宣城市泾县榔桥镇涌溪村
宣城市泾县榔桥镇浙溪村
宣城市泾县榔桥镇乌溪村
宣城市泾县榔桥镇西阳村
宣城市泾县榔桥镇双河村
宣城市泾县琴溪镇赤滩村
宣城市泾县云岭镇郭峰村冰山村
宣城市泾县云岭镇中村村
宣城市泾县云岭镇靠山村
宣城市泾县黄村镇安吴村
宣城市泾县丁家桥镇后山村
宣城市泾县丁家桥镇小岭村
宣城市绩溪县临溪镇孔灵村
宣城市绩溪县长安镇镇头村
宣城市绩溪县长安镇浩寨村冯村
宣城市绩溪县长安镇庄团村
宣城市绩溪县长安镇坦头村
宣城市绩溪县上庄镇旺川村
宣城市绩溪县扬溪镇石门村
宣城市绩溪县伏岭镇西川村
宣城市绩溪县伏岭镇水村
宣城市绩溪县伏岭镇北村
宣城市绩溪县伏岭镇江南村
宣城市绩溪县伏岭镇胡家村
宣城市绩溪县瀛洲镇瀛洲村汪村
宣城市绩溪县板桥头乡蜀马村
宣城市绩溪县家朋乡磡头村
宣城市绩溪县家朋乡松木岭村
宣城市绩溪县家朋乡鱼龙山村
宣城市旌德县庙首镇庙首村
宣城市宁国市仙霞镇仙霞村
宣城市宁国市云梯畲族乡千秋畲族村

十二、福建省（265个）

福州市仓山区城门镇林浦村
福州市罗源县中房镇林家村
福州市罗源县中房镇吉际村
福州市罗源县中房镇满盾村
福州市罗源县中房镇厚富村
福州市永泰县嵩口镇漈头村
福州市永泰县嵩口镇赤水村
福州市永泰县梧桐镇椿阳村
福州市永泰县梧桐镇后溪村
福州市永泰县梧桐镇潼关村
福州市永泰县葛岭镇巫洋村
福州市永泰县长庆镇中埔村
福州市永泰县同安镇同安村
福州市永泰县同安镇三捷村
福州市永泰县大洋镇大展村
福州市永泰县岭路乡长坑村
福州市永泰县洑口乡山寨村
福州市永泰县洑口乡紫山村
福州市永泰县盖洋乡珠峰村
福州市永泰县盖洋乡湖里村
福州市永泰县盖洋乡前湖村
福州市永泰县盖洋乡碓头村
福州市永泰县东洋乡周坑村
福州市永泰县东洋乡东洋村
福州市永泰县霞拔乡下园村
福州市永泰县霞拔乡锦安村
福州市永泰县白云乡寨里村
福州市永泰县白云乡石岸村
福州市永泰县白云乡白云村
福州市永泰县丹云乡赤岸村
福州市永泰县丹云乡翠云村
福州市福清市一都镇东山村
莆田市荔城区西天尾镇后黄村
莆田市秀屿区平海镇平海村
三明市明溪县夏阳乡旦上村
三明市清流县赖坊镇官坊村
三明市清流县赖坊镇南山村
三明市清流县李家乡鲜水村

三明市宁化县曹坊镇下曹村
三明市大田县石牌镇盖山村
三明市大田县太华镇魁城村
三明市大田县太华镇小华村
三明市大田县华兴镇张墘村
三明市大田县华兴镇早兴村
三明市大田县华兴镇柯坑村
三明市大田县华兴乡横坑村
三明市大田县屏山乡杨梅村
三明市大田县济阳乡上丰村
三明市尤溪县西滨镇双洋村
三明市尤溪县洋中镇上塘村
三明市尤溪县新阳镇大坋村
三明市尤溪县坂面镇京口村
三明市尤溪县溪尾乡莘田村逢春村
三明市尤溪县中仙乡西华村
三明市沙县夏茂镇李窠村
三明市沙县富口镇盖竹村
三明市将乐县大源乡山坊村
三明市永安市贡川镇张荆村
三明市永安市小陶镇美坂村
三明市永安市小陶镇垇头村
三明市永安市槐南镇洋头村
三明市永安市青水畲族乡龙塘村
泉州市泉港区峰尾镇诚峰村
泉州市泉港区涂岭镇樟脚村
泉州市惠安县净峰镇西头村
泉州市安溪县西坪镇南岩村
泉州市安溪县桃舟乡吾培村
泉州市永春县五里街镇西安村
泉州市德化县浔中镇祖厝村
泉州市德化县龙浔镇高阳村
泉州市德化县水口镇上湖村白潭村
泉州市德化县水口镇淳湖村
泉州市德化县盖德镇山坪村
泉州市德化县美湖镇美湖村
泉州市德化县美湖镇洋坑村
泉州市德化县美湖镇洋田村
泉州市德化县杨梅乡云溪村
泉州市德化县桂阳乡桂阳村
泉州市德化县大铭乡大铭村
泉州市德化县春美乡双翰村
泉州市德化县春美乡春美村
泉州市台商投资区洛阳镇万安村
泉州市石狮市灵秀镇华山村

泉州市晋江市安海镇瑶前村
泉州市晋江市金井镇围头村
漳州市云霄县火田镇溪口村
漳州市漳浦县官浔镇红霞村
漳州市漳浦县深土镇山尾村
漳州市漳浦县六鳌镇鳌西村
漳州市诏安县金星乡湖内村
漳州市长泰县枋洋镇林溪村
漳州市南靖县金山镇霞涌村
漳州市南靖县和溪镇林中村
漳州市南靖县和溪镇林坂村
漳州市南靖县奎洋镇罗坑村
漳州市南靖县梅林镇璞山村
漳州市南靖县梅林镇坎下村
漳州市南靖县梅林镇磜头村
漳州市南靖县梅林镇梅林村
漳州市南靖县船场镇坑头村
漳州市南靖县南坑镇葛竹村
漳州市南靖县南坑镇新罗村
漳州市平和县九峰镇黄田村
漳州市华安县仙都镇大地村
漳州市龙海市东泗乡渐山村
南平市延平区樟湖镇剧头村
南平市延平区塔前镇菖上村
南平市延平区茫荡镇际头村
南平市延平区茫荡镇聪坑村
南平市延平区茫荡镇三楼村
南平市延平区巨口乡上埔村
南平市延平区巨口乡馀庆村
南平市延平区巨口乡谷园村
南平市顺昌县大干镇武坊村
南平市顺昌县高阳乡大富村
南平市顺昌县高阳乡上村村
南平市浦城县富岭镇山路村
南平市浦城县石陂镇徐墩村北岩井后村
南平市浦城县仙阳镇永建村
南平市浦城县古楼乡洋溪村
南平市浦城县古楼乡叶山村
南平市浦城县官路乡毛处村上源头村
南平市光泽县崇仁乡崇仁村
南平市光泽县李坊乡管蜜村
南平市光泽县华桥乡牛田村
南平市松溪县河东乡大布村
南平市政和县东平镇凤头村
南平市政和县铁山镇凤林村

南平市政和县铁山镇罗家地村
南平市政和县铁山镇大岭村
南平市政和县镇前镇筠竹洋村
南平市政和县星溪乡念山村
南平市政和县星溪乡地坪村
南平市政和县外屯乡稠岭村
南平市政和县杨源乡西岩村
南平市政和县杨源乡桃洋村
南平市政和县澄源乡富垅村
南平市政和县澄源乡上洋村
南平市政和县澄源乡牛途村
南平市政和县澄源乡黄岭村
南平市政和县岭腰乡高山村
南平市邵武市桂林乡桂林村扬名坊村
南平市邵武市桂林乡余山村
南平市武夷山市上梅乡厅下村岩后村
南平市武夷山市上梅乡地尾村
南平市武夷山市吴屯乡大浑村
南平市武夷山市吴屯乡后源村
南平市武夷山市岚谷乡横源村
南平市武夷山市岚谷乡岚头村
南平市建瓯市迪口镇值源村
南平市建瓯市东游镇岐头村
南平市建瓯市东峰镇裴桥村
龙岩市新罗区雁石镇云山村
龙岩市新罗区白沙镇官洋村
龙岩市新罗区白沙镇孔党村
龙岩市新罗区白沙镇营边村
龙岩市新罗区岩山镇玉宝村
龙岩市新罗区苏坂镇美山村
龙岩市永定区下洋镇三联村
龙岩市永定区抚市镇新民村
龙岩市永定区抚市镇社前村
龙岩市永定区湖坑镇西片村
龙岩市永定区湖坑镇新南村
龙岩市永定区古竹乡瑶下村
龙岩市永定区大溪乡坑头村
龙岩市永定区高头乡高东村
龙岩市长汀县童坊镇彭坊村
龙岩市长汀县河田镇蔡坊村
龙岩市长汀县南山镇桥下村
龙岩市长汀县濯田镇水头村
龙岩市长汀县濯田镇同睦村
龙岩市长汀县铁长乡洋坊村
龙岩市上杭县太拔镇坵辉村

龙岩市连城县莒溪镇陈地村
龙岩市连城县莒溪镇太平僚村
龙岩市连城县新泉镇新泉村
龙岩市连城县庙前镇丰图村
龙岩市连城县塘前乡迪坑村
龙岩市连城县四堡乡田茶村
龙岩市连城县四堡乡四桥村
龙岩市连城县赖源乡黄宗村
龙岩市漳平市新桥镇产盂村
龙岩市漳平市双洋镇西洋村
龙岩市漳平市溪南镇东湖村
龙岩市漳平市象湖镇土坑村
龙岩市漳平市象湖镇下德安村
龙岩市漳平市南洋镇营仑村
宁德市蕉城区城南镇叶厝村
宁德市蕉城区八都镇水漈村
宁德市蕉城区霍童镇凤桥村
宁德市蕉城区石后乡芹后村
宁德市蕉城区虎贝乡黄柏村
宁德市霞浦县沙江镇竹江村
宁德市霞浦县沙江镇八堡村
宁德市霞浦县柏洋乡院边村
宁德市古田县城东街道利洋村
宁德市古田县城西街道罗峰村
宁德市古田县平湖镇银坑村
宁德市古田县平湖镇端上村
宁德市古田县平湖镇玉源村
宁德市古田县鹤塘镇溪边村
宁德市古田县鹤塘镇路上村
宁德市古田县鹤塘镇田地村
宁德市古田县鹤塘镇樟厅村
宁德市古田县杉洋镇洪湾村
宁德市古田县杉洋镇夏庄村
宁德市古田县杉洋镇东吉村
宁德市古田县杉洋镇善德村
宁德市古田县杉洋镇珠洋村
宁德市古田县大甲镇林峰村
宁德市古田县大甲镇邹洋村
宁德市古田县泮洋乡凤竹村
宁德市古田县卓洋乡京峰村
宁德市古田县卓洋乡廖厝村
宁德市屏南县双溪镇前洋村
宁德市屏南县黛溪镇恩洋村
宁德市屏南县黛溪镇康里村
宁德市屏南县屏城乡里汾溪村

宁德市屏南县熙岭乡前塘村
宁德市屏南县路下乡罗沙洋村
宁德市屏南县岭下乡谢坑村
宁德市寿宁县斜滩镇印潭村
宁德市寿宁县斜滩镇厝基村大溪头村
宁德市寿宁县南阳镇含溪村
宁德市寿宁县武曲镇梅洋村
宁德市寿宁县武曲镇甲峰村
宁德市寿宁县犀溪镇甲坑村
宁德市寿宁县平溪镇南溪村
宁德市寿宁县平溪镇东溪村
宁德市寿宁县大安乡亭溪村
宁德市寿宁县芹洋乡尤溪村
宁德市寿宁县芹洋乡阜莽村
宁德市寿宁县托溪乡圈石村
宁德市寿宁县下党乡曹坑村
宁德市寿宁县下党乡杨溪头村
宁德市周宁县李墩镇楼坪村
宁德市周宁县纯池镇前溪村
宁德市周宁县纯池镇祖龙村
宁德市周宁县泗桥乡赤岩村
宁德市周宁县礼门乡仕本村
宁德市周宁县礼门乡常源村
宁德市周宁县礼门乡礼门村
宁德市周宁县玛坑乡紫竹村
宁德市柘荣县乍洋乡溪口村
宁德市柘荣县黄柏乡黄柏村
宁德市柘荣县黄柏乡上黄柏村
宁德市柘荣县黄柏乡长冠村
宁德市柘荣县英山乡官安村
宁德市福安市潭头镇棠溪村
宁德市福安市潭头镇富罗坂村下洋中村
宁德市福安市潭头镇千诗亭村车岭村
宁德市福安市潭头镇康源村
宁德市福安市社口镇秀峰村
宁德市福安市晓阳镇晓阳村
宁德市福安市晓阳镇岭下村
宁德市福安市晓阳镇首洋村
宁德市福安市溪潭镇周家山村
宁德市福安市甘棠镇观里村
宁德市福安市坂中畲族乡仙源里村
宁德市福安市穆云畲族乡桥溪村
宁德市福鼎市磻溪镇桑海村
宁德市福鼎市白琳镇翁江村
宁德市福鼎市点头镇举州村
宁德市福鼎市点头镇柏柳村
宁德市福鼎市硖门畲族乡秦石村石兰村

十三、江西省（168个）

南昌市进贤县李渡镇桂桥村
南昌市进贤县文港镇前塘村
九江市武宁县甫田乡太平山村合港村
九江市修水县布甲乡太阳村
景德镇市浮梁县鹅湖镇桃岭村楚岗村
景德镇市浮梁县经公桥镇鸦桥村
景德镇市浮梁县瑶里镇五华村
景德镇市浮梁县峙滩镇龙潭村
景德镇市浮梁县兴田乡城门村
景德镇市浮梁县兴田乡程家山村龙源村
景德镇市浮梁县江村乡诰峰村
景德镇市浮梁县江村乡江村
景德镇市乐平市镇桥镇浒崦村
景德镇市乐平市涌山镇东岗村石峡村
景德镇市乐平市涌山镇车溪村
景德镇市乐平市洪岩镇小坑村
景德镇市乐平市双田镇耆德村
新余市渝水区欧里镇白梅村
新余市渝水区南安乡新生村哲山村
新余市渝水区新溪乡西江村
新余市分宜县操场乡塘西村
鹰潭市贵溪市塘湾镇上祝村闵坑村
赣州市南康区唐江镇幸屋村
赣州市南康区唐江镇卢屋村
赣州市赣县区南塘镇清溪村
赣州市赣县区南塘镇大都村
赣州市信丰县万隆乡李庄村上龙村
赣州市大余县池江镇杨梅村
赣州市上犹县安和乡陶朱村
赣州市上犹县双溪乡大石门村
赣州市安远县长沙乡筼筜村
赣州市龙南县武当镇大坝村
赣州市龙南县里仁镇正桂村
赣州市龙南县里仁镇新里村
赣州市定南县老城镇老城村
赣州市宁都县大沽乡旸霁村
赣州市于都县车溪乡坝脑村
赣州市兴国县社富乡东韶村
赣州市兴国县城岗乡白石村
赣州市寻乌县澄江镇周田村
赣州市寻乌县项山乡桥头村
赣州市石城县琴江镇大畲村

附　录

赣州市瑞金市瑞林镇下坝村
赣州市瑞金市武阳镇粟田村黄田村
赣州市瑞金市武阳镇武阳村
赣州市瑞金市冈面乡上田村
吉安市吉州区兴桥镇湖田村匏塘村
吉安市吉州区兴桥镇藤桥村菰塘村
吉安市吉州区长塘镇赵塘村上赵塘村
吉安市吉州区曲濑镇彭家村胡家村
吉安市青原区值夏镇永乐村永乐村
吉安市青原区值夏镇毛家村源头村
吉安市青原区新圩镇江头村毛家村
吉安市吉安县登龙乡泗塘村第泗塘村
吉安市吉水县枫江镇坪洲村东塘村
吉安市吉水县枫江镇兰田村林桥村
吉安市吉水县枫江镇上陇洲村上陇洲村
吉安市吉水县黄桥镇涟塘村涟塘村
吉安市吉水县黄桥镇西岭村上栋村
吉安市吉水县黄桥镇云庄村云庄村
吉安市吉水县金滩镇荷塘村栗头村
吉安市吉水县醪桥镇固洲村固洲村
吉安市吉水县水南镇金城村大圳村
吉安市吉水县尚贤乡桥头村桥头村
吉安市吉水县尚贤乡王家村栗下村
吉安市新干县麦斜镇上寨村
吉安市新干县荷浦乡塘下村新居村
吉安市永丰县陶唐乡金溪村
吉安市泰和县苑前镇书院村书院村
吉安市泰和县苑前镇王山村王山村
吉安市泰和县万合镇钟埠村
吉安市泰和县万合镇店边村梅冈村
吉安市安福县平都镇平都镇浮山村下李家村
吉安市安福县洲湖镇毛田村龙田村
吉安市安福县枫田镇枫田村松田村
吉安市安福县洋门乡嘉溪村嘉溪村
吉安市永新县石桥镇樟枧村
宜春市奉新县干洲镇长青村
宜春市宜丰县潭山镇店上村
宜春市宜丰县潭山镇龙岗村
宜春市宜丰县芳溪镇下屋村
宜春市靖安县仁首镇大团村水垅村
宜春市靖安县仁首镇象湖村占坊村
宜春市靖安县中源乡船湾村
宜春市丰城市段潭乡湖茫村
宜春市丰城市湖塘乡湖塘村
宜春市丰城市湖塘乡红湖村赤坑村

宜春市丰城市湖塘乡六坊村富塘村
宜春市丰城市湖塘乡洛溪村
宜春市丰城市同田乡长塘村
抚州市临川区荣山镇新街村
抚州市临川区龙溪镇梅溪村张家村
抚州市临川区太阳镇娄溪村门楼黎家村
抚州市临川区东馆镇玉湖村李家村
抚州市临川区腾桥镇腾桥村
抚州市临川区腾桥镇石池村
抚州市临川区湖南乡洪塘村游家村
抚州市临川区湖南乡竹溪村喻家村
抚州市临川区嵩湖乡陈油村田南傅家村
抚州市临川区嵩湖乡江下村下丁村
抚州市临川区鹏田乡陈坊村
抚州市临川区河埠乡河埠村周家村
抚州市南城县株良镇红米丘村磁圭村
抚州市南城县株良镇云市村
抚州市南城县上唐镇上唐村
抚州市南城县上唐镇上舍村
抚州市南城县上唐镇源头村
抚州市南城县上唐镇下崔村
抚州市南城县沙洲镇临坊村
抚州市南城县新丰街镇新丰村
抚州市南城县新丰街镇汾水村
抚州市黎川县樟溪乡中洲村
抚州市黎川县中田乡中田村
抚州市南丰县琴城镇瑶浦村
抚州市南丰县白舍镇上甘村
抚州市南丰县白舍镇古竹村
抚州市南丰县洽湾镇长岭村梅坑村
抚州市南丰县三溪乡石邮村
抚州市南丰县傅坊乡港下村
抚州市崇仁县相山镇浯漳村
抚州市崇仁县河上镇陈村段家车村
抚州市崇仁县白露乡吴坊村华家村
抚州市崇仁县许坊乡谙源村
抚州市乐安县牛田镇水南村
抚州市乐安县万崇镇丰林村万坊村
抚州市乐安县罗陂乡右源村峡源村
抚州市乐安县罗陂乡水溪村
抚州市乐安县罗陂乡罗陂村古村村
抚州市乐安县南村乡炉桐村稠溪村
抚州市乐安县谷岗乡汤山村
抚州市金溪县秀谷镇马街村符竹村
抚州市金溪县秀谷镇先锋村傅家村

抚州市金溪县浒湾镇荣坊村
抚州市金溪县双塘镇古圩村铜岭村
抚州市金溪县双塘镇对塘村湖山村
抚州市金溪县合市镇坪上村楼下村、里姜村
抚州市金溪县合市镇湖坊村珊珂村、仲岭村
抚州市金溪县合市镇崇麓村
抚州市金溪县合市镇良种场郑坊村
抚州市金溪县琅琚镇安吉村彭家村
抚州市金溪县左坊镇徐源村
抚州市金溪县左坊镇后龚村
抚州市金溪县陆坊乡陆坊村
抚州市金溪县陆坊乡植源村
抚州市金溪县陆坊乡桥上村
抚州市金溪县陈坊积乡城湖村
抚州市金溪县陈坊积乡陈坊村上张村
抚州市金溪县陈坊积乡高坪村
抚州市金溪县琉璃乡桂家村下宋村
抚州市金溪县石门乡白沿村横源村
抚州市金溪县石门乡靖思村
抚州市资溪县鹤城镇大觉山村上傅村
抚州市资溪县高阜镇莒洲村
抚州市资溪县嵩市镇杜兰村
抚州市东乡区岗上积镇段溪村艾家村
上饶市广丰区嵩峰乡十都村
上饶市玉山县仙岩镇官溪社区
上饶市铅山县陈坊乡陈坊村
上饶市铅山县太源畲族乡太源村水美村
上饶市横峰县葛源镇枫林村
上饶市鄱阳县莲花山乡清溪村新屋下村
上饶市鄱阳县枧田街乡丰田村
上饶市婺源县思口镇河山坦村新源村
上饶市婺源县思口镇长滩村龙腾上村
上饶市婺源县中云镇桃溪村坑头村
上饶市婺源县大鄣山乡菊径村
上饶市婺源县大鄣山乡水岚村
上饶市德兴市海口镇海口村
十四、山东省（50个）
济南市历城区柳埠街道石匣村
济南市章丘区普集街道袭家村
济南市章丘区相公庄街道梭庄村
济南市章丘区官庄街道东矾硫村
淄博市淄川区昆仑镇磁村村
淄博市淄川区昆仑镇刘瓦村
淄博市淄川区罗村镇大窎桥村
淄博市淄川区太河镇纱帽村

淄博市淄川区太河镇土泉村
淄博市淄川区太河镇鲁子峪村
淄博市淄川区太河镇池板村
淄博市博山区域城镇东流泉村
淄博市博山区域城镇上恶石坞村
淄博市博山区源泉镇南崮山北村
淄博市沂源县燕崖镇姚南峪村
枣庄市薛城区陶庄镇前西仓村
枣庄市山亭区城头镇东岭村
枣庄市山亭区冯卯镇朱元村
枣庄市山亭区冯卯镇付庄村
烟台市龙口市黄山馆镇馆前后徐村
烟台市龙口市芦头镇界沟张家村
烟台市莱州市程郭镇前武官村
烟台市招远市蚕庄镇山后冯家村
烟台市招远市张星镇段家洼村
烟台市招远市张星镇仓口陈家村
烟台市招远市张星镇宅科村
烟台市栖霞市苏家店镇后寨村
潍坊市青州市庙子镇黄鹿井村
潍坊市昌邑市卜庄镇夏店街村
潍坊市昌邑市卜庄镇姜泊村
济宁市邹城市香城镇石鼓墩村
济宁市邹城市石墙镇东深井村
泰安市岱岳区道朗镇二奇楼村
泰安市肥城市孙伯镇五埠村
泰安市肥城市孙伯镇岈山村
威海市荣成市宁津街道东墩村
威海市荣成市宁津街道留村
威海市荣成市宁津街道马栏耩村
威海市荣成市宁津街道渠隔村
威海市荣成市港湾街道大鱼岛村
威海市荣成市港西镇小西村
威海市荣成市港西镇巍巍村
威海市乳山市城区街道腾甲庄村
威海市乳山市崖子镇大崮头村
威海市乳山市诸往镇东尚山村
日照市莒县东莞镇赵家石河村
日照市莒县桑园镇柏庄村
莱芜市莱城区和庄镇马杓湾村
临沂市沂水县夏蔚镇云头峪村
临沂市沂水县泉庄镇石棚村
十五、河南省（81个）
郑州市巩义市大峪沟镇海上桥村
郑州市登封市少林街道玄天庙村杨家门村

郑州市登封市徐庄镇杨林村
郑州市登封市徐庄镇安沟村
洛阳市孟津县城关镇寺河南村大阳河村
洛阳市孟津县横水镇横水村
洛阳市新安县铁门镇土古洞村
洛阳市嵩县白河镇下寺村
洛阳市嵩县白河镇大青村
洛阳市嵩县白河镇白河街村
洛阳市嵩县白河镇火神庙村
洛阳市嵩县九店乡王楼村洼口村
平顶山市鲁山县瓦屋镇红石崖村
平顶山市郏县黄道镇王英沟村
平顶山市郏县黄道镇纸坊村
平顶山市郏县薛店镇冢王村
平顶山市郏县薛店镇下宫村
平顶山市汝州市大峪镇青山后村
平顶山市宝丰县李庄乡翟集村
安阳市安阳县磊口乡清凉山村
安阳市林州市合涧镇肖街村北庵沟村
安阳市林州市临淇镇占元村
安阳市林州市临淇镇白泉村
安阳市林州市临淇镇黄落池村郜家庄村
安阳市林州市东姚镇石大沟村
安阳市林州市东姚镇齐家村
安阳市林州市任村镇白家庄村
安阳市林州市任村镇牛岭山村马刨泉村
安阳市林州市任村镇盘龙山村
安阳市林州市任村镇皇后村
安阳市林州市任村镇后峪村
安阳市林州市五龙镇石阵村中石阵村
安阳市林州市五龙镇七峪村
安阳市林州市石板岩镇贤麻沟村
安阳市林州市石板岩镇石板岩村东湾村
安阳市林州市石板岩镇西乡坪村
安阳市林州市石板岩镇高家台村
鹤壁市鹤山区鹤壁集镇西杨邑村
鹤壁市鹤山区姬家山乡西顶村
鹤壁市鹤山区姬家山乡石门村
鹤壁市鹤山区姬家山乡沙锅窑村
鹤壁市鹤山区姬家山乡蒋家顶村
鹤壁市鹤山区姬家山乡施家沟村
鹤壁市山城区石林镇中石林村
鹤壁市山城区鹿楼乡寺湾村
鹤壁市淇滨区上峪乡柏尖山村
鹤壁市淇滨区上峪乡老望岩村

鹤壁市淇滨区上峪乡白龙庙村
鹤壁市淇滨区上峪乡桑园村
鹤壁市淇县灵山街道大石岩村
新乡市卫辉市狮豹头乡土池村
新乡市卫辉市狮豹头乡里峪村
新乡市卫辉市狮豹头乡定沟村
新乡市辉县市南村镇西王村
新乡市辉县市南村镇丁庄村
新乡市辉县市南寨镇齐王寨村
新乡市辉县市黄水乡韩口村
新乡市辉县市张村乡赵窑村
新乡市辉县市沙窑乡新庄村
焦作市山阳区苏家作乡寨卜昌村
焦作市修武县西村乡东交口村
焦作市孟州市西虢镇莫沟村
濮阳市华龙区岳村镇东北庄村
许昌市禹州市鸠山镇天垌村
许昌市禹州市鸠山镇魏井村
三门峡市陕州区张汴乡曲村
三门峡市卢氏县文峪乡大桑沟村
三门峡市灵宝市朱阳镇两岔河村
南阳市南召县云阳镇铁佛寺村石窝坑村
南阳市方城县柳河乡段庄村王老庄村
商丘市梁园区谢集镇西街村老谢集村
商丘市睢阳区李口镇清河口村刘旬庄村
信阳市光山县弦山街道同心村黄底下组
信阳市光山县泼陂河镇雀村宋桥组
信阳市光山县凉亭乡梁冲村晏洼组
信阳市光山县槐店乡陈洼村陈洼组
信阳市光山县文殊乡花山村周洼组
信阳市新县沙窝镇朴树店村宋冲组
周口市商水县邓城镇邓城东村
济源市邵原镇双房村
济源市思礼镇水洪池村

十六、湖北省（88个）

黄石市大冶市金湖街道姜桥村
黄石市大冶市金湖街道焦和村
黄石市大冶市金湖街道门楼村
黄石市大冶市大箕铺镇柯大兴村
黄石市大冶市大箕铺镇水南湾村
黄石市阳新县大王镇金寨村
十堰市郧阳区安阳镇冷水庙村
十堰市郧西县上津镇津城村
十堰市竹山县秦古镇独山村
十堰市丹江口市六里坪镇伍家沟村

十堰市丹江口市盐池河镇盐池湾村
十堰市丹江口市蒿坪镇蒿坪村
十堰市丹江口市石鼓镇贾家寨村
宜昌市远安县花林寺镇龙凤村庞家湾
宜昌市远安县茅坪场镇九龙村
宜昌市兴山县昭君镇青华村
宜昌市秭归县归州镇香溪村
宜昌市长阳土家族自治县渔峡口镇龙池村
宜昌市五峰土家族自治县采花乡楠木桥村
宜昌市当阳市坝陵街道慈化村
襄阳市南漳县东巩镇麻城河村
襄阳市南漳县东巩镇昌集村
襄阳市南漳县肖堰镇观音岩村
荆门市钟祥市石牌镇荆台村
荆门市钟祥市张集镇张家集村
孝感市大悟县阳平镇中秋村
孝感市大悟县黄站镇熊畈村
孝感市大悟县宣化店镇姚畈村
荆州市洪湖市老湾回族乡珂里村
黄冈市团风县回龙山镇林家大湾村
黄冈市红安县七里坪镇柏林寺村
黄冈市黄梅县柳林乡商子垮村
黄冈市麻城市阎家河镇石桥垸村
黄冈市麻城市宋埠镇龙井村
黄冈市麻城市龟山镇东垸村
黄冈市麻城市龟山镇熊家铺村梨树山村
黄冈市麻城市木子店镇牌楼村
黄冈市麻城市黄土岗镇东冲村
黄冈市武穴市石佛寺镇武山寨村廖宗泰村
咸宁市咸安区汀泗桥镇彭碑村
咸宁市崇阳县天城镇郭家岭村
咸宁市崇阳县白霓镇纸棚村
咸宁市通山县通羊镇郑家坪村
咸宁市通山县南林桥镇石门村
咸宁市通山县黄沙铺镇西庄村
咸宁市通山县黄沙铺镇上坳村
咸宁市通山县厦铺镇厦铺村
咸宁市通山县大畈镇白泥村
咸宁市赤壁市官塘驿镇张司边村
随州市随县草店镇三道河村柯家寨村
恩施土家族苗族自治州恩施市板桥镇新田村鹿院坪组
恩施土家族苗族自治州恩施市沙地乡落都村
恩施土家族苗族自治州恩施市屯堡乡双龙村雾树吼组
恩施土家族苗族自治州恩施市白果乡见天坝村水田坝组
恩施土家族苗族自治州恩施市芭蕉侗族乡戽口村彩虹山组
恩施土家族苗族自治州恩施市盛家坝乡车蓼坝村
恩施土家族苗族自治州恩施市盛家坝乡麻茶沟村
恩施土家族苗族自治州利川市谋道镇太平村
恩施土家族苗族自治州利川市柏杨坝镇高仰台村
恩施土家族苗族自治州利川市建南镇黎明村
恩施土家族苗族自治州利川市忠路镇合心村
恩施土家族苗族自治州利川市忠路镇双庙村
恩施土家族苗族自治州利川市忠路镇钟灵村
恩施土家族苗族自治州利川市凉雾乡纳水村
恩施土家族苗族自治州利川市文斗乡金龙村
恩施土家族苗族自治州建始县官店镇陈子山村
恩施土家族苗族自治州巴东县野三关镇穿心岩村
恩施土家族苗族自治州宣恩县椒园镇水田坝村
恩施土家族苗族自治州宣恩县沙道沟镇大白溪村
恩施土家族苗族自治州宣恩县沙道沟镇药铺村
恩施土家族苗族自治州宣恩县李家河镇中大湾村
恩施土家族苗族自治州宣恩县高罗镇腊树园村
恩施土家族苗族自治州宣恩县高罗镇清水塘村
恩施土家族苗族自治州宣恩县万寨乡金龙坪村
恩施土家族苗族自治州宣恩县晓关侗族乡中村坝村
恩施土家族苗族自治州宣恩县晓关侗族乡骡马洞村
恩施土家族苗族自治州咸丰县高乐山镇官坝村
恩施土家族苗族自治州咸丰县高乐山镇龙家界村
恩施土家族苗族自治州咸丰县高乐山镇牛栏界村
恩施土家族苗族自治州来凤县百福司镇冉家村
恩施土家族苗族自治州来凤县百福司镇观音坪村
恩施土家族苗族自治州来凤县大河镇车洞湖村
恩施土家族苗族自治州来凤县绿水镇田家寨村
恩施土家族苗族自治州来凤县旧司镇梅子垭村
恩施土家族苗族自治州鹤峰县容美镇屏山村

恩施土家族苗族自治州鹤峰县容美镇大溪村
恩施土家族苗族自治州鹤峰县五里乡湄坪村
恩施土家族苗族自治州鹤峰县邬阳乡邬阳村

十七、湖南省（401个）

长沙市长沙县开慧镇开慧村
长沙市浏阳市小河乡潭湾村
株洲市攸县莲塘坳镇泉坪村
株洲市茶陵县桃坑乡双元村
株洲市炎陵县鹿原镇西草坪村
株洲市醴陵市沩山镇沩山村
湘潭市韶山市韶山乡韶山村
衡阳市衡南县花桥镇高新村
衡阳市耒阳市仁义镇罗渡村
衡阳市耒阳市导子镇导子社区
衡阳市耒阳市余庆街道水口村
衡阳市耒阳市长坪乡石枧村
衡阳市常宁市白沙镇上洲村
衡阳市常宁市白沙镇光荣村
衡阳市常宁市西岭镇大洪村
衡阳市常宁市西岭镇五冲村
衡阳市常宁市三角塘镇双湾村
衡阳市常宁市三角塘镇玄塘村
衡阳市常宁市罗桥镇石盘村
衡阳市常宁市胜桥镇大茅坪村
邵阳市邵东县杨桥镇清水村
邵阳市新邵县严塘镇白水洞村
邵阳市新邵县坪上镇清水村
邵阳市新邵县巨口铺镇刘家村
邵阳市新邵县太芝庙镇龙山村
邵阳市邵阳县白仓镇三门村
邵阳市邵阳县金称市镇青石塘村
邵阳市邵阳县塘田市镇芙蓉社区
邵阳市邵阳县五峰铺镇六里村
邵阳市邵阳县小溪市乡文昌村
邵阳市邵阳县河伯乡易仕村
邵阳市洞口县罗溪瑶族乡白椒村
邵阳市洞口县罗溪瑶族乡宝瑶村
邵阳市洞口县罗溪瑶族乡大麻溪村
邵阳市绥宁县东山侗族乡翁溪村
邵阳市绥宁县乐安铺苗族侗族乡大团村
邵阳市绥宁县关峡苗族乡插柳村
邵阳市绥宁县关峡苗族乡花园角村
邵阳市绥宁县长铺子苗族侗族乡道口村
邵阳市城步苗族自治县儒林镇杨家将村
邵阳市城步苗族自治县丹口镇下团村

邵阳市城步苗族自治县丹口镇羊石村
邵阳市城步苗族自治县长安营镇长安营村
邵阳市城步苗族自治县蒋坊乡铺头村
常德市汉寿县丰家铺镇铁甲村
常德市桃源县牛车河镇三红村
常德市桃源县牛车河镇毛坪村
张家界市永定区沅古坪镇栗山村
张家界市永定区沅古坪镇红星村
张家界市永定区沅古坪镇盘塘村
张家界市永定区沅古坪镇红土坪村
张家界市永定区沅古坪镇栗子坪村
张家界市永定区王家坪镇马头溪村
张家界市永定区王家坪镇紫荆塔村
张家界市永定区王家坪镇太阳山村
张家界市永定区王家坪镇宋家溪村
张家界市永定区王家坪镇桥边河村
张家界市永定区王家坪镇木山村
张家界市永定区王家坪镇砂子垭村
张家界市永定区王家坪镇韭菜垭村
张家界市永定区谢家垭乡高坪村
张家界市永定区谢家垭乡龙阳村
张家界市永定区谢家垭乡孙阳坪村
张家界市永定区谢家垭乡筒车坝村
张家界市永定区罗水乡龙凤村
张家界市永定区四都坪乡黄家河村
张家界市永定区四都坪乡熊家塔村
张家界市永定区四都坪乡铜斗村
张家界市永定区四都坪乡和平村
张家界市慈利县广福桥镇老棚村
张家界市桑植县人潮溪镇廖城村
张家界市桑植县刘家坪白族乡双溪桥村
益阳市安化县烟溪镇双烟村
益阳市安化县渠江镇大安村
益阳市安化县平口镇金辉村
益阳市安化县江南镇高城村
益阳市安化县田庄乡天子山村
郴州市北湖区石盖塘街道小溪村
郴州市北湖区华塘镇吴山村
郴州市北湖区华塘镇土坑下村
郴州市北湖区华塘镇豪里村
郴州市北湖区鲁塘镇下鲁塘村
郴州市北湖区安和街道小埠村
郴州市北湖区安和街道新田岭村
郴州市北湖区仰天湖瑶族乡安源村
郴州市苏仙区良田镇两湾洞村

郴州市苏仙区良田镇堆上村
郴州市苏仙区良田镇高雅岭村
郴州市苏仙区栖凤渡镇岗脚村
郴州市苏仙区栖凤渡镇朱家湾村
郴州市苏仙区栖凤渡镇正源村
郴州市桂阳县太和镇长乐村
郴州市桂阳县莲塘镇锦湖村
郴州市宜章县杨梅山镇月梅村
郴州市宜章县黄沙镇沙坪村
郴州市宜章县天塘镇水尾村
郴州市宜章县天塘镇林家排村
郴州市宜章县莽山瑶族乡黄家塝村
郴州市宜章县关溪乡双溪村
郴州市永兴县马田镇井岗村
郴州市永兴县金龟镇牛头村
郴州市永兴县高亭司镇车田村
郴州市永兴县油麻镇柏树村
郴州市嘉禾县塘村镇英花村
郴州市嘉禾县石桥镇中华山村
郴州市嘉禾县石桥镇周家村
郴州市嘉禾县广发镇忠良村
郴州市嘉禾县普满乡雷家村
郴州市嘉禾县普满乡茶坞村
郴州市临武县武水镇坦下村
郴州市临武县汾市镇龙归坪村
郴州市临武县水东镇油湾村
郴州市临武县花塘乡石门村
郴州市汝城县土桥镇土桥村
郴州市汝城县土桥镇永安村
郴州市汝城县土桥镇永丰村
郴州市汝城县泉水镇星村村
郴州市汝城县暖水镇北水村
郴州市汝城县卢阳镇云善村
郴州市汝城县马桥镇高村村
郴州市汝城县井坡镇大村村
郴州市汝城县文明瑶族乡文市村
郴州市汝城县文明瑶族乡韩田村
郴州市桂东县沙田镇龙头村
郴州市资兴市三都镇辰南村
郴州市资兴市蓼江镇蓼江村
郴州市资兴市蓼江镇秧田村
郴州市资兴市兴宁镇岭脚村
郴州市资兴市州门司镇鸭公垅村
郴州市资兴市清江镇羊场村
郴州市资兴市清江镇黄嘉村

郴州市资兴市回龙山瑶族乡回龙村
永州市零陵区水口山镇大皮口村
永州市零陵区邮亭圩镇杉木桥村
永州市零陵区石岩头镇杏木元村
永州市零陵区大庆坪乡田家湾村
永州市零陵区大庆坪乡大庆坪社区
永州市零陵区大庆坪乡夫江仔村
永州市祁阳县观音滩镇八尺村
永州市祁阳县大忠桥镇双凤村
永州市祁阳县进宝塘镇枫梓塘村
永州市祁阳县潘市镇董家埠村
永州市祁阳县潘市镇八角岭村
永州市祁阳县潘市镇侧树坪村
永州市祁阳县潘市镇柏家村
永州市祁阳县羊角塘镇泉口村
永州市祁阳县七里桥镇云腾村
永州市双牌县泷泊镇平福头村
永州市双牌县茶林镇大河江村
永州市道县梅花镇修宜村
永州市道县清塘镇达村
永州市道县清塘镇土墙村
永州市道县祥霖铺镇老村
永州市道县祥霖铺镇郎龙村
永州市道县祥霖铺镇达头山村
永州市道县桥头镇庄村
永州市道县桥头镇坦口村
永州市道县桥头镇桥头村
永州市道县乐福堂乡龙村
永州市道县横岭乡菖路村
永州市道县横岭乡横岭村
永州市江永县潇浦镇何家湾村
永州市江永县潇浦镇向光村
永州市江永县上江圩镇河渊村
永州市江永县上江圩镇夏湾村
永州市江永县上江圩镇浦尾村
永州市江永县上江圩镇桐口村
永州市江永县夏层铺镇高家村
永州市江永县夏层铺镇东塘村
永州市江永县桃川镇大地坪村
永州市江永县粗石江镇城下村
永州市江永县松柏瑶族乡黄甲岭社区
永州市江永县松柏瑶族乡松柏社区
永州市江永县兰溪瑶族乡新桥村
永州市江永县兰溪瑶族乡棠下村
永州市江永县源口瑶族乡古调村

永州市江永县源口瑶族乡清溪村
永州市宁远县天堂镇大阳洞村
永州市宁远县湾井镇路亭村
永州市宁远县湾井镇久安背村
永州市宁远县冷水镇骆家村
永州市宁远县太平镇城盘岭村
永州市宁远县禾亭镇琵琶岗村
永州市宁远县中和镇岭头村
永州市宁远县柏家坪镇柏家村
永州市宁远县清水桥镇平田村
永州市宁远县九嶷山瑶族乡西湾村
永州市新田县枧头镇龙家大院村
永州市新田县枧头镇彭梓城村
永州市新田县石羊镇乐大晚村
永州市新田县石羊镇厦源村
永州市新田县金盆镇骆铭孙村
永州市江华瑶族自治县河路口镇牛路社区
怀化市沅陵县沅陵镇栗坡村板树坪村
怀化市沅陵县明溪口镇大岩头村楠木垭古寨
怀化市沅陵县明溪口镇梓木坪村上古古寨
怀化市沅陵县凉水井镇洞溪村
怀化市沅陵县凉水井镇金花殿村
怀化市沅陵县七甲坪镇金河村金河村
怀化市沅陵县七甲坪镇三星村
怀化市沅陵县七甲坪镇拖舟村
怀化市沅陵县七甲坪镇楠木村
怀化市沅陵县火场土家族乡中村村
怀化市沅陵县借母溪乡借母溪村
怀化市沅陵县北溶乡洞上坪村
怀化市沅陵县北溶乡碣滩村
怀化市沅陵县二酉乡浪古村黄泥田村
怀化市沅陵县二酉乡四方溪村粟家古寨
怀化市辰溪县辰阳镇张家溜村
怀化市辰溪县孝坪镇板桥村
怀化市辰溪县修溪镇龚家湾村
怀化市辰溪县修溪镇椒坪溪村
怀化市辰溪县船溪乡船溪驿村
怀化市辰溪县长田湾乡雷家坡村
怀化市辰溪县后塘瑶族乡纪岩村
怀化市辰溪县罗子山瑶族乡刘家坬村
怀化市辰溪县上蒲溪瑶族乡梯田村
怀化市辰溪县上蒲溪瑶族乡保树坪村
怀化市辰溪县上蒲溪瑶族乡茂兰冲村
怀化市辰溪县上蒲溪瑶族乡当峰村
怀化市辰溪县仙人湾瑶族乡光明堂村
怀化市辰溪县谭家场乡狮头坡村
怀化市溆浦县低庄镇金子湖村
怀化市溆浦县龙潭镇金牛村
怀化市溆浦县龙潭镇岩板村
怀化市溆浦县均坪镇白雾头村
怀化市溆浦县均坪镇金屋湾村
怀化市溆浦县黄茅园镇高桥村
怀化市溆浦县祖师殿镇青龙溪村
怀化市溆浦县思蒙镇仁里冲村
怀化市溆浦县统溪河镇穿岩山村
怀化市溆浦县统溪河镇牛溪村
怀化市溆浦县淘金坪乡令溪塘村
怀化市溆浦县中都乡高坪村
怀化市溆浦县中都乡上尚村
怀化市溆浦县北斗溪镇茅坡村
怀化市会同县林城镇金寨村
怀化市会同县林城镇东岳司村
怀化市会同县团河镇官舟村
怀化市会同县团河镇盛储村
怀化市会同县若水镇望东村
怀化市会同县若水镇檀木村
怀化市会同县若水镇长田村
怀化市会同县广坪镇西楼村
怀化市会同县广坪镇羊角坪村
怀化市会同县马鞍镇相见村
怀化市会同县沙溪乡市田村
怀化市会同县金子岩侗族苗族乡白市村
怀化市会同县金子岩侗族苗族乡利溪村
怀化市会同县高椅乡邓家村
怀化市新晃侗族自治县凉伞镇桓胆村
怀化市新晃侗族自治县凉伞镇坪南村
怀化市新晃侗族自治县凉伞镇黄雷村
怀化市新晃侗族自治县步头降苗族乡天雷村
怀化市新晃侗族自治县林冲镇大堡村
怀化市新晃侗族自治县贡溪镇绍溪村
怀化市新晃侗族自治县米贝苗族乡烂泥村
怀化市靖州苗族侗族自治县大堡子镇前进村
怀化市靖州苗族侗族自治县大堡子镇铜锣村
怀化市靖州苗族侗族自治县大堡子镇岩寨村
怀化市靖州苗族侗族自治县坳上镇戈盈村
怀化市靖州苗族侗族自治县新厂镇姚家村
怀化市靖州苗族侗族自治县平茶镇小岔村新寨村
怀化市靖州苗族侗族自治县太阳坪乡地芒村
怀化市靖州苗族侗族自治县三锹乡三锹村金山

寨村
　　怀化市靖州苗族侗族自治县三锹乡元贞凤冲村
　　怀化市靖州苗族侗族自治县寨牙乡地卢村
　　怀化市靖州苗族侗族自治县寨牙乡芳团村
　　怀化市靖州苗族侗族自治县藕团乡高营村塘
保寨
　　怀化市靖州苗族侗族自治县藕团乡康头村
　　怀化市靖州苗族侗族自治县藕团乡新街村
　　怀化市通道侗族自治县县溪镇西流村
　　怀化市通道侗族自治县县溪镇恭城村
　　怀化市通道侗族自治县县溪镇水涌村
　　怀化市通道侗族自治县播阳镇新团村贯团村
　　怀化市通道侗族自治县万佛山镇官团村
　　怀化市通道侗族自治县牙屯堡镇炉溪村
　　怀化市通道侗族自治县牙屯堡镇文坡村枫香村、
元现村
　　怀化市通道侗族自治县溪口镇杉木桥村定溪村
　　怀化市通道侗族自治县溪口镇北麻村
　　怀化市通道侗族自治县溪口镇坪头村孟冲村
　　怀化市通道侗族自治县溪口镇画笔村
　　怀化市通道侗族自治县陇城镇张里村
　　怀化市通道侗族自治县陇城镇老寨村
　　怀化市通道侗族自治县大高坪苗族乡龙寨塘村
　　怀化市通道侗族自治县独坡镇地坪村
　　怀化市通道侗族自治县坪坦乡中步村
　　怀化市通道侗族自治县坪坦乡横岭村
　　怀化市通道侗族自治县坪坦乡岭南村
　　怀化市洪江市黔城镇长坡村
　　怀化市洪江市雪峰镇界脚村
　　怀化市洪江市岔头乡大沅村
　　怀化市洪江市岔头乡大年溪村
　　怀化市洪江市岔头乡双松村
　　怀化市洪江市岔头乡羊坡村
　　怀化市洪江市熟坪乡罗翁村
　　怀化市洪江市铁山乡铁山村
　　怀化市洪江市群峰乡芙蓉溪村
　　怀化市洪江市湾溪乡蒿莱坪村
　　怀化市洪江市深渡苗族乡花洋溪村
　　怀化市洪江市龙船塘瑶族乡龙船塘社区小熟
坪村
　　怀化市洪江市龙船塘瑶族乡黄家村
　　怀化市洪江市龙船塘瑶族乡白龙村
　　怀化市洪江市龙船塘瑶族乡翁朗溪村
　　怀化市洪江市岩垅乡竹坪垅村
　　怀化市洪江市岩垅乡青树村

　　娄底市双峰县甘棠镇香花村
　　娄底市新化县水车镇上溪村
　　娄底市新化县琅塘镇琅塘社区
　　娄底市涟源市杨市镇洇水村
　　娄底市涟源市三甲乡三甲村
　　湘西土家族苗族自治州吉首市矮寨镇家庭村
　　湘西土家族苗族自治州吉首市矮寨镇联团村
　　湘西土家族苗族自治州吉首市马颈坳镇隘口村
林农寨
　　湘西土家族苗族自治州吉首市丹青镇锦坪村
　　湘西土家族苗族自治州吉首市己略乡红坪村古
者寨
　　湘西土家族苗族自治州泸溪县潭溪镇新寨坪村
　　湘西土家族苗族自治州泸溪县洗溪镇塘食溪村
　　湘西土家族苗族自治州泸溪县洗溪镇三角潭村
　　湘西土家族苗族自治州泸溪县洗溪镇布条坪村
　　湘西土家族苗族自治州泸溪县洗溪镇李什坪村
　　湘西土家族苗族自治州泸溪县洗溪镇张家坪村
　　湘西土家族苗族自治州凤凰县腊尔山镇苏马
河村
　　湘西土家族苗族自治州凤凰县禾库镇米坨村
　　湘西土家族苗族自治州凤凰县麻冲乡扭仁村
　　湘西土家族苗族自治州花垣县民乐镇土屯村
　　湘西土家族苗族自治州花垣县吉卫镇大夯来村
　　湘西土家族苗族自治州花垣县吉卫镇夜郎坪村
　　湘西土家族苗族自治州花垣县雅酉镇扪岱村
　　湘西土家族苗族自治州花垣县雅酉镇东卫村
　　湘西土家族苗族自治州花垣县雅酉镇排腊村
　　湘西土家族苗族自治州花垣县雅酉镇坡脚村
　　湘西土家族苗族自治州花垣县花垣镇紫霞村
　　湘西土家族苗族自治州花垣县双龙镇鸡坡岭村
　　湘西土家族苗族自治州花垣县双龙镇龙孔村
　　湘西土家族苗族自治州花垣县双龙镇鼓戎湖村
　　湘西土家族苗族自治州花垣县双龙镇板栗村
　　湘西土家族苗族自治州花垣县石栏镇磨子村
　　湘西土家族苗族自治州花垣县石栏镇雅桥村
　　湘西土家族苗族自治州花垣县石栏镇子腊村
　　湘西土家族苗族自治州花垣县石栏镇懂马村
　　湘西土家族苗族自治州花垣县石栏镇大兴村
　　湘西土家族苗族自治州花垣县石栏镇石栏村
　　湘西土家族苗族自治州花垣县石栏镇岩科村
　　湘西土家族苗族自治州花垣县长乐乡谷坡村
　　湘西土家族苗族自治州花垣县补抽乡桃子村
　　湘西土家族苗族自治州花垣县补抽乡懂哨村
　　湘西土家族苗族自治州保靖县普戎镇波溪村

附 录

湘西土家族苗族自治州保靖县普戎镇亨章村
湘西土家族苗族自治州保靖县迁陵镇陇木村
湘西土家族苗族自治州保靖县迁陵镇阿扎河村
湘西土家族苗族自治州保靖县迁陵镇陡滩村
湘西土家族苗族自治州保靖县毛沟镇巴科村
湘西土家族苗族自治州保靖县水田河镇丰宏村
湘西土家族苗族自治州保靖县葫芦镇新印村
湘西土家族苗族自治州保靖县碗米坡镇白云山村
湘西土家族苗族自治州保靖县碗米坡镇磋比村
湘西土家族苗族自治州保靖县碗米坡镇沙湾村
湘西土家族苗族自治州保靖县阳朝乡米溪村
湘西土家族苗族自治州古丈县古阳镇丫角村
湘西土家族苗族自治州古丈县古阳镇排茹村
湘西土家族苗族自治州古丈县岩头寨镇沾潭村
湘西土家族苗族自治州古丈县岩头寨镇梓木村
湘西土家族苗族自治州古丈县岩头寨镇磨刀岩村
湘西土家族苗族自治州古丈县默戎镇夯娄村
湘西土家族苗族自治州古丈县默戎镇新窝村
湘西土家族苗族自治州古丈县红石林镇白果树村
湘西土家族苗族自治州古丈县红石林镇坐龙峡村
湘西土家族苗族自治州古丈县高峰镇三坪村
湘西土家族苗族自治州古丈县高峰镇陈家村
湘西土家族苗族自治州古丈县坪坝镇曹家村
湘西土家族苗族自治州古丈县坪坝镇溪口村窝米寨
湘西土家族苗族自治州古丈县高峰镇葫芦坪村
湘西土家族苗族自治州永顺县首车镇龙珠村
湘西土家族苗族自治州永顺县芙蓉镇兰花洞村
湘西土家族苗族自治州永顺县石堤镇大明村
湘西土家族苗族自治州永顺县灵溪镇那必村
湘西土家族苗族自治州永顺县西岐乡西龙村
湘西土家族苗族自治州永顺县西岐乡流浪溪村
湘西土家族苗族自治州永顺县西岐乡西岐村
湘西土家族苗族自治州永顺县车坪乡咱河村
湘西土家族苗族自治州龙山县洗车河镇耳洞村
湘西土家族苗族自治州龙山县洗车河镇天井村
湘西土家族苗族自治州龙山县红岩溪镇头车村大字沟
湘西土家族苗族自治州龙山县靛房镇百型村
湘西土家族苗族自治州龙山县靛房镇信地村
湘西土家族苗族自治州龙山县靛房镇中心村
湘西土家族苗族自治州龙山县苗儿滩镇东风村
湘西土家族苗族自治州龙山县里耶镇兔吐村
湘西土家族苗族自治州龙山县里耶镇双树村
湘西土家族苗族自治州龙山县里耶镇双坪村
湘西土家族苗族自治州龙山县桂塘镇前丰村
湘西土家族苗族自治州龙山县召市镇神州社区马洛沟
湘西土家族苗族自治州龙山县洛塔乡泽果村
湘西土家族苗族自治州龙山县洛塔乡猛西村
湘西土家族苗族自治州龙山县洛塔乡烈坝村
湘西土家族苗族自治州龙山县内溪乡五官村喇宗坡寨
湘西土家族苗族自治州龙山县农车乡天桥村
湘西土家族苗族自治州龙山县农车乡塔泥村
湘西土家族苗族自治州龙山县咱果乡脉龙村
湘西土家族苗族自治州龙山县茅坪乡长兴村

十八、广东省（103个）

广州市黄埔区长洲街道深井村
韶关市始兴县城南镇周前村
韶关市仁化县城口镇恩村村恩村
韶关市乳源瑶族自治县大桥镇大桥村
韶关市乳源瑶族自治县大桥镇深源村
韶关市新丰县马头镇潭石村九栋十八井村
韶关市乐昌市梅花镇大坪村
韶关市乐昌市黄圃镇石溪村
韶关市南雄市油山镇上朔村
韶关市南雄市南亩镇鱼鲜村
韶关市南雄市百顺镇百顺村黄屋城村
汕头市金平区鮀莲街道玉井社区
汕头市金平区月浦街道沟南社区
汕头市濠江区马滘街道凤岗社区
汕头市潮阳区关埠镇下底村
汕头市潮阳区金灶镇柳岗村
汕头市潮南区陇田镇东仙社区
汕头市潮南区陇田镇华瑶社区
汕头市澄海区隆都镇上北村侯邦村
汕头市澄海区莲下镇程洋冈村
汕头市澄海区东里镇樟林村
汕头市澄海区莲华镇隆城村
佛山市南海区丹灶镇仙岗社区
佛山市南海区狮山镇高边社区璜溪村
佛山市南海区狮山镇狮岭村黎边村
佛山市南海区里水镇汤村汤南村
佛山市南海区里水镇赤山村赤山村
佛山市三水区芦苞镇独树岗村

佛山市高明区荷城街道上秀丽村阮埇村
佛山市高明区荷城街道照明社区榴村村
佛山市高明区荷城街道江湾社区上湾村
佛山市高明区更合镇新圩社区朗锦村
江门市蓬江区潮连街道卢边村
江门市台山市斗山镇横江村
江门市台山市端芬镇海阳村东宁村
江门市开平市塘口镇仓前村
江门市鹤山市龙口镇霄南村
肇庆市广宁县南街镇黄坪村里仁村
肇庆市德庆县武垄镇武垄村
梅州市梅县区梅南镇罗田上村
梅州市梅县区松口镇桃宝村
梅州市梅县区松口镇富坑村
梅州市梅县区南口镇竹香村
梅州市梅县区南口镇蕉坑村
梅州市梅县区南口镇瑶美村
梅州市梅县区南口镇瑶上村
梅州市梅县区南口镇锦鸡村
梅州市梅县区南口镇铅畲村
梅州市大埔县湖寮镇龙岗村河头村
梅州市大埔县青溪镇蕉坑村大水坑村
梅州市大埔县光德镇上漳村
梅州市大埔县桃源镇桃锋村
梅州市大埔县桃源镇桃星村
梅州市大埔县百侯镇侯北村
梅州市大埔县百侯镇旧寨里村松柏坑村
梅州市大埔县大东镇坪山村
梅州市大埔县大东镇联丰村
梅州市大埔县大麻镇下村村
梅州市大埔县大麻镇恭下村
梅州市大埔县枫朗镇坎下村
梅州市大埔县枫朗镇上木村
梅州市大埔县茶阳镇花窗村
梅州市大埔县茶阳镇茅坪村
梅州市大埔县高陂镇古田村
梅州市大埔县高陂镇党溪村
梅州市大埔县茶阳镇溪上村
梅州市丰顺县埔寨镇埔西村
梅州市平远县泗水镇文贵村
梅州市平远县泗水镇成文村
梅州市兴宁市宁中镇和新村
梅州市兴宁市坭陂镇汤一村
河源市紫金县水墩镇群丰村
河源市龙川县丰稔镇黄岭村
河源市连平县陂头镇夏田村
河源市连平县隆街镇长沙村
河源市连平县隆街镇东坑村
河源市连平县忠信镇司前村
河源市连平县大湖镇湖东村大湖寨村
河源市和平县大坝镇水背村
河源市和平县热水镇北联兴隆村
河源市东源县仙塘镇仙塘村南园村
河源市东源县义合镇下屯村
河源市东源县义合镇义合村苏家围村
河源市东源县康禾镇仙坑村
清远市阳山县太平镇太平村三和洞村
清远市英德市沙口镇新建村杨塘村
清远市英德市沙口镇长江坝村
清远市英德市青塘镇青南村石桥塘村
清远市英德市西牛镇金竹村下寨村
清远市英德市横石塘镇龙建村围子下村
清远市连州市星子镇新村老滂塘村
清远市连州市星子镇四方村大元村
清远市连州市星子镇联西村黄村村
清远市连州市大路边镇大路边村大路边村
清远市连州市大路边镇黄太村凤头村
清远市连州市大路边镇山洲村
清远市连州市西江镇大岭村南坪村
中山市中山县黄圃镇鳌山村
中山市中山县沙溪镇龙头环村
中山市中山县南朗镇榄边茶东村
中山市中山县大涌镇安堂村
揭阳市榕城区渔湖镇长美村
揭阳市惠来县隆江镇孔美村
十九、广西壮族自治区（119个）
南宁市江南区江西镇安平村那马坡
南宁市西乡塘区石埠街道老口村那告坡
南宁市邕宁区那楼镇那良村那蒙坡
南宁市上林县巷贤镇长联村古民庄
南宁市宾阳县中华镇上施村下施村
南宁市宾阳县古辣镇古辣社区蔡村
柳州市融安县大将镇龙妙村龙妙屯
柳州市融水苗族自治县杆洞乡杆洞村松美屯
柳州市融水苗族自治县红水乡良双村
柳州市三江侗族自治县八江镇八斗屯
柳州市三江侗族自治县八江镇归大屯
柳州市三江侗族自治县八江镇马胖村磨寨屯
柳州市三江侗族自治县八江镇中朝屯
柳州市三江侗族自治县林溪镇冠洞村

附 录

柳州市三江侗族自治县独峒镇玉马村
柳州市三江侗族自治县独峒镇唐朝村
柳州市三江侗族自治县洋溪乡高露村
柳州市三江侗族自治县老堡乡老巴村
柳州市三江侗族自治县和平乡和平村
桂林市临桂区茶洞镇茶洞村垠头屯
桂林市临桂区茶洞镇富合村
桂林市灵川县大圩镇秦岸村大埠村
桂林市灵川县灵田镇正义村金盆村
桂林市灵川县海洋乡黄土塘村
桂林市灵川县海洋乡大塘边村大塘边村
桂林市灵川县海洋乡小平乐村画眉弄村
桂林市灵川县兰田瑶族乡兰田村西洲壮寨村
桂林市全州县全州镇邓家埠村大庚岭村
桂林市全州县大西江镇满稼村鹿鸣村
桂林市全州县龙水镇桥渡村石脚村
桂林市全州县绍水镇三友村梅塘村
桂林市全州县绍水镇洛口村张家村
桂林市全州县石塘镇沛田村沛田村
桂林市全州县两河镇大田村大田村
桂林市全州县两河镇鲁水村鲁水村
桂林市全州县永岁镇湘山村井头村
桂林市全州县永岁镇幕霞村慕道村
桂林市全州县东山瑶族乡上塘村上塘村
桂林市全州县东山瑶族乡清水村清水村
桂林市兴安县兴安镇三桂村东村
桂林市兴安县漠川乡钟山坪村
桂林市永福县罗锦镇下村樟树头村
桂林市永福县罗锦镇尚水村尚水老村
桂林市灌阳县灌阳镇徐源村
桂林市灌阳县黄关镇兴秀村桐子山屯
桂林市灌阳县文市镇王道村
桂林市灌阳县文市镇会湘村
桂林市灌阳县文市镇勒塘村
桂林市灌阳县新街镇飞熊村杉木屯
桂林市灌阳县新街镇葛洞村大路坡屯
桂林市灌阳县新街镇龙云村猛山屯
桂林市灌阳县新街镇石丰村杨家湾屯
桂林市灌阳县新街镇龙中村富水坪屯
桂林市灌阳县洞井瑶族乡太和村田心屯
桂林市灌阳县洞井瑶族乡桂平岩村
桂林市灌阳县观音阁乡大井塘村
桂林市灌阳县水车镇德里村
桂林市龙胜各族自治县三门镇大罗村滩底屯
桂林市龙胜各族自治县三门镇同列村

桂林市龙胜各族自治县龙脊镇江柳村旧屋屯
桂林市龙胜各族自治县龙脊镇中六村中六屯
桂林市龙胜各族自治县平等镇广南村
桂林市龙胜各族自治县平等镇庖田村甲业屯
桂林市龙胜各族自治县泗水乡潘内村杨梅屯、浪头屯
桂林市龙胜各族自治县泗水乡周家村白面组
桂林市龙胜各族自治县江底乡泥塘村半界组
桂林市龙胜各族自治县伟江乡洋湾村
桂林市资源县两水苗族乡社水村
桂林市资源县河口瑶族乡葱坪村坪水村
桂林市平乐县二塘镇大水村八仙村
桂林市恭城瑶族自治县莲花镇门等村东寨屯
桂林市恭城瑶族自治县嘉会镇太平村太平屯
梧州市岑溪市筋竹镇云龙村
北海市海城区涠洲镇盛塘村
钦州市灵山县新圩镇漂塘村
钦州市灵山县佛子镇佛子村马肚塘村
钦州市灵山县太平镇那马村华屏岭村
贵港市港南区木格镇云垌村
贵港市平南县镇隆镇富藏村中团屯
贵港市平南县思旺镇双上村上宋屯
贵港市平南县大鹏镇大鹏村石门屯
贵港市桂平市中沙镇南乡村
玉林市玉州区南江街道岭塘村硃砂垌村
玉林市玉州区仁东镇鹏垌村
玉林市玉州区仁厚镇茂岑村
玉林市福绵区福绵镇福西村
玉林市福绵区新桥镇大楼村
玉林市容县杨村镇东华村
玉林市容县罗江镇顶良村
玉林市陆川县平乐镇长旺村
玉林市博白县新田镇亭子村老屋屯
玉林市兴业县石南镇东山村
玉林市兴业县石南镇谭良村
玉林市兴业县石南镇庞村
玉林市兴业县蒲塘镇石山村石山坡
玉林市兴业县龙安镇龙安村
玉林市北流市新圩镇白鸠江村河城组
玉林市北流市塘岸镇塘肚村十一组
贺州市八步区贺街镇河西村
贺州市八步区桂岭镇善华村田尾寨
贺州市平桂区沙田镇龙井村
贺州市平桂区羊头镇大井村大岩寨
贺州市钟山县公安镇大田村

贺州市富川瑶族自治县富阳镇茶家村
贺州市富川瑶族自治县古城镇丁山村
贺州市富川瑶族自治县古城镇秀山村
贺州市富川瑶族自治县朝东镇东水村
贺州市富川瑶族自治县朝东镇油沐大村
贺州市富川瑶族自治县朝东镇岔山村
来宾市象州县运江镇新运村新运街
来宾市象州县运江镇运江社区红星街、红光街
来宾市象州县罗秀镇军田村
来宾市武宣县东乡镇金岗村永安村
来宾市金秀瑶族自治县金秀镇共和村古卜屯
来宾市金秀瑶族自治县桐木镇那安村龙腾屯
来宾市金秀瑶族自治县忠良乡三合村岭祖屯
来宾市金秀瑶族自治县罗香乡平竹村平林屯
来宾市金秀瑶族自治县六巷乡六巷村六巷屯、朗冲屯、上古陈屯
崇左市江州区驮卢镇连塘村花梨屯

二十、海南省（17个）

海口市琼山区三门坡镇晨光村莲塘村
海口市美兰区演丰镇边海村林市村
琼海市龙江镇深造村石头岭村
琼海市龙江镇滨滩村南望沟村
琼海市龙江镇中洞村双举岭村
文昌市文城镇下山村下山陈村
文昌市潭牛镇大顶村仕头村
文昌市铺前镇东坡村美宝村
定安县龙门镇久温塘村久温塘村
定安县龙门镇龙拔塘村
定安县龙门镇红花岭村
定安县岭口镇群山村九锡山村
临高县皇桐镇美香村美巢村
临高县皇桐镇红专居透滩村
乐东县九所镇镜湖村镜湖老村
乐东县佛罗镇佛罗老村
陵水县新村镇疍家渔村（海鹰村、海燕村、海鸥村）

二十一、重庆市（36个）

万州区燕山乡泉水村
黔江区金洞乡凤台村
大足区雍溪镇红星社区
大足区高升镇双牌村
武隆区文复苗族土家族乡铜锣村冉家湾村
石柱县黄水镇金花村
石柱县河嘴乡富民村
石柱县中益乡坪坝村
石柱县金铃乡石笋村
石柱县金铃乡响水村
秀山土家族苗族自治县平凯街道贵贤村大野山寨村
秀山土家族苗族自治县隘口镇富裕村
秀山土家族苗族自治县隘口镇岑龙村
秀山土家族苗族自治县隘口镇东坪村
秀山土家族苗族自治县溶溪镇红光社区曹家沟村
秀山土家族苗族自治县官庄镇柏香村
秀山土家族苗族自治县官庄镇鸳鸯村
秀山土家族苗族自治县石堤镇水坝村
秀山土家族苗族自治县梅江镇财塘村
秀山土家族苗族自治县膏田镇茅坡社区熊家坡组
秀山土家族苗族自治县溪口镇黄杨扁担村
秀山土家族苗族自治县孝溪乡中心村
秀山土家族苗族自治县大溪乡前进村
秀山土家族苗族自治县涌洞乡新农村
酉阳土家族苗族自治县麻旺镇青龙村青龙寨
酉阳土家族苗族自治县麻旺镇光明村铧匠沟
酉阳土家族苗族自治县大溪镇杉岭村四组
酉阳土家族苗族自治县酉水河镇老柏村
酉阳土家族苗族自治县酉水河镇长远村
酉阳土家族苗族自治县苍岭镇岭口村杨家宅村
酉阳土家族苗族自治县天馆乡魏市村宜居沟
酉阳土家族苗族自治县庙溪乡庙溪村五龙村
酉阳土家族苗族自治县楠木乡红霞村三组
彭水苗族土家族自治县万足镇廖家村瓦厂坝村
彭水苗族土家族自治县鞍子镇干田村木欧水村
彭水苗族土家族自治县棣棠乡黄泥村担子峡村

二十二、四川省（108个）

成都市青白江区姚渡镇光明村
成都市蒲江县朝阳湖镇仙阁村
成都市都江堰市石羊镇马祖社区
成都市邛崃市高何镇高兴村
攀枝花市盐边县和爱彝族乡联合村
泸州市古蔺县双沙镇陈坪村
绵阳市盐亭县黄甸镇龙台村
绵阳市梓潼县文昌镇七曲村
广元市昭化区王家镇方山村
广元市昭化区磨滩镇金堂村
广元市昭化区磨滩镇长青村
广元市昭化区太公镇太公岭村
广元市昭化区石井铺镇板庙村

附　录

广元市昭化区文村乡双龙村
广元市昭化区白果乡田岩村
广元市昭化区梅树乡梅岭村
广元市昭化区大朝乡牛头村
广元市昭化区大朝乡云台村
广元市旺苍县木门镇天星村
广元市旺苍县黄洋镇水营村
广元市旺苍县水磨乡桥板村
广元市青川县茶坝乡双河村
广元市青川县大院乡竹坝村
广元市青川县观音店乡河坝村
乐山市夹江县华头镇正街村
乐山市峨眉山市罗目镇青龙社区
南充市阆中市柏垭镇老房嘴
眉山市洪雅县槽渔滩镇兴盛社区
眉山市洪雅县柳江镇红星村
宜宾市叙州区蕨溪镇顶仙村
宜宾市江安县仁和乡鹿鸣村
广安市武胜县龙女镇小河村
广安市邻水县牟家镇麻河村
达州市通川区新村乡曾家沟村
达州市通川区檬双乡松坪村
达州市通川区青宁乡长梯村
达州市万源市玉带乡太平坎村
雅安市雨城区严桥镇大里村
雅安市雨城区碧峰峡镇后盐村
雅安市荥经县花滩镇齐心村
雅安市汉源县永利彝族乡古路村
雅安市石棉县蟹螺藏族乡俄足村
巴中市恩阳区柳林镇铜城寨村
巴中市恩阳区兴隆镇玉皇村
巴中市恩阳区玉井乡玉女村
巴中市通江县广纳镇龙家扁村
巴中市通江县永安镇得汉城村
巴中市通江县三溪乡纳溪坝村
巴中市通江县唱歌乡石板溪村
巴中市通江县板凳乡学堂山村
巴中市通江县兴隆乡紫荆村
巴中市通江县板桥口镇黄村坪村
巴中市南江县下两镇下两社区
巴中市南江县双流镇元包村
巴中市平昌县灵山镇巴灵寨村
巴中市平昌县土垭镇石峰村
阿坝藏族羌族自治州松潘县川主寺镇林坡村
阿坝藏族羌族自治州金川县集沐乡根扎村
阿坝藏族羌族自治州小金县沃日乡官寨村
阿坝藏族羌族自治州黑水县沙石多乡银真村
阿坝藏族羌族自治州壤塘县中壤塘镇布康木达村
甘孜藏族自治州丹巴县巴底镇小坪村
甘孜藏族自治州丹巴县巴底镇大坪村
甘孜藏族自治州丹巴县巴底镇沈洛村
甘孜藏族自治州丹巴县巴底镇木纳山村
甘孜藏族自治州丹巴县巴底镇邛山一村
甘孜藏族自治州丹巴县聂呷乡喀咔一村
甘孜藏族自治州丹巴县聂呷乡喀咔三村
甘孜藏族自治州丹巴县聂呷乡喀咔二村
甘孜藏族自治州丹巴县革什扎镇大桑村
甘孜藏族自治州丹巴县革什扎镇吉汝村
甘孜藏族自治州丹巴县革什扎镇俄洛村
甘孜藏族自治州丹巴县革什扎镇三道桥村
甘孜藏族自治州丹巴县丹东乡莫斯卡村
甘孜藏族自治州甘孜县甘孜镇根布夏村
甘孜藏族自治州甘孜县甘孜镇甲布卡村
甘孜藏族自治州甘孜县甘孜镇麻达卡村
甘孜藏族自治州甘孜县康生乡白日村
甘孜藏族自治州德格县更庆镇八美村
甘孜藏族自治州德格县八邦乡曲池村
甘孜藏族自治州德格县柯洛洞乡牛麦村
甘孜藏族自治州白玉县建设镇布麦村
甘孜藏族自治州白玉县赠科乡扎马村
甘孜藏族自治州石渠县奔达乡满真村
甘孜藏族自治州色达县翁达镇翁达村
甘孜藏族自治州色达县旭日乡旭日村
甘孜藏族自治州色达县杨各乡加更达村
甘孜藏族自治州色达县歌乐沱乡切科村
甘孜藏族自治州理塘县高城镇替然尼巴村
甘孜藏族自治州理塘县甲洼镇江达村
甘孜藏族自治州理塘县甲洼镇俄丁村
甘孜藏族自治州理塘县君坝乡火古龙村
甘孜藏族自治州理塘县哈依乡哈依村
甘孜藏族自治州理塘县喇嘛垭乡日戈村
甘孜藏族自治州理塘县章纳乡乃干多村
甘孜藏族自治州理塘县格木乡加细村
甘孜藏族自治州理塘县拉波乡容古村
甘孜藏族自治州理塘县拉波乡中扎村
甘孜藏族自治州乡城县青麦乡木差村
甘孜藏族自治州稻城县邓波乡下邓坡村
甘孜藏族自治州稻城县各卡乡卡斯村
凉山彝族自治州木里藏族自治县宁朗乡甲店村

凉山彝族自治州木里藏族自治县屋脚蒙古族乡屋脚村
凉山彝族自治州木里藏族自治县克尔乡宣洼村
凉山彝族自治州盐源县泸沽湖镇山南村
凉山彝族自治州盐源县泸沽湖镇多舍村
凉山彝族自治州会理县绿水镇松坪村
凉山彝族自治州昭觉县龙沟乡龙沟村

二十三、贵州省（179个）

贵阳市开阳县楠木渡镇黄木村付家湾组
贵阳市开阳县南龙乡佘家营村营上组
贵阳市开阳县南龙乡东官村湾子寨组
贵阳市开阳县毛云乡毛栗庄村新庄组
六盘水市六枝特区木岗镇戛陇塘村
遵义市桐梓县花秋镇岔水村河扁组
遵义市务川仡佬族苗族自治县大坪街道三坑村板场组
遵义市凤冈县进化镇沙坝村
遵义市凤冈县王寨镇高坝村
遵义市凤冈县新建镇新建社区龙塘溪组
遵义市湄潭县高台镇三联村麻凼组
遵义市湄潭县石莲镇沿江村细沙组
遵义市湄潭县西河镇西坪村西坪组
遵义市湄潭县洗马镇团结村程家湾村
遵义市余庆县白泥镇桂花村榨溪组
遵义市习水县隆兴镇淋滩村
遵义市习水县良村镇洋化村白土台组
遵义市赤水市大同镇古镇社区
遵义市仁怀市三合镇两岔村
安顺市西秀区龙宫镇油菜湖村小苑组
安顺市西秀区龙宫镇蔡官村
安顺市西秀区大西桥镇九溪村
安顺市西秀区蔡官镇格来月村
安顺市西秀区刘官乡嘉穗村大寨村
安顺市镇宁布依族苗族自治县江龙镇陇西村二组、三组
安顺市镇宁布依族苗族自治县江龙镇木志河村下院组
安顺市紫云苗族布依族自治县猴场镇打哈村
安顺市紫云苗族布依族自治县猫营镇黄土村佑卯组
安顺市紫云苗族布依族自治县坝羊乡五星村云上组
安顺市紫云苗族布依族自治县火花乡九岭村
毕节市大方县黄泥塘镇背座村
毕节市大方县雨冲乡油杉河村

铜仁市碧江区云场坪镇路腊村
铜仁市江口县官和侗族土家族苗族乡泗渡村后溪组
铜仁市石阡县五德镇大鸡公村
铜仁市石阡县国荣乡周家寨村
铜仁市石阡县龙井乡克麻场村
铜仁市石阡县青阳乡高塘村
铜仁市石阡县甘溪乡铺溪村红岩组
铜仁市思南县许家坝镇坑水村浸底峡组
铜仁市德江县平原镇杉园社区中坝村
铜仁市沿河土家族自治县思渠镇马福云村
铜仁市沿河土家族自治县客田镇红溪村
黔西南州兴义市泥凼镇乌舍村
黔西南州兴义市清水河镇雨补鲁村
黔西南州兴仁县新龙场镇冬瓜林村
黔西南州普安县青山镇青山社区
黔东南州凯里市湾水镇岩寨村
黔东南州凯里市炉山镇角冲村
黔东南州凯里市炉山镇六个鸡村
黔东南州凯里市下司镇清江村
黔东南州黄平县一碗水乡印地坝村
黔东南州岑巩县凯本镇凯府村
黔东南州天柱县蓝田镇碧雅村和当寨
黔东南州天柱县高酿镇坐寨村
黔东南州天柱县高酿镇木杉村大寨
黔东南州天柱县高酿镇邦寨村邦寨
黔东南州天柱县远口镇元田村
黔东南州天柱县坌处镇抱塘村
黔东南州天柱县坌处镇三门塘村
黔东南州天柱县渡马镇共和村甘溪寨
黔东南州锦屏县启蒙镇腊洞村
黔东南州锦屏县平秋镇圭叶村
黔东南州锦屏县平秋镇魁胆村
黔东南州锦屏县平略镇平敖村
黔东南州锦屏县新化乡新化寨村
黔东南州锦屏县河口乡韶霭村
黔东南州剑河县南哨镇九虎村
黔东南州台江县台拱街道红阳村
黔东南州台江县南宫镇交宫村
黔东南州台江县排羊乡下南刀村
黔东南州台江县台盘乡水寨村
黔东南州黎平县中潮镇上黄村兰洞寨
黔东南州黎平县水口镇胜利村
黔东南州黎平县洪州镇六爽村
黔东南州黎平县洪州镇赏方村

黔东南州黎平县茅贡镇寨母村
黔东南州榕江县古州镇三盘村
黔东南州榕江县古州镇高兴村
黔东南州榕江县寨蒿镇寿洞村
黔东南州榕江县乐里镇乔勒村
黔东南州榕江县乐里镇大瑞村
黔东南州榕江县乐里镇本里村
黔东南州榕江县乐里镇保里村
黔东南州榕江县朗洞镇高略村
黔东南州榕江县崇义纯厚村
黔东南州榕江县平江乡高鸟村
黔东南州榕江县塔石乡同流村
黔东南州榕江县定威乡计水村
黔东南州榕江县平阳乡硐里村
黔东南州从江县丙妹镇大歹村
黔东南州从江县丙妹镇老或村
黔东南州从江县丙妹镇龙江村
黔东南州从江县丙妹镇銮里村岑报寨
黔东南州从江县洛香镇平乐村
黔东南州从江县洛香镇大桥村
黔东南州从江县西山镇卡翁村
黔东南州从江县西山镇秋卡村
黔东南州从江县西山镇滚郎村
黔东南州从江县停洞镇归奶村
黔东南州从江县停洞镇摆也村
黔东南州从江县停洞镇苗朋村
黔东南州从江县往洞镇贡寨村
黔东南州从江县往洞镇德秋村
黔东南州从江县往洞镇德桥村
黔东南州从江县往洞镇往洞村平楼寨
黔东南州从江县高增乡付中村
黔东南州从江县谷坪乡山岗村燕窝寨
黔东南州从江县谷坪乡五一村党苟寨
黔东南州从江县庆云镇广力村归料寨
黔东南州从江县庆云镇佰你村迫面寨
黔东南州从江县刚边乡宰船村
黔东南州从江县刚边乡鸡脸村
黔东南州从江县加榜乡加页村
黔东南州从江县秀塘乡打格村
黔东南州从江县秀塘乡下敖村
黔东南州从江县斗里镇台里村
黔东南州从江县斗里镇潘里村八组
黔东南州从江县翠里乡污牙村
黔东南州从江县翠里乡高文村
黔东南州从江县翠里乡宰转村

黔东南州从江县翠里乡高开村
黔东南州从江县加鸠镇白岩村
黔东南州从江县加鸠镇加能村
黔东南州从江县加勉乡加坡村
黔东南州从江县加勉乡污俄村
黔东南州从江县加勉乡真由村
黔东南州雷山县丹江镇阳苟村
黔东南州雷山县丹江镇排翁村
黔东南州雷山县西江镇小龙村
黔东南州雷山县永乐镇乔配村
黔东南州雷山县永乐镇小开屯村
黔东南州雷山县郎德镇乌肖村
黔东南州雷山县望丰乡甘益村
黔东南州雷山县望丰乡乌江村
黔东南州雷山县达地乡乌空村
黔东南州雷山县达地乡里勇村
黔东南州丹寨县龙泉镇排牙村
黔东南州丹寨县龙泉镇高要村
黔东南州丹寨县兴仁镇翻仰村
黔东南州丹寨县兴仁镇岩英村
黔东南州丹寨县兴仁镇乌佐村
黔东南州丹寨县排调镇排结村
黔东南州丹寨县排调镇刘家寨村
黔东南州丹寨县雅灰乡夺鸟村
黔东南州丹寨县南皋乡清江村
黔东南州丹寨县南皋乡九门村
黔南州荔波县甲良镇甲良村金对组
黔南州平塘县金盆街道苗二河村甲乙寨
黔南州平塘县金盆街道吉古村吉古大寨、小米牙寨
黔南州三都县三合街道下排正村下排正寨
黔南州三都县大河镇轿山村轿山大寨
黔南州三都县大河镇五星村者然大寨
黔南州三都县大河镇敖寨村敖寨大寨
黔南州三都县普安镇望月村排月寨
黔南州三都县普安镇野记村
黔南州三都县普安镇总奖村总奖大寨
黔南州三都县普安镇鸡照村鸡照大寨
黔南州三都县普安镇合心村的刁大寨
黔南州三都县都江镇摆鸟村水坳寨
黔南州三都县都江镇达荣村达洛寨
黔南州三都县都江镇大坝村凤柳寨
黔南州三都县都江镇高坪村西音寨
黔南州三都县都江镇高尧村
黔南州三都县都江镇甲雄村

黔南州三都县都江镇交德村
黔南州三都县都江镇孔荣村排引寨
黔南州三都县都江镇岩捞村万响寨
黔南州三都县都江镇羊瓮村大中寨
黔南州三都县都江镇坝辉村里捞寨
黔南州三都县中和镇科寨村
黔南州三都县中和镇拉佑村鲁寨组
黔南州三都县中和镇板良村
黔南州三都县中和镇灯光村
黔南州三都县中和镇下岳村
黔南州三都县中和镇塘赖村二组、三组、四组
黔南州三都县中和镇拉旦村
黔南州三都县周覃镇和勇村和气寨
黔南州三都县九阡镇石板村石板大寨

二十四、云南省（93个）

曲靖市罗平县钟山乡普理村白古村
曲靖市会泽县大井镇里可村大蒿地小组
玉溪市易门县六街街道旧县村
玉溪市易门县十街乡十街村
玉溪市易门县小街乡甲浦村核桃箐村
玉溪市峨山县甸中镇甸尾村甸尾村
玉溪市峨山县岔河乡安居村青龙村
玉溪市峨山县大龙潭乡迭所村大塔克冲村
玉溪市新平县漠沙镇曼线村南薅村
玉溪市元江县羊街乡羊街村羊街村
保山市隆阳区潞江镇芒颜村坪河村
保山市隆阳区瓦马乡拉攀村拉攀村
保山市龙陵县象达镇象达村小石房村
保山市昌宁县珠街乡金宝村银宝村
保山市腾冲市腾越镇玉璧村
保山市腾冲市腾越镇盈水村
保山市腾冲市固东镇小甸村
保山市腾冲市固东镇爱国村坡脚村
保山市腾冲市猴桥镇猴桥村黑泥潭国门新村
保山市腾冲市猴桥镇永兴村
保山市腾冲市界头镇永乐村
保山市腾冲市明光镇顺龙村松山村
保山市腾冲市明光镇东营村
保山市腾冲市明光镇中塘村二尖山村
保山市腾冲市中和镇新街村郭家营村
保山市腾冲市芒棒镇桥街村
保山市腾冲市芒棒镇窜龙村窜龙村
保山市腾冲市芒棒镇郑山村甘露寺村
保山市腾冲市荷花镇雨伞村
保山市腾冲市荷花镇明朗村
保山市腾冲市荷花镇肖庄村肖庄老寨子村
保山市腾冲市北海乡双海村
保山市腾冲市清水乡良盈村
保山市腾冲市清水乡三家村
保山市腾冲市清水乡驼峰村
保山市腾冲市五合乡金塘村金塘寨村
保山市腾冲市五合乡联盟村畹岭寨村
保山市腾冲市新华乡中心村
昭通市永善县大兴镇滨江社区白雕村
昭通市威信县扎西镇龙井社区老街村
丽江市玉龙县黎明乡中兴村柏木村、木瓜村
丽江市永胜县程海镇兴仁村青草湾村
临沧市永德县班卡乡班卡村
临沧市永德县大山乡纸厂村纸厂村
楚雄州大姚县桂花镇大村村塔苞谷么村
红河州蒙自市冷泉镇冷泉村冯家寨村
红河州弥勒市西一镇中和村黑路丫二村
红河州弥勒市西二镇矣维村乐多上寨、乐多下寨
红河州弥勒市西二镇四道水村三道水村
红河州建水县岔科镇二龙村王凤庄村
红河州建水县普雄乡龙岔村大寨村、两岔河村、仓房村
红河州建水县坡头乡大石洞村炭山村
红河州石屏县异龙镇弥太柏村朱冲村
红河州石屏县宝秀镇许刘营村大杨营村、盘营村
红河州石屏县宝秀镇朱洼子村白酒坟村
红河州石屏县坝心镇坝心村
红河州石屏县坝心镇海东村石缸村
红河州石屏县坝心镇老街村陆来村
红河州石屏县牛街镇老旭甸村老旭甸村
红河州元阳县新街镇全福庄村全福庄中寨村
红河州元阳县牛角寨镇果期村大顺寨村
红河州绿春县牛孔镇牛孔村牛孔村
文山州广南县者兔乡者莫村马碧村、革里村
文山州广南县者兔乡者妈村板江村
文山州广南县者太乡大田村蚌古村
西双版纳州景洪市勐罕镇曼景村曼景村
西双版纳州景洪市勐罕镇曼累讷村曼远村
大理州祥云县下庄镇金旦村金旦大村
大理州祥云县刘厂镇王家庄村
大理州弥渡县红岩镇大营村古城村
大理州弥渡县密祉镇兴隆村
大理州巍山县永建镇永乐村大五茂林村
大理州巍山县永建镇永胜村箐门口村
大理州永平县杉阳镇杉阳村街头村

大理州永平县杉阳镇岩洞村湾子村
大理州永平县龙街镇龙街村老街子村
大理州剑川县金华镇永丰村
大理州剑川县金华镇金和村
大理州剑川县老君山镇新生村
大理州剑川县羊岑乡兴文村
大理州剑川县象图乡象图村
大理州鹤庆县辛屯镇士庄村
大理州鹤庆县草海镇新峰村东登村
大理州鹤庆县草海镇彭屯村
大理州鹤庆县西邑镇奇峰村下营村
大理州鹤庆县金墩乡化龙村
德宏州盈江县支那乡芒嘎村
德宏州盈江县支那乡东村达海村
德宏州陇川县清平乡清平村中么村
怒江州泸水市老窝镇中元村
怒江州兰坪县营盘镇新华村
怒江州兰坪县河西乡共兴村高轩井村
怒江州兰坪县河西乡箐花村玉狮场村

二十五、陕西省（42个）
咸阳市礼泉县烽火镇烽火村
铜川市印台区陈炉镇立地坡村
铜川市耀州区小丘镇移村
渭南市大荔县两宜镇东白池村
渭南市大荔县范家镇结草村
渭南市合阳县新池镇行家庄村
渭南市合阳县黑池镇南社村
渭南市合阳县黑池镇黑东村
渭南市合阳县路井镇杨家坡村
渭南市澄城县冯原镇吉安城村
渭南市蒲城县兴镇曹家村
渭南市蒲城县尧山镇陶池村
渭南市白水县杜康镇康家卫村
渭南市白水县北塬镇杨武村
渭南市富平县老庙镇笃祜村
渭南市韩城市新城街道周原村
渭南市华阴市岳庙街道双泉村
延安市延长县雷赤镇凉水岸村
延安市延川县永坪镇赵家河村
延安市延川县文安驿镇梁家河村
延安市延川县贾家坪镇磨义沟村马家湾村
延安市延川县贾家坪镇田家川村上田家川村
延安市延川县关庄镇甄家湾村
延安市延川县关庄镇太相寺村
延安市延川县乾坤湾镇碾畔村

延安市延川县乾坤湾镇刘家山村
榆林市榆阳区古塔镇罗硷村
榆林市横山区横山街道贾大峁村
榆林市横山区响水镇响水村
榆林市横山区殿市镇五龙山村
榆林市横山区赵石畔镇王皮庄村
榆林市靖边县镇靖镇镇靖村
榆林市绥德县中角镇中角村
榆林市佳县螅镇荷叶坪村
榆林市佳县螅镇刘家坪村
榆林市子洲县裴家湾镇园则坪村
汉中市留坝县城关镇城关村
汉中市留坝县留侯镇庙台子村
汉中市留坝县江口镇磨坪村
安康市汉滨区谭坝镇前河村
安康市石泉县熨斗镇长岭村
商洛市山阳县漫川关镇古镇社区

二十六、西藏自治区（16个）
拉萨市堆龙德庆县柳梧乡达东村
日喀则市定日县协格尔镇曲下村
日喀则市仁布县切洼乡嘎布久嘎村
日喀则市康马县少岗乡朗巴村
昌都市左贡县旺达镇木龙村
林芝市墨脱县背崩乡巴登村
山南市贡嘎县岗堆镇桑布日村
山南市桑日县桑日镇雪巴村
山南市琼结县拉玉乡强吉村
山南市措美县乃西乡鲁麦村
山南市洛扎县边巴乡美秀村
山南市洛扎县扎日乡拉隆村
山南市错那县勒门巴民族乡贤村
山南市错那县库局乡桑玉村
山南市错那县库局乡库局村
阿里地区普兰县普兰镇科迦村

二十七、甘肃省（18个）
白银市靖远县平堡乡平堡村
天水市麦积区党川乡马坪村
张掖市山丹县老军乡硖口村
平凉市静宁县界石铺镇继红村
定西市通渭县榜罗镇文丰村
陇南市文县铁楼藏族乡新寨村
陇南市徽县栗川乡郇家庄村
临夏州东乡族自治县达板镇舀水村
甘南州合作市勒秀乡罗哇上村
甘南州临潭县新城镇西街村

甘南州卓尼县木耳镇博峪村
甘南州舟曲县坪定乡坪定村
甘南州迭部县达拉乡高吉村
甘南州迭部县旺藏乡次日那村
甘南州迭部县多儿乡洋布村
甘南州玛曲县阿万仓乡沃特村
甘南州玛曲县木西合乡木拉村
甘南州夏河县甘加乡八角城村

二十八、青海省（44个）

西宁市大通回族土族自治县景阳镇土关村
西宁市湟中县上新庄镇黑城村
海东市互助土族自治县东山乡白牙合村
海东市化隆回族自治县昂思多镇尕吾塘村
海东市循化撒拉族自治县白庄镇朱格村
海东市循化撒拉族自治县白庄镇立庄村
海东市循化撒拉族自治县街子镇波立吉村
海东市循化撒拉族自治县街子镇古吉来村
海东市循化撒拉族自治县街子镇塘坊村
海东市循化撒拉族自治县街子镇洋苦浪村
海东市循化撒拉族自治县街子镇马家村
海东市循化撒拉族自治县道帏藏族乡旦麻村
海东市循化撒拉族自治县道帏藏族乡古雷村
海东市循化撒拉族自治县道帏藏族乡贺庄村
海东市循化撒拉族自治县道帏藏族乡牙木村
海东市循化撒拉族自治县道帏藏族乡宁巴村
海东市循化撒拉族自治县道帏藏族乡起台堡村
海东市循化撒拉族自治县清水乡阿什江村
海东市循化撒拉族自治县清水乡乙亥麻村
海东市循化撒拉族自治县清水乡专堂村
海东市循化撒拉族自治县清水乡下庄村
海东市循化撒拉族自治县清水乡塔沙坡村
海东市循化撒拉族自治县查汗都斯乡大庄村
海东市循化撒拉族自治县文都藏族乡拉代村
海东市循化撒拉族自治县尕楞藏族乡比塘村
海东市循化撒拉族自治县尕楞藏族乡秀日村
黄南藏族自治州同仁县隆务镇措玉村
黄南藏族自治州同仁县隆务镇隆务庄村
黄南藏族自治州同仁县保安镇浪加村
黄南藏族自治州同仁县保安镇新城村
黄南藏族自治州同仁县保安镇银扎木村
黄南藏族自治州同仁县扎毛乡国盖立仓村
黄南藏族自治州同仁县黄乃亥乡奴让村
黄南藏族自治州同仁县曲库乎乡瓜什则村
果洛藏族自治州班玛县亚尔堂乡王柔村
果洛藏族自治州班玛县灯塔乡科培村
玉树藏族自治州称多县称文镇赛河村
玉树藏族自治州称多县称文镇者贝村
玉树藏族自治州称多县尕朵乡岗由村
玉树藏族自治州称多县尕朵乡科玛村
玉树藏族自治州称多县尕朵乡布由村
玉树藏族自治州称多县尕朵乡木苏村
玉树藏族自治州称多县拉布乡帮布村
玉树藏族自治州称多县拉布乡郭吾村

二十九、宁夏回族自治区（1个）

固原市彭阳县城阳乡长城村乔区组

三十、新疆维吾尔自治区（1个）

昌吉回族自治州奇台县大泉塔塔尔族乡大泉湖村

2018—2019年度中国建设工程鲁班奖（国家优质工程）获奖名单

（排名不分先后）

序号	工程名称	承建单位	参建单位
1	商业、酒店、办公及配套（王府井国际品牌中心建设项目）	北京城建集团有限责任公司	北京城建十六建筑工程有限责任公司
			安乐设备安装工程（上海）有限公司
			嘉特纳幕墙（上海）有限公司
			北京侨信装饰工程有限公司
			浙江银建装饰工程有限公司
			北京市亚太安设备安装有限责任公司

附　录

续表

序号	工程名称	承建单位	参建单位
2	昆泰嘉瑞中心	中国建筑一局（集团）有限公司	中建一局集团第三建筑有限公司
			江苏沪宁钢机股份有限公司
			北京江河幕墙系统工程有限公司
			深圳市晶宫设计装饰工程有限公司
			上海市建筑装饰工程集团有限公司
			北京丽贝亚建筑装饰工程有限公司
			四川兴泰来装饰工程有限责任公司
			中建一局钢结构工程有限公司
3	1号楼（研发创新中心）等6项（中国移动国际信息港研发创新中心工程、网管支撑中心工程、业务支撑中心工程）	中国建筑第八工程局有限公司	北京南隆建筑装饰工程有限公司
			北京长信泰康通信技术有限公司
4	中关村资本大厦	北京城建集团有限责任公司	北京城建深港建筑装饰工程有限公司
			北京城建北方集团有限公司
			北京城建建设工程有限公司
			北京城五工程建设有限公司
			北京城建安装集团有限公司
5	人民日报社报刊综合业务楼	中国新兴建设开发有限责任公司	
6	天津空港国际生物医学康复治疗中心医疗综合楼项目	天津住宅集团建设工程总承包有限公司	
7	武清区体育场馆项目	天津市武清区建筑工程总公司	
8	天津体育学院新建体育馆及排球馆项目	中国建筑第六工程局有限公司	
9	天津市滨海新区文化中心（一期）项目文化场馆部分	中国建筑第八工程局有限公司	中建深圳装饰有限公司
			深圳市中孚泰文化建筑建设股份有限公司
			中建安装工程有限公司
			天津华惠安信装饰工程有限公司
10	保定市第一中心医院门诊综合楼	河北建设集团股份有限公司	河北建设集团装饰工程有限公司
			河北建设集团安装工程有限公司
			河北空调工程安装有限公司
11	承德医学院附属医院新城医院	荣盛建设工程有限公司	
12	沧州管业大厦	河北建工集团有限责任公司	大元建业集团股份有限公司
			河北天昕建设集团有限公司
			河北安防智能电子工程有限公司
13	石家庄市南水北调配套工程—良村开发区地表水厂（一期工程）	河北省第二建筑工程有限公司 河北省安装工程有限公司	天俱时工程科技集团有限公司

续表

序号	工程名称	承建单位	参建单位
14	乡宁县新医院建设工程	山西二建集团有限公司	山西建筑工程有限公司
			山西省工业设备安装集团有限公司
15	中铁三局集团科技研发中心	中铁三局集团建筑安装工程有限公司	深圳市科源建设集团有限公司
			浙江亚厦装饰股份有限公司
			中铁三局集团电务工程有限公司
16	内蒙古自治区儿童医院、妇产医院、妇幼保健院外迁合建项目	内蒙古兴泰建设集团有限公司	内蒙古碧轩装饰工程有限责任公司
			内蒙古电子科技有限责任公司
			内蒙古金鑫泰钢结构有限责任公司
			内蒙古凯建楼宇设备有限公司
			河北建设集团装饰工程有限公司
17	巨海城八区南区综合楼（6号办公楼）	内蒙古巨华集团大华建筑安装有限公司	内蒙古凯建楼宇设备有限公司
			南通华新建工集团有限公司
18	葫芦岛市中心医院儿科及内科病房楼	辽宁绥四建设工程集团有限公司	
19	华晨宝马汽车有限公司大东工厂第七代新五系建设项目涂装车间、(EEX)总装车间主车间	中国建筑第八工程局有限公司 中国建筑第五工程局有限公司 鞍钢建设集团有限公司	浙江杭萧钢构股份有限公司
			森特士兴集团股份有限公司
			长沙广大建筑装饰有限公司
			大连建工机电安装工程有限公司
			中建五局安装工程有限公司
			天津东南钢结构有限公司
			中建不二幕墙装饰有限公司
			中建五局装饰幕墙有限公司
20	沈阳药科大学新校区四标段	沈阳天地建设发展有限公司	大连爱瑞克机电设备有限公司
			德州亚太集团有限公司
21	松原市天河大桥工程	中国建筑第六工程局有限公司	中铁九桥工程有限公司
22	哈尔滨万达文化旅游城产业综合体-万达茂	中国建筑第二工程局有限公司	中建二局安装工程有限公司
			讯飞智元信息科技有限公司
			浙江精工钢结构集团有限公司
			江苏沪宁钢机股份有限公司
			深圳市三鑫科技发展有限公司
			合肥达美建筑装饰工程有限责任公司
			江苏南通三建筑装饰有限公司
23	中国海运大厦工程	上海建工七建集团有限公司	上海市安装工程集团有限公司
			上海市建筑装饰工程集团有限公司
			深圳金粤幕墙装饰工程有限公司

附 录

续表

序号	工程名称	承建单位	参建单位
24	苏州国际财富广场西塔楼工程	上海建工一建集团有限公司	北京市设备安装工程集团有限公司
			中铁建工集团安装工程有限公司
			苏州工业园区国发国际建筑装饰工程有限公司
			苏州柯利达装饰股份有限公司
			上海一建建筑装饰有限公司
			上海市机械施工集团有限公司
			沈阳远大铝业工程有限公司
			上海第一建筑服务有限公司
25	上海市第一人民医院改扩建工程—住院医疗综合大楼	上海建工二建集团有限公司	上海天艺建筑装饰工程有限公司
			山东雄狮建筑装饰股份有限公司
			江苏永信医用净化工程有限公司
26	周家渡 01-07 地块项目	中国建筑第八工程局有限公司	上海江河幕墙系统工程有限公司
			中建八局装饰工程有限公司
			中建安装工程有限公司
			中建电子工程有限公司
27	苏州中心广场 D 地块 7 号楼工程	中亿丰建设集团股份有限公司	上海市安装工程集团有限公司
			沈阳远大铝业工程有限公司
			浙江亚厦装饰股份有限公司
			苏州金螳螂建筑装饰股份有限公司
			深装总建设集团股份有限公司
			苏州朗捷通智能科技有限公司
28	江南水务业务用房	江阴建工集团有限公司	
29	南京青奥体育公园市级体育中心体育馆	南京建工集团有限公司	江苏沪宁钢机股份有限公司
			江苏镇江安装集团有限公司
			南京深圳装饰安装工程有限公司
			南京延明体育实业有限公司
			南京金中建幕墙装饰有限公司
30	商务办公、居住用房及公建配套用房（XDG-2009-41 号 2-6 蠡湖香樟园 1-6 号楼及地下车库）	江苏南通二建集团有限公司	江苏启安建设集团有限公司
31	江苏大剧院	中国建筑第八工程局有限公司	中建八局第三建设有限公司
			中建安装工程有限公司
			中建东方装饰有限公司
			苏州金螳螂建筑装饰股份有限公司
			江苏省建筑工程集团有限公司
			浙江亚厦幕墙有限公司
			中建二局安装工程有限公司
			江苏沪宁钢机股份有限公司
32	扬州西部交通客运枢纽	江苏扬建集团有限公司	江苏华发装饰有限公司
			扬州市桩基有限公司

续表

序号	工程名称	承建单位	参建单位
33	温岭市医疗中心—医疗综合楼Ⅰ标段、Ⅱ标段工程	方远建设集团股份有限公司	浙江宝龙建设有限公司
			华神建设集团有限公司
34	杭政储出（2004）2号地块（钱江新城A-11、12地块）	浙江省建工集团有限责任公司	上海市安装工程集团有限公司
			浙江中南建设集团有限公司
			深圳市亚泰国际建设股份有限公司
35	平湖市公安局业务技术用房工程	中元建设集团股份有限公司	浙江宏厦建设有限公司
36	诸暨市中医医院浣东分院建设项目二期工程	浙江展诚建设集团股份有限公司	浙江华汇安装股份有限公司
37	阿里中心【杭政储出（2011）12号地块商业金融用房项目】	中天建设集团有限公司	武汉凌云建筑装饰工程有限公司
			苏州金螳螂建筑装饰股份有限公司
38	东苑立交快速化改造一期工程Ⅰ标段	浙江新中源建设有限公司	
39	慈溪市客运中心站工程	浙江省二建建设集团有限公司	浙江省二建建设集团安装有限公司
			宁波建乐建筑装潢有限公司
40	临沂市民中心	山东宏大置业有限公司	山东天元装饰工程有限公司
			山东天元安装工程有限公司
41	中国移动（山东济南）数据中心一期工程	山东天齐置业集团股份有限公司	中建安装工程有限公司
42	青岛大学附属医院东区综合病房楼及门诊实训综合楼工程	荣华建设集团有限公司 中启胶建集团有限公司	湖南高岭建设集团股份有限公司
			青岛宇通消防科技有限公司
			浙江亚厦装饰股份有限公司
			青岛宝利建设有限公司
			太极计算机股份有限公司
			中建八局第一建设有限公司
			苏州华迪医疗科技有限公司
			青岛金楷装饰工程有限公司
43	临沂市双岭高架路工程	天元建设集团有限公司	
44	潍坊市第二人民医院门诊病房综合楼一期	潍坊昌大建设集团有限公司	山东鸢港装饰工程有限公司
45	天长市老川桥河及沿河洼地治理"天康大道-禹王河段"（红草湖南园）工程	安徽四建控股集团有限公司	
46	安庆市外环北路（机场大道～皖江大道）工程	北京城建设计发展集团股份有限公司	北京城建道桥建设集团有限公司
			北京城建亚泰建设集团有限公司
			北京城建华晟交通建设有限公司
47	合肥万达文化旅游城A地块4号楼	中国建筑第二工程局有限公司	中建二局安装工程有限公司
			重庆西南铝装饰工程有限公司
			上海嘉春装饰设计工程有限公司

续表

序号	工程名称	承建单位	参建单位
48	中建海峡商务广场	中建海峡建设发展有限公司	福建祥荣建设投资集团有限公司
			福建省中裕市政工程有限公司
49	福州海峡图书馆	福建六建集团有限公司	方圆建设集团有限公司
50	中共江西省委党校（江西行政学院）整体迁建中新校区建设项目	江西省建工集团有限责任公司 江西建工第一建筑有限责任公司	江西省建华装璜有限责任公司
51	中至信息大厦	中恒建设集团有限公司	
52	北京银行南昌分行营业大楼	北京市第三建筑工程有限公司	金昌建设有限公司
			苏州金螳螂建筑装饰股份有限公司
			北京泰豪智能工程有限公司
53	恒大绿洲项目A10地块17号、18号、19号楼及地下车库	河南科建建设工程有限公司	
54	商丘市第一人民医院儿科医技培训中心综合楼	河南五建建设集团有限公司	河南裕成消防暖通工程有限公司
			合肥浦发建筑装饰工程有限责任公司
			河南金裕祥装饰工程有限公司
55	开封海汇中心工程	浙江宝业建设集团有限公司	浙江广艺建筑装饰工程有限公司
			浙江宝业幕墙装饰有限公司
			河南省昊鼎建筑基础工程有限公司
56	武汉建工科技中心	武汉建工集团股份有限公司	武汉华达建筑装饰设计工程有限公司
57	中铁桥梁科技大厦	中建三局集团有限公司	中铁二局集团装饰装修工程有限公司
			武汉优尚工程技术有限公司
			江苏镇江安装集团有限公司
			中国建筑装饰集团有限公司
			中铁大桥局第七工程有限公司
58	宜昌市委党校（宜昌市行政学院）迁建工程	湖北广盛建设集团有限责任公司	
59	武青堤（铁机路-武丰闸）堤防江滩综合整治园林景观工程（青山段）	中国一冶集团有限公司	汇绿园林建设发展有限公司
			武汉润土园林景观工程有限公司
60	福天兴业综合楼	湖南青竹湖城乡建设有限公司	湖南高岭建设集团股份有限公司
			苏州金螳螂建筑装饰股份有限公司
			湖南固尔邦幕墙装饰股份有限公司
61	湘西武陵山文化产业园Ⅰ标——非物质文化遗产展览综合大楼	湖南建工集团有限公司	湖南六建机电安装有限责任公司
			湖南建工集团装饰有限公司
			北京清尚建筑装饰工程有限公司
62	湖南省大学科技创新基地二期综合服务楼	湖南兴旺建设有限公司	湖南湘信建设工程有限公司

续表

序号	工程名称	承建单位	参建单位
63	湖南省总工会灰汤温泉职工疗养院项目	中建五局第三建设有限公司	湖南建工集团装饰工程有限公司
			湖南沙坪装饰有限公司
			长沙广大建筑装饰有限公司
64	良安大厦工程	汕头市建安（集团）公司	中恒建设集团有限公司
			湖南天禹设备安装有限公司
65	深圳大学学府医院项目施工总承包工程	深圳市建工集团股份有限公司	深圳市华剑建设集团有限公司
			深圳市新鹏都装饰工程有限公司
			深圳市中装建设集团股份有限公司
66	广州国际时尚中心项目（自编号J-1、J-2、J-5）	广东梁亮建筑工程有限公司	苏州金螳螂建筑装饰股份有限公司
			广东力田科技股份有限公司
			广州江河幕墙系统工程有限公司
			广州市水电设备安装有限公司
67	中国移动深圳信息大厦	中建三局第一建设工程有限责任公司	中建深圳装饰有限公司
			深圳市建筑装饰（集团）有限公司
			深圳市三鑫幕墙工程有限公司
			深圳市中装建设集团股份有限公司
68	广州香港马会马匹运动训练场及生态绿化工程	中国建筑第八工程局有限公司	中建八局第一建设有限公司
			中建新疆建工（集团）有限公司
			深圳东道建设集团有限公司
			安乐设备安装工程（上海）有限公司
69	百色干部学院及景观配套工程	广西建工集团第五建筑工程有限责任公司	苏州金螳螂建筑装饰股份有限公司
			中通建工城建集团有限公司
			广西华宇建工有限责任公司
70	合江长江一桥	广西路桥工程集团有限公司	
71	海航国际广场	中国建筑第六工程局有限公司	中建钢构有限公司
			浙江诸安建设集团有限公司
72	晋合三亚海棠湾度假酒店	龙信建设集团有限公司	中建一局集团安装工程有限公司
			上海龙鼎建设发展有限公司
73	中国西部国际博览城（一期）	中国建筑第二工程局有限公司	中建二局装饰工程有限公司
			中建二局第一建筑工程有限公司
			中建深圳装饰有限公司
			湖北龙泰建筑装饰工程有限公司
			浙江诸安建设集团有限公司
			中建二局安装工程有限公司
			四川豪鑫伟业建设有限公司
			四川盛大洪涛装修股份有限公司
74	泸州空港路工程	中国十九冶集团有限公司	十九冶成都建设有限公司

附　录

续表

序号	工程名称	承建单位	参建单位
75	IT 容灾、研发及后援中心	中国建筑一局（集团）有限公司	中建一局集团第一建筑有限公司
			中建一局集团安装工程有限公司
			中兴建设有限公司
			深圳金粤幕墙装饰工程有限公司
76	重庆西站（重庆至贵阳铁路扩能改造工程重庆西站站房及相关工程）	中铁十二局集团有限公司　山西四建集团有限公司	中铁十二局集团建筑安装工程有限公司
77	重庆交通大学土木建筑工程专业教学实验基地	重庆建工集团股份有限公司	重庆建工渝远建筑装饰有限公司
78	重庆江北国际机场东航站区及第三跑道建设工程新建 T3A 航站楼及综合交通枢纽	中国建筑第八工程局有限公司　重庆建工集团股份有限公司	中建钢构有限公司
			中建八局装饰工程有限公司
			中建安装工程有限公司
			北京利华消防工程有限公司
			广东省工业设备安装有限公司
			重庆建工第七建筑工程有限责任公司
			深圳深港建设工程发展有限公司
			北京城建集团有限责任公司
			北京中航弱电系统工程有限公司
			江苏合发集团有限责任公司
79	重庆轨道交通十号线一期（建新东路－王家庄段）工程	中国中铁股份有限公司　中铁四局集团有限公司　中铁电气化局集团有限公司	中铁一局集团有限公司
			中铁三局集团有限公司
			中铁五局集团有限公司
			中铁六局集团有限公司
			中铁八局集团有限公司
			中铁九局集团有限公司
			中铁十局集团有限公司
			中铁广州工程局集团有限公司
			中铁北京工程局集团有限公司
			中铁武汉电气化局集团有限公司
			中铁上海工程局集团有限公司
80	遵义干部学院建设项目	中建四局第三建筑工程有限公司	中建四局安装工程有限公司
			中建四局第一建筑工程有限公司
			贵州亚美装饰有限公司
81	云南海埂会议中心商务酒店	云南建投第二建设有限公司	
82	浐灞金融文化中心	陕西建工集团有限公司	陕西建工第五建设集团有限公司
			陕西建工机械施工集团有限公司
			陕西建工安装集团有限公司
83	西安交通大学材料科研与基础学科大楼	陕西建工第十一建设集团有限公司	

续表

序号	工程名称	承建单位	参建单位
84	渭南职业技术学院图书馆	陕西建工第四建设集团有限公司	
85	中国移动高新基地生产指挥中心综合研发楼	陕西建工第七建设集团有限公司	
86	永靖黄河三峡旅游综合服务中心	中国建筑第七工程局有限公司	中建七局安装工程有限公司
			中国建筑装饰集团有限公司
			福建省茂盛建设工程有限公司
87	银川河东国际机场三期扩建工程新建T3航站楼工程	中国建筑第八工程局有限公司	中建八局第三建设有限公司
			深圳市晶宫设计装饰工程有限公司
			深圳城市建筑装饰工程有限公司
			宁夏古月建筑装饰工程有限公司
			中建三局集团有限公司
88	青海师范大学新校区教学服务用房建设项目（图书馆信息中心）	浙江省建工集团有限责任公司	浙江正品建设工程有限公司
			浙江中信设备安装有限公司
			江苏文正工程有限公司
89	益民大厦	中建三局集团有限公司 新疆城建（集团）股份有限公司	中建三局安装工程有限公司
			中国通广电子有限公司
			江苏沪港装饰有限公司
			深圳市卓艺装饰设计工程有限公司
			中建新疆建工（集团）有限公司
			新疆凌云设计工程有限公司
			江苏南通二建集团有限公司
90	广深港客运专线深圳福田站	中铁十五局集团有限公司	中铁十五局集团第一工程有限公司
			中铁十五局集团城市建设工程有限公司
			中铁十六局集团有限公司
			湖南建工集团装饰工程有限公司
			中国铁建电气化局集团有限公司
91	天河潭景区建设项目	中铁五局集团有限公司 中铁七局集团有限公司	中铁五局集团贵州工程有限公司
			中铁七局集团武汉工程有限公司
92	深圳市城市轨道交通11号线工程	中国中铁股份有限公司（中铁南方投资集团有限公司） 中铁隧道局集团有限公司 中铁一局集团有限公司 中铁二局工程有限公司 中铁四局集团有限公司 中铁电气化局集团有限公司	中铁三局集团有限公司
			中铁五局集团有限公司
			中铁六局集团有限公司
			中铁七局集团有限公司
			中铁广州工程局集团有限公司
			中铁上海工程局集团有限公司
			中铁北京工程局集团有限公司
			中铁九局集团有限公司
			中铁一局集团城市轨道交通工程有限公司
93	南昌市红谷隧道工程	中铁隧道局集团有限公司	中铁隧道集团二处有限公司

附 录

续表

序号	工程名称	承建单位	参建单位
94	新建云桂铁路引入昆明枢纽昆明南站站房工程	中铁建设集团有限公司	北京中铁装饰工程有限公司
			中铁建设集团设备安装有限公司
			中铁十一局集团有限公司
			浙江东南网架股份有限公司
			江苏沪宁钢机股份有限公司
			嘉林建设集团有限公司
95	中国通号轨道交通研发中心	中铁建设集团有限公司	中铁建设集团设备安装有限公司
			江苏省建工集团有限公司
			通号工程局集团有限公司
			北京中铁装饰工程有限公司
96	神华神东补连塔煤矿2号辅运平硐工程	中铁十一局集团有限公司	中铁十一局集团第五工程有限公司
97	黄骅港三期工程水工、土建、设备及配套项目总承包工程	中交第一航务工程局有限公司	
98	安徽省六安至岳西至潜山高速公路	安徽省交通建设股份有限公司 安徽开源路桥有限责任公司 中交二公局第六工程有限公司 中铁四局集团第四工程有限公司	辽宁省路桥建设集团有限公司
			中铁十四局集团第三工程有限公司
99	南京长江第四大桥	中交第二航务工程局有限公司 中交第二公路工程局有限公司	山东省路桥集团有限公司
			中交第三航务工程局有限公司
			江苏省交通工程集团有限公司
			中铁十八局集团有限公司
			中铁二十局集团第一工程有限公司
			中国建筑第八工程局有限公司
			中铁大桥局集团有限公司
			中铁宝桥集团有限公司
100	诸永高速公路温州段延伸工程瓯江特大桥	中交一公局集团有限公司	
101	重庆轨道交通六号线二期蔡家嘉陵江大桥	中交一公局集团有限公司	
102	济南1000千伏变电站	山东送变电工程有限公司	
103	盱眙1000千伏变电站	江苏省送变电有限公司	江苏精享裕建工有限公司
104	山东华电国际十里泉电厂"上大压小"2×660MW超超临界机组工程	中国电建集团山东电力建设第一工程有限公司	中国电建集团核电工程有限公司
			河南四建股份有限公司
105	±500kV金官换流站工程	云南送变电工程有限公司	

续表

序号	工程名称	承建单位	参建单位
106	云南省迪庆州硕多岗河小中甸水利枢纽工程	云南建投第一水利水电建设有限公司	
107	福建申远年产40万吨聚酰胺一体化项目己内酰胺装置	中国化学工程第三建设有限公司 南京南化建设有限公司	
108	中国石油科技信息楼（中国石油集团技术中心暨石化工程技术研发中心项目）	江苏南通三建集团股份有限公司	江苏南通三建装饰装潢有限公司 海门市设备安装工程有限公司 北京港源幕墙有限公司 中青建安建设集团有限公司
109	陕西柠条塔煤矿（18.00Mt/a）建设工程	陕西煤业化工建设（集团）有限公司	
110	包钢稀土钢板材有限责任公司2030mm冷轧工程	中国二十二冶集团有限公司 中国五冶集团有限公司	中国三冶集团有限公司 中冶天工集团有限公司 中国二十冶集团有限公司 内蒙古广厦建安工程有限责任公司 河北省安装工程有限公司
111	香港中文大学（深圳）一期项目（下园）施工总承包Ⅱ标段-教学楼	上海宝冶集团有限公司	上海宝冶建筑装饰有限公司 深圳市方大建科集团有限公司 深圳榕亨实业集团有限公司
112	广西金川有色金属加工项目40万吨/年铜电解工程	金川集团工程建设有限公司	
113	宁波市鄞州区生活垃圾焚烧发电项目	山东淄建集团有限公司	徐州东大钢结构建筑有限公司 苏州金螳螂建筑装饰股份有限公司
114	中国卫星通信大厦	中国建筑一局（集团）有限公司	北京南隆建筑装饰工程有限公司 中建一局集团第二建筑有限公司 湖南星宇装饰有限责任公司 深圳市奇信建设集团股份有限公司 北京国安电气有限责任公司
115	西安电子科技大学南校区综合体育馆	中建三局集团有限公司	中建三局安装工程有限公司 中建三局东方装饰设计工程有限公司
116	枣庄市市民中心（体育中心—体育场）工程	中建八局第一建设有限公司	上海太阳膜结构有限公司 江苏沪宁钢机股份有限公司 万旭装饰工程有限公司 荣华建设集团有限公司
117	慈溪大剧院	中国建筑第五工程局有限公司	中建五局华东建设有限公司 中建五局工业设备安装有限公司 中建不二幕墙装饰有限公司 中建五局装饰幕墙有限公司 浙江大丰建筑装饰工程有限公司 浙江宝业建设集团有限公司

附 录

续表

序号	工程名称	承建单位	参建单位
118	南宁国际会展中心改扩建工程（A地块）	中建八局第二建设有限公司	
119	广西金融广场	中国建筑第四工程局有限公司	中建四局安装工程有限公司
			中国对外建设有限公司
			广州江河幕墙系统工程有限公司
			深圳市文业装饰设计工程股份有限公司
			深圳市科源建设集团有限公司
120	陕西大剧院	中建二局第三建筑工程有限公司	浙江大丰实业股份有限公司
			浙江精工钢结构集团有限公司
			陕西华山建设有限公司
121	军博展览大楼加固改造工程（扩建建筑）	中国建筑第八工程局有限公司	中建安装工程有限公司
			中建八局第三建设有限公司
			中建八局装饰工程有限公司
			江苏天目建设集团有限公司
			浙江亚厦装饰股份有限公司
122	北京城市副中心行政办公区一期主体工程	北京城市副中心行政办公区A1工程 / 北京城建集团有限责任公司	北京港源建筑装饰工程有限公司
			北京城建安装集团有限公司
			北京江河幕墙系统工程有限公司
			北京城建二建设工程有限公司
			北京城建五建设集团有限公司
			北京泰豪智能工程有限公司
			北京南隆建筑装饰有限公司
			北京城建亚泰建设集团有限公司
			北京城建十六建筑工程有限责任公司
		北京城市副中心行政办公区A2工程 / 北京建工集团有限责任公司	北京市设备安装工程集团有限公司
			北京市建筑工程装饰集团有限公司
			北京江河幕墙系统工程有限公司
			同方股份有限公司
			北京市第五建筑工程集团有限公司
			浙江亚厦装饰股份有限公司
			中迅达装饰工程集团有限公司
			苏州金螳螂建筑装饰股份有限公司
		北京城市副中心行政办公区A3、A4工程 / 北京住总集团有限责任公司	北京和平幕墙工程有限公司
			北京东方泰洋装饰工程有限公司
			北京时代凌宇科技股份有限公司
			中国电子系统技术有限公司

续表

序号	工程名称	承建单位	参建单位
122	北京城市副中心行政办公区一期主体工程 / 北京城市副中心行政办公区 B1、B2、B3、B4 工程	北京六建集团有限责任公司 / 中国建筑一局（集团）有限公司 / 北京城建集团有限责任公司	中建一局集团第二建筑有限公司
			北京城建七建设工程有限公司
			北京和平幕墙工程有限公司
			北京城建精工钢结构工程有限公司
			中建一局集团装饰工程有限公司
			中国建筑装饰集团有限公司
			武汉凌云建筑装饰工程有限公司
			北京华美装饰工程有限责任公司
			北京华开建筑装饰工程有限公司
123	626-1 号商业办公楼等 3 项及地下车库	中国建筑一局（集团）有限公司	中建一局集团第三建筑有限公司
			中国建筑第八工程局有限公司
			中建一局集团装饰工程有限公司
			深圳市三鑫科技发展有限公司
			北京国泰瑞安消防工程有限公司
			建峰建设集团股份有限公司
			北京华开建筑装饰工程有限公司
124	天津理工大学新建体育馆项目	天津天一建设集团有限公司	天津飞宇幕墙装饰工程有限公司
			天津安装工程有限公司
125	快速路系统二期项目—外环线东北部调线工程第 1 标段津汉互通立交桥工程	中国铁建大桥工程局集团有限公司	
126	空客天津 A330 宽体飞机完成和交付中心定制厂房	天津市建工工程总承包有限公司	天津安装工程有限公司
			中建深圳装饰有限公司
			中发建筑技术集团有限公司
127	河北奥林匹克体育中心工程-体育馆综合体	河北建工集团有限责任公司	浙江精工钢结构集团有限公司
			河北建工集团装饰工程有限公司
128	内蒙古自治区自然历史博物馆	河北建设集团股份有限公司	河北建设集团装饰工程有限公司
			山东雄狮建筑装饰股份有限公司
			内蒙古瑞特优化科技股份有限公司
129	雄安市民服务中心项目	中建三局集团有限公司	中建三局第一建设工程有限责任公司
			中建钢构有限公司
			中建深圳装饰有限公司
			中国建筑装饰集团有限公司
			深圳达实智能股份有限公司
			北京恒有源环境系统设备安装工程有限公司
			中建东方装饰有限公司
130	内蒙古电力生产调度楼（生产调度指挥中心）	内蒙古兴泰建设集团有限公司	内蒙古碧轩装饰工程有限责任公司
			内蒙古电子科技有限责任公司
			内蒙古金鑫泰钢结构有限责任公司
			河北建设集团装饰工程有限公司

附 录

续表

序号	工程名称	承建单位	参建单位
131	包商银行商务大厦	中天建设集团有限公司	浙江中南建设集团有限公司
			歌山建设集团有限公司
			浙江中天精诚装饰集团有限公司
			浙江中天恒筑钢构有限公司
			内蒙古众信科技有限责任公司
			中国二冶集团有限公司
132	中美清洁能源研发中心2号、4号楼	山西八建集团有限公司	山西省工业设备安装集团有限公司
			山西六建集团有限公司
133	古交兴能电厂至太原供热主管线及中继能源站工程-中继能源站	山西省工业设备安装集团有限公司	
134	"十二五"易地技术改造项目联合工房及动力中心	山西四建集团有限公司 中国建筑第二工程局有限公司	中建二局安装工程有限公司
			山西诚信建筑智能化工程有限公司
			福建省五建装修装饰工程公司
135	万科柏翠园居住、商业（二期-2）工程	赤峰宏基建筑（集团）有限公司	沈阳欣荣基建筑工程有限公司
136	长春龙嘉国际机场二期扩建工程T2航站楼	中国建筑第八工程局有限公司	中建八局大连建设工程有限公司
			华鼎建筑装饰工程有限公司
			深圳市洪涛装饰股份有限公司
			伟铭建设集团有限公司
			中建深圳装饰有限公司
			美华建设有限公司
137	潮州大桥	龙建路桥股份有限公司 深圳市建设（集团）有限公司	黑龙江省龙建路桥第五工程有限公司
138	上海建工浦江皇冠假日酒店	上海建工二建集团有限公司	上海市安装工程集团有限公司
			上海市建筑装饰工程集团有限公司
			安徽省无为县开城建筑劳务有限公司
			上海舜发建筑安装工程有限公司
139	中国上海陆家嘴金控大厦	上海建工五建集团有限公司	上海江河幕墙系统工程有限公司
			上海市建筑装饰工程集团有限公司
			上海久贤实业发展集团有限公司
			上海卓企建筑发展有限公司
			上海文宇建设集团有限公司
140	国泰君安证券股份有限公司办公楼新建项目	上海建工一建集团有限公司	上海市机械施工集团有限公司
			上海一建筑装饰有限公司
			上海迪蒙幕墙工程技术有限公司
			上海思创华信信息技术有限公司
			上海文宇建设集团有限公司
			上海南晓消防工程设备有限公司

续表

序号	工程名称	承建单位	参建单位
141	上海烟草浦东科技创新园区建设项目（北地块）	上海建工集团股份有限公司 上海市安装工程集团有限公司	上海建工四建集团有限公司 江苏启安建设集团有限公司 沈阳远大铝业工程有限公司 成信集成科技股份有限公司
142	苏州工业园区体育中心（体育场、体育馆、游泳馆、中央车库）	中国建筑第八工程局有限公司 中建三局集团有限公司	中建八局第三建设有限公司 沈阳远大铝业工程有限公司 深圳市三鑫科技发展有限公司 中建钢构有限公司 中天建设集团有限公司 浙江省武林建筑装饰集团有限公司 中建安装工程有限公司 中建三局安装工程有限公司 江苏兴业环境集团有限公司 中亿丰建设集团股份有限公司
143	园区设计院办公大楼工程（DK20100355地块商业办公楼）	中亿丰建设集团股份有限公司	江苏宜安建设有限公司 苏州金螳螂幕墙有限公司 苏州金螳螂建筑装饰股份有限公司 苏州合展设计营造股份有限公司
144	中国医药城商务中心	南通四建集团有限公司	南通承悦装饰集团有限公司 江苏达海智能系统股份有限公司
145	扬州智谷科技综合体工程	江苏邗建集团有限公司	江苏协和装饰工程有限公司 江苏邗建集团万隆基础工程有限公司 江苏兴业环境集团有限公司
146	七二三所新区二期科研楼（01号楼）	江苏扬建集团有限公司	江苏华发装饰有限公司 扬州市环境保护有限公司
147	雅戈尔太阳城超高层20号楼	江苏南通二建集团有限公司	
148	农金大厦	浙江景华建设有限公司	浙江宏厦建设有限公司 浙江省工业设备安装集团有限公司
149	富阳市博物馆、美术馆、档案馆"三馆合一"项目	浙江省二建设集团有限公司	浙江省二建设集团安装有限公司 浙江省二建设集团装饰工程有限公司
150	宁波银行总部大厦	宁波市建设集团股份有限公司	
151	金华银行财富大厦	歌山建设集团有限公司	浙江开元机电集团有限公司
152	北山路84号国宾接待中心礼宾楼	浙江省建工集团有限责任公司	浙江中信设备安装有限公司 浙江建工幕墙装饰有限公司 浙江省武林建筑装饰集团有限公司
153	湖州银行、湖州市财政开发公司联建业务用房	华煜建设集团有限公司	

续表

序号	工程名称	承建单位	参建单位
154	龙湾区便民服务中心	博地建设集团有限公司	浙江国开建设有限公司
			百盛联合集团有限公司
155	淄博市博山区中医院门诊病房综合楼	山东金城建设有限公司	山东金城装饰工程有限公司
156	费县文化体育综合活动中心	天元建设集团有限公司	山东天元装饰工程有限公司
			山东天元安装工程有限公司
			嘉林建设集团有限公司
157	青岛市市立医院东院二期工程门诊住院楼项目	青建集团股份公司	山东源泰建筑安装工程有限公司
			东亚装饰股份有限公司
			青岛颐金建筑装饰工程有限公司
			深圳茂华建设集团有限公司
			华高数字科技有限公司
			青岛一建集团有限公司
158	润德大厦	山东新城建工股份有限公司	山东新城精英装饰设计有限公司
159	青岛国际会议中心	中国建筑第八工程局有限公司	中建安装集团有限公司
			青建集团股份公司
			中建八局装饰工程有限公司
			苏州金螳螂建筑装饰股份有限公司
			浙江亚厦装饰股份有限公司
160	麦岛居住区改造C1区项目	天元建设集团有限公司	山东天元安装工程有限公司
			苏州金螳螂建筑装饰股份有限公司
			青岛市艺德装饰工程有限公司
			青岛境通达城市建设有限公司
161	第10.5代薄膜晶体管液晶显示器件（TFT-LCD）项目	中国建筑一局（集团）有限公司	中建一局集团安装工程有限公司
			中建一局集团建设发展有限公司
			中建一局集团装饰工程有限公司
			中国电子系统工程第二建设有限公司
162	蚌埠市体育中心—体育场	中国建筑第八工程局有限公司	中建八局第三建设有限公司
			中建电子信息技术有限公司
163	小仓房污水处理厂二期新建工程	安徽水安建设集团股份有限公司	合肥通用机械研究院有限公司
164	世界妈祖文化论坛永久性会址旅游项目（勘察、设计、施工、构配件一体化）EPC工程总承包	莆田中建建设发展有限公司	中建海峡（厦门）建设发展有限公司
			中建海峡建设发展有限公司
			中建钢构有限公司
			中国建筑装饰集团有限公司
165	谷文昌干部学院一期工程（综合教学楼）	福建漳龙建投集团有限公司	福建三建工程有限公司
166	福建LNG监控调度中心	福建一建集团有限公司	
167	中阳广场	中阳建设集团有限公司	

续表

序号	工程名称	承建单位	参建单位
168	江西财经大学蛟桥园图文信息大楼	江西建工第三建筑有限责任公司	江西建工建筑安装有限责任公司
			江西方远建工集团有限公司
169	利丰国际大厦	郑州一建集团有限公司	苏州金螳螂建筑装饰股份有限公司
170	南水北调平顶山焦庄水厂供配水工程	平煤神马建工集团有限公司	
171	南三环东延工程（南台路至107辅道）建设工程	泰宏建设发展有限公司 河南五建设集团有限公司 郑州一建集团有限公司 河南六建建筑集团有限公司	河南七建工程集团有限公司
			郑州第二市政建设集团有限公司
			宏润建设集团股份有限公司
			中国水利水电第十一工程局有限公司
172	西峡县人民医院整体搬迁工程病房楼	河南天工建设集团有限公司	
173	武汉光电国家研究中心	中建三局集团有限公司	武汉市精艺装饰工程有限公司
			武汉建工集团装饰工程有限公司
174	鄂州市市民中心	中建三局集团有限公司	中建三局第三建设工程有限责任公司
			湖北风神净化空调设备工程有限公司
			中建富林集团有限公司
			湖北天壁建筑装饰工程有限公司
175	黄石奥林匹克体育中心-体育场	中国建筑第八工程局有限公司	中国建筑土木建设有限公司
			黄石扬子建安集团有限公司
			上海宝冶集团有限公司
			中建八局装饰工程有限公司
176	永利国际金融中心项目	中建三局集团有限公司	中建三局安装工程有限公司
			中建深圳装饰有限公司
			中建三局智能技术有限公司
			武汉凌云建筑装饰工程有限公司
			中建钢构有限公司
			苏州金螳螂建筑装饰股份有限公司
177	宜昌市庙嘴长江大桥	中铁大桥局集团有限公司 中国葛洲坝集团第五工程有限公司	中铁大桥局集团第一工程有限公司
			中铁大桥局第七工程有限公司
178	中大国际 THE CITY 项目住宅部分	中建五局第三建设有限公司	广东省中港装饰股份有限公司
			中建五局装饰幕墙有限公司
			上海世家装饰实业股份有限公司
			江河创建集团股份有限公司
179	万博汇名邸三期地下室、裙房、塔楼建安工程	湖南建工集团有限公司	湖南省工业设备安装有限公司
			湖南金辉建设集团有限公司
			长沙广大建筑装饰有限公司
			宏林建设工程集团有限公司

附　录

续表

序号	工程名称	承建单位	参建单位
180	上海浦东发展银行股份有限公司长沙分行办公大楼	湖南省第五工程有限公司	湖南天禹设备安装有限公司
			湖南湘信建设工程有限公司
			长沙广大建筑装饰有限公司
			湖南建工集团装饰工程有限公司
181	长沙市生活垃圾深度综合处理（清洁焚烧）项目	湖南省工业设备安装有限公司 湖南省第六工程有限公司 湖南顺天建设集团有限公司	湖南核工业建设有限公司
			浙江中南建设集团有限公司
			五矿二十三冶建设集团有限公司
			湖南省西湖建筑集团有限公司
182	哈尔滨工业大学深圳校区扩建工程（Ⅰ、Ⅱ、Ⅲ标段）	上海宝冶集团有限公司 中国建筑第四工程局有限公司 中国华西企业有限公司	深圳市美芝装饰设计工程股份有限公司
			深圳市中装建设集团股份有限公司
			北京国安电气有限责任公司
			铁汉山艺环境建设有限公司
			中建四局安装工程有限公司
			深圳市金鹏建筑装饰工程有限公司
			深圳市晶宫设计装饰工程有限公司
			深圳市华西安装工程有限公司
183	宝钢大厦（广东）	中国建筑第八工程局有限公司	深圳市方大建科集团有限公司
			深圳市建筑装饰（集团）有限公司
			四川华西建筑装饰工程有限公司
			广东建雅室内工程设计施工有限公司
184	港珠澳大桥珠海口岸工程（Ⅰ、Ⅱ、Ⅳ、Ⅵ标段）	中建三局集团有限公司 广西建工集团第五建筑工程有限责任公司 广东耀南建筑工程有限公司 南通四建集团有限公司	中建三局第一建设工程有限责任公司
			深圳市特艺达装饰设计工程有限公司
			中建钢构有限公司
			深圳市华剑建设集团股份有限公司
185	财富汇项目	广东强雄建设集团有限公司	广东大城建设集团有限公司
			珠海兴业绿色建筑科技有限公司
186	中国散裂中子源一期工程（主装置区、辅助设备区）	广东省建筑工程集团有限公司 中国科学院高能物理研究所	广东省建筑工程机械施工有限公司
187	建安大厦	深圳市建安（集团）股份有限公司	深圳市晶宫设计装饰工程有限公司
188	柳州市柳东新区企业总部大楼	柳州市建筑工程集团有限责任公司 广西建工集团第五建筑工程有限责任公司	广西建工集团冶金建设有限公司
			湖南洪山建设集团有限公司

续表

序号	工程名称	承建单位	参建单位
189	广西文化艺术中心	中国建筑第八工程局有限公司	中建八局装饰工程有限公司
			中建安装集团有限公司
			北京筑维建筑装饰工程有限公司
			深圳市中孚泰文化建筑建设股份有限公司
			武汉建工安装工程有限公司
			广西建工集团第一建筑工程有限责任公司
190	海南省人民医院秀英门诊楼、内科楼及地下室工程	海南建设工程股份有限公司	中商联合泰盛建筑集团有限公司
191	成都绿地中心4号地块	成都建工第四建筑工程有限公司	中建三局集团有限公司
			四川中蓉亚联建筑工程有限公司
192	领地环球金融中心	中国华西企业股份有限公司	中建二局安装工程有限公司
			四川瓦特建设工程有限公司
			深圳市方大建科集团有限公司
			成都东南钢结构有限公司
193	西部国际金融中心2号楼及地下室	中建二局第三建筑工程有限公司	北京江河幕墙系统工程有限公司
			中国五冶集团有限公司
194	南充市滨江路、西华路城市主干道提升改造项目滨江路K0+000—K3+800及A、B、C匝道工程	中国五冶集团有限公司	
195	重庆医科大学附属第二医院江南医院医疗综合楼工程	重庆教育建设（集团）有限公司	江苏环亚医用科技集团股份有限公司
			重庆思源建筑技术有限公司
196	重庆江津至贵州习水高速公路笋溪河大桥	中电建路桥集团有限公司	中国水利水电第五工程局有限公司
			中国水利水电第十四工程局有限公司
			贵州路桥集团有限公司
			中国电建市政建设集团有限公司
197	重庆工商大学综合实训与文献信息中心、学术报告厅及车库工程	重庆建工第三建设有限责任公司	深圳文业装饰设计工程有限公司
			重庆中航建设（集团）有限公司
			中建欣立建设发展集团股份有限公司
198	涪陵高山湾综合客运换乘枢纽及附属配套设施工程EPC总承包	重庆建工住宅建设有限公司	重庆建工渝远建筑装饰有限公司
199	500米口径球面射电望远镜（FAST）项目主体工程	江苏沪宁钢机股份有限公司	浙江东南网架股份有限公司
		柳州欧维姆工程有限公司	青岛东方铁塔股份有限公司
		中铁十一局集团有限公司	中建二局安装工程有限公司
200	保山会展中心	云南建投第五建设有限公司	云南昌达装饰工程有限公司

附 录

续表

序号	工程名称	承建单位	参建单位
201	滇西应用技术大学总部建设项目1号云教育大楼	云南省建设投资控股集团有限公司	云南建投第二建设有限公司
			云南建投第二安装工程公司
			中国有色金属工业昆明勘察设计研究院有限公司
202	曲江万众国际建筑工程B标段-酒店	陕西建工第一建设集团有限公司	广州珠江装修工程有限公司
			湖南顺天建设集团有限公司
			苏州金螳螂建筑装饰股份有限公司
			北京市力安达消防安全工程有限公司
			北京弘高建筑装饰设计工程有限公司
			上海罗顿装饰工程有限公司
203	神木新村产业发展服务中心	陕西建工第九建设集团有限公司	西安百闽实业有限责任公司
			陕西新艺华装饰设计工程有限责任公司
204	太白县城市综合体项目-酒店及球馆工程	宝鸡建安集团股份有限公司	
205	咸阳市市民文化中心文化场馆工程	陕西建工集团有限公司	陕西建工第五建设集团有限公司
			陕西建工第一建设集团有限公司
			陕西建工安装集团有限公司
			陕西建工机械施工集团有限公司
206	陕西人保大厦	中国建筑第八工程局有限公司	中建安装集团有限公司
			中建八局装饰工程有限公司
			中国建筑装饰集团有限公司
207	甘肃省高级人民法院办公及审判综合楼	甘肃第七建设集团股份有限公司	甘肃七建装饰工程有限公司
208	青海大学附属医院门急诊综合楼	中建三局集团有限公司	中建深圳装饰有限公司
			中建三局智能技术有限公司
			中建三局安装工程有限公司
			青海畅兴消防工程有限责任公司
209	乌鲁木齐高铁医院	江苏南通二建集团有限公司	江苏启安建设集团有限公司
			中建三局集团有限公司
			南通金典装饰工程有限公司
210	国道314线库车至阿克苏高速公路工程	中交一公局集团有限公司	中交一公局第七工程有限公司
			中交一公局第三工程有限公司
			中交一公局第五工程有限公司
			中交一公局第六工程有限公司
			中交一公局第一工程有限公司
211	贵阳龙洞堡机场综合交通枢纽	中铁二十一局集团有限公司	中铁二十一局集团第三工程有限公司
			中国铁建电气化局集团有限公司
			中铁二十四局集团有限公司

续表

序号	工程名称	承建单位	参建单位
212	兰渝铁路西秦岭隧道工程	中铁隧道局集团有限公司 中铁十八局集团有限公司	中铁隧道集团二处有限公司
			中铁二局集团有限公司
			中国铁建电气化局集团有限公司
			中铁十八局集团第三工程有限公司
			中铁十八局集团第五工程有限公司
213	长春市北郊污水处理厂扩建及提标改造工程	中铁一局集团有限公司	中铁一局集团第二工程有限公司
214	哈尔滨站改造工程（站房、雨棚部分）	中铁建工集团有限公司	中铁上海工程局集团建筑工程有限公司
			深圳市坐标建筑装饰工程股份有限公司
215	滨海站	中铁建工集团有限公司	天保建设集团有限公司
			江苏沪宁钢机股份有限公司
			中铁建工集团安装工程有限公司
216	中铁青岛世界博览城会议中心综合体项目	中铁建工集团有限公司	
217	新建长沙至昆明铁路客运专线湖南段雪峰山一号隧道	中铁十二局集团有限公司	中铁十二局集团第二工程有限公司
			中铁武汉电气化局集团有限公司
218	1号办公、商业楼（长城金融工程项目）	中铁建设集团有限公司	中铁建设集团设备安装有限公司
			捷通智慧科技股份有限公司
			中铁建设集团北京工程有限公司
219	高端地下装备制造项目（一期）	中铁城建集团第一工程有限公司	中铁城建集团有限公司
			中铁十一局集团建筑安装工程有限公司
			中铁十一局集团汉江重工有限公司
			事百世（上海）建筑工程有限公司
220	湖南省吉首至茶洞（湘渝界）公路矮寨特大悬索桥	湖南路桥建设集团有限责任公司	重庆万桥交通科技发展有限公司
			中铁山桥集团有限公司
221	连云港港徐圩港区防波堤工程	中交第三航务工程局有限公司	中建筑港集团有限公司
222	鹤大高速公路小沟岭至抚松（小沟岭至大蒲柴河段）	中国交通建设股份有限公司 中交第一航务工程局有限公司 中交路桥建设有限公司	中交路桥北方工程有限公司
			中交路桥华北工程有限公司
			中交路桥南方工程有限公司
			中交一航局第三工程有限公司
223	泰州长江公路大桥	中交第二公路工程局有限公司	中交第二航务工程局有限公司
			中交二公局第三工程有限公司
			中铁宝桥集团有限公司
			江苏省交通工程集团有限公司
			中铁大桥局集团有限公司
			江苏金领建设发展有限公司

附 录

续表

序号	工程名称	承建单位	参建单位
224	500千伏北海变电站工程	广西建宁输变电工程有限公司	
225	杭州九峰垃圾焚烧发电工程	浙江省二建建设集团有限公司	中国能源建设集团安徽电力建设第二工程有限公司
			森特士兴集团股份有限公司
226	神华国华宁东发电厂2×660MW扩建工程	山东电力建设第三工程有限公司	上海电力建设有限责任公司
227	泰州±800千伏换流站工程	江苏省送变电有限公司	河南省第二建筑工程发展有限公司
			上海送变电工程有限公司
			河南三建建设集团有限公司
			常嘉建设集团有限公司
228	上海虹杨500千伏变电站工程	上海送变电工程有限公司	上海建工集团股份有限公司
			上海市机械施工集团有限公司
229	江西省峡江水利枢纽工程	中国水利水电第十二工程局有限公司 中国安能建设集团有限公司	广东省源天工程有限公司
230	河南省沁河河口村水库工程	河南省水利第一工程局 河南省水利第二工程局	河南水建集团有限公司
231	陕西未来能源金鸡滩矿井工程	兖矿东华建设有限公司	中煤第三建设（集团）有限责任公司
			中煤第一建设有限公司
232	百矿集团新山铝产业示范园煤电铝一体化项目300kt/a铝水工程	中国有色金属工业第十四冶金建设公司	云南建投机械制造安装工程有限公司
			十一冶建设集团有限责任公司
			十四冶建设集团云南炉窑工程有限公司
233	普朗铜矿一期采选工程-磨浮工程	中国有色金属工业第六冶金建设有限公司	
234	中国一重研发大楼建设项目	江苏南通三建集团股份有限公司	江苏南通三建装饰装潢有限公司
			江苏天宇建设集团有限公司
			深圳市奇信集团股份有限公司
			苏州苏明装饰股份有限公司
235	尼山圣境宫像区-儒宫	中国建筑第八工程局有限公司	苏州金螳螂建筑装饰股份有限公司
			中建八局第一建设有限公司
			中建新疆建工（集团）有限公司
			青岛瑞源工程集团有限公司
			广东世纪达建设集团有限公司
236	龙岗区三馆	中建三局第一建设工程有限责任公司	深圳金粤幕墙装饰工程有限公司
			深圳市博大建设集团有限公司

续表

序号	工程名称	承建单位	参建单位
237	中国农业银行温州分行农银大厦	中国建筑第五工程局有限公司	中建五局华东建设有限公司
			中建不二幕墙装饰有限公司
			中建五局装饰幕墙有限公司
			湖南骏一机电工程有限公司
			中建五局安装工程有限公司
238	中国光大银行天津后台服务中心项目	中国建筑第二工程局有限公司	苏州苏明装饰股份有限公司
			中建一局集团装饰工程有限公司
			深装总建设集团股份有限公司
			北京中科软件有限公司
			中建电子信息技术有限公司
239	三亚海棠湾亚特兰蒂斯酒店项目（一期）	中国建筑一局（集团）有限公司	中建一局集团第一建筑有限公司
			浙江亚厦幕墙有限公司
			深圳市亚泰国际建设股份有限公司
			中海怡高建设集团股份有限公司
			深装总建设集团股份有限公司
			上海市建筑装饰工程集团有限公司
240	南京丁家庄二期（含柳塘）地块保障性住房项目（奋斗路以南A28地块）4号、5号、6号及地下车库工程	中国建筑第二工程局有限公司	江苏启安建设集团有限公司
			中建二局装饰工程有限公司
241	白求恩国际和平医院新建门诊楼	山西建筑工程集团有限公司	山西三建集团有限公司